Carlé/Bodden

Die Betriebsaufspaltung

Die Betriebs-aufspaltung

Gestaltung
Beratung · Muster

von

Dr. Guido Bodden
Dipl.-Finw., Rechtsanwalt,
Fachanwalt für Steuerrecht
und Steuerberater,
Köln

Thomas Carlé, M.B.L.-HSG
Rechtsanwalt,
Fachanwalt für Steuerrecht,
Köln

Dr. Martin Kahsnitz
Rechtsanwalt und Steuerberater,
Düsseldorf

Alexander Strecker
Rechtsanwalt und Steuerberater,
Düsseldorf

4. Auflage

2026

ottoschmidt

Zitierempfehlung:
Verfasser in Carlé/Bodden, Die Betriebsaufspaltung, 4. Aufl. 2026, Rz . …

Bibliografische Information
der Deutschen Nationalbibliothek

Die Deutsche Nationalbibliothek verzeichnet diese Publikation in der Deutschen Nationalbibliografie; detaillierte bibliografische Daten sind im Internet über https://portal.dnb.de abrufbar.

Verlag Dr. Otto Schmidt KG
Gustav-Heinemann-Ufer 58, 50968 Köln
Tel. 02 21/9 37 38-01, Fax 02 21/9 37 38-943
info@otto-schmidt.de
www.otto-schmidt.de

ISBN 978-3-504-32183-3

Einbandgestaltung: Lichtenford, Mettmann
Satz: PMGi – Agentur für intelligente Medien GmbH, Hamm
Druck und Verarbeitung: CPI books GmbH, Leck
Printed in Germany

Vorwort zur 4. Auflage

Unser Handbuch zur Betriebsaufspaltung liegt nunmehr in der vierten Auflage vor.

Den Autoren ist es ein Anliegen, die ständigen Rechtsentwicklungen zu dokumentieren, praxisgerecht aufzubereiten und der Beraterschaft eine Hilfestellung im Umgang mit sämtlichen Fragen, die bei Betriebsaufspaltungskonstellationen entstehen können, zu geben.

Der Schwerpunkt der Neuerungen in der vierten Auflage liegt im Bereich des Steuerrechts, den Herr Dr. Guido Bodden erneut dankenswerterweise akribisch und praxisgerecht aufgearbeitet und in einen systematischen Kontext gestellt hat.

Die Ausführungen zu den weiteren Beratungsfeldern, die sich bei Betriebsaufspaltungskonstellationen auftun können, wurden ebenfalls vollumfänglich aktualisiert, so dass das vorliegende Werk den aktuellen Rechtsstand vollständig abbildet.

Aus der Beratungspraxis kennen die Autoren die praktischen Probleme bei Betriebsaufspaltungskonstellationen in all ihren Facetten und haben versucht, ihr Wissen in diesem Werk zu bündeln. Der Anspruch dieses Werkes ist es nach wie vor, dem Praktiker eine Hilfestellung in jedweder Phase einer Betriebsaufspaltung zu bieten.

Über Anregungen und Kritik freuen wir uns und haben mit diesem Werk unser Versprechen in der dritten Auflage gehalten, keine weiteren zehn Jahre mit einer Neuauflage zu warten.

Köln, im Juni 2026 Die Verfasser

Vorwort zur 1. Auflage

Die Betriebsaufspaltung ist ein Geschöpf der Finanzverwaltung, das vom Reichsfinanzhof und ihm folgend vom Bundesfinanzhof sowie dem Bundesverfassungsgericht sanktioniert worden ist.

Die Entscheidungen des Bundesfinanzhofs und der Finanzgerichte zur Betriebsaufspaltung dürften mittlerweile mehr als 1000 sein. Das steuerrechtliche Schrifttum steht dem nicht nach. Die Auflistung sämtlicher Monographien, Aufsätze und Urteilsanmerkungen würde ein ganzes Buch füllen. Die Datenbank der DATEV LEXinform weist unter dem Stichwort „Betriebsaufspaltung" über 2900 Einträge auf.

Die Besonderheit der Betriebsaufspaltung besteht darin, dass sie keine Rechtsgrundlage hat.

Das Steuerrecht ist Teil der Eingriffsverwaltung. Für die Eingriffsverwaltung besteht der oberste Grundsatz darin, dass kein Eingriff zu Lasten der Bürger erfolgen darf, ohne dass eine gesetzliche Grundlage vorhanden ist. Dieser Rechtsgrundsatz ist mit Billigung der Rechtsprechung – einschließlich des Bundesverfassungsgerichts – zurückgedrängt worden, weil offensichtlich das Interesse des Staates an Geldeinnahmen den Auftrag des Grundgesetzgebers in Art. 20 Abs. 3 GG überlagert: „Die Gesetzgebung ist an die verfassungsmäßige Ordnung, die vollziehende Gewalt und die Rechtsprechung sind an Gesetz und Recht gebunden."

Benda, ehemaliger Präsident des Bundesverfassungsgerichts, DStZ 1984, 159, 164, betont darüber hinaus: „Für das Steuerrecht hat der rechtsstaatliche Grundsatz der Normenklarheit besonderes Gewicht."

Die Rechtsprechung des Bundesfinanzhofs, die hinsichtlich der Verfassungswidrigkeit von Steuerrechtsnormen jahrzehntelang auf beiden Augen blind war, hat in letzter Zeit eine Kehrtwendung vollzogen, die Anlass zu der Hoffnung gab, dass sie das angebliche Rechtsinstitut der Betriebsaufspaltung als mit der Verfassung nicht in Einklang stehend aufgibt. Dem ist nicht so, wie die neuesten Entscheidungen des VIII. Senats des Bundesfinanzhofs zeigen.

Sollten die anderen Ertragsteuersenate dem VIII. Senat nicht folgen und der Große Senat dem Spuk „Rechtsinstitut Betriebsaufspaltung" den Garaus bereiten, wird dies zweifelsfrei nicht das Sterbeglöcklein für die Betriebsaufspaltung sein. Es ist damit zu rechnen, dass der Gesetzgeber die Betriebsaufspaltung und deren Rechtsfolgen gesetzlich regeln wird.

Aus diesem Grund wird dieses Buch, soweit es die Betriebsaufspaltung behandelt, – leider – genauso wenig Makulatur wie die Kommentare zum GewStG.

Die Betriebsverpachtung als solche ist ebenfalls weder zivil- noch steuerrechtlich gesetzlich geregelt. Da sie kein Kind des Steuerrechts, sondern des Wirtschaftsrechts ist, ist sie – aus gutem Grund – bisher nicht zum „Rechtsinstitut" hochstilisiert worden.

Eine Betriebsaufspaltung beinhaltet nur in den wenigsten Fällen eine Betriebsverpachtung. Die Betriebsverpachtung setzt eine Betriebsaufspaltung nicht voraus.

Dieses Buch knüpft in gewisser Weise an das „Kölner Handbuch der Betriebsaufspaltung und Betriebsverpachtung“, herausgegeben von meinem verstorbenen Seniorpartner Günther Felix, das bis 1979 in vier Auflagen erschienen ist und als Standardwerk galt, und an das Buch meines ehemaligen Partners Peter Heinemann und Partners Klaus Korn „Beratungsbuch zur Gründung von Betriebsaufspaltungen“, 1980, an.

Die Autoren unternehmen den Versuch, die Betriebsaufspaltung nicht nur unter steuerrechtlichen Gesichtspunkten oder wie die Dissertationen auf Einzelprobleme fokussiert darzustellen, sondern einen Gesamtüberblick über alle rechtlich relevanten Rechtsgebiete zu geben. Der Musterteil kann dagegen nur einen kleinen Ausschnitt aus allen denkbaren Varianten bringen, da kein Fall von seinen Voraussetzungen her dem anderen gleicht.

Ausgewertet wurde die gesamte Rechtsprechung und die gesamte Literatur zur Betriebsaufspaltung und zur Betriebsverpachtung. Zitiert wurden zur Betriebsaufspaltung jedoch nur die Rechtsprechung und die Literatur, die – positiv oder negativ – etwas Substantielles zu diesem Phänomen beigetragen haben. Diese Würdigung ist naturgemäß subjektiv. Sich nicht oder nicht ausreichend zitiert fühlende Autoren mögen dies verzeihen.

Die Autoren haben sich bemüht, einen für die Praktiker brauchbaren Ratgeber aufzubereiten. Sie hoffen, dass dieses Buch trotz der immensen Zahl von Veröffentlichungen zum „Rechtsinstitut der Betriebsaufspaltung“ wohlwollend zur Kenntnis genommen wird.

Für Anregungen und Verbesserungsvorschläge sind die Autoren dankbar.

Köln, im Juni 2003 Dieter Carlé

Inhaltsübersicht

Ausführliche Inhaltsübersichten zu Beginn der einzelnen Kapitel.

Kapitel 4
Betriebsaufspaltung in weiteren Rechtsgebieten

Kapitel 5
Steuerliche und außersteuerliche Vor- und Nachteilsabwägungen *(Bodden)*

Allgemeines Literaturverzeichnis

Altmeppen, GmbHG, Kurzkommentar, 11. Aufl. 2023

Bamberger/Roth/Hau/Poseck, BGB Kommentar, 5. Aufl. 2023
Beck'scher Bilanz-Kommentar, Handels- und Steuerbilanz – §§ 238 bis 339, 342 bis 342a HGB, 15. Aufl. 2026
Beck'scher Online-Kommentar, KStG, hrsg. von Micker/Pohl
Beck'sches Formularbuch, Bürgerliches, Handels-, und Wirtschaftsrecht, 15. Aufl. 2026
Beck'sches Handbuch der Personengesellschaften, 5. Aufl. 2020
Bentler, Das Gesellschaftsrecht der Betriebsaufspaltung 1986
Binnewies/Spatscheck, Festschrift für Michael Streck, 2011
Binz/Sorg, Die GmbH & Co. KG, 12. Aufl. 2018
Blaurock, Unterbeteiligung und Treuhand an Gesellschaftsanteilen, 1981
Blaurock, Handbuch Stille Gesellschaft, 10. Aufl. 2025
Bordewin/Brandt, Einkommensteuergesetz (Loseblatt)
Brandis/Heuermann, Ertragsteuerrecht (Loseblatt)
Brandmüller, Die Betriebsaufspaltung nach Handels- und Steuerrecht, 7. Aufl. 1997
Braun, Insolvenzordnung (InsO), 10. Aufl. 2024

Carlé/Korn/Stahl/Strahl, Steueränderungen 2002, 2002
Centrale für GmbH, GmbH-Handbuch (Loseblatt)
Commandeur/Kleinebrink, Betriebs- und Firmenübernahme, 2. Aufl. 2002

Daumke/Kessler/Perbey, Der GmbH-Geschäftsführer, 6. Aufl. 2019
Dehmer, Betriebsaufspaltung, 5. Aufl. 2023
Donath, Die Betriebsaufspaltung, 1991

Ebenroth/Boujong, HGB Kommentar, 5. Aufl. 2024
Eberhard, Die Betriebsverpachtung als Instrument zur Gestaltung der Unternehmensnachfolge, 1999
Eikmeier, Die Rechtsprechung zur Betriebsaufspaltung unter dem Blickwinkel des § 42 AO 1977, 1995
Emmerich/Habersack, Konzernrecht, 12. Aufl. 2023
Ennuschat/Wank/Winkler, Gewerbeordnung, Kommentar, 9. Auflage 2020
Erman, BGB Kommentar, 17. Aufl. 2023
Ernst & Young, Verdeckte Gewinnausschüttungen und verdeckte Einlagen (Loseblatt)
Esch/Baumann/Schulze zur Wiesche, Handbuch der Vermögensnachfolge, 7. Aufl. 2009

Fabritius, Die Überlassung von Anlagevermögen an die GmbH durch Gesellschafter, 1988
Felix/Heinemann/Carlé/Korn, Streck, Richter, Kölner Handbuch der Betriebsaufspaltung und Betriebsverpachtung (Kölner Handbuch), 4. Aufl. 1979

Fichtelmann, Betriebsaufspaltung im Steuerrecht, 10. Aufl. 1999
Fichtelmann/Schulze zur Wiesche/Högl/Schmitt/Ferstl, Steuer-Formular Handbuch, 7. Aufl. 2002
Formularbuch Recht und Steuern, C.H. Beck, 11. Aufl. 2025
Frotscher, Besteuerung bei Insolvenz, 9. Aufl. 2021
Frotscher/Geurts, EStG Kommentar (Loseblatt)

Gaul, Das Arbeitsrecht der Betriebs- und Unternehmensaufspaltung, 2002
Gerber/Eckert, Gewerbliches Miet- und Pachtrecht, 8. Aufl. 2012
Glanegger/Güroff, GewStG Kommentar, 11. Aufl. 2023
Großfeld, Unternehmens- und Anteilsbewertung im Gesellschaftsrecht, 7. Aufl. 2012
Grüneberg, Bürgerliches Gesetzbuch, Kommentar, 85. Aufl. 2026

Habersack/Caspar/Löbbe, GmbHG Großkommentar, 3. Aufl. 2019 ff.
Hachenburg, GmbHG, Großkommentar, 8. Aufl. 1992-1997
Haritz/Menner/Bilitewski, Umwandlungssteuergesetz Kommentar, 6. Aufl. 2024
Hartmann/Metzenmacher, UStG (Loseblatt)
Heinemann/Korn, Beratungsbuch zur Begründung von Betriebsaufspaltungen, 1980
Hennsler/Strohn, Gesellschaftsrecht, 6. Aufl. 2024
Herrmann/Heuer/Raupach, EStG/KStG Kommentar (Loseblatt)
Heyel, Die Betriebsaufspaltung, 1989
Heyd/Kautenburger-Behr/Wind, Bilanzierung- und Besteuerung in Krise und Insolvenz, 1. Aufl. 2019
Heymann, Handelsgesetzbuch (ohne Seerecht), Kommentar, 3. Aufl. 2019-2024
Hidien/Jürgens, Die Besteuerung der öffentlichen Hand, 2. Aufl. 2023
Hopt, Handelsgesetzbuch, 42. Aufl. 2023
Hopt/Merkt, Vertrags- und Formularbuch zum Handels-, Gesellschafts-, Bank- und Transportrecht, 5. Aufl. 2022
Hruschka/Peters/von Freeden, Steuerliche Betriebsprüfung, 1. Auflage 2021
Hüttemann, Gemeinnützigkeitsrecht und Spendenrecht, 5. Aufl. 2021

Jacobs/Scheffler/Spengel, Unternehmensbesteuerung und Rechtsform, 5. Aufl. 2015
Junge/Jahn/Wernicke, Industrie- und Handelskammergesetz, 9. Aufl. 2024

Kaligin, Die Betriebsaufspaltung, 12. Aufl. 2022
Kalle, Steuerrechtliche Betriebsaufspaltung und das Recht der verbundenen Unternehmen, 1991
Kallmeyer, Umwandlungsgesetz, 7. Aufl. 2020
Kapp/Ebeling, Erbschaftsteuer- und Schenkungsteuergesetz, Kommentar (Loseblatt)
Kirchhof/Seer, EStG Kommentar, 23. Aufl. 2024
Knobbe-Keuk, Bilanz- und Unternehmenssteuerecht, 9. Aufl. 1993
Knoppe, Verpachtung eines Gewerbebetriebes, 9. Aufl. 2005 (Heidelberger Mustervertrag)
Koller/Kindler/Roth/Drüen, Handelsgesetzbuch, Kommentar, 9. Aufl. 2019
Korn, Besteuerung von Freiberuflerpersonengesellschaften und -kapitalgesellschaften, 2. Aufl. 2018

Korn, Einkommensteuergesetz, Kommentar (Loseblatt)
Kübler/Prütting/Bork, Kommentar zur Insolvenzordnung (Loseblatt)
Küting/Pfitzer/Weber, Handbuch der Rechnungslegung, Kommentar (Loseblatt)

Lademann, EStG Kommentar (Loseblatt)
Lenski/Steinberg, Gewerbesteuergesetz Kommentar (Loseblatt)
Littmann/Bitz/Pust, Das Einkommensteuerrecht (Loseblatt)
Lutter, UmwG, Kommentar, 7. Aufl. 2023
Lutter/Hommelhoff, GmbH-Gesetz, Kommentar, 21. Aufl. 2023

Masuch/Meyer, ABC des GmbH-Geschäftsführers 2024, 16. Aufl. 2024
Meincke/Hannes/Holtz, Erbschaftsteuer- und Schenkungsteuergesetz, 18. Auflage 2021
Meyer-Scharenberg/Popp/Woring, Gewerbesteuer-Kommentar, 2. Aufl. 1996
Michalski/Heidinger/Leible/Schmidt, GmbH-Gesetz, Kommentar, 4. Aufl. 2023
Münchener Kommentar Bürgerliches Gesetzbuch, hrsg. von Säcker, Rixecker, Oetker, Limperg, Band 1 (§§ 1–240, ProstG, AGG), 9. Aufl. 2021, Band 4 (§§ 433–480, Finanzierungsleasing, CISG), 8. Aufl. 2019, Band 12 (Internationales Privatrecht I, Europäisches Kollisionsrecht, Art. 1–26 EGBGB), 8. Aufl. 2020, Band 13 (Internationales Privatrecht II, Internationales Wirtschaftsrecht, Art. 50–253 EG-BGB), 8. Aufl. 2020
Münchener Kommentar Handelsgesetzbuch, hrsg. von Drescher, Fleischer, K. Schmidt, Band 1 (§§ 1–104a), 5. Aufl. 2021, Band 2 (§§ 105–229), 5. Aufl. 2022, Band 3 (§§ 161–237), 4. Aufl. 2019, Band 5 (§§ 343–406, CISG), 5. Aufl. 2021
Münchener Kommentar GmbHG, hrsg. von Fleischer, Goette, 4. Auflage 2022
Münchener Vertragshandbuch, Band 2, Wirtschaftsrecht I, hrsg. von Rieder, Schütze, Weipert, 8. Aufl. 2020

Neumann, VGA und verdeckte Einlagen, 2. Aufl. 2006
Noack/Servatius/Haas, GmbH-Gesetz, 23. Aufl. 2022

Offerhaus/Söhn/Lange, Umsatzsteuer Kommentar (Loseblatt)

Pahlke, GrEStG Kommentar, 7. Aufl. 2023
Piltz, Die Unternehmensbewertung in der Rechtsprechung, 3. Aufl. 1994
Plückebaum/Malitzky, UStG (Loseblatt)

Rau/Dürrwächter, Umsatzsteuergesetz Kommentar (Loseblatt)
Reiserer, Der GmbH-Geschäftsführer, 16. Aufl. 2009
Reiß/Kraeusel/Langer, Umsatzsteuergesetz Kommentar (Loseblatt)
Röhricht/Graf von Westphalen/Haas/Mock/Wöstmann, HGB Kommentar, 6. Aufl. 2023
Römermann, Insolvenzordnung Kommentar (Loseblatt)
Rowedder/Pentz, GmbHG, Kommentar, 7. Aufl. 2022
Rödder/Herlinghaus/Neumann, KStG Kommentar, 2. Aufl. 2023

Sagasser/Bula, Umwandlungen, 6. Aufl. 2024
Schauhoff/Kirchhain, Handbuch der Gemeinnützigkeit, 4. Auflage 2023
Schmidt, EStG Kommentar, 43. Aufl. 2024
Schmidt, K., Gesellschaftsrecht, 4. Aufl. 2002
Schmidt, K., Handelsrecht, 6. Aufl. 2014
Schmidt, K./Uhlenbruck, Die GmbH in Krise, Restrukturierung und Insolvenz, 6. Aufl. 2023
Schmitt/Hörtnagl, UmwG UmwStG, Kommentar, 10. Aufl. 2024
Scholz, Kommentar zum GmbH-Gesetz, Band 1: §§ 1–34 GmbHG, 13. Aufl. 2022, Band 2: §§ 35–52 GmbHG, 12. Aufl. 2021, Band 3: §§ 53–88 GmbHG, EGGmbHG, 12. Aufl. 2021
Schwarz/Widmann/Radeisen, UStG Kommentar (Loseblatt)
Semler/Stengel/Leonard, Umwandlungsgesetz, 5. Aufl. 2021
Slotta, Die Entscheidung über die Betriebspacht bzw. Betriebsverpachtung, 1986
Söffing/Micker, Die Betriebsaufspaltung, 9. Aufl. 2023
Sölch/Ringleb, Umsatzsteuer Kommentar (Loseblatt)
Soergel, BGB, 13. Aufl. 2000 ff.
Sonnleiter/Witfeld, Insolvenz- und Sanierungssteuerrecht, 2. Aufl. 2022
Staub, Handelsgesetzbuch, Großkommentar, hrsg. von Canaris, Habersack, Schäfer, 6. Aufl. 2021 ff.
Staudinger, Kommentar zum Bürgerlichen Gesetzbuch, Neubearb. 2021 ff.
Streck, Körperschaftssteuergesetz, Kommentar, 10. Aufl. 2022

Tillmann/Mohr, GmbH- Geschäftsführer, 11. Aufl. 2020
Tipke/Kruse, Abgabenordnung, Finanzgerichtsordnung, Kommentar (Loseblatt)
Troll/Gebel/Jülicher/Gottschalk, Erbschaftsteuer- und Schenkungsteuergesetz, Kommentar (Loseblatt)

Uhlenbruck, Insolvenzordnung, Kommentar, 15. Auflage 2018 f.
Ulmer, HGB-Bilanzrecht, 2002

Viskorf, Grunderwerbsteuergesetz, 21. Auflage 2024
Viskorf/Schuck/Wälzholz, Erbschaftsteuer- und Schenkungsteuergesetz, Bewertungsgesetz, 7. Auflage 2023

Wachter (Hrsg.), Festschrift für Sebastian Spiegelberger, 2009
Weber/Grellet, Steuern im modernen Verfassungsstaat, 2001
Wendt/Suchanek/Möllmann/Heinemann, Gewerbesteuergesetz, 2. Auflage 2022
Wenzel, Die Beendigung der Betriebsaufspaltung, 1990
Widmann/Mayer, Umwandlungsrecht Kommentar (Loseblatt)
Wirtschaftsprüferhandbuch, hrsg. von Institut der Wirtschaftsprüfer in Deutschland e.V., 18. Aufl. 2023
Winheller/Geibel/Jachmann-Michel, Gesamtes Gemeinnützigkeitsrecht, 3. Aufl. 2023
Wittich, Die Betriebsspaltung als Mitunternehmerschaft, 2002
Wurm/Wagner/Zartmann, Das Rechtsformularbuch, 17. neubearbeitete Aufl. 2015

Abkürzungsverzeichnis

a. A.	anderer Ansicht
Abschn.	Abschnitt
abzgl.	abzüglich
a. E.	am Ende
AfA	Absetzungen für Abnutzung
AktG	Aktiengesetz
Anh(.)	Anhang
AO	Abgabenordnung
ArbGG	Arbeitsgerichtsgesetz
Art.	Artikel
Aufl.	Auflage
Az.	Aktenzeichen
BAG	Bundesarbeitsgericht
BB	Betriebs-Berater
Bd.	Band
Bearb.	Bearbeitung
Beil.	Beilage
Beschl.	Beschluss
BeSt	Beratersicht zur Steuerrechtsprechung (Quartalsbeilage zu EFG und HFR)
betr.	betreffend
BetrAufsp.	Betriebsaufspaltung
BetrAVG	Gesetz zur Verbesserung der betrieblichen Altersversorgung (Betriebsrentengesetz)
BetrVG	Betriebsverfassungsgesetz
BfA	Bundesagentur für Arbeit
BFHE	Sammlung der Entscheidungen des Bundesfinanzhofs
BFH/NV	Sammlung nicht amtlich veröffentlichter Entscheidungen des Bundesfinanzhofs
BgA	Betrieb gewerblicher Art
BGB	Bürgerliches Gesetzbuch
BGBl.	Bundesgesetzblatt
BGH	Bundesgerichtshof
BGHZ	Entscheidungen des Bundesgerichtshofes in Zivilsachen
BMF	Bundesministerium der Finanzen
BR-Drucks.	Bundesratsdrucksache
BSG	Bundessozialgericht
BStBl.	Bundessteuerblatt
BT-Drucks.	Bundestagsdrucksache
BVerfG	Bundesverfassungsgericht
BVerfGE	Entscheidungen des Bundesverfassungsgerichts

BVerwG	Bundesverwaltungsgericht
BVerwGE	Entscheidungen des Bundesverwaltungsgerichts
bzw.	beziehungsweise
DB	Der Betrieb
d. h.	das heißt
Diss.	Dissertation
DStJG	Deutsche Steuerjuristische Gesellschaft (Tagungsbände)
DStR	Deutsches Steuerrecht
DstRE	DStR-Entscheidungsdienst (Beilage zur DStR)
DStZ	Deutsche Steuer-Zeitung
EFG	Entscheidungen der Finanzgerichte
Einl(.)	Einleitung
EStB	Der Ertrag-Steuer-Berater
Erl.	Erlass
ErbStG	Erbschaftsteuergesetz
EStG	Einkommensteuergesetz
EStR	Einkommensteuer-Richtlinien
EuGH	Europäischer Gerichtshof
EWiR	Entscheidungen zum Wirtschaftsrecht – Kurzkommentare
F	Fach
FG	Finanzgericht
f./ff.	folgend(e)
FGG	Gesetz über die Angelegenheiten der freiwilligen Gerichtsbarkeit
Fn.	Fußnote
FR	Finanz-Rundschau
FS	Festschrift
GastStG	Gaststättengesetz
GbR	Gesellschaft bürgerlichen Rechts
GbRmbH	Gesellschaft bürgerlichen Rechts mit Haftungsbeschränkung
GesO	Gesamtvollstreckungsordnung
GewO	Gewerbeordnung
GewStG	Gewerbesteuergesetz
GewStR	Gewerbesteuer-Richtlinien
GG	Grundgesetz
ggf.	gegebenenfalls
GmbH	Gesellschaft mit beschränkter Haftung
GmbHG	Gesetz betreffend die Gesellschaften mit beschränkter Haftung
GmbHR	GmbH-Rundschau
GmbH-StB	Der GmbH-Steuer-Berater
Gr.	Gruppe
GrEStG	Grunderwerbsteuergesetz
GrStG	Grundsteuergesetz

Grundeigentum	Das Grundeigentum
GüKG	Güterkraftverkehrsgesetz
H	Hinweis(e)
h. A.	herrschende Ansicht
Hans.	Hanseatisches
HFR	Höchstrichterliche Finanzrechtsprechung
HGB	Handelsgesetzbuch
h. M.	herrschende Meinung
HRefG	Gesetz zur Neuregelung des Kaufmanns- und Firmenrechts und zur Änderung anderer handels- und gesellschaftsrechtlicher Vorschriften (Handelsrechtsreformgesetz)
i. d. F.	in der Fassung
i. d. R.	in der Regel
IHK	Industrie- und Handelskammer
IHKG	Industrie- und Handelskammergesetz
INF	Die Information für Steuerberater und Wirtschaftsprüfer (bis 2002 Die Information über Steuer und Wirtschaft)
InsO	Insolvenzordnung
i. S. d.	im Sinne der/des
InvZulG	Investitionszulagengesetz
IStR	Internationales Steuerrecht
i. V. m.	in Verbindung mit
JFSt.	Jahrbuch der Fachanwälte für Steuerrecht
KG	Kommanditgesellschaft
KGaA	Kommanditgesellschaft auf Aktien
KO	Konkursordnung
Komm.	Kommentar
KonTraG	Gesetz zur Kontrolle und Transparenz im Unternehmensbereich
KÖSDI	Kölner Steuerdialog
krit.	kritisch
KrWaffG	Ausführungsgesetz zu Artikel 26 Abs. 2 des Grundgesetzes (Gesetz über die Kontrolle von Kriegswaffen)
KSchG	Kündigungsschutzgesetz
KStG	Körperschaftsteuergesetz
KWG	Gesetz über das Kreditwesen (Kreditwesengesetz – KWG)
L	Leitsatz
LAG	Landesarbeitsgericht
LM	Lindenmaier-Möhring, Nachschlagewerk des Bundesgerichtshofs
m.	mit
m. E.	meines Erachtens

MitbestG	Gesetz über die Mitbestimmung der Arbeitnehmer (Mitbestimmungs G – MitbestG)
MittBayNot.	Mitteilungen des Bayrischen Notarvereins
MittRheinNotK	Mitteilungen der Rheinischen Notarkammer
m. w. N.	mit weiteren Nachweisen
NJW	Neue Juristische Wochenschrift
nrkr.	nicht rechtskräftig
NWB	Neue Wirtschafts-Briefe
NZB	Nichtzulassungsbeschwerde
NZG	Neue Zeitschrift für Gesellschaftsrecht
NZM	Neue Zeitschrift für Miet- und Wohnungsrecht
OFD	Oberfinanzdirektion
OHG	offene Handelsgesellschaft
OLG	Oberlandesgericht
p. a.	per annum
PartGG	Gesetz über Partnerschaftsgesellschaften Angehöriger Freier Berufe (Partnerschaftsgesellschaftsgesetz – PartGG)
PBefG	Personenbeförderungsgesetz
PSV	Pensionssicherungsverein
R	Richtlinie(n)
Rev.	Revision
RFH	Reichsfinanzhof
RFHE	Entscheidungen des Reichsfinanzhofes
RFM	Reichsfinanzministerium
RG	Reichsgericht
RGZ	Entscheidungen des Reichsgerichts in Zivilsachen
Rn.	Randnummer
Rspr.	Rechtsprechung
RStBl.	Reichssteuerblatt
Rz.	Randzahl (Randziffer)
s.	siehe
SGB	Sozialgesetzbuch
SE	Societas Europa/Europäische (Aktien-)Gesellschaft
SprengG	Gesetz über explosionsgefährliche Waffen (Sprengstoffgesetz)
StB	Der Steuerberater
Stbg.	Die Steuerberatung
StBp.	Die steuerliche Betriebsprüfung
StEK	Steuererlasse in Karteiform
StEntlG	Steuerentlastungsgesetz
SteuerStud.	Steuer und Studium
StRK	Steuerrechtsprechung in Karteiform

StSenkG	Steuersenkungsgesetz
StuB	Steuern und Bilanzen
StVergAbG	Steuervergünstigungsabbaugesetz
StWa.	Steuer-Warte
Tz.	Textzahl(en)/Textziffer(n)
UG	Unternehmergesellschaft
UmwG	Umwandlungsgesetz
UmwStG	Umwandlungssteuergesetz
UntStFG	Gesetz zur Fortentwicklung des Unternehmenssteuerrechts
Urt.	Urteil
UStG	Umsatzsteuergesetz
UStR	Umsatzsteuer-Richtlinien
UWG	Gesetz gegen den unlauteren Wettbewerb
V./v.	von/vom
Vfg.	Verfügung
vgl.	vergleiche
v. H.	vom Hundert
Vorbem.	Vorbemerkung
WaffG	Waffengesetz
WEG	Gesetz über das Wohnungseigentum und das Dauerwohnrecht (Wohnungseigentumsgesetz)
WiB	Wirtschaftsrechtliche Beratung (Vorgängerin der NZG)
WPg	Die Wirtschaftsprüfung
z. B.	zum Beispiel
ZEV	Zeitschrift für Erbrecht und Vermögensnachfolge
ZGR	Zeitschrift für Unternehmens- und Gesellschaftsrecht
ZHR	Zeitschrift für das gesamte Handelsrecht und Wirtschaftsrecht
Ziff.	Ziffer
ZIP	Zeitschrift für Wirtschaftsrecht
ZKF	Zeitschrift für Kommunalfinanzen

Kapitel 1
Einleitung

A. Rechtsgrundlagen

Die Betriebsaufspaltung ist ein **Geschöpf der Finanzverwaltung**[1] und der Rechtsprechung.[2] Eine geplante gesetzliche Regelung[3] ist nicht verwirklicht worden. *L. Schmidt*,[4] der die geplante Gesetzesänderung als nur klarstellend bezeichnet, räumt ein, dass es nach der Änderung des EStG – § 6 Abs. 6 Satz 2 – durch das StEntlG 1999/2000/2002[5] zweifelhaft ist, ob es für die Betriebsaufspaltung noch eine Gesetzesgrundlage gibt. Nach *Haritz/Wisniewski*[6] ist das „Rechtsinstitut" der Betriebsaufspaltung seit dem 1.1.2001 wegen § 35 EStG i.d.F. des StSenkG[7] obsolet. Nach *Strahl/Bauschatz*[8] ist ihr aus steuersystematischer Sicht aufgrund des § 6 Abs. 6 Satz 2 EStG der Boden entzogen. 1.1

Nach *L. Schmidt* ist bis zur 17. Auflage[9] die **steuergesetzliche Grundlage** der Betriebsaufspaltung „ein in wertender Betrachtung und unter verfassungsrechtlichen Aspekten (Art. 3 GG) richtig verstandener Begriff des GewBetr. i.S.v. § 15 I Nr. 1, II". In der 18.–20. Auflage[10] „war" dies die steuergesetzliche Grundlage und in der 21. bis 26. Aufl. „könnte" dies die gesetzliche Grundlage sein. Die frühere Auffassung von *L. Schmidt* hat sich der I. Senat[11] unter Berufung auf die 10. Auflage zu Eigen gemacht. Der Auffassung von *L. Schmidt* hat sich *Wacker*[12] angeschlossen und spricht nunmehr beim Besitzunternehmen unter Verweis auf die jüngste Rechtsprechung des BFH[13] von einem originären Gewerbebetrieb (s. Rz. 3.4).[14] Nach *Reiß*[15] und ihm folgend *Krumm*[16] ist Rechtsgrundlage § 15 Abs. 1 i.V.m. §§ 21, 20 EStG, ferner unter 1.2

1 Rede des Staatssekretärs Reinhardt im RFM im Jahre 1936 auf der Dritten Jahrestagung der Akademie für Deutsches Recht, RStBl. 1936, 1041.

2 RFH v. 3.12.1924 – VIe A 188/24, RFHE 16, 15: Das Besitzunternehmen wird nicht als Gewerbebetrieb qualifiziert.

3 BR-Drucks. 165/85 v. 12.4.1985.

4 *L. Schmidt* in Schmidt, EStG[20], § 15 EStG Rz. 801; in der 21. und 22. Aufl. fehlt die Rz. 801.

5 StEntlG 1999/2000/2002 v. 24.3.1999, BGBl. I 1999, 402.

6 *Haritz/Wisniewski*, GmbHR 2000, 789 (795).

7 StSenkG v. 23.10.2000, BGBl. I 1999, 1433.

8 *Strahl/Bauschatz*, NWB F 3, 1191 (18/2001).

9 *L. Schmidt* in Schmidt, EStG[17], § 15 EStG Rz. 807.

10 *L. Schmidt* in Schmidt, EStG[18], § 15 EStG Rz. 807.

11 BFH v. 17.7.1991 – I R 98/88, BStBl. II 1992, 246 = FR 1991, 747.

12 ZB *Wacker* in Schmidt, EStG[32], § 15 EStG Rz. 807.

13 BFH v. 30.10.2020 – IV R 59/16, BStBl. II 2020, 147; BFH v. 17.11.2020 – I R 72/16, BStBl. II 2021, 483.

14 *Wacker* in Schmidt, EStG[44], § 15 EStG Rz. 807.

15 *Reiß* in Kirchhof/Seer, EStG[12], § 15 EStG Rz. 76 f.

16 *Krumm* in Kirchhof/Seer, EStG[24], § 15 EStG Rz. 77.

Berufung auf das BVerfG[1] die Tatsache, „dass die sich aus der engen sachlichen und personellen Verflechtung ergebenden Risiken hinsichtlich der zur Nutzung überlassenen WG sich nicht mehr als bloße Fruchtziehung aus privaten Vermögensgegenständenansehen lassen";[2] *Authenrieth*[3] sieht in § 15 Abs. 1 Satz 1 Nr. 1 i.V.m. Abs. 2 EStG die Rechtsgrundlage, wenn die „Besitzgesellschaft" ein Einzelunternehmen ist. Handelt es sich bei der Besitzgesellschaft um „eine BGB-Gesellschaft, oHG, KG, GmbH + Co KG", soll § 15 Abs. 1 Satz 1 Nr. 2 i.V.m. Abs. 2 und Abs. 3 Nr. 1 EStG die Rechtsgrundlage sein. Nach *Patt*[4] beruht die Betriebsaufspaltung auf einer „zulässige(n) Auslegung der Merkmale eines Gewerbebetriebs (§ 15 Abs. 2 EStG, § 1 GewStDV)". *Weber-Grellet*[5] rechtfertigt die Betriebsaufspaltung mit dem teleologischen Auslegungsprinzip der wirtschaftlichen Betrachtungsweise als „sachliche Einheit trotz formaler Selbständigkeit". *Kaligin*[6] verweist auf § 134 Abs. 1 UmwG und *Wittich*[7] auf § 15 Abs. 1 Satz 1 Nr. 2 Satz 1 Halbs. 1 EStG. *Beisse*[8] ist der Ansicht, dass das Rechtsinstitut der Betriebsaufspaltung Gewohnheitsrecht ist, das nur vom Gesetzgeber geändert werden kann. *Bode*[9] erkennt in der Betriebsaufspaltung ebenfalls ein Rechtsinstitut, was *Wacker*[10] für überholt hält. *Werthebach*[11] spricht vergleichbar von einer Konstruktion der Rechtsprechung als Rechtsgrundlage. Dem ist zu widersprechen. Die Rechtsprechung ist nicht befugt, anstelle des Gesetzgebers einen Steuertatbestand zu schaffen. Nach *Güroff*[12] handelt es sich bei der Betriebsaufspaltung nicht um ein Rechtsinstitut, „sondern um einen Typus der gewerblichen Teilhabe am allgemeinen Wirtschaftsverkehr". Zumindest für die unechte Betriebsaufspaltung (s. Rz. 2.7) trifft dies nicht zu. Nach *Popp*[13] ist die „Betriebsaufspaltung ... gesetzlich nicht eigenstän-

1 BVerfG v. 14.2.2008 – 1 BvR 19/07, HFR 2008, 754; BVerfG v. 25.3.2004 – 2 BvR 944/00, HFR 2004, 691.

2 Dem ist nicht zu folgen. Jede Unternehmensverpachtung beinhaltet für den Verpächter ein erhebliches Risiko, weil er auf die unternehmerischen Entscheidungen seines Pächters keinen Einfluss hat. Ad absurdum wird diese Auffassung geführt, wenn die Gesellschafter der (Betriebs-)GmbH eine von ihnen erworbene Eigentumswohnung zum Büro umfunktionieren, das die GmbH nutzt. Hier von einer unternehmerischen Tätigkeit der „Besitzunternehmer" auszugehen, ist einem normalen Sterblichen logisch nicht nachvollziehbar. Dies gilt umso mehr, da die Rechtsprechung die Anforderungen an die zu überlassende wesentliche Betriebsgrundlage immer weiter herunter geschraubt hat und damit den Anwendungsbereich der Grundsätze der Betriebsaufspaltung erheblich erweitert hat (s. Rz. 3.101 ff.).

3 *Autenrieth*, DStZ 1989, 280.

4 *Patt*, DStR 1994, 1383.

5 *Weber-Grellet*, Steuern im modernen Verfassungsstaat, 2001, 335.

6 *Kaligin*, Die Betriebsaufspaltung[13], 25.

7 *Wittich*, Die Betriebsaufspaltung als Mitunternehmerschaft, 2002, 94, 388.

8 *Beisse* in FS L. Schmidt, 1993, 455.

9 *Bode* in Brandis/Heuermann, § 15 EStG Rz. 590 (Stand: August 2023).

10 *Wacker* in Schmidt, EStG[44], § 15 EStG Rz. 807.

11 *Werthebach* in Frotscher/Greuts, § 15 EStG Rz. 137 (Stand: April 2024).

12 *Güroff* in Glanegger/Güroff, GewStG[11], § 2 GwStG Rz. 206.

13 *Popp* in Meyer-Scharenberg/Popp/Woring, Gewerbesteuer Kommentar[2], § 2 GewStG Rz. 333.

dig geregelt“, wohl aber durch „die neuere Rechtsprechung ... des BFH“.[1] Hinsichtlich der mitunternehmerischen Betriebsaufspaltung (s. Rz. 2.4) vertritt der I. Senat des BFH[2] die Auffassung, dass diese auf „gewohnheitsrechtlichen Grundsätzen“ beruht.

Eine **gesetzliche Grundlage vermissen** – zu Recht – *Barth,*[3] *Bentler,*[4] *Crezelius,*[5] *Donath,*[6] *Eikmeier,*[7] *Felix,*[8] *Gluth,*[9] *Gosch,*[10] *Knobbe-Keuk,*[11] *Kroschel/Wellisch,*[12] *Krüger,*[13] *Kruse,*[14] *Mössner,*[15] *Pannen,*[16] *Salzmann*[17] und *Carlé.*[18] Nach *Kalle*[19] handelt es sich um eine „durch die Rechtsprechung konstruierte Rechtsfigur“; ähnlich *Heyel*[20] und *Werthebach*[21]. 1.3

Die Frage nach einer gesetzlichen Grundlage stellt sich nicht für *Brandmüller,*[22] *Fichtelmann*[23] und *Söffing/Micker.*[24] Dies ist umso ungewöhnlicher, als es sich um Juristen handelt, denen geläufig ist, dass jeder Rechtsanspruch einer Rechtsgrundlage bedarf. 1.4

Zivilrecht: Neben dem Steuerrecht ist die Betriebsaufspaltung auch zivilrechtlich relevant, da sie gesellschaftsrechtlicher Gestaltung bedarf, was wiederum zur Anwendung spezieller gesellschaftsrechtlicher Normen führt. Gleichwohl wird ihr zivilrechtlich wenig Achtung gezollt. Nach *K. Schmidt*[25] ist „die Betriebsaufspaltung (...) ein Kind des Steuerrechts und wird gerade aus diesem Grund nicht nur mit Beifall be- 1.5

1 Dem BFH wird damit gesetzgebende Gewalt zugebilligt, was streng genommen dem Prinzip der Gewaltenteilung widerspricht.
2 BFH v. 25.5.2011 – I R 95/10, BFHE 234, 63 = FR 2011, 1175 m. Anm. *Kempermann.*
3 *Barth,* BB 1985, 1861.
4 *Bentler,* Das Gesellschaftsrecht der Betriebsaufspaltung, 1986.
5 *Crezelius* in FS M. Streck, 2011, 45.
6 *Donath,* Die Betriebsaufspaltung, 1991, 1.
7 *Eikmeier,* Die Rechtsprechung zur Betriebsaufspaltung unter dem Blickwinkel des § 42 AO 1977, 1995, 138.
8 *Felix,* StB 1997, 145.
9 *Gluth* in H/H/R, § 15 EStG Rz. 794 (Stand: April 2022).
10 *Gosch,* StBp. 1993, 116 (118).
11 *Knobbe-Keuk,* Bilanz- und Unternehmenssteuerrecht[9], § 22 X 2 (S. 864).
12 *Kroschel/Wellisch,* SteuerStud. 1999, 400.
13 *Krüger,* Zweckmäßige Wahl der Unternehmensform[7], Rz. 232 (S. 270).
14 *Kruse,* DStJG 18, 115 (129).
15 *Mössner,* Stbg. 1997, 1.
16 *Pannen,* DB 1996, 1252.
17 *Salzmann* in FS Spiegelberger, 2009, 401.
18 *Carlé* in FS Spiegelberger, 2009, 55.
19 *Kalle,* Steuerrechtliche Betriebsaufspaltung und das Recht der verbundenen Unternehmen, 1991, 12.
20 *Heyel,* Die Betriebsaufspaltung, 1989, 15.
21 *Werthebach* in Frotscher/Greuts, § 15 EStG Rz. 137 (Stand: April 2024).
22 *Brandmüller,* Die Betriebsaufspaltung nach Handels- und Steuerrecht[7], 1997.
23 *Fichtelmann,* Die Betriebsaufspaltung im Steuerrecht[10], 1999.
24 *Söffing/Micker,* Die Betriebsaufspaltung[10], 2025.
25 *K. Schmidt,* Gesellschaftsrecht[4], § 12 II 3d (S. 345).

dacht". Nach *Bentler*[1] gibt es keine exakte Definition der Betriebsaufspaltung; sie ist kein Rechtsinstitut.[2] In der gesellschaftsrechtlichen Kommentarliteratur wird die Betriebsaufspaltung nur dilatorisch behandelt. *Altmeppen*[3] widmet der Betriebsaufspaltung kaum Raum; *Liebscher*[4] immerhin acht Randziffern; *Fastrich*[5] nur eine. In der gesellschaftsrechtlichen Literatur liegt der Schwerpunkt dabei auf konzernrechtlichen Fragestellungen. *Schaub*[6] erörtert die Betriebsverpachtung etwas ausführlicher wegen ihrer steuerlichen Bedeutung.

1.6 Im Fall des Vorliegens einer **steuerlichen Betriebsaufspaltung** sind seit Inkrafttreten des MoMiG[7] mit Wirkung zum 1.11.2008 die §§ 39 Abs. 4 Satz 1 i.V.m. Abs. 1 Nr. 5, 44a, 135 und 143 InsO[8] zu beachten, insbesondere § 135 Abs. 3 InsO (kapitalersetzende Nutzungsüberlassung).[9] Diese Vorschriften sind an die Stelle von § 32a Abs. 3 GmbHG und § 172a HGB i.V.m. § 32a GmbHG getreten. Allerdings darf nicht übersehen werden, dass diese Haftungsvorschriften weder eine personelle noch eine sachliche Verflechtung i.S.d. Betriebsaufspaltung verlangen. § 39 Abs. 4 Satz 1 i.V.m. Abs. 1 Nr. 5 und § 135 InsO greifen ein, wenn ein Gesellschafter gleichzeitig Geschäftsführer oder ein Gesellschafter mit mehr als 10 % an der GmbH beteiligt ist. Soweit man sich zur Rechtfertigung der Betriebsaufspaltung im steuerlichen Sinne auf die Rechtsprechung des BGH[10] zur Ausfallhaftung und in der Vergangenheit zum Eigenkapitalersatz beruft,[11] wird übersehen, dass mit diesen Vorschriften allein dem Gläubigerschutz gedient wird. Die Erschließung einer Geldquelle für den Fiskus ist nicht Aufgabe dieser Normen.

1.7 Entsprechendes gilt für den zur Rechtfertigung der Betriebsaufspaltung herangezogenen § 134 Abs. 1 Satz 1 UmwG für den Fall der Spaltung einer Gesellschaft.[12] Diese Vorschriften dienen dem Arbeitnehmerschutz;[13] ebenso § 613a Abs. 5 und 6 BGB.

1.8 Inzwischen ist die Betriebsaufspaltung bzw. deren Tatbestandsmerkmale gesetzlich zumindest erwähnt. § 50i Abs. 1 Satz 4 EStG spricht von der Anwendbarkeit der Norm, wenn „der Steuerpflichtige sowohl im überlassenden Betrieb als auch im nut-

1 *Bentler*, Das Gesellschaftsrecht der Betriebsaufspaltung, 1986, 21.
2 *Fabritius*, Die Überlassung von Anlagevermögen an die GmbH durch Gesellschafter, 1988, 21.
3 *Altmeppen* in Altmeppen, GmbHG[11], Anh. § 30 Rz. 224 f.
4 *Liebscher* in Münchener Kommentar GmbHG[5], Anh. § 13 Rz. 97 ff.
5 *Fastrich* in Noack/Servatius/Haas, GmbHG[25], Einl. Rz. 14.
6 *Schaub* in Staudinger, Neubearbeitung 2025, § 581 BGB Rz. 93 ff.
7 Gesetz zur Modernisierung des GmbH-Rechts und zur Bekämpfung von Missbräuchen (MoMiG) v. 23.10.2008, BGBl. I 2008, 2026.
8 Insolvenzordnung (InsO) v. 5.10.1994, BGBl. I 1994, 2866, zuletzt geändert durch das Gesetz zur Verkürzung des Restschuldbefreiungsverfahrens und zur Stärkung der Gläubigerrechte v. 15.7.2013, BGBl. I 2013, 2379.
9 Hierzu *Hirte* in Uhlenbruck, InsO[16], § 135 Rz. 21.
10 BGH v. 16.9.1985 – II ZR 275/84, BGHZ 95, 330; BGH v. 16.10.1989 – II ZR 307/88, BGHZ 109, 55; BGH v. 14.12.1992 – II ZR 298/91, BGHZ 121, 31.
11 *L. Schmidt* in Schmidt, EStG[22], § 15 EStG Rz. 800.
12 *Wacker* in Schmidt, EStG[44], § 15 EStG Rz. 800.
13 *Gaul*, Das Arbeitsrecht der Betriebs- und Unternehmensspaltung, 2002, § 15 Rz. 67.

zenden Betrieb allein oder zusammen mit anderen Gesellschaftern einen einheitlichen gesetzlichen Betätigungswillen durchsetzen kann und dem nutzenden Betrieb eine wesentliche Betriebsgrundlage zur Nutzung überlässt." In § 13a Abs. 3 Satz 13 ErbStG gilt für die Berechnung der Lohnsumme: „Im Fall einer Betriebsaufspaltung sind die Lohnsummen und die Anzahl der Beschäftigten der Besitzgesellschaft und der Betriebsgesellschaft zusammenzuzählen." In § 13b Abs. 4 Nr. 1 Satz 2 Buchst. a ErbStG wird für Zwecke der Rückausnahmen vom nicht begünstigten Verwaltungsvermögen davon gesprochen, dass „der Erblasser oder Schenker sowohl im überlassenden Betrieb als auch im nutzenden Betrieb allein oder zusammen mit anderen Gesellschaftern einen einheitlichen geschäftlichen Betätigungswillen durchsetzen konnte".[1]

B. Verfassungsrecht

Das BVerfG[2] hat in der Vergangenheit bestätigt, dass die Finanzgerichtsbarkeit „ohne Verstoß gegen den Gleichheitssatz des Art. 3 Abs. 1 GG an dem von ihnen entwickelten Rechtsinstitut der Betriebsaufspaltung festhalten (können)". Auch die Grenzen des Art. 20 Abs. 3 GG hält das BVerfG[3] – bezogen auf die Rechtsprechung vor 1985 – für nicht überschritten. Ob dies allerdings für die **erkennbar ausufernde Rechtsprechung** des BFH (s. Rz. 3.101 ff.) weiterhin gilt, ist zu bezweifeln. Sollte das BVerfG die Rechtsprechung für verfassungswidrig erklären, ist jedoch davon auszugehen, dass die Rechtsprechung gesetzlich verankert wird, wie dies bereits in den genannten Normen für Teilbereiche geschehen ist. Eine 1985 geplante gesetzliche Regelung[4] ist nicht verwirklicht worden, weil der Gesetzgeber davon ausgegangen ist, dass der BFH die Grundsätze über die ertragsteuerliche Beurteilung der Betriebsaufspaltung beibehalten werde.[5] 1.9

Für eine **Verfassungswidrigkeit** der derzeitigen Rechtsprechung des BFH spricht m. E. die Rechtsprechung des BVerfG, wenn es ausführt, dass im Bereich des Eingriffsrechts „der Grundsatz der Tatbestandsmäßigkeit als Ausdruck des Rechtsstaatsprinzips im Bereich des Abgabewesens fordert, dass steuerbegründende Tatbestände so bestimmt sein müssen, dass der Steuerpflichtige die auf ihn entfallende Steuerlast vorausberechnen kann".[6] 1.10

---

1 Zur erbschaftsteuerlichen Betriebsaufspaltung Bodden, KÖSDI 2024, (I) 23564 und (II) 23613 ff.

2 BVerfG v. 13.1.1995 – 1 BvR 1946/94, HFR 1995, 223; BVerfG v. 25.3.2004 – 2 BvR 944/00, NJW 2004, 2513; BVerfG v. 26.4.2004 – 2 BvR 246/98, FR 2005, 139, durch die die Verfassungsbeschwerden gem. § 93a bzw. 93b BVerfGG nicht zur Entscheidung angenommen wurden; BVerfG v. 14.2.2008 – 1 BvR19/07, HFR 2008, 754.

3 BVerfG v. 12.3.1985 – 1 BvR 571/81, 1 BvR 494/82, 1 BvR 47/83, BVerfGE 69, 188 = FR 1985, 501 im Anschluss an den BVerfG v. 14.1.1969 – 1 BvR 136/62, BVerfGE 25, 28.

4 BR-Drucks. 165/85.

5 BT-Drucks. 10/4513, 63.

6 BVerfG v. 14.12.1965 – 1 BvR 571/60, BVerfGE 19, 253 (267); BVerfG v. 28.2.1973 – 2 BvL 19/70, BVerfGE 34, 348 (366). Zweifel an der Verfassungsmäßigkeit hinsichtlich der BFH-Rechtsprechung äußert *Seer*, BB 2002, 1833 unter Hinweis auf das Willkürverbot.

1.11 Ob das BVerfG der nach wie vor **ausufernden Rechtsprechung** des BFH Einhalt gebieten wird, muss gleichwohl bezweifelt werden. Verschiedene Nichtannahmebeschlüsse[1] der Vergangenheit zeugen von diesem Zweifel.

1 Z.B. BVerfG v. 13.1.1995 – 1 BvR 1946/94, HFR 1995, 223; BVerfG v. 25.3.2004 – 2 BvR 944/00, NJW 2004, 2513; BVerfG v. 26.10.2004 – 2 BvR 246/98, FR 2005, 139.

Kapitel 2
Zivilrecht der Betriebsaufspaltung

A. Formen der Betriebsaufspaltung und deren Bestimmungsgründe

I. Typische Betriebsaufspaltung

2.1 **Personen- und beteiligungsidentische Betriebs-GmbH.** Der typische Fall der Betriebsaufspaltung ist der, dass ein Einzelunternehmer eine Ein-Personen-GmbH gründet oder die Gesellschafter einer Personengesellschaft eine personen- und beteiligungsidentische Betriebs-GmbH gründen, auf die das Umlaufvermögen übertragen und an die das Anlagevermögen einschließlich Firmenwert verpachtet wird. Die Einzelunternehmung bzw. die Personengesellschaft schrumpft zum Besitzunternehmen (typische Betriebsaufspaltung). Eine dreistufige Betriebsaufspaltung soll auch vorliegen, wenn die Besitzgesellschaft nicht Eigentümerin ist, sondern die wesentlichen Betriebsgrundlagen von Dritten gepachtet hat.[1] In der Praxis ist diese Differenzierung ohne Belang. Entscheidend ist, dass die wesentliche Betriebsgrundlage zur Nutzung überlassen wird, egal ob diese im Eigentum steht oder an ihr nur ein Nutzungsrecht besteht.

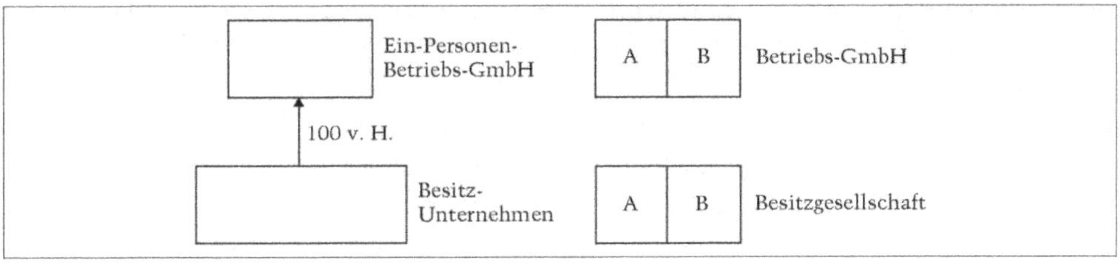

2.2 **Steuerliches Sonderbetriebsvermögen.** Zur typischen Betriebsaufspaltung wird auch die Gestaltung gerechnet, dass bei der Besitzgesellschaft steuerliches Sonderbetriebsvermögen vorhanden ist. Das ist z.B. der Fall, wenn der Grundbesitz zivilrechtlich nur einem Gesellschafter oder den Gesellschaftern oder einigen von ihnen in Bruchteilsgemeinschaft oder Gesellschaft bürgerlichen Rechts gehört (s. Rz. 3.336 ff.) (dreistufige Betriebsaufspaltung).

2.3 **Typische Einheits-Betriebsaufspaltung.** Als typisch lässt sich auch die Variante einordnen, dass die Besitzgesellschaft alleinige Gesellschafterin der Betriebs-GmbH ist (Einheits-Betriebsaufspaltung). Der Vorteil dieser Gestaltung liegt nicht nur im zivilrechtlichen Bereich (s. Rz. 2.198), sondern verhindert auch die ungewollte Beendigung. Der Gedanke der Einheits-Betriebsaufspaltung zur Vermeidung einer ungewollten Beendigung der Betriebsaufspaltung greift nicht bei einem Einzelunternehmen als Besitzunternehmen, denn hier kann die Rechtsinhaberschaft an der wesentlichen Betriebsgrundlage und der Beteiligung an der Betriebsgesellschaft – z.B. im Erbfall – ungewollt auseinanderfallen.

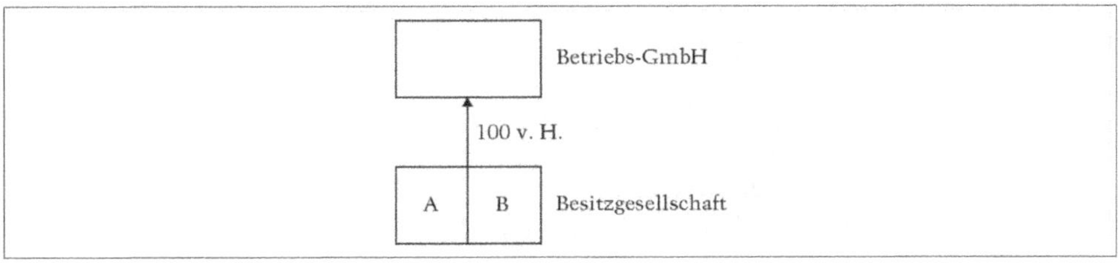

1 *Gluth* in H/H/R, § 15 EStG Anm. 781 (Stand: April 2022); *Fichtelmann*, Die Betriebsaufspaltung im Steuerrecht[10], 1999.

II. Typische mitunternehmerische Betriebsaufspaltung

2.4 **Personen(handels)gesellschaft als Betriebsgesellschaft.** Bei der mitunternehmerischen Betriebsaufspaltung ist die Betriebsgesellschaft ebenfalls eine Personen(handels)gesellschaft, regelmäßig in der Rechtsform der GmbH & Co. KG. Die Gesellschafter der Besitzgesellschaft sind mit den Kommanditisten der Betriebs-GmbH & Co. KG und der Komplementär-GmbH personen- und beteiligungsidentisch (s. Rz. 2.89 ff.).

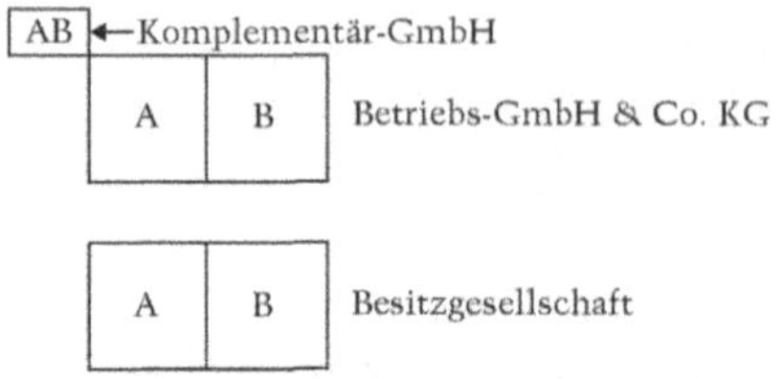

2.5 **Typische mitunternehmerische Einheits-Betriebsaufspaltung.** Als Varianten der typischen mitunternehmerischen Betriebsaufspaltung sind möglich, dass (1) die Besitzgesellschaft alleinige Gesellschafterin der Komplementär-GmbH der GmbH & Co. KG und deren alleinige Kommanditistin ist (beteiligungsidentische GmbH & Co. KG) oder (2) die Besitzgesellschaft alleinige Kommanditistin ist und die Komplementär-GmbH von der GmbH & Co. KG gehalten wird (Einheits-GmbH & Co. KG im Rahmen der mitunternehmerischen Einheits-Betriebsaufspaltung).

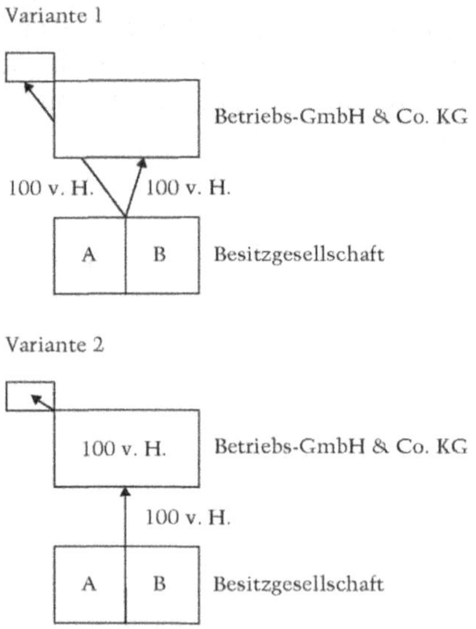

III. Kapitalistische Betriebsaufspaltung

Kapitalgesellschaft als Besitz- und Betriebsgesellschaft. Eine kapitalistische Betriebsaufspaltung ist gegeben, wenn sowohl die Besitz- als auch die Betriebsgesellschaft in der Rechtsform einer Kapitalgesellschaft geführt werden.[1] Auch in diesem Fall kann die Betriebsgesellschaft von der Besitzgesellschaft gehalten werden (kapitalistische Einheits-Betriebsaufspaltung). Steuerrechtlich soll eine kapitalistische Betriebsaufspaltung nur bei der kapitalistischen Einheits-Betriebsaufspaltung gegeben sein (s. Rz. 3.445) und nicht zwischen beteiligungsidentischen oder gleich beherrschten Schwestergesellschaften. 2.6

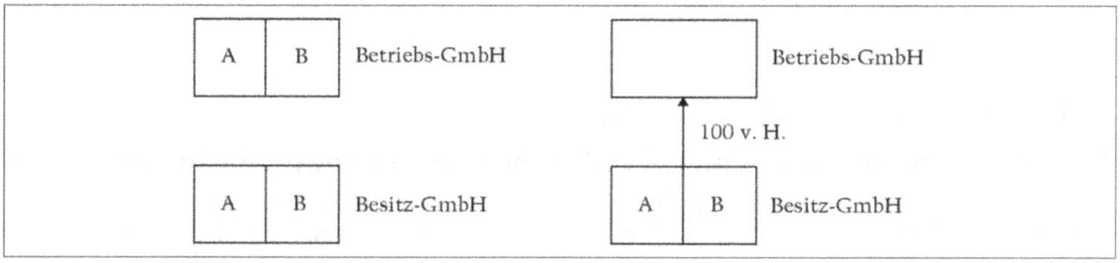

IV. Unechte Betriebsaufspaltung

Wesentliche Betriebsgrundlage kein originärer Gewerbebetrieb. Eine unechte Betriebsaufspaltung[2] entsteht, wenn die Gesellschafter einer GmbH die von einem Dritten gepachtete oder gemietete wesentliche Betriebsgrundlage erwerben, gleichgültig, ob in Bruchteilsgemeinschaft, Gesellschaft bürgerlichen Rechts oder Personenhandelsgesellschaft. Die Besonderheit bei dieser Konstellation besteht darin, dass die erworbene wesentliche Betriebsgrundlage niemals Gewerbebetrieb war, durch den Erwerb jedoch dazu umqualifiziert wird. 2.7

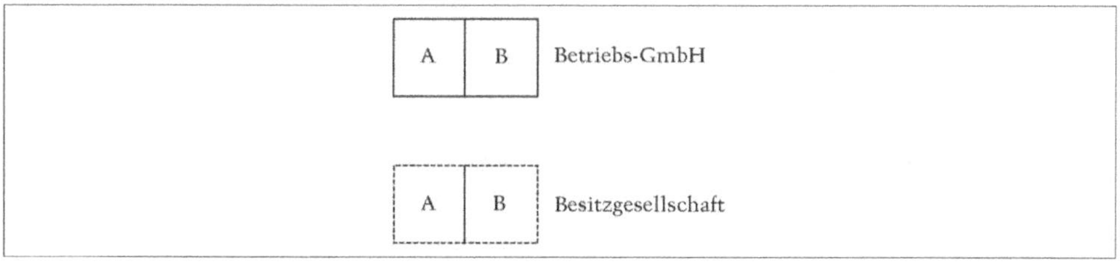

Abspaltung od. Ausgliederung des Anlagevermögens. Eine unechte Betriebsaufspaltung kann auch dadurch entstehen, dass aus der bestehenden GmbH das Anlagevermögen zur Aufnahme oder zur Neugründung auf eine Personenhandelsgesellschaft abgespalten oder im umwandlungsrechtlichen Sinne ausgegliedert wird. Anschließend pachtet die GmbH das Anlagevermögen der Besitzgesellschaft. Erfolgt die 2.8

1 BFH v. 1.8.1979 – I R 111/78, BStBl. II 1980, 77 = FR 1980, 49; BFH v. 26.2.1998 – III B 170/94, BFH/NV 1998, 1258.

2 BFH v. 3.11.1959 – I 217/58 U, BStBl. III 1960, 50.

Spaltung im Wege der Ausgliederung, ist die Betriebsgesellschaft alleinige Gesellschafterin der Besitz-GmbH & Co. KG (unechte Einheits-Betriebsaufspaltung). Zu Einzelheiten s. Rz. 2.121.

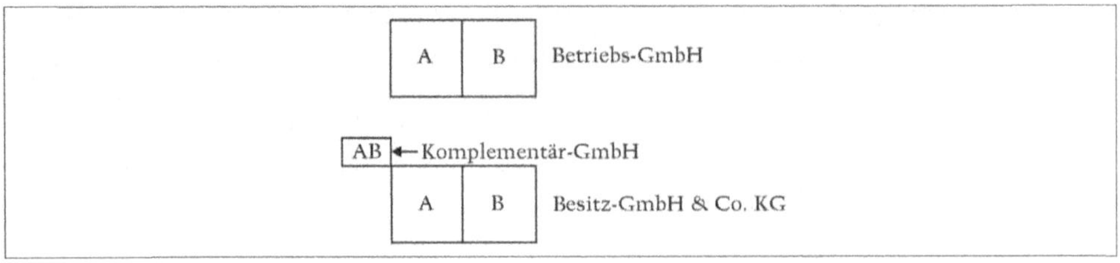

V. Umgekehrte Betriebsaufspaltung

2.9 Pachtweise **Ausgliederung eines (Teil-)Betriebs auf Personengesellschaft.** Von einer umgekehrten Betriebsaufspaltung[1] wird gesprochen, wenn eine Kapitalgesellschaft ihren Betrieb oder einen Teilbetrieb pachtweise auf eine von ihren Gesellschaftern gegründete Personengesellschaft ausgliedert. Denkbar ist auch in diesem Fall wiederum, dass (1) die Kapitalgesellschaft die Komplementär-GmbH zu 100 % hält und alleinige Kommanditistin ist (Ein-Personen-GmbH & Co. KG) oder (2) die Kapitalgesellschaft alleinige Kommanditistin ist und die Komplementär-GmbH von der GmbH & Co. KG gehalten wird (Einheits-GmbH & Co. KG im Rahmen der umgekehrten Einheits-Betriebsaufspaltung). *Dehmer*[2] weist darauf hin, dass vereinzelt vertreten wird, dass bei einer umgekehrten Betriebsaufspaltung die Rechtsfolgen einer Betriebsaufspaltung nicht eintreten sollen.

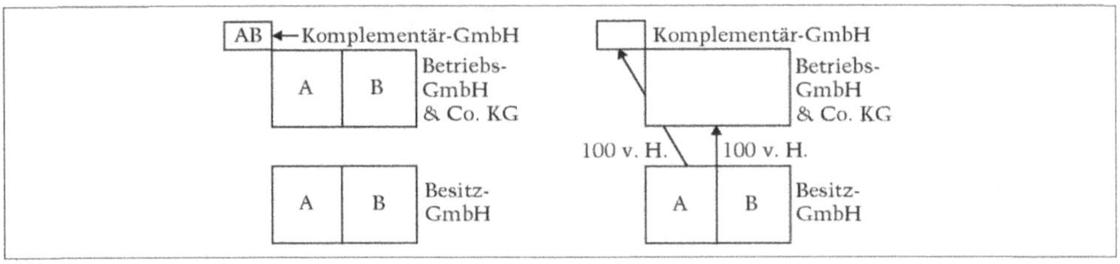

1 BFH v. 12.1.1977 – I R 204/75, BStBl. II 1977, 357; BFH v. 8.9.2011 – IV R 43/07, BFH/NV 2012, 222.

2 *Dehmer*, Betriebsaufspaltung[5], § 1 Rz. 34 unter Hinweis auf *Söffing/Micker*, Die Betriebsaufspaltung[9], Rz. 705 ff.

VI. „Wiesbadener Modell"

Vermeidung der Betriebsaufspaltung. Das sog. Wiesbadener Modell[1] verhindert die Betriebsaufspaltung dadurch, dass an der Betriebs-GmbH die Ehemänner und an der Besitzgesellschaft die Ehefrauen beteiligt sind oder umgekehrt[2]. Allerdings soll hier die Gefahr eines verdeckten Gesellschaftsverhältnisses drohen.[3] Dieser Ansatz ist m. E. fernliegend. 2.10

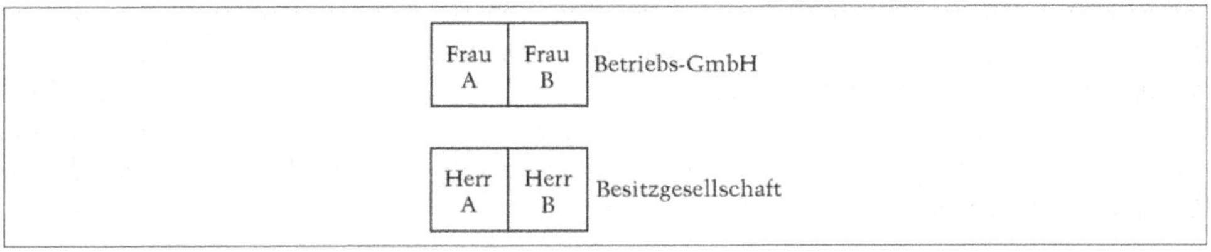

VII. Mehrfache Betriebsaufspaltung

Mehrere Besitz- und Betriebsunternehmen. Denkbar ist bei sämtlichen Varianten, dass mehrere Besitzunternehmen oder Besitzgesellschaften einerseits und mehrere Betriebs-Kapitalgesellschaften andererseits gegeben sind.[4] 2.11

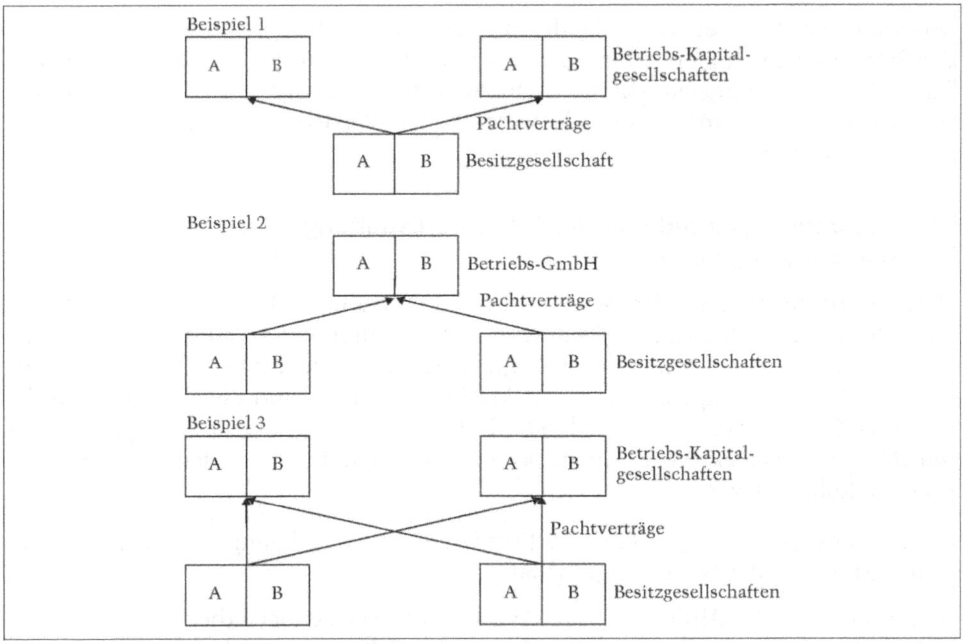

1 BFH v. 26.10.1988 – I R 228/84, BStBl. II 1989, 155 = FR 1989, 148.

2 Zu den zivilrechtlichen Gestaltungsmöglichkeiten, die den Zugriff des Unternehmers auf die im Eigentum des Besitzunternehmers stehende wesentliche Betriebsgrundlage im Fall der Trennung gewährleisten sollen: *Kesseler*, DStR 2015, 1189 ff.

3 *Wacker* in Schmidt[44], § 15 EStG Rz. 847.

4 *Gluth* in H/H/R, § 15 EStG Anm. 782 (Stand: April 2022).

2.12 **Modelle der Betriebsaufspaltung.** In sämtlichen Modellen ist wiederum zu unterscheiden zwischen dem Unternehmens-Pachtmodell einerseits und dem Schrumpf (ungs)-Modell bzw. Steuerberater-Modell andererseits.[1] Das Unternehmens-Pachtmodell entspricht einer Unternehmensverpachtung wie unter fremden Dritten (s. Rz. 2.215 ff.). Dies bedeutet, dass der Verpächter dem Pächter für die Dauer des Pachtvertrags die volle Nutzung seines Unternehmens gewährt, während den Pächter die Pflicht trifft, den Pachtzins zu zahlen und den Betrieb auf eigene Rechnung und im eigenen Namen oder mit der Firma des Verpächters gem. § 22 Abs. 2 HGB fortzuführen. Eine Unternehmenspacht liegt vor, wenn sich das Schwergewicht des Vertrags nicht in der Überlassung von Räumen erschöpft, sondern in der Überlassung des Unternehmens als Inbegriff von beweglichen und unbeweglichen Sachen, Rechten und immateriellen Wirtschaftsgütern.[2]

2.13 **Steuerberatungs- oder Schrumpfungs-Modell.** Beim Steuerberater-Modell – auch Schrumpf(ungs)-Modell genannt – erfolgen sämtliche Investitionen und Ersatzbeschaffungen vereinbarungsgemäß durch die Betriebs-GmbH zu deren Eigentum, so dass nach Ablauf einer gewissen Zeit das Besitzunternehmen nur noch über die Immobilie oder, wenn es in gemieteten Räumen tätig ist, über den Mietvertrag verfügt.

2.14 **Mischformen der Betriebsaufspaltung.** Rechtstatsächlich kommen die Varianten der Betriebsaufspaltung nicht in Reinkultur vor. Es überwiegen die auf den jeweiligen Einzelfall zugeschnittenen Mischformen. So spricht man auch von einer qualifizierten Betriebsaufspaltung, wenn alle wesentlichen Betriebsgrundlagen zur Nutzung überlassen werden.[3]

VIII. Bestimmungsgründe für die Betriebsaufspaltung oder Betriebsverpachtung

2.15 **Betriebsaufspaltung als alternative Unternehmensform.** Die Formen der Betriebsaufspaltung sind echte Alternativen im Angebot kombinierter Unternehmensformen (Mischtypen, Grundtypenvermischung), aber auch gegenüber der reinrassigen GmbH oder Personengesellschaft. Direkte Konkurrenten sind die GmbH & Co. KG sowie die GmbH & (a) typisch Still oder in Kombination mit einer (a-)typischen Unterbeteiligung. Dabei spielen nicht selten außersteuerliche Gründe die ausschlaggebende Rolle, wie z.B.:

- Beabsichtigte vorweggenommene Erbfolge durch Beteiligung der Nachfolger zunächst nur an der Betriebsgesellschaft;
- Vorbereitung der Absicherung der Witwe und „weichender Erben“ durch eine Beteiligung nur an der Besitzgesellschaft als „Nur“-Besitzgesellschafter;

---

1 *Slotta*, Die Entscheidung über die Betriebspacht bzw. Betriebsverpachtung, 1986, 2, spricht in diesem Zusammenhang von der Betriebspachtalternative einerseits und der Basis- bzw. Unterlassungsalternative andererseits.
2 *Harke* in Münch. Komm. BGB[9], § 581 BGB Rz. 5.
3 *Gluth* in H/H/R, § 15 EStG, Anm. 784 (Stand: April 2022).

- Beabsichtigte Aufnahme von Mitarbeitern als Gesellschafter begrenzt auf die Betriebsgesellschaft als „Nur"-Betriebsgesellschafter;
- Beabsichtigte Aufnahme Dritter nur in die Besitz- oder Betriebsgesellschaft;
- Vorbereitung für eine Fusion mit anderen Unternehmen unter Zurückbehaltung der Immobilien;
- Ausgliederung von Teilbetrieben oder Betriebszweigen;
- „Verschleierung" der Ertragskraft des Unternehmens in sog. Auditfällen durch Gewinnverlagerungen aus dem operativen Bereich in das Besitzunternehmen.

Steuerersparnis als Vorteil. Die Betriebsaufspaltung wird empfohlen unter dem 2.16
Hinweis auf die Steuerersparnis einerseits und die Haftungsbegrenzung – asset protection – andererseits. Die Haftungsbegrenzung wird mit der Rechtsform der GmbH bzw. der GmbH & Co. KG begründet, die Steuerersparnis im Fall der GmbH als Betriebsgesellschaft mit der Abzugsfähigkeit der Gehälter als Betriebsausgaben mit der Folge der Ersparnis von Gewerbesteuer, der Möglichkeit der Bildung von Pensionsrückstellungen, und auch dem geringen Körperschaftsteuersatz und dem Teileinkünfteverfahren. Relativiert wird der Gewerbesteuervorteil durch die Anrechenbarkeit der Gewerbesteuer auf die Einkommensteuer gem. § 35 EStG. Hinzu kommt, dass in einer Gesamtbetrachtung bei Vollausschüttung die Steuerersparnis relativiert wird.

Höherer Verwaltungsaufwand. Die Steuerersparnis wird nicht dem erheblich höhe- 2.17
ren Verwaltungsaufwand gegenübergestellt: zwei Buchführungen, zwei Jahresabschlüsse, ggfs. Prüfungs- und Publizitätspflicht. Höhere Insolvenzanfälligkeit der Betriebsgesellschaft und die Haftungsgefahren bei Begründung der Betriebsaufspaltung im Fall der Betriebs-GmbH durch eine verdeckte Sachgründung (s. Rz. 2.59 ff.) sowie aufgrund der §§ 39 Abs. 1 Nr. 5, Abs. 4 und 5, § 44a, 135 Abs. 2 InsO[1] als Nachfolgeregelungen der §§ 32a und 32b GmbHG a.F. (s. Rz. 2.157 ff.). Eine Haftungsfalle kann sich auch aus dem Pachtvertrag ergeben (s. Rz. 2.243, 2.248).

Optimierung durch individuelle Vertragsgestaltung. Es sind in jedem Einzelfall die 2.18
Vor- und Nachteile abzuwägen. Nur eine individuelle Vertragsgestaltung (s. Rz. 2.180 ff.) ermöglicht eine Optimierung von steuerrechtlichen, gesellschaftsrechtlichen und haftungsrechtlichen Vorteilen.

Vorbereitung der Unternehmensnachfolge. Die Betriebsverpachtung – auch im 2.19
Rahmen einer atypischen Betriebsaufspaltung – kann zur Vorbereitung der Unternehmensnachfolge dienen.[2] Im Rahmen der Aufspaltung des Unternehmens wird bei einer geplanten Unternehmensnachfolge dem/den Unternehmensnachfolger(n) an der Betriebsgesellschaft bereits eine Beteiligung eingeräumt, während das Besitzun-

1 Eingefügt durch Art. 9 MoMiG v. 23.10.2008, BGBl. I 2008, 2026, mit Wirkung v. 1.11.2008.

2 *Baumann* in Esch/Baumann/Schulze zur Wiesche, Handbuch der Vermögensnachfolge[7], Rz. 1536.

ternehmen weiterhin von dem/den Senior(en) gehalten wird. Über die Pacht erhält der Senior bzw. erhalten die Senioren laufende konstante Einkünfte, während der/die Junior(en) am Gewinn der Betriebsgesellschaft überproportional partizipieren. Hinsichtlich der Geschäftsführerverträge ist jedoch zu beachten, dass die Rechtsprechung und ihr folgend die Finanzverwaltung gewinnabhängige oder gar umsatzabhängige Tantiemen nur in eingeschränktem Umfang steuerlich anerkennt (s. Rz. 2.199).

2.20 **Verpachtung an Betriebsgesellschaft.** Denkbar ist auch, dass der/die Unternehmensnachfolger die Betriebsgesellschaft – gleichgültig, in welcher Rechtsform – gründet/gründen und der Senior bzw. die Gesellschaft, an der die Senioren beteiligt sind, das Unternehmen an die Betriebsgesellschaft verpachten. Der Senior kann in diesem Fall zum Erhalt der steuerlichen Betriebsvermögenseigenschaft und der Vermeidung der Realisierung stiller Reserven das Verpächterwahlrecht nutzen.[1]

2.21 **Letztwillige Verfügungen.** Durch letztwillige Verfügungen kann sodann sichergestellt werden, dass zunächst die/der Witwe/r oder die Witwen/-er in die Beteiligungen an der Besitzgesellschaft nachfolgen – sofern diese in der Rechtsform einer GmbH & Co. KG geführt wird, so dass eine zwangsweise Betriebsaufgabe (s. Rz. 2.298, 2.29) nicht erfolgen kann – und sie damit unterhaltsmäßig abgesichert sind. Nach dem Tod des Letztversterbenden sollten sodann die Gesellschafter der Betriebsgesellschaft in das Besitzunternehmen oder die Besitzgesellschaft nachfolgen, damit gleichlaufende Beteiligungsverhältnisse entstehen, die einen Streit über die Pachthöhe vermeiden (s. Rz. 2.200).

IX. Planung der Betriebsaufspaltung

2.22 **Vorausschauende Planung.** Die Begründung einer Betriebsaufspaltung durch Aufspaltung eines bestehenden Unternehmens bedarf vorausschauender Planung.[2] Zu entscheiden ist zunächst, welche Variante der Betriebsaufspaltung gewählt werden soll: Unternehmenspacht-Modell oder Steuerberater-Modell. Verbleibt der Firmenwert bei dem Besitzunternehmen oder geht er langfristig auf die Betriebsgesellschaft über?

2.23 **Vorbereitung der Betriebsaufspaltung.** Dringend zu empfehlen ist

- die Erstellung einer Aufspaltungsbilanz, in der die Aktiva und Passiva getrennt dem Besitzunternehmen und der Betriebsgesellschaft zugeordnet werden (s. Muster M 1), und die Überprüfung der Bilanzbilder, um eine ausgewogene Kapitalausstattung beider Unternehmen zu gewährleisten. Größere Darlehen des Besitzunternehmens an die Betriebsgesellschaft und umgekehrt sollten vermieden werden (s. Rz. 3.308);

1 Hierzu: EStH 16 Abs. 5 – Verpächterwahlrecht – EStR 2012.

2 *Korn* in Kölner Handbuch der Betriebsaufspaltung[4], Rz. 51 ff.; *Heinemann/Korn*, Beratungsbuch zur Begründung von Betriebsaufspaltungen, 1980, Rz. 9 ff.

- die Ermittlung der Teilwerte der Vermögensgegenstände des Besitzunternehmens, um auf dieser Basis Erkenntnisse über die Höhe der Angemessenheit der Pacht zu gewinnen.
- Nach vorläufiger Ermittlung der Höhe der Pacht sind die Ergebnisse beider Unternehmen zu ermitteln und auf ihre steuerliche Angemessenheit (s. Rz. 3.283 ff. hin zu überprüfen. Die Angemessenheit der Pacht ist in Außenprüfungen einer der Prüfungsschwerpunkte der Finanzverwaltung;
- die Berücksichtigung von Steuerspareffekten im Rahmen der Betriebsaufspaltung: Geschäftsführer-Gehälter, Pensionsrückstellungen, Ausschüttungsverhalten der Betriebs-GmbH (s. Rz. 3.23);
- die Entscheidung darüber, ob die Aufspaltung im Wege der Einzelrechtsnachfolge oder im Wege der (partiellen) Gesamtrechtsnachfolge erfolgen soll.
- bei der Entscheidung für eine Einzelrechtsnachfolge die weitere Entscheidung darüber zu treffen, ob die Betriebs-GmbH im Wege der Bargründung oder Sachgründung errichtet wird (s. Rz. 2.59, 2.74 ff.);
- Abklärung der Firmierungen von Besitzunternehmen und Betriebs-Gesellschaften mit der zuständigen IHK;
- Errichtung der Betriebs-Gesellschaft im Wege der Bargründung: Einbringungsvertrag auf schuldrechtlicher Basis (s. Rz. 2.72, Muster M 8) oder Einbringung unter Ausgliederung im umwandlungsrechtlichen Sinne im Wege der Kapitalerhöhung (s. Muster M 6), Pachtvertrag, Geschäftsführervertrag, Darlehensverträge, Lizenzverträge pp.;
- Aufstellung eines Zeitplans für die Gründungsmaßnahmen, Verhandlungen mit Banken, Unterrichtung bestimmter Kunden und Lieferanten sowie des Betriebsrats (s. Rz. 2.39) und/oder der Mitarbeiter.
- Sollen im Rahmen der Betriebsaufspaltung Beteiligungen auf die Betriebs-GmbH übertragen werden, z.B. Beteiligungen an Einkaufs- und Verkaufsgesellschaften, bedarf es rechtzeitiger Einholung der Zustimmung zur Abtretung der Beteiligungen, sofern nicht eine freie Abtretung möglich ist. Ist eine Abtretung nicht möglich, kommt als Ausweichlösung die Begründung einer Treuhandschaft in Betracht (s. Muster M 9).
- Bestehen stille Beteiligungen (s. Rz. 2.143), Unterbeteiligungen (s. Rz. 2.144), Nießbräuche (s. Rz. 2.146) oder Treuhandschaften (s. Rz. 2.145), ist entsprechend den bestehenden Vereinbarungen die Zustimmung des stillen Gesellschafters, Unterbeteiligten, Nießbrauchberechtigten bzw. Treugebers einzuholen.
- Nach der Gründung der Betriebs-GmbH: Erstattung notwendiger Anzeigen und Beantragung von behördlichen Genehmigungen bei den zuständigen Verwaltungsbehörden (s. Rz. 2.149).

2.24 **Gesellschaftsrechtliche Besonderheiten.** Beispielhafte Liste von betrieblichen[1] und gesellschaftsrechtlichen Besonderheiten, die zu beachten sind:

- Erhebliches bewegliches Anlagevermögen;
- hoher Kapitalbedarf der Betriebs-GmbH (s. Rz. 2.252);
- hohe Haftungsrisiken;
- hohe Rendite;
- schwache Rendite;
- schwankende Erträge;
- Pensionsverpflichtungen (s. Rz. 2.141);
- Betriebsrat vorhanden (s. Rz. 2.39);
- abweichende Wirtschaftsjahre;
- Vorhandensein von gewillkürtem Betriebsvermögen (s. Rz. 3.271);
- Erlaubnis- oder Konzessionspflichten (s. Rz. 2.149);
- existenznotwendige empfindliche Geschäftsbeziehungen;
- Bestehen von stillen Beteiligungen (s. Rz. 2.143);
- Bestehen von Unterbeteiligungen (s. Rz. 2.144);
- Bestehen von Treuhandschaften (s. Rz. 2.145);
- nießbrauchbelastete Beteiligungen (s. Rz. 2.146);
- Vor- und Nacherbschaft (s. Rz. 2.147);
- minderjährige Gesellschafter (s. Rz. 2.148).

B. Begründung der Betriebsaufspaltung

I. Vorbemerkung

2.25 **Handelsrechtliche Kaufmannseigenschaft des Besitzunternehmens.** Mit Blick auf das Besitzunternehmen gilt in zivil- bzw. handelsrechtlicher Hinsicht folgendes: Gem. § 105 HGB entsteht eine OHG und gem. § 161 Abs. 2 i.V.m. § 105 Abs. 2 HGB eine (GmbH & Co.) KG durch Eintragung in das Handelsregister, so dass durch die Wahl einer GmbH & Co. KG für das Besitzunternehmen eine größtmögliche Haftungsbeschränkung erreicht werden kann. Ist das Besitzunternehmen ein Einzelunternehmen, ist die Eintragung in das Handelsregister als eingetragener Kaufmann („eK") nicht notwendig. Lediglich für den Fall, dass das Einzelunternehmen auf umwandlungsrechtlicher Grundlage in eine Personen- oder Kapitalgesellschaft umge-

1 In Anlehnung an *Heinemann/Korn*, Beratungsbuch zur Begründung von Betriebsaufspaltungen, 1980, Rz. 11.

formt werden soll, ist die Eintragung in das Handelsregister Voraussetzung. Eine Eintragung kurz vor dem Umwandlungsvorgang ist aber vollkommen ausreichend.

II. Begründung der typischen Betriebsaufspaltung

1. Vor Aufnahme der Tätigkeit

Aufnahme der Geschäftstätigkeit. Die Begründung einer typischen Betriebsaufspaltung bei Aufnahme der Geschäftstätigkeit ist am unproblematischsten. Die im Wege der Bargründung errichtete Betriebs-GmbH erwirbt das Umlaufvermögen (ggf. von fremden Dritten). Ihr Alleingesellschafter erwirbt oder ihre Gesellschafter in Bruchteilsgemeinschaft (s. Rz. 2.27), Gesellschaft bürgerlichen Rechts (s. Rz. 2.28), OHG (s. Rz. 2.29) oder (GmbH & Co.) KG (s. Rz. 2.29) erwerben (ggf. von fremden Dritten) das Anlagevermögen, das an die GmbH verpachtet wird. 2.26

Rechtsform der Besitzgesellschaft. Von der Bruchteilsgemeinschaft i.S.d. §§ 741 ff., 1008 ff. BGB ist abzuraten. Jeder Teilhaber (Miteigentümer) kann von Gesetzes wegen frei über seinen Anteil verfügen. Neben den §§ 741 ff., 1009 ff. BGB sind sämtliche Vorschriften, die für das Alleineigentum gelten, anwendbar.[1] Bruchteilsgemeinschaften sind demgemäß häufig – jedoch nicht zwingend – von einer Gesellschaft bürgerlichen Rechts überlagert. Das Bruchteilseigentum dient sodann der überlagernden Gesellschaft bürgerlichen Rechts zivilrechtlich als eine Art Sonder(betriebs)vermögen. Zudem gewährt die Bruchteilsgemeinschaft keine Haftungsbeschränkung. 2.27

Gesellschaft bürgerlichen Rechts. Die Gesellschaft bürgerlichen Rechts empfiehlt sich wegen der unbeschränkten Haftung ihrer Gesellschafter nicht. Der BGH[2] hat den Versuchen, eine GbRmbH – eine Gesellschaft bürgerlichen Rechts, die durch die Eintragung in das Handelsregister im Außenverhältnis nur beschränkt haftet – als weitere gesellschaftsrechtliche Mischform zu installieren, eine Absage erteilt. Inzwischen hat der Gesetzgeber jedoch für den Bereich der Freiberufler in der Form der Partnerschaftsgesellschaft mit beschränkter Berufshaftung – PartG mbB – gem. § 8 Abs. 4 PartGG einen entsprechenden Typus geschaffen. 2.28

OHG und KG. Von der OHG ist wegen der unbeschränkten Haftung ihrer Gesellschafter und von der KG wegen der unbeschränkten Haftung ihres/ihrer Komplementärs/Komplementäre ebenfalls abzuraten. Ist eine GmbH & Co. KG aus bestimmten Gründen nicht erwünscht, ist der KG oder der OHG gegenüber der Gesellschaft bürgerlichen Rechts der Vorzug zu geben. Der Erwerb oder die Veräußerung und Belastung von Grundbesitz kann bei der KG und der OHG von den vertretungsberechtigten Gesellschaftern vorgenommen werden. Es bedarf nicht wie bei der Gesellschaft bürgerlichen Rechts der Mitwirkung sämtlicher Gesellschafter, was beim Vorhandensein von Minderjährigen wegen §§ 1981 Abs. 1 Nr. 1, 1643 BGB häufig zu Schwierigkeiten führt (s. Rz. 2.138). Aus haftungsrechtlichen Gründen und zur Vermeidung der steuerlichen Gewinnrealisation empfiehlt sich die – ggfs. die i.S.d. § 15 Abs. 3 2.29

1 BGH v. 14.2.1962 – IV ZR 156/61, BGHZ 36, 365 (368) = DB 1962, 1372 (L).
2 BGH v. 27.9.1999 – II ZR 371/98, BGHZ 142, 315 = GmbHR 1999, 1134.

Nr. 2 EStG gewerblich geprägte – GmbH & Co. KG, für den Einzelunternehmer die Ein-Personen-GmbH & Co. KG.

2. Begründung bei bestehender gewerblicher Tätigkeit

a) Begründung durch einen Einzelunternehmer durch Ausgliederung

aa) Optionen

2.30 **Umformung.** Die „Umformung“ einer im Handelsregister eingetragenen Einzelunternehmung in eine Betriebsaufspaltung ist nach den §§ 123 Abs. 2, 152 ff. UmwG handelsrechtlich möglich, und zwar dergestalt, dass der Betrieb vom Einzelunternehmen unter Zurückbehaltung wesentlicher Betriebsgrundlagen – i.d.R. zumindest die Immobilien – ausgegliedert wird. Voraussetzung ist, dass die Verbindlichkeiten des Einzelunternehmers dessen Vermögen nicht übersteigen, § 152 Satz 2 UmwG.[1] In diesem Fall hat das für den Einzelkaufmann zuständige Gericht die Eintragung der Ausgliederung abzulehnen, § 154 UmwG.

Hinweis:
Es ist mehr als zweifelhaft, ob das Gericht überhaupt in der Lage ist, diese Frage zu beantworten. In einem Einzelfall wurde die Eintragung abgelehnt mit der Begründung, die Einzelunternehmung sei überschuldet, weil das Kapital auf der Passivseite ausgewiesen sei und sich damit bereits die Frage der Eröffnung des Insolvenzverfahrens stelle.

2.31 **Umwandlungsrechtliche Ausgliederung.** Die Ausgliederung kann nach § 152 UmwG auf eine bereits bestehende GmbH (Ausgliederung zur Aufnahme, §§ 153 ff. UmwG [s. Rz. 2.33 ff.]) oder eine zu gründende GmbH (Ausgliederung zur Neugründung, §§ 158 ff. UmwG [s. Rz. 2.38 ff.]) erfolgen. Bei der Ausgliederung zur Aufnahme ist die Gewährung eines Geschäftsanteils im Wege der Kapitalerhöhung nicht zwingend erforderlich[2], falls steuerlich die Buchwertfortführung angestrebt wird, jedoch unverzichtbar. In der Praxis überwiegt die Ausgliederung auf eine zuvor vom Einzelunternehmer mit dem Mindeststammkapital ausgestattete GmbH mit anschließender Kapitalerhöhung im Wege der Sacheinlage.

2.32 **Formzwang:** Beide Fälle bedürfen der notariellen Beurkundung.

bb) Ausgliederung zur Aufnahme

2.33 **Ausgliederungsvertrag**. Die Ausgliederung zur Aufnahme[3] setzt einen Ausgliederungsvertrag zwischen dem Einzelkaufmann und der aufnehmenden GmbH voraus. Ein Ausgliederungsbericht seitens des Einzelunternehmers ist, nicht erforderlich. Ein vorhandener Betriebsrat muss unterrichtet werden, § 126 Abs. 3 UmwG. Für die übernehmende GmbH ist nach § 127 UmwG ein Ausgliederungsbericht von Gesetzes wegen erforderlich. Der Ausgliederungsbericht ist aber verzichtbar, wenn

1 *Seulen* in Semler/Stengel/Leonard[6], § 152 UmwG Rz. 73; *Hörtnagl* in Schmitt/Hörtnagl[10], § 152 UmwG Rz. 24.
2 *Sickinger* in Kallmeyer, UmwG[8], § 123 Rz. 11.
3 S. hierzu auch *Eich/Carlé, Th.*, FR 2003, 764.

sämtliche Gesellschafter der übernehmenden GmbH darauf verzichten, § 127 Satz 2 i.V.m. § 8 Abs. 3 UmwG. Ist der Einzelunternehmer alleiniger Gesellschafter der präsumtiven Betriebs-GmbH, ist ein zusätzlicher ausdrücklicher Verzicht m. E. sinnlos und damit entbehrlich.[1] Gleichwohl ist es sinnvoll, den Verzicht in der notariellen Urkunde zu dokumentieren.

Ausgliederung zur Aufnahme. Bei der Ausgliederung zur Aufnahme handelt es sich in Bezug auf die GmbH um eine Kapitalerhöhung im Wege der Sacheinlage oder Sachübernahme, so dass die Frage der Überschuldung incidenter von dem für die Betriebs-GmbH zuständigen Gericht im Zusammenhang mit der Eintragung der Kapitalerhöhung in das Handelsregister geprüft wird, denn insoweit ist die Werthaltigkeit der Sacheinlage bzw. Sachübernahme nachzuweisen, § 125 Satz 1 i.V.m. § 55 UmwG, §§ 57a, 9c GmbHG.[2]; s. auch Rz. 2.30. Nach h.M. soll ein Sachkapitalerhöhungsbericht nicht erforderlich sein.[3] Dem Registergericht bleibt ggfs. das Prüfungsrecht gem. § 9c GmbHG analog. 2.34

Hinweis:
Da die Rechtslage nicht vollends eindeutig ist, empfiehlt es sich, entweder einen Sachkapitalerhöhungsbericht zu erstellen oder sich vom Registergericht bestätigen zu lassen, dass ein derartiger Bericht für nicht notwendig erachtet wird. Darüber hinaus ist es sinnvoll, den Nominalbetrag der Kapitalerhöhung sehr niedrig zu gestalten, so dass es zu keinen Rückfragen oder Prüfungshandlungen des Registergerichtes kommen sollte.

Werthaltigkeit der Einlage. Da zunächst die Eintragung bei der übernehmenden Betriebs-GmbH zu erfolgen hat[4] und im Rahmen der Eintragung der Kapitalerhöhung durch Sacheinlage deren Werthaltigkeit zu prüfen ist und erst anschließend die Eintragung der Ausgliederung im Handelsregister des für den Einzelkaufmann zuständigen Gerichts erfolgt, läuft § 154 UmwG m. E. im Fall der Ausgliederung auf eine Ein-Personen-GmbH des ausgliedernden Einzelkaufmanns leer. 2.35

Bewertung des auszugliedernden Vermögens. Hinsichtlich der Bewertung des auszugliedernden Vermögens gilt § 24 UmwG i.V.m. § 125 UmwG, d.h. dass dem übernehmenden Rechtsträger ein Wahlrecht dahingehend zusteht, dass er die Buchwerte als Anschaffungskosten i.S.d. § 253 Abs. 1 HGB fortführt.[5] 2.36

Bewertung des einzubringenden Unternehmens. Wird vom Wahlrecht nach § 24 UmwG kein Gebrauch gemacht, ist nach h.M. hinsichtlich der Bewertung des einzubringenden Unternehmens oder Teilbetriebs der Liquidationswert maßgebend.[6] Dieser Auffassung ist nicht zu folgen. Entscheidend ist der Fortführungswert, wenn 2.37

---

1 *Sickinger* in Kallmeyer, UmwG[8], § 153 Rz. 2; *M.T. Schwab* in Lutter, UmwG[7], § 153 Rz. 2.
2 *M.T. Schwab* in Lutter[7], § 154 UmwG Rz. 19; *Zimmermann* in Kallmeyer, UmwG[8], § 130 Rz. 3 f.; *Seulen* in Semler/Stengel/Leonard[6], § 154 UmwG Rz. 16.
3 *Mayer* in Widmann/Mayer, § 152 UmwG Rz. 235 (Stand: März 2020) m.w.N.; a.A. *Priester* in Lutter[7], § 138 UmwG Rz. 8.
4 § 130 Abs. 1 Satz 1 UmwG; *Seulen* in Semler/Stengel/Leonard[6], § 154 UmwG Rz. 18.
5 *Hennrichs* in Lutter[7], § 24 UmwG Rz. 5.
6 *M.T. Schwab* in Lutter[7] § 152 UmwG Rz. 45 f.; *Mayer* in *Widmann/Mayer*, § 152 UmwG Rz. 78 (Stand: März 2020).

dieser – was i.d.R. der Fall ist – höher ist als der Liquidationswert.[1] Die Richtigkeit dieser Ansicht folgt daraus, dass der Einzelunternehmer die im Rahmen der Betriebsaufspaltung auf die Betriebsgesellschaft zu übertragenden Wirtschaftsgüter zunächst in eine Ein-Personen-GmbH & Co. KG unter Aufdeckung aller stillen Reserven einbringen und diese GmbH & Co. KG sodann formwechselnd in die Betriebs-GmbH umwandeln könnte. Zu den steuerlichen Folgen dieser Gestaltung s. Rz. 2.97 Hinweis.

cc) Ausgliederung zur Neugründung

2.38 **Formelle Anforderungen der Ausgliederung.** Für die Ausgliederung zur Neugründung gelten die Bestimmungen für die Ausgliederung durch Aufnahme (§§ 153–157 UmwG) entsprechend. Auf die Ausführungen zu den Rz. 2.33 wird insoweit verwiesen. Ferner enthalten die §§ 159 ff. UmwG spezielle Vorschriften.

2.39 **Ausgliederungsplan.** Die Ausgliederung zur Neugründung setzt den notariell zu beurkundenden Ausgliederungsplan (§§ 126, 136 UmwG) voraus, der auch den Gesellschaftsvertrag der GmbH enthalten muss, und die Zuleitung des Ausgliederungsplans oder dessen Entwurfs an den Betriebsrat, falls vorhanden, § 126 Abs. 3 UmwG. Die Zuleitung an den Betriebsrat muss spätestens einen Monat vor der Beurkundung erfolgen.

2.40 **Überschuldung.** Die Frage der Überschuldung wird vom für die Eintragung der Betriebs-GmbH zuständigen Gericht geprüft, da gem. §§ 159 Abs. 1, 58 UmwG, § 5 Abs. 4 GmbHG anzuwenden ist. Das zu Rz. 2.30 Ausgeführte gilt entsprechend.

2.41 **Weder Gründungsbericht noch Gründungsprüfung.** § 159 Abs. 2 und 3 UmwG betreffend den Gründungsbericht und die Gründungsprüfung ist im Fall der Ausgliederung zur Neugründung einer GmbH nicht anzuwenden.[2]

dd) Abspaltung

2.42 **Keine Abspaltung aus Einzelunternehmen.** Die Abspaltung aus einem Einzelunternehmen ist nicht möglich, § 124 Abs. 1 i.V.m. § 3 Abs. 1 UmwG.

Hinweis:
Die Begründung der Betriebsaufspaltung durch einen Einzelunternehmer nach den Vorschriften des UmwG ist aufwendig. Sie sollte nur erfolgen, wenn zwingende wirtschaftliche Gründe eine (teilweise) Gesamtrechtsnachfolge erforderlich machen, z.B. Überleitung lukrativer Handelsvertreterverträge, Vertriebsverträge pp. Der „normale" Weg in die Betriebsaufspaltung ist die Einbringung des Unternehmens unter Zurückbehaltung des Grundbesitzes und – ganz oder teilweise – des übrigen Anlagevermögens im Wege der Kapitalerhöhung in eine mit der Mindestkapitalausstattung zuvor gegründete GmbH. Hierzu s. Rz. 2.58 ff.

---

1 *Seulen* in Semler/Stengel/Leonard[6], § 152 UmwG Rz. 76 f.; differenzierend *Hörtnagl* in Schmitt/Hörtnagl[10], § 152 UmwG Rz. 27.

2 *M.T. Schwab* in Lutter[7], § 159 UmwG Rz. 27; *Seulen* in Semler/Stengel/Leonard[6], § 159 UmwG Rz. 22.

b) Begründung bei bestehender Personenhandelsgesellschaft durch Aufspaltung, Abspaltung oder Ausgliederung

aa) Optionen

Vorteil der (partiellen) Gesamtrechtsnachfolge. Das UmwG bietet bei bestehender Personenhandelsgesellschaft drei Möglichkeiten zur Begründung einer Betriebsaufspaltung: die Aufspaltung, die Abspaltung und die Ausgliederung, § 123 UmwG. Der Vorteil dieser drei Möglichkeiten liegt in der (partiellen) Gesamtrechtsnachfolge gegenüber der Übertragung der einzelnen Gegenstände (Sachen und Rechte). Nachteil dieser Gestaltungen ist deren Komplexität. Der Gesetzgeber hatte nicht den Mittelstand im Auge, sondern die Großindustrie, deren wirtschaftliche Flexibilität durch Gründung von Tochtergesellschaften, die Ermöglichung von Teilfusionen, die Trennung von Aktionärsgruppen u.Ä. erhöht werden sollte.[1] 2.43

Einstimmiger Beschluss. Die Aufspaltung, Abspaltung und Ausgliederung bedürfen jeweils eines einstimmigen Beschlusses sämtlicher Gesellschafter der Personenhandelsgesellschaft. Im Gesellschaftsvertrag der Personenhandelsgesellschaft kann bestimmt werden, dass eine Mehrheit von mindestens drei Vierteln der abgegebenen Stimmen ausreicht, §§ 125, 43 Abs. 2 UmwG. 2.44

Erweiterte Haftung. In sämtlichen Fällen der Spaltung ist die erweiterte Haftung nach § 134 UmwG zu beachten. Nach § 134 Abs. 1 UmwG haftet die „reiche Anlagegesellschaft auch für Forderungen der Arbeitnehmer der Betriebsgesellschaft als Gesamtschuldner, die binnen fünf Jahren nach dem Wirksamwerden der Spaltung auf Grund der §§ 111 bis 113 des BetrVG begründet werden".[2] Die Arbeitnehmer der Betriebs-GmbH können die Besitzgesellschaft in Anspruch nehmen, wenn im Fünfjahreszeitraum bei der Betriebsgesellschaft Massenentlassungen erfolgen oder der Betrieb stillgelegt wird. 2.45

Zu hohes Haftungsrisiko. Die erweiterte Haftung nach § 134 UmwG führt dazu, dass der Weg der Aufspaltung, Abspaltung oder Ausgliederung in der Praxis – von atypischen Fällen abgesehen – im Einzelfall nicht gewählt wird, wenn die Haftungsrisiken überwiegen. 2.46

bb) Aufspaltung

Aufspaltung auf bestehende Rechtsträger. Die bestehende Personenhandelsgesellschaft kann bei gleichzeitiger Auflösung ohne Abwicklung in eine Besitz-Personenhandelsgesellschaft und eine Betriebs-GmbH dergestalt aufgespalten werden, dass ihre Gesellschafter zunächst eine (neue Besitz-)Personenhandelsgesellschaft und eine Betriebs-GmbH mit dem Mindeststammkapital gründen. Hinsichtlich der Personenhandelsgesellschaft verpflichten sie sich, ihre Einlagen dergestalt zu erbringen, dass die bestehende Personenhandelsgesellschaft ihr Anlagevermögen einbringt. Nach Eintragung der Neugründungen erfolgt die Aufspaltung in der Form, dass das Anla- 2.47

---

1 *Stengel* in Semler/Stengel/Leonard[6], § 123 UmwG Rz. 7.
2 *Hörtnagl* in Schmitt/Hörtnagl[10], § 134 UmwG Rz. 2.

gevermögen in Erfüllung der Einlageverpflichtungen der Gesellschafter in die neue Besitz-Personenhandelsgesellschaft eingebracht wird und das restliche Vermögen in die Betriebs-GmbH im Wege der Kapitalerhöhung durch Sacheinlage (s. Rz. 2.34), § 123 Abs. 1 Nr. 1 UmwG. Nach der Aufspaltung erlischt die bestehende Personengesellschaft liquidationslos.

2.48 **Aufspaltung zur Neugründung.** Anstatt der Aufspaltung auf bestehende Rechtsträger kann die Aufspaltung nach § 123 Abs. 1 Nr. 2 UmwG auch zur Neugründung erfolgen.

2.49 **Errichtung typischer Betriebsaufspaltung.** Durch die Aufspaltung kann die typische Betriebsaufspaltung mit Personen- und Beteiligungsidentität errichtet werden.

2.50 **Hohe Kosten der Aufspaltung.** Die Aufspaltung empfiehlt sich i.d.R. wegen der hohen Kosten nicht. Dies gilt insbesondere, wenn Grundbesitz vorhanden ist.

Hinweis:
Die GbR war gem. § 124 i.V.m. § 3 Abs. 1 UmwG bis zum Inkrafttreten des Gesetzes zur Modernisierung des Personengesellschaftsrechts (MoPeG) kein spaltungsfähiger Rechtsträger i.S.d. § 123 UmwG. Wollte man diese gleichwohl aufspalten, war zunächst eine Eintragung als oHG in das Handelsregister erforderlich, denn eine oHG ist ein spaltungsfähiger Rechtsträger. Seit dem 1.1.2024 kann auch die eingetragene GbR (eGbR) nach Maßgabe der Vorschriften des MoPeG aufgespalten werden. Vergleichbar der Ausgliederung aus dem Vermögen des Einzelkaufmanns, bei der die Eintragung in das Handelsregister als „eK“ den Anwendungsbereich des UmwG eröffnet, gilt dies auch für die in das Register eingetragene GbR (eGbR).

cc) Abspaltung

2.51 **Gründung der Betriebs-GmbH.** Die Gesellschafter der Personenhandelsgesellschaft gründen die künftige Betriebs-GmbH mit dem Mindeststammkapital entsprechend ihren vermögensmäßigen Beteiligungsverhältnissen an der Personenhandelsgesellschaft. Anschließend spaltet die Personenhandelsgesellschaft die Wirtschaftsgüter, die auf die Betriebs-GmbH übergehen sollen, aus ihrem Vermögen gegen Gewährung von Gesellschaftsrechten an ihre Gesellschafter ab; Abspaltung gem. § 123 Abs. 2 Nr. 1 UmwG.

2.52 **Abspaltung auf Betriebs-GmbH.** Die Personenhandelsgesellschaft als spätere Besitzgesellschaft errichtet eine GmbH unter Übertragung des Umlaufvermögens gegen Gewährung von Gesellschaftsrechten an ihre Gesellschafter; Abspaltung gem. § 123 Abs. 2 Nr. 2 UmwG.

Hinweis:
Bei bestehender GmbH & Co. KG kann die Abspaltung auf die Komplementär-GmbH erfolgen. Aus haftungsrechtlichen Gründen sollte dieser Weg jedoch nur als Übergangslösung gewählt werden, z.B. wenn sich die Eintragung einer neu zu gründenden Betriebs-GmbH in das Handelsregister nicht rechtzeitig bewerkstelligen lässt. Alternativ zur Eintragung einer neu gegründeten GmbH in das Handelsregister kommt auch der Erwerb einer Vorratsgesellschaft als aufnehmender Rechtsträger in Betracht.

2.53 **Typische Betriebsaufspaltung durch Abspaltung.** Die Abspaltung ermöglicht die Begründung der typischen Betriebsaufspaltung im Wege der partiellen Gesamtrechtsnachfolge.

dd) Ausgliederung

Ausgliederung des Umlaufvermögens. Die spätere Besitzgesellschaft gliedert das Umlaufvermögen zur Übertragung gegen Gewährung von Gesellschaftsrechten an sich auf eine von ihr zunächst mit dem Mindeststammkapital ausgestattete GmbH aus; Ausgliederung gem. § 123 Abs. 3 Nr. 1 UmwG. 2.54

Ausgliederung zur Neugründung. Die Ausgliederung kann ebenfalls durch Neugründung gegen Gewährung von Gesellschaftsrechten erfolgen; Ausgliederung gem. § 123 Abs. 3 Nr. 2 UmwG. 2.55

Hinweis:
Wenn der Weg der Aufspaltung, Abspaltung oder der Ausgliederung überhaupt in Betracht gezogen wird, ist der Ausgliederung der Vorzug zu geben. Sie vereint die partielle Gesamtrechtsnachfolge mit dem Vorteil, dass die Betriebsaufspaltung nicht ungewollt durch Gesellschafterwechsel in der Betriebs- oder Besitzgesellschaft endet.

c) Begründung bei bestehendem Einzelunternehmen oder bestehender Personenhandelsgesellschaft durch „Ausgliederung" des Anlagevermögens

Einbringung und Formwechsel „Aufgliederung". Alternativ ist möglich: Der Grundbesitz bzw. das gesamte Anlagevermögen wird in eine Gesellschaft eingebracht, zweckmäßigerweise eine GmbH & Co. KG. Zu einem späteren Zeitpunkt wird das Einzelunternehmen bzw. die Personengesellschaft formwechselnd in eine GmbH umgewandelt. 2.56

Hinweis:
Bei der Umwandlung des Unternehmens eines Einzelunternehmers handelt es sich nicht um eine Umwandlung i.S.d. §§ 190 ff. UmwG. In Betracht kommt die Ausgliederung (s. Rz. 2.33 ff.) oder die Bargründung der Betriebs-GmbH mit anschließender Kapitalerhöhung (s. Rz. 2.31) oder die Sachgründung (s. Rz. 2.31).

Vorteil der Ausgliederung. Der Vorteil dieser Gestaltung liegt darin, dass statt der Übertragung des Betriebs mit einer Vielzahl von Rechtsbeziehungen zu Dritten auf eine GmbH nur der Grundbesitz, ggf. mit den dazugehörigen Schulden, auf die neu zu gründende Besitzgesellschaft übertragen wird. Es bedarf also nicht – wie im Normalfall der Begründung einer Betriebsaufspaltung – einer Vielzahl von Einzelübertragungsakten und der Kündigung und Neubegründung von Dauerschuldverhältnissen. § 613a BGB und die Vorschriften des BetrVG – ausgenommen § 106 Abs. 2 Nr. 8 BetrVG (Unterrichtung des Wirtschaftsausschusses) – sind nicht anwendbar. Ein Wirtschaftsausschuss ist zudem nur dann zu bilden, wenn das Unternehmen regelmäßig ständig mehr als 100 Arbeitnehmer beschäftigt. 2.57

Hinweis:
Die Herausnahme des Grundbesitzes löst Notargebühren und Gerichtskosten aus, die im Einzelfall erheblich sein können.

3. Begründung der Betriebsaufspaltung durch Neugründung der Betriebs-GmbH

a) Optionen

2.58 **Neugründung der Betriebs-GmbH.** Da die Begründung der Betriebsaufspaltung nach dem UmwG für den Normalfall zu aufwendig ist, erfolgt die Betriebsaufspaltung i.d.R. durch „normale" Neugründung der Betriebs-GmbH, und zwar dergestalt, dass der Einzelunternehmer bzw. die Personengesellschaft eine GmbH im Wege der (1) Bargründung (s. Rz. 2.59 ff.) oder im Wege der (2) Sachgründung (s. Rz. 2.74) errichten oder kombiniert (3) (s. Rz. 2.85 Hinweis) zunächst eine GmbH mit dem Mindestkapital im Wege der Bargründung errichten und sodann eine Kapitalerhöhung durch Sacheinlage vornehmen.

b) Bargründung

2.59 **Risiko der Bargründung.** Die Bargründung der Betriebs-GmbH birgt die Gefahr der verdeckten Sachgründung (verschleierte Sachgründung) in sich, so dass gegen die §§ 5 Abs. 4, 19 Abs. 4 GmbHG verstoßen wird.

2.60 **Verdeckte Sachgründung/Sacheinlage.** Der Begriff der verdeckten Sachgründung bzw. verdeckten Sacheinlage ist gesetzlich in § 19 Abs. 4 Satz 1 GmbHG in Anlehnung an die höchstrichterliche Rechtsprechung definiert.[1] Eine verdeckte Sachgründung liegt der Rspr. zu Folge vor, wenn eine Sachgründung als Bargründung dargestellt wird, es sich aber wirtschaftlich betrachtet um eine Sachgründung handelt: Das eingezahlte Barkapital fließt im Rahmen eines schuldrechtlichen Vertrags oder auf andere Weise abredegemäß zurück.[2]

Beispiel 1:
Es wird im Wege der Bargründung eine Betriebs-GmbH errichtet. Die Gesellschafter der späteren Besitzgesellschaft zahlen 100.000 EUR als Stammeinlagen ein. Gleichzeitig oder kurze Zeit später veräußert die Besitzgesellschaft ihr Umlaufvermögen an die Betriebs-GmbH. Diese leistet mit den eingezahlten 100.000 EUR eine Anzahlung für das Umlaufvermögen.

Beispiel 2:
Es wird zunächst eine GmbH mit dem Mindeststammkapital i.H.v. 25.000 EUR im Wege der Bargründung errichtet. Zu einem späteren Zeitpunkt erfolgt eine Kapitalerhöhung. Die Bareinzahlungsverpflichtung wird mit der Kaufpreisforderung für eingebrachte Wirtschaftsgüter verrechnet.

2.61 **Umgehungsabsicht nicht erforderlich.** Eine Umgehungsabsicht ist nach ganz h.M. nicht erforderlich.[3]

---

1 *Bayer* in Lutter/Hommelhoff[22], § 19 GmbHG Rz. 58 m.w.N.

2 So schon: BGH v. 10.11.1958 – II ZR 3/57, BGHZ 28, 314 = GmbHR 1959, 70; zum Ganzen: *Servatius* in Noack/Servatius/Haas[24], § 19 GmbHG Rz. 46 m.w.N.

3 BGH v. 15.1.1990 – II ZR 164/88, BGHZ 110, 48 = BB 1990, 382; *Bayer* in Lutter/Hommelhoff[22], § 19 GmbHG Rz. 61 m.w.N.

Sachlicher und zeitlicher Zusammenhang. Ein Indiz für die verdeckte Sachgründung bzw. verdeckte Sacheinlage ist ein enger sachlicher und zeitlicher Zusammenhang zwischen Einlageleistung, Erwerbsgeschäft und Tilgung. 2.62

Sachlicher Zusammenhang bei Verkehrsgeschäften. Der sachliche Zusammenhang wird auch bei den sog. Verkehrsgeschäften gesehen, zumindest dann, wenn es sich nicht um ein alltägliches Umsatzgeschäft handelt.[1] 2.63

Zeitlicher Zusammenhang. Der zeitliche Zusammenhang besagt, dass statt einer Bargründung bzw. Barkapitalerhöhung auch eine Sachgründung bzw. Kapitalerhöhung im Wege der Sacheinlage hätte erfolgen können, das Veräußerungsgeschäft also kurz vor oder nach der Begründung der Bareinzahlungsverpflichtung erfolgt. Als Höchstgrenze für einen zeitlichen Zusammenhang nehmen das OLG Köln,[2] *Servatius*[3] und *Bayer*[4] sechs Monate, *Ebbing*[5] 6–8 Monate. 2.64

Beweislast. Die Beweislast dafür, dass eine verdeckte Sacheinlage nicht gegeben ist, trifft den Gesellschafter als Einlageschuldner.[6] 2.65

Verrechnung der Forderung im Fall der Kapitalerhöhung. Im Fall der Kapitalerhöhung ist zu unterscheiden, ob die Verrechnung mit einer vor oder einer nach der Kapitalerhöhung entstandenen Forderung erfolgt.[7] Entsteht die Forderung erst nach dem Beschluss über die Kapitalerhöhung, liegt eine verdeckte Sacheinlage nur vor, „wenn diese Vorgehensweise bereits vor oder bei der Fassung des Kapitalerhöhungsbeschlusses durch eine – wenn auch unwirksame – Abrede (BGH v. 4.3.1996 – II ZR 89/95, BGHZ 132, 133) unter den Beteiligten vorabgesprochen worden ist".[8] 2.66

Rechtsfolgen der verdeckten Sachgründung. Die Rechtsfolgen der verschleierten bzw. verdeckten Sachgründung sind durch das MoMiG[9] völlig neu gestaltet worden. Nach altem Recht ist die Einlageleistung dinglich wirksam erbracht, gem. § 19 Abs. 5 GmbHG a.F. die Erfüllungswirkung jedoch nicht eingetreten.[10] Der Gesellschafter blieb zur Leistung der Bareinlage weiterhin verpflichtet. Ihm stand nur ein Anspruch 2.67

1 *Bayer* in Lutter/Hommelhoff[22], § 19 GmbHG Rz. 63.
2 OLG Köln v. 2.2.1999 – 22 U 116/98, ZIP 1999, 399.
3 *Servatius* in Noack/Servatius/Haas[24], § 19 GmbHG Rz. 49a m.w.N.
4 *Bayer* in Lutter/Hommelhoff[22], § 19 GmbHG Rz. 63.
5 *Ebbing* in Michalski/Heidinger/Leible/J. Schmidt[4], § 19 GmbHG Rz. 145.
6 BGH v. 21.2.1994 – II ZR 60/93, BGHZ 125, 141 = GmbHR 1994, 394; BGH v. 4.3.1996 – II ZR 89/95, BGHZ 132, 133 = GmbHR 1996, 283; *Servatius* in Noack/Servatius/Haas[24], § 19 GmbHG Rz. 65.
7 BGH v. 18.2.1991 – II ZR 104/90, BGHZ 113, 337 = GmbHR 1991, 255; BGH v. 16.9.2002 – II ZR 1/00, ZIP 2002, 2045 = GmbHR 2002, 1193 m. Anm. *K.J. Müller.*
8 BGH v. 16.9.2002 – II ZR 1/00, ZIP 2002, 2045 = GmbHR 2002, 1193 m. Anm. *K.J. Müller.*
9 Gesetz zur Modernisierung des GmbH-Rechts und zur Bekämpfung von Missbräuchen (MoMiG) v. 23.10.2008, BGBl. I 2008, 2026.
10 BGH v. 18.2.1991 – II ZR 104/90, BGHZ 113, 335 = GmbHR 1991, 255; BGH v. 21.2.1994 – II ZR 60/93, BGHZ 125, 141 = GmbHR 1994, 394; OLG Hamburg v. 9.10.1987 – 11 U 125/87, ZIP 1988, 373.

auf Rückübereignung der übertragenen Vermögensgegenstände nach den §§ 812 ff. BGB zu. Im Fall der Insolvenz hatte er mithin nur einen insolvenzgefährdeten bereicherungsrechtlichen Rückgewährsanspruch.[1]

2.68 **Aktivierung des Einlageanspruchs.** Richtigerweise muss der Einlageanspruch der GmbH nach § 272 Abs. 1 Satz 2 HGB aktiviert werden.[2]

2.69 **Heilung der verdeckten Sachgründung bzw. -einlage.** Die Heilung einer verdeckten Sachgründung oder Sacheinlage war lange Zeit umstritten.[3] Der BGH[4] hatte die Möglichkeit der Heilung der verdeckten Sacheinlage mit Wirkung ex nunc durch Änderung der Satzung anerkannt.[5] Diese Möglichkeit besteht weiterhin.[6]

2.70 **Anrechnung auf Bareinlagenverpflichtung.** Nach § 19 Abs. 4 GmbHG erfolgt nunmehr nach Eintragung der Gesellschaft in das Handelsregister eine Anrechnung der Sacheinlage auf die Bareinlagenverpflichtung. Die verdeckte Sacheinlage wird ex nunc geheilt. § 20 GmbHG (Verzugszinsen) ist anwendbar.

2.71 **Wert der Sacheinlage.** Für die Frage der Vollwertigkeit der Sacheinlage ist ausschließlich auf den Tag der Anmeldung zum Handelsregister abzustellen bzw. den Tag der Überlassung der Wirtschaftsgüter, wenn dieser nach dem Tag der Anmeldung zum -Handelsregister liegt.[7]

2.72 **Vermeidung verdeckter bzw. verschleierter Sachgründung.** Die verdeckte Sachgründung lässt sich ggfs. dadurch vermeiden, dass die Betriebs-GmbH im Wege der Bargründung errichtet wird. Sodann erwirbt die GmbH von der künftigen Besitzgesellschaft oder dem Einzelunternehmer das Umlaufvermögen und sonstige Wirtschaftsgüter und übernimmt in Höhe des Kaufpreises Verbindlichkeiten, so dass das Stammkapital unberührt bleibt und zur freien Verfügung der Geschäftsführer steht.[8]

2.73 **Gestaltungsvariante zur Vermeidung einer verdeckten bzw. verschleierten Sachgründung.** *Knobbe-Keuk*[9] schlägt vor: Bargründung; Kaufvertrag über die Wirtschaftsgüter, die von der GmbH übernommen werden sollen; Umwandlung der Kaufpreisverpflichtung in ein Darlehen.

---

1 *Bayer* in Lutter/Hommelhoff[22], § 19 GmbHG Rz. 80.
2 *Crezelius*, DB 1990, 2458.
3 S. *Carlé*, kösdi 1995, 10199.
4 BGH v. 4.3.1996 – II ZB 8/95, BGHZ 132, 141.
5 Zu den Einzelheiten *Bayer* in Lutter/Hommelhoff[22], § 19 GmbHG Rz. 96 ff.
6 *Bayer* in Lutter/Hommelhoff[22], § 19 GmbHG Rz. 95.
7 *Bayer* in Lutter/Hommelhoff[22], § 19 GmbHG Rz. 98; *Servatius* in Noack/Servatius/Haas[23], § 19 GmbHG Rz. 64.
8 *Carlé*, Kölner Handbuch der Betriebsaufspaltung[4], Rz. 66; *Felix*, kösdi 1982, 4785; *D. Mayer*, NJW 1990, 2593; *Carlé*, kösdi 1995, 10199; kritisch hierzu *Spiegelberger*, MittBayNot. 1981, 56.
9 *Knobbe-Keuk*, Bilanz- und Unternehmenssteuerrecht[9], § 22 VII g aa.

Hinweis:
Es ist darauf zu achten, dass der Kaufpreis für die übernommenen Wirtschaftsgüter nachweisbar angemessen ist und auch von einem fremden Dritten gezahlt worden wäre, da sonst in der Differenz zwischen angemessenem Kaufpreis und vereinbartem Kaufpreis die Bareinlage teilweise nicht erbracht ist (Differenzhaftung).

c) Sachgründung

Sachgründung. Die Sachgründung erfolgt nach § 5 Abs. 4 GmbHG durch Sacheinlage oder Sachübernahme. Sacheinlage bedeutet die Einbringung von Sachen und sonstigen vermögenswerter Gütern gegen Gewährung von Gesellschaftsrechten. Die Sachübernahme beinhaltet die Übernahme von Vermögensgegenständen durch die GmbH mit Verrechnung der Vergütung auf die Stammeinlage.[1] Die Bilanzierungsfähigkeit der eingebrachten Vermögensgegenstände beim Einbringenden ist nicht erforderlich.[2] Nicht einlagefähig sind Forderungen gegen die Einbringenden und Ansprüche auf Dienstleistungen, z.B. Geschäftsführertätigkeit.[3] 2.74

Sacheinlage und Sachübernahme. Der Gegenstand der Sacheinlage (Bareinlage mit Verrechnungsmöglichkeit) und der Betrag der Stammeinlage, auf die sich die Sacheinlage bezieht, müssen im Gesellschaftsvertrag bzw. im Kapitalerhöhungsbeschluss festgesetzt werden, § 5 Abs. 4 bzw. § 56 Abs. 1 GmbHG (s. Muster M 6). Entsprechendes gilt für die Sachübernahme. 2.75

Gemischte Sacheinlage. Eine gemischte Sacheinlage ist gegeben, wenn der Wert der eingebrachten Wirtschaftsgüter den nominellen Betrag der als Gegenleistung zu gewährenden Stammeinlage übersteigt und der Gesellschafter für den überschießenden Betrag eine Gegenleistung erhält, z.B. in Gestalt einer Darlehensforderung. Von der gemischten Sacheinlage ist die Verbindung von Sach- und Bareinlage zu unterscheiden. 2.76

Einbringung eines Unternehmens zulässig. Die Zulässigkeit der Einbringung eines Unternehmens – im Fall der Betriebsaufspaltung z.B. ohne den betrieblich genutzten Grundbesitz – ist allgemein anerkannt.[4] Eine entsprechende Umschreibung muss im Gesellschaftsvertrag möglichst genau erfolgen (s. Muster M 6). 2.77

Obergrenze der Bewertung. Die Obergrenze für die Bewertung bei Sacheinlage und Sachübernahme ist der Verkehrswert.[5] Bei Unternehmungen bestimmt sich dieser nach dem Ertragswert, wenn von der Fortführung auszugehen ist, sonst nach dem Liquidationswert.[6] Der Liquidationswert ist auch dann maßgebend, wenn er den Fortführungswert übersteigt.[7] 2.78

1 *Servatius* in Noack/Servatius/Haas[24], § 5 GmbHG Rz. 16.
2 H.M., s. z.B. *Ulmer* in Hachenburg[8], § 5 Rz. 32 (Stand: 1.9.1989).
3 *Bayer* in Lutter/Hommelhoff[22], § 5 Rz. 18 m.w.N.; *Servatius* in Noack/Servatius/Haas[24], § 5 GmbHG Rz. 24.
4 BGH v. 2.5.1966 – II ZR 219/63, BGHZ 45, 338 = BB 1966, 597; *Servatius* in Noack/Servatius/Haas[23], § 5 GmbHG Rz. 30.
5 *Bayer* in Lutter/Hommelhoff[22], § 5 GmbHG Rz. 25.
6 *Urban* in FS Sandrock, 1995, 305.
7 *Seulen* in Semler/Stengel/Leonard[6], § 152 UmwG Rz. 79.

Hinweis:
Bei der Begründung der Betriebsaufspaltung ist zu beachten, dass ein Abstellen auf eine Unternehmensbewertung nur dann in Betracht kommt, wenn dem Anlagevermögen (einschließlich Firmenwert) nur untergeordnete Bedeutung zukommt oder der Firmenwert eingebracht wird.

2.79 **Bewertungsstichtag.** Bei der Einbringung eines Unternehmens, das laufenden Veränderungen unterliegt, kommt dem Bewertungsstichtag besondere Bedeutung zu. Maßgebend müsste der Tag der Entstehung der GmbH – das ist der Tag ihrer Eintragung in das Handelsregister – sein. Da die Sacheinlage und Sachübernahme zu einem früheren Zeitpunkt zu leisten sind, schreibt § 9 Abs. 1 GmbHG den Tag der Anmeldung der Gründung zum Handelsregister vor. Auf diesen Tag ist eine (Zwischen-)Bilanz ebenfalls nicht erstellbar. Es ist deshalb allgemein anerkannt, dass ein früherer Zeitpunkt, der allerdings nicht zu weit zurückliegen darf, genommen werden kann.[1]

2.80 **Beispiel Bewertungsstichtag.** Üblich ist z.B. die Vereinbarung, dass das Unternehmen seit dem 1.1.2023 auf Rechnung der GmbH geführt wird und die auf den 31.12.2022 unter Zugrundelegung der bisherigen Bilanzierungsgrundsätze aufzustellende Bilanz für die Bewertung maßgebend ist. Für die vorläufige Bewertung wird auf die Bilanz per 31.12.2021 abgestellt. Zu regeln ist ferner, dass ein sich ergebender Minderbetrag sofort nach Feststellung in bar auszugleichen ist (s. Muster M 6).

2.81 **Ausweis eines Mehrbetrages.** Ein etwaiger Mehrbetrag kann entweder als Darlehensverbindlichkeit gegenüber dem Einbringenden ausgewiesen oder in eine Rücklage nach § 272 Abs. 2 Nr. 1 oder 4 HGB eingestellt werden. Bei Ansatz einer Darlehensverbindlichkeit ist die steuerliche Relevanz für die Möglichkeit der Buchwertfortführung zu beachten. Ist an der Betriebs-GmbH ein sog. „Nur-Betriebsgesellschafter" beteiligt, hat dieser im letzteren Fall zum Ausgleich stiller Reserven regelmäßig ein Agio in die Rücklage zu zahlen.

2.82 **Überpariemission.** Handelsrechtlich ist es zulässig, die Sacheinlage und Sachübernahme mit einem niedrigeren Wert als dem Verkehrswert zu bewerten (Überpariemission). Umstritten ist jedoch der bilanzmäßige Ausweis bei der GmbH wegen § 272 Abs. 2 HGB. Eine Literaturmeinung vertritt den Standpunkt, dass der Verkehrswert anzusetzen und der Mehrbetrag in die Kapitalrücklage einzustellen ist.[2] Eine andere Meinung ist die, dass stille Reserven durch den niedrigeren Ansatz gebildet werden dürfen.[3]

2.83 **Überbewertung der Sacheinlage.** Bei einer Überbewertung der Sacheinlage ist die Differenz gem. § 9 GmbHG in bar zu leisten. Dabei spielt es keine Rolle, ob die Überbewertung bewusst (willkürlich) oder ungewollt erfolgt ist. Die früher vertretene

1 *Bayer* in Lutter/Hommelhoff[22], § 5 UmwG Rz. 28.
2 *Bayer* in Lutter/Hommelhoff[22], § 5 UmwG Rz. 27, *Servatius* in Noack/Servatius/Haas[24], § 5 GmbHG Rz. 33 m.w.N.
3 *Veil* in Scholz[13], § 5 GmbHG Rz. 56.

Rechtsauffassung, dass bei willkürlicher Überbewertung Nichtigkeit gegeben ist,[1] ist seit 1981 durch die Neufassung des § 9 GmbHG[2] überholt.[3]

Haftungsfrage für den Interimszeitraum. Im Fall der Sachgründung und der Sachübernahme ist zu beachten, dass die GmbH ihre Tätigkeit aufnimmt, bevor sie rechtlich existent ist, denn sie entsteht erst durch Eintragung in das Handelsregister.[4] Da jedoch die Sacheinlage vor der Eintragung in das Handelsregister zu erfolgen hat (s. Rz. 2.79), stellt sich die Frage der Haftung für den Interimszeitraum. 2.84

Verlustdeckungshaftung. Nach der BGH-Rechtsprechung[5] haften die Gesellschafter der Vor-GmbH für die Verbindlichkeiten der Gesellschaft bis zu deren Eintragung in das Handelsregister unbeschränkt. Diese Verlustdeckungshaftung ist wie die Vorbelastungs-(Unterbilanz-)haftung eine Innenhaftung. Dies bedeutet, dass die Gläubiger der (Vor-)GmbH ihre Gesellschafter nicht unmittelbar in Anspruch nehmen können. Im Innenverhältnis tragen die Gesellschafter den Verlust im Verhältnis ihrer Beteiligungen zueinander. Diese Rechtsprechung hat in der Literatur Zustimmung gefunden.[6] 2.85

Hinweis:
Die Verlustdeckungshaftung und die Vorbelastungs-(Unterbilanz-)haftung lassen sich dadurch minimieren, dass (a) nicht die Sachgründungsvariante gewählt wird, sondern die Variante der Bargründung mit Kapitalerhöhung im Wege der Sacheinlage und (b) das in der Einbringungsbilanz vorhandene Kapital nur teilweise zur Belegung der im Wege der Kapitalerhöhung ausgegebenen neuen Stammeinlage verwendet und der überschießende Betrag in die Rücklage gem. § 272 Abs. 2 Nr. 4 HGB eingestellt wird.

Wirksamkeit der Kapitalerhöhung. Bei der Sacheinlage im Wege der Kapitalerhöhung geht mit dinglicher Übereignung der einzelnen Wirtschaftsgüter der Betrieb auf die GmbH über, so dass man von einer wirtschaftlichen Wirksamkeit der Kapitalerhöhung ab Erfüllung der Einlageverpflichtung ausgeht. Die zivilrechtliche Wirksamkeit der Kapitalerhöhung erfolgt mit der Eintragung der Kapitalerhöhung in das Handelsregister. Für eine Minderung des Werts der Sacheinlage in der Zeit zwischen der Beschlussfassung und der Eintragung des Kapitalerhöhungsbeschlusses gilt das zur Sachgründung Gesagte (s. Rz. 2.85: Verlustdeckungshaftung) entsprechend. 2.86

Bilanzierung. In der Handelsbilanz der GmbH ist das übereignete Vermögen zu aktivieren. Auf der Passivseite darf die Kapitalerhöhung (noch) nicht ausgewiesen werden, weil sie mangels Eintragung in das Handelsregister noch nicht wirksam gewor- 2.87

1 BGH v. 16.2.1959 – II ZR 170/57, NJW 1959, 934 = GmbHR 1959, 149.
2 Gesetz v. 11.7.1980, BGBl. I 1980, 836 (GmbH-Novelle). Das Gesetz ist am 1.1.1981 in Kraft getreten.
3 *Ulmer* in Hachenburg, GmbHG[8], § 5 Rz. 78 (Stand: September 1989).
4 *Servatius* in Noack/Servatius/Haas[24], § 10 GmbHG Rz. 6 m.w.N.; *Bayer* in Lutter/Hommelhoff[22], § 10 GmbHG Rz. 10.
5 BGH v. 27.1.1997 – II ZR 123/94, BGHZ 134, 333 = GmbHR 1997, 405.
6 *K. Schmidt* in Scholz[13], § 11 GmbHG Rz. 88 m.w.N.; kritisch *Servatius* in Noack/Servatius/Haas[24], § 11 GmbHG Rz. 25.

den ist. Stattdessen ist im Anschluss an das Eigenkapital ein Sonderposten „Zur Durchführung der beschlossenen Kapitalerhöhung geleistete Einlagen zu bilden".[1]

2.88 **Sonderfall: unmittelbare Gesellschafterhaftung.** In Sonderfällen kann eine unmittelbare Gesellschafterhaftung in Betracht kommen, z.B. bei Vermögenslosigkeit der Vorgesellschaft.[2]

III. Begründung der mitunternehmerischen Betriebsaufspaltung

1. Vor Aufnahme der gewerblichen Tätigkeit

2.89 **Aufnahme der Geschäftstätigkeit.** Das zu Rz. 2.26 Ausgeführte gilt entsprechend mit der Abweichung, dass auch die Betriebsgesellschaft als Personenhandelsgesellschaft gegründet wird. Für die Betriebs-Personenhandelsgesellschaft gelten die strengen Kapitalaufbringungs- und -erhaltungsvorschriften des GmbHG nicht.

2. Begründung bei bestehender Personenhandelsgesellschaft durch Aufspaltung, Abspaltung oder Ausgliederung

2.90 **Personen(handels)gesellschaft als Betriebsgesellschaft.** Das zu Rz. 2.43 ff. Ausgeführte gilt entsprechend mit der Abweichung, dass die Betriebsgesellschaft in der Rechtsform einer **Personen(handels)gesellschaft** geführt wird. Hinzu kommt, dass die strengen Vorschriften des GmbHG betreffend Sachgründung bzw. Sacheinlage nicht beachtet werden müssen. Hinsichtlich der Abspaltung und Ausgründung kann sowohl auf die künftige Betriebs- als auch auf die künftige Besitzgesellschaft abgespalten werden.

2.91 **Anforderungen an Besitzunternehmen.** Nicht mehr erforderlich ist, dass das Besitzunternehmen als Personengesellschaft ausgestaltet wird, um als solches anerkannt zu werden[3] (s. Rz. 3.44). Zur steuerlichen Nichtanerkennung der Besitz-Personengesellschaft aufgrund mangelnder Gewinnerzielungsabsicht s. Rz. 3.141.

2.92 **Hinweis:**
Die Begründung der mitunternehmerischen Betriebsaufspaltung aufgrund der Vorschriften des UmwG ist nur im Einzelfall, wenn die partielle Gesamtrechtsnachfolge angestrebt wird, empfehlenswert.

3. „Ausgliederung" auf eine neu gegründete Personenhandelsgesellschaft

2.93 **Art der Gründung der Betriebsgesellschaft.** Die Gründung der Betriebsgesellschaft – aus Haftungsgründen regelmäßig in der Rechtsform der GmbH & Co. KG – kann auf zweierlei Art erfolgen:

---

1 *Reiner* in Münch. Komm. HGB^5, § 266 Rz. 96.

2 BGH v. 27.1.1997 – II ZR 123/94, BGHZ 134, 333 = GmbHR 1997, 405; BGH v. 4.11.2002 – II ZR 204/00, ZIP 2002, 2309 m. Anm. *Drygala* = GmbHR 2003, 97.

3 *Kloster/Kloster*, GmbHR 2000, 111.

- Die Gesellschafter der künftigen Besitzgesellschaft gründen die Komplementär-GmbH und mit dieser die Betriebsgesellschaft (typische mitunternehmerische Betriebsaufspaltung).
- Die künftige Besitzgesellschaft gründet die Komplementär-GmbH und mit dieser die Betriebsgesellschaft (mitunternehmerische Einheits-Betriebsaufspaltung).

Aus gesellschaftsrechtlichen Gründen ist die zweite Variante zu bevorzugen (s. Rz. 2.198), aber auch aus steuerlichen Gründen.

Typische mitunternehmerische Betriebsaufspaltung. Im Fall der ersten Variante entnehmen die Gesellschafter der künftigen Besitzgesellschaft zu Lasten ihrer Kapitalkonten oder Verrechnungskonten – im Verhältnis ihrer Beteiligungen zueinander – das Umlaufvermögen bzw. die Gegenstände, die in das Eigentum der Betriebs-Personengesellschaft überführt werden sollen und bringen diese(s) gegen Gewährung von Gesellschaftsrechten in die Betriebs-Personengesellschaft ein. 2.94

Mitunternehmerische Einheits-Betriebsaufspaltung. Im Fall der zweiten Variante bringt die künftige Besitzgesellschaft das Umlaufvermögen bzw. die Gegenstände, die in das Eigentum der Betriebs-Personengesellschaft überführt werden sollen, in die Betriebs-Personengesellschaft gegen Gewährung von Gesellschaftsrechten ein. 2.95

Kapitalaufbringung nicht streng geregelt. Gleichgültig, welche Gestaltung gewählt wird, die strengen Vorschriften über die Kapitalaufbringung wie bei der GmbH sind nicht zu berücksichtigen. 2.96

Buchwertfortführung. Im Gegensatz zur Begründung der typischen Betriebsaufspaltung lässt sich zumindest die zweite Variante steuerneutral gestalten. 2.97

Hinweis:
Bei langfristiger Planung kann nach Ablauf von sieben Jahren die Betriebs-Personengesellschaft formwechselnd steuerneutral in eine Kapitalgesellschaft umgewandelt werden. Auf diese Weise lässt sich die Gewinnrealisierung, die der Begründung der typischen Betriebsaufspaltung immanent ist, vermeiden. Ein früherer steuerneutraler Formwechsel scheitert derzeit an § 6 Abs. 5 Satz 6 EStG.

IV. Begründung der kapitalistischen Betriebsaufspaltung

1. Vor Aufnahme der gewerblichen Tätigkeit

Bargründung. Die Besitz-GmbH und die Betriebs-GmbH werden im Wege der Bargründung errichtet. Die Besitz-GmbH erwirbt das Anlagevermögen und die Betriebs-GmbH das Umlaufvermögen (typische kapitalistische Betriebsaufspaltung). Die Besitz-GmbH verpachtet das Anlagevermögen an die Betriebs-GmbH. 2.98

Kapitalistische Einheits-Betriebsaufspaltung. Nach Errichtung der Besitz-GmbH im Wege der Bargründung gründet die Besitz-GmbH die Betriebs-GmbH ebenfalls im Wege der Bargründung (kapitalistische Einheits-Betriebsaufspaltung). 2.99

2. Begründung bei bestehender GmbH durch Aufspaltung, Abspaltung oder Ausgliederung

a) Aufspaltung

2.100 **Aufspaltung der bestehenden GmbH.** Die bestehende GmbH kann bei gleichzeitiger Auflösung ohne Abwicklung in eine Besitz-GmbH und eine Betriebs-GmbH dergestalt aufgespalten werden, dass ihr(e) Gesellschafter eine neue Besitz-GmbH und eine neue Betriebs-GmbH jeweils mit dem Mindestkapital gründet (gründen). Hinsichtlich der künftigen Besitz-GmbH verpflichten sie sich, dass die bestehende GmbH ihr Anlagevermögen in diese und ihr Umlaufvermögen in die künftige Betriebs-GmbH jeweils im Wege der Sacheinlage (s. Rz. 2.74 ff.) gegen Gewährung von Gesellschaftsrechten einbringt.

2.101 **Aufspaltung zur Neugründung.** Statt der Aufspaltung auf bestehende Rechtsträger kann die Aufspaltung nach § 123 Abs. 1 Nr. 2 UmwG auch zur Neugründung erfolgen.

2.102 **Personen- und Beteiligungsidentität.** Durch die Aufspaltung kann die typische kapitalistische Betriebsaufspaltung mit Personen- und Beteiligungsidentität errichtet werden.

2.103 **Hinweis:**
Die Aufspaltung empfiehlt sich i.d.R. wegen der hohen Kosten nicht. Dies gilt insbesondere beim Vorhandensein erheblichen Grundbesitzes.

b) Abspaltung

2.104 **Gründung Betriebs-GmbH und Abspaltung Besitz-GmbH.** Die Gesellschafter der GmbH gründen die künftige Betriebs-GmbH mit dem Mindeststammkapital entsprechend ihren Beteiligungsverhältnissen an der präsumtiven Besitz-GmbH. Anschließend spaltet die künftige Besitz-GmbH das Umlaufvermögen auf die Betriebs-GmbH im Wege der Sacheinlage (s. Rz. 2.74 ff.) gegen Gewährung von Gesellschaftsrechten an ihre Gesellschafter ab, § 123 Abs. 2 Nr. 1 UmwG.

2.105 **Sacheinlage in Betriebs-GmbH.** Die GmbH als spätere Besitz-GmbH errichtet die Betriebs-GmbH unter Übertragung ihres Umlaufvermögens im Wege der Sacheinlage (s. Rz. 2.74 ff.) gegen Gewährung von Gesellschaftsrechten, Abspaltung zur Neugründung gem. § 123 Abs. 2 Nr. 2 UmwG.

2.106 **Typische kapitalistische Betriebsaufspaltung durch Abspaltung.** Die Abspaltung ermöglicht die Begründung der typischen kapitalistischen Betriebsaufspaltung im Wege der partiellen Gesamtrechtsnachfolge. Steuerlich ist zu berücksichtigen, dass die Buchwertfortführung in diesem Fall in der Regel nicht möglich ist.

c) Ausgliederung

2.107 **Ausgliederung zur Aufnahme.** Die spätere Besitz-GmbH gliedert das Umlaufvermögen zur Übertragung gegen Gewährung von Gesellschaftsrechten an sich auf eine zunächst von ihr mit dem Mindeststammkapital gegründete GmbH aus, Ausgliederung gem. § 123 Abs. 3 Nr. 1 UmwG.

Ausgliederung zur Neugründung. Die Ausgliederung kann ebenfalls durch Neugründung gegen Gewährung von Gesellschaftsrechten erfolgen, § 123 Abs. 3 Nr. 2 UmwG. 2.108

Typische kapitalistische Einheits-Betriebsaufspaltung durch umwandlungsrechtliche Ausgliederung. Durch die Ausgliederung kann die kapitalistische Einheits-Betriebsaufspaltung errichtet werden. Steuerlich ist zu berücksichtigen, dass die Buchwertfortführung in diesem Fall in der Regel nicht möglich ist. 2.109

Umgekehrte Ausgliederung. Statt der Abspaltung oder Ausgliederung des Umlaufvermögens auf eine bestehende oder neu zu gründende Betriebs-GmbH kann auch der umgekehrte Weg gewählt werden, d.h. dass das Anlagevermögen auf eine bestehende oder neu zu gründende GmbH ausgegliedert wird. 2.110

Anrechnung auf Bareinlagenverpflichtung. In den Fällen der Auf-, Abspaltung und Ausgliederung ist das in Rz. 2.55 Hinweis Ausgeführte zu beachten. 2.111

Hohe Komplexität und hoher Kostenaufwand. Aufgrund der Komplexität und des Kostenaufwands ist von der Begründung der kapitalistischen Betriebsaufspaltung nach den Vorschriften des UmwG regelmäßig abzuraten. 2.112

3. „Ausgliederung" auf eine neu gegründete Betriebs-GmbH

Keine Ausgliederung gegen Minderung von Gesellschaftsrechten. Die „Ausgliederung" auf die Betriebs-GmbH kann nicht wie bei der Begründung der mitunternehmerischen Betriebsaufspaltung gegen Minderung von Gesellschaftsrechten erfolgen. Mehrere Optionen sind denkbar. 2.113

Entstehung der typischen kapitalistischen Betriebsaufspaltung. Die Gesellschafter der späteren Besitz-GmbH gründen im Wege der Bargründung die künftige Betriebs-GmbH. Die Betriebs-GmbH erwirbt von der späteren Besitz-GmbH Teile des Anlagevermögens und das Umlaufvermögen und pachtet das verbleibende Anlagevermögen. Wegen der Vermeidung einer verdeckten Sachgründung oder Sacheinlage s. Rz. 2.59 ff. Die Veräußerung des Umlaufvermögens muss zwecks Vermeidung einer verdeckten Gewinnausschüttung zudem zu den Verkehrswerten erfolgen. Es entsteht die typische kapitalistische Betriebsaufspaltung. 2.114

Kapitalistische Einheits-Betriebsaufspaltung mittels Sachgründung. Die GmbH gründet im Wege der Sachgründung (s. Rz. 2.74 ff.) die Betriebs-GmbH. Die Vorschriften des UmwG finden keine Anwendung, so dass eine partielle Gesamtrechtsnachfolge (s. Rz. 2.55) nicht erfolgt. Eingebracht werden das Umlaufvermögen und sonstige Gegenstände, die auf die Betriebs-GmbH übergehen sollen. Die Betriebs-GmbH ist eine 100 %-Tochtergesellschaft der späteren Besitz-GmbH. Es entsteht die kapitalistische Einheits-Betriebsaufspaltung. 2.115

Kapitalistische Einheits-Betriebsaufspaltung mittels Bargründung und Sachkapitalerhöhung. Die spätere Besitz-GmbH gründet im Wege der Bargründung die zukünftige Betriebs-GmbH mit dem Mindestkapital. Anschließend erfolgt eine Kapitalerhöhung im Wege der Sacheinlage (s. Rz. 2.85 Hinweis). Als Sacheinlage werden das 2.116

Umlaufvermögen und sonstige Aktiva und Passiva auf die GmbH übertragen. Die Betriebs-GmbH ist eine 100 %-Tochtergesellschaft der Besitz-GmbH. Es entsteht wiederum die kapitalistische Einheits-Betriebsaufspaltung.

2.117 **Änderung des Gesellschaftszwecks** Die Begründung der kapitalistischen Betriebsaufspaltung durch Ausgliederung beinhaltet eine Satzungsänderung. Die werbende Gesellschaft denaturiert zu einer vermögensverwaltenden Besitzgesellschaft. Die Satzungsänderung bedarf eines Gesellschafterbeschlusses mit qualifizierter Mehrheit gem. § 53 GmbHG, ebenso der Abschluss des Pachtvertrags (s. Muster M 10).

V. Begründung der unechten Betriebsaufspaltung

2.118 **Keine unechte Betriebsaufspaltung im Zivilrecht.** Zivilrechtlich gibt es die unechte Betriebsaufspaltung nicht. Allerdings gelten die §§ 39 Abs. 1 Nr. 5, Abs. 4 und 5, §§ 44a, 135 Abs. 2 InsO[1] als Nachfolgeregelungen der §§ 32a und 32b GmbHG (s. Rz. 2.156 ff.). Dies ist jedoch nicht auf die unechte Betriebsaufspaltung beschränkt.

2.119 **Unechte Betriebsaufspaltung im Steuerrecht.** Steuerrechtlich tritt die unechte Betriebsaufspaltung ein, wenn die das „Besitzunternehmen" erwerbenden Gesellschafter der Betriebs-GmbH es versäumen, vor dessen Erwerb vertragliche Maßnahmen zu vereinbaren, die die personelle Verflechtung verhindern (s. Rz. 2.173 ff.).

2.120 **Abspaltung zur Aufnahme oder Neugründung.** Eine unechte Betriebsaufspaltung kann auch dadurch entstehen, dass aus einer bestehenden GmbH der gesamte Betrieb oder nur das Anlagevermögen zur Aufnahme oder zur Neugründung auf eine Personenhandelsgesellschaft – vorzugsweise eine GmbH & Co. KG – abgespalten wird. Das zu Rz. 2.104 ff. Ausgeführte gilt entsprechend. Für die Besitz-Personenhandelsgesellschaft gelten die strengen gesellschaftsrechtlichen Vorschriften des GmbHG zur Sachgründung und Sacheinlage jedoch nicht.

2.121 **Spaltung zur Ausgliederung.** Die Spaltung kann auch zur Ausgliederung erfolgen, und zwar dergestalt, dass die GmbH zunächst eine Komplementär-GmbH als 100 %-Tochtergesellschaft gründet und ihren Betrieb bzw. das Anlagevermögen in eine mit dieser Komplementär-GmbH gegründete GmbH & Co. KG im Wege der Ausgliederung einbringt, an der sie als alleinige Kommanditistin zu 100 % vermögensmäßig beteiligt ist, § 123 Abs. 3 Nr. 1 UmwG. Letztlich kann der Geschäftsanteil an der Komplementär-GmbH in die Besitz-GmbH & Co. KG eingebracht werden, so dass eine Einheits-GmbH & Co. KG entsteht. Eine Ausgliederung auf eine Ein-Personen-Personengesellschaft ist nicht möglich, da eine Personengesellschaft stets über zwei Gesellschafter verfügen muss. Infrage kommt lediglich die Ein-Personen-GmbH & Co. KG bei der dieselbe Person Kommanditist und Alleingesellschafter für die Komplementärin ist.

1 Eingefügt durch Art. 9 MoMiG v. 23.10.2008, BGBl. I 2008, 2026, mit Wirkung v. 1.11.2008.

Alternative Begründung der unechten Betriebsaufspaltung. Alternativ kann statt der Abspaltung oder Ausgliederung der Betrieb oder das Anlagevermögen in eine von der GmbH und der von ihr gegründeten Komplementär-GmbH neu gegründete GmbH & Co. KG gegen Gewährung von Gesellschaftsrechten im Wege der Einzelrechtsnachfolge eingebracht werden. 2.122

Hinweis: 2.123
Von der Abspaltung, Ausgliederung oder Einbringung muss abgeraten werden, weil sie für den Normalfall keine wirtschaftlichen Vorteile bringen. Sie können in Einzelfällen empfehlenswert sein, wenn sich eine GmbH z.B. dadurch Liquidität verschaffen will, dass sie eine Teilbeteiligung an der Besitzgesellschaft an Dritte veräußert.

VI. Begründung der umgekehrten Betriebsaufspaltung

1. Begründung durch Aufspaltung, Abspaltung oder Ausgliederung

Umgekehrte Betriebsaufspaltung. Nach § 123 UmwG kann eine GmbH durch Aufspaltung, Abspaltung oder Ausgliederung in eine umgekehrte Betriebsaufspaltung (s. Rz. 2.9) umgewandelt werden. Das in den Rz. 2.98 ff. zur Begründung der kapitalistischen Betriebsaufspaltung Gesagte gilt entsprechend. Für die Betriebs-Personenhandelsgesellschaft gelten die strengen Vorschriften des GmbHG zur Sachgründung und Sacheinlage nicht. 2.124

Umgekehrte Betriebsaufspaltung im Umwandlungssteuerrecht. Die Begründung der umgekehrten Betriebsaufspaltung nach den Vorschriften des UmwG empfiehlt sich regelmäßig nicht. Das zu Rz. 2.122 Ausgeführte gilt entsprechend. 2.125

2. „Ausgliederung" auf eine Personenhandelsgesellschaft

Keine Begründung gegen Minderung von Gesellschaftsrechten. Die Ausgliederung auf die Betriebs-Personenhandelsgesellschaft kann nicht wie bei der Begründung der mitunternehmerischen Betriebsaufspaltung gegen Minderung von Gesellschaftsrechten erfolgen. Mehrere Optionen sind denkbar. 2.126

Gründungsgestaltung einer Betriebs-Personenhandelsgesellschaft. Die Gesellschafter der künftigen Besitz-GmbH gründen im Wege der Bargründung die künftige Betriebs-Personenhandelsgesellschaft, vorzugsweise in der Rechtsform einer typischen GmbH & Co. KG mit Personen- und Beteiligungsidentität oder in Gestalt der Einheits-GmbH & Co. KG, d.h. dass die Komplementär-GmbH zunächst von den Gesellschaftern der künftigen Besitz-GmbH & Co. KG in Gesellschaft bürgerlichen Rechts gegründet wird. In der Praxis stößt dies bei manchen Registergerichten auf Vorbehalte, weshalb auch der „Umweg" einer Gründung der Komplementärin durch die zukünftigen Gesellschafter der Betriebs-Personenhandelsgesellschaft nebst späterer Abtretung der Anteile an diese in Betracht kommt. Ab dem 1.1.2024, mit dem Inkrafttreten des MoPeG, sollten diese Bedenken bei einer eGbR nicht mehr greifen. Sodann wird die Komplementär-GmbH als weitere am Vermögen der Gesellschaft nicht beteiligte Gesellschafterin in die Gesellschaft bürgerlichen Rechts aufgenommen. Anschließend wird die Gesellschaft bürgerlichen Rechts als (GmbH & Co.) KG zur Eintragung in das Handelsregister angemeldet. Alternativ besteht die Möglich- 2.127

keit, dass die Gesellschafter mit der GmbH eine (GmbH & Co.) KG gründen. Nach deren Eintragung in das Handelsregister treten die Gesellschafter der Gesellschaft bürgerlichen Rechts ihre Beteiligungen an der Gesellschaft bürgerlichen Rechts an die GmbH & Co. KG ab. Die Gesellschaft bürgerlichen Rechts erlischt. Ihr Vermögen, bestehend aus dem Geschäftsanteil an der Komplementär-GmbH, wächst der GmbH & Co. KG an.

2.128 **Typische umgekehrte Betriebsaufspaltung.** Die Betriebs-GmbH & Co. KG erwirbt von der künftigen Besitz-GmbH das Umlaufvermögen und pachtet das Anlagevermögen. Das Problem einer verdeckten Sachgründung oder Sacheinlage stellt sich nicht. Die Veräußerung des Umlaufvermögens muss zwecks Vermeidung einer verdeckten Gewinnausschüttung zudem zu den Verkehrswerten erfolgen. Es entsteht die typische umgekehrte Betriebsaufspaltung.

2.129 **Finale Gründung Betriebs-GmbH & Co. KG als Tochtergesellschaft.** Die GmbH gründet die Komplementär-GmbH und mit dieser die Betriebs-GmbH & Co. KG. Die Vorschriften des UmwG finden keine Anwendung, so dass eine partielle Gesamtrechtsnachfolge nicht erfolgt. Eingebracht werden das Umlaufvermögen und sonstige Gegenstände, die auf die Betriebs-Personenhandelsgesellschaft gegen Gewährung von Gesellschaftsrechten (Kommanditbeteiligung) übergehen sollen. Das Anlagevermögen verbleibt bei der nunmehrigen Besitz-GmbH. Die Betriebs-Personengesellschaft ist eine 100 %-Tochtergesellschaft der Besitz-GmbH.

2.130 **Keine umgekehrte Betriebsaufspaltung.** Kein Fall der umgekehrten Betriebsaufspaltung ist die Übertragung des Anlagevermögens einer GmbH auf eine von ihren Gesellschaftern gegründete Personengesellschaft, aus Haftungsgründen regelmäßig eine GmbH & Co. KG. Die Übertragung des Anlagevermögens erfordert keine Satzungsänderung bei der GmbH.[1]

2.131 **Übertragung Anlagevermögen zu Verkehrswerten.** Das Anlagevermögen ist zur Vermeidung einer verdeckten Gewinnausschüttung zu Verkehrswerten auf die Besitzgesellschaft zu übertragen.

2.132 **Übertragung Anlagevermögen mit Grundbesitz.** Bei Vorhandensein von Grundbesitz löst die Übertragung des Anlagevermögens neben der ertragsteuerlichen und ggf. grunderwerbsteuerlichen Belastung aus der Aufdeckung stiller Reserven Notar- und Gerichtskosten aus, so dass diese Art der Begründung einer Betriebsaufspaltung in der Praxis kaum vorkommen wird.

VII. „Wiesbadener Modell"

2.133 **Vermeidung Betriebsaufspaltung mittels Wiesbadener Modell.** Das Wiesbadener Modell ist dadurch gekennzeichnet, dass das Entstehen einer Betriebsaufspaltung durch „Einsatz" naher Angehöriger – insbesondere des/der Ehegatten – verhindert wird.

---

1 *Harbarth* in Münch. Komm. GmbHG[5], § 53 Rz. 237; *Tebben* in Scholz[13], § 53 GmbHG Rz. 121.

Erwerb Grundbesitz durch Ehegatten der Gesellschafter. Im Fall der drohenden unechten Betriebsaufspaltung wird der gemietete Grundbesitz nicht von den Gesellschaftern der GmbH oder einer aus diesen bestehenden Personengesellschaft erworben, sondern von den Ehegatten der Gesellschafter. Oder aber es wird zum Zweck der temporären Ersparung von Gewerbesteuern (s. jedoch Rz. 2.272 ff.) und der Bildung von Pensionsrückstellungen von den Ehegatten der Gesellschafter der künftigen Besitz-Personengesellschaft die Betriebs-GmbH gegründet. Die Gesellschafter der Besitz-Personengesellschaft werden Geschäftsführer der Betriebs-GmbH. 2.134

Keine zivilrechtlichen Vorteile des Wiesbadener Modells. Zivilrechtlich hat(te) diese Gestaltung im Fall der umgekehrten Betriebsaufspaltung allenfalls im Hinblick auf § 39 Abs. 1 Nr. 5, Abs. 4 und 5, § 135 InsO[1] (vormals §§ 32a, 32b GmbHG, s. Rz. 2.156 ff.) Vorteile. Selbst dieser Vorteil entfällt, wenn der Grundbesitz mit Mitteln der Gesellschafter der Betriebs-GmbH erworben wird und die Ehegatten die Funktion von *Strohm*ännern haben.[2] 2.135

Störanfälligkeit des Wiesbadener Modells. Im Übrigen ist dieses Modell störanfällig: Die Eheleute lassen sich scheiden; der nahe Angehörige verstirbt; sein Rechtsnachfolger – nicht der Ehegatte – in der Beteiligung ist nicht gewillt, sich mit der Rolle eines Strohmanns abzufinden. Treuhandlösungen scheiden wegen § 39 Abs. 2 Nr. 1 Satz 2 AO aus; ebenso jederzeitige Ankaufsrechte, § 39 Abs. 1 Nr. 1 Satz 1 AO.[3] 2.136

VIII. Rechtsfolgen der Begründung der Betriebsaufspaltung

1. Besitzgesellschaft

Betriebsaufgabe. Mit Beginn der Betriebsaufspaltung gibt das Besitzunternehmen seinen Betrieb auf. Dies ist nach dem Wortlaut des § 14 Abs. 1 Nr. 3 GewO anzeigepflichtig. Die Nichtanmeldung der Betriebsaufgabe ist eine Ordnungswidrigkeit, § 146 Abs. 2 Nr. 2 Buchst. b GewO. Die Geldbuße kann bis zu 1.000 EUR betragen, § 146 Abs. 3 GewO. Nach der Begründung[4] zur 3. Novelle[5] ist die Aufgabe nur dann anzumelden, wenn sie endgültig ist. Findige Mitarbeiter der Gewerbeaufsichtsbehörden werden auf § 14 Abs. 1 Nr. 2 GewO verweisen und ein Ordnungswidrigkeitsverfahren einleiten, weil nach dieser Norm der Wechsel des Gewerbes anmeldepflichtig ist. Dabei ist zum einen zu berücksichtigen, dass die Norm nur einschlägig ist, wenn es zu einem Branchenwechsel kommt.[6] Zum anderen kann argumentiert werden, dass § 14 Abs. 1 Nr. 3 GewO lex specialis zu § 14 Abs. 1 Nr. 2 GewO ist. Rechtsprechung liegt – soweit ersichtlich – zu dieser Rechtsfrage noch nicht vor. Ungeachtet dessen geht die Rechtsprechung bei einer Verpachtung des Betriebes im Ganzen von 2.137

1 Eingefügt durch Art. 9 MoMiG v. 23.10.2008, BGBl. I 2008, 2026.
2 *Ehricke*, WiB 1995, 889 (892).
3 Zu etwaigen zivilrechtlichen Gestaltungen, die dem Unternehmer einen Zugriff ermöglichen: *Kesseler*, DStR 2015, 1189 ff.
4 BT-Drucks. 1/4170, 8.
5 Gesetz zur Änderung der GewO v. 29.9.1953, BGBl. I 1953, 1459.
6 *Winkler* in Ennuschat/Wank/Winkler[9], § 14 GewO Rz. 70.

einer gewerberechtlichen Betriebsaufgabe i.S.d. § 14 Abs. 1 Nr. 3 GewO aus.[1] Die für die Anzeigen zuständigen Behörden sind durch Landesrecht bestimmt worden, § 155 Abs. 2 GewO. Ist der Betrieb des Einzelunternehmers bzw. die Besitzgesellschaft ein Handwerk, ist die Löschung in der Handwerksrolle zu veranlassen, § 13, § 16 Abs. 2 HandwO. Ist das Besitzunternehmen ein „Einzelunternehmen" – zivilrechtlich liegt Vermietung oder Verpachtung vor –, besteht weiterhin Zwangsmitgliedschaft in der Industrie- und Handelskammer, wenn der Besitzunternehmer zur Gewerbesteuer veranlagt wird, § 2 Abs. 1 IHKG.

2.138 **Änderung des Unternehmensgegenstands bei minderjährigen Gesellschaftern.** Sind an der „aufzuspaltenden" Gesellschaft Minderjährige beteiligt, ist zu beachten: Mit Beginn der Betriebsaufspaltung ändert die Besitzgesellschaft ihren Unternehmensgegenstand, gleichgültig, ob eine typische Betriebsaufspaltung begründet wird oder eine Einheits-Betriebsaufspaltung. Sie unterhält keinen Gewerbebetrieb mehr, sondern beschränkt sich auf dessen Verpachtung. Ob die Änderung des Unternehmensgegenstands vormundschaftsgerichtlich genehmigungspflichtig ist, ist streitig.[2] Zum Teil wird danach differenziert, ob es sich um eine „wesentliche Änderung" handelt, die genehmigungsbedürftig ist.[3] Da der Abschluss eines Gesellschaftsvertrags der Genehmigung durch das Vormundschaftsgericht bedarf, ist es an sich folgerichtig, auch die Änderung des Gesellschaftsvertrags der Genehmigung zu unterwerfen, weil sonst die Genehmigung eines genehmigungsfähigen Gesellschaftsvertrags eingeholt wird, der anschließend durch Änderung die Regelungen erhält, die das Vormundschaftsgericht nicht genehmigt hätte. Andererseits stellt § 1822 Nr. 3 BGB nur auf den Abschluss und nicht auch auf die Änderung des Gesellschaftsvertrags ab. M.E. ist der Wortlaut entscheidend. Würde man die Änderung des Gesellschaftsvertrags ebenfalls der Genehmigungspflicht unterwerfen, bedürfte jede redaktionelle Änderung der Einschaltung des Vormundschaftsgerichts, dessen Entscheidungen – wie die Praxis zeigt – in vielen Fällen rational nicht nachvollziehbar sind. Soweit ersichtlich geht auch der BGH nicht von einer Genehmigungsbedürftigkeit aus.[4]

2.139 **Sonderfall: Erbschaft eines Minderjährigen.** Der Vollständigkeit halber ist anzumerken, dass bei einer Verpachtung des ererbten Gewerbes durch den Minderjährigen selber – z.B. im Fall einer Erbschaft – die vormundschaftliche Genehmigung unabdingbar ist, § 1822 Nr. 4 BGB.

2.140 **Umwandlung der Firma der Besitzgesellschaft.** Wird die Firma der Besitzgesellschaft im Handelsregister gelöscht und wandelt sich diese sodann von Gesetzes wegen in eine Gesellschaft bürgerlichen Rechts um,[5] bedarf die Veräußerung von

1 OLG Hamm v. 8.7.1963 – 4 Ss 177/63, BB 1965, 1332.
2 Verneinend *Veit* in Staudinger, § 1822 BGB Rz. 94; bejahend *Zimmermann* in Soergel[13], § 1822 BGB Rz. 26; *Kroll-Ludwigs* in Münch. Komm. BGB[9], § 1822 Rz. 29.
3 OLG Dresden v. 11.5.2018 – 8 U 1618/17, NZG 2018, 1108 für einen Fall in dem aus einer Vermögensverwaltung ein Erwerbsgeschäft nach erheblicher Ausweitung der Tätigkeit geworden ist.
4 BGH v. 25.9.1972 – II ZR 5/71, WM 1972, 1368.
5 Streitig, s. *Hopt* in Hopt[45], § 1 Rz. 18 HGB m.w.N.

Grundbesitz und die Bestellung von Grundschulden nach § 1821 Abs. 1 Nr. 1, § 1643 BGB ebenfalls der vormundschaftsgerichtlichen Genehmigung.[1] Die Umwandlung in eine Gesellschaft bürgerlichen Rechts – gleich, ob eingetragen als „eGbR" oder nicht – hat zudem die unbeschränkte Haftung sämtlicher Gesellschafter zur Folge. Die Haftung kann nicht durch die Bezeichnung GbR mbH beschränkt werden.[2]

Hinweis:
Die Firma sollte mithin im Handelsregister nicht gelöscht werden, um die beschränkte Haftung der Besitzgesellschaft als GmbH & Co. KG oder die der Kommanditisten einer „normalen" KG aufrechtzuerhalten.

Unbeschränkte Haftung des persönlich haftenden Gesellschafters der OHG/KG bleibt bestehen. Wird die Besitzgesellschaft in der Rechtsform einer OHG oder einer KG mit einer natürlichen Person als persönlich haftendem Gesellschafter geführt, bleibt hinsichtlich der persönlich Haftenden deren unbeschränkte Haftung für von der Besitzgesellschaft eingegangene Verbindlichkeiten – z.B. aus unverfallbaren und nicht auf die Betriebsgesellschaft übertragbaren Pensionszusagen – bestehen. Die Haftung kann dadurch begrenzt werden, dass die Besitzgesellschaft durch Aufnahme einer GmbH als persönlich haftende Gesellschafterin und Rücktritt der persönlich haftenden Gesellschafter in die Rechtsstellung von Kommanditisten in eine GmbH & Co. KG „umgewandelt" wird. Die persönlich haftenden Gesellschafter kommen sodann in den Genuss der Haftungsbeschränkung gem. § 160 HGB.[3] Ab dem Tag der Eintragung des Wechsels in die Stellung eines Kommanditisten in das Handelsregister beginnt die fünfjährige Verjährungsfrist. Die BGH-Rechtsprechung,[4] nach der der persönlich haftende Gesellschafter, der zwar in die Rechtsstellung eines Kommanditisten zurückgetreten, jedoch als Geschäftsführer der Komplementär-GmbH weiterhin für die Gesellschaft tätig ist, auch zukünftig unbeschränkt haftet, ist damit überholt. 2.141

Aufstellung eines Sozialplans nicht notwendig. Die Begründung einer „echten" Betriebsaufspaltung ist m.E. kein Fall des § 111 BetrVG, so dass ein Sozialplan nicht aufzustellen ist.[5] § 111 Nr. 3 BetrVG nennt „die Spaltung von Betrieben", nicht jedoch „die Spaltung von Unternehmen oder Betrieben" wie § 106 Abs. 3 Nr. 8 BetrVG. Der Gesetzgeber unterscheidet folglich zwischen „Unternehmen" und „Betrieben". Die Betriebsaufspaltung ist mithin keine Spaltung eines Betriebs i.S.d. § 111 2.142

---

1 *Veit* in Staudinger, § 1821 BGB Rz. 33 ff.; OLG Koblenz v. 22.8.2002 – 9 UF 397/02, NJW 2003, 1401.

2 BGH v. 27.9.1999 – II ZR 371/98, BGHZ 142, 315 = GmbHR 1999, 1134.

3 § 160 HGB, neu gefasst durch das Gesetz zur zeitlichen Begrenzung der Nachhaftung von Gesellschaftern (Nachhaftungsbegrenzungsgesetz – NachBG) v. 18.3.1994, BGBl. I 1994, 560.

4 BGH v. 22.9.1980 – II ZR 204/79, BGHZ 78, 114 = GmbHR 1981, 12; BGH v. 25.9.1989 – II ZR 259/88, BGHZ 108, 330 (341) = GmbHR 1990, 72.

5 So auch *Bork*, BB 1989, 2181; a.A. *Bitz* in Littmann/Bitz/Pust, Einkommensteuerrecht, § 15 EStG Rz. 311 (Stand: April 2024), unter Hinweis auf BAG v. 16.6.1987 – 1 ABR 41/85, ZIP 1987, 1068, der allerdings nicht den Fall einer Betriebsaufspaltung betraf, sondern die Ausgliederung einer Betriebsabteilung.

Nr. 3 BetrVG, sondern die Spaltung eines Unternehmens, was den Übergang sämtlicher Arbeitsverhältnisse auf die Betriebsgesellschaft zur Folge hat. Erfolgt die Betriebsaufspaltung im Wege der Abspaltung oder Aufspaltung, schließt § 134 UmwG diese Lücke, s. Rz. 2.45.

2.143 **Stille Beteiligung am künftigen Besitzunternehmen.** Besteht an dem künftigen Besitzunternehmen oder der künftigen Besitzgesellschaft eine stille Beteiligung – in Bezug auf die Ergebnisbeteiligung kann sie auf den auszugliedernden Teilbetrieb begrenzt sein[1] – verstößt der Einzelunternehmer bzw. die Gesellschaft gegen seine/ihre Pflichten nach § 230 HGB, wenn die Spaltung gegen den Willen des stillen Gesellschafters vorgenommen wird, denn die Spaltung beinhaltet eine wesentliche Veränderung des Unternehmens, die der Zustimmung des stillen Gesellschafters bedarf.[2] Dies gilt m.E. auch im Fall der Ausgliederung mit der Folge, dass die Betriebs-GmbH eine hundertprozentige Tochter-GmbH ist, denn dem stillen Gesellschafter fließt der in der Betriebs-GmbH erwirtschaftete Gewinn erst zu, wenn eine Gewinnausschüttung beschlossen wird. Der stille Gesellschafter hat einen Anspruch darauf, so gestellt zu werden, als ob die Aufspaltung, Abspaltung oder Ausgliederung nicht erfolgt wäre. Der Inhaber ist zumindest verpflichtet, dem stillen Gesellschafter an dem/den neuen Rechtsträger(n) (eine) stille Beteiligung(en) einzuräumen. Entsprechendes gilt, wenn die Aufspaltung nicht nach den Vorschriften des UmwG, sondern durch Vorschalten einer Betriebs-GmbH (s. Rz. 2.58 ff.) oder Übertragung des Anlagevermögens auf eine neu gegründete Besitzgesellschaft oder den Alleingesellschafter erfolgt (s. Rz. 2.56 f.).

2.144 **Unterbeteiligung an aufzuspaltender Gesellschaft.** Besteht an einer Beteiligung der aufzuspaltenden Gesellschaft eine Unterbeteiligung, ist der Gesellschafter (Hauptbeteiligter) nicht gehindert, einer Aufspaltung, Abspaltung oder Ausgliederung zuzustimmen. Zwischen dem Unterbeteiligten und dem Hauptbeteiligten bestehen wie zwischen dem Inhaber eines Handelsgeschäfts und seinem stillen Gesellschafter nur schuldrechtliche Beziehungen.[3] Im Verhältnis des Unterbeteiligten zur Hauptgesellschaft bestehen keinerlei Rechtsbeziehungen.[4] Der Hauptbeteiligte ist jedoch verpflichtet, dem Unterbeteiligten, analog dem Bestehen einer stillen Beteiligung, an seiner Beteiligung an dem/den neu entstandenen Rechtsträger(n) (eine) Unterbeteiligung(en) einzuräumen.

2.145 **Treuhänder.** Wird die Beteiligung ganz oder teilweise treuhänderisch gehalten, ist der Treuhänder im Außenverhältnis zwar berechtigt, ohne Zustimmung seines Treugebers sämtliche Rechtshandlungen vorzunehmen, die für die Begründung einer Betriebsaufspaltung erforderlich sind; im Innenverhältnis kann er sich jedoch schaden-

1 Hierzu *K. Schmidt* in Münch. Komm. HGB[5], § 230 Rz. 39 m.w.N.

2 *K. Schmidt* in Münch. Komm. HGB[5], § 230 Rz. 137; *Hopt* in Hopt[45], § 230 HGB Rz. 15.

3 *Blaurock*, Handbuch der stillen Gesellschaft[10], Rz. 30.1.

4 BGH v. 11.7.1968 – II ZR 179/66, BGHZ 50, 316 = BB 1968, 973; *Ulmer* in Münch. Komm. BGB[9], Vor § 705 Rz. 94; a.A. *Blaurock*, Unterbeteiligung und Treuhand an Gesellschaftsanteilen, 1981, 17; *Tebben*, Unterbeteiligung und Treuhand an Gesellschaftsanteilen, 2000, 31.

ersatzpflichtig machen. Entscheidend sind insoweit die Vereinbarungen des Treuhandvertrages. In der Praxis überwiegt die fremdnützige Treuhand, d.h. der Treuhänder ist weisungsgebunden. Ohne Zustimmung des Treugebers wird der Treuhänder seine Zustimmung zur Begründung der Betriebsaufspaltung verweigern.

Nießbrauch an der Beteiligung. Ist die Beteiligung eines Gesellschafters mit einem 2.146
(quotalen) Nießbrauch[1] belastet, setzt sich dieser bei der Aufspaltung und Abspaltung aufgrund der partiellen Gesamtrechtsnachfolge an den im Wege der Auf- bzw. Abspaltung gewährten Geschäftsanteilen an der Betriebs-GmbH fort. M.E. ist gleichwohl die Zustimmung des Nießbrauchberechtigten erforderlich, weil der Nießbrauch an einem GmbH-Geschäftsanteil ein aliud ist. Für den Fall der Ausgliederung gilt das in Rz. 2.143 Ausgeführte entsprechend.

Gesellschafter als Vorerbe. Ist der Gesellschafter nur Vorerbe, kann er unbeschadet 2.147
seiner Haftung nach den §§ 2130, 2131 BGB sämtliche Mitgliedschaftsrechte ausüben, demgemäß auch einer Spaltung zustimmen.[2] Der Nacherbe muss die Spaltung gegen sich gelten lassen. Dies gilt nur dann nicht, wenn in der Zustimmung zur Begründung der Betriebsaufspaltung eine teilweise unentgeltliche Verfügung (gemischte Schenkung) zu sehen ist.[3] Der Nacherbe soll gem. § 2113 Abs. 2 BGB nur wertmäßig gesichert werden; er hat keinen Anspruch darauf, dass bestimmte Gegenstände im Nachlass verbleiben.[4] Ferner muss der Vorerbe „auch darauf Rücksicht nehmen, was sich aufgrund des Gesellschaftsverhältnisses als wirtschaftlich notwendig oder zweckmäßig erweist".[5]

2. Betriebs-GmbH

Gründung mit Beteiligung Minderjähriger. Sind Minderjährige beteiligt, bedarf die 2.148
Gründung der Betriebsgesellschaft der vormundschaftsgerichtlichen Genehmigung, und wenn die Eltern oder ein Elternteil an der Gründung mit beteiligt sind/ist, ist die Bestellung von Ergänzungspflegern erforderlich. Genehmigungspflichtig ist die Gründung der GmbH nach § 1822 Nr. 3, § 1643 BGB.[6] Die h.M. begründet dies zutreffend mit den Haftungsrisiken im Gründungsstadium.

Genehmigungszwang. Besteht Genehmigungszwang z.B. § 30 GewO: Privatkranken- 2.149
anstalten; § 33a GewO: Schaustellungen von Personen; § 33c GewO: Spielgeräte mit Gewinnmöglichkeit; § 33d GewO: Andere Spiele mit Gewinnmöglichkeit; § 33i

1 Zu den unterschiedlichen Erscheinungsformen des Nießbrauchs an Beteiligungen an Personengesellschaften s. *Heinze* in Staudinger, Anh. zu §§ 1068 f. BGB Rz. 47 ff.; *Ulmer* in Münch. Komm. BGB⁹, § 705 Rz. 95 ff.

2 *Lieder* in Münch. Komm. BGB⁹, § 2112 Rz. 16.

3 BGH v. 15.2.1952 – V ZR 54/51, BGHZ 5, 173; *Lieder* in Münch. Komm. BGB⁹, § 2113 Rz. 45 m.w.N.

4 BGH v. 2.10.1952 – IV ZR 24/52, BGHZ 7, 274; *Lieder* in Münch. Komm. BGB⁹, § 2112 Rz. 1f. m.w.N.

5 BGH v. 6.10.1980 – II ZR 268/79, BGHZ 78, 177.

6 *Veit* in Staudinger, § 1822 Rz. 85; differenzierend *Wagenitz* in Münch. Komm. BGB⁹, § 1822 Rz. 18 m.w.N.

GewO: Spielhallen; § 34 GewO: Pfandleihgewerbe; § 34a GewO: Bewachungsgewerbe; § 34b GewO: Versteigerungsgewerbe; § 34c GewO: Makler, Bauträger, Baubetreuer; § 2 GastStG: Gaststätten, Beherbergungsbetriebe; § 3 GüKG: Güterkraftverkehr; § 32 KWG: Bankgeschäfte und Finanzdienstleistungen; § 2 PBefG: Personenbeförderung; § 21 WaffG: Herstellung und Handel mit Waffen; § 7 SprengG: Herstellung von und Handel mit Sprengstoffen; § 2 KrWaffG: Herstellung von und Handel mit Kriegswaffen – muss die Genehmigung von der Betriebsgesellschaft neu beantragt werden. Betreibt die GmbH einen Handwerksbetrieb, bedarf es ihrer Eintragung in die Handwerksrolle, § 1 Abs. 1 HandwO.

Hinweis:
Dies gilt auch in Fällen der partiellen Gesamtrechtsnachfolge. Die Genehmigung (Personalkonzession) ist regelmäßig an die Eignung (§ 1 i.V.m. § 7 Abs. 4 HandwO) und persönliche Zuverlässigkeit der gesetzlichen Vertreter (z.B. § 4 GastG) oder eine bestimmte Rechtsform (Kreditinstitute dürfen nicht von Einzelkaufleuten betrieben werden, § 2a Abs. 1 KWG) gebunden. Die Kommentare zum Umwandlungsrecht enthalten – soweit ersichtlich – keine Ausführungen.

2.150 **Firmenfortführung.** Wird die Firma der Besitzgesellschaft von der Betriebs-GmbH nach § 22 Abs. 2 HGB fortgeführt (s. Muster M 2), haftet die Betriebs-GmbH für sämtliche Altverbindlichkeiten der Besitzgesellschaft, sofern nicht nach § 25 Abs. 2 HGB eine abweichende Vereinbarung in das Handelsregister eingetragen wird.[1] Die Eintragung und deren Bekanntmachung müssen unverzüglich erfolgen.[2] Eine nicht unverzügliche Eintragung und deren Bekanntmachung ist unwirksam.[3]

2.151 **Dauerschuldverhältnisse der Besitzgesellschaft.** Da bei einer Betriebsaufspaltung regelmäßig keine Gesamtrechtsnachfolge (Ausnahme: Rz. 2.43) gegeben ist, müssen sämtliche Dauerschuldverhältnisse von der Besitzgesellschaft rechtzeitig gekündigt und von der Betriebs-GmbH neu abgeschlossen werden. Ist eine Kündigung nicht möglich oder verweigert der Vertragspartner eine „Überleitung" der Verträge durch Eintritt der Betriebs-GmbH in das Vertragsverhältnis, kann die Betriebs-GmbH die Besitzgesellschaft im Innenverhältnis freistellen (s. Muster M 8 Abs. 3).

2.152 **Übergang der Arbeitsverhältnisse.** Die Arbeitsverhältnisse gehen nach § 613a BGB automatisch auf die Betriebs-GmbH über, sofern die Arbeitnehmer nicht widersprechen. Nach § 613a Abs. 5 BGB haben der bisherige Arbeitgeber oder der neue Inhaber die vom Übergang betroffenen Arbeitnehmer vom Übergang der Arbeitsverhältnisse in Textform zu unterrichten. Die Unterrichtung muss den Zeitpunkt des Übergangs, den Grund des Übergangs, die rechtlichen, wirtschaftlichen und sozialen Folgen des Übergangs für die Arbeitnehmer und die hinsichtlich der Arbeitnehmer in Aussicht genommenen Maßnahmen umfassen. Die betroffenen Arbeitnehmer können dem bisherigen Arbeitgeber oder dem neuen Inhaber gegenüber innerhalb eines Monats nach Zugang der Unterrichtung widersprechen. Die Arbeitsverhältnisse der

---

1 BAG v. 24.3.1987 – 3 AZR 384/85, DB 1988, 123; BGH v. 29.3.1982 – II ZR 166/81, NJW 1982, 1647; *Commandeur/Kleinebrink*, Betriebs- und Firmenübernahme[2], 243; a.A. *Reuschle* in Ebenroth/Boujong/Joost, HGB[4], § 25 Rz. 40.

2 BGH v. 16.3.1992 – II ZR 152/91, WM 1992, 735.

3 OLG Hamm v. 19.9.1998 – 15 W 297/98, DB 1998, 2591.

widersprechenden Arbeitnehmer bleiben mit dem bisherigen Arbeitgeber bestehen. Dieser hat die Möglichkeit, betriebsbedingte Beendigungskündigungen auszusprechen, § 613a Abs. 4 Satz 2 BGB, der auch betriebsbedingte Kündigung umfasst.[1]

GmbH als Risikobegrenzung. Die GmbH soll im Rahmen der Betriebsaufspaltung der Risikobegrenzung dienen. Dieses Ziel wird nur erreicht, wenn eine Inanspruchnahme des Besitzunternehmens bzw. von dessen Gesellschaftern seitens der Gläubiger der Betriebs-GmbH vermieden werden kann. 2.153

Keine speziellen Haftungsnormen. Es gibt im Rahmen der Betriebsaufspaltung keine speziellen Haftungsnormen. Vielmehr gelten die allgemeinen Vorschriften, insbesondere die des GmbHG und die von der Rechtsprechung entwickelten Rechtsgrundsätze zur Unterkapitalisierung (s. Rz. 2.155), zur Durchgriffshaftung (s. Rz. 2.155), zu kapitalersetzenden Darlehen/Nutzungsüberlassung und jüngeren höchstrichterlichen Rechtsprechung zum existenzvernichtenden Eingriff der Gesellschafter in das Gesellschaftsvermögen (s. Rz. 2.169). Die Rechtsprechung zur – horizontalen – Konzernhaftung (qualifiziert faktischer Konzern) ist durch die Rechtsentwicklung (zum existenzvernichtenden Eingriff i.S.d. § 826 BGB) überholt.[2] 2.154

Eigenkapitalausstattung. Die Eigenkapitalausstattung der GmbH soll diese in die Lage versetzen, ihren Gesellschaftszweck zu erfüllen. Es besteht jedoch insoweit keine gesetzlich normierte Pflicht für die Gesellschafter.[3] Vorgeschrieben ist nur das Mindestkapital. Die bloße nominelle Unterkapitalisierung[4] reicht für die Inanspruchnahme der Gesellschafter im Wege der Durchgriffshaftung nicht aus.[5] Hinzu kommt, dass sich aufgrund des Rechtsinstituts des kapitalersetzenden Darlehens ein Rückgriff auf die Haftung aus Unterkapitalisierung erübrigt. Bei schwerwiegender eindeutiger Unterkapitalisierung mit dem Ziel sittenwidriger Schädigung Dritter kann auf § 826 BGB zurückgegriffen werden.[6] Dieselbe Rechtsgrundlage sieht der BGH inzwischen als dogmatisches Fundament für die Haftung des Gesellschafters an, wenn er einen existenzvernichtenden Eingriff in die Gesellschaft vornimmt. Dabei handelt es sich um eine reine Innenhaftung des Gesellschafters gegenüber der Gesellschaft.[7] 2.155

Eigenkapitalersetzendes Darlehen, altes Recht. Nach altem Recht (§ 32a Abs. 1 GmbHG) waren eigenkapitalersetzende Darlehen gegeben, wenn die Gesellschafter der GmbH zu einem Zeitpunkt, in dem ordentliche Kaufleute der GmbH Eigenkapital zugeführt hätten, stattdessen ein Darlehen gewährten. Im Insolvenzfall war der 2.156

1 *Müller-Gloge* in Münch. Komm., BGB[9], § 613a, Rz. 190; *Gaul*, Das Arbeitsrecht der Betriebs- und Unternehmensspaltung, 2002, § 11 Rz. 64.
2 *Altmeppen*, ZIP 2002, 1553.
3 BGH v. 4.5.1977 – VIII ZR 298/75, BGHZ 68, 312 = GmbHR 1977, 198; BGH v. 11.7.1994 – II ZR 162/92, BGHZ 127, 17.
4 Ausführlich zur Unterkapitalisierung *Ulmer* in Hachenburg, GmbHG[8], Anh. § 30 (Stand: Oktober 1991); *Schwandtner* in Münch. Komm. GmbHG[5], § 5 Rz. 35 ff.
5 BGH v. 4.5.1977 – VIII ZR 298/75, BGHZ 68, 312 = GmbHR 1977, 198; *Schwandtner* in Münch. Komm. GmbHG[5], § 13 Rz. 340 ff.
6 BGH v. 30.11.1978 – II ZR 204/76, NJW 1979, 2104 = GmbHR 1979, 89.
7 Hierzu ausführlich: *Liebscher* in Münch. Komm., GmbHG[5], Anh. § 13, 539 ff.

Gesellschafter nur nachrangiger Insolvenzgläubiger. Wirtschaftlich wurde das Darlehen in Eigenkapitalersatz umqualifiziert.[1] Entsprechendes galt, wenn der Gesellschafter das Darlehen der GmbH in der Krise beließ.[2]

2.157 **Kein eigenkapitalersetzendes Darlehen, neueres Recht.** Die §§ 32a, 32b GmbHG a.F. sind mit Wirkung zum 1.11.2008 durch § 39 Abs. 1 Nr. 5, Abs. 4 und 5, §§ 44a, 135 Abs. 2 InsO[3] ersetzt worden. Nach der neuen Gesetzeskonzeption gibt es keine kapitalersetzenden Darlehen mehr. Der BGH-Rechtsprechung zum kapitalersetzenden Gesellschafterdarlehen wurde damit ebenfalls der Boden entzogen.[4] Der Gesetzesänderung liegt der Gedanke zugrunde, dass den Organen der Gesellschaft und ihren Gesellschaftern ein einfacher und klarer Rechtsrahmen vorgegeben wird. Rückzahlungen von Gesellschafterdarlehen werden erst im Zeitraum von einem Jahr vor dem Eröffnungsantrag oder nach diesem Antrag erfolgen.

2.158 **Gesellschafterdarlehen.** Gesellschafterdarlehen i.S.d. § 39 Abs. 1 Nr. 5 i.V.m. § 135 InsO sind – wie bereits nach altem Recht[5] – auch dann gegeben, wenn der Gesellschafter nur mittelbar beteiligt ist.[6] Die bis zum 31.12.2020 geltende Norm des § 64 GmbHG wurde mit Wirkung zum 1.1.2021 durch die rechtsformübergreifende Vorschrift des § 15b InsO ersetzt.[7]

2.159–2.162 frei

2.163 **Drittdarlehen.** Die Haftung des Gesellschafters lässt sich nicht dadurch umgehen, dass ein Dritter das Darlehen (sog. Drittdarlehen) gewährt und der Gesellschafter ihm hierfür Sicherheiten gewährt oder sich verbürgt. Der Dritte kann gegen die GmbH nur insoweit im Insolvenzverfahren seine Forderung geltend machen, als er mit seinem Anspruch gegen den Gesellschafter ausfällt.[8]

2.164 **Inanspruchnahme.** Hat die GmbH das Darlehen innerhalb eines Jahres vor dem Antrag auf Eröffnung des Insolvenzverfahrens an den Dritten zurückgezahlt, hat der Gesellschafter der GmbH den Betrag zu zahlen, für den er sich verbürgt hat oder der dem Wert der von ihm hingegebenen Sicherheit im Zeitpunkt der Rückzahlung des Darlehens entspricht. Der Gesellschafter kann sich von seiner Inanspruchnahme auch dadurch befreien, dass er der GmbH die Gegenstände zur Verfügung stellt, die dem Dritten gegenüber als Sicherheit gedient haben.[9]

---

1 *Hommelhoff* in Lutter/Hommelhoff[15], §§ 32a/b Rz. 2.

2 BGH v. 21.9.1981 – II ZR 104/80, BGHZ 81, 311 (316) = GmbHR 1982, 133.

3 Eingefügt durch Art. 9 MoMiG v. 23.10.2008, BGBl. I 2008, 2026.

4 *K. Schmidt*, ZIP 2006, 1925; *Tillmann*, GmbHR 2006, 1289; BGH v. 26.1.2009 – II ZR 260/07, ZIP 2009, 615.

5 BGH v. 21.11.2005 – II ZR 277/03, ZIP 2006, 279.

6 *Kleindiek* in Lutter/Hommelhoff, GmbHG[22], § 15b InsO Rz. 1 ff.

7 Gesetz zur Fortentwicklung des Sanierungs- und Insolvenzrechts (SanInsFoG) v. 22.12.2020, BGBl. 2020 I, 3256.

8 § 44a InsO (= § 32a Abs. 2 GmbHG a.F.), § 135 Abs. 2 i.V.m. § 143 Abs. 3 InsO (= § 32b GmbHG a.F.).

9 § 44a, § 135 Abs. 2, § 143 InsO.

Nutzungsrechte. Der Darlehensgewährung gleichgestellt waren eigenkapitalersetzende Gebrauchsüberlassungen (Nutzungsrechte),[1] § 32a Abs. 3 GmbHG. Hierbei handelte es sich insbesondere um die Überlassung von Anlagevermögen durch Gesellschafter an ihre GmbH im Rahmen von Miet- und Pachtverträgen.[2] Die Haftung kann nicht dadurch umgangen werden, dass die Nutzungsüberlassung unentgeltlich erfolgt.[3] Im Rahmen der Betriebsaufspaltung konnte die Gebrauchs- und Nutzungsüberlassung von Beginn an kapitalersetzend sein.[4] 2.165

Voraussetzung für Eigenkapitalersatz. Ein Eigenkapitalersatz war nicht bei jeder Gebrauchsüberlassung anzunehmen. Voraussetzung war, dass die GmbH nicht in der Lage war, den Gegenstand zu erwerben oder die Mittel zu dessen Erwerb aufzubringen. Zusätzlich durfte kein fremder Dritter bereit sein, der GmbH einen vergleichbaren Gegenstand zur Nutzung zu überlassen.[5] 2.166

Standardwirtschaftsgüter kein Eigenkapitalersatz. Die Annahme der Funktion als Eigenkapitalersatz schied regelmäßig aus bei Standardwirtschaftsgütern, z.B. Kraftfahrzeugen.[6] Je mehr ein Wirtschaftsgut auf die Bedürfnisse der GmbH zugeschnitten ist – Errichtung eines auf die speziellen Bedürfnisse der GmbH ausgerichteten Gebäudes, Herstellung spezieller Maschinen –, desto eher liegt die Annahme nahe, dass diese Wirtschaftsgüter zu Eigenkapitalersatz werden können. 2.167

Sonderregelung § 135 Abs. 3 InsO. An die Stelle der durch Richterrecht geschaffenen eigenkapitalersetzenden Nutzungsüberlassung als kreditgleiche Rechtshandlung[7] ist als Sonderregelung § 135 Abs. 3 InsO getreten.[8] Diese Norm setzt voraus, dass ein Gesellschafter oder gesellschaftergleicher Dritter[9] der GmbH Gegenstände zur Nutzung und zum Gebrauch überlassen hat. 2.168

Optionsrecht für den Insolvenzverwalter gem. § 135 Abs. 3 InsO. Die der GmbH überlassenen Gegenstände müssen für die Fortführung des Unternehmens von erheblicher Bedeutung sein.[10] Die Darlegungs- und Beweislast trägt der Insolvenzverwalter. Die Rechtsfolge ist, dass der Gesellschafter für die Dauer von einem Jahr 2.169

---

1 *K. Schmidt* in Scholz[9], §§ 32a, 32b GmbHG Rz. 126.

2 BGH v. 16.10.1989 – II ZR 307/88, BGHZ 109, 55 = GmbHR 1990, 118; BGH v. 11.7.1994 – II ZR 146/92, BGHZ 127, 1 = GmbHR 1994, 612; BGH v. 7.12.1998 – II ZR 382/96, BGHZ 140, 146 = GmbHR 1999, 175. Kritisch hierzu *K. Schmidt* in Scholz[9], §§ 32a, 32b GmbHG Rz. 127.

3 *Fastrich* in Baumbach/Hueck, GmbHG[17], § 32a Rz. 33; *Hommelhoff* in Lutter/Hommelhoff[15], §§ 32a/b GmbHGG Rz. 141.

4 BGH v. 14.12.1992 – II ZR 298/91, BGHZ 121, 31 = GmbHR 1993, 87.

5 *Hommelhoff* in Lutter/Hommelhoff[15], §§ 32a/b GmbHG Rz. 141.

6 OLG Brandenburg v. 21.5.1997 – 3 U 248/96, GmbHR 1997, 1229.

7 *K. Schmidt* in Scholz[9], §§ 32a/32b a.F. Nachtrag MoMiG Rz. 68.

8 OLG Schleswig v. 13.1.2012 – 4 U 57/11, ZIP 2012, 885; *K. Schmidt*, DB 2008, 1727; *Spliedt*, ZIP 2009, 149, 195; *Dahl/Schmitz*, NZG 2009, 325; a.A. *Heinze* ZIP 2008, 110.

9 *K. Schmidt* in Scholz[10], §§ 32a/32b GmbHG a.F. Nachtrag MoMiG Rz. 73; *Fastrich* in Baumbach/Hueck, GmbHG[20], § 30 Anh Rz. 83; a.A. *Dahl/Schmitz*, NZG 2009, 325; *Spliedt*, ZIP 2009, 149.

10 § 21 Abs. 1 Satz 1 Nr. 5 InsO analog.

seit Eröffnung des Insolvenzverfahrens seinen Aussonderungsanspruch nicht geltend machen kann. Der Insolvenzverwalter ist nicht gehindert, den Gegenstand herauszugeben, da § 135 Abs. 3 InsO dem Insolvenzverwalter nur ein Optionsrecht einräumt.

2.170 **Inanspruchnahme des Optionsrechts durch den Insolvenzverwalter.** Macht der Insolvenzverwalter von seinem Optionsrecht Gebrauch, hat der Gesellschafter Anspruch auf eine Vergütung.[1]

2.171 **Kleinbeteiligungsprivileg.** An die Stelle des § 32a Abs. 3 Satz 3 GmbHG a.F. ist § 135 Abs. 4 i.V.m. § 39 Abs. 5 InsO (Kleinbeteiligungsprivileg) getreten, so dass die §§ 39 Abs. 1–4 und 135 Abs. 1–3 InsO nicht für Gesellschafter greifen, die mit bis zu 10 % an der GmbH beteiligt und nicht Geschäftsführer sind. Ein Gesellschafter, der mit 10 % oder weniger beteiligt ist, aber faktisch die Funktion eines Geschäftsführers ausübt, kann sich nicht auf das Kleinbeteiligungsprivileg berufen.[2]

3. Betriebs-Personengesellschaft

2.172 **Keine strengen Kapitalvorschriften bei Personen(handels)gesellschaften.** Ist die Betriebsgesellschaft als OHG, KG oder GbR organisiert, gelten die strengen Kapitalerhaltungsvorschriften des GmbHG nicht. Im Übrigen kann auf die Ausführungen zu 2. (s. Rz. 2.147 ff.) verwiesen werden. Ist die Betriebsgesellschaft eine GmbH & Co. KG, finden § 39 Abs. 1 Nr. 5, § 44a, § 135 Abs. 3 und § 143 InsO ebenso wie das Kleinbeteiligungsprivileg (s. Rz. 2.168) Anwendung. Der Unterschied zur GmbH besteht nur darin, dass die strengen Kapitalerhaltungsvorschriften der §§ 30, 31 GmbHG für die typische GmbH & Co. KG selbst nicht gelten, jedoch Auszahlungen aus dem Vermögen der (typischen GmbH & Co.) KG bei der GmbH zu einer Unterbilanz führen können, was zu einem Verstoß gegen § 30 GmbHG führt. Außerdem besteht für die Kommanditisten die Gefahr der Haftung aus § 172 Abs. 4 Satz 1 HGB.[3]

4. „Nur-Besitzgesellschafter"

2.173 **Steuerliche Verstrickung der Beteiligung am Besitzunternehmen.** Entsteht eine steuerliche Betriebsaufspaltung und sind an der Besitzgesellschaft nicht sämtliche Gesellschafter der Betriebsgesellschaft beteiligt – sog. „Nur-Besitzgesellschafter" –, wird deren Beteiligung am Besitzunternehmen (Gesellschaftsanteil, Miteigentumsanteil) steuerrechtlich „verstrickt" (s. Rz. 3.321, 3.365). Bei einer Veräußerung der Beteiligung bzw. des Miteigentumsanteils kommt es zur Versteuerung der stillen Reserven.

2.174 **Rechte und Pflichten der Doppelgesellschafter.** Damit stellen sich zwei Fragen: Sind zum einen die Gesellschafter, deren Eigenschaft zum Entstehen der steuerlichen Betriebsaufspaltung führt (Doppelgesellschafter), verpflichtet, Maßnahmen zu ergrei-

---

1 § 135 Abs. 3 Satz 2 InsO.

2 *Servatius* in Noack/Servatius/Haas[24], § 30 GmbHG Anh. Rz. 31.

3 Eingehend zur Rechtslage *Verse* in Scholz[13], § 30 GmbHG Rz. 129 ff.

fen, um das Entstehen der Betriebsaufspaltung zu verhindern? Und zum anderen, wenn dies nicht möglich ist, sind sie verpflichtet, den Nur-Besitzgesellschaftern den möglichen Schaden zu ersetzen?

Rechtsform des Besitzunternehmens. Es ist zu unterscheiden, ob das Besitzunternehmen eine Gesellschaft oder eine Bruchteilsgemeinschaft ist und letzterenfalls, ob diese von einer Gesellschaft bürgerlichen Rechts überlagert ist (s. Rz. 2.27). 2.175

Gestaltung der gesellschaftsrechtlichen Verhältnisse. Besteht das Besitzunternehmen aus einer Gesellschaft oder ist die Bruchteilsgemeinschaft von einer Gesellschaft bürgerlichen Rechts überlagert, ergibt sich m.E. aus dem Gesichtspunkt der gesellschaftsrechtlichen Treuepflicht für die Doppelgesellschafter eine Verpflichtung, die gesellschaftsrechtlichen Verhältnisse so zu gestalten, dass das Entstehen einer steuerlichen Betriebsaufspaltung vermieden wird, z.B. den Gesellschaftsvertrag der Besitzgesellschaft in der Rechtsform der GbR dahin abzuändern, dass gem. § 709 Abs. 1 BGB bzw. § 715 Abs. 1 BGB i.d.F. des MoPeG die Geschäftsführung nur gemeinschaftlich aufgrund einstimmiger Beschlussfassungen erfolgen kann. Handelt es sich bei der Besitzgesellschaft um eine OHG, ist vertraglich zu regeln, dass hinsichtlich der Vertretung, Geschäftsführung und Beschlussfassung stets Einstimmigkeit erforderlich ist. Ist die Besitzunternehmung als KG ausgestaltet, ist die Geschäftsführungsbefugnis der Gesellschafterversammlung zu übertragen, die gegebenenfalls nur einstimmig Beschlüsse fassen kann. 2.176

Formulierungsvorschlag:

„Der persönlich haftende Gesellschafter ist allein zur Vertretung der Gesellschaft berechtigt. Die Geschäftsführung obliegt den Gesellschaftern gemeinschaftlich aufgrund jeweils einstimmig zu fassender Gesellschafterbeschlüsse."

Einstimmigkeitsprinzip. Ist das Besitzunternehmen eine Bruchteilsgemeinschaft, ist hinsichtlich der Verwaltungsbefugnis abweichend vom Gesetz – § 745 Abs. 1 BGB – das Einstimmigkeitsprinzip zu vereinbaren. 2.177

Formulierungsvorschlag:

„Die Verwaltung und Benutzung des Gemeinschaftsvermögens steht den Teilhabern gemeinschaftlich zu. § 744 Abs. 2 und § 745 BGB gelten nicht."

„Gewerbesteuer-Schaden" durch Betriebsaufspaltung. Das Entstehen der steuerlichen Betriebsaufspaltung beinhaltet für die Nur-Besitzgesellschafter wegen der eintretenden Gewerbesteuerpflicht einen unmittelbaren Schaden, sofern nicht die Anrechnung nach § 35 EStG zu einem vollen Ausgleich führt, was regelmäßig nicht der Fall ist. Dieser „Gewerbesteuer-Schaden" lässt sich rechnerisch für jeden Nur-Besitzgesellschafter ermitteln. Neben der Gewerbesteuerpflicht wird das Vermögen steuerrechtlich verstrickt. Diese Verstrickung löst – abgesehen von der Gewerbesteuerpflicht – keinen unmittelbaren Schaden aus. Der Schaden entsteht erst, wenn (1) die Beteiligung bzw. der Miteigentumsanteil veräußert wird, vorausgesetzt, (2) es entsteht ein Veräußerungsgewinn, und (3) dieser ist zu versteuern. Die Höhe der Steuern hängt zudem vom individuellen Steuersatz ab. Ein Schaden wird außerdem zu 2.178

verneinen sein, wenn auch ohne Vorliegen einer Betriebsaufspaltung eine Steuerpflicht ausgelöst wird, z.B. aufgrund des § 23 EStG. Soweit ersichtlich, liegt zu dieser Problematik bisher keine zivilgerichtliche Entscheidung vor.

2.179 **Gestaltungsvorschlag für GewSt-Problematik.** Aufgrund der Imponderabilien, die das Entstehen der steuerlichen Betriebsaufspaltung bei Nur-Besitzgesellschaftern mit sich bringt, ist es nicht möglich, durch Vertragsgestaltung eine Regelung zu treffen, die zu einem befriedigenden Ergebnis führt. Gleichwohl werden im Folgenden Formulierungsvorschläge gebracht, deren Verwendung jedoch auf ihre Angemessenheit hin für den konkreten Fall genau zu überprüfen sind.

Formulierungsvorschlag 1:

„Wird die Gesellschaft steuerrechtlich zu einem gewerbesteuerpflichtigen Besitzunternehmen im Rahmen einer steuerlichen Betriebsaufspaltung, sind die Doppelgesellschafter verpflichtet, die Nur-Besitzgesellschafter so zu stellen, als ob die Gesellschaft weiterhin Einkünfte aus Vermietung und Verpachtung erzielt. Demgemäß ist die Gewerbesteuer von den Doppelgesellschaftern im Innenverhältnis im Verhältnis ihrer Beteiligung zueinander zu tragen. Gleichzeitig haben die Doppelgesellschafter einen Anspruch auf einen Gewinn vorab in Höhe des auf die Nur-Besitzgesellschafter entfallenden Gewerbesteueranrechnungsbetrags i.S.d. § 35 EStG. Die durch die Veräußerung der Beteiligung eines Nur-Gesellschafters ausgelösten Steuern gelten als im höchsten Steuersatz angefallen, deren Aufwand im Innenverhältnis ebenfalls von den Doppelgesellschaftern im Verhältnis ihrer Beteiligungen zueinander zu tragen ist."

Formulierungsvorschlag 2:

„Wird die Gesellschaft steuerrechtlich zu einem gewerbesteuerlichen Besitzunternehmen, hat jeder Nur-Besitzgesellschafter ein außerordentliches Kündigungsrecht. Das Kündigungsrecht ist ausübbar binnen einer Frist von drei Monaten, gerechnet ab Kenntnis von der bestandskräftigen Feststellung des Vorliegens der steuerlichen Betriebsaufspaltung. Macht ein Nur-Besitzgesellschafter von seinem außerordentlichen Kündigungsrecht Gebrauch, erhöht sich sein Abfindungsanspruch nach § 21[1] um 30 Prozent. Der Abfindungsanspruch ist drei Monate nach Ausspruch der außerordentlichen Kündigung fällig. Der kündigende Nur-Besitzgesellschafter hat Anspruch auf Freistellung von sämtlichen Ansprüchen aus seiner Stellung als Gesellschafter gem. § 738 BGB bzw. § 728 BGB i.d.F. des MoPeG."

Formulierungsvorschlag 3:

„Wird die Gesellschaft steuerrechtlich zu einem gewerbesteuerlichen Besitzunternehmen, hat jeder Nur-Besitzgesellschafter gegenüber den Doppelgesellschaftern ein Andienungsrecht betreffend seine Beteiligung im Verhältnis der Beteiligungen der Doppelgesellschafter zueinander. Die Doppelgesellschafter erteilen jedem Nur-Besitzgesellschafter, jeder für sich unter Befreiung von den Beschränkungen des § 181 BGB Vollmacht, die Abtretung ihrer Beteiligung in Teilbeteiligungen an sie im Verhältnis ihrer Beteiligungen zueinander vorzunehmen. Das Andienungsrecht ist ausübbar binnen einer Frist von drei Monaten,

1 S. den Vertragstext in Teil IV.

gerechnet ab Kenntnis von der bestandskräftigen Feststellung des Vorliegens einer steuerlichen Betriebsaufspaltung. Macht ein Nur-Besitzgesellschafter von seinem Andienungsrecht Gebrauch, hat er Anspruch auf Zahlung eines Kaufpreises i.H.v. 130 Prozent des nach § 21 zu ermittelnden Abfindungsguthabens. Der Kaufpreis ist fällig drei Monate nach Ausübung des Andienungsrechts."[1]

Formulierungsvorschlag 4:

„Für den Fall, dass die Gesellschaft steuerrechtlich zu einem gewerbesteuerpflichtigen Besitzunternehmen im Rahmen einer steuerrechtlichen Betriebsaufspaltung wird, verzichten die Gesellschafter gegenseitig für sich und ihre Rechtsnachfolger in die Beteiligung auf Ansprüche gegen ihre Mitgesellschafter, gleich, aus welchem Rechtsgrund."

Hinweis:
Diese Formulierungsbeispiele und -versuche zeigen, dass die Betriebsaufspaltung nur der Mehrung des Steueraufkommens dient dazu führt, dass von der Finanzrechtsprechung bewusst oder – m.E. – unbewusst zivilrechtlich Rechtsunsicherheit und Folgeproblematiken provoziert werden. Vor diesem Hintergrund ist die Aussage, dass die ausufernde Rechtsprechung des BFH zu mehr Rechtssicherheit führt, nicht nachvollziehbar. Die von dieser Rechtsprechung betroffenen Steuerpflichtigen können sie angesichts der steuerlichen Konsequenzen und daraus resultierenden zivilrechtlichen Notwendigkeiten sogar als Hohn empfinden. Eine interdisziplinäre Sicht ist auch bei den Richtern des BFH angezeigt.

C. Vertragsgestaltung

I. Typische Betriebsaufspaltung

1. Allgemeines

Erbfolge des Alleingesellschafters. Ist das Besitzunternehmen ein Einzelunternehmen 2.180
und der Einzelunternehmer alleiniger Gesellschafter der Betriebs-GmbH, bedarf es keiner besonderen Vertragsgestaltung. Allerdings sollte der Einzelunternehmer in diesem Fall die Erbfolge regeln. Es sollte durch eine entsprechende letztwillige Verfügung verhindert werden, dass die Betriebsaufspaltung im Todesfall endet (s. Rz. 2.189). Eine Erbengemeinschaft, die von Gesetzes wegen auf Auseinandersetzung angelegt ist,[2] ist überdies nicht die geeignete Rechtsform für ein Besitzunternehmen, auch wenn der GmbH-Geschäftsanteil von der Erbengemeinschaft gehalten wird und insoweit von einer atypischen „Einheits-Betriebsaufspaltung" (s. Rz. 2.3) ausgegangen werden kann.

Beteiligung mehrerer Personen. Sind an dem Besitzunternehmen und der Betriebs- 2.181
GmbH mehrere Personen beteiligt, ist bei der Vertragsgestaltung zu beachten, dass rechtlich zwei selbständige Gesellschaften bestehen, die wirtschaftlich eine Einheit bilden bzw. „ein Gesamtgefüge" darstellen.[3] Die Betriebsgesellschaft ist Kapitalgesell-

---

1 *P. Fischer*, FR 2001, 34.

2 Nach § 2042 Abs. 1 BGB kann jeder Miterbe jederzeit die Auseinandersetzung der Erbengemeinschaft verlangen, soweit nicht die Voraussetzungen der §§ 2043 ff. BGB gegeben sind.

3 *Bentler*, Das Gesellschaftsrecht der Betriebsaufspaltung, 1986, 119.

schaft, die Besitzgesellschaft Personen(handels)gesellschaft. Beide Rechtsformen unterliegen verschiedenen Rechtsnormen.

2.182 **Quoren in der Besitzgesellschaft.** Bei der Besitzgesellschaft als Personengesellschaft gilt von Gesetzes wegen für die Beschlussfassung Einstimmigkeit, § 709 Abs. 1 BGB bzw. § 715 Abs. 1 BGB i.d.F. des MoPeG,[1] § 119 Abs. 1 HGB bzw. § 109 Abs. 3 HGB i.d.F. des MoPeG. Für die GmbH gilt für laufende Beschlüsse die einfache Mehrheit der abgegebenen Stimmen (§ 47 Abs. 1 GmbHG) und für Änderungen der Satzung eine qualifizierte Mehrheit von 75 % der abgegebenen Stimmen, § 53 Abs. 1 GmbHG. Bei gleichen Beteiligungsverhältnissen kann ein Minderheitsgesellschafter, der in der Gesellschafterversammlung der GmbH überstimmt worden ist, bei dieser Gesetzeslage den in der Gesellschafterversammlung der Besitzgesellschaft zu fassenden korrespondierenden Beschluss, z.B. hinsichtlich der Änderung des Pachtvertrags, blockieren.

2.183 **Beschlussfassungen in beiden Gesellschaften.** Die Beschlussfassungen in beiden Gesellschaften lassen sich nicht dadurch synchron gestalten, dass im Gesellschaftsvertrag die gesetzlichen Regelungen des GmbHG übernommen werden.[2] Dies gilt insbesondere hinsichtlich der Änderung des Gesellschaftsvertrags der Personengesellschaft, denn im Recht der Personengesellschaften wird unterschieden zwischen Geschäftsführungsmaßnahmen und Grundlagengeschäften.[3] Zu Letzteren gehören Änderungen des Gesellschaftsvertrags und Maßnahmen, die in die grundlegenden Rechte der Gesellschafter eingreifen.[4] Dies folgt aus dem von der Rechtsprechung entwickelten Bestimmtheitsgrundsatz[5] und der Kernbereichslehre.[6] Der Bestimmtheitsgrundsatz sagt, dass Mehrheitsklauseln – soweit sie nicht die Geschäftsführung betreffen – so formuliert sein müssen, dass der Gesellschafter aus ihnen erkennen kann, wann ein Mehrheitsbeschluss gegen seine Stimmen gefasst werden kann.[7]

2.184 **Betriebsaufspaltung ist eine Wirtschaftseinheit.** Wirtschaftlich betrachtet handelt es sich bei der Betriebsaufspaltung um eine Wirtschaftseinheit. Exakter ist deshalb der Begriff „Doppel-Unternehmen“ oder „Doppel-Gesellschaft“, wobei Letztere die Ein-Personen-Betriebsaufspaltung nicht umfasst.[8]

---

1 *Schäfer* in Münch. Komm. BGB[9], § 709 Rz. 38.

2 S. aber *K. Schmidt*, Gesellschaftsrecht[4], § 16 II b (S. 455). *K. Schmidt* in Scholz[13], Anh. § 45 Rz. 26.

3 *Haas/Mohamed* in Röhricht/Graf von Westphalen/Haas/Mock/Wöstmann[6], § 116 HGB i.d.F. des MoPeG, Rz. 8.

4 *Enzinger* in Münch. Komm. HGB[6], § 109 Rz. 16.

5 BGH v. 12.11.1952 – II ZR 260/51, BGHZ 8, 35; BGH v. 13.3.1978 – II ZR 63/77, BGHZ 71, 53; *Haas/Mohamed* in Röhricht/Graf v. Westphalen/Mock/Wöstmann[6], § 108 HGB i.d.F. des MoPeG Rz. 17, § 109 HGB i.d.F. des MoPeG, Rz. 23 ff. *Schäfer* in Münch. Komm. BGB[9], § 709 BGB Rz. 84 ff.

6 *Schäfer* in Münch. Komm. BGB[9], § 709 Rz. 91; *Haas/Mohamed* in Röhricht/Graf v. Westphalen/Mock/Wöstmann[6], § 108 HGB i.d.F. des MoPeG Rz. 8, § 109 HGB i.d.F. des MoPeG, Rz. 35 ff.

7 *K. Schmidt*, Gesellschaftsrecht[4], § 16 II 2b (S. 454).

8 *Felix* in Handbuch der Betriebsaufspaltung[4], Rz. 14.

Einheitliche Willensbildung. Da sich beide Gesellschaften ergänzen, muss die einheitliche Willensbildung oberstes Prinzip der Gestaltung sein. Ist diese nicht gewährleistet, kann dies zur Gefährdung des Unternehmens führen. 2.185

Synchronisierung der Gesellschaftsverträge. Erforderlich ist mithin eine Synchronisierung der Gesellschaftsverträge[1]. In beiden Gesellschaften muss die Willensbildung nach einheitlichen Regelungen erfolgen. Kopplungsvorschriften müssen sicherstellen, dass die Personen- und Beteiligungsidentität auf Dauer gewahrt wird. Nach § 15 GmbHG sind Geschäftsanteile frei abtretbar, sofern sich aus der Satzung nichts Abweichendes ergibt, § 15 Abs. 5 GmbHG. Beteiligungen an Personengesellschaften sind von Gesetzes wegen nicht abtretbar. Im Gesellschaftsvertrag kann die Abtretung zugelassen werden.[2] In der GmbH-Satzung bedarf es mithin der Einschränkung der freien Verfügbarkeit über die Geschäftsanteile und im Gesellschaftsvertrag der Besitz-Personengesellschaft muss die Verfügung über Beteiligungen – im eingeschränkten Maße – zugelassen werden. In beiden Verträgen ist zu regeln, dass der GmbH-Geschäftsanteil und die Beteiligung an der Besitz-Personengesellschaft nur gleichzeitig abgetreten werden können (s. Muster M 11 § 12/§ 14). 2.186

Ausscheiden eines Gesellschafters. Das Ausscheiden aus einer Gesellschaft – durch Kündigung oder Ausschluss bei der Besitz-Personengesellschaft bzw. Kündigung, Zwangsabtretung oder Einziehung des GmbH-Geschäftsanteils bei der Betriebs-GmbH – muss das gleichzeitige Ausscheiden aus der anderen Gesellschaft zur Folge haben (s. Muster M 11 § 13/§ 15 und § 14/§ 17). 2.187

Ausscheiden eines Gesellschafters durch Kündigung. Scheidet ein Gesellschafter der Besitz-Personengesellschaft aufgrund einer Kündigung aus der Gesellschaft aus, wächst seine Beteiligung den verbleibenden Gesellschaftern im Verhältnis ihrer Beteiligungen zueinander an, § 738 Abs. 1 Satz 1 BGB bzw. § 728 BGB i.d.F. des MoPeG*, § 105 Abs. 3, § 161 Abs. 2 HGB. Das MoPeG hat hieran nichts geändert.[3] Die Abfindung zahlt die Gesellschaft. Das GmbHG kennt die Kündigung nicht.[4] Ein Gesellschafter kann mithin von Gesetzes wegen nicht durch Kündigung aus der GmbH ausscheiden. Die Satzung muss folglich nicht nur die Kündigung zulassen, sondern auch die Rechtsfolge der Kündigung regeln. Regelt die Satzung die Rechtsfolge der Kündigung nicht, ist die Rechtsfolge umstritten.[5] Nach h.M. tritt die GmbH in Auflösung.[6] Der Geschäftsanteil des durch Kündigung ausscheidenden Gesellschafters muss entweder eingezogen oder von der GmbH erworben werden. Dies ist allerdings nur möglich, wenn die GmbH das Abfindungsguthaben bzw. den Kaufpreis zahlen 2.188

1 *Bentler*, Das Gesellschaftsrecht der Betriebsaufspaltung, 1986, 119 ff.
2 *K. Schmidt*, Gesellschaftsrecht[4], § 45 III b (S. 1322).
3 *Werner*, NWB 2021, 2049 (2054).
4 *Berner* in Münch. Komm., GmbHG[5], § 60 Rz. 231.
5 Hierzu ausführlich *Berner* in Münch. Komm., GmbHG[4], § 60 Rz. 234 m.w.N.; *Kleindiek* in Lutter/Hommelhoff[22], § 60 GmbHG Rz. 27a.
6 RG v. 19.3.1926 – II 236/25, RGZ 113, 147; *Haas* in Noack/Servatius/Haas[24], § 60 GmbHG Rz. 90 mit Übersicht über abweichende Meinungen.

kann, ohne dass ihr Stammkapital angegriffen wird. Als Alternative bietet sich an, die Zwangsabtretung des Geschäftsanteils an einen Mitgesellschafter oder einen Dritten vertraglich vorzusehen (s. Muster M 11 § 13).

2.189 **Nachfolgeregelung im Fall des Todes.** Für den Fall des Todes eines Gesellschafters muss sichergestellt werden, dass dieselben Personen im gleichen Verhältnis in die Beteiligungen nachfolgen (s. Muster M 11 § 15/§ 18). Auch hier ist die unterschiedliche Rechtslage bei der Personengesellschaft und der GmbH zu berücksichtigen. Der Anteil an einer GbR und einer OHG ist von Gesetzes wegen nicht vererbbar. Entsprechendes gilt für die Beteiligung eines persönlich haftenden Gesellschafters in der KG. Die Kommanditbeteiligung ist vererbbar, § 177 HGB. Gesellschaftsvertraglich konnten die Beteiligungen an der GbR und der OHG und die Komplementärbeteiligung an einer KG vererblich gestellt werden, § 727 BGB, § 139 HGB. Nach den Vorschriften des MoPeG gilt anstelle der Auflösung der GbR als Folge des Todes eines Gesellschafters dessen Ausscheiden, §§ 723 Abs. 1, 729 Abs. 1 BGB i.d.F. des MoPeG[1]. Dies hat an den Möglichkeiten – und dem Erfordernis – der Vertragsgestaltung nichts geändert. Die Kautelarpraxis unterscheidet zwischen der einfachen Nachfolgeklausel, der qualifizierten Nachfolgeklausel und auf gesellschaftsrechtlicher Basis der Eintrittsklausel.[2] Verstirbt ein Gesellschafter und enthält der Gesellschaftsvertrag die einfache Nachfolgeklausel, folgen bei mehreren Erben diese entsprechend ihren Erbquoten in die Gesellschaft nach und nicht die Erbengemeinschaft (Sonderrechtsnachfolge).[3] Bei der qualifizierten Nachfolgeklausel folgen nur die Erben nach, die nach der Klausel als Erben zugelassen sind.[4]

2.190 **Qualifizierte Nachfolgeklausel für GmbH-Geschäftsanteil.** Der Geschäftsanteil an der Betriebs-GmbH fällt bei einer Mehrheit von Erben in den Nachlass. Anteilsinhaber werden nicht die Erben, sondern die Erbengemeinschaft.[5] Zum Zweck der Herstellung von Personen- und Beteiligungsidentität bedarf es hinsichtlich des vererbten GmbH-Geschäftsanteils der (Teil-)Erbauseinandersetzung, und zwar im Fall der qualifizierten Nachfolgeklausel bei der Besitzgesellschaft einer Regelung, dass in die Beteiligung an der Besitzgesellschaft nicht nachfolgeberechtigte Erben nicht Gesellschafter der Betriebs-GmbH werden bzw. bleiben können.

---

1 *Schumm* in Strahl/Carlé/Müller, KöMoG/MoPeG, 2022, O. IV.18, S. 176 f.

2 Die Eintrittsklausel hat seit der Veröffentlichung von BGH v. 17.9.1996 – IVa 13/85, NJW 1987, 122, an Bedeutung verloren, weil sie nicht mehr zur Minderung von Zugewinn- und Pflichtteilsansprüchen führt.

3 BGH v. 10.2.1977 – II ZR 120/75, BGHZ 68, 225 (237) = BB 1977, 809; BGH v. 30.4.1984 – II ZR 293/83, BGHZ 91, 132 (135) = BB 1984, 1313; BGH v. 14.5.1986 – IVa ZR 155/84, BGHZ 98, 48 (51) = BB 1986, 2084; BGH v. 3.7.1989 – II ZB 1/89, BGHZ 108, 187 (192) = BB 1989, 1840.

4 S. im Einzelnen die Darstellung betreffend erbrechtliche Nachfolgeklauseln durch *Haas* in Röhricht/Graf v. Westphalen/Haas/Mock/Wöstmann[6], § 131 HGB Rz. 3 ff.

5 *Bayer* in Lutter/Hommelhoff[21], § 15 GmbHG Rz. 13; *Seibt* in Scholz[13], § 15 GmbHG Rz. 24.

(Verwaltungs-)Testamentsvollstreckung für Gesellschaftsanteile. Der GmbH-Geschäftsanteil kann letztwillig unter (Verwaltungs-)Testamentsvollstreckung gestellt werden. Hinsichtlich der Beteiligungen an Personengesellschaften wurde dies von der höchstrichterlichen Rechtsprechung verneint.[1] Hinsichtlich der Kommanditbeteiligung hat der BGH entschieden, dass beim Vorliegen bestimmter Voraussetzungen Verwaltungstestamentsvollstreckung angeordnet werden kann.[2] Die Verwaltungstestamentsvollstreckung muss im Gesellschaftsvertrag zugelassen sein, oder die Mitgesellschafter müssen dem nachträglich zustimmen. Bei Dauertestamentsvollstreckung kann diese auf Antrag des Testamentsvollstreckers in das Handelsregister eingetragen werden.[3] 2.191

Verwaltungstestamentsvollstreckung für die vermögensmäßige Beteiligung des persönlich haftenden Gesellschafters. Hinsichtlich der Beteiligung eines persönlich haftenden Gesellschafters ist die Zulässigkeit der Verwaltungs- bzw. Dauertestamentsvollstreckung nach wie vor umstritten.[4] Die h.M. geht davon aus, dass eine entsprechende Regelung im Gesellschaftsvertrag vorhanden oder die Zustimmung der Mitgesellschafter vorliegen muss.[5] Ist lediglich eine Nachfolgeklausel vorhanden, wird dies eher nicht als ausreichend erachtet.[6] Als Ersatzlösung kann dem/den Erben letztwillig auferlegt werden, dem Testamentsvollstrecker für die Dauer seines Amtes eine unwiderrufliche Stimmrechtsvollmacht zu erteilen. Allerdings setzt dies voraus, dass der Gesellschaftsvertrag die Vertretung des/der Erben durch einen Dritten zulässt. 2.192

Kopplungsvorschriften bei GmbH & Co. KG als Besitzgesellschaft. Besteht die Besitzgesellschaft aus einer typischen GmbH & Co. KG, müssen die Kopplungsvorschriften in drei Gesellschaftsverträgen vereinbart werden, und zwar der Betriebs-GmbH, der (GmbH & Co.) KG und der Komplementär-GmbH. Dies gilt wiederum nicht, wenn die Besitzgesellschaft als Einheits-GmbH & Co. KG (die Komplementär-GmbH wird zu 100 % von der [GmbH & Co.] KG gehalten) ausgestaltet ist. Die ehedem bestehenden Bedenken[7] sollten durch § 170 Abs. 2 HGB i.d.F. des MoPeG ausgeräumt sein. 2.193

Ordentliche Gesellschafterversammlungen. Die ordentlichen Gesellschaftersammlungen sollten zeitlich gekoppelt werden (s. Muster M 11 § 5). Möglich ist auch, dass vereinbart wird, die Gesellschafterversammlungen beider Gesellschaften gleichzeitig abzuhalten.[8] 2.194

---

1 S. die Nachweise in BGH v. 3.7.1989 – II ZB 1/89, BGHZ 108, 187 = BB 1989, 1840.
2 BGH v. 14.5.1986 – IVa ZR 155/84, BGHZ 98, 48 = BB 1986, 2084; BGH v. 3.7.1989 – II ZB 1/89, BGHZ 108, 187 = BB 1989, 1840.
3 BGH v. 14.2.2012 – II ZB 15/11, ZEV 2012, 335.
4 *Haas* in Röhricht/Graf v. Westphalen/Mock/Wöstmann[6], § 131 HGB Rz. 26.
5 *K. Schmidt/Fleischer* in Münch. Komm., HGB[6], § 139 Rz. 46f. m.w.N.
6 *Haas* in Röhricht/Graf v. Westphalen/Mock/Wöstmann[6], § 131 HGB Rz. 26.
7 Krit. zur Einheits-GmbH & Co. KG weiterhin *K. Schmidt* in Scholz[13], Anh. § 45 GmbHG Rz. 58 ff.
8 *K. Schmidt* in Scholz[13], Anh. § 45 Rz. 57.

Formulierungsvorschlag:

„§ 5 Gesellschafterversammlung

1. *Die Gesellschafterversammlung findet zeitgleich mit der Gesellschafterversammlung der Komplementär-GmbH statt.*
2. *Die Einladung zur Gesellschafterversammlung der Komplementär-GmbH beinhaltet die Einladung zur Gesellschafterversammlung dieser Gesellschaft.*
3. *§ 5 des Gesellschaftsvertrages der Komplementär-GmbH gilt im Übrigen entsprechend."*

2.195 **Vertretung durch Dritte.** Soll die Vertretung durch Dritte in den Gesellschafterversammlungen zulässig sein – bei der GmbH ist dies von Gesetzes wegen vorgesehen (§ 47 Abs. 3 GmbHG), kann jedoch im Gesellschaftsvertrag ausgeschlossen werden[1] –, ist zu regeln, dass der Bevollmächtigte in beiden Gesellschafterversammlungen dieselbe Person sein muss.

2.196 **Herstellung der einheitlichen Leitung beider Gesellschaften.** Die einheitliche Leitung der beiden Gesellschaften kann dadurch hergestellt werden, dass die persönlich haftenden Gesellschafter der Besitzgesellschaft gleichzeitig Geschäftsführer der Betriebs-GmbH sind. Ist die Besitzgesellschaft als GmbH & Co. KG organisiert, sollten die Geschäftsführer der GmbH gleichzeitig Geschäftsführer der Komplementär-GmbH sein. Unzulässig ist, dass der Geschäftsführer der Betriebs-GmbH seine Vertretungs- und Geschäftsführungsbefugnis mittels Generalvollmacht auf den Komplementär der Besitzgesellschaft überträgt.[2]

2.197 **Stimmrechtsbindung oder Poolvereinbarung.** Möglich ist, dass die Gesellschafter sich außerhalb der Betriebsaufspaltung zu einer Gesellschaft bürgerlichen Rechts zusammenschließen, deren alleiniger Zweck darin besteht, dass in ihrer Gesellschafterversammlung beschlossen wird, wie in den Gesellschafterversammlungen der Besitzgesellschaft und der Betriebs-GmbH abgestimmt wird. Es handelt sich hierbei um eine spezielle Form der Stimmrechtsbindung oder Poolvereinbarung (Konsortialvertrag, s. Muster M 12). Die Gesellschafter unterwerfen sich damit den im Gesellschaftsvertrag der Gesellschaft bürgerlichen Rechts vereinbarten Mehrheitsquoten. Derartige Verträge ändern nichts daran, dass die Gesellschafter sich im Einzelfall oder generell über die eingegangene schuldrechtliche Verpflichtung hinwegsetzen und in den Gesellschafterversammlungen der Besitz- und der Betriebsgesellschaft ihr Stimmrecht abweichend von der in der Gesellschafterversammlung der Gesellschaft bürgerlichen Rechts getroffenen Beschlussfassung ausüben.[3]

2.198 **Keine Synchronisierung bei Einheits-Betriebsaufspaltung.** Die Synchronisierung der Gesellschaftsverträge entfällt, wenn das Modell der Einheits-Betriebsaufspaltung (s. Rz. 2.3) gewählt wird. Diese Idealform der Betriebsaufspaltung ist in der Rechtswirklichkeit allerdings nur selten anzutreffen.

---

1 *Bayer* in Lutter/Hommelhoff[22], § 47 GmbHG Rz. 25.
2 BGH v. 18.10.1976 – II ZR 9/75, GmbHR 1977, 5.
3 S. zu dieser Problematik *Bentler*, Das Gesellschaftsrecht der Betriebsaufspaltung, 1986, 126 ff.

Gründe für atypische Gestaltung. Die unterschiedlichsten Gründe können dafür sprechen, nicht den Idealfall der Einheits-Betriebsaufspaltung oder personen- und beteiligungsidentischen Betriebsaufspaltung zu wählen, sondern eine atypische Gestaltung. 2.199

Beispiel:
Die Senioren verschaffen im Wege der vorweggenommenen Erbfolge dem unternehmerischen Abkömmling die Mehrheit an der Betriebs-GmbH (60 %) und den beiden musisch veranlagten Abkömmlingen je 20 %. An der Besitzgesellschaft erhält der unternehmerische Abkömmling 24 % und die anderen Abkömmlinge je 38 %. Damit soll zweierlei erreicht werden: Der unternehmerische Abkömmling soll überproportional am Ergebnis der Betriebs-GmbH beteiligt werden. Über die Besitzgesellschaft sollen die beiden anderen Abkömmlinge wegen der gleichbleibenden Pacht unterhaltsmäßig abgesichert werden. Der Weg der Einheits-Betriebsaufspaltung mit hoher Tantieme als Anreiz für den unternehmerischen Sohn wird auf Anraten des Steuerberaters wegen der Rechtsprechung des I. Senats des BFH zur Angemessenheit der Tätigkeitsvergütung eines GmbH-Gesellschafter-Geschäftsführers und des vom I. Senat vorgeschriebenen Verhältnisses von Grundgehalt zur gewinnabhängigen Tantieme (75:25)[1] verworfen.

Anmerkung zum obigen Beispiel. Die Gestaltung im Beispielsfall trägt der BFH-Rechtsprechung Rechnung, ist im Übrigen wenig sinnvoll; von ihr muss abgeraten werden. Der unternehmerische Abkömmling ist an einer geringen Pacht interessiert, die die Besitz-Gesellschaft beherrschenden Geschwister haben ein genau gegenläufiges Interesse. Die vom BFH entwickelte Personengruppentheorie (s. Rz. 3.150) wird ad absurdum geführt: Der Familienstreit ist – wie die Praxis zeigt – zum Schaden der Gesamtunternehmung vorprogrammiert und ein Paradebeispiel dafür, dass die Rechtsprechung des BFH zu volkswirtschaftlich schädlichen Gestaltungen zwingt und der Gesetzgeber nicht in der Lage ist, korrigierend einzugreifen.[2] 2.200

2. Weitere Vertragshinweise zum Unternehmenspacht-Modell

a) Betriebs-GmbH

Einschränkung der Geschäftsführungsbefugnis. Im GmbH-Gesellschaftsvertrag – oder in einem Katalog einwilligungsbedürftiger Geschäfte, der aufgrund des Gesellschaftsvertrags aufgestellt werden kann – ist die Geschäftsführungsbefugnis der Geschäftsführer dergestalt einzuschränken, dass diese keine Investitionen in das Anlagevermögen der Gesellschaft ohne Einwilligung der Gesellschafterversammlung tätigen können, um eine wirtschaftliche Aushöhlung der Besitzgesellschaft zu vermeiden. 2.201

Ergebnisverwendung. Der Gesellschaftsvertrag sollte hinsichtlich der Ergebnisverwendung keine von § 29 Abs. 1 Satz 1 GmbHG abweichende Regelung enthalten. Empfehlenswert für den Einzelfall ist die Verpflichtung in einer Gesellschafterverein- 2.202

1 BFH v. 5.10.1994 – I R 50/94, BStBl. II 1995, 459; BFH v. 27.3.2001 – I R 27/99, BStBl. II 2002, 111; BMF v. 1.2.2002 – IV A 2 - S 2742 – 4/02, BStBl. 2002 I, 219; *Carlé*, KÖSDI 2023, 23260 (23266).

2 Kritisch hierzu auch *Eberhard*, Die Betriebsverpachtung als Instrument zur Gestaltung der Unternehmensnachfolge, 1999, 26; *Wenzel*, Die Beendigung der Betriebsaufspaltung, 1990, 59.

barung, den ausgeschütteten Gewinn ganz – sodann allerdings „nach Steuern“ – oder zum Teil der Besitzgesellschaft als Darlehen zur Verfügung zu stellen. Bei der Einheits-Betriebsaufspaltung bedarf es im Gesellschaftsvertrag der Betriebs-GmbH keinerlei Regelungen; vielmehr ist im Gesellschaftsvertrag der Besitzgesellschaft zu regeln, ob die von der Betriebs-GmbH ausgeschütteten Gewinne ganz oder teilweise zu thesaurieren oder an die Gesellschafter weiterzuleiten sind.

b) Besitzgesellschaft

2.203 **Abhängigkeit des Gesellschaftsvertrags vom Pachtvertrag.** Die Gestaltung des Gesellschaftsvertrags kann nicht isoliert von der Gestaltung des Pachtvertrags (s. Rz. 2.204 ff., Muster M 10) erfolgen. Entscheidend ist, wem die Erneuerungsverpflichtungen obliegen, ferner, wer Erweiterungsinvestitionen zu tätigen hat. Ist hierfür die Besitzgesellschaft zuständig, muss diese das dafür notwendige Kapital ansammeln können. Es bedarf demgemäß der Vereinbarung von Entnahmebeschränkungen. Dies geschieht zweckmäßigerweise dergestalt, dass vom Jahresüberschuss ein bestimmter Prozentsatz einem gesamthänderisch gebundenen Rücklagenkonto[1] zugeführt wird, über das die Gesellschafter nur im Zusammenhang mit ihrer Gesellschaftsbeteiligung verfügen können.

c) Pachtvertrag

2.204 **Bürgerliches Recht.** Das bürgerliche Recht kennt weder die Betriebsaufspaltung als „Rechtsinstitut“ noch die Unternehmenspacht, sondern nur die (Ver-)Pacht(-ung) eines sonstigen Gegenstands. Gleichwohl wird die Möglichkeit einer Unternehmenspacht in einer Vielzahl rechtlicher Vorschriften vorausgesetzt, wobei die Terminologie nicht einheitlich ist.[2] Ebenso wenig gibt es spezielle gesetzliche Bestimmungen hinsichtlich des im Rahmen einer Betriebsaufspaltung abzuschließenden Pachtvertrags.[3]

2.205 **Betriebspacht- und Betriebsüberlassungsvertrag.** Das Aktienrecht nennt in § 292 Abs. 1 Nr. 3 AktG den Betriebspachtvertrag und den Betriebsüberlassungsvertrag. Als Unternehmensverträge bedürfen sie der Beschlussfassung der Hauptversammlung der verpachtenden AG oder KGaA mit qualifizierter Mehrheit (§ 293 AktG) und der Eintragung in das Handelsregister (§ 294 AktG). Auch eine GmbH kann derartige Verträge abschließen.[4]

2.206 **„Rentnergesellschaft“.** In der zivilrechtlichen Literatur wurde die verpachtende Gesellschaft in der Vergangenheit nicht als Besitzgesellschaft oder Besitzunternehmen, sondern als „Rentnergesellschaft“ bezeichnet.[5]

---

1 Hierzu *Carlé/Bauschatz*, FR 2002, 1153.

2 *Schaub* in Staudinger, § 581 BGB Rz. 89.

3 *Slotta*, Die Entscheidung über die Betriebspacht bzw. Betriebsverpachtung, 1986, 8; *Eberhard*, Die Betriebsverpachtung als Instrument zur Gestaltung der Unternehmensnachfolge, 1999, 47.

4 *Emmerich* in Scholz[13], Anh. § 13 Konzernrecht Rz. 308 m.w.N.

5 *Liebscher* in Münch. Komm., GmbHG[5], Anh. zu § 13 Rz. 811.N.

Betriebspachtvertrag bewirkt Unternehmensgegenstandsänderung. Der Abschluss des Betriebspachtvertrags beinhaltet für die verpachtende Personengesellschaft eine Änderung des Unternehmensgegenstands, der als Grundlagengeschäft der Zustimmung aller Gesellschafter bedarf, sofern der Gesellschaftsvertrag nichts Abweichendes bestimmt.[1] Für die Verpachtung durch eine GmbH ist der wohl noch h.M. zu Folge eine Satzungsänderung erforderlich, so dass deren Gesellschafterversammlung der Verpachtung mit qualifizierter Mehrheit gem. § 53 GmbHG zustimmen muss.[2] *Emmerich* lässt offen, ob an diesem Erfordernis angesichts der höchstrichterlichen Rechtsprechung zu Teilgewinnabführungsverträgen festgehalten werden kann.[3] Die Satzungsänderung sowie der Betriebspachtvertrag bedürfen der noch h.M. zu Folge zu ihrer Wirksamkeit – im Gegensatz zur Verpachtung durch den Besitzunternehmer oder die Besitzgesellschaft – der Eintragung in das Handelsregister, § 54 Abs. 3 GmbHG und § 294 AktG analog.[4] 2.207

Betriebspachtvertrag bei kapitalistischer Betriebsaufspaltung. Die vorstehenden Ausführungen sind auch bei der kapitalistischen Betriebsaufspaltung (s. Rz. 2.6) zu beachten. 2.208

Betriebspachtvertrag bei typischer Betriebsaufspaltung. Unabhängig davon kommt dem Pachtvertrag beim Unternehmenspacht-Modell im Rahmen der typischen Betriebsaufspaltung erhebliche Bedeutung zu, da die Rechtsprechung der FG und die Finanzverwaltung den Pachtvertrag nur anerkennen, wenn er einem Fremdvergleich standhält; zusätzlich wird verlangt, dass der Betriebs-GmbH eine „angemessene Rendite" verbleibt. 2.209

Gegenstand des Unternehmens-/Betriebspachtvertrags. Gegenstand eines Unternehmens- oder Betriebspachtvertrags ist entweder ein Betrieb als Inbegriff von Sachen und Rechten einschließlich der im Goodwill verkörperten Erwerbschance oder der Teil eines solchen Betriebs.[5] Verpächter kann mithin eine natürliche Person – der Kaufmann/die Kauffrau – sein oder eine Personengesellschaft oder GmbH oder Genossenschaft. Für Aktiengesellschaften gelten Sondervorschriften,[6] die analog auch im Recht der GmbH gelten.[7] 2.210

Pachtrecht im BGB. Die Pacht behandelnden §§ 581 ff. BGB sind zwar mit Wirkung ab 1.1.1986 neu gefasst worden;[8] eine Regelung betreffend der Betriebsverpachtung – 2.211

---

1 RG v. 15.5.1936 – II 291/35, RGZ 151, 321 (327) betr. GbR; BGH v. 25.2.1982 – II ZR 174/80, BGHZ 83, 123 (130) betr. AG.

2 *Liebscher* in Münch. Komm., GmbHG[5], Anh. zu § 13 Rz. 725, 811 m.w.N.

3 *Emmerich* in Scholz[13] Anh. § 13 Konzernrecht Rz. 311, 306 unter Hinweis auf BGH v. 16.7.2019 – II ZR 175/18, GmbHR 2019, 1176; BGH v. 16.7.2019 – II ZR 426/17, GmbHR 2019, 1239.

4 *Emmerich/Habersack*, Konzernrecht[10], § 32 IV 3.

5 *Harke* in Münch. Komm. BGB[9], § 581 BGB Rz. 7.

6 §§ 291 ff. AktG.

7 *Emmerich* in Scholz[13], Anh. § 13, betreffend Betriebsaufspaltung Rz. 151 f.; *Schaub* in Staudinger, § 581 BGB, 83.

8 Gesetz zur Neuordnung des landwirtschaftlichen Pachtrechts v. 8.11.1985, BGBl. I 1985, 2065.

ausgenommen landwirtschaftliche Unternehmen – findet sich aber nicht. Eine Ausnahme enthält § 583a BGB, s. dazu unten Rz. 2.235.

2.212 **Unterscheidung Pacht und Landpacht.** Das Pachtrecht unterscheidet nach der Novellierung in den §§ 581–584b BGB zwischen der Verpachtung von Gegenständen (Pacht) und in den §§ 585–597 BGB der Verpachtung landwirtschaftlicher Betriebe (Landpacht).

2.213 **Unternehmenspachtvertrag.** Bei einem als Unternehmenspachtvertrag bezeichneten Vertrag kann es sich um einen bloßen Raumpachtvertrag oder gar nur um einen Mietvertrag handeln. Entscheidend ist nicht die Bezeichnung, sondern der Inhalt des Vertrags.[1] Wenn nur der Gebrauch von Fabrikationsräumen gewährt wird, liegt ein Mietverhältnis vor. Der BFH unterscheidet nicht zwischen Miete und Pacht. Er verwendet die Begriffe synonym: „Die Klägerin [...] ist Eigentümerin eines [...] Grundstücks, das [...] an eine GmbH vermietet ist“, „[...] und sah in der Verpachtung des Grundstücks an die GmbH eine gewerbliche Tätigkeit [...]“.[2] „Diese Grundstücke waren [...] an die D & C. GmbH verpachtet.“[3] Die bloße Überlassung von Grundstücken ist Miete.[4]

2.214 **Unternehmenspachtvertrag als späterer Mietvertrag.** Ein Unternehmenspachtvertrag kann zu einem Mietvertrag denaturieren, wenn zwar ein Unternehmen verpachtet wird, der Pächter jedoch berechtigt ist, Ersatzbeschaffungen im eigenen Namen und für eigene Rechnung vorzunehmen und bei Vertragsbeendigung nur die Räume in besenreinem Zustand zurückzugeben sind (sog. Schrumpfungs-Modell).

2.215 **Voraussetzungen Unternehmenspachtvertrag.** Von einem Unternehmenspachtvertrag sollte deshalb nur gesprochen werden, wenn ein Unternehmen oder Teilbetrieb mit allen betriebsnotwendigen Aktiva – nicht notwendig ist die gleichzeitige Übernahme der Verbindlichkeiten – an einen Dritten mit der Maßgabe überlassen wird, dass bei Beendigung des Vertragsverhältnisses dieses Unternehmen oder der (Teil-) Betrieb vom Verpächter fortgeführt werden kann. Dies setzt einerseits voraus, dass dem Pächter neben den materiellen Wirtschaftsgütern auch die immateriellen Wirtschaftsgüter zur Nutzung überlassen werden, und zum anderen, dass der Pächter das Unternehmen tatsächlich weiterführt und als lebenden Organismus bei Vertragsbeendigung zurückgeben kann.[5]

---

1 *Schaub* in Staudinger, § 581 BGB Rz. 167.

2 BFH v. 24.2.1981 – VIII R 159/78, BStBl. II 1981, 379 = FR 1981, 285.

3 BFH v. 13.12.1983 – VIII R 90/81, BStBl. II 1984, 474 = FR 1984, 316; ähnlich BFH v. 13.12.1984 – VIII R 237/81, BStBl. II 1985, 657 = FR 1985, 303; BFH v. 14.9.1999 – III R 47/98, BStBl. II 2000, 255 = FR 2000, 383; BFH v. 24.2.2000 – IV R 62/98, BStBl. II 2000, 417.

4 BFH v. 8.11.1983 – I R 174/79, GmbHR 1984, 109. *Felix*, GmbHR 1986, 202 rügt zu Recht die mangelnde „rechtstheoretische Sorgfalt in der richterlichen Verarbeitung von Zivilrechtsfragen“ durch den BFH.

5 *Schaub* in Staudinger, § 518 BGB Rz. 64.

Fortgesetzter Gewerbebetrieb bei Unternehmenspachtvertrag. Bei einem Unternehmenspachtvertrag in dem hier beschriebenen Sinne liegt steuerrechtlich stets ein fortgesetzter Gewerbebetrieb vor, während nicht jeder fortgesetzte Gewerbebetrieb im steuerrechtlichen Sinne eine Unternehmensverpachtung im zivilrechtlichen Sinne ist. 2.216

Pachtvertrag. Merkmale des Pachtvertrags sind im Zivilrecht 2.217

- der verpachtete Gegenstand, in concreto das Unternehmen (Teilbetrieb);
- die Gebrauchsüberlassung;
- das Recht zur Fruchtziehung, d.h. den Betrieb des Unternehmens durch den Pächter im eigenen Namen auf eigene Rechnung zu führen;
- die zeitliche Begrenzung der Gebrauchsüberlassung.

Abgrenzung zwischen Pacht- und Mietvertrag. Ein Indiz für das Vorliegen eines Pachtvertrags in Abgrenzung zum Mietvertrag ist, dass der Pächter im Gegensatz zum Mieter in bestehende Dauerschuldverhältnisse kraft Gesetzes oder durch Vereinbarung eintritt, z.B. Arbeitsverträge, Belieferungs- und Lieferverträge.[1] 2.218

Kaufmannseigenschaft durch Pachtvertrag. Ist Gegenstand des Pachtvertrags ein Handelsgeschäft, erwirbt der Pächter mit Beginn des Pachtvertrags die Eigenschaft als Kaufmann.[2] Ob der Verpächter die Kaufmannseigenschaft zwangsweise mit der Verpachtung verliert, war in der Rechtsprechung und Literatur umstritten.[3] Nach der Änderung des HGB durch das HRefG im Jahre 1998 ist diese Frage nicht mehr von Bedeutung, weil der Verpächter seine Eigenschaft als Kaufmann nicht mehr automatisch verliert (s. Rz. 2.25). 2.219

Gegenstand der Unternehmensverpachtung. Bei der Unternehmensverpachtung ist der Gegenstand der Verpachtung genau zu beschreiben. Das Umlaufvermögen wird dem Pächter regelmäßig aufgrund einer gesonderten Vereinbarung übereignet (s. Muster M 8a). Die Übereignung erfolgt dabei in toto bei sofortiger Bezahlung oder je nach Bedarf gegen Bezahlung. 2.220

Formulierungsvorschlag:

„1. Gegenstand dieses Unternehmenspachtvertrags sind die von der Kommanditgesellschaft in Firma Frisch und Preiswert Supermärkte GmbH & Co. KG mit Sitz in Lemgo, eingetragen im Handelsregister des AG Lemgo unter HRA 10081, derzeit in eigenem Grundbesitz betriebenen Supermärkte in Lemgo, Bad Salzuflen, Lage und Blomberg, die von der Pächterin fortgeführt werden. Der Supermarkt in Detmold wird geschlossen.

---

1 *Heinemann* in Kölner Handbuch der Betriebsaufspaltung und Betriebsverpachtung[4], Rz. 716.

2 *Ries* in Röhricht/Graf v. Westphalen/Mock/Wöstmann[6], § 1 HGB Rz. 84.

3 *Ries* in Röhricht/Graf v. Westphalen/Mock/Wöstmann[6], § 1 HGB Rz. 45 f. m.w.N.

2. *Die Kommanditgesellschaft in Firma Frisch und Preiswert Supermärkte GmbH & Co. KG als Verpächterin wird mit Wirkung zum 31.12.2023 ihren Geschäftsbetrieb einstellen und ihr unbewegliches und bewegliches Anlagevermögen (Bilanz per 31.12.2013 A.I. 1.–3., II 1.–3., Anlage 1 zu diesem Vertrag) einschließlich sämtlicher nicht aktivierter immaterieller Wirtschaftsgüter an die F & P. Supermärkte GmbH als Pächterin mit Wirkung zum 1.1.2024 verpachten.*
3. *Die Verpächterin gestattet der Pächterin für die Dauer des Pachtvertrags, die Firma der Kommanditgesellschaft zu führen. Die Verpächterin wird ihre Firma in Meier Immobilie Verwaltung GmbH & Co. KG ändern. Der Beschluss der Gesellschafterversammlung und die notariell beglaubigte Anmeldung der Firmenänderung zum Handelsregister sind als Anlagen 2a und 2b beigefügt.*
4. *Aufgrund gesonderter Vereinbarung wird das Umlaufvermögen (Bilanz per 31.12.2023 B.I. 1.–3, Anlage 3) an die Pächterin veräußert."*

2.221 **Beachtung des UV bei Verpachtung.** Wird hinsichtlich der zu Beginn der Verpachtung vorhandenen Roh-, Hilfs- und Betriebsstoffe sowie der unfertigen und fertigen Erzeugnisse und Waren keine Regelung getroffen, verbleibt das Eigentum beim Verpächter; der Pächter kann jedoch im Rahmen eines ordnungsgemäßen Geschäftsablaufs über sie wie ein (nicht als) Eigentümer verfügen. Sinnvollerweise wird daher vereinbart, dass die vorhandenen Wirtschaftsgüter erworben werden. In Betracht kommt zunächst der Erwerb der gesamten Vorräte bzw. des Umlaufvermögens oder alternativ das Recht des Pächters, sukzessive zum eigenen Absatz die Vorräte des Verpächters weiter zu veräußern, wobei bei jeder Veräußerung die Beschaffung aus dem Vorrat des Verpächters erfolgt. Geregelt werden sollte auch, ob bei Beendigung des Vertrages die vorhandenen Vorräte durch den Verpächter vom Pächter (zurück-)erworben werden müssen. Die Rechtslage ist ansonsten unklar, was auch insbesondere hinsichtlich der Frage gilt, wer Eigentümer der „ersatzbeschafften" Wirtschaftsgüter wird. In den Formularbüchern wird der Frage dadurch ausgewichen, dass eine Veräußerung vorgesehen ist.[1] M.E. wird man bei fehlender Vereinbarung § 582 Abs. 1 BGB analog anwenden müssen, d.h. der Verpächter bleibt Eigentümer des Inventars und wird Eigentümer der Ersatzbeschaffungen. Eine vertragliche Regelung ist dringend anzuraten.[2]

Hinweis:
Die Fortführung der Firma durch die Betriebs-GmbH gem. § 22 Abs. 2 HGB führt dazu, dass sie nach § 25 Abs. 1 HGB für die im gepachteten Unternehmen begründeten Verbindlichkeiten haftet. Vereinbaren Verpächter und Pächterin etwas Abweichendes, ist dies im Verhältnis zu den Gläubigern nur rechtswirksam, wenn die abweichende Vereinbarung in das Handelsregister eingetragen oder den Gläubigern anderweitig mitgeteilt wird.

2.222 **Betriebsergebnis i.R.d. Pachtvertrags.** Im Rahmen des Pachtvertrags ist der Verpächter verpflichtet, neben der Gebrauchsüberlassung den Fruchtgenuss zu gestatten, d.h. der Betriebsgesellschaft als Pächterin das von dieser erzielte Betriebsergebnis zu belassen.

---

1 *Brandmüller*, Die Betriebsaufspaltung nach Handels- und Steuerrecht[7], H 24 (S. 454/455), ist in der Vergangenheit beispielsweise einer Stellungnahme ausgewichen.
2 So z.B. *Bungert* in Münchener Vertragshandbuch – Band 1 – Gesellschaftsrecht[8], X.12, 8.

Hauptpflicht der Betriebsgesellschaft. Die Hauptpflicht der Betriebsgesellschaft besteht darin, den Pachtzins zu zahlen. Nicht zur Hauptpflicht soll gehören, das gepachtete Unternehmen weiterzubetreiben,[1] seinen Wert zu erhalten und bei Beendigung des Pachtvertrags in ordnungsgemäßem Zustand zurückzugeben. Diese Aussage ist zum einen jedenfalls dann unzutreffend, wenn die Pacht eine umsatz- oder ertragsabhängige Komponente enthält. Das RG[2] billigt dem Verpächter bei einer vereinbarten Umsatzpacht demgemäß das Recht zur außerordentlichen Kündigung zu, wenn der Pächter den Betrieb nicht ordnungsgemäß führt. M.E. ist die Verpflichtung, das Unternehmen weiter zu betreiben, stets eine Hauptpflicht, weil nur sie sicherstellt, dass der Verpächter nach Beendigung des Pachtvertrags das Unternehmen selbst weiterbetreiben oder an einen Nachpächter verpachten kann.[3] Demgemäß muss dem Verpächter bei einem Verstoß gegen diese Verpflichtung das Recht zur fristlosen Kündigung des Pachtvertrags zustehen. *Schaub*[4] rät, die Gebrauchspflicht ausdrücklich vertraglich zu vereinbaren, auch wenn sich bei der Unternehmenspacht die Betriebspflicht dem Grunde nach bejahen lasse. M.E. ergibt sich die Gebrauchspflicht regelmäßig schon aus der Verpflichtung des Pächters, den Pachtgegenstand nach Beendigung des Pachtverhältnisses in ordnungsgemäßem Zustand an den Verpächter zurück zu übertragen (s. Muster M 10). 2.223

Laufzeit des Pachtvertrags. Der Pachtvertrag kann zwar mündlich abgeschlossen werden, was sich bei der Komplexität eines Unternehmenspachtvertrags und aus steuerrechtlichen Gründen allerdings verbietet. Wird der Vertrag nur mündlich geschlossen, gilt er als für unbestimmte Zeit abgeschlossen, §§ 581 Abs. 2, 578 Abs. 1, 550 bzw. 584 BGB. Die Rechtsfolge ist, dass nach Ablauf eines Jahres nach Überlassung des Pachtgegenstands der Vertrag spätestens am dritten Werktag des letzten Halbjahres des Pachtjahres gekündigt werden muss, wenn die Pacht zum Ende des (zweiten) Pachtjahres enden soll. Die Höchstlaufzeit beträgt 30 Jahre, §§ 581 Abs. 2, 544 Satz 1 BGB. Ist der Vertrag für die Lebenszeit des Besitzunternehmers abgeschlossen, kann die 30-Jahres-Frist überschritten werden, §§ 581 Abs. 2, 544 Satz 2 BGB. 2.224

Formulierungsvorschlag:

„1. Der Pachtvertrag beginnt am 1.1.2024.

2. Die Übergabe der Pachtgegenstände erfolgt am 2.1.2024. Der Pächterin ist der Zustand der Pachtgegenstände bekannt. Sie erkennt an, dass sich die Gegenstände in geordnetem und für den Betrieb des Unternehmens geeignetem Zustand befinden."

Pachtzins bei Unternehmenspacht. Bei der typischen Unternehmenspacht ist für die Ermittlung des Pachtzinses der Wert des verpachteten Unternehmens entscheidend. Dieser bestimmt sich in erster Linie nach dem Ertragswert.[5] Nach *Schaub*[6] soll 2.225

1 RG v. 23.6.1932 – VIII 140/32, RGZ 136, 433.
2 RG v. 17.10.1935 – IV 171/35, RGZ 149, 88.
3 So auch *Oppenländer*, Die Unternehmenspacht, 1974, 286 f. m.w.N.
4 *Schaub* in Staudinger, § 581 BGB Rz. 286 ff. m.w.N.
5 *Großfeld*, Unternehmens- und Anteilsbewertung im Gesellschaftsrecht[4], 23; *Piltz*, Die Unternehmensbewertung in der Rechtsprechung[3], 17.
6 *Schaub* in Staudinger, § 581 BGB Rz. 64 ff.

die Umsatzpacht weit verbreitet sein oder eine Kombination aus Fest- und variabler Pacht. Der Substanzwert kann nur in Ausnahmefällen in Betracht kommen. Ist der Unternehmenswert ermittelt, bedeutet dies nicht, dass damit die Pacht feststeht. Letztendlich ergibt sie sich als Kompromiss aus den Vorstellungen des Verpächters und des Pächters. Die Lage entspricht der beim Unternehmenskauf, da sich die Entwicklung des verpachteten Unternehmens nicht voraussehen lässt. Dies führt dazu, dass die Pacht sich nicht aus einem einheitlichen Betrag zusammensetzt, sondern aus mehreren „Teil"-Pachten.

Formulierungsvorschlag:

„1. Die Pacht setzt sich zusammen aus

a) der Pacht für die im Eigentum der Verpächterin stehenden materiellen Wirtschaftsgüter, einschließlich eines 10-Prozent-Zuschlags für die Vorfinanzierung von Pachterneuerungen und Pachterweiterungen;

b) dem Ersatz der von der Verpächterin gezahlten Leasinggebühren;

c) dem Entgelt für die Überlassung immaterieller Wirtschaftsgüter.

2. Die Pacht bemisst sich wie folgt:

a) Im Fall des Abs. 1 Buchst. a beträgt sie ... Prozent des Buchwerts für Grundstücke, grundstücksgleiche Rechte und Bauten einschließlich Bauten auf fremden Grundstücken; ... Prozent des Buchwerts für sonstige Sachanlagen. Maßgebend für das laufende Pachtjahr sind die Buchwerte der Handelsbilanz[1] des vorangegangenen Geschäftsjahres.

b) Ersatz der von der Verpächterin gezahlten Leasinggebühren. Die Pächterin ist berechtigt, mit schuldbefreiender Wirkung entsprechende Zahlungen zu leisten.[2]

c) Die Pacht für die immateriellen Wirtschaftsgüter beträgt ... Prozent des Nettoumsatzes des vorangegangenen Geschäftsjahres.[3]

3. Auf die Pacht sind monatliche Abschlagszahlungen i.H.v. derzeit ... ... Euro im Voraus zu leisten. Die Abschlagszahlungen (zzgl. Umsatzsteuer z.Zt. 19 %) sind kostenfrei an die Verpächterin auf das Konto BIC ..., IBAN ..., unter Angabe des Verwendungszweckes zu zahlen.

Nach Feststellung des Jahresabschlusses hat die endgültige Abrechnung für das abgelaufene Pachtjahr zu erfolgen.[4] Die Verzinsung des Mehrbetrags beträgt 2 Prozent über den Basiszinssatz gem. § 247 BGB, mindestens ... Prozent, höchstens ... Prozent.

4. Die Verpächterin ist berechtigt, die gesetzlich geschuldete Umsatzsteuer zusätzlich in Rechnung zu stellen, es sei denn, die Finanzverwaltung unterstellt eine Organschaft im Sinne des Umsatzsteuerrechts.[5]

---

1 Es kann für den Verpächter günstiger sein, auf die Steuerbilanz abzustellen.

2 Der abgekürzte Zahlungsweg empfiehlt sich aus Vereinfachungsgründen.

3 Stattdessen kann auch ein Fixbetrag aus steuerlichen Gründen zur Vermeidung einer verdeckten Gewinnausschüttung in Betracht kommen.

4 Eine feste Terminbestimmung sollte aus steuerlichen Gründen unterbleiben.

5 Diese Regelung trägt der BFH-Rechtsprechung Rechnung (s. Rz. 3.712 ff.). Bei einer Betriebsverpachtung, die nicht im Rahmen einer Betriebsaufspaltung erfolgt, ist der zweite Halbsatz überflüssig.

5. *Erwirtschaftet die Pächterin in drei aufeinander folgenden Jahren keinen Gewinn i.H.v. 10 Prozent des in ihren Bilanzen ausgewiesenen Eigenkapitals (eingezahlte Stammeinlagen zzgl. offene Rücklagen zzgl. Gewinnvortrag abzgl. Verlustvortrag), kann sie eine entsprechende Anpassung des Pachtzinses verlangen. Maßgeblich für die Ermittlung des Prozentsatzes ist jeweils die Bilanz für das vorangegangene Geschäftsjahr."*[1]

Vermeidung einer verdeckten Gewinnausschüttung. Im Rahmen der Betriebsaufspaltung ist darauf zu achten, dass der Betriebs-GmbH ein „angemessener Gewinn" verbleibt, um steuerrechtlich eine verdeckte Gewinnausschüttung zu vermeiden. Dies gilt auch für den Fall, dass nach betriebswirtschaftlichen Grundsätzen die Pacht zu niedrig ist. 2.226

Hinweis:
Dies führt zu dem – den Steuerrechtler nicht überraschenden – Ergebnis, dass ein unter fremden Dritten ausgehandelter und seit Jahren ohne Beanstandung seitens der Finanzverwaltung praktizierter Pachtvertrag steuerlich nicht mehr anerkannt wird, wenn die Verpächterin oder deren Gesellschafter die Geschäftsanteile an der Betriebs-GmbH erwirbt/erwerben, um sich weiterhin die Pachteinnahmen zu sichern, der Betriebs-GmbH jedoch – wie in der Vergangenheit – nur eine Rendite verbleibt, die mit der BFH-Rechtsprechung zur Angemessenheit der Pacht im Rahmen einer Betriebsaufspaltung nicht im Einklang steht.

Zusatzregelung zur GewSt. Es kann sich zusätzlich empfehlen, eine Regelung betreffend gewerbesteuerliche Mehr- oder Minderbelastungen aufgrund des § 8 Nr. 1 Buchst. d GewStG zu treffen. 2.227

Formulierungsvorschlag:

„Gewerbesteuerliche Mehr- oder Minderbelastungen, die durch die Verpachtung ausgelöst werden, sind durch den jeweiligen Steuerschuldner zu tragen bzw. kommen diesem zugute. Abweichend von Satz 1 mindern Hinzurechnungen nach § 8 Nr. 1 Buchst. d GewStG den Pachtzins."

Keine GewSt bei Verpachtung durch Einzelunternehmer. Erfolgt die Betriebsverpachtung durch einen Einzelunternehmer oder eine Personen(handels)gesellschaft nicht im Rahmen einer Betriebsaufspaltung, ist das Besitzunternehmen nicht gewerbesteuerpflichtig. Beim nicht in das Handelsregister eingetragenen Einzelunternehmer und einer Gesellschaft bürgerlichen Rechts entfällt die Zwangsmitgliedschaft in der IHK. 2.228

Betriebskosten. Regelungsbedürftig sind die Tragung der Kosten für Versicherungen sowie sonstiger durch den Betrieb des Unternehmens verursachter Kosten (Betriebskosten). 2.229

1 Auch diese Regelung trägt der BFH-Rechtsprechung Rechnung. Bei einer Betriebsverpachtung, die nicht im Rahmen einer Betriebsaufspaltung erfolgt, sollte auf sie verzichtet werden.

Formulierungsvorschlag:

„1. Die Verpächterin wird für das Pachtobjekt angemessene Haftpflichtversicherungen sowie Versicherungen gegen Feuer-, Sturm-, Wasserschäden, Diebstahl und Einbruch abschließen. Die Kosten hierfür trägt die Pächterin. Tritt infolge von Neu- oder Ersatzbeschaffungen, durch Baumaßnahmen der Verpächterin oder der Pächterin oder infolge von Abgängen eine Veränderung des Pachtobjekts ein, wird die Versicherung hierauf entsprechend ausgedehnt oder eingeschränkt.

2. Die durch den Grundbesitz verursachten öffentlichen Abgaben, mit Ausnahme der Grundsteuer, und Lasten trägt ebenfalls die Pächterin.

3. Die Pächterin trägt ferner die Kosten der Heizung des Pachtobjekts, die Kosten der Strom-, Gas- und Wasserversorgung aus einem öffentlichen Versorgungsnetz sowie die Gebühren für Straßenreinigung, Entwässerung, Müllabfuhr, Schornsteinreinigung und alle ähnlichen Aufwendungen. Das gilt sowohl für die Grundstücke als auch für bestehende Gebäude, Erweiterungs- oder Neubauten.

4. Die Pächterin trägt alle Ausgaben, die den Gewerbebetrieb und dessen Ausübung betreffen. Hierzu gehören neben der eigenen Betriebshaftpflichtversicherung insbesondere auch etwaige Genehmigungs- oder Konzessionsgebühren für die Benutzung des Pachtobjekts."

2.230 **Pächter als neuer Arbeitgeber.** Die Arbeitsverhältnisse gehen nach § 613a BGB auf den Pächter über. Häufig ist der Pächter nicht daran interessiert, sämtliche Arbeitnehmer weiter zu beschäftigen, z.B. weil zu Beginn des Pachtvertrags eine Filiale geschlossen wird.

Formulierungsvorschlag:

„Hinsichtlich der in der Filiale Detmold beschäftigten Arbeitnehmer verpflichtet sich die Verpächterin, alle Maßnahmen zu ergreifen, um den Übergang der Arbeitsverhältnisse auf die Pächterin zu verhindern. Sollte es dennoch zu einem gesetzlichen Übergang dieser Arbeitsverhältnisse kommen, verpflichtet sich die Verpächterin, die Pächterin von allen Verpflichtungen aus § 613a BGB freizustellen. Die Pächterin wird die übergehenden Arbeitsverhältnisse kündigen. Im Übrigen wird die Ausübung des arbeitsrechtlichen Direktionsrechts der Verpächterin übertragen. Die Verpächterin trägt sämtliche Kosten, insbesondere die Kosten eines Kündigungsrechtsstreits."

2.231 **Laufende Dauerarbeitsverhältnisse.** Neben den bereits angesprochenen Dauerschuldverhältnissen bedarf es des Weiteren der Regelung betreffend laufende Verträge, z.B. Lieferverträge, und halb fertige Arbeiten.

Formulierungsvorschlag:

„1. Die Pächterin stellt die Verpächterin frei von allen Verpflichtungen aus sonstigen laufenden Verträgen (Einkaufs-, Verkaufs-, Miet-, Beratungs- und Wartungsverträge), die sich aus der Anlage 3 ergeben.

2. Die Pächterin wird, soweit dies tunlich sein wird, mit den Vertragspartnern Verhandlungen aufnehmen, wenn diese nicht stillschweigend in die Vertragsüberleitung einwilligen."

Hinweis:
Da bei der Betriebsverpachtung eine (partielle) Gesamtrechtsnachfolge nicht gegeben ist, sind sämtliche Dauerschuldverhältnisse, die auf die Betriebs-GmbH übergehen sollen, von der Besitzgesellschaft zu kündigen und von der Betriebs-GmbH neu abzuschließen, wenn der jeweilige Vertragspartner dem Eintritt der Betriebs-GmbH anstelle der Besitzgesellschaft in das Vertragsverhältnis nicht zustimmt.

Die Begründung der Betriebsaufspaltung im Wege der partiellen Gesamtrechtsnachfolge über die Vorgaben des Umwandlungsrechts kann den Vertragspartnern – zumindest bei Dauerschuldverhältnissen – im Einzelfall ein Recht zur außerordentlichen Kündigung geben, weil die Betriebsgesellschaft als abgespaltenes oder ausgegliedertes Unternehmen nicht dieselbe Kreditwürdigkeit besitzt wie das vormalige Gesamtunternehmen. Hierfür bedarf es aber einer entsprechenden vertraglichen Vereinbarung.

Verkehrssicherungs- und ähnliche Pflichten. Verkehrssicherungs- und ähnliche Pflichten werden üblicherweise auf die Betriebsgesellschaft abgewälzt. 2.232

Formulierungsvorschlag:
„1. Die Pächterin hat für eine ausreichende Bewachung der Grundstücke und für eine angemessene Beleuchtung der Zuwegungen zu und auf dem von ihr gepachteten Betriebsgelände zu sorgen. Ihr obliegen alle im Hinblick auf den öffentlichen Verkehr mit dem Besitz der Grundstücke verbundenen Verkehrssicherungspflichten wie insbesondere die Beseitigung von Eis und Schnee sowie die Streupflicht sowohl auf angrenzenden öffentlichen Straßen, den Zuwegungen als auch auf dem gepachteten Gelände selbst. Ferner hat die Pächterin für die Sauberkeit des Pachtobjekts, insbesondere des Grundbesitzes, aber auch der Zufahrten, zu sorgen.
2. Soweit durch den Betrieb der Pächterin oder durch Auswirkungen der Grundstücke, hinsichtlich deren die Pächterin gem. Abs. 1 die Verkehrssicherungspflicht übernommen hat, Dritte beeinträchtigt oder verletzt werden, hat die Pächterin die Verpächterin von allen Ansprüchen Dritter freizustellen. Behördliche Anordnungen, die die Instandhaltung des gepachteten Grundbesitzes oder der Gebäude betreffen, sind von der Pächterin unverzüglich zu erfüllen. Im Rahmen der von ihr übernommenen Verpflichtung steht die Pächterin der Verpächterin für die Erfüllung der hinsichtlich des Pachtobjekts geltenden gesetzlichen und behördlichen Vorschriften und Auflagen ein."

Instandhaltung und Ersatzbeschaffung. Hinsichtlich Instandhaltung und Ersatzbeschaffung wird bei typischer Unternehmenspacht Letztere vom Besitzunternehmen vorgenommen, während beim Schrumpfungs-Modell die Ersatzbeschaffung durch die Betriebsgesellschaft erfolgt und diese Eigentümerin der ersatzbeschafften Wirtschaftsgüter wird. Als weitere Variante kommt in Betracht, dass die Betriebsgesellschaft das Inventar zum Schätzpreis übernimmt. Jedoch bleibt auch in diesem Fall die Besitzgesellschaft Eigentümerin. Der rechtliche Unterschied besteht in folgendem: 2.233

Erhaltung des Inventars durch Betriebs-GmbH. Erfolgt keine Übernahme zum Schätzpreis, obliegt der Betriebs-GmbH die Erhaltung des Inventars. Die Besitzgesellschaft ist nur zum Ersatz verpflichtet, wenn der Untergang der Inventarstücke von der Betriebsgesellschaft nicht zu vertreten ist. Erfolgt die Übernahme zum Schätz- 2.234

preis, trägt die Betriebsgesellschaft zusätzlich die Gefahr des zufälligen Untergangs. Dasselbe gilt für die Gefahr der technischen Überalterung.[1]

2.235 **Verfügung über einzelne Inventarstücke.** Im Rahmen der ordnungsmäßigen Wirtschaft kann die Betriebsgesellschaft über einzelne Inventarstücke verfügen. § 583a BGB bestimmt für Fälle, in denen der Pächter das Inventar zu Eigentum erwirbt, dass Vertragsbestimmungen, die den Pächter verpflichten, über die Inventarstücke nicht oder nur mit Einwilligung des Verpächters zu verfügen oder das Inventar an den Verpächter zu veräußern, nur rechtswirksam sind, wenn sich der Verpächter verpflichtet, das Inventar bei Pachtbeendigung zum Schätzpreis zu übernehmen. § 583a BGB ist zwingendes Recht und kann nicht abbedungen werden.[2]

Formulierungsvorschlag:

„1. Der Pächterin obliegt die bauliche und sonstige Instandhaltung des Pachtobjekts einschließlich der Gegenstände des beweglichen Anlagevermögens. Sie trägt auch die notwendigen (Schönheits-)Reparaturen.

2. Die für den vertragsmäßigen Gebrauch der Pachtobjekte einschließlich der Gegenstände des beweglichen Anlagevermögens erforderlichen Ersatzbeschaffungen werden von der Verpächterin auf eigene Kosten vorgenommen. Satz 1 gilt nicht für schuldhafte Zerstörung von Wirtschaftsgütern durch die Pächterin; insoweit ist die Pächterin zur Ersatzbeschaffung auf eigene Kosten verpflichtet. Die Verpächterin ist verpflichtet, die verpachteten Wirtschaftsgüter auf Verlangen der Pächterin und in Abstimmung mit dieser im betriebsüblichen Umfang durch Ersatzbeschaffungen zu ersetzen. Neuanschaffungen, die eine Erweiterung der Pachtobjekte darstellen, bedürfen einer besonderen Vereinbarung. Durch Abs. 2 werden die Rechte und Pflichten der Pächterin insgesamt nicht berührt.

3. Werden Mängel, deren Beseitigung der Pächterin obliegt, von der Verpächterin festgestellt und beanstandet und von der Pächterin nicht binnen 30 Tagen nach Aufforderung beseitigt, ist die Verpächterin berechtigt, die Mängel auf Rechnung der Pächterin beseitigen zu lassen. Satz 1 gilt entsprechend in den Fällen des Abs. 2 Satz 2.

4. Die Frage, ob Ersatz- und/oder Neuanschaffungen i.S.d. Abs. 2 oder Reparaturen i.S.d. Abs. 1 gegeben sind, wird von den Vertragschließenden einverständlich entschieden. Die steuerliche Unterscheidung in Herstellungs- und Erhaltungsaufwand ist nicht bindend."

Hinweis:
Abs. 4 Satz 2 ist bei der Unternehmensverpachtung unter fremden Dritten überflüssig, im Rahmen einer Betriebsaufspaltung jedoch zu empfehlen.

2.236 **Betriebsgesellschaft als Unternehmensträgerin.** Bei der Unternehmenspacht ist die Betriebsgesellschaft Unternehmensträgerin, d.h. sie führt das gepachtete Unternehmen wie ihr eigenes. Demgemäß muss ihr die Möglichkeit gegeben werden, das Anlagevermögen (Gebäude, Maschinen pp.) z.B. für die Produktion den jeweiligen Marktbedingungen optimal anzupassen. Ihr muss deshalb vertraglich gestattet werden, Veränderungen am Pachtobjekt vorzunehmen.

---

1 *Schaub* in Staudinger, § 582a BGB Rz. 50.

2 *Schaub* in Staudinger, § 583a BGB Rz. 5; *Harke* in Münch. Komm. BGB[9], § 583a BGB Rz. 1.

Formulierungsvorschlag:

„1. Die Pächterin ist zu baulichen und sonstigen Veränderungen des Pachtobjekts befugt, soweit sie betriebsnotwendig sind oder die Zweckbestimmung des Pachtobjekts nicht beeinträchtigen. Unabhängig hiervon wird die Verpächterin aufgrund Sonderabsprache im Einzelfall Erweiterungs- und Neubauten für den Betrieb der Pächterin auf eigene Kosten durchführen. In einem solchen Fall ist die Pacht entsprechend anzupassen.

2. Wenn die Pächterin gem. Abs. 1 Satz 1 eine Veränderung am Pachtobjekt vornimmt, kann die Verpächterin verlangen, dass die Pächterin bei Pachtende auf eigene Kosten den ursprünglichen Zustand vor der Vornahme der Veränderung wiederherstellt. Stattdessen kann die Verpächterin verlangen, dass die Pächterin ihr das Pachtobjekt bei Pachtende in dem geänderten Zustand überlässt. Letzterenfalls ist die Verpächterin verpflichtet, der Pächterin für die von dieser vorgenommene Veränderung den Zeitwert bei Pachtende abzgl. des Werts eines ursprünglich vorhandenen, aber durch die Veränderung beseitigten Gegenstands im Zeitpunkt der Veränderung zu ersetzen. Ist durch die Veränderung ein Teil des Pachtobjekts zwar nicht beseitigt, aber wertgemindert worden, ist der von der Verpächterin zu ersetzende Zeitwert bei Pachtende um die Wertminderung im Zeitpunkt der Veränderung zu kürzen.

3. Einrichtungen, die die Pächterin während der Pachtzeit erworben und eingebaut hat, kann sie auf eigene Kosten bei Beendigung der Pacht entfernen. Dabei ist der frühere Zustand wiederherzustellen."

Information der Besitzgesellschaft. Die Besitzgesellschaft sollte sich vorbehalten, sich jederzeit über den Zustand des verpachteten Betriebs informieren zu können oder sich durch Sachverständige informieren zu lassen. 2.237

Formulierungsvorschlag:

„Der Verpächterin ist es jederzeit gestattet, sich über den jeweiligen Zustand des Pachtobjekts zu unterrichten sowie sich über die Einhaltung der sich aus diesem Vertrag ergebenden Verpflichtungen zu unterrichten, und zwar durch Inaugenscheinnahme durch ihre gesetzlichen Vertreter und/oder durch Sachverständige."

Haftpflicht der Betriebsgesellschaft. Es liegt im Interesse der Besitzgesellschaft – über die Pflicht zur Verkehrssicherung hinaus –, der Betriebsgesellschaft die Haftung für sämtliche Schäden aufzuerlegen, die durch die Verletzung der allgemeinen Sorgfaltspflichten entstehen. 2.238

Formulierungsvorschlag:

„Die Pächterin haftet unbeschadet ihrer sonstigen Verpflichtungen aus diesem Vertrag für sämtliche Schäden, die durch eine schuldhafte Verletzung ihrer Sorgfaltspflichten am Pachtobjekt entstehen. Ihrem Verschulden steht das Verschulden ihrer Beauftragten, Besucher oder Arbeitnehmer gleich. Die Pächterin verzichtet auf den Entlastungsbeweis gem. § 831 BGB."

Unterverpachtung und Vermietung erlaubt. Das Gesetz erlaubt dem Pächter die Unterverpachtung und Vermietung, § 584a BGB. Dies liegt regelmäßig nicht im Interesse des Verpächters, insbesondere nicht bei einer umsatzabhängigen Pacht. Andererseits kann der Pächter ein Interesse an einer Unterverpachtung haben, z.B. an eine Tochtergesellschaft. 2.239

Formulierungsvorschlag:

„Eine Unterverpachtung oder Vermietung bedarf der Zustimmung der Verpächterin. Die Zustimmung darf nicht unbillig verweigert werden. Satz 1 gilt nicht für die Unterverpachtung an Gesellschaften, die von der Pächterin beherrscht werden. Soweit die Pacht umsatzabhängig ausgestaltet ist, sind die Umsätze der Unterpächterin/-mieterin der Pächterin zuzurechnen."

2.240 **Wettbewerbsklausel im Vertrag.** M.E. verstößt die Besitzgesellschaft gegen ihre vertraglichen Nebenpflichten, wenn sie unmittelbar oder mittelbar – z.B. über eine Tochtergesellschaft – der Betriebsgesellschaft Konkurrenz macht. Gleichwohl sollte – klarstellend – eine Wettbewerbsklausel in den Vertrag aufgenommen werden.

Formulierungsvorschlag:

„Die Verpächterin verpflichtet sich, während der Dauer des Pachtvertrags zur Pächterin weder unmittelbar noch mittelbar in Wettbewerb zu treten. Die Verpächterin muss sich Wettbewerbshandlungen ihrer Gesellschafter zurechnen lassen. Bei einem Verstoß gegen das Wettbewerbsverbot ist eine Vertragsstrafe von ... Euro verwirkt. Bei einem andauernden Verstoß gilt die Tätigkeit während eines Monats als jeweils ein selbständiger Verstoß im Sinne des Satzes 1. Die Vertragsstrafe tritt neben die übrigen Ansprüche der Verpächterin aus dem Wettbewerbsverbot."

2.241 **Ausschluss von Pachtminderung und Aufrechnung.** Die Geltendmachung der Minderung der Pacht oder die Aufrechnung mit Gegenansprüchen sollte aus der Sicht des Verpächters ausgeschlossen werden, es sei denn, der Gegenanspruch ist rechtskräftig festgestellt oder anerkannt.

Formulierungsvorschlag:

„Eine Minderung der Pacht oder Aufrechnung mit Gegenansprüchen ist ausgeschlossen. Etwas anderes gilt nur für rechtskräftig festgestellte oder anerkannte Gegenansprüche."

2.242 **Verhinderung der Fortführung des Unternehmens.** Zu regeln ist der Fall, dass die Betriebsgesellschaft, ohne dass dies von ihr zu vertreten ist, an der Fortführung des Unternehmens gehindert ist, z.B. aufgrund höherer Gewalt. Der Betriebsgesellschaft ist in diesem Fall nicht zuzumuten, die Pacht weiterhin zu zahlen. Der Besitzgesellschaft muss sodann die Möglichkeit gegeben werden, das Unternehmen anderweitig zu verpachten, zu veräußern oder stillzulegen.

Formulierungsvorschlag:

„Ist die Pächterin infolge behördlicher Anordnung oder gesetzlicher Bestimmungen, ohne dass dies von ihr zu vertreten ist, oder infolge höherer Gewalt länger als sechs Monate an der Fortführung des Unternehmens gehindert, entfällt von Beginn des siebten Monats an die Verpflichtung zur Zahlung der Pacht. Macht die Pächterin von diesem Recht Gebrauch, ist die Verpächterin zur fristlosen Kündigung des Pachtvertrags berechtigt."

Hinweis:
Diese Vereinbarung ist überflüssig, wenn die Betriebsgesellschaft eine diese Fälle abdeckende Versicherung abgeschlossen hat.

Langfristiger Pachtvertrag empfohlen. Aus haftungsrechtlichen und steuerrechtlichen Gründen empfiehlt sich ein langfristiger Pachtvertrag, wenn der Verpächter bzw. ein Gesellschafter der Besitzgesellschaft an der in der Rechtsform einer GmbH oder GmbH & Co. KG geführten Pächterin mit mehr als 10 % beteiligt oder deren Geschäftsführer ist. Haftungsrechtlich wird vermieden, dass in Krisenfällen § 39 Abs. 4 Satz 1 i.V.m. Abs. 1 Nr. 5, § 44a, § 135, § 143 InsO anzuwenden ist, wenn von der Kündigungsmöglichkeit nicht rechtzeitig Gebrauch gemacht wird.[1] Unter steuerlichen Gesichtspunkten ist bedeutsam, dass der BFH[2] es als schädlich angesehen hat, dass der Pachtvertrag nicht langfristig abgeschlossen worden war. 2.243

Fristlose Kündigung aus wichtigem Grund möglich. Das Recht zur fristlosen Kündigung aus wichtigem Grund bleibt unberührt. Das Gesetz normiert als wichtigen Grund den vertragswidrigen Gebrauch und den Zahlungsverzug, §§ 581 Abs. 2, 543 BGB. 2.244

Formulierungsvorschlag:

„1. Der Pachtvertrag wird bis zum 31.12.2035 fest (unkündbar) abgeschlossen. Er verlängert sich alsdann jeweils um fünf Jahre, wenn er nicht mit einjähriger Frist zum Jahresende gekündigt wird. Die Vertragsschließenden behalten sich das Recht vor, den Vertrag einvernehmlich zu einem früheren Termin aufzuheben.

2. Aus wichtigem Grund ist das Pachtverhältnis fristlos kündbar. Ein wichtiger Grund ist für die Verpächterin stets gegeben, wenn

a) die Pächterin die hergebrachte Art der Organisation oder des Vertriebs ohne Einwilligung der Verpächterin ändert;

b) die Pächterin mit der Zahlung der Pacht ganz oder teilweise länger als 30 Tage nach Zahlungsaufforderung im Rückstand ist;

c) die Pächterin gegen gesetzliche Bestimmungen verstößt oder behördlichen Auflagen nicht nachkommt und dadurch die Fortführung der Betriebe gefährdet wird;

d) die Pächterin in Vermögensverfall gerät oder aus anderen Gründen nicht in der Lage ist, die Baumärkte für die Dauer des Pachtvertrags fortzuführen;

e) über das Vermögen der Pächterin das Insolvenzverfahren eröffnet oder der Antrag auf Eröffnung des Insolvenzverfahrens mangels einer die Kosten des Verfahrens deckenden Masse abgelehnt wird;

f) die Zwangsvollstreckung in das Vermögen der Pächterin betrieben wird, die eine Erfüllung der Vertragsverpflichtungen erschwert.

Ein wichtiger Grund ist für die Pächterin stets gegeben, wenn

a) die Verpächterin gegen das Wettbewerbsverbot gem. § 13 verstößt;

b) die Verpächterin nicht ausreichende Versicherungen gem. § 4 Abs. 1 abschließt;

c) die Verpächterin die notwendigen Ersatzbeschaffungen nicht vornimmt.

3. Wird aus einem der genannten Gründe das Pachtverhältnis vorzeitig beendet, haftet die Pächterin der Verpächterin für den dadurch entstehenden Schaden.

4. Die Kündigung ist schriftlich auszusprechen.

5. Teilkündigungen sind nicht zulässig."

---

1 Zum alten Recht (§ 32a Abs. 1, 3 GmbHG s. BGH v. 14.12.1992 – II ZR 298/91, BGHZ 121, 31 = BB 1993, 240; v. 11.7.1994 – II ZR 146/92, BGHZ 127, 1 = BB 1994, 2020; *Hueck/Fastrich* in Baumbach/Hueck, GmbHG[17], § 32a Rz. 33a ff.

2 BFH v. 5.6.1986 – IV R 53/82, BStBl. II 1986, 798 = FR 1986, 538.

2.245 **Ggf. Wertersatzanspruch bei Beendigung der Pacht.** Bei der Beendigung der Pacht hat die Betriebs-GmbH als Pächterin das gepachtete Unternehmen nach den §§ 581 Abs. 2, 546 Abs. 1 BGB in ordnungsmäßigem Zustand zurückzugeben. Hat sich der Wert des Unternehmens verschlechtert, steht dem Verpächter ein Wertersatzanspruch zu.[1]

2.246 **Berechnung des Wertersatzanspruchs.** Die Beantwortung der Frage, ob und in welcher Höhe ein Wertersatzanspruch besteht, bereitet im Übrigen in der Praxis Schwierigkeiten.

Beispiel:
Bei Beginn des Pachtvertrags hat das verpachtete Unternehmen einen Marktanteil von 10 %. Der Durchschnitt des Ergebnisses der letzten fünf Jahre liegt bei 15 Mio. EUR. Die Rendite beläuft sich auf 6 %, während sie im Branchendurchschnitt bei 4 % liegt. Bei Beendigung des Pachtvertrags liegt der Marktanteil bei 30 %, das durchschnittliche Ergebnis der letzten fünf Jahre bei 40 Mio. EUR, die Rendite ist auf 2,7 % gesunken, während sie sich im Branchendurchschnitt auf 4,6 % erhöht hat.

Variante: Das Ergebnis ist dasselbe geblieben.

2.247 **Lösungsansätze zur Bewertung.** Der Ausbau des Marktanteils ist zweifelsfrei ein werterhöhender Faktor, durch den das Unternehmen möglicherweise zum gesuchten Übernahmekandidaten wird. Die Ergebnisverbesserung – rein der Höhe nach betrachtet – bringt keine Wertsteigerung in der Relation zur gesunkenen Rendite, die unter dem Branchendurchschnitt liegt. Für den Verpächter bzw. dessen Gesellschafter ist aber eine Wertsteigerung gleichwohl offensichtlich. Insgesamt wird man eine Wertminderung nicht bejahen können. In der Variante ist dies zumindest zweifelhaft.

2.248 **Realisierung des Wertersatzanspruchs.** Der Wertersatzanspruch macht nur dann Sinn, wenn er sich auch realisieren lässt. Dies ist in Fällen der Kündigung des Vertrags durch die Besitzgesellschaft aus wichtigem Grund nicht möglich, insbesondere nicht in Fällen der Insolvenz. Sie wird in diesem Fall auch kein Interesse daran haben, das Unternehmen weiterzubetreiben. Da bei Beendigung des Pachtvertrags die Arbeitsverhältnisse nach § 613a BGB auf die Besitzgesellschaft übergehen, besteht die Gefahr des Sozialplans. Die Besitzgesellschaft kann damit selbst in finanzielle Schwierigkeiten geraten. Dieser Gefahr entgeht die Besitzgesellschaft nur, wenn aufgrund der vertraglichen Vereinbarungen die Rückgabe des Unternehmens im Ganzen von der Betriebsgesellschaft verhindert werden kann. Das BAG[2] hat in einem Fall, in dem der Verpächter unter Bezugnahme auf den Pachtvertrag nur die Rückgabe der verpachteten Räume verlangte, entschieden, dass die Arbeitsverhältnisse nach § 613a BGB nur übergehen, wenn der Verpächter den Betrieb tatsächlich weiterführt. Die bloße Möglichkeit, den Betrieb unverändert fortführen zu können, reiche nicht aus.

1 *Adenauer*, MittRhNotK 1968, 111.
2 BAG v. 18.3.1999 – 8 AZR 159/98, BB 1999, 1222.

Wertsteigerung durch Betriebsgesellschaft während der Verpachtung. Denkbar ist allerdings auch, dass der Betriebsgesellschaft eine erhebliche Wertsteigerung gelingt, z.B. dass sich nicht nur der Umsatz verdoppelt, sondern auch der Gewinn nachhaltig erhöht hat. Die Betriebsgesellschaft wird versuchen, von der Besitzgesellschaft einen Ausgleich für diese Wertsteigerung zu erlangen. Die Finanzverwaltung wird versuchen, eine verdeckte Gewinnausschüttung zu unterstellen, wenn der Versuch nicht unternommen wird. Der BGH hat den derartigen Versuch eines Pächters mit der Begründung zurückgewiesen, dass „aus der gesetzlichen Pflicht des Pächters zur Rückgabe der Pachtsache nach Beendigung des Pachtvertrages (§§ 581 Abs. 2, 556 BGB) aber ... kein Anspruch des Pächters gegen den Verpächter (folgt), ihm den in den gepachteten Räumen geschaffenen Firmenwert zu vergüten".[1] Für diesen Fall kann vorgesehen werden, dass bei Pachtbeginn und Pachtende nach denselben Kriterien eine Unternehmensbewertung erfolgt und der Verpächter dem Pächter einen Mehrwert zu vergüten hat. Dies sollte dann jedoch auch für den umgekehrten Fall der Wertminderung vereinbart werden. 2.249

Formerfordernis des Pachtvertrags. Der Pachtvertrag kann mündlich abgeändert werden. Dies führt jedoch nach den §§ 581 Abs. 2, 550 BGB dazu, dass der Vertrag als auf unbestimmte Zeit abgeschlossen gilt.[2] Die Folge ist, dass der Vertrag nach §§ 581 Abs. 2, 580a BGB kurzfristig kündbar ist. Da nach der BGH-Rechtsprechung[3] mündliche Befreiung von der vereinbarten Schriftform erfolgen kann, sollte dies – wiederum – vertraglich ausgeschlossen werden. Ebenso sollte ausgeschlossen werden, dass eine nichtige Bestimmung des Vertrags zur Nichtigkeit des gesamten Vertrags führt. Letztlich sollte die Kostentragung des Vertrags geregelt werden. 2.250

Schriftformerfordernis für Änderungen. Bei der schriftlichen Abfassung, Abänderung oder Ergänzung des Pachtvertrags ist darauf zu achten, dass dem Schriftformerfordernis i.S.d. Rechtsprechung Genüge getan wird. Diese verlangte in der Vergangenheit eine körperliche Verbindung der einzelnen Blätter, d.h. ein Nachtrag mit einer Ergänzung oder Abänderung musste mit dem ursprünglichen Vertrag verbunden werden.[4] Der BGH lässt es nunmehr ausreichen, wenn sich die „Einheit (des Vertrages) aus fortlaufender Nummerierung der einzelnen Bestimmungen, einheitlicher graphischer Gestaltung, inhaltlichem Zusammenhang des Textes oder vergleichbaren Merkmalen zweifelsfrei ergibt".[5] 2.251

3. Weitere Vertragshinweise zum Steuerberater-Modell

a) Betriebs-GmbH

Anpassung der Satzung. In der Satzung der Betriebs-GmbH sollte vereinbart werden, dass statt der vom Gesetz vorgesehenen vollen Gewinnausschüttung eine ausrei- 2.252

1 BGH v. 12.5.1986 – II ZR 11/86, NJW 1986, 2306.
2 BGH v. 27.3.1968 – VIII ZR 71/66, BGHZ 50, 39 (43).
3 BGH v. 17.1.1966 – II ZR 8/64, NJW 1966, 826; BGH v. 5.2.1968 – II ZR 85/67, NJW 1968, 1378.
4 BGH v. 13.11.1963 – V ZR 8/62, BGHZ 40, 255.
5 BGH v. 10.10.2001 – XII ZR 307/98, NZM 2002, 20.

chende Thesaurierung erfolgt, um der Betriebs-GmbH die notwendigen Investitionen zu ermöglichen.

Formulierungsvorschlag:

„Vom Jahresergebnis sind 35 Prozent in die Gewinnrücklage einzustellen, sofern nicht die Gesellschafterversammlung mit den Stimmen aller Gesellschafter eine geringere Zuführung beschließt."

b) Besitzgesellschaft

2.253 **Einschränkung der Geschäftsführungsbefugnis.** Die Geschäftsführungsbefugnis des geschäftsführenden Gesellschafters der Besitzgesellschaft ist einzuschränken auf die reine Verwaltung der Immobilien und ggf. die Gewährung von dinglichen Sicherheiten zugunsten der Betriebs-GmbH, da das Steuerberatungs-Modell vorsieht, dass bei der Besitz-Gesellschaft langfristig außer dem Grundbesitz (und dem Geschäftswert) keine Wirtschaftsgüter verbleiben.

2.254 **GmbH als persönlich haftender Gesellschafter.** Wenn die Besitzgesellschaft nicht bereits in der Rechtsform einer GmbH & Co. KG geführt wird, sollte der Gesellschaftsvertrag eine Regelung enthalten, dass mit einfacher Mehrheit der abgegebenen Stimmen die Gesellschafter die Aufnahme einer GmbH als persönlich haftende Gesellschafterin bei gleichzeitigem Rücktritt der/des persönlich haftenden Gesellschafter(s) in die Rechtsstellung eines Kommanditisten beschließen können.

Formulierungsvorschlag:

„Für den Fall, dass die Gesellschaft – gleich, aus welchem Grunde – ihre werbende Tätigkeit einstellt, können die Gesellschafter mit einfacher Mehrheit der abgegebenen Stimmen beschließen, dass eine von ihnen gegründete GmbH als persönlich haftende Gesellschafterin ohne vermögensmäßige Beteiligung in die Gesellschaft aufgenommen wird. Der/Die bisherige(n) persönlich haftende(n) Gesellschafter tritt/treten mit der Aufnahme der GmbH in die Gesellschaft in die Rechtsstellung eines/von Kommanditisten zurück."

c) Pacht-/Mietvertrag

2.255 **Pachtvertrag wird zum Mietvertrag.** Das Steuerberater-Modell (s. Rz. 2.13) beinhaltet, dass die Ersatzbeschaffungen durch die Betriebs-GmbH vorgenommen werden und in deren Eigentum verbleiben, so dass letztlich nur noch die Immobilien „verpachtet“ werden. Der Pachtvertrag denaturiert zum Mietvertrag. Entsprechend der Verringerung der Betriebs-GmbH zur Nutzung überlassenen Wirtschaftsgüter muss sich im Laufe der Zeit zwingend der Pachtzins verringern. Trägt der Pachtvertrag diesem Umstand keine Rechnung, weil z.B. auf der Grundlage der zu Beginn der Betriebs-GmbH überlassenen Wirtschaftsgüter die Pacht kalkuliert worden und eine Anpassung nicht vereinbart worden ist, kann dies steuerlich zu einer verdeckten Gewinnausschüttung führen.

Anpassung der Höhe der Pacht. Es ist demgemäß zwingend, hinsichtlich der Höhe der Pacht entweder jährlich oder z.B. bei erfolgten Ersatzbeschaffungen durch die Betriebsgesellschaft eine Anpassung vorzusehen, z.B. dergestalt, dass Bemessungsgrundlage für die Pacht, die langfristig rechtlich zur Miete wird, die Buchwerte der – noch – im Eigentum der Besitzgesellschaft stehenden Wirtschaftsgüter sind (s. Muster M 10 § 3). 2.256

II. Vertragshinweise zur mitunternehmerischen Betriebsaufspaltung

Verweise in den und Verknüpfung von Gesellschaftsverträgen. Hinsichtlich der Gestaltung der Gesellschaftsverträge gilt das zur typischen Betriebsgesellschaft Ausgeführte entsprechend (s. Rz. 2.180). Da es sich sowohl bei der Besitz- als auch bei der Betriebsgesellschaft um Personenhandelsgesellschaften, regelmäßig in der Rechtsform der GmbH & Co. KG, handelt, sind die Unterschiede zwischen dem Recht der Kapitalgesellschaften und dem der Personenhandelsgesellschaften nur im Hinblick auf die Komplementär-GmbH zu beachten. In diesem Fall reicht es aus, den Gesellschaftsvertrag entweder der Besitz- oder der Betriebs-GmbH & Co. KG durchzuformulieren und im Gesellschaftsvertrag der einen GmbH & Co. KG auf den Gesellschaftsvertrag der anderen GmbH & Co. KG zu verweisen (s. Muster M 12). 2.257

Kalkulation der Pacht/Miete. Bezüglich des Pacht-/Mietvertrags ist die BFH-Rechtsprechung zur Höhe des Gewinns, der der Betriebsgesellschaft verbleiben muss, zivilrechtlich nicht einschlägig, so dass die Pacht/Miete grundsätzlich nach betriebswirtschaftlichen Grundsätzen kalkuliert werden kann. Je nachdem, ob das Unternehmenspachtmodell (s. Rz. 2.12) oder das Steuerberater-Modell (s. Rz. 2.13) gewählt wird, ist der Pacht-/Mietvertrag auszugestalten. 2.258

Gefahr bei Umwandlung der Betriebspersonenhandelsgesellschaft. Wird die Betriebspersonenhandelsgesellschaft in eine GmbH umgewandelt, ohne dass der Pacht-/Mietvertrag angepasst wird, laufen die Beteiligten Gefahr, in die verdeckte Gewinnausschüttungs-Falle zu laufen, wenn der nunmehrigen Betriebs-GmbH nicht der nach Ansicht des BFH notwendige Mindestgewinn verbleibt. 2.259

Zivilrechtliche Kritik an BFH-Rspr. zur Betriebsaufspaltung. Auch dies ist ein Beispiel dafür, dass die BFH-Rechtsprechung zur typischen Betriebsaufspaltung logisch nicht nachvollziehbar und volkswirtschaftlich bedenklich ist. 2.260

Beachtung §15a EStG. Aus steuerlichen Gründen ist jedoch wegen § 15a EStG im Rahmen der mitunternehmerischen Betriebsaufspaltung darauf zu achten, dass aufgrund der Pacht-/Mietzahlungen weder bei der Betriebs- noch bei der Besitzgesellschaft ein die Höhe der Einlagen bzw. der übernommenen Außenhaftung übersteigender steuerlicher Verlust entsteht. Bei angemessener Pacht/Miete ist dies z.B. der Fall, wenn die Betriebsgesellschaft aufgrund ihrer Branchenzugehörigkeit nur eine geringe Rendite erzielt. Für die Besitzgesellschaft kann die angemessene Pacht/Miete zu einem negativen Ergebnis führen, wenn sich die kalkulatorische Pacht/Miete, die notwendig ist, um die Aufwendungen der Gesellschaft zu decken und eine Verzinsung des eingesetzten Kapitals zu ermöglichen, aufgrund der Marktsituation als nicht realistisch erweist. 2.261

III. Vertragshinweise zur kapitalistischen Betriebsaufspaltung

2.262 **Keine zivilrechtliche Vorsorge für Beendigung notwendig.** Bei der kapitalistischen Betriebsaufspaltung stellt sich das Problem ihrer Beendigung mit der Folge einer Gewinnrealisierung nicht, da beide Gesellschaften Gewerbebetrieb kraft Rechtsform sind, § 1 Abs. 1 KStG. Es bedarf insoweit keiner zivilrechtlichen Vorsorge.

2.263 **Gestaltung Pacht/-Mietvertrag bei kapitalistischer Betriebsaufspaltung.** Erhebliche Bedeutung kommt dagegen der Gestaltung des Pacht-/Mietvertrags zu.

2.264 **Verdeckte Einlage bei zu niedriger Pacht.** Ist die Pacht/Miete zu niedrig, liegt gesellschaftsrechtlich eine verdeckte Einlage vor.

2.265 **Verdeckte Gewinnausschüttung bei zu hoher Pacht.** Ist die Pacht überhöht, liegt gesellschaftsrechtlich eine verdeckte Gewinnausschüttung vor. Erfolgt sie mit Einwilligung aller Gesellschafter der Betriebs-GmbH, ist dies zivilrechtlich nur dann relevant, wenn gegen § 30 GmbHG verstoßen wird.[1]

IV. Vertragshinweise zur unechten Betriebsaufspaltung

2.266 **Erwerb von Immobilien oder wesentlichen Betriebsgrundlagen.** Erwirbt der Alleingesellschafter der GmbH die Immobilie oder sonstige wesentliche Betriebsgrundlagen, besteht kein Handlungsbedarf hinsichtlich des durch den Erwerb entstehenden Besitzunternehmens. Bei einer Mehrheit von Gesellschaftern ist zu entscheiden, ob der Erwerb in Bruchteilsgemeinschaft (s. Rz. 2.27), Gesellschaft bürgerlichen Rechts – bei Grundbesitz als eGbR – (s. Rz. 2.28), OHG (s. Rz. 2.29) oder (GmbH & Co.) KG (s. Rz. 2.29), erfolgt.

2.267 **Erwerb Immobilie.** Beim Erwerb einer Immobilie als wesentlicher Betriebsgrundlage besteht i.d.R. bereits ein Miet-, seltener ein Pachtvertrag. Aus zivilrechtlicher Sicht ist deshalb kein Handlungsbedarf hinsichtlich der Gestaltung des Mietvertrags gegeben. Handlungsbedarf kann sich nur aus steuerrechtlicher Sicht ergeben.

V. Vertragshinweise zur umgekehrten Betriebsaufspaltung

2.268 **Modell der Betriebsaufspaltung entscheidend.** Bei der umgekehrten Betriebsaufspaltung ist zu unterscheiden, ob das Modell der typischen umgekehrten oder das Modell der umgekehrten Einheits-Betriebsaufspaltung gewählt wird.

2.269 **Typische umgekehrte Betriebsaufspaltung.** Wird das Modell der typischen umgekehrten Betriebsaufspaltung gewählt, werden die Geschäftsanteile an der Besitz-GmbH bei der Betriebs-Personengesellschaft Sonderbetriebsvermögen ihrer Gesellschafter. Zu den steuerlichen Folgen bei der Beendigung der Betriebsaufspaltung s. Rz. 3.451 ff.

---

1 *Hommelhoff* in Lutter/Hommelhoff[22], § 29 GmbHG Rz. 48.

Umgekehrte Einheits-Betriebsaufspaltung. Wird das Modell der umgekehrten Einheits-Betriebsaufspaltung gewählt – die Besitz-GmbH ist alleinige Gesellschafterin der Komplementär-GmbH und alleinige Kommanditistin der Betriebs-(GmbH & Co.) KG –, können die Geschäftsanteile an der Besitz-GmbH nicht Sonderbetriebsvermögen der GmbH-Gesellschafter sein. Die Geschäftsanteile werden mithin nicht steuerverstrickt. 2.270

Umgekehrte Einheits-Betriebsaufspaltung vorzugswürdig. Die unterschiedlichen steuerlichen Folgen führen dazu, im Fall einer geplanten umgekehrten Betriebsaufspaltung regelmäßig die umgekehrte Einheits-Betriebsaufspaltung zu empfehlen. 2.271

VI. Vertragshinweise zum „Wiesbadener Modell"

Ziel des „Wiesbadener Modells". Das „Wiesbadener Modell" ist darauf gerichtet, die steuerlichen Folgen einer Betriebsaufspaltung zu vermeiden. Ziel der Vertragsgestaltung muss es mithin sein zu verhindern, dass die Finanzverwaltung und – ihr sodann folgend – die Rechtsprechung das Vorliegen einer „Betriebsaufspaltung aufgrund faktischer Beherrschung" unterstellen.[1] 2.272

Vermeidung einer faktischen Beherrschung. Zur Vermeidung der Begründung einer tatsächlichen oder unterstellten faktischen Beherrschung sollte darauf verzichtet werden, dass 2.273

- die Betriebs-GmbH (& Co. KG) unterkapitalisiert und von der Darlehensgewährung durch die Besitzgesellschaft oder deren Gesellschafter völlig abhängig ist;
- der Pacht-/Mietvertrag seitens der Besitzgesellschaft kurzfristig kündbar ist;
- der Besitzgesellschaft oder deren Gesellschaftern ein jederzeit ausübbares Ankaufsrecht hinsichtlich der Geschäftsanteile an der Betriebs-GmbH in notarieller Form eingeräumt wird und der Kaufpreis für die Geschäftsanteile zudem erheblich unter dem Verkehrswert liegt;
- die Gesellschafter der Besitzgesellschaft die alleinigen einzelvertretungsberechtigten Geschäftsführer der Betriebs-GmbH sind;
- über Stimmrechtsvollmachten der Gesellschafter(innen) verfügen, die nur aus wichtigem Grund widerrufbar sind;
- sie nach der Satzung der Betriebs-GmbH nur aus wichtigem Grund als Geschäftsführer abberufen werden können;
- einen Dienstvertrag auf Lebzeiten erhalten;
- nach Einstellung ihrer Tätigkeit eine hohe Pension beziehen.

Absicherung durch letztwillige Verfügung. Soll das „Wiesbadener Modell" dauerhaft bestehen, muss in den Gesellschaftsverträgen – und abgesichert in letztwilligen Verfügungen – sichergestellt werden, dass im Erbfall nicht die steuerrechtlichen Voraussetzungen der Betriebsaufspaltung erfüllt werden. 2.274

---

1 *Wacker* in Schmidt[44], § 15 EStG Rz. 836 ff.

Hinweis:
Es ist allerdings zu bezweifeln, ob der mit dem „Wiesbadener Modell" erstrebte Steuerspareffekt höher wiegt als die erheblichen zivilrechtlichen Gefahren. Ohne das Steuerrecht käme niemand auf die Idee, eine derartige Gestaltung zu empfehlen.

D. Beendigung der Betriebsaufspaltung

I. Bewusste Beendigung der Betriebsaufspaltung

1. Überblick

2.275 **Beendigungsgründe.** Es gibt die unterschiedlichsten Gründe, die für eine bewusste Beendigung der Betriebsaufspaltung sprechen können:

- Kosteneinsparung durch Vermeidung zweier Buchführungen, Jahresabschlüsse pp.;
- Verbesserung des Bilanzbildes im Falle der mitunternehmerischen Betriebsaufspaltung durch Einbringung der Kommanditbeteiligungen an der Besitzgesellschaft in die Betriebsgesellschaft oder umgekehrt zu Verkehrswerten bei Vermeidung der steuerlichen Gewinnrealisierung durch negative Ergänzungsbilanzen wegen Basel II;
- Fortfall steuerlicher Vorteile;
- Fortfall wirtschaftlicher Vorgaben: Alterssicherung der Senioren durch Pacht-/Mieteinnahmen; Absicherung von Erben durch Beteiligungen an der Besitzgesellschaft als „Nur"-Besitzgesellschafter;
- Aufgabe der Veräußerungsabsicht betreffend die Anteile an der Betriebsgesellschaft;
- Verzicht auf die geplante Aufnahme Dritter in die Betriebs- oder Besitzgesellschaft;
- Ausscheiden von „Nur"-Besitz- oder „Nur"-Betriebsgesellschafter aus der Besitz- bzw. Betriebsgesellschaft.

2. Typische Betriebsaufspaltung

a) Ein-Personen-Betriebsaufspaltung

2.276 **Verschmelzung auf Besitzunternehmer nach §§ 120 ff. UmwG.** Nach § 120 Abs. 1 UmwG kann die GmbH auf den Besitzunternehmer als ihren Alleingesellschafter verschmolzen werden. Es bedarf in diesem Fall keines Verschmelzungsberichts und keiner Verschmelzungsprüfung, §§ 121, 8 Abs. 3 Satz 1 Alt. 2, 9 Abs. 3 UmwG. Die Verschmelzung setzt nicht voraus, dass der Alleingesellschafter vor oder nach der Verschmelzung unternehmerisch oder kaufmännisch tätig ist, § 122 Abs. 2 UmwG.

2.277 **Verschmelzung nach allgemeinen Vorschriften.** Ist das Einzelunternehmen zuvor aus Haftungsgründen in eine Ein-Personen-GmbH & Co. KG eingebracht worden, sind die §§ 120 ff. UmwG nicht anwendbar. Die Verschmelzung erfolgt nach den allgemeinen Vorschriften.

Kosten der Verschmelzung. Von der Beendigung der Betriebsaufspaltung durch Verschmelzung ist im Einzelfall wegen deren Kompliziertheit – Abschluss des Verschmelzungsvertrags, Verschmelzungsbericht, Verschmelzungsprüfung, Zuleitung des Verschmelzungsvertrags an den Betriebsrat, Verschmelzungsbeschluss, Anmeldung der Verschmelzung zum Handelsregister – und aus Kostengründen abzuraten. Wird indes die partielle Gesamtrechtsnachfolge angestrebt, ist die Verschmelzung, die auf Grundlage des UmwG erfolgt, stets empfehlenswert. 2.278

Hinweis:
Bei der Ein-Personen-Betriebsaufspaltung kann es sich zur Vermeidung einer Verschmelzung empfehlen, die Rückgabe des Unternehmens der Betriebs-GmbH an den Besitzunternehmer aufgrund des Pachtvertrags oder im Wege der Sachauskehrung[1] mit anschließender Liquidation der GmbH vorzunehmen. Soll die unbeschränkte Haftung als Einzelkaufmann vermieden werden, sollte das Besitzunternehmen zunächst in eine (Ein-Personen-)GmbH & Co. KG eingebracht werden. Die zivilrechtliche Einbringung des Geschäftsanteils an der Betriebs-GmbH ist aus steuerlicher Sicht nicht erforderlich, da der Geschäftsanteil notwendiges Sonderbetriebsvermögen ist.[2]

frei 2.279

Einbringung des Besitzunternehmens. Als Alternative kommt in Betracht, dass das Besitzunternehmen im Wege der Kapitalerhöhung gegen Gewährung von Gesellschaftsrechten in die Betriebs-GmbH eingebracht wird. 2.280

b) Besitzunternehmen als Gesellschaft

Einbringung der Gesellschaftsanteile (Anschauungsmodell). Ist das Besitzunternehmen eine Gesellschaft, können die Gesellschafter ihre Beteiligungen an der Besitzgesellschaft gegen Gewährung von Gesellschaftsrechten im Wege der Kapitalerhöhung in die Betriebs-GmbH einbringen. Mit Wirksamwerden der Einbringung wächst der Betriebs-GmbH das Vermögen der Besitzgesellschaft an, die gleichzeitig ohne Liquidation im Wege der Anwachsung erlischt. Ist die Besitzgesellschaft eine GmbH & Co. KG, sollten nur die Kommanditisten ihre Kommanditbeteiligungen in die Betriebs-GmbH einbringen, so dass diese alleinige Kommanditistin wird. Anschließend scheidet die Komplementär-GmbH aus der Besitzgesellschaft aus, so dass die Besitzgesellschaft erlischt. In beiden Fällen spricht man vom erweiterten Anwachsungsmodell. 2.281

1 *D. Carlé/Bauschatz*, GmbHR 2001, 615.
2 BMF v. 2.1.2025, IV C 2 – S 1978/00035/020/040, BStBl. I 2025, 92 = StEK UmwStG 2006 vor § 1 Nr. 4.

c) Typische Einheits-Betriebsaufspaltung

2.282 **Einbringung Beteiligung in Betriebs-GmbH.** Im Fall der Einheits-Betriebsaufspaltung führt die Einbringung der Beteiligungen an der Besitzgesellschaft in die Betriebs-GmbH dazu, dass die bisher von der Besitzgesellschaft gehaltenen Geschäftsanteile im Wege der Anwachsung zu eigenen Anteilen der Betriebs-GmbH werden.

3. Mitunternehmerische Betriebsaufspaltung

a) Typische mitunternehmerische Betriebsaufspaltung

2.283 **Keine Verschmelzung möglich.** Eine Verschmelzung der Betriebsgesellschaft auf die Besitzgesellschaft oder umgekehrt scheidet regelmäßig aus. Anders als bei einem Einzelunternehmen kann die Gesamtrechtsnachfolge auch auf andere Weise als über eine Verschmelzung auf der Grundlage des Umwandlungsrechtes erreicht werden.

2.284 **Erweitertes Anwachsungsmodell.** Die einfachste bzw. einfachere Form der Zusammenführung der beiden Gesellschaften ist auch hier das erweiterte Anwachsungsmodell: Die Gesellschafter der Betriebsgesellschaft bringen ihre Beteiligungen gegen Gewährung von Gesellschaftsrechten in die Besitz-Personengesellschaft ein. Bei einer GmbH & Co. KG tritt sodann die Komplementärin aus. Das Vermögen der Betriebsgesellschaft wächst der Besitzgesellschaft an. Die Betriebsgesellschaft erlischt unter Ausschluss der Liquidation. Außer dem Einbringungsvertrag bedarf es der Eintragung in das Handelsregister, dass die Gesellschaft aufgrund der Abtretung sämtliche Beteiligungen an der Besitzgesellschaft durch Anwachsung ihres Vermögens unter Ausschluss der Liquidation erloschen ist. Sollen neben der Erhöhung der Kommanditeinlagen auch die Hafteinlagen entsprechend erhöht werden, bedarf es hierzu ebenfalls der Anmeldung zum Handelsregister. Wird der umgekehrte Weg gewählt, d.h. die Beteiligungen an der Besitzgesellschaft werden in die Betriebsgesellschaft eingebracht, bedarf es zusätzlich noch der Berichtigung des Grundbuchs, wenn die Besitzgesellschaft über Grundbesitz verfügt.

2.285 **Gesamtrechtsnachfolge.** Das erweiterte Anwachsungsmodell beinhaltet eine Gesamtrechtsnachfolge, da im Wege der Anwachsung sämtliche Rechtsverhältnisse der untergehenden Gesellschaft der übernehmenden Gesellschaft anwachsen.

b) Mitunternehmerische Einheits-Betriebsaufspaltung

2.286 **Anwachsung.** Bei der mitunternehmerischen Einheits-Betriebsaufspaltung – nur denkbar in Gestalt einer GmbH & Co. KG – erfolgt die Anwachsung dergestalt, dass die Komplementär-GmbH aus der Betriebsgesellschaft ausscheidet. Das Vermögen wächst der Besitzgesellschaft an. Die Betriebsgesellschaft erlischt unter Ausschluss der Liquidation.

2.287 **Betriebsgesellschaft als aufnehmende Gesellschaft.** Soll nicht die Besitz-, sondern die Betriebsgesellschaft die aufnehmende Gesellschaft sein, ergibt sich nur insoweit eine Besonderheit, als – anders als bei der typischen Betriebsaufspaltung – bei Einbringung der Beteiligungen an der Besitzgesellschaft in die Betriebsgesellschaft bei

Letzterer keine eigenen Anteile entstehen, da eine Personengesellschaft nicht über eigene Anteile verfügen kann.

frei 2.288

4. Kapitalistische Betriebsaufspaltung

Verschmelzung. Die Betriebs-GmbH kann nach den §§ 2 ff., §§ 46 ff. UmwG auf die Besitz-GmbH verschmolzen werden oder umgekehrt. Hierzu bedarf es eines Verschmelzungsvertrags in notarieller Form, §§ 4, 6 UmwG. Auf den Verschmelzungsbericht und die Verschmelzungsprüfung kann verzichtet werden, wenn sämtliche Gesellschafter der beiden Gesellschaften hierauf verzichten, § 8 Abs. 3, § 9 Abs. 3 UmwG. Der Verschmelzungsvertrag bzw. sein Entwurf sowie ggf. der Verschmelzungsbericht sind allen Gesellschaftern spätestens mit der Einladung zu der Gesellschafterversammlung, die über die Verschmelzung beschließen soll, zu übersenden, § 42 UmwG. Falls vorhanden, ist den Betriebsräten der Verschmelzungsvertrag bzw. sein Entwurf einen Monat vor Beschlussfassung in den Gesellschafterversammlungen zuzuleiten, § 5 Abs. 3 UmwG. 2.289

Verschmelzung Betriebs-GmbH auf Alleingesellschafterin. Bei der Einheits-Betriebsaufspaltung kann die Betriebs-GmbH ebenfalls auf die Besitz-GmbH als deren Alleingesellschafterin verschmolzen werden. Im Verschmelzungsvertrag kann auf die Angaben nach § 5 Abs. 1 Nr. 2–5 UmwG verzichtet werden, § 5 Abs. 2 UmwG, ebenso auf den Verschmelzungsbericht und die Verschmelzungsprüfung. 2.290

Vermögensveräußerung i.W.d. Sachauskehrung. Denkbar ist auch, dass das Vermögen der Betriebs-GmbH an die Besitz-GmbH oder umgekehrt im Wege der Sachauskehrung (s. Rz. 2.278) veräußert wird. Anschließend wird die Betriebs-GmbH oder im umgekehrten Fall die Besitz-GmbH liquidiert. 2.291

5. Unechte Betriebsaufspaltung

Keine Besonderheiten. Für die Beendigung einer unechten Betriebsaufspaltung gelten keine Besonderheiten. 2.292

6. Umgekehrte Betriebsaufspaltung

a) Typische umgekehrte Betriebsaufspaltung

Verschmelzung. Die Betriebs-Personengesellschaft kann auf die Besitz-GmbH verschmolzen werden. Hierzu bedarf es eines Verschmelzungsvertrags in notarieller Form, §§ 4, 6 UmwG. Auf den Verschmelzungsbericht und die Verschmelzungsprüfung kann verzichtet werden, wenn sämtliche Gesellschafter der beiden Gesellschaften hierauf verzichten, § 8 Abs. 3, § 9 Abs. 3 UmwG. Der Verschmelzungsvertrag bzw. sein Entwurf sowie ggf. der Verschmelzungsbericht ist allen Gesellschaftern spätestens mit der Einladung zu der Gesellschafterversammlung, die über die Verschmelzung beschließen soll, zu übersenden, § 42 UmwG. Falls vorhanden, ist den Betriebsräten der Verschmelzungsvertrag bzw. sein Entwurf einen Monat vor den Beschlussfassungen in den Gesellschafterversammlungen zuzuleiten, § 5 Abs. 3 UmwG. 2.293

2.294 **Einbringung Beteiligung gegen Gewährung von Gesellschaftsrechten.** Der einfachere Weg ist die Einbringung der Beteiligungen an der Betriebsgesellschaft in die Besitz-GmbH gegen Gewährung von Gesellschaftsrechten. Das Vermögen der Betriebs-Personengesellschaft wächst der Besitz-GmbH an. Die Betriebsgesellschaft erlischt durch Anwachsung ihres Vermögens bei der Besitz-GmbH; eine Liquidation findet nicht statt. Die Anwachsung beinhaltet eine Gesamtrechtsnachfolge, da alle Rechtsverhältnisse auf die Besitz-GmbH übergehen.

2.295 **Verschmelzung auf Betriebs-Personengesellschaft.** Die Besitz-GmbH kann auf die Betriebs-Personengesellschaft verschmolzen werden.

b) Umgekehrte Einheits-Betriebsaufspaltung

2.296 **Anwachsung.** Bei der umgekehrten Einheits-Betriebsaufspaltung – nur denkbar in Gestalt einer GmbH & Co. KG – erfolgt die Anwachsung dergestalt, dass die Komplementär-GmbH aus der Betriebsgesellschaft ausscheidet. Das Vermögen wächst der Besitzgesellschaft an. Die Betriebsgesellschaft erlischt unter Ausschluss der Liquidation.

2.297 **Einbringung gegen Gewährung von Gesellschaftsrechten.** Die Gesellschafter der Besitz-GmbH können ihre Geschäftsanteile gegen Gewährung von Gesellschaftsrechten in die Betriebs-Personengesellschaft einbringen. Anschließend wird die Besitz-GmbH – nunmehr 100 %-Tochtergesellschaft der Betriebs-Personengesellschaft – auf die Betriebs-Personengesellschaft verschmolzen.

II. Ungewollte Beendigung der Betriebsaufspaltung

2.298 **Folgen der ungewollten Beendigung.** Die ungewollte Beendigung der steuerlichen Betriebsaufspaltung löst regelmäßig Gewinnrealisationen aus (s. Rz. 3.506). Aus dem Gesichtspunkt der gesellschaftsrechtlichen Treuepflicht sind die Gesellschafter gehalten, alle Maßnahmen zu ergreifen, die eine ungewollte Beendigung der Betriebsaufspaltung verhindern. Die Verletzung dieser Treuepflicht kann zu Schadenersatzansprüchen führen.[1] Die sicherste Art, eine ungewollte Beendigung der Betriebsaufspaltung zu vermeiden, ist die Einheits-Betriebsaufspaltung oder die Ausgestaltung des Besitzunternehmens als GmbH & Co. KG als sog. Gepräge-Gesellschaft (s. Rz. 2.29).

1 *Fichtelmann*, GmbHR 1994, 583 (592).

Kapitel 3
Steuerrecht der Betriebsaufspaltung

A. Voraussetzungen für das Vorliegen einer Betriebsaufspaltung

I. Einführung

1. Tatbestand und Rechtsfolgen

3.1 **Sachliche und personelle Verflechtung.** Eine Betriebsaufspaltung liegt vor, wenn ein Rechtsträger (natürliche Person, Personengesellschaft, Rechtsgemeinschaft, Kapitalgesellschaft[1] oder sonstige Körperschaft) eine wesentliche Betriebsgrundlage einer gewerblich tätigen Personengesellschaft, einer gewerblich tätigen Rechtsgemeinschaft, einer stets gewerblich tätigen Kapitalgesellschaft[2] oder einer gewerblich tätigen sonstigen Körperschaft mit Gewinnerzielungsansicht[3] zur Nutzung überlässt (sachliche Verflechtung) und beide Rechtsträger von derselben Person oder Personengruppe in der Weise beherrscht werden, dass sie in der Lage sind, in beiden Unternehmen einen einheitlichen geschäftlichen Betätigungswillen durchzusetzen (personelle Verflechtung). Handelt es sich bei der nutzenden Betriebsgesellschaft um eine Personengesellschaft oder eine dieser ertragsteuerlich gleichgestellten Rechtsgemeinschaft, ist eine Betriebsaufspaltung aber nur dann gegeben, wenn die Nutzungsüberlassung nicht einen (vorrangigen) Tatbestand des § 15 Abs. 1 Satz 1 Nr. 2 Satz 1 Halbs. 2 EStG oder des § 15 Abs. 1 Satz 1 Nr. 2 Satz 2 EStG zur Behandlung als Sonderbetriebsvermögen des überlassenden Mitunternehmens bei der nutzenden Mitunternehmerschaft erfüllt.

1 Einer Kapitalgesellschaft gleichzustellen ist eine Personengesellschaft, die gemäß § 1a KStG zur KSt-Besteuerung optiert hat (sog. Optionsgesellschaft).

2 Einer Kapitalgesellschaft gleichzustellen ist eine Personengesellschaft, die gemäß § 1a KStG zur KSt-Besteuerung optiert hat (sog. Optionsgesellschaft).

3 Zum Erfordernis und Einzelfragen der Gewinnerzielungsabsicht s. Rz. 3.137 ff.

Rechtsfolgen. Wesentliche Rechtsfolge der Betriebsaufspaltung ist die einkommensteuerliche Qualifikation der Nutzungsüberlassung als gewerbliche Tätigkeit i.S.d. § 15 Abs. 2 EStG mit der daran anknüpfenden Folge der Zuordnung der erzielten Einkünfte zu den gewerblichen Einkünften i.S.d. § 15 Abs. 1 Satz 1 Nr. 1 bzw. Nr. 2 EStG sowie die Verstrickung der überlassenen wesentlichen Betriebsgrundlagen und der Anteile an der Betriebs-Kapitalgesellschaft im (Gesamt-)Betriebsvermögen des Besitzunternehmens. Ist das Besitzunternehmen auch ohne die Betriebsaufspaltungstätigkeit bereits originär-gewerblich tätig (sog. überlagerte Betriebsaufspaltung, dazu auch Rz. 3.17), beschränken sich die ertragsteuerlichen Folgen im Wesentlichen auf die Gewerbesteuer und das Investitionszulagenrecht. Gewerbesteuerrechtlich wird das Besitzunternehmen mit inländischer Betriebsstätte gem. § 2 Abs. 1 GewStG zum Steuergegenstand. Die Begünstigung nach § 9 Nr. 1 Satz 2 GewStG (erweiterte Kürzung bei Grundbesitzunternehmen) kann das Besitzunternehmen einer Betriebsaufspaltung wegen daraus resultierender kürzungsschädlicher gewerblicher Tätigkeit in keiner Rechtsform in Anspruch nehmen. Die beim Besitzunternehmen in der Rechtsform des Einzelunternehmens, einer Personengesellschaft oder einer Rechtsgemeinschaft anfallende Gewerbesteuer kann nach Maßgabe des § 35 EStG auf die Einkommensteuer der (beteiligten) natürlichen Person angerechnet werden. 3.2

2. Rechtsgrundlage

Keine gesetzliche Grundlage. Für die Betriebsaufspaltung gibt es keine spezielle gesetzliche Grundlage. Eine von der Bundesregierung bei Umsetzung der Geprägeregelung (§ 15 Abs. 3 Nr. 2 EStG) im Jahre 1985 geplante Ergänzung des § 15 Abs. 2 EStG wurde vom Gesetzgeber letztlich nicht übernommen.[1] Zwar hat der Gesetzgeber die Tatbestandsmerkmale der Betriebsaufspaltung mittlerweile in § 50i Abs. 1 Satz 4 EStG und § 13b Abs. 4 Nr. 1 Satz 2 Buchst. a Alt. 1 ErbStG (ansatzweise) umschrieben und die Betriebsaufspaltung in § 13a Abs. 3 Satz 13 ErbStG in einer gesetzlichen Regelung namentlich benannt. Eine allgemeine Rechtsgrundlage der Betriebsaufspaltung lässt sich hieraus aber nicht herleiten. 3.3

Dogmatische Entwicklung. Bei der Betriebsaufspaltung handelt es sich ursprünglich um ein von der RFH-Rechtsprechung[2] entwickeltes und in jahrzehntelanger BFH-Rechtsprechung fortentwickeltes Rechtsinstitut[3] „mit Gewohnheitsrechtscharakter".[4] 3.4

---

1 Zum Gesetzgebungsvorschlag vgl. BT-Drucks. 10/3663 v. 19.7.1985, 4: „Keine Vermögensverwaltung, sondern Beteiligung am allgemeinen wirtschaftlichen Verkehr i.S.d. Satzes 1 ist die Vermietung, Verpachtung oder sonstige Überlassung von Wirtschaftsgütern zur Nutzung im Rahmen einer Betriebsaufspaltung."

2 RFH v. 26.10.1938 – VI 501/38, RStBl. 1939, 252; RFH v. 27.4.1938 – VI 136/38, StuW 1938, 370. Zur Entstehungsgeschichte der Betriebsaufspaltung auch *Kessler/Schreiber*, DStR 2024, 1569, 1570 ff.

3 Grundlegend: BFH v. 8.11.1971 – GrS 2/71, BStBl. II 1972, 63; vgl. auch BFH v. 29.4.1972 – GrS 5/71, BStBl. II 1973, 5.

4 So zuletzt BFH v. 25.5.2011 – I R 95/10, BStBl. II 2014, 760 (Rz. 22) = FR 2011, 1175 m. Anm. v. *Kempermann*.

Bei der richterrechtlichen Schaffung des Instituts der Betriebsaufspaltung ging es im Wesentlichen darum, zu verhindern, dass der Gewerbesteuer durch eine organisatorische Aufteilung des zur Verwirklichung der gewerblichen Tätigkeit dienenden Vermögens auf zwei eigenständige Rechtsträger ausgewichen wird, mithin eine Besserstellung des aufgespaltenen Unternehmens gegenüber dem „Einheitsunternehmen" zu verhindern.[1] Insoweit wurden Tatbestand und Rechtsfolgen der Betriebsaufspaltung zwar im Hinblick auf eine Kapitalgesellschaft als Betriebsgesellschaft entwickelt, jedoch auf Betriebsunternehmen in Form einer Personengesellschaft – soweit wie möglich – übertragen.[2] Die zu Kapitalgesellschaften als Besitz- und Betriebsgesellschaft entwickelten Betriebsaufspaltungsgrundsätze gelten auch für eine Personengesellschaft, die gem. § 1a KStG zur KSt-Besteuerung optiert hat (sog. Optionsgesellschaft).[3] Das BVerfG hat die Rechtsfigur der Betriebsaufspaltung stets als verfassungskonforme Auslegung des in § 15 Abs. 2 Satz 1 EStG enthaltenen Merkmals der „Beteiligung am allgemeinen wirtschaftlichen Verkehr" gebilligt (kein Verstoß gegen Art. 3 Abs. 1, 20 Abs. 3 GG).[4] Nach neuerer BFH-Rechtsprechung hat sich die gewerbliche Betätigung im Rahmen einer Betriebsaufspaltung vom ursprünglichen Rechtsinstitut zur nunmehr originär gewerblichen Tätigkeit i.S.d. § 15 Abs. 1 Satz 1 Nr. 1, Nr. 2 Satz 1 Halbs. 1, Abs. 2 EStG dogmatisch fortentwickelt.[5] Hiernach ist das Besitzunternehmen originär gewerblich tätig, da die hinter beiden Unternehmen stehenden Personen einen einheitlichen geschäftlichen Betätigungswillen ausüben (können) und deshalb auch das Besitzunternehmen durch die Vermietungs- und Verpachtungstätigkeit über das Betriebsunternehmen am allgemeinen wirtschaftlichen Verkehr teilnimmt.[6]

3.5 **Finanzverwaltung.** Die Finanzverwaltung hat ihre Rechtsauffassungen zur Betriebsaufspaltung in R 15.7 Abs. 8 EStR 2012 und H 15.7 EStH 2021 sowie diversen weiteren BMF-Schreiben, Erlassen und Verfügungen dargelegt.[7]

---

1 Vgl. z.B. BFH v. 29.3.2006 – X R 59/00, BStBl. II 2006, 661 = DB 2006, 1352.

2 BFH v. 27.8.1992 – IV R 13/91, BStBl. II 1993, 134 = DB 1993, 563; BFH v. 29.7.1976 – IV R 145/72, BStBl. II 1976, 750.

3 *Wacker* in Schmidt[44], § 15 EStG Rz. 803a.

4 Zur Verfassungsmäßigkeit vgl. BVerfG v. 14.2.2008 – 1 BvR 19/07, BFH/NV 2008, 228; BVerfG v. 26.10.2004 – 2 BvR 246/98, HFR 2005, 56; BVerfG v. 25.3.2004 – 2 BvR 944/00, HFR 2004, 691; BVerfG v. 12.3.1985 – 1 BvR 571/81, BStBl. II 1985, 475.

5 Zu weiteren Einzelheiten vgl. *Kessler/Schreiber*, DStR 2024, 1569 (1573 ff.).

6 BFH v. 16.9.2021 – IV R 7/18, BStBl. II 2022, 767 = DB 2022, 301; BFH v. 20.5.2021 – IV R 31/19, BStBl. II 2021, 768 = DB 2021, 2055; BFH v. 25.8.2016 – IV B 125/15, BB 2025, 2645 (die Entscheidung wurde in 2025 nachträglich veröffentlicht).

7 Vgl. hierzu u.a. die „Gesamtdarstellung Betriebsaufspaltung" der OFD Frankfurt am Main v. 10.5.2012, S 2240 A-28-St 219, juris.

3. Übersicht zu den Arten der Betriebsaufspaltung und Abgrenzungen

a) Materiell-rechtlich bedeutende Erscheinungsformen

Betriebsaufspaltung vs. Sonderbetriebsvermögen. Die wichtigsten Erscheinungs- 3.6
formen der Betriebsaufspaltung und die Abgrenzungen bei eingebundenen Personengesellschaften und diesen gleichgestellten Rechtsgemeinschaften zur Einordnung der überlassenen wesentlichen Betriebsgrundlage als Sonderbetriebsvermögen i.S.d. § 15 Abs. 1 Satz 1 Nr. 2 EStG bei der nutzenden Mitunternehmerschaft sollen nachfolgend zusammengestellt werden:[1]

Rechtsträger ... überlässt funktional wesentliche Betriebsgrundlage an ...	**... personell verflochtenes gewerbliches Betriebsunternehmen**	**Einordnung als Betriebsaufspaltung (u.a. Betriebsvermögen beim Besitzunternehmen) oder Sonderbetriebsvermögen beim gewerblichen Betriebsunternehmen**
Natürliche Person (§ 21 EStG) Einzelunternehmer (§§ 13, 15, 18 EStG)	Personengesellschaft (§ 15 EStG, unmittelbar oder mittelbar über weitere Personengesellschaft)	Sonderbetriebsvermögen (s. Rz. 3.146)
	Enkel-Personengesellschaft (§ 15 EStG, mittelbar über Kapitalgesellschaft oder Optionsgesellschaft i.S.d. § 1a KStG)	Mitunternehmerische Betriebsaufspaltung (s. Rz. 3.405)[2] ggf. in Form der überlagerten Betriebsaufspaltung (dazu Rz. 3.409)
	Kapitalgesellschaft Optionsgesellschaft i.S.d. § 1a KStG (§ 8 Abs. 2 KStG)	Klassische Betriebsaufspaltung (s. Rz. 3.246) ggf. in Form der überlagerten Betriebsaufspaltung (dazu Rz. 3.248)
	Kapitalgesellschaft Optionsgesellschaft i.S.d. § 1a KStG (§ 8 Abs. 2 KStG) und atypisch stille Beteiligung	Sonderbetriebsvermögen (s. Rz. 3.146 und Rz. 3.544)

1 Vgl. auch *Wacker* in Schmidt[44], § 15 EStG Rz. 803; *Micker* in Söffing/Micker, Betriebsaufspaltung[10], Rz. 44 ff.; *Gluth* in H/H/R, § 15 EStG Anm. 775 ff. (Stand: April 2022); *Bode* in Brandis/Heuermann, § 15 EStG Rz. 592 (Stand: August 2023); mit teilweise abweichender Definition insbesondere der kapitalistischen und umgekehrten Betriebsaufspaltung.

2 Zu diesem bislang wenig diskutierten Fall vgl. auch *Wacker* in Schmidt[44], § 15 EStG Rz. 835 (Bsp. 2) und Rz. 859 (zu 2 b).

Vermögensverwaltende Personengesellschaft (§ 21 EStG) Vermögensverwaltende Rechtsgemeinschaft (§ 21 EStG)	Schwester-Personengesellschaft (§ 15 EStG)	Überlassung ohne Gewinnerzielungsabsicht: Sonderbetriebsvermögen (s. Rz. 3.147 und Rz. 3.407)
		Überlassung mit Gewinnerzielungsabsicht: Mitunternehmerische Betriebsaufspaltung (s. Rz. 3.147 und Rz. 3.407)
	Enkel-Personengesellschaft (§ 15 EStG, mittelbar über Kapitalgesellschaft oder Optionsgesellschaft i.S.d. § 1a KStG)	Mitunternehmerische Betriebsaufspaltung (s. Rz. 3.405)[1]
	Schwester-Kapitalgesellschaft Schwester-Optionsgesellschaft i.S.d. § 1a KStG (§ 8 Abs. 2 KStG)	Klassische Betriebsaufspaltung (s. Rz. 3.318 und Rz. 3.355)
	Schwester-Kapitalgesellschaft Schwester-Optionsgesellschaft i.S.d. § 1a KStG (§ 8 Abs. 2 KStG) und atypisch stille Beteiligung	Mitunternehmerische Betriebsaufspaltung (s. Rz. 3.79 und 3.545)
	Tochter-Kapitalgesellschaft Tochter-Optionsgesellschaft i.S.d. § 1a KStG (§ 8 Abs. 2 KStG)	Klassische Betriebsaufspaltung (s. Rz. 3.318 und Rz. 3.355) in Form der Einheits-Betriebsaufspaltung (dazu Rz. 3.399)

Betriebliche Personengesellschaft (§§ 13, 15 oder 18 EStG) Betriebliche Rechtsgemeinschaft (§§ 13, 15 oder 18 EStG)	Tochter-Personengesellschaft (§ 15 EStG)	Sonderbetriebsvermögen (s. Rz. 3.147)
	Enkel-Personengesellschaft (§ 15 EStG, mittelbar über weitere Personengesellschaft)	Sonderbetriebsvermögen (s. Rz. 3.147)
	Enkel-Personengesellschaft (§ 15 EStG, mittelbar über Kapitalgesellschaft oder Optionsgesellschaft i.S.d. § 1a KStG)	Mitunternehmerische Betriebsaufspaltung (s. Rz. 3.405)[2] in Form der überlagerten Betriebsaufspaltung (dazu Rz. 3.409)

1 Zu diesem bislang wenig diskutierten Fall vgl. auch *Wacker* in Schmidt[44], § 15 EStG Rz. 859 (zu 2 b).

2 Zu diesem bislang wenig diskutierten Fall vgl. auch *Wacker* in Schmidt[44], § 15 EStG Rz. 859 (zu 2 b).

	Schwester-Personengesellschaft (§ 15 EStG)	Überlassung ohne Gewinnerzielungsabsicht: Eigenbetriebsvermögen des überlassenden Sonderbetriebsvermögen der Beteiligten bei der nutzenden Schwester-Personengesellschaft (s. Rz. 3.147)
		Überlassung mit Gewinnerzielungsabsicht: Mitunternehmerische Betriebsaufspaltung (s. Rz. 3.147 und Rz. 3.407) in Form der überlagerten Betriebsaufspaltung (dazu Rz. 3.409)
	Schwester-Kapitalgesellschaft Schwester-Optionsgesellschaft i.S.d. § 1a KStG (§ 8 Abs. 2 KStG)	Klassische Betriebsaufspaltung (s. Rz. 3.246) in Form der überlagerten Betriebsaufspaltung (dazu Rz. 3.248)
	Tochter-Kapitalgesellschaft Tochter-Optionsgesellschaft i.S.d. § 1a KStG (§ 8 Abs. 2 KStG)	Klassische Betriebsaufspaltung (s. Rz. 3.246) in Form der Einheits-Betriebsaufspaltung (dazu Rz. 3.399) sowie in Form der überlagerten Betriebsaufspaltung (dazu Rz. 3.248)
Kapitalgesellschaft Optionsgesellschaft i.S.d. § 1a KStG Genossenschaft (§ 8 Abs. 2 KStG)[1]	Tochter-Personengesellschaft (§ 15 EStG)	Sonderbetriebsvermögen (s. Rz. 3.148)
	Enkel-Personengesellschaft (§ 15 EStG, mittelbar über weitere Personengesellschaft)	Sonderbetriebsvermögen (s. Rz. 3.148)
	Enkel-Personengesellschaft (§ 15 EStG, mittelbar über Kapitalgesellschaft oder Optionsgesellschaft i.S.d. § 1a KStG)	Mitunternehmerische Betriebsaufspaltung (s. Rz. 3.405)[2]

1 Der Sonderfall des Versicherungs- und Pensionsfondsvereins auf Gegenseitigkeit i.S.d. § 1 Abs. 1 Nr. 3 KStG als Besitzunternehmen wird nicht weiter behandelt.

2 Zu diesem bislang wenig diskutierten Fall vgl. auch *Wacker* in Schmidt[44], § 15 EStG Rz. 859 (zu 2 b).

	Mutter-Personengesellschaft (§ 15 EStG)	Umgekehrte Betriebsaufspaltung[1] (s. Rz. 3.434)
	Personengesellschaft (§ 15 EStG) an der die Anteilseigner des Besitz-Kapital-/Optionsgesellschaft als Mitunternehmer beteiligt sind	Umgekehrte Betriebsaufspaltung[2] (s. Rz. 3.434)
	Tochter-Kapitalgesellschaft Tochter-Optionsgesellschaft i.S.d. § 1a KStG (§ 8 Abs. 2 KStG)	Kapitalistische Betriebsaufspaltung (s. Rz. 3.444)
	Schwester-Kapitalgesellschaft Schwester-Optionsgesellschaft i.S.d. § 1a KStG (§ 8 Abs. 2 KStG)	Keine Betriebsaufspaltung (Durchgriffsverbot, s. Rz. 3.446)
	(Groß-)Mutter-Kapitalgesellschaft (Groß-)Mutter-Optionsgesellschaft i.S.d. § 1a KStG (§ 8 Abs. 2 KStG)	Keine Betriebsaufspaltung (Durchgriffsverbot, s. Rz. 3.446)
Sonstige Körperschaft (§ 8 Abs. 1 KStG)[3]	Tochter-/Enkel-Personengesellschaft (§ 15 EStG, unmittelbar oder mittelbar über weitere Personengesellschaft)	Sonderbetriebsvermögen (s. Rz. 3.148)
	Enkel-Personengesellschaft (§ 15 EStG, mittelbar über Kapitalgesellschaft oder Optionsgesellschaft i.S.d. § 1a KStG)	Mitunternehmerische Betriebsaufspaltung (s. Rz. 3.405)[4]

1 Teilweise im Schrifttum auch als kapitalistische Betriebsaufspaltung bezeichnet.

2 Teilweise im Schrifttum auch als kapitalistische Betriebsaufspaltung bezeichnet.

3 Hierzu rechnen die KSt-Subjekte i.S.d. § 1 Abs. 1 Nr. 4 und Nr. 5 KStG, insbesondere (regulär steuerpflichtige) Vereine und Stiftungen. Bei Stiftungen, die keine Gesellschafter haben, sind nur vertikale Betriebsaufspaltungskonstellationen möglich, die auch bei Vereinen den Regelfall darstellen. Der denkbare horizontale Fall eines Besitz-Vereins im Verhältnis zu einer von den Mitgliedern beherrschten Schwester-Betriebsgesellschaft wird hier nicht weiter behandelt. Zu Sonderfragen bei gemeinnützigen Körperschaften s. Rz. 3.623 ff., zu Sonderfragen bei juristischen Personen des öffentlichen Rechts s. Rz. 3.629 ff.

4 Zu diesem bislang wenig diskutierten Fall vgl. auch *Wacker* in Schmidt[44], § 15 EStG Rz. 859 (zu 2 b). Vgl. hierzu auch BFH v. 6.6.2025 – I B 8/23, BFH/NV 2025, 1027 (zur Verpachtung durch eine juristische Person des öffentlichen Rechts an eine Enkel-Personengesellschaft, die über eine zwischengeschaltete Tochter-Kapitalgesellschaft gehalten wird; dort allerdings nicht ausdrücklich als „mitunternehmerische" Betriebsaufspaltung bezeichnet).

	Tochter-Kapitalgesellschaft Tochter-Optionsgesellschaft i.S.d. § 1a KStG (§ 8 Abs. 2 KStG)	Kapitalistische Betriebsaufspaltung (s. Rz. 3.444)
	Tochter-Verein	Kapitalistische Betriebsaufspaltung (s. Rz. 3.444)

b) Weitere begriffliche Differenzierung nach der Art der Entstehung

aa) Abgrenzung zwischen echter und unechter Betriebsaufspaltung

Echte vs. unechte Betriebsaufspaltung. Eine weitere begriffliche Differenzierung wird nach der Entstehung der Betriebsaufspaltung vorgenommen. So entsteht eine „echte“ Betriebsaufspaltung, wenn ein bisher einheitlicher Gewerbebetrieb in der Rechtsform des Einzelunternehmens i.S.d. § 15 Abs. 1 Satz 1 Nr. 1 EStG oder einer Personengesellschaft (Mitunternehmerschaft i.S.d. § 15 Abs. 1 Satz 1 Nr. 2 EStG) in der Weise aufgeteilt wird, dass ein Teil des Betriebsvermögens (z.B. das bewegliche Anlage- und/oder das Umlaufvermögen) auf eine (neue) Betriebsgesellschaft übertragen wird (zu den Steuerfolgen s. Rz. 3.9 ff.) und mindestens eine der (bisherigen) wesentlichen Betriebsgrundlagen beim (nunmehrigen) Besitzunternehmen verbleibt, aber der Betriebsgesellschaft zur Nutzung überlassen wird (sachliche Verflechtung), und zwischen beiden Unternehmen eine personelle Verflechtung besteht.[5] In Abgrenzung hierzu ist eine „unechte“ Betriebsaufspaltung gegeben, wenn Besitz- und Betriebsunternehmen nicht durch Aufspaltung eines einheitlichen Unternehmens entstehen, sondern wenn zu einem bereits bestehenden Betriebsunternehmen ein Besitzunternehmen durch Überlassung einer wesentlichen Betriebsgrundlage (regelmäßig Grundbesitz) hinzutritt. Namentlich überlassen dann der oder die beherrschenden Gesellschafter einer Betriebsgesellschaft dieser einzelne Wirtschaftsgüter des Privatvermögens oder eines anderen Betriebsvermögens zur Nutzung, die für die Betriebsgesellschaft wesentliche Betriebsgrundlagen sind. Der oder die Gesellschafter werden dann zum Besitzunternehmen.[6] 3.7

Grundsätzlich keine materiellen Auswirkungen ab Entstehung. Die Differenzierung zwischen „echter“ und „unechter“ Betriebsaufspaltung ist aufgrund weitgehender Gleichbehandlung beider Formen ab dem Zeitpunkt der Entstehung der Betriebsaufspaltung in aller Regel ohne materiell-rechtliche Relevanz.[7] Auf relevante Behandlungsunterschiede wird nachfolgend im Anlassfall punktuell eingegangen. 3.8

5 Vgl. BFH v. 17.4.2019 – IV R 12/16, BStBl. II 2019, 745; BFH v. 23.3.2011 – X R 45/09, BStBl. II 2011, 778; BFH v. 8.11.1971 – GrS 2/71, BStBl. II 1972, 63.

6 Vgl. BFH v. 17.4.2019 – IV R 12/16, BStBl. II 2019, 745; BFH v. 25.7.1968 – IV R 261/66, BStBl. II 1968, 677; BFH v. 16.1.1962 – I 57/61 S, BStBl. III 1962, 104.

7 Zur Gleichbehandlung von „echter“ und „unechter“ Betriebsaufspaltung vgl. BFH v. 10.5.2016 – X R 5/14, BFH/NV 2017, 8; BFH v. 22.2.2005 – VIII R 53/02, BFH/NV 2005, 1624; BFH v. 17.4.2002 – X R 81/00, BStBl. II 2002, 527.

Abweichende Steuerfolgen ergeben sich nur im Zuge der Begründung der echten bzw. unechten Betriebsaufspaltung wie folgt:

bb) Steuerfolgen im Zuge der Begründung einer echten Betriebsaufspaltung

3.9 **Aufdeckung stiller Reserven.** Zivilrechtlich kann aus einem bestehenden gewerblichen Einzelunternehmen oder einer Personengesellschaft heraus eine Betriebsaufspaltung durch Einzelrechtsübertragung (Betriebseinbringung), Ausgliederung oder Auf- bzw. Abspaltung §§ 123 Abs. 2, 152 ff. UmwG begründet werden, indem der Betrieb des bisherigen (Einheits-)Unternehmens unter – bewusster oder unbeabsichtigter – Zurückbehaltung der wesentlichen Betriebsgrundlage, welche die sachliche Verflechtung begründen wird, eingebracht bzw. ausgegliedert wird. Ertragsteuerlich kann dieser Vorgang im Verhältnis zu einer Betriebs-Kapitalgesellschaft oder Betriebs-Optionsgesellschaft i.S.d. § 1a KStG jedoch nicht neutral zum Buchwert umgesetzt werden, da die Einzelrechtsübertragung gem. § 4 Abs. 1 Satz 2 i.V.m. § 6 Abs. 6 Satz 2 EStG die Entnahmebesteuerung im übertragenden Betrieb auslöst[1] bzw. bei umwandlungsrechtlicher Vorgehensweise der steuerneutrale Transfer der Wirtschaftsgüter im Wege des § 20 UmwStG am Zurückbehalt der nachfolgend zu überlassenden wesentlichen Betriebsgrundlage scheitert.[2] Lediglich das zu überlassende Wirtschaftsgut bleibt beim Verpachtungs- bzw. Besitzunternehmen zum Buchwert verstrickt bzw. wird in Anwendung von § 6 Abs. 5 Satz 2 EStG aus dem Sonderbetriebsvermögen in dessen Betriebsvermögen überführt.[3] Im Übrigen kommt es zur Aufdeckung der stillen Reserven in den im-/materiellen Wirtschaftsgütern.[4] Im Verhältnis zu einer Betriebs-Personengesellschaft kann – insbesondere zur Begründung einer mitunternehmerischen Betriebsaufspaltung – ein Buchwerttransfer nach Maßgabe des § 6 Abs. 5 EStG erfolgen.[5] Soweit dies bei einer Schwestergesellschaft auch in Ansehung des § 6 Abs. 5 Satz 3 Nr. 4 EStG[6] nicht möglich ist, kann Grundbesitz auch unter den Voraussetzungen des § 6b EStG steuerneutral auf die Schwestergesellschaft übertragen werden.[7]

3.10 **Realisation infolge Option nach § 1a KStG.** Auch die Wirksamkeit einer Option nach § 1a KStG kann zur Entstehung einer echten Betriebsaufspaltung führen, wenn ein funktional wesentliches Wirtschaftsgut des notwendigen Sonderbetriebsvermögens im Zuge des Übergangs der Mitunternehmerschaft zur KSt-Besteuerung nach § 1a Abs. 2 Satz 1 KStG i.V.m. §§ 25, 20 UmwStG nicht in das Gesellschaftsver-

---

1 Vgl. hierzu BFH v. 4.8.2010 – X B 172/09, BFH/NV 2010, 2053; BFH v. 16.6.2004 – X R 34/03, BStBl. II 2005, 378 = DB 2004, 2505; *Wacker* in Schmidt[44], § 15 EStG Rz. 877; Vgl. auch *Kratzsch*, PFB 2023, 209 f.

2 BMF v. v. 2.1.2025 – IV C 2 - S 1978/00035/020/040, BStBl. I 2025, 92, Rz. 20.07. Vgl. auch *Kratzsch*, PFB 2023, 209 f.

3 BMF v. v. 2.1.2025 – IV C 2 - S 1978/00035/020/040, BStBl. I 2025, 92, Rz. 20.08 Satz 1.

4 Zu Sonder- und Zuordnungsfragen bzgl. des Geschäftswerts vgl. *Kratzsch*, PFB 2023, 209 (213 f.).

5 So auch *Wacker* in Schmidt[44], § 15 EStG Rz. 877.

6 § 6 Abs. 5 Satz 3 Nr. 4 EStG i.d.F. des JStG 2024 v. 5.12.2024, BGBl I 2024, Nr. 387.

7 So auch *Wacker* in Schmidt[44], § 15 EStG Rz. 877; Vgl. auch *Kratzsch*, PFB 2023, 211 f.

mögen der optierenden Gesellschaft übertragen, der Optionsgesellschaft aber vom beherrschenden Gesellschafter weiterhin zur Nutzung überlassen wird. Das betreffende Wirtschaftsgut wird dann in Anwendung von § 6 Abs. 5 Satz 2 EStG aus dem Sonderbetriebsvermögen in das Betriebsvermögen des Verpachtungsunternehmens bzw. Besitzunternehmens der mit Wirksamkeit der Option nach § 1a KStG begründeten Betriebsaufspaltung überführt.[1] Die stillen Reserven im (fiktiv) eingebrachten Betriebsvermögen sind hingegen aufzudecken und zu versteuern.

Gestaltungsmöglichkeiten. Im Verhältnis zu einer Betriebs-Kapitalgesellschaft bzw. -Optionsgesellschaft i.S.d. § 1a KStG ist die beabsichtigte Begründung einer echten Betriebsaufspaltung ertragsteuerneutral nach dem sog. Schrumpfungsmodell möglich (dazu auch Rz. 3.456).[2] Dabei werden zunächst nur solche Wirtschaftsgüter auf die Betriebs-Kapitalgesellschaft übertragen, die keine stillen Reserven beinhalten. Alle anderen Wirtschaftsgüter werden dieser pachtweise zur Verfügung gestellt. Im weiteren Verlauf werden Neuanschaffungen dann sukzessive von der Betriebsgesellschaft vorgenommen. Zu beachten ist bei einer solchen Vorgehensweise aber, dass hiermit ein sukzessives Übergehen der Geschäftschancen verbunden sein kann, was zu einer verdeckten Einlage in die Betriebs-Kapital-/Optionsgesellschaft führt. Ebenfalls steuerneutral umsetzbar ist die Begründung einer echten Betriebsaufspaltung im Verhältnis zu einer Betriebs-Kapital-/Optionsgesellschaft im sog. Betriebsverpachtungsmodell (Betriebsverpachtung im Ganzen = qualifizierte Betriebsaufspaltung, dazu auch Rz. 3.19 und Rz. 3.97).[3] 3.11

cc) Steuerfolgen im Zuge der Begründung einer unechten Betriebsaufspaltung

Keine Steuerfolgen. Wird dem operativ tätigen Unternehmen im Fall der unechten Betriebsaufspaltung durch Errichtung des Besitzunternehmens oder nachträgliche Verflechtung ein Besitzunternehmen zur Seite gestellt, hat die Begründung der Betriebsaufspaltung keine gewinnrealisierenden Konsequenzen. 3.12

c) Weitere begriffliche Differenzierung nach der Art der gesellschaftsrechtlichen Verbundenheit

Schwester- vs. Mutter-Tochter-Verhältnis. Betriebsaufspaltungen werden begrifflich auch danach abgegrenzt, ob das Besitz- und das Betriebsunternehmen in einem horizontalen (Schwestergesellschafts-)Verhältnis nebeneinanderstehen, oder ob Besitz- und Betriebsunternehmen in einem Mutter-Tochter-Gesellschaftsverhältnis zueinanderstehen. 3.13

---

1 BMF v. 10.11.2021 – IV C 2 - S 2707/21/10001 :04, BStBl. I 2021, 2212, Rz. 36; *Schießl* in Widmann/Mayer, UmwStG, § 1a KStG Rz. 172 (Stand: April 2022); *Wacker u.a.*, DStR 2021, Beihefter zu Heft 41, 33; *Demuth*, kösdi 2021, 22241 (22244); *Ott*, DStZ 2021, 559 (564).

2 Vgl. hierzu *Wacker* in Schmidt[44], § 15 EStG Rz. 877; *Gluth* in H/H/R, § 15 EStG Anm. 831 (Stand: April 2022).

3 Vgl. hierzu *Wacker* in Schmidt[44], § 15 Rz. 877; *Kratzsch*, PFB 2023, 209 (218); *Gluth* in H/H/R, § 15 EStG Anm. 831 (Stand: April 2022).

3.14 **Schwesterverhältnis (klassische und mitunternehmerische Betriebsaufspaltung).** Ein horizontales Nebeneinander von Besitz- und Betriebsunternehmen, bei dem die personelle Verflechtung über die Gesellschafterebene vermittelt wird, ist bei der klassischen Betriebsaufspaltung zwischen einem Besitz-Einzelunternehmen und einer Betriebs-Kapitalgesellschaft oder einer Betriebs-Optionsgesellschaft i.S.d. § 1a KStG gegeben. Ferner bei einer Besitz-Personengesellschaft oder -Rechtsgemeinschaft und Beteiligungen an der Betriebs-Kapitalgesellschaft oder der Optionsgesellschaft i.S.d. § 1a KStG in der Hand der Besitz-Gesellschafter oder Besitz-Gemeinschafter. Ein Schwestergesellschaftsverhältnis ist auch bei der mitunternehmerischen Betriebsaufspaltung zwischen einer Besitz-Personengesellschaft oder -Rechtsgemeinschaft und einer Betriebs-Personengesellschaft gegeben. Kein Fall der Betriebsaufspaltung ist jedoch im Überlassungsverhältnis zwischen Schwester-Kapitalgesellschaften gegeben.[1]

3.15 **Mutter-Tochter-Verhältnis (Einheits-Betriebsaufspaltung und kapitalistische Betriebsaufspaltung).** Eine unmittelbare gesellschaftsrechtliche Verbindung zwischen Besitz- und Betriebsgesellschaft und damit eine sog. Einheits-Betriebsaufspaltung ist bei der klassischen Betriebsaufspaltung mit einer Besitz-Personengesellschaft oder -Rechtsgemeinschaft gegeben, wenn die Anteile an der Betriebs-Kapitalgesellschaft oder -Optionsgesellschaft i.S.d. § 1a KStG zum Gesellschafts- bzw. Gemeinschaftsvermögen gehören. Ein vertikales Mutter-Tochter-Verhältnis ist ebenso stets bei der kapitalistischen Betriebsaufspaltung zwischen der Besitz-Kapitalgesellschaft oder Optionsgesellschaft i.S.d. § 1a KStG und der Betriebs-Kapitalgesellschaft oder Optionsgesellschaft i.S.d. § 1a KStG gegeben.

3.16 **Tochter-Mutter-Verhältnis (umgekehrte Betriebsaufspaltung).** Eine unmittelbare gesellschaftsrechtliche Verbindung liegt bei der umgekehrten Betriebsaufspaltung zwischen einer Betriebs-Personengesellschaft und einer Besitz-Kapitalgesellschaft oder -Optionsgesellschaft i.S.d. § 1a KStG vor, wenn die Anteile an der Besitz-Kapitalgesellschaft oder -Optionsgesellschaft i.S.d. § 1a KStG zum Gesellschaftsvermögen der Betriebs-Personengesellschaft gehören.

d) Weitere begriffliche Differenzierung nach der Art der Tätigkeit der Besitzgesellschaft

3.17 **Überlagerte Betriebsaufspaltung.** Bei Betriebsaufspaltungen wird begrifflich auch nach der Art der Tätigkeit des Besitzunternehmens differenziert, namentlich, ob dieses vor Erfüllung der Tatbestandsvoraussetzungen der Betriebsaufspaltung vermögensverwaltend i.S.d. § 21 EStG oder land- und forstwirtschaftlich i.S.d. § 13 EStG oder freiberuflich i.S.d. § 18 EStG tätig war (relevant bei natürlichen Personen, Personengesellschaften und ggf. Rechtsgemeinschaften). Oder ob bereits ein gewerb-

1 BFH v. 16.9.1994 – III R 45/92, BStBl. II 1995, 75; BFH v. 1.8.1979 – I R 111/78, BStBl. II 1980, 77. Bestätigt durch BMF v. 21.11.2022 – IV C 6 - S 2240/20/10006 :002 -/- 2022/1166461, BStBl. I 2022, 1515; damit sollen sich die Grundsätze des BFH-Urteils v. 16.9.2021 – IV R 7/18, BStBl. II 2022, 767, nicht auf Schwester-Kapitalgesellschaften auswirken; a.A. kritisch *Krumm* in Kirchhof/Seer[24], § 15 EStG Rz. 96; *Gluth* in H/H/R, § 15 EStG Anm. 801 (Stand: April 2022); *Schlücke*, Ubg 2022, 344 (351).

lich tätiges Einzelunternehmen i.S.d. § 15 Abs. 1 Satz 1 Nr. 1 EStG, eine gewerbliche Personengesellschaft bzw. Rechtsgemeinschaft i.S.d. § 15 Abs. 1 Satz 1 Nr. 2 EStG oder eine stets gem. § 8 Abs. 2 KStG gewerbliche Kapitalgesellschaft bzw. Optionsgesellschaft i.S.d. § 1a KStG gegeben war, mit der Folge, dass die gewerbliche Betriebsaufspaltungstätigkeit dann zur ohnehin gegebenen gewerblichen Betätigung des Besitzunternehmens hinzutritt. Man spricht dann von einer sog. überlagerten Betriebsaufspaltung.

Auswirkungen nur bei Einkünftequalifikation. Auswirkungen hat diese Differenzierung nur insoweit, als bei der überlagerten Betriebsaufspaltung die Umqualifikation der nichtgewerblichen Einkünfte des Besitzunternehmens in gewerbliche Einkünfte nicht mehr erforderlich ist. Die übrigen Rechtsfolgen der Betriebsaufspaltung treten jedoch auch in einer solchen Konstellation ein. Weitere Konsequenzen ergeben sich im Fall der Beendigung der Betriebsaufspaltung, weil dann eine gewinnrealisisierende Aufgabe des (nicht gewerblich geprägten) Besitzunternehmens i.S.d. § 16 Abs. 3 Satz 1 EStG vermieden werden kann, s. Rz. 3.514. 3.18

e) Weitere begriffliche Differenzierung nach der Art der überlassenen Wirtschaftsgüter

Qualifizierte vs. nicht qualifizierte Betriebsaufspaltung. Im Kontext der Betriebsaufspaltung wird begrifflich auch nach der Art der überlassenen wesentlichen Vermögensgegenstände nach „qualifizierter“ und „nicht qualifizierter“ Betriebsaufspaltung unterschieden. Bei einer „qualifizierten“ Betriebsaufspaltung überlässt das Besitzunternehmen der Betriebsgesellschaft nicht nur einzelne – für deren Betrieb funktional wesentliche – Betriebsgrundlagen, sondern sämtliche wesentlichen Wirtschaftsgüter. Neben den Voraussetzungen der vorrangigen Betriebsaufspaltung liegen dann auch die Voraussetzungen einer Betriebsverpachtung im Ganzen vor, die aber für die Dauer der Betriebsaufspaltung hinter diese zurücktritt (dazu auch Rz. 3.517). 3.19

Auswirkungen bei Entfall der personellen Verflechtung. Die Einordnung als qualifizierte Betriebsaufspaltung hat Auswirkungen beim Wegfall der personellen Verflechtung und der damit verbundenen Beendigung der Betriebsaufspaltung. Denn bei einer qualifizierten Betriebsaufspaltung kann die Aufdeckung der stillen Reserven aufgrund der Betriebsaufgabe des Besitzunternehmens i.S.d. § 16 Abs. 3 Satz 1 EStG vermieden werden, wenn die Voraussetzungen der (dann nicht mehr überlagerten) Betriebsverpachtung im Ganzen weiter gegeben sind, dazu im Einzelnen Rz. 3.517. 3.20

f) Weitere begriffliche Differenzierung nach der Art der Beherrschung

Unmittelbare vs. mittelbare Betriebsaufspaltung. Betriebsaufspaltungen werden begrifflich auch nach der Art der Beherrschung von Besitz- und Betriebsgesellschaften unterschieden. Von einer „unmittelbaren“ Betriebsaufspaltung spricht man, wenn die beide Unternehmen beherrschende Person oder Personengruppe sowohl an der Besitzgesellschaft als auch an der Betriebsgesellschaft ohne Zwischenschaltung eines anderen Rechtsträgers unmittelbar beteiligt ist. Eine „mittelbare“ Betriebsaufspaltung liegt dagegen vor, wenn zwischen das Besitzunternehmen oder das Betriebs- 3.21

unternehmen und die beherrschende Person oder Personengruppe eine Kapitalgesellschaft bzw. Optionsgesellschaft i.S.d. § 1a KStG oder eine Personengesellschaft zwischengeschaltet ist.

3.22 **Auswirkungen auf die personelle Verflechtung.** Bei mehrstufigen Strukturen stellt sich für die Annahme der personellen Verflechtung stets die Frage nach der Beherrschung der nachgeschalteten Besitz- oder Betriebsgesellschaft. Dabei wird ein „Durchgriff" durch eine zwischengeschaltete Personengesellschaft auf eine nachgeordnete Besitz- oder Betriebsgesellschaft stets zugelassen. Bei einer zwischengeschalteten Kapitalgesellschaft oder Optionsgesellschaft i.S.d. § 1a KStG wird hingegen differenziert: Im Verhältnis zur Betriebsgesellschaft erfolgt unabhängig von deren Rechtsform stets ein „Durchgriff", so dass eine personelle Verflechtung angenommen werden kann. Im Verhältnis zur nachgeordneten Besitzgesellschaft erfolgt ein „Durchgriff" nach aktuellem Rechtsstand nur, wenn diese die Rechtsform einer Personengesellschaft hat; zu weiteren Einzelheiten s. Rz. 3.204 ff.

4. Anforderungen an die steuerliche (Gestaltungs-)Beratung

3.23 **Aufgabenstellungen.** In der steuerlichen (Gestaltungs-)Beratung besteht die Aufgabe darin, ungewollte Betriebsaufspaltungen zu verhindern, unerkannte Betriebsaufspaltungen zu erkennen oder bei deren Beendigung ungewollte Haftungsrisiken und Gewinnrealisierungen zu vermeiden. Letzteres verlangt eine stetige Verfolgung der BFH-Rspr., der Verlautbarungen der Finanzverwaltung und der Diskussionen im steuerlichen Schrifttum. Zu den Haftungsrisiken bei der erb- und steuerrechtlichen Beratung s. Rz. 4.1 ff.

5. Steuerliche Optimierungen durch Begründung einer Betriebsaufspaltung

a) Ertragsteuern

3.24 **Ertragsteuerliche Vor- und Nachteilsabwägungen.** Durch die Begründung einer Betriebsaufspaltung können nach den Umständen des jeweiligen Einzelfalls steuerliche Optimierungen erreicht werden.[1]

(1) So kann in Fällen der klassischen Betriebsaufspaltung (s. Rz. 3.6 und Rz. 3.258 ff.) durch die Kombination der steuerlichen Vorteile einerseits bei der Ertragsbesteuerung eines Personenunternehmens i.S.d. § 15 Abs. 1 Satz 1 Nr. 1 EStG (Einzelunternehmen) bzw. § 15 Abs. 1 Satz 1 Nr. 2 EStG (Personengesellschaft/Rechtsgemeinschaft)[2] i.V.m. § 2 Abs. 1 GewStG in Verbindung mit möglicher Thesaurierungsbegünstigung nach § 34a EStG und Gewerbesteueranrechnung nach § 35 EStG und

1 Zu Einzelaspekten vgl. *Wacker* in Schmidt[44], § 15 EStG Rz. 804; *Micker* in Söffing/Micker, Betriebsaufspaltung[10], Rz. 1842 ff.; *Bode* in Brandis/Heuermann, § 15 EStG Rz. 598 (Stand: August 2023); *Bitz* in L/B/P, § 15 EStG Rz. 326 (Stand: Juni 2022); *Gluth* in H/H/R, § 15 EStG Anm. 771 (Stand: April 2022).

2 Hierzu *Wacker* in Schmidt[44], § 15 EStG Rz. 804; *Micker* in Söffing/Micker, Betriebsaufspaltung[10], Rz. 1843: z.B. unmittelbare Verlustzurechnung (ggf. begrenzt nach § 15a EStG), Tarifermäßigung nach § 34 Abs. 3 EStG für Veräußerungsgewinne.

andererseits den Vorteilen der KSt-/GewSt-Besteuerung einer Kapitalgesellschaft i.S.d. § 1 KStG oder einer Optionsgesellschaft i.S.d. § 1a KStG[1] jeweils i.V.m. § 2 Abs. 2 Satz 1 GewStG steuerliche Optimierungen erreicht werden. Dieser Nutzen ist jedoch stets im Rahmen einer Gesamtbetrachtung mit ggf. entstehenden nachteiligen Ertragsteuerwirkungen abzuwägen (dazu Rz. 3.258 ff.).

(2) In Fällen der mitunternehmerischen Betriebsaufspaltung (s. Rz. 3.6 und Rz. 3.439 ff.) ergibt sich insbesondere der Vorteil, dass eine Besitz-Personengesellschaft oder Rechtsgemeinschaft mit eigenem Betriebsvermögen entsteht (s. Rz. 3.452 ff.), die ertragsteuerlich eigenständig neben der Betriebs-Personengesellschaft steht. Dies ermöglicht u.a. die zweifache Inanspruchnahme des Gewerbesteuerfreibetrags (s. Rz. 3.680) und den getrennten Verkauf der Beteiligungen an den beiden Personengesellschaften, ggf. unter (einmaliger) Inanspruchnahme der Steuerbegünstigungen nach §§ 16, 34 EStG. Auch diese Nutzen sind aber stets im Rahmen einer Gesamtbetrachtung mit ggf. entstehenden nachteiligen Ertragsteuerwirkungen abzuwägen (dazu Rz. 3.439 ff.).

(3) Zu beachten ist aber stets, dass die steuerlichen Rahmenbedingungen und damit die Vor- und Nachteile der Betriebsaufspaltung nicht statisch sind, sondern jeweils individuell an aktuelle und (soweit erkennbar) zukünftige Entwicklungen des Unternehmenssteuerrechts anzupassen sind. Allgemeingültige Aussagen zur Vor- und Nachteilhaftigkeit sind daher für die Bereiche der ESt, KSt und GewSt nicht möglich. Ausführlich zu dieser Thematik Rz. 5.2.

Steuerbelastungsvergleiche mit anderen Gestaltungen. Da die Betriebsaufspaltung 3.25
auch eine Gestaltungsalternative ist, ist diese auch mit der (weiteren) Vermietungstätigkeit nach § 21 EStG im Rahmen der privaten Vermögensverwaltung,[2] dem Einzelunternehmen,[3] der mitunternehmerischen Personengesellschaft mit Sonderbetriebsvermögen[4] und der Einheits-Kapitalgesellschaft[5] zu vergleichen.

---

1 Hierzu *Wacker* in Schmidt[44], § 15 EStG Rz. 804; *Micker* in Söffing/Micker, Betriebsaufspaltung[10], Rz. 1843: z.B. gewerbesteuerrechtliche Abzugsfähigkeit der Gesellschafter-Geschäftsführervergütungen, Rückstellung für Pensionszusagen an Gesellschafter-Geschäftsführer, niedriger KSt-Satz (§ 23 KStG) i.V.m. Teileinkünfteverfahren (§ 3 Nr. 40, § 3c Abs. 2 EStG) bzw. KSt-Freistellungsverfahren (§ 8b KStG).

2 Zum Wiesbadener Modell bei Eheleuten zwecks Vermeidung der betriebsaufspaltungsbegründenden persönlichen Verflechtung s. Rz. 3.224 und Rz. 3.753; ferner *Nöcker*, Die Familie in der Betriebsaufspaltung, in Hagemeister/Hofstede, Im Dienste des Berufsstandes, Bonn 2022, 520, 529 f.

3 Die Trennung der wesentlichen Betriebsgrundlagen vom operativen Geschäft hat gegenüber dem Einzelunternehmen u.a. den Vorteil, dass schuldrechtliche Beziehungen zwischen dem Besitzunternehmen und der Betriebsgesellschaft steuerlich grundsätzlich anerkannt werden.

4 Zur Gegenüberstellung von klassischer Betriebsaufspaltung und GmbH & Co. KG vgl. *Bauer* StuB 2017, 609 ff.; vgl. *Bauer* StuB 2017, 668 ff. Vgl. auch *Kaligin*, Die Betriebsaufspaltung[13], Rz. 901 ff.

5 Zum Belastungsvergleich zwischen klassischer Betriebsaufspaltung und GmbH vgl. *Gluth* in H/H/R, § 15 EStG Anm. 771 (Stand: April 2022). Vgl. auch *Kaligin*, Die Betriebsaufspaltung[13], Rz. 887 ff.

b) Erbschaft- und Schenkungsteuer

3.26 **Begünstigungen.** Auch die sonstigen Steuerfolgen, insbesondere die erbschaft- und schenkungsteuerlichen Folgen bei unentgeltlicher Übertragung eines Einheitsunternehmens im Verhältnis zu derjenigen bei Übertragung eines Besitz- und/oder Betriebsunternehmens müssen in eine Gesamtbetrachtung einbezogen werden. Hier gilt es insbesondere, die Einordnung des überlassenen Grundbesitzes als begünstigtes Betriebsvermögen des Besitzunternehmens gem. § 13b Abs. 4 Satz 2 Buchst. a Alt. 1 ErbStG zu gewährleisten und damit die Inanspruchnahme der Begünstigungen nach §§ 13a, 13b ErbStG zu eröffnen. Zur erbschaftsteuerlichen Betriebsaufspaltung ausführlich Rz. 3.822 ff.

6. Außersteuerliche Optimierungen durch Begründung einer Betriebsaufspaltung

a) Haftungsbegrenzung

3.27 **Risiken aus operativer Geschäftstätigkeit.** Durch die Betriebsaufspaltung kann die Haftung für Risiken aus dem Betrieb eines gewerblichen Unternehmens, die sich insbesondere aus der Produktion, dem Produkt selbst, der Finanzierung, aber auch aus der Beschäftigung von Arbeitnehmern ergeben können, auf das Betriebsunternehmen – regelmäßig eine GmbH – beschränkt werden.[1] Die im Besitzunternehmen verbleibenden Anlagegegenstände (in der Regel Grundbesitz) sind der zivilrechtlichen Haftung grundsätzlich entzogen.[2] Eine vertragliche Haftungsausdehnung auf das Besitzunternehmen ist durch Einzelverträge, Bürgschaften oder Sicherungsübereignungen individuell steuerbar. Im Gegenzug müssen aber die insolvenzrechtlichen Rückforderungsbeschränkungen für Gesellschafterdarlehen nach § 39 Abs. 1 Nr. 5 i.V.m. § 135 Abs. 1 InsO (dazu Rz. 4.129 ff.) und die Überlassungsverpflichtungen nach § 135 Abs. 3 InsO hingenommen werden (dazu Rz. 4.136 ff.). Steuerlich ist jedoch die Haftung in Organschaftsfällen nach § 73 AO dazu Rz. 3.927 i.V.m. Rz. 3.962 ff.) und die Haftung überlassener Gegenstände für Betriebssteuern der nutzenden Betriebsgesellschaft gem. § 74 AO zu beachten (s. dazu Rz. 3.967 ff.). Zur Thematik auch Rz. 5.2.

b) Beeinflussung von Offenlegungs- und Prüfungspflichten

3.28 **Begrenzung der Offenlegungspflicht auf die Betriebs-Kapitalgesellschaft.** Der Jahresabschluss einer (Betriebs-)Kapitalgesellschaft ist nach Maßgabe der §§ 325 ff. HGB stets im elektronischen Handelsregister offenzulegen oder nur zu hinterlegen. Das Vermögen des Besitz-Personenunternehmens unterliegt hingegen nicht der Offenlegungspflicht, soweit es nicht in der Rechtsform der GmbH & Co. KG betrieben wird. Durch die Aufteilung von Funktionen auf eine Besitz- und eine Betriebsgesellschaft kann damit die Publizitätspflicht der unternehmerischen Gesamtbetätigung

1 Zum Schutz thesaurierter Gewinne im Sinne einer „Asset Protection“ vor einem Haftungszugriff bei der Betriebs-GmbH durch kapitalistische oder mittelbare Betriebsaufspaltung vgl. *Ott*, DStZ 2021, 175 ff.

2 Zu weiteren Einzelheiten vgl. *Micker* in Söffing/Micker, Betriebsaufspaltung[10], Rz. 1821 ff.

beeinflusst bzw. auf die (Betriebs-)Kapitalgesellschaft begrenzt werden.[1] Hierzu auch Rz. 4.83 ff.

Offenlegungs- und Prüfungspflicht der Betriebs-Kapitalgesellschaft. Bei der Betriebs-Kapitalgesellschaft einer Betriebsaufspaltung kommt hinzu, dass durch die Auslagerung wertvoller Vermögensgegenstände (in der Regel Grundbesitz) das Größenmerkmal „Bilanzsumme" i.S.d. § 267 Abs. 1 Nr. 1, Abs. 2 Nr. 1 und § 267a Abs. 1 Nr. 1 HGB beeinflusst werden kann. Die Größenklasse hat Auswirkungen auf die Offenlegungs- und Prüfungspflicht. So haben Kleinst-Kapitalgesellschaften i.S.d. § 267a HGB ihre Bilanzdaten beim elektronischen Unternehmensregister nur zu hinterlegen (§ 326 Abs. 2 HGB) und sind nicht prüfungspflichtig (§ 316 Abs. 1 Satz 1 HGB). Kleine Kapitalgesellschaften i.S.d. § 267 Abs. 1 HGB müssen die Gewinn- und Verlustrechnung sowie den Anhang mit den betreffenden Daten nicht veröffentlichen (§ 326 Abs. 1 HGB) und sind gem. § 316 Abs. 1 Satz 1 HGB ebenfalls nicht prüfungspflichtig. Für prüfungspflichtige mittelgroße Kapitalgesellschaften i.S.d. § 267 Abs. 2 HGB enthalten die §§ 327 und § 319 Abs. 1 Satz 2 HGB Erleichterungen zur Offenlegungs- und Prüfungspflicht. Hierzu auch Rz. 4.83 ff. 3.29

II. Besitzunternehmen

1. Rechtsträger jeder Rechtsform, aber nur im Verhältnis zu bestimmten Betriebsunternehmen

Differenzierungen. Das Besitzunternehmen einer Betriebsaufspaltung kann jede Rechtsform haben. Jedoch kann eine Betriebsaufspaltung je nach Rechtsform des Besitzunternehmens nur im Verhältnis zu bestimmten Betriebsunternehmen begründet werden. Hierbei sind insbesondere folgende grundlegende Prämissen zu beachten: 3.30

(1) Das Betriebsunternehmen muss zwingend gewerblich i.S.d. § 15 EStG bzw. § 8 Abs. 2 KStG tätig sein oder (als Körperschaft) einen wirtschaftlichen Geschäftsbetrieb i.S.d. § 64 AO oder einen Betrieb gewerblicher Art i.S.d. § 4 KStG unterhalten, in dem die überlassene wesentliche Betriebsgrundlage genutzt wird. Zur Gewerblichkeit des Betriebsunternehmens s. auch Rz. 3.69 ff.

(2) Im Verhältnis zu einem gewerblichen Einzelunternehmen einer natürlichen Person i.S.d. § 15 Abs. 1 Satz 1 Nr. 1 EStG als Betriebsunternehmen kann keine Betriebsaufspaltung begründet werden.

(3) Hat das nutzende gewerbliche Betriebsunternehmen die Rechtsform einer Personengesellschaft oder Rechtsgemeinschaft, ist in bestimmten Fällen der Vorrang einer Qualifikation als Sonderbetriebsvermögen gem. § 15 Abs. 1 Satz 1 Nr. 2 EStG vor den Rechtsfolgen der Betriebsaufspaltung zu beachten.

(4) Im Verhältnis zu einem Betriebsunternehmen in der Rechtsform einer Kapitalgesellschaft oder einer Optionsgesellschaft i.S.d. § 1a KStG, ist in bestimmten Konstellationen das – aus dem Trennungsprinzip folgende – Durchgriffsverbot zu beachten.

1 Hierzu auch *Micker* in Söffing/Micker, Betriebsaufspaltung[10], Rz. 1839.

2. Natürliche Person bzw. Einzelunternehmer

3.31 **Nicht im Verhältnis zum Einzelunternehmen.** Zwischen einer natürlichen Person und einem von dieser betriebenen Einzelunternehmen kann im Fall der Nutzung einer wesentlichen Betriebsgrundlage keine Betriebsaufspaltung begründet werden; die wesentliche Betriebsgrundlage wird dann notwendiges Betriebsvermögen des Einzelunternehmens.

3.32 **Grundsätzlich nicht im Verhältnis zu einer Personengesellschaft oder Rechtsgemeinschaft.** Überlässt die natürliche Person bzw. der Einzelunternehmer die wesentliche Betriebsgrundlage einer gewerblichen Personengesellschaft oder Rechtsgemeinschaft zur Nutzung, an der er unmittelbar oder mittelbar über eine zwischengeschaltete Personengesellschaft oder Rechtsgemeinschaft beherrschend beteiligt ist, wird keine Betriebsaufspaltung begründet. Die wesentliche Betriebsgrundlage rechnet in diesem Fall zum Sonderbetriebsvermögen der natürlichen Person bei der Betriebs-Personengesellschaft oder -Rechtsgemeinschaft i.S.d. § 15 Abs. 1 Satz 1 Nr. 2 Satz 1 Halbs. 2 bzw. Satz 2 EStG (Vorrang des Sonderbetriebsvermögens vor der Betriebsaufspaltung). Dies gilt auch, wenn am Geschäftsbetrieb einer Betriebs-Kapital-/Optionsgesellschaft eine atypisch stille Beteiligung der natürlichen Person bzw. des Einzelunternehmers begründet wird (s. Rz. 3.501).

3.33 **Ausnahme im Verhältnis zu einer Personengesellschaft oder Rechtsgemeinschaft bei mittelbarer Beteiligung über eine Körperschaft oder Optionsgesellschaft i.S.d. § 1a KStG.** Überlässt die natürliche Person bzw. der Einzelunternehmer die wesentliche Betriebsgrundlage einer gewerblichen Personengesellschaft zur Nutzung, an der er nur mittelbar über eine zwischengeschaltete Kapitalgesellschaft, Optionsgesellschaft i.S.d. § 1a KStG oder sonstige Körperschaft (z.B. Stiftung) beherrschend beteiligt ist, greift § 15 Abs. 1 Satz 1 Nr. 2 Satz 1 Halbs. 2 bzw. Satz 2 EStG mangels Mitunternehmerstellung der natürlichen Person bzw. des Einzelunternehmers bei der Personengesellschaft nicht ein. Es ist dann eine mitunternehmerische Betriebsaufspaltung gegeben.[1] Sofern der Überlassende bereits zuvor als Einzelunternehmer gewerblich tätig war, liegt zudem eine überlagerte Betriebsaufspaltung vor (dazu auch Rz. 3.17).

3.34 **Im Übrigen nur im Verhältnis zu einer Körperschaft oder Optionsgesellschaft i.S.d. § 1a KStG.** Überlässt die natürliche Person bzw. der Einzelunternehmer die wesentliche Betriebsgrundlage einer Kapitalgesellschaft, Optionsgesellschaft i.S.d. § 1a KStG oder sonstigen personell beherrschten Körperschaft zur gewerblichen Nutzung, ist eine sog. klassische Betriebsaufspaltung gegeben, ggf. in Form einer überlagerten Betriebsaufspaltung (dazu auch Rz. 3.17).

---

1 Hierzu BFH v. 10.11.1982 – I R 178/77, BStBl. II 1983, 136; *Wacker* in Schmidt[44], § 15 EStG Rz. 835 (Bsp. 2) und Rz. 858, 859.

3. Personengesellschaft

a) Rechtsformen und Differenzierungen

Rechtsformen. Als Trägerin des Besitzunternehmens kommt neben der Gesellschaft bürgerlichen Rechts auch jede Personenhandelsgesellschaft – OHG, KG einschließlich der GmbH & Co. KG – in Betracht. 3.35

Differenzierungen. Überlässt eine Besitz-Personengesellschaft die wesentliche Betriebsgrundlage an ein gewerbliches Betriebsunternehmen zur Nutzung, ist zwischen vermögensverwaltenden und betrieblich tätigen Personengesellschaften wie folgt zu differenzieren: 3.36

b) Vermögensverwaltende Personengesellschaft

Nicht im Verhältnis zu einem Einzelunternehmen. Zwischen einer nicht betrieblich tätigen, also vermögensverwaltende Einkünfte i.S.d. §§ 20 ff. EStG erzielenden Personengesellschaft und einem vom beherrschenden Gesellschafter betriebenen gewerblichen Einzelunternehmen i.S.d. § 15 Abs. 1 Satz 1 Nr. 1 EStG kann keine Betriebsaufspaltung begründet werden. Die überlassene wesentliche Betriebsgrundlage ist dann gemäß den Transparenz- bzw. Zurechnungsgrundsätzen des § 39 Abs. 2 Nr. 2 AO anteilig als notwendiges Betriebsvermögen des Einzelunternehmens zu erfassen. 3.37

Nur in bestimmten Fällen im Verhältnis zu einer Schwester-Personengesellschaft. Im Verhältnis zu einer (mehrheitlich) gesellschafteridentischen gewerblichen Schwester-Personengesellschaft i.S.d. § 15 Abs. 1 Satz 1 Nr. 2 Satz 1 Halbs. 1 EStG ist zwischen den gesetzlichen Regelungen zum Sonderbetriebsvermögen und dem Rechtsinstitut der Betriebsaufspaltung wie folgt zu differenzieren: 3.38

(1) Keine Betriebsaufspaltung wird begründet, wenn das überlassene Wirtschaftsgut zwar eine wesentliche Betriebsgrundlage ist, der Schwester-Personengesellschaft aber unentgeltlich oder teilentgeltlich ohne Gewinnerzielungsabsicht überlassen wird. Es ist dann anteilig notwendiges Sonderbetriebsvermögen der Doppelgesellschafter bei der gewerblichen Schwester-Personengesellschaft i.S.d. § 15 Abs. 1 Satz 1 Nr. 2 Satz 1 Halbs. 2 EStG gegeben.

(2) Eine Betriebsaufspaltung entsteht damit im Verhältnis zu einer (mehrheitlich) gesellschafteridentischen gewerblichen Schwester-Personengesellschaft i.S.d. § 15 Abs. 1 Satz 1 Nr. 2 Satz 1 Halbs. 1 EStG nur, wenn das überlassene Wirtschaftsgut eine wesentliche Betriebsgrundlage ist und der gewerblichen Schwester-Personengesellschaft mit Gewinnerzielungsabsicht überlassen wird. Es ist dann eine sog. mitunternehmerische Betriebsaufspaltung begründet.

Nur in bestimmten Fällen im Verhältnis zu einer Enkel-Personengesellschaft. Im Verhältnis zu einer (mittelbar) beherrschten Enkel-Personengesellschaft kann durch Überlassung einer wesentlichen Betriebsgrundlage eine Betriebsaufspaltung begründet werden, wenn die zwischengeschaltete Gesellschaft die Rechtsform einer Kapital- 3.39

gesellschaft hat. In diesem Fall findet die Regelung des § 15 Abs. 1 Satz 1 Nr. 2 Satz 2 EStG mangels vermittelnder Personengesellschaft keine Anwendung.[1]

3.40 **Im Übrigen nur im Verhältnis zu einer Körperschaft oder Optionsgesellschaft i.S.d. § 1a KStG.** Überlässt die vermögensverwaltend tätige Personengesellschaft die wesentliche Betriebsgrundlage einer Schwester- oder Tochterkapitalgesellschaft bzw. -Optionsgesellschaft i.S.d. § 1a KStG oder einer sonstigen personell beherrschten Körperschaft zur gewerblichen Nutzung, ist eine sog. klassische Betriebsaufspaltung (ggf. in Form der Einheits-Betriebsaufspaltung) gegeben. Zur Begründung einer mitunternehmerischen Betriebsaufspaltung bei Errichtung einer atypisch stillen Gesellschaft am Geschäftsbetrieb der Betriebs-Kapital-/Optionsgesellschaft s. Rz. 3.502.

c) Betriebliche Personengesellschaft

3.41 **Nicht im Verhältnis zu einem Einzelunternehmen.** Zwischen einer betrieblich tätigen Personengesellschaft und einem vom beherrschenden Gesellschafter betriebenen gewerblichen Einzelunternehmen i.S.d. § 15 Abs. 1 Satz 1 Nr. 1 EStG kann keine Betriebsaufspaltung begründet werden. Die überlassene wesentliche Betriebsgrundlage ist dann notwendiges Betriebsvermögen der Personengesellschaft.

3.42 **Nicht im Verhältnis zu einer Tochter-Personengesellschaft.** Zwischen einer betrieblichen Personengesellschaft und einer (mittelbar) beherrschten gewerblichen Tochter-Personengesellschaft kann keine Betriebsaufspaltung begründet werden. Denn dann greift der Vorrang des Sonderbetriebsvermögens i.S.d. § 15 Abs. 1 Satz 1 Nr. 2 Satz 1 Halbs. 2 EStG gegenüber den Wirkungen der Betriebsaufspaltung.

3.43 **Nur in bestimmten Fällen im Verhältnis zu einer Enkel-Personengesellschaft.** Bei mehrstöckigen Strukturen kann im Verhältnis zu einer (mittelbar) beherrschten gewerblichen Enkel-Personengesellschaft keine Betriebsaufspaltung begründet werden, wenn die Beteiligung über eine zwischengeschaltete Personengesellschaft vermittelt wird; es liegt dann Sonderbetriebsvermögen der überlassenden (Besitz-)Gesellschaft bei der nutzenden (Betriebs-)Gesellschaft i.S.d. § 15 Abs. 1 Satz 1 Nr. 2 Satz 2 EStG vor. Hat die zwischengeschaltete Gesellschaft hingegen die Rechtsform einer Kapitalgesellschaft, kann durch Überlassung einer wesentlichen Betriebsgrundlage eine Betriebsaufspaltung begründet werden, da in diesem Fall die Regelung des § 15 Abs. 1 Satz 1 Nr. 2 Satz 2 EStG mangels vermittelnder Personengesellschaft (bzw. ununterbrochener Mitunternehmerkette) keine Anwendung findet.[2]

3.44 **Nur in bestimmten Fällen im Verhältnis zu einer Schwester-Personengesellschaft.** Im Verhältnis zu einer (mehrheitlich) gesellschafteridentischen gewerblichen Schwester-Personengesellschaft i.S.d. § 15 Abs. 1 Satz 1 Nr. 2 Satz 1 Halbs. 1 EStG ist zwi-

---

1 Zu diesem bislang wenig diskutierten Fall vgl. auch *Wacker* in Schmidt[44], § 15 EStG Rz. 859 (zu 2 b).

2 Zu diesem bislang wenig diskutierten Fall vgl. auch *Wacker* in Schmidt[44], § 15 EStG Rz. 859 (zu 2 b).

schen den gesetzlichen Regelungen zum Sonderbetriebsvermögen und dem Rechtsinstitut der Betriebsaufspaltung wie folgt zu differenzieren:

(1) Keine Betriebsaufspaltung entsteht, wenn das überlassene Wirtschaftsgut zwar eine wesentliche Betriebsgrundlage ist, der Schwester-Personengesellschaft aber unentgeltlich oder teilentgeltlich ohne Gewinnerzielungsabsicht überlassen wird. Es liegt dann Sonderbetriebsvermögen der Gesellschafter bei der nutzenden Schwester-Personengesellschaft vor.

(2) Eine Betriebsaufspaltung entsteht damit im Verhältnis zu einer (mehrheitlich) gesellschafteridentischen gewerblichen Schwester-Personengesellschaft i.S.d. § 15 Abs. 1 Satz 1 Nr. 2 Satz 1 Halbs. 1 EStG nur, wenn das überlassene Wirtschaftsgut eine wesentliche Betriebsgrundlage ist und der gewerblichen Schwester-Personengesellschaft mit Gewinnerzielungsabsicht überlassen wird; es ist dann eine sog. mitunternehmerische Betriebsaufspaltung gegeben. Der Umstand, dass die überlassende Personengesellschaft bereits zuvor gewerblich tätig war, ist unbeachtlich (sog. überlagerte Betriebsaufspaltung, dazu auch Rz. 3.17).

Im Übrigen nur im Verhältnis zu einer Körperschaft oder Optionsgesellschaft i.S.d. § 1a KStG. Überlässt die betriebliche Personengesellschaft die wesentliche Betriebsgrundlage einer Schwester- oder Tochterkapitalgesellschaft bzw. Optionsgesellschaft i.S.d. § 1a KStG oder sonstigen personell beherrschten Körperschaft zur gewerblichen Nutzung, ist eine sog. klassische Betriebsaufspaltung (ggf. in Form der Einheits-Betriebsaufspaltung) gegeben. Dass die überlassende Personengesellschaft bereits zuvor gewerblich tätig war, ist unerheblich (sog. überlagerte Betriebsaufspaltung, dazu auch Rz. 3.17). Zur Begründung einer mitunternehmerischen Betriebsaufspaltung bei Errichtung einer atypisch stillen Gesellschaft am Geschäftsbetrieb der Betriebs-Kapital-/Optionsgesellschaft s. Rz. 3.502. 3.45

4. Rechtsgemeinschaft

a) Rechtsformen und Differenzierungen

Rechtsformen. Neben dem Besitzunternehmen in der Rechtsform einer Personengesellschaft kann auch eine Rechtsgemeinschaft Besitzunternehmen einer Betriebsaufspaltung sein. Dies gilt insbesondere für Gesamthandsgemeinschaften in Form der Erbengemeinschaft (§ 2032 BGB),[1] der ehelichen Gütergemeinschaft (§ 1415 BGB)[2] 3.46

---

1 BFH v. 19.1.2023 – IV R 5/19, BFH/NV 2023, 631; BFH v. 21.4.2005 – III R 7/03, BFH/NV 2005, 1974; BFH v. 23.10.1986 – IV R 214/84, BStBl. II 1987, 120.

2 BFH v. 19.10.2006 – IV R 22/02, BFH/NV 2007, 149; BFH v. 26.11.1992 – IV R 15/91, BStBl. II 1993, 876. Hierzu auch H 15.7 (6) EStH 2021 „Gütergemeinschaft". Verfassungsrechtlich ist nicht zu beanstanden, dass eine eheliche Gütergemeinschaft Besitzunternehmen im Rahmen einer Betriebsaufspaltung sein kann, da es den Ehegatten freisteht, die Anteile an der Betriebs-Kapitalgesellschaft durch Ehevertrag nach § 1418 Abs. 2 Nr. 1 BGB zum Vorbehaltsgut zu erklären und so die Folgen einer Betriebsaufspaltung zu vermeiden, vgl. BVerfG v. 14.2.2008 – 1 BvR 19/07, HFR 2008, 754. Zur Thematik auch *Micker* in Söffing/Micker, Betriebsaufspaltung[10], Rz. 40, 662.

und der Wohnungseigentümergemeinschaft (§§ 9a, 10 WEG).[1] Besitzunternehmen einer Betriebsaufspaltung kann aber auch eine Miteigentümergemeinschaft (§ 1008 BGB)[2] bzw. Bruchteilsgemeinschaft (§ 745 BGB)[3] ohne eigenes (gemeinschaftliches) Vermögen sein.

b) Keine Errichtung einer GbR durch die Miterben

3.47 **Nur im Wege der Einzelrechtsnachfolge.** Eine Erbengemeinschaft kann durch gemeinsame Zweckbestimmung einen Gewerbebetrieb führen, ohne dabei zu einer Gesellschaft bürgerlichen Rechts (GbR) i.S.d. § 705 BGB zu werden. Die Betriebsführung als GbR erfordert grundsätzlich eine Einzelrechtsnachfolge der GbR in die betrieblichen Vermögensgegenstände, also eine Eigentumsübertragung von der Erbengemeinschaft auf die GbR. Ein identitätswahrender Formwechsel einer Erbengemeinschaft in eine GbR nach den Vorschriften des UmwG ist nicht möglich.[4]

c) Keine konkludente Errichtung einer Willensbildungs-GbR durch die Miteigentümer

3.48 **Über die Nutzungsüberlassung hinausreichende gemeinsame wirtschaftliche Interessen.** Die Überlassung von Grundbesitz in Miteigentümer- bzw. Bruchteilsgemeinschaft kann zur konkludenten Begründung einer Willensbildungs-GbR i.S.d. § 705 BGB führen, wenn über die Nutzungsüberlassung hinaus gemeinsame wirtschaftliche Interessen (z.B. in Gestalt der Einflussnahme auf die Betriebsgesellschaft) verfolgt werden.[5] Die BFH-Rechtsprechung schließt solche gemeinsamen wirtschaftlichen Interessen bereits daraus, dass zwischen dem Besitzunternehmen und der Betriebsgesellschaft eine personelle Verflechtung vorliegt. Die bewusst gewählte Doppelkonstruktion zeige, dass die Gesellschafter mit ihrem Engagement in dem Besitzunternehmen den über eine Vermietung und Vermögensverwaltung hinausgehenden gemeinsamen wirtschaftlichen Zweck verfolgen, die gewerbliche Tätigkeit ihres ge-

---

1 BFH v. 10.4.1997 – IV R 73/94, BStBl. II 1997, 569 = DB 1997, 1900; BFH v. 23.10.1986 – IV R 214/84, BStBl. II 1987, 120. Eine Wohnungseigentümergemeinschaft i.S.d. § 10 WEG erzielt regelmäßig gewerbliche Einkünfte als Besitzunternehmen, wenn die einzelnen Wohnungen auf Grund einer Gebrauchsregelung (§ 15 WEG) an eine personenidentische Betriebskapitalgesellschaft vermietet werden; zur Teilrechtsfähigkeit der WEG auch BFH v. 20.9.2018 – IV R 6/16, BStBl. II 2019, 160 = DB 2019, 102; Zur Thematik auch *Micker* in Söffing/Micker, Betriebsaufspaltung[10], Rz. 663 f.

2 BFH v. 11.11.1982 – IV R 117/80, BStBl. II 1983, 299.

3 BFH v. 2.2.2006 – XI B 91/05, BFH/NV 2006, 1266; BFH v. 29.8.2001 – VIII R 34/00, BFH/NV 2002, 185; BFH v. 1.10.1996 – VIII R 44/95, BStBl. II 1997, 530 = DB 1997, 1902; BFH v. 26.11.1992 – IV R 15/91, BStBl. II 1993, 876 = DB 1993, 2513; BFH v. 15.12.1988 – IV R 36/84, BStBl. II 1989, 363; BFH v. 12.11.1985 – VIII R 240/81, BStBl. II 1986, 296. Vgl. auch FG Hamburg v. 24.11.2021 – 6 K 70/20, juris (rkr).

4 BFH v. 19.1.2023 – IV R 5/19, BFH/NV 2023, 631.

5 BFH v. 2.2.2006 – XI B 91/05, BFH/NV 2006, 1266; BFH v. 18.8.2005 – IV R 59/04, BStBl. II 2005, 830; BFH v. 29.8.2001 – VIII R 34/00, BFH/NV 2002, 185; BFH v. 31.5.2001 – IV R 53/00, BFH/NV 2001, 1547; BFH v. 24.7.1986 – IV R 98-99/85, BStBl. II 1986, 913 (zu Ehegatten). Vgl. auch AEAO zu § 14a AO, Nr. 8.

meinsamen Betriebsunternehmens zu unterstützen und zu fördern.[1] Bei Personenidentität der Gesellschafter der Betriebsgesellschaft und der Miteigentümer der zur Nutzung überlassenen wesentlichen Betriebsgrundlage ist demnach regelmäßig von dem konkludenten Abschluss eines Gesellschaftsvertrags zwischen den Miteigentümern über die Gründung einer Gesellschaft bürgerlichen Rechts i.S.d. § 705 BGB in Gestalt einer Willensbildungs-GbR auszugehen.[2] Der Annahme einer solchen BGB-Innengesellschaft steht nicht entgegen, dass die Gesellschafter sich nicht bewusst waren, eine Gesellschaft gegründet zu haben.[3]

Willensbildungs-GbR ohne Gesellschaftsvermögen. Für die Annahme einer Personengesellschaft i.S.d. § 705 BGB ist unerheblich, dass die Beteiligten den Vermögensgegenstand selbst weiterhin zu Bruchteilen halten und nicht auf eine GbR übertragen. Denn die Verfolgung eines gemeinschaftlichen Zwecks verlangt nicht, dass die für diesen Zweck eingesetzten Vermögensgegenstände auch Gesellschaftsvermögen werden. Ausreichend ist, dass die Gesellschafter den Gegenstand für den Gesellschaftszweck schuldrechtlich gemeinsam einsetzen.[4] Über die vermögenslose GbR wird dann also lediglich die Nutzungsüberlassung an die Betriebsgesellschaft koordiniert. Unbeachtlich für die Annahme einer Personengesellschaft ist, wenn im Rechtsverkehr nach außen nicht die GbR auftritt, sondern die Mit- bzw. Bruchteilseigentümer.[5] Für die weitere Behandlung gelten in diesem Fall die zur Personengesellschaft als Besitzunternehmen beschriebenen Grundsätze, s. Rz. 3.35 ff. 3.49

d) Vermögensverwaltende Gemeinschaft

Nur im Verhältnis zu bestimmten Betriebsunternehmen. Wie eine vermögensverwaltende Personengesellschaft kann auch eine vermögensverwaltende Rechtsgemeinschaft nur im Verhältnis zu bestimmten gewerblichen Betriebsunternehmen als Besitzunternehmen einer Betriebsaufspaltung fungieren. Es ist wie folgt abzugrenzen und zu differenzieren: 3.50

Nicht im Verhältnis zu einem Einzelunternehmen. Zwischen einer nicht betrieblich tätigen, also vermögensverwaltende Einkünfte i.S.d. §§ 20 ff. EStG erzielenden Rechtsgemeinschaft und einem vom beherrschenden Gemeinschafter betriebenen gewerblichen Einzelunternehmen i.S.d. § 15 Abs. 1 Satz 1 Nr. 1 EStG kann keine Betriebsaufspaltung begründet werden. Die überlassene wesentliche Betriebsgrundlage ist dann gemäß den Transparenz- bzw. Zurechnungsgrundsätzen des § 39 Abs. 2 Nr. 2 AO anteilig als notwendiges Betriebsvermögen des Einzelunternehmens zu erfassen. 3.51

1 BFH v. 29.8.2001 – VIII R 34/00, BFH/NV 2002, 185; vgl. auch FG Hamburg v. 24.11.2021 – 6 K 70/20, juris (rkr).
2 BFH v. 18.8.2005 – IV R 59/04, BStBl. II 2005, 830.
3 FG Hamburg v. 24.11.2021 – 6 K 70/20, juris (rkr).
4 BFH v. 29.8.2001 – VIII R 34/00, BFH/NV 2002, 185; FG Hamburg v. 24.11.2021 – 6 K 70/20, juris (rkr).
5 FG Hamburg v. 24.11.2021 – 6 K 70/20, juris (rkr).

3.52 **Nur in bestimmten Fällen im Verhältnis zu einer Schwester-Personengesellschaft.** Im Verhältnis zu einer (mehrheitlich) gesellschafteridentischen gewerblichen Schwester-Personengesellschaft i.S.d. § 15 Abs. 1 Satz 1 Nr. 2 Satz 1 Halbs. 1 EStG ist zwischen den gesetzlichen Regelungen zum Sonderbetriebsvermögen und dem Rechtsinstitut der Betriebsaufspaltung wie folgt zu differenzieren:

(1) Keine Betriebsaufspaltung entsteht, wenn das überlassene Wirtschaftsgut zwar eine wesentliche Betriebsgrundlage ist, der Schwester-Personengesellschaft aber unentgeltlich oder teilentgeltlich ohne Gewinnerzielungsabsicht überlassen wird. Es ist dann anteilig notwendiges Sonderbetriebsvermögen der Gemeinschafter bei der gewerblichen Schwester-Personengesellschaft i.S.d. § 15 Abs. 1 Satz 1 Nr. 2 Satz 1 Halbs. 2 EStG gegeben.

(2) Eine Betriebsaufspaltung entsteht damit im Verhältnis zu einer (mehrheitlich) gesellschafteridentischen gewerblichen Schwester-Personengesellschaft i.S.d. § 15 Abs. 1 Satz 1 Nr. 2 Satz 1 Halbs. 1 EStG nur, wenn das überlassene Wirtschaftsgut eine wesentliche Betriebsgrundlage ist und der gewerblichen Schwester-Personengesellschaft mit Gewinnerzielungsabsicht überlassen wird. Es ist dann eine sog. mitunternehmerische Betriebsaufspaltung begründet.

3.53 **Nur in bestimmten Fällen im Verhältnis zu einer Enkel-Personengesellschaft.** Im Verhältnis zu einer (mittelbar) beherrschten Enkel-Personengesellschaft kann durch Überlassung einer wesentlichen Betriebsgrundlage eine Betriebsaufspaltung begründet werden, wenn die zwischengeschaltete Gesellschaft die Rechtsform einer Kapitalgesellschaft hat. In diesem Fall findet die Regelung des § 15 Abs. 1 Satz 1 Nr. 2 Satz 2 EStG mangels vermittelnder Personengesellschaft keine Anwendung.[1]

3.54 **Im Übrigen nur im Verhältnis zu einer Körperschaft oder Optionsgesellschaft i.S.d. § 1a KStG.** Überlässt die vermögensverwaltend tätige Rechtsgemeinschaft die wesentliche Betriebsgrundlage einer Schwester- oder Tochterkapitalgesellschaft bzw. Optionsgesellschaft i.S.d. § 1a KStG oder sonstigen personell beherrschten Körperschaft zur gewerblichen Nutzung, ist eine sog. klassische Betriebsaufspaltung (ggf. in Form der Einheits-Betriebsaufspaltung) gegeben.

e) Betriebliche Gemeinschaft

3.55 **Nur im Verhältnis zu bestimmten Betriebsunternehmen.** Wie eine betriebliche Personengesellschaft kann auch eine betriebliche Rechtsgemeinschaft nur im Verhältnis zu bestimmten gewerblichen Betriebsunternehmen als Besitzunternehmen einer Betriebsaufspaltung fungieren. Insoweit ist wie folgt abzugrenzen und zu differenzieren:

3.56 **Nicht im Verhältnis zu einem Einzelunternehmen.** Zwischen einer betrieblich tätigen Rechtsgemeinschaft und einem vom beherrschenden Gemeinschafter betriebenen gewerblichen Einzelunternehmen i.S.d. § 15 Abs. 1 Satz 1 Nr. 1 EStG kann keine

1 Zu diesem bislang wenig diskutierten Fall vgl. auch *Wacker* in Schmidt[44], § 15 EStG Rz. 859 (zu 2 b).

Betriebsaufspaltung begründet werden. Die überlassene wesentliche Betriebsgrundlage ist dann notwendiges Betriebsvermögen der Personengesellschaft.

Nicht im Verhältnis zu einer Tochter-Personengesellschaft. Zwischen einer betrieblichen Rechtsgemeinschaft und einer (mehrheitlich) beherrschten gewerblichen Tochter-Personengesellschaft kann keine Betriebsaufspaltung begründet werden. Denn dann greift der Vorrang des Sonderbetriebsvermögens i.S.d. § 15 Abs. 1 Satz 1 Nr. 2 Satz 1 Halbs. 2 EStG gegenüber den Wirkungen der Betriebsaufspaltung. 3.57

Nur in bestimmten Fällen im Verhältnis zu einer Enkel-Personengesellschaft. Bei mehrstöckigen Strukturen kann im Verhältnis zu einer (mittelbar) beherrschten gewerblichen Enkel-Personengesellschaft keine Betriebsaufspaltung begründet werden, wenn die Beteiligung über eine zwischengeschaltete Personengesellschaft vermittelt wird; es liegt dann Sonderbetriebsvermögen der überlassenden (Besitz-)Gesellschaft bei der nutzenden (Betriebs-)Gesellschaft i.S.d. § 15 Abs. 1 Satz 1 Nr. 2 Satz 2 EStG vor. Hat die zwischengeschaltete Gesellschaft hingegen die Rechtsform einer Kapitalgesellschaft, kann durch Überlassung einer wesentlichen Betriebsgrundlage eine Betriebsaufspaltung begründet werden, da in diesem Fall die Regelung des § 15 Abs. 1 Satz 1 Nr. 2 Satz 2 EStG mangels vermittelnder Personengesellschaft (bzw. ununterbrochener Mitunternehmerkette) keine Anwendung findet.[1] 3.58

Nur in bestimmten Fällen im Verhältnis zu einer Schwester-Personengesellschaft. 3.59
Im Verhältnis zu einer (mehrheitlich) gesellschafteridentischen gewerblichen Schwester-Personengesellschaft i.S.d. § 15 Abs. 1 Satz 1 Nr. 2 Satz 1 Halbs. 1 EStG ist zwischen den gesetzlichen Regelungen zum Sonderbetriebsvermögen und dem Rechtsinstitut der Betriebsaufspaltung wie folgt zu differenzieren:

(1) Keine Betriebsaufspaltung entsteht, wenn das überlassene Wirtschaftsgut zwar eine wesentliche Betriebsgrundlage ist, der Schwester-Personengesellschaft aber unentgeltlich oder teilentgeltlich ohne Gewinnerzielungsabsicht überlassen wird. Es ist dann Sonderbetriebsvermögen der Gemeinschafter bei der nutzenden Schwester-Personengesellschaft gegeben.

(2) Eine Betriebsaufspaltung entsteht damit im Verhältnis zu einer (mehrheitlich) gesellschafteridentischen gewerblichen Schwester-Personengesellschaft i.S.d. § 15 Abs. 1 Satz 1 Nr. 2 Satz 1 Halbs. 1 EStG nur, wenn das überlassene Wirtschaftsgut eine wesentliche Betriebsgrundlage ist und der gewerblichen Schwester-Personengesellschaft mit Gewinnerzielungsabsicht überlassen wird; es ist dann eine sog. mitunternehmerische Betriebsaufspaltung gegeben. Der Umstand, dass die überlassende Rechtsgemeinschaft bereits zuvor gewerblich tätig war, ist unbeachtlich (sog. überlagerte Betriebsaufspaltung, dazu auch Rz. 3.17).

Im Übrigen nur im Verhältnis zu einer Körperschaft oder Optionsgesellschaft i.S.d. § 1a KStG. Überlässt die betrieblich tätige Rechtsgemeinschaft die wesentliche Betriebsgrundlage einer Schwester- oder Tochterkapitalgesellschaft bzw. -Options- 3.60

1 Zu diesem bislang wenig diskutierten Fall vgl. auch *Wacker* in Schmidt[44], § 15 EStG Rz. 859 (zu 2 b).

gesellschaft i.S.d. § 1a KStG oder sonstigen personell beherrschten Körperschaft zur gewerblichen Nutzung, ist eine sog. klassische Betriebsaufspaltung (ggf. in Form der Einheits-Betriebsaufspaltung) gegeben.

5. Kapitalgesellschaft und Optionsgesellschaft i.S.d. § 1a KStG

3.61 **Rechtsformen.** Besitzunternehmen im Rahmen einer Betriebsaufspaltung kann auch jede Kapitalgesellschaft, also eine GmbH, UG, AG oder KGaA sein.[1] Eine Personengesellschaft, die gem. § 1a KStG zur KSt-Besteuerung optiert hat (Optionsgesellschaft), ist der Kapitalgesellschaft ertragsteuerlich gleichgestellt und kann damit ebenfalls als Besitz-„Kapital“ -gesellschaft im Rahmen einer Betriebsaufspaltung fungieren.[2]

3.62 **Nur im Verhältnis zu bestimmten Betriebsunternehmen.** Mit Blick auf das gewerbliche Betriebsunternehmen, dem die Besitz-Kapitalgesellschaft oder Besitz-Optionsgesellschaft i.S.d. § 1a KStG eine wesentliche Betriebsgrundlage überlässt, ist in diesem Fall wie folgt zu differenzieren:

3.63 **Nicht im Verhältnis zu einem Einzelunternehmen.** Zwischen einer Kapitalgesellschaft oder einer Optionsgesellschaft i.S.d. § 1a KStG und einem vom beherrschenden Gesellschafter betriebenen gewerblichen Einzelunternehmen i.S.d. § 15 Abs. 1 Satz 1 Nr. 1 EStG kann keine Betriebsaufspaltung begründet werden. Die überlassene wesentliche Betriebsgrundlage ist dann notwendiges Betriebsvermögen der Kapitalgesellschaft oder Optionsgesellschaft i.S.d. § 1a KStG, die Anteile an dieser rechnen in aller Regel zum notwendigen Betriebsvermögen des Einzelunternehmens.

3.64 **Nur in bestimmten Fällen im Verhältnis zu einer Tochter-/Enkel-Personengesellschaft.** Im Verhältnis zu einer Tochter-/Enkel-Personengesellschaft i.S.d. § 15 Abs. 1 Satz 1 Nr. 2 Satz 1 Halbs. 1 EStG ist zwischen den gesetzlichen Regelungen zum Sonderbetriebsvermögen und dem Rechtsinstitut der Betriebsaufspaltung wie folgt zu differenzieren:

(1) Keine Betriebsaufspaltung kann zwischen einer Kapitalgesellschaft oder Optionsgesellschaft i.S.d. § 1a KStG und einer unmittelbar beherrschten gewerblichen Betriebs-Personengesellschaft (Tochtergesellschaft) entstehen, da dann die Regelungen des § 15 Abs. 1 Satz 1 Nr. 2 Satz 1 EStG vorgehen bzw. Sonderbetriebsvermögen der überlassenden Kapitalgesellschaft bzw. Optionsgesellschaft i.S.d. § 1a KStG bei der Tochter-Personengesellschaft anzunehmen ist.

(2) Ebenso kann keine Betriebsaufspaltung zwischen einer Kapitalgesellschaft oder Optionsgesellschaft i.S.d. § 1a KStG und einer mittelbar über eine Personengesellschaft beherrschten gewerblichen Betriebs-Personengesellschaft (Enkelgesellschaft)

---

1 BFH v. 28.1.2015 – I R 20/14, BFH/NV 2015, 1109; BFH v. 24.1.2012 – I B 136/11, BFH/NV 2012, 1176; BFH v. 9.9.1994 – III R 17/93, BStBl. II 1995, 8; BFH v. 26.3.1993 – III S 42/92, BStBl. II 1993, 723 = DB 1993, 1604; BFH v. 22.10.1986 – I R 180/82, BStBl. II 1987, 117. Zur Bedeutung der Kapitalgesellschaft als Besitzunternehmen im Rahmen der kapitalistischen Betriebsaufspaltung zwecks sog. Asset-Protection vgl. *Ott*, DStZ 2021, 175 ff.

2 BMF v. 10.11.2021 – IV C 2 - S 2707/21/10001 :004, BStBl I 2021, 2212, Rz. 84; *Wacker* in Schmidt[44], § 15 EStG Rz. 803a.

begründet werden, da dann die Regelungen des § 15 Abs. 1 Satz 1 Nr. 2 Satz 2 EStG vorgehen bzw. Sonderbetriebsvermögen der überlassenden Kapitalgesellschaft bzw. Optionsgesellschaft i.S.d. § 1a KStG bei der Unter-/Enkelpersonengesellschaft anzunehmen ist (Sonder-Mitunternehmerstellung der Kapitalgesellschaft bzw. Optionsgesellschaft i.S.d. § 1a KStG als Obergesellschafter bei der Untergesellschaft).

(3) Eine Betriebsaufspaltung kann aber zwischen einer Kapitalgesellschaft oder Optionsgesellschaft i.S.d. § 1a KStG und einer mittelbar über eine Kapitalgesellschaft,[1] eine andere Körperschaft[2] oder eine Optionsgesellschaft i.S.d. § 1a KStG beherrschten gewerblichen Betriebs-Personengesellschaft (Enkelgesellschaft) entstehen, da dann die Regelungen des § 15 Abs. 1 Satz 1 Nr. 2 Satz 2 EStG mangels ununterbrochener Mitunternehmerkette zur Enkel-Personengesellschaft keine Anwendung finden (keine Sonder-Mitunternehmerstellung der Kapitalgesellschaft bzw. Optionsgesellschaft i.S.d. § 1a KStG bei der Untergesellschaft).[3]

Im Verhältnis zu einer Mutter-Personengesellschaft. Zwischen einer Kapitalgesell- 3.65
schaft oder Optionsgesellschaft i.S.d. § 1a KStG und einer diese beherrschenden Betriebs-Personengesellschaft (Muttergesellschaft) kann eine Betriebsaufspaltung entstehen; es ist dann eine sog. umgekehrte Betriebsaufspaltung gegeben.[4] Die sachliche Verflechtung erfolgt durch Nutzungsüberlassung einer wesentlichen Betriebsgrundlage an die Mutter-Personengesellschaft. Die personelle Verflechtung ergibt sich aus deren Gesellschafterstellung bei der Besitz-Kapitalgesellschaft.

**Im Verhältnis zu einer Personengesellschaft, deren Anteile von den Anteilseig- 3.66
nern gehalten werden.** Zwischen einer Kapitalgesellschaft oder Optionsgesellschaft i.S.d. § 1a KStG und einer (mehrheitlich) gesellschafteridentischen gewerblichen Betriebs-Personengesellschaft kann eine Betriebsaufspaltung entstehen, wenn die Anteile an der Besitz-Kapital-/Optionsgesellschaft zum Sonderbetriebsvermögen II der Doppelgesellschafter bei der Betriebs-Personengesellschaft gehören; es wird auch dann von einer umgekehrten Betriebsaufspaltung gesprochen.[5] Die sachliche Ver-

1 BFH v. 10.11.1982 – I R 178/77, BStBl. II 1983, 136 (Komplementär-GmbH).

2 BFH v. 16.6.1982 – I R 118/80, BStBl. II 1982, 662 (rechtsfähige Stiftung).

3 Zu diesem bislang wenig diskutierten Fall vgl. auch *Wacker* in Schmidt[44], § 15 EStG Rz. 859 (zu 2 b).

4 BFH v. 22.2.2024 – III R 13/23, BStBl. II 2024, 487; BFH v. 16.9.1994 – III R 45/92, BStBl. II 1995, 75 = DB 1995, 192; BFH v. 26.3.1993 – III S 42/92, BStBl. II 1993, 723 = DB 1993, 1604. Ebenso FG Düsseldorf v. 26.6.2023 – 10 K 2800/20 G, EFG 2023, 1148.

5 BFH v. 22.2.2024 – III R 13/23, BStBl. II 2024, 487; BFH v. 16.9.1994 – III R 45/92, BStBl. II 1995, 75 = DB 1995, 192; BFH v. 26.3.1993 – III S 42/92, BStBl. II 1993, 723 = DB 1993, 1604. Vgl. auch FG Düsseldorf v. 22.11.2016 – 10 K 2233/13 F, EFG 2017, 108 (rkr.): Komplementär-GmbH verpachtet an GmbH & Co. KG. Vgl. auch BFH v. 22.2.2024 – III R 13/ 23, BStBl II 2024, 487: Eine GmbH, die in einem mehrstufigen Unternehmensverbund auf unterster Stufe angesiedelt war, überließ im Grundbesitz an eine verbundene andere GmbH, an der ihre mittelbare Mehrheitsgesellschafterin, eine GmbH & Co. KG, zu 100 % beteiligt war. Die andere GmbH überließ den Grundbesitz dann im Rahmen eines Zwischenmietverhältnisses weiter an die (Großmutter-)GmbH & Co. KG. Vgl. auch FG Düsseldorf v. 26.6.2023 – 10 K 2800/20 G, EFG 2023, 1148 (rkr.).

flechtung erfolgt auch hier durch Nutzungsüberlassung einer wesentlichen Betriebsgrundlage an die Personengesellschaft. Die personelle Verflechtung ergibt sich aus der Gesellschafterstellung der Anteilseigner der Besitz-Kapitalgesellschaft bei der nutzenden Personengesellschaft.

3.67 **Im Verhältnis zu einer Tochter-Kapitalgesellschaft oder -Optionsgesellschaft i.S.d. § 1a KStG.** Zwischen einer Kapitalgesellschaft oder Optionsgesellschaft i.S.d. § 1a KStG und einer von dieser beherrschten Tochter-Kapitalgesellschaft oder Tochter-Optionsgesellschaft i.S.d. § 1a KStG kann eine Betriebsaufspaltung bestehen.[1] Es ist dann eine sog. kapitalistische Betriebsaufspaltung gegeben. Dies gilt auch bei mehrstöckigen Strukturen im Verhältnis zu Enkel-Kapitalgesellschaften.[2]

3.68 **Nicht im Verhältnis zu einer Schwester-Kapitalgesellschaft oder -Optionsgesellschaft i.S.d. § 1a KStG.** Zwischen einer Kapitalgesellschaft oder Optionsgesellschaft i.S.d. § 1a KStG und einer (mehrheitlich) gesellschafteridentischen Schwester-Kapitalgesellschaft oder Schwester-Optionsgesellschaft i.S.d. § 1a KStG kann aufgrund des Durchgriffsverbots durch ein KSt-Subjekt keine Betriebsaufspaltung begründet werden.[3] Das Durchgriffsverbot besagt, dass ein Rückgriff auf die hinter der Besitz-Kapitalgesellschaft stehenden Anteilseigner für die Beurteilung der Beherrschung und des einheitlichen geschäftlichen Betätigungswillen (personelle Verflechtung) nicht zulässig ist.[4] Begründet wird dies durch das ertragsteuerliche Trennungsprinzip, welches besagt, dass die Sphäre der Gesellschaft und die Sphäre der Gesellschafter voneinander zu trennen sind.[5]

6. Sonstige Körperschaft

a) Privatrechtliche Rechtsformen

3.69 **Juristische Person des Privatrechts.** Besitzunternehmen einer Betriebsaufspaltung kann auch eine sonstige juristische Person des Privatrechts sein, insbesondere ein Verein,[6]

1 BFH v. 28.1.2015 – I R 20/14, BFH/NV 2015, 1109; BFH v. 16.9.1994 – III R 45/92, BStBl. II 1995, 75 = DB 1995, 192.

2 BFH v. 28.1.2015 – I R 20/14, BFH/NV 2015, 1109.

3 BFH v. 22.2.2024 – III R 13/23, BStBl II 2024, 487; BFH v. 16.9.1994 – III R 45/92, BStBl. II 1995, 75 = DB 1995, 192; BFH v. 20.5.1988, III R 86/83, BStBl II 1988, 739; BFH v. 22.10.1986, I R 180/82, BStBl II 1987, 117; BFH v. 1.8.1979 – I R 111/78, BStBl. II 1980, 77. Bestätigt durch BMF v. 21.11.2022 – IV C 6 - S 2240/20/10006:002, BStBl. I 2022, 1515; damit sollen sich die Grundsätze des BFH-Urteils v. 16.9.2021 – IV R 7/18, BStBl. II 2022, 767 = DB 2021, 301, nicht auf Schwester-Kapitalgesellschaften auswirken; kritisch *Krumm* in Kirchhof/Seer[24], § 15 EStG Rz. 96; *Gluth* in H/H/R, § 15 EStG Anm. 801 (Stand: April 2022); *Riedel*, DStR 2023, 1051 (1055); *Schlücke*, Ubg 2022, 344 (351).

4 BFH v. 22.2.2024 – III R 13/23, BStBl II 2024, 487; BFH v. 16.9.1994 – III R 45/92, BStBl II 1995, 75; BFH v. 20.5.1988 – III R 86/83, BStBl II 1988, 739; BFH v. 22.10.1986 – I R 180/82, BStBl II 1987, 117; BFH v. 1.8.1979 – I R 111/78, BStBl II 1980, 77.

5 BFH v. 1.8.1979 – I R 111/78, BStBl. II 1980, 77. Vgl. auch *Broemel/Wierenberg*, DStR 2024, 1795 (1796); *Riedel*, DStR 2023, 1051 (1052).

6 FG Hamburg v. 8.4.2025 – 5 K 103/24, juris.

eine Stiftung[1] und eine Genossenschaft.[2] Ist die Körperschaft wegen Gemeinnützigkeit i.S.d. §§ 52 AO i.V.m. § 5 Abs. 1 Nr. 9 KStG von der Körperschaftsteuer befreit, kann sie ebenfalls als Besitzunternehmen einer Betriebsaufspaltung fungieren.[3] Gleiches gilt für sonstige nach Maßgabe von § 5 KStG steuerbefreite Körperschaften wie z.B. einen Berufsverband.[4]

Betriebsaufspaltung und gemeinnützige Körperschaften. Zur Sonderthematik der Betriebsaufspaltung im Gemeinnützigkeitsrecht bzw. unter Einbindung gemeinnütziger Körperschaften s. Rz. 3.682 ff.[5] 3.70

b) Öffentlich-rechtliche Rechtsformen

Juristische Person des öffentlichen Rechts. Besitzunternehmen einer Betriebsaufspaltung kann auch eine Körperschaft des öffentlichen Rechts sein, insbesondere eine kommunale Gebietskörperschaft (Stadt, Gemeinde), Anstalt des öffentlichen Rechts (z.B. Universitätsklinikum), öffentlich-rechtliche Stiftung oder sonstige Körperschaft des öffentlichen Rechts (z.B. Universität).[6] 3.71

Betriebsaufspaltung und Körperschaften des öffentlichen Rechts. Zur Sonderthematik der Betriebsaufspaltung unter Einbindung von Körperschaften des öffentlichen Rechts s. Rz. 3.728 ff.[7] Hierzu an dieser Stelle nur folgende Leitlinien: Betriebe gewerblicher Art (BgA) von juristischen Personen des öffentlichen Rechts (jPdÖR) werden körperschaftsteuerlich wie „fiktive Kapitalgesellschaften" behandelt.[8] Abweichendes gilt „aus Vereinfachungsgründen" nur dann, wenn die jPdöR ihrem BgA eine funktional wesentliche Betriebsgrundlage entgeltlich überlässt; insoweit ist dann 3.72

1 Zur Stiftung als Besitzunternehmen vgl. *Fichtelmann*, GmbH-StB 2016, 50 (53).
2 Zur Genossenschaft als Besitzunternehmen vgl. *Micker* in Söffing/Micker, Betriebsaufspaltung[10], Rz. 708.
3 Die Grundsätze der Betriebsaufspaltung sind auch auf gemeinnützige Körperschaften anzuwenden, vgl. BFH v. 17.11.2020 – I R 72/16, BFH/NV 2021, 863 (Stiftung); BFH v. 21.5.1997 – I R 164/94, BFH/NV 1997, 825 (Sportverein); BFH v. 5.6.1985 – I S 2/85, BFH/NV 1986, 433 (Verein); FG Düsseldorf v. 17.9.2013 – 6 K 2430/13, EFG 2013, 1958 (Stiftung, rkr.); *Micker* in Söffing/Micker, Betriebsaufspaltung[10], Rz. 749 ff.; *Hüttemann*, Gemeinnützigkeits- u. Spendenrecht[5], § 6 Rz. 135. Sie gelten nur dann nicht, wenn sowohl das Besitz- als auch das Betriebsunternehmen steuerbegünstigt sind, vgl. AEAO zu § 64 Abs. 1 AO, Nr. 3 Abs. 1 Satz 8; *Schauhoff* in Schauhoff/Kirchhain, Handbuch der Gemeinnützigkeit[4], § 19 Rz. 32 m.w.N.
4 BFH v. 25.8.2010 – I R 97/09, BFH/NV 2011, 312. Vgl. auch FG Hamburg v. 8.4.2025 – 5 K 103/24, juris.
5 Zu Einzelheiten auch *Micker* in Söffing/Micker, Betriebsaufspaltung[10], Rz. 749 ff.
6 BFH v. 6.6.2025 – I B 8/23, BFH/NV 2025, 1027; BFH v. 24.4.2002 – I R 20/01, BStBl. II 2003, 412 = DB 2002, 1693; BFH v. 3.2.1993 – I R 61/91, BStBl. II 1993, 459; BFH v. 6.11.1985 – I R 272/81, BFH/NV 1987, 123; BFH v. 14.3.1984 – I R 223/80, BStBl. II 1984, 496.
7 Vgl. hierzu auch *Micker* in Söffing/Micker, Betriebsaufspaltung[10], Rz. 756 ff.; *Gay* in Hidien/Jürgens, Die Besteuerung der öffentlichen Hand, § 13 Rz. 93 ff.
8 BFH v. 30.1.2018 – VIII R 42/15, BStBl. II 2019, 96; BFH v. 12.10.1978 – I R 149/75, BStBl. II 1979, 192.

zur Vermeidung der ansonsten erforderlichen Annahme eines zweiten (Besitz-)BgA kein Besitz-BgA einer Betriebsaufspaltung gegeben, vielmehr ist das Wirtschaftsgut als Betriebsvermögen des nutzenden BgA zu aktivieren. Die Miet- oder Pachtzahlungen sind dann als vGA i.S.d. § 8 Abs. 3 Satz 2 KStG zu qualifizieren.[1] Im Verhältnis der jPdöR zu einem von ihr beherrschten Unternehmen sind die Grundsätze der Betriebsaufspaltung jedoch auch bei jPdöR anzuwenden.[2]

III. Betriebsunternehmen

1. Gewerbliches Unternehmen

3.73 **Gewerbliche Einkünfte i.S.v. § 15 EStG oder § 8 Abs. 2 KStG.** Betriebsunternehmen im Rahmen einer Betriebsaufspaltung kann nur ein Unternehmen sein, das aufgrund seiner Tätigkeit originär Einkünfte aus Gewerbebetrieb i.S.d. § 15 Abs. 1 i.V.m. Abs. 2 EStG oder § 15 Abs. 3 Nr. 1 EStG erzielt oder kraft Rechtsform nach § 15 Abs. 3 Nr. 2 EStG oder gem. § 8 Abs. 2 KStG gewerblich tätig ist, weil nur eine Gewerblichkeit des Betriebsunternehmens auf das Besitzunternehmen „abfärben" kann.[3] Dass die Betriebsgesellschaft ggf. ihrerseits rein vermögensverwaltend tätig ist und lediglich kraft Rechtsform eine gewerbliche Tätigkeit ausübt, ist dabei unbeachtlich, so dass durch die Überlassung eines Grundstücks an eine Kapitalgesellschaft oder Optionsgesellschaft i.S.d. § 1a KStG bei gegebener personeller Verflechtung wegen § 8 Abs. 2 KStG auch dann eine Betriebsaufspaltung begründet wird, wenn sich die Geschäftstätigkeit der Kapital-Optionsgesellschaft auf die Weitervermietung des Grundstücks beschränkt.[4] Für die Weitervermietung durch eine gewerblich geprägte GmbH & Co. KG i.S.d. § 15 Abs. 3 Nr. 2 EStG gilt dasselbe.

3.74 **Gewerbliche Einkünfte i.S.v. § 8 Abs. 1 i.V.m. § 15 KStG.** Ist das Betriebsunternehmen keine Kapitalgesellschaft, sondern eine sonstige Körperschaft i.S.d. § 1 KStG, für die § 8 Abs. 2 KStG nicht gilt (z.B. ein Verein oder eine Familienstiftung), muss diese in dem die überlassene wesentliche Betriebsgrundlage nutzenden Bereich gewerbliche Einkünfte gem. § 8 Abs. 1 KStG i.V.m. § 15 EStG erzielen.

---

1 BFH v. 24.4.2002 – I R 20/01, BStBl. II 2003, 412; BFH v. 14.3.1984 – I R 223/80, BStBl. II 1984, 496.

2 BFH v. 6.6.2025 – I B 8/23, BFH/NV 2025, 1027.

3 BFH v. 19.2.2019 – X R 42/16, BFH/NV 2019, 586; BFH v. 22.6.2016 – X R 54/14, BStBl. II 2017, 529 = DB 2016, 2449; BFH v. 18.6.2015 – IV R 11/13, BFH/NV 2015, 1398; BFH v. 18.6.2015 – IV R 12/13, BFH/NV 2015, 1401; BFH v. 18.6.2015 – IV R 13/13, BFH/NV 2015, 1405; BFH v. 10.11.2005 – IV R 29/04, BStBl. II 2006, 173 = DB 2006, 1250; BFH v. 12.5.2004 – X R 59/00, BStBl. II 2004, 607 = DB 2004, 1592; BFH v. 13.11.1997 – IV R 67/96, BStBl. II 1998, 254 = DB 1998, 452. Vgl. auch *Wacker* in Schmidt[44], § 15 EStG Rz. 855; *Micker* in Söffing/Micker, Betriebsaufspaltung[10], Rz. 47 f., 931 ff.; kritisch *Krumm* in Kirchhof/Seer[24], § 15 EStG Rz. 88.

4 BFH v. 22.6.2016 – X R 54/14, BStBl. II 2017, 529 = DB 2016, 2449; BFH v. 18.6.2015 – IV R 11/13, BFH/NV 2015, 1398; BFH v. 18.6.2015 – IV R 12/13, BFH/NV 2015, 1401; BFH v. 18.6.2015 – IV R 13/13, BFH/NV 2015, 1405 (Betriebsaufspaltung mit vermögensverwaltender GmbH).

Gewerbliche Einkünfte i.S.v. § 64 AO oder § 4 KStG. Ist das Betriebsunternehmen eine gemeinnützige Körperschaft i.S.d. §§ 52 ff. AO i.V.m. § 5 Abs. 1 Nr. 9 KStG, muss diese in dem die überlassene wesentliche Betriebsgrundlage nutzenden Bereich gewerbliche Einkünfte im Rahmen eines steuerpflichtigen wirtschaftlichen Geschäftsbetriebs i.S.d. § 64 AO erzielen.[1] Ist das Betriebsunternehmen eine Körperschaft des öffentlichen Rechts, muss diese in der nutzenden Vermögenssphäre gewerbliche Einkünfte im Rahmen eines steuerpflichtigen Betriebs gewerblicher Art i.S.d. § 4 KStG erzielen.[2] 3.75

Nichtgewerbliche Einkünfte i.S.v. § 13 EStG oder § 18 EStG. Unterhält das Unternehmen, zu dem eine sachliche und personelle Verflechtung besteht, keinen Gewerbebetrieb, liegen keine besonderen Umstände vor, die es rechtfertigen würden, die vermögensverwaltende oder sonstige betriebliche Tätigkeit des überlassenden Besitzunternehmens als gewerbliche Tätigkeit zu qualifizieren. Damit kann ein Unternehmen, das Einkünfte aus Land- und Forstwirtschaft i.S.d. § 13 EStG oder Einkünfte aus selbständiger Arbeit i.S.d. § 18 EStG erzielt, durch Nutzung einer wesentlichen Betriebsgrundlage nicht zur Betriebsgesellschaft einer Betriebsaufspaltung werden.[3] Das überlassene Wirtschaftsgut wird dann nach allgemeinen Grundsätzen zu Sonderbetriebsvermögen bei der nutzenden Gesellschaft.[4] Etwas anderes gilt aber für eine nutzende Freiberufler-GmbH & Co. KG, da es in diesem Fall aufgrund der Gesellschafterstellung der Komplementär-GmbH zur Beteiligung eines Berufsfremden kommt und damit ungeachtet einer etwaigen gewerblichen Entprägung der GmbH & Co. KG entsprechend § 15 Abs. 3 Nr. 1 EStG gewerbliche Einkünfte bei der nutzenden Gesellschaft vorliegen.[5] Das überlassende Unternehmen wird dann z.B. bei Grundbesitzüberlassung an die gewerbliche Gesellschaft zum Besitzunternehmen einer Betriebsaufspaltung. 3.76

Gewerbesteuerbefreiung unbeachtlich. Einer etwaigen Gewerbesteuerbefreiung der gewerblichen Betriebsgesellschaft (z.B. nach § 3 Nr. 20 GewStG) kommt für die Entstehung einer Betriebsaufspaltung keine Bedeutung zu.[6] Die Gewerbesteuerbefreiung des Betriebsunternehmens führt aber aufgrund der sog. Merkmalübertragung zur – ggf. partiellen[7] – Gewerbesteuerbefreiung auch des Besitzunterneh- 3.77

1 AEAO zu § 64 Abs. 1 Nr. 3 Satz 7. Zu gemeinnützigen Betriebskörperschaften vgl. *Wacker* in Schmidt[44], § 15 EStG Rz. 855.

2 BFH v. 14.3.1984 – I R 223/80, BStBl. II 1984, 496; BFH v. 6.11.1985 – I R 272/81, BFH/NV 1987, 123; BFH v. 3.2.1993 – I R 61/91, BStBl. II 1993, 459. Vgl. auch BMF v. 15.11.2021 – IV C 2-S 2706/19/10008:001, BStBl. I 2021, 2483, Rz. 17; *Micker* in Söffing/Micker, Betriebsaufspaltung[10], Rz. 756 ff.

3 BFH v. 10.11.2005 – IV R 29/04, BStBl. II 2006, 173 = DB 2006, 1250; FG Düsseldorf v. 26.6.2023 – 10 K 2800/20 G, EFG 2023, 1148. H 15.7 Abs. 4 EStH „Mitunternehmerische Betriebsaufspaltung“ 2021. Kritisch *Krumm* in Kirchhof/Seer[24], § 15 EStG Rz. 88.

4 BFH v. 10.11.2005 – IV R 29/04, BStBl. II 2026, 173.

5 BFH v. 10.10.2012 – VIII R 42/10, BStBl. II 2013, 79 = DB 2012, 2848.

6 BFH v. 19.2.2019 – X R 42/16, BFH/NV 2019, 586 (zu § 3 Nr. 13 GewStG).

7 FG Saarland v. 27.5.2021 – 1 V 1045/21, EFG 2021, 1495 (rkr.).

mens.[1] Eine solche Merkmalsübertragung ändert aber nichts am Vorliegen der Betriebsaufspaltung als solcher, so dass deren sonstige Rechtsfolgen eintreten können.[2]

2. Einzelunternehmen

3.78 **Kein taugliches Betriebsunternehmen.** Das Betriebsunternehmen einer Betriebsaufspaltung kann nicht die Rechtsform eines Einzelunternehmens haben.[3] Dies folgt schon daraus, dass hier eine Beherrschung nicht möglich ist. Denn bei einer Nutzungsüberlassung durch ein vom Einzelunternehmer beherrschtes Besitzunternehmen beherrscht nicht das Besitzunternehmen den Einzelunternehmer, sondern umgekehrt der Einzelunternehmer das Besitzunternehmen.

3. Personengesellschaft

3.79 **Rechtsformen.** Das Betriebsunternehmen kann die Rechtsform einer Personengesellschaft mit Einkünften aus Gewerbebetrieb i.S.d. § 15 Abs. 1 Satz 1 Nr. 2 Satz 1 i.V.m. Abs. 2 EStG bzw. § 15 Abs. 3 Nr. 1 oder Nr. 2 EStG haben.[4] Als Betriebsunternehmen kommen dabei die gewerblich tätige GbR, OHG und KG inklusive GmbH & Co. KG in Betracht, ggf. auch eine atypisch stille Gesellschaft[5] (dazu auch Rz. 3.81 und Rz. 3.589).

3.80 **Nur im Verhältnis zu bestimmten Besitzunternehmen.** Eine gewerbliche Personengesellschaft kann nur im Verhältnis zu bestimmten Besitzunternehmen als Betriebsunternehmen fungieren bzw. eine Betriebsaufspaltung begründen:

3.81 **Im bestimmten Verhältnis zu einer Besitz-Schwesterpersonengesellschaft oder -Rechtsgemeinschaft.** Eine gewerbliche Betriebs-Personengesellschaft kann im Verhältnis zu einer (mehrheitlich) personenidentischen gewerblichen Besitz-Schwesterpersonengesellschaft oder -Rechtsgemeinschaft als Betriebsunternehmen einer Betriebsaufspaltung fungieren, sofern die Besitz-Schwesterpersonengesellschaft oder

---

1 BFH v. 29.3.2006 – X R 59/00, BStBl. II 2006, 661 (Besitz-Einzelunternehmen) = DB 2006, 1352; BFH v. 20.8.2015 – IV R 26/13, BStBl. II 2016, 408 (Besitz-Personengesellschaft in der Rechtsform der GmbH & Co. KG). Da die Gewerbesteuerbefreiung gem. BFH v. 20.8.2015 – IV R 26/13, BStBl. II 2016, 408 rechtsformneutral ausgestaltet ist, dürfte auch die Merkmalsübertragung rechtsformunabhängig sein, so dass es bei Befreiung auch im Verhältnis zu einer Besitz-Kapitalgesellschaft gilt, vgl. auch *Wendt*, FR 2016, 32 (Anmerkung zum Urt. IV R 26/13) und *Binnewies*, GmbH-StB 2019, 17.

2 BFH 20.8.2015 – IV R 26/13, BStBl. II 2016, 408 = FR 2016, 32 m. Anm. v. *Wendt*.

3 *Wacker* in Schmidt[44], § 15 EStG Rz. 855; *Krumm* in Kirchhof/Seer[24], § 15 EStG Rz. 82. *Micker* in Söffing/Micker, Betriebsaufspaltung[10], Rz. 920 ff. A.A. *Neufang/Neufang*, StBp 2023, 126, 128 (für den Fall der umgekehrten Betriebsaufspaltung); *Schulze zur Wiesche*, DB 1983, 634.

4 BFH v. 8.9.2011 – IV R 44/07, BStBl. II 2012, 136 = FR 2012, 174; BFH v. 25.7.1997 – VI R 107/96, BStBl. II 1998, 329 = FR 1998, 69; BFH v. 10.11.1994 – IV R 15/93, BStBl. II 1995, 452 = FR 1995, 467; BFH v. 25.4.1985 – IV R 36/82, BStBl. II 1985, 622; BFH v. 29.7.1976 – IV R 145/72, BStBl. II 1976, 750.

5 Hierzu BFH v. 19.9.2024 – IV R 5/20, BFH/NV 2025, 149. Vgl. auch *Schulze zur Wiesche*, DStZ 2023, 686 (694).

-Rechtsgemeinschaft die wesentliche Betriebsgrundlage mit Gewinnerzielungsabsicht an die gewerbliche Betriebs-Personengesellschaft überlässt. Es ist dann eine sog. mitunternehmerische Betriebsaufspaltung gegeben. Gewerbliche Betriebs-Personengesellschaft kann auch eine atypisch stille Gesellschaft sein. Hierzu kommt es im Fall einer GmbH & atypisch Still, bei der der atypisch stille Gesellschafter der von ihm beherrschten GmbH über eine von ihm ebenfalls beherrschte Besitz-GbR oder Miteigentümergemeinschaft eine wesentliche Betriebsgrundlage mit Gewinnerzielungsabsicht überlässt, die infolge des atypisch stillen Beteiligungsverhältnisses als der atypisch stillen Gesellschaft als eigenständiger Mitunternehmerschaft überlassen gilt. Es ist dann eine mitunternehmerische Betriebsaufspaltung zwischen der Besitz-GbR oder Besitz-Gemeinschaft und der atypisch stillen Betriebs-Gesellschaft gegeben (s. Rz. 3.589).[1]

Im Verhältnis zu einer Besitz-Tochterkapitalgesellschaft oder -Optionsgesellschaft i.S.d. § 1a KStG. Eine gewerbliche Betriebs-Personengesellschaft kann im Verhältnis zu einer Tochter-Besitzkapitalgesellschaft oder -Optionsgesellschaft i.S.d. § 1a KStG Betriebsunternehmen einer Betriebsaufspaltung sein. Es liegt dann eine sog. umgekehrte Betriebsaufspaltung vor. 3.82

Im Verhältnis zu einer Kapitalgesellschaft, deren Anteile von den Mitunternehmern gehalten werden. Eine gewerbliche Betriebs-Personengesellschaft kann auch im Verhältnis zu einer Besitz-Kapitalgesellschaft oder -Optionsgesellschaft i.S.d. § 1a KStG Betriebsunternehmen einer Betriebsaufspaltung sein, wenn die Anteile an der Besitz-Kapitalgesellschaft bzw. Besitz-Optionsgesellschaft i.S.d. § 1a KStG den Gesellschaftern der Betriebs-Personengesellschaft zuzurechnen sind und zu deren Sonderbetriebsvermögen II bei der Betriebs-Personengesellschaft rechnen. Auch dann ist eine umgekehrte Betriebsaufspaltung gegeben. 3.83

Im bestimmten Verhältnis zu einer Mutter-Besitzkapitalgesellschaft oder -Optionsgesellschaft i.S.d. § 1a KStG. Eine gewerbliche Betriebs-Personengesellschaft kann auch als Enkelgesellschaft einer mittelbar beherrschenden Mutter-Besitzkapitalgesellschaft oder Besitz-Optionsgesellschaft i.S.d. § 1a KStG in einem Betriebsaufspaltungsverhältnis stehen, wenn die zwischengeschaltete Tochtergesellschaft die Rechtsform einer Kapitalgesellschaft oder sonstigen Körperschaft hat oder eine Optionsgesellschaft i.S.d. § 1a KStG ist. Es ist dann eine mitunternehmerische Betriebsaufspaltung gegeben.[2] 3.84

4. Rechtsgemeinschaft

Erbengemeinschaft. Auch eine Rechtsgemeinschaft mit eigenem Vermögen (Gesamthandsvermögen), insbesondere eine Erbengemeinschaft, kann als Betriebsunternehmen in Betracht kommen, wenn die Gemeinschaft wirtschaftlich mit einer mitunternehmerisch tätigen Personengesellschaft i.S.d. § 15 Abs. 1 Satz 1 Nr. 2 Satz 1 3.85

---

1 Vgl. auch *Schulze zur Wiesche*, DStZ 2023, 686 (694).

2 Zu diesem bislang wenig diskutierten Fall vgl. auch *Wacker* in Schmidt[44], § 15 EStG Rz. 859 (zu 2 b).

EStG vergleichbar ist. In aller Regel wird durch die Tätigkeit der Erbengemeinschaft als Betriebsunternehmen jedoch eine Personengesellschaft in der Rechtsform einer GbR oder OHG errichtet, so dass für diese Fälle die Grundsätze zu Betriebsunternehmen in der Rechtsform einer Personengesellschaft entsprechend gelten.[1] Dazu Rz. 3.77 ff.

3.86 **Eheliche Güter- und Bruchteilsgemeinschaft.** Eheliche Güter- und Bruchteilsgemeinschaften scheiden als Betriebsunternehmen aus, da sie lediglich auf das Halten und Verwalten von Vermögensgegenständen ausgerichtet sind.

5. Kapitalgesellschaft und Optionsgesellschaft i.S.d. § 1a KStG

3.87 **Rechtsformen.** Das Betriebsunternehmen hat typischerweise die Rechtsform einer Kapitalgesellschaft, konkret einer GmbH (auch als Vorgesellschaft).[2] Seltener ist eine AG als Betriebsunternehmen anzutreffen.[3] Auch die UG und KGaA können Betriebsunternehmen im Rahmen einer Betriebsaufspaltung sein. Schließlich kann auch eine Personengesellschaft, die gem. § 1a KStG zur KSt-Besteuerung optiert hat (sog. Optionsgesellschaft), als Betriebsunternehmen fungieren.[4] Alle diese Betriebsunternehmen erzielen gem. § 8 Abs. 2 KStG ausschließlich gewerbliche Einkünfte. Dass die Betriebs-Kapitalgesellschaft oder -Optionsgesellschaft i.S.d. § 1a KStG zugleich persönlich haftender Gesellschafter der Besitz-Personengesellschaft (GmbH & Co. KG) ist, steht einer Betriebsaufspaltung nicht entgegen.[5]

3.88 **Betriebsunternehmen nur im Verhältnis zu bestimmten Besitzunternehmen.** Eine Kapitalgesellschaft bzw. Optionsgesellschaft i.S.d. § 1a KStG kann nur im Verhältnis zu bestimmten Besitzunternehmen als Betriebsunternehmen fungieren bzw. eine Betriebsaufspaltung begründen:

3.89 **Im Verhältnis zu einer natürlichen Person bzw. Einzelunternehmer.** Eine Betriebs-Kapitalgesellschaft bzw. -Optionsgesellschaft i.S.d. § 1a KStG kann im Verhältnis zu einer (beherrschenden) natürlichen (Besitz-)Person als Betriebsunternehmen einer Betriebsaufspaltung fungieren. Es ist dann eine sog. klassische Betriebsaufspaltung gegeben.

3.90 **Im Verhältnis zu einer Besitz-Personengesellschaft oder -Rechtsgemeinschaft.** Eine Betriebs-Kapitalgesellschaft bzw. -Optionsgesellschaft i.S.d. § 1a KStG kann auch im Verhältnis zu einer (mehrheitlich) personenidentischen Besitz-Personengesellschaft (Schwestergesellschaft) oder -Rechtsgemeinschaft als Betriebsunternehmen einer Betriebsaufspaltung fungieren. Auch dann liegt eine sog. klassische Betriebsaufspaltung vor.

---

1 *Micker* in Söffing/Micker, Betriebsaufspaltung[10], Rz. 927.

2 BFH v. 12.12.2007 – X R 17/05, BStBl. II 2008, 579 = FR 2008, 565 m. Anm. v. *Wendt.*

3 BFH v. 23.3.2011 – X R 45/09, BFH/NV 2011, 1565; BFH v. 28.1.1982 – IV R 100/78, BStBl. II 1982, 479. Hierzu auch H 15.7 (6) EStH 2021 „Betriebs-AG".

4 *Wacker* in Schmidt[44], § 15 EStG Rz. 803a.

5 BFH v. 30.9.1991 – IV B 21/91 BFH/NV 1992, 333.

Im Verhältnis zu einer Besitz-Mutterkapitalgesellschaft bzw. -Optionsgesellschaft i.S.d. § 1a KStG. Schließlich kann eine Betriebs-Kapitalgesellschaft bzw. -Optionsgesellschaft i.S.d. § 1a KStG im Verhältnis zu einer (beherrschenden) Besitz-Mutterkapitalgesellschaft bzw. -Optionsgesellschaft i.S.d. § 1a KStG Betriebsunternehmen einer Betriebsaufspaltung sein. Es ist dann eine sog. kapitalistische Betriebsaufspaltung gegeben. 3.91

6. Sonstige Körperschaft

a) Privatrechtliche Rechtsformen

Juristische Person des Privatrechts. Betriebsunternehmen einer Betriebsaufspaltung kann neben dem Regelfall einer Kapitalgesellschaft oder Optionsgesellschaft i.S.d. § 1a KStG auch eine sonstige Körperschaft (juristische Person) des Privatrechts sein, z.B. eine eingetragene Genossenschaft,[1] die gem. § 8 Abs. 2 KStG ausschließlich gewerbliche Einkünfte erzielt. Ein eingetragener Verein[2] oder eine Stiftung,[3] für die § 8 Abs. 2 KStG nicht gilt, können für den Bereich Betriebsunternehmen sein, in dem gem. § 8 Abs. 1 KStG i.V.m. § 15 Abs. 2 EStG gewerbliche Einkünfte erzielt werden und in dem die überlassene wesentliche Betriebsgrundlage genutzt wird. Ist die Körperschaft nach Maßgabe von § 5 KStG – insbesondere wegen Gemeinnützigkeit i.S.d. §§ 52 AO i.V.m. § 5 Abs. 1 Nr. 9 KStG – von der Körperschaftsteuer befreit, kann sie als Betriebsunternehmen einer Betriebsaufspaltung fungieren, soweit sie gewerbliche Einkünfte insbesondere aus einem die überlassene wesentliche Betriebsgrundlage nutzenden wirtschaftlichen Geschäftsbetrieb i.S.d. § 64 AO erzielt.[4] 3.92

Betriebsunternehmen nur im Verhältnis zu bestimmten Besitzunternehmen. Eine sonstige Körperschaft (juristische Person) des Privatrechts kann nur im Verhältnis zu bestimmten Besitzunternehmen als Betriebsunternehmen fungieren bzw. eine Betriebsaufspaltung begründen. Bei regulär KSt-pflichtigen (bzw. nicht z.B. wegen Gemeinnützigkeit steuerbefreiten) Körperschaften gelten aufgrund der Vergleichbarkeit zur Sach- und Rechtslage bei Kapitalgesellschaften und Optionsgesellschaften i.S.d. § 1a KStG die Ausführungen zu Rz. 3.61 ff. entsprechend. 3.93

Betriebsaufspaltung und gemeinnützige Körperschaften. Zur Sonderthematik der Betriebsaufspaltung im Gemeinnützigkeitsrecht bzw. unter Einbindung gemeinnütziger Körperschaften s. Rz. 3.682 ff. 3.94

---

1 BFH v. 8.9.2011 – IV R 44/07, BStBl. II 2012, 136 (zur eingetragenen Genossenschaft) = FR 2012, 174; BFH v. 25.4.1985 – IV R 36/82, BStBl. II 1985, 622; BFH v. 29.7.1976 – IV R 145/72, BStBl. II 1976, 750.

2 BFH v. 21.5.1997 – I R 164/94, BFH/NV 1997, 825. Vgl. auch FG Hamburg v. 8.4.2025 – 5 K 103/24, juris (rkr.).

3 Zur Stiftung als Betriebsunternehmen vgl. *Fichtelmann*, GmbH-StB 2016, 50 (54).

4 BFH v. 19.02.2019 – X R 42/16, BFH/NV 2019, 586; FG Münster v. 2.9.2025 – 1 K 102/23 E, juris: vgl. auch AEAO zu § 64 Abs. 1 AO, Nr. 3 Satz 8.

b) Öffentlich-rechtliche Rechtsformen

3.95 **Juristische Person des öffentlichen Rechts.** Betriebsunternehmen einer Betriebsaufspaltung kann auch eine Körperschaft des öffentlichen Rechts sein, insbesondere eine kommunale Gebietskörperschaft (Stadt, Gemeinde), Anstalt des öffentlichen Rechts (z.B. Universitätsklinikum), öffentlich-rechtliche Stiftung oder sonstige Körperschaft des öffentlichen Rechts (z.B. Universität), soweit sie in einem, die überlassene wesentliche Betriebsgrundlage nutzenden, steuerpflichtigen Betrieb gewerblicher Art i.S.d. § 4 KStG gewerbliche Einkünfte erzielt.

3.96 **Betriebsaufspaltung und Körperschaften des öffentlichen Rechts.** Zur Sonderthematik der Betriebsaufspaltung unter Einbindung von Körperschaften des öffentlichen Rechts s. Rz. 3.728 ff.

IV. Sachliche Verflechtung

1. Rechtfertigung

3.97 **Einfluss auf beide Unternehmen.** Die Rechtfertigung für das Erfordernis des Überlassens einer wesentlichen Betriebsgrundlage als Voraussetzung für die Annahme einer Betriebsaufspaltung besteht darin, dass das Betriebsunternehmen ohne die überlassene wesentliche Betriebsgrundlage seinen Betrieb in der Form, wie es ihn mithilfe der überlassenen wesentlichen Betriebsgrundlage führt, nicht fortführen kann und deshalb der oder die Besitzunternehmer auch durch die Überlassung einer wesentlichen Betriebsgrundlage einen beherrschenden Einfluss auf das Betriebsunternehmen ausüben kann bzw. können.[1] Durch die sachliche Verflechtung wird also die Einflussnahme auf beide Unternehmen und ihre Geschäftspolitik koordiniert.[2]

2. Überlassung mindestens einer wesentlichen Betriebsgrundlage

a) Differenzierungen

aa) Einfache Betriebsaufspaltung

3.98 **Überlassung einer wesentlichen Betriebsgrundlage.** Die erforderliche sachliche Verflechtung ist gegeben, wenn das Besitzunternehmen dem Betriebsunternehmen mindestens ein materielles oder immaterielles Wirtschaftsgut zur Nutzung überlässt, das beim Betriebsunternehmen eine funktional wesentliche Betriebsgrundlage darstellt.[3] Nicht erforderlich ist, dass das Besitzunternehmen der Betriebsgesellschaft sämtliche für den operativen Betrieb wesentlichen Betriebsgrundlagen zur Nutzung

---

1 BFH v. 28.11.2001 – X R 50/97, BStBl. II 2002, 363 = FR 2002, 332 m. Anm. v. *Söffing*; BFH v. 21.8.1996 – X R 25/93, BStBl. II 1997, 44 = FR 1997, 24; BFH v. 4.11.1992 – XI R 1/92, BStBl. II 1993, 245 = FR 1993, 195.

2 BFH v. 24.8.1989 – IV R 135/86, BStBl. II 1989, 1014 = DB 1989, 2517.

3 BFH v. 24.9.2015 – IV R 9/13, BStBl. II 2016, 154 = FR 2016, 269 m. Anm. v. *Wendt*; BFH v. 18.6.2015 – IV R 11/13, BFH/NV 2015, 1398; BFH v. 29.11.2012 – IV R 37/10, BFH/NV 2013, 910; BFH v. 10.5.2012 – IV R 34/09, BStBl. II 2013, 471 = FR 2013, 551 m. Anm. v. *Prinz* u. *Kempermann*.

überlässt oder es sich bei der überlassenen wesentlichen Betriebsgrundlage um die einzige wesentliche Betriebsgrundlage der Betriebsgesellschaft handelt.[1]

bb) Qualifizierte Betriebsaufspaltung

Überlassung aller wesentlichen Betriebsgrundlagen. Überlässt das Besitzunternehmen der Betriebsgesellschaft alle wesentlichen Betriebsgrundlagen, sind zugleich die Voraussetzungen einer (qualifizierten) Betriebsaufspaltung sowie einer Betriebsverpachtung im Ganzen erfüllt.[2] Wird nur eine wesentliche Betriebsgrundlage überlassen, z.B. das Betriebsgrundstück (ggf. einschließlich der Betriebsvorrichtungen), ist nur dann eine Betriebsverpachtung im Ganzen gegeben, wenn das Grundstück die alleinige wesentliche Betriebsgrundlage der Betriebsgesellschaft darstellt.[3] In beiden Fällen überlagert die Betriebsaufspaltung die Grundsätze der Betriebsverpachtung im Ganzen; es gelten also vorrangig die Regelungen zur Betriebsaufspaltung. Damit kann der Verpächter insbesondere nicht durch einseitige Erklärung i.S.d. § 16 Abs. 3b EStG gegenüber dem Finanzamt die Betriebsaufspaltung beenden, solange deren rechtliche Voraussetzungen bestehen.[4] Bei Beendigung der Betriebsaufspaltung durch Entfall der personellen Verflechtung kann die Aufdeckung der stillen Reserven aufgrund Betriebsaufgabe des Besitzunternehmens i.S.d. § 16 Abs. 3 Satz 1 EStG vermieden werden, wenn die Voraussetzungen der (dann nicht mehr überlagerten) Betriebsverpachtung im Ganzen weiterhin gegeben sind (dazu im Einzelnen Rz. 3.561 ff.). 3.99

cc) Mehrfache Betriebsaufspaltungen

Mehrere Besitz- oder Betriebsunternehmen. Aus dem Erfordernis der Überlassung nur einer wesentlichen Betriebsgrundlage an ein Betriebsunternehmen folgt einerseits, dass das Besitzunternehmen durch eine derartige Überlassung in einem Betriebsaufspaltungsverhältnis zu mehreren Betriebsunternehmen stehen kann.[5] Andererseits kann ein Betriebsunternehmen Betriebsaufspaltungen mit mehreren Besitzunternehmen unterhalten, die dem Betriebsunternehmen jeweils einzelne wesentliche Betriebsgrundlagen zur Nutzung überlassen.[6] Es handelt sich dann um jeweils 3.100

---

1 BFH v. 29.11.2017 – X R 8/16, BFH/NV 2018, 656; BFH v. 17.11.1992 – VIII R 36/91, BStBl. II 1993, 233 = FR 1993, 126.

2 BFH v. 29.11.2017 – X R 34/15, BFH/NV 2018, 623; BFH v. 17.4.2002 – X R 8/00, BStBl. II 2002, 527 = FR 2002, 821 m. Anm. v. *Wendt*; Hierzu auch *Micker* in Söffing/Micker, Betriebsaufspaltung[10], Rz. 1604 ff.

3 BFH v. 14.3.2006 – VIII R 80/03, BStBl. II 2006, 591 = FR 2006, 826 m. Anm. v. *Wendt*.

4 BFH v. 19.9.2017 – IV B 85/16, BFH/NV 2018, 51; FG Düsseldorf v. 28.2.2007 – 7 K 6571/04 E, EFG 2007, 1503 (rkr.). Vgl. auch BFH v. 19.8.2009 – III R 68/06, BFH/NV 2010, 491.

5 BFH v. 10.5.2012 – IV R 34/09, BStBl. II 2013, 471 = FR 2013, 551 m. Anm. v. *Prinz* u. *Kempermann*; BFH v. 12.11.1997 – XI R 24/97, BFH/NV 1998, 690; BFH v. 24.4.1991 – X R 84/88, BStBl. II 1991, 713 = FR 1991, 456; BFH v. 25.8.1993 – XI R 6/93, BStBl. II 1994, 23; BFH v. 24.7.1986 – IV R 98-99/85, BStBl. II 1986, 913; BFH v. 11.11.1982 – IV R 117/80, BStBl. II 1983, 299.

6 BFH v. 18.6.2015 – IV R 11/13, BFH/NV 2015, 1398; BFH v. 18.6.2015 – IV R 12/13, BFH/NV 2015, 1401; BFH v. 18.6.2015 – IV R 13/13, BFH/NV 2015, 1405; BFH v. 7.11.1985 – IV R 65/83, BStBl. II 1986, 364.

gesondert zu beurteilende Betriebsaufspaltungen.[1] Eine Zusammenfassung mehrerer Besitzunternehmen in einem Unternehmen kommt nur dann in Betracht, wenn die jeweiligen Nutzungsüberlassungen im Rahmen einer – etwa konkludent – vereinbarten Gesellschaft bürgerlichen Rechts erfolgen.[2] Materielle Bedeutung haben Fallgestaltungen der mehrfachen Betriebsaufspaltung insbesondere für die Frage der Zuordnung der von den Gesellschaftern der Besitz-Personengesellschaft gehaltenen Anteile an der Betriebs-Kapitalgesellschaft oder Betriebs-Optionsgesellschaft i.S.d. § 1a KStG, dazu Rz. 3.368.

b) Begriff der wesentlichen Betriebsgrundlage

aa) Bereichsspezifische Auslegung

3.101 **Keine gesetzliche Definition.** Eine gesetzliche Definition des Begriffs der wesentlichen Betriebsgrundlage existiert nicht. Der Begriff wird nicht nur im Kontext der Betriebsaufspaltung verwendet, sondern auch in vielen anderen steuerlichen Bereichen. So ist die Qualifikation eines Wirtschaftsguts als wesentliche Betriebsgrundlage bei Anteilsübertragungen und Umwandlungsvorgängen wegen der dabei erforderlichen Mitübertragung aller wesentlichen Betriebsgrundlagen zur Inanspruchnahme der Steuerbegünstigungen in § 6 Abs. 3 EStG, § 16 Abs. 1 Satz 1 Nr. 2 EStG, § 16 Abs. 3 EStG, § 34 Abs. 2 Nr. 1 EStG, § 15 UmwStG, § 20 UmwStG und § 24 UmwStG von zentraler Bedeutung. Auch in anderen steuerlichen Zusammenhängen, insbesondere im Rahmen der Betriebsverpachtung, im Rahmen des Haftungstatbestands des § 74 AO (dazu auch Rz. 3.967 ff.) sowie bei der Geschäftsveräußerung im Ganzen i.S.d. § 1 Abs. 1a UStG ist der Begriff der wesentlichen Betriebsgrundlage von maßgeblicher Bedeutung. Kurzum: Der Begriff der wesentlichen Betriebsgrundlage ist einer der bedeutsamsten Begriffe des Unternehmenssteuerrechts. Trotz dieser überragenden Bedeutung ist der Begriff der wesentlichen Betriebsgrundlage aber in keinem Einzelsteuergesetz definiert.

3.102 **Bereichsspezifische Auslegung.** Für die o.g. Regelungsbereiche fehlt es nicht nur an einer Legaldefinition, sondern auch an einer einheitlichen Auslegung des Begriffs der wesentlichen Betriebsgrundlage. Stattdessen wird der Begriff bereichsspezifisch unterschiedlich definiert.[3] Im Kontext der Betriebsaufspaltung haben sich hierzu folgende Leitlinien herausgebildet:

bb) Maßgeblichkeit der Verhältnisse des Betriebsunternehmens

3.103 **Bedeutung für das Betriebsunternehmen.** Maßgeblich für die Beurteilung, ob das überlassene Wirtschaftsgut eine wesentliche Betriebsgrundlage ist, sind die Verhältnisse des jeweiligen Betriebs des Betriebsunternehmens.[4] Ob das dem Betriebsunter-

1 Hierzu auch *Krumm* in Kirchhof/Seer[24], § 15 EStG Rz. 97; *Rutemöller*, DStZ 2012, 839 f.

2 BFH v. 18.8.2005 – IV R 59/04, BStBl. II 2005, 830; BFH v. 7.11.1985 – IV R 65/83, BStBl. II 1986, 364.

3 BFH v. 2.10.1997 – IV R 84/96, BStBl. II 1998, 104 = FR 1998, 319.

4 BFH v. 29.11.2017 – X R 34/15, BFH/NV 2018, 623.

nehmen zur Nutzung überlassene Wirtschaftsgut auch für das Besitzunternehmen eine wesentliche Betriebsgrundlage ist, ist also unerheblich.[1]

Funktionale Wesentlichkeit. Einigkeit besteht zudem darüber, dass im Kontext der Betriebsaufspaltung eine funktionale Betrachtungsweise maßgebend ist.[2] Funktional wesentlich ist die Betriebsgrundlage, wenn sie für das Funktionieren des Betriebsunternehmens unentbehrlich oder notwendig ist (sog. qualitative Wesentlichkeit).[3] Anders als im Rahmen der §§ 16, 34 EStG ist daher ohne Bedeutung, ob in dem überlassenen Wirtschaftsgut erhebliche stille Reserven ruhen (sog. quantitative Wesentlichkeit).[4] 3.104

Besonderes wirtschaftliches Gewicht für die Geschäftstätigkeit des Betriebsunternehmens. Funktional wesentlich sind nach Ansicht der BFH-Rechtsprechung Wirtschaftsgüter, denen ein besonderes wirtschaftliches Gewicht für den Betriebsablauf derart zukommt, dass sie „für die Fortführung des Betriebs notwendig sind oder dem Betrieb das Gepräge geben".[5] Die Finanzverwaltung stellt darauf ab, ob die Wirtschaftsgüter zur Erreichung des Betriebszwecks erforderlich sind und ein besonderes wirtschaftliches Gewicht für die Betriebsführung aufweisen.[6] Hiernach sind vor allem Wirtschaftsgüter des Anlagevermögens als wesentliche Betriebsgrundlage anzunehmen, die für den Betriebsablauf unerlässlich sind, so dass ein Erwerber des Betriebs diesen nur unter Einsatz dieser Wirtschaftsgüter in der bisherigen Form fortführen könnte.[7] Dass das Wirtschaftsgut nach Art, Größe, Zahl und Gestaltung auf die Bedürfnisse des Betriebsunternehmens abgestimmt ist, ist also nicht ausschlaggebend;[8] erforderlich ist allein die Notwendigkeit des Wirtschaftsguts für das Funktionieren des Betriebsunternehmens.[9] Ob das Betriebsunternehmen ein gleichwertiges WG am Markt jederzeit erwerben könnte, ist ebenfalls ohne Bedeutung.[10] 3.105

Unwesentliche Wirtschaftsgüter. Ist das überlassene Wirtschaftsgut für die Geschäftstätigkeit des Betriebsunternehmens nur von geringer wirtschaftlicher Bedeu- 3.106

1 BFH v. 6.11.1991 – XI R 12/87, BStBl. II 1992, 415; BFH v. 14.9.1989 – IV R 142/88, BFH/NV 1990, 522.
2 BFH v. 20.4.2004 – VIII R 13/03, BFH/NV 2004, 1253; BFH v. 26.5.1993 – X R 78/91, BStBl. II 1993, 718 = FR 1993, 607.
3 BFH v. 12.11.1985 – VIII R 342/82, BStBl. II 1986, 299; BFH v. 20.9.1973 – IV R 41/69, BStBl. II 1973, 869.
4 BFH v. 2.10.1997 – IV R 84/96, BStBl. II 1998, 104; BFH v. 24.8.1989 – IV R 135/86, BStBl. II 1989, 1014.
5 BFH v. 17.11.2020 – I R 72/16, BStBl. II 2021, 484 = FR 2021, 544.
6 EStH 15.7 Abs. 5 „Wesentliche Betriebsgrundlage".
7 BFH v. 19.3.2009 – IV R 78/06, BStBl. II 2009, 803 = FR 2009, 1060; BFH v. 12.2.1992 – XI R 18/90, BStBl. II 1992, 723; FG Köln 23.11.2016 – 4 K 3688/12, EFG 2017, 400 (rkr.).
8 BFH v. 17.11.1992 – VIII R 36/91, BStBl. II 1993, 233; BFH v. 7.8.1990 – VIII R 110/87, BStBl. II 1991, 336; BFH v. 11.11.1970 – I R 101/69, BStBl. II 1971, 61.
9 BFH v. 2.4.1997 – X R 21/93, BStBl. II 1997, 565 = FR 1997, 605.
10 BFH v. 18.6.2015 – IV R 11/13, BFH/NV 2015, 1398; BFH v. 29.11.2012 – IV R 37/10, BFH/NV 2013, 910.

tung, liegt keine wesentliche Betriebsgrundlage vor.[1] Wann allerdings das überlassene Wirtschaftsgut eine nur untergeordnete Bedeutung hat, ist bislang nur für punktuelle Einzelbereiche geklärt (s. Rz. 3.118 zu Grundbesitz). Eine absolute Unwesentlichkeitsgrenze hat sich hierzu nicht herausgebildet und wäre auch nicht sachgerecht, da ein Wirtschaftsgut für das Betriebsunternehmen auch dann unentbehrlich sein kann, wenn es nur in geringem Umfang oder für einen Teilbereich des Geschäftsbetriebs von wesentlicher Bedeutung ist. Die damit verbundene Rechtsunsicherheit kann die Beurteilung im jeweiligen Einzelfall jedoch erheblich erschweren.

cc) Besonderheiten bei Betriebsgesellschaften mit verschiedenen Geschäftsbereichen

3.107 **Filialrechtsprechung.** Bei Betriebsgesellschaften mit verschiedenen Geschäftsbereichen kann für die sachliche Verflechtung ggf. die sog. Filialrechtsprechung des BFH maßgeblich sein.[2] Hiernach kann jedenfalls dann von einer wesentlichen Betriebsgrundlage ausgegangen werden, wenn das überlassene Wirtschaftsgut (z.B. Grundstück) den Betrieb eines – der Filiale vergleichbaren – Unternehmens gestattet. Der BFH hat diese Grundsätze auf Vermietungsunternehmen übertragen.[3] Ob und unter welchen Voraussetzungen diese Grundsätze auch auf einen Betrieb übertragen werden können, der über unterschiedliche Geschäftsbereiche verfügt, ist noch nicht geklärt.[4]

3.108 **Bedeutung bei Betriebsaufspaltungen.** Bislang nicht geklärt ist die Frage, ob an die Betriebsgesellschaft überlassene Wirtschaftsgüter für den Gesamtbetrieb von funktionaler Bedeutung sein müssen, oder ob es ausreicht, dass die Wirtschaftsgüter bei isolierter Betrachtung unterschiedlicher Geschäftsbereiche für einen der Geschäftsbereiche als funktional wesentlich zu qualifizieren sind. Nach Ansicht des FG Düsseldorf ist die Filialrechtsprechung des BFH auf Unternehmen mit unterschiedlichen Geschäftsbereichen nicht zu übertragen.[5] Der Filialrechtsprechung liegt der Gedanke zu Grunde, dass ein Grundstück mit einer Einzelhandelsfiliale dann nicht als unwesentlich angesehen werden kann, wenn es den Betrieb eines den anderen Filialen vergleichbaren selbständigen Unternehmens gestattet.[6] Nach Auffassung des FG Düssel-

1 BFH v. 29.11.2017 – X R 34/15, BFH/NV 2018, 623; BFH v. 3.6.2003 – IX R 15/01, BFH/NV 2003, 1321; BFH v. 23.5.2000 – VIII R 11/99, BStBl. II 2000, 621 = FR 2001, 33 m. Anm. v. *Fischer*; BFH v. 2.3.2000 – IV B 34/99, BFH/NV 2000, 1084.

2 BFH v. 18.6.2015 – IV R 11/13, BFH/NV 2015, 1398; BFH v. 19.3.2009 – IV R 78/06, BStBl. II 2009, 803.

3 BFH v. 18.6.2015 – IV R 11/13, BFH/NV 2015, 1398.

4 Bejahend: FG Sachsen-Anhalt v. 8.3.2018 – 3 V 496/17, EFG 2019, 784 (rkr.), zum Betrieb eines Freizeitangebotes, von Hausmeisterdiensten und Stromerzeugung durch überlassene Dachflächen. Verneinend FG Düsseldorf v. 19.2.2025 – 5 K 814/22 G, F, EFG 2025, 1604 (Rev. BFH III R 12/25) zur Überlassung von Dachflächen zum Betrieb von Photovoltaikanlagen mit einem jährlichen Umsatz von mehr als 200 000 Euro und einem Umsatzanteil von weniger als einem Prozent der Gesamtumsätze.

5 FG Düsseldorf v. 19.2.2025 – 5 K 814/22 G,F, EFG 2025, 1604 (Rev. BFH III R 12/25).

6 BFH v. 19.3.2009 – IV R 78/06, BStBl. II 2009, 803.

dorf ist die Bedeutung eines für eine Filiale der Betriebsgesellschaft genutzten Grundstücks nicht vergleichbar mit der Bedeutung eines Grundstücks für einen Teilgeschäftsbereich des Betriebs der Betriebsgesellschaft. Betriebsgesellschaften können über Kerngeschäfte und Randbereiche verfügen. Den unterschiedlichen Geschäftsbereichen kann eine völlig unterschiedliche Bedeutung zukommen. Werden daher z.B. Grundstücke bei isolierter Betrachtung lediglich für unternehmerische Randaktivitäten von der Betriebsgesellschaft genutzt, ist nach Auffassung des FG Düsseldorf nicht von einer funktional wesentlichen Betriebsgrundlage auszugehen.[1]

dd) Änderung der Verhältnisse

Veränderte Bedeutung im Betriebsunternehmen. Die Einordnung des überlassenen 3.109
Wirtschaftsguts als funktional wesentliche Betriebsgrundlage der Betriebsgesellschaft ist nicht statisch, sondern kann im Laufe der Nutzungsüberlassung durch eine veränderte Bedeutung im Betriebsunternehmen entfallen (s. auch Rz. 3.116). Hierzu kann es z.B. durch eine Betriebsverlagerung, Betriebsumstellung, Betriebserweiterung oder sonstige Strukturänderung (z.B. die Einführung neuer Fertigungstechniken) bei der Betriebsgesellschaft kommen. Eine veränderte Bedeutung des überlassenen Vermögensgegenstandes im Betriebsablauf der Betriebsgesellschaft kann sich auch ergeben, wenn diese zusätzlich zur überlassenen Betriebsgrundlage (z.B. Bürogrundstück) ein weiteres vergleichbar genutztes Wirtschaftsgut (Bürogebäude) erwirbt (oder anmietet), sodass die ehemals wesentliche Betriebsgrundlage fortan nur noch von untergeordneter wirtschaftlicher Bedeutung ist.[2] Auch ein als wesentliche Betriebsgrundlage überlassener Kundenstamm kann sich mit der Zeit verflüchtigen.[3] Zu den Rechtsfolgen des Wegfalls der sachlichen Verflechtung s. Rz. 3.498 ff. i.V.m. Rz. 3.549 ff. Umgekehrt ist auch denkbar, dass sich die besondere Eigenschaft als wesentliche Betriebsgrundlage erst im Laufe der Nutzungsüberlassung ergibt. Bei auch gegebener personeller Verflechtung wird dann eine Betriebsaufspaltung erstmals begründet.

c) Eigentumsverhältnisse

Kein Eigentum am überlassenen Wirtschaftsgut erforderlich. Die wesentliche Be- 3.110
triebsgrundlage, die das Besitzunternehmen der Betriebsgesellschaft zur Nutzung überlässt, muss nicht notwendigerweise im zivilrechtlichen Eigentum des Besitzunternehmens stehen.[4] Ausreichend ist bereits eine schuldrechtliche Nutzungsberechtigung des Besitzunternehmens mit Weiterüberlassung an das Betriebsunternehmen.[5]

1 Zum Ganzen auch *Mückl*, Stbg 2026, 20.
2 BFH v. 13.12.2005 – XI R 45/05, BFH/NV 2006, 1453.
3 Hierzu BFH v. 29.11.2017 – X R 34/15, BFH/NV 2018, 623.
4 BFH v. 10.5.2016 – X R 5/14, BFH/NV 2017, 8; BFH v. 21.1.2015 – X R 16/12, BFH/NV 2015, 815; BFH v. 24.8.1989 – IV R 135/86, BStBl. II 1989, 1014; BFH v. 17.9.1992 – IV R 49/91, BFH/NV 1993, 95. Vgl. auch H 15.7 Abs. 5 EStG 2024 „Eigentum des Besitzunternehmens".
5 BFH v. 29.11.2017 – X R 34/15, BFH/NV 2018, 623; BFH v. 10.5.2016 – X R 5/14, BFH/NV 2017, 8; BFH v. 9.6.2015 – X R 38/12, BFH/NV 2015, 1588.

Letztlich überlässt das Besitzunternehmen der Betriebsgesellschaft in diesen Fällen das Nutzungsrecht an der wesentlichen Betriebsgrundlage.[1] Gleiches gilt, wenn ein Besitzunternehmer eine wesentliche Betriebsgrundlage als Vorbehaltsnießbraucher verpachtet (dazu auch Rz. 3.208).[2] Stehen dem Vermieter/Verpächter weder dingliche noch schuldrechtliche Rechte an der wesentlichen Betriebsgrundlage zu, kann eine Betriebsaufspaltung nicht begründet werden.[3]

d) Unmittelbare Überlassung durch das Besitzunternehmen

aa) Rechtsgrundlage der Nutzungsüberlassung

3.111 **Schuldrechtliche oder dingliche Grundlage.** Die Nutzungsüberlassung der wesentlichen Betriebsgrundlage durch das Besitzunternehmen an die Betriebsgesellschaft kann auf schuldrechtlicher Basis als Miete (§§ 535 ff. BGB),[4] Pacht (§§ 581 ff. BGB),[5] Leihe (§§ 598 ff. BGB),[6] Sondernutzungsrecht[7] oder einfachem Lizenzvertrag oder dinglicher Grundlage aufgrund Nießbrauch (§§ 1030 ff. BGB),[8] Erbbaurecht (ErbbauRG),[9] Grunddienstbarkeit (§§ 1018 ff. BGB) oder ausschließlichem Lizenzvertrag erfolgen. Ob neben diesen Nutzungsüberlassungen aus eigenem Recht auch eine unberechtigte Nutzungsüberlassung zur sachlichen Verflechtung führt, ist offen.[10]

---

1 BFH v. 21.1.2015 – X R 16/12, BFH/NV 2015, 815; BFH v. 18.8.2009 – X R 22/07, BFH/NV 2010, 208; BFH v. 2.12.2005 – XI B 215/04, n.v.; BFH v. 5.2.2002 – VIII R 25/01, BFH/NV 2002, 781; BFH v. 24.8.1989 – IV R 135/86, BStBl. II 1989, 1014; BFH v. 12.10.1988 – X R 5/86, BStBl II 1989, 152; BFH v. 11.8.1966 – IV 219/64, BStBl. III 1966, 601.

2 BFH v. 5.2.2002 – VIII R 25/01, BFH/NV 2002, 781.

3 *Micker* in Söffing/Micker, Betriebsaufspaltung[10], Rz. 260.

4 Ein Mietvertrag ist ein gegenseitiger schuldrechtlicher Vertrag zur zeitweisen Gebrauchsüberlassung eines Gebäudes oder einer Sache gegen Entgelt. Dieser ermöglicht dem Mieter den Gebrauch an dem gemieteten Gebäude oder der gemieteten Sache.

5 Beim Pachtvertrag kommt zur (miettypischen) Nutzungsüberlassung die sog. Fruchtziehung hinzu, dem Pächter stehen also auch die mit dem Pachtgegenstand erzielten Erträge zu. Dies wird im Rahmen der Betriebsaufspaltung regelmäßig gegeben sein.

6 Beim Leihvertrag erfolgt die zeitweise Gebrauchsüberlassung ohne Entgelt. Zur Relevanz bei Sachverhalten der Betriebsaufspaltung vgl. BFH v. 12.12.2007 – X R 17/05, BStBl. II 2008, 579 = FR 2008, 565 m. Anm. v. *Wendt*; BFH v. 28.3.2000 – VIII R 68/96, BFH/NV 2000, 1278; BFH v. 24.4.1991 – X R 84/88, BStBl. II 1991, 713.

7 Beim Sondernutzungsrecht hat der Wohnungseigentümer die Befugnis, bestimmte Teile des Gemeinschaftseigentums allein zu nutzen. Zur Relevanz bei Sachverhalten der Betriebsaufspaltung vgl. BFH v. 29.11.2017 – X R 34/15, BFH/NV 2018, 623; BFH v. 18.8.2009 – X R 22/07, BFH/NV 2010, 208.

8 Zur Nießbrauchbestellung als Nutzungsüberlassung vgl. BFH v. 27.6.1978 – VIII R 54/74, BStBl. II 1979, 332. Vgl. auch FG Baden-Württemberg v. 30.5.2001 – 5 K 394/99, EFG 2001, 1609; bestätigt durch BFH v. 5.2.2002 – VIII R 25/01, BFH/NV 2002, 781.

9 BFH v. 24.9.2015 – IV R 9/13, BStBl. II 2016, 154 = FR 2016, 269 m. Anm. v. *Wendt*; BFH v. 19.3.2002 – VIII R 57/99, BStBl. II 2002, 662. Hierzu auch *Micker* in Söffing/Micker, Betriebsaufspaltung[10], Rz. 275; *Gluth* in H/H/R, § 15 EStG Anm. 814 „Erbbaurecht" (Stand: April 2022).

10 Hierzu *Fichtelmann*, GmbHR 2006, 345 (348).

Abgrenzung zur Veräußerung. Die sachliche Verflechtung im Rahmen der Betriebsaufspaltung kann nur durch die Nutzungsüberlassung, nicht aber die Veräußerung des Wirtschaftsguts begründet werden. Das Wirtschaftsgut darf also nur zeitlich begrenzt überlassen, nicht endgültig übertragen werden.[1] Diese Abgrenzung kann insbesondere bei Überlassung eines immateriellen Wirtschaftsguts Bedeutung erlangen. Entscheidend sind die vertraglichen Vereinbarungen und die tatsächlichen Verhältnisse.[2] 3.112

Rückfallklauseln. Für den Fall, dass in einem „Übertragungsvertrag" Rückfallklauseln vorgesehen sind, soll selbst dann eine zeitlich begrenzte Nutzungsüberlassung gegeben sein, wenn zwar ein Schutzrecht nach dem Wortlaut der Vereinbarung übertragen wurde, die Übertragung aber deswegen nicht endgültig ist, weil im Falle der Eröffnung eines Insolvenzverfahrens eine Rückübertragung stattzufinden hat.[3] Sollte ungewiss sein, ob und wann eine Rechtsübertragung enden wird, ist ebenfalls von einer zeitlich begrenzten Nutzungsüberlassung auszugehen. Kommt demgegenüber ein vertraglich vereinbarter Rückfall von vornherein nicht in Betracht, ist von einer Rechtsübertragung auszugehen.[4] 3.113

bb) Dauer der Nutzungsüberlassung

Nutzungsüberlassung von gewisser Dauer. Ein nur vorübergehend zur Nutzung überlassenes Wirtschaftsgut ist für den Geschäftsbetrieb des Betriebsunternehmens in aller Regel nicht funktional wesentlich. Die Nutzungsüberlassung muss daher für die Einordnung des Wirtschaftsguts als wesentliche Betriebsgrundlage auf eine gewisse Dauer ausgelegt sein.[5] Etwas anderes gilt nur, wenn auch die nur vorübergehende Nutzung existenziell notwendig ist.[6] Offen ist, ob die Nutzungsüberlassung eine sachliche Verflechtung begründen kann, wenn ein angemietetes Grundstück unmittelbar anschließend im Tausch für ein anderes Grundstück an einen Dritten überlassen wird.[7] 3.114

e) Mittelbare Überlassung über einen Dritten

Überlassung durch einen zwischengeschalteten Dritten. Die wesentliche Betriebsgrundlage muss zur Begründung einer sachlichen Verflechtung nicht unmittelbar vom Besitzunternehmen an die Betriebsgesellschaft überlassen werden. Die sachliche Verflechtung kann auch mittelbar begründet werden, indem das Besitzunternehmen 3.115

1 BFH v. 22.1.1988 – III B 9/87, BStBl. II 1988, 537.
2 BFH v. 22.1.1988 – III B 9/87, BStBl. II 1988, 537. Zu weiteren Einzelheiten *Micker* in Söffing/Micker, Betriebsaufspaltung[10], Rz. 251 ff.
3 BFH v. 22.1.1988 – III B 9/87, BStBl. II 1988, 537.
4 BFH v. 23.5.1979 – I R 163/77, BStBl. II 1979, 757.
5 BFH v. 23.9.2009 – IV R 78/06, BStBl. II 2009, 803; Beachte aber BFH v. 29.2.2000 – VIII B 83/99, n.v.
6 BFH v. 11.9.2003 – X B 103/02, BFH/NV 2004, 180.
7 Ablehnend FG Köln v. 27.8.2015 – 15 K 2410/15, EFG 2016, 286; nachgehend offengelassen durch BFH v. 29.11.2017 – X R 34/15, BFH/NV 2018, 623.

die wesentliche Betriebsgrundlage zunächst an einen Dritten überlässt, der die wesentliche Betriebsgrundlage aufgrund ausdrücklicher oder konkludenter Vereinbarung an die Betriebsgesellschaft zur Nutzung überlässt. Eine solche mittelbare Nutzungsüberlassung reicht jedenfalls dann für die Annahme einer Betriebsaufspaltung aus, wenn der Dritte (Zwischenvermieter) dazu verpflichtet ist, die wesentliche Betriebsgrundlage an die Betriebsgesellschaft weiterzuvermieten.[1] Kann das Besitzunternehmen keinen Einfluss auf den Zwischenvermieter ausüben, kann eine sachliche Verflechtung regelmäßig nicht begründet werden;[2] eine unangemessene rechtliche Gestaltung i.S.d. § 42 AO ist in einem solchen Fall nicht anzunehmen, wenn die Überlassung an den Dritten ihren wirtschaftlichen Grund darin findet, dass dieser die angemieteten Wirtschaftsgüter zumindest teilweise selbst für seinen Betrieb nutzt.[3] Eine sachliche Verflechtung soll auch anzunehmen sein, wenn der (personenverschiedene) Dritte mit der Person oder Personengruppe, die das Betriebsunternehmen beherrscht, identisch ist.[4]

f) Verhältnisse des jeweiligen Besteuerungszeitraums

3.116 **Prinzip der Abschnittsbesteuerung.** Über das Bestehen oder Nichtbestehen der sachlichen Verflechtung und damit über die Begründung oder den Fortbestand der Betriebsaufspaltung und deren Steuerwirkungen ist aufgrund des Prinzips der Abschnittsbesteuerung in jedem Jahr unter Berücksichtigung der Verhältnisse des Einzelfalls neu zu entscheiden.[5] Veränderungen im operativen Geschäft des Betriebsunternehmens können damit zum Entfall der Eigenschaft des überlassenen Wirtschaftsguts als wesentliche Betriebsgrundlage (s. Rz. 3.498 ff.) und damit aufgrund des Entfalls der sachlichen Verflechtung zur Beendigung der Betriebsaufspaltung (zu den damit verbundenen Rechtsfolgen s. Rz. 3.549 ff.) führen. Umgekehrt kann sich die besondere Eigenschaft als wesentliche Betriebsgrundlage erst im Laufe der Nut-

---

1 BFH v. 29.7.2015 – X R 37/13, BFH/NV 2016, 536; BFH v. 29.11.2007 – IV R 82/05, BStBl. II 2008, 471 = FR 2008, 974 m. Anm. v. *Bode*; BFH v. 28.11.2001 – X R 49/97, BFH/NV 2002, 631; BFH v. 28.11.2001 – X R 50/97, BStBl. II 2002, 363 = FR 2002, 332 m. Anm. v. *Söffing*. Zu Abgrenzungen vgl. BFH v. 24.9.2015 – IV R 9/13, BStBl. II 2016, 154 = FR 2016, 269 m. Anm. v. *Wendt*; BFH v. 28.6.2006 – XI R 31/05, BStBl. II 2007, 378 = FR 2007, 79 m. Anm. v. *Wendt*. Zur Gesamtthematik auch *Micker* in Söffing/Micker, Betriebsaufspaltung[10], Rz. 285 ff.

2 BFH v. 24.9.2015 – IV R 9/13, BStBl. II 2016, 154 = FR 2016, 269 m. Anm. v. *Wendt*; BFH v. 28.6.2006 – XI R 31/05, BStBl. II 2007, 378 = FR 2007, 79 m. Anm. v. *Wendt*. Zu einem solchen Fall auch *Vees/Bohn*, Steuerberater-Jahrbuch 2022/2023, 85, 128 ff. mit Darstellung der Entscheidung des FG Baden-Württemberg v. 15.5.2023, 9 K 1354/21, n.v. Zur Diskussion vgl. auch *Wacker* in Schmidt[44], § 15 EStG Rz. 810; *Micker* in Söffing/Micker, Betriebsaufspaltung[10], Rz. 293.

3 *Vees/Bohn*, Steuerberater-Jahrbuch 2022/2023, 85, 128 ff. mit Darstellung der Entscheidung des FG Baden-Württemberg v. 15.5.2023 – 9 K 1354/21, n.v.

4 FG Nürnberg v. 30.1.2002 – III 74/00, EFG 2002, 632 (rkr.). Hierzu auch *Micker* in Söffing/Micker, Betriebsaufspaltung[10], Rz. 288 ff.

5 BFH v. 27.9.2006 – X R 28/03, BFH/NV 2006, 2259; BFH v. 21.8.1996 – X R 25/93, BStBl. II 1997, 44.

zungsüberlassung ergeben, so dass bei auch gegebener personeller Verflechtung dann eine Betriebsaufspaltung erstmals begründet wird. Dazu auch Rz. 3.109.

3. Einzelfälle

a) Bebaute Grundstücke

In aller Regel wesentliche Betriebsgrundlage. Ein bebautes Grundstück, das einer Betriebsgesellschaft zur Nutzung überlassen wird, ist wesentliche Betriebsgrundlage, wenn es für die Betriebsgesellschaft wirtschaftlich von nicht nur geringer Bedeutung ist.[1] Dies ist in aller Regel gegeben. 3.117

Qualitative oder quantitative Ausnahme. Ein bebautes Grundstück ist ausnahmsweise keine wesentliche Betriebsgrundlage, wenn das Gebäude für den Betrieb der Betriebsgesellschaft seiner Art nach ungeeignet[2] oder von völlig untergeordneter Bedeutung ist (qualitative Ausnahme).[3] Gleiches gilt, wenn das Gebäude wegen seiner geringen Größe nicht geeignet ist, den Betrieb der Betriebsgesellschaft zu fördern (quantitative Ausnahme).[4] Hierbei ist insbesondere das Verhältnis zwischen den überlassenen Grundstücksflächen an das Betriebsunternehmen und den insgesamt von den Betriebsunternehmen genutzten Grundstücksflächen zu berücksichtigen; bei einem nur geringen Anteil der in Frage stehenden Grundstücksfläche im Verhältnis zu den gesamten von dem Betriebsunternehmen genutzten Flächen ist keine Überlassung von wesentlichen Betriebsgrundlagen anzunehmen.[5] Bleibt der Wert des Grundstücksteils in den Grenzen des § 8 EStDV Wert nicht mehr als ein Fünftel des gemeinen Werts des gesamten Grundstücks und nicht mehr als 20.500 Euro, gem. Neuregelung in allen noch offenen Fällen nicht mehr als 40.000 Euro bei einer Größe 3.118

---

1 BFH v. 16.9.2021 – IV R 7/18, BStBl. II 2022, 767 = FR 2022, 303 m. Anm. v. *Nöcker*; BFH v. 20.5.2021 – IV R 31/19, BStBl. II 2021, 768 = FR 2022, 1074; BFH v. 29.11.2017 – X R 34/15, BFH/NV 2018, 623; BFH v. 22.6.2016 – X R 54/14, BStBl. II 2017, 529 = FR 2017, 495; BFH v. 29.7.2015 – IV R 16/13, BFH/NV 2016, 19; BFH v. 18.6.2015 – IV R 11/13, BFH/NV 2015, 1398; BFH v. 29.11.2012 – IV R 37/10, BFH/NV 2013, 910; BFH v. 20.4.2004 – VIII R 13/03, BFH/NV 2004, 1253; BFH v. 3.6.2003 – IX R 15/01, BFH/NV 2003, 1321.

2 BFH v. 17.9.1992 – IV R 49/91, BFH/NV 1993, 95; BFH v. 25.10.1988 – VIII R 339/82, HFR 1989, 145.

3 Vgl. dazu Nachweise bei *Wacker* in Schmidt[44], § 15 EStG Rz. 812; *Bitz* in Littmann/Bitz/Pust, § 15 EStG Rz. 341 (Stand: November 2021).

4 BFH v. 13.12.2005 – XI R 45/04, BFH/NV 2006, 1453: Bürofläche von 18,5 m^2 und 7,45 % Anteil an der Gesamtnutzfläche weder in „qualitativer noch in quantitativer Hinsicht von wesentlicher Bedeutung“. In Abgrenzung dazu BFH v. 4.11.1992 – XI R 1/92, BStBl. II 1993, 245: keine untergeordnete wirtschaftliche Bedeutung eines Grundstücks, das im Verhältnis zur gesamten betrieblich genutzten Fläche 22 % beträgt. Vgl. auch BFH v. 29.7.2015 – IV R 16/13, BFH/NV 2016, 19; BFH v. 19.3.2009 – IV R 78/06, BStBl. II 2009, 803 = FR 2009, 1060; BFH v. 13.7.2006 – IV R 25/05, BStBl. II 2006, 804 = FR 2007, 44.

5 BFH v. 4.11.1992 – XI R 1/92, BStBl. II 1993, 245. Hierzu auch FG Düsseldorf v. 19.2.2025 – 5 K 814/22 G,F, EFG 2025, 1604 (Rev. BFH III R 12/25).

von nicht mehr als 30 qm[1]), kann von der Annahme einer wesentlichen Betriebsgrundlage abgesehen werden.[2] Wird das Wahlrecht ausgeübt, handelt es sich bei dem Grundstücksteil um Privatvermögen,[3] das keine funktional wesentliche Betriebsgrundlage sein kann, so dass seine Nutzung durch die Betriebsgesellschaft nicht zu einer sachlichen Verflechtung führt. Ist eine Betriebsaufspaltung bereits begründet worden, ist zum Schutz vor einer Entflechtung auf die Ausübung des Wahlrechtes zu verzichten.[4]

3.119 **Fabrik- und Werkstattgebäude.** Gebäude, die wie Fabrik- und Werkstattgebäude der Herstellung oder ähnlichen Tätigkeiten und den damit verbundenen betrieblichen Bedürfnissen (z.B. Lagerung, Sozialräume, Verwaltung) dienen, sind in der Regel wesentliche Betriebsgrundlagen, wenn sie nach Gliederung und Bauart dauernd für den Betrieb der Betriebsgesellschaft eingerichtet oder nach Lage, Größe und Grundriss auf die Betriebsgesellschaft zugeschnitten sind oder das Betriebsunternehmen aus anderen betrieblichen Gründen auf ein Gebäude dieser Art angewiesen ist.[5] Der Qualifizierung eines Grundstücks oder Gebäudes als wesentliche Betriebsgrundlage steht dabei nicht entgegen, dass das Betriebsunternehmen jederzeit am Markt ein für seine Belange gleichartiges Grundstück mieten oder kaufen könnte[6] und dass die Baulichkeiten auch von anderen branchengleichen oder branchenfremden Unternehmen genutzt werden könnten.[7]

3.120 **Geschäftsgebäude, Ladenlokale und Lagerstätten.** Andere Gebäude, insbesondere Geschäftsgebäude, Ladenlokale und Lagerstätten, sind wesentliche Betriebsgrundlage, wenn der Betrieb seiner Art nach von der Lage des Grundstücks abhängig ist. Handelt es sich bei dem zur Nutzung überlassenen Gebäude um ein Kaufhausgrund-

---

1 Siebte Verordnung zur Änderung steuerlicher Vorschriften v. 29.12.2025, BGBl. I 2025, Nr. 372. Die Relation zum Gesamtwert des Gebäudes spielt keine Rolle mehr. Die Wertgrenze greift als zweiter Prüfschritt erst dann, wenn die Quadratmeterzahl überschritten wird. Zur zeitlichen Anwendung in allen offenen Fällen s. § 84 Abs. 1d EStDV.

2 BFH v. 13.7.2006 – IV R 25/05, BStBl. II 2006, 804 = FR 2007, 44; Vgl. auch H 15.7 (5) EStH 2021 „Einfamilienhaus".

3 Nach § 8 Satz 2 EStDV dürfen bei Anwendung des Wahlrechts nach § 8 Satz 1 EStDV Aufwendungen, die mit dem Grundstücksteil im Zusammenhang stehen, nicht mehr als Betriebsausgaben abgezogen werden (u. a. Abschreibungen). Hiermit wird dann R 4.7 Abs. 2 Satz 4 EStR 2012 überschrieben, bisher war ein solcher Abzug möglich. Zwar können übrige betriebsbezogene Aufwendungen weiterhin abgezogen werden, gleichwohl stellt die Änderung für den Steuerpflichtigen bei Nutzung des Wahlrechts eine Verschlechterung dar.

4 *Strahl*, kösdi 2026, 24582 f.

5 BFH v. 29.11.2017 – I R 7/16, BStBl. II 2019, 738; BFH v. 29.11.2012 – IV R 37/10, BFH/NV 2013, 910; BFH v. 16.2.2012 – X B 99/10, BFH/NV 2012, 1110; BFH v. 14.10.2009 – X R 37/07, BFH/NV 2010, 406; BFH v. 19.3.2009 – IV R 78/06, BStBl. II 2009, 803; BFH v. 11.9.2003 – X B 103/02, BFH/NV 2004, 180; BFH v. 26.5.1993 – X R 78/91, BStBl. II 1993, 718; BFH v. 17.9.1992 – IV R 49/91, BFH/NV 1993, 95; BFH v. 26.3.1992 – IV R 50/91, BStBl. II 1992, 830; BFH v. 12.9.1991 – IV R 8/90, BStBl. II 1992, 347.

6 Ständige Rspr. z.B. BFH v. 26.5.1993 – X R 78/91, BStBl II 1993, 718.

7 Ständige Rspr. z.B. BFH v. 26.5.1993 – X R 78/91, BStBl II 1993, 718; BFH v. 4.11.1992 – XI R 1/92 BStBl. II 1993, 245.

stück,[1] ein Beherbergungs- oder Hotelgebäude,[2] ein Kurheim,[3] einen Restaurant-/Gaststättenraum,[4] ein Geschäfts- oder Ladenlokal,[5] eine Lagerhalle[6] oder Lagerräume,[7] erfüllen diese Gebäude ebenfalls grundsätzlich die Voraussetzungen einer wesentlichen Betriebsgrundlage.

Büro- und Verwaltungsgebäude. Auch ein reines Büro- und Verwaltungsgebäude ist 3.121
bereits dann wesentliche Betriebsgrundlage, wenn es eine geeignete räumliche und funktionale Grundlage für die Geschäftstätigkeit des Betriebsunternehmens bildet und das Gewerbe ohne ein Gebäude dieser Art nicht geführt werden kann.[8] Dies gilt selbst dann, wenn diese Anforderungen auch von einem anderen Büro- und Verwaltungsgebäude erfüllt werden könnten oder die von der Betriebsgesellschaft genutzten Räume auch für andere Zwecke genutzt werden könnten.[9] Der qualitativen Ausnahme (s. Rz. 3.118) kommt hier nur eine untergeordnete Bedeutung zu, da auch als Büroräume genutzte Räumlichkeiten in einem Einfamilienhaus als wesentliche Betriebsgrundlage in Betracht kommen (zum Arbeitszimmer s. Rz. 3.122).

---

1 BFH v. 24.11.1978 – III R 121/76, BStBl. II 1979, 366; BFH v. 12.12.1969 – III R 198/64, BStBl. II 1970, 395; BFH v. 24.6.1969 – I 201/64, BStBl. II 1970, 17.

2 BFH v. 4.11.1992 – XI R 1/92, BStBl. II 1993, 245 = FR 1993, 195; BFH v. 27.8.1992 – IV R 13/91, BStBl. II 1993, 134 = FR 1993, 59 m. Anm. v. *Söffing*; BFH v. 12.9.1991 – IV R 8/90, BStBl. II 1992, 347 = FR 1992, 169 m. Anm. v. *Söffing*; BFH v. 5.9.1991 – IV R 113/90, BStBl. II 1992, 349 = FR 1992, 73 m. Anm. v. *Söffing*; BFH v. 30.10.1974 – I R 40/72, BStBl. II 1975, 232; BFH v. 25.7.1968 – IV R 261/66, BStBl. II 1968, 677.

3 BFH v. 18.6.1980 – I R 77/77, BStBl. II 1981, 39.

4 BFH v. 4.11.1992 – XI R 1/92, BStBl. II 1993, 245 = FR 1993, 195; BFH v. 12.9.1991 – IV R 8/90, BStBl. II 1992, 347 = FR 1992, 169 m. Anm. v. *Söffing*.

5 BFH v. 19.3.2009 – IV R 78/06, BStBl. II 2009, 803 = FR 2009, 1060; BFH v. 24.10.2001 – X R 118/98, BFH/NV 2002, 1130; BFH v. 12.2.1992 – XI R 18/90, BStBl. II 1992, 723; BFH v. 24.6.1969 – I 201/64, BStBl. II 1970, 17.

6 BFH v. 29.11.2012 – IV R 37/10, BFH/NV 2013, 910; BFH v. 3.4.2001 – IV B 111/00, BFH/NV 2001, 1252; BFH v. 19.7.1994 – VIII R 75/93, BFH/NV 1995, 597; BFH v. 22.6.1993 – VIII R 29/92, BFH/NV 1994, 228; BFH v. 5.9.1991 – IV R 113/90, BStBl. II 1992, 349 (Systemhalle); FG Düsseldorf v. 20.10.1999 – 9 K 6321/97 G, F, DStRE 2000, 748 (rkr.).

7 BFH v. 13.9.2004 – XI B 10/04, BFH/NV 2005, 199; BFH v. 15.1.1998 – IV R 8/97, BStBl. II 1998, 478 = FR 1998, 697; BFH v. 19.7.1994 – VIII R 75/93, BFH/NV 1995, 597; BFH v. 24.8.1989 – IV R 135/86, BStBl. II 1989, 1014.

8 BFH v. 19.2.2019 – X R 42/16, BFH/NV 2019, 586; BFH v. 29.11.2017 – X R 34/15, BFH/NV 2018, 623; BFH v. 16.4.2013 – III B 89/11, BFH/NV 2013, 1100; BFH v. 14.2.2007 – XI R 30/05, BStBl. II 2007, 524; BFH v. 13.7.2006 – IV R 25/05, BStBl. II 2006, 804 = FR 2007, 44; BFH v. 13.12.2005 – XI R 45/04, BFH/NV 2006, 1453; BFH v. 1.7.2003 – VIII R 24/01, BStBl. II 2003, 757 = FR 2003, 963 m. Anm. v. *Kempermann*; BFH v. 11.2.2003 – IX R 43/01, BFH/NV 2003, 910; BFH v. 3.4.2001 – IV B 111/00, BFH/NV 2001, 1252; BFH v. 23.1.2001 – VIII R 71/98, BFH/NV 2001, 894; BFH v. 16.10.2000 – VIII B 18/99, BFH/NV 2001, 438; BFH v. 23.5.2000 – VIII R 11/99, BStBl. II 2000, 621 = FR 2001, 33 m. Anm. v. *Fischer*.

9 BFH v. 16.4.2013 – III B 89/11, BFH/NV 2013, 1100; BFH v. 13.7.2006 – IV R 25/05, BStBl. II 2006, 804 = FR 2007, 44.

3.122 **Arbeitszimmer.** Auch das häusliche Arbeitszimmer im ansonsten zu privaten Wohnzwecken genutzten eigenen Einfamilienhaus kann – auch ohne besondere Herrichtung des Raums – eine wesentliche Betriebsgrundlage sein, wenn sich dort der Mittelpunkt der Geschäftsleitung der Betriebsgesellschaft befindet[1] und die Nutzfläche im Verhältnis zu den übrigen Nutzflächen des Betriebsunternehmens mehr als nur geringfügig einzustufen ist;[2] die Wesentlichkeitsgrenze wird bei 10 % angenommen.[3] Bleibt der Wert des Gebäudeteils in den Grenzen des § 8 EStDV (Wert nicht mehr als ein Fünftel des gemeinen Werts des gesamten Grundstücks und nicht mehr als 20.500 Euro, gem. Neuregelung in allen noch offenen Fällen nicht mehr als 40.000 Euro bei einer Größe von nicht mehr als 30 qm[4]), kann von der Annahme einer wesentlichen Betriebsgrundlage abgesehen werden.[5] Auch ein Arbeitszimmer in zu privaten Wohnzwecken genutzten angemieteten Objekten kann bei hieraus erfolgender Leitung der Betriebsgesellschaft als wesentliche Betriebsgrundlage anzusehen sein, weil für die sachliche (Überlassungs-)Verflechtung in Bezug auf die Betriebsgesellschaft kein Eigentum des Gesellschafters erforderlich ist; ausreichend ist eine schuldrechtliche Nutzungsberechtigung des Besitzunternehmens zur Weiterüberlassung an das Betriebsunternehmen (s. Rz. 3.110). Wird das Wahlrecht des § 8 EStDV ausgeübt, handelt es sich bei dem Grundstücksteil um Privatvermögen,[6] das keine funktional wesentliche Betriebsgrundlage sein kann, so dass seine Nutzung durch die Betriebsgesellschaft – auch zu Geschäftsleitungszwecken – nicht zu einer sachlichen Verflechtung führt. Ist eine Betriebsaufspaltung bereits begründet worden, ist zum Schutz vor einer Entflechtung auf die Ausübung des Wahlrechtes zu verzichten.[7] Sind die o.g.

1 BFH v. 29.11.2017 – X R 34/15, BFH/NV 2018, 623; BFH v. 13.7.2006 – IV R 25/05, BStBl. II 2006, 804 = FR 2007, 44. Zur quantitativen Ausnahme im Fall von Büroräumen in einem Einfamilienhaus vgl. BFH v. 29.7.2015 – IV R 16/13, BFH/NV 2016, 19; BFH v. 13.12.2005 – XI R 45/04, BFH/NV 2006, 1453; BFH v. 4.11.1992 – XI R 1/92, BStBl. II 1993, 245. Zum Dachgeschoss eines mehrstöckigen Hauses als wesentliche Betriebsgrundlage, das zusammen mit den übrigen Geschossen die räumliche und funktionale Grundlage für einen Betrieb bildet, vgl. BFH v. 14.2.2007 – XI R 30/05, BStBl. II 2007, 524.

2 Zur „Arbeitszimmer-Betriebsaufspaltung" und präventiven Maßnahmen zur Vermeidung einer Entstrickungsbesteuerung vgl. *Ott*, StuB 2024, 339 ff.

3 BFH v. 29.7.2015 – IV R 16/13, BFH/NV 2016, 19; BFH v. 13.12.2005 – XI R 45/04, BFH/NV 2006, 1453; Niedersächsisches FG v. 1.12.2021 – 9 K 18/19, DStRE 2021, 891.

4 Siebte Verordnung zur Änderung steuerlicher Vorschriften v. 29.12.2025, BGBl. I Nr. 372. Die Relation zum Gesamtwert des Gebäudes spielt keine Rolle mehr. Die Wertgrenze greift als zweiter Prüfschritt erst dann, wenn die Quadratmeterzahl überschritten wird. Zur zeitlichen Anwendung in allen offenen Fällen s. § 84 Abs. 1d EStDV.

5 BFH v. 13.7.2006 – IV R 25/05, BStBl. II 2006, 804 = FR 2007, 44; Vgl. auch H 15.7 (5) EStH 2024 „Wesentliche Betriebsgrundlage/Einfamilienhaus".

6 Nach § 8 Satz 2 EStDV dürfen bei Anwendung des Wahlrechts nach § 8 Satz 1 EStDV Aufwendungen, die mit dem Grundstücksteil im Zusammenhang stehen, nicht mehr als Betriebsausgaben abgezogen werden (u. a. Abschreibungen). Hiermit wird dann R 4.7 Abs. 2 Satz 4 EStR 2012 überschrieben, bisher war ein solcher Abzug möglich. Zwar können übrige betriebsbezogene Aufwendungen weiterhin abgezogen werden, gleichwohl stellt die Änderung für den Steuerpflichtigen bei Nutzung des Wahlrechts eine Verschlechterung dar.

7 *Strahl*, kösdi 2026, 24582 f.

Ausnahmeregelungen zur Nichtbegründung einer Betriebsaufspaltung nicht erfüllt, können sich insbesondere im Gründungsstadium eines Unternehmens Probleme ergeben, wenn die Betriebsgesellschaft zunächst vom privaten Wohnhaus (Arbeitszimmer) geführt wird. Denn die dann begründete Betriebsaufspaltung endet wegen entfallender sachlicher Verflechtung, wenn die Betriebsgesellschaft (auch zur Ausübung der Geschäftsleitung) andere Räumlichkeiten anmietet oder kauft. Rechtsfolge ist dann die Betriebsaufgabe des Besitzunternehmens i.S.d. § 16 Abs. 3 Satz 1 EStG (s. dazu Rz. 3.506 ff.).

Firmensitz. Die für eine Betriebsaufspaltung erforderliche sachliche Verflechtung 3.123
durch Überlassung wesentlicher Betriebsgrundlagen an eine Betriebsgesellschaft ist nicht alleine deshalb zu bejahen, weil diese an der Anschrift der überlassenen Büroräume ihren Sitz begründet hat. Für die Annahme einer funktional wesentlichen Betriebsgrundlage bei der Überlassung von Büroräumen zum Zwecke der Geschäftsleitung ist es erforderlich, dass ein nicht unbedeutender Teil des Tagesgeschäfts der Geschäftsleitung in diesen Räumlichkeiten stattfindet. Es genügt regelmäßig nicht, wenn dort lediglich Hilfstätigkeiten ausgeübt werden, die etwa in der gelegentlichen Kontaktaufnahme mit dem andernorts befindlichen Betrieb oder der andernorts befindlichen Geschäftsleitung bestehen.[1]

Dachfläche für Photovoltaikanlage. Werden zur Installation einer Photovoltaikanla- 3.124
ge Dachflächen an den Anlagenbetreiber überlassen, so stellen die überlassenen Dachflächen wesentliche Betriebsgrundlagen dar.[2] Zur GewSt-Befreiung des Betriebsunternehmens gem. § 3 Nr. 32 GewStG und Merkmalsübertragung auf das Besitzunternehmen s. Rz. 3.670 i.V.m. Rz. 3.639. Eine sachliche Verflechtung wird durch die Vermietung von Dachflächen für Zwecke der Stromerzeugung mittels Photovoltaikanlagen aber nicht begründet, wenn diesen bei einem Betriebsunternehmen mit verschiedenen Geschäftsfeldern nur eine untergeordnete Bedeutung zukommt.[3]

Nutzungsrecht bzgl. der Dachfläche. M.E. ist die Einordnung der Dachfläche zur 3.125
Installation einer Photovoltaikanlage als wesentliche Betriebsgrundlage (s. Rz. 3.123) nicht zweifelsfrei. Denn nach allgemeinen Grundsätzen ist die erforderliche sachliche Verflechtung gegeben, wenn das Besitzunternehmen dem Betriebsunternehmen mindestens ein materielles oder immaterielles Wirtschaftsgut zur Nutzung überlässt, das beim Betriebsunternehmen eine funktional wesentliche Betriebsgrundlage darstellt (s. Rz. 3.94).[4] Bei der Dachfläche eines Gebäudes handelt es sich aber nicht um ein eigenständiges Wirtschaftsgut; die Dachfläche gehört vielmehr aufgrund des engen

1 BFH v. 29.7.2015 – IV R 16/13, BFH/NV 2016, 19. Zweifelnd *Wacker* in Schmidt[44], § 15 Rz. 813 a.E.

2 FG Düsseldorf v. 19.2.2025 – 5 K 814/22 G,F, EFG 2025, 1604 (Rev. BFH III R 12/25); FG Sachsen-Anhalt v. 8.3.2008 – 3 V 496/17, EFG 2019, 784 Rz. 33 (rkr.); Landesamt für Steuern Niedersachsen v. 7.11.2022 – S 2240-St 222/St 221-2473/2022, juris, Rz. 4.

3 FG Düsseldorf v. 19.2.2025 – 5 K 814/22 G,F, EFG 2025, 1604 (Rev. BFH III R 12/25).

4 Vgl. bspw. BFH v. 24.9.2015 – IV R 9/13, BStBl. II 2016, 154; BFH v. 18.6.2015 – IV R 11/13, BFH/NV 2015, 1398.

Nutzungs- und Funktionszusammenhangs zum Wirtschaftsgut „Gebäude".[1] Das Gebäude ist aber in der Regel nicht Gegenstand des „Dachmietvertrags", so dass über dieses keine sachliche Verflechtung angenommen werden kann. Damit wäre kein materielles Wirtschaftsgut gegeben, über das eine sachliche Verflechtung begründet werden kann. Denkbar wäre aber eine (fiktive) schuldrechtliche Nutzungsberechtigung des Besitzunternehmens bzgl. der Dachflächen mit Weiterüberlassung an das Betriebsunternehmen.[2] Letztlich überlässt das Besitzunternehmen der Betriebsgesellschaft in diesen Fällen das immaterielle Nutzungsrecht an der wesentlichen Betriebsgrundlage (dazu auch Rz. 3.132).[3]

b) Unbebaute Grundstücke

3.126 **Bebauung oder Gestaltung durch das Betriebsunternehmen.** Unbebaute Grundstücke können eine funktional wesentliche Betriebsgrundlage sein, wenn das Betriebsunternehmen auf diesem Grundstück mit Zustimmung des Besitzunternehmens für betriebliche Zwecke Gebäude für seine besonderen Bedürfnisse errichtet[4] oder das Grundstück in anderer Weise für seine betrieblichen Zwecke gestaltet.[5] Dabei begründet bereits die Bestellung eines Erbbaurechts mit Abschluss des Erbbaurechtsvertrags eine sachliche Verflechtung, wenn das Grundstück eine funktional wesentliche Betriebsgrundlage darstellt und es für die betrieblichen Zwecke des Betriebsunternehmens bebaut werden soll (s. auch Rz. 3.126).[6] Mit der Errichtung des Gebäudes durch die Betriebsgesellschaft wird das Gebäude dann Eigentum der Betriebsgesellschaft (§ 12 ErbbauRG).

3.127 **Nutzung durch das Betriebsunternehmen.** Auch ohne Bebauung oder Gestaltung durch das Betriebsunternehmen für eigene Betriebszwecke stellt der unbebaute Grund und Boden eine wesentliche Betriebsgrundlage für das Betriebsunternehmen dar, wenn er betriebsnotwendig ist, z.B. als Lagerfläche,[7] Abstellfläche,[8] Park-

---

1 BFH v. 16.9.2014 – X R 32/12, BFH/NV 2015, 324; BFH v. 17.10.2013 – III R 27/12, BStBl. II 2014, 372.

2 Hierzu BFH v. 29.11.2017 – X R 34/15, BFH/NV 2018, 623; BFH v. 10.5.2016 – X R 5/14, BFH/NV 2017, 8; BFH v. 9.6.2015 – X R 38/12, BFH/NV 2015, 1588.

3 BFH v. 21.1.2015 – X R 16/12, BFH/NV 2015, 815; BFH v. 18.8.2009 – X R 22/07, BFH/NV 2010, 208.

4 BFH v. 22.6.2016 – X R 54/14, BStBl. II 2017, 529 = FR 2017, 495; BFH v. 19.3.2002 – VIII R 57/99, BStBl. II 2002, 662 = FR 2002, 670 m. Anm. v. *Kempermann*; BFH v. 15.1.1998 – IV R 8/97, BStBl. II 1998, 478 = FR 1998, 697; BFH v. 23.1.1991 – X R 47/87, BStBl. II 1991, 405 = FR 1991, 274; BFH v. 1.2.1990 – IV R 91/89, BFH/NV 1990, 562; BFH v. 24.8.1989 – IV R 135/86, BStBl. II 1989, 1014.

5 BFH v. 10.4.1991 – XI R 22/89, BFH/NV 1992, 312; BFH v. 24.8.1989 – IV R 135/86, BStBl. II 1989, 1014.

6 BFH v. 19.3.2002 – VIII R 57/99, BFH/NV 2002, 872. Hierzu auch *Wacker* in Schmidt[44], § 15 EStG Rz. 808. Zur Thematik auch BFH v. 24.9.2015 – IV R 9/13, BStBl. II 2016, 154 = FR 2016, 269 m. Anm. v. *Wendt*.

7 BFH v. 15.1.1998 – IV R 8/97, BStBl. II 1998, 478.

8 BFH v. 18.8.2005 – IV R 59/04, BStBl. II 2005, 830 = FR 2006, 23 m. Anm. v. *Wendt*.

fläche,[1] Ausbeutefläche für Bodenschätze[2] oder Aufwuchsfläche für Gärtnereibepflanzung.[3]

Fläche für Photovoltaikanlage. Werden Freiflächen zur Installation von Photovoltaikanlagen an den Anlagenbetreiber überlassen, so stellen die überlassenen Flächen wesentliche Betriebsgrundlagen dar.[4] Zur GewSt-Befreiung des Betriebsunternehmens gem. § 3 Nr. 32 GewStG und Merkmalsübertragung auf das Besitzunternehmen s. Rz. 3.670 i.V.m. Rz. 3.539. 3.128

c) Bewegliche Wirtschaftsgüter des Anlagevermögens

In aller Regel wesentliche Betriebsgrundlage. Bewegliche Wirtschaftsgüter des Anlagevermögens, die das Besitzunternehmen der Betriebsgesellschaft überlässt, sind funktional wesentliche Betriebsgrundlagen, wenn sie für den Betriebsablauf des Betriebsunternehmens unerlässlich sind, die Betriebsfortführung wesentlich von diesen Wirtschaftsgütern abhängt und zudem die kurzfristige Wiederbeschaffung nicht möglich ist.[5] Dies ist regelmäßig der Fall bei überlassenen Maschinen, wenn diese im Vergleich zum übrigen Anlagevermögen der Betriebsgesellschaft nicht von völlig untergeordneter Bedeutung sind.[6] Unerheblich ist dabei, ob es sich bei der Maschine um ein Serienprodukt oder um eine Sonderanfertigung handelt.[7] Auch überlassenes Inventar ist eine wesentliche Betriebsgrundlage, wenn es nicht kurzfristig wiederbeschafft werden kann.[8] 3.129

d) Immaterielle Wirtschaftsgüter des Anlagevermögens

Wesentliche Betriebsgrundlage bei erheblichem Umsatzanteil. Bei immateriellen Wirtschaftsgütern des Anlagevermögens handelt es sich um wesentliche Betriebsgrundlagen, wenn die unternehmerische Tätigkeit der Betriebsgesellschaft in erhebli- 3.130

1 BFH v. 20.4.2005 – X R 58/04, BFH/NV 2005, 1774; BFH v. 4.9.1992 – XI R 1/92, BStBl. II 1993, 245.

2 FG Nürnberg v. 20.12.1977 – III 166/77, EFG 1978, 322 (rkr.); FG Rheinland-Pfalz v. 11.12.1970 – III 1756-1759/67, III 1756/67, III 1758/67, III 1759/67, EFG 1971, 244, (rkr.).

3 BFH v. 29.11.2017 – X R 34/15, BFH/NV 2018, 623.

4 Landesamt für Steuern Niedersachsen v. 7.11.2022 – S 2240-St 222/St 221-2473/2022, juris, Rz. 4 (zu Dachflächen).

5 BFH 18.5.2004 – X B 167/03, BFH/NV 2004, 1262 (Fabrikationsbetrieb). Zu Besonderheiten bei einem Handwerksbetrieb vgl. BFH 29.11.2017 – X R 34/15, BFH/NV 2018, 623. Vgl. auch BFH v. 17.4.1997 – VIII R 2/95, BStBl. 1998 II, 388; BFH v. 12.6.1996 – XI R 56–57/95, BStBl. II 1996, 527.

6 BFH v. 6.3.1997 – XI R 2/96, BStBl. II 1997, 460 (Wirtschaftsgüter zum Betrieb einer Gießerei) = FR 1997, 484 m. Anm. v. *Wendt*; BFH v. 19.1.1983 – I R 57/79, BStBl. II 1983, 312 (Maschinenbestand einer Fabrik); BFH v. 24.1.1968 – I 76/64, BStBl. II 1968, 354 (Druckereimaschinen); vgl. auch FG Düsseldorf v. 12.10.2005 – 7 K 763/05 E, EFG 2006, 264 (rkr. zu Maschinen); FG Düsseldorf v. 25.9.2003 – 11 K 5608/01 E, EFG 2004, 41 (rkr., Wirtschaftsgüter zum Betrieb eines Stuckateurbetriebs).

7 BFH v. 20.3.2017 – X R 11/16, BStBl. II 2017, 992 = DB 2017, 2071; BFH v. 24.8.1989 – IV R 135/86, BStBl. II 1989, 1014.

8 FG Berlin-Brandenburg v. 3.4.2014 – 5 K 5097/12, EFG 2015, 289 (rkr.).

chem Maße auf ihnen gründet.[1] Die auf dem überlassenen immateriellen Wirtschaftsgut beruhenden Umsätze müssen ein überwiegendes Gewicht im Verhältnis zum Gesamtumsatz des Betriebsunternehmens einnehmen.[2] Als Richtschnur ist damit ein Umsatzanteil von mehr als 50 % zu fordern.[3] Nach den Gesamtumständen des Einzelfalls kann aber auch ein geringerer Anteil zur Annahme einer wesentlichen immateriellen Betriebsgrundlage ausreichen.[4]

3.131 **Einzelfälle.** Immaterielle Wirtschaftsgüter in diesem Sinne können z.B. Patente[5] und (ungeschützte) Erfindungen,[6] Urheberrechte,[7] Gebrauchsmuster,[8] Marken (Warenzeichen),[9] Werberechte,[10] Namensrechte/Zeichenrechte,[11] Bild- und Namensrechte (kommerzialisierte Persönlichkeitsrechte)[12] und Social-Media-Accounts,[13] ein Kun-

---

1 BFH 17.11.2020 – I R 72/16, BStBl. II 2021, 484 = FR 2021, 544; BFH v. 22.1.1988 – III B 9/87, BStBl. II 1988, 537. EStH 15.7 Abs. 5 „Wesentliche Betriebsgrundlage").

2 BFH v. 26.8.1993 – I R 86/92, BStBl. II 1994, 168 = FR 1994, 155; BFH v. 11.7.1989 – VIII R 151/85, BFH/NV 1990, 99; BFH v. 26.1.1989 – IV R 151/86, BStBl. II 1989, 455.

3 BFH v. 6.11.1991 – XI R 12/87, BStBl. II 1992, 415; BFH v. 11.7.1989 – VIII 151/85, BFH/NV 1990, 99; BFH v. 26.1.1989 – IV R 151/86, BStBl. II 1989, 455.

4 BFH v. 23.9.1998 – XI R 72/97, BStBl. II 1999, 281; BFH v. 20.9.1973 – IV R 41/69, BStBl. II 1973, 869 (jeweils Umsatzanteil von 25 % ausreichend); FG Saarland v. 15.10.1986 – I 239/84, EFG 1987, 131 (rkr., Umsatzanteil von 30 % ausreichend).

5 BFH v. 2.2.2006 – XI B 91/05, BFH/NV 2006, 1266; BFH v. 2.2.2006 – XI B 89/05 –, juris; BFH v. 20.7.2005 – X R 22/02, BStBl. II 2006, 457; BFH v. 23.9.1998 – XI R 72/97, BStBl. II 1999, 281; BFH v. 22.1.1988 – III B 9/87, BStBl. II 1988, 537; BFH v. 1.6.1978 – IV R 152/73, BStBl. II 1978, 545.

6 BFH v. 28.6.2005 – XI R 31/05, BStBl. II 2007, 378; BFH v. 26.8.1993 – I R 86/92, BStBl. II 1994, 168; BFH v. 6.11.1991 – XI R 12/87, BStBl. II 1992, 415; BFH v. 26.1.1989 – IV R 151/86, BStBl. II 1989, 455; BFH v. 21.10.1988 – III R 258/84, BFH/NV 1989, 321; BFH v. 1.6.1978 – IV R 152/73, BStBl. II 1978, 545; BFH v. 20.9.1973 – IV R 41/69, BStBl. II 1973, 869. Unerheblich ist dabei, ob die Betriebsgesellschaft auf der Grundlage der Erfindungen selbst produziert oder ob sie sich auf die weitere Verwertung der Erfindungen beschränkt, vgl. BFH v. 6.11.1991 – XI R 12/87, BStBl. II 1992, 415.

7 BFH v. 1.6.1994 – X R 81/90 BFH/NV 1995, 154.

8 BFH v. 26.1.1989 – IV R 151/86, BStBl. II 1989, 455.

9 BFH v. 25.8.2010 – I R 97/09, BFH/NV 2011, 1135; BFH v. 1.6.1978 – IV R 152/73, BStBl. II 1978, 545; BFH v. 20.9.1973 – IV R 41/69, BStBl. II 1973, 869. Zur Einordnung einer Marke als wesentliche Betriebsgrundlage im Rahmen einer Betriebsaufspaltung vgl. ausführlich *Boorberg*, DStR 2024, 457, 459 ff.

10 BFH v. 21.5.1997 – I R 164/94, BFH/NV 1997, 825.

11 BFH v. 16.12.2009 – I R 97/08, BStBl. II 2010, 808. In Abgrenzung hierzu BFH v. 25.8.2010 – I R 97/09, BFH/NV 2001, 312: Keine sachliche Verflechtung ist gegeben, wenn eine Tochter-GmbH aus eigenem Recht einen Namen führt, der dem Namen des Gesellschafters entspricht.

12 BFH v. 12.6.2019 – X R 20/17, BStBl. II 2020, 3; zur Problematik bei Influencern FG Baden-Württemberg v. 13.10.2023 – 5 K 2508/22, EFG 2024, 1414 (rkr.); Finanzministerium des Landes Schleswig-Holstein v. 02.07.2024 – VI 3010 – S 2240 – 190, EStB 2024, 325, Rz. 2.2.3; *Heine/Trinks*, Influencer-Besteuerung², Teil C Rz. 207; Teil F (Glossar) „Betriebsende"; *Schmitz*, NWB 2025, 1993, 1999.

13 *Heine/Trinks*, Influencer-Besteuerung², Teil C Rz. 207; Teil F (Glossar) „Betriebsende".

den- bzw. Mandantenstamm,[1,2] Geschäftsbeziehungen,[3] Geschäftschancen,[4] Handelsvertreterrechte,[5] Konzessionen,[6] eine eingeführte Geschäftsbezeichnung[7] oder auch ein Geschäfts-/Firmenwert[8] sein. Hingegen können nicht patentierbare Verfahren, die auch ein Dritter ohne jede vertragliche Vereinbarung anwenden könnte, nicht wesentliche Betriebsgrundlage einer Betriebsgesellschaft sein.[9]

Nutzungsrecht an Dachfläche für Photovoltaikanlage. Bei Betrieb einer Photovoltaikanlage auf einem (eigenen) Gebäude ist das immaterielle Nutzungsrecht an den Dachflächen als wesentliche Betriebsgrundlage anzusehen (s. Rz. 3.124). Von der Annahme einer wesentlichen Betriebsgrundlage kann nur abzusehen sein, wenn das Nutzungsrecht als Grundstücksteil i.S.d. § 8 EStDV qualifiziert werden kann und die Grenzen der Norm (Wert nicht mehr als ein Fünftel des gemeinen Werts des gesamten Grundstücks und nicht mehr als 20.500 Euro, gem. Neuregelung in allen noch offenen Fällen nicht mehr als 40.000 Euro bei einer Größe von nicht mehr als 30 qm[10]) nicht 3.132

1 BFH v. 21.11.2017 – VIII R 17/15, BFH/NV 2018, 522; BFH v. 8.4.2011 – VIII B 116/10, BFH/NV 2011, 1135 (jeweils zum Mandantenstamm eines Steuerberaters); BFH v. 26.11.2009 – III R 40/07, BStBl. II 2010, 609 (Kundenstamm eines gewerblichen Unternehmens) = FR 2010, 480 m. Anm. v. *Kanzler*; BFH v. 13.12.2005 – XI R 45/04, BFH/NV 2006, 1453 (Firmenwert bzw. Kundenkreis einer Werbeagentur). Dabei ist nicht erforderlich, dass der Kundenstamm nicht vertraglich abgesichert ist, z.B. bei öffentlichen Auftraggebern aufgrund des Vergaberechts, vgl. hierzu BFH v. 29.11.2017 – X R 34/15, BFH/NV 2018, 623.

2 Zu beachten ist aber, dass sich ein Kundenstamm verflüchtigen kann, insbesondere bei wechselndem Kundenkreis. Dann baut sich das Betriebsunternehmen seinen eigenen Kundenstamm auf und die Eigenschaft des „alten Kundenstamms“ als wesentliche Betriebsgrundlage kann entfallen, vgl. hierzu BFH v. 29.11.2017 – X R 34/15, BFH/NV 2018, 623. Beruht die sachliche Verflechtung allein auf der Überlassung des Kundenstamms, führt dies zur sachlichen Entflechtung der Betriebsaufspaltung.

3 BFH v. 9.10.1996 – XI R 71/95, BStBl. II 1997, 236; BFH v. 25.5.1988 – I R 92/84, BFH/NV 1989, 258.

4 Hierzu aber BFH v. 25.8.2010 – I R 97/09, BFH/NV 2001, 312: Werden einer GmbH bestimmte wirtschaftliche Tätigkeiten im Zusammenhang mit dem Satzungszweck ihres Gesellschafters als eigener Unternehmensgegenstand übertragen, wird hierdurch keine Betriebsaufspaltung mittels Überlassung einer Geschäftschance begründet.

5 *Gluth* in H/H/R, § 15 EStG Anm. 814 (Stand: April 2022). Ablehnend aber FG Münster v. 26.10.1994 – 13 K 4874/92 E, G, EFG 1995, 360 (rkr.).

6 BFH v. 10.8.1989 – X R 176–177/87, BStBl. II 1990, 15 (Güterfernverkehrskonzessionen); FG Münster v. 11.5.1995 – 11 K 1071/91 F, G, EFG 1996, 434 (rkr., Taxikonzession).

7 BFH v. 20.3.2017 – X R 11/16, BStBl. II 2017, 992 = DB 2017, 2071.

8 BFH v. 18.6.2015 – IV R 5/12, BStBl. II 2015, 935 = FR 2015, 1131 m. Anm. v. *Wendt*; BFH v. 26.11.2009 – III R 40/07, BStBl. II 2010, 609 = FR 2010, 480 m. Anm. v. *Kanzler*; BFH v. 26.6.2007 – X B 69/06, BFH/NV 2007, 1707; BFH v. 8.2.2007 – IV R 65/01, BStBl. II 2009, 699; BFH v. 13.12.2005 – XI R 45/04, BFH/NV 2006, 1453; BFH v. 28.6.1989 – I R 25/88, BStBl. II 1989, 982; BFH v. 28.6.1989 – I R 34/88, BFH/NV 1990, 264.

9 BFH v. 25.10.1988 – VIII R 339/82, HFR 1989, 145.

10 Siebte Verordnung zur Änderung steuerlicher Vorschriften v. 29.12.2025, BGBl. I 2025 Nr. 372. Die Relation zum Gesamtwert des Gebäudes spielt keine Rolle mehr. Die Wertgrenze greift als zweiter Prüfschritt erst dann, wenn die Quadratmeterzahl überschritten wird. Zur zeitlichen Anwendung in allen offenen Fällen s. § 84 Abs. 1d EStDV.

überschritten sind.[1] Wird das Wahlrecht des § 8 EStDV ausgeübt, handelt es sich bei dem Grundstücksteil um Privatvermögen,[2] das keine funktional wesentliche Betriebsgrundlage sein kann, so dass seine Nutzung durch die Betriebsgesellschaft nicht zu einer sachlichen Verflechtung führt. Ist eine Betriebsaufspaltung bereits begründet worden, ist zum Schutz vor einer Entflechtung auf die Ausübung des Wahlrechtes zu verzichten.[3]

e) Wirtschaftsgüter des Umlaufvermögens

3.133 **In aller Regel keine wesentliche Betriebsgrundlage.** Wirtschaftsgüter des Umlaufvermögens, insbesondere Waren und Vorräte, sind grundsätzlich keine wesentlichen Betriebsgrundlagen.[4] Hier fehlt es an der erforderlichen Förderung des Betriebszwecks, dem ein besonderes Gewicht für das Betriebsunternehmen zukommt. Gleiches gilt auch für Darlehen des Besitzunternehmens an die Betriebsgesellschaft, und zwar ungeachtet der Darlehenshöhe.[5] Ebenso stellen stille Beteiligungen als bloße Finanzierungsinstrumente keine wesentlichen Betriebsgrundlagen dar.[6]

f) Dienstleistungen

3.134 **Keine wesentliche Betriebsgrundlage.** Durch persönliche Dienstleistungen wird keine sachliche Verflechtung begründet.[7]

g) Sonderfälle

3.135 **Bei juristischen Personen des öffentlichen Rechts.** Mit Bezug auf juristische Personen des öffentlichen Rechts (s. dazu auch gesondert Rz. 3.728 ff.) hat der BFH die Überlassung einer wesentlichen Betriebsgrundlage bejaht für ein Glasfaser-Breitbandnetz (Leerrohre und Kabel), das eine Stadt an eine Enkel-Personengesellschaft

---

1 Vgl. zum Arbeitszimmer BFH v. 13.7.2006 – IV R 25/05, BStBl. II 2006, 804; ebenso H 15.7 (5) EStH 2021 „Einfamilienhaus".

2 Nach § 8 Satz 2 EStDV dürfen bei Anwendung des Wahlrechts nach § 8 Satz 1 EStDV Aufwendungen, die mit dem Grundstücksteil im Zusammenhang stehen, nicht mehr als Betriebsausgaben abgezogen werden (u. a. Abschreibungen). Hiermit wird dann R 4.7 Abs. 2 Satz 4 EStR 2012 überschrieben, bisher war ein solcher Abzug möglich. Zwar können übrige betriebsbezogene Aufwendungen weiterhin abgezogen werden, gleichwohl stellt die Änderung für den Steuerpflichtigen bei Nutzung des Wahlrechts eine Verschlechterung dar.

3 *Strahl*, kösdi 2026, 24582 f.

4 Vgl. BFH v. 18.5.2004 – X B 167/03, BFH/NV 2004, 1262.

5 BFH v. 9.7.2019 – X R 9/17, BStBl. II 2021, 418 = FR 2020, 94 m. Anm. v. *Werth*; BFH v. 1.12.1989 – III R 94/87, BStBl. II 1990, 500. Vgl. auch *Krumm* in Kirchhof/Seer[24], § 15 EStG Rz. 97; *Gluth* in H/H/R, § 15 Anm. 814 (Stand: April 2022).

6 *Micker* in Söffing/Micker, Betriebsaufspaltung[10], Rz. 220; *Gluth* in H/H/R, § 15 EStG Anm. 814 „Stille Beteiligung" (Stand: April 2022).

7 BFH v. 26.1.1989 – IV R 151/86, BStBl. II 1989, 455; BFH v. 9.7.1970 – IV R 16/69, BStBl. II 1970, 722.

vermietete,[1] für Lagerräume und Werkstätten, die eine Stadt ihrem Wasserwerk-BgA vermietete,[2] für Grundstücke mit Wasserquellen, die ebenfalls einem Wasserwerk-BgA überlassen wurden,[3] für Grundstücke, die eine Stadt als Marktgelände ihrem Markt-BgA überließ[4] und für Grundstücke und Gebäude, die eine Stadt als Betriebshof ihrem Versorgungs-BgA verpachtete.[5]

4. Konditionen der Nutzungsüberlassung

a) Marktgerechte Bemessung des Miet- bzw. Pachtentgelts

aa) Keine allgemeingültigen Regeln

Vergleichswerte vs. hypothetischer Fremdvergleich. Für die Bemessung des Miet- oder Pachtzinses existieren keine allgemein gültigen Regeln.[6] Regelmäßig ist zunächst zu klären, ob der Miet- oder Pachtzins anhand der Überlassungskonditionen für Vergleichswerte in hinreichender Zahl überprüft werden kann. Fehlt es an derart aussagefähigen Vergleichswerten, ist ein hypothetischer Fremdvergleich im Wege der Schätzung unter Berücksichtigung der Interessen des Besitzunternehmens auf der einen und des Betriebsunternehmens auf der anderen Seite vorzunehmen.[7] 3.136

bb) Vergleichswerte

Hinreichende Anzahl. Zunächst ist zu prüfen, ob in hinreichender Zahl Vergleichswerte bspw. für Grundstücke oder Bürogebäude in ähnlicher Lage und Ausstattung vorhanden sind. Als Vergleichsobjekte sind dabei nicht nur Grundstücke einzubeziehen, die in derselben Gemeinde belegen sind, sondern auch solche in Gemeinden vergleichbarer Größe, Struktur und Lage. Sind Vergleichsobjekte vorhanden, sind deren Überlassungskonditionen – ggf. mit Anpassungsbeträgen – maßgeblich.[8] 3.137

cc) Schätzung

(1) Interessenausgleich

Renditen des Besitz- und des Betriebsunternehmens. Fehlt es an einer hinreichenden Zahl von Vergleichsobjekten, muss eine Schätzung des angemessenen Mietzinses vorgenommen werden.[9] Dazu ist ein hypothetischer Fremdvergleich erforderlich, wie 3.138

1 BFH v. 6.6.2025 – I B 8/23, BFH/NV 2025, 1027.
2 BFH v. 14.3.1984 – I R 223/80, BStBl. II 1984, 496.
3 BFH v. 6.11.1985 – I R 272/81, BFH/NV 1987, 123.
4 BFH v. 3.2.1993 – I R 61/91, BStBl. II 1993, 459.
5 BFH v. 24.4.2002 – I R 20/01, BStBl. II 2003, 412.
6 So ausdrücklich BFH v. 14.1.1998 – X R 57/93 BFH/NV 1998, 1160.
7 BFH v. 14.1.1998 – X R 57/93 BFH/NV 1998, 1160; FG Münster v. 13.2.2019 – 13 K 1335/16 K, G,F, EFG 2019, 723. Ebenso ausführlich Hierzu *Micker* in Söffing/Micker, Betriebsaufspaltung[10], Rz. 1543 ff.; *Gluth* in H/H/R, § 15 EStG Anm. 828 (Stand: April 2022); *Kühn*, BBK 2022, 427 ff.; *Neufang*, StBp 2021, 203 ff.
8 *Micker* in Söffing/Micker, Betriebsaufspaltung[10], Rz. 1543; *Kühn*, BBK 2022, 427 (429).
9 BFH v. 20.6.2005 – I B 181/04, BFH/NV 2005, 2062.

ihn ein ordentlicher und gewissenhafter Geschäftsleiter durchführen würde.[1] Die Angemessenheit des Miet- oder Pachtzinses richtet sich dann aber nicht nur nach den Renditeerwartungen des Besitzunternehmens, sondern aufgrund der besonderen Verflechtungen zwischen Besitzunternehmen und Betriebsgesellschaft auch danach, ob dem Betriebsunternehmen eine ausreichende Kapitalrendite verbleibt. Es ist also ein Ausgleich der Interessen von Vermieter (Besitzunternehmen) und Mieter (Betriebsunternehmen) vorzunehmen.

(2) Kalkulation des Besitzunternehmens

3.139 **Bestandteile.** Bei der Kalkulation des Verpächters sind die Kapitalverzinsung, eine Vergütung für den Wertverzehr (Abschreibungsvergütung) und die Vergütung für immaterielle Wirtschaftsgüter, insbesondere den Geschäftswert, einzubeziehen.

3.140 **Kapitalverzinsung.** Die Höhe der Kapitalverzinsung bestimmt sich nach dem jeweiligen Zinsniveau für langfristige (risikofreie) Kapitalanlagen. Sie stellt den Ausgleich dafür dar, dass der Besitzunternehmer sein Kapital nicht anderweitig zinsbringend anlegen kann.[2] Als Untergrenze kann (aus Sicht des Verpächters) regelmäßig das jeweilige Zinsniveau für langfristige Kapitalanlagen angesehen werden.[3] Die Obergrenze (aus Sicht des Pächters) wird regelmäßig durch das Zinsniveau für langfristige Ausleihungen markiert. Die Verzinsung ist ausgehend von den Teilwerten der überlassenen Wirtschaftsgüter zu ermitteln (etwa 5 bis 8 % bei Immobilien, etwa 6 bis 10 % für übriges Vermögen); auf die Buchwerte sind ggf. Zuschläge zu erheben.[4]

3.141 **Abschreibungsvergütung.** Die Wertverzehrkomponente richtet sich als besonderer Bestandteil der Vergütung nach der linearen AfA (ohne Sonderabschreibung).[5] Eine Abschreibungsvergütung ist auch möglich, wenn das Betriebsunternehmen eine Instandhaltungspflicht hat.[6] Hat der Vermieter bzw. Verpächter dem Mieter bzw. Pächter im Überlassungsvertrag eine Substanzerhaltungsverpflichtung auferlegt, die überlassenen Vermögensgegenstände zu erhalten und regelmäßig zu erneuern, darf die Überlassungsvergütung jedoch keine Wertverzehrkomponente enthalten. Wird dies nicht beachtet, ist eine verdeckte Gewinnausschüttung der Betriebs-Kapitalgesellschaft bzw. eine verdeckte Entnahme bei der Betriebs-Personengesellschaft anzunehmen (s. Rz. 3.427).[7]

---

1 BFH v. 27.2.2003 – I R 46/01, BStBl. II 2004, 132 = FR 2003, 1020 m. Anm. v. *Pezzer*; *Kühn*, BBK 2022, 427 (429).

2 Niedersächsisches FG v. 27.11.1973 – VI Kö 4/69, EFG 1974, 273.

3 FG München v. 15.7.1992 – 15 V 614/92, EFG 1993, 172 (rkr.).

4 Hierzu *Micker* in Söffing/Micker, Betriebsaufspaltung[10], Rz. 1544; *Kühn*, BBK 2022, 427 (430).

5 BFH v. 14.1.1998 – X R 57/93, BFH/NV 1998, 1160; BFH v. 31.3.1971 – I R 111/69, BStBl. II 1971, 536. Vgl. auch FG München v. 15.7.1992 – 15 V 614/92, EFG 1993, 172.

6 *Neufang*, StBp 2021, 203 (204).

7 FG München v. 22.7.2003 – 6 K 1296/01, juris.

Vergütung für immaterielle Wirtschaftsgüter. Bei der Überlassung von immateriellen Wirtschaftsgütern wird eine Lizenzzahlung von 0,5 bis 2,0 % des Umsatzes als angemessen erachtet.[1] Wird dem Betriebsunternehmen ein Geschäfts- bzw. Firmenwert zur Nutzung überlassen (dazu Rz. 3.283 und Rz. 3.426) können 1 % des Umsatzes als angemessenes Nutzungsentgelt angesehen werden.[2] 3.142

(3) Kalkulation des Betriebsunternehmens

Stammkapitalverzinsung. Die nach vorstehenden Grundsätzen aus der Sicht des überlassenden Besitzunternehmens ermittelte Überlassungsvergütung muss aufgrund der besonderen Verflechtungen schließlich mit den wirtschaftlichen Interessen der Betriebsgesellschaft abgestimmt werden. Beim pachtenden Unternehmen ist zu gewährleisten, dass diesem nach Abzug der Miete bzw. Pacht eine angemessene Rendite des eingesetzten Kapitals (Stammkapital, sonstiges Eigenkapital) sowie eine Verzinsung des Risikos, das auf dem nicht eingezahlten Stammkapital lastet, verbleibt.[3] Hier wird als Untergrenze eine Verzinsung des eingezahlten Kapitals mit 10 %[4] und des nicht eingezahlten Kapitals mit 3 % als angemessen beurteilt.[5] 3.143

Ausschluss der Verlustentstehung. Eine Vereinbarung, wonach der berechnete Miet- oder Pachtzins beim Betriebsunternehmen nicht zu Verlusten führen darf, entspricht nicht den Vereinbarungen, die fremde Dritte abgeschlossen hätten, so dass die Pachtaufwendungen als verdeckte Gewinnausschüttungen anzusehen sind (s. Rz. 3.427).[6] 3.144

b) Überlassung mit Gewinnerzielungsabsicht

aa) Differenzierungen

Entgeltliche Überlassung. Die entgeltliche Überlassung zu marktgerechten Konditionen (zur Bemessung s. Rz. 3.136 ff.) führt stets zu einer sachlichen Verflechtung.[7] 3.145

---

1 Hierzu *Micker* in Söffing/Micker, Betriebsaufspaltung[10], Rz. 1544; *Kühn*, BBK 2022, 427 (431).

2 Hierzu *Micker* in Söffing/Micker, Betriebsaufspaltung[10], Rz. 1544; *Kühn*, BBK 2022, 427 (431). Zur Thematik auch *Kratzsch*, PFB 2023, 209 (215).

3 BFH v. 14.1.1998 – X R 57/93, BFH/NV 1998, 1160; BFH v. 12.11.1986 – I R 113/83, BFH/NV 1987, 265; BFH v. 5.10.1977 – I R 230/75, BStBl. II 1978, 234; BFH v. 4.5.1977 – I R 11/75, BStBl. II 1977, 679. Vgl. auch FG Münster v. 13.2.2019 – 13 K 1335/16 K, G, F, EFG 2019, 723 (rkr.).

4 BFH v. 4.5.1977 – I R 11/75, BStBl. II 1977, 679. Überholt damit 15 % gem. BFH v. 29.5.1972 – GrS 4/71, BStBl. II 1973, 5.

5 BFH v. 4.5.1977 – I R 11/75, BStBl. II 1977, 679. Vgl. auch *Micker* in Söffing/Micker, Betriebsaufspaltung[10], Rz. 1545.

6 FG München v. 21.7.2009 – 6 K 4843/06, juris (zur Parallelfrage bei der Betriebsverpachtung).

7 BFH 10.5.2016 – X R 5/14, BFH/NV 2017, 8.

3.146 **Teil- und unentgeltliche Überlassung.** Auch eine teilentgeltliche oder unentgeltliche Nutzungsüberlassung an die Betriebsgesellschaft begründet die sachliche Verflechtung einer Betriebsaufspaltung, sofern die für die Qualifizierung des Besitzunternehmens als Gewerbebetrieb gem. § 15 Abs. 1 Satz 1 Nr. 1, Nr. 2 i.V.m. Abs. 2 EStG erforderliche Gewinnerzielungsabsicht weiterhin gegeben ist.[1]

bb) Kein Tatbestandsmerkmal bei Überlassung an eine Betriebs-Kapitalgesellschaft

3.147 **Klassische (Einheits-) Betriebsaufspaltung.** Die Überlassung einer wesentlichen Betriebsgrundlage durch eine natürliche Person bzw. Einzelunternehmer, eine Personengesellschaft oder Rechtsgemeinschaft an eine Betriebs-Kapitalgesellschaft oder -Optionsgesellschaft i.S.d. § 1a KStG führt auch dann zur Begründung einer Betriebsaufspaltung, wenn die Überlassung zu marktunüblich niedrigen Konditionen oder gar unentgeltlich erfolgt (zur Bemessung s. Rz. 3.136 ff.).

3.148 **Beteiligungserträge oder Anteilswerterhöhung ausreichend.** Bei der teilentgeltlichen oder unentgeltlichen Nutzungsüberlassung an eine Betriebs-Kapitalgesellschaft oder -Optionsgesellschaft i.S.d. § 1a KStG kann die Gewinnerzielungsabsicht des Besitzunternehmens in der Rechtsform eines Einzelunternehmens, einer Personengesellschaft oder Rechtsgemeinschaft in dem Bestreben liegen, Beteiligungserträge zu erzielen oder eine Werterhöhung der zum notwendigen Betriebsvermögen rechnenden Beteiligung an der Betriebs-Kapital-/Optionsgesellschaft zu bewirken.[2] Denn die teil-/unentgeltliche Nutzungsüberlassung erspart der Betriebs-Kapital-/Optionsgesellschaft Betriebsausgaben, sodass ein höherer Jahresüberschuss für eine Gewinnausschüttung auf die im Betriebsvermögen des Besitzunternehmens befindlichen Anteile möglich ist oder der Wert der Anteile an der Betriebs-Kapital-/Optionsgesellschaft sich erhöht. Sofern die Gewinnerzielungsabsicht nur anhand der Ausschüttungen bzw. dem Streben Beteiligungserträge zu erzielen zu bemessen sein sollte,[3] ist unerheblich, wenn Ausschüttungen über einen längeren Zeitraum unterlassen werden. Denn die Gewinnerzielungsabsicht ist nicht an den tatsächlichen, sondern auch an den möglichen Ausschüttungen zu messen und erst dann zu verneinen, wenn der

---

1 BFH v. 17.11.2020 – I R 72/16, BStBl. II 2021, 484 = FR 2021, 544; BFH v. 12.4.2018 – IV R 5/15, BStBl. II 2020, 118 = FR 2018, 959 m. Anm. v. *Kanzler.*

2 BFH v. 12.4.2018 – IV R 5/15, BStBl. II 2020, 118 = FR 2018, 959 m. Anm. v. *Kanzler*; BFH v. 28.2.2013 – IV R 49/11 BStBl. II 2013, 802 = FR 2013, 854 m. Anm. v. *Schmitz-Herscheidt,*; BFH v. 28.2.2013 – IV R 4/11, BFH/NV 2013, 1081; BFH v. 18.4.2012 – X R 5/10, BStBl. II 2013, 785 = FR 2012, 868 m. Anm. v. *Schmitz-Herscheidt*; BFH v. 18.4.2012 – X R 7/10, BStBl. II 2013, 791 = DB 2012, 1542; BFH v. 2.9.2009 – I R 20/09, BFH/NV 2010, 391; BFH v. 12.12.2007 – X R 17/05, BStBl. II 2008, 579 = FR 2008, 565 m. Anm. v. *Wendt*; BFH v. 26.6.2007 – X B 69/06, BFH/NV 2007, 1707; BFH v. 28.3.2000 – VIII R 68/96, BFH/NV 2000, 1278; BFH v. 14.1.1998 – X R 57/93, BFH/NV 1998, 1160; BFH v. 24.4.1991 – X R 84/88, BStBl. II 1991, 713 = FR 1991, 456. Vgl. hierzu auch Sächsisches FG v. 16.12.2021 – 8 K 625/21, GmbH-StB 2022, 220 (rkr.). Kritisch hierzu *Gluth* in H/H/R, § 15 EStG Anm. 812 (Stand: April 2022).

3 So ggf. BFH v. 12.4.2018 – IV R 5/15, BStBl. II 2020, 118 = FR 2018, 959 m. Anm. v. *Kanzler.*

Gesellschafter mit den vereinbarten Nutzungsentgelten und den tatsächlichen und möglichen Ausschüttungen auf die Dauer keine Kostendeckung erwarten kann (dazu auch Rz. 3.149). Da sowohl Ausschüttungen als auch Anteilsveräußerungsgewinne bei dem Besitzunternehmen im Rahmen des Teileinkünfteverfahrens nach § 3 Nr. 40 EStG besteuert werden, sieht § 3c Abs. 2 Satz 6 EStG ein Teilabzugsverbot für korrespondierende Wertminderungen und Aufwendungen vor, dazu Rz. 3.305 ff.

Fehlende Gewinnerzielungsabsicht. Bei teilentgeltlicher oder unentgeltlicher Nutzungsüberlassung ist eine Gewinnerzielungsabsicht beim Besitzunternehmen allerdings zu verneinen, wenn die beherrschende Person oder Personengruppe mit den vereinbarten Nutzungsentgelten und den tatsächlichen und möglichen Ausschüttungen sowie den Anteilswerterhöhungen auf Dauer gesehen keine Kostendeckung erwarten kann.[1] Durch die unangemessen niedrigen Nutzungsentgelte müssen folglich Gewinnausschüttungen und Wertsteigerungen zu erwarten sein, welche die Ausgaben des Besitzunternehmens übersteigen.[2] Sind Nur-Betriebs-Gesellschafter vorhanden, dürfen in diesem Zusammenhang die an diese möglichen Gewinnausschüttungen nicht mitberücksichtigt werden.[3] 3.149

cc) Tatbestandsmerkmal bei Überlassung an eine Betriebs-Personengesellschaft

Nur bei unmittelbarer mitunternehmerischer Betriebsaufspaltung. Besonderheiten gelten im Fall der mitunternehmerischen Betriebsaufspaltung, weil dann die Beteiligungen an der Betriebs-Personengesellschaft nicht zum Betriebsvermögen der (Schwester-)Besitz-Personengesellschaft oder -Rechtsgemeinschaft rechnen, so dass ersparte Aufwendungen der Betriebs-Personengesellschaft aufgrund teilentgeltlicher oder unentgeltlicher Nutzungsüberlassung nicht zu erhöhten Gewinnzurechnungen oder Anteilswerten im Betriebsvermögen des Besitzunternehmens führen können. Deshalb ist in diesen Fällen eine Nutzungsüberlassung an die Betriebs-Personengesellschaft mit Gewinnerzielungsabsicht erforderlich.[4] 3.150

Nicht bei mittelbarer mitunternehmerischer Betriebsaufspaltung. Wird die Beteiligung an der Betriebs-Personengesellschaft nicht unmittelbar gehalten, sondern über eine beherrschte Kapitalgesellschaft oder -Optionsgesellschaft i.S.d. § 1a KStG (zur Betriebsaufspaltung bei mittelbarer Beteiligung an der Betriebs-Gesellschaft über eine Kapital-/Optionsgesellschaft s. Rz. 3.440), rechnen die Anteile an dieser vermit- 3.151

1 BFH v. 24.4.1991 – X R 84/88, BStBl. II 1991, 713 = FR 1991, 456; BFH v. 14.1.1998 – X R 57/93, BFH/NV 1998, 1160.

2 BFH v. 12.4.2018 – IV R 5/15, BStBl. II 2020, 118 = FR 2018, 959 m. Anm. v. *Kanzler*; BFH v. 2.9.2009 – I R 20/09, BFH/NV 2010, 391.

3 BFH v. 14.1.1998 – X R 57/93, BFH/NV 1998, 1160.

4 BFH v. 12.4.2018 – IV R 5/15, BStBl. II 2020, 118 = FR 2018, 959 m. Anm. v. *Kanzler*; BMF v. 28.4.1998 – IV B 2 - S 2241 – 42/98, BStBl. I 1998, 583. Kritisch *Krumm* in Kirchhof/Seer[24], § 15 EStG Rz. 87. Zur Unbeachtlichkeit der Überlassungskonditionen beim Sonderbetriebsvermögen vgl. BFH v. 1.3.1994 – VIII R 35/92, BStBl. II 1995, 241 = FR 1994, 789.

telnden Kapital-/Optionsgesellschaft regelmäßig zum Sonderbetriebsvermögen II der Gesellschafter bei der Besitz-Personengesellschaft (s. Rz. 3.369). Aufgrund der damit verbundenen Zugehörigkeit der mittelbar gehaltenen Anteile an der Betriebs-Personengesellschaft zum Gesamtbetriebsvermögen der Besitz-Personengesellschaft ist dann keine Gewinnerzielungsabsicht bei der Nutzungsüberlassung durch die Besitz-Personengesellschaft oder -Rechtsgemeinschaft erforderlich. Es gelten dann die zu Rz. 3.147 ff. dargelegten Grundsätze entsprechend.

c) Anpassung der Miet- und Pachtzinsen

3.152 **Nur für die Zukunft.** Einvernehmliche Veränderungen der Überlassungskonditionen für die Zukunft sind grundsätzlich möglich, insbesondere wenn sie vertraglich vereinbart sind und sich Berechnungs- oder Bemessungsgrundlagen ändern. Steuerlich problematisch und i.d.R nicht anzuerkennen bzw. zu korrigieren sind hingegen rückwirkende Veränderungen der Pacht; dies gilt auch für andere rückwirkende Vertragsänderungen.[1]

5. Kein Vorrang des Sonderbetriebsvermögens

3.153 **Überlassung an eine gewerbliche Betriebs-Personengesellschaft.** Eine Betriebsaufspaltung liegt trotz sachlicher Verflechtung infolge Nutzungsüberlassung einer wesentlichen Betriebsgrundlage durch das Besitzunternehmen an die Betriebsgesellschaft nicht vor, wenn die Nutzungsüberlassung die Voraussetzungen nach § 15 Abs. 1 Satz 1 Nr. 2 Satz 1 Halbs. 2 EStG zur Einordnung als Sonderbetriebsvermögen erfüllt (negatives Tatbestandsmerkmal). Dies ist in bestimmten Fällen bei Überlassung der wesentlichen Betriebsgrundlage an eine gewerbliche Betriebs-Personengesellschaft oder Rechtsgemeinschaft i.S.d. § 15 Abs. 1 Satz 1 Nr. 2 Satz 1 Halbs. 1, Abs. 3 EStG der Fall.[2]

3.154 **Überlassung durch natürliche Person bzw. Einzelunternehmer.** Überlässt eine natürliche Person bzw. ein Einzelunternehmer eine wesentliche Betriebsgrundlage einer gewerblichen Personengesellschaft zur Nutzung, an der eine unmittelbar beherrschende Beteiligung besteht, zählt die wesentliche Betriebsgrundlage ungeachtet der Überlassungskonditionen zu dessen Sonderbetriebsvermögen bei der Betriebs-Personengesellschaft i.S.d. § 15 Abs. 1 Satz 1 Nr. 2 Satz 1 Halbs. 2 EStG (Vorrang des Sonderbetriebsvermögens vor der Betriebsaufspaltung).[3] Dies gilt auch im Fall der GmbH & atypisch Still, wenn der atypisch stille Gesellschafter der von ihm beherrschten GmbH eine wesentliche Betriebsgrundlage überlässt, weil diese infolge des atypisch stillen Beteiligungsverhältnisses als der atypisch stillen Gesellschaft als eigenständiger Mitunternehmerschaft überlassen gilt (s. Rz. 3.590).[4] Der Vorrang des Sonderbetriebsvermögens gilt gem. § 15 Abs. 1 Satz 1 Nr. 2 Satz 2 EStG auch bei Überlassung an eine nachgeordnete Personengesellschaft, wenn die zwischengeschal-

1 *Kühn*, BBK 2022, 427, 432; *Neufang*, StBp 2021, 203 (205).
2 Hierzu auch *Wacker* in Schmidt[44], § 15 EStG Rz. 858 f.
3 BFH v. 3.2.1994 – III R 23/89, BStBl. II 1994, 709 = FR 1994, 638.
4 Hierzu auch *Schulze zur Wiesche*, DStZ 2023, 686 (694).

tete Gesellschaft ebenfalls die Rechtsform der Personengesellschaft hat. Das überlassene Wirtschaftsgut ist dann Sonderbetriebsvermögen des Überlassenden bei der Unter-/Enkelpersonengesellschaft. Die Konditionen der Nutzungsüberlassung (entgeltlich, teilentgeltlich oder unentgeltlich) sind auch in diesem Fall ohne weitere Bedeutung für die Einordnung als Sonderbetriebsvermögen. Die vorstehenden Grundsätze zum Vorrang des Sonderbetriebsvermögens vor der Betriebsaufspaltung gelten auch bei Überlassung der wesentlichen Betriebsgrundlage an eine gewerbliche Betriebs-Gemeinschaft i.S.d. § 15 Abs. 1 Satz 1 Nr. 2 Satz 1 Halbs. 1 EStG.

Überlassung durch Personengesellschaft. Überlässt eine Personengesellschaft einer (mehrheitlich) gesellschafteridentischen gewerblichen Schwester-Personengesellschaft i.S.d. § 15 Abs. 1 Satz 1 Nr. 2 Satz 1 Halbs. 1, Abs. 3 EStG eine wesentliche Betriebsgrundlage ohne Gewinnerzielungsabsicht, wird keine gewerbliche Tätigkeit ausgeübt; die überlassene wesentliche Betriebsgrundlage ist deshalb als notwendiges Sonderbetriebsvermögen der Besitzgesellschafter bei der nutzenden Personengesellschaft einzuordnen.[1] Ungeachtet der Überlassungskonditionen ist stets Sonderbetriebsvermögen gegeben, wenn eine betriebliche Personengesellschaft einer (mehrheitlich) beherrschten gewerblichen Tochter-Personengesellschaft oder einer nachgeordneten Enkel-Personengesellschaft mit zwischengeschalteter Personengesellschaft eine wesentliche Betriebsgrundlage überlässt (§ 15 Abs. 1 Satz 1 Nr. 2 Satz 1 Halbs. 2 bzw. Satz 2 EStG). Diese Grundsätze gelten auch bei Überlassung der wesentlichen Betriebsgrundlage durch eine gewerbliche Betriebs-Gemeinschaft i.S.d. § 15 Abs. 1 Satz 1 Nr. 2 Satz 1 Halbs. 1 EStG. 3.155

Überlassung durch Kapital- oder Optionsgesellschaft i.S.d. § 1a KStG. Überlässt eine Kapitalgesellschaft oder Optionsgesellschaft i.S.d. § 1a KStG einer unmittelbar beherrschten gewerblichen Betriebs-Personengesellschaft (Tochtergesellschaft) eine wesentliche Betriebsgrundlage, ist diese als Sonderbetriebsvermögen i.S.d. § 15 Abs. 1 Satz 1 Nr. 2 Satz 1 Halbs. 2 EStG der Kapitalgesellschaft bzw. Optionsgesellschaft i.S.d. § 1a KStG bei der Tochter-Personengesellschaft zu erfassen. Bei Überlassung an eine ausschließlich über Personengesellschaften beherrschte gewerbliche Enkel-Personengesellschaft ist das Wirtschaftsgut i.S.d. § 15 Abs. 1 Satz 1 Nr. 2 Satz 2 EStG als Sonderbetriebsvermögen der Kapitalgesellschaft bzw. Optionsgesellschaft i.S.d. § 1a KStG bei der Unter-/Enkelpersonengesellschaft einzuordnen. Für die Einordnung als Sonderbetriebsvermögen sind die Konditionen der Nutzungsüberlassung (entgeltlich, teilentgeltlich oder unentgeltlich) in beiden Fällen ohne Relevanz. Die vorstehenden Grundsätze zum Vorrang des Sonderbetriebsvermögens vor der Betriebsaufspaltung gelten auch bei Überlassung der wesentlichen Betriebsgrundlage an eine gewerbliche Betriebs-Gemeinschaft i.S.d. § 15 Abs. 1 Satz 1 Nr. 2 Satz 1 Halbs. 1 EStG. 3.156

1 *Gluth* in H/H/R, § 15 EStG Anm. 778 (Stand: April 2022).

V. Personelle Verflechtung

1. Rechtfertigung

3.157 **Einfluss auf beide Unternehmen.** Die Rechtfertigung für das Erfordernis der personellen Verflechtung zwischen dem Besitz- und dem Betriebsunternehmen ergibt sich aus dem damit gewährleisteten beherrschenden Einfluss auf die Überlassung der wesentlichen Betriebsgrundlage durch das Besitzunternehmen und deren Nutzung durch die Betriebsgesellschaft.

2. Einheitlicher geschäftlicher Betätigungswille

a) Personengruppentheorie

3.158 **Definition.** Die Betriebsaufspaltung erfordert neben der sachlichen Verflechtung durch Überlassung mindestens einer wesentlichen Betriebsgrundlage des Besitzunternehmens an die Betriebsgesellschaft eine personelle Verflechtung zwischen diesen beiden Unternehmen. Eine solche liegt vor, wenn der Inhaber des Besitzunternehmens bzw. die Gesellschafter der Besitzgesellschaft und die Gesellschafter der Betriebsgesellschaft personenidentisch oder zumindest teilweise personenidentisch sind und daher bei den Trägern des Besitzunternehmens und der Betriebsgesellschaft von einem einheitlichen geschäftlichen Betätigungswillen ausgegangen werden kann.[1] Zur Ermittlung des einheitlichen geschäftlichen Betätigungswillens hat die BFH-Rechtsprechung die sog. Personengruppentheorie entwickelt.[2]

3.159 **Beteiligungs- oder Beherrschungsidentität.** Die personelle Verflechtung zwischen einem Besitzunternehmen und einer Betriebsgesellschaft i.S.d. Personengruppentheorie ist gegeben, wenn eine Person oder mehrere Personen zusammen (Personengruppe) sowohl das Besitzunternehmen als auch die Betriebsgesellschaft dergestalt beherrschen, dass sie in der Lage sind, in beiden Unternehmen aufgrund ihrer Beteiligungsidentität oder zumindest (mehrheitlicher) Beherrschungsidentität einen einheitlichen Geschäfts- und Betätigungswillen durchzusetzen.[3] Beteiligungsidentität in diesem Sinne ist gegeben, wenn dieselbe Personen an beiden Unternehmen allein beteiligt ist (s. Rz. 3.167) oder dieselben Personen an Besitz- und Betriebsgesellschaft im gleichen Verhältnis (s. Rz. 3.168). Von Beherrschungsidentität spricht man bei Beteiligung derselben Personen an Besitz- und Betriebsgesellschaft im unterschiedlichen Verhältnis (s. Rz. 3.170 f.) und nur teilweiser Beteiligung derselben Personen an beiden Unternehmen (s. Rz. 3.172 ff.). Die Personengruppentheorie findet auch in

1 Grundlegend BFH v. 8.11.1971 – GrS 2/71, BStBl. II 1972, 63. Vgl. auch BFH v. 18.6.2009 – X R 22/07, BFH/NV 2010, 208; BFH v. 28.11.2001 – X R 50/97, BStBl. II 2002, 363 = FR 2002, 332 m. Anm. v. *Söffing*.

2 Grundlegend BFH v. 8.11.1971 – GrS 2/71, BStBl. II 1972, 63. Vgl. auch BFH v. 16.9.2021 – IV R 7/18, BStBl. II 2022, 767; BFH v. 20.5.2021 – IV R 31/19, BStBl. II 2021, 768 = FR 2022, 1074.

3 Ständige Rechtsprechung, z.B. BFH v. 16.3.2021 – II R 3/19, BStBl. II 2022, 706 = FR 2021, 960; BFH v. 28.5.2020 – IV R 4/17, BStBl. II 2020, 710 = FR 2020, 1045 m. Anm. v. *Bode*; BFH v. 24.9.2015 – IV R 9/13, BStBl. II 2016, 154.

den Fällen Anwendung, in denen bereits eine Person allein eines der Unternehmen oder beide Unternehmen beherrscht.[1]

Verhältnisse des Einzelfalls. Ob die Voraussetzungen einer personellen Verflechtung vorliegen, ist stets anhand der tatsächlichen Verhältnisse des Einzelfalls zu entscheiden. Dabei sind an das Vorliegen dieser Voraussetzung strenge Anforderungen zu stellen.[2] 3.160

b) Überlassungs- und Nutzungsverhältnis als Bezugspunkt

Entscheidungen bzgl. des Überlassungs- und Nutzungsverhältnisses. Für die personelle Verflechtung bzw. den einheitlichen geschäftlichen Betätigungswillen ist entscheidend, dass dieselben Personen die Geschicke sowohl des Besitz- als auch des Betriebsunternehmens in den wesentlichen Fragen bestimmen. Zu den wesentlichen Fragen gehören insbesondere die in Bezug auf die wesentlichen Betriebsgrundlagen bestehenden Nutzungsüberlassungsverträge, die nicht gegen den Willen dieser Personen geändert oder aufgelöst werden dürfen.[3] Der für die personelle Verflechtung erforderliche einheitliche geschäftliche Betätigungswille muss sich damit also u.a. auf Entscheidungen bzgl. des die sachliche Verflechtung begründenden Überlassungs- und Nutzungsverhältnisses beziehen.[4] 3.161

Laufende Gesellschafterangelegenheit. Sowohl beim Besitz- wie auch beim Betriebsunternehmen rechnen Entscheidungen zur Begründung, Änderung, laufenden Verwaltung oder Beendigung dieses Nutzungsverhältnisses regelmäßig zu den laufenden Gesellschaftsangelegenheiten. Für den einheitlichen geschäftlichen Betätigungswillen ist damit in aller Regel die Herrschaft über die sog. Geschäfte des täglichen Lebens maßgebend.[5] Für den Fall, dass es sich bei diesen Angelegenheiten im Einzelfall aufgrund gesetzlicher oder gesellschaftsvertraglicher Regelung nicht um laufende Geschäfte handeln sollte, sind die für diese (außerordentlichen) Maßnahmen geltenden Bestimmungen relevant. 3.162

1 BFH v. 19.9.2024 – IV R 5/20, BFH/NV 2025, 149.

2 Hierzu BFH v. 19.9.2024 – IV R 5/20, BFH/NV 2025, 149; BFH v. 20.5.2021 – IV R 31/19, BStBl II 2021, 768.

3 BFH v. 19.9.2024 – IV R 5/20, BFH/NV 2025, 149; BFH v. 20.5.2021 – IV R 31/19, BStBl. II 2021, 768 = FR 2022, 1074; BFH v. 28.5.2020 – IV R 4/17, BStBl. II 2020, 710 = FR 2020, 1045 m. Anm. v. *Bode*; BFH v. 24.9.2015 – IV R 9/13, BStBl. II 2016, 154 = FR 2016, 269 m. Anm. v. *Wendt*; BFH v. 8.9.2011 – IV R 44/07, BStBl II 2012, 136; BFH v. 28.11.2001 – X R 50/97, BStBl. II 2002, 363. Ebenso FG Hamburg v. 8.4.2025 – 5 K 103/24, juris (rkr.). Vgl. auch *Wacker* in Schmidt[44], § 15 EStG Rz. 823; *Krumm* in Kirchhof/Seer[24], § 15 EStG Rz. 90; *Gluth* in H/H/R, § 15 EStG Anm. 796 (Stand: April 2022).

4 BFH v. 19.9.2024 – IV R 5/20, BFH/NV 2025, 149; BFH v. 28.5.2020 – IV R 4/17, BStBl. II 2020, 710 = FR 2020, 1045 m. Anm. v. *Bode*; BFH v. 19.3.2009 – IV R 78/06, BStBl. II 2009, 803 = FR 2009, 1060. Vgl. auch FG Hamburg v. 8.4.2025 – 5 K 103/24, juris (rkr.).

5 BFH v. 16.3.2021 – II R 3/19, BStBl. II 2022, 706 = FR 2021, 960; BFH v. 28.5.2020 – IV R 4/17, BStBl. II 2020, 710 = FR 2020, 1045 m. Anm. v. *Bode*; BFH v. 16.5.2013 – IV R 54/11, BFH/NV 2013, 1557; BFH v. 21.8.1996 – X R 25/93, BStBl. II 1997, 44. Vgl. auch *Wacker* in Schmidt[44], § 15 EStG Rz. 823.

3.163 **Gegenstand der Geschäftsführung.** Rechnen die Geschäfte des täglichen Lebens und damit des Nutzungsverhältnisses nicht zum Aufgabenkreis der Gesellschafter, sondern zum Aufgabenkreis der Geschäftsführung, wie es bei Kapitalgesellschaften der gesetzliche Regelfall ist (vgl. zur GmbH § 35 Abs. 1 Satz 1 i.V.m. § 46 GmbHG und zur AG § 76 Abs. 1 AktG), ist zu differenzieren: Bei der GmbH ist auf die Durchsetzung in der Gesellschafterversammlung abzustellen, der Geschäftsführung gem. § 37 Abs. 1 GmbHG eine verbindliche Weisung zum Umgang mit dem Nutzungsüberlassungsvertrag erteilen zu können.[1] Bei der AG gilt Entsprechendes; zwar leitet der Vorstand die Geschäfte der Gesellschaft gem. § 76 Abs. 1 AktG „unter eigener Verantwortung" und damit stets nicht weisungsgebunden. Auch in diesem Fall ist aber sichergestellt, dass sich auf Dauer – wie in der GmbH – nur ein geschäftlicher Betätigungswille entfalten kann, der vom Vertrauen der Mehrheit der Aktionäre getragen wird.[2]

c) Vermutungswirkung und Entkräftung

3.164 **Interessengleichklang versus Interessenkollision.** Der Personengruppentheorie liegt die Vorstellung zugrunde, dass sich die Mitglieder einer solchen Personengruppe nicht gegenseitig „blockieren", sondern in Bezug auf die Überlassung bzw. Nutzung der wesentlichen Betriebsgrundlage einheitlich entscheiden. Es wird insoweit also ein Interessengleichklang bzw. ein einheitlicher geschäftlicher Betätigungswille vermutet. Diese Vermutung wird in den verschiedenen Identitätskonstellationen von der Beteiligungsidentität zur Beherrschungsidentität abnehmend angenommen und kann nur durch den Nachweis ständiger Interessenkollisionen entkräftet werden.[3] Es müssen also konkrete Rechtsstreitigkeiten über das Verhalten eines Gesellschafters oder Maßnahmen der Geschäftsführung dokumentiert werden können.[4] Bloße Meinungsverschiedenheiten über allgemeine Fragen der Gesellschaft reichen nicht aus, um die Vermutung des einheitlichen geschäftlichen Betätigungswillens zu widerlegen.[5]

3.165 **Nachträgliche Interessengegensätze.** Interessengegensätze entstehen in der Regel nicht zu Beginn, sondern erst während des Bestehens der Betriebsaufspaltung. In einem solchen Fall ist von hervorzuhebender Bedeutung, dass mit deren Dokumentati-

---

1 Vgl. auch *Krumm* in Kirchhof/Seer[24], § 15 EStG Rz. 90; *Micker* in Söffing/Micker, Betriebsaufspaltung[10], Rz. 353.

2 BFH v. 23.3.2011 – X R 45/09, BStBl. II 2011, 778 = FR 2011 m. Anm. v. *Bode*, 996; Vgl. auch *Krumm* in Kirchhof/Seer[24], § 15 EStG Rz. 90.

3 BFH v. 14.8.2001 – IV B 120/00, BFH/NV 2001, 1561; BFH v. 10.4.1997 – IV R 73/94, BStBl. II 1997, 569 = FR 1997, 728; BFH v. 21.8.1996 – X R 25/93, BStBl. II 1997, 44 = DB 1997, 24; BFH v. 28.1.1993 – IV R 39/92, BFH/NV 1993, 528; BFH v. 5.9.1991 – IV R 113/90, BStBl. II 1992, 349; BFH v. 16.6.1982 – I R 118/80, BStBl. II 1982, 662; BFH v. 15.5.1975 – IV R 89/73, BStBl. II 1975, 781.

4 BFH v. 7.1.2008 – IV B 24/07, BFH/NV 2008, 784; BFH v. 14.8.2001 – IV B 120/00, BFH/NV 2001, 1561; BFH v. 24.2.2000 – IV R 62/98, BStBl. II 2000, 417 = DB 2000, 957; BFH v. 10.4.1997 – IV R 73/94, BStBl. II 1997, 569; BFH v. 5.9.1991 – IV R 113/90, BStBl. II 1992, 349; BFH v. 16.6.1982 – I R 118/80, BStBl. II 1982, 662; BFH v. 15.5.1975 – IV R 89/73, BStBl. II 1975, 781.

5 Vgl. hierzu auch H 15.7 (6) EStH 2021 „Interessengegensätze"; *Micker* in Söffing/Micker, Betriebsaufspaltung[10], Rz. 394 ff.

on bzw. Nachweis gegenüber dem Finanzamt das personelle Verflechtungsmerkmal der Betriebsaufspaltung entfällt (dazu auch Rz. 3.536). Die Folge ist die Beendigung der Betriebsaufspaltung und ggf. die Betriebsaufgabe des Besitzunternehmens i.S.d. § 16 Abs. 3 Satz 1 EStG (dazu auch Rz. 3.549 ff.). Im Interesse der Rechtssicherheit und um nicht einer möglicherweise jährlich wechselnden Beurteilung ausgesetzt zu sein, sind an den Nachweis gegensätzlicher Interessen zumindest beim amtsseitigen Aufgriff besonders strenge Anforderungen zu stellen. Auch bei extrem konträren Beteiligungsverhältnissen in Besitz- und Betriebsgesellschaft kann das Vorliegen gleichgerichteter Interessen in Frage gestellt sein (dazu auch Rz. 3.171).[1]

Prozessuales. Die Prüfung der Frage, ob dargelegte Meinungsverschiedenheiten die auf der Personengruppentheorie beruhende Vermutung gleichgerichteter Interessen widerlegen, obliegt im Klageverfahren in erster Linie der tatrichterlichen Würdigung durch das FG. Die diesbezüglichen Feststellungen sind dann im anschließenden Revisionsverfahren gemäß § 118 Abs. 2 FGO revisionsrechtlich bindend, soweit sie verfahrensrechtlich einwandfrei zustande gekommen sind und nicht durch Denkfehler oder durch die Verletzung von Erfahrungssätzen beeinflusst sind.[2] 3.166

d) Beteiligungsidentität

Dieselbe Person an beiden Unternehmen. Der einheitliche geschäftliche Betätigungswille tritt am deutlichsten hervor, wenn dieselbe Person an beiden Unternehmen allein beteiligt ist.[3] Das ist gegeben, wenn der Besitz-Einzelunternehmer zugleich alleiniger Gesellschafter des Betriebsunternehmens, regelmäßig einer GmbH, ist (sog. Einmann-Betriebsaufspaltung).[4] Die Annahme eines einheitlichen geschäftlichen Betätigungswillens ist bei dieser Konstellation unwiderlegbar anzunehmen. Gleiches gilt, wenn eine Besitzgesellschaft Alleingesellschafterin der Betriebsgesellschaft ist (sog. Einheits-Betriebsaufspaltung).[5] 3.167

Dieselben Personen im gleichen Verhältnis. Ein einheitlicher geschäftlicher Betätigungswille ist ebenfalls anzunehmen, wenn alle Gesellschafter des Besitzunternehmens in gleicher Höhe am Betriebsunternehmen beteiligt sind.[6] Die indiziell starke Vermutung des einheitlichen geschäftlichen Betätigungswillens kann durch den Nachweis ständiger Interessenkollisionen[7] bzw. konkreter Rechtsstreitigkeiten über 3.168

1 BFH v. 19.9.2024 – IV R 5/20, BFH/NV 2025, 149; BFH v. 12.10.1988 – X R 5/86, BStBl II 1989, 152; BFH v. 2.8.1972 – IV 87/65, BStBl II 1972, 796.

2 BFH v. 19.9.2024 – IV R 5/20, BFH/NV 2025, 149, mit weiterem Verweis auf BFH v. 1.2.2007 – VI R 72/05, BFH/NV 2007, 898.

3 Grundlegend BFH v. 8.11.1971 – GrS 2/71, BStBl. II 1972, 63; vgl. auch BFH v. 2.4.1997 – X R 21/93, BStBl. II 1997, 565.

4 Vgl. auch *Micker* in Söffing/Micker, Betriebsaufspaltung[10], Rz. 345.

5 Vgl. auch *Micker* in Söffing/Micker, Betriebsaufspaltung[10], Rz. 346.

6 Grundlegend BFH v. 8.11.1971 – GrS 2/71, BStBl. II 1972, 63; vgl. auch BFH v. 14.10.2009 – X R 37/07, BFH/NV 2010, 406; BFH v. 24.2.2000 – IV R 62/98, BStBl. II 2000, 417; BFH v. 15.10.1998 – IV R 20/98, BStBl. II 1999, 445.

7 BFH v. 10.4.1997 – IV R 73/94, BStBl. II 1997, 569; BFH v. 28.1.1993 – IV R 39/92, BFH/NV 1993, 528; BFH v. 5.9.1991 – IV R 113/90, BStBl. II 1992, 349; BFH v. 16.6.1982 – I R 118/80, BStBl. II 1982, 662; BFH v. 15.5.1975 – IV R 89/73, BStBl. II 1975, 781.

das Verhalten eines Gesellschafters oder Maßnahmen der Geschäftsführung widerlegt werden.[1] Dazu auch Rz. 3.164 f.

e) Beherrschungsidentität

aa) Willensdurchsetzung in beiden Unternehmen

3.169 **Beherrschung beider Unternehmen.** Bei fehlender Beteiligungsidentität kann eine personelle Verflechtung auch aufgrund einer Beherrschungsidentität angenommen werden, wenn eine Person oder eine Personengruppe in der Lage ist, ihren Willen in beiden Unternehmen durchzusetzen.[2] Dabei ist es unerheblich, ob ein Beteiligter vorhanden ist, der eines der Unternehmen oder beide Unternehmen allein beherrscht, so dass die Personengruppentheorie auch in den Fällen Anwendung findet, in denen bereits eine Person allein eines der Unternehmen oder beide Unternehmen beherrscht.[3] Im Übrigen wird wie folgt differenziert:

bb) Beteiligung derselben Personen in unterschiedlichem Verhältnis

3.170 **Anteile am Besitzunternehmen auf andere Art verteilt als am Betriebsunternehmen.** Eine personelle Verflechtung aufgrund Beherrschungsidentität ist insbesondere gegeben, wenn an beiden Unternehmen zwar dieselben Personen beteiligt sind, aber in unterschiedlichem Verhältnis. Von extremen Ausnahmefällen abgesehen (dazu Rz. 3.171) ist die personelle Verflechtung dann gleichwohl gegeben z.B. bei einem Beteiligungs- und Stimmrechtsverhältnis im Besitzunternehmen von 55:45 und 45:55 im Betriebsunternehmen,[4] von 60:40 im Besitzunternehmen und 40:60 im Betriebsunternehmen,[5] von 80:20 im Besitzunternehmen und 20:80 im Betriebsunternehmen,[6] von 50:50 im Besitzunternehmen und 88:12 im Betriebsunternehmen,[7] von 50:50 im Besitzunternehmen und 90:10 im Betriebsunternehmen[8] oder von 50:50 im Besitzunternehmen und 98:2 im Betriebsunternehmen.[9] In diesen Fällen ist der Zusammenschluss derselben Personen in zwei Unternehmen nicht Ausdruck eines nur zufälligen Zusammenkommens, sondern eines bewusst geplanten Zusammenschlusses zur Verfolgung eines bestimmten wirtschaftlichen Zwecks. Ungeachtet der abwei-

1 BFH v. 7.1.2008 – IV B 24/07, BFH/NV 2008, 784; BFH v. 14.8.2001 – IV B 120/00, BFH/NV 2001, 15; BFH v. 24.2.2000 – IV R 62/98, BStBl. II 2000, 417 = DB 2000, 957; Vgl. auch H 15.7 (6) EStH.

2 BFH v. 16.5.2013 – IV R 54/11, BFH/NV 2013, 1557; BFH v. 1.7.2003 – VIII R 24/01, BStBl. II 2003, 757 = FR 2003, 963 m. Anm. v. *Kempermann*.

3 BFH v. 19.9.2024 – IV R 5/20, BFH/NV 2025, 149.

4 FG Baden-Württemberg v. 14.11.1996 – 6 K 7/94, EFG 1997, 532 (rkr.).

5 BFH v. 24.2.2000 – IV R 62/98, BStBl. II 2000, 417 = DB 2000, 957.

6 BFH v. 29.8.2001 – VIII R 34/00, BFH/NV 2002, 185; BFH v. 2.3.2000 – IV B 34/99, BFH/NV 2000, 1084.

7 BFH v. 23.11.1972 – IV R 63/71, BStBl. II 1973, 247.

8 BFH v. 17.3.1987 – VIII R 36/84, BStBl. II 1987, 858.

9 BFH v. 24.2.1994 – IV R 8-9/93, BStBl. II 1994, 466. Der BFH hielt es insoweit nicht für erheblich, dass einem Gesellschafter der Betriebs-GmbH nicht einmal die Minderheitsrechte gem. §§ 50, 61 Abs. 2 Satz 2 GmbHG zustanden.

chenden Beteiligungsverhältnisse besteht daher die Vermutung eines die personelle Verflechtung begründenden einheitlichen geschäftlichen Betätigungswillens. Dies gilt auch, wenn die beteiligten Personen Eheleute, Eltern und volljährige Kinder oder sonstige nahe Angehörige sind, denn der Interessengleichklang ergibt sich bereits aus dem zweckgerichteten Zusammenschluss derselben Personen in beiden Unternehmen (dazu auch Rz. 3.229 ff., Rz. 3.237 ff. und Rz. 3.240 ff.).[1] Die in Abhängigkeit von den unterschiedlichen Beteiligungsquoten mehr oder weniger stark ausgeprägte Vermutung gleichgerichteter Interessen kann durch den Nachweis ständiger Interessenkollisionen[2] bzw. konkreter Rechtsstreitigkeiten über das Verhalten eines Gesellschafters oder Maßnahmen der Geschäftsführung widerlegt werden.[3]

Extrem unterschiedliche Beteiligungsverhältnisse: Sind die Beteiligungen bzw. Stimmrechte der (identischen) Gesellschafter am Besitzunternehmen und am Betriebsunternehmen extrem unterschiedlich, ist von einem Interessengegensatz der beteiligten Personen auszugehen, der einen einheitlichen geschäftlichen Betätigungswillen ausschließt.[4] Dies ist z.B. bei einem Beteiligungsverhältnis im Besitzunternehmen von 90:10 und im Betriebsunternehmen von 10:90 anzunehmen.[5] Die Nutzungsüberlassung durch das Besitzunternehmen ist dann wirtschaftlich einer Fremdvermietung oder -verpachtung gleichzustellen. 3.171

cc) Beteiligung nur teilweise derselben Personen

(1) Beteiligung von Nur-Besitz- oder Nur-Betriebsgesellschaftern

Personen ohne Doppelgesellschafterstellung. Eine personelle Verflechtung aufgrund Beherrschungsidentität kann auch angenommen werden, wenn am Besitz- und/oder Betriebsunternehmen Gesellschafter beteiligt und stimmberechtigt sind, die nicht die Stellung eines Doppelgesellschafters haben und folglich nur an einem der beiden Unternehmen eine Beteiligung halten (sog. Nur-Besitzgesellschafter bzw. Nur-Betriebsgesellschafter). 3.172

(2) Nur-Besitzgesellschafter

Beherrschungsidentität bei Stimmenmehrheit für laufende Geschäfte. Ist an der Besitzgesellschaft ein Gesellschafter beteiligt und stimmberechtigt, der keine Anteile an der Betriebsgesellschaft hält (sog. Nur-Besitzgesellschafter), ist der erforderliche einheitliche geschäftliche Betätigungswille der übrigen Gesellschafter (Doppelgesell- 3.173

1 *Gluth* in H/H/R, § 15 EStG Anm. 797 (Stand: April 2022).

2 BFH v. 10.4.1997 – IV R 73/94, BStBl. II 1997, 569; BFH v. 28.1.1993 – IV R 39/92, BFH/NV 1993, 528; BFH v. 5.9.1991 – IV R 113/90, BStBl. II 1992, 349; BFH v. 16.6.1982 – I R 118/80, BStBl. II 1982, 662; BFH v. 15.5.1975 – IV R 89/73, BStBl. II 1975, 781.

3 BFH v. 7.1.2008 – IV B 24/07, BFH/NV 2008, 784; BFH v. 14.8.2001 – IV B 120/00, BFH/NV 2001, 15; BFH v. 24.2.2000 – IV R 62/98, BStBl. II 2000, 417; Vgl. auch H 15.7 (6) EStH.

4 Unklar ist allerdings, wie extrem entgegengesetzt die Beteiligungsverhältnisse ausgestaltet sein müssen, offengelassen durch BFH v. 13.12.2005 – X R 50/03, BFH/NV 2006, 1144.

5 BFH v. 2.8.1972 – IV 87/65, BStBl. II 1972, 796.

schafter) gegeben, wenn in der Besitzgesellschaft für Beschlüsse über die laufenden Geschäfte das (ggf. qualifizierte) Mehrheitsprinzip vereinbart ist, der Nur-Besitzgesellschafter lediglich über eine Minderheitsbeteiligung unterhalb des Vetoquorums an der Besitzgesellschaft verfügt und damit gegen den Willen der Doppelgesellschafter keinen Einfluss auf das Nutzungsüberlassungsverhältnis zur Betriebsgesellschaft ausüben kann.[1]

3.174 **Keine Beherrschungsidentität bei Einstimmigkeitsprinzip für laufende Geschäfte.** Sind am Besitzunternehmen Nur-Besitzgesellschafter beteiligt bzw. stimmberechtigt und gilt für Beschlüsse über die laufenden Geschäfte u.a. betreffend die Verwaltung der vermieteten oder verpachteten Vermögensgegenstände gesetzlich oder gesellschaftsvertraglich das Einstimmigkeitsprinzip, ist der erforderliche einheitliche geschäftliche Betätigungswille grundsätzlich nicht gegeben.[2] Auf die Höhe der Beteiligung des Nur-Besitzgesellschafters kommt es nicht an. Damit kann ein Nur-Besitzgesellschafter sogar dann die Annahme einer personellen Verflechtung verhindern, wenn er mit 0 % an der Besitzgesellschaft beteiligt ist.[3] Ein Missbrauch rechtlicher Gestaltungsmöglichkeiten (§ 42 AO) ist weder in der Vereinbarung einstimmiger Beschlussfassungen[4] noch in der Beteiligung eines Minderheitsgesellschafters mit einem Zwerganteil zu sehen.[5] Zur Annahme gleichwohl einer Beherrschungsidentität auch in diesen Fällen s. Rz. 3.222 ff.

3.175 **Qualifiziertes Mehrheitserfordernis in laufenden Angelegenheiten.** Die vorstehenden Grundsätze gelten auch, wenn nach Gesellschaftsvertrag der Besitzgesellschaft eine qualifizierte Mehrheit von z.B. 75 % in laufenden (Vermietungs-)Angelegenheiten erforderlich ist, die ohne die Stimme des Nur-Besitzgesellschafters nicht zu erreichen ist.

3.176 **Ausnahme bei gesellschaftsrechtlicher Beherrschung des Nur-Besitzgesellschafters.** Auch bei vereinbartem Einstimmigkeits- oder qualifiziertem Mehrheitserfordernis in Bezug auf die sog. Geschäfte des täglichen Lebens in Form der laufenden Verwaltung der vermieteten Vermögensgegenstände ist eine Beherrschungsidentität gegeben, wenn der Nur-Besitzgesellschafter eine Personen- oder Kapitalgesellschaft ist, die von den Doppelgesellschaftern beherrscht wird.[6]

---

1 BFH v. 12.11.1985 – VIII R 342/82, BStBl. II 1986, 296.

2 BFH v. 28.5.2020 – IV R 4/17, BStBl. II 2020, 710 = FR 2020, 1045 m. Anm. *Bode*; BFH v. 24.9.2015 – IV R 9/13, BStBl. II 2016, 154 = FR 2016, 269 m. Anm. *Wendt*; BFH v. 21.1.1999 – IV R 96/96, BStBl. II 2002, 771. Ebenso BMF v. 7.10.2002 – IV A 6-S 2240-134/02, BStBl. I 2002, 1028.

3 FG München v. 24.11.2009 – 12 K 1094/09, DStRE 2011, 1053 (rkr.) auch unter Hinweis darauf, dass ein Anteil von 0 % an einer Gesellschaft bürgerlichen Rechts gesellschaftsrechtlich möglich ist.

4 BFH v. 7.12.1999 – VIII R 50-51/96, BFH/NV 2000, 601.

5 BFH v. 28.5.2020 – IV R 4/17, BStBl. II 2020, 710 (zu einer Beteiligung von 1 %) = FR 2020, 1045.

6 *Wacker* in Schmidt[44], § 15 EStG Rz. 825.

Ausnahme bei Beherrschung durch Geschäftsführungsbefugnis. Ist bei vereinbartem Einstimmigkeits- oder qualifiziertem Mehrheitserfordernis auch in Bezug auf die sog. Geschäfte des täglichen Lebens in Form der laufenden Verwaltung der vermieteten Vermögensgegenstände die Mitwirkung des – ggf. nur geringfügig beteiligten – Nur-Besitzgesellschafters erforderlich, kann die personelle Verflechtung ggf. über alleinige Geschäftsführungsbefugnisse der Doppelgesellschafter begründet werden (s. Rz. 3.222 ff.).[1] Der Nur-Besitzgesellschafter verhindert die personelle Verflechtung nämlich nicht, wenn er über die Geschäftsführung z.B. nach Maßgabe von § 710 BGB nicht mitbestimmt.[2] 3.177

Doppelvertretungsverbot des § 181 BGB ggf. unbeachtlich. Die fehlende Befreiung der Gesellschafter-Geschäftsführer der Besitz- und Betriebsgesellschaft vom Selbstkontrahierungsverbot des § 181 BGB steht der Annahme einer Beherrschungsidentität nicht entgegen, wenn die gesellschaftsrechtlichen Grundlagen die Umgehung dieses Verbots durch Übertragung der Vertretung auf eine andere Person, z.B. einen Prokuristen der Betriebsgesellschaft, ermöglichen.[3] 3.178

Ausnahme bei faktischer Beherrschung des Nur-Besitzgesellschafters. Liegen bei geltendem Einstimmigkeitsprinzip oder qualifiziertem Mehrheitserfordernis auch in Bezug auf die sog. Geschäfte des täglichen Lebens in Form der laufenden Verwaltung der vermieteten Vermögensgegenstände und damit zwingend erforderlicher Mitwirkung des – ggf. nur geringfügig beteiligten – Nur-Besitzgesellschafters besondere Umstände vor, die (ausnahmsweise) dessen faktische Beherrschung durch die Doppelgesellschafter begründen, kann die personelle Verflechtung ggf. auch hierüber angenommen werden (s. Rz. 3.225 ff.).[4] 3.179

(3) Nur-Betriebsgesellschafter

Beherrschungsidentität bei Stimmenmehrheit für laufende Geschäfte. Ist an der Betriebsgesellschaft ein Gesellschafter beteiligt und stimmberechtigt, der keine Anteile an der Besitzgesellschaft hält (sog. Nur-Betriebsgesellschafter), ist der erforderliche einheitliche geschäftliche Betätigungswille der übrigen Gesellschafter (Doppelgesellschafter) gegeben, wenn in der Betriebsgesellschaft für Beschlüsse über die laufenden Geschäfte das (ggf. qualifizierte) Mehrheitsprinzip vereinbart ist, der Nur-Betriebsgesellschafter lediglich über eine Minderheitsbeteiligung unterhalb des Vetoquorums an der Betriebsgesellschaft verfügt und damit gegen den Willen der Doppelgesell- 3.180

1 BFH v. 1.7.2003 – VIII R 24/01, BStBl. II 2003, 757. Vgl. hierzu auch *Wacker* in Schmidt[44], § 15 EStG Rz. 825 a.E.; *Krumm* in Kirchhof/Seer[24], § 15 EStG Rz. 93a; *Wachter*, DB 2020, 2648 (2652 f.) zum Nur-Besitzgesellschafter mit oder ohne Geschäftsführungsbefugnis.

2 Umgekehrt besteht keine personelle Verflechtung, wenn der Nur-Minderheitsgesellschafter der Besitz-GbR allein geschäftsführungs- und vertretungsbefugt ist, so BFH v. 16.5.2013 – IV R 54/11, BFH/NV 2013, 1557.

3 BFH v. 28.5.2020 – IV R 4/17, BFH/NV 2020, 1371.

4 *Wacker* in Schmidt[44], § 15 EStG Rz. 825.

schafter keinen Einfluss auf das Nutzungsüberlassungsverhältnis zur Besitzgesellschaft ausüben kann.[1]

3.181 **Keine Beherrschungsidentität bei Einstimmigkeitsprinzip auch für laufende Geschäfte.** Ist am Betriebsunternehmen ein Nur-Betriebsgesellschafter beteiligt und stimmberechtigt, ist der erforderliche einheitliche geschäftliche Betätigungswille nicht gegeben, wenn im Gesellschaftsvertrag für die laufenden Geschäfte inklusive Verwaltung angemieteter Vermögensgegenstände das Einstimmigkeitsprinzip vereinbart ist, so dass der Nur-Betriebsgesellschafter den Abschluss des Mietvertrags verhindern kann und auch die Verlängerung des Mietvertrags von seiner Zustimmung abhängig ist.[2] Zur Annahme gleichwohl einer Beherrschungsidentität auch in diesen Fällen s. Rz. 3.212 ff.

3.182 **Qualifiziertes Mehrheitserfordernis in laufenden Angelegenheiten.** Die vorstehenden Grundsätze gelten auch, wenn nach Gesellschaftsvertrag der Betriebsgesellschaft eine qualifizierte Mehrheit in laufenden (Miet-) Angelegenheiten erforderlich ist, die ohne die Stimme des Nur-Betriebsgesellschafters nicht zu erreichen ist.

3.183 **Ausnahme bei gesellschaftsrechtlicher Beherrschung des Nur-Betriebsgesellschafters.** Auch bei vereinbartem Einstimmigkeits- oder qualifiziertem Mehrheitserfordernis in Bezug auf die sog. Geschäfte des täglichen Lebens in Form der laufenden Verwaltung der vermieteten Vermögensgegenstände ist eine Beherrschungsidentität gegeben, wenn der Nur-Betriebsgesellschafter eine Personen- oder Kapitalgesellschaft ist, die von den Doppelgesellschaftern beherrscht wird.[3]

3.184 **Ausnahme bei fehlendem Einfluss des Nur-Betriebsgesellschafters auf das Nutzungsverhältnis.** Die personelle Verflechtung ist trotz satzungsmäßiger Vereinbarung des Einstimmigkeits- oder qualifizierten Mehrheitsprinzips nicht ausgeschlossen, wenn der Nur-Betriebsgesellschafter keinen Einfluss auf das Nutzungsüberlassungsverhältnis zur Besitzgesellschaft hat, da sich dieses aufgrund einer entsprechenden vertraglichen Vereinbarung automatisch verlängert.[4]

3.185 **Ausnahme bei Beherrschung durch Geschäftsführungsbefugnis.** Eine personelle Verflechtung kann auch begründet werden, wenn die Doppelgesellschafter und Geschäftsführer der Betriebsgesellschaft, die zugleich das Besitzunternehmen beherrschen, in der Lage sind, die das Nutzungsverhältnis betreffenden Rechtshandlungen im Rahmen ihrer Geschäftsführungsbefugnis ohne Zustimmung der Gesellschafterversammlung der Betriebsgesellschaft (und damit des Nur-Betriebsgesellschafters)

---

1 BFH v. 1.10.1996 – X R 25/93, BStBl. II 1997, 44; BFH v. 26.11.1992 – IV R 15/91, BStBl. II 1993, 876; BFH v. 23.10.1986 – IV R 214/84, BStBl. II 1987, 120; BFH v. 27.11.1985 – I R 115/85, BStBl. II 1986, 362. Vgl. hierzu auch *Wacker* in Schmidt[44], § 15 EStG Rz. 827.

2 Beachte hierzu aber auch BFH v. 21.8.1996 – X R 25/93, BStBl. II 1997, 44.

3 Zu diesem Gedanken auf Seiten der Besitzgesellschaft vgl. *Wacker* in Schmidt[44], § 15 EStG Rz. 825.

4 BFH v. 24.11.2004 – IV B 15/03, BFH/NV 2005, 545.

durchzuführen und ihre Abberufung als Geschäftsführer verhindern können.[1] Dazu auch Rz. 3.223. Zur Unbeachtlichkeit einer fehlenden Befreiung der Gesellschafter-Geschäftsführer vom Selbstkontrahierungsverbot des § 181 BGB s. Rz. 3.223.

Ausnahme bei faktischer Beherrschung des Nur-Betriebsgesellschafters. Ist bei vereinbartem Einstimmigkeits- oder qualifiziertem Mehrheitserfordernis auch in Bezug auf die sog. Geschäfte des täglichen Lebens in Form der laufenden Nutzung gemieteter und gepachteter Vermögensgegenstände die Mitwirkung des – ggf. nur geringfügig beteiligten – Nur-Betriebsgesellschafters erforderlich, kann die personelle Verflechtung ggf. auch über eine faktische Beherrschung der Doppelgesellschafter begründet werden (s. Rz. 3.227). 3.186

f) Verhältnisse des jeweiligen Besteuerungszeitraums

Prinzip der Abschnittsbesteuerung. Über das Bestehen oder Nichtbestehen der personellen Verflechtung und damit den Fortbestand der Betriebsaufspaltung und deren Steuerwirkungen ist aufgrund des Prinzips der Abschnittsbesteuerung in jedem Jahr unter Berücksichtigung der Verhältnisse des Einzelfalls neu zu entscheiden.[2] Personelle Veränderungen im Gesellschafterbestand des Besitz- und/oder Betriebsunternehmens können zum Entfall der personellen Verflechtung und damit zur Beendigung der Betriebsaufspaltung führen. Gleiches gilt für nachgewiesene Interessenkollisionen und Rechtsstreitigkeiten im Rahmen einer bestehenden Betriebsaufspaltung (s. Rz. 3.164 f. und Rz. 3.536). Die daraus resultierenden Steuerwirkungen sind im Vorfeld einer Dokumentation gegenüber dem Finanzamt stets vorab zu bestimmen. 3.187

g) Besonderheiten bei Vereinen und Stiftungen

Keine Gesellschafter. Angelegenheiten eines Vereins werden, soweit sie nicht von dem Vorstand oder einem anderen Vereinsorgan zu besorgen sind, durch Beschlussfassung in einer Versammlung der Mitglieder geordnet. Bei der Beschlussfassung entscheidet die Mehrheit der abgegebenen Stimmen (§ 32 Abs. 1 Satz 3 BGB).[3] Die rechtsfähige Stiftung hat keine Beteiligten, die diese vergleichbar der Stellung eines Gesellschafters einer Kapitalgesellschaft beherrschen, sondern nur einflusslose Destinatäre, denen die Erträge der Stiftung nach Maßgabe der Satzungsbestimmungen zufließen. Die personelle Verflechtung einer Betriebsaufspaltung kann mit einer Stiftung daher nicht über beteiligte Personen hergestellt werden, sondern nur über eine 3.188

1 BFH v. 8.9.2011 – IV R 44/07, BStBl. II 2012, 136; BFH v. 30.11.2005 – X R 56/04, BStBl. II 2006, 415 = FR 2006, 597; BFH v. 24.11.2004 – IV B 15/03, BFH/NV 2005, 545; BFH v. 21.8.1996 – X R 25/93, BStBl. II 1997, 44; BFH v. 27.2.1991 – XI R 25/88, BFH/NV 1991, 454. Vgl. auch *Krumm* in Kirchhof/Seer[24], § 15 EStG Rz. 93a; kritisch hierzu *Gluth* in H/H/R, § 15 EStG Anm. 800 (Stand: April 2022).

2 BFH v. 27.9.2006 – X R 28/03, BFH/NV 2006, 2259; BFH v. 21.8.1996 – X R 25/93, BStBl. II 1997, 44.

3 Zu Vereinen im Rahmen der Betriebsaufspaltung vgl. FG Hamburg v. 8.4.2025 – 5 K 103/24, juris (rkr.).

Beteiligung der Stiftung selbst. Die Stiftung kann im Rahmen einer Betriebsaufspaltung sowohl als Besitzunternehmen wie auch als Betriebsunternehmen tätig werden.

3. Willensdurchsetzung durch Anteilsbesitz und Stimmrechte

a) Maßgeblichkeit der Stimmrechte

aa) Gesetzliche oder gesellschaftsvertragliche Bestimmungen

(1) Umfang der Stimmrechte

3.189 **Rechtliche Möglichkeit zur Willensdurchsetztung.** Maßgeblich für die Beurteilung, ob ein einheitlicher geschäftlicher Betätigungswille bzgl. des Überlassungs- bzw. Nutzungsverhältnisses (s. Rz. 3.162 ff.) durchgesetzt werden kann, sind in erster Linie die den Gesellschaftern zustehenden Stimmrechte.[1] Der Umfang der Stimmrechte richtet sich nach den gesetzlichen oder gesellschaftsvertraglichen Bestimmungen. Der Beteiligung am Gesellschaftsvermögen kommt insoweit keine Bedeutung zu, so dass auch eine vom Stimmrecht abweichende Gewinnverteilungsabrede unbeachtlich ist.[2] Unerheblich ist auch, ob der Gesellschafter von der Möglichkeit, seinen Willen in beiden Unternehmen durchzusetzen, Gebrauch macht. Ausreichend für die Annahme einer Beherrschungsidentität ist, wenn er die rechtliche Möglichkeit hierzu hat.[3]

3.190 **Rechtsformspezifische Gesetzesregelungen.** Die gesetzlichen Bestimmungen zur erforderlichen Beschlussmehrheit sind in den maßgeblichen Einzelgesetzen für die einzelnen Rechtsträger wie folgt kodifiziert:

(2) GbR, OHG und KG

3.191 **Einstimmigkeitsprinzip.** Für eine Gesellschaft bürgerlichen Rechts i.S.d. § 705 BGB gilt gem. § 709 Abs. 1 Halbs. 2 BGB bzw. § 714 BGB n.F. (ab 1.1.2024)[4] das Einstimmigkeitsprinzip, sofern keine abweichende gesellschaftsvertragliche Regelung getroffen wird. Auch bei der Offenen Handelsgesellschaft i.S.d. § 105 HGB ist gem. § 119 Abs. 1 HGB bzw. § 109 Abs. 3 HGB n.F. (ab 1.1.2024)[5] eine einstimmige Beschlussfassung erforderlich, sofern der Gesellschaftsvertrag keine abweichende Regelung vorsieht. Schließlich gilt auch für eine Kommanditgesellschaft i.S.d. § 161 HGB gem. § 161 Abs. 2 i.V.m. § 119 Abs. 1 HGB bzw. § 109 Abs. 3 HGB n.F. (ab 1.1.2024)[6] das Einstimmigkeitsprinzip, sofern keine abweichende gesellschaftsvertragliche Regelung getroffen wird.

---

1 BFH v. 29.8.2001 – VIII B 15/01, BFH/NV 2002, 185.

2 *Gluth* in H/H/R, § 15 EStG Anm. 796 (Stand: April 2022).

3 BFH v. 20.5.2020 – IV R 4/17, BStBl. II 2020, 710; BFH v. 30.11.2005 – X R 56/04, BStBl. II 2006, 465; BFH v. 21.5.1974 – VIII R 57/70, BStBl. II 1974, 613. Vgl. auch *Gluth* in H/H/R, § 15 EStG Anm. 796 (Stand: April 2022).

4 Gesetz zur Modernisierung des Personengesellschaftsrechts (MoPeG) v. 10.8.2021, BGBl. I 2021, 3436.

5 Gesetz zur Modernisierung des Personengesellschaftsrechts (MoPeG) v. 10.8.2021, BGBl. I 2021, 3436.

6 Gesetz zur Modernisierung des Personengesellschaftsrechts (MoPeG) v. 10.8.2021, BGBl. I 2021, 3436.

(3) Rechtsgemeinschaften

Mehrheitsprinzip. Handelt es sich beim Besitzunternehmen um eine Miteigentümer-/Bruchteilsgemeinschaft i.S.d. § 1008 BGB i.V.m. § 745 BGB, wird bei dieser mit Stimmenmehrheit über die ordnungsgemäße Verwaltung des gemeinschaftlichen Vermögens entschieden; die Stimmenmehrheit richtet sich dabei gem. § 745 Abs. 1 Satz 2 BGB nach der Größe der Anteile.[1] Die Vereinbarung eines abweichenden Mehrheitserfordernisses ist aber möglich.[2] Entsprechendes gilt gem. § 2038 Abs. 1 Satz 1 BGB für eine Erbengemeinschaft und gem. § 10 Abs. 1 WEG für Wohnungseigentümergemeinschaft.[3] Schließen sich die Beteiligten ggf. konkludent zu einer Gesellschaft bürgerlichen Rechts zusammen,[4] gelten die Regelungen für Gesellschaften bürgerlichen Rechts (s. Rz. 3.191). 3.192

Besonderheiten der Gütergemeinschaft. Gehören Grundstücke oder andere Vermögensgegenstände zum Gesamtgut von Ehegatten, die in Gütergemeinschaft (§ 1416 BGB) leben, so sind beide Ehegatten je hälftig an den Wirtschaftsgütern beteiligt.[5] Zum Gesamtgut gehören auch Gesellschaftsanteile an einer Kapitalgesellschaft, wenn die in Gütergemeinschaft lebenden Ehegatten eine GmbH gründen. Das mit solchen GmbH-Anteilen verbundene Stimmrecht übt derjenige Ehegatte aus, dem die Verwaltung des Gesamtguts zusteht. Er muss dabei auch die Interessen des anderen Ehegatten berücksichtigen, dem die Mitwirkungsrechte nach §§ 1423 bis 1425 BGB und das sich aus § 1435 Satz 2 BGB ergebende Informationsrecht zustehen.[6] 3.193

(4) GmbH, AG und Europäische Gesellschaft (SE)

Mehrheitsprinzip. Bei der GmbH gilt gem. § 47 Abs. 1 GmbHG das Mehrheitsprinzip, sofern in der Satzung keine abweichende Regelung getroffen wird. Auch bei der Aktiengesellschaft werden gem. § 133 Abs. 1 AktG Beschlüsse nach dem Mehrheitsprinzip gefasst, sofern in der Satzung keine abweichende Regelung getroffen wird; dies gilt auch für die börsennotierte Aktiengesellschaft.[7] Die allgemeinen Grundsätze gelten auch für eine mitbestimmte GmbH oder AG.[8] Verfügt die GmbH oder Aktiengesellschaft über eigene Anteile (§ 33 GmbHG bzw. § 71 AktG), sind die auf diese entfallenden Stimmen mangels Stimmberechtigung bei der Ermittlung eines Beherr- 3.194

1 BFH v. 2.12.2004 – III R 77/03, BStBl. II 2005, 340 = FR 2005, 638.
2 BFH v. 19.10.2007 – IV B 163/06, BFH/NV 2008, 212 (zur Vereinbarung eines Einstimmigkeitserfordernisses).
3 BFH v. 10.4.1997 – IV R 73/94, BStBl. II 1997, 569.
4 Hierzu BFH v. 18.8.2005 – IV R 59/04, BStBl. II 2005, 830 = FR 2006, 23 m. Anm. v. *Wendt*.
5 BFH v. 26.11.1992 – IV R 15/91, BStBl. II 1993, 876.
6 Vgl. auch *Micker* in Söffing/Micker, Betriebsaufspaltung[10], Rz. 356.
7 BFH v. 23.3.2011 – X R 45/09, BStBl. II 2011, 778 = FR 2011, 996 m. Anm. v. *Bode*; Zur Willensdurchsetzung bei der AG vgl. auch H 15.7 (6) EStH 2021 „Betriebs-AG“.
8 *Bode* in Brandis/Heuermann, § 15 EStG Rz. 612 (Stand: August 2023); *Wacker* in Schmidt[44], § 15 EStG Rz. 832. Offengelassen durch BFH v. 23.3.2011 – X R 45/09, BStBl. II 2011, 778.

schungsverhältnisses nicht zu berücksichtigen.[1] Für eine Europäische Gesellschaft (SE) gelten die Grundsätze zur Aktiengesellschaft entsprechend.

bb) Stimmrechtsmehrheit

3.195 **Einfaches Mehrheitsprinzip.** Bei gesetzlicher oder gesellschaftsvertraglicher Geltung des (einfachen) Mehrheitsprinzips ist die Beherrschung eines Unternehmens durch einen Gesellschafter oder eine Gesellschaftergruppe bei einem Stimmenanteil von mehr als 50 % gegeben.[2] Eine Beteiligung von exakt 50 % der Stimmen reicht nicht aus.[3]

3.196 **Qualifizierte Mehrheit.** Sieht der Gesellschaftsvertrag für die das Überlassungs- bzw. Nutzungsverhältnis betreffenden Maßnahmen eine qualifizierte Mehrheit von z.B. 75 % vor, ist dieses Quorum maßgeblich.[4]

3.197 **Einstimmigkeit.** Schreibt das Gesetz oder der Gesellschaftsvertrag für die Willensbildung innerhalb der Gesellschaft ausschließlich einstimmige Beschlüsse vor, wird die Gesellschaft nur dann von einer Personengruppe beherrscht, wenn diese über sämtliche Stimmen verfügt.[5] Eine Vereinbarung zwischen Gesellschaftern einer Personengesellschaft, wonach sämtliche Beschlüsse einstimmig zu fassen sind, begründet keinen Missbrauch von rechtlichen Gestaltungsmöglichkeiten i.S.d. § 42 AO.[6]

3.198 **Möglichkeit zur Stimmrechtsausübung ausreichend.** Unerheblich ist, ob der Gesellschafter von der Möglichkeit, seinen Willen in beiden Unternehmen durchzusetzen, tatsächlich Gebrauch macht. Es genügt für die Annahme einer Beherrschungsidentität, wenn er hierzu die Möglichkeit hat.[7]

cc) Stimmrechtsbindungen

3.199 **Einfluss auf das Vorliegen eines einheitlichen geschäftlichen Betätigungswillens.** Stimmrechtsvereinbarungen sind sowohl zwischen Gesellschaftern einer Personengesellschaft als auch bei Anteilseignern einer Kapitalgesellschaft zulässig. Sie führen zu einer Bindung der Stimmrechtsmacht desjenigen, der sich verpflichtet, entsprechend dem Wunsch des Weisungsbefugten abzustimmen. Damit können derartige Vereinbarungen zugunsten von Mitgesellschaftern, die nicht Doppelgesellschafter, sondern Nur- Besitz-/Betriebsgesellschafter sind, Einfluss auf das Vorliegen eines einheitli-

---

1 BFH v. 13.12.1983 – VIII R 90/81, BStBl. II 1984, 474.

2 BFH v. 30.1.2013 – III R 72/11, BStBl. II 2013, 684 = FR 2013, 999; BFH v. 18.2.1986 – VIII R 125/85, BStBl. II 1986, 611.

3 BFH v. 14.4.2021 – X R 5/19, BStBl. II 2021, 851 = DB 2021, 2197; BFH v. 30.11.2005 – X R 56/04, BStBl. II 2006, 415 = FR 2006, 597.

4 BFH v. 10.4.1997 – IV R 73/94, BStBl. II 1997, 569.

5 BFH v. 15.3.2000 – VIII R 82/98, BStBl. II 2002, 774 = FR 2000, 818.

6 BFH v. 7.12.1999 – VIII R 50-51/96, BFH/NV 2000, 601.

7 BFH v. 20.5.2020 – IV R 4/17, BStBl. II 2020, 710 = FR 2020, 1045; BFH v. 30.11.2005 – X R 56/04, BStBl. II 2006, 465 = FR 2006, 597; BFH v. 21.5.1974 – VIII R 57/70, BStBl. II 1974, 613. Vgl. auch *Gluth* in H/H/R, § 15 EStG Anm. 796 (Stand: April 2022).

chen geschäftlichen Betätigungswillens haben, wenn sich die Stimmrechtsbildung auch auf die laufenden Geschäfte der Gesellschaft inklusive des Überlassungs- und Nutzungsverhältnisses des die sachliche Verflechtung begründenden Vermögensgegenstands bezieht.[1]

dd) Stimmrechtsvollmachten

Einfluss auf das Vorliegen eines einheitlichen geschäftlichen Betätigungswillens. 3.200
Auch eine unwiderrufliche Stimmrechtsvollmacht kann Einfluss auf das Vorliegen eines einheitlichen geschäftlichen Betätigungswillens haben.[2] Noch nicht entschieden ist, ob durch die Erteilung der Vorsorgevollmacht i.S.d. § 1901c BGB, die als Generalvollmacht sämtliche vermögensrechtlichen und persönlichen Angelegenheiten und damit auch die Stimmrechtsausübung bei einer Gesellschaft umfasst, die für eine Betriebsaufspaltung erforderliche personelle Verflechtung entstehen kann.[3] Gleiches gilt für eine Spezialvollmacht oder Generalvollmacht (zur Bedeutung im Kontext der faktischen Beherrschung s. Rz. 3.227 zu (7)).

ee) Stimmrechtsverbote

Einfluss auf das Vorliegen eines einheitlichen geschäftlichen Betätigungswillens. 3.201
Ein Stimmrechtsverbot des Gesellschafters bei der Besitzgesellschaft oder bei der Betriebsgesellschaft kann Einfluss auf das Vorliegen eines einheitlichen geschäftlichen Betätigungswillens haben. Gesetzlich geregelt ist das Stimmrechtsverbot bei der GmbH in § 47 Abs. 4 GmbHG. Hiernach ist ein Gesellschafter einer GmbH vom Stimmrecht ausgeschlossen, wenn dessen persönliche Sonderinteressen (z.B. aus einer Nutzungsüberlassung gegenüber der Gesellschaft) in Konflikt mit den Gesellschaftsinteressen geraten. Diesen Rechtsgedanken wendet die Zivilrechtsprechung auch auf Personengesellschaften an.[4]

Stimmrechtsverbot bei der Besitzgesellschaft. Sind z.B. die Gesellschafter einer Ge- 3.202
sellschaft bürgerlichen Rechts an der Ausübung ihrer Stimmrechte gehindert, wenn ein Beschluss zugleich die Interessen dieser Gesellschaft und die Interessen der Betriebsgesellschaft berührt, an der die betreffenden Gesellschafter ebenfalls beteiligt sind, umfasst ein solches Stimmrechtsverbot praktisch alle Beschlüsse, die das Nutzungsüberlassungsverhältnis zwischen dem Besitzunternehmen und der Betriebsgesellschaft betreffen. Die Annahme eines einheitlichen geschäftlichen Betätigungs-

---

1 BFH v. 13.12.2018 – III R 13/15, BFH/NV 2019, 1069; BFH v. 2.2.1998 – VIII B 22/97, BFH/NV 1998, 852; BFH v. 21.5.1974 – VIII R 57/79, BStBl. II 1974, 613.

2 BFH v. 25.1.2017 – X R 45/14, BFH/NV 2017, 1039; BFH v. 2.7.2009 – X B 230/08, BFH/NV 2009, 1647; BFH v. 29.1.1997 – XI R 23/96, BStBl. II 1997, 437. Vgl. auch *Wacker* in Schmidt[44], § 15 EStG Rz. 829.

3 Offengelassen durch FG Hamburg v. 23.5.2023 – 6 K 95/21, EFG 2023, 1784 (rkr.). Zur Thematik Micker/Albermann, DStZ 2020, 750 (755 f.).

4 BGH v. 29.3.1971 – III ZR 255/68, NJW 1971, 1265. Vgl. auch OLG München v. 18.7.2018 – 7 U 4225/17, GmbHR 2018, 1011.

willens und damit einer personellen Verflechtung scheidet dann grundsätzlich aus.[1] Wird ein solcher Stimmrechtsausschluss tatsächlich beachtet, kann kein einheitlicher geschäftlicher Betätigungswille angenommen werden. Wird das Stimmverbot hingegen ausdrücklich oder konkludent abbedungen wird und damit tatsächlich nicht praktiziert, kann hierauf die Beherrschung des Besitzunternehmens durch die Doppelgesellschafter gegründet werden.[2] Auf diese Weise kann insbesondere vermieden werden, dass ein Nur-Besitzgesellschafter in den betroffenen Gesellschaftsangelegenheiten allein entscheidungsbefugt ist.

3.203 **Stimmrechtsverbot bei der Betriebsgesellschaft.** Stimmrechtsverbote im Betriebsunternehmen stehen der Annahme eines einheitlichen geschäftlichen Betätigungswillens nicht entgegen, wenn der Abschluss von Miet- oder Pachtverträgen zur laufenden Geschäftsführung gehört und aus diesem Grund kein Gesellschafterbeschluss erforderlich ist.[3] Überdies ist ein Stimmverbot ohne Einfluss, wenn es ausdrücklich oder konkludent abbedungen und damit in der Gesellschafterversammlung tatsächlich nicht praktiziert wird.[4] Wird ein solcher Stimmrechtsausschluss in der Gesellschafterversammlung hingegen tatsächlich beachtet, kann kein einheitlicher geschäftlicher Betätigungswille angenommen werden.[5]

b) Testamentsvollstreckung

3.204 **Zurechnung des Testamentsvollstreckerhandelns an die Erben.** Ein einheitlicher geschäftlicher Betätigungswillen kann bei Testamentsvollstreckung am gesamten Nachlass angenommen werden, wenn am Besitz- sowie Betriebsunternehmen zumindest mehrheitlich dieselben Erben beteiligt sind. Das Handeln des Testamentsvollstreckers ist dann den Erben zuzurechnen.[6] Gleiches gilt bei Mehrheitsbeteiligung der Erben am Besitz- und Betriebsunternehmen, wenn nur hinsichtlich einer der Beteiligungen eine Testamentsvollstreckung besteht.[7] In anderen Fällen kann der für die Annahme einer Betriebsaufspaltung erforderliche einheitliche Betätigungswille der hinter beiden Unternehmen (Betriebsgesellschaft und Besitzunternehmen) stehenden Personen regelmäßig nicht durch einen Testamentsvollstrecker ersetzt werden.[8]

---

1 BFH v. 9.11.1993 – I R 174/79, BStBl. II 1984, 212; BFH v. 1.2.1990 – IV R 91/89, BFH/NV 1990, 562. Hierzu auch H 15.7 (6) EStH 2021 „Stimmrechtsausschluss".

2 BFH v. 12.11.1985 – VIII R 240/81 BStBl. II 1986, 296; BFH v. 1.2.1990 – IV R 91/89 BFH/NV 1990, 562; FG München v. 24.4.1996 – 1 K 1652/93, EFG 1996, 748 (rkr.). Hierzu auch *Wacker* in Schmidt[44], § 15 EStG Rz. 824.

3 BFH v. 21.8.1996 – X R 25/93, BStBl. II 1997, 44; BFH v. 26.1.1989 – IV R 151/86, BStBl. II 1989, 455.Hierzu auch H 15.7 (6) EStH 2021 „Stimmrechtsausschluss"; *Wacker* in Schmidt[44], § 15 EStG Rz. 828.

4 *Gluth* in H/H/R, § 15 EStG Anm. 804 (Stand: April 2022).

5 *Gluth* in H/H/R, § 15 EStG Anm. 804 (Stand: April 2022).

6 BFH v. 5.6.2008 – IV R 76/05, BStBl. II 2008, 858. Hierzu auch H 15.7 (6) EStH 2021 „Testamentsvollstrecker"; *Gluth* in H/H/R, § 15 EStG Anm. 809 (Stand: April 2022).

7 *Krumm* in Kirchhof/Seer[24], § 15 EStG Rz. 91a.

8 BFH v. 13.12.1984 – VIII R 237/81, BStBl. II 1985, 657. Zur Thematik auch *Micker* in Söffing/Micker, Betriebsaufspaltung[10], Rz. 333 ff.

c) Insolvenz- und Zwangsverwaltung

Kein einheitlicher geschäftlicher Betätigungswille. In den Fällen einer Insolvenz- oder Zwangsverwaltung kann grundsätzlich nicht von einem einheitlichen geschäftlichen Betätigungswillen des Insolvenz- oder Zwangsverwalters ausgegangen werden, wenn für beide Bereiche, Pächter und Verpächter, dieselbe Person als Verwalter eingesetzt wird.[1] Zur damit verbundenen personellen Entflechtung Rz. 3.541 ff. 3.205

d) Treuhand

Zurechnung der Stimmrechte zum Treugeber. Wird eine Beteiligung an einer Gesellschaft von einem Treuhänder gehalten, sind die auf die Beteiligung entfallenden Stimmrechte in der Regel dem Treugeber zuzurechnen (§ 39 Abs. 2 Nr. 1 Satz 2 AO).[2] Ist damit am Anteil an der Besitz- oder Betriebsgesellschaft ein Treuhandverhältnis vereinbart, kann ein einheitlicher geschäftlicher Betätigungswille bei der Besitz- und der Betriebsgesellschaft nur über den Treugeber am Anteil der Besitz- oder Betriebsgesellschaft und gleichzeitigen Gesellschafter der Betriebs- oder Besitzgesellschaft vermittelt werden.[3] Keine Beherrschung ist damit z.B. durch den (Mehrheits-)Gesellschafter der Betriebsgesellschaft gegeben, wenn dieser an der Besitzgesellschaft nur als weisungsgebundener Treuhänder beteiligt ist.[4] 3.206

e) Nießbrauch

aa) Grundsätzliches

Begründung der personellen Verflechtung. Die personelle Verflechtung zwischen Besitzunternehmen und Betriebsgesellschaft kann nicht nur über das zivil- oder wirtschaftliche Eigentum an der wesentlichen Betriebsgrundlage bzw. die entsprechende Inhaberschaft an den Anteilen an der Besitz- und Betriebsgesellschaft begründet werden, sondern auch über schuldrechtliche oder dingliche Nießbrauchrechte an diesen Vermögensgegenständen. In diesem Zusammenhang ist jedoch die Ausgestaltung des jeweiligen Nießbrauchsrechts nach den gesetzlichen Vorgaben oder vertraglichen Modifikationen und die hieraus folgenden Einflussrechte des Nießbrauchers sowie des Eigentümers bzw. Gesellschafters auf das betriebsaufspaltungsbegründende Überlassungs- bzw. Nutzungsverhältnis von maßgeblicher Bedeutung. Insoweit ist wie folgt zu differenzieren: 3.207

Nießbrauch an der wesentlichen Betriebsgrundlage. Beim Nießbrauch an der wesentlichen Betriebsgrundlage, regelmäßig einem Grundstück, werden die Geschäfte des täglichen Lebens hinsichtlich des Nutzungsüberlassungsverhältnisses fortan gem. 3.208

---

1 BFH v. 6.3.1997 – XI R 2/96, BStBl. II 1997, 460. Vgl. auch BFH v. 5.6.2008 – IV R 76/05, BStBl. II 2008, 858; *Micker* in Söffing/Micker, Betriebsaufspaltung[10], Rz. 341.

2 BFH v. 10.6.1999 – IV R 21/98, BStBl. II 1999, 715; BFH v. 25.2.1991 – GrS 7/89, BStBl. II 1991, 691.

3 BFH v. 2.3.2004 – III B 114/03, BFH/NV 2004, 1109; BFH v. 17.3.1987 – VIII R 36/84, BStBl. II 1987, 858. *Krumm* in Kirchhof/Seer[24], § 15 EStG Rz. 91.

4 BFH v. 20.5.2021 – IV R 31/19, BStBl. II 2021, 768 = FR 2022, 1074.

§ 1036 BGB bzw. den üblichen Nießbrauchsabsprachen nicht vom Eigentümer, sondern vom Vorbehaltsnießbraucher bestimmt.

3.209 **Nießbrauch am Besitz-Einzelunternehmen.** Beim Nießbrauch am Besitz-Einzelunternehmen[1] bestimmt der Nießbraucher die laufenden Geschicke des Unternehmens als Gewerbetreibender bzw. Unternehmer i.S.d. § 15 Abs. 1 Nr. 1 EStG.[2]

3.210 **Nießbrauch am Personengesellschaftsanteil.** Beim Nießbrauch am Personengesellschaftsanteil werden die Stimmrechte nach den gesetzlichen Regelungen und üblichen Vertragsabsprachen so aufgeteilt, dass dem Nießbraucher das Stimmrecht in den laufenden Gesellschaftsangelegenheiten zusteht, während dem Gesellschafter das Stimmrecht bzgl. der Grundlagengeschäfte zugewiesen wird. Die Verwaltung des Gesellschaftsvermögens bei der Besitzgesellschaft ist in aller Regel ein Gegenstand der laufenden Geschäfte, ebenso wie die Entscheidung in Bezug auf die Begründung oder Beendigung des Miet- oder Pachtverhältnisses bei der Betriebsgesellschaft, und damit Gegenstand der Stimmrechtsbefugnis nicht des Gesellschafters, sondern des Anteilsnießbrauchers.

3.211 **Nießbrauch am Kapitalgesellschaftsanteil.** Beim Nießbrauch am Kapitalgesellschaftsanteil steht das Stimmrecht nach den gesetzlichen Regelungen dem Gesellschafter zu, weil dieses untrennbar mit der Mitgliedschaft in der Betriebs-Kapitalgesellschaft verbunden ist.[3] Durch ausdrückliche Vertragsabsprache kann das Stimmrecht jedoch im Einklang mit den Satzungsregelungen der Gesellschaft dem Nießbraucher (ggf. über eine Stimmrechtsvollmacht, s. Rz. 3.200) zugewiesen werden.

bb) Fallgestaltungen der personellen Verflechtung

3.212 **Maßgabe der vorstehenden Prämissen.** Nach Maßgabe der vorstehenden Prämissen kann eine personelle Verflechtung in Nießbrauchsfällen wie folgt angenommen werden:

(1) Der Eigentümer des überlassenen Grundbesitzes ist zugleich Gesellschafter der Betriebs-Kapitalgesellschaft, an deren Anteil ein Nießbrauchsrecht zugunsten eines Dritten nach den gesetzlichen Bestimmungen mit Stimmrechtsbefugnis des Gesellschafters besteht.

(2) Der Eigentümer des überlassenen Grundbesitzes ist zugleich Nießbraucher am Anteil an der Betriebs-Kapitalgesellschaft mit vertraglich zugewiesenem Stimmrecht bzw. Stimmrechtsvollmacht (dazu Rz. 3.200).

---

1 Zum Nießbrauch an der Sachgesamtheit „Unternehmen" vgl. § 22 Abs. 2 HGB (Handelsgeschäft) sowie BFH v. 4.11.1980 – VIII R 55/77, BStBl. 1981 II, 396; BGH v. 18.11.1974 – VIII ZR 236/73, WM 1974, 1219. Zur fehlenden Anwendbarkeit von § 6 Abs. 3 EStG beachte BFH v. 25.1.2017 – X R 59/14, BStBl. II 2019, 730 = FR 2017, 1055 m. Anm. v. *Wendt*.

2 BFH v. 4.11.1980 – VIII R 55/77, BStBl. 1981 II, 396; BGH v. 18.11.1974 – VIII ZR 236/73, WM 1974, 1219.

3 BGH v. 9.11.1998 – II ZR 213/97, DStR 1999, 246; so auch BFH v. 21.1.2015 – X R 16/12, BFH/NV 2015, 815.

(3) Der Nießbraucher am überlassenen Grundbesitz ist zugleich Gesellschafter der Betriebs-Kapitalgesellschaft, an deren Anteil ein Nießbrauchsrecht zugunsten eines Dritten nach den gesetzlichen Bestimmungen mit Stimmrechtsbefugnis des Gesellschafters besteht.

(4) Der Nießbraucher am überlassenen Grundbesitz ist zugleich Nießbraucher am Anteil an der Betriebs-Kapitalgesellschaft mit vertraglich zugewiesenem Stimmrecht bzw. Stimmrechtsvollmacht (dazu Rz. 3.200).

(5) Der Inhaber des Besitz-Einzelunternehmens ist zugleich Gesellschafter der Betriebs-Kapitalgesellschaft, an deren Anteil ein Nießbrauchsrecht zugunsten eines Dritten nach den gesetzlichen Bestimmungen mit Stimmrechtsbefugnis des Gesellschafters besteht.[1]

(6) Der Inhaber des Besitz-Einzelunternehmens ist zugleich Nießbraucher am Anteil an der Betriebs-Kapitalgesellschaft mit vertraglich zugewiesenem Stimmrecht bzw. Stimmrechtsvollmacht (dazu Rz. 3.200).

(7) Der Nießbraucher am Besitz-Einzelunternehmen ist zugleich Gesellschafter der Betriebs-Kapitalgesellschaft. Dies gilt auch, wenn an deren Anteil ein Nießbrauchrecht zugunsten eines Dritten nach den gesetzlichen Bestimmungen mit Stimmrechtsbefugnis des Gesellschafters besteht.

(8) Der Nießbraucher am Besitz-Einzelunternehmens ist zugleich Nießbraucher am Anteil an der Betriebs-Kapitalgesellschaft mit vertraglich zugewiesenem Stimmrecht bzw. Stimmrechtsvollmacht (dazu Rz. 3.200).

(9) Der Gesellschafter der Besitz-Personengesellschaft ist zugleich Nießbraucher am Anteil an der Betriebs-Personengesellschaft mit gesetzlich oder vertraglich zugewiesenem Stimmrecht in laufenden Gesellschaftsangelegenheiten.[2]

(10) Der Gesellschafter der Besitz-Personengesellschaft ist zugleich Nießbraucher am Anteil an der Betriebs-Kapitalgesellschaft mit vertraglich zugewiesenem Stimmrecht bzw. Stimmrechtsvollmacht (dazu Rz. 3.200).[3]

(11) Der Nießbraucher am Anteil an der Besitz-Personengesellschaft mit gesetzlich oder vertraglich zugewiesenem Stimmrecht in laufenden Gesellschaftsangelegenheiten ist zugleich Gesellschafter der Betriebs-Personengesellschaft.

(12) Der Nießbraucher am Anteil an der Besitz-Personengesellschaft mit gesetzlich oder vertraglich zugewiesenem Stimmrecht in laufenden Gesellschaftsangelegenheiten ist zugleich Nießbraucher am Anteil an der Betriebs-Personengesellschaft mit gesetzlich oder vertraglich zugewiesenem Stimmrecht in laufenden Gesellschaftsangelegenheiten.[4]

1 Zu diesem Fall auch *Gluth* in H/H/R, § 15 EStG Anm. 808 (Stand: April 2022).
2 BFH v. 25.1.2017 – X R 45/14, BFH/NV 2017, 1039; BFH v. 21.1.2015 – X R 16/12, BFH/NV 2015, 815. Vgl. auch *Krumm* in Kirchhof/Seer[24], § 15 EStG Rz. 92.
3 BFH v. 25.1.2017 – X R 45/14, BFH/NV 2017, 1039; BFH v. 21.1.2015 – X R 16/12, BFH/NV 2015, 815. Vgl. auch *Krumm* in Kirchhof/Seer[24], § 15 EStG Rz. 92.
4 Gl.A. *Gluth* in H/H/R, § 15 EStG Anm. 808 (Stand: April 2022), für den Fall der Personengesellschaft.

(13) Der Nießbraucher am Anteil an der Besitz-Personengesellschaft mit gesetzlich oder vertraglich zugewiesenem Stimmrecht in laufenden Gesellschaftsangelegenheiten ist zugleich Gesellschafter der Betriebs-Kapitalgesellschaft, an deren Anteil ein Nießbrauchsrecht zugunsten eines Dritten nach den gesetzlichen Bestimmungen mit Stimmrechtsbefugnis des Gesellschafters besteht.

(14) Der Nießbraucher am Anteil an der Besitz-Personengesellschaft mit gesetzlich oder vertraglich zugewiesenem Stimmrecht in laufenden Gesellschaftsangelegenheiten ist zugleich Nießbraucher am Anteil der Betriebs-Kapitalgesellschaft mit vertraglich zugewiesenem Stimmrecht bzw. Stimmrechtsvollmacht (dazu Rz. 3.190).[1]

f) Atypisch stille Gesellschaft und Unterbeteiligungsgesellschaft

3.213 **Einfluss auch die Stimmrechtsmehrheit.** Besteht am Geschäftsbetrieb der Betriebsgesellschaft eine atypisch stille Beteiligung des Besitzunternehmers (z.B. GmbH & atypisch still), so kann der Besitzunternehmer über seine (weitere) Stellung als atypisch stiller Gesellschafter über die ihm in der atypisch stillen Gesellschaft eingeräumten Stimm- und Mitwirkungsrechte ggf. einen einheitlichen geschäftlichen Betätigungswillen im Besitz- und Betriebsunternehmen ausüben.[2] Auch durch Einräumung einer atypischen Unterbeteiligung am Gesellschaftsanteil an der Betriebs-Personengesellschaft und die dem Besitzunternehmer hierdurch in der Unterbeteiligungsgesellschaft eingeräumten Stimm- und Mitwirkungsrechte in Bezug auf Entscheidungen in der Betriebsgesellschaft kann ggf. ein einheitlicher geschäftlicher Betätigungswillen im Besitz- und Betriebsunternehmen begründet werden.[3]

4. Willensdurchsetzung über zwischengeschaltete Rechtsträger

a) Mittelbare Beherrschung

3.214 **Beherrschung über zwischengeschaltete Rechtsträger.** Werden die Beteiligungen an Besitz- und/oder Betriebsunternehmen nicht unmittelbar gehalten, ist der zur Begründung der personellen Verflechtung erforderliche einheitliche geschäftliche Betätigungswille gegeben, wenn das Besitz- und/oder Betriebsunternehmen mittelbar über zwischengeschaltete Rechtsträger beherrscht wird.[4] Zwischengeschalteter Rechtsträger in diesem Sinne kann eine Personen- oder Kapitalgesellschaft sein, aber auch eine Stiftung.

---

1 Gl.A. *Gluth* in H/H/R, § 15 EStG Anm. 808 (Stand: April 2022), für den Fall der Personengesellschaft.

2 Zur Thematik auch *Micker* in Söffing/Micker, Betriebsaufspaltung[10], Rz. 642 ff.; *Gluth* in H/H/R, § 15 EStG Anm. 807 (Stand: April 2022).

3 Hierzu auch *Micker* in Söffing/Micker, Betriebsaufspaltung[10], Rz. 649 f.; *Gluth* in H/H/R, § 15 EStG Anm. 807 (Stand: April 2022).

4 BFH v. 26.8.1993 – IV R 48/91, BFH/NV 1994, 265; BFH v. 22.1.1988 – III B 9/87, BStBl. II 1988, 537; BFH v. 10.11.1982 – I R 178/77, BStBl. II 1983, 136; BFH v. 28.1.1982 – IV R 100/78, BStBl. II 1982, 479.

b) Zwischenschaltung einer Personengesellschaft

Durchgriff. Wird die Beteiligung an dem Besitz- oder Betriebsunternehmen mittelbar über eine beherrschte Personengesellschaft gehalten, die ihrerseits das Besitz- oder Betriebsunternehmen beherrscht, ist der zur Begründung der personellen Verflechtung erforderliche einheitliche geschäftliche Betätigungswille durch eine mittelbare Beherrschung gegeben.[1] 3.215

c) Zwischenschaltung einer Kapitalgesellschaft

aa) Differenzierungen

Rechtsform der Besitz- oder Betriebsgesellschaft. Wird die Beteiligung an der Besitz- oder Betriebsgesellschaft mittelbar über eine beherrschte Kapitalgesellschaft gehalten, die ihrerseits das Besitz- oder Betriebsunternehmen beherrscht, ist zur Begründung der personellen Verflechtung wie folgt nach der Rechtsform der Besitz- oder Betriebsgesellschaft zu differenzieren:[2] 3.216

bb) Besitz-Personengesellschaft

Früher Durchgriffsverbot – nunmehr Durchgriff. Wird die Beteiligung an der Besitz-Personengesellschaft nur mittelbar über eine Kapitalgesellschaft gehalten, fehlte es nach früherer BFH-Rechtsprechung mangels Mitunternehmerstellung dieser Gesellschafter in der Besitz-Personengesellschaft an der für die Betriebsaufspaltung erforderlichen personellen Verflechtung.[3] Zur Begründung verwies der BFH auf das für Kapitalgesellschaften geltende Trennungsprinzip und das hieraus abzuleitende Durchgriffsverbot, das die Zurechnung einer Beteiligung und der damit verbundenen Beherrschungsfunktion verhindere.[4] Mit Urteil vom 16.9.2021[5] hat der IV. BFH-Senat diese Rechtsprechung im Einvernehmen mit dem I. und III. BFH-Senat aufgege- 3.217

1 BFH v. 29.11.2007 – IV R 82/05, BStBl. II 2008, 471; BFH v. 18.4.2006 – VIII B 83/05, BFH/NV 2006, 1464; BFH v. 15.4.1999 – IV R 11/98, BStBl. II 1999, 532; BFH v. 15.12.1998 – VIII R 77/93, BStBl. II 1999, 168; BFH v. 22.1.1988 – III B 9/87, BStBl. II 1988, 537; BFH v. 10.11.1982 – I R 178/77, BStBl. II 1983, 136; BFH v. 23.7.1981 – IV R 103/78, BStBl. II 1982, 60; BFH v. 14.8.1978 – I R 136/70, BStBl. II 1975, 112. Vgl. auch *Wacker* in Schmidt[44], § 15 EStG Rz. 835, 858; *Krumm* in Kirchhof/Seer[24], § 15 EStG Rz. 96; *Micker* in Söffing/Micker, Betriebsaufspaltung[10], Rz. 470 ff.; *Roser*, GmbHR 2022, 1020 (1024).

2 Vgl. hierzu auch *Roser*, GmbHR 2022, 1020 (1023).

3 Vgl. hierzu *Micker* in Söffing/Micker, Betriebsaufspaltung[10], Rz. 473 ff.

4 So noch BFH v. 30.10.2019 – IV R 59/16, BStBl. II 2020, 147 = FR 2020, 273 m. Anm. v. *Wendt*. Grundlegend hierzu BFH v. 1.8.1979 – I R 111/78, BStBl. II 1980, 77.

5 BFH v. 16.9.2021 – IV R 7/18, BStBl. II 2022, 767 = FR 2022, 303 m. Anm. v. *Nöcker* (exemplifiziert am Fall einer Besitz-GmbH & Co. KG im Verhältnis zu einer Betriebs-GmbH & Co. KG, also einer mitunternehmerischen Betriebsaufspaltung). Erste Andeutungen bereits in BFH v. 20.5.2021 – IV R 31/19, BStBl. II 2021, 768.

ben.[1] Für die personelle Verflechtung sei allein entscheidend, dass im Besitzunternehmen der Geschäfts- und Betätigungswille derjenigen Personen durchgesetzt werden könne, welche auch hinter dem Betriebsunternehmen stehen. Dies könne auch durch eine mittelbare Beteiligung über eine Kapitalgesellschaft gesichert werden. Die rechtliche Selbstständigkeit der Kapitalgesellschaft stehe dem nicht entgegen. Diese Grundsätze gelten auch im Fall der Besitz-GmbH & Co. KG.[2] Aufgrund dieser Rechtsprechungsänderung begründen bei der Beteiligung an der Besitz-Personengesellschaft zwischengeschaltete Kapitalgesellschaften für Zwecke der Betriebsaufspaltung damit fortan keine Abschirmwirkung mehr.[3,4]

cc) Besitz-Kapital-/Optionsgesellschaft

3.218 **Noch Durchgriffsverbot.** Die mittelbare Beteiligung an einer Besitz-Kapital-/Optionsgesellschaft über eine zwischengeschaltete beherrschte Kapital-Optionsgesellschaft begründet nach bisheriger Rechtsprechung keine personelle Verflechtung.[5] Ob der BFH hieran nach Aufgabe des Durchgriffsverbots im Verhältnis zu einer Betriebs-Personengesellschaft durch Urteil vom 16.9.2021[6] weiter festhält, ist offen.[7] Zur dogmatischen Begründung wird hierfür angeführt, dass in diesem Fall nicht allein über die „Beherrschungsfrage" im Sinne eines einheitlichen Geschäfts- und Betä-

---

1 Zu beurteilen war der Sonderfall der Beherrschung einer Besitz-GmbH & Co. KG über die mittelbare Beteiligung an der Komplementär-GmbH, zum Einstimmigkeitserfordernis bei der KG als mutmaßlichem Entscheidungshintergrund vgl. *Reddig*, DB 2022, 765 (766); wohl auch *Heil/Pupeter*, DB 2022, 1091; zur alleinigen Geschäftsführungsbefugnis als Hintergrund vgl. *Broemel/Klein*, DStR 2022, 857 (859). Die Urteilsgrundsätze dürften auch für den Fall der mittelbaren Beteiligung an der Besitz-Personengesellschaft über eine (Mutter-) Kapitalgesellschaft gelten, vgl. *Broemel/Klein*, DStR 2022, 857 (861); *Schlücke*, Ubg 2022, 344 (350); *Heil/Pupeter*, DB 2022, 1091 (1093).

2 BFH v. 16.9.2021 – IV R 7/18, BStBl. II 2022, 767 = FR 2022, 303 m. Anm. v. *Nöcker:* Das Mietverhältnis zur Betriebsgesellschaft fiel in die allgemeine Geschäftsführungsbefugnis der Komplementär-GmbH der Besitz-GmbH & Co. KG. Der 100%-Kommanditist war gem. § 164 HGB von der Geschäftsführung der Kommanditgesellschaft ausgeschlossen, so dass diese Stellung noch nicht den erforderlichen beherrschenden Einfluss auf das Mietverhältnis vermitteln konnte. Erforderlich war damit die Zurechnung der Geschäftsführungsbefugnis der Komplementär-GmbH, die der IV. BFH-Senat nun angenommen hat.

3 Zur zeitlichen Anwendung der neuen Grundsätze erst ab 2024 vgl. BMF v. 21.11.2022 – IV C 6-S 2240/20/10006:002, BStBl. I 2022, 1515, und Gleich lautende Erlasse der obersten Finanzbehörden der Länder v. 22.11.2022, BStBl. I 2022, 1528. Zu Vertrauensschutzaspekten auch FinBeh Hamburg, Fachinfo v. 23.5.2022 – S 2240 - 2018/003 – 52, DStR 2023, 839. Zur rechtlichen Einordnung der Verwaltungsmaßnahmen vgl. *Riedel*, DStR 2023, 1051 (1054 f.).

4 Zu den Auswirkungen der geänderten Rechtsprechung u.a. *Micker* in Söffing/Micker, Betriebsaufspaltung[10], Rz. 478 ff.; *Riedel*, DStR 2023, 1051 ff.; *Broemel/Klein*, DStR 2022, 857 (860 f.); *Roser*, GmbHR 2022, 1020 (1025); *Schlücke*, Ubg 2022, 344 (348 ff.).

5 BFH v. 1.8.1979 – I R 111/78, BStBl. II 1980, 77.

6 BFH v. 16.9.2021 – IV R 7/18, BStBl. II 2022, 767 = FR 2022, 303 m. Anm. v. *Nöcker*.

7 BFH v. 22.2.2024 – III R 13/23, BStBl. II 2024, 487. Zur Ansicht des I. BFH-Senats vgl. BFH v. 16.9.2021 – IV R 7/18, BStBl. II 2022, 767, Rz. 40. Zur Rechtfertigung des fortbestehenden Durchgriffsverbots vgl. auch *Heil/Pupeter*, DB 2022, 1091 (1093 ff.).

tigungswillens zu befinden ist, sondern ebenso über eine Zurechnung von Besteuerungsmerkmalen, die zu einer originären Gewerblichkeit auf der Ebene der Besitz-Kapitalgesellschaft führt. Ein solcher Zugriff auf die steuerliche Sphäre der Besitz-Kapitalgesellschaft ist jedoch mit dem für Körperschaften geltenden Trennungsprinzip nicht zu vereinbaren, so dass im Verhältnis zu einer Besitz-Kapitalgesellschaft am Durchgriffsverbot festzuhalten ist.

dd) Betriebs-Personengesellschaft

Durchgriff. Die mittelbare Beteiligung an einer Betriebs-Personengesellschaft über eine zwischengeschaltete beherrschte Kapitalgesellschaft reicht zur Annahme eines einheitlichen geschäftlichen Betätigungswillens und damit für eine betriebsaufspaltungsbegründende personelle Verflechtung aus.[1] Es erfolgt also ein Durchgriff durch die zwischengeschaltete Kapitalgesellschaft und im Verhältnis zur Betriebs-Personengesellschaft entsteht eine mitunternehmerische Betriebsaufspaltung. 3.219

ee) Betriebs-Kapitalgesellschaft

Durchgriff. Die mittelbare Beteiligung an einer Betriebs-Kapitalgesellschaft über eine zwischengeschaltete beherrschte Kapitalgesellschaft reicht unter Zugrundelegung einer wirtschaftlichen Betrachtungsweise ebenfalls zur Annahme eines einheitlichen geschäftlichen Betätigungswillens und damit für eine personelle Verflechtung aus.[2] Denn entscheidend für die Beherrschung des Betriebsunternehmens ist – unabhängig von der Rechtsform – allein, dass die Geschicke der Unternehmens in allen wesentlichen Fragen der Betriebsführung durch ein und dieselbe Person bestimmt werden.[3] Es erfolgt also ein Durchgriff durch die zwischengeschaltete Kapitalgesellschaft. Dies gilt nicht nur für eine zwischengeschaltete GmbH, sondern auch bei Vermittlung durch eine AG.[4] 3.220

---

1 BFH v. 29.11.2017 – X R 8/16, BStBl. II 2018, 426 = FR 2018, 470; BFH v. 29.11.2007 – IV R 82/05, BStBl. II 2008, 471 = FR 2008, 974 m. Anm. v. *Bode*; BFH v. 23.4.1995 – VIII R 13/95, BStBl. II 1998, 325; BFH v. 27.8.1992 – IV R 13/91, BStBl. II 1993, 134; FG Baden-Württemberg v. 16.12.2019 – 1 K 2182/18, EFG 2020, 1486 (Rev. BFH IV R 5/20); EStH 15.7 Abs. 6 „Mittelbare Beteiligung".

2 BFH v. 19.9.2024 – IV R 5/20, BFH/NV 2025, 149; BFH v. 16.9.2021 – IV R 7/18, BStBl. II 2022, 767; BFH v. 20.5.2021 – IV R 31/19, BStBl. II 2021, 768 = FR 2022, 223; BFH v. 29.11.2017 – X R 8/16, BStBl. II 2018, 426; BFH v. 5.6.2008 – IV R 76/05, BStBl. II 2008, 858 = FR 2009, 82 m. Anm. v. *Kanzler*; BFH v. 29.11.2007 – IV R 82/05, BStBl. II 2008, 471 = FR 2008, 974 m. Anm. v. *Bode*; BFH v. 20.7.2005 – X R 22/02 – BStBl. II 2006, 457 = FR 2006, 78; BFH v. 28.11.2001 – X R 50/97, BStBl. II 2002, 363; BFH v. 22.1.1988 – III B 9/87, BStBl. II 1988, 537; BFH v. 14.8.1974 – I R 136/70, BStBl. II 1975, 98.

3 BFH v. 28.11.2011 – X R 50/97, BStBl. II 2002, 363.

4 BFH v. 28.1.1982 – IV R 100/78, BStBl. 1982 II, 479; BFH v. 1.4.1981 – I R 160/80, BStBl. II 1981, 738.

d) Zwischenschaltung einer Stiftung

3.221 **Durchgriff.** Stiftungen i.S.d. § 80 BGB haben zwar keine Gesellschafter. Die Grundsätze über die Betriebsaufspaltung sind gleichwohl anzuwenden, wenn die die Geschicke des Besitz- oder Betriebsunternehmens bestimmenden Personen in der Lage sind, über eine zwischengeschaltete Stiftung bei dem Betriebs- oder Besitzunternehmen ihren Willen hinsichtlich aller wesentlichen unternehmerischen Entscheidungen durchzusetzen.[1]

5. Willensdurchsetzung ohne ausreichenden Anteilsbesitz

a) Geschäftsführungsbefugnis

3.222 **Kein alleiniges Abstellen auf die Stimmrechte.** Nach der Personengruppentheorie gründet die Beherrschungsidentität zwar grundsätzlich auf der gesellschaftsrechtlichen Stimmenmehrheit.[2] Reichen die Stimmrechte der an Besitz- und Betriebsunternehmen beteiligten Gesellschafter zur Durchsetzung des einheitlichen geschäftlichen Betätigungswillens infolge Beteiligung von Nur-Betriebsgesellschaftern bzw. Nur-Besitzgesellschaftern nicht aus, lehnt die BFH-Rechtsprechung ein alleiniges Abstellen auf die Stimmenmehrheit ab und verlangt eine Gesamtwürdigung aller Umstände des Einzelfalles. Dabei erlangen insbesondere die Geschäftsführungsbefugnisse der nicht durchsetzungsfähigen Gesellschafter im Besitz- und/oder Betriebsunternehmen besonderes Gewicht.[3]

3.223 **Willensdurchsetzung auch durch Geschäftsführungsbefugnisse.** Beherrschungsidentität kann sich hiernach auch ergeben, wenn eine Person oder Personengruppe zwar nicht nach den Beteiligungsverhältnissen, aber nach ihren Befugnissen zur Geschäftsführung ihren Willen durchsetzen kann und die Beherrschungsidentität darauf gründet, dass die hinsichtlich der wesentlichen Betriebsgrundlagen bestehenden Nutzungsüberlassungsverträge nicht gegen den Willen der Person oder Personengruppe aufgelöst werden können.[4] In einem solchen Fall verhindert der Nur-Besitzgesellschafter auch bei Einstimmigkeitserfordernis die personelle Verflechtung nicht, wenn er über die Geschäftsführung nicht mitbestimmt und den übrigen Gesellschaftern die Geschäftsführungsbefugnis nicht gegen ihren Willen entzogen werden kann.[5] Entsprechendes gilt für einen Nur-Betriebsgesellschafter.[6] Die fehlende Befreiung der Gesellschafter-Geschäftsführer der Besitz- und Betriebsgesellschaft vom Selbstkontrahierungsverbot des § 181 BGB steht der Annahme einer Beherrschungsidentität nicht entgegen, wenn die gesellschaftsrechtlichen Grundlagen die Umge-

1 BFH v. 16.6.1982 – I R 118/80, BStBl. II 1982, 662.
2 BFH v. 16.9.2021 – IV R 7/18, BStBl. II 2022, 767 = FR 2022, 303 m. Anm. v. *Nöcker*.
3 BFH v. 16.5.2013 – IV R 54/11, BFH/NV 2013, 1557.
4 BFH v. 28.5.2020 – IV R 4/17, BStBl. II 2020, 710 = FR 2020, 1045 m. Anm. v. *Bode*.
5 BFH v. 30.11.2005 – X R 56/04, BStBl. II 2006, 465 = FR 2006, 597; BFH v. 1.7.2003 – VIII R 24/01, BStBl. II 2003, 757. Vgl. auch *Wachter*, DB 2020, 2648 (2652 f.).
6 BFH v. 30.11.2005 – X R 56/04, BStBl. II 2006, 415 = FR 2006, 597; BFH v. 21.8.1996 – X R 25/93, BStBl. II 1997, 44.

hung dieses Verbots durch Übertragung der Vertretung auf eine andere Person, z.B. einen Prokuristen der Betriebsgesellschaft, ermöglichen.[1] Zum Ganzen auch Rz. 3.168.

Stimmrechte damit aber nicht entbehrlich. Die Grundsätze zur Willensdurchsetzung durch Geschäftsführungsbefugnisse verleiten zwar zu der Annahme, dass es bei der Prüfung der Beherrschungsidentität auf die Mehrheitsbeteiligung an Besitz- und Betriebsunternehmen nicht (mehr) ankommt. Diesem Eindruck ist die BFH-Rechtsprechung jedoch ausdrücklich entgegengetreten, ohne jedoch das Verhältnis zwischen gesellschaftsrechtlichem Stimm-/Einflussrecht und Geschäftsführungsbefugnis zu klären.[2] Sachgerecht dürfte es sein, ein gesellschaftsrechtliches Stimm-/Einflussrecht zumindest bei einer Gesellschaft zu fordern, während der Einfluss auf die Geschicke des anderen Unternehmens auch (nur) über die Geschäftsführungsbefugnis erreicht werden kann. 3.224

b) Faktische Beherrschung

aa) Möglichkeit bestimmtes Verhalten zu erzwingen

Ausnahmefall. Eine personelle Verflechtung kann – in seltenen Ausnahmefällen – auch ohne Anteilsbesitz bzw. ausreichende Beteiligungshöhe durch faktische Beherrschung des Besitzunternehmens und der Betriebsgesellschaft begründet werden. Eine derartige Beherrschung liegt vor, wenn eine Person oder Personengruppe, die rechtlich nicht über die Mehrheit der Stimmen verfügt, aus wirtschaftlichen oder sonstigen Gründen ein bestimmtes Verhalten der rechtlich herrschenden Gesellschafter des Besitz- und/oder Betriebsunternehmens erzwingen kann, so dass diese nicht in der Lage sind, einen eigenen geschäftlichen Willen zu entfalten.[3] 3.225

Strenge Anforderungen. Für den Nachweis derartiger Verhältnisse gelten strenge Anforderungen. Es muss durch konkrete Umstände belegt sein, dass die eigentlich rechtlich herrschenden Gesellschafter den Willen des faktisch Herrschenden befolgen müssen.[4] Ein jahrelanges konfliktfreies Zusammenwirken genügt hierfür nicht.[5] Erforderlich sind Nachweise für eine faktische Einwirkung auf die zur Beherrschung führenden Stimmrechte.[6] 3.226

---

1 BFH v. 28.5.2020 – IV R 4/17, BFH/NV 2020, 1371.

2 BFH v. 20.5.2021 – IV R 31/19, BStBl. II 2021, 768 = FR 2022, 223; BFH v. 14.4.2021 – X R 5/19, BStBl. II 2021, 851 = DB 2021, 2197.

3 BFH v. 14.4.2021 – X R 5/19, BStBl. II 2021, 851 = DB 2021, 2197; BFH v. 15.3.2000 – VIII R 82/98, BStBl. II 2002, 774; BFH v. 15.10.1998 – IV R 20/98, BStBl. II 1999, 445; BFH v. 12.10.1988 – X R 5/86, BStBl. II 1989, 152.

4 BFH v. 23.1.2002 – IX B 117/01, BFH/NV 2002, 777; BFH v. 15.3.2000 – VIII R 82/98, BStBl. II 2002, 774; BFH v. 12.10.1988 – X R 5/86, BStBl. II 1989, 152.

5 BFH v. 11.5.1999 – VIII R 72/96, BStBl. II 2002, 722.

6 BFH v. 15.3.2000 – VIII R 82/98, BFH/NV 2000, 1304.

bb) Einzelfälle

3.227 **Beweisanzeichen für eine faktische Beherrschung.** In folgenden Fällen liegen ausreichende Beweisanzeichen für eine faktische Beherrschung vor:[1]

(1) Fachliche Dominanz des Nicht-Gesellschafters gegenüber dem Gesellschafter, der sowohl im kaufmännischen als auch im technischen Bereich des ihm gehörenden Unternehmens völlig unerfahren ist.[2] Eine faktische Beherrschung kann in diesem Fall aber nicht allein auf die berufliche Vorbildung und Erfahrung des Geschäftsführers der Betriebsgesellschaft gestützt werden; es müssen weitere Anzeichen für eine tatsächliche Beherrschung hinzutreten.[3]

(2) Die Position eines Großgläubigers und Geschäftsführers eines Unternehmens kann eine faktische Machtstellung begründen.[4] Dies ist der Fall, wenn dieser die Geschäftsführung vollständig an sich zieht,[5] jedoch nicht, wenn der Großgläubiger nicht alleiniger Geschäftsführer der Betriebs-GmbH ist.[6]

(3) Der Alleininhaber des Besitzunternehmens und zugleich alleinige Geschäftsführer der Betriebs-GmbH ist in der Lage, seine Minderheitsbeteiligung an der Betriebs-GmbH aufgrund einer ihm von seinem Mitgesellschafter erteilten Stimmrechtsvollmacht (dazu Rz. 3.200) jederzeit auf eine Mehrheitsbeteiligung aufzustocken.[7]

(4) Dem alleinigen Inhaber des Besitzunternehmens, der gleichzeitig Geschäftsführer der Betriebsgesellschaft ist, steht eine Option zu, jederzeit die Mehrheit der Anteile an der Betriebs-GmbH erwerben zu können.[8]

(5) Vereinbarung eines bedeutungslosen Einstimmigkeitsprinzips in der Besitzgesellschaft, wenn z.B. an der Besitz-GbR neben den mit jeweils 45 % beteiligten Ehemännern auch die beiden Ehefrauen als Nur-Besitzgesellschafterinnen mit jeweils 5 % beteiligt sind, einer der Ehemänner alleiniger, aber nicht von den Beschränkungen des § 181 BGB befreiter Geschäftsführer der Besitz-GbR ist und die Ehemänner in der Betriebs-GmbH die Stimmenmehrheit haben.[9]

---

1 Hierzu auch H 15.7 (6) EStH 2021 „Faktische Beherrschung"; *Wacker* in Schmidt[44], § 15 EStG Rz. 838; *Gluth* in H/H/R, § 15 EStG Anm. 802 (Stand: April 2022).
2 BFH v. 29.7.1976 – IV R 145/72, BStBl. II 1976, 750.
3 BFH v. 27.2.1991 – XI R 25/88, BFH/NV 1991, 454.
4 BFH v. 9.9.1986 – VIII R 198/84, BStBl. II 1987, 28; BFH v. 29.7.1976 – IV R 145/72, BStBl. II 1976, 750.
5 BFH v. 9.9.1986 – VIII R 198/84, BStBl. II 1987, 28.
6 BFH v. 1.12.1989 – III R 94/87, BStBl. II 1990, 500.
7 BFH v. 29.1.1997 – XI R 23/96, BStBl. II 1997, 437; FG Rheinland-Pfalz v. 6.10.1995 – 3 K 2180/93, EFG 1996, 330 (rkr.). Ähnlich auch BFH v. 15.11.2001 – VIII B 45/01, BFH/NV 2002, 345.
8 Vgl. FG Rheinland-Pfalz v. 6.10.1995 – 3 K 2180/93, EFG 1996, 330 (Rev. durch BFH v. 17.8.1999 – X R 152/95, n.v. als unbegründet zurückgewiesen).
9 BFH v. 1.7.2003 – VIII R 24/01, BStBl. II 2003, 757 = FR 2003, 963 m. Anm. v. *Kempermann*; vgl. auch FG Schleswig-Holstein v. 11.5.2011 – 1 K 138/09, EFG 2011, 1433 (rkr.). Kritisch hierzu *Gluth* in H/H/R, § 15 EStG Anm. 802 (Stand: April 2022).

(6) Die beherrschenden Gesellschafter der Besitzgesellschaft können als Mitglieder des Organs einer Stiftung, die Mehrheitsgesellschafterin der Betriebsgesellschaft ist, auch in dieser Gesellschaft ihren Willen durchsetzen.[1]

(7) Der Gesellschafter der Betriebsgesellschaft, der noch keine Mehrheit des Anteilseigentums hat, verfügt zusätzlich über eine Vollmacht, die ihn in die Lage versetzt, seinen Willen auch in der Betriebsgesellschaft durchzusetzen. Die Vollmacht kann bspw. als Spezialvollmacht,[2] aber auch als Generalvollmacht für die Wahrnehmung aller Vermögensangelegenheiten ausgestaltet sein.[3]

Keine ausreichenden Beweisanzeichen für eine faktische Beherrschung. In folgenden Fällen liegen keine ausreichenden Beweisanzeichen für eine faktische Beherrschung vor:[4] 3.228

(1) Verpachtung einer wesentlichen Betriebsgrundlage durch einen Einzelunternehmer an eine Betriebs-GmbH, deren Anteile die Ehefrau des Einzelunternehmers hält. Das gilt auch, wenn der Einzelunternehmer zugleich angestellter Geschäftsführer der GmbH ist und ihr aufgrund seiner beruflichen Ausbildung und Erfahrung das Gepräge gibt.[5]

(2) Die das Besitzunternehmen beherrschenden Ehemänner sind zugleich bei der GmbH angestellt. Gesellschafterinnen der GmbH sind die Ehefrauen. Im Gesellschaftsvertrag der Betriebs-GmbH war bestimmt, dass die Anteile der jeweiligen Ehefrau bei Beendigung des Anstellungsvertrags des jeweiligen Ehemanns eingezogen werden konnten.[6]

(3) Der Eigentümer der wesentlichen Betriebsgrundlage ist Geschäftsführer der Betriebs-GmbH, deren Gesellschafter seine volljährigen Kinder sind.[7]

6. Anteile von Ehegatten

a) Geltung der allgemeinen Grundsätze

Behandlung wie fremde Dritte. Sind Ehegatten am Besitz- und Betriebsunternehmen beteiligt, gelten für die Beurteilung des einheitlichen geschäftlichen Betätigungswillens die allgemeinen Grundsätze.[8] Ehegatten können danach wie einander fremde Gesellschafter eine geschlossene Personengruppe bilden, die mit Mehrheit das Besitz- und 3.229

1 BFH v. 16.6.1982 – I R 118/80, BStBl. II 1982, 662.
2 BFH v. 29.1.1997 – XI R 23/96, BStBl. II 1997, 437.
3 BFH v. 12.2.1998 – VIII B 22/97, BFH/NV 1998, 852.
4 Hierzu auch H 15.7 (6) EStH 2021 „Faktische Beherrschung"; *Wacker* in Schmidt[44], § 15 EStG Rz. 839; *Gluth* in H/H/R, § 15 EStG Anm. 802 (Stand: April 2022).
5 BFH v. 26.10.1988 – I R 228/84, BStBl. II 1989, 155.
6 BFH v. 15.10.1998 – IV R 20/98, BStBl. II 1999, 445.
7 BFH v. 23.1.2002 – IX B 117/01, BFH/NV 2002, 777.
8 Hierzu auch *Nöcker*, Die Familie in der Betriebsaufspaltung, in Hagemeister/Hofstede, Im Dienste des Berufsstandes, Bonn 2022, 520 (524 ff.).

Betriebsunternehmen beherrscht (s. Rz. 3.167 ff.).[1] In diesen Konstellationen werden die Eheleute nicht diskriminiert, aber auch nicht privilegiert, sondern ungeachtet der Ehe mit Dritten gleichbehandelt.[2] Ebenso wie bei fremden Dritten kann sich auch aus Stimmrechtsbindungen (Rz. 3.199) oder (unwiderruflichen) Stimmrechtsvollmachten (dazu Rz. 3.200) eine Beherrschungsidentität ergeben.[3] Ebenso können Beteiligungen von Ehegatten nach den besonderen Grundsätzen der faktischen Beherrschung zusammenzurechnen sein (Rz. 3.225 ff.). Partner einer eheähnlichen Lebensgemeinschaft stehen Eheleuten nicht gleich; dies gilt auch bei späterer Eheschließung.[4]

3.230 **Keine Zusammenrechnung nur wegen des Eheverhältnisses.** Über die o.g. Fälle hinaus dürfen die Anteile von Ehegatten am Besitzunternehmen und an der Betriebsgesellschaft im Hinblick auf Art. 3 Abs. 1 GG und Art. 6 Abs. 1 GG bei der Prüfung der Frage, ob eine personelle Verflechtung vorliegt, nur aufgrund des Eheverhältnisses nicht zusammengerechnet werden.[5]

b) Gleichgerichtete Interessen

3.231 **Keine Vermutung gleichgerichteter Interessen.** Nach den Vorgaben des BVerfG besteht auch keine Vermutung dafür, dass Ehegatten gleichgerichtete wirtschaftliche Interessen verfolgen.[6] Die Annahme „gleichgerichteter Interessen" von Ehegatten muss wie auch bei fremden Dritten durch besondere Beweisanzeichen unterlegt werden, die nicht allein aus dem Bestehen einer ehelichen Lebensgemeinschaft hergeleitet werden können.

3.232 **Beweisanzeichen für gleichgerichtete Interessen.** Beweisanzeichen für gleichgerichtete Interessen der Ehegatten ist z.B. eine unwiderrufliche Stimmrechtsvollmacht[7] oder eine Stimmrechtsbindung.[8] Auch kann die Großgläubigerstellung eines Ehegatten[9] oder die mehrere Unternehmen der Ehegatten umfassende planmäßige Gestaltung ein Beweisanzeichen für gleichgerichtete Interessen der Ehegatten sein.[10]

---

1 BFH v. 24.2.1994 – IV R 8/93, IV R 9/93, BStBl. II 1994, 466; BFH v. 26.11.1992 – IV R 15/91, BStBl. II 1993, 876. Vgl. hierzu auch *Gluth* in H/H/R, § 15 EStG Anm. 797 (Stand: April 2022).

2 BFH v. 24.2.2000 – IV R 62/98, BStBl. II 2000, 417; BMF v. 18.11.1986 – IV B 2-S 2240-25/86 II, BStBl. I 1986, 537.

3 BFH v. 11.7.1989 – VIII R 151/85, BFH/NV 1990, 99. S. auch *Wacker* in Schmidt[44], § 15 EStG Rz. 846; *Krumm* in Kirchhof/Seer[24], § 15 EStG Rz. 94.

4 BFH v. 17.1.1985 – IV R 149/84, IV R 9/93, BFH/NV 1986, 148.

5 Grundlegend BVerfG v. 12.3.1985 – 1 BvR 571/81, BStBl. II 1985, 475. Vgl. auch BFH v. 26.11.1992 – VI R 15/91, BStBl. II 1993, 876; BFH v. 27.8.1992 – IV R 13/91, BStBl. II 1993, 134.

6 BVerfG v. 12.3.1985 – 1 BvR 571/81, 494/82, 47/83, BStBl. II 1985, 475.

7 BFH v. 11.7.1989 – VIII R 151/85, BFH/NV 1990, 99.

8 *Wacker* in Schmidt[44], § 15 EStG Rz. 846.

9 BFH v. 9.9.1986 – VIII R 198/84, BStBl. II 1987, 28.

10 BFH v. 26.10.1988 – I R 228/84, BStBl. II 1989, 155 (156); BFH v. 17.3.1987 – VIII R 36/84, BStBl. II 1987, 858; BFH v. 24.7.1986 – IV R 98-99/85, BStBl. II 1986, 913. Hierzu auch H 15.7 (7) EStH 2021 „Allgemeines".

Keine Beweisanzeichen für gleichgerichtete Interessen. Keine Beweisanzeichen für gleichgerichtete Interessen sind demgegenüber jahrelanges konfliktfreies Zusammenwirken innerhalb der Gesellschaft,[1] die Herkunft der Mittel für die Beteiligung der Ehefrau aus der Betriebsgesellschaft des Ehemanns,[2] das „Gepräge" der Betriebsgesellschaft durch den Ehemann,[3] die Erbeinsetzung der Ehefrau durch den Ehemann als Alleinerbin,[4] der gesetzliche Güterstand der Zugewinngemeinschaft,[5] die beabsichtigte Alterssicherung der Ehefrau, die Geschäftsführung des Ehemanns in der Gesellschaft der Ehefrau[6] und fachliche Alleinkompetenz eines Ehegatten.[7] 3.233

c) Einzelfälle fehlender personeller Verflechtung

Beteiligung der Ehegatten an jeweils nur einem Unternehmen (sog. Wiesbadener Modell). Vor dem Hintergrund der grundsätzlichen Behandlung von Ehegatten wie fremde Dritte liegt keine Betriebsaufspaltung vor, wenn das Besitzunternehmen allein dem einen Ehegatten gehört, während die Anteile an der Betriebsgesellschaft ausschließlich dem anderen Ehegatten zuzurechnen sind (sog. Wiesbadener Modell).[8] Dies gilt auch, wenn aufgrund besonderer Beweisanzeichen gleichgerichtete wirtschaftliche Interessen der Ehegatten anzunehmen sind.[9] Etwas anderes gilt nur, wenn z.B. die Ehefrau das vermietete Grundstück oder die Anteile an der Betriebs-GmbH vom Ehemann geschenkt erhalten hat und diese Schenkung frei widerruflich ist,[10] ggf. auch bei Widerruf der Schenkung für den Fall der Scheidung.[11] Im Übrigen ist eine personelle Verflechtung nur gegeben, wenn tatsächlich jeweils ein verdecktes Gesellschaftsverhältnis an beiden Gesellschaften mit planmäßiger gemeinsamer Gestaltung des Zusammenwirkens in den Gesellschaften vorliegt,[12] der Anteil an anderen 3.234

1 BFH v. 11.5.1999 – VIII R 72/96, BStBl. II 2002, 722; BFH v. 27.11.1985 – I R 115/85, BStBl. II 1986, 362.
2 BFH v. 1.12.1989 – III R 94/87, BStBl. II 1990, 500.
3 BFH v. 1.12.1989 – III R 94/87, BStBl. II 1990, 500.
4 *Bitz* in *LBP*, § 15 EStG Rz. 326 (Stand: April 2021).
5 *Bitz* in *LBP*, § 15 EStG Rz. 326 (Stand: April 2021).
6 BFH v. 26.10.1988 – I R 228/84, BStBl. II 1989, 155.
7 BFH v. 27.11.1985 – I R 115/85, BStBl. II 1986, 362.
8 BFH v. 26.10.1988 – I R 228/84, BStBl. II 1989, 155; BFH v. 12.10.1988 – X R 5/86, BStBl. II 1989, 152; BFH v. 9.9.1986 – VIII R 198/84, BStBl. II 1987, 28; BFH v. 30.7.1985 – VIII R 263/81, BStBl. II 1986, 359. Hierzu auch H 15.7 (7) EStH 2024 „Wiesbadener Modell", und *Nöcker*, Die Familie in der Betriebsaufspaltung, in Hagemeister/Hofstede, Im Dienste des Berufsstandes, Bonn 2022, 520 (529 f.).
9 BFH v. 12.10.1988 – X R 5/86, BStBl. II 1989, 152; BFH v. 26.10.1988 – I R 228/84, BStBl. II 1989, 155; *Wacker* in Schmidt[44], § 15 EStG Rz. 846.
10 *Wacker* in Schmidt[44], § 15 EStG Rz. 846, unter Hinweis auf BFH v. 16.5.1989 – VIII R 196/84, BStBl. II 1989, 877.
11 BFH v. 26.6.1990 – VIII R 81/85, BStBl. II 1994, 645. Zur Abgrenzung von einer Scheidungsklausel mit Übertragungsverpflichtung vgl. BFH v. 4.2.1998 – XI R 35/97, BStBl. II 1998, 542.
12 BFH v. 26.10.1988 – I R 228/84, BStBl. II 1989, 155 (156); BFH v. 17.3.1987 – VIII R 36/84, BStBl. II 1987, 858; BFH v. 24.7.1986 – IV R 98-99/85, BStBl. II 1986, 913. Hierzu auch H 15.7 (7) EStH 2021 „Allgemeines".

Unternehmen jeweils nur treuhänderisch für den anderen Ehegatten gehalten wird[1] oder die wesentliche Betriebsgrundlage und die Anteile an der Betriebsgesellschaft zum Gesamtgut einer ehelichen Gütergemeinschaft i.S.d. §§ 1415 ff. BGB gehören.[2] Im letztgenannten Fall kann eine personelle Verflechtung jedoch verhindert werden, indem die wesentliche Betriebsgrundlage oder die Gesellschaftsbeteiligung zum Sondergut i.S.d. § 1417 BGB oder zum Vorbehaltsgut i.S.d. § 1418 BGB bestimmt wird. Ungeklärt sind die Auswirkungen einer Vorsorgevollmacht i.S.d § 1901c BGB personelle Verflechtung beim Wiesbadener Modell, wenn diese als Generalvollmacht sämtliche vermögensrechtlichen und persönlichen Angelegenheiten und damit auch die Stimmrechtsausübung bei einer Gesellschaft umfasst (dazu auch Rz. 3.200).[3]

3.235 **Wiesbadener Modell und Berliner Testament.** Problematisch ist das Wiesbadener Modell in Verbindung mit einem Berliner Testament i.S.d. § 2269 BGB, bei dem sich die Ehepartner jeweils wechselseitig zum Alleinerben einsetzen. Denn dies führt im Todesfall zwangsläufig zur sachlichen und personellen Verflechtung und damit zur Begründung einer Betriebsaufspaltung. Diese Rechtsfolge kann dann nur noch durch rechtzeitige Ausschlagung der Erbschaft i.S.v. § 1953 BGB verhindert werden.[4]

3.236 **Hälftige Beteiligung beider Ehegatten nur am Besitzunternehmen.** Sind Ehegatten hälftig an einer GbR beteiligt, die eine wesentliche Betriebsgrundlage an eine GmbH überlässt, an der nur ein Ehegatte beteiligt ist, ist ebenfalls keine personelle Verflechtung gegeben.[5] Allein das Einverständnis zu Geschäftsführungsmaßnahmen des Ehegatten in der GbR, der alleiniger Gesellschafter der GmbH ist, reicht hierfür nicht aus, solange es nur von Fall zu Fall erteilt wird.

7. Anteile von Kindern

a) Volljährige Kinder

3.237 **Behandlung wie fremde Dritte.** Für Beteiligungen volljähriger Kinder gelten die allgemeinen Grundsätze. Stimmrechte volljähriger Kinder sind weder mit denjenigen der Eltern zusammenzurechnen noch bestehen allein aufgrund des Eltern-Kind-Verhältnisses Beweisanzeichen für einen Interessengleichlauf mit den Eltern.[6] Eltern und volljährige Kinder können aber wie einander fremde Gesellschafter eine geschlossene

1 Hierzu BFH v. 2.3.2004 – III B 114/03, BFH/NV 2004, 1109; *Krumm* in Kirchhof/Seer[24], § 15 EStG Rz. 96.

2 BFH v. 19.10.2006 – IV R 22/02, BFH/NV 2007, 149; BFH v. 26.11.1992 – VI R 15/91, BStBl. II 1993, 876. Hierzu auch H 15.7 (6) EStH 2024 „Gütergemeinschaft".

3 Dazu auch *Nöcker*, Die Familie in der Betriebsaufspaltung, in Hagemeister/Hofstede, Im Dienste des Berufsstandes, Bonn 2022, 520 (530 f.).

4 Dazu *Hennig*, RNotZ 2015, 127 (134).

5 BFH v. 29.11.2017 – I R 7/16, BStBl. II 2019, 738 = FR 2018, 508 m. Anm. v. *Wendt*; BFH v. 15.6.2011 – X B 255/10, BFH/NV 2011, 1859; BFH v. 2.12.2004 – III R 77/03, BStBl. II 2005, 340 = FR 2005, 638.

6 BFH v. 14.12.1993 – VIII R 13/93, BStBl. II 1994, 922; BFH v. 26.7.1984 – IV R 11/81, BStBl. II 1984, 714. Vgl. auch *Wacker* in Schmidt[44], § 15 EStG Rz. 849; *Nöcker*, Die Familie in der Betriebsaufspaltung, in Hagemeister/Hofstede, Im Dienste des Berufsstandes, Bonn 2022, 520 (530 f.).

Personengruppe bilden, die mit Mehrheit das Besitz- und Betriebsunternehmen beherrscht (Rz. 3.167 ff.). Wie bei fremden Dritten kann sich auch aus Stimmrechtsbindungen oder -vollmachten eine Beherrschungsidentität ergeben (Rz. 3.199 f.). Ebenso können Beteiligungen von Eltern und volljährigen Kindern nach den besonderen Grundsätzen der faktischen Beherrschung zusammenzurechnen sein (Rz. 3.225 ff.).[1]

b) Minderjährige Kinder

Zusammenrechnung nur im Einzelfall möglich. Auch für Beteiligungen minderjähriger Kinder gelten die allgemeinen Grundsätze.[2] Die Anteile von minderjährigen Kindern und Eltern dürfen damit grundsätzlich nicht zusammengerechnet werden.[3] Dies gilt stets, wenn nur ein Elternteil an den Unternehmen beteiligt ist und dieser Elternteil nicht allein vermögenssorgeberechtigt i.S.d. § 1626 Abs. 1 BGB für das minderjährige Kindes ist.[4] Gleiches soll gelten, wenn in Bezug auf die Gesellschafterstellung des Kindes eine Ergänzungspflegschaft angeordnet und ein Ergänzungspfleger bestellt ist.[5] Da es aber grds. keine Dauerergänzungspflegschaft gibt und ein Ergänzungspfleger nur anlassbezogen notwendig wird, stellt sich die Frage, ob durch Ergänzungspflegschaft eine personelle Verflechtung tatsächlich dauerhaft verhindert werden kann.[6] Um hieraus resultierende Unsicherheiten zu vermeiden, kann eine Zuwendungspflegschaft i.S.d. § 1811 BGB erfolgen, bei der der Zuwendende bestimmt, dass die Eltern das Vermögen nicht verwalten sollen.[7] Eine Zurechnung der Kinderanteile soll aber ohne weitere hinzutretende Umstände dann zulässig sein, wenn – ohne Hinzutreten Dritter – an beiden Gesellschaften die für das Kind vermögenssorgeberechtigen Elternteile beteiligt sind.[8] 3.238

---

1 BFH v. 14.12.1993 – VIII R 13/93, BStBl. II 1994, 922; BFH v. 7.11.1985 – IV R 65/83, BStBl. II 1986, 364.

2 Sowohl BFH v. 14.4.2021 – X R 5/19, BStBl. II 2021, 851 = DB 2021, 2197 (auch wenn letztlich offengelassen, ob es gegen Art. 3 Abs. 1 und Art. 6 Abs. 1 GG verstößt, wenn die Anteile minderjährigen Kinder mit deren Eltern zusammengerechnet werden).

3 Vgl. hierzu auch die Fallgestaltungen in R 15.7 (8) EStR 2012. Zu weiteren Einzelheiten *Nöcker*, Die Familie in der Betriebsaufspaltung, in Hagemeister/Hofstede, Im Dienste des Berufsstandes, Bonn 2022, 520 (532 f.).

4 So auch R 15.7 Abs. 8 Satz 3 EStR, dort aber auch mit Vorbehalten.

5 BFH v. 14.4.2021 – X R 5/19, BStBl. II 2021, 851 = DB 2021, 2197. Hierzu auch H 15.7 Abs. 8 EStH 2021 „Ergänzungspflegschaft bei minderjährigen Kindern".

6 Kritisch z.B. *Vosseler/Udwari*, ZEV 2022, 135 (138).

7 *Vosseler/Udwari*, ZEV 2022, 135 (138): Die Zuwendungspflegschaft kann hiernach als Dauerpflegschaft bis zum Eintritt der Volljährigkeit des Kindes Vorteile bei der Nachfolge bringen, z.B. für Schenkungen von Gesellschaftsbeteiligungen durch die Eltern von besonderem Interesse, da insoweit (punktuell) zumeist ohnehin ein Ergänzungspfleger bestellt werden muss. Die Gesellschafterrechte des Minderjährigen werden dann dauerhaft vom Zuwendungspfleger wahrgenommen; bei bestimmten Beschlussgegenständen, bei denen die Eltern aufgrund einer Interessenkollision an der Vertretung ihres Kindes ausgeschlossen wären, bedarf es nicht der punktuellen Einschaltung eines Ergänzungspflegers. Durch die Zuwendungspflegschaft kann dann eine personelle Verflechtung vermieden werden („Betriebsaufspaltungs-Blocker").

8 R 15.7 Abs. 8 Satz 2 EStR. Kritisch hierzu *Binnewies*, GmbH-StB 2022, 84. Zu den Folgen der Reform des Vormundschafts- und Betreuungsrechts für die Beteiligung von Minderjährigen an Familienunternehmen (BGBl. I 2021, 882) vgl. *Werner* ZEV 2021, 618 ff.

3.239 **Konsequenzen bei Eintritt in die Volljährigkeit.** Erfolgt nach oben dargestellten Grundsätzen (ausnahmsweise) eine Zusammenrechnung der Anteile von minderjährigen Kindern und Eltern am Besitz- und/oder Betriebsunternehmen, ist zu beachten, dass durch den Eintritt der Volljährigkeit des Kindes die personelle Verflechtung wegen entfallendem Interessengleichlauf wegfallen und damit die Betriebsaufspaltung mit ihren Steuerwirkungen beendet werden kann. Rechtsfolge ist dann regelmäßig die Betriebsaufgabe des Besitzunternehmens i.S.d. § 16 Abs. 3 Satz 1 EStG und die damit verbundene Aufdeckung der stillen Reserven insbesondere in der überlassenen wesentlichen Betriebsgrundlage und den Anteilen an der Betriebs-Kapitalgesellschaft. Aus Billigkeitsgründen gestattet die FinVerw. aber in R 16 Abs. 2 Satz 4 EStR ein Wahlrecht, die gewerbliche Tätigkeit ohne Aufdeckung stiller Reserven fortzusetzen. Die Grundsätze der Betriebsverpachtung im Ganzen sollen dann unabhängig von der Frage gelten, ob tatsächlich alle wesentlichen Betriebsgrundlagen verpachtet werden. Hierzu auch Rz. 3.526.

8. Anteile von sonstigen nahen Angehörigen

3.240 **Behandlung wie fremde Dritte.** Für Beteiligungen von Geschwistern, sonstigen Verwandten und Verschwägerten gelten ebenfalls die allgemeinen Grundsätze.[1] Stimmrechte dieser Beteiligten sind weder zusammenzurechnen noch bestehen Beweisanzeichen für einen Interessengleichlauf.[2] Nahe Angehörige können aber wie einander fremde Gesellschafter eine geschlossene Personengruppe bilden, die mit Mehrheit das Besitz- und Betriebsunternehmen beherrscht (Rz. 3.167 ff.). Wie bei fremden Dritten auch kann sich auch aus Stimmrechtsbindungen oder -vollmachten eine Beherrschungsidentität ergeben (Rz. 3.199). Ebenso können Beteiligungen von nahen Angehörigen nach den besonderen Grundsätzen der faktischen Beherrschung zusammenzurechnen sein (Rz. 3.225 ff.).

VI. Beginn der Betriebsaufspaltung

1. Erstmaliges gleichzeitiges Vorliegen der Verflechtungsmerkmale

a) Konkreter Zeitpunkt

3.241 **Tatbestandsverwirklichung.** Die Betriebsaufspaltung beginnt ab dem Zeitpunkt, in dem die sachliche und personelle Verflechtung vorliegt, also der Tatbestand der Betriebsaufspaltung verwirklicht ist.[3] Ohne Belang ist, ob die Verflechtung auf einer Willensentscheidung des Besitzunternehmers beruht und wie diese zustande gekommen ist.[4] Eine Betriebsaufspaltung kann damit auch ungeplant und gegen den Willen

1 *Wacker* in Schmidt[44], § 15 EStG Rz. 849; *Gluth* in H/H/R, § 15 EStG Anm. 806 (Stand: April 2022).

2 BFH v. 13.12.1983 – VIII R 90/81, BStBl. II 1984, 474 (zu Geschwistern).

3 BFH v. 19.3.2002 – VIII R 57/99, BStBl. II 2002, 662 = FR 2002, 670 m. Anm. v. *Kempermann*; BFH v. 15.1.1998 – IV R 8/97, BStBl. II. 1998, 478; FG Niedersachsen v. 19.5.1999 – II 479/95, EFG 1999, 900 (rkr.).

4 BFH v. 10.5.2016 – X R 5/14, BFH/NV 2017, 8.

der Beteiligten entstehen.[1] Fällt dieser Zeitpunkt nicht mit dem Beginn eines Kalender- bzw. Wirtschaftsjahres zusammen, sind die Einkünfte des Besitzunternehmens erst ab dem Zeitpunkt des Vorliegens der sachlichen und personellen Verflechtung als originäre Einkünfte aus Gewerbebetrieb nach § 15 Abs. 1 Satz 1 Nr. 1, Nr. 2, Abs. 2 EStG zu qualifizieren. Davor liegen ggf. Einkünfte aus Vermietung und Verpachtung nach § 21 Abs. 1 Satz 1 EStG oder einer Gewinneinkunftsart der §§ 13, 15, 18 EStG vor. Ein Rückbezug der Wirkungen der Betriebsaufspaltungstätigkeit auf den Beginn des Kalenderjahres und die Einbeziehung auch der zuvor erzielten Einkünfte in die Gewerblichkeit ist nicht zulässig.[2]

Keine rückwirkende Beseitigung. Eine Betriebsaufspaltung, die ungewollt z.B. durch eine nur kurzzeitige Überlassung der wesentlichen Betriebsgrundlage oder den Tod eines Beteiligten entsteht, kann nicht rückwirkend steuerlich wieder beseitigt werden.[3] Das Argument, dass in der kurzen Zeit keine Wertzuwächse entstanden seien, greift im Fall der klassischen Betriebsaufspaltung durch, wenn die Anteile an der Betriebskapitalgesellschaft mit Begründung der unechten Betriebsaufspaltung mit den Anschaffungskosten in das Betriebsvermögen der Besitzgesellschaft eingelegt werden (dazu Rz. 3.274 und Rz. 3.365 f.). Denn bei Auflösung der Betriebsaufspaltung unterliegt die Differenz zwischen Anschaffungskosten und Verkehrswert der Beteiligung der Besteuerung (dazu Rz. 3.349 f.). 3.242

b) Echte Betriebsaufspaltung

Zeitpunkt bestimmbar. Im Fall der echten Betriebsaufspaltung mit Gründung des neuen Betriebsunternehmens ist der Zeitpunkt, zu dem die sachliche und personelle Verflechtung erstmals gegeben sind, in aller Regel anhand objektiver Umstände (Gründungszeitpunkt, vertraglich bestimmter Beginn der Nutzungsüberlassung) exakt bestimmbar. Zu den Steuerfolgen der Begründung einer echten Betriebsaufspaltung s. Rz. 3.9 ff. 3.243

c) Unechte Betriebsaufspaltung

Zeitpunkt schwierig zu bestimmen. Im Fall der unechten (oftmals auch verkannten) Betriebsaufspaltung ist der Zeitpunkt zur Bestimmung des Beginns der Betriebsaufspaltung mitunter schwieriger zu bestimmen. 3.244

Erstmaliges Vorliegen der personellen Verflechtung. Der Zeitpunkt, zu dem die personelle Verflechtung erstmals gegeben ist, wird sich auf der Grundlage gesellschaftsrechtlicher Stimmverhältnisse der Person oder Personengruppe in aller Regel genau bestimmen lassen. Dies gilt auch für eine Willensdurchsetzung durch Stimmrechte und vertraglich eingeräumte Geschäftsführungsbefugnisse. In den Fällen der faktischen Beherrschung wird der Zeitpunkt, zu dem aus wirtschaftlichen oder sonstigen Gründen ein bestimmtes Verhalten der rechtlich herrschenden Gesellschafter 3.245

---

1 FG Hamburg v. 23.5.2023 – 6 K 95/21, EFG 2023, 1784 (rkr.).

2 BFH v. 8.11.1960 – I 131/59S, BStBl. III 1960, 513.

3 FG Hamburg v. 23.5.2023 – 6 K 95/21, EFG 2023, 1784 (rkr.).

des Besitz- und/oder Betriebsunternehmens erzwungen werden kann, ggf. schwieriger zu bestimmen sein.

3.246 **Erstmaliges Vorliegen der sachlichen Verflechtung.** Als Zeitpunkt, zu dem die sachliche Verflechtung erstmals gegeben ist, kann grundsätzlich auf den Beginn der Nutzungsüberlassung abgestellt werden.[1] Ohne Bedeutung ist, ob die Überlassung auf einer schuldrechtlichen oder dinglichen Grundlage beruht.[2] Die sachliche Verflechtung kann nach den Umständen des Einzelfalls auch bereits vor Beginn der Nutzungsüberlassung gegeben sein, wenn der spätere Besitzunternehmer mit Tätigkeiten beginnt, die eindeutig und objektiv erkennbar auf die Vorbereitung der endgültig beabsichtigten Überlassung von wesentlichen Betriebsgrundlagen an die von ihm beherrschte Betriebsgesellschaft gerichtet sind. So hat z.B. die Bestellung eines Erbbaurechts an einem unbebauten Grundstück eine sachliche Verflechtung von Besitzunternehmen und Betriebsgesellschaft zur Folge, wenn das Grundstück für die betrieblichen Zwecke der Betriebsgesellschaft bebaut werden soll; die sachliche Verflechtung tritt dann bereits mit Abschluss des Erbbaurechtsvertrages ein.[3] Auch kann eine sachliche Verflechtung bereits gegeben sein, wenn ein noch unbebautes Grundstück mit seiner in Aussicht gestellten Nutzungsmöglichkeit schon eine wesentliche Betriebsgrundlage für die Betriebsgesellschaft ist.[4] Im Kontext des Betriebs einer Photovoltaikanlage hat die Rechtsprechung auch bereits den Zeitpunkt der Einreichung des Bauantrags bei der Gemeinde für die bauliche Unterkonstruktion der PV-Anlage ausreichen lassen. Denn der Bauantrag stellt die erste, nach außen sichtbare Handlung dar, mit der der Steuerpflichtige seinen Willen dokumentiert, eine PV-Anlage zu errichten, mit der nachhaltig Einspeisevergütungen durch die Erzeugung und Lieferung von Solarstrom erzielt werden sollen.[5] Nach diesen Grundsätzen kann der Beginn der Betriebsaufspaltung auch auf Zeitpunkt der notariellen Errichtung der Betriebsgesellschaft datiert werden. Auf den Zeitpunkt der Handelsregistereintragung der Betriebsgesellschaft kommt es dann nicht mehr an.

3.247 **Beginn durch Option nach § 1a KStG.** Auch die Wirkungen der Option einer Personengesellschaft zur KSt-Pflicht nach § 1a KStG können – bei Zurückbehalt wesentlicher Betriebsgrundlagen des Sonderbetriebsvermögens der Gesellschafter – im Zuge des fiktiven Formwechsels nach § 1a Abs. 2 Satz 1 i.V.m. §§ 25, 20 UmwStG (dazu auch Rz. 3.622 ff.).

1 BFH v. 21.6.2001 – III R 27/98, BStBl. II 2002, 537 = DB 2001, 2525; BFH v. 12.4.1991 – III R 39/86, BStBl. II 1991, 772. Vgl. auch H 15.7 (5) EStH 2021 „Beginn der sachlichen Verflechtung".

2 BFH v. 12.12.2007 – X R 17/05, BStBl. II 2008, 579 = DB 2008, 612.

3 BFH v. 19.3.2002 – VIII R 57/99, BStBl. II 2002, 662 = FR 2002, 670 m. Anm. v. *Kempermann*.

4 BFH v. 19.3.2002 – VIII R 57/99, BStBl. II 2002, 662; BFH v. 15.1.1998 – IV R 8/97, BStBl. II 1998, 478; BFH v. 23.1.1991 – X R 47/87, BStBl. II 1991, 405.

5 FG Nürnberg v. 12.12.2023 – 1 K 1572/20, EFG 2024, 1671, Rz. 75 (Rev. BFH IV R 5/24).

2. Nachträgliche Entdeckung

a) Korrektur zum verfahrensrechtlich frühestmöglichen Zeitpunkt

Änderung der Veranlagungen. Wurde das Vorliegen einer Betriebsaufspaltung zunächst nicht erkannt und die Nutzungsüberlassung irrigerweise als Vermögensverwaltung behandelt, was insbesondere in Fällen der unechten Betriebsaufspaltung nicht selten der Fall ist, müssen die Rechtsfolgen der Betriebsaufspaltung zum verfahrensrechtlich frühestmöglichen Zeitpunkt gezogen werden.[1] Die entsprechenden Veranlagungen bzw. Einkünftefeststellungen des Besitzunternehmens müssen also geändert werden, nach § 164 Abs. 2 AO oder ggf. § 173 Abs. 1 Nr. 1 AO.[2] Hieran ist das FA nach den Grundsätzen von Treu und Glauben grundsätzlich nicht gehindert, denn das Prinzip der Abschnittsbesteuerung hat Vorrang vor einem etwaigen Vertrauen des Stpfl. in die zuvor – ggf. auch langjährig – ausgeübte anderweitige Behandlung;[3] zu Ausnahmen s. Rz. 3.254. 3.248

Betriebsaufspaltung als neue Tatsache i.S.d. § 173 Abs. 1 Nr. 1 AO. Wird dem FA erst nach bestandskräftig gewordener Steuerfestsetzung oder Gewinnfeststellung (z.B. anlässlich einer Außenprüfung) bekannt, dass ein Mietvertrag abgeschlossen war, aufgrund dessen die Voraussetzungen einer Betriebsaufspaltung erfüllt waren, so ist dies eine nachträglich bekannt gewordene neue Tatsache i.S.v. § 173 Abs. 1 Nr. 1 AO, die zu einer Bescheidänderung berechtigt.[4] Die Feststellungslast dafür, dass dem FA die Tatsachen, die die Betriebsaufspaltung zur Folge hatten, bis zum Erlass des Erstbescheids gegenüber dem Besitzunternehmen bereits bekannt waren, trägt der Stpfl. Denn auch wenn die Feststellungslast für eine die Besteuerungsgrundlagen erhöhende Änderung eines Steuer- oder Feststellungsbescheids nach allgemeinen Grundsätzen dem FA obliegt, so kann hier die negative Tatsache, dass der Mietvertrag zum maßgeblichen Zeitpunkt nicht vorgelegt worden war, von dem FA nicht anders als durch den Sachvortrag, dass dies nicht der Fall war, dargelegt werden.[5] 3.249

Ausweis in der Eröffnungsbilanz. Ist die Steuerfestsetzung/-feststellung für das Jahr der Begründung der Betriebsaufspaltung nach § 164 Abs. 2 AO oder § 173 Abs. 1 Nr. 1 AO noch änderbar, sind die Rechtsfolgen der Betriebseröffnung i.S.d. § 6 Abs. 1 Nr. 6 i.V.m. Nr. 5 EStG (dazu Rz. 3.263 ff.) in diesem Jahr nach den Grundsätzen des Betriebsvermögensvergleichs gem. § 4 Abs. 1 EStG zu entwickeln. Ob in diesem Fall eine Gewinnermittlung nach § 4 Abs. 3 EStG möglich wäre, ist unbeachtlich, da ein diesbezügliches Gewinnermittlungswahlrecht nicht ausgeübt wurde. Dies setzt nämlich den Willen und das Bewusstsein voraus, überhaupt eine Wahl treffen zu können. Bei einer nicht erkannten Betriebsaufspaltung ist die Einkünfteermittlung als Über- 3.250

1 BFH v. 13.4.1967 – V 235/64, BStBl. III 1967, 442.
2 BFH v. 16.4.2015 – IV R 2/12, BFH/NV 2015, 1331.
3 BFH v. 15.12.1988 – VI R 36/84, BStBl. II 1989, 363.
4 BFH v. 16.4.2015 – IV R 2/12, BFH/NV 2015, 1331.
5 BFH v. 16.4.2015 – IV R 2/12, BFH/NV 2015, 1331.

schuss der Einnahmen über die Werbungskosten aber nicht als Wahl der Gewinnermittlungsart nach § 4 Abs. 3 EStG anzusehen.[1]

3.251 **Ausweis in der ersten noch offenen Anfangsbilanz.** Sind die Steuerfestsetzungen/-feststellungen für das Jahr der Begründung der Betriebsaufspaltung und ggf. auch Folgejahre verfahrensrechtlich nicht mehr änderbar, scheidet eine steuerliche Erfassung der Betriebsaufspaltung insoweit aus. In diesem Fall sind die überlassenen Wirtschaftsgüter in der Anfangsbilanz des ersten noch offenen Jahres nach den Grundsätzen des Betriebsvermögensvergleichs gem. § 4 Abs. 1 EStG anzusetzen (dazu bereits Rz. 3.250). Dabei hat die Bewertung in der Anfangsbilanz mit den Werten zu erfolgen, die sich bei ordnungsgemäßer Fortführung einer Eröffnungsbilanz auf den Betriebsbeginn ergeben hätten.[2] Ein Ansatz der Wirtschaftsgüter mit dem Teilwert i.S.d. § 6 Abs. 1 Nr. 5 EStG im Zeitpunkt der besseren Erkenntnis scheidet aus, weil die Wirtschaftsgüter zuvor tatsächlich nicht Privatvermögen waren, sondern nur rechtsirrig als solches behandelt wurden.[3] Bis zum erstmaligen Ansatz unterbliebene Abschreibungen können nicht nachgeholt werden.[4]

3.252 **Rückwirkende Erhebung von Gewerbesteuer.** Ungeachtet einer bestandskräftigen ESt-Veranlagung ist die rückwirkende Erhebung von Gewerbesteuer innerhalb der maßgeblichen Feststellungs- und Festsetzungsfristen für den Gewerbesteuermessbetrag und die Gewerbesteuer möglich.

b) Korrektur erst mit Wirkung für die Zukunft

3.253 **Bindung der Finanzverwaltung.** Die rückwirkende Annahme einer Betriebsaufspaltung hat ausnahmsweise zu unterbleiben, wenn sich das zuständige Finanzamt im Rahmen einer verbindlichen Auskunft i.S.d. § 89 Abs. 2 AO, einer verbindlichen Zusage i.S.d. § 204 AO oder einer tatsächlichen Verständigung (öffentlich-rechtlicher Vertrag) bindend festgelegt hat, dass (ggf. für bestimmte Jahre) keine Betriebsaufspaltung vorgelegen hat. In einem solchen Fall ist dann zu prüfen, ob die Rechtsfolgen der Betriebsaufspaltung z.B. nach einem Widerruf der behördlichen Festlegung nach § 2 Abs. 4 StAuskV i.V.m. § 130 f. AO oder gem. § 207 Abs. 2 AO erst für die Zukunft zu ziehen sind.

---

1 BFH v. 8.3.1989 – X R 9/86, BStBl. II 1989, 714; BFH v. 30.9.1980 – VIII R 201/78, BStBl. II 1981, 301; OFD Niedersachsen, Vfg. v. 17.2.2010 – S 2130-30-St 222/St 221, DStR 2010, 544. A.A. FG München v. 28.6.2000 – 1 K 2845/98, EFG 2000, 1190 (rkr.). Kritisch auch *Micker* in Söffing/Micker, Betriebsaufspaltung[10], Rz. 759.

2 BFH v. 22.10.2013 – X R 14/11, BStBl. II 2014, 158; BFH v. 29.11.2012 – IV R 37/10, BFH/NV 2013, 910; BFH v. 24.10.2001 – X R 153/97, BStBl. II 2002, 75 = FR 2002, 209 m. Anm. v. *Weber-Grellet.*

3 BFH v. 29.11.2012 – IV R 37/10, BFH/NV 2013, 910; BFH v. 30.10.1997 – IV R 76/96, BFH/NV 1998, 578.

4 BFH v. 24.10.2001 – X R 153/97, BStBl. II 2002, 75 = FR 2002, 209 m. Anm. v. *Weber-Grellet.*

Treu und Glauben. Außerhalb bindender Festlegungen kann die rückwirkende Annahme einer Betriebsaufspaltung mit dem Grundsatz von Treu und Glauben kollidieren,[1] wenn die Finanzbehörde den ihr wiederholt ausführlich vorgetragenen Sachverhalt immer wieder in derselben Weise beurteilt hat, dass keine Betriebsaufspaltung gegeben ist.[2] Gleiches gilt, wenn die Einkunftsart zunächst streitig gewesen und die Gewerbesteuer nach Prüfung auf 0 EUR festgesetzt worden war.[3] Die Rechtsfolgen der Betriebsaufspaltung sind dann nur mit Wirkung für die Zukunft anzunehmen. 3.254

Abgrenzung. In Abgrenzung hierzu steht der Grundsatz von Treu und Glauben der Annahme einer Betriebsaufspaltung nicht entgegen, wenn ein der Betriebs-Kapitalgesellschaft als wesentliche Betriebsgrundlage überlassenes Grundstück entgegen der Rechtslage, aber im Einvernehmen mit dem FA in das Privatvermögen überführt und die stillen Reserven entsprechend besteuert wurden, und das Finanzamt später die Mieteinnahmen als Einnahme aus Gewerbebetrieb nach Betriebsaufspaltungsgrundsätzen behandelt und der Gebäudeabschreibung die damaligen Entnahmewerte zugrunde legt.[4] 3.255

3. Nachträgliche Entstehung durch Rechtsprechungsänderung

Übergangsregelungen. Wird der sachliche oder persönliche Anwendungsbereich der Betriebsaufspaltung durch eine verschärfende Änderung der BFH-Rechtsprechung erweitert, erlässt die Finanzverwaltung in der Regel auf Basis von Billigkeitsregelungen nach §§ 163 Abs. 1 Satz 1, 227 AO vertrauensschützende Übergangsregelungen. So wurden z.B. im Zuge der Anerkennung der mitunternehmerischen Betriebsaufspaltung vertrauensschützende Übergangsregelungen erlassen.[5] Auch im Zusammenhang mit der sachlichen Verflechtung durch Überlassung von Büro- und Verwaltungsgebäuden wurde durch eine Übergangsregelung Vertrauensschutz gewährt.[6] Gleiches erfolgte anlässlich der Erweiterung der personellen Verflechtung bei mittelbarer Beherrschung der Besitz-Personengesellschaft über eine Kapitalgesellschaft.[7] Zur Thematik auch Rz. 3.217. 3.256

---

1 Hierzu auch AEAO zu § 4 AO, Nr. 4.

2 FG München v. 30.7.1969 – III Z 161–164/64, EFG 1969, 57 (zum Zollrecht).

3 BFH v. 5.3.1970 - IV 213/65, BStBl. II 1970, 793.

4 FG München v. 28.6.2000 – 1 K 2845/98, EFG 2000, 1190 (rkr.).

5 Vgl. hierzu BMF v. 28.4.1998 - IV B2 - S 2241-42/98, BStBl. I 1998, 583: Anwendung auf Wirtschaftsjahre, die nach dem 31.12.1998 beginnen; Heilungsmaßnahmen waren bis dahin zugelassen.

6 Vgl. hierzu BMF v. 11.6.2002 – IV A 6-S 2240-70/02, BStBl. I 2002, 647; BMF v. 20.12.2001 – IV A 6-S 2240 – 97/01, BStBl. I 2002, 88; BMF v. 18.9.2001 – IV A 6-S 2240 – 49/01, BStBl. I 2001, 614.

7 Vgl. hierzu BMF v. 21.11.2022 – IV C 6-S 2240/20/10006 :002, BStBl. I 2022, 1515: Berücksichtigung erst ab VZ 2024. Ebenso und Gleich lautende Erlasse der obersten Finanzbehörden der Länder v. 22.11.2022, BStBl. I 2022, 1528 zur GewSt: Berücksichtigung erst ab EZ 2024. Zu Vertrauensschutzaspekten auch FinBeh Hamburg, Fachinfo v. 23.5.2022 – S 2240 - 2018/003 – 52, DStR 2023, 839.

4. Rechtsirrige Annahme

3.257 **Änderung der Veranlagungen.** Sind Stpfl. und FA rechtsirrig davon ausgegangen, dass eine Betriebsaufspaltung vorliegt, obwohl die Voraussetzungen tatsächlich nicht erfüllt waren, so waren die Wirtschaftsgüter des Besitzunternehmens zu keinem Zeitpunkt Betriebsvermögen. ESt- und Gewinnfeststellungsbescheide sowie GewSt-Messbescheide sind im Rahmen der verfahrensrechtlichen Änderungsvorschriften (§ 164 AO, § 172 ff. AO) aufzuheben oder zu ändern. Eine Aufdeckung und Versteuerung von stillen Reserven, die in den Wirtschaftsgütern des Besitzunternehmens ruhen, unterbleibt.[1]

B. Rechtsfolgen der klassischen Betriebsaufspaltung

I. Fallkonstellationen

3.258

Rechtsträger (Besitzunternehmen) überlässt funktional wesentliche Betriebsgrundlage an ...	**personell verflochtenes (beherrschtes) gewerbliches Betriebsunternehmen**
Natürliche Person (§ 21 EStG) Einzelunternehmer (§§ 13, 15, 18 EStG)	Kapitalgesellschaft Optionsgesellschaft i.S.d. § 1a KStG (§ 8 Abs. 2 KStG)
Vermögensverwaltende Personengesellschaft (§ 21 EStG) Vermögensverwaltende Rechtsgemeinschaft (§ 21 EStG)	Schwester-Kapitalgesellschaft Schwester-Optionsgesellschaft i.S.d. § 1a KStG (§ 8 Abs. 2 KStG)
	Tochter-Kapitalgesellschaft Tochter-Optionsgesellschaft i.S.d. § 1a KStG (§ 8 Abs. 2 KStG)
Betriebliche Personengesellschaft (§§ 13, 15 oder 18 EStG) Betriebliche Rechtsgemeinschaft (§§ 13, 15 oder 18 EStG)	Schwester-Kapitalgesellschaft Schwester-Optionsgesellschaft i.S.d. § 1a KStG (§ 8 Abs. 2 KStG)
	Tochter-Kapitalgesellschaft Tochter-Optionsgesellschaft i.S.d. § 1a KStG (§ 8 Abs. 2 KStG)
Sonstige Körperschaft (§ 8 Abs. 1 KStG)[2]	Tochter-Kapitalgesellschaft Tochter-Optionsgesellschaft i.S.d. § 1a KStG (§ 8 Abs. 2 KStG)

1 *Gluth* in H/H/R, § 15 EStG Anm. 832a (Stand: April 2022).

2 Hierzu rechnen die KSt-Subjekte i.S.d. § 1 Abs. 1 Nr. 4 und Nr. 5 KStG, insbesondere (regulär steuerpflichtige) Vereine und Stiftungen. Bei Stiftungen, die keine Gesellschafter haben, sind nur vertikale Betriebsaufspaltungskonstellationen möglich, die auch bei Vereinen den Regelfall darstellen. Der denkbare horizontale Fall eines Besitz-Vereins im Verhältnis zu einer von den Mitgliedern beherrschten Schwester-Betriebsgesellschaft wird hier nicht weiter behandelt. Zu Sonderfragen bei gemeinnützigen Körperschaften s. Rz. 3.623 ff., zu Sonderfragen bei juristischen Personen des öffentlichen Rechts s. Rz. 3.629 ff.

II. ESt-Rechtsfolgen beim Besitzunternehmen

1. Natürliche Person bzw. Einzelunternehmer

a) Gewerbliche Vermietungstätigkeit

Umqualifikation der Vermietungseinkünfte. Mit dem Beginn der Betriebsaufspaltung erzielt die natürliche Person als Besitzunternehmer keine Einkünfte aus Vermietung und Verpachtung gem. § 21 Abs. 1 EStG (mehr), sondern als Einzelunternehmer i.S.v. § 15 Abs. 1 Satz 1 Nr. 1 EStG solche aus Gewerbebetrieb.[1] Das Einzelunternehmen ist ein eigenständiges steuerrechtliches Unternehmen, es besteht kein zusammen mit dem Betriebsunternehmen geführter einheitlicher Gewerbebetrieb.[2] Für den bilanziell nach §§ 4 Abs. 1 Satz 1, § 5 EStG ermittelten Gewinn des Besitzunternehmens (s. Rz. 3.286 ff.) kann aber die Thesaurierungsbegünstigung nach § 34a EStG in Anspruch genommen werden (s. auch Rz. 3.334). 3.259

Umqualifikation betrieblicher Vermietungseinkünfte. War der Einzelunternehmer zuvor land- und forstwirtschaftlich i.S.d. § 13 EStG oder selbständig i.S.d. § 18 EStG tätig, werden die betrieblichen Vermietungseinkünfte in solche aus Gewerbebetrieb nach § 15 EStG umqualifiziert. Die Gewerblichkeit dieser Nutzungsüberlassung färbt jedoch nicht auf die übrigen nichtgewerblichen Einkünfte des Einzelunternehmers ab. Übt also z.B. der Besitzunternehmer neben der Nutzungsüberlassung eine weitere originär freiberufliche Tätigkeit aus, ist diese weiterhin als freiberuflich i.S.d. § 18 EStG zu beurteilen.[3] Die Gewerblichkeit der Teiltätigkeit „Nutzungsüberlassung im Rahmen der Betriebsaufspaltung" färbt nicht auf die übrigen freiberuflichen Einkünfte ab, weil es für den Einzelunternehmer an einer dem § 15 Abs. 3 Nr. 1 EStG entsprechenden Vorschrift fehlt. Es bleibt daher bei der allgemeinen Regel, dass bei einem Einzelunternehmen, das sowohl als freiberufliche als auch als gewerblich zu beurteilende Tätigkeiten ausübt, diese soweit wie möglich getrennt zu betrachten und jeweils der betroffenen Einkunftsart zuzuordnen sind. Das gilt selbst dann, wenn zwischen den Tätigkeiten sachliche und wirtschaftliche Bezugspunkte bestehen, sofern die Verflechtung nicht so eng ist, dass sich die Tätigkeiten gegenseitig unlösbar bedingen.[4] Im Bereich des § 13 EStG gilt Entsprechendes. 3.260

Überlagerte Betriebsaufspaltung. Die Frage nach der Qualifikation der Vermietungseinkünfte des Besitzunternehmens im Rahmen einer Betriebsaufspaltung stellt sich nur dann, wenn das Besitzunternehmen nicht bereits aufgrund seiner übrigen 3.261

---

1 BFH v. 15.1.1998 - IV R 8/97, BStBl. II 1998, 478.

2 Grundlegend BFH v. 8.11.1971 - GrS 2/71, BStBl. II 1972, 63. Vgl. auch BFH v. 19.3.2002 - VIII R 57/99, BStBl. II 2002, 662; BFH v. 17.7.1991 - I R 98/88, BStBl. II 1992, 246; BFH v. 27.9.1979 - IV R 89/76, BStBl. II 1980, 94.

3 BFH v. 21.11.2017 - VIII R 17/15, BFH/NV 2018, 522; vgl. auch FG München v. 10.6.2010 - 8 K 460/10, EFG 2011, 47; nachgehend BFH v. 8.4.2011 - VIII B 116/10, BFH/NV 2011, 1135.

4 BFH v. 21.11.2017 - VIII R 17/15, BFH/NV 2018, 522; BFH v. 5.5.1999 - IV B 35/98, BFH/NV 1999, 1328; vgl. auch FG München v. 10.6.2010 - 8 K 460/10, EFG 2011, 47 (nachgehend BFH v. 8.4.2011 - VIII B 116/10, BFH/NV 2011, 1135); *Micker* in Söffing/Micker, Betriebsaufspaltung[10], Rz. 1019.

Tätigkeit gewerbliche Einkünfte i.S.v. § 15 Abs. 1 Satz 1 Nr. 1, Abs. 2 EStG erzielt. Handelt es sich bei dem Besitzunternehmen daher um ein ohnehin gewerblich tätiges Unternehmen, ist eine sog. überlagerte Betriebsaufspaltung gegeben (dazu auch Rz. 3.17), bei der sich das Problem der Umqualifikation der Einkünfte des Besitzunternehmens in solche aus Gewerbebetrieb i.S.d. § 15 EStG nicht ergibt.[1] Die sonstigen Grundsätze und Rechtsfolgen der Betriebsaufspaltung greifen jedoch auch in diesem Fall.[2]

3.262 **Besonderheit bei mittelbarer Betriebsaufspaltung.** Bei nur mittelbarer Beteiligung an einer Besitzgesellschaft über eine Kapitalgesellschaft oder eine Optionsgesellschaft i.S.d. § 1a KStG (dazu Rz. 3.216 ff.) führt die Annahme einer Betriebsaufspaltung nur dazu, dass das (mittelbar beherrschte) Besitzunternehmen gewerbliche Einkünfte erzielt. Dies hat jedoch keine Auswirkungen auf die vorgelagerten Beteiligungsebenen, so dass bei der natürlichen Person nicht allein deshalb ein Gewerbebetrieb anzunehmen ist, weil auf den unteren Beteiligungsebenen eine personelle Verflechtung anzunehmen ist. Denn primäre Folge einer Betriebsaufspaltung ist die Umqualifikation der isoliert betrachtet vermögensverwaltenden Vermietungstätigkeit des Besitzunternehmens in eine gewerbliche Tätigkeit. Auf einen mittelbaren Gesellschafter, der nur über eine Kapitalgesellschaft oder eine Optionsgesellschaft i.S.d. § 1a KStG an einer Personengesellschaft beteiligt ist, schlägt die Qualifikation der Tätigkeit einer überlassenden Personengesellschaft nicht durch; somit kann sich auch die Umqualifikation dieser Tätigkeit durch die Betriebsaufspaltung nicht beim mittelbaren Gesellschafter auswirken. Insoweit entfaltet die zwischengeschaltete Kapital-/Optionsgesellschaft also Abschirmwirkung.[3] Die Gewerblichkeit des Gesellschafters kann sich nur aus anderen Umständen außerhalb der Betriebsaufspaltung ergeben.

b) Betriebseröffnung

3.263 **Einlage i.S.d. § 6 Abs. 1 Nr. 6 EStG.** Entsteht die Betriebsaufspaltung nicht durch Aufspaltung eines einheitlichen Unternehmens (Fall der sog. echten Betriebsaufspaltung, s. Rz. 3.7), sondern durch Hinzutritt eines vermietenden Besitzunternehmens zu einem bereits bestehenden Betriebsunternehmen (Fall der sog. unechten Betriebsaufspaltung, s. Rz. 3.7), führt die Begründung der Betriebsaufspaltung zur Eröffnung des Betriebs des Besitz-Einzelunternehmens. Die überlassene wesentliche Betriebsgrundlage und die Beteiligung an der Betriebs-Kapitalgesellschaft oder -Optionsgesellschaft i.S.d. § 1a KStG werden zu diesem Zeitpunkt in das Betriebsvermögen des Besitzunternehmens eingelegt (§ 4 Abs. 1 Satz 8 i.V.m. § 6 Abs. 1 Nr. 6 EStG). Zum Umfang des notwendigen Betriebsvermögens des Besitzunternehmens s. Rz. 3.263 ff.

3.264 **Bewertung gem. § 6 Abs. 1 Nr. 5 EStG.** Die Einlage von Wirtschaftsgütern des steuerlichen Privatvermögens erfolgt gem. § 6 Abs. 1 Nr. 5 Satz 1 Halbs. 1 EStG mit dem Teilwert. Werden selbst geschaffene immaterielle Wirtschaftsgüter überlassen (z.B.

1 Kritisch hierzu *Micker* in Söffing/Micker, Betriebsaufspaltung[10], Rz. 711.
2 FG Niedersachsen v. 19.11.2015 – 5 K 286/12, EFG 2016, 138 (rkr.).
3 *Krumm* in Kirchhof/Seer[24], § 15 EStG Rz. 96; *Heil/Pupeter*, DB 2022, 1091 (1097).

ein Patent, eine Erfindung oder eine Lizenz), erfolgt die Erfassung ebenfalls mit dem Teilwert; das Aktivierungsverbot des § 5 Abs. 2 EStG wird von § 6 Abs. 1 Nr. 5 EStG verdrängt. Bei der Einlage von Grundbesitz ist die „nachlaufende" Sonderregelung des § 23 Abs. 1 Satz 5 Nr. 1 EStG zu beachten (Einlage in das Betriebsvermögen als fiktive Veräußerung bei tatsächlicher Veräußerung aus dem Betriebsvermögen innerhalb eines Zeitraums von zehn Jahren seit Anschaffung, dazu Rz. 3.578). In den Fällen des § 6 Abs. 1 Nr. 5 Satz 1 Halbs. 2 Buchst. a bis c EStG erfolgt die Einlage mit den Anschaffungs- oder Herstellungskosten. Dies betrifft zunächst innerhalb der letzten drei Jahre angeschaffte oder hergestellte Wirtschaftsgüter (Buchst. a), deren Wert nach Maßgabe von § 6 Abs. 1 Nr. 5 Satz 2 EStG ggf. um AfA-Beträge zu kürzen ist. Der Einlagewert von Kapitalgesellschaftsanteilen i.S.d. § 17 EStG, insbesondere solchen an der Betriebs-Kapitalgesellschaft, sind stets die Anschaffungskosten, falls diese geringer sind als der Teilwert (Buchst. b). Diese Bewertung gilt auch für eine Beteiligung i.S.d. § 17 EStG, deren Wert im Zeitpunkt der Einlage unter die Anschaffungskosten gesunken ist. Die vor der Einlage eingetretene Wertminderung unter den Wert der Anschaffungskosten ist nicht gewinnmindernd durch eine Teilwertabschreibung im Besitzunternehmen zu berücksichtigen, sondern erst bei Veräußerung der Beteiligung oder Liquidation der Betriebsgesellschaft.[1] Die Regelungen des § 6 Abs. 1 Nr. 5 Satz 2 Buchst. b EStG gelten für Anteile an einer Optionsgesellschaft i.S.d. § 1a KStG entsprechend.

Buchwertüberführung gem. § 6 Abs. 5 Satz 1 EStG. Soweit die überlassene wesent- 3.265
liche Betriebsgrundlage und/oder die Beteiligung an der nunmehrigen Betriebs-Kapitalgesellschaft oder Betriebs-Optionsgesellschaft i.S.d. § 1a KStG bereits einem Betriebsvermögen des Besitzunternehmers angehörten, werden sie gem. § 6 Abs. 5 Satz 1 EStG zum Buchwert in das Betriebsvermögen des Besitzunternehmens überführt.[2] Die Zuordnung zu dem durch die Betriebsaufspaltung begründeten Gewerbebetrieb des Besitzunternehmens entfällt nicht deshalb, weil die Wirtschaftsgüter schon vorher zu einem gewerblichen Betriebsvermögen gehörten (Vorrang der Zuordnung zum Besitzunternehmen der Betriebsaufspaltung).[3]

c) Umfang des Betriebsvermögens

aa) Überlassene wesentliche Betriebsgrundlage

(1) Notwendiges Betriebsvermögen

Überlassene, ersetzte und ergänzte Vermögensgegenstände. Die dem Betriebs- 3.266
unternehmen überlassene, die sachliche Verflechtung der Betriebsaufspaltung begründende wesentliche Betriebsgrundlage gehört stets zum notwendigen Betriebsvermögen des Besitzunternehmers. Das Besitzunternehmen ist regelmäßig sowohl zivilrechtlicher als auch wirtschaftlicher Eigentümer dieses Vermögensgegenstandes i.S.d.

1 BFH v. 2.9.2008 – X R 48/02, BStBl. II 2010, 162 = FR 2009, 335 m. Anm. *Wendt*.
2 *Krumm* in Kirchhof/Seer[24], § 15 EStG Rz. 110.
3 BFH v. 21.6.2001 – III R 27/98, BStBl. II 2002, 537 = FR 2001, 1169; vgl. auch BFH v. 19.3.2002 – VIII R 57/99, BStBl. II 2002, 662 = FR 2002, 670 m. Anm. v. *Kempermann*.

§ 39 AO.[1] Dem notwendigen Betriebsvermögen des Besitzunternehmers sind auch Wirtschaftsgüter zuzurechnen, die nach Errichtung der Betriebsaufspaltung angeschafft werden und zum Ersatz oder Ergänzung der verpachteten Wirtschaftsgüter im Laufe des Miet- oder Pachtverhältnisses dienen.[2] Steht die dem Betriebsunternehmen überlassene, die sachliche Verflechtung der Betriebsaufspaltung begründende wesentliche Betriebsgrundlage nicht im zivil- oder wirtschaftlichen Eigentum des Besitzunternehmers, sondern wird sie dem Betriebsunternehmen aufgrund dinglicher oder schuldrechtlicher Nutzungsberechtigung oder als Vorbehaltsnießbraucher (weiter) überlassen (siehe Rz. 3.107), rechnet das zugrundeliegende Nutzungsrecht zum notwendigen Betriebsvermögen des Besitzunternehmens.

3.267 **Nebenrechte.** Zum notwendigen Betriebsvermögen des Besitzunternehmers rechnen auch im Zusammenhang mit der überlassenen wesentlichen Betriebsgrundlage stehende Nebenrechte. Erwirbt daher ein Besitzunternehmen im Rahmen einer Betriebsaufspaltung z.B. ein Grundstück und besteht auf einem Nachbargrundstück eine – als selbstständiges WG anzusehende[3] – Grunddienstbarkeit zugunsten des jeweiligen Eigentümers des erworbenen Grundstücks, stellt die – als selbstständiges Wirtschaftsgut anzusehende[4] – Grunddienstbarkeit notwendiges Betriebsvermögen des Besitzunternehmens dar, ohne dass es auf die Kenntnis von deren Existenz ankommt.[5]

3.268 **Wirtschaftliches Eigentum an Aufbauten.** Ob Aufbauten, die die Betriebs-Kapitalgesellschaft oder Betriebs-Optionsgesellschaft i.S.d. § 1a KStG auf dem überlassenen Grundbesitz des Besitzunternehmens errichtet, dem Betriebsvermögen des Besitz- oder Betriebsunternehmens zuzurechnen sind, bestimmt sich danach, welches Unternehmens als wirtschaftlicher Eigentümer i.S.d. § 39 Abs. 2 AO der Aufbauten anzusehen ist.[6]

(2) Instandhaltungsanspruch

3.269 **Keine Aktivierung.** In der Regel hat der Verpächter (also das Besitzunternehmen) die überlassenen Wirtschaftsgüter (wesentliche Betriebsgrundlagen) instand zu halten und in ihrer Substanz zu erhalten. Wird diese Verpflichtung im Überlassungsvertrag dem Pächter (Betriebsunternehmen) auferlegt, ist der Instandhaltungsanspruch des Verpächters (Besitzunternehmen) bei diesem nicht zu aktivieren. Dies gilt auch dann, wenn sich der Pächter mit der Instandhaltung im Rückstand befindet.[7] Denn

1 BFH v. 7.10.1997 – VIII R 63/95, BFH/NV 1998, 1202; BFH v. 21.12.1965 – IV 228/64 S, BStBl. III 1966, 147.
2 BFH v. 24.1.1968 – I 76/64, BStBl. II 1968, 354.
3 BFH v. 19.12.2000 – IX R 96/97, BStBl. II 2001, 391.
4 BFH v. 19.12.2000 – IX R 96/97, BStBl. II 2001, 391.
5 Niedersächsisches FG v. 16.2.2022 – 4 K 89/20, EFG 2022, 911 (rkr.).
6 Vgl. hierzu BFH v. 7.10.1997 – VIII R 63/95, BFH/NV 1998, 1202.
7 BFH v. 12.2.2015 – IV R 63/11, BFH/NV 2015, 832; BFH v. 12.2.2015 – IV R 29/12, BStBl. II 2017, 668 = FR 2015, 555 m. Anm. v. *Weber-Grellet*.

in beiden Fällen fehlt es an Aufwendungen des Besitzunternehmers, die eine Aktivierung rechtfertigen würden. Erfüllt die pachtende Betriebsgesellschaft die Instandhaltungsverpflichtung nicht sofort, hat diese gleichwohl eine Rückstellung für noch durchzuführende Instandsetzungsmaßnahmen zu bilden (dazu auch Rz. 3.424).

(3) Ersatzbeschaffungsanspruch beim Pachterneuerungsvertrag

Aktivierung. Grundsätzlich obliegt dem Verpächter gem. § 582 Abs. 2 BGB die Verpflichtung zur Ersatzbeschaffung der Pachtgegenstände. Hat das pachtende Betriebsunternehmen aufgrund eines Pachterneuerungsvertrags unbrauchbar gewordene oder veraltete Anlagegüter zu ersetzen (hierzu auch § 582a Abs. 2 BGB), muss das verpachtende Besitzunternehmen einen Anspruch auf Ersatzbeschaffung aktivieren.[1] Beim Pächter (Betriebsunternehmen) ist in derselben – korrespondierenden – Höhe eine Rückstellung für Substanzerhaltung zu passivieren (dazu Rz. 3.393).[2] Die im Wege der Ersatzbeschaffung vom Pächter (Betriebsunternehmen) erworbenen Wirtschaftsgüter werden zu Betriebsvermögen des Besitzunternehmens, dem auch insoweit die Berechtigung zur Vornahme der AfA zusteht.[3] 3.270

bb) Nutzungsrecht an der überlassenen wesentlichen Betriebsgrundlage

Notwendiges Betriebsvermögen. Steht die dem Betriebsunternehmen überlassene, die sachliche Verflechtung der Betriebsaufspaltung begründende wesentliche Betriebsgrundlage nicht im zivil- oder wirtschaftlichen Eigentum des Besitzunternehmers, sondern wird sie dem Betriebsunternehmen aufgrund dinglicher oder schuldrechtlicher Nutzungsberechtigung oder als Vorbehaltsnießbraucher (weiter) überlassen (Rz. 3.110), rechnet das zugrundeliegende Nutzungsrecht (z.B. am angemieteten Arbeitszimmer, s. Rz. 3.122) zum notwendigen Betriebsvermögen des Besitzunternehmens. Die betriebliche Verstrickung erstreckt sich dann im Übrigen regelmäßig nur auf die Anteile an der Betriebs-Kapitalgesellschaft (s. Rz. 3.274). 3.271

1 BFH v. 24.6.1999 – IV R 73/97, BStBl. II 2000, 309 = FR 2000, 53 m. Anm. v. *Kanzler*; BFH v. 17.2.1998 – VIII R 28/95, BStBl. II 1998, 505; BFH v. 8.3.1989 – X R 9/86, BStBl. II 1989, 714; BFH v. 26.6.1975 – IV R 59/73, BStBl. II 1975, 700; BFH v. 23.6.1966 – IV 75/64, BStBl. III 1966, 589; BFH v. 21.12.1965 – IV 228/64 S, BStBl. III 1966, 147. Ebenso BMF v. 21.2.2002 – IV A 6-S 2132-4/02, BStBl. I 2002, 262. Kritisch *Gluth* in H/H/R, § 15 EStG Anm. 822 (Stand: April 2022); *Bitz* in L/B/P, § 15 EStG Rz. 381 (Stand: Februar 2020).

2 Zur Höhe der Anspruchsaktivierung bzw. Verpflichtungspassivierung vgl. auch BMF v. 21.2.2002 – IV A 6-S 2132-4/02, BStBl. I 2002, 262.

3 BFH v. 28.5.1998 – IV R 31/97, BStBl. II 2000, 286 = FR 1998, 879; BFH v. 17.2.1998 – VIII R 28/95, BStBl. II 1998, 505; BFH v. 5.5.1976 – I R 166/74, BStBl. II 1976, 717; BFH v. 21.12.1965 – IV 228/64 S, BStBl. III 1966, 147; BMF v. 21.2.2002 – IV A 6-S 2132-4/02, BStBl. I 2002, 262.

cc) Überlassene sonstige Wirtschaftsgüter

(1) Nutzungsüberlassung

3.272 **Notwendiges Betriebsvermögen.** Zum notwendigen Betriebsvermögen des Besitzunternehmens rechnen auch alle übrigen, dem Betriebsunternehmen zur Nutzung überlassenen Wirtschaftsgüter, die für das Betriebsunternehmen nicht funktional wesentlich sind.[1] Dies gilt stets dann, wenn ein unmittelbarer wirtschaftlicher Zusammenhang mit der Nutzungsüberlassung der wesentlichen Betriebsgrundlagen besteht.[2] Im Übrigen setzt die Einordnung als notwendiges Betriebsvermögen des Besitzunternehmens nicht voraus, dass sie für die Betriebsgesellschaft notwendig, erforderlich oder unentbehrlich sind.[3] Es genügt, dass die überlassenen Wirtschaftsgüter geeignet sind, die Vermögens-, Liquiditäts- oder Ertragslage der Betriebsgesellschaft zu verbessern und damit den Wert der Beteiligung an der Betriebsgesellschaft zu erhöhen.[4]

(2) Sachdarlehen (Übergabe mit Rückgabeverpflichtung in gleicher Art, Menge und Güte)

3.273 **Aktivierung Sachdarlehensanspruch.** Überlässt das Besitzunternehmen der Betriebs-Kapitalgesellschaft oder Betriebs-Optionsgesellschaft i.S.d. § 1a KStG Wirtschaftsgüter (z.B. Vorräte) mit der Verpflichtung, diese bei Pachtablauf in gleicher Art, Menge und Güte zurückzugeben, hat das Besitzunternehmen einen Sachdarlehensanspruch in Höhe des Buchwerts der betreffenden Wirtschaftsgüter zu aktivieren.[5] Die Sachwertforderung ist bis zum Pachtende unverändert fortzuführen. Beim Pächter (Betriebsunternehmen) ist in derselben – korrespondierenden – Höhe eine Rückgabeverpflichtung zu passivieren (dazu Rz. 3.294 und Rz. 3.423).

dd) Anteile an der Betriebs-Kapitalgesellschaft oder -Optionsgesellschaft i.S.d. § 1a KStG

3.274 **Notwendiges Betriebsvermögen.** Die Anteile an der Betriebs-Kapitalgesellschaft gehören ebenfalls zum notwendigen Betriebsvermögen des Besitz-Einzelunternehmers.[6]

---

1 BFH v. 29.11.2017 – I R 7/16, BStBl. II 2019, 738 (hälftiger Miteigentumsanteil an Grundbesitz); BFH v. 20.4.2005 – X R 58/04, BFH/NV 2005, 1774 (Kundenparkplatz); BFH v. 23.9.1998 – XI R 72/97, BStBl. II 1999, 28 (Patente); BFH v. 23.1.1991 – X R 47/87, BStBl. II 1991, 405 (unwesentliche Grundstücke).

2 BFH v. 23.9.1998 – XI R 72/97, BStBl. II 1999, 281; BFH v. 23.1.1991 – X R 47/87, BStBl. II 1991l, 405.

3 BFH v. 23.9.1998 – XI R 72/97, BStBl. II 1999, 281.

4 BFH v. 29.11.2017 – I R 7/16, BStBl. II 2019, 738 = FR 2018, 508.

5 BFH v. 30.1.1986 – IV R 139/84, BStBl. II 1986, 399; BFH v. 6.12.1984 – IV R 212/82, BStBl. II 1985, 391; BFH v. 26.6.1975 – IV R 59/73, BStBl. II 1975, 700; BFH v. 13.1.1959 – I 44/57U, BStBl. III 1959, 197. Vgl. auch *Gluth* in H/H/R, § 15 EStG Anm. 830 (Stand: April 2022).

6 BFH v. 13.12.2018 – III R 13/15, BFH/NV 2019, 1069; BFH v. 22.10.2013 – X R 14/11, BStBl. II 2014, 158; BFH v. 10.5.2012 – IV R 34/09, BStBl. II 2013, 471; BFH v. 4.7.2007 – X R 49/06, BStBl. II 2007, 772; BFH v. 4.7.2007 – X R 44/03, BFH/NV 2007, 2093; BFH v. 30.3.1999 – VIII R 15/97, BFH/NV 1999, 1468.

Gleiches gilt für die Beteiligung an einer Betriebs-Optionsgesellschaft i.S.d. § 1a KStG. In beiden Fällen sind wesentliche Betriebsgrundlagen i.S.d. funktionalen Betrachtungsweise gegeben, weil hiermit die Durchsetzung des einheitlichen geschäftlichen Betätigungswillens gewährleistet wird und die Anteile damit im Dienste einer gesicherten Vermögensnutzung durch das Besitzunternehmen stehen. Bzgl. der Anteile an der Betriebs-Kapital-/Optionsgesellschaft erfolgt damit eine geänderte Zuordnung vom Bereich des § 17 EStG in den Kontext des § 15 EStG; allerdings wären die Wertsteigerungen der Anteile auch im Privatvermögen vollständig über § 17 EStG bzw. § 20 Abs. 2 Nr. 1 EStG ertragsteuerverstrickt. Unklar ist, ob auch Anteile an der Betriebs-Kapital-/Optionsgesellschaft, die nach Begründung der Betriebsaufspaltung angeschafft worden sind und die nicht zur Beherrschung der Gesellschaft erforderlich sind, zum notwendigen Betriebsvermögen des Besitzunternehmens rechnen.[1]

Anteile naher Angehöriger. Anteile naher Angehöriger an der Betriebs-Kapitalgesellschaft oder Betriebs-Optionsgesellschaft i.S.d. § 1a KStG, die nicht selbst am Besitzunternehmen beteiligt sind (sog. Nur-Betriebsgesellschafter), gehören nicht zum Betriebsvermögen des Besitzunternehmens.[2] Dies gilt auch, wenn die Anteile bei der Feststellung der personellen Verflechtung über die Grundsätze einer faktischen Beherrschung ausnahmsweise in die Berechnung der Beherrschungsquote einbezogen werden (dazu Rz. 3.225 ff.). 3.275

ee) Anteile an anderen Kapitalgesellschaften und Optionsgesellschaften i.S.d. § 1a KStG

Anteile an zwischengeschalteten Gesellschaften. Werden die Anteile an der sachlich verflochtenen Betriebs-Kapitalgesellschaft oder Betriebs-Optionsgesellschaft i.S.d. § 1a KStG gesellschaftsrechtlich nicht unmittelbar gehalten, sondern mittelbar über eine beherrschte Kapital-/Optionsgesellschaft i.S.d. § 1a KStG, so gehören diese den mittelbar beherrschenden Einfluss auf die Betriebsgesellschaft vermittelnden Beteiligungen zum notwendigen Betriebsvermögen des Besitzunternehmens.[3] Dies gilt aber nur dann, wenn die Anteile der Durchsetzung des einheitlichen geschäftlichen Betätigungswillens in der Betriebsgesellschaft dienen. Eine Beteiligung, die keinen beherrschenden Einfluss auf eine als Kommanditistin an der Betriebs-Personengesellschaft beteiligte GmbH vermittelt, erfüllt diese Voraussetzungen nicht.[4] 3.276

1 Verneinend *Dehmer*, Die Betriebsaufspaltung[5], § 5 Rz. 41, unter Hinweis auf BFH v. 23.7.1981 – IV R 103/78, BStBl. II 1982, 60; BFH v. 23.1.1980 – I R 33/77, BStBl. II 1980, 356.

2 BFH v. 2.8.1972 – IV 87/65, BStBl. II 1972, 796.

3 BFH v. 19.9.2024 – IV R 5/20, BFH/NV 2025, 149; BFH v. 26.8.2005 – X B 98/05, BStBl. II 2005, 833; BFH v. 20.7.2005 – X R 22/02, BStBl. II 2006, 457; BFH v. 23.7.1981 – IV R 103/78, BStBl. II 1982, 60. Vgl. auch *Wacker* in Schmidt[44], § 15 EStG Rz. 847; *Krumm* in Kirchhof/Seer[24], § 15 EStG Rz. 103; *Micker* in Söffing/Micker, Betriebsaufspaltung[10], Rz. 1039 ff.

4 BFH v. 19.9.2024 – IV R 5/20, BFH/NV 2025, 149; v. 23.7.1981 – IV R 103/78, BStBl. II 1982, 60. Vgl. hierzu auch *Werthebach*, FR 2024, 596 (598).

3.277 **Anteile an wirtschaftlich verflochtenen Gesellschaften.** Anteile an einer anderen Kapital- oder Optionsgesellschaften i.S.d. § 1a KStG rechnen zum notwendigen Betriebsvermögen des Besitzunternehmens, wenn die Betriebs-Kapital-/Optionsgesellschaft zu dieser intensive und dauerhafte Geschäftsbeziehungen unterhält.[1] Werden keine unmittelbaren Geschäftsbeziehungen zum Besitz- und Betriebsunternehmen unterhalten, rechnen Anteile zum notwendigen Betriebsvermögen des Besitzunternehmens, wenn die Beteiligung dazu dient, die gewerbliche Betätigung des Besitzunternehmens entscheidend zu fördern, was gegeben ist, wenn sie dazu bestimmt und geeignet ist, das operative Geschäft der Betriebsgesellschaft zu fördern.[2]

ff) Darlehen, Bürgschaften und Grundschulden

3.278 **Betrieblich veranlasste Darlehensgewährung.** Eine Darlehensforderung des Besitzunternehmers gegen die Betriebsgesellschaft gehört zum notwendigen Betriebsvermögen, wenn das Darlehen dazu dient, die Vermögens- und Ertragslage der Betriebsgesellschaft zu verbessern und damit den Wert der Beteiligung des Besitzunternehmens an der Betriebsgesellschaft zu erhalten oder zu erhöhen. Indizien für eine betrieblich veranlasste Darlehensgewährung durch das Besitzunternehmen sind ein enger zeitlicher Zusammenhang zwischen dem Abschluss des Darlehensvertrages und der Begründung der Betriebsaufspaltung, branchenunübliche Darlehensbedingungen oder die Darlehensgewährung in einer Krisenzeit.[3] Auch Darlehensforderungen gegenüber Geschäftspartnern der Betriebsgesellschaft, zu denen diese intensive und dauerhafte Geschäftsbeziehungen unterhält, rechnen zum notwendigen Betriebsvermögen des Besitzunternehmens.[4]

3.279 **Privat veranlasste Darlehensgewährung.** Kein notwendiges Betriebsvermögen liegt dagegen vor, wenn die Darlehensgewährung zur Verbesserung der Vermögens- und Ertragslage der Betriebsgesellschaft weder notwendig noch zweckmäßig war, sondern festgestellt werden kann, dass für die Darlehenshingabe lediglich die Interessen der Gesellschafter im Hinblick auf eine günstige Kapitalanlage ursächlich waren.[5]

3.280 **Betrieblich veranlasste Bürgschaft.** Eine Bürgschaft, die der Besitzunternehmer zur Absicherung von Krediten der Betriebs-Kapitalgesellschaft oder Betriebs-Optionsgesellschaft i.S.d. § 1a KStG eingeht, gehört bei betrieblicher Veranlassung zum negativen Betriebsvermögen. Die betriebliche Veranlassung durch das Besitzunternehmen

1 BFH v. 29.7.2015 – X R 37/13, BFH/NV 2016, 536 (Umsatzanteil ab 12,5 % für ausreichend); BFH v. 26.8.2005 – X B 98/05, BStBl. II 2005, 833; BFH v. 20.4.2005 – X R 2/03, BStBl. II 2005, 694; BFH v. 25.11.2004 – IV R 7/03, BStBl. II 2005, 354 = DB 2005, 806.

2 BFH v. 12.6.2013 – X R 2/10, BStBl. II 2013, 907 (Anteil an einer GmbH, die als Komplementär-GmbH mittelbar über eine GmbH & Co. KG entscheidenden Einfluss ausüben konnte).

3 BFH v. 20.4.2005 – X R 2/03, BStBl. II 2005, 694 = FR 2005, 1149; BFH v. 19.10.2000 – IV R 73/99, BStBl. II 2001, 332.

4 BFH v. 20.4.2005 – X R 2/03, BStBl. II 2005, 694 = FR 2005, 1149; BFH v. 25.11.2004 – IV R 7/03, BStBl. II 2005, 354 = DB 2005, 806.

5 BFH v. 29.11.2017 – X R 8/16, BStBl. II 2018, 426; BFH v. 7.3.1978 – VIII R 38/74, BStBl. II 1978, 378.

wird regelmäßig durch die Übernahme der Bürgschaft zu nicht marktüblichen Bedingungen oder die Gewährung in einer Krisensituation dokumentiert. Droht eine Inanspruchnahme als Bürge, ist eine Rückstellung für Bürgschaftsverpflichtungen zu bilden, deren Höhe sich nach dem zu erwartenden Risiko richtet.[1] Die Rückstellungsbildung erfolgt, ohne dass zugleich nachträgliche Anschaffungskosten auf die zum Betriebsvermögen des Besitzunternehmens rechnenden Anteile an der Betriebs-Kapital-/Optionsgesellschaft entstehen.[2] Zur Behandlung des Aufwands bei tatsächlicher Inanspruchnahme s. Rz. 3.327.

Betrieblich veranlasste Grundschuld. Im Fall der Betriebsaufspaltung können auch die bei der Besitzgesellschaft bestehenden Grundschulden, die als Sicherheit für Verbindlichkeiten der Betriebsgesellschaft zur Verbesserung deren Vermögens- und Ertragslage dienen, durch den Betrieb der Besitzgesellschaft veranlasst sein.[3] 3.281

gg) Geschäftswert

Zuordnung zum Besitzunternehmen. Bei der Errichtung einer echten Betriebsaufspaltung durch Aufteilung eines einheitlichen Betriebs in ein Besitz- und ein Betriebsunternehmen (Rz. 3.7) verbleibt der Geschäftswert grundsätzlich beim Besitzunternehmen. Die sich im Geschäftswert ausdrückenden Gewinnchancen sind weiterhin dem Besitzunternehmen zuzurechnen und werden der Betriebsgesellschaft zusammen mit den wesentlichen Betriebsgrundlagen zur Nutzung überlassen.[4] Veränderungen während der Pachtdauer wirken sich damit beim Besitzunternehmen aus. Bei der Betriebsgesellschaft kann sich durch die eigene Geschäftstätigkeit ein eigener Geschäftswert neu bilden.[5] 3.282

Zuordnung zum Betriebsunternehmen. Bei der Errichtung einer echten Betriebsaufspaltung ist aber auch denkbar, dass die geschäftswertbildenden Faktoren der Betriebsgesellschaft nicht nur überlassen, sondern (ggf. auch nur teilweise) auf diese übertragen werden.[6] Geschäftswertbildende Umstände können dabei auch immaterielle Faktoren sein (z.B. Handelsfirma, Ruf des Unternehmens, Kundenstamm, Betriebsorganisation).[7] Ein Übergang kommt in Betracht, wenn nur eine der wesentlichen Betriebsgrundlagen im Besitzunternehmen zurückbehalten wird und alle übrigen Wirtschaftsgüter mit den geschäftswertbildenden Faktoren der neu gegründeten 3.283

---

1 BFH v. 19.6.2001 – X R 104/98, BFH/NV 2002, 163.

2 BFH v. 20.4.2005 – X R 2/03, BStBl. II 2005, 694 = FR 2005, 1149; BFH v. 18.12.2001 – VIII R 27/00, BStBl. II 2002, 733.

3 BFH v. 25.6.2025 – IV R 1/23, BFH/NV 2025, 1548 (zur mitunternehmerischen Betriebsaufspaltung).

4 BFH v. 18.6.2015 – IV R 5/12, BStBl. II 2015, 935 = FR 2015, 1131 m. Anm. v. *Wendt*; BFH v. 22.1.2003 – X R 60/99, BFH/NV 2003, 900; BFH v. 14.1.1998 – X R 57/93, BFH/NV 1998, 1160. Vgl. auch FG Düsseldorf v. 25.9.2003 – 11 K 5608/01 E, EFG 2004, 41 (rkr.). Hierzu auch *Micker* in Söffing/Micker, Betriebsaufspaltung[10], Rz. 1549 ff.

5 BFH v. 18.6.2015 – IV R 5/12, BStBl. II 2015, 935 = FR 2015, 1131 m. Anm. v. *Wendt*.

6 Hierzu auch *Micker* in Söffing/*Micker*, Betriebsaufspaltung[10], Rz. 1550 ff.; *Kratzsch*, PFB 2023, 209 (214).

7 BFH v. 16.6.2004 – X R 34/03, BStBl. II 2005, 378 = FR 2005, 89 m. Anm. v. *Weber-Grellet*.

Betriebsgesellschaft aufgrund vertraglich gefestigter Rechtsposition dauerhaft (ohne Rückgabeverpflichtung) übertragen werden.[1] Nicht ausreichend ist eine verfestigte tatsächliche Nutzungsmöglichkeit oder der tatsächliche Verbrauch der geschäftswertbildenden Faktoren. Nach diesen Grundsätzen kann z.B. bei einer bloßen Grundstücksüberlassung der Geschäftswert auf die Betriebsgesellschaft übergehen, soweit er nicht allein auf bestimmten Eigenschaften des zurückbehaltenen Betriebsgrundstücks beruht.[2] Ein dem entgegenstehender Wille des Rechtsträgers des Besitzunternehmens ist unbeachtlich.[3]

hh) Pensionsanwartschaft

3.284 **Keine Aktivierung.** Soweit die Pensionsanwartschaft des Besitzunternehmers bei der Betriebs-Kapitalgesellschaft oder Betriebs-Optionsgesellschaft i.S.d. § 1a KStG auf einer fremdüblichen und steuerrechtlich anzuerkennenden Pensionszusage beruht, erfolgt keine Aktivierung beim Besitzunternehmen, weil eine solche Anwartschaft nicht Teil des Betriebsvermögens des Anwartschaftsberechtigten ist.[4] Dies gilt auch für Anwartschaften auf Hinterbliebenenversorgung und insoweit selbst dann, wenn die Zuführungsbeträge für die Hinterbliebenenversorgung bei der Betriebs-Kapital-/Optionsgesellschaft als verdeckte Gewinnausschüttung zu behandeln sind.[5]

ii) Gewillkürtes Betriebsvermögen

3.285 **Allgemeine Grundsätze.** Das Besitz-Einzelunternehmen kann gewillkürtes Betriebsvermögen nach allgemeinen Grundsätzen bilden.[6]

d) Besonderheiten bei der Gewinnermittlung

aa) Art der Gewinnermittlung

3.286 **Buchführungs- und Bilanzierungspflicht.** Eine Verpflichtung des Besitzunternehmens, Bücher zu führen und zu bilanzieren, besteht gem. §§ 238 ff. HGB i.V.m. § 140 AO nur, wenn dieses in das Handelsregister eingetragen ist oder ohne Eintragung einen nach Art und Umfang in kaufmännischer Weise eingerichteten Geschäftsbetrieb unterhält (§§ 1, 2 HGB).[7] Ansonsten muss das Besitzunternehmen nur dann bilanzieren und Bücher führen, wenn es selbst die in § 141 AO normierten Grenzen

---

1 BFH v. 2.9.2008 – X R 32/05, BStBl. II 2009, 634 = FR 2009, 954 m. Anm. v. *Wendt*. Vgl. auch H 15.7 Abs. 4 (Geschäftswert) EStH 2024; *Kratzsch*, PFB 2023, 209 (214).

2 BFH v. 27.3.2001 – I R 42/00, BStBl. II 2001, 771. Vgl. auch FG Rheinland-Pfalz v. 24.10.2002 – 6 K 3031/98, EFG 2003, 240.

3 BFH v. 2.9.2008 – X R 32/05, BStBl. II 2009, 634 = FR 2009, 954 m. Anm. v. *Wendt*.

4 BFH v. 23.3.2011 – X R 42/08, BStBl. II 2012, 188 = FR 2011, 1002 m. Anm. v. *Bode*.

5 BFH v. 23.3.2011 – X R 42/08, BStBl. II 2012, 188 = FR 2011, 1002 m. Anm. v. *Bode*.

6 BFH v. 14.12.2005 – III R 64/05, BFH/NV 2007, 1659.

7 Vgl. auch *Micker* in Söffing/Micker, Betriebsaufspaltung[10], Rz. 758 ff. A.A. *Bode* in Brandis/Heuermann, § 15 EStG Rz. 636 (Stand: August 2023); *Wacker* in Schmidt[44], § 15 EStG Rz. 869.

überschreitet (Umsatz im Kalenderjahr mehr als 800.000 EUR,[1] Gewinn aus Gewerbebetrieb bzw. Land- und Forstwirtschaft von mehr als 80.000 EUR[2] im Wirtschaftsjahr bzw. im Kalenderjahr) und das FA das Besitzunternehmen gem. § 141 Abs. 2 AO zur Führung von Büchern und Erstellung eines Abschlusses auffordert. Maßgeblich sind dabei allein die Werte des Besitzunternehmens; eine Zusammenrechnung mit den Werten des Betriebsunternehmens erfolgt nicht. Die Umsatzgrenze bestimmt sich nach § 141 Abs. 1 Satz 1 Nr. 1 AO i.V.m. § 19 Abs. 3 Satz 1 UStG und ist stets betriebsbezogen i.S.d. EStG, nicht unternehmensbezogen i.S.d. § 2 Abs. 1 Satz 2 UStG zu ermitteln.[3] Bei abweichendem Wirtschaftsjahr ist der Umsatz aus den USt-Voranmeldungen in Bezug auf das Kalenderjahr zu ermitteln.

Freiwillige Bilanzierung. Ist das Besitzunternehmen weder nach handels- noch nach steuerrechtlichen Vorschriften zur Buchführung verpflichtet, kann es seinen Gewinn gleichwohl freiwillig nach den Regelungen des § 4 Abs. 1 EStG ermitteln. 3.287

Einnahmen-Überschussrechnung. Ist das Besitzunternehmen weder nach handels- noch nach steuerrechtlichen Vorschriften zur Buchführung verpflichtet, kann das Besitzunternehmen wahlweise auch die Gewinnermittlung durch Einnahmen-Überschussrechnung gem. § 4 Abs. 3 EStG vornehmen.[4] Eine derivativ über § 140 AO vom Betriebsunternehmen abgeleitete Bilanzierungsverpflichtung besteht nicht.[5] 3.288

Verkannte Betriebsaufspaltung. Geht der Inhaber des Besitzunternehmens irriger Weise davon aus, dass seine Tätigkeit zu Einkünften aus Vermietung und Verpachtung i.S.d. § 21 EStG führt und ermittelt die Einkünfte als Überschuss der Einnahmen über die Werbungskosten, greift die Regelgewinnermittlungsart des § 4 Abs. 1 EStG (Betriebsvermögensvergleich, dazu auch Rz. 3.250). Ob in diesem Fall eine Gewinnermittlung nach § 4 Abs. 3 EStG möglich wäre, ist unbeachtlich, da ein diesbezügliches Gewinnermittlungswahlrecht nicht ausgeübt wurde. Dies setzt nämlich den Willen und das Bewusstsein voraus, überhaupt eine Wahl treffen zu können. Bei einer nicht erkannten Betriebsaufspaltung ist die Einkünfteermittlung als Überschuss der Einnahmen über die Werbungskosten aber nicht als Wahl der Gewinnermittlungsart nach § 4 Abs. 3 EStG anzusehen.[6] 3.289

---

1 Bis 31.12.2023: 600.000 EUR.

2 Bis 31.12.2023: 60.000 EUR.

3 BFH v. 13.10.1988 – IV R 136/85, BStBl. II 1989, 7.

4 BFH v. 30.1.2013 – III R 72/11, BStBl. II 2013, 684 = FR 2013; *Gluth* in H/H/R, § 15 EStG Anm. 821 (Stand: April 2022).

5 A.A. BFH v. 7.10.1997 – VIII R 63/95, BFH/NV 1998, 1202; ausdrücklich offengelassen von BFH v. 8.3.1989 – X R 9/86, BStBl. II 1989, 714; ablehnend FG Hamburg v. 10.8.2012 – 6 K 221/10, GmbHR 2012, 1372 (rkr.). Vgl. auch *Wacker* in Schmidt[44], § 15 EStG Rz. 869; *Bode* in Brandis/Heuermann, § 15 EStG Rz. 636 (Stand: August 2023).

6 BFH v. 8.3.1989 – X R 9/86, BStBl. II 1989, 714; BFH v. 30.9.1980 – VIII R 128/78, BStBl. II 1981, 299; OFD Niedersachsen, Vfg. v. 17.2.2010 – S 2130-30-St 222/St 221, DStR 2010, 544. A.A. FG München v. 28.6.2000 – 1 K 2845/98, EFG 2000, 1190 (rkr.). Kritisch auch *Micker* in Söffing/Micker, Betriebsaufspaltung[10], Rz. 759.

bb) Gewinnermittlungszeitraum

3.290 **Allgemeine Grundsätze.** Besitzunternehmen, die nicht im Handelsregister eingetragen sind, haben gem. § 4a Abs. 1 Satz 2 Nr. 3 Satz 1 EStG stets ein kalenderjahrgleiches Wirtschaftsjahr. Bei Besitzunternehmen, deren Firma im Handelsregister eingetragen ist, ist Wirtschaftsjahr gem. § 4a Abs. 1 Satz 2 Nr. 2 Satz 1 EStG der Zeitraum, für den sie regelmäßig Abschlüsse machen, also das handelsrechtliche Geschäftsjahr, das mit dem Kalenderjahr identisch, aber auch von diesem abweichen kann. Ist das Geschäftsjahr des Besitzunternehmens mit dem Kalenderjahr identisch, ist die spätere Umstellung auf ein vom Kalenderjahr abweichendes Wirtschaftsjahr gem. § 4a Abs. 1 Nr. 2 Satz 2 EStG nur im Einvernehmen mit dem Finanzamt wirksam. Weicht das handelsrechtliche Geschäftsjahr des Besitzunternehmens vom Kalenderjahr ab, kann eine spätere Umstellung auf das Kalenderjahr ohne Zustimmung des Finanzamts vorgenommen werden.

3.291 **Festlegung bei Betriebseröffnung.** Im Handelsregister eingetragene Besitzunternehmen können bei Betriebseröffnung das handelsrechtliche Geschäftsjahr und damit auch das steuerliche Wirtschaftsjahr grundsätzlich frei wählen.[1] Somit können Besitz- und Betriebsunternehmen auch voneinander abweichende Wirtschaftsjahre haben.[2] Ein Gestaltungsmissbrauch i.S.v. § 42 AO kann dann anzunehmen sein, wenn die Wahl eines vom Kalenderjahr abweichenden Bilanzstichtags unter Bildung eines ersten Rumpfgeschäftsjahres ohne außersteuerliche Gründe zu einer einjährigen „Steuerpause" im Hinblick auf die Einkünfte des Besitzunternehmens aus der Vermietungs- bzw. Verpachtungstätigkeit führt.[3] Etwas anderes gilt aber, wenn durch die Wahl eines vom Kalenderjahr abweichenden Bilanzstichtags die Entstehung eines ersten Rumpfwirtschaftsjahres vermieden wird.[4] In einem solchen Fall bedarf es keiner zusätzlichen Erwägungen zur Anerkennung eines abweichenden Wirtschaftsjahres.

cc) Keine korrespondierende Bilanzierung

3.292 **Eigenständige Gewinnermittlungen.** Ungeachtet ihrer sachlichen und personellen Verflechtung sind Besitzunternehmen und Betriebsgesellschaft rechtlich und wirtschaftlich selbstständige Unternehmen, die ihren Gewinn selbstständig ermitteln müssen.[5] Dabei gibt es keinen Grundsatz einer korrespondierenden Bilanzierung zwischen Besitz- und Betriebsunternehmen, so dass sich die Bilanzierung beim Besitz- und beim Betriebsunternehmen grundsätzlich nach den allgemeinen Regeln

1 BFH v. 16.12.2003 – VIII R 89/02, BFH/NV 2004, 936; BFH v. 17.7.1991 – I R 98/88, BStBl. II 1992, 246; BFH v. 27.9.1979 – IV R 89/02, BStBl. II 1980, 94.

2 BFH v. 27.9.1979 – IV R 89/76, BStBl. II 1980, 94.

3 BFH v. 16.12.2003 – VIII R 89/02, BFH/NV 2004, 936.

4 BFH v. 9.11.2006 – IV R 21/05, BStBl. II 2010, 230 (zur Parallelproblematik bei doppelstöckiger Personengesellschaft).

5 Grundlegend BFH v. 8.11.1971 – GrS 2/71, BStBl. II 1972, 63. Vgl. auch BFH v. 19.3.2002 – VIII R 57/99, BStBl. II 2002, 662; BFH v. 17.7.1991 – I R 98/88, BStBl. II 1992, 246; BFH v. 27.9.1979 – IV R 89/76, BStBl. II 1980, 94.

ordnungsgemäßer Buchführung richtet.[1] Damit sind unterschiedliche Wertansätze gegenseitiger Forderungen und Verbindlichkeiten möglich, z.B. nach Teilwertabschreibung einer Forderung aufgrund gesunkener Bonität des Schuldners, während der Ausweis der korrespondierenden Verbindlichkeit bei diesem mit dem Rückzahlungsbetrag gem. § 6 Abs. 1 Nr. 3 EStG bestehen bleibt.[2] Auch hat keine phasengleiche Aktivierung von Ansprüchen des Besitzunternehmens auf (künftige) Gewinnausschüttungen gegen die Betriebs-Kapitalgesellschaft oder Optionsgesellschaft i.S.d. § 1a KStG zu erfolgen, sondern grundsätzlich erst dann, wenn ein entsprechender Gewinnverwendungsbeschluss bei der Betriebs-Kapital-/Optionsgesellschaft gefasst worden ist.[3] Eine phasengleiche Aktivierung kann nur ausnahmsweise in Betracht kommen, wenn am Bilanzstichtag ein Bilanzgewinn der Gesellschaft auszuweisen, den Gesellschaftern der mindestens ausschüttungsfähige Gewinn bekannt ist und am Bilanzstichtag objektive Anhaltspunkte dafür vorliegen, dass die Gesellschafter einen bestimmten Gewinnverwendungsbeschluss treffen werden.[4] Dazu auch Rz. 3.301 f.

Ausnahme beim Pachterneuerungsvertrag. Übernimmt der Pächter (das Betriebs- 3.293
unternehmen) vertraglich die nach der gesetzlichen Regelung dem Verpächter obliegende Substanzerhaltungspflicht in Bezug auf die verpachtete Sache, hat der Verpächter (das Besitzunternehmen) einen Anspruch auf Ersatzbeschaffung zu aktivieren.[5] Der Pächter (das Betriebsunternehmen) hat für die Substanzerhaltungspflicht aufwandswirksam eine Pachterneuerungsrückstellung zu passivieren. Wegen des einheitlichen geschäftlichen Betätigungswillens hat eine Bilanzierung in gleicher Höhe (korrespondierend) zu erfolgen.[6] Hierzu auch Rz. 3.270 und Rz. 3.425.

Ausnahme beim Sachwertdarlehen. Überlässt das Besitzunternehmen der Betriebs- 3.294
gesellschaft Wirtschaftsgüter (z.B. Vorräte) als Sachdarlehen mit der Verpflichtung, diese bei Pachtablauf in gleicher Art, Menge und Güte zurückzugeben, hat das Besitzunternehmen einen Sachdarlehensanspruch in Höhe des Buchwerts der betreffenden Wirtschaftsgüter zu aktivieren. Beim Pächter (Betriebsunternehmen) ist in derselben – korrespondierenden – Höhe eine Rückgabeverpflichtung zu passivieren (dazu Rz. 3.423).[7]

---

1 BFH v. 12.2.2015 – IV R 63/11, BFH/NV 2015, 832; BFH v. 6.11.2003 – IV R 10/01, BStBl. II 2004, 416; BFH v. 18.4.2002 – III R 43/00, BStBl. II 2003, 149; BFH v. 14.1.1998 – X R 57/93, BFH/NV 1998, 1160; BFH v. 17.7.1991 – I R 98/88, BStBl. II 1992, 246; BFH v. 8.3.1989 – X R 9/86, BStBl. II 1989, 714.

2 BFH v. 12.2.2015 – IV R 29/12, BStBl. II 2017, 668 = FR 2015, 555 m. Anm. v. *Weber-Grellet*; BFH v. 8.3.1989 – X R 9/86, BStBl. II 1989, 714.

3 BFH v. 31.10.2000 – VIII R 85/94, BStBl. II 2001, 185 = FR 2001, 356; BFH v. 7.8.2000 – GrS 2/99, BStBl. II 2000, 632 = DB 2000, 1993.

4 BFH v. 7.2.2007 – I R 15/06, BStBl. II 2008, 340 = FR 2007, 1176.

5 BFH v. 8.3.1989 – X R 9/86, BStBl. II 1989, 714; BFH v. 26.6.1975 – IV R 59/73, BStBl. II 1975, 700; BFH v. 23.6.1966 – IV 75/64, BStBl. III 1966, 589; BFH v. 21.12.1965 – IV 228/64 S, BStBl. III 1966, 147. Kritisch *Gluth* in H/H/R, § 15 EStG Anm. 822 (Stand: April 2022); *Bitz* in L/B/P, § 15 EStG Rz. 381 (Stand: Februar 2020).

6 Zur Höhe der Anspruchsaktivierung bzw. Verpflichtungspassivierung vgl. auch BMF v. 21.2.2002 – IV A 6-S 2132-4/02, BStBl. I 2002, 262.

7 BFH v. 6.12.1984 – IV R 212/82, BStBl. II 1985, 391; BFH v. 26.6.1975 – IV R 59/73, BStBl. II 1975, 700; BFH v. 13.1.1959 – I 44/57U, BStBl. III 1959, 197. Vgl. auch *Gluth* in H/H/R, § 15 EStG Anm. 830 (Stand: April 2022).

dd) Betriebseinnahmen

(1) Zusammenhang mit Betriebsvermögen oder sonstige betriebliche Veranlassung

3.295 **Zusammenhang mit Betriebsvermögen.** Zu den Betriebseinnahmen des Besitzunternehmens gehören zunächst alle Vermögenszuflüsse und Erträge, die aus Wirtschaftsgütern des notwendigen und gewillkürten Betriebsvermögens resultieren. Zu gewerblichen Einkünften des Besitzunternehmen rechnen damit insbesondere die aus der Überlassung der wesentlichen Betriebsgrundlage an die Betriebsgesellschaft bezogenen Miet- und Pachtzinsen (dazu Rz. 3.297 f.). Ebenso sind (offene und verdeckte) Gewinnausschüttungen auf Anteile an der Betriebs-Kapitalgesellschaft oder -Optionsgesellschaft i.S.d. § 1a KStG zu erfassen (dazu Rz. 3.299 ff.) und betrieblich veranlasste Darlehenszinsen aus Kapitalgewährungen und Aval-Provisionen für eingegangene Bürgschaftsverpflichtungen.[1]

3.296 **Betriebliche Veranlassung.** Neben den Leistungen, die ihre Grundlage in Wirtschaftsgütern des Betriebsvermögens des Besitzunternehmens haben, rechnen zu dessen Betriebseinnahmen auch alle weiteren Einnahmen und Vergütungen für sonstige Leistungen, soweit diese betrieblich veranlasst sind.

(2) Miet- und Pachtzinsen

3.297 **Miet-/Pachtzins angemessen oder zu niedrig.** Das von der Betriebsgesellschaft gezahlte Nutzungsentgelt ist beim Besitzunternehmen nach allgemeinen Grundsätzen als Betriebseinnahme zu erfassen. Dies gilt auch, wenn die Überlassungsvergütung unangemessen niedrig vereinbart ist (zur Bemessung vgl. Rz. 3.136 ff.). In diesem Fall erfolgt also kein fiktiver Ansatz der Betriebseinnahme in Höhe der marktangemessenen Überlassungsvergütung.[2] Vielmehr sind die mit der Nutzungsüberlassung in Zusammenhang stehenden Betriebsausgaben ggf. nach Maßgabe des § 3c Abs. 2 Satz 6 EStG zu kürzen (dazu Rz. 3.307 ff.).

3.298 **Miet-/Pachtzins zu hoch.** Wird von der Betriebs-Kapitalgesellschaft oder -Optionsgesellschaft i.S.d. § 1a KStG ein unangemessen hohes Nutzungsentgelt gezahlt (zur Bemessung vgl. Rz. 3.136 ff.), liegt in Höhe des marktunüblichen Teils eine verdeckte Gewinnausschüttung i.S.d. § 8 Abs. 3 Satz 2 KStG vor, sodass beim Besitzunternehmen, zu dessen Betriebsvermögen die Anteile an der Betriebs-Kapital-/Optionsgesellschaft rechnen, insoweit gewerbliche Dividendeneinkünfte (§ 15 i.V.m. § 20 Abs. 1 Nr. 1 EStG) gegeben sind.[3] Diese sind im Besitzunternehmen gem. § 3 Nr. 40 EStG i.H.v. 60 % zu erfassen (Teileinkünfteverfahren).

---

1 BFH v. 14.9.1999 – III R 47/98, BStBl. II 2000, 255 = FR 2000, 383; BFH v. 21.5.1974 – VIII R 57/70, BStBl. II 1974, 613; BFH v. 11.8.1966 – IV 219/64, BStBl. II 1966, 601.

2 BFH v. 28.2.2000 – VIII R 68/96, BFH/NV 2000, 1278; BFH v. 26.10.1987 – GrS 2/86, BStBl. II 1988, 348. Ebenso H 4.3 Abs. 1 (Nutzungsrechte/Nutzungsvorteile) EStH 2021.

3 BFH v. 14.1.1998 – X R 57/93, BFH/NV 1998, 1160.

(3) Gewinnausschüttungen

Betriebs-Kapital-/Optionsgesellschaft. Die Anteile an der Betriebs-Kapitalgesellschaft oder -Optionsgesellschaft i.S.d. § 1a KStG rechnen zum notwendigen Betriebsvermögen des Besitzunternehmens, so dass offene und verdeckte Gewinnausschüttungen als gewerbliche Dividendeneinkünfte (§§ 15 i.V.m. 20 Abs. 1 Nr. 1 EStG) zu erfassen sind[1] und gem. § 3 Nr. 40 EStG i.H.v. 60 % der Besteuerung unterliegen (Teileinkünfteverfahren). Dies gilt auch, wenn die Dividenden Zeiträume vor Begründung der Betriebsaufspaltung betreffen, der betreffende Gewinnverteilungsbeschluss aber erst danach gefasst worden ist.[2] Zu verdeckten Gewinnausschüttungen der Betriebs-Kapitalgesellschaft oder -Optionsgesellschaft i.S.d. § 1a KStG s. auch Rz. 3.427. 3.299

Andere Kapitalgesellschaften. Zu den Betriebseinnahmen des Besitzunternehmens gehören auch (offene und verdeckte) Ausschüttungen auf andere zum Betriebsvermögen rechnende Kapital-/Optionsgesellschaftsanteile, z.B. aus Gesellschaften, die einen mittelbaren beherrschenden Einfluss auf die Betriebsgesellschaft gewähren (dazu Rz. 3.276). Gleiches gilt für Anteile an Kapital-/Optionsgesellschaften, die wegen wesentlicher Geschäftsbeziehung zum Betriebsunternehmen zum Betriebsvermögen des Besitzunternehmers rechnen (dazu Rz. 3.277). 3.300

Keine phasengleiche Aktivierung des Dividendenanspruchs. Ansprüche des bilanzierenden Besitzunternehmens auf (künftige) offene Gewinnausschüttungen der Betriebs-Kapitalgesellschaft bzw. -Optionsgesellschaft i.S.d. § 1a KStG sind nicht phasengleich zu aktivieren und gewinnrealisierend zu erfassen, sondern grundsätzlich erst dann, wenn ein entsprechender Gewinnverwendungsbeschluss bei der Betriebsgesellschaft gefasst und hierdurch ein Rechtsanspruch auf den Ausschüttungsbetrag begründet wird.[3] Denn zum Bilanzstichtag ist ein Wirtschaftsgut „Dividendenanspruch" noch nicht entstanden und zudem ist zu diesem Zeitpunkt noch ungewiss, ob überhaupt eine Gewinnausschüttung beschlossen wird. 3.301

Ausnahme. Eine phasengleiche Aktivierung des Dividendenanspruchs beim Besitzunternehmen mit Gewinnentstehung bei der Betriebs-Kapital-/Optionsgesellschaft kommt nur ausnahmsweise in Betracht, wenn am Bilanzstichtag ein Bilanzgewinn der Betriebs-Kapital-/Optionsgesellschaft auszuweisen ist, den Gesellschaftern der mindestens ausschüttungsfähige Gewinn bekannt ist und am Bilanzstichtag objektive Anhaltspunkte dafür vorliegen, dass die Gesellschafter einen bestimmten Gewinnverwendungsbeschluss treffen werden.[4] 3.302

1 BFH v. 20.8.2015 – IV R 26/13, BStBl. II 2016, 408 = FR 2016, 30.
2 BFH v. 14.9.1999 – III R 47/98, BStBl. II 2000, 255 = FR 2000, 383.
3 BFH v. 31.10.2000 – VIII R 85/94, BStBl. II 2001, 185; BFH v. 7.8.2000 – GrS 2/99, BStBl. II 2000, 632 = DB 2000, 1993.
4 BFH v. 7.2.2007 – I R 15/06, BStBl. II 2008, 340 = FR 2007, 1176.

(4) Tätigkeitsvergütungen der Betriebs-Kapital-/Optionsgesellschaft

3.303 **Keine Betriebseinnahme.** Vergütungen der Betriebs-Kapitalgesellschaft oder der Betriebs-Optionsgesellschaft i.S.d. § 1a KStG an den Besitzunternehmer sind nur dann als Betriebseinnahme beim Besitzunternehmen zu erfassen, wenn sie spezifisch auf die Betriebsaufspaltung zurückzuführen sind.[1] Dies ist bei einer fremdüblichen Gehaltszahlung an den Gesellschafter-Geschäftsführer der Betriebs-Kapital-/Optionsgesellschaft, der gleichzeitig Inhaber des Besitzunternehmens ist, nicht gegeben, so dass insoweit keine Betriebseinnahme beim Besitzunternehmen zu erfassen sind.[2] Die Gehaltszahlungen sind vielmehr beim Gesellschafter-Geschäftsführer als Einkünfte aus nichtselbständiger Tätigkeit i.S.d. § 19 EStG zu erfassen.[3]

3.304 **Ausnahme.** Tätigkeitsvergütungen der Betriebs-Kapital-/Optionsgesellschaft an den Besitzunternehmer sind als gewerbliche Einkünfte des Besitzunternehmens zu erfassen, wenn das Gehalt ganz oder teilweise durch das Gesellschaftsverhältnis veranlasst ist. Dies kann der Fall sein, wenn entweder ein Verstoß gegen das Nachzahlungsverbot vorliegt[4] oder das Gehalt überhöht ist. In diesen Fällen liegt bei der Betriebs-Kapital-/Optionsgesellschaft eine verdeckte Gewinnausschüttung vor (s. Rz. 3.427), die beim Besitzunternehmer zur gewerblichen (Dividenden-)Einkünften führt (s. Rz. 3.299).[5]

ee) Betriebsausgaben

(1) Allgemeine Grundsätze

3.305 **Zusammenhang mit Betriebsvermögen.** Zu den Betriebsausgaben des Besitzunternehmens gehören zunächst alle Vermögensabflüsse und -minderungen, die mit Wirtschaftsgütern des Betriebsvermögens in Zusammenhang stehen. Bei Aufwendungen im Zusammenhang mit der an die Betriebsgesellschaft überlassenen wesentlichen Betriebsgrundlage, insbesondere laufenden Betriebs- und Finanzierungskosten sowie Abschreibungen i.S.d. § 7 EStG ist zu differenzieren: Wurde ein fremdüblicher Pachtzins festgelegt, sind die im Zusammenhang mit der Überlassung der Wirtschaftsgüter beim Besitzunternehmen entstehenden Aufwendungen unbeschränkt als Betriebsausgaben abzugsfähig, dazu Rz. 3.308. Bei teilentgeltlicher oder unentgeltlicher Überlassung sind die Regelungen des § 12 Nr. 2 EStG und des § 3c Abs. 2 Satz 6 EStG zu beachten, dazu Rz. 3.309 f. Ausgaben und Aufwendungen im Kontext zu den Anteilen an der Betriebs-Kapitalgesellschaft oder Betriebs-Optionsgesellschaft i.S.d. § 1a

1 BFH v. 21.10.1988 – III R 258/84, BFH/NV 1989, 321; BFH v. 11.8.1966 – IV 219/64, BStBl. III 1966, 601.

2 BFH v. 20.1.2015 – X R 49/13, BFH/NV 2015, 704; BFH v. 23.3.2011 – X R 42/08, BStBl. II 2012, 188 = FR 2011, 1002 m. Anm. v. *Bode*; BFH v. 9.7.1970 – IV R 16/69, BStBl. II 1970, 722.

3 *Gluth* in H/H/R, § 15 EStG Anm. 826 (Stand: April 2022). Kritisch *Krumm* in Kirchhof/Seer[24], § 15 EStG Rz. 101.

4 Hierzu *Gluth* in H/H/R, § 15 EStG Anm. 826 i.V.m. Rz. 832 (Stand: April 2022).

5 BFH v. 22.1.1964 – VI 306/62 U, BStBl. III 1964, 158; BFH v. 11.10.1955 – I 47/55 U BStBl. III 1955, 397.

KStG sind als Betriebsausgaben zu berücksichtigen; korrespondierend zur nur 60% igen Erfassung der Dividenden nach § 3 Nr. 40 EStG (Teileinkünfteverfahren) sind Aufwendungen dieser Art nach Maßgabe von § 3c Abs. 2 Satz 1 EStG aber ebenfalls nur zu 60 % absetzbar (Teilabzugsverbot), dazu im Einzelnen Rz. 3.318 ff. Ausgaben und Aufwendungen im Zusammenhang mit Darlehen und Sicherheiten im Verhältnis zur Betriebs-Kapital-/Optionsgesellschaft sind als Betriebsausgaben zu berücksichtigen, jedoch nach Maßgabe von § 3c Abs. 2 Sätze 2 bis 5 EStG ggf. auch nur zu 60 % (Teilabzugsverbot), dazu im Einzelnen Rz. 3.323 ff.

Sonstige Aufwendungen. Weiterhin rechnen alle sonstigen Kosten zu den Betriebs- 3.306
ausgaben des Besitzunternehmens, soweit diese betrieblich i.S.d. § 4 Abs. 4 EStG veranlasst sind.

(2) Aufwendungen im Zusammenhang mit der Nutzungsüberlassung

(a) Drittvergleich der Überlassungsentgelte

Angemessenheitsprüfung. Bei den für Betriebsaufspaltungen relevanten Rechts- 3.307
beziehungen besteht aufgrund der sachlichen und personellen Verflechtung stets die Gefahr, dass die Höhe der gezahlten Entgelte nicht dem unter fremden Dritten Üblichen entsprechen. Zur Bemessung der Überlassungsvergütung vgl. Rz. 3.136 ff. Maßgeblicher Zeitpunkt für die Beurteilung der Angemessenheit des Miet- oder Pachtzinses ist der Abschluss des Überlassungsvertrags.[1] Für die steuerliche Beurteilung ist wie folgt zu differenzieren:

(b) Miet-/Pachtzins fremdvergleichbar bemessen

Betriebsausgaben unbeschränkt abzugsfähig. Bei einer marktüblich bemessenen 3.308
Miet- oder Pachtvergütung sind die beim Besitzunternehmen im Zusammenhang mit der Nutzungsüberlassung stehenden Aufwendungen unbeschränkt als Betriebsausgaben abzugsfähig.[2]

(c) Miet-/Pachtzins aus betrieblichen Gründen zu niedrig

Betriebsausgaben unbeschränkt abzugsfähig. Bei einem zu niedrig bemessenen 3.309
Miet- oder Pachtzins zwischen Besitzunternehmen und Betriebsgesellschaft ist zu differenzieren, aus welchen Gründen auf das angemessene Nutzungsentgelt verzichtet wird. Sind betriebliche Gründe für das unangemessen niedrige Nutzungsentgelt ausschlaggebend, ist dieses ertragsteuerlich anzuerkennen. Eine betriebliche Veranlassung ist insbesondere gegeben, wenn die vergleichbaren marktüblichen Pachtentgelte generell gesunken sind und auch fremde Dritte eine Pachtanpassung verein-

1 *Bitz* in Littmann/Bitz/Pust, § 15 EStG Rz. 390 (Stand: Februar 2020).

2 BFH v. 17.7.2013 – X R 17/11, BStBl. II 2013, 817 = FR 2014, 21; BFH v. 28.2.2013 – IV R 49/11, BStBl. II 2013, 802 = FR 2013, 854 m. Anm. v. *Schmitz-Herscheidt*; Vgl. auch BMF v. 23.10.2013 – IV C 6-S 2128/07/10001, BStBl. I 2013, 1269, Rz. 5; BMF v. 8.11.2010 – IV C 6-S 2128/07/10001, BStBl. I 2010, 1292, Rz. 1.

bart hätten,[1] wenn der Verzicht zeitlich befristet im Rahmen von Sanierungsmaßnahmen erfolgt, an denen auch gesellschaftsfremde Personen teilnehmen,[2] oder wenn der Verzicht gegen Besserungsschein erfolgt und die Pachtforderung aufgrund der mit dem Besserungsschein verbundenen aufschiebenden Bedingung nicht aktiviert wird.[3] In diesen Fällen sind die Betriebsausgaben sind unbeschränkt abzugsfähig. Es erfolgt kein Ansatz des angemessenen Betrags, auch eine verdeckte Einlage ist nicht gegeben.[4] Ebenso kommt § 3c Abs. 2 Satz 6 EStG im Verhältnis zu einer Betriebs-Kapitalgesellschaft oder Betriebs-Optionsgesellschaft i.S.d. § 1a KStG nicht zur Anwendung.

(d) Miet-/Pachtzins aus gesellschaftsrechtlichen Gründen zu niedrig

3.310 **Teilabzugsverbot gem. § 3c Abs. 2 Satz 6 EStG.** Die unentgeltliche oder teilentgeltliche Überlassung der Wirtschaftsgüter kann auch durch das Gesellschaftsverhältnis veranlasst sein. Dies ist der Fall, wenn die Beteiligung an der Betriebs-Kapitalgesellschaft oder -Optionsgesellschaft i.S.d. § 1a KStG bei einer (klassischen) Betriebsaufspaltung zum Betriebsvermögen des Besitzunternehmens gehört, das unangemessen niedrige Nutzungsentgelt bei der Betriebsgesellschaft zu einem erhöhten Gewinn führt, der im Fall der Ausschüttung oder bei Veräußerung der Anteile im Betriebsvermögen des Besitzunternehmers zu erfassen ist und ein fremder Dritter die Nutzungsüberlassung zu diesen Konditionen nicht vorgenommen hätte.[5] Da diese Einkunftsbestandteile des Besitzunternehmens im Rahmen des Teileinkünfteverfahrens nach § 3 Nr. 40 EStG nur zu 60 % erfasst bzw. im Umfang von 40 % steuerfrei gestellt werden, sieht § 3c Abs. 2 Satz 6 EStG ab VZ 2015[6] in bestimmten Fällen (zu den Kriterien Rz. 3.297 ff.) ein Teilabzugsverbot für alle Betriebsvermögensminderungen,

1 BFH v. 17.7.2013 – X R 17/11, BStBl. II 2013, 817; BFH v. 28.2.2013 – IV R 49/11, BStBl. II 2013, 802. Vgl. auch BMF v. 23.10.2013 – IV C 6 - S 2128/07/10001, BStBl. I 2013, 1269, Rz. 16.

2 BFH v. 17.7.2013 – X R 17/11, BStBl. II 2013, 817; BFH v. 17.7.2013 – X R 6/12, BFH/NV 2014, 21; BFH v. 28.3.2013 – IV R 49/11, BStBl. II 2013, 802. Vgl. auch BMF v. 23.10.2013 – IV C 6 - S 2128/07/10001, BStBl. I 2013, 1269, Rz. 16.

3 BFH v. 17.7.2013 – X R 6/12, BFH/NV 2014, 21.

4 BFH v. 28.2.2000 – VIII R 68/96, BFH/NV 2000, 1278. Ebenso H 4.3 Abs. 1 (Nutzungsrechte/Nutzungsvorteile) EStH 2021.

5 BFH v. 12.4.2018 – IV R 5/15, BStBl. II 2020, 118 = FR 2018, 959; BFH v. 17.7.2013 – X R 6/12, BFH/NV 2014, 21; BFH v. 17.7.2013 – X R 17/11, BStBl. II 2013, 817 = FR 2014, 21; BFH v. 28.2.2013 – IV R 49/11, BStBl. II 2013, 802 = FR 2013, 854 m. Anm. v. *Schmitz-Herscheidt*; BFH v. 28.2.2013 – IV R 4/11, BFH/NV 2013, 1081; BFH v. 18.4.2012 – X R 5/10, BStBl. II 2013, 785 = FR 2012, 868 m. Anm. v. *Schmitz-Herscheidt*; BFH v. 18.4.2012 – X R 7/10, BStBl. II 2013, 791 = DB 2012, 1542; BFH v. 2.9.2009 – I R 20/09, BFH/NV 2010, 391; BFH v. 12.12.2007 – X R 17/05, BStBl. II 2008, 579 = DB 2008, 612; BFH v. 26.6.2007 – X B 69/06, BFH/NV 2007, 1707; BFH v. 28.3.2000 – VIII R 68/96, BFH/NV 2000, 1278; BFH v. 14.1.1998 – X R 57/93, BFH/NV 1998, 1160; BFH v. 24.4.1991 – X R 84/88, BStBl. II 1991, 713. Vgl. auch BMF v. 23.10.2013 – IV C 6-S 2128/07/10001, BStBl. I 2013, 1269, Rz. 16.

6 Zur Behandlung bis VZ 2014 vgl. *Micker* in Söffing/Micker, Betriebsaufspaltung[10], Rz. 1527.

Betriebsausgaben oder Veräußerungskosten vor, soweit diese mit der Überlassung in Zusammenhang stehen.

Kriterien. Das Teilabzugsverbot nach § 3c Abs. 2 Satz 1 EStG wird durch § 3c Abs. 2 Satz 6 EStG erweitert auf Aufwendungen eines unmittelbar oder mittelbar[1] zu mehr als 25 % an einer (Betriebs-)Kapitalgesellschaft oder Optionsgesellschaft i.S.d. § 1a KStG beteiligten Gesellschafters, die im Zusammenhang mit der gesellschaftsrechtlich veranlassten unentgeltlichen Überlassung von Wirtschaftsgütern an die Körperschaft stehen. Da der Wortlaut des § 3c Abs. 2 Satz 6 EStG keine zeitliche Einschränkung enthält, genügt es, dass die erforderliche Beteiligungshöhe irgendwann in der Vergangenheit vorgelegen hat. Einer der Hauptanwendungsfälle der Regelung ist die unentgeltliche oder teilentgeltliche Überlassung von Wirtschaftsgütern des Besitzunternehmens im Rahmen einer Betriebsaufspaltung.[2] Im Gegensatz zu § 3c Abs. 2 Satz 1 EStG setzt das Teilabzugsverbot keinen wirtschaftlichen Zusammenhang zu den steuerfreien Einnahmen i.S.d § 3 Nr. 40 EStG voraus („ungeachtet eines wirtschaftlichen Zusammenhangs"). 3.311

Veranlassung durch das Gesellschaftsverhältnis. Die unentgeltliche oder teilentgeltliche Überlassung der Wirtschaftsgüter muss durch das Gesellschaftsverhältnis veranlasst sein. Dies ist der Fall, wenn die Nutzungsüberlassung zu marktunüblichen Konditionen dazu dient, Einnahmen aus der Beteiligung zu erzielen und ein fremder Dritter die Nutzungsüberlassung so nicht vorgenommen hätte.[3] Bei einem (teilweisen) Verzicht auf Pachtforderungen fehlt es an einer Veranlassung durch das Gesellschaftsverhältnis, wenn die vergleichbaren marktüblichen Pachtentgelte generell gesunken sind und auch fremde Dritte eine Pachtanpassung vereinbart hätten,[4] wenn der Verzicht zeitlich befristet im Rahmen von Sanierungsmaßnahmen erfolgt, an denen auch gesellschaftsfremde Personen teilnehmen,[5] oder wenn der Verzicht gegen Besserungsschein erfolgt und die Pachtforderung aufgrund der mit dem Besserungsschein verbundenen aufschiebenden Bedingung nicht aktiviert wird.[6] 3.312

---

1 Zur Beschränkung auf unmittelbare wesentliche Beteiligungen vgl. *Desens* in H/H/R, § 3c EStG ANm. 78, 82 (Stand: Juni 2019). Diese soll daraus folgen, dass es bei einer lediglich mittelbaren Beteiligung des Steuerpflichtigen an einer Überlassung von Wirtschaftsgütern „durch den Gesellschafter" fehlt.

2 So auch bereits die Gesetzesbegründung Bundestags-Drucks. 18/3017 v. 4.11.2014, 38. Vgl. hierzu auch FG Bremen v. 27.4.2006 – 1 K 204/05 (6), EFG 2006, 1234 (rkr.).

3 BFH v. 17.7.2013 – X R 6/12, BFH/NV 2014, 21; BFH v. 17.7.2013 – X R 17/11, BStBl. II 2013, 817 = DB 2013, 2059; BFH v. 28.3.2013 – IV R 49/11, BStBl. II 2013, 802 = FR 2013, 854 m. Anm. v. *Schmitz-Herscheidt*; Vgl. auch BMF v. 23.10.2013 – IV C 6-S 2128/07/10001, BStBl. I 2013, 1269, Rz. 16.

4 BFH v. 17.7.2013 – X R 17/11, BStBl. II 2013, 817; BFH v. 28.3.2013 – IV R 49/11, BStBl. II 2013, 802. Vgl. auch BMF v. 23.10.2013 – IV C 6-S 2128/07/10001, BStBl. I 2013, 1269, Rz. 16.

5 BFH v. 17.7.2013 – X R 17/11, BStBl. II 2013, 817 = FR 2014, 21; BFH v. 17.7.2013 – X R 6/12, BFH/NV 2014, 21; BFH v. 28.3.2013 – IV R 49/11, BStBl. II 2013, 802 = FR 2013, 854 m. Anm. v. *Schmitz-Herscheidt*; Vgl. auch BMF v. 23.10.2013 – IV C 6-S 2128/07/10001, BStBl. I 2013, 1269, Rz. 16.

6 BFH v. 17.7.2013 – X R 6/12, BFH/NV 2014, 21.

3.313 **Betroffene Aufwendungen.** Unter das Teilabzugsverbot nach § 3c Abs. 2 Satz 6 EStG fallen alle nutzungsbezogenen Aufwendungen, d.h. Betriebsvermögensminderungen, Betriebsausgaben oder Veräußerungskosten, soweit diese mit der Überlassung in Zusammenhang stehen. Das Abzugsverbot besteht sowohl für laufende Aufwendungen (z.B. Strom, Gas, Wasser, Heizkosten, Gebäudereinigungskosten, Versicherungsbeiträge, Finanzierungskosten und Erhaltungsaufwendungen) als auch für substanzbezogene Aufwendungen und Substanzverluste (z.B. AfA oder Teilwertabschreibungen); erfasst sind auch substanzbezogene Wertminderungen der überlassenen Wirtschaftsgüter, die sich bei der Veräußerung oder Entnahme ergeben.[1]

3.314 **Umfang des Abzugsverbots.** Bei unentgeltlicher Nutzungsüberlassung aus gesellschaftsrechtlichen Gründen sind die betroffenen Aufwendungen nur zu 60 % als Betriebsausgaben abzugsfähig. Bei teilentgeltlicher Überlassung ist eine Aufteilung in eine voll entgeltliche und eine unentgeltliche Überlassung vorzunehmen, für die das Verhältnis des tatsächlich gezahlten Pachtentgelts zum fremdüblichen Pachtentgelt als Aufteilungsmaßstab heranzuziehen ist. In dem prozentualen Umfang, in dem das bezahlte Nutzungsentgelt geringer ausfällt als das fremdübliche Nutzungsentgelt, unterliegen die Aufwendungen dem Teilabzugsverbot nach § 3c Abs. 2 Satz 6 EStG.[2]

(e) Miet-/Pachtzins aus privaten Gründen zu niedrig

3.315 **Abzugsverbot nach § 12 Nr. 2 EStG.** Überlässt der Besitzunternehmer der Betriebsgesellschaft die wesentliche Betriebsgrundlage aus privaten Gründen gegen ein unangemessen niedriges Nutzungsentgelt, weil an der Betriebsgesellschaft auch Angehörige des Besitzunternehmers beteiligt sind, die nicht auch Gesellschafter des Besitzunternehmens sind und denen durch das unangemessen niedrige Nutzungsentgelt ersparte Aufwendungen der Betriebsgesellschaft mittelbar zugutekommen, fehlt beim Besitzunternehmer insoweit eine Gewinnerzielungsabsicht. Die mit der Nutzungsüberlassung zusammenhängenden Betriebsausgaben des Besitzunternehmers sind dann gem. § 12 Nr. 2 EStG in dem Umfang zu kürzen, in dem der durch die verbilligte Überlassung herrührende Vorteil den nahestehenden Personen zukommt.[3] Das Betriebsausgabenabzugsverbot für privat veranlasste Betriebsausgaben nach § 12 Nr. 2 EStG hat bei Sachverhalten in Bezug zu einer Betriebs-Kapitalgesellschaft oder -Optionsgesellschaft i.S.d. § 1a KStG Vorrang vor der Anwendung von § 3c Abs. 2 EStG.

3.316 **Ausnahme.** Ein zu niedrig vereinbartes Nutzungsentgelt ist bei angehörigen Nur-Betriebsgesellschaftern nur dann nicht privat (mit-)veranlasst i.S.d. § 12 Nr. 2 EStG, wenn – z.B. auf den Bezug eines Geschäftsführergehalts gerichtete – eigenwirtschaft-

---

1 Zu offenen Fragen des sachlichen Anwendungsbereichs vgl. *Wacker* in Schmidt[44], § 3c EStG Rz. 18; *Desens* in H/H/R, § 3c EStG Anm. 81 (Stand: Juni 2019); BMF v. 23.10.2013 – IV C 6-S 2128/07/10001, BStBl. I 2013, 1269, Rz. 4.

2 BFH v. 17.7.2013 – X R 17/11, BStBl. II 2013, 817; BFH v. 28.3.2013 – IV R 49/11, BStBl. II 2013, 802 = FR 2013, 854 m. Anm. v. *Schmitz-Herscheidt*; BMF v. 23.10.2013 – IV C 6-S 2128/07/10001, BStBl. I 2013, 1269, Rz. 7.

3 BFH v. 28.3.2000 – VIII R 68/96, BFH/NV 2000, 1278; BFH v. 14.1.1998 – X R 57/93, BFH/NV 1998, 1160. Vgl. auch *Micker* in Söffing/Micker, Betriebsaufspaltung[10], Rz. 1512.

liche Interessen des Besitzunternehmers für den (teilweisen) Pachtverzicht tragend sind.[1]

Freigebige Zuwendung. Soweit sich der Wert der Beteiligung des Nur-Betriebsgesellschafters durch eine unentgeltliche oder verbilligte Nutzungsüberlassung an die Betriebs-Kapitalgesellschaft erhöht, liegt eine freigebige Zuwendung an diesen gem. § 7 Abs. 8 Satz 1 ErbStG vor (Werterhöhung von Anteilen an einer Kapitalgesellschaft durch Leistung der Besitzgesellschafter), so dass eine schenkungsteuerliche Relevanz gegeben ist (dazu auch Rz. 3.892). 3.317

(3) Aufwendungen im Zusammenhang mit steuerfreien Einnahmen i.S.d. § 3 Nr. 40 EStG

(a) Allgemeine Grundsätze

Teilabzugsverbot gem. § 3c Abs. 2 Satz 1 EStG. Nach Maßgabe von § 3c Abs. 2 Satz 1 Halbs. 1 EStG ist der Betriebsausgabenabzug beschränkt auf 60 % u.a. für Betriebsvermögensminderungen, Betriebsausgaben und Veräußerungskosten, die mit den dem § 3 Nr. 40 EStG zugrunde liegenden Betriebsvermögensmehrungen oder Einnahmen in wirtschaftlichem Zusammenhang stehen. Gem. § 3c Abs. 2 Satz 1 Halbs. 2 EStG gilt das Teilabzugsverbot in gleicher Weise, wenn bei der Ermittlung der Einkünfte der Wert des Betriebsvermögens oder des Anteils am Betriebsvermögen oder die Anschaffungs- und Herstellungskosten oder der an deren Stelle tretende Wert mindernd zu berücksichtigen sind. Ein Hauptanwendungsfall der Regelung ist die Teilwertabschreibung auf die Beteiligung an der Betriebs-Kapitalgesellschaft oder Betriebs-Optionsgesellschaft i.S.d. § 1a KStG (dazu nachfolgend Rz. 3.319 ff.).[2] Das Teilabzugsverbot für Betriebsausgaben i.H.v. 40 % entspricht der anteiligen Steuerbefreiung der mit den Aufwendungen zusammenhängenden Einnahmen i.S.d § 3 Nr. 40 EStG.[3] 3.318

(b) Teilwertabschreibungen auf die Beteiligung an der Betriebs-Kapitalgesellschaft

Gesamtbetrachtung. Anteile an der Betriebs-Kapitalgesellschaft oder Betriebs-Optionsgesellschaft i.S.d. § 1a KStG, die zum steuerlichen Betriebsvermögen des Besitzunternehmens gehören, können bei gegebener Wertminderung, z.B. auf Grund gesunkener Rentabilität, gem. § 6 Abs. 1 Nr. 2 Satz 2 EStG auf den niedrigeren Teilwert abgeschrieben werden. Dieser Grundsatz gilt in Betriebsaufspaltungsfällen aber nur eingeschränkt. Da die Tätigkeit der Betriebs-Kapital-/Optionsgesellschaft Bestandteil der unternehmerischen Betätigung der sowohl das Besitzunternehmen wie auch die 3.319

1 FG Baden-Württemberg v. 12.10.2006 – 6 K 202/06, EFG 2007, 568 (rkr.).

2 Hierzu BFH v. 6.11.2003 – IV R 10/01, BStBl. II 2004, 416 = FR 2004, 597; Vgl. auch FG Münster v. 1.9.2009 – 1 K 1936/06 E, EFG 2010, 322 (rkr.).

3 Die Steuerbefreiung des § 3 Nr. 40 EStG i.H.v. 40 % betrifft insbesondere Einnahmen aus der Veräußerung der Anteile und aus gleichgestellten Vorgängen (Buchst. a bis c) sowie laufende Einnahmen aus diesen Anteilen (Buchst. d bis h).

Betriebsgesellschaft beherrschenden Person oder Personengruppe ist, kann in diesen Fällen nicht allein auf die Umstände der Betriebs-Kapital-/Optionsgesellschaft abgestellt werden. In die Teilwertermittlung der Beteiligung an der Betriebs-Kapital-/Optionsgesellschaft ist vielmehr auch die besondere funktionale Bedeutung der Betriebsgesellschaft für die gewerbliche Nutzungsüberlassung einzubeziehen.[1] Denn ein gedachter Erwerber des Besitzunternehmens würde den anteilig für die Beteiligung an der Betriebs-Kapital-/Optionsgesellschaft zu zahlenden Preis vorwiegend danach bestimmen, welche Ertragsaussichten für die abgestimmte Tätigkeit von Besitz- und Betriebsunternehmen bestehen. Im Zuge der Teilwertermittlung der Beteiligung an der Betriebs-Kapital-/Optionsgesellschaft sind daher die Ertragsaussichten von Besitz- und Betriebsunternehmen im Rahmen einer Gesamtbetrachtung zu würdigen.[2] Sind die Ertragsaussichten nachweislich in einem solchen Maße gesunken, dass der gedachte Erwerber des Besitzunternehmens für die zu dessen Betriebsvermögen gehörenden Anteile einen unter den Anschaffungskosten der Anteile liegenden Preis zahlen würde, kann eine Teilwertabschreibung in Betracht kommen, es sei denn, der ebenfalls in die Gesamtbetrachtung einzubeziehende Vermögenswert steht dem entgegen.[3]

3.320 **Teilabzugsverbot gem. § 3c Abs. 2 Satz 1 EStG.** Sind die Anforderungen an eine Teilwertabschreibung auf die Beteiligung an der Betriebs-Kapitalgesellschaft oder Betriebs-Optionsgesellschaft i.S.d. § 1a KStG gegeben und wird das Wahlrecht zur Wertberichtigung ausgeübt, unterliegt der Abschreibungsbetrag beim Besitzunternehmer (natürliche Person) dem Teilabzugsverbot gem. § 3c Abs. 2 Satz 1 EStG i.H.v. 40 %, kann also bei der Ermittlung der Einkünfte nur zu 60 % berücksichtigt werden.

3.321 **Wertaufholung.** Wurde das Wahlrecht zur Teilwertabschreibung der Beteiligung an der Betriebs-Kapitalgesellschaft oder Betriebs-Optionsgesellschaft i.S.d. § 1a KStG zulässigerweise ausgeübt, ist gem. § 6 Abs. 1 Nr. 2 Satz 3 i.V.m. Nr. 1 Satz 4 EStG am Ende eines jeden Folge-Wirtschaftsjahres zu prüfen, ob die Voraussetzungen für eine Teilwertzuschreibung bzw. eine Wertaufholung vorliegen. Auch dabei ist eine Gesamtbetrachtung der Ertragsaussichten von Besitz- und Betriebsunternehmen anzustellen.[4] Ein hiernach entstehender Zuschreibungsgewinn ist nach den Grundsätzen des Teileinkünfteverfahrens nach § 3 Nr. 40 EStG zu behandeln und damit im Umfang von 60 % als steuerpflichtiger Ertrag zu erfassen.

---

1 BFH v. 7.5.2014 – X R 19/11, BFH/NV 2014, 1736; BFH v. 6.11.2003 – IV R 10/01, BStBl. II 2004, 416 = FR 2004, 597.

2 BFH v. 6.11.2003 – IV R 10/01, BStBl. II 2004, 416 = FR 2004, 597; vgl. auch FG Münster v. 1.9.2009 – 1 K 1936/06 E, EFG 2010, 322 (rkr.).

3 BFH v. 7.5.2014 – X R 19/11, BFH/NV 2014, 1736; BFH v. 6.11.2003 – IV R 10/01, BStBl. II 2004, 416 = FR 2004, 597.

4 BFH v. 14.10.2009 – X R 45/06, BStBl. II 2010, 274 = FR 2010, 332 m. Anm. v. *Wendt*; BFH v. 6.11.2003 – IV R 10/01, BStBl. II 2004, 416 = FR 2004, 597.

(c) Abzugsfähigkeit von verdeckten Gewinnausschüttungen in Form von ersparten Renovierungskosten

Fiktive Betriebsausgaben in voller Höhe. Übernimmt die Betriebs-Kapital-/Optionsgesellschaft i.S.d. § 1a KStG Renovierungskosten für das gepachtete Betriebsgebäude, obwohl es für die Zahlungen keine pachtvertragliche Regelung gibt, erspart sie dem Besitzunternehmen Aufwendungen. Die Vorteilszuwendung in Form der ersparten Aufwendungen führt dann zu einer verdeckten Gewinnausschüttung (vGA, s. auch Rz. 3.427 zu (5)).[1] Das Besitzunternehmen kann die als vGA anzusehenden Renovierungskosten in voller Höhe als fiktive Betriebsausgaben bei seinen Einkünften aus Gewerbebetrieb abziehen; die Begrenzung nach § 3c Abs. 2 Satz 1 EStG gilt in diesem Fall nicht.[2] Denn § 3c Abs. 2 Satz 1 EStG erfasst nur Aufwendungen, die mit der vGA in wirtschaftlichem Zusammenhang stehen. Die Besteuerung bei dem Gesellschafter ist in diesem Fall so vorzunehmen, als ob ein steuerlich anerkannter Leistungsaustausch stattgefunden hätte und die ersparten Aufwendungen tatsächlich entstanden wären. Ersparte Aufwendungen, die vGA darstellen, sind beim Gesellschafter grundsätzlich fiktive Ausgaben. Maßgeblicher Aufwand ist die vGA ohne Berücksichtigung des Teileinkünfteverfahrens nach § 3 Nr. 40 EStG bzw. des Teilabzugsverbots nach § 3c Abs. 2 EStG. Dogmatischer Hintergrund hierfür ist die sog. Fiktionstheorie. Hiernach ist der Vorgang in zwei Schritte zu zerlegen: In einem ersten Schritt wird fingiert, dass das Besitzunternehmen der Betriebs-Kapital-/Optionsgesellschaft die vom Besitzunternehmen zu übernehmenden Renovierungskosten ersetzt hat. In einem zweiten Schritt erfolgt eine Gewinnausschüttung in gleicher Höhe. Bei dieser Abfolge der fingierten Ereignisse steht die fiktive Zahlung des Besitzunternehmens in keinem wirtschaftlichen Zusammenhang mit der folgenden vGA. 3.322

(4) Aufwendungen im Zusammenhang mit Darlehen und Sicherheiten an Körperschaften

(a) Allgemeine Grundsätze

§ 3c Abs. 2 Sätze 2 bis 5 EStG. Gem. § 3c Abs. 2 Satz 2 EStG ist der Betriebsausgabenabzug auf 60 % beschränkt für Aufwendungen eines zu mehr als 25 % unmittelbar oder mittelbar u.a. an einer Kapitalgesellschaft oder Optionsgesellschaft i.S.d. § 1a KStG beteiligten Steuerpflichtigen im Zusammenhang mit einer Darlehensforderung oder aus der Inanspruchnahme von Sicherheiten, die für ein Darlehen hingegeben wurde (Bürgschaft, Grund-/Pfandrecht, Schuld-/mitübernahme). Da der Wortlaut des § 3c Abs. 2 Satz 2 EStG keine zeitliche Einschränkung enthält, genügt es, dass die erforderliche Beteiligungshöhe irgendwann in der Vergangenheit vorgelegen hat. Hauptanwendungsfälle der Regelung sind die Teilwertabschreibung auf ein 3.323

1 BFH v. 14.8.1975 – IV R 30/71, BStBl. II 1976, 88; vgl. wohl auch BFH v. 28.9.2010 – IX R 42/09, BStBl. II 2011, 271.

2 BFH v. 17.06.2025 – VI R 15/23, BStBl. II 2025, 965, zur verdeckten Gewinnausschüttung als außergewöhnliche Belastung, vgl. aber Rz. 46, wonach von einer GmbH getragene Renovierungskosten, die im Wege einer vGA zugeflossen sind, (fiktive) Betriebsausgaben oder Werbungskosten des Stpfl. bei den betroffenen Einkünften darstellen.

der Betriebs-Kapital-/Optionsgesellschaft gewährtes (Gesellschafter-)Darlehen (dazu nachfolgend Rz. 3.324 ff.) und Verluste aus der Inanspruchnahme aus Bürgschaften für Verpflichtungen der Betriebs-Kapital-/Optionsgesellschaft (Rz. 3.327). Das Teilabzugsverbot nach § 3c Abs. 2 Satz 2 EStG wird durch die weiteren Regelungen in § 3c Abs. 2 Satz 3 bis 5 EStG ergänzt. So beschränkt § 3c Abs. 2 Satz 3 EStG die Grundregelung in § 3c Abs. 2 Satz 2 EStG auf Darlehensgewährungen, die einem Fremdvergleich nicht standhalten. Wird das Wahlrecht zur Teilwertabschreibung einer nach fremdüblichen Bedingungen (insbesondere Verzinsung und Besicherung) ausgestalteten Darlehensforderung gegenüber an der Betriebs-Kapital-/Optionsgesellschaft ausgeübt, ist der Aufwand aus der Teilwertabschreibung damit voll als Betriebsausgabe abzugsfähig. § 3c Abs. 2 Satz 4 EStG erstreckt die anteilige Kürzung auch auf Leistungen, die einer Darlehensgewährung wirtschaftlich vergleichbar sind (z.B. Stundung, Fälligkeitsvereinbarung, Stehenlassen). Gem. § 3c Abs. 2 Satz 5 EStG bleiben Wertaufholungen i.S.d. § 6 Abs. 1 Nr. 2 Satz 3 EStG aus vorangegangenen Teilwertabschreibungen zu 40 % steuerfrei, soweit auf diese das Teilabzugsverbot nach § 3c Abs. 2 Sätze 2 bis 4 EStG angewendet worden ist.

(b) Teilwertabschreibungen auf Forderungen gegen die Betriebs-Kapital-/Optionsgesellschaft

3.324 **Gesamtbetrachtung.** An die Betriebs-Kapitalgesellschaft oder Betriebs-Optionsgesellschaft i.S.d. § 1a KStG gewährte Darlehen sind eigenständige Wirtschaftsgüter. Dies gilt auch, wenn das Darlehen zur Stützung in der Krise als kapitalersetzendes Darlehen hingegeben wird.[1] Bei der Bewertung der zum Betriebsvermögen des Besitzunternehmens rechnenden Darlehensforderung bzw. einer Teilwertabschreibung i.S.d. § 6 Abs. 1 Nr. 2 Satz 2 EStG gelten aber Besonderheiten. Hiernach kommt eine Teilwertabschreibung jedenfalls bei eigenkapitalersetzenden Darlehen (einschließlich rückständiger Miet- und Pachtzahlungen) nur in Betracht, wenn die Voraussetzungen für eine Teilwertabschreibung der Beteiligung an der Betriebs-Kapital-/Optionsgesellschaft selbst gegeben sind (dazu Rz. 3.319).[2]

3.325 **Teilabzugsverbot gem. § 3c Abs. 2 Satz 2 EStG.** Erfolgte die Darlehensgewährung zu fremdunüblichen Bedingungen (Fall des § 3c Abs. 2 Satz 3 EStG), unterliegt der Aufwand bei natürlichen Personen dem Teilabzugsverbot gem. § 3c Abs. 2 Satz 2 EStG i.H.v. 40 % bzw. kann bei der Ermittlung der Einkünfte nur zu 60 % berücksichtigt werden, wenn der Darlehensgeber an der Betriebs-Kapitalgesellschaft oder

1 BFH v. 31.5.2005 – X R 36/02, BStBl. II 2005, 707 = FR 2005, 1038; BFH v. 20.4.2005 – X R 2/03, BStBl. II 2005, 694 = FR 2005, 1149; BFH v. 18.12.2001 – VIII R 27/00, BStBl. II 2002, 733 = FR 2002, 522.

2 BFH v. 7.5.2014 – X R 19/11, BFH/NV 2014, 1736; BFH v. 18.4.2012 – X R 7/10, BStBl. II 2013, 791 = DB 2020, 353; BFH v. 18.4.2012 – X R 5/10, BStBl. II 2013, 785 = FR 2012, 868 m. Anm. v. *Schmitz-Herscheidt*; BFH v. 18.4.2012 – X R 7/10, BStBl. II 2013, 791 = DB 2012, 1542; BFH v. 14.10.2009 – X R 45/06, BStBl. II 2010, 274 = FR 2010, 332 m. Anm. v. *Wendt*; BFH v. 2.9.2008 – X R 48/02, BFH/NV 2008, 2111; BFH v. 10.11.2005 – IV R 13/04, BStBl. II 2006, 618 = FR 2006, 319 m. Anm. v. *Hölzle*; BFH v. 6.11.2003 – IV R 10/01, BStBl. II 2004, 416 = FR 2004, 597.

Betriebs-Optionsgesellschaft i.S.d. § 1a KStG (irgendwann) zu mehr als 25 % unmittelbar oder mittelbar beteiligt ist oder war.[1]

Wertaufholung. Wurde das Wahlrecht zur Teilwertabschreibung der Darlehensforderung gegenüber der Betriebs-Kapital-/Optionsgesellschaft ausgeübt, ist § 6 Abs. 1 Nr. 2 Satz 3 i.V.m. Nr. 1 Satz 4 EStG am Ende eines jeden Folge-Wirtschaftsjahres zu prüfen, ob die Voraussetzungen für eine Teilwertzuschreibung bzw. eine Wertaufholung im Rahmen o.g. Gesamtbetrachtung gegeben sind. Ein hiernach entstehender Zuschreibungsgewinn ist gem. § 3c Abs. 2 Satz 5 EStG ist in dem Umfang steuerfrei, in dem die vorherige Teilwertabschreibung nicht abzugsfähig war. 3.326

(c) Aufwand aus Bürgschaftsinanspruchnahme

Teilabzugsverbot gem. § 3c Abs. 2 Satz 2 EStG. Erfolgte die Bürgschaftsgewährung für eine Verbindlichkeit der Betriebs-Kapitalgesellschaft oder Betriebs-Optionsgesellschaft i.S.d. § 1a KStG zu fremdunüblichen Bedingungen (Fall des § 3c Abs. 2 Satz 3 EStG), kann der aus der Inanspruchnahme des Besitzunternehmers entstehende Aufwand gem. § 3c Abs. 2 Satz 2 EStG nur zu 60 % ergebnismindernd berücksichtigt werden, wenn der bürgende Besitzunternehmer an der Betriebs-Kapital-/Optionsgesellschaft (irgendwann) zu mehr als 25 % unmittelbar oder mittelbar beteiligt ist oder war. Gleiches gilt für die Inanspruchnahme aus sonstigen gewährten Sicherheiten (Grund-/Pfandrecht, Schuld-/mitübernahme). 3.327

(5) Zinsschranke

Abzugsbeschränkung gem. § 4h EStG. Die steuerliche Abzugsfähigkeit von Zinsen wird bei Unternehmen sämtlicher Rechtsformen durch § 4h EStG eingeschränkt (bei Kapitalgesellschaften und Optionsgesellschaften i.S.d. § 1a KStG zusätzlich durch § 8a KStG). Im Fall der Betriebsaufspaltung kann die Zinsschranke daher Relevanz für die echten Darlehensbeziehungen zwischen Besitz- und Betriebsunternehmen sowie Schuldzinsen haben.[2] Das Besitzunternehmen kann jedoch die Freigrenze nach § 4h Abs. 2 Satz 1 Buchst. b EStG (Zinssaldo weniger als 3 Mio. EUR) in Anspruch nehmen. 3.328

Konzern i.S.d. § 4h EStG. Bis VZ 2023 fand das Abzugsverbot nach § 4h EStG keine Anwendung, wenn der Betrieb nicht oder nur anteilig zu einem Konzern gehört oder der Betrieb zwar zu einem Konzern gehört, seine Eigenkapitalquote aber gleich hoch oder höher ist als die des Konzerns (sog. Escape-Klausel).[3] Besitz- und Betriebsunternehmen im Rahmen einer Betriebsaufspaltung bilden gem. § 4h Abs. 3 Sätze 5 und 6 EStG einen Konzern, wenn nach dem zugrunde gelegten Rechnungslegungsstandard 3.329

---

1 Zur Berechnung der 25 %-Grenze bei mittelbarer Beteiligung vgl. FG Münster v. 28.1.2025 2 K 3123/21 F, EFG 2025, 615 (rkr. nach Rücknahme der Revision IV R 6/25).

2 BMF v. 4.7.2008 – IV C 7-S 2742-a/07/10001, BStBl. I 2008, 718, Rz. 11; *Micker* in Söffing/Micker, Betriebsaufspaltung[10], Rz. 741 ff.

3 Von diesen Ausnahmen normiert § 8a Abs. 2, 3 KStG wiederum Rückausnahmen schädlicher Gesellschafterfremdfinanzierung.

ein gemeinsamer Abschluss aufgestellt wird oder ein solcher gemeinsamer Abschluss aufgestellt werden könnte bzw. die Finanz- und Geschäftspolitik des Betriebs mit anderen Betrieben einheitlich bestimmt wird. Diese Voraussetzungen sind bei einer originär gewerblich tätigen geschäftsleitenden Holding gegeben. Ergibt sich die Gewerblichkeit des Besitzunternehmens (wie z.B. bei einem Besitz-Einzelunternehmer) jedoch nur aufgrund einer personellen und sachlichen Verflechtung mit dem Betriebsunternehmen, liegt kein Konzern i.S.d. § 4h EStG vor.[1] Ab VZ 2024 gelten die durch das Kreditzweitmarktförderungsgesetz[2] eingeführten Neuregelungen.

ff) Verzicht auf Forderungen

3.330 **Werthaltiger und nicht werthaltiger Teil.** Verzichtet das Besitzunternehmen auf Forderungen (Pacht, Miete, Darlehen usw.) gegenüber der Betriebs-Kapitalgesellschaft oder Betriebs-Optionsgesellschaft i.S.d. § 1a KStG, kommt es in Höhe des werthaltigen Teils zu nachträglichen Anschaffungskosten auf die Beteiligung an der Betriebs-Kapital-/Optionsgesellschaft;[3] bei dieser liegt eine entsprechende verdeckte Einlage vor, die auf dem Einlagekonto des § 27 KStG zu erfassen ist.[4] Hinsichtlich des nicht werthaltigen Teils der Forderung entsteht beim Besitzunternehmen Aufwand, der nach Maßgabe des § 3c Abs. 2 EStG ggf. dem Teilabzugsverbot unterliegt, und beim Betriebsunternehmen ein korrespondierender Ertrag.[5]

gg) Übertragung stiller Reserven bei der Veräußerung bestimmter Anlagegüter

3.331 **Besitzunternehmen als begünstigter Betrieb.** Nach Maßgabe von § 6b EStG kann die Übertragung stiller Reserven bei der Veräußerung bestimmter Anlagegüter erfolgen. Auch vermietete Wirtschaftsgüter sind von § 6b EStG erfasst, sofern sie zum begünstigten Anlagevermögen gehören und alle weiteren gesetzlichen Voraussetzungen erfüllt sind. Bei einer Betriebsaufspaltung sind das Besitzunternehmen und die Betriebs-Kapitalgesellschaft selbstständige Betriebe. § 6b EStG kann daher nur jedes Unternehmen für sich in Anspruch nehmen. Damit können stille Reserven, die durch die Veräußerung eines zum Betriebsvermögen des Besitzunternehmens gehörenden begünstigten Wirtschaftsguts aufgedeckt werden, nicht auf ein Investitionsgut

1 BMF v. 4.7.2008 – IV C 7-S 2742-a/07/10001, BStBl. I 2008, 718, Rz. 63.

2 Gesetz zur Förderung geordneter Kreditzweitmärkte und zur Umsetzung der Richtlinie (EU) 2021/2167 über Kreditdienstleister und Kreditkäufer sowie zur Änderung weiterer finanzrechtlicher Bestimmungen (Kreditzweitmarktförderungsgesetz) v. 29.12.2023, BGBl. I 2023, Nr. 11.

3 Etwas Anderes gilt, wenn im Zeitpunkt des Verzichts feststeht, dass der Wert der Beteiligung an der BetriebsKapGes. durch den Verzicht nicht mehr erhöht werden kann, vgl. BFH v. 29.7.1997 – VIII R 57/94, BStBl. II 1998, 652. Der Forderungsverzicht wirkt sich dann auch in Höhe des werthaltigen Teils unmittelbar gewinnmindernd aus.

4 BFH v. 10.11.2005 – IV R 13/04, BStBl. II 2006, 618; BFH v. 9.6.1997 – GrS 1/94, BStBl. II 1998, 307.

5 BFH v. 18.4.2012 – X R 7/10, BStBl. II 2013, 791; BFH v. 9.6.1997 – GrS 1/94, BStBl. II 1998, 307.

übertragen werden, dass die Betriebs-Kapitalgesellschaft anschafft oder herstellt. Auch wenn ein begünstigtes Wirtschaftsgut vom Besitzunternehmen an die die Betriebs-Kapitalgesellschaft veräußert wird, können die dadurch aufgedeckten stillen Reserven nur auf vom Besitzunternehmen angeschaffte oder hergestellte Reinvestitionsgüter übertragen werden. Bei der Betriebs-Kapitalgesellschaft ist das erworbene Wirtschaftsgut ein Investitionsgut, auf das nach Maßgabe von § 6b EStG stille Reserven übertragen werden können, die durch die Veräußerung begünstigter Wirtschaftsgüter der Betriebs-Kapitalgesellschaft aufgedeckt worden sind.

hh) Investitionsabzugsbetrag

Besitzunternehmen als begünstigter Betrieb. Das Besitzunternehmen kann als eigenständiger Betrieb alle Vergünstigungen in Anspruch nehmen, die die Zugehörigkeit der Wirtschaftsgüter zum Betriebsvermögen voraussetzen. Damit kann das Besitzunternehmen nach Maßgabe des § 7g EStG auch einen Investitionsabzugsbetrag beanspruchen.[1] Bei der Prüfung der maßgebenden Gewinngrenze i.S.d. § 7g Abs. 1 Satz 2 Nr. 1 Buchst. b EStG sind Besitzunternehmen und Betriebsgesellschaft getrennt zu beurteilen.[2] 3.332

ii) Forschungszulage

Besitzunternehmen als begünstigter Betrieb. Das Besitzunternehmen kann seit 2020 auch eine Forschungszulage nach Maßgabe des §§ 1 ff. FZulG beanspruchen. Die Forschungszulage ist in einem Forschungszulagenbescheid festzustellen und bei der nächsten Veranlagung vollständig auf die festgesetzten Ertragsteuern des Besitzunternehmens bzw. der Gesellschafter anzurechnen. Die Forschungszulage ist auch nutzbar, wenn keine Gewinne erzielt werden. Es kommt dann zu einer Steuererstattung und vollständigen Auszahlung. 3.333

e) Thesaurierungsbegünstigung

Nicht entnommener Gewinn des Besitzunternehmens. Für den bilanziell nach §§ 4 Abs. 1 Satz 1, § 5 EStG ermittelten Gewinn der Besitz-Personengesellschaft (s. Rz. 3.286 ff.) kann die Thesaurierungsbegünstigung nach § 34a EStG in Anspruch genommen werden. 3.334

f) Anrechnung der Gewerbesteuer auf die Einkommensteuer

§ 35 EStG. Bei natürlichen Personen als Besitzunternehmen kann die anfallende Gewerbesteuer nach Maßgabe des § 35 EStG auf die Einkommensteuer angerechnet werden. Die für die Betriebs-Kapital-/Optionsgesellschaft festgesetzte Gewerbesteuer 3.335

---

1 BFH v. 17.7.1991 – I R 98/88, BStBl. II 1992, 246 = FR 1991, 747; BFH v. 2.8.2012 – IV R 41/11, BFH/NV 2012, 2053. Vgl. auch BMF v. 15.6.2022 – IV C 6 - S 2139-b/21/10001:001, BStBl. I 2022, 945, Rz. 1.

2 BMF v. 15.6.2022 – IV C 6-S 2139-b/21/10001:001, BStBl. I 2022, 945, Rz. 15; zu den Verbleibens- und Nutzungsfristen vgl. Rz. 38 und 45.

kann jedoch nicht beim Besitzunternehmern angerechnet werden.[1] Zu beachten sind sog. Anrechnungsüberhänge, bei denen sich die gezahlte GewSt nicht in voller Höhe auf die Einkommensteuer auswirkt; Gründe hierfür sind zu geringe gewerbliche Einkünfte, ein niedriger Gesamtbetrag der Einkünfte oder ein Hebesatz der GewSt von mehr als 400 %.

2. Vermögensverwaltende Personengesellschaft

a) Gewerbliche Vermietungstätigkeit

aa) Gesellschaft mit eigenem Vermögen

(1) Umqualifikation der Vermietungseinkünfte

3.336 **Umqualifikation der Vermietungseinkünfte.** Mit dem Beginn der Betriebsaufspaltung erzielt eine zuvor nur vermögensverwaltend i.S.v. § 21 EStG tätige Besitz-Personengesellschaft aus der Nutzungsüberlassung gewerbliche Vermietungseinkünfte i.S.d. § 15 Abs. 1 Satz 1 Nr. 2 Satz 1 i.V.m. Abs. 2 EStG.[2] Für das Vorliegen einer Betriebsaufspaltung ist es unerheblich, ob die an der Besitz-Personengesellschaft beteiligten Personen bereits kraft ihrer Rechtsform gem. § 15 Abs. 3 Nr. 2 EStG oder § 8 Abs. 2 KStG gewerbliche Einkünfte erzielen.[3] Für den bilanziell nach §§ 4 Abs. 1 Satz 1, § 5 EStG ermittelten Gewinn der Besitz-Personengesellschaft (s. Rz. 3.286 ff.) kann die Thesaurierungsbegünstigung nach § 34a EStG in Anspruch genommen werden (s. auch Rz. 3.379).

3.337 **Nur-Besitzgesellschafter.** Die einheitliche Gewerblichkeit der Besitz-Personengesellschaft führt dazu, dass auch ein Nur-Besitzgesellschafter Einkünfte aus Gewerbebetrieb i.S.d. § 15 Abs. 1 Satz 1 Nr. 2 Satz 1 EStG erzielt.[4] Denn die Art der Einkunftserzielung wird durch die Tätigkeit der Gesellschaft selbst bestimmt und den Gesellschaftern zugerechnet. Die gewerbliche Tätigkeit des Besitzunternehmens gilt damit für den gesamten Betrieb und ist hinsichtlich der einzelnen Gesellschafter nicht teilbar.[5]

3.338 **Besonderheit bei mittelbarer Betriebsaufspaltung.** Bei nur mittelbarer Beteiligung an einer Besitzgesellschaft über eine Kapitalgesellschaft oder eine Optionsgesellschaft i.S.d. § 1a KStG (dazu Rz. 3.216 ff.) führt die Annahme einer Betriebsaufspaltung nur dazu, dass das (mittelbar beherrschte) Besitzunternehmen gewerbliche Einkünfte erzielt. Dies hat jedoch keine Auswirkungen auf die vorgelagerten Beteiligungsebenen, so dass bei einer vermögensverwaltenden Personengesellschaft nicht allein deshalb ein Gewerbebetrieb anzunehmen ist, weil auf den unteren Beteiligungsebenen

---

1 FG Düsseldorf v. 8.11.2006 – 7 K 3473/05 E, EFG 2007, 685 (rkr.).

2 BFH v. 17.4.2019 – IV R 12/16, BStBl. II 2019, 745 = FR 2020, 1080; BFH v. 12.4.2018 – IV R 5/15, BStBl. II 2020, 118 = FR 2018, 959 m. Anm. v. *Kanzler.*

3 BFH v. 8.9.2011 – IV R 44/07, BStBl. II 2012, 136 = FR 2012, 174.

4 BFH v. 13.11.1997 – IV R 67/96, BStBl. II 1998, 254 = DB 1998, 452; BFH v. 12.11.1985 – VIII R 240/81, BStBl. II 1986, 296; BFH v. 2.8.1972 – IV 87/65, BStBl. II 1972, 796.

5 Zur unklaren Behandlung des Nur-Besitzgesellschafters bei Nutzungsüberlassung ohne Gewinnerzielungsabsicht *Micker* in Söffing/Micker, Betriebsaufspaltung[10], Rz. 267.

eine personelle Verflechtung anzunehmen ist. Denn primäre Folge einer Betriebsaufspaltung ist die Umqualifikation der isoliert betrachtet vermögensverwaltenden Vermietungstätigkeit des nachgeordneten Besitzunternehmens in eine gewerbliche Tätigkeit. Auf einen mittelbaren Gesellschafter, der nur über eine Kapital-/Optionsgesellschaft an einer Personengesellschaft beteiligt ist, schlägt die Qualifikation der Tätigkeit einer Personengesellschaft nicht durch; somit kann sich auch die Umqualifikation dieser Tätigkeit durch die Betriebsaufspaltung nicht beim mittelbaren Gesellschafter auswirken. Insoweit entfaltet die zwischengeschaltete Kapital-/Optionsgesellschaft also Abschirmwirkung.[1] Die Gewerblichkeit der vermögensverwaltenden Personengesellschaft kann nur sich aus anderen Umständen außerhalb der Betriebsaufspaltung ergeben.

(2) Umqualifikation der übrigen Einkünfte

Gewerbliche Infektion der übrigen Einkünfte. Auch wenn die „originär" gewerb- 3.339
lichen Einkünfte ausschließlich durch die Vermietung (Betriebsaufspaltung) erzielt werden, bewirkt § 15 Abs. 3 Nr. 1 Satz 1 Alt. 1 EStG sowohl bei positiven als auch bei negativen gewerblichen Vermietungseinkünften die (Seitwärts-)Infektion auch aller weiteren Einkünfte der Besitz-Personengesellschaft, die damit in vollem Umfang ein einheitliches gewerbliches Unternehmen betreibt.[2]

Ausnahme bei Geringfügigkeit. Die Infektionswirkung des § 15 Abs. 3 Nr. 1 EStG 3.340
greift auch bei einer nur unwesentlichen gewerblichen Tätigkeit der Personengesellschaft. Eine Ausnahme besteht vor dem Hintergrund des verfassungsrechtlichen Verhältnismäßigkeitsgrundsatzes (Art. 1 Abs. 3 i.V.m. Art. 20 Abs. 3 GG) nur, wenn die Gesellschaft hauptsächlich vermögensverwaltende Einkünfte erzielt und die gewerblichen Umsätze eine Bagatellgrenze i.H.v. 3 % der Gesamtnettoumsätze (relative Grenze) und zusätzlich den Betrag von 24.500 EUR[3] im Veranlagungszeitraum (absolute Grenze) nicht übersteigen.[4] Zu beachten ist hierzu, dass das Überschreiten der Bagatellgrenze jedes Jahr zu überprüfen ist, es gibt also keinen Beobachtungszeitraum.[5] Damit kann es kann jedes Jahr im Wechsel zu einer Betriebseröffnung, Betriebsaufgabe/Entnahme kommen. Diese Grundsätze gelten auch, wenn es sich bei der gewerblichen Tätigkeit um die Vermietungstätigkeit im Rahmen einer Betriebsaufspaltung handelt.[6]

1 *Krumm* in Kirchhof/Seer[24], § 15 EStG Rz. 96; *Heil/Pupeter*, DB 2022, 1091 (1097).
2 BFH v. 29.11.2012 – IV R 37/10, BFH/NV 2013, 910; BFH v. 24.11.1998 – VIII R 61/97, BStBl. II 1999, 483 = FR 1999, 260; BFH v. 13.11.1997 – IV R 67/96, BStBl. II 1998, 254 = FR 1998, 316.
3 Zugleich Höhe des Freibetrags nach § 11 Abs. 1 Satz 1 Nr. 1 GewStG.
4 BFH v. 27.8.2014 – VIII R 6/12, BStBl. II 2015, 1002 = FR 2015, 512; BFH v. 27.8.2014 – VIII R 16/11, BStBl. II 2015, 996 = DB 2015, 469; BFH v. 27.8.2014 – VIII R 41/11, BStBl. II 2015, 999 = FR 2015, 512 m. Anm. v. *Kanzler*; Zur Geltung dieser Grundsätze auch im Bereich vermögensverwaltend tätiger Personengesellschaften vgl. BFH v. 30.6.2022 – IV R 42/19, BFH/NV 2022, 1356.
5 BFH v. 30.6.2022 – IV R 42/19, BStBl. II 2023, 118, Rz. 50.
6 Hierzu auch *Micker* in Söffing/Micker, Betriebsaufspaltung[10], Rz. 1071.

3.341 **Behandlung bei gewerblichen (Betriebsaufspaltungs-)Einkünften unterhalb der Bagatellgrenze unklar.** Liegen die gewerblichen Einkünfte – ggf. nur in einem (Anfangs-)Veranlagungszeitraum – unterhalb der Bagatellgrenze, ist die weitere Behandlung unklar. Das Meinungsspektrum ist vielfältig und teilweise undifferenziert:

3.342 **Keine Abfärbung gewerblicher Einkünfte auf freiberufliche Einkünfte i.S.d. § 18 EStG, sondern zwei Einkunftsarten nebeneinander.** Der BFH hat zu geringfügigen gewerblichen Einkünften nach § 15 EStG und im Übrigen Einkünften einer Personengesellschaft nach § 18 EStG entschieden, dass diese dann zwei Einkunftsarten nebeneinander verwirklicht.[1]

3.343 **Umgekehrte Abfärbung anderer betrieblicher Einkünfte i.S.d. §§ 13, 18 EStG auf gewerbliche Einkünfte i.S.d. § 15 EStG.** In anderen Entscheidungen hat der BFH die Einkünfte einer freiberuflichen Personengesellschaft mit geringfügigen gewerblichen Elementen in vollem Umfang nach der überwiegenden (freiberuflichen) Tätigkeit qualifiziert.[2] Diese Entfärbung der gewerblichen Einkünfte wird bei Mitunternehmerschaften i.S.d. §§ 13, 18 EStG als gerechtfertigt angesehen, weil diese nur einen einheitlichen Betrieb mit vollumfänglicher Steuerverstrickung unterhalten und der Vereinfachungszweck eine solche Behandlung gebietet. Auch vor dem Hintergrund, dass die genuin gewerblichen Erlöse höchstens die Höhe des GewSt-Freibetrags erreichen können, ist diese Behandlung aus Vereinfachungsgründen sachgerecht, als es ja auch bei einer Behandlung als gewerbliche Einkünfte niemals zur Erhebung von GewSt käme.[3]

3.344 **Abfärbung gewerblicher Einkünfte i.S.d. § 15 EStG auf vermögensverwaltende Einkünfte i.S.d. §§ 20, 21 EStG.** Das FG Nürnberg hatte darüber zu entscheiden, ob gewerbliche Einkünfte aus einer PV-Anlage unterhalb der Bagatellgrenze die übrigen Einkünfte einer ansonsten vermögensverwaltend i.S.d. §§ 20, 21 EStG tätigen Personengesellschaft infizieren, so dass Verluste aus einem Wertpapierdepot, auf dem Überschüsse der Vermietungstätigkeit „zwischengeparkt" wurden, aufgrund betrieblicher Mitverstrickung zugunsten der Gesellschaft sowie der Gesellschafter steuerliche Berücksichtigung finden können.[4] Das FG hat der Klage insoweit stattgegeben. Im Streitfall sollte es ungeachtet des Unterscheitens der Bagatellgrenze zur gewerblichen Infektion der übrigen Einkünfte der Personengesellschaft kommen. Das FG begründet dies kurz und knapp damit, dass die vom BFH entwickelte Bagatellgrenze nicht zu Ungunsten des Steuerpflichtigen angewendet werden darf.[5]

---

1 BFH v. 27.8.2014 – VIII R 16/11, BStBl. II 2015, 996, Rz. 25. Vgl. auch *Wendt*, FR 2022, 473 (475).

2 So ohne nähere Begründung BFH v. 27.8.2014 – VIII R 6/12, BStBl. II 2015, 1002; BFH v. 11.8.1999 – XI R 12/98, BStBl. II 2000, 229.

3 *Wendt*, StbJb 2015/2016, 35, 41.

4 FG Nürnberg v. 12.12.2023 – 1 K 1572/20, EFG 2024, 1671 (Rev. IV R 5/24),

5 A.A. *Wacker* in Schmidt[44], § 15 EStG Rz. 188: Die Bagatellgrenze „wirkt nicht nur zugunsten, sondern auch zu Lasten der Personengesellschaft/Gesellschafter."

Keine Abfärbung der vermögensverwaltenden Einkünfte i.S.d. §§ 20, 21 EStG auf gewerbliche Einkünfte i.S.d. § 15 EStG, sondern zwei Einkunftsarten nebeneinander. Schließlich wird vertreten, dass bei vermögensverwaltenden Personengesellschaften weder eine Abfärbung der gewerblichen Einkünfte auf die vermögensverwaltenden Einkünfte noch eine umgekehrte Abfärbung der vermögensverwaltenden Einkünfte auf gewerblichen Einkünfte erfolgt, sondern die Personengesellschaft zwei Einkunftsarten nebeneinander verwirklicht.[1] Die Personengesellschaft unterhält in diesem Fall einen auf die geringfügigen gewerblichen Einkünfte begrenzten Betrieb i.S.d. § 15 Abs. 2 EStG und ist insoweit als Mitunternehmerschaft i.S.d § 15 Abs. 1 Satz 1 Nr. 2 Satz 1 EStG anzusehen; die Gesellschafter der Personengesellschaft sind dann auch nur insoweit deren Mitunternehmer.[2] Die Personengesellschaft hat dann insoweit auch steuerverstricktes Betriebsvermögen i.S.d. § 15 EStG. Die hiermit verbundenen Umsetzungs- bzw. Einkünfteermittlungsschwierigkeiten erscheinen mit Rücksicht auf den begrenzten Umfang der gewerblichen Einkünfte vertretbar. 3.345

bb) Gesellschaft ohne eigenes Vermögen (Willensbildungs-GbR)

Überlagerte Mit- bzw. Bruchteilseigentümergemeinschaft. Bei Überlassung der wesentlichen Betriebsgrundlage durch Mit- bzw. Bruchteilseigentümer i.S.d. §§ 1008, 745 ff. BGB, die sich zu einer Willensbildungs-GbR i.S.d. § 705 BGB zusammengeschlossen haben (s. Rz. 3.48 f.), erzielt diese nach unentgeltlicher Nutzungsüberlassung durch die Miteigentümer (Beitrag i.S.d. § 706 BGB a.F. bzw. ab 1.1.2024: § 709 BGB n.F.) und entgeltlicher Weiterüberlassung an die Betriebs-Kapitalgesellschaft oder die Betriebs-Optionsgesellschaft i.S.d. § 1a KStG selbst gewerbliche Vermietungseinkünfte i.S.d. § 15 Abs. 1 Satz 1 Nr. 2 Satz 1 i.V.m. Abs. 2 EStG. Dies gilt ungeachtet des Umstands, dass die gewerbliche Vermietungstätigkeit tatsächlich durch die zum Sonderbetriebsvermögen der Gesellschafter rechnenden Miteigentumsberechtigungen an der wesentlichen Betriebsgrundlage ausgeübt wird. 3.346

Keine gewerbliche Infektion der übrigen Einkünfte. Bei Überlassung der wesentlichen Betriebsgrundlage durch Besitz-Gesellschafter über eine Willensbildungs-GbR an eine Betriebsgesellschaft ist § 15 Abs. 3 Nr. 1 EStG nicht anwendbar, da das überlassene Wirtschaftsgut nicht zum Gesellschaftsvermögen der GbR gehört, sondern im Mit- bzw. Bruchteilseigentum der Gesellschafter steht und damit deren Sonderbetriebsvermögen bei der (vermögenslosen) Willensbildungs-GbR zugehört. Die Infektionsregelung des § 15 Abs. 3 Nr. 1 Satz 1 EStG greift nämlich nicht ein, wenn die gewerbliche Tätigkeit im Sonderbereich des Gesellschafters ausgeübt wird.[3] 3.347

1 *Wendt*, FR 2022, 473, 475; *Wendt*, StbJb 2015/2016, 35, 42; *Sobisch*, ErbStB 2023, 4, 5: „hybride Gesellschaft mit zwei Vermögenssphären Betriebsvermögen einerseits und Privatvermögen andererseits“. Vgl. auch BFH v. 6.11.2003 – IV ER-S 3/03, BStBl II 2005, 76 (zur fehlenden Aufwärtsabfärung vor Einführung von § 15 Abs. 3 Nr. 1 Satz 1 Alt. 2 EStG).

2 *Wendt*, FR 2022, 473, 475; ebenso auch BFH v. 6.11.2003 – IV ER-S 3/03, BStBl II 2005, 76 (zur fehlenden Aufwärtsabfärung vor Einführung von § 15 Abs. 3 Nr. 1 Satz 1 Alt. 2 EStG).

3 BFH v. 28.6.2006 – XI R 31/05, BStBl. II 2007, 378 = FR 2007, 79 m. Anm. v. *Wendt*.

b) Betriebseröffnung

3.348 **Einlage i.S.d. § 6 Abs. 1 Nr. 6 i.V.m. Nr. 5 EStG.** Mit Entstehung der Betriebsaufspaltung sind die betroffenen Wirtschaftsgüter in das (Sonder-)Betriebsvermögen der Besitz-Personengesellschaft einzulegen. Hierzu gelten die Ausführungen zu Rz. 3.263 entsprechend.

3.349 **Buchwertüberführung gem. § 6 Abs. 5 Satz 2 EStG.** Soweit die überlassene wesentliche Betriebsgrundlage und/oder die Beteiligung an der nunmehrigen Betriebs-Kapitalgesellschaft oder Betriebs-Optionsgesellschaft i.S.d. § 1a KStG bei einem Gesellschafter bereits zum Betriebsvermögen rechnete, erfolgt eine Überführung in das Sonderbetriebsvermögen bei der Besitz-Personengesellschaft gem. § 6 Abs. 5 Satz 2 EStG zum Buchwert.

c) Umfang des Betriebsvermögens

aa) Betriebsvermögen der Gesellschaft

(1) Gesellschaft mit eigenem Vermögen

3.350 **Verstrickung des gesamten Gesellschaftsvermögens.** Aus der einheitlichen Gewerblichkeit der Besitz-Personengesellschaft gem. § 15 Abs. 3 Nr. 1 EStG (s. Rz. 3.336 ff.) folgt, dass die zur Erwirtschaftung der gewerblichen Einkünfte eingesetzten Wirtschaftsgüter insgesamt gewerbliches Betriebsvermögen der Besitz-Personengesellschaft darstellen.[1] Zum gewerblich verstrickten Vermögen rechnen alle Vermögensgegenstände, die im zivilrechtlichen oder wirtschaftlichen Eigentum der Gesellschaft i.S.d. § 39 Abs. 2 Nr. 1 AO stehen, soweit es sich bei diesen nicht ausnahmsweise um notwendiges Privatvermögen der Gesellschaft handelt.[2] Zur ggf. abweichenden Beurteilung bei gewerblichen Einkünften unterhalb der Bagatellgrenze und damit ggf. verbundener Beschränkung des gewerblichen Betriebsvermögens s. Rz. 3.339 ff.

3.351 **Nur-Besitzgesellschafter.** Die zum Gesellschaftsvermögen der Besitz-Personengesellschaft rechnenden Wirtschaftsgüter sind stets in vollem Umfang notwendiges Betriebsvermögen. Dies gilt auch, wenn an der Besitzgesellschaft Gesellschafter beteiligt sind, die nicht an der Betriebs-Kapitalgesellschaft oder der Betriebs-Optionsgesellschaft i.S.d. § 1a KStG beteiligt sind (sog. Nur-Besitzgesellschafter).[3] Auch in Höhe der Beteiligung des Nur-Besitzgesellschafters an der Besitz-Personengesellschaft ist dann notwendiges Betriebsvermögen bei dieser gegeben.

---

1 BFH v. 25.11.2004 – IV R 7/03, BStBl. II 2005, 354 = DB 2005, 806; BFH v. 13.11.1997 – IV R 67/96, BStBl. II 1998, 254 = FR 1998, 316; BFH v. 11.5.1989 – IV R 43/88, BStBl. II 1989, 797 = DB 1989, 1905; Vgl. auch *Micker* in Söffing/Micker, Betriebsaufspaltung[10], Rz. 1066.

2 Hierzu BFH v. 16.10.2014 – IV R 15/11, BStBl. II 2015, 267 = FR 2015, 274 m. Anm. v. *Wendt*; BFH v. 3.3.2011 – IV R 45/08, BStBl. II 2011, 552, 554; BFH v. 25.11.2004 – IV R 7/03, BStBl. II 2005, 354, 355. S. auch *Wacker* in Schmidt[44], § 15 EStG Rz. 874.

3 BFH v. 13.11.1997 – IV R 67/96, BStBl. II 1998, 254 = FR 1998, 316; BFH v. 2.8.1972 – IV 87/65, BStBl. II 1972, 796. Vgl. auch OFD Frankfurt am Main v. 10.5.2012 – S 2240 A-28-St 219, juris, Rz. 3.3.1.

Überlassene wesentliche Betriebsgrundlage. Sofern die – die Betriebsaufspaltung infolge ihrer Überlassung an die Betriebs-Kapitalgesellschaft oder die Betriebs-Optionsgesellschaft i.S.d. § 1a KStG begründende – wesentliche Betriebsgrundlage im (wirtschaftlichen) Eigentum der Besitz-Personengesellschaft steht, ist sie dem notwendigen Betriebsvermögen der Besitz-Personengesellschaft zuzuordnen. 3.352

Nutzungsrecht an der überlassenen wesentlichen Betriebsgrundlage. Steht die dem Betriebsunternehmen überlassene, die sachliche Verflechtung der Betriebsaufspaltung begründende wesentliche Betriebsgrundlage nicht im zivil- oder wirtschaftlichen Eigentum der Besitz-Personengesellschaft, sondern wird dem Betriebsunternehmen aufgrund schuldrechtlicher oder dinglicher Nutzungsberechtigung überlassen (Rz. 3.110), rechnet das zugrundeliegende Nutzungsrecht zum notwendigen Betriebsvermögen der Besitz-Personengesellschaft. 3.353

Sonstige Wirtschaftsgüter. Auch Wirtschaftsgüter, die nicht der Betriebs-Kapitalgesellschaft oder der Betriebs-Optionsgesellschaft i.S.d. § 1a KStG überlassen werden, sondern an Dritte vermietet oder verpachtet sind, rechnen aufgrund des einheitlichen Gewerbebetriebs der Besitz-Personengesellschaft (§ 15 Abs. 3 Nr. 1 EStG) zu deren steuerlichen Betriebsvermögen.[1] 3.354

Anteile an der Betrieb-Kapital-/Optionsgesellschaft (Einheits-Betriebsaufspaltung). Die Anteile an der Betrieb-Kapitalgesellschaft oder der Betriebs-Optionsgesellschaft i.S.d. § 1a KStG, die zum Gesellschaftsvermögen der Besitz-Personengesellschaft gehören, rechnen zum notwendigen Betriebsvermögen der Besitz-Personengesellschaft; es ist dann ein Fall der sog. Einheits-Betriebsaufspaltung gegeben (Mutter-Tochter-Verhältnis). 3.355

Darlehen, Bürgschaften und Grundschulden. Zum notwendigen Betriebsvermögen der Besitz-Personengesellschaft rechnen auch Darlehen, die diese der Betriebs-Kapitalgesellschaft oder der Betriebs-Optionsgesellschaft i.S.d. § 1a KStG gewährt.[2] Entsprechendes gilt für eine stille Beteiligung an der Betrieb-Kapital-/Optionsgesellschaft i.S.d. § 230 HGB.[3] Gewährt die Besitz-Personengesellschaft einer Kapitalgesellschaft oder Optionsgesellschaft i.S.d. § 1a KStG, die Geschäftspartner der Betriebs-Kapital-/Optionsgesellschaft ist, ein Darlehen, ist auch dieses grundsätzlich dem notwendigen Betriebsvermögen der Besitzgesellschaft zuzuordnen.[4] Zum notwendigen Betriebsvermögen der Besitz-Personengesellschaft rechnet auch eine stille Beteiligung an der Betrieb-Kapital-/Optionsgesellschaft i.S.d. § 230 HGB.[5] Zu Bürgschaften und Grundschulden gelten die zum Besitz-Einzelunternehmers dargestellten Grundsätze (s. Rz. 3.279 f.). 3.356

1 BFH v. 27.8.2014 – VIII R 41/11, BStBl. II 2015, 999 = FR 2015, 512 m. Anm. v. *Kanzler*; BFH v. 29.11.2012 – IV R 37/10, BFH/NV 2013, 910.
2 BFH v. 25.11.2004 – IV R 7/03, BStBl. II 2005, 354 = DB 2005, 806.
3 BFH v. 19.2.1991 – VIII R 106/87, BStBl. II 1991, 569 = FR 1991, 392.
4 BFH v. 25.11.2004 – IV R 7/03, BStBl. II 2005, 354 = DB 2005, 806.
5 BFH v. 19.2.1991 – VIII R 106/87, BStBl. II 1991, 569.

3.357 **Sonstiges Vermögen.** Soweit auf die Besitz-Personengesellschaft übertragbar, gelten für diese im Übrigen die zum Umfang des Betriebsvermögens des Besitz-Einzelunternehmers dargestellten Grundsätze (s. Rz. 3.266 ff.).

(2) Gesellschaft ohne eigenes Vermögen (Willensbildungs-GbR)

3.358 **Kein Gesellschaftsvermögen.** Eine durch die Mit- bzw. Bruchteilseigentümer i.S.d. §§ 1008, 745 ff. BGB errichtete Willensbildungs-GbR i.S.d. § 705 BGB verfügt zivilrechtlich über kein Gesellschaftsvermögen und hat damit ertraglichsteuerlich auch kein eigenes Betriebsvermögen. In der Gesellschaftsbilanz ist insbesondere die, der Betriebs-Kapitalgesellschaft oder der Betriebs-Optionsgesellschaft i.S.d. § 1a KStG überlassene, wesentliche Betriebsgrundlage daher nicht zu erfassen. Das steuerliche Gesamtbetriebsvermögen der Willensbildungs-GbR besteht nur aus den zum Sonderbetriebsvermögen der Gesellschafter rechnenden Wirtschaftsgütern.

bb) Sonderbetriebsvermögen der Gesellschafter

(1) Eigentum des Gesellschafters

3.359 **Zurechnung nach § 39 AO.** Wirtschaftsgüter, die nicht dem Gesellschaftsvermögen der Besitz-Personengesellschaft zugehören, sondern im (wirtschaftlichen) Eigentum des Gesellschafters i.S.d. § 39 AO stehen, können nach allgemeinen Grundsätzen zu dessen notwendigen oder gewillkürten Sonderbetriebsvermögen gehören. Gleiches gilt für Miteigentumsanteile an Wirtschaftsgütern.

(2) Sonderbetriebsvermögen I

(a) Zur Weitervermietung an die Betriebs-Kapital-/Optionsgesellschaft überlassene Wirtschaftsgüter

3.360 **Notwendiges Sonderbetriebsvermögen.** Wirtschaftsgüter, die einem Gesellschafter der Besitz-Personengesellschaft (ggf. anteilig) gehören und der Besitzgesellschaft zur Weitervermietung an die Betriebs-Kapitalgesellschaft oder die Betriebs-Optionsgesellschaft i.S.d. § 1a KStG überlassen werden, rechnen zum Sonderbetriebsvermögen I des Gesellschafters bei der Besitz-Personengesellschaft.[1] Hiervon erfasst ist insbesondere die, die Betriebsaufspaltung begründende, wesentliche Betriebsgrundlage. Aber auch andere WG, die der Gesellschafter der Besitz-Personengesellschaft zur Weitervermietung an die Betriebsgesellschaft überlässt, sind dessen notwendigem Sonderbetriebsvermögen I bei der Besitz-Personengesellschaft zuzuordnen.[2]

---

1 BFH v. 10.9.2020 – IV R 14/18, BStBl. II 2021, 367 = FR 2021, 326 m. Anm. v. *Mitschke*; BFH v. 7.8.1998 – IV R 77/97, BStBl. II 1999, 279.

2 BFH v. 22.9.2011 – IV R 33/08, BStBl. II 2012, 10 = FR 2012, 77 m. Anm. v. *Wendt*; BFH v. 18.8.2005 – IV R 59/04, BStBl. II 2005, 830 = FR 2006, 23 m. Anm. v. *Wendt*; BFH v. 2.12.2004 – III R 77/03, BStBl. II 2005, 340 = FR 2005, 638.

(b) Sonstige Wirtschaftsgüter

Allgemeine Grundsätze. Auch sonstige Wirtschaftsgüter des Gesellschafters, die unmittelbar dem Betrieb der Besitz-Personengesellschaft zu dienen bestimmt sind, rechnen zu dessen notwendigen Sonderbetriebsvermögen I bei der Besitz-Personengesellschaft.[1] 3.361

(3) Sonderbetriebsvermögen II

(a) Unmittelbar an die Betriebs-Kapital-/Optionsgesellschaft überlassene Wirtschaftsgüter

Wesentliche Betriebsgrundlage. Wird die wesentliche Betriebsgrundlage vom Gesellschafter der Besitz-Personengesellschaft direkt an die Besitz-Kapitalgesellschaft oder die Betriebs-Optionsgesellschaft i.S.d. § 1a KStG überlassen, rechnet diese zum notwendigen Sonderbetriebsvermögen II des Gesellschafters bei der Besitz-Personengesellschaft.[2] 3.362

Sonstige Wirtschaftsgüter. Unmittelbar der Betriebs-Kapitalgesellschaft oder der Betriebs-Optionsgesellschaft i.S.d. § 1a KStG zur Nutzung überlassene sonstige Wirtschaftsgüter rechnen zum notwendigen Sonderbetriebsvermögen II des Gesellschafters bei der Besitz-Personengesellschaft, sofern die Überlassung an die Betriebs-Kapital-/Optionsgesellschaft dem Interesse der Besitz-Personengesellschaft und der Beteiligung des Gesellschafters an dieser dient, etwa durch Verbesserung der Vermögens- und Ertragslage der Betriebs-Kapital-/Optionsgesellschaft und die dadurch bedingte Erhöhung des Werts der Beteiligung.[3] Dient die Überlassung lediglich davon unabhängigen eigenen wirtschaftlichen Interessen des Gesellschafters, kommt eine Zuordnung zum notwendigen Sonderbetriebsvermögen II nicht in Betracht; es sind dann Einkünfte des Überlassenden gem. § 21 EStG[4] oder aus einem eigenen Gewerbebetrieb als Besitzunternehmen i.S.d. § 15 EStG gegeben.[5] Die Abgrenzung erfolgt anhand der „Veranlassung".[6] 3.363

---

1 BFH v. 25.11.2004 – IV R 7/03, BStBl. II 2005, 354; BFH v. 13.11.1997 – IV R 67/96, BStBl. II 1998, 254; BFH v. 26.6.1975 – IV R 59/73, BStBl. II 1975, 781; BFH v. 10.1.1973 – I R 114/71, BStBl. II 1973, 238.

2 BFH v. 10.9.2020 – IV R 14/18, BStBl II 2021, 367 = FR 2021, 326 m. Anm. v. *Mitschke*; BFH v. 29.7.2015 – IV R 16/13, BFH/NV 2016, 19.

3 BFH v. 17.12.2008 – IV R 65/07, BStBl. II 2009, 371 = FR 2009, 770; BFH v. 18.8.2005 – IV R 59/04, BStBl. II 2005, 830; BFH v. 2.12.2004 – III R 77/03, BStBl. II 2005, 340 = DB 2005, 534.

4 BFH v. 27.8.1998 – IV R 77/97, BStBl. II 1999, 279; BFH v. 1.10.1996 – VIII R 44/95, BStBl. II 1997, 530 = FR 1997, 482.

5 BFH v. 17.12.2008 – IV R 65/07, BStBl. II 2009, 371 = FR 2009, 770; BFH v. 10.7.1996 – I R 132/94, BStBl. II 1997, 226 = DB 1996, 2595. Vgl. auch FG Münster v. 24.6.2014 – 3 K 3886/12, EFG 2014, 1951 (rkr.).

6 BFH v. 10.6.1999 – IV R 21/98, BStBl. II 1999, 715; BFH v. 13.10.1998 – VIII R 46/95, BStBl. II 1999, 357.

3.364 **Veranlassungszusammenhang.** Wesentliche Indizien für eine Veranlassung im Interesse der Besitz-Personengesellschaft sind die Überlassung zu nicht fremdüblichen Bedingungen,[1] die Überlassung in Abhängigkeit von der Dauer der Beteiligung am Betriebsunternehmen,[2] wenn die Überlassung nach ihrer Zweckbestimmung nur für die Betriebs-Kapital-/Optionsgesellschaft geeignet oder sonst für diese unverzichtbar ist[3] oder wenn ein enger zeitlicher Zusammenhang mit Begründung der Betriebsaufspaltung besteht.[4] Eine nur mittelbare günstige Wirkung auf den Betrieb des Besitzunternehmens reicht nicht.[5] Für eine private Veranlassung spricht u.a., wenn der Vertrag erst längere Zeit nach Begründung der Betriebsaufspaltung geschlossen wird.[6]

(b) Anteile an der Betriebs-Kapitalgesellschaft oder -Optionsgesellschaft i.S.d. § 1a KStG

3.365 **Notwendiges Sonderbetriebsvermögen.** Anteile an der Betriebs-Kapitalgesellschaft oder der Betriebs-Optionsgesellschaft i.S.d. § 1a KStG gehören im Rahmen einer Betriebsaufspaltung zum (Gesamt-)Betriebsvermögen des Besitzunternehmens, wenn sie der Durchsetzung des einheitlichen geschäftlichen Betätigungswillens in der Betriebsgesellschaft dienen. Bei Gesellschaftern, die sowohl an der Besitz-Personengesellschaft als auch unmittelbar an der Betriebs-Kapital-/Optionsgesellschaft beteiligt sind, rechnen die Anteile an der Betriebs-Kapital-/Optionsgesellschaft damit zum notwendigen Sonderbetriebsvermögen II der Gesellschafter bei der Besitz-Personengesellschaft.[7]

3.366 **Einflusslose Anteile.** Anteile an der Betriebs-Kapital-/Optionsgesellschaft, die zur Durchsetzung des einheitlichen geschäftlichen Betätigungswillens in der Betriebs-Kapital-/Optionsgesellschaft mangels Einflusses nicht geeignet sind, stellen kein Sonderbetriebsvermögen II bei der Besitz-Personengesellschaft dar.[8]

3.367 **Anteile von Nur-Betriebsgesellschaftern.** Anteile naher Angehöriger an der Betriebs-Kapitalgesellschaft oder der Betriebs-Optionsgesellschaft i.S.d. § 1a KStG, die nicht selbst an der Besitz-Personengesellschaft beteiligt sind (sog. Nur-Betriebsgesell-

---

1 BFH v. 10.11.1994 – IV R 15/93, BStBl. II 1995, 452; BFH v. 30.3.1993 – VIII R 8/91, BStBl. II 1993, 864.

2 BFH v. 10.11.1994 – IV R 15/93, BStBl. II 1995, 452.

3 BFH v. 13.10.1998 – VIII R 46/95, BStBl. II 1999, 357; BFH v. 15.5.1975 – IV R 89/73, BStBl. II 1975, 781.

4 BFH v. 1.10.1996 – VIII R 44/95, BStBl. II 1997, 530.

5 BFH v. 23.1.1992 – XI R 36/88, BStBl. II 1992, 721.

6 BFH v. 10.6.1999 – IV R 21/98, BStBl. II 1999, 715; BFH v. 13.10.1998 – VIII R 46/95, BStBl. II 1999, 357.

7 BFH v. 28.5.2020 – IV R 17/17, BFH/NV 2020, 1401; BFH v. 4.12.2014 – IV R 28/11, BFH/NV 2015, 495; BFH v. 31.10.2000 – VIII R 19/94, BFH/NV 2001, 447; BFH v. 14.9.1999 – III R 47/98, BStBl. II 2000, 255 = FR 2000, 383. Vgl. ferner FG Köln v. 23.11.2016 – 4 K 3688/12, EFG 2017, 400 (rkr.); FG Niedersachsen v. 19.11.2015 – 5 K 286/12, EFG 2016, 138 (rkr.).

8 BFH v. 23.7.1981 – IV R 103/78, BStBl. II 1982, 60; BFH v. 2.8.1972 – IV 87/65, BStBl. II 1972, 796.

schafter), rechnen nicht zum Sonderbetriebsvermögen des an der Besitz-Personengesellschaft beteiligten Angehörigen bei dieser.[1] Dies gilt auch, wenn die Anteile bei der Feststellung der personellen Verflechtung über die Grundsätze einer faktischen Beherrschung ausnahmsweise in die Berechnung der Beherrschungsquote einbezogen werden (dazu Rz. 3.225 ff.).

Mehrfache Betriebsaufspaltung. Steht die Betriebs-Kapitalgesellschaft oder die Betriebs-Optionsgesellschaft i.S.d. § 1a KStG zu mehreren Besitz-Personengesellschaften in einem Betriebsaufspaltungsverhältnis, sind die Anteile an der Betriebs-Kapital-/Optionsgesellschaft dem Sonderbetriebsvermögen II der Gesellschafter derjenigen Besitz-Personengesellschaft zuzuordnen, die zuerst die Betriebsaufspaltung zur Betriebs-Kapital-/Optionsgesellschaft begründet hat.[2] Sind die Besitz-Personengesellschaften zeitgleich entstanden, soll eine Zuordnung nach qualitativen Kriterien erfolgen.[3] Die Anteile sind in diesem Fall bei der Besitz-Personengesellschaft zu aktivieren, für die die Anteile die größere qualitative Bedeutung haben.[4] Lässt sich auch kein qualitativer Unterschied erkennen, soll den Gesellschaftern ein Zuordnungswahlrecht zustehen.[5] Eine anteilige Zuordnung entsprechend der Beteiligungsquote zum Sonderbetriebsvermögen des Gesellschafters in jeder Besitz-Personengesellschaft kann nicht erfolgen, da dies zu einer rechtlichen Teilung der Gesellschaftsanteile führt, die tatsächlich gar nicht vollzogen ist.[6] Steht eine Besitz-Personengesellschaft zu mehreren Betriebs-Kapital-/Optionsgesellschaften in einem Betriebsaufspaltungsverhältnis,[7] ergibt sich keine Bilanzierungskonkurrenz; die Anteile an den Betriebs-Kapitalgesellschaften sind jeweils als Sonderbetriebsvermögen der die personelle Verflechtung begründenden Gesellschafter des einzigen Besitzunternehmens zu bilanzieren.[8] 3.368

(c) Anteile an anderen Kapitalgesellschaften und Optionsgesellschaften i.S.d. § 1a KStG

Anteile an zwischengeschalteten Gesellschaften. Werden die Anteile an der sachlich verflochtenen Betriebs-Kapitalgesellschaft oder Betriebs-Optionsgesellschaft i.S.d. § 1a KStG gesellschaftsrechtlich nicht unmittelbar gehalten, sondern mittelbar über 3.369

1 BFH v. 2.8.1972 – IV 87/65, BStBl. II 1972, 796.

2 BFH v. 10.5.2012 – IV R 34/09, BStBl. II 2013, 471 = FR 2013, 551 m. Anm. v. *Prinz/Kempermann.*

3 BFH v. 19.9.2024 – IV R 5/20, BFH/NV 2025, 149; BFH v. 10.5.2012 – IV R 34/09, BStBl. II 2013, 471 = FR 2013, 551 m. Anm. v. *Prinz/Kempermann.*

4 BFH v. 19.9.2024 – IV R 5/20, BFH/NV 2025, 149; BFH v. 10.5.2012 – IV R 34/09, BStBl. II 2013, 471.

5 *Gluth* in H/H/R, § 15 EStG Anm. 782 (Stand: April 2022); *Rutemöller*, DStZ 2012, 839 (842).

6 *Gluth* in H/H/R, § 15 EStG Anm. 782 (Stand: April 2022).

7 Hierzu BFH v. 10.5.2012 – IV R 34/09, BStBl. II 2013, 471; BFH v. 12.11.1997 – XI R 24/97, BFH/NV 1998, 690; BFH v. 24.4.1991 – X R 84/88, BStBl. II 1991, 713; BFH v. 25.8.1993 – XI R 6/93, BStBl. II 1994, 23; BFH v. 24.7.1986 – IV R 98-99/85, BStBl. II 1986, 913; BFH v. 11.11.1982 – IV R 117/80, BStBl II 1983, 299.

8 Teilweise a.A. *Rutemöller*, DStZ 2012, 839 (840, 842).

eine beherrschte Kapital-/Optionsgesellschaft i.S.d. § 1a KStG, so gehören diese den mittelbar beherrschenden Einfluss auf die Betriebsgesellschaft vermittelnden Beteiligungen zum notwendigen Sonderbetriebsvermögen II der Gesellschafter bei der Besitz-Personengesellschaft.[1] Dies gilt aber nur dann, wenn die Anteile der Durchsetzung des einheitlichen geschäftlichen Betätigungswillens in der Betriebsgesellschaft dienen. Eine Beteiligung, die keinen beherrschenden Einfluss auf eine als Kommanditistin an der Betriebs-Personengesellschaft beteiligte GmbH vermittelt, erfüllt diese Voraussetzungen nicht[2] und ist deahalb dem notwendigen Privatvermögen der Mitunternehmer zuzuordnen.[3]

3.370 **Anteile an wirtschaftlich verflochtenen Gesellschaften.** Auch Anteile des Gesellschafters der Besitz-Personengesellschaft an anderen Kapitalgesellschaften oder Optionsgesellschaften i.S.d. § 1a KStG können Sonderbetriebsvermögen II darstellen, wenn die andere Kapital-/Optionsgesellschaft mit der Betriebs-Kapital-/Optionsgesellschaft in vorteilhaften und nicht nur kurzfristigen Geschäftsbeziehungen steht.[4] Sofern die Kapital-/Optionsgesellschaft einen erheblichen eigenen Geschäftsbereich unterhält, ist die Zurechnung zum Sonderbetriebsvermögen II des Gesellschafters bei der Besitz-Personengesellschaft aber nur dann gerechtfertigt, wenn sich aus besonderen Umständen ergibt, dass die Beteiligung vorrangig im Interesse der Besitz-Personengesellschaft gehalten wird.[5]

(d) Darlehen, Bürgschaften und Grundschulden

3.371 **Betrieblich veranlasste Darlehensgewährung.** Der Betriebs-Kapitalgesellschaft oder Betriebs-Optionsgesellschaft i.S.d. § 1a KStG gewährte Darlehen rechnen zum Sonderbetriebsvermögen I des Gesellschafters bei der Besitz-Personengesellschaft, sofern die Darlehensgewährung dem Interesse der Besitz-Personengesellschaft und der Beteiligung des Gesellschafters an dieser dient.[6]

3.372 **Privat veranlasste Darlehensgewährung.** Kein notwendiges Sonderbetriebsvermögen liegt dagegen vor, wenn die Darlehensaufnahme durch die Betriebsgesellschaft zur Verbesserung ihrer Vermögens- und Ertragslage weder notwendig noch

---

1 BFH v. 12.6.2013 – X R 2/10, BStBl. II 2013, 907 = DB 2013, 2304; BFH v. 16.6.1982 – I R 118/80, BStBl. II 1982, 662.

2 BFH v. 19.9.2024 – IV R 5/20, BFH/NV 2025, 149; BFH v. 23.7.1981 – IV R 103/78, BStBl. II 1982, 60.

3 Vgl. hierzu auch *Werthebach*, FR 2024, 596 (598), mit Verweis auf FG Münster v. 15.3.2005 – 15 K 4528/99 F, n.v., bestätigt durch BFH v. 18.4.2006 – VIII B 83/05, BFH/NV 2006, 1464.

4 BFH v. 26.8.2005 – X B 98/05, BStBl. II 2005, 833 = FR 2006, 26; BFH v. 25.11.2004 – IV R 7/03, BStBl. II 2005, 354 = DB 2005, 806; BFH v. 3.3.1998 – VIII R 66/96, BStBl. II 1998, 383.

5 BFH v. 3.3.1998 – VIII R 66/96, BStBl. II 1998, 383; BFH v. 7.7.1992 – VIII R 2/87, BStBl. II 1993, 328.

6 BFH v. 10.11.2005 – IV R 13/04, BStBl. II 2006, 618 = FR 2006, 319; BFH v. 19.10.2000 – IV R 73/99, BStBl. II 2001, 335 = FR 2001, 412; BFH v. 10.11.1994 – IV R 15/93, BStBl. II 1995, 452.

zweckmäßig war, sondern festgestellt werden kann, dass für die Darlehenshingabe lediglich die Interessen der Gesellschafter im Hinblick auf eine günstige Kapitalanlage ursächlich waren.[1]

Betrieblich veranlasste Bürgschaft. Eine Bürgschaft, die der Gesellschafter einer Besitz-Personengesellschaft zur Absicherung von Krediten der Betriebs-Kapitalgesellschaft oder Betriebs-Optionsgesellschaft i.S.d. § 1a KStG eingeht, gehören bei betrieblicher Veranlassung durch die Besitz-Personengesellschaft oder die Beteiligung an dieser zum passiven Sonderbetriebsvermögen II.[2] Die betriebliche Veranlassung durch das Besitzunternehmen wird regelmäßig durch die Übernahme der Bürgschaft zu nicht marktüblichen Bedingungen oder die Gewährung in einer Krisensituation dokumentiert. Droht eine Inanspruchnahme als Bürge, so ist für den betroffenen Besitzgesellschafter eine Rückstellung zu bilden, deren Höhe sich nach dem zu erwartenden Risiko richtet.[3] 3.373

Betrieblich veranlasste Grundschuld. Zu Grundschulden gelten die zum Besitz-Einzelunternehmers dargestellten Grundsätze für die Zuordnung zum Sonderbetriebsvermögen entsprechend (s. Rz. 3.280 f.). 3.374

(4) Gewillkürtes Sonderbetriebsvermögen

Allgemeine Grundsätze. Die Bildung von gewillkürtem Sonderbetriebsvermögen durch den Gesellschafter der Besitz-Personengesellschaft ist auch im Rahmen der Betriebsaufspaltung möglich.[4] Sie setzt nach allgemeinen Grundsätzen voraus, dass das betreffende Wirtschaftsgut geeignet ist, dem Betrieb der Besitz-Personengesellschaft oder der Beteiligung des Gesellschafters an dieser zu dienen und das Wirtschaftsgut unmissverständlich dem Sonderbetriebsvermögen gewidmet wird.[5] 3.375

d) Besonderheiten bei der Gewinnermittlung

aa) Allgemeine Grundsätze

Bezugnahme. Soweit auf Personengesellschaften anwendbar und relevant, gelten zur Art und Weise der Gewinnermittlung der Besitz-Personengesellschaft die Ausführungen in Rz. 3.286 ff. entsprechend, ebenso zum Gewinnermittlungszeitraum s. Rz. 3.290, zu Fragen der korrespondierenden Bilanzierung s. Rz. 3.292 ff., zu Betriebseinnahmen und -ausgaben s. Rz. 3.295 ff., zu sonstigen Themen s. Rz. 3.330 ff. 3.376

---

1 BFH v. 29.11.2017 – X R 8/16, BStBl. II 2018, 426 = FR 2018, 470; BFH v. 7.3.1978 – VIII R 38/74, BStBl. II 1978, 378.

2 BFH v. 22.1.2003 – X R 60/99, BFH/NV 2003, 901; BFH v. 18.12.2001 – VIII R 27/00, BStBl. II 2002, 734 = FR 2002, 522; BFH v. 9.9.1986 – VIII R 159/85, BStBl. II 1987, 257.

3 BFH v. 19.6.2001 – X R 104/98, BFH/NV 2002, 163.

4 BFH v. 27.8.1998 – IV R 77/97, BStBl. II 1999, 279.

5 BFH v. 23.10.1986 – IV R 214/84, BStBl. II 1987, 120; BFH v. 6.5.1986 – VIII R 160/85, BStBl. II 1986, 838.

bb) Besonderheiten bei der Willensbildungs-GbR

3.377 **Gesellschaftsebene.** Bei Überlassung der wesentlichen Betriebsgrundlage durch Mit- bzw. Bruchteilseigentümer, die sich zu einer Willensbildungs-GbR zusammengeschlossen haben (s. Rz. 3.48 f.), erzielt die vermögenslose Willensbildungs-GbR gewerbliche Einkünfte aus der Überlassung der im Eigentum der Gesellschafter stehenden wesentlichen Betriebsgrundlage an die Betriebs-Kapitalgesellschaft oder die Betriebs-Optionsgesellschaft i.S.d. § 1a KStG. Diese wird der Gesellschaft dann seitens der Gesellschafter zur weiteren Verwendung bzw. Vermietung an die Betriebsgesellschaft überlassen (Beitrag i.S.d. § 706 BGB a.F. bzw. ab 1.1.2024: § 709 BGB n.F.).

3.378 **Gesellschafterebene.** Wenngleich bei dieser Sachlage die vermögenslose Willensbildungs-GbR die Vermietungseinkünfte erzielt, sind die AfA gem. § 7 EStG und Aufwendungen für Grundsteuer und (Gebäude-)Versicherung als Sonderbetriebsausgabe bei den Gesellschaftern zu berücksichtigen. Die Beurteilung der übrigen Grundstücksaufwendungen bspw. für Instandhaltung oder Reinigung richtet sich nach den getroffenen Vereinbarungen. Soweit diese Aufwendungen von der Betriebsgesellschaft getragen werden, handelt es sich bei dieser um Betriebsausgaben. Werden die Aufwendungen vom Gesellschafter getragen, sind bei diesem Sonderbetriebsausgaben gegeben.

e) Thesaurierungsbegünstigung

3.379 **Nicht entnommener Gewinn der Besitz-Personengesellschaft.** Für den bilanziell nach §§ 4 Abs. 1 Satz 1, § 5 EStG ermittelten Gewinn der Besitz-Personengesellschaft (s. Rz. 3.286 ff.) kann die Thesaurierungsbegünstigung nach § 34a EStG in Anspruch genommen werden.

f) Anrechnung der Gewerbesteuer auf die Einkommensteuer

3.380 **§ 35 EStG.** Bei einer Personengesellschaft als Besitzunternehmen kann die anfallende Gewerbesteuer nach Maßgabe des § 35 EStG auf die Einkommensteuer der Gesellschafter (Mitunternehmer) angerechnet werden. Die für die Betriebs-Kapital-/Optionsgesellschaft festgesetzte Gewerbesteuer kann jedoch nicht angerechnet werden.[1] Zu beachten sind aber sog. Anrechnungsüberhänge, bei denen sich die gezahlte GewSt nicht in voller Höhe auf die Einkommensteuer auswirkt; Gründe hierfür sind zu geringe gewerbliche Einkünfte, ein niedriger Gesamtbetrag der Einkünfte oder ein Hebesatz der GewSt von mehr als 400 %.

1 FG Düsseldorf v. 8.11.2006 – 7 K 3473/05 E, EFG 2007, 685 (rkr.).

3. Vermögensverwaltende Rechtsgemeinschaft

a) Gewerbliche Vermietungstätigkeit

aa) Gemeinschaft mit eigenem Vermögen (Erben-, Güter- und Wohnungseigentümergemeinschaft)

Gewerbliche Vermietungseinkünfte. Mit dem Beginn der Betriebsaufspaltung erzielt eine zuvor nur vermögensverwaltend tätige Besitzgemeinschaft (Erben-/Güter-/Wohnungseigentumsgemeinschaft) aus der Überlassung der ihr vermögensmäßig i.S.d. § 39 AO zuzurechnenden wesentlichen Betriebsgrundlage an die Betriebs-Kapitalgesellschaft oder die Betriebs-Optionsgesellschaft i.S.d. § 1a KStG gewerbliche Vermietungseinkünfte i.S.d. § 15 Abs. 1 Satz 1 Nr. 2 Satz 1 i.V.m. Abs. 2 EStG.[1] Für den bilanziell nach §§ 4 Abs. 1 Satz 1, § 5 EStG ermittelten Gewinn der Besitz-Rechtsgemeinschaft (s. Rz. 3.286 ff.) kann die Thesaurierungsbegünstigung nach § 34a EStG in Anspruch genommen werden (s. auch Rz. 3.406). 3.381

Keine gewerbliche Infektion der übrigen Einkünfte. Anders als bei Personengesellschaften führen die „originär" gewerblichen Vermietungseinkünfte einer Rechtsgemeinschaft nicht zu einer gewerblichen Infektion aller weiteren Einkünfte der Gemeinschaft gem. § 15 Abs. 3 Nr. 1 Satz 1 Alt. 1 EStG (Seitwärtsinfektion), da diese Regelung auf Rechtsgemeinschaften keine Anwendung findet.[2] Übt die Rechtsgemeinschaft damit neben der Vermietung weitere steuerrelevante Tätigkeiten mit eigenem Vermögen aus, werden die hieraus erzielten Einkünfte nach allgemeinen Grundsätzen der §§ 13 ff. EStG qualifiziert. Die zugehörigen Wirtschaftsgüter sind kein Betriebsvermögen der Rechtsgemeinschaft (s. Rz. 3.390). Die Rechtsgemeinschaft erzielt dann nebeneinander Gewinn- und Überschusseinkünfte. Dies gilt aber nicht, wenn die Rechtsgemeinschaft z.B. durch die Erben in eine GbR als „andere Personengesellschaft" i.S. von § 15 Abs. 1 Satz 1 Nr. 2 Satz 1 EStG überführt wird (s. Rz. 3.47); in diesem Fall unterliegen die übrigen Einkünfte der GbR der Abfärberegelung des § 15 Abs. 3 Nr. 1 Satz 1 Alt. 1 EStG.[3] Dies gilt nur ausnahmsweise dann nicht, wenn der gewerbliche Vermietungs- bzw. Verpachtungsanteil geringfügig ist bzw. unterhalb der Bagatellgrenze (3 % der Gesamtnettoumsätze und 24.500 EUR[4] im Veranlagungszeitraum) liegt.[5] S. dazu auch Rz. 3.338. 3.382

Nur-Besitzgemeinschafter. Die (ggf. nur partielle) Gewerblichkeit der Besitzgemeinschaft betrifft auch den Nur-Besitzgemeinschafter, der also insoweit ebenfalls Einkünfte aus Gewerbebetrieb i.S.d. § 15 Abs. 1 Satz 1 Nr. 2 Satz 1 EStG erzielt.[6] Denn 3.383

1 BFH v. 17.4.2019 – IV R 12/16, BStBl. II 2019, 745 = FR 2020, 1088; BFH v. 12.4.2018 – IV R 5/15, BStBl. II 2020, 118 = FR 2018, 959 m. Anm. v. *Kanzler*.

2 BFH v. 19.1.2023 – IV R 5/19, BFH/NV 2023, 631; BFH v. 23.10.1986 – IV R 214/84, BStBl. II 1987, 120; R 15.8 Abs. 5 EStR 2012.

3 BFH v. 19.1.2023 – IV R 5/19, BStBl. II 2023, 631 = DB 2023, 1062.

4 Zugleich Höhe des Freibetrags nach § 11 Abs. 1 Satz 1 Nr. 1 GewStG.

5 Hierzu BFH v. 27.8.2014 – VIII R 6/12, BStBl. II 2015, 1002; BFH v. 27.8.2014 – VIII R 16/11, BStBl. II 2015, 996; BFH v. 27.8.2014 – VIII R 41/11, BStBl. II 2015, 999 = DB 2015, 471.

6 BFH v. 12.11.1985 – VIII R 240/81, BStBl. II 1986, 296; BFH v. 11.11.1982 – IV R 117/80, BStBl. II 1983, 299. Vgl. auch *Micker* in Söffing/Micker, Betriebsaufspaltung[10], Rz. 1149.

die Art der Einkunftserzielung wird durch die Tätigkeit der Rechtsgemeinschaft selbst bestimmt und den Gemeinschaftern zugerechnet. Die gewerbliche Tätigkeit der Besitzgemeinschaft gilt damit für den von ihr unterhaltenen betrieblichen Bereich und ist hinsichtlich der einzelnen Gemeinschafter nicht teilbar.[1]

3.384 **Besonderheit bei mittelbarer Betriebsaufspaltung.** Bei nur mittelbarer Beteiligung an einer Besitzgesellschaft über eine Kapitalgesellschaft oder eine Optionsgesellschaft i.S.d. § 1a KStG (dazu Rz. 3.216 ff.) führt die Annahme einer Betriebsaufspaltung nur dazu führt, dass das (mittelbar beherrschte) Besitzunternehmen gewerbliche Einkünfte erzielt. Dies hat jedoch keine Auswirkungen auf die vorgelagerten Beteiligungsebenen, so dass bei einer vermögensverwaltenden Rechtsgemeinschaft nicht allein deshalb ein Gewerbebetrieb anzunehmen ist, weil auf den unteren Beteiligungsebenen eine personelle Verflechtung auszugehen ist. Denn primäre Folge einer Betriebsaufspaltung ist die Umqualifikation der isoliert betrachtet vermögensverwaltenden Vermietungstätigkeit des Besitzunternehmens in eine gewerbliche Tätigkeit. Auf einen mittelbaren Gesellschafter, der nur über eine Kapital-/Optionsgesellschaft an einer Personengesellschaft beteiligt ist, schlägt die Qualifikation der Tätigkeit einer Personengesellschaft generell nicht durch; somit kann sich auch die Umqualifikation dieser Tätigkeit durch die Betriebsaufspaltung nicht beim mittelbaren Gesellschafter auswirken. Insoweit entfaltet die zwischengeschaltete Kapital-/Optionsgesellschaft also Abschirmwirkung.[2] Die Gewerblichkeit der vermögensverwaltenden Rechtsgemeinschaft kann nur sich aus anderen Umständen außerhalb der Betriebsaufspaltung ergeben.

bb) Gemeinschaft ohne eigenes Vermögen (Miteigentümer- und Bruchteilsgemeinschaft)

3.385 **Gewerbliche Vermietungseinkünfte.** Eine Mit- bzw. Bruchteilseigentümergemeinschaft erzielt gewerbliche Einkünfte aus der Überlassung der wesentlichen Betriebsgrundlage an die Betriebs-Kapitalgesellschaft, obwohl diese nicht im Eigentum der Rechtsgemeinschaft steht, sondern in der zivilrechtlichen Rechtszuständigkeit der Gemeinschafter.

3.386 **Willensbildungs-GbR.** Bei Überlassung der wesentlichen Betriebsgrundlage durch Mit- bzw. Bruchteilseigentümer, die sich zu einer Willensbildungs-GbR zusammengeschlossen haben (s. Rz. 3.48 f.), erzielt die vermögenslose Willensbildungs-GbR gewerbliche Einkünfte aus der Überlassung der im Eigentum der Gesellschafter stehenden wesentlichen Betriebsgrundlage an die Betriebs-Kapitalgesellschaft. Diese wird der Gesellschaft dann seitens der Gesellschafter zur weiteren Verwendung überlassen (Beitrag i.S.d. § 706 BGB a.F. bzw. ab 1.1.2024: § 709 BGB n.F.).

3.387 **Keine gewerbliche Infektion.** Bei Überlassung der wesentlichen Betriebsgrundlage durch Mit- bzw. Bruchteilseigentümer, die sich zu einer Willensbildungs-GbR zu-

1 Zur unklaren Behandlung des Nur-Besitzgemeinschafters bei Nutzungsüberlassung ohne Gewinnerzielungsabsicht *Micker* in Söffing/Micker, Betriebsaufspaltung[10], Rz. 267.

2 *Krumm* in Kirchhof/Seer[24], § 15 EStG Rz. 96; *Heil/Pupeter*, DB 2022, 1091 (1097).

sammengeschlossen haben, ist § 15 Abs. 3 Nr. 1 EStG nicht anwendbar, da das überlassene Wirtschaftsgut nicht zum Gesellschaftsvermögen der GbR gehört, sondern im Mit- bzw. Bruchteilseigentum der Gesellschafter steht und damit deren Sonderbetriebsvermögen bei der (vermögenslosen) Willensbildungs-GbR zugehört. Wird die gewerbliche Tätigkeit im Sonderbereich des Gesellschafters ausgeübt, greift § 15 Abs. 3 Nr. 1 Satz 1 EStG nicht ein.[1] Zur Auswirkung auf den Umfang des Betriebsvermögens s. Rz. 3.364.

b) Umfang des Betriebsvermögens

aa) Betriebsvermögen der Gemeinschaft

Nur Erben-, Güter- und Wohnungseigentümergemeinschaft. Eine Rechtsgemeinschaft kann nur eigenes Betriebsvermögen haben, wenn sie über eine eigene zivilrechtliche Rechtsfähigkeit verfügt und Gesamthandsvermögen bilden kann. Dies ist bei der Erbengemeinschaft der Fall (vgl. § 2032 Abs. 1 BGB), ebenso bei der ehelichen Gütergemeinschaft (vgl. § 1416 Abs. 1 BGB) und bei der Wohnungseigentümergemeinschaft (vgl. § 9a WEG). Eine solche Rechtsgemeinschaft kann auch gewillkürtes Betriebsvermögen haben.[2] 3.388

Nicht Miteigentums- und Bruchteilsgemeinschaft. Kein gemeinschaftliches Vermögen wird im Fall des Miteigentums i.S.d. § 1008 BGB und bei der Bruchteilsgemeinschaft i.S.d. § 745 BGB gebildet. Dies gilt auch, wenn sich die Gemeinschafter zu einer Willensbildungs-GbR zusammenschließen. Die Gemeinschafter bleiben in diesem Fall zivilrechtliche Eigentümer des gemeinschaftlich (nebeneinander) gehaltenen Vermögensgegenstände, die steuerlich deren Sonderbetriebsvermögen zugeordnet werden. 3.389

Nur partielle Verstrickung des Gemeinschaftsvermögens. Aus der fehlenden Anwendbarkeit des § 15 Abs. 3 Nr. 1 EStG auf Rechtsgemeinschaften folgt, dass nur die zur Erwirtschaftung der gewerblichen Vermietungs- und Verpachtungseinkünfte eingesetzten Wirtschaftsgüter (wesentlichen Betriebsgrundlagen) und die zum Gemeinschaftsvermögen rechnenden Anteile an der Betrieb-Kapitalgesellschaft oder Betriebs-Optionsgesellschaft i.S.d. § 1a KStG gewerbliches Betriebsvermögen der Besitzgemeinschaft darstellen.[3] 3.390

Nur-Besitzgemeinschafter. Wirtschaftsgüter, die zum Vermögen der Besitzgemeinschaft rechnen und zur Erwirtschaftung der gewerblichen Vermietungs- und Verpachtungseinkünfte eingesetzt werden, sind auch dann in vollem Umfang notwendiges Betriebsvermögen, wenn an dieser Personen beteiligt sind, die nicht an der Betriebs-Kapitalgesellschaft beteiligt sind (sog. Nur-Besitzgemeinschafter).[4] 3.391

1 BFH v. 28.6.2006 – XI R 31/05, BStBl. II 2007, 378 = DB 2006, 2319.
2 BFH v. 23.10.1986 – IV R 214/84, BStBl. II 1987, 120.
3 BFH v. 2.8.1972 – IV 87/65, BStBl. II 1972, 796.
4 BFH v. 12.11.1985 – VIII R 240/81, BStBl. II 1986, 296.

3.392 **Übriges Gemeinschaftsvermögen.** Übt die Rechtsgemeinschaft damit neben der Überlassung der wesentlichen Betriebsgrundlage an die Betriebs-Kapitalgesellschaft oder Betriebs-Optionsgesellschaft i.S.d. § 1a KStG weitere steuerrelevante Tätigkeiten aus (z.B. Wohnungsüberlassung in dem Objekt, das im Übrigen der Betriebs-Kapital-/Optionsgesellschaft als wesentliche Betriebsgrundlage überlassen wird), sind die betreffenden Wirtschaftsgüter dem Vermögensbereich der maßgeblichen Einkunftsart zuzurechnen.[1]

bb) Sonderbetriebsvermögen der Gemeinschafter

3.393 **Erben-, Güter- und Wohnungseigentümergemeinschaft.** Die Beteiligten einer gewerblich tätigen Erben-, Güter- oder Wohnungseigentümergemeinschaft mit zivilrechtlichem Gesamthandsvermögen und eigenem Betriebsvermögen können nach allgemeinen Grundsätzen Sonderbetriebsvermögen bei der Rechtsgemeinschaft bilden. Zum Sonderbetriebsvermögen II der Gemeinschafter bei der Rechtsgemeinschaft gehören stets die von diesen gehaltenen Anteile an der Betriebs-Kapitalgesellschaft oder Betriebs-Optionsgesellschaft i.S.d. § 1a KStG.

3.394 **Miteigentums- und Bruchteilsgemeinschaft.** Zum Sonderbetriebsvermögen der Beteiligten einer gewerblich tätigen Miteigentümer- oder Bruchteilsgemeinschaft ohne zivilrechtliches Gesamthandsvermögen bzw. eigenes Betriebsvermögen rechnen die der Betriebs-Kapitalgesellschaft überlassenen Wirtschaftsgüter (wesentlichen Betriebsgrundlagen) sowie die von den Gemeinschaftern gehaltenen Anteile an der Betriebs-Kapitalgesellschaft.

3.395 **Übriges Gemeinschaftervermögen.** Wirtschaftsgüter der Gemeinschafter, die nicht der Betriebs-Kapitalgesellschaft oder -Optionsgesellschaft i.S.d. § 1a KStG, sondern Dritten überlassen werden (z.B. Wohnungen in dem Objekt, das im Übrigen als wesentliche Betriebsgrundlage überlassen wird), rechnen nicht zum notwendigen Sonderbetriebsvermögen der Gemeinschafter bei der Rechtsgemeinschaft.[2] Sie sind dann steuerliches Privatvermögen, können aber bei entsprechender Eignung und buchmäßiger Behandlung nach allgemeinen Grundsätzen als gewillkürtes Sonderbetriebsvermögen der Gemeinschafter behandelt werden. Die von den Mitgliedern einer Erbengemeinschaft (Besitzunternehmen) der Betriebs-Kapital-/Optionsgesellschaft gewährten Darlehen gehören regelmäßig zum Privatvermögen der Kreditgeber.[3]

c) Besonderheiten bei der Gewinnermittlung

3.396 **Erben-, Güter- und Wohnungseigentümergemeinschaft.** Die gewerblich tätige Erben-, Güter- oder Wohnungseigentümergemeinschaft mit zivilrechtlichem Gesamthandsvermögen und eigenem steuerlichen Betriebsvermögen ist eigenständiges Subjekt der steuerlichen Gewinnermittlung, so dass für die Gemeinschaftsebene ein Er-

1 Grundbesitz ist dabei nach Maßgabe der unterschiedlichen Nutzungen in selbständige Wirtschaftsgüter aufzuteilen, vgl. R 4.2 Abs. 4 Satz 1 EStR 2012.
2 *Micker* in Söffing/Micker, Betriebsaufspaltung[10], Rz. 1146.
3 FG Rheinland-Pfalz v. 13.2.1986 – 3 K 73/85, EFG 1986, 437 (rkr.).

gebnis aus der gewerblichen Vermietungs-/Verpachtungstätigkeit nach allgemeinen Grundsätzen zu ermitteln ist. In das steuerliche Gesamtergebnis der Rechtsgemeinschaft sind die Ergebnisse der Sonderbilanzen der Gemeinschafter einzubeziehen.

Miteigentums- und Bruchteilsgemeinschaft. Die gewerblich tätige Miteigentums- und Bruchteilsgemeinschaft verfügt zwar über kein zivilrechtliches Gesamthandsvermögen bzw. kein eigenes steuerliches Betriebsvermögen, ist aber gleichwohl eigenständiges Subjekt der steuerlichen Gewinnermittlung. Das steuerliche Gesamtergebnis der Rechtsgemeinschaft besteht allein aus den Ergebnissen der Sonderbilanzen der Gemeinschafter. 3.397

Bezugnahme. Soweit auf Rechtsgemeinschaften anwendbar und relevant, gelten zur Art und Weise der Gewinnermittlung der Besitzgemeinschaft die Ausführungen in Rz. 3.286 ff. entsprechend, ebenso zum Gewinnermittlungszeitraum s. Rz. 3.290, zu Fragen der korrespondierenden Bilanzierung s. Rz. 3.292 ff., zu Betriebseinnahmen und -ausgaben s. Rz. 3.295 ff., zu sonstigen Themen s. Rz. 3.331 ff. 3.398

d) Thesaurierungsbegünstigung

Nicht entnommener Gewinn der Besitz-Rechtsgemeinschaft. Für den bilanziell nach §§ 4 Abs. 1 Satz 1, § 5 EStG ermittelten Gewinn der Besitz-Rechtsgemeinschaft (s. Rz. 3.272 ff.) kann die Thesaurierungsbegünstigung nach § 34a EStG in Anspruch genommen werden. 3.399

e) Anrechnung der Gewerbesteuer auf die Einkommensteuer

§ 35 EStG. Bei einer Rechtsgemeinschaft als Besitzunternehmen kann die anfallende Gewerbesteuer nach Maßgabe des § 35 EStG auf die Einkommensteuer der Gemeinschafter angerechnet werden. Die für die Betriebs-Kapital-/Optionsgesellschaft festgesetzte Gewerbesteuer kann jedoch nicht bei diesen angerechnet werden.[1] Zu beachten sind sog. Anrechnungsüberhänge, bei denen sich die gezahlte GewSt nicht in voller Höhe auf die Einkommensteuer auswirkt; Gründe hierfür sind zu geringe gewerbliche Einkünfte, ein niedriger Gesamtbetrag der Einkünfte oder ein Hebesatz der GewSt von mehr als 400 %. 3.400

4. Betriebliche Personengesellschaft

a) Gewerbliche Gesamttätigkeit

aa) Bisher schon gewerblich tätige Personengesellschaft

Überlagerte Betriebsaufspaltung. Die Frage nach der Qualifikation der Einkünfte der Besitz-Personengesellschaft im Rahmen einer Betriebsaufspaltung stellt sich nur dann, wenn diese nicht bereits aufgrund ihrer Tätigkeit oder Rechtsform gewerbliche Einkünfte erzielt. Handelt es sich bei der Besitz-Personengesellschaft daher um eine ohnehin gewerblich tätige Mitunternehmerschaft i.S.d. § 15 Abs. 1 Satz 1 Nr. 2 EStG, eine 3.401

1 FG Düsseldorf v. 8.11.2006 – 7 K 3473/05 E, EFG 2007, 685 (rkr.).

gewerblich infizierte Personengesellschaft i.S.d. § 15 Abs. 3 Nr. 1 EStG oder eine gewerblich geprägte GmbH & Co. i.S.d. § 15 Abs. 3 Nr. 2 EStG, ist eine sog. überlagerte Betriebsaufspaltung gegeben (dazu auch Rz. 3.17), bei der sich das Problem der Qualifikation der Einkünfte des Besitzunternehmens nicht stellt.[1] Die sonstigen Grundsätze der Betriebsaufspaltung greifen jedoch auch in diesem Fall, wenn also das Betriebsvermögen des Besitzunternehmens auch aus anderen Gründen steuerverhaftet ist.[2]

bb) Bisher freiberuflich oder land- und forstwirtschaftlich tätige Personengesellschaft

3.402 **Gewerbliche Infektion anderer betrieblicher Einkünfte.** War die Personengesellschaft zuvor als land- und forstwirtschaftliche oder freiberufliche Mitunternehmerschaft i.S.d. § 13 Abs. 7 EStG bzw. § 18 Abs. 4 EStG konstituiert, werden diese betrieblichen Einkünfte wegen der miterzielten originär-gewerblichen Einkünfte durch die Betriebsaufspaltung nach Maßgabe der sog. Seitwärtsabfärbung gem. § 15 Abs. 3 Nr. 1 Satz 1 Alt. 1 EStG in solche aus Gewerbebetrieb umqualifiziert.[3] Aufgrund dieser (Seitwärts-)Infektion erzielt die Personengesellschaft sowohl bei positiven als auch bei negativen gewerblichen Vermietungseinkünften in vollem Umfang gewerbliche Einkünfte und betreibt ein einheitliches gewerbliches Unternehmen.[4]

3.403 **Ausnahme bei Geringfügigkeit.** Die Seitwärtsabfärbung des § 15 Abs. 3 Nr. 1 Satz 1 Nr. 1 EStG greift auch bei einer nur geringfügigen gewerblichen Tätigkeit der land- und forstwirtschaftlich oder freiberuflich tätigen Personengesellschaft. Eine Ausnahme besteht vor dem Hintergrund des verfassungsrechtlichen Verhältnismäßigkeitsgrundsatzes (Art. 1 Abs. 3 i.V.m. Art. 20 Abs. 3 GG), wenn die Gesellschaft hauptsächlich land- und forstwirtschaftliche oder freiberufliche Einkünfte erzielt und die gewerblichen Umsätze eine Bagatellgrenze i.H.v. 3 % der Gesamtnettoumsätze (relative Grenze) und zusätzlich den Betrag von 24.500 EUR[5] im Veranlagungszeitraum (absolute Grenze) nicht übersteigen.[6] Diese Grundsätze gelten auch, wenn es sich bei der gewerblichen Tätigkeit um die Vermietungstätigkeit im Rahmen einer Betriebsaufspaltung handelt.

b) Umfang des Betriebsvermögens

3.404 **Allgemeine Grundsätze und Bezugnahme.** Der Umfang des Betriebsvermögens der vormaligen land- und forstwirtschaftlichen oder freiberuflichen und nunmehr gewerblichen Mitunternehmerschaft richtet sich nach den allgemeinen Grundsätzen.

---

1 BFH v. 30.10.2019 – IV R 59/16, BFH/NV 2020, 147; BFH v. 20.8.2015 – IV R 26/13, BStBl. II 2016, 408. Kritisch hierzu *Micker* in Söffing/Micker, Betriebsaufspaltung[10], Rz. 711.

2 FG Niedersachsen v. 19.11.2015 – 5 K 286/12, EFG 2016, 138 (rkr.).

3 BFH v. 13.11.1997 – IV R 67/96, BStBl. II 1998, 254.

4 BFH v. 29.11.2012 – IV R 37/10, BFH/NV 2013, 910; BFH v. 24.11.1998 – VIII R 61/97, BStBl. II 1999, 483; BFH v. 13.11.1997 – IV R 67/96, BStBl. II 1998, 254.

5 Zugleich Höhe des Freibetrags nach § 11 Abs. 1 Satz 1 Nr. 1 GewStG.

6 BFH v. 27.8.2014 – VIII R 6/12, BStBl. II 2015, 1002; BFH v. 27.8.2014 – VIII R 16/11, BStBl. II 2015, 996; BFH v. 27.8.2014 – VIII R 41/11, BStBl. II 2015, 999 = DB 2015, 471.

Zu weiteren betriebsaufspaltungsspezifischen Fragestellungen gelten die Ausführungen zur vermögensverwaltenden Personengesellschaft entsprechend (s. Rz. 3.266 ff.).

c) Besonderheiten bei der Gewinnermittlung

Allgemeine Grundsätze und Bezugnahme. Die Gewinnermittlung der gewerblichen Besitz-Personengesellschaft richtet sich nach allgemeinen Grundsätzen. Zu weiteren betriebsaufspaltungsspezifischen Fragestellungen gelten die Ausführungen in Rz. 3.286 ff. entsprechend, ebenso zum Gewinnermittlungszeitraum s. Rz. 3.290, zu Fragen der korrespondierenden Bilanzierung s. Rz. 3.292 ff., zu Betriebseinnahmen und -ausgaben s. Rz. 3.309 ff., zu sonstigen Themen s. Rz. 3.330 ff. 3.405

d) Thesaurierungsbegünstigung

Nicht entnommener Gewinn der Besitz-Personengesellschaft. Für den bilanziell nach §§ 4 Abs. 1 Satz 1, § 5 EStG ermittelten Gewinn der Besitz-Personengesellschaft (s. 3.272 ff.) kann die Thesaurierungsbegünstigung nach § 34a EStG in Anspruch genommen werden. 3.406

e) Anrechnung der Gewerbesteuer auf die Einkommensteuer

§ 35 EStG. Bei einer Personengesellschaft als Besitzunternehmen kann die anfallende Gewerbesteuer nach Maßgabe des § 35 EStG auf die Einkommensteuer der Gesellschafter (Mitunternehmer) angerechnet werden. Die für die Betriebs-Kapital-/Optionsgesellschaft festgesetzte Gewerbesteuer kann jedoch nicht bei diesen angerechnet werden.[1] Zu beachten sind sog. Anrechnungsüberhänge, bei denen sich die gezahlte GewSt nicht in voller Höhe auf die Einkommensteuer auswirkt; Gründe hierfür sind zu geringe gewerbliche Einkünfte, ein niedriger Gesamtbetrag der Einkünfte oder ein Hebesatz der GewSt von mehr als 400 %. 3.407

5. Betriebliche Rechtsgemeinschaft

Überlagerte Betriebsaufspaltung. War eine Rechtsgemeinschaft bereits zuvor gewerblich tätig, ohne dass eine (ggf. konkludent gebildete) GbR anzunehmen war (dazu Rz. 3.48), z.B. als Erbengemeinschaft mit einem Betrieb im Gesamthandsvermögen (§ 2032 BGB) oder als (partiell) gewerblich tätige Wohnungseigentümergemeinschaft (§ 9a WEG), tritt die gewerbliche Vermietungstätigkeit im Rahmen einer Betriebsaufspaltung neben die bereits ausgeübte gewerbliche Tätigkeit; es ist dann eine sog. überlagerte Betriebsaufspaltung gegeben (dazu auch Rz. 3.17). Die Rechtsgemeinschaft ist dann mit allen diesen Tätigkeiten gewerblich tätig i.S.d. § 15 Abs. 1 Satz 1 Nr. 2 Satz 1, Abs. 2 EStG. Wenngleich damit keine Umqualifikation der Einkünfte erfolgt, kommen die sonstigen Grundsätze der Betriebsaufspaltung auch in diesem Fall zur Anwendung.[2] 3.408

1 FG Düsseldorf v. 8.11.2006 – 7 K 3473/05 E, EFG 2007, 685 (rkr.).
2 FG Niedersachsen v. 19.11.2015 – 5 K 286/12, EFG 2016, 138 (rkr.).

3.409 **Eigenständige Betriebsaufspaltung.** War eine Rechtsgemeinschaft zuvor z.B. als Erbengemeinschaft oder eheliche Gütergemeinschaft mit einem land- und forstwirtschaftlichen Betrieb im Gesamtgut (§ 1416 Abs. 1 BGB) betrieblich tätig, tritt die gewerbliche Vermietungstätigkeit im Rahmen einer Betriebsaufspaltung ebenfalls neben die bereits ausgeübte betriebliche Tätigkeit. Die Rechtsgemeinschaft wird dann aber nicht aufgrund (Seitwärts-)Infektion i.S.d. § 15 Abs. 3 Nr. 1 EStG mit allen Tätigkeiten gewerblich tätig, da diese Regelung nur auf Personengesellschaften, nicht aber auf Rechtsgemeinschaften Anwendung findet.[1]

3.410 **Umfang des Betriebsvermögens.** Der Umfang des Betriebsvermögens der bereits zuvor betrieblich tätigen Rechtsgemeinschaft richtet sich nach allgemeinen Grundsätzen.

3.411 **Gewinnermittlung.** Die Gewinnermittlung der bereits zuvor betrieblich tätigen Rechtsgemeinschaft richtet sich ebenfalls nach allgemeinen Grundsätzen.

3.412 **Nicht entnommener Gewinn der Besitz-Rechtsgemeinschaft.** Für den bilanziell nach §§ 4 Abs. 1 Satz 1, § 5 EStG ermittelten Gewinn der Besitz-Rechtsgemeinschaft (s. Rz. 3.286 ff.) kann die Thesaurierungsbegünstigung nach § 34a EStG in Anspruch genommen werden.

3.413 **Anrechnung der Gewerbesteuer nach § 35 EStG.** Bei einer Rechtsgemeinschaft als Besitzunternehmen kann die anfallende Gewerbesteuer nach Maßgabe des § 35 EStG auf die Einkommensteuer der Gemeinschafter angerechnet werden. Die für die Betriebs-Kapital-/Optionsgesellschaft festgesetzte Gewerbesteuer kann jedoch nicht bei diesen angerechnet werden.[2] Zu beachten sind sog. Anrechnungsüberhänge, bei denen sich die gezahlte GewSt nicht in voller Höhe auf die Einkommensteuer auswirkt; Gründe hierfür sind zu geringe gewerbliche Einkünfte, ein niedriger Gesamtbetrag der Einkünfte oder ein Hebesatz der GewSt von mehr als 400 %.

6. Sonstige Körperschaft

a) Gewerbliche Vermietungstätigkeit

3.414 **Einkünftequalifikation bei Vereinen und Stiftungen.** Gem. § 8 Abs. 1 Satz 1 KStG bestimmt sich das Einkommen von Körperschaftsteuersubjekten nach den Vorschriften des EStG, soweit das KStG nichts Abweichendes bestimmt. Damit gilt der Einkünftekatalog des § 2 Abs. 1 Satz 1 Nr. 1 bis 7 EStG grundsätzlich auch im KSt-Recht. „Abweichendes" i.S.d. § 8 Abs. 1 Satz 1 KStG ist in § 8 Abs. 2 KStG für unbeschränkt steuerpflichtige KSt-Subjekte i.S.d. § 1 Abs. 1 Nr. 1 bis 3 KStG bestimmt, also für Kapitalgesellschaften, diesen gleichgestellte Optionsgesellschaften i.S.d. § 1a KStG, Genossenschaften, Versicherungs- und Pensionsfonds auf Gegenseitigkeit; diese Körperschaften erzielen gem. § 8 Abs. 2 KStG nur Einkünfte aus Gewerbebetrieb. Für die nicht von § 1 Abs. 1 Nr. 1 bis 3 KStG erfassten unbeschränkt steuerpflichtigen Körperschaften, Personenvereinigungen oder Vermögensmassen, wie z.B. Vereine oder Stiftungen, gilt die Grundregel des § 8 Abs. 1 Satz 1 KStG. Diese Körperschaften etc.

1 BFH v. 19.1.2023 – IV R 5/19, BFH/NV 2023, 631; BFH v. 23.10.1986 – IV R 214/84, BStBl. II 1987, 120; R 15.8 Abs. 5 EStR 2012.

2 FG Düsseldorf v. 8.11.2006 – 7 K 3473/05 E, EFG 2007, 685 (rkr.).

können damit alle Einkünfte i.S.d. § 2 Abs. 1 Satz 1 EStG erzielen, u.a. auch solche aus Vermietung und Verpachtung i.S.d. § § 2 Abs. 1 Satz 1 Nr. 6 i.V.m. § 21 EStG.

§ 8 Abs. 1 KStG i.V.m. § 15 EStG. Überlässt ein (regulär steuerpflichtiger) Verein bzw. überlässt eine (regulär steuerpflichtige) Stiftung einer beherrschten Kapitalgesellschaft oder Optionsgesellschaft i.S.d. § 1a KStG eine wesentliche Betriebsgrundlage, wird hierdurch eine klassische Betriebsaufspaltung in der Form der Einheits-Betriebsaufspaltung begründet. Überlässt die Körperschaft einer mittelbar beherrschten gewerblichen Enkel-Personengesellschaft eine wesentliche Betriebsgrundlage, entsteht eine mitunternehmerische Betriebsaufspaltung, wenn der zwischengeschaltete Rechtsträger die Rechtsform einer Kapitalgesellschaft oder Optionsgesellschaft i.S.d. § 1a KStG hat. In beiden Fällen erzielt die Körperschaft dann durch die Nutzungsüberlassung gem. § 8 Abs. 1 KStG i.V.m. § 15 EStG gewerbliche Einkünfte. 3.415

b) Umfang des Betriebsvermögens

Allgemeine Grundsätze. Zum betrieblichen Vermögensbereich des Vereins bzw. der Stiftung rechnet neben der überlassenen wesentlichen Betriebsgrundlage auch die Beteiligung an der diese nutzenden Betriebs-Kapitalgesellschaft oder Betriebs-Optionsgesellschaft i.S.d. § 1a KStG oder die Beteiligung an einer die Beherrschung vermittelnden Kapitalgesellschaft oder Optionsgesellschaft i.S.d. § 1a KStG. 3.416

c) Besonderheiten bei der Gewinnermittlung

Allgemeine Grundsätze. Die Gewinnermittlung der im gewerblichen Vermögensbereich des Vereins bzw. der Stiftung richtet sich nach den hierfür maßgeblichen allgemeinen Grundsätzen. Zu betriebsaufspaltungsspezifischen Fragestellungen können – soweit auf diese anwendbar – die Ausführungen in Rz. 3.286 ff. ggf. entsprechend herangezogen werden. 3.417

III. KSt-Rechtsfolgen bei der Betriebs-Kapitalgesellschaft oder -Optionsgesellschaft i.S.d. § 1a KStG

1. Einkünftequalifikation

§ 8 Abs. 2 KStG. Eine Betriebs-Kapitalgesellschaft bzw. gleichgestellte Betriebs-Optionsgesellschaft i.S.d. § 1a KStG erzielt aufgrund gesetzlicher Fiktion in § 8 Abs. 2 KStG stets gewerbliche Einkünfte. Die Begründung einer Betriebsaufspaltung hat hierauf keine Auswirkungen. Dazu versteuernde Einkommen der Betriebs-Kapital-/Optionsgesellschaft ermittelt sich nach allgemeinen Grundsätzen und unterliegt dem regulären KSt-Satz des § 23 Abs. 1 KStG (bis VZ 2027 15 %, danach bis VZ 2032 jährliche Absenkung auf 10%) zzgl. 5,5 % SolZ. 3.418

§ 64 AO. Ist die Betriebs-Kapitalgesellschaft[1] gemeinnützig i.S.d. §§ 51 ff. AO und damit gem. § 5 Abs. 1 Nr. 9 KStG bzw. § 3 Nr. 6 GewStG von der Körperschaft- und 3.419

1 Ob eine Personengesellschaft, die zur KSt-Besteuerung optiert hat (sog. Optionsgesellschaft), als gemeinnützige „Körperschaft" fungieren kann, ist unklar.

Gewerbesteuer befreit,[1] kann sie gewerbliche Einkünfte insbesondere aus einem die überlassene wesentliche Betriebsgrundlage nutzenden wirtschaftlichen Geschäftsbetrieb i.S.d. § 64 AO erzielen.[2]

2. Umfang des Betriebsvermögens

3.420 **Allgemeine Grundsätze.** Der Umfang des Betriebsvermögens der Betriebs-Kapitalgesellschaft bzw. Betriebs-Optionsgesellschaft i.S.d. § 1a KStG bestimmt sich nach allgemeinen Grundsätzen. Nachfolgend werden daher nur noch besondere betriebsaufspaltungsspezifische Fragestellungen angesprochen.

3.421 **Kein wirtschaftliches Eigentum an den überlassenen Wirtschaftsgütern.** Das Betriebsunternehmen wird nicht wirtschaftlicher Eigentümer i.S.d. § 39 Abs. 2 AO der gepachteten oder gemieteten materiellen oder immateriellen Wirtschaftsgüter.[3] Damit führt auch die Instandhaltung und Erneuerung der gepachteten Wirtschaftsgüter durch das Betriebsunternehmen bei diesem nicht zu einer Aktivierung und Abschreibung dieser Wirtschaftsgüter. Nur falls das Betriebsunternehmen ohne Verpflichtung außerhalb des Pacht- und Betriebsüberlassungsvertrags neue Wirtschaftsgüter anschafft oder vorhandene ersetzt, sind diese Wirtschaftsgüter beim Betriebsunternehmen zu aktivieren.[4]

3.422 **Wirtschaftliches Eigentum an Aufbauten.** Zum Betriebsvermögen des Betriebsunternehmens gehören Aufbauten des Betriebsunternehmens auf dem überlassenen Grundbesitz des Besitzunternehmens, sofern das Betriebsunternehmen diesbezüglich als wirtschaftlicher Eigentümer i.S.d. § 39 Abs. 2 AO anzusehen ist. Hiervon ist auszugehen, wenn sich die betriebsgewöhnliche Nutzungsdauer und die Dauer der Nutzungsberechtigung der Betriebsgesellschaft annähernd decken.[5]

3.423 **Aktivierung und Passivierung beim Sachwertdarlehen.** Überlässt das Besitzunternehmen der Betriebsgesellschaft Wirtschaftsgüter (z.B. Vorräte) mit der Verpflichtung, diese bei Pachtablauf in gleicher Art, Menge und Güte zurückzugeben, hat das Betriebsunternehmen die übernommenen Wirtschaftsgüter mit dem Buchwert zu aktivieren[6] und gleichzeitig eine Rückgabeverpflichtung aus Sachdarlehen in Höhe des Buchwerts der übernommenen Wirtschaftsgüter zu passivieren.[7] Bei steigenden Preisen erhöht sich die Rückgabeverpflichtung nicht, da es sich bei dieser lediglich um einen Gegenposten zu den mit dem Buchwert aktivierten Wirtschaftsgütern handelt, der nicht höher bemessen werden kann, als die Wirtschaftsgüter selbst. Beim Ver-

---

1 Zu einer gemeinnützigen Kapitalgesellschaft als Betriebsunternehmen vgl. BFH v. 19.2.2019 – X R 42/16, BFH/NV 2019, 586; FG Münster v. 2.9.2025 – 1 K 102/23 E, juris (rkr.).

2 So auch AEAO zu § 64 Abs. 1 AO, Nr. 3 Satz 8.

3 BFH v. 7.10.1997 – VIII R 63/95, BFH/NV 1998, 1202; BFH v. 21.12.1965 – IV 228/64 S, BStBl. III 1966, 147.

4 BFH v. 7.10.1997 – VIII R 63/95, BFH/NV 1998, 1202 (zur Bilanzierung von Aufbauten).

5 Vgl. hierzu BFH v. 7.10.1997 – VIII R 63/95, BFH/NV 1998, 1202.

6 BFH v. 6.12.1984 – IV R 212/82, BStBl. II 1985, 391; BFH v. 5.5.1975 – I R 166/74, BStBl. II 1976, 717. Ebenso BMF v. 21.2.2002 – IV A 6-S 2132-4/02, BStBl. I 2002, 262.

7 BFH v. 6.12.1984 – IV R 212/82, BStBl. II 1985, 391; BFH v. 26.6.1975 – IV R 59/73, BStBl. II 1975, 700; BFH v. 13.1.1959 – I 44/57U, BStBl. III 1959, 197. Vgl. auch *Gluth* in H/H/R, § 15 EStG Anm. 830 (Stand: April 2022).

pächter (Besitzunternehmen) ist in derselben – korrespondierenden – Höhe eine Sachdarlehensforderung zu aktivieren (dazu Rz. 3.273 und Rz. 3.294).

Rückstellung für unterlassene Instandhaltung. In der Regel hat der Verpächter (also das Besitzunternehmen) die überlassenen Wirtschaftsgüter (wesentliche Betriebsgrundlagen) instand zu halten und in ihrer Substanz zu erhalten. Wird diese Verpflichtung im Überlassungsvertrag dem Pächter (Betriebsunternehmen) auferlegt und erfüllt der Pächter die Instandhaltungsverpflichtung nicht zeitgerecht, hat er nach Maßgabe von § 249 Abs. 1 Satz 2 Nr. 1 HGB i.V.m. § 5 Abs. 1 EStG eine Rückstellung für noch durchzuführende Instandsetzungsmaßnahmen zu bilden. Beim Besitzunternehmen ist dann aber kein korrespondierender Instandhaltungsanspruch zu aktivieren (dazu auch Rz. 3.271). 3.424

Rückstellung für Pachterneuerung. Hat sich die Betriebsgesellschaft verpflichtet, unbrauchbar gewordene Pachtgegenstände auf eigene Kosten durch neue Wirtschaftsgüter zu ersetzen, sind die in Erfüllung dieser Verpflichtung angeschafften Gegenstände sind nicht bei ihr, sondern beim Besitzunternehmen zu aktivieren (s. Rz. 3.270 und Rz. 3.293). Die Betriebsgesellschaft muss für die Substanzerhaltungs- und Erneuerungspflichten eine Rückstellung bilden, deren Höhe durch die Abnutzung der gepachteten Wirtschaftsgüter während der Pachtzeit und die Wiederbeschaffungskosten bestimmt wird.[1] 3.425

Geschäftswert bei echter Betriebsaufspaltung. Gehen im Rahmen der Begründung der echten Betriebsaufspaltung (s. Rz. 3.7) die geschäftswertbildenden Faktoren auf die Betriebsgesellschaft über, kann eine (auch teilweise) Zuordnung des Geschäftswerts zur Betriebsgesellschaft vorzunehmen sein (s. Rz. 3.283).[2] Der Geschäftswert geht insbesondere dann auf die Betriebsgesellschaft über, wenn die den Geschäftswert bildenden Faktoren bei einer Betriebsaufspaltung verlagert werden. Maßgebendes Kriterium für einen Übergang des Geschäftswerts ist, ob dem nutzenden Unternehmen die materiellen und immateriellen Wirtschaftsgüter sowie die sonstigen Faktoren, welche sich im Geschäftswert niederschlagen, auf einer vertraglichen Grundlage überlassen werden, die Nutzung auf Dauer angelegt ist und gegen den Rechtsträger des nutzenden Unternehmens kein Rechtsanspruch auf Rückgabe dieser Wirtschaftsgüter besteht. 3.426

3. Besonderheiten bei der Gewinnermittlung

a) Verdeckte Gewinnausschüttungen

Betriebsaufspaltungsspezifische Sachverhalte. Für die Ermittlung des zu versteuernden Einkommens der Betriebs-Kapitalgesellschaft oder Betriebs-Optionsgesellschaft i.S.d. § 1a KStG sind die Grundsätze der verdeckten Gewinnausschüttung i.S.d. § 8 Abs. 3 Satz 2 KStG zu berücksichtigen. In Fällen der Betriebsaufspaltung besteht insbesondere bei folgenden Sachverhalten die Gefahr einer verdeckten Gewinnausschüttung der Betriebs-Kapital-/Optionsgesellschaft: 3.427

---

1 BFH v. 3.12.1991 – VIII R 88/87, BStBl. II 1993, 89; BFH v. 2.11.1965 – I 51/61 S, BStBl. III 1966, 61. Zur Höhe der Verpflichtungspassivierung vgl. auch BMF v. 21.2.2002 – IV A 6-S 2132-4/02, BStBl. I 2002, 262.

2 Dazu auch *Kratzsch*, PFB 2023, 209 (213 ff.).

(1) Fehlende Vereinbarungen über Leistungsbeziehungen mit einem beherrschenden Gesellschafter.[1]

(2) Zu hoher oder nicht fremdüblicher Pachtzins. Eine verdeckte Gewinnausschüttung liegt vor, soweit der für die zu überlassenden Wirtschaftsgüter vereinbarte Pachtzins einem Fremdvergleich nicht standhält und zu hoch bemessen ist (zur Bemessung der Überlassungsvergütung s. Rz. 3.136 ff.).[2] Der Fremdvergleich ist gewahrt, soweit sich der vereinbarte Pachtzins innerhalb der am Markt üblichen Bandbreite hält.[3]

(3) Vereinbarungen über die Fälligkeit der Miete oder Pacht werden nicht eingehalten (statt vereinbarter monatlicher Pachtzahlung nur jährliche Verbuchung auf einem Verrechnungskonto).[4]

(4) Erheblich verspätete Pachtzahlungen der Betriebs-Kapital-/Optionsgesellschaft sind als vGA einzustufen, wenn die Zahlungen nicht aus finanziellen Gründen unterbleiben mussten.[5]

(5) Übernimmt die Betriebs-Kapital-/Optionsgesellschaft i.S.d. § 1a KStG Renovierungskosten für das gepachtete Betriebsgebäude, obwohl es für die Zahlungen keine pachtvertragliche Regelung gibt, erspart sie dem Besitzunternehmen Aufwendungen. Die Vorteilszuwendung in Form der ersparten Aufwendungen führt dann zu einer verdeckten Gewinnausschüttung (vGA).[6] Das Besitzunternehmen kann die als vGA anzusehenden Renovierungskosten in voller Höhe als fiktive Betriebsausgaben bei seinen Einkünften aus Gewerbebetrieb abziehen; die Begrenzung nach § 3c Abs. 2 Satz 1 EStG gilt in diesem Fall nicht (dazu auch Rz. 3.322).[7]

(6) Unangemessen hohe Vergütungen an den (Gesellschafter-)Geschäftsführer der Betriebs-Kapital-/Optionsgesellschaft können vGA darstellen.[8] Bei der Prüfung der Angemessenheit der Geschäftsführer-Gehälter sind bei bestehender Betriebsaufspaltung die Umsätze und Umsatzrenditen der Besitzgesellschaft nicht zu berücksichtigen, wenn eine Überprüfung im Wege eines externen Fremdvergleichs anhand von Gehaltsstrukturanalysen erfolgt.[9] Dies gilt auch für Pensionszusagen zugunsten des (Gesellschafter-)Geschäftsführers der Betriebs-Kapital-/Optionsgesellschaft.

---

1 BFH v. 17.5.1995 – I R 147/93, BStBl. II 1996, 204; BFH v. 1.10.1986 – I R 54/83, BStBl. II 1987, 459.

2 BFH v. 9.7.2003 – I B 183/02, BFH/NV 2004, 87; BFH v. 14.1.1998 – X R 57/93, BFH/NV 1998, 1160.

3 BFH v. 17.10.2001 – I R 103/00, BStBl. II 2004, 171 = FR 2002, 154.

4 BFH v. 13.12.1989 – I R 98 - 99/86, BStBl. II 1990, 468.

5 FG Baden-Württemberg v. 2.11.1995 – 6 K 65/93, EFG 1996, 342 (rkr.).

6 BFH v. 14.8.1975 – IV R 30/71, BStBl. II 1976, 88; vgl. wohl auch BFH v. 28.9.2010 – IX R 42/09, BStBl. II 2011, 271.

7 BFH v. 17.06.2025 – VI R 15/23, BStBl. II 2025, 965, Rz. 46, zur verdeckten Gewinnausschüttung als außergewöhnliche Belastung, vgl. aber Rz. 46, wonach von einer GmbH getragene Renovierungskosten, die im Wege einer vGA zugeflossen sind, (fiktive) Betriebsausgaben oder Werbungskosten des Stpfl. bei den betroffenen Einkünften darstellen.

8 BFH v. 23.3.2011 – X R 42/08, BStBl. II 2012, 188 = FR 2011, 1002 m. Anm. v. *Bode*.

9 BFH v. 28.4.2010 – I R 78/08, BFH/NV 2010, 1709; BFH v. 9.11.2009 – I B 77/09, BFH/NV 2010, 472; BFH v. 21.8.2007 – I B 69/07, BFH/NV 2007, 2278.

b) Verdeckte Einlagen

Betriebsaufspaltungsspezifische Sachverhalte. Soweit Leistungen des Besitzunternehmens an die Betriebs-Kapitalgesellschaft oder Betriebs-Optionsgesellschaft i.S.d. § 1a KStG gesellschaftsrechtlich veranlasst sind, kommt eine Gewinnkorrektur nach den Grundsätzen zur verdeckten Einlagen i.S.d. § 8 Abs. 3 Satz 3 KStG in Betracht. Kein Anwendungsfall der verdeckten Einlage ist jedoch eine zu niedrige Bemessung des Miet- oder Pachtzinses für die überlassene wesentliche Betriebsgrundlage, weil derartige Nutzungsvorteile keine einlagefähigen Wirtschaftsgüter sind.[1] Das Ergebnis der Betriebs-Kapital-/Optionsgesellschaft bleibt somit unberührt; zur Behandlung nach § 3c Abs. 2 EStG beim Besitzunternehmen s. Rz. 3.305 ff. (Teilabzugsverbot für Betriebsausgaben). 3.428

c) Zinsschranke

Allgemeine Grundsätze. Die steuerliche Abzugsfähigkeit von Zinsen wird bei Unternehmen sämtlicher Rechtsformen durch § 4h EStG, bei Kapitalgesellschaften und Optionsgesellschaften i.S.d. § 1a KStG zusätzlich durch § 8a KStG eingeschränkt. Im Fall der Betriebsaufspaltung ist die Zinsschranke damit auch bei der Betriebs-Kapital-/Optionsgesellschaft zu beachten, die allerdings die Freigrenze nach § 4h Abs. 2 Satz 1 Buchst. b EStG in Anspruch nehmen kann. 3.429

Konzern i.S.d. § 4h EStG. Besitzunternehmen und Betriebs-Kapitalgesellschaft oder Betriebs-Optionsgesellschaft i.S.d. § 1a KStG können grundsätzlich einen Konzern i.S.d. § 4h Abs. 3 EStG bilden. Ergibt sich die Gewerblichkeit des Besitzunternehmens ausschließlich aufgrund einer personellen und sachlichen Verflechtung mit dem Betriebsunternehmen, soll jedoch kein Konzern i.S.d. § 4h Abs. 3 Satz 5 f. EStG gegeben sein.[2] Ab VZ 2024 gelten die durch das Kreditzweitmarktförderungsgesetz[3] eingeführten Neuregelungen. 3.430

d) Übertragung stiller Reserven bei der Veräußerung bestimmter Anlagegüter

Betriebsunternehmen als begünstigter Betrieb. Nach Maßgabe von § 6b EStG kann die Übertragung stiller Reserven bei der Veräußerung bestimmter Anlagegüter erfolgen. Bei einer Betriebsaufspaltung sind das Besitzunternehmen und die Betriebs-Kapitalgesellschaft selbstständige Betriebe. § 6b EStG kann daher nur jedes Unternehmen für sich in Anspruch nehmen. Damit können stille Reserven, die durch die Veräußerung eines zum Betriebsvermögen des Betriebsunternehmens gehörenden begünstigten Wirtschaftsguts aufgedeckt werden, nicht auf ein Investitionsgut übertragen werden, dass das Besitzunternehmen anschafft oder herstellt. 3.431

---

1 BFH v. 26.10.1987 – GrS 2/86, BStBl. II 1988, 348.
2 BMF v. 4.7.2008 – IV C 7 - S 2742-a/07/10001, BStBl. I 2008, 718, Rz. 63.
3 Gesetz zur Förderung geordneter Kreditzweitmärkte und zur Umsetzung der Richtlinie (EU) 2021/2167 über Kreditdienstleister und Kreditkäufer sowie zur Änderung weiterer finanzrechtlicher Bestimmungen (Kreditzweitmarktförderungsgesetz) v. 29.12.2023, BGBl. I 2023, Nr. 11.

Auch wenn ein begünstigtes Wirtschaftsgut vom Besitzunternehmen an die die Betriebs-Kapitalgesellschaft veräußert wird, können die dadurch aufgedeckten stillen Reserven nur auf vom Besitzunternehmen angeschaffte oder hergestellte Reinvestitionsgüter übertragen werden. Bei der Betriebs-Kapitalgesellschaft ist das erworbene Wirtschaftsgut ein Investitionsgut, auf das nach Maßgabe von § 6b EStG stille Reserven übertragen werden können, die durch die Veräußerung begünstigter Wirtschaftsgüter der Betriebs-Kapitalgesellschaft aufgedeckt worden sind.

e) Investitionsabzugsbetrag

3.432 **Betriebsgesellschaft als begünstigter Betrieb.** Das Betriebsunternehmen kann als eigenständiger Betrieb mit eigener Gewinnermittlung nach allgemeinen Grundsätzen einen Investitionsabzugsbetrag gem. § 7g EStG beanspruchen.[1] Bei der Prüfung der maßgebenden Gewinngrenze i.S.d. § 7g Abs. 1 Satz 2 Nr. 1 Buchst. b EStG sind das Besitzunternehmen und der Betriebsgesellschaft getrennt zu beurteilen.[2]

f) Verluste

3.433 **Lock-in-Effekt.** Die Führung des operativen Betriebs in der Rechtsform der Kapitalgesellschaft führt zum Lock-in-Effekt hinsichtlich der erzielten KSt- und GewSt-Verluste, die außerhalb der Betriebs-Kapitalgesellschaft nicht nutzbar sind.

C. Rechtsfolgen der klassischen Einheits-Betriebsaufspaltung

I. Fallkonstellationen

3.434

Rechtsträger (Besitzunternehmen) überlässt funktional wesentliche Betriebsgrundlage an ...	personell verflochtenes (beherrschtes) gewerbliches Betriebsunternehmen
Vermögensverwaltende Personengesellschaft (§ 21 EStG) Vermögensverwaltende (Gesamthands-) Rechtsgemeinschaft (§ 21 EStG)	Tochter-Kapitalgesellschaft Tochter-Optionsgesellschaft i.S.d. § 1a KStG (§ 8 Abs. 2 KStG)
Betriebliche Personengesellschaft (§§ 13, 15 oder 18 EStG) Betriebliche (Gesamthands-)Rechtsgemeinschaft (§§ 13, 15 oder 18 EStG)	Tochter-Kapitalgesellschaft Tochter-Optionsgesellschaft i.S.d. § 1a KStG (§ 8 Abs. 2 KStG)

1 BFH v. 17.7.1991 – I R 98/88, BStBl. II 1992, 246. Vgl. auch BMF v. 15.6.2022 – IV C 6 - S 2139-b/21/10001:001, BStBl. I 2022, 945, Rz. 1.

2 BMF v. 15.6.2022 – IV C 6 - S 2139-b/21/10001:001, BStBl. I 2022, 945, Rz. 15; zu den Verbleibens- und Nutzungsfristen vgl. Rz. 38 und 45.

II. ESt-Folgen bei der Besitzgesellschaft oder Besitzgemeinschaft

Gewerbliche Einkünfte. Bei der klassischen Betriebsaufspaltung in der Ausgestaltung der Einheits-Betriebsaufspaltung, bei der die Besitz-Personengesellschaft oder die Besitz-Gesamthandsgemeinschaft (Erbengemeinschaft, eheliche Gütergemeinschaft, Wohnungseigentümergemeinschaft) die Anteile an der Betriebs-Kapitalgesellschaft oder der Betriebs-Optionsgesellschaft i.S.d. § 1a KStG im Gesellschafts- oder Gemeinschaftsvermögen hält, kann das Besitzunternehmen bislang nur als vermögensverwaltende Holdinggesellschaft ausgestaltet sein[1] und erst durch die Überlassung der wesentlichen Betriebsgrundlage an die personell verflochtene Betriebs-Kapitalgesellschaft (erstmals) eine gewerbliche Tätigkeit ausüben. Das Besitzunternehmen kann aber auch bereits als geschäftsleitende Holdinggesellschaft oder anderweitig gewerblich i.S.d. § 15 Abs. 2 EStG tätig sein, so dass durch die Überlassung der wesentlichen Betriebsgrundlage an die personell verflochtene Betriebs-Kapital-/Optionsgesellschaft eine überlagerte Betriebsaufspaltung entsteht (dazu auch Rz. 3.17).[2] Die Betriebsaufspaltung führt dann nicht mehr zur Umqualifikation der Einkünfte des Besitzunternehmens, die sonstigen Rechtsfolgen der Betriebsaufspaltung treten jedoch auch in diesem Fall ein. 3.435

Ertragsteuerliche Organschaft. Im Fall der Einheits-Betriebsaufspaltung kann zwischen der (Mutter-)Besitzgesellschaft und der (Tochter-)Betriebs-Kapitalgesellschaft durch Abschluss eines Ergebnisabführungsvertrages nach allgemeinen Grundsätzen ein ertragsteuerliches Organschaftsverhältnis i.S.d. § 14 KStG bzw. § 2 Abs. 2 Satz 2 GewStG begründet werden.[3] Im Verhältnis zur einer Betriebs-Optionsgesellschaft i.S.d. § 1a KStG als Organgesellschaft soll keine ertragsteuerliche Organschaft begründet werden können.[4] Zur gewerbesteuerlichen Organschaft s. Rz. 3.636. Zu den Auswirkungen einer Insolvenz des Besitzunternehmens auf die Organschaft s. Rz. 4.110 ff. 3.436

III. KSt-Folgen bei der Betriebs-Kapital-/Optionsgesellschaft

Allgemeine Grundsätze. Für die KSt-Besteuerung der Betriebs-Kapitalgesellschaft bzw. Betriebs-Optionsgesellschaft i.S.d. § 1a KStG gelten auch im Fall der Einheits-Betriebsaufspaltung die allgemeinen Grundsätze. 3.437

Ertragsteuerliche Organschaft. Besteht zwischen der Besitzgesellschaft und der Betriebs-Kapitalgesellschaft ein ertragsteuerliches Organschaftsverhältnis, wird das Einkommen der Betriebs-Kapitalgesellschaft gem. § 14 KStG dem Besitzunternehmen 3.438

1 Zur Abgrenzung vgl. BFH v. 17.11.2020 – I R 72/16, BStBl. II 2021, 484 = FR 2021, 544; BFH v. 27.3.2001 – I R 78/99, BStBl. II 2001, 449; BFH v. 19.8.2002 – II B 122/01, BFH/NV 2003, 64; BFH v. 30.6.1971 – I R 57/70, BStBl. II 1971, 753. Vgl. auch FG Nürnberg v. 12.1.2021 – 1 K 1090/19, EFG 2022, 1142 (Rev. BFH I R 23/21).

2 A.A. *Micker* in Söffing/Micker, Betriebsaufspaltung[10], Rz. 718.

3 BFH v. 24.7.2013 – I R 40/12, BStBl. II 2014, 272. Hierzu im Einzelnen *Micker* in Söffing/Micker, Betriebsaufspaltung[10], Rz. 724 ff.

4 So BMF v. 10.11.2021 – IV C -S 2707/21/10001:004, BStBl. I 2021, 2212, Rz. 56.

zur Versteuerung zugerechnet. Gewerbesteuerlich gilt die Betriebs-Kapitalgesellschaft gem. § 2 Abs. 2 Satz 2 GewStG als Betriebsstätte des Besitzunternehmens. Eine Betriebs-Optionsgesellschaft i.S.d. § 1a KStG soll nicht als Organgesellschaft fungieren können.[1] Zu den Auswirkungen einer Insolvenz der Betriebsgesellschaft s. Rz. 4.106 ff.

D. Rechtsfolgen der mitunternehmerischen Betriebsaufspaltung

I. Fallkonstellationen

3.439

Rechtsträger (Besitzunternehmen) überlässt funktional wesentliche Betriebsgrundlage an ...	**personell verflochtenes (beherrschtes) gewerbliches Betriebsunternehmen**
Natürliche Person (§ 21 EStG) Einzelunternehmer (§§ 13, 15 oder 18 EStG)	Enkel-Personengesellschaft (§ 15 EStG, mittelbar über eine Kapitalgesellschaft oder Optionsgesellschaft i.S.d. § 1a KStG)[2]
Vermögensverwaltende Personengesellschaft (§ 21 EStG) Vermögensverwaltende Rechtsgemeinschaft (§ 21 EStG)[3]	Schwester-Personengesellschaft (§ 15 EStG, bei Nutzungsüberlassung mit Gewinnerzielungsabsicht)[4]
	Enkel-Personengesellschaft (§ 15 EStG, mittelbar über eine Kapitalgesellschaft oder Optionsgesellschaft i.S.d. § 1a KStG)[5]
	Schwester-Kapitalgesellschaft Schwester-Optionsgesellschaft i.S.d. § 1a KStG bei Errichtung einer atypisch stillen Gesellschaft (s. Rz. 3.502)

1 So BMF v. 10.11.2021 – IV C 2-S 2707/21/10001:004, BStBl. I 2021, 2212, Rz. 56.

2 Zu diesem bislang wenig diskutierten Fall vgl. auch *Wacker* in Schmidt[44], § 15 EStG Rz. 859 (zu 2 b).

3 Zu einer mitunternehmerischen Betriebsaufspaltung kann es bei einer Rechtsgemeinschaft auch im Erbfall kommen, wenn der Personengesellschaftsanteil im Wege der Sonderrechtsnachfolge auf mehrere Erben übergeht, das Sonderbetriebsvermögen aber in das Gesamthandsvermögen einer Erbengemeinschaft i.S.d. § 2032 BGB fällt. So wohl auch BMF v. 20.11.2019 – IV C 6 - S 2241/15/10003, BStBl I 2019, 1291, Rz. 37.

4 Zur atypisch stillen Gesellschaft als Betriebs-Personengesellschaft vgl. *Schulze zur Wiesche*, DStZ 2023, 686 (694).

5 Zu diesem bislang wenig diskutierten Fall vgl. auch *Wacker* in Schmidt[44], § 15 EStG Rz. 859 (zu 2 b).

Betriebliche Personengesellschaft (§§ 13, 15 oder 18 EStG) Betriebliche Rechtsgemeinschaft (§§ 13, 15 oder 18 EStG)	Schwester-Personengesellschaft (§ 15 EStG, bei Nutzungsüberlassung mit Gewinnerzielungsabsicht)
	Enkel-Personengesellschaft (§ 15 EStG, mittelbar über eine Kapitalgesellschaft oder Optionsgesellschaft i.S.d. § 1a KStG)[1]
	Schwester-Kapitalgesellschaft Schwester-Optionsgesellschaft i.S.d. § 1a KStG bei Errichtung einer atypisch stillen Gesellschaft (s. Rz. 3.502)
Kapitalgesellschaft (§ 8 Abs. 2 KStG) Optionsgesellschaft i.S.d. § 1a KStG (§ 8 Abs. 2 KStG)	Enkel-Personengesellschaft (§ 15 EStG, mittelbar über eine Kapitalgesellschaft oder Optionsgesellschaft i.S.d. § 1a KStG)[2]
Sonstige Körperschaft (§ 8 Abs. 1 KStG)[3]	Enkel-Personengesellschaft (§ 15 EStG, mittelbar über Kapitalgesellschaft oder Optionsgesellschaft i.S.d. § 1a KStG)[4]

Überlassung an Enkel-Personengesellschaft. Eine mitunternehmerische Betriebsaufspaltung ist zunächst anzunehmen, wenn eine natürliche Person bzw. Einzelunternehmer, einer vermögensverwaltende oder betriebliche Personengesellschaft oder Rechtsgemeinschaft oder einer Kapitalgesellschaft bzw. Optionsgesellschaft i.S.d. § 1a KStG die wesentliche Betriebsgrundlage einer Personengesellschaft zur Nutzung überlässt, an der er/sie mittelbar über eine zwischengeschaltete Kapitalgesellschaft oder Optionsgesellschaft i.S.d. § 1a KStG beherrschend beteiligt ist (vertikales Überlassungsverhältnis).[5] Dies ergibt sich aus der Nichtanwendbarkeit von § 15 Abs. 1 Satz 1 Nr. 2 Satz 2 EStG auf diesen Fall, weil die zwischengeschaltete Kapital-Optionsgesellschaft die hierfür durchgängig erforderliche Mitunternehmerkette durchbricht. 3.440

1 Zu diesem bislang wenig diskutierten Fall vgl. auch *Wacker* in Schmidt[44], § 15 EStG Rz. 859 (zu 2 b).

2 Zu diesem bislang wenig diskutierten Fall vgl. auch *Wacker* in Schmidt[44], § 15 EStG Rz. 859 (zu 2 b).

3 Hierzu rechnen die KSt-Subjekte i.S.d. § 1 Abs. 1 Nr. 4 und Nr. 5 KStG, insbesondere (regulär steuerpflichtige) Vereine und Stiftungen. Bei Stiftungen, die keine Gesellschafter haben, sind nur vertikale Betriebsaufspaltungskonstellationen möglich, die auch bei Vereinen den Regelfall darstellen. Der denkbare horizontale Fall eines Besitz-Vereins im Verhältnis zu einer von den Mitgliedern beherrschten Schwester-Betriebsgesellschaft wird hier nicht weiter behandelt. Zu Sonderfragen bei gemeinnützigen Körperschaften s. Rz. 3.623 ff., zu Sonderfragen bei juristischen Personen des öffentlichen Rechts s. Rz. 3.629 ff.

4 Zu diesem bislang wenig diskutierten Fall vgl. auch *Wacker* in Schmidt[44], § 15 EStG Rz. 859 (zu 2 b). Vgl. hierzu auch BFH v. 6.6.2025 – I B 8/23, BFH/NV 2025, 1027 (zur Verpachtung durch eine juristische Person des öffentlichen Rechts an eine Enkel-Personengesellschaft, die über eine zwischengeschaltete Tochter-Kapitalgesellschaft gehalten wird; dort allerdings nicht ausdrücklich als „mitunternehmerische" Betriebsaufspaltung bezeichnet).

5 Hierzu *Wacker* in Schmidt[44], § 15 EStG Rz. 835 (Bsp. 2) und Rz. 858, 859.

3.441 **Überlassung an Schwester-Personengesellschaft.** Typischerweise ist eine mitunternehmerische Betriebsaufspaltung gegeben, wenn eine Personengesellschaft oder Rechtsgemeinschaft als Besitzunternehmen einer mit ihr personell verflochtenen gewerblichen Schwester-Personengesellschaft (Betriebsgesellschaft) wesentliche Betriebsgrundlagen mit der Absicht der Gewinnerzielung zur Nutzung überlässt (horizontales Überlassungsverhältnis).[1]

3.442 **Gewinnerzielungsabsicht.** In Abgrenzung zur Behandlung der überlassenen Vermögensgegenstände als Sonderbetriebsvermögen bei der nutzenden Betriebs-Personengesellschaft i.S.d. § 15 Abs. 1 Satz 1 Nr. 2 Satz 1 Halbs. 2 EStG ist eine mitunternehmerische Betriebsaufspaltung nur gegeben, wenn die Nutzungsüberlassung an die Schwester-Personengesellschaft mit Gewinnerzielungsabsicht erfolgt und damit eine gewerbliche Tätigkeit des Besitzunternehmens i.S.d. § 15 Abs. 2 EStG gegeben ist. Bei unentgeltlicher oder teilentgeltlicher Überlassung ohne Gewinnerzielungsabsicht werden die Rechtsfolgen der mitunternehmerischen Betriebsaufspaltung also nicht ausgelöst.[2] Denn anders als bei der klassischen Betriebsaufspaltung (s. dazu Rz. 3.147 f.) gehören die Anteile an der Betriebs-Personengesellschaft nicht zum (Sonder-)Betriebsvermögen des Besitzunternehmens, so dass die unentgeltliche oder verbilligte Nutzungsüberlassung nicht durch eine Wertsteigerung auf der Ebene der Betriebsgesellschaft kompensiert werden kann (s. dazu Rz. 3.150).

3.443 **Nutzende gewerbliche Schwester-Personengesellschaft.** Die mitunternehmerische Betriebsaufspaltung ist nur im Verhältnis zu einer gewerblichen Personengesellschaft gegeben.[3] Ist damit die Betriebs-Personengesellschaft weder eigengewerblich tätig (§ 15 Abs. 1 Satz 1 Nr. 2, Abs. 2, Abs. 3 Nr. 1 EStG) noch gewerblich geprägt (§ 15 Abs. 3 Nr. 2 EStG), wird durch die Überlassung wesentlicher Betriebsgrundlagen auch bei personeller Verflechtung keine mitunternehmerische Betriebsaufspaltung begründet.[4]

II. ESt-Folgen bei der Besitz-Personengesellschaft oder Besitzgemeinschaft

1. Gewerbliche Vermietungstätigkeit

a) Personengesellschaft

3.444 **Überlagerte Betriebsaufspaltung.** Die Frage nach der Qualifikation der Einkünfte der Besitz-Personengesellschaft im Rahmen einer Betriebsaufspaltung stellt sich nur dann, wenn das Besitzunternehmen nicht bereits aufgrund seiner Tätigkeit oder Rechtsform gewerbliche Einkünfte erzielt. Handelt es sich bei dem Besitzunternehmen daher um eine ohnehin gewerblich tätige Personengesellschaft i.S.d. § 15 Abs. 1

1 Hierzu *Wacker* in Schmidt[44], § 15 EStG Rz. 858, 859.

2 BFH v. 12.4.2018 – IV R 5/15, BStBl. II 2020, 118; BMF v. 28.4.1998 – IV B 2-S 2241-42/98, BStBl. I 1998, 583. Vgl. auch *Micker* in Söffing/*Micker*, Betriebsaufspaltung[10], Rz. 907 f.

3 Zur mitunternehmerischen Betriebsaufspaltung bei mittelbarer Beteiligung an der Betriebs-Personengesellschaft über eine Kapitalgesellschaft vgl. *Wacker* in Schmidt[44], § 15 EStG Rz. 835 (Bsp. 2) und Rz. 858, 859.

4 BFH v. 10.11.2005 – IV R 29/04, BStBl. II 2006, 173 = FR 2006, 276 m. Anm. v. *Kempermann*.

Satz 1 Nr. 2 Satz 1, Abs. 2, Abs. 3 Nr. 1 EStG oder eine gewerblich geprägte Personengesellschaft i.S.d. § 15 Abs. 3 Nr. 2 EStG, liegt eine überlagerte Betriebsaufspaltung vor, so dass sich das Problem der Umqualifikation der Einkünfte des Besitzunternehmens in solche aus Gewerbebetrieb i.S.d. § 15 EStG nicht stellt (dazu auch Rz. 3.17). Die Grundsätze der Betriebsaufspaltung greifen jedoch auch in diesem Fall, wenn also das Betriebsvermögen des Besitzunternehmens auch aus anderen Gründen steuerverhaftet ist.[1]

Gewerbliche Vermietungseinkünfte. Mit dem Beginn der mitunternehmerischen Betriebsaufspaltung erzielt eine zuvor nur vermögensverwaltend, land- und forstwirtschaftlich oder freiberuflich tätige Besitz-Personengesellschaft aus der Überlassung der wesentlichen Betriebsgrundlage an die Betriebs-Personengesellschaft gewerbliche Vermietungseinkünfte i.S.d. § 15 Abs. 1 Satz 1 Nr. 2 Satz 1 i.V.m. Abs. 2 EStG.[2] 3.445

Gewerbliche Infektion der übrigen Einkünfte. Die „originär" gewerblichen Vermietungseinkünfte der Besitz-Personengesellschaft führen sowohl bei positiven als auch bei negativen Ergebnissen zu einer gewerblichen Infektion aller weiteren vermögensverwaltenden, land- und forstwirtschaftlichen oder freiberuflichen Einkünfte der Besitz-Personengesellschaft gem. § 15 Abs. 3 Nr. 1 EStG (Seitwärtsinfektion), die damit „in vollem Umfang" ein einheitliches gewerbliches Unternehmen betreibt.[3] 3.446

Ausnahme bei Geringfügigkeit. Die Infektionswirkung des § 15 Abs. 3 Nr. 1 EStG greift auch bei einer nur geringfügigen gewerblichen Tätigkeit der Personengesellschaft. Eine Ausnahme besteht vor dem Hintergrund des verfassungsrechtlichen Verhältnismäßigkeitsgrundsatzes (Art. 1 Abs. 3 i.V.m. Art. 20 Abs. 3 GG), wenn die Gesellschaft hauptsächlich nichtgewerbliche Einkünfte erzielt und die gewerblichen Umsätze eine Bagatellgrenze i.H.v. 3 % der Gesamtnettoumsätze (relative Grenze) und zusätzlich den Betrag von 24.500 EUR[4] im Veranlagungszeitraum (absolute Grenze) nicht übersteigen.[5] Diese Grundsätze gelten auch, wenn es sich bei der gewerblichen Tätigkeit um die Vermietungstätigkeit im Rahmen einer mitunternehmerischen Betriebsaufspaltung handelt. 3.447

Nur-Besitzgesellschafter. Die Gewerblichkeit der Besitz-Personengesellschaft betrifft auch den Nur-Besitzgesellschafter, der damit ebenfalls Einkünfte aus Gewerbebetrieb 3.448

1 FG Niedersachsen v. 19.11.2015 – 5 K 286/12, EFG 2016, 138 (rkr.).

2 BFH v. 23.4.1996 – VIII R 13/95, BStBl. II 1998, 325; BFH v. 24.11.1998 – VIII R 61/97, BStBl. II 1999, 483. Zu weiteren Einzelheiten vgl. BMF v. 28.4.1998 – IV B 2-S 2241-42/98, BStBl. I 1998, 583.

3 Hierzu auch BFH v. 28.6.2006 – XI R 31/05, BStBl. II 2007, 378; BMF v. 28.4.1998 – IV B 2-S 2241-42/98, BStBl. I 1998, 583, Rz. 2 Buchst. b; auch *Micker* in Söffing/Micker, Betriebsaufspaltung[10], Rz. 828 f.

4 Zugleich Höhe des Freibetrags nach § 11 Abs. 1 Satz 1 Nr. 1 GewStG.

5 BFH v. 27.8.2014 – VIII R 6/12, BStBl. II 2015, 1002; BFH v. 27.8.2014 – VIII R 16/11, BStBl. II 2015, 996; BFH v. 27.8.2014 – VIII R 41/11, BStBl. II 2015, 999. Zur Geltung dieser Grundsätze auch im Bereich vermögensverwaltend tätiger Personengesellschaften vgl. BFH v. 30.6.2022 – IV R 42/19, BFH/NV 2022, 1356.

i.S.d. § 15 Abs. 1 Satz 1 Nr. 2 Satz 1 EStG erzielt. Denn die Art der Einkunftserzielung wird durch die Tätigkeit der Gesellschaft selbst bestimmt und den Gesellschaftern zugerechnet. Die gewerbliche Tätigkeit des Besitzunternehmens gilt damit für den gesamten Betrieb und ist hinsichtlich der einzelnen Gesellschafter nicht teilbar.[1]

b) Rechtsgemeinschaft

3.449 **Gewerbliche Vermietungseinkünfte.** Sofern nicht wegen bereits gegebener Gewerblichkeit eine überlagerte Betriebsaufspaltung gegeben ist (s. Rz. 3.444), erzielt eine zuvor nicht gewerblich tätige Besitz-Gemeinschaft mit dem Beginn der mitunternehmerischen Betriebsaufspaltung aus der Überlassung der wesentlichen Betriebsgrundlage an die Betriebs-Personengesellschaft gewerbliche Vermietungseinkünfte i.S.d. § 15 Abs. 1 Satz 1 Nr. 2 Satz 1 i.V.m. Abs. 2 EStG.

3.450 **Keine gewerbliche Infektion der übrigen Einkünfte.** Die „originär" gewerblichen Vermietungseinkünfte der Rechtsgemeinschaft führen nicht zu einer gewerblichen Infektion aller weiteren Einkünfte der Gemeinschaft gem. § 15 Abs. 3 Nr. 1 EStG (Seitwärtsinfektion), da diese Regelung nur auf Personengesellschaften anwendbar ist.[2] Übt die Rechtsgemeinschaft damit neben der Vermietung weitere steuerrelevante Tätigkeiten aus, werden die hieraus erzielten Einkünfte nach allgemeinen Grundsätzen der §§ 13 ff. EStG qualifiziert. Die zugehörigen Wirtschaftsgüter sind kein Betriebsvermögen der Rechtsgemeinschaft (s. Rz. 3.390 und Rz. 3.456).

3.451 **Nur-Besitzgemeinschafter.** Die (ggf. nur partielle) Gewerblichkeit der Besitzgemeinschaft betrifft auch den Nur-Besitzgemeinschafter, der insoweit also Einkünfte aus Gewerbebetrieb i.S.d. § 15 Abs. 1 Satz 1 Nr. 2 Satz 1 EStG erzielt. Auch in diesem Fall wird die Art der Einkunftserzielung durch die Tätigkeit der Rechtsgemeinschaft selbst bestimmt und den Gemeinschaftern zugerechnet. Die gewerbliche Tätigkeit der Besitzgemeinschaft gilt damit für den von ihr unterhaltenen betrieblichen Bereich und ist hinsichtlich der einzelnen Gemeinschafter nicht teilbar.

2. Umfang des Betriebsvermögens

a) Betriebsvermögen der Gesellschaft/Gemeinschaft

3.452 **Bilanzierungskonkurrenz.** Bei der Vermietung oder Verpachtung einer wesentlichen Betriebsgrundlage durch eine gewerbliche Mitunternehmerschaft an eine gewerbliche Personengesellschaft stellt sich die Frage der bilanziellen Zuordnung des überlassenen Wirtschaftsguts. Nach allgemeinen Grundsätzen ist das Wirtschaftsgut dem Gesellschafts-/Gemeinschaftsvermögen des Besitzunternehmens zuzuordnen. Gleichzeitig sind aber auch die Voraussetzungen des § 15 Abs. 1 Satz 1 Nr. 2 Satz 1 Halbs. 2 EStG für eine Zuordnung zum Sonderbetriebsvermögen bei der Betriebs-Personen-

1 BMF v. 28.4.1998 – IV B 2-S 2241-42/98, BStBl. I 1998, 583, Rz. 2 Buchst. a.; auch *Micker* in Söffing/Micker, Betriebsaufspaltung[10], Rz. 821 ff.

2 BFH v. 19.1.2023 – IV R 5/19, BFH/NV 2023, 631; BFH v. 23.10.1986 – IV R 214/84, BStBl. II 1987, 120; R 15.8 Abs. 5 EStR 2012.

gesellschaft gegeben, so dass eine Bilanzierungskonkurrenz gegeben und aufzulösen ist.[1]

Vorrang des Eigenbetriebsvermögens. Das Konkurrenzverhältnis zwischen dem Eigenbetriebsvermögen der Besitz-Personengesellschaft oder Besitzgemeinschaft und Sonderbetriebsvermögen bei der Betriebs-Personengesellschaft ist bei gegebener sachlicher und persönlicher Verflechtung zugunsten eines Vorrangs der Betriebsaufspaltung, also des Eigenbetriebsvermögens des Besitzunternehmens, aufzulösen.[2] Ein Durchgriff durch die Besitz-Personengesellschaft bzw. oder Besitzgemeinschaft als partielles ESt-Subjekt u.a für Zwecke der Gewinnermittlung ist nicht möglich. Die Besitz-Personengesellschaft bzw. Besitzgemeinschaft entwickelt daher eine Abschirmwirkung gegenüber der Zurechnung als Sonderbetriebsvermögen bei den einzelnen Gesellschaftern der nutzenden Betriebs-Personengesellschaft. Ein bisher (mangels personeller Verflechtung) als Sonderbetriebsvermögen bei der Betriebs-Personengesellschaft erfasstes Wirtschaftsgut ist gem. § 6 Abs. 5 Satz 2 EStG[3] zum Buchwert in das Sonderbetriebsvermögen des Gesellschafters der Besitz-Personengesellschaft oder Beteiligten der Besitzgemeinschaft zu überführen.[4,5] Der Vorrang des Betriebsvermögens der überlassenden Gesellschaft/Gemeinschaft gilt auch in den Fällen, in denen die überlassende Gesellschaft eigengewerblich tätig oder gewerblich geprägt ist.[6] 3.453

Latentes Sonderbetriebsvermögen. Auf Seiten der Betriebs-Personengesellschaft handelt es sich für die Dauer der Betriebsaufspaltung um latentes Sonderbetriebsvermögen, das erst mit der Beendigung der Betriebsaufspaltung (infolge Wegfalls der sachlichen und/oder personellen Verflechtung) wieder auflebt.[7] Das Wirtschaftsgut 3.454

1 Zur Bilanzierungskonkurrenz betreffend GmbH-Anteile zwischen mitunternehmerischer Betriebsaufspaltung und später errichteter atypisch stiller Gesellschaft vgl. BFH v. 19.9.2024 - IV R 5/20, BFH/NV 2025, 149.

2 BFH v. 22.9.2011 - IV R 33/08, BStBl. II 2012, 10 = FR 2012, 77; BFH v. 30.8.2007 - IV R 50/05, BStBl. II 2008, 129 = DB 2007, 2806; BFH v. 18.8.2005 - IV R 59/04, BStBl. II 2005, 830 = FR 2006, 23 m. Anm. v. *Wendt*; Vgl. auch EStH 15.7 Abs. 4 „Mitunternehmerische Betriebsaufspaltung"; BMF v. 28.4.1998 - IV B 2-S 2241-42/98, BStBl. I 1998, 583. Zur historischen Entwicklung vgl. *Micker* in Söffing/Micker, Betriebsaufspaltung[10], Rz. 768 ff.

3 M.E. unzutreffend *Neufang/Neufang*, StBp 2023, 126 (129) (Übertragung gem. § 6 Abs. 5 Satz 3 Nr. 2 EStG).

4 Die geänderte betriebsvermögensmäßige Zuordnung eines Wirtschaftsguts nach Begründung einer mitunternehmerischen Betriebsaufspaltung löst beim abgebenden Betriebs keine (Über-)Entnahme und beim aufnehmenden Betrieb keine Einlage i.S.d. § 4 Abs. 4a EStG aus; vgl. hierzu BFH v. 22.9.2011 - IV R 33/08, BStBl. II 2012, 10 = FR 2012, 77 m. Anm. v. *Wendt*.

5 Zur verfahrensrechtlichen Korrektur einer fehlerhaften Zuordnung nach § 174 Abs. 3 f. AO vgl. BFH v. 10.5.2012 - IV R 34/09, BStBl. II 2013, 471; BFH v. 5.11.2009 - IV R 99/06, BStBl. II 2010, 593. Zum Sonderfall der nur mittelbaren Beteiligung an der Besitz-Personengesellschaft vgl. FG Baden-Württemberg v. 15.6.2021 - 8 K 1764/18, EFG 2021, 1782 (Rev. BFH IV R 19/21).

6 BFH v. 22.11.1994 - VIII R 63/93, BStBl. II 1996, 93; BFH v. 16.6.1994 - IV R 48/93, BStBl. II 1996, 82 = FR 1994, 750 m. Anm. v. *Söffing*.

7 BFH v. 22.9.2011 - IV R 33/08, BStBl. II 2012, 10 = FR 2012, 77 m. Anm. v. *Wendt*; BFH v. 30.8.2007 - IV R 50/05, BStBl. II 2008, 129 = FR 2008, 277.

ist dann nach Beendigung der Betriebsaufspaltung gem. § 6 Abs. 5 Satz 2 EStG zum Buchwert in das Sonderbetriebsvermögen des Gesellschafters der Betiebs-Personengesellschaft oder Beteiligten der Betriebsgemeinschaft zu überführen.

3.455 **Verstrickung des übrigen Vermögens der Besitz-Personengesellschaft.** Aus der einheitlichen Gewerblichkeit der Besitz-Personengesellschaft gem. § 15 Abs. 3 Nr. 1 EStG folgt, dass die zur Erwirtschaftung der gewerblichen Einkünfte eingesetzten Wirtschaftsgüter insgesamt gewerbliches Betriebsvermögen der Besitz-Personengesellschaft darstellen.[1] Zum gewerblich verstrickten Vermögen rechnen alle Vermögensgegenstände, die im zivilrechtlichen oder wirtschaftlichen Eigentum der Gesellschaft i.S.d. § 39 Abs. 2 Nr. 1 AO stehen, soweit es sich bei diesen nicht ausnahmsweise um notwendiges Privatvermögen der Gesellschaft handelt.[2]

3.456 **Keine Verstrickung des übrigen Vermögens der Besitzgemeinschaft.** Aus der fehlenden Anwendbarkeit des § 15 Abs. 3 Nr. 1 EStG auf Rechtsgemeinschaften folgt, dass nur die zur Erwirtschaftung der gewerblichen Vermietungs- und Verpachtungseinkünfte eingesetzten Wirtschaftsgüter (wesentlichen Betriebsgrundlagen) gewerbliches Betriebsvermögen der Besitzgemeinschaft darstellen.[3] Das übrige Vermögen der Besitzgemeinschaft ist der sonstig verwirklichten – nicht gewerblichen – Einkunftsart zuzuordnen.

b) Sonderbetriebsvermögen der Gesellschafter/Gemeinschafter

3.457 **Allgemeine Grundsätze.** Wirtschaftsgüter, die nicht dem Vermögen der Besitz-Personengesellschaft oder -Rechtsgemeinschaft zugehören, sondern im (wirtschaftlichen) Eigentum des Gesellschafters oder Gemeinschafters stehen, können nach allgemeinen Grundsätzen zu dessen (notwendigen) Sonderbetriebsvermögen bei diesem Besitzunternehmen gehören.

3.458 **Überlassene wesentliche Betriebsgrundlage.** Geht man davon aus, dass auch eine Miteigentümer- bzw. Bruchteilsgemeinschaft taugliches Besitzunternehmen im Rahmen einer mitunternehmerischen Betriebsaufspaltung sein kann,[4] rechnet die im Eigentum der Gemeinschafter stehende, überlassene wesentliche Betriebsgrundlage anteilig zu deren Sonderbetriebsvermögen bei der Besitzgemeinschaft.

3.459 **Anteile an Kapital-/Optionsgesellschaften.** Bei der klassischen Betriebsaufspaltung im Verhältnis zwischen einer Besitz-Personengesellschaft und einer Betriebs-Kapitalgesellschaft bzw. Betriebs-Optionsgesellschaft i.S.d. § 1a KStG können auch Anteile des Gesellschafters der Besitz-Personengesellschaft an einer anderen Kapital-/Opti-

1 BFH v. 25.11.2004 – IV R 7/03, BStBl. II 2005, 354 = DB 2005, 806; BFH v. 13.11.1997 – IV R 67/96, BStBl. II 1998, 254; BFH v. 11.5.1989 – IV R 43/88, BStBl. II 1989, 797.

2 Hierzu BFH v. 16.10.2014 – IV R 15/11, BStBl. II 2015, 267 = DB 2015, 220; BFH v. 3.3.2011 – IV R 45/08, BStBl II 2011, 552, 554 = FR 2011, 658 m. Anm. v. *Kanzler*; BFH v. 25.11.2004 – IV R 7/03, BStBl. II 2005, 354, 355 = DB 2005, 806.

3 BFH v. 2.8.1972 – IV 87/65, BStBl. II 1972, 796.

4 Vgl. dazu *Wacker* in Schmidt[44], § 15 EStG Rz. 858; *Bode* in Brandis/Heuermann, § 15 EStG Rz. 641 (Stand: August 2023).

onsgesellschaft, die mit der Betriebs-Kapital-/Optionsgesellschaft in vorteilhaften und nicht nur kurzfristigen Geschäftsbeziehungen steht, zum notwendigen Sonderbetriebsvermögen II des Gesellschafters bei der Besitz-Personengesellschaft zu rechnen sein (s. Rz. 3.276). Ob dies auch bei einer mitunternehmerischen Betriebsaufspaltung für Anteile des Gesellschafters der Besitz-Personengesellschaft an einer anderen Kapital-/Optionsgesellschaft gilt, die mit der Betriebs-Personengesellschaft in vorteilhaften und nicht nur kurzfristigen Geschäftsbeziehungen steht, ist noch ungeklärt.[1] Anderenfalls kommt eine Zugehörigkeit zum notwendigen Sonderbetriebsvermögen II des Gesellschafters bei der Betriebs-Personengesellschaft in Betracht.

3. Besonderheiten bei der Gewinnermittlung

Miet- und Pachteinnahmen. Die Pachteinnahmen aus der Überlassung der wesentlichen Betriebsgrundlage an die Betriebs-Personengesellschaft stellen originär gewerbliche Einkünfte der Besitz-Personengesellschaft oder -Rechtsgemeinschaft und keine Sondervergütungen im Rahmen der Einkünfteermittlung bei der nutzenden Betriebs-Personengesellschaft dar. 3.460

Entnahmen und Einlagen. Soweit es durch die personelle Verflechtung der Schwester-Personengesellschaften zu einer Vermischung der betrieblichen Interessen der Besitz-Personengesellschaft und der Betriebs-Personengesellschaft mit den Interessen der hinter beiden Unternehmen stehenden Gesellschafter oder Gesellschaftergruppen kommt, sind (ggf. verdeckte) Entnahmen und Einlagen gegeben. Soweit damit z.B. das Nutzungsentgelt zugunsten der Besitz-Personengesellschaft überhöht ist, liegt keine Veranlassung durch den Betrieb der Betriebs-Personengesellschaft i.S.d. § 4 Abs. 4 EStG vor; vielmehr ist eine verdeckte Entnahme der Gesellschafter der Betriebs-Personengesellschaft aus dieser und eine Einlage in die Besitz-Personengesellschaft gegeben. Ist in den Gesellschaftsverträgen der Besitz- und der Betriebs-Personengesellschaft vereinbart, dass bei Verlustentstehung die Verlustgesellschaft einen Anspruch auf Ausgleich aus dem Gewinn der anderen Gesellschaft hat, ist die Verlustdeckung durch die Gewinngesellschaft keine Betriebsausgabe bei dieser, sondern eine Entnahme der Gesellschafter der Gewinngesellschaft, verbunden mit einer Einlage in die Verlustgesellschaft.[2] 3.461

Teilwertabschreibungen auf Forderungen. Teilwertabschreibungen auf Forderungen der Besitz-Personengesellschaft gegenüber der Betriebs-Personengesellschaft sind bei dauernder Wertminderung grundsätzlich möglich, jedoch nur nach Maßgabe einer funktionalen Gesamtbetrachtung der Ertragsaussichten von Besitz- und Betriebsunternehmen (dazu Rz. 3.324). Die Grundsätze der korrespondierenden Bilanzierung gelten im Verhältnis zwischen Besitz- und Betriebs-Personengesellschaft nicht. 3.462

Rücklage nach § 6b EStG. Der Gewinn aus der Veräußerung eines nach § 6b Abs. 1 Satz 1 EStG begünstigten Wirtschaftsguts kann aufgrund der gesellschafterbezogenen Normauslegung auch auf ein begünstigtes Reinvestitionsgut nach Satz 2 der Norm 3.463

---

1 *Gluth* in H/H/R, § 15 EStG Anm. 823 (Stand: April 2022).
2 BFH v. 26.1.1995 – IV R 73/93, BStBl. II 1995, 589 = FR 1995, 608 m. Anm. v. *Söffing*.

übertragen werden, welches von einer Schwester-Personengesellschaft angeschafft oder hergestellt wird. Gleiches gilt bei Einstellung des Veräußerungsgewinns in eine Rücklage nach § 6b Abs. 3 EStG. Bei beteiligungsidentischer Besitz- und Betriebs-Personengesellschaft kann § 6b EStG damit in vollem Umfang genutzt werden.[1] Für den Fall der rechtsträgerübergreifenden Übertragung der § 6b-Rücklage sind dann die Konsequenzen für das Kapitalkonto des betroffenen Gesellschafters und nach § 15a EStG zu beachten.[2]

3.464 **Investitionsabzugsbetrag.** Für die Ermittlung der größenabhängigen Vergünstigungen nach § 7g EStG ist das Vermögen von Besitz- und Betriebsunternehmen nicht zusammenzurechnen.

4. Thesaurierungsbegünstigung

3.465 **Nicht entnommener Gewinn der Besitz-Personengesellschaft.** Für den bilanziell nach §§ 4 Abs. 1 Satz 1, § 5 EStG ermittelten Gewinn der Besitz-Personengesellschaft (s. 3.272 ff.) kann die Thesaurierungsbegünstigung nach § 34a EStG in Anspruch genommen werden.

III. ESt-Folgen bei der Betriebs-Personengesellschaft

1. Einkünftequalifikation

3.466 **§ 15 Abs. 1 Satz 1 Nr. 2, Abs. 2 EStG.** Eine Betriebs-Personengesellschaft erzielt stets gewerbliche Einkünfte, entweder aufgrund originärer Tätigkeit i.S.d. § 15 Abs. 2 EStG oder aufgrund gewerblicher Infektion i.S.d. § 15 Abs. 3 Nr. 1 EStG oder gewerblicher Prägung i.S.d. § 15 Abs. 3 Nr. 2 EStG. Die Begründung einer Betriebsaufspaltung hat hierauf keine Auswirkungen.

2. Umfang des Betriebsvermögens

3.467 **Allgemeine Grundsätze.** Der Umfang des Betriebsvermögens der Betriebs-Personengesellschaft bestimmt sich nach allgemeinen Grundsätzen. Zu betriebsaufspaltungsspezifischen Besonderheiten gelten die Ausführungen zum Umfang des Betriebsvermögens der Betriebs-Kapital-/Optionsgesellschaft entsprechend, soweit sie auf Personengesellschaften anwendbar sind, dazu Rz. 3.420 ff.

3. Besonderheiten bei der Gewinnermittlung

3.468 **Miet- und Pachtzinsen.** Das an die Besitz-Personengesellschaft oder Besitzgemeinschaft gezahlte Nutzungsentgelt ist bei der Betriebs-Personengesellschaft als Betriebsausgabe anzusetzen. Eine Hinzurechnung zum Gesamtgewinn der Betriebs-Personengesellschaft als Sondervergütung i.S.d. § 15 Abs. 1 Satz 1 Nr. 2 Satz 1 Halbs. 2 EStG ist mangels Zugehörigkeit der genutzten wesentlichen Betriebsgrundlage zum Sonderbetriebsvermögen der nutzenden Betriebs-Personengesellschaft nicht vorzunehmen.

---

1 So auch R 6b.2 Abs. 7 EStR 2012.

2 Hierzu BFH v. 12.12.2024 – IV R 24/22, BFH/NV 2025, 448.

Entnahmen und Einlagen. Soweit es durch die personelle Verflechtung der Schwester-Personengesellschaften zu einer Vermischung der betrieblichen Interessen der Besitz-Personengesellschaft und der Betriebs-Personengesellschaft mit den Interessen der hinter beiden Unternehmen stehenden Gesellschafter/Gesellschaftergruppen kommt, sind (ggf. verdeckte) Entnahmen und Einlagen gegeben (s. Rz. 3.469). 3.469

4. Thesaurierungsbegünstigung

Nicht entnommener Gewinn der Betriebs-Personengesellschaft. Für den bilanziell nach §§ 4 Abs. 1 Satz 1, § 5 EStG ermittelten Gewinn der Betriebs-Personengesellschaft kann die Thesaurierungsbegünstigung nach § 34a EStG in Anspruch genommen werden. 3.470

E. Rechtsfolgen der umgekehrten Betriebsaufspaltung

I. Fallkonstellationen

3.471

Rechtsträger (Besitzunternehmen) überlässt funktional wesentliche Betriebsgrundlage an ...	**personell verflochtenes (beherrschtes) gewerbliches Betriebsunternehmen**
Kapitalgesellschaft (§ 8 Abs. 2 KStG) Optionsgesellschaft i.S.d. § 1a KStG (§ 8 Abs. 2 KStG)	Mutter-Personengesellschaft (§ 15 EStG)
Kapitalgesellschaft (§ 8 Abs. 2 KStG) Optionsgesellschaft i.S.d. § 1a KStG (§ 8 Abs. 2 KStG)	Personengesellschaft (§ 15 EStG), an der die Anteilseigner der Besitz-Kapital-/Optionsgesellschaft als Mitunternehmer beteiligt sind

Begriff. Eine umgekehrte Betriebsaufspaltung ist gegeben, wenn das Besitzunternehmen in der Rechtsform einer Kapitalgesellschaft oder einer gleichgestellten Optionsgesellschaft i.S.d. § 1a KStG einer personell verflochtenen gewerblichen Betriebsgesellschaft in der Form einer Personengesellschaft eine wesentliche Betriebsgrundlage überlässt.[1] Für die personelle Verflechtung müssen an beiden Gesellschaften in gleicher Weise eine oder mehrere Personen beteiligt sein, die beide Unternehmen dergestalt beherrschen, dass ein einheitlicher Geschäfts- und Betätigungswille angenommen werden kann. Dies ist der Fall, wenn entweder die Beteiligung an der Besitz-Kapitalgesellschaft zum Gesellschaftsvermögen der Betriebs-Personengesellschaft gehört (Mutter-Personengesellschaft oder ggf. Großmutter-Personengesellschaft[2]) 3.472

1 Auch die Verpachtung des Anlagevermögens einer Komplementär-GmbH an die GmbH & Co. KG, vgl. hierzu FG Düsseldorf v. 22.11.2016 – 10 K 2233/13 F, EFG 2017, 108 (rkr.). Teilweise wird diese Konstellation im Schrifttum auch als kapitalistische Betriebsaufspaltung bezeichnet.

2 BFH v. 22.2.2024 – III R 13/23, BStBl II 2024, 487: Eine GmbH, die in einem mehrstufigen Unternehmensverbund auf unterster Stufe angesiedelt war, überließ im Grundbesitz an eine verbundene andere GmbH, an der ihre mittelbare Mehrheitsgesellschafterin, eine GmbH & Co. KG, zu 100 % beteiligt war. Die andere GmbH überließ den Grundbesitz dann im Rahmen eines Zwischenmietverhältnisses weiter an die (Großmutter-) GmbH & Co. KG.

oder die Beteiligung an der Besitz-Kapital-/Optionsgesellschaft zum Sonderbetriebsvermögen der Gesellschafter der Betriebs-Personengesellschaft rechnet.[1]

3.473 **Abgrenzung.** Keine umgekehrte Betriebsaufspaltung ist gegeben, wenn die Besitz-Kapital-/Optionsgesellschaft einer beherrschten Betriebs-Personengesellschaft (Tochter-Personengesellschaft) eine wesentliche Betriebsgrundlage überlässt. In dieser Konstellation ist der überlassene Vermögensgegenstand nach allgemeinen Regeln des § 15 Abs. 1 Satz 1 Nr. 2 Satz 1 EStG dem Sonderbetriebsvermögen der Mitunternehmer-Kapital-/Optionsgesellschaft bei der Betriebs-Personengesellschaft (Tochter-Personengesellschaft) zuzuordnen.

II. Rechtsfolgen bei der Besitz-Kapital-/Optionsgesellschaft

3.474 **Überlassene wesentliche Betriebsgrundlage als Eigenbetriebsvermögen.** Das von der Besitz-Kapital-/Optionsgesellschaft an die Betriebs-Personengesellschaft überlassene WG ist Eigenbetriebsvermögen der Besitz-Kapital-/Optionsgesellschaft. Zwar rechnen an eine betrieblich tätige Personengesellschaft überlassene WG grundsätzlich grundsätzlich zum Sonderbetriebsvermögen des überlassenden Gesellschafters bei der nutzenden Mitunternehmerschaft. Die Voraussetzungen des § 15 Abs. 1 Satz 1 Nr. 2 Satz 1 Halbs. 2, Satz 2 EStG sind bei der umgekehrten Betriebsaufspaltung jedoch nicht gegeben, da zwischen der Besitz-Kapital-/Optionsgesellschaft und der Betriebs-Personengesellschaft keine gesellschaftsrechtliche Verflechtung besteht. Eine solche besteht nur im umgekehrten Beteiligungsverhältnis zwischen der Betriebs-Personengesellschaft oder deren Gesellschaftern und der Besitz-Kapital-/Optionsgesellschaft. Die von der Besitz-Kapital-/Optionsgesellschaft an die Betriebs-Personengesellschaft überlassene wesentliche Betriebsgrundlage ist damit als Eigenbetriebsvermögen der Besitz-Kapital-/Optionsgesellschaft auszuweisen.

3.475 **Miet- und Pachtzinsen als Betriebseinnahmen.** Anknüpfend an die Zuordnung der an die Betriebs-Personengesellschaft überlassenen wesentlichen Betriebsgrundlage als Eigenbetriebsvermögen der Besitz-Kapital-/Optionsgesellschaft sind auch die von dieser vereinnahmten Miet- und Pachtzinsen als Betriebseinnahme der Besitz-Kapital-/Optionsgesellschaft zu erfassen.

3.476 **Verdeckte Gewinnausschüttungen und Einlagen.** Eine verdeckte Gewinnausschüttung der Besitz-Kapital-/Optionsgesellschaft an die Betriebs-Personengesellschaft i.S.d. § 8 Abs. 3 Satz 2 KStG ist im Fall der umgekehrten Betriebsaufspaltung u.a. anzunehmen, wenn die Besitz-Kapital-/Optionsgesellschaft einen zu geringen Miet- oder Pachtzins von der Betriebs-Personengesellschaft verlangt.[2] Über die Erfassung einer verdeckten Gewinnausschüttung ist dabei mit bindender Wirkung für die KSt-

---

1 BFH v. 22.2.2024 – III R 13/23, BStBl. II 2024, 487; BFH v. 8.9.2011 – IV R 43/07, BFH/NV 2012, 222; BFH v. 16.9.1994 – III R 45/92, BStBl. II 1995, 75; BFH v. 26.3.1993 – III S 42/92, BStBl. II 1993, 723 = DB 1993, 1604; BFH v. 14.8.1975 – IV R 30/71, BStBl. II 1976, 88. Vgl. auch FG Düsseldorf v. 22.11.2016 – 10 K 2233/13 F, EFG 2017, 108 (rkr.): Komplementär-GmbH verpachtet an GmbH & Co. KG. Umfassend hierzu *Kessler/Teufel*, DStR 2001, 869 ff. Ebenso FG Düsseldorf v. 26.6.2023 – 10 K 2800/20 G, EFG 2023, 1148.

2 FG Düsseldorf v. 22.11.2016 – 10 K 2233/13 F, EFG 2017, 108 (rkr.).

Veranlagung der Besitz-Kapital-/Optionsgesellschaft im Verfahren der gesonderten und einheitlichen Gewinnfeststellung der Betriebs-Personengesellschaft zu entscheiden.[1] Verdeckte Einlagen bei der Besitz-Kapital-/Optionsgesellschaft i.S.d. § 8 Abs. 3 Satz 3 KStG können entstehen, wenn die Betriebs-Personengesellschaft an die Besitz-Kapital-/Optionsgesellschaft eine zu hohe Pacht zahlt.

Ertragsteuerliche Organschaft. In Fällen der umgekehrten Betriebsaufspaltung kann die Besitz-Kapitalgesellschaft als Tochter-/Organgesellschaft i.S.d. §§ 14, 17 KStG bzw. § 2 Abs. 2 Satz 2 GewStG in einem ertragsteuerlichen Organschaftsverhältnis zur (Mutter-)Betriebs-Personengesellschaft stehen. Eine Besitz-Optionsgesellschaft i.S.d. § 1a KStG soll nicht als Organgesellschaft fungieren können.[2] Zu den Auswirkungen der Insolvenz einer Vertragsgesellschaft s. Rz. 4.106 ff. 3.477

III. Rechtsfolgen bei der Betriebs-Personengesellschaft

Überlassene wesentliche Betriebsgrundlage kein Sonderbetriebsvermögen. Die überlassene wesentliche Betriebsgrundlage ist nicht dem Sonderbetriebsvermögen bei der Betriebs-Personengesellschaft zuzuordnen. Denn zwischen der überlassenden Besitz-Kapital-/Optionsgesellschaft und der nutzenden Betriebs-Personengesellschaft besteht keine gesellschaftsrechtliche Verflechtung, so dass die Voraussetzungen des § 15 Abs. 1 Satz 1 Nr. 2 Satz 1 Halbs. 2, Satz 2 EStG bei der umgekehrten Betriebsaufspaltung nicht gegeben sind. 3.478

Miet- und Pachtzinsen keine Sonderbetriebseinnahme. Anknüpfend an die fehlende Zuordnung der überlassenen wesentlichen Betriebsgrundlage zum Sonderbetriebsvermögen bei der Betriebs-Personengesellschaft mindern die an die Besitz-Kapital-/Optionsgesellschaft gezahlten Miet- und Pachtzinsen den steuerlichen Gesamtgewinn der Betriebs-Personengesellschaft. Eine das steuerliche Gesamtergebnis ausgleichende Erfassung als Sonderbetriebseinnahme i.S.d. § 15 Abs. 1 Satz 1 Nr. 2 Satz 1 Halbs. 2 EStG erfolgt nicht. 3.479

Tätigkeitsvergütung keine Sonderbetriebseinnahme. Ist der Gesellschafter der Betriebs-Personengesellschaft gleichzeitig Gesellschafter und Geschäftsführer der Besitz-Kapital-/Optionsgesellschaft, so erfüllt er mit seiner Tätigkeit für die Besitz-Kapital-/Optionsgesellschaft nicht gleichzeitig den Gesellschafterbeitrag gegenüber der Betriebs-Personengesellschaft. Vergütungen, die der Gesellschafter von der Besitz-Kapital-/Optionsgesellschaft erhält und die nicht als verdeckte Ausschüttungen zu qualifizieren sind, sind damit nicht als Sonderbetriebseinnahmen des Gesellschafters i.S.d. § 15 Abs. 1 Satz 1 Nr. 2 Satz 1 Halbs. 2 EStG dem Gewinn der Betriebs-Personengesellschaft hinzuzurechnen.[3] 3.480

Ausschüttungen der Besitz-Kapital-/Optionsgesellschaft als (Sonder-)Betriebseinnahmen. Bei der umgekehrten Betriebsaufspaltung rechnet die Beteiligung an der Besitz-Kapital-/Optionsgesellschaft zum Gesamtbetriebsvermögen der Betriebs-Per- 3.481

1 FG Düsseldorf v. 22.11.2016 – 10 K 2233/13 F, EFG 2017, 108 (rkr.).
2 So BMF v. 10.11.2021 – IV C 2-S 2707/21/10001:004, BStBl. I 2021, 2212, Rz. 56.
3 *Schulze zur Wiesche*, BB 1989, 816 (818).

sonengesellschaft, entweder als Gesellschaftsvermögen der Betriebs-Personengesellschaft (ggf. auch mittelbar) oder als Sonderbetriebsvermögen der Gesellschafter bei dieser. Offene und verdeckte Gewinnausschüttungen der Besitz-Kapital-/Optionsgesellschaft sind damit als Betriebseinnahmen oder Sonderbetriebseinnahmen bei der Betriebs-Personengesellschaft zu erfassen. Eine verdeckte Gewinnausschüttung ist im Fall der umgekehrten Betriebsaufspaltung u.a. anzunehmen, wenn die Besitz-Kapital-/Optionsgesellschaft einen zu geringen Miet- oder Pachtzins von der Betriebs-Personengesellschaft verlangt.[1] Über die Erfassung einer verdeckte Gewinnausschüttung ist in dieser Konstellation mit bindender Wirkung für die KSt-Veranlagung der Besitz-Kapital-/Optionsgesellschaft im Verfahren der gesonderten und einheitlichen Gewinnfeststellung der Betriebs-Personengesellschaft zu entscheiden.[2]

3.482 **Ertragsteuerliche Organschaft.** In Fällen der umgekehrten Betriebsaufspaltung kann die (Mutter-)Betriebs-Personengesellschaft als Organträger im Verhältnis zur Tochter-/Besitz-Kapitalgesellschaft als Organgesellschaft i.S.d. §§ 14, 17 KStG bzw. § 2 Abs. 2 Satz 2 GewStG stehen (nicht aber im Verhältnis zur Tochter-/Besitz-Optionsgesellschaft i.S.d. § 1a KStG.[3] Zu den Auswirkungen der Insolvenz einer Vertragsgesellschaft s. Rz. 4.106 ff.

3.483 **Nicht entnommener Gewinn der Betriebs-Personengesellschaft.** Für den bilanziell nach §§ 4 Abs. 1 Satz 1, § 5 EStG ermittelten Gewinn der Betriebs-Personengesellschaft kann die Thesaurierungsbegünstigung nach § 34a EStG in Anspruch genommen werden.

F. Rechtsfolgen der kapitalistischen Betriebsaufspaltung

I. Fallkonstellationen

3.484

Rechtsträger (Besitzunternehmen) überlässt funktional wesentliche Betriebsgrundlage an ...	**personell verflochtenes (beherrschtes) gewerbliches Betriebsunternehmen**
Kapitalgesellschaft Optionsgesellschaft i.S.d. § 1a KStG	Tochter-Kapitalgesellschaft Tochter-Optionsgesellschaft i.S.d. § 1a KStG
Verein	Tochter-Kapitalgesellschaft Tochter-Optionsgesellschaft i.S.d. § 1a KStG Tochter-Verein[4]

3.485 **Begriff.** Die kapitalistische Betriebsaufspaltung liegt vor, wenn eine Kapitalgesellschaft oder eine gleichgestellte Optionsgesellschaft i.S.d. § 1a KStG einer von ihr beherrschten Tochter-Kapital-/Optionsgesellschaft eine wesentliche Betriebsgrundlage

1 FG Düsseldorf v. 22.11.2016 – 10 K 2233/13 F, EFG 2017, 108 (rkr.).
2 FG Düsseldorf v. 22.11.2016 – 10 K 2233/13 F, EFG 2017, 108 (rkr.).
3 So BMF v. 10.11.2021 – IV C 2-S 2707/21/10001:004, BStBl. I 2021, 2212, Rz. 56.
4 Hierzu FG Hamburg v. 8.4.2025 – 5 K 103/24, juris (rkr.).

überlässt (vertikales Überlassungsverhältnis).[1] Die personelle Verflechtung zur Betriebs-Kapital-/Optionsgesellschaft kann auch durch die Beteiligung an einer anderen beherrschten Kapital-/Optionsgesellschaft vermittelt werden.[2] Die Tätigkeit der Mutter-Kapital-/Optionsgesellschaft muss sich dabei nicht auf die Nutzungsüberlassung der wesentlichen Betriebsgrundlage und die Verwaltung der Beteiligung an der Betriebs-Kapital-/Optionsgesellschaft beschränken; daneben kann als auch noch eine weitere eigengewerbliche Betätigung treten (sog. überlagerte kapitalistische Betriebsaufspaltung).[3] Die genannten Grundsätze gelten bei einem vertikalen Überlassungsverhältnis zwischen anderen Körperschaften entsprechend, z.B. zwischen einem Verein und einer Tochter-Kapitalgesellschaft[4] oder zwischen einem Mutter- und Tochterverein.[5]

Abgrenzung – Durchgriffsverbot. Stehen die vermietende und die nutzende Kapital-/ 3.486
Optionsgesellschaft in einem horizontalen Schwestergesellschaftsverhältnis zueinander, weil nur dieselben Gesellschafter oder dieselbe beherrschende Personengruppe an diesen beteiligt ist, ist mangels personeller Verflechtung (Durchgriffsverbot) keine Betriebsaufspaltung gegeben. Das Durchgriffsverbot besagt, dass ein Rückgriff auf die hinter der Besitz-Kapitalgesellschaft stehenden Anteilseigner für die Beurteilung der Beherrschung und des einheitlichen geschäftlichen Betätigungswillen (personelle Verflechtung) nicht zulässig ist.[6] Begründet wird dies durch das ertragsteuerliche Trennungsprinzip, welches besagt, dass die Sphäre der Gesellschaft und die Sphäre der Gesellschafter voneinander zu trennen sind.[7] Der Besitz-Kapital-/Optionsgesellschaft können deshalb weder die von den Gesellschaftern gehaltenen Anteile an der Betriebsgesellschaft noch die mit diesem Anteilsbesitz verbundenen Beherrschungsfunktionen zugerechnet werden.[8] Die vorstehenden Grundsätze gelten entsprechend, wenn eine Besitz-Kapitalgesellschaft ihrer (Groß-)Mutter-Kapital-/Optionsgesellschaft eine wesentliche Betriebsgrundlage überlässt.[9] Entsprechendes gilt auch für andere Schwester-Körperschaften, z.B. im Verhältnis zwischen einem Verein und einer Kapitalgesellschaft, an der die Vereinsmitglieder beteiligt sind,[10] oder zwischen Schwester-Vereinen.[11]

---

1 BFH v. 16.9.1994 – III R 45/92, BStBl. II 1995, 75 = DB 1995, 192; Vgl. auch *Wacker* in Schmidt[44], § 15 EStG Rz. 863; *Gluth* in H/H/R, § 15 EStG Anm. 779 (Stand: April 2022); *Micker* in Söffing/Micker, Betriebsaufspaltung[10], Rz. 44. ff mit abweichender Definition der kapitalistischen Betriebsaufspaltung (ausreichend, wenn Besitzunternehmen die Rechtsform der Kapitalgesellschaft hat).

2 BFH v. 28.1.2015 – I R 20/14, BFH/NV 2015, 1109.

3 BFH v. 20.5.2010 – III R 28/08, BFH/NV 2010, 1946.

4 Zur Abgrenzung FG Saarland v. 15.6.1988 – 1 K 7/86, EFG 1988, 526 (rkr.).

5 Vgl. auch FG Hamburg v. 8.4.2025 – 5 K 103/24, juris (rkr.).

6 BFH v. 22.2.2024 – III R 13/23, BStBl. II 2024, 487; BFH v. 16.9.1994 – III R 45/92, BStBl. II 1995, 75; BFH v. 20.5.1988 – III R 86/83, BStBl. II 1988, 739; BFH v. 22.10.1986 – I R 180/82, BStBl. II 1987, 117; BFH v. 1.8.1979 – I R 111/78, BStBl. II 1980, 77.

7 BFH v. 1.8.1979 – I R 111/78, BStBl. II 1980, 77. Vgl. auch *Broemel/Wierenberg*, DStR 2024, 1795, 1796; *Riedel*, DStR 2023, 1051, 1052.

8 BFH v. 20.5.1988 – III R 86/83, BStBl. II 1988, 739.

9 *Broemel/Wierenberg*, DStR 2024, 1795, 1798; *Riedel*, DStR 2023, 1051, 1056 f.

10 FG Saarland v. 15.6.1988 – 1 K 7/86, EFG 1988, 526 (rkr.).

11 Hierzu FG Hamburg v. 8.4.2025 – 5 K 103/24, juris (rkr.).

3.487 **Reichweite des Durchgriffsverbots.** Ob das Durchgriffsverbot auch für optierende Besitz-Personengesellschaften i.S.d. § 1a KStG gilt, ist bisher ungeklärt. Nach Auffassung der FinVerw. sollen auch im Falle der Option nach § 1a KStG bei Vorliegen einer Betriebsaufspaltung die allgemeinen Grundsätze „vollumfänglich zur Anwendung" kommen.[1] Wie bei einer Körperschaft werden für Zwecke der Besteuerung die Ebene der Gesellschaft und die Ebene der Gesellschafter also getrennt betrachtet. Aus diesem Grund sollte das Durchgriffsverbot auch für nach § 1a KStG optierende Gesellschaften Anwendung finden.[2]

II. Rechtsfolgen bei der Besitz-Kapitalgesellschaft

3.488 **Kapitalgesellschaft.** Da eine Kapitalgesellschaft eine dieser gleichgestellte Optionsgesellschaft i.S.d. § 1a KStG gem. § 8 Abs. 2 KStG nur gewerbliche Einkünfte erzielt, hat die Begründung einer kapitalistischen Betriebsaufspaltung bei der vermietenden Besitz-Kapital-/Optionsgesellschaft keine Auswirkungen auf deren KSt-Besteuerung. Ausschüttungen auf Anteile an der beherrschten Betriebs-Kapital-/Optionsgesellschaft führen zu gewerblichen Betriebseinnahmen, die nach Maßgabe von § 8b KStG im Ergebnis zu 95 % steuerfrei gestellt sind. Das Risiko einer verdeckten Gewinnausschüttung wegen zu hoch bemessenen Entgelts für die Überlassung der wesentlichen Betriebsgrundlage fällt damit nicht wesentlich ins Gewicht. Aufgrund ihrer Rechtsform erzielt die Besitz-Kapital-/Optionsgesellschaft auch nach Wegfall der Voraussetzungen der Betriebsaufspaltung aus ihrer Tätigkeit gem. § 8 Abs. 2 KStG weiter gewerbliche Einkünfte, sodass es nicht zu einer Aufdeckung stiller Reserven durch Betriebsaufgabe kommt.

3.489 **Teilwertabschreibungen auf die Beteiligung an der Betriebs-Kapital-/Optionsgesellschaft.** Für Teilwertabschreibungen auf die Beteiligung an der Betriebs-Kapital-/Optionsgesellschaft gelten die von den allgemeinen Grundsätzen abweichenden besonderen Regelungen, s. dazu Rz. 3.319 ff.

3.490 **Gewinnminderung auf Forderungen gegen die Betriebs-Kapital-/Optionsgesellschaft.** Gewinnminderung aus einer Teilwertabschreibung auf eine Darlehensforderung gegen die Betriebs-Kapital-/Optionsgesellschaft, deren Ausfall oder einem Rückzahlungsverzicht unterliegen gem. § 8b Abs. 3 Satz 4 ff. KStG den Abzugsbeschränkungen des § 8b Abs. 3 Satz 3 KStG.

3.491 **Ertragsteuerliche Organschaft.** In Fällen der kapitalistischen Betriebsaufspaltung kann die Besitz-Kapitalgesellschaft kann als Mutter-/Organträgergesellschaft i.S.d. §§ 14, 17 KStG bzw. § 2 Abs. 2 Satz 2 GewStG in einem ertragsteuerlichen Organschaftsverhältnis zur (Tochter-)Betriebs-Kapitalgesellschaft stehen. Eine Betriebs-Optionsgesellschaft i.S.d. § 1a KStG soll nicht als Organgesellschaft fungieren können.[3] Zu den Auswirkungen der Insolvenz einer Vertragsgesellschaft s. Rz. 4.106 ff.

---

1 BMF v. 10.11.2021, IV C 2 - S 2707/21/10001 :004, BStBl. I 2021, 2212, Rz. 84.

2 *Broemel/Wierenberg*, DStR 2024, 1795 (1798); *Riedel*, DStR 2023, 1051 (1056). Im Ergebnis auch *Prinz*, FR 2025, 49, 50.

3 So BMF v. 10.11.2021 – IV C 2-S 2707/21/10001:004, BStBl. I 2021, 2212, Rz. 56.

III. KSt-Rechtsfolgen bei der Betriebs-Kapitalgesellschaft

Allgemeine Grundsätze. Die Besteuerung der Betriebs-Kapitalgesellschaft erfolgt nach allgemeinen Grundsätzen. 3.492

Ertragsteuerliche Organschaft. In Fällen der kapitalistischen Betriebsaufspaltung kann die Betriebs-Kapitalgesellschaft (nichzt aber eine Betriebs-Optionsgesellschaft i.S.d. § 1a KStG[1]) als Tochter-/Organgesellschaft i.S.d. §§ 14, 17 KStG bzw. § 2 Abs. 2 Satz 2 GewStG in einem ertragsteuerlichen Organschaftsverhältnis zur (Mutter-)Betriebs-Kapitalgesellschaft stehen. Eine Betriebs-Optionsgesellschaft i.S.d. § 1a KStG soll nicht als Organgesellschaft fungieren können. Zu den Auswirkungen der Insolvenz einer Vertragsgesellschaft s. Rz. 4.106 ff. 3.493

G. Beendigung der Betriebsaufspaltung

I. Wegfall der Verflechtung

1. Entfall der Tatbestandsmerkmale

Beendigung der personellen und/oder sachlichen Verflechtung. Die Betriebsaufspaltung endet nur mit Wegfall der „Tatbestandsvoraussetzungen", also entweder der personellen oder der sachlichen Verflechtung oder ggf. beider Verflechtungsmerkmale im selben Zeitpunkt. Unmaßgeblich ist dabei, ob die Verflechtung wissent- und willentlich oder unbewusst gelöst wird. Die Gründe für eine Beendigung der sachlichen und/oder personellen Verflechtung sind vielfältig. Nachfolgend sollen – ohne Anspruch auf Vollständigkeit – einzelne Auflösungsursachen dargestellt werden. 3.494

Keine Aufgabeerklärung zulässig. Die Betriebsaufspaltung kann nicht durch einseitige Erklärung gegenüber dem Finanzamt beendet werden, solange ihre rechtlichen Voraussetzungen – die sachliche und personelle Verflechtung zwischen Besitz- und Betriebsunternehmen – weiterhin bestehen.[2] 3.495

2. Beendigung der sachlichen Verflechtung

a) Bezug zur wesentlichen Betriebsgrundlage

Veränderung bzgl. des überlassenen Wirtschaftsguts Die Betriebsaufspaltung endet, sobald die sachliche Verflechtung zwischen Besitz- und Betriebsunternehmen entfällt. Die Vorgänge, die zu einer sachlichen Entflechtung führen können, betreffen das vom Besitzunternehmen überlassene Vermögen und dessen Eigenschaft als wesentliche Betriebsgrundlage bei der Betriebsgesellschaft. 3.496

1 So BMF v. 10.11.2021 – IV C 2-S 2707/21/10001:004, BStBl. I 2021, 2212, Rz. 56.
2 FG Düsseldorf v. 28.2.2007 – 7 K 6571/04 E, EFG 2007, 1503 (rkr.). Vgl. auch BFH v. 19.8.2009 – III R 68/06, BFH/NV 2010, 491.

b) Beendigung der Nutzungsüberlassung

3.497 **Ablauf oder Kündigung des Miet- oder Pachtvertrags.** Wird die Nutzungsüberlassung der (letzten) wesentlichen Betriebsgrundlage durch Ablauf einer fest vereinbarten Miet- oder Pachtzeit oder durch Kündigung des Miet- oder Pachtverhältnisses eingestellt, so entfällt die sachliche Verflechtung.[1] Eine im Rahmen der vorzeitigen Vertragsbeendigung gezahlte Entschädigung, die einkommensteuerrechtlich dem begünstigten Aufgabegewinn oder Veräußerungsgewinn i.S.d. § 16 EStG zuzurechnen ist (dazu Rz. 3.549 ff.), bleibt beim Gewerbeertrag außer Ansatz.[2]

c) Wegfall der Eigenschaft als wesentliche Betriebsgrundlage

3.498 **Veränderte Bedeutung im Betriebsunternehmen.** Zur sachlichen Entflechtung kommt es auch, wenn das an die Betriebsgesellschaft überlassene Vermögen nicht mehr wenigstens eine für deren Geschäftsbetrieb wesentliche Betriebsgrundlage umfasst. Hierzu kann es z.B. durch eine Betriebsverlagerung, Betriebsumstellung, Betriebserweiterung oder sonstige Strukturänderung (z.B. die Einführung neuer Fertigungstechniken) bei der Betriebsgesellschaft kommen. Eine veränderte Bedeutung des überlassenen Vermögensgegenstandes im Betriebsablauf der Betriebsgesellschaft kann sich auch ergeben, wenn diese zusätzlich zur überlassenen Betriebsgrundlage (z.B. Bürogrundstück) ein weiteres vergleichbar genutztes Wirtschaftsgut (Bürogebäude) erwirbt (oder anmietet), sodass die ehemals wesentliche Betriebsgrundlage fortan nur noch von untergeordneter wirtschaftlicher Bedeutung ist.[3] Ist das Besitzunternehmen nach dem Wegfall der Eigenschaft eines Wirtschaftsguts als wesentliche Betriebsgrundlage der Betriebsgesellschaft weiterhin sachlich mit dieser verflochten, bleibt dieses Wirtschaftsgut Betriebsvermögen des Besitz-Einzelunternehmens oder einer Besitz-Erbengemeinschaft, wenn es weiterhin dem Betrieb der Betriebsgesellschaft dient.[4]

3.499 **Neuinvestitionen des Betriebsunternehmens (Schrumpfungsmodell).** Eine sachliche Entflechtung wird auch bewirkt, wenn sich die überlassenen wesentlichen Betriebsgrundlagen verbrauchen, ohne dass sie seitens des Besitzunternehmens erhalten, modernisiert oder ersetzt werden. Diese Situation ergibt sich bei vertraglicher Vereinbarung des sog. Schrumpfungsmodells, bei dem die Neuinvestitionen allein vom Betriebsunternehmen vorzunehmen sind (dazu auch Rz. 3.11). Zu dem Zeitpunkt, in dem keine wesentliche Betriebsgrundlage an das Betriebsunternehmen mehr überlassen wird, kommt es zum Wegfall der sachlichen Verflechtung.[5]

3.500 **Verflüchtigung des Kunden-/Mandantenstamms oder eingeführter Geschäftsbezeichnungen.** Zur sachlichen Entflechtung kommt es auch, wenn ein Kunden-

---

1 BFH v. 24.10.2000 – VIII R 25/98, BStBl. II 2001, 321 = DB 2001, 359.

2 BFH v. 4.3.1998 – X R 56/95, BFH/NV 1998, 1354.

3 BFH v. 13.12.2005 – XI R 45/05, BFH/NV 2006, 1453.

4 BFH v. 23.10.1986 – IV R 214/84, BStBl. II 1987, 120 (fremdvermieteter Grundbesitz als gewillkürtes Betriebsvermögen); BFH v. 4.11.1982 – IV R 159/79, BStBl. II 1983, 448 (nicht mehr gewerblich nutzbarer Grundbesitz).

5 Hierzu auch *Gluth* in H/H/R, § 15 EStG Anm. 837 (Stand: April 2022).

stamm, ein Mandantenstamm oder eine eingeführte Geschäftsbezeichnung überlassen wurde, sich die hieraus beim Betriebsunternehmen gewonnenen Vorteile aber mit zunehmender Dauer verflüchtigen.

d) Betriebseinstellung beim Betriebsunternehmen

Keine wesentliche Betriebsgrundlage mehr. Stellt die Betriebsgesellschaft ihre ge- 3.501
werbliche (werbende) Tätigkeit ein, verlieren die überlassenen Wirtschaftsgüter ihre Eigenschaft als wesentliche Betriebsgrundlage und es kommt – auch bei fortgesetzter Nutzungsüberlassung – zur sachlichen Entflechtung und damit zur Beendigung der Betriebsaufspaltung.[1]

Ausnahme bei Weiterverpachtung durch Betriebs-Kapital-/Optionsgesellschaft. 3.502
Kein Wegfall der sachlichen Verflechtung tritt hingegen ein, wenn die Betriebs-Kapitalgesellschaft bzw. die Betriebs-Optionsgesellschaft i.S.d. § 1a KStG zwar ihren operativen Geschäftsbetrieb einstellt, das überlassene Wirtschaftsgut (z.B. ein Grundstück) jedoch ihrerseits an einen Dritten weiterverpachtet. Das vom Besitzunternehmen überlassene Wirtschaftsgut bleibt dann wesentliche Betriebsgrundlage des neuen „Verpachtungsbetriebs" der Kapital-/Optionsgesellschaft, die gem. § 8 Abs. 2 KStG kraft Rechtsform weiterhin gewerbliche Einkünfte erzielt und damit taugliche Betriebsgesellschaft im Rahmen der Betriebsaufspaltung bleibt.[2]

Ausnahme bei Betriebsunterbrechung. Die mit dem Wegfall der sachlichen Ver- 3.503
flechtung verbundene Betriebsaufgabe beim Besitzunternehmen i.S.d. § 16 Abs. 3 Satz 1 EStG kann auch vermieden werden, wenn die Voraussetzungen einer unschädlichen Betriebsunterbrechung beim Besitzunternehmen gegeben sind (dazu Rz. 3.566 ff.).

e) Veräußerung nur einzelner wesentlicher Betriebsgrundlagen

Abgrenzung. Eine zur Betriebsaufgabe i.S.d. § 16 Abs. 3 Satz 1 EStG führende Ent- 3.504
flechtung liegt nur vor, wenn tatsächlich keine wesentliche Betriebsgrundlage mehr vom Besitzunternehmen an die Betriebsgesellschaft überlassen wird; es ist dann aber kein Fall der sachlichen, sondern der persönlichen Entflechtung (Beendigung des einheitlichen geschäftlichen Betätigungswillens) gegeben (dazu Rz. 3.508).[3] Im Umkehrschluss folgt hieraus: Überlässt das Besitzunternehmen dem Betriebsunternehmen noch wenigstens eine wesentliche Betriebsgrundlage zur Nutzung, ist der Verkauf weiterer überlassener wesentlicher Betriebsgrundlagen für den Fortbestand der Betriebsaufspaltung unschädlich.[4]

1 BFH v. 14.3.2006 – VIII R 80/03, BStBl. II 2006, 591 = FR 2006, 826 m. Anm. v. *Wendt*; BFH v. 23.4.1996 – VIII R 13/95, BStBl. II 1998, 325 = FR 1996, 748.
2 Zur Betriebsaufspaltung mit einer vermögensverwaltenden GmbH vgl. BFH v. 18.6.2015 – IV R 11/13, BFH/NV 2015, 1398; BFH v. 18.6.2015 – IV R 12/13, BFH/NV 2015, 1401.
3 BFH v. 22.10.2013 – X R 14/11, BStBl. II 2014, 158.
4 BFH v. 22.10.2013 – X R 14/11, BStBl. II 2014, 158 = FR 2014, 228 m. Anm. v. *Prinz*.

3.505 **Veräußerungsgewinn als laufender Gewinn.** Ein beim Besitzunternehmen etwaig entstehender Veräußerungsgewinn aus dem Verkauf einer wesentlichen Betriebsgrundlage (von mehreren) führt grundsätzlich zu einem laufenden Gewinn im Besitzunternehmen, der auch der Gewerbesteuer unterliegt.

3.506 **Veräußerungsgewinn als begünstigter Gewinn.** Ein tarifbegünstigter Veräußerungsgewinn des Besitzunternehmens i.S.d. §§ 16, 34 EStG liegt hingegen vor, wenn die veräußerten Wirtschaftsgüter (z.B. ein Grundstück) einen Teilbetrieb des Besitzunternehmens gebildet haben.[1] Eine Grundstücksvermietung kann als Teilbetrieb ausgeübt werden, wenn sie (wie im Fall der Betriebsaufspaltung) für sich gesehen die Voraussetzungen eines Gewerbebetriebs erfüllt und wenn sie sich als gesonderter Verwaltungskomplex aus dem Gesamtbetrieb des Besitzunternehmens heraushebt.[2] Dies kann bspw. bei Verpachtungen an mehrere Betriebsgesellschaften der Fall sein, wenn an diese verschiedene einzelne Grundstücke überlassen werden[3] oder wenn einer Betriebsgesellschaft räumlich abgrenzbare Grundstücksteile durch gesonderten Vertrag überlassen werden.[4] Wird dagegen ein Grundstück als Ganzes an mehrere Betriebsgesellschaften vermietet, sind keine selbständigen Teilbetriebseinheiten gegeben.[5] Bei Veräußerung eines von mehreren an eine Betriebsgesellschaft überlassenen Betriebsgrundstücken ist ebenfalls keine begünstigte Teilbetriebsveräußerung gegeben;[6] dies gilt auch dann, wenn der Gewinn für dieses Grundstück gesondert ermittelt wird.[7] Ein tarifbegünstigter Veräußerungsgewinn i.S.d. §§ 16, 34 EStG ist im Gewerbeertrag des Besitzunternehmens i.S.d. § 7 Satz 1 GewStG nicht zu erfassen.

3. Beendigung der personellen Verflechtung

a) Bezug zum einheitlichen geschäftlichen Betätigungswillen

3.507 **Entfall der Willensdurchsetzung.** Zur Beendigung der Betriebsaufspaltung aufgrund personeller Entflechtung kommt es, wenn der einheitliche geschäftliche Betätigungswille in Besitz- und Betriebsunternehmen in Bezug auf das, die Betriebsaufspaltung begründende, Nutzungsüberlassungsverhältnis betreffend der wesentlichen Betriebsgrundlage nicht mehr durchgesetzt werden kann.

1 BFH v. 29.11.2017 – I R 7/16, BStBl. II 2019, 738 = FR 2018, 508 m. Anm. v. *Wendt.*

2 BFH v. 12.11.1997 – XI R 24/97, BFH/NV 1998, 690; BFH v. 13.10.1972 – I R 213/69, BStBl. II 1973, 209.

3 FG Münster v. 27.6.1997 – 4 K 5476/95 E, EFG 1998, 737 (rkr.). Vgl. auch *Wacker* in Schmidt[44], § 15 EStG Rz. 864.

4 BFH v. 4.7.2007 – X R 49/06, BStBl. II 2007, 772 = FR 2007, 1062; BFH v. 20.1.2005 – IV R 14/03, BStBl. II 2005 = FR 2005, 850, 395; BFH v. 12.11.1997 – XI R 24/97, BFH/NV 1998, 690.

5 BFH v. 12.11.1997 – XI R 24/97, BFH/NV 1998, 690.

6 Offen gelassen durch BFH v. 4.7.2007 – X R 49/06, BStBl. II 2007, 772. A.A. *Micker* in Söffing/Micker, Betriebsaufspaltung[10], Rz. 1644.

7 FG Baden-Württemberg v. 3.3.1993 – 14 K 115/91, EFG 1993, 512 (rkr.).

b) Verkauf der (letzten) wesentlichen Betriebsgrundlage

Personelle Entflechtung. Die Betriebsaufspaltung endet aufgrund personeller Entflechtung, wenn der Besitz-Einzelunternehmer, der Besitzgesellschafter/-gemeinschafter oder die Besitzgesellschaft/-gemeinschaft alle an das Betriebsunternehmen überlassenen wesentlichen Betriebsgrundlagen an Dritte oder an die Betriebsgesellschaft veräußert. Wird dem Betriebsunternehmen nur (noch) eine einzige wesentliche Betriebsgrundlage verpachtet, endet die Betriebsaufspaltung, wenn diese (letzte) wesentliche Betriebsgrundlage veräußert wird. Die damit ausgelöste Versteuerung der stillen Reserven nach § 16 Abs. 3 Satz 1 EStG (Rz. 3.549) kann nicht mehr durch zivilrechtliche Rückgängigmachung des Veräußerungsgeschäfts ungeschehen gemacht werden.[1] Ein Wegfall der personellen Verflechtung liegt hingegen noch nicht vor, wenn das betreffende Wirtschaftsgut lediglich zum Verkauf angeboten wird.[2] 3.508

c) Verkauf des Besitz-Einzelunternehmens

Personelle Entflechtung. Die Betriebsaufspaltung endet aufgrund personeller Entflechtung, wenn der Besitz-Einzelunternehmer das gesamte Besitzunternehmen i.S.d. § 15 Abs. 1 Satz 1 Nr. 1 EStG inklusive überlassener wesentlicher Betriebsgrundlage und den Anteilen an der Betriebs-Kapitalgesellschaft oder der Betriebs-Optionsgesellschaft i.S.d. § 1a KStG an einen Dritten veräußert. Es ist dann eine Betriebsveräußerung im Ganzen i.S.d. § 16 Abs. 1 Satz 1 Nr. 1 EStG gegeben. Die Besteuerung des etwaigen Veräußerungsgewinns bzgl. der Anteile an der Betriebs-Kapital-/Optionsgesellschaft erfolgt im Teileinkünfteverfahren nach § 3 Nr. 40 Satz 1 Buchst. b EStG. In der Person eines Dritten (außerhalb der Betriebsaufspaltung stehenden) Erwerbers entsteht dann eine neue Betriebsaufspaltung. 3.509

Personelle Entflechtung. Die Betriebsaufspaltung endet ebenso, wenn der Besitz-Einzelunternehmer nur seine – zum notwendigen Betriebsvermögen gehörende – Beteiligung an der Betriebs-Kapitalgesellschaft an einen Dritten veräußert. Die Besteuerung des etwaigen Veräußerungsgewinns erfolgt dann im Teileinkünfteverfahren nach § 3 Nr. 40 Satz 1 Buchst. b EStG. Im Übrigen ist ein Aufgabegewinn i.S.d. § 16 Abs. 3 EStG zu ermitteln (Rz. 3.506). 3.510

d) Verkauf der Beteiligung an der Besitz- und/oder der Betriebsgesellschaft

Personelle Entflechtung. Die Veräußerung einer Beteiligung an der Besitz- oder Betriebsgesellschaft führt zur zwangsweisen Beendigung der Betriebsaufspaltung aufgrund personeller Entflechtung, wenn nach der Anteilsübertragung die bisherige Person oder Personengruppe nicht mehr in der Lage ist, mit den ihr zur Verfügung stehenden Stimmen ihren einheitlichen geschäftlichen Betätigungswillen in beiden Unternehmen durchzusetzen.[3] 3.511

1 FG Mecklenburg-Vorpommern v. 29.5.2008 – 2 K 179/05, EFG 2008, 1699 (rkr.).

2 BFH v. 14.12.2006 – III R 64/05, BFH/NV 2007, 1659.

3 BFH v. 5.2.2014 – X R 22/12, BStBl. II 2014, 388 = FR 2014, 707; BFH v. 22.10.2013 – X R 14/11, BStBl. II 2014, 158 = FR 2014, 228 m. Anm. v. *Prinz*; BFH v. 24.8.2006 – IX R 52/04, BStBl. II 2007, 165 = FR 2007, 351.

3.512 **Fortbestehende personelle Verflechtung.** Führt die Übertragung nur eines Bruchteils der Beteiligung nicht zur Beseitigung der beherrschenden Stellung des Gesellschafters oder einer Personengruppe, bleibt die Betriebsaufspaltung bestehen. Es ist dann ein laufender (Anteils-)Veräußerungsgewinn im fortbestehenden Besitzunternehmen zu versteuern. Der auf Anteile an der Betriebs-Kapitalgesellschaft entfallende, im (Sonder-)Betriebsvermögen des Besitzunternehmens zu erfassende Veräußerungsgewinn, ist im Teileinkünfteverfahren nach § 3 Nr. 40 Satz 1 Buchst. b EStG zu besteuern.

e) Schenkungen

aa) Auswirkungen auf die personelle Verflechtung

3.513 **Personelle Entflechtung.** Bei lebzeitigen unentgeltlichen Übertragungen der wesentlichen Betriebsgrundlage, des Besitz-Einzelunternehmens, der Beteiligung an der Besitz-Personen-/Kapital/-Optionsgesellschaft und/oder der Anteile an der Betriebs-Personen-/Kapital/-Optionsgesellschaft ist stets darauf zu achten, dass infolge der Übertragungen die personelle Verflechtung erhalten bleibt. Dies ist z.B. nicht der Fall, wenn die wesentliche Betriebsgrundlage oder das Besitz-Einzelunternehmen im Zuge der vorweggenommenen Erbfolge an einen Erwerber übertragen wird und die Anteile an der Betriebs-Kapital-/Optionsgesellschaft an einen anderen Erwerber.[1] Zu einer personellen Entflechtung kann es auch kommen, wenn der Beendigungstatbestand der Disposition des einzelnen Gesellschafters entzogen ist, z.B. wenn ein Besitzgesellschafter seinen Anteil an sein Kind schenkt, das nicht zugleich Betriebsgesellschafter ist/wird.[2]

3.514 **Fortbestehende personelle Verflechtung.** Wird das Besitz-Einzelunternehmen oder die Beteiligung an der Besitz-Personengesellschaft/-gemeinschaft zusammen mit den Anteilen an der Betriebs-Kapital-/Optionsgesellschaft an einen Erwerber übertragen, ist ein (einheitlicher) Betriebs- bzw. Anteilsübergang i.S.d. § 6 Abs. 3 Satz 1 EStG gegeben. Der Erwerber tritt dann in die Rechtsstellung des Übertragenden bzgl. der Betriebsaufspaltung ein und führt die Buchwerte des übertragenen Betriebs-/Anteilsvermögens i.S.d. § 15 Abs. 1 Satz 1 Nr. 1 oder Nr. 2 EStG fort.

bb) Schenkung unter Nießbrauchsvorbehalt

(1) Maßgeblichkeit der Fallgestaltung

3.515 **Unterschiedliche Auswirkungen auf die personelle Verflechtung.** Im Rahmen der Nachfolgeplanung durch vorweggenommene Erbfolge möchte sich der Übertragende regelmäßig noch den Ertrag des Unternehmens oder von Teilen davon für seine Altersversorgung vorbehalten und sich gleichzeitig noch für eine gewisse Zeit seinen Einfluss auf die Geschicke des Unternehmens sichern. Geeignetes Mittel hierfür ist der Vorbehaltsnießbrauch. Bei bestehender Betriebsaufspaltung ist im Zuge der Planung einer vorweggenommenen Erbfolge mit Übertragungen unter Nießbrauchsvor-

1 Hierzu bspw. Niedersächsisches FG v. 1.12.2021 – 9 K 18/19, DStRE 2022, 891 (rkr.).

2 *Hennrichs* in Tipke/Lang[25], Rz. 13.88.

behalt zu gewährleisten, dass es hierdurch nicht zum Wegfall der personellen Verflechtung und damit zu einer realisierenden Betriebsaufgabe im Besitzunternehmen i.S.v. § 16 Abs. 3 Satz 1 EStG kommt (Rz. 3.549).[1] Folgende Konstellationen sind aus ertragsteuerrechtlicher Sicht von besonderer Bedeutung:[2]

(2) Nur belastete wesentliche Betriebsgrundlage

Fortbestehende personelle Verflechtung. Überträgt der Besitz-Einzelunternehmer oder der Gesellschafter der Besitz-Personengesellschaft die zum (Sonder-)Betriebsvermögen gehörende wesentliche Betriebsgrundlage, insbesondere ein Betriebsgrundstück, unter Nießbrauchsvorbehalt, werden die Geschäfte des täglichen Lebens hinsichtlich des Nutzungsüberlassungsverhältnisses fortan gem. § 1036 BGB bzw. den üblichen Nießbrauchsabsprachen vom Vorbehaltsnießbraucher bestimmt. Die personelle Verflechtung wird dadurch nicht berührt, weil der bisherige Eigentümer der wesentlichen Betriebsgrundlage über den Vorbehaltsnießbrauch weiterhin die Nutzungsüberlassung beherrscht (Verpachtungstätigkeit kraft Nießbrauchsrecht) und damit weiter Besitzunternehmer bzw. Besitz-Gesellschafter bleibt sowie über seine unveränderte (Mehrheits-)Beteiligung an der Betriebs-Kapitalgesellschaft deren Geschicke (mit-)bestimmt.[3] 3.516

Entnahme und Einlage. Die Grundstücksübertragung unter Nießbrauchsvorbehalt führt jedoch zu einer Entnahme ins Privatvermögen, die gem. § 6 Abs. 1 Nr. 4 EStG mit dem Teilwert zu bewerten und als laufender Gewinn der Besteuerung zu unterwerfen ist.[4] Die Entnahme ist dabei ohne Abzug des vorbehaltenen Nießbrauchsrechts zu bewerten. Das Nießbrauchsrecht entsteht mit der Bestellung im steuerlichen Privatvermögen und wird durch die unveränderte betriebliche Nutzung als immaterielles Wirtschaftsgut in das (Sonder-)Betriebsvermögen des Besitzunternehmens mit dem Teilwert eingelegt (§ 6 Abs. 1 Nr. 5 EStG).[5] Der Teilwert des eingelegten Nießbrauchsrechts entspricht höchstens dem Betrag, den der Steuerpflichtige hätte aufwenden müssen, wenn ihm das Nießbrauchsrecht entgeltlich von einem Dritten eingeräumt worden wäre. Das Nießbrauchsrecht ist auf die voraussichtliche Dauer des Nießbrauchs abzuschreiben.[6] 3.517

---

1 Dazu auch *Bodden*, kösdi, 2025, 24112 ff.; *Stein*, DStR 2025, 503 (506 ff.).

2 Der Vorbehaltsnießbrauch an Anteilen an einer Personengesellschaft, die gemäß § 1a KStG zur KSt-Besteuerung optiert hat und damit ertragsteuerlich wie eine Kapitalgesellschaft behandelt wird, wird nachfolgend aufgrund der noch ungeklärten Rechtslage nicht behandelt.

3 BFH v. 5.2.2002 – VIII R 25/01, BFH/NV 2002, 781; BFH v. 24.8.1989 – IV R 135/86, BStBl. II 1989, 1014; BFH v. 12.10.1988 – X R 5/86, BStBl. II 1989, 152.

4 BFH v. 5.2.2002 – VIII R 25/01, BFH/NV 2002, 781; BFH v. 17.9.1992 – IV R 39/90, BStBl. II 1993, 218 = DB 1993, 415; BFH v. 24.8.1989 – IV R 135/86, BStBl. II 1989, 1014.

5 BFH v. 2.8.1983 – VIII R 170/78, BStBl. II 1983, 735; BFH v. 28.2.1974 – IV R 60/69, BStBl. II 1974, 481.

6 BFH v. 2.8.1983 – VIII R 170/78, BStBl. II 1983, 735.

(3) Nur belastete Anteile an der Betriebs-Kapitalgesellschaft

3.518 **Personelle Entflechtung.** Werden nur die Anteile an der Betriebs-Kapitalgesellschaft unter Nießbrauchsvorbehalt übertragen, kommt es für den Fortbestand der personellen Verflechtung auf die Ausgestaltung des Nießbrauchs an. Werden die Anteile an der Betriebs-Kapitalgesellschaft unter gesetzlich ausgestaltetem Nießbrauchsvorbehalt übertragen, stehen dem Erwerber als neuem Anteilseigner die Stimmrechte aus dem Anteil zu.[1] Es kommt dann zum Auseinanderfallen der Beherrschung der wesentlichen Betriebsgrundlage (Besitzunternehmer) und der Betriebs-Kapitalgesellschaft (Anteilserwerber), so dass die Betriebsaufspaltung aufgrund personeller Entflechtung entfällt.

3.519 **Fortbestehende personelle Verflechtung.** Wird dem Nießbraucher im Übertragungsvertrag und konform mit den Satzungsregelungen der Betriebs-Kapitalgesellschaft die Stimmrechtsausübung bei der Betriebs-Kapitalgesellschaft über eine Vollmacht gewährt (dazu Rz. 3.200), bleibt die personelle Verflechtung erhalten. Denn der Eigentümer der wesentlichen Betriebsgrundlage (Besitzunternehmer) beherrscht dann über den Vorbehaltsnießbrauch an den Anteilen auch die Betriebs-Kapitalgesellschaft.[2]

(4) Belastete wesentliche Betriebsgrundlage und unbelastete Anteile an der Betriebs-Kapitalgesellschaft

3.520 **Personelle Entflechtung.** Werden die wesentliche Betriebsgrundlage unter Nießbrauchsvorbehalt und unbelastete Anteile an der Betriebs-Kapitalgesellschaft an einen Erwerber übertragen, bestimmt der Vorbehaltsnießbraucher gem. § 1036 BGB bzw. den Nießbrauchsregelungen über das Vermietungsverhältnis, während die Betriebs-Kapitalgesellschaft vom Übernehmer beherrscht wird. Mangels Beherrschungsidentität entfällt damit die personelle Verflechtung; es kommt zur (unfreiwilligen) Betriebsaufgabe beim des Besitzunternehmen i.S.d. § 16 Abs. 3 Satz 1 EStG.[3]

(5) Unbelastete wesentliche Betriebsgrundlage und belastete Anteile an der Betriebs-Kapitalgesellschaft

3.521 **Personelle Entflechtung.** Werden die wesentliche Betriebsgrundlage unbelastet und die Anteile an der Betriebs-Kapitalgesellschaft mit nießbrauchsvertraglicher und satzungskonformer Stimmrechtszuweisung an den Vorbehaltsnießbraucher übertragen, koordiniert der Erwerber als neuer (Grundstücks-)Eigentümer die Nutzungsüberlassung, während der Nießbraucher fortan die Betriebs-Kapitalgesellschaft beherrscht. Damit kommt es zum Wegfall der personellen Verflechtung und damit zur Betriebsaufgabe des Besitzunternehmens gem. § 16 Abs. 3 Satz 1 EStG.

---

1 BGH v. 9.11.1998 – II ZR 213/97, DStR 1999, 246; so auch BFH v. 21.1.2015 – X R 16/12, BFH/NV 2015, 815.

2 BFH v. 25.1.2017 – X R 45/14, BFH/NV 2017, 1039.

3 Niedersächsisches FG v. 20.6.2007 –2 K 562/05, EFG 2007, 1584 (rkr.).

Fortbestehende personelle Verflechtung. Werden die wesentliche Betriebsgrundlage unbelastet und die Anteile an der Betriebs-Kapitalgesellschaft unter gesetzlich ausgestaltetem Nießbrauchsvorbehalt an einen Erwerber übertragen, tritt dieser in die personelle Verflechtung des Übertragenden ein. Dieser kann als neuer Eigentümer der wesentlichen Betriebsgrundlage über das Nutzungsüberlassungsverhältnis bestimmen und ihm stehen die Stimmrechte aus einem belasteten Anteil zu.[1] 3.522

(6) Belastete wesentliche Betriebsgrundlage und belastete Anteile an der Betriebs-Kapitalgesellschaft

Personelle Entflechtung. Überträgt ein Besitzunternehmer die wesentliche Betriebsgrundlage und die Beteiligung an der Betriebs-Kapitalgesellschaft jeweils unter Vorbehaltsnießbrauch, kommt es für den Fortbestand der personellen Verflechtung darauf an, ob der Nießbrauch an den Anteilen an der Betriebs-Kapitalgesellschaft gem. gesetzlicher Regelungen oder abweichender vertraglicher Absprachen ausgestaltet ist. Über das Nutzungsüberlassungsverhältnis bzgl. der wesentlichen Betriebsgrundlage bestimmt der Vorbehaltsnießbraucher gem. § 1036 BGB bzw. den Nießbrauchsregelungen. Stehen die Stimmrechte aus den Anteilen an der Betriebs-Kapitalgesellschaft nach den gesetzlichen Vorgaben dem neuen Gesellschafter zu,[2] fallen die Beherrschungsverhältnisse in Bezug auf die wesentlichen Betriebsgrundlagen und die Betriebs-Kapitalgesellschaft auseinander. Es kommt dann zum Wegfall der personellen Verflechtung und damit zur Betriebsaufgabe des Besitzunternehmens gem. § 16 Abs. 3 Satz 1 EStG.[3] 3.523

Fortbestehende personelle Verflechtung. Bestimmt der Vorbehaltsnießbraucher gem. § 1036 BGB bzw. den Nießbrauchsregelungen weiter über das Nutzungsüberlassungsverhältnis bzgl. der wesentlichen Betriebsgrundlage und sind diesem aufgrund der satzungskonformen Nießbrauchsabsprachen zudem das Stimmrecht aus den Anteilen an der Betriebs-Kapitalgesellschaft zugewiesen, bleibt die in seiner Person begründete personelle Verflechtung unberührt bestehen. 3.524

(7) Belastetes Besitz-Einzelunternehmen und belastete Anteile an der Betriebs-Kapitalgesellschaft

Personelle Entflechtung. Werden sowohl das als Einzelunternehmen geführte Besitzunternehmen unter dem Vorbehalt des Nießbrauchs[4] als auch die Anteile an der Betriebs-Kapitalgesellschaft unter Nießbrauchsvorbehalt übertragen, ist der Nieß- 3.525

---

1 BGH v. 9.11.1998 – II ZR 213/97, DStR 1999, 246; so auch BFH v. 21.1.2015 – X R 16/12, BFH/NV 2015, 815.

2 Hierzu BGH v. 9.11.1998 – II ZR 213/97, DStR 1999, 246; so auch BFH v. 21.1.2015 – X R 16/12, BFH/NV 2015, 815.

3 BFH v. 21.1.2015 – X R 16/12, BFH/NV 2015, 815.

4 Zum Nießbrauch an der Sachgesamtheit „Unternehmen" vgl. § 22 Abs. 2 HGB (Handelsgeschäft) sowie BFH v. 4.11.1980 – VIII R 55/77, BStBl. 1981 II, 396; BGH v. 18.11.1974 – VIII ZR 236/73, WM 1974, 1219. Zur fehlenden Anwendbarkeit von § 6 Abs. 3 EStG vgl. BFH v. 25.1.2017 – X R 59/14, BStBl. II 2019, 730.

braucher aufgrund der Verwaltungsrechte bzgl. des Unternehmens zwar der Gewerbetreibende bzw. Unternehmer i.S.d. § 15 Abs. 1 Nr. 1 EStG.[1] Die personelle Verflechtung zwischen Besitzunternehmen und Betriebsgesellschaft entfällt jedoch, wenn der Nießbrauch an den Anteilen der Betriebs-Kapitalgesellschaft nach den gesetzlichen Regelungen ausgestaltet ist, weil dem das Besitzunternehmen beherrschenden Vorbehaltsnießbraucher dann kein Stimmrecht in der Gesellschafterversammlung der Betriebs-Kapitalgesellschaft mehr zusteht.[2]

3.526 **Fortbestehende personelle Verflechtung.** Stehen die Stimmrechte aus den Anteilen an der Betriebs-Kapitalgesellschaft gem. den Nießbrauchsabreden und konform mit den Satzungsregelungen der Betriebs-Kapitalgesellschaft über eine Vollmacht dem Vorbehaltsnießbraucher zu, bleibt die personelle Verflechtung erhalten. Denn der das Besitzunternehmen beherrschende Vorbehaltsnießbraucher[3] kann dann über den Nießbrauch an den Anteilen auch das Stimmrecht in der Gesellschafterversammlung der Betriebs-Kapitalgesellschaft ausüben.

(8) Belastete Anteile an der Besitz- und/oder Betriebs-Personengesellschaft

3.527 **Rechtsunsicherheit.** Hinsichtlich der Beteiligung an der Besitz-/Betriebs-Personengesellschaft kommt es für den Fortbestand der personellen Verflechtung generell darauf an, ob der Nießbrauch an den Anteilen nach den gesetzlichen Regelungen oder den vertraglichen Absprachen den Berechtigten in die Lage versetzt, auf die laufenden Geschäfte des Besitz-/Betriebs-Personengesellschaft (inkl. des Nutzungsüberlassungsverhältnisses zur Betriebs-/Besitzgesellschaft) Einfluss zu nehmen.[4] Ungeachtet dessen ist ertragsteuerlich aktuell nicht gewährleistet, dass sowohl der Neu-Gesellschafter als auch der Vorbehaltsnießbraucher infolge einer (weiterhin möglichen) Verdoppelung der Mitunternehmerstellung als Mitunternehmer der Besitz-/Betriebs-Personengesellschaft anzusehen sind.[5] Bis zur Klärung der Rechtslage sollten derartige Übertragungen unterbleiben und werden daher hier nicht weiter behandelt.

1 BFH v. 4.11.1980 – VIII R 55/77, BStBl. 1981 II, 396; BGH v. 18.11.1974 – VIII ZR 236/73, WM 1974, 1219.

2 BFH v. 21.1.2015 – X R 16/12, BFH/NV 2015, 815.

3 Zur fehlenden Anwendbarkeit von § 6 Abs. 3 EStG vgl. BFH v. 25.1.2017 – X R 59/14, BStBl. II 2019, 730 = FR 2017, 1055 m. Anm. v. *Wendt.*

4 BFH v. 25.1.2017 – X R 45/14, BFH/NV 2017, 1031; BFH v. 24.1.2012 – IX R 51/10, BStBl. II 2012, 308 = FR 2012, 642 m. Anm. v. *Bode*; BFH v. 1.10.1996 – VIII R 44/95, BStBl. II 1997, 530 = FR 1997, 482.

5 In der Entscheidung des BFH v. 3.12.2015 – IV R 43/13, BFH/NV 2016, 742, ließ der IV. BFH-Senat offen, ob an der Mitunternehmerstellung des Nießbrauchers festzuhalten ist (Rz. 36 der Entscheidungsgründe). Für weitere Verunsicherung sorgte BFH v. 19.7.2018 – IV R 10/17, BFH/NV 2018, 1268: „Ausgehend von dem Grundsatz, dass an einem Gesellschaftsanteil nur eine einzige Mitunternehmerstellung begründet werden kann..." (Rz. 36 der Entscheidungsgründe). Vgl. auch *Wacker* in Schmidt[44], § 15 EStG Rz. 306 m.w.N.

cc) Schenkung gegen Versorgungsleistungen

Übergang der personellen Verflechtung. Als Alternative zur Schenkung unter Nießbrauchsvorbehalt kommt die unentgeltliche Übertragung des Besitzunternehmens bzw. der Mitunternehmeranteile an der Besitz-Personengesellschaft inklusive der zum (Sonder-)Betriebsvermögen gehörenden Beteiligung an der Betriebs-Kapitalgesellschaft gegen Versorgungsleistungen i.S.d. § 10 Abs. 1a Nr. 2 Satz 2 Buchst. a oder Buchst. b EStG in Betracht.[1] Die Restriktionen nach § 10 Abs. 1a Nr. 2 Satz 2 Buchst. c EStG für GmbH-Anteile kommen in diesem Fall nicht zum Zuge, weil die Anteile zum Betriebsvermögen des Besitzunternehmens bzw. zum (Sonder-)Betriebsvermögen der Besitz-Personengesellschaft gehören. Die Betriebsaufspaltung bleibt in diesem Fall erhalten bzw. wird in der Person des Erwerbers fortgeführt, der die Buchwertfortführung nach § 6 Abs. 3 Satz 1 EStG in Anspruch nehmen kann. Mit dem Sonderausgabenabzug des Erwerbers in Höhe der ausgekehrten Versorgungsleistungen korrespondiert die Besteuerung der Versorgungsbezüge beim Übertragenden nach § 22 Nr. 1a EStG. Die isolierte Übertragung nur einer mindestens 50 % betragenden Beteiligung an der Betriebs-GmbH gegen Versorgungsleistungen ist nach § 10 Abs. 1a Nr. 2 Satz 2 Buchst. c EStG begünstigt, wenn der Übertragende zugleich aus der GmbH-Geschäftsführung ausscheidet.[2] Zu beachten ist in diesem Fall aber der Wegfall der personellen Verflechtung (s. Rz. 3.513), so dass ggf. Maßnahmen zur weiteren betrieblichen Verstrickung des Vermögens des Besitzunternehmens erforderlich sind (dazu Rz. 3.571 ff.). 3.528

f) Erbfall

aa) Übergang auf einen Erben

Fortbestand der personellen Verflechtung. Gehen im Erbfall sowohl das Besitzunternehmen inklusive der überlassenen wesentlichen Betriebsgrundlage bzw. die Beteiligung an der Besitzgesellschaft/-gemeinschaft als auch die Beteiligung an der Betriebsgesellschaft im Wege der Universalsukzession (§ 1922 Abs. 1 Alt. 1 BGB) auf einen (Allein-)Erben über, bleibt die Betriebsaufspaltung erhalten. Der Erbe führt die Betriebsaufspaltung dann mit den bisherigen Buchwerten fort (vgl. § 6 Abs. 3 EStG).[3] 3.529

bb) Übergang auf eine Erbengemeinschaft

Fortbestand der personellen Verflechtung. Fallen das Besitzunternehmen inklusive der überlassenen wesentlichen Betriebsgrundlage bzw. die Beteiligung an der Besitzgesellschaft sowie die Beteiligung an der Betriebsgesellschaft[4] in das gemeinschaftli- 3.530

---

1 Vgl. hierzu auch *Hennig*, RNotZ 2015, 127 (143) (zu § 10 Abs. 1 Nr. 1a EStG a.F.). Allgemein auch *Schulze zur Wiesche*, DStZ 2022, 595 ff.

2 Vgl. auch BFH v. 20.3.2017 – X R 35/16, BStBl. II 2017, 985.

3 Vgl. auch *Gluth* in H/H/R, § 15 EStG Anm. 836 (Stand: April 2022).

4 Handelt es sich bei dem Besitz- oder Betriebsunternehmen um eine operativ tätige Personengesellschaft, geht der Gesellschaftsanteil nicht auf die Erbengemeinschaft, sondern im Wege der Sondererbfolge auf die einzelnen Miterben über, sofern der Gesellschaftsver-

che Vermögen einer Erbengemeinschaft (§ 1922 Abs. 1 Alt. 2 i.V.m. § 2032 Abs. 1 BGB), bleibt die Betriebsaufspaltung ebenfalls erhalten.[1] Die Miterben werden dann zu sog. geborenen Mitunternehmern der Erbengemeinschaft i.S.d. § 15 Abs. 1 Satz 1 Nr. 2 EStG.[2]

3.531 **Auseinandersetzung.** Wird die Erbengemeinschaft dergestalt auseinandergesetzt, dass weiterhin eine Person bzw. Personengruppe einen einheitlichen Betätigungswillen in beiden Unternehmen durchsetzen kann, bleibt die personelle Verflechtung und damit auch die Betriebsaufspaltung erhalten. Werden die betriebsaufspaltungsbefangenen Nachlassgegenstände aufgrund einer vom Erblasser angeordneten Teilungsanordnung oder durch die Miterben anders zugewiesen, kann dies zum Wegfall der personellen Verflechtung führen und die Betriebsaufspaltung beenden.

3.532 **Steuerliche Rückwirkung nur bzgl. laufender Einkünfte.** In den Fällen der Auseinandersetzung von Erbengemeinschaften – auch in den Fällen der Auseinandersetzung einer Mitunternehmerschaft – beanstandet die Finanzverwaltung eine rückwirkende Zurechnung laufender Einkünfte auf den Zeitpunkt des Erbfalls nicht, wenn die Auseinandersetzungsvereinbarung binnen sechs Monaten (ggf. auch später) getroffen wird.[3] Soweit laufende Einkünfte auf diese Weise rückwirkend zugerechnet werden, ist die Auseinandersetzung steuerlich so zu behandeln, als ob sich die Erbengemeinschaft unmittelbar nach dem Erbfall auseinandergesetzt hätte (Durchgangserwerb der Erbengemeinschaft).

3.533 **Keine steuerliche Rückwirkung bzgl. Betriebsaufgabe oder Entnahme.** Die (Billigkeits-)Regelung der Finanzverwaltung[4] betrifft nur die Zurechnung der laufenden Einkünfte, nicht jedoch die Vermögenszuordnung. Eine durch den Erbfall erfolgte Entnahme z.B. der Anteile an der Betriebs-Kapitalgesellschaft kann durch die nachfolgende Erbauseinandersetzung damit nicht mehr beseitigt werden, selbst wenn die Auseinandersetzung zeitnah erfolgt und die entnommenen Wirtschaftsgüter wieder in vollem Umfang Sonderbetriebsvermögen beim sondererbfolgeberechtigten Miterben werden. Eine Entnahme oder Betriebsaufgabe, die bereits mit Eintritt des Erbfalls noch in der Person des Erblassers eingetreten ist, kann daher durch die Erbauseinandersetzung nicht mehr rückgängig gemacht werden.[5]

cc) Übergang auf verschiedene Erben

3.534 **Entfall der personellen Verflechtung.** Werden das Besitzunternehmen inklusive der überlassenen wesentlichen Betriebsgrundlage bzw. die Beteiligung an der Besitzge-

---

trag hierzu nichts anderes bestimmt. Anteile an einer GmbH gehen hingegen gemäß § 18 GmbHG auf die Erbengemeinschaft über und werden gemäß § 2038 BGB fortan gemeinschaftlich verwaltet. Bei Anteilen an einer AG (Aktien) können die Miterben ihre Rechte nur durch einen gemeinschaftlichen Vertreter ausüben (§ 69 Abs. 1 AktG).

1 BFH v. 21.4.2005 – III R 7/03, BFH/NV 2005, 1974.

2 BFH v. 5.7.1990 – GrS 2/89, BStBl. II 1990, 837 = DB 1990, 2144.

3 BMF v. 11.1.2006 – IV B 2-S 2242-2/04, BStBl. I 2006, 253, Rz. 8.

4 BMF v. 11.1.2006 – IV B 2-S 2242-2/04, BStBl. I 2006, 253, Rz. 8.

5 *Reich*, Mitt BayNot 2007, 182 (185). A.A. *Hennig*, RNotZ 2015, 127 (132).

sellschaft/-gemeinschaft und die Beteiligung an der Betriebsgesellschaft durch letztwillige Verfügung verschiedenen Erben zugewiesen, kommt es in der Regel zum Entfall der personellen Verflechtung, weil kein einheitlicher geschäftlicher Betätigungswille in beiden Unternehmen mehr durchgesetzt werden kann.

g) Entfall der Beherrschung

aa) Wegfall der Stimmrechtsmehrheit

Anlassfälle. Der die personelle Verflechtung begründende einheitliche geschäftliche Betätigungswille über das Besitz-Einzelunternehmen, die Geschicke der Besitzgesellschaft oder die Belange der Betriebsgesellschaft kann durch den Entfall der Stimmrechtsmehrheit der Person bzw. Personengruppe in diesen Unternehmen beendet werden. Auslöser hierfür kann bspw. eine Änderung der Stimmrechtsverhältnisse in der Besitz- und/oder Betriebsgesellschaft sein, die Einführung einer Einstimmigkeitsregelung, der Abschluss oder die Aufhebung von Stimmrechtsbindungsverträgen,[1] die Einräumung eines Nießbrauchs an der wesentlichen Betriebsgrundlage oder am Gesellschaftsanteil (dazu im Einzelnen Rz. 3.207 und Rz. 3.515), die Begründung eines Treuhandverhältnisses am Gesellschaftsanteil (dazu Rz. 3.206) oder die Eingehung einer atypisch stillen Beteiligung am Geschäftsbetrieb mit wesentlichem Einfluss auf die laufenden Angelegenheiten des Geschäftsherrn (Besitz- bzw. Betriebsunternehmen, dazu auch Rz. 3.214).[2] 3.535

bb) Meinungsverschiedenheiten innerhalb der beherrschenden Personengruppe

Entfall des einheitlichen geschäftlichen Betätigungswillens. Eine personelle Entflechtung liegt auch vor, wenn erstmals nachweisbare Meinungsverschiedenheiten innerhalb der beide Gesellschaften beherrschenden Personengruppe auftreten, die dazu führen, dass kein einheitlicher geschäftlicher Betätigungswillen mehr gegeben ist und somit keine Beherrschungsidentität i.S.d. Personengruppentheorie mehr besteht (dazu auch Rz. 3.165). 3.536

cc) Wegfall der faktischen Beherrschung

Entfall der Durchsetzungsgründe. Der einheitliche geschäftliche Betätigungswille betreffend das Besitz- und Betriebsunternehmen kann auch durch Wegfall der faktischen Beherrschung entfallen, wenn die wirtschaftlichen oder sonstigen Gründe nicht mehr gegeben sind, ein bestimmtes Verhalten der rechtlich (eigentlich) beherrschenden Gesellschafter des Besitz- und/oder Betriebsunternehmens zu erzwingen (dazu Rz. 3.133). 3.537

1 Hierzu BFH v. 13.12.2018 – III R 13/15, BFH/NV 2019, 1069.
2 Zu dieser Thematik vgl. FG München v. 31.3.1998 – 16 K 154/95 EFG 1999, 1091 (rkr.).

dd) Wegfall der Anteilszusammenrechnung

(1) Eheleute

3.538 **Trennung oder Scheidung.** Waren Anteile von Ehegatten am Besitz- oder Betriebsunternehmen ausnahmsweise zusammenzurechnen (dazu Rz. 3.229), entfällt die allein dadurch begründete personelle Verflechtung mit der dauerhaften Trennung, spätestens mit der Ehescheidung, weil fortan dauerhaft nachweisbare Interessenkollisionen zwischen den (früheren) Eheleuten gegeben sind.

(2) Kinder

3.539 **Eintritt der Volljährigkeit.** Waren Anteile von Eltern und minderjährigen Kindern am Besitz- oder Betriebsunternehmen zusammenzurechnen (dazu Rz. 3.237 f.), entfällt die hierdurch begründete personelle Verflechtung mit Eintritt der Volljährigkeit der Kinder. Die FinVerw. sieht in diesen Fällen jedoch von der Annahme einer gewinnrealisierenden Betriebsaufgabe i.S.d. § 16 Abs. 3 Satz 1 EStG ab und gestattet aus Billigkeitsgründen, die gewerbliche Tätigkeit fortzusetzen (R 16 Abs. 2 Satz 4 EStR), dazu auch Rz. 3.570.

ee) Aufnahme eines Nur-Besitz-/Betriebsgesellschafters

3.540 **Einstimmigkeit.** Der einheitliche geschäftliche Betätigungswille kann auch durch Aufnahme eines Nur-Besitzgesellschafters in die Besitz-Personengesellschaft oder eines Nur-Betriebsgesellschafters in die Betriebs-Personengesellschaft entfallen, wenn in dieser (fortan) einstimmig entschieden werden muss.

ff) Insolvenz des Besitz- und/oder Betriebsunternehmens

3.541 **Übergang der Verwaltungsbefugnis auf den Insolvenzverwalter.** Mit Eröffnung des Insolvenzverfahrens i.S.v. § 27 InsO über das Vermögen des Besitz-Einzelunternehmers, der Besitzgesellschaft/-gemeinschaft oder der Betriebsgesellschaft geht die diesbezügliche Verwaltungs- und Verfügungsbefugnis gem. § 80 Abs. 1 InsO auf den Insolvenzverwalter über (siehe dazu ebenfalls Rz. 4.100 ff. in Kapitel 4). Gleiches gilt, wenn vor formeller Verfahrenseröffnung ein sog. starker vorläufiger Insolvenzverwalter mit Verwaltungs- und Verfügungsbefugnis i.S.v. § 21 Abs. 2 Satz 1 Nr. 2, § 22 Abs. 1 Nr. 2 Alt. 1 InsO über das Schuldnervermögen bestellt wird.[1] In beiden Fällen wird der Insolvenzverwalter zum Vermögensverwalter i.S.d. § 34 Abs. 3 AO. Mit Übergang der Verwaltungs- und Verfügungsbefugnis auf den (vorläufigen) Insolvenzverwalter endet der einheitliche geschäftliche Betätigungswille über das Besitz-Einzelunternehmen, die Geschicke der Besitzgesellschaft oder die Belange der Betriebsgesellschaft, so dass es in diesem Zeitpunkt zum Wegfall der personellen Ver-

1 *Petersen/Epler* in Sonnleitner/Witfeld, Insolvenz- und Sanierungssteuerrecht², Rz. 16; *Zondler/Steffens* in Heyd/Kautenburger-Behr/Wind, Bilanzierung und Besteuerung in Krise und Insolvenz, Rz. 1197.

flechtung und damit zur Beendigung der Betriebsaufspaltung kommt.[1] Der Insolvenzverwalter ist weder Gesellschaftsorgan noch Vertreter eines solchen, sondern übt seine Funktion als Träger eines Amtes aus. Als solcher unterliegt der Insolvenzverwalter auch keinem Aufsichtsorgan und ist auf gesellschaftliche Genehmigungserfordernisse nicht angewiesen.[2] Zur Beendigung des einheitlichen geschäftlichen Betätigungswillens kommt es auch, wenn ausnahmsweise ein und derselbe (vorläufige) Insolvenzverwalter für beide Unternehmen bestellt wird, weil der Insolvenzverwalter die Interessen der Gläubiger des jeweiligen Unternehmens zu wahren hat, so dass er in beiden Unternehmen keine gleichgerichteten Interessen verfolgen kann.[3]

Betriebsaufgabe vs. Betriebsverpachtung. Mit dem Wegfall der personellen Verflechtung kommt es grundsätzlich zur Betriebsaufgabe des Besitzunternehmens i.S.d. § 16 Abs. 3 Satz 1 EStG mit Aufdeckung der stillen Reserven.[4] Diese Rechtsfolge unterbleibt jedoch, wenn sämtliche wesentliche Betriebsgrundlagen an die Betriebsgesellschaft verpachtet wurden und diese nach Eröffnung des Insolvenzverfahrens im Wege der Betriebsverpachtung im Ganzen an einen Dritten verpachtet werden.[5] Dazu im Einzelnen Rz. 3.562 ff. 3.542

Betriebsaufgabe vs. Betriebsunterbrechung. Im Übrigen kann die mit dem Wegfall der personellen Verflechtung grundsätzlich verbundene Betriebsaufgabe i.S.d. § 16 Abs. 3 Satz 1 EStG mit Aufdeckung der stillen Reserven nur dann entfallen, wenn die durch die Insolvenz beseitigte personelle Verflechtung nach Abschluss des Insolvenzverfahrens wieder auflebt und somit für den Zeitraum der Dauer des Insolvenzverfahrens nur eine Betriebsunterbrechung vorliegt.[6] Dies kann insbesondere im Fall eines Insolvenzplanverfahrens (§§ 217 ff. InsO) gegeben sein, wenn die personelle Verflechtung aufgrund der Bestellung des Insolvenzverwalters zwar während des Insolvenzverfahrens nicht besteht, aber wieder eintritt, wenn das Insolvenzverfahren aufgehoben oder eingestellt wird und die Gesellschafter die Fortsetzung der Gesellschaft beschließen. Zur Betriebsunterbrechung s. auch Rz. 3.566 ff. 3.543

Betriebsaufgabe vs. Bilanzierungskonkurrenz. Endet eine mitunternehmerische Betriebsaufspaltung durch Insolvenz des Besitz-/Betriebsunternehmens, kann die Aufdeckung der stillen Reserven in den der Betriebs-Personengesellschaft überlassenen Wirtschaftsgütern unterbleiben, wenn diese wegen entfallender vorrangiger Bilanzierung bei der Besitz-Personengesellschaft fortan als Sonderbetriebsvermögen 3.544

---

1 BFH v. 30.8.2007 – IV R 50/05, BStBl. II 2008, 129 = FR 2008, 277 m. Anm. v. *Kanzler*; BFH v. 6.3.1997 – XI R 2/96, BStBl. II 1997, 460 = FR 1997, 484 m. Anm. v. *Wendt*.

2 BFH v. 6.3.1997 – XI R 2/96, BStBl. II 1997, 460 = FR 1997, 484 m. Anm. v. *Wendt*.

3 Gl.A. *Petersen/Epler* in Sonnleitner/Witfeld, Insolvenz- und Sanierungssteuerrecht[2], Rz. 16.

4 Da der Wegfall der personellen Verflechtung bereits mit der Verfahrenseröffnung eintritt und nicht auf Handlungen des Insolvenzverwalters beruht, soll der mit der Aufdeckung der stillen Reserven im Falle einer Betriebsaufgabe der Besitzgesellschaft als Folge des Wegfalls der Betriebsaufspaltung begründete Steueranspruch zu den Insolvenzforderungen i.S.d. § 38 InsO rechnen; vgl. *Neumann* in Gosch, § 251 AO Rz. 105.

5 BFH v. 17.4.2002 – X R 8/00, BStBl. II 2002, 527 = DB 2001, 1414.

6 BFH v. 6.3.1997 – XI R 2/96, BStBl. II 1997, 460 = FR 1997, 484 m. Anm. v. *Wendt*.

der Gesellschafter bei der Betriebs-Personengesellschaft auszuweisen sind. Dies setzt voraus, dass die Betriebsgesellschaft im Augenblick des Wegfalls der Betriebsaufspaltung noch einen Betrieb unterhält und nicht ebenfalls ihren Betrieb aufgegeben hat.[1]

3.545 **Schwacher vorläufiger Insolvenzverwalter.** In Fällen, in denen dem vorläufigen Insolvenzverwalter keine verfügungsbeschränkenden Rechte bezüglich der Insolvenzmasse zugewiesen sind (sogenannter schwacher vorläufiger Insolvenzverwalter i.S.v. § 21 Abs. 2 Satz 1 Nr. 1, § 22 Abs. 1 Nr. 1 InsO), kann es unter Umständen ebenfalls zu einem Wegfall der personellen Verflechtung kommen. Zwar ist der schwache vorläufige Insolvenzverwalter kein Vermögensverwalter i.S.d. § 34 Abs. 3 AO, so dass die Verwaltungs- und Verfügungsbefugnis weiterhin beim Schuldner bleibt. Die Funktion des vorläufigen Insolvenzverwalters ist dann eine ausschließlich sichernde. Er darf lediglich verfügungsbeschränkende Anordnungen in Form eines Zustimmungsvorbehalts treffen. Fallen jedoch gerade die Maßnahmen des Schuldners im Zusammenhang mit seiner Gesellschafterstellung bei der Besitz- und/oder Betriebsgesellschaft unter den Zustimmungsvorbehalt, sind Verfügungen des Schuldners nur mit Zustimmung des vorläufigen Insolvenzverwalters wirksam. Eine solche Verfügungsbeschränkung in Bezug auf die maßgeblichen Geschäfte des täglichen Lebens (s. Rz. 3.162) kann dann bereits ausreichend sein, um die personelle Verflechtung entfallen zu lassen.[2]

3.546 Eigenverwaltung. Erfolgt nach einem Antrag auf Eröffnung eines Insolvenzverfahrens unter Anordnung der Eigenverwaltung i.S.d. §§ 270 ff. InsO die Bestellung eines vorläufigen Sachwalters, gelten die vorgenannten Grundsätze zum schwachen vorläufigen Insolvenzverwalter entsprechend. Der vorläufige Sachwalter ist aufgrund seiner Rechtsstellung gem. §§ 270b f., 274 f. InsO im Regelfall ebenso wenig wie ein schwacher vorläufiger Insolvenzverwalter in der Lage, auf die Nutzungsüberlassungsverträge hinsichtlich der wesentlichen Betriebsgrundlagen gegen den Willen der Gesellschafter im Eröffnungsverfahren einzuwirken.[3] Die Eröffnung des Insolvenzverfahrens unter Anordnung der Eigenverwaltung beendet dann aber die Betriebsaufspaltung, weil der Insolvenzschuldner ab diesem Zeitpunkt uneingeschränkt verpflichtet ist, die Interessen der Gläubigergesamtheit statt seiner eigenen Interessen zu beachten.[4]

II. Wegzug des Besitzunternehmers

3.547 **§ 16 Abs. 3a EStG.** Einer Aufgabe des Gewerbebetriebs i.S.d. § 16 Abs. 3 Satz 1 EStG steht gem. § 16 Abs. 3a EStG der Ausschluss oder die Beschränkung des Besteuerungsrechts der Bundesrepublik Deutschland hinsichtlich des Gewinns aus der Veräußerung sämtlicher Wirtschaftsgüter des Betriebs oder eines Teilbetriebs gleich. Durch den Wegzug des Besitzunternehmers erfolgt für sämtliche wesentliche Be-

1 Hierzu auch *Micker* in Söffing/*Micker*, Betriebsaufspaltung[10], Rz. 1664.
2 Gl.A. *Zondler/Steffens* in Heyd/Kautenburger-*Behr*/Wind, Bilanzierung und Besteuerung in Krise und Insolvenz, Rz. 1197.
3 Vgl. auch *Petersen/Epler* in Sonnleitner/Witfeld, Insolvenz- und Sanierungssteuerrecht[2], Rz. 15.
4 So auch *Petersen/Epler* in Sonnleitner/Witfeld, Insolvenz- und Sanierungssteuerrecht[2], Rz. 15.

triebsgrundlagen des Besitzunternehmens ein (teilweise fiktiver) Ausschluss des deutschen Besteuerungsrechts, so dass eine fingierte Betriebsaufgabe i.S.d. § 16 Abs. 3a EStG anzunehmen ist, die zur Beendigung der Betriebsaufspaltung führt.[1] Eine Aufdeckung der stillen Reserven unterbleibt nur, wenn das Besitzunternehmen im Inland eine Betriebsstätte hat, der die Wirtschaftsgüter zugeordnet werden können.[2] Gelingt dies nicht, ist ein Aufgabegewinn zu ermitteln. Sofern die Voraussetzungen des § 16 Abs. 4 EStG erfüllt sind, kann der Freibetrag abgezogen werden. Es liegen außerordentliche Einkünfte gem. § 34 Abs. 2 EStG vor, die entweder der Fünftelregelung gem. § 34 Abs. 1 EStG oder dem ermäßigten Steuersatz gem. § 34 Abs. 3 EStG unterliegen. Ausgenommen von dieser ermäßigten Besteuerung ist der Aufgabegewinn, der auf die Anteile an der Betriebs-Kapitalgesellschaft entfällt, da insoweit das Teileinkünfteverfahren gilt. § 36 Abs. 5 EStG sieht vor, dass die festgesetzte Steuer auf den Aufgabegewinn in fünf Jahresraten entrichtet werden kann, wenn der Wegzug ins EU-Ausland erfolgt. Es erfolgt zwar keine Verzinsung, allerdings soll i.d.R. eine Sicherheitsleistung verlangt werden.[3]

§ 50i Abs. 1 Satz 4 EStG. Eine Aufdeckung der stillen Reserven ist weiterhin nicht anzunehmen, wenn ein Anwendungsfall von § 50i Abs. 1 Satz 4 EStG gegeben ist (erfolgsneutrale Umstrukturierung vor dem 29.6.2013 und Wegzug vor dem 1.1.2017). Hiernach müssen die laufenden Einkünfte sowie die Veräußerungs-/Entnahmegewinne im späteren Fall einer Beendigung der Betriebsaufspaltung in Deutschland versteuert werden. Greift diese Norm, löst der Wegzug des Gesellschafters einer Besitz-Personengesellschaft ins Ausland keine steuerliche Entstrickung aus.[4] Zu Einzelheiten s. Rz. 3.786 ff.) 3.548

III. Rechtsfolge bei klassischer Betriebsaufspaltung

1. Betriebsaufgabe beim Besitzunternehmen i.S.d. § 16 Abs. 3 Satz 1 EStG

a) Ertragsteuerrechtliche Folgen

Aufdeckung aller stillen Reserven. Der Wegfall der personellen oder sachlichen Verflechtung führt beim Besitzunternehmen – sofern kein Ausnahmefall gegeben ist, dazu Rz. 3.558 ff. – zu einer gewinnrealisierenden Betriebsaufgabe i.S.d. § 16 Abs. 3 Satz 1 EStG.[5] Unbeachtlich ist dabei, ob die Tatbestandsmerkmale der Betriebsaufspaltung bewusst oder unbewusst, durch ein aktives Tun oder nur durch andere Um- 3.549

1 Hierzu *Eberhardt*, PIStB 2023, 266 ff.; *Micker* in Söffing/Micker, Betriebsaufspaltung[10], Rz. 1665 i.V.m. 698 ff.

2 *Eberhardt*, PIStB 2023, 266 ff. (auch zu den weiteren Gestaltungsoptionen des Einbringungs des Besitzunternehmens in die Betriebs-Kapitalgesellschaft und dem Formwechsel der Betriebs-Kapitalgesellschaft in eine Personengesellschaft).

3 Zum Ganzen auch *Eberhardt*, PIStB 2023, 266 ff.

4 Zu weiteren Einzelheiten *Micker* in Söffing/Micker, Betriebsaufspaltung[10], Rz. 698 ff.

5 BFH v. 17.4.2019 – IV R 12/16, BFH/NV 2019, 1179; BFH v. 21.1.2015 – X R 16/12, BFH/NV 2015, 815; BFH v. 5.2.2014 – X R 22/12, BStBl. II 2014, 388 = FR 2014, 707; BFH v. 22.10.2013 – X R 14/11, BStBl. II 2014, 158 = FR 2014, 228 m. Anm. v. *Prinz*; BFH v. 29.11.2012 – IV R 37/10, BFH/NV 2013, 910; BFH v. 17.4.2002 – X R 8/00, BStBl. II 2002, 527 = DB 2001, 1414; BFH v. 23.4.1996 – VIII R 13/95, BStBl. II 1998, 325 = FR 1996, 748.

stände entfallen sind. Damit sind die stillen Reserven im (Gesamt-)Betriebsvermögen des Besitzunternehmens aufzudecken, insbesondere in den zur Nutzung überlassenen Wirtschaftsgütern, den Anteilen an der Betriebs-Kapital-/Optionsgesellschaft (dazu auch nachfolgend Rz. 3.550) und bei Mitunternehmerschaften dem sonstigen Sonderbetriebsvermögen der Gesellschafter bzw. Gemeinschafter.[1]

3.550 **Entstrickung der Anteile an der Betriebs-Kapital-/Optionsgesellschaft.** Die Aufdeckung der stillen Reserven erfolgt auch in Bezug auf die Anteile an der Betriebs-Kapital-/Optionsgesellschaft,[2] sofern es sich bei diesen nicht um einbringungsgeborene Anteile i.S.d. § 21 UmwStG a.F. handelt.[3] Dass die Anteile an der Betriebs-Kapital-/Optionsgesellschaft bei wesentlicher Beteiligung weiterhin nach § 17 EStG (ansonsten nach § 20 Abs. 2 Nr. 1 EStG) steuerverstrickt sind, ist unbeachtlich.[4] Eine Behandlung als Restbetriebsvermögen scheidet selbst dann aus, wenn eine zeitnahe Veräußerung der Anteile beabsichtigt ist.[5]

3.551 **Ermittlung des Aufgabegewinns.** Der Aufgabegewinn ist gem. § 16 Abs. 2 Satz 2 EStG zwingend im Rahmen einer Aufgabebilanz i.S.d. § 4 Abs. 1, § 5 EStG zu ermitteln durch Gegenüberstellung der gemeinen Werte der ins Privatvermögen überführten Wirtschaftsgüter (§ 16 Abs. 3 Satz 7 EStG) und/oder der Veräußerungspreise der veräußerten Wirtschaftsgüter abzüglich der Veräußerungskosten (§ 16 Abs. 3 Satz 6 EStG) und des Buchwerts des Betriebsvermögens im Aufgabezeitpunkt. Hat das Besitzunternehmen seinen Gewinn bisher nach § 4 Abs. 3 EStG ermittelt, erfolgt ein Übergang zur Gewinnermittlung durch Betriebsvermögensvergleich.[6] Ein entstehender Übergangsgewinn ist als laufender Gewinn im letzten Wirtschaftsjahr zu erfassen; eine Verteilung aus Billigkeitsgründen kommt nicht in Betracht.[7]

3.552 **Wertansätze.** Werden anlässlich der Betriebsaufgabe des Besitzunternehmens i.S.d. § 16 Abs. 3 Satz 1 EStG alle zum (Gesamt-)Betriebsvermögen rechnenden Wirtschaftsgüter gem. § 16 Abs. 3 Satz 7 EStG zum gemeinen Wert in das Privatvermögen entnommen, hat die Bestimmung des gemeinen Werts z.B. von Grundbesitz und von GmbH-Anteilen grundsätzlich auf der Grundlage von (Unternehmens-)Wertgutachten zu erfolgen. Das Finanzamt und der Steuerpflichtige können sich aber auch im Wege einer tatsächlichen Verständigung auf bestimmte Werte einigen.[8] Ist eine solche

1 BFH v. 22.10.2013 – X R 14/11, BStBl. II 2014, 158 = FR 2014, 228 m. Anm. v. *Prinz*; BFH v. 24.10.2000 – VIII R 25/98, BStBl. II 2001, 321 = FR 2001, 352 m. Anm. v. *Kempermann*; BFH v. 25.8.1993 – XI R 6/93, BStBl. II 1994, 23.

2 BFH v. 22.9.1999 – X B 47/99, BFH/NV 2000, 559; BFH v. 17.4.1996 – X R 128/94, BFH/NV 1996, 877; BFH v. 25.8.1993 – XI R 6/93, BStBl. II 1994, 23.

3 BFH v. 12.10.2011 – I R 33/10, BStBl. II 2012, 445 = FR 2012, 318.

4 Beim Wegzug ins Ausland greift § 6 AStG bzw. § 49 Abs. 1 Nr. 2 Buchst. e i.V.m. § 49 Abs. 2 EStG.

5 BFH v. 22.10.2013 – X R 14/11, BStBl. II 2014, 158 = FR 2014, 228 m. Anm. v. *Prinz*.

6 BFH v. 21.11.2017 – VIII R 17/15, BFH/NV 2018, 522.

7 BFH v. 13.9.2001 – IV R 13/01, BStBl. II 2002, 287 = FR 2002, 212 m. Anm. v. *Kanzler*; BFH v. 3.8.1967 – IV 30/65, BStBl. III 1967, 755. Ebenso R 4.6 Abs. 1 Satz 3 EStR 2012.

8 Hierzu BMF v. 30.7.2008 – IV A 3-S 0223/07/10002, BStBl. I 2008, 831; geändert durch BMF v. 15.4.2019 – IV A 3-S 0223/07/10002, BStBl. I 2019, 447.

Einigung wirksam unter Mitwirkung eines entscheidungsbefugten Amtsträgers erfolgt und ist nicht ersichtlich, dass die Wertverständigung zu einem offensichtlich unzutreffenden Ergebnis geführt hat, so ist es dem Finanzamt verwehrt, den Wert der betroffenen Vermögensgegenstände (und damit die Höhe des Betriebsaufgabegewinns) nach Durchführung einer Betriebsprüfung anders zu beurteilen.[1]

Freibetrag und Tarifbegünstigung. Für den Aufgabegewinn können bei Vorliegen der Voraussetzungen die Vergünstigungen des § 16 Abs. 4 EStG (Freibetrag) und des § 34 Abs. 3 EStG (ermäßigter Steuersatz) gewährt werden, andernfalls kann die Fünftelregelung nach § 34 Abs. 1 EStG in Anspruch genommen werden. Dies gilt auch, wenn im Zuge der Betriebsaufgabe des Besitzunternehmens eine das gesamte Nennkapital umfassende Beteiligung an einer Kapitalgesellschaft bzw. Optionsgesellschaft i.S.d. § 1a KStG (fiktiver Teilbetrieb), wie etwa die 100 %-Beteiligung an der Betriebs-Kapitalgesellschaft, gem. § 6 Abs. 5 Satz 1 oder Satz 2 EStG zum Buchwert in ein anderes (Sonder-)Betriebsvermögen überführt oder übertragen worden ist.[2] Bei Vorabausgliederung anderer wesentlicher Betriebsgrundlagen zum Buchwert scheidet die Anwendung von §§ 16, 34 EStG mangels zusammengeballter Aufdeckung der stillen Reserven jedoch aus.[3] Von der Tarifbegünstigung ausgenommen ist gem. § 34 Abs. 2 Nr. 1 Halbs. 2 EStG der steuerpflichtige Teil des Aufgabegewinns, der auf die Entstrickung von Kapital/-Optionsgesellschaftsanteilen entfällt. Insoweit findet gem. § 3 Nr. 40 Satz 1 Buchst. b EStG (ausschließlich) das Teileinkünfteverfahren Anwendung. 3.553

ESt auf den Aufgabegewinn. Die Beschränkung der Erbenhaftung auf den Nachlass gem. § 45 Abs. 2 AO i.V.m. § 1975 BGB kann auch die auf einen Aufgabegewinn aus der Auflösung einer Betriebsaufspaltung entfallenden Steuern umfassen, wenn diese als Nachlassverwaltungsschulden zu qualifizieren sind (s. auch Rz. 3.961).[4] 3.554

Gewerbesteuer. Der Aufgabegewinn i.S.d. § 16 Abs. 3 EStG unterliegt nicht der Gewerbesteuer.[5] 3.555

Grenzüberschreitende Betriebsaufspaltung. Bei einer grenzüberschreitenden Betriebsaufspaltung gehört der Aufgabegewinn zu den inländischen Einkünften i.S.d. § 49 Abs. 1 Nr. 2 Buchst. a EStG, wenn eine inländische Betriebsstätte bestand. Bei fehlender inländischer Betriebsstätte oder ständigem Vertreter kommt es zur Besteuerung der stillen Reserven des überlassenen inländischen Grundstücks gem. § 49 Abs. 1 Nr. 2 Buchst. f EStG.[6] 3.556

1 FG Düsseldorf v. 20.11.2015 – 3 K 887/13 F, juris.

2 BFH v. 28.5.2015 – IV R 26/12, BStBl. II 2015, 1308 = FR 2015, 892 m. Anm. v. *Wendt*.

3 BFH v. 29.11.2017 – X R 8/16, BStBl. II 2018, 426 = FR 2018, 470; BFH v. 5.2.2014 – X R 22/12, BStBl. II 2014, 388 = FR 2014, 707.

4 FG Düsseldorf v. 24.11.2023 – 3 K 643/21 KV, EFG 2024, 177 (Rev. BFH VII R 38/23).

5 BFH v. 17.4.2002 – X R 8/00, BStBl. II 2002, 527 = FR 2002, 821 m. Anm. v. *Wendt*; BFH v. 21.6.2001 – III R 27/98, BStBl. II 2002, 537 = FR 2001, 1169.

6 Senatsverwaltung für Finanzen Berlin v. 21.7.2014 – III A-S 2300-2/2014, Ubg 2015, 40.

b) Gesellschaftsrechtliche Folgen

3.557 **Schadensersatzansprüche.** Die Beendigung der Betriebsaufspaltung hat für die Gesellschafter der Besitzgesellschaft den Wegfall der gewerblichen Tätigkeit und damit die Auflösung der stillen Reserven zur Folge (s. Rz. 3.549ff.). Soweit der Wegfall der gewerblichen Tätigkeit auf einen oder mehrere Gesellschafter zurückzuführen ist, zum Beispiel im Schenkungs- oder Erbfall (dazu Rz. 3.513 ff. und Rz. 3.529 ff.), stellt sich die Frage, ob diese damit ihre gesellschaftsrechtlichen Pflichten verletzt haben. Denn das gemeinschaftliche Ziel der Gesellschafter i.S.d. § 705 BGB ist die gewerbliche Betätigung im Rahmen der von Ihnen ins Leben gerufenen Betriebsaufspaltung. Das Erreichen dieses Zieles ist den Gesellschaftern auch im Rahmen der gesellschaftlichen Treuepflicht geboten. Die Treuepflicht äußert sich zunächst in der Pflicht gegenüber der Gesellschaft, deren Interessen wahrzunehmen, aber auch gegenüber einzelnen Gesellschaftern, deren gesellschaftsrechtliche Interessen zu berücksichtigen. Die Belange der einzelnen Gesellschafter werden durch die o.g. Steuerfolgen berührt. Denn mit der Begründung der Betriebsaufspaltung wird dem allgemeinen auch die Absicht verfolgt, die vorhandenen stillen Reserven als solche zu erhalten bzw. nicht ungewollt aufzudecken. Der Gesellschafter hat daher alles in seiner Macht Stehende zu tun, um die bestehende Betriebsaufspaltung zu erhalten. Damit sind z.B. Beispiel auch lebzeitige und letztwillige Verfügungen im Einklang mit dem Gesellschaftsvertrag so zu gestalten, dass die personelle Verpflichtung erhalten bleibt. Die Verletzung der Treuepflicht kann einen Schadenersatzanspruch der Gesellschafter auslösen. Der Schadensersatzanspruch kann vom Gesellschafter jederzeit geltend gemacht werden, also auch bei Fortbestehen der Gesellschaft.[1] Ungeachtet dessen besteht auch eine qualifizierte Beratungspflicht und eine Schadensersatzpflicht des Steuerberaters (dazu Rz. 4.1 ff.).

2. Ausnahmen

a) Weitere Verstrickung in einem Betriebsvermögen

3.558 **Überlagerte Betriebsaufspaltung.** Eine gewinnrealisierende Betriebsaufgabe beim Besitzunternehmen unterbleibt, wenn dieses im Aufgabezeitpunkt neben der die Betriebsaufspaltung begründenden Vermietungstätigkeit eine weitere eigengewerbliche Betätigung i.S.d. § 15 Abs. 2 EStG ausübt, sog. überlagerte Betriebsaufspaltung (dazu auch Rz. 3.17).[2] Bei einer Personengesellschaft muss es sich dabei um eine nicht nur geringfügige zusätzliche gewerbliche Tätigkeit i.S.d. § 15 Abs. 3 Nr. 1 EStG handeln.[3] Nach Wegfall der Betriebsaufspaltung leitet sich die Fortführung des Betriebs aus der zusätzlichen eigengewerblichen Betätigung ab. Die an die (ehemalige) Betriebs-Kapi-

1 Zum Ganzen auch *Kaligin*, Die Betriebsaufspaltung[13], Rz. 84.

2 BFH v. 24.10.2000 – VIII R 25/98, BStBl. II 2001, 321. Vgl. auch *Wacker* in Schmidt[44], § 15 EStG Rz. 865; *Gluth* in H/H/R, § 15 EStG Anm. 839 (Stand: April 2022).

3 Hierzu BFH v. 27.8.2014 – VIII R 6/12, BStBl. II 2015, 1002 = FR 2015, 512; BFH v. 27.8.2014 – VIII R 16/11, BStBl. II 2015, 996 = FR 2015, 512; BFH v. 27.8.2014 – VIII R 41/11, BStBl. II 2015, 999 = FR 2015, 512 m. Anm. v. *Kanzler*: gewerbliche Umsätze oberhalb der Bagatellgrenze von 3 % der Gesamtnettoumsätze oder mehr als 24.500 EUR im Veranlagungszeitraum. Vgl. auch *Dreßler/Nickel*, DStR 2024, 403 (407 f.).

tal-/Optionsgesellschaft überlassenen Wirtschaftsgüter behalten weiterhin ihre Betriebsvermögenseigenschaft als nunmehr gewillkürtes Betriebsvermögen. Gleiches gilt für (verbliebene) Anteile an der Betriebs-Kapital-/Optionsgesellschaft. Zur weiteren Verstrickung kommt es auch, wenn das Besitzunternehmen anderweitige betriebliche Einkünfte aus LuF i.S.d. § 13 EStG oder selbständiger Arbeit i.S.d. § 18 EStG erzielt.[1]

Gewerbliche Prägung. Eine gewinnrealisierende Betriebsaufgabe unterbleibt auch, 3.559
wenn das Besitzunternehmen in der Rechtsform der Personengesellschaft aufgrund gewerblicher Prägung i.S.d. § 15 Abs. 3 Nr. 2 EStG als GmbH & Co. KG oder UG (haftungsbeschränkt) & Co. KG weiterhin gewerblich tätig und das Vermögen damit insgesamt weiter betrieblich verstrickt ist. Hierzu auch Rz. 3.583.

Übergang in ein anderes Betriebsvermögen. Die Aufdeckung der stillen Reserven 3.560
kann auch vermieden werden, wenn das Besitzunternehmen als Einzelunternehmen geführt wird und der Einzelunternehmer einen weiteren Gewerbebetrieb i.S.d. § 15 Abs. 1 Nr. 1 EStG unterhält, in dessen Betriebsvermögen die ursprünglich im Rahmen der Betriebsaufspaltung zur Nutzung überlassenen Wirtschaftsgüter oder die Beteiligung an der Betriebs-Kapital-/Optionsgesellschaft gem. § 6 Abs. 5 Satz 1 EStG zum Buchwert übergehen können.[2] Bei Beteiligung an einer Mitunternehmerschaft kann ein Buchwertübergang aus dem Besitz-Einzelunternehmen in das Sonderbetriebsvermögen bei dieser gem. § 6 Abs. 5 Satz 2 Alt. 1 EStG in Betracht kommen. Zum Sonderbetriebsvermögen bei einer Besitzgesellschaft/-gemeinschaft rechnende Wirtschaftsgüter können ebenfalls gem. § 6 Abs. 5 Satz 2 Alt. 1 EStG in ein Einzelbetriebsvermögen oder gem. § 6 Abs. 5 Satz 2 Alt. 2 EStG in das Sonderbetriebsvermögen einer anderen Mitunternehmerschaft überführt werden.

Realteilung. Wirtschaftsgüter des Gesellschafts-/Gesamthandsvermögens einer Be- 3.561
sitz-Personengesellschaft oder Besitz-Gemeinschaft können ggf. auch im Wege der Realteilung zu Buchwerten nach § 16 Abs. 3 Satz 2 ff. EStG in (andere) Betriebsvermögen der Beteiligten übergehen, wenn am Besitzunternehmen mindestens zwei Gesellschafter beteiligt sind und jeder von ihnen einen Teil der Wirtschaftsgüter übernimmt, um anschließend mit diesen Wirtschaftsgütern weiterhin Einkünfte aus Gewerbebetrieb zu erzielen.[3]

b) Betriebsverpachtung

Überlassung aller wesentlichen Betriebsgrundlagen. Die Betriebsaufspaltung über- 3.562
lagert die Grundsätze der Betriebsverpachtung im Ganzen. Diese ist dadurch gekennzeichnet, dass ein Unternehmen alle wesentlichen Betriebsgrundlagen eines Betriebs als einheitliches Ganzes an einen Pächter verpachtet, der damit in die Lage versetzt wird, den vom Verpächter betriebenen Gewerbebetrieb fortzusetzen.[4] Für die Frage der Überlassung aller wesentlichen Betriebsgrundlagen ist hier – anders als bei der Betriebsauf-

1 Vgl. auch *Dreßler/Nickel*, DStR 2024, 403 (408).
2 BFH v. 21.6.2001 – III R 27/98, BFH/NV 2001, 1641.
3 *Gluth* in H/H/R, § 15 EStG Anm. 838 (Stand: April 2022); *Bauschatz*, FR 2004, 571 ff.
4 BFH v. 26.5.1975 – IV R 122/71, BStBl. II 1975, 885. Zu weiteren Einzelheiten auch *Micker* in Söffing/Micker, Betriebsaufspaltung[10], Rz. 1600 ff., 1692.

spaltung – auf die Verhältnisse des verpachtenden Unternehmens abzustellen.[1] Sind die Voraussetzungen einer solchen Betriebsverpachtung im Ganzen gegeben, kann der Verpächter grundsätzlich wählen, ob er gem. § 16 Abs. 3b EStG ausdrücklich die (gewinnrealisierende) Betriebsaufgabe erklärt oder (unter Buchwertfortführung) weiterhin gewerbliche Einkünfte erzielen möchte, die dann aber nicht der GewSt unterliegen.[2] Sind bei einer solchen sachlichen Verflechtung zugleich die personellen Voraussetzungen der Betriebsaufspaltung erfüllt, werden die Grundsätze der Betriebsverpachtung im Ganzen aber durch die sog. qualifizierte Betriebsaufspaltung verdrängt. Der Verpächter kann dann nicht durch einseitige Erklärung gegenüber dem Finanzamt die Betriebsaufspaltung beenden, solange deren rechtlichen Voraussetzungen bestehen.[3]

3.563 **Überlassung der einzigen wesentlichen Betriebsgrundlage.** Stellt der allein überlassene Vermögensgegenstand die einzige wesentliche Betriebsgrundlage des Verpachtungsunternehmens dar, kann eine Betriebsverpachtung im Ganzen ebenfalls angenommen werden. Dies kann insbesondere bei der Grundbesitzüberlassung für den Betrieb eines Groß- und Einzelhandelsunternehmens der Fall sein, da die gewerblich genutzten Räume dann regelmäßig den wesentlichen Betriebsgegenstand bilden und dem Gewerbe das Gepräge geben.[4] Gleiches dürfte für Hotel- und Gaststättengrundstücke, Autohaus- und Werkstattimmobilien sowie andere Immobilien gelten, deren Lage und Ausstattung für den Betrieb von tragender Bedeutung sind, nicht jedoch bei der Grundstücksüberlassung im produzierenden Gewerbe.[5] Auch in einem solchen Fall werden die Grundsätze der Betriebsverpachtung im Ganzen durch die qualifizierte Betriebsaufspaltung verdrängt.

3.564 **Auflebendes Verpächterwahlrecht bei Wegfall der Verflechtung.** Entfällt bei einer qualifizierten Betriebsaufspaltung (Überlassung aller bzw. einziger wesentlicher Betriebsgrundlage) die personelle oder sachliche Verflechtung, lebt das ursprüngliche Verpächterwahlrecht wieder auf, sofern die Tatbestandsmerkmale der Betriebsverpachtung im Ganzen im Zeitpunkt der zwangsweisen Beendigung der Betriebsaufspaltung weiterhin gegeben sind.[6] Der Verpächter erzielt dann, sofern er nicht frei-

1 BFH v. 11.10.2007 – X R 39/04, BStBl. II 2008, 220 = FR 2008, 424 m. Anm. v. *Wendt*.
2 R 2.2 Satz 1 GewStR 2009.
3 BFH v. 19.9.2017 – IV B 85/16, BFH/NV 2018, 51; FG Düsseldorf v. 28.2.2007 – 7 K 6571/04 E, EFG 2007, 1503 (rkr.). Vgl. auch BFH v. 19.8.2009 – III R 68/06, BFH/NV 2010, 491.
4 BFH v. 17.4.2019 – IV R 12/16, BStBl. II 2019, 745 = FR 2020, 1088.
5 BFH v. 17.4.2019 – IV R 12/16, BStBl. II 2019, 745 = FR 2020, 1088; BFH v. 13.12.2018 – III R 13/15, BFH/NV 2019, 1069; BFH v. 7.11.2013 – X R 21/11, BFH/NV 2014, 676. Zu weiteren Einzelheiten auch *Micker* in Söffing/*Micker*, Betriebsaufspaltung[10], Rz. 1611 ff.; *Ott*, StuB 2022, 125 (131).
6 BFH v. 17.4.2019 – IV R 12/16, BStBl. II 2019, 745 = FR 2020, 1088; BFH v. 13.12.2018 – III R 13/15, BFH/NV 2019, 1069; BFH v. 29.11.2017 – X R 34/15, BFH/NV 2018, 623; BFH v. 11.10.2007 – X R 39/04, BStBl. II 2008, 220 = FR 2008, 424 m. Anm. v. *Kanzler*; BFH v. 8.2.2007 – IV R 65/01, BStBl. II 2009, 699 = FR 2007, 796; BFH v. 17.4.2002 – X R 8/00, BStBl. II 2002, 527 = FR 2002, 821 m. Anm. v. *Wendt*; BFH v. 2.2.2000 – XI R 8/99, BFH/NV 2000, 1135; BFH v. 6.3.1997 – XI R 2/96, BStBl. II 1997, 460 = FR 1997, 484 m. Anm. v. *Wendt*; BFH v. 23.4.1996 – VIII R 13/95, BStBl. II 1998, 325. Vgl. auch BMF v. 17.10.1994 – IV B 2-S 2242-47/94, BStBl. I 1994, 771 = DB 1994, 2214.

willig die Betriebsaufgabe ausdrücklich erklärt (§ 16 Abs. 3b EStG), weiterhin gewerbliche Einkünfte, die jedoch nicht der GewSt unterliegen.[1] Die verpachteten Wirtschaftsgüter verbleiben im Betriebsvermögen, solange die Voraussetzungen der Betriebsverpachtung im Ganzen fortbestehen. Da das bisherige Betriebsvermögen im Fall der Betriebsverpachtung auch dann Betriebsvermögen bleibt, wenn es nicht mitverpachtet wird,[2] wird auch hinsichtlich der Anteile an der Betriebs-Kapitalgesellschaft kein Gewinn realisiert, solange diese nicht veräußert bzw. in das Privatvermögen entnommen werden.[3] Veräußert der Verpächter jedoch bestimmte, für die Fortführung des Betriebs unerlässliche Wirtschaftsgüter, kommt es auch ohne ausdrückliche Aufgaberklärung zu einer (Zwangs-)Betriebsaufgabe unter Aufdeckung der stillen Reserven.[4] Gleiches gilt, wenn der Verpächter eine nicht in seinem Eigentum stehende, aber ihm seinerseits zunächst zur Nutzung überlassene, funktionswesentliche Betriebsgrundlage nicht mehr nutzt.[5]

Überlassung nur einzelner wesentlicher Betriebsgrundlagen. Die Grundsätze der 3.565
Betriebsverpachtung sind bei entfallener Verflechtung nicht anzuwenden, wenn nur einzelne oder mehrere, aber nicht sämtliche wesentlichen Betriebsgrundlagen des Verpachtungsunternehmens an die Betriebsgesellschaft überlassen worden sind.[6] Es reicht dann für die Annahme einer Betriebsverpachtung nicht aus, wenn die bisherige Nutzungsüberlassung weitergeführt wird.[7] In diesem Fall bleibt es mithin grundsätzlich bei der gewinnrealisierenden Betriebsaufgabe des Besitzunternehmens i.S.d. § 16 Abs. 3 Satz 1 EStG.

c) Betriebsunterbrechung

Nur vorübergehender Entfall der personellen und/oder sachlichen Verflechtung. 3.566
Die gewinnrealisierende Betriebsaufgabe des Besitzunternehmens i.S.d. § 16 Abs. 3 Satz 1 EStG erfolgt nicht, wenn die personelle und/oder sachliche Verflechtung nur vorübergehend entfallen.[8] Die Betriebsaufspaltung ist tatsächlich noch nicht beendet, wenn und solange die Fortsetzung objektiv möglich ist und keine eindeutige Aufgabeerklärung i.S.d. § 16 Abs. 3b EStG abgegeben wird. Die Fortsetzung ist objektiv möglich, solange das vormalige Besitzunternehmen sämtliche für den Betrieb wesentlichen Betriebsgrundlagen unverändert zurückbehält und nicht entscheidend

1 R 2.2 Satz 1 GewStR.
2 BFH v. 6.4.2016 – X R 52/13, BStBl. II 2016, 710.
3 Vgl. auch *Wacker* in Schmidt[44], § 16 EStG Rz. 186; *Micker* in Söffing/Micker, Betriebsaufspaltung[10], Rz. 1692.
4 BFH v. 29.11.2017 – X R 34/15, BFH/NV 2018, 623; BFH v. 19.3.2009 – IV R 45/06, BStBl. 2009 II, 902 = FR 2012, 35; BFH v. 17.4.1997 – VIII R 2/95, BStBl. 1998 II, 388.
5 BFH v. 29.11.2017 – X R 34/15, BFH/NV 2018, 623.
6 BFH v. 13.12.2018 – III R 13/15, BFH/NV 2019, 1069; BFH v. 29.11.2017 – X R 34/15, BFH/NV 2018, 623.
7 BFH v. 17.4.2019 – IV R 12/16, BStBl. II 2019, 745 = FR 2020, 1088.
8 BFH v. 14.10.2009 – X R 37/07, BFH/NV 2010, 406; BFH v. 8.2.2007 – IV R 65/01, BStBl. II 2009, 699 = DB 2007, 948; BFH v. 14.3.2006 – VIII R 80/03, BStBl. II 2006, 591 = FR 2006, 826 m. Anm. v. *Wendt*; BFH v. 6.3.1997 – XI R 2/96, BStBl. II 1997, 460 = FR 1997, 484 m. Anm. v. *Wendt*.

umgestaltet.[1] Werden nur die Betriebsgrundstücke zurückbehalten, liegt eine Betriebsunterbrechung nur dann vor, wenn die Grundstücke die alleinige wesentliche Betriebsgrundlage des Betriebsunternehmens darstellten.[2] Sind diese Umstände gegeben, setzt die Annahme einer Betriebsunterbrechung nicht voraus, dass die Wiedereröffnung eines identitätswahrenden Betriebs überwiegend wahrscheinlich ist oder einem solchen wiederaufgenommenen Betrieb ein nachhaltiger wirtschaftlicher Erfolg beschieden sein müsste.[3] Auch kann der Annahme einer Betriebsunterbrechung nicht ihre zeitliche Erstreckung über einen längeren Zeitraum entgegengehalten werden, ebenso wenig der Umstand, dass der bisherige Betriebsinhaber verstorben ist und die wesentlichen Betriebsgrundlagen von einer Erbengemeinschaft gehalten werden.[4] Gewerbesteuerlich ist zu beachten, dass – auch wenn einkommensteuerlich keine Betriebsaufgabe beim ruhenden Gewerbebetrieb gegeben ist – ein während der Betriebsaufspaltung aufgelaufener Gewerbeverlust verloren gehen kann.[5]

3.567 **Betriebseinstellung bei der Betriebsgesellschaft.** Eine Betriebsunterbrechung beim Besitzunternehmen kann vorliegen, wenn die Betriebsgesellschaft die werbende gewerbliche Geschäftstätigkeit endgültig eingestellt hat. Denn daraus ergibt sich nicht zwingend, dass auch das Besitzunternehmen seinen Gewerbebetrieb endgültig aufgegeben hat. Es kann – soweit die personelle und sachliche Verflechtung wieder hergestellt werden – mit derselben oder mit einer anderen Betriebsgesellschaft ihre gewerbliche Tätigkeit als Besitzgesellschaft wieder aufnehmen. Das Besitzunternehmen kann auch das von der vormaligen Betriebsgesellschaft ausgeübte Gewerbe selbst aufnehmen und so seinen Gewerbebetrieb identitätswahrend fortführen, solange es über die dafür wesentlichen Betriebsgrundlagen verfügt.[6]

3.568 **Option auf Erwerb der Anteile an der Betriebs-Kapitalgesellschaft.** Eine Betriebsaufspaltung wird nicht beendet, sondern nur unterbrochen, wenn der Besitzunternehmer und Mehrheitsgesellschafter sowie Geschäftsführer der Betriebs-Kapitalgesellschaft zugunsten des Minderheitsgesellschafters ein – zeitlich befristetes – unwiderrufliches Kaufangebot auf den Erwerb der restlichen Anteile an der Betriebs-Kapitalgesellschaft mit Stimmrechtsbindung abgibt. Der Vermietungsbetrieb des Besitzunternehmers ruht, wenn der Mietvertrag zwischen dem Besitzunternehmen und der Betriebs-Kapitalgesellschaft fortgesetzt wird, eine Aufgabeerklärung des Besitzunternehmers fehlt und ungewiss ist, ob die Option ausgeübt wird.[7]

1 BFH v. 8.2.2007 – IV R 65/01, BFH/NV 2007, 1004; BFH v. 14.3.2005 – VIII R 80/03, BStBl. II 2006, 591 = FR 2006, 826 m. Anm. v. *Wendt*.
2 BFH v. 21.12.2021 – IV R 13/19, BFH/NV 2022, 414; BFH v. 14.3.2006 – VIII R 80/03, BStBl. II 2006, 591 = FR 2006, 826 m. Anm. v. *Wendt*; Vgl. auch FG Münster v. 9.11.2022 – 9 K 933/20 F, DStRE 2023, 1294 (rkr.).
3 BFH v. 21.12.2021 – IV R 13/19, BFH/NV 2022, 414.
4 Zur Zeitdauer der Betriebsunterbrechung vgl. BFH v. 21.12.2021 – IV R 13/19, BFH/NV 2022, 414.
5 BFH v. 30.10.2019 – IV R 59/16, BStBl. II 2020, 147.
6 Vgl. hierzu FG Münster v. 9.11.2022 – 9 K 933/20 F, DStRE 2023, 1294 (rkr.).
7 BFH v. 14.10.2009 – X R 37/07, BFH/NV 2010, 406.

Insolvenz der Betriebsgesellschaft. Eine Betriebsunterbrechung beim Besitzunternehmen kann auch beim vorübergehenden Wegfall der personellen Verflechtung wegen Eröffnung des Insolvenzverfahrens über das Vermögen der Betriebsgesellschaft gegeben sein (s dazu Rz. 3.541 sowie Rz. 4.104).[1] 3.569

d) Billigkeitsregelung

Wegfall einer Zusammenrechnung von Anteilen mit Minderjährigen. Wurde die personelle Verflechtung durch Zusammenrechnung von Anteilen mit einem minderjährigen Kind begründet (Rz. 3.238), kann die Betriebsaufspaltung mit Eintritt der Volljährigkeit des Kindes enden (Rz. 3.239). Die Finanzverwaltung gestattet in diesem Fall allerdings aus Billigkeitsgründen ein Wahlrecht zur Fortsetzung der gewerblichen Tätigkeit im Rahmen einer Betriebsverpachtung, auch wenn nicht alle wesentlichen Betriebsgrundlagen an das Betriebsunternehmen verpachtet sind.[2] Die Gewerbesteuerpflicht des Verpachtungsunternehmens entfällt.[3] 3.570

3. Gestaltungen zur Vermeidung der Betriebsaufgabe beim Besitzunternehmen

a) Aufnahme einer zusätzlichen gewerblichen Tätigkeit

Überlagerte Betriebsaufspaltung. Die Betriebsaufgabe beim Besitzunternehmen und die damit verbundene Entstrickung des Betriebsvermögens infolge Wegfalls der persönlichen und/oder sachlichen Verflechtung kann durch zeitige Aufnahme einer zusätzlichen gewerblichen Tätigkeit i.S.d. § 15 Abs. 2 EStG vermieden werden, die neben die, die Betriebsaufspaltung begründende, Vermietungstätigkeit tritt. Auf diese Weise wird dann eine sog. überlagerte Betriebsaufspaltung begründet (dazu auch Rz. 3.17), bei deren Beendigung die betriebliche Vermögensverstrickung über die weitere gewerbliche Tätigkeit gesichert wird. Je nach Rechtsform des Besitzunternehmens ist dabei wie folgt zu differenzieren: 3.571

Besitz-Einzelunternehmen. Die weitere originäre gewerbliche Tätigkeit des Besitz-Einzelunternehmers muss bereits vor Entfall der Betriebsaufspaltung im gewerblichen Verpachtungsbetrieb aufgenommen werden, so dass zwei gewerbliche (idealerweise gleichartige[4]) Tätigkeiten im Einzelunternehmen ausgeübt werden.[5] 3.572

Besitz-Personengesellschaft. Ist das Besitzunternehmen eine Personengesellschaft, kann eine Aufdeckung der stillen Reserven bei Wegfall einer Voraussetzung der Be- 3.573

1 BFH v. 6.3.1997 – XI R 2/96, BStBl. II 1997, 460 = FR 1997, 484 m. Anm. v. *Wendt*.
2 Vgl. R 16 Abs. 2 Satz 3 EStR 2012.
3 R 2.2 Satz 1 GewStR 2009.
4 Zur Zusammenfassung verschiedener Tätigkeiten in einem einheitlichen Gewerbebetrieb vgl. BFH v. 17.6.2020 – X R 15/18, BStBl. II 2021, 157 m.w.N.
5 BFH v. 18.7.2018 – X R 36/17, BFH/NV 2019, 195. Vgl. auch Niedersächsisches FG v. 1.12.2021 – 9 K 18/19, DStRE 2021, 891; FG Düsseldorf v. 26.11.2020 – 11 K 188/19 E, juris. Vgl. auch *Wacker* in Schmidt[44], § 15 EStG Rz. 865; *Sturm/Mattausch*, StB 2025, 369 (372); *Dreßler/Nickel*, DStR 2024, 403 (408).

triebsaufspaltung vermieden werden, wenn die Gesellschaft zusätzlich zu der die Betriebsaufspaltung begründenden Vermietungstätigkeit eine weitere, nicht nur geringfügige gewerbliche Tätigkeit[1] i.S.d. § 15 Abs. 2 EStG aufnimmt. Denn dadurch wird die Personengesellschaft gem. § 15 Abs. 3 Nr. 1 Satz 1 Alt. 1 EStG infolge Seitwärtsinfektion insgesamt zum Gewerbebetrieb und damit von der Betriebsaufspaltung unabhängig.[2] Eine Betriebsaufgabe kann auch vermieden werden durch Beteiligung an einer gewerblichen Personengesellschaft und damit ungeachtet einer Erheblichkeitsschwelle verbundener Aufwärtsinfektion gem. § 15 Abs. 3 Nr. 1 Satz 1 Alt. 2 EStG.[3] Ist die Besitz-Personengesellschaft eine GbR i.S.d. §§ 705 ff. BGB, erfordert die wirksame Beteiligung an einer Personenhandelsgesellschaft seit 1.1.2024 die Eintragung in das Gesellschaftsregister gem. § 707 Abs. 1 BGB (sog. Voreintragungsprinzip).[4]

3.574 **Besitz-Rechtsgemeinschaft.** Die für Personengesellschaften bestehende Möglichkeit zur Erhaltung der Betriebsvermögenseigenschaft durch Aufnahme einer weiteren nicht nur geringfügigen gewerblichen Tätigkeit wegen Seitwärtsinfektion nach § 15 Abs. 3 Nr. 1 Satz 1 Alt. 1 EStG besteht nicht, wenn das Besitzunternehmen eine Rechtsgemeinschaft ist, da die Norm auf Gemeinschaften keine Anwendung findet.[5]

b) Umwandlung des Besitzunternehmens in eine gewerblich geprägte GmbH/UG & Co. KG

aa) Ausrichtung an § 15 Abs. 3 Nr. 2 EStG

3.575 **Differenzierung nach der Rechtsform des Besitzunternehmens.** Als Alternative zur (ggf. unsicheren oder ungeeigneten) Gestaltung zum Erhalt der Betriebsvermögenseigenschaft des Besitzunternehmens durch Aufnahme einer weiteren (nicht nur geringfügigen) gewerblichen Tätigkeit i.S.d. § 15 Abs. 2 EStG (s. Rz. 3.571 ff.) kann das Besitzunternehmens auch in eine gewerblich geprägte GmbH & Co. KG i.S.d. § 15 Abs. 3 Nr. 2 EStG „umgewandelt" werden. Anstelle der GmbH & Co. KG kann auch eine UG (haftungsbeschränkt) & Co. KG errichtet werden.[6] Die Voraussetzungen des § 15 Abs. 3 Nr. 2 EStG liegen ab dem Zeitpunkt der Eintragung der Gesellschaft in

---

1 Hierzu BFH v. 27.8.2014 – VIII R 6/12, BStBl. II 2015, 1002 = FR 2015, 512; BFH v. 27.8.2014 – VIII R 16/11, BStBl. II 2015, 996; BFH v. 27.8.2014 – VIII R 41/11, BStBl. II 2015, 999 = FR 2015, 512 m. Anm. v. *Kanzler*; gewerbliche Umsätze oberhalb der Bagatellgrenze von 3 % der Gesamtnettoumsätze oder mehr als 24.500 EUR im Veranlagungszeitraum.

2 Hierzu auch *Sturm/Mattausch*, StB 2025, 369 (372); *Micker* in Söffing/Micker, Betriebsaufspaltung[10], Rz. 1700.

3 Dazu BFH v. 6.6.2019 – IV R 30/16, BStBl. II 2020, 649.

4 Vgl. § 707a Abs. 1 Satz 2 BGB n.F. zur Eintragung einer GbR als Gesellschafterin einer anderen GbR. Diese Regelung gilt über § 105 Abs. 2 HGB n.F. bzw. § 161 Abs. 1 HGB n.F. für die Eintragung einer GbR als Gesellschafterin einer OHG oder KG entsprechend.

5 BFH v. 19.1.2023 – IV R 5/19, BFH/NV 2023, 631; BFH v. 23.10.1986 – IV R 214/84, BStBl. II 1987, 120; R 15.8 Abs. 5 EStR 2012. Hierzu auch *Micker* in Söffing/Micker, Betriebsaufspaltung[10], Rz. 1701.

6 Gl.A. *Sturm/Mattausch*, StB 2025, 369 (374).

das Handelsregister vor.[1] Bei der konkreten Vorgehensweise ist dann nach der Rechtsform des Besitzunternehmens zu unterscheiden.

bb) Einbringung des Besitz-Einzelunternehmens

Errichtung und Vermögensübertragung. Die betriebliche Verstrickung des Einzel- 3.576
betriebsvermögens i.S.d. § 15 Abs. 1 Satz 1 Nr. 1 EStG auch nach einem Wegfall der Betriebsaufspaltung kann durch dessen Einbringung in eine – ggf. neu zu gründende – gewerblich geprägte GmbH & Co. KG oder eine UG (haftungsbeschränkt) & Co. KG i.S.d. § 15 Abs. 3 Nr. 2 EStG sichergestellt werden. Hierzu wird in einem ersten Schritt regelmäßig eine GmbH/UG errichtet oder als Vorratsgesellschaft erworben; als Komplementär-GmbH/UG kann aber auch die (eigene) Betriebs-Kapital-/Optionsgesellschaft fungieren.[2] Die GmbH/UG und der Einzelunternehmer errichten dann in einem zweiten Schritt die Kommanditgesellschaft, bei der die GmbH/UG als Komplementär und der Einzelunternehmer als allein am Vermögen beteiligter Kommanditist beteiligt wird. Im Gesellschaftsvertrag der GmbH/UG & Co. KG ist dann zu regeln, dass allein die Komplementär-GmbH/UG zur Geschäftsführung der Gesellschaft befugt ist. Die damit ab Handelsregistereintragung hergestellte gewerbliche Prägung der Kommanditgesellschaft i.S.d. § 15 Abs. 3 Nr. 2 EStG führt beim Entfall der originär-gewerblichen Betriebsaufspaltungstätigkeit zur fortbestehenden Gewerblichkeit der Besitz-Personengesellschaft und damit zur weiteren betrieblichen Verstrickung des Gesellschaftsvermögens. Dies gilt auch, wenn die GmbH/UG & Co. KG als sog. Einheitsgesellschaft aufgesetzt wird, bei der die Anteile an der Komplementär-GmbH/UG von der Kommanditgesellschaft erworben und nachfolgend von dieser als Alleingesellschafterin gehalten werden.[3] Die Einbringung des Betriebsvermögens erfolgt dann (soweit erforderlich und gewünscht) als letzter Schritt entweder im Wege der förmlichen Ausgliederung zur Aufnahme nach § 123 Abs. 3 Nr. 1 i.V.m. § 152 UmwG oder – bei fehlender Eintragung des Besitz-Einzelunternehmers im Handelsregister – durch Sacheinlage gegen Gewährung eines Festkapitalanteils und ggf. Gutschriften auf weiteren Gesellschafterkonten.[4]

§ 24 UmwStG. Die Einbringung des Einzelbetriebsvermögens in eine gewerblich ge- 3.577
prägte GmbH/UG & Co. KG kann in den o.g. Fällen nach Maßgabe des § 24 Abs. 1, Abs. 2 Satz 2 UmwStG ertragsteuerneutral zum Buchwert vollzogen werden. Eine steuerbegünstigte Einbringung nach § 24 UmwStG kommt auch dann in Betracht, wenn der Betriebsgesellschaft lediglich eine einzelne funktional wesentliche Betriebsgrundlage zur Nutzung überlassen wird, weil diese den Betrieb des Besitzunternehmens i.S.d. § 24 Abs. 1 UmwStG darstellt.[5] Die Anteile an der Betriebs-Kapital-/Optionsgesellschaft müssen nicht zwingend in das Gesellschaftsvermögen eingebracht werden, sondern können auch zurückbehalten und dem Sonderbetriebsvermögen des Gesellschafters bei der GmbH/UG & Co. KG zugeordnet werden.[6]

1 BFH v. 23.2.2011 – I R 52/10, BFH/NV 2011, 1354.
2 BFH v. 30.9.1991 – IV B 21/91, BFH/NV 1992, 333.
3 BFH v. 13.7.2017 – IV R 42/14, BStBl. II 2017, 1126 = FR 2018, 87 m. Anm. v. *Wendt*.
4 Hierzu auch *Sturm/Mattausch*, StB 2025, 369 (374); *Ott*, StuB 2022, 125 (127 f.).
5 BFH v. 12.11.1997 – XI R 24/97, BFH/NV 1998, 690.
6 BMF v. v. 2.1.2025 – IV C 2 - S 1978/00035/020/040, BStBl. I 2025, 92, Rz. 24.05.

3.578 **§ 23 Abs. 1 Satz 5 Nr. 1 EStG.** Wenngleich die Einbringung des Einzelbetriebsvermögens in eine gewerblich geprägte GmbH/UG & Co. KG nach Maßgabe des § 24 Abs. 1, Abs. 2 Satz 2 UmwStG ertragsteuerneutral erfolgen kann, kann sich insbesondere bei Grundstücksübertragungen eine (rückwirkende) Gewinnrealisation nach § 23 Abs. 1 Satz 5 Nr. 1 EStG ergeben. Hiernach gilt als Veräußerung i.S.d. § 23 Abs. 1 Satz 1 Nr. 1 EStG auch die Einlage eines Wirtschaftsguts in das Betriebsvermögen, wenn die Veräußerung aus dem Betriebsvermögen innerhalb eines Zeitraums von zehn Jahren seit Anschaffung des Wirtschaftsguts erfolgt. Die Vorschrift will damit verhindern, dass das private Veräußerungsgeschäft durch die Einlage in ein Betriebsvermögen umgangen wird und damit die vor der Einlage entstandenen stillen Reserven nicht von § 23 EStG erfasst werden.[1] Wird damit (i) Grundbesitz im steuerlichen Privatvermögen für z.B. 100 erworben, (ii) sodann einer Kapitalgesellschaft als funktional wesentliche Betriebsgrundlage überlassen und damit eine (unechte) Betriebsaufspaltung begründet, so dass (iii) der Grundbesitz gem. § 6 Abs. 1 Nr. 5 Satz 1 EStG zum Teilwert von bspw. 125 in das Betriebsvermögen des Besitzunternehmens einzulegen ist (dazu Rz. 3.264) und erfolgt nun (iv) innerhalb von zehn Jahren seit der Grundstücksanschaffung die (veräußerungsgleiche[2]) Einbringung in eine gewerblich geprägte GmbH/UG & Co. KG gegen Gewährung von Gesellschaftsrechten, ist der Tatbestand des § 23 Abs. 1 Satz 5 Nr. 1 EStG erfüllt. Als Rechtsfolge ist die Einlage des Grundbesitzes in das Betriebsvermögen des Besitzunternehmens als Veräußerung i.S.d. § 23 Abs. 1 Satz 1 Nr. 1 EStG anzusehen und ein Veräußerungsgewinn in Höhe der Differenz zwischen dem Einlagewert (125) und den Anschaffungskosten (100) zu versteuern.[3]

3.579 **Grunderwerbsteuer.** Wird Grundbesitz des Einzelbetriebsvermögens in das Gesellschaftsvermögen der GmbH/UG & Co. KG übertragen, ist dieser Vorgang steuerbar gem. § 1 Abs. 1 Nr. 1 oder Nr. 3 GrEStG, jedoch gem. § 5 Abs. 2 Satz 1 GrEStG von der Besteuerung ausgenommen (Übergang vom Alleineigentümer auf eine Gesamthand, an der der Alleineigentümer vermögensmäßig allein beteiligt ist). Die Steuerbefreiung bleibt dauerhaft erhalten, wenn die zehnjährige Haltefrist des § 5 Abs. 3 Satz 1 GrEStG nicht verletzt wird.[4] Unentgeltliche Anteilsübertragungen i.S.d. § 3 GrEStG z.B. auf Ehegatten oder Kinder sind keine schädliche Anteilsverminderung in diesem Sinne.[5]

cc) Einbringung der Miteigentumsanteile (Bruchteilsvermögen)

3.580 **Errichtung und Vermögensübertragung.** Hat das Besitzunternehmen die Rechtsform einer Miteigentümer- bzw. Bruchteilsgemeinschaft i.S.d. §§ 1008, 745 BGB, erfordert die Umwandlung in eine (steuerlich gewerblich geprägte) GmbH/UG & Co.

---

1 BFH v. 23.8.2011 – IX R 66/10, BStBl. II 2013, 1002.

2 BMF v. 5.10.2000 – IV C 3-S 2256-263/00, BStBl. I 2000, 1383, Rz. 4 f.

3 Vgl. hierzu auch *Gummels*, GStB 2023, 406.

4 Beachte hierzu aber die zeitliche Begrenzung der §§ 5, 6 GrEStG bis Ende 2026 gem. § 24 GrEStG, eingeführt durch das Kreditzweitmarktförderungsgesetz v. 22.12.2023, BGBl 2023 I Nr. 411.

5 *Viskorf* in Viskorf[20], § 5 GrEStG Rz. 104 m.w.N.

KG deren Errichtung durch die allein am Vermögen zu beteiligenden Gemeinschafter und die ggf. neu errichtete Komplementär-GmbH/UG[1] sowie die Übertragung der Miteigentumsanteile der Gemeinschafter an der überlassenen wesentlichen Betriebsgrundlage (z.B. Grundbesitz) in das Gesellschaftsvermögen der neuen Kommanditgesellschaft.[2] Zur Ausgestaltung des Gesellschaftsvertrags der GmbH/UG & Co. KG und weiteren Einzelheiten s. Rz. 3.576.

§ 24 UmwStG. Ertragsteuerlich bildet die Miteigentümer- bzw. Bruchteilsgemeinschaft eine gewerbliche Mitunternehmerschaft i.S.d. § 15 Abs. 1 Satz 1 Nr. 2 EStG. Diese verfügt über kein gemeinschaftliches Vermögen. Die zivilrechtlichen Miteigentumsanteile an der überlassenen wesentlichen Betriebsgrundlage (z.B. Grundbesitz) rechnen zum Sonderbetriebsvermögen der Gemeinschafter, gleiches gilt für die Anteile an der Betriebs-Kapitalgesellschaft. Auch in diesem Fall können die Gemeinschafter jedoch ihren Mitunternehmeranteil an der vermögenslosen Miteigentümer- bzw. Bruchteilsgemeinschaft inklusive des zugehörigen Sonderbetriebsvermögens i.S.d. § 15 Abs. 1 Satz 1 Nr. 2 EStG gegen Gewährung von Gesellschaftsrechten in die GmbH/UG & Co. KG einbringen. Dieser Vorgang ist nach Maßgabe von § 24 Abs. 1, Abs. 2 Satz 2 UmwStG unter Fortführung der Buchwerte zulässig.[3] Die Anteile an der Betriebs-Kapitalgesellschaft müssen nicht zwingend in das Gesellschaftsvermögen eingebracht werden, sondern können auch zurückbehalten und dem Sonderbetriebsvermögen der Gesellschafter bei der GmbH/UG & Co. KG zugeordnet werden.[4] 3.581

Grunderwerbsteuer. Werden Miteigentumsanteile an Grundbesitz in das Gesellschaftsvermögen der GmbH/UG & Co. KG übertragen, ist dieser Vorgang steuerbar gem. § 1 Abs. 1 Nr. 1 GrEStG, jedoch gem. § 5 Abs. 1 Satz 1 GrEStG von der Besteuerung ausgenommen (Übergang von mehreren Miteigentümern auf eine Gesamthand, an der die Miteigentümer in Höhe ihres Eigentumsanteils beteiligt sind). Die Steuerbefreiung bleibt dauerhaft erhalten, wenn die zehnjährige Haltefrist des § 5 Abs. 3 Satz 1 GrEStG nicht verletzt wird.[5] Keine schädliche Anteilsverminderung in diesem Sinne sind unentgeltliche Anteilsübertragungen i.S.d. § 3 GrEStG z.B. auf Ehegatten oder Kinder.[6] 3.582

1 Als Komplementär-GmbH/UG aber auch die (eigene) Betriebs-Kapitalgesellschaft fungieren, vgl. BFH v. 30.9.1991 – IV B 21/91, BFH/NV 1992, 333.

2 Zur zivilrechtlich nicht möglichen identitätswahrenden Umwandlung einer Erbengemeinschaft in eine GbR vgl. BFH v. 19.1.2023 – IV R 5/19, BFH/NV 2023, 631.

3 Vgl. hierzu auch *Ott*, StuB 2022, 125 (126).

4 BMF v. v. 2.1.2025 – IV C 2 - S 1978/00035/020/040, BStBl. I 2025, 92, Rz. 24.05.

5 Vgl. hierzu auch *Ott*, StuB 2022, 125 (126). Beachte hierzu aber die zeitliche Begrenzung der §§ 5, 6 GrEStG bis Ende 2026 gem. § 24 GrEStG, eingeführt durch das Kreditzweitmarktförderungsgesetz v. 22.12.2023, BGBl 2023 I Nr. 411.

6 *Viskorf* in Viskorf[20], § 5 GrEStG Rz. 104 m.w.N.

dd) Umgründung der Besitz-Personengesellschaft in eine gewerblich geprägte GmbH/UG & Co. KG

3.583 **Bestehende Personenhandelsgesellschaft.** Hat das Besitzunternehmen bereits die Rechtsform einer (nicht gewerblich i.S.v. § 15 Abs. 3 Nr. 2 EStG geprägten) Personenhandelsgesellschaft, kann diese in eine gewerblich geprägte GmbH/UG & Co. KG umgegründet werden. Hierzu können im Fall einer OHG i.S.d. § 105 HGB die Gesellschafter in die Stellung von Kommanditisten wechseln und eine neu eintretende GmbH/UG (ggf. auch die eigene Betriebs-Kapital-/Optionsgesellschaft[1]) die Komplementär-Stellung ohne Vermögensbeteiligung übernehmen. Im Fall einer bereits bestehenden Kommanditgesellschaft i.S.d. § 161 HGB kann eine GmbH/UG & Co. KG dadurch entstehen, dass anstelle des bisherigen persönlich haftenden Gesellschafters eine GmbH/UG als neuer Komplementär eintritt. Zu den gesellschaftsvertraglichen Regelungen und weiteren Einzelheiten s. Rz. 3.576. Bei Bestehen einer gewerblich entprägten GmbH/UG & Co. KG können die Rechtswirkungen des § 15 Abs. 3 Nr. 2 EStG durch gesellschaftsvertragliche Regelungen (Rz. 3.576) geschaffen werden.

3.584 **Bestehende GbR.** Eine nicht gewerblich i.S.v. § 15 Abs. 3 Nr. 2 EStG geprägte GbR kann identitätswahrend in eine GmbH/UG & Co. KG umgewandelt werden, indem die ohne Vermögensanteil beitretende GmbH/UG (auch die eigene Betriebs-Kapitalgesellschaft[2]) die Stellung eines Komplementärs übernimmt und die übrigen Gesellschafter in die Stellung eines Kommanditisten wechseln. Der Beitritt der GmbH/UG erfolgt durch Abschluss eines entsprechenden Kommanditgesellschaftsvertrages.[3] Zu den gesellschaftsvertraglichen Regelungen und weiteren Einzelheiten s. Rz. 3.576.

3.585 **Ertragsteuerlich unbeachtlicher Rechtsformwechsel.** Die formwechselnde Umwandlung einer Personengesellschaft in eine andere Personengesellschaft, bei der die bisherige Mitunternehmerschaft – identitätswahrend – in neuer Rechtsform weitergeführt wird, hat keine ertragsteuerlichen Folgen. Insbesondere wird die Mitunternehmerschaft nicht i.S.d. § 16 Abs. 3 Satz 1 EStG beendet.[4] Auch ein Fall des § 24 UmwStG ist bei fehlender Vermögenseinlage der Komplementär-GmbH/UG nicht gegeben.[5]

3.586 **Grunderwerbsteuer.** Ändert sich lediglich die Rechtsform einer grundbesitzenden Personengesellschaft, bleibt die grunderwerbsteuerliche Gesamthand unverändert bestehen. Bei einer grundbesitzenden Personengesellschaft wird also kein steuerbarer Tatbestand nach § 1 GrEStG verwirklicht.

---

1 BFH v. 30.9.1991 – IV B 21/91, BFH/NV 1992, 333.

2 BFH v. 30.9.1991 – IV B 21/91, BFH/NV 1992, 333.

3 Hierzu auch *Ott*, StuB 2022, 125 (128).

4 BFH v. 20.9.2007 – IV R 70/05, BStBl. II 2008, 265 (zum Eintritt einer GmbH in eine KG als Komplementärin); BFH v. 20.9.2007 – IV R 10/07, BStBl. II 2008, 118 (zum Übergang von einer GbR zur KG).

5 BFH v. 20.9.2007 – IV R 70/05, BStBl. II 2008, 265 = FR 2008, 275; BFH v. 21.6.1994 – VIII R 5/92, BStBl. II 1994, 856 = FR 1994, 605; BMF v. v. 2.1.2025 – IV C 2 - S 1978/00035/020/040, BStBl. I 2025, 92, Rz. 01.47.

c) Errichtung einer Betriebs-Kapital-/Optionsgesellschaft & atypisch stillen Gesellschaft

Fortan Betriebs-Personengesellschaft. Die gewinnrealisierende Beendigung der Betriebsaufspaltung kann auch durch Errichtung einer atypisch stillen Gesellschaft zwischen dem Besitzunternehmer/-gesellschafter und der Betriebs-Kapitalgesellschaft oder Betriebs-Optionsgesellschaft i.S.d. § 1a KStG vermieden werden.[1] Das Betriebsvermögen der Betriebs-Kapital-/Optionsgesellschaft (Geschäftsinhaberin, regelmäßig eine GmbH) wird in diesem Fall fiktiv in das (Quasi-)Gesellschaftsvermögen der neu entstehenden atypisch stillen Gesellschaft eingebracht; dieser Vorgang vollzieht sich nach Maßgabe des § 24 Abs. 2 UmwStG zum Buchwert.[2] Die GmbH & atypisch Still fungiert dann fortan als neue „Betriebs"-Personengesellschaft. Zum Sonderbetriebsvermögen des atypisch stillen Gesellschafters (Besitzunternehmer/-gesellschafter) bei der GmbH & atypisch Still gehören grundsätzlich die Anteile an der Betriebs-Kapital-/Optionsgesellschaft sowie etwaige an diese überlassene Wirtschaftsgüter (s. Rz. 3.588), sofern keine mitunternehmerische Betriebsaufspaltung mit der Folge des Vorrangs des Eigenbetriebsvermögens begründet wird (s. Rz. 3.589). 3.587

Besitz-Einzelunternehmen. Bestand die Betriebsaufspaltung zwischen einem Besitz-Einzelunternehmer und der Betriebs-Kapital-/Optionsgesellschaft, besteht zukünftig ein Überlassungsverhältnis zwischen dem Besitzunternehmer und der als Mitunternehmerschaft i.S.d. § 15 Abs. 1 Satz 1 Nr. 2 EStG ausgestalteten atypisch stillen Gesellschaft (regelmäßig GmbH & atypisch Still). Folglich wird die Betriebsaufspaltung mit Errichtung z.B. der GmbH & atypisch Still beendet, es gelten dann die vorrangigen gesetzlichen Regelungen des § 15 Abs. 1 Satz 1 Nr. 2 EStG zum Sonderbetriebsvermögen bei der nutzenden Mitunternehmerschaft (atypisch stille Gesellschaft), dem die überlassenen Wirtschaftsgüter sowie die Anteile an der ehemaligen Betriebs-Kapital-/Optionsgesellschaft fortan zuzuordnen sind. Diese Vermögensüberführung aus dem Betriebsvermögen des Besitz-Einzelunternehmens in das Sonderbetriebsvermögen bei der atypisch stillen Gesellschaft (GmbH & atypisch Still) vollzieht sich gem. § 6 Abs. 5 Satz 2 Alt. 1 EStG zum Buchwert. Die Grundsätze des BFH-Urteils IV R 5/20[3] zur Bilanzierungskonkurrenz stehen der Zuordnung zum Sonderbetriebsvermögen des stillen Gesellschafters bei der atypisch stillen Gesellschaft als nutzender Mitunternehmerschaft nicht entgegen, weil es hier um keine Zuordnungskonkurrenz zwischen verschiedenen Sonderbetriebsvermögen geht, sondern um die Zuordnung nach Beendigung eines Besitz-Einzelunternehmens und nachfolgend erstmaliger Begründung einer Mitunternehmerschaft mit den Folgen des § 15 Abs. 1 Satz 1 Nr. 2 Satz 1 Halbs. 2 EStG.[4] 3.588

Bei späteren Veränderungen und Umgestaltungen ergeben sich dann folgende Wirkungen: (i) Mit Beendigung der Nutzungsüberlassung wird die (ehemalige) wesentliche Betriebsgrundlage nicht zwangsweise aus dem Sonderbetriebsvermögen des bei

---

1 Hierzu auch *Bodden*, kösdi 2025, 24236 ff.; *Ott*, StuB 2024, 339 (342 f.); *Ott*, StuB 2022, 125 (129).
2 BFH v. 8.12.2016 – IV R 8/14, BStBl. II 2017, 538 = FR 2017, 693 m. Anm. v. *Nöcker*.
3 BFH v. 19.9.2024 – IV R 5/20, BFH/NV 2025, 149.
4 Hierzu auch *Bodden*, kösdi 2025, 24236 ff.

der atypisch stillen Gesellschafters bei der atypisch stillen Gesellschaft entnommen, sondern kann diesem nach allgemeinen Grundsätzen weiter als notwendiges Sonderbetriebsvermögen II oder gewillkürtes Sonderbetriebsvermögen II zugeordnet bleiben; Gleiches gilt für die Anteile an der (ehemaligen) Betriebs-Kapital-/Optionsgesellschaft. Für eine Zwangsentnahme dürfte in aller Regel keine Rechtsgrundlage bestehen.[1] (ii) Die (ehemalige) wesentliche Betriebsgrundlage und die Anteile an der (ehemaligen) Betriebs-Kapital-/Optionsgesellschaft können nach Maßgabe von § 6 Abs. 5 Satz 3 EStG ertragsteuerneutral in andere Betriebsvermögen überführt oder übertragen werden. (iii) Die mitunternehmerische Beteiligung an der atypisch stillen Gesellschaft kann nach Maßgabe des § 6 Abs. 3 EStG zum Buchwert übertragen werden.

3.589 **Besitz-Personengesellschaft.** Im Fall einer Besitz-Personengesellschaft entsteht mit Begründung der atypisch stillen Gesellschaft am Geschäftsbetrieb der Betriebs-Kapital-/Optionsgesellschaft eine mitunternehmerische Betriebsaufspaltung zwischen der Besitz-Personengesellschaft und der atypisch stillen Gesellschaft (z.B. GmbH & atypisch Still) als Betriebs-Personengesellschaft.[2] Solange diese Betriebsaufspaltung besteht, gehören das überlassene Wirtschaftsgut und die Anteile Betriebs-Kapital-/Optionsgesellschaft vorrangig zum (Sonder-)Betriebsvermögen bei der Besitz-Personengesellschaft (Vorrang des Eigenbetriebsvermögens, dazu 3.147 ff.).[3]

Bei Veränderungen und Umgestaltungen ergeben sich dann folgende Wirkungen: (i) Mit Beendigung der Nutzungsüberlassung kommt es zur Beendigung der mitunternehmerischen Betriebsaufspaltung und die Bilanzierungskonkurrenz (Vorrang des Eigenbetriebsvermögens der Besitz-Personengesellschaft) entfällt. Der überlassene Vermögensgegenstand und die Anteile an der Betriebs-Kapital-/Optionsgesellschaft können dann gem. § 6 Abs. 5 Satz 2 Alt. 2 EStG zum Buchwert in das Sonderbetriebsvermögen der atypisch stillen Gesellschafter bei der GmbH & atypisch Still überführt werden.[4] Zu den fehlenden Auswirkungen des BFH-Urteils IV R 5/20[5] s. Rz. 3.588. (ii) Werden Anteile an der (ehemaligen) Betriebs-Kapital-/Optionsgesellschaft von einem Gesellschafter auf einen Außenstehenden übertragen und kommt es dadurch zur Beendigung der mitunternehmerischen Betriebsaufspaltung, folgt hieraus beim Übertragenden eine gewinnrealisierende Entnahme des Miteigentumsanteils an der wesentlichen Betriebsgrundlage aus dem Sonder-Betriebsvermögen bei der Besitz-Personengesellschaft. Beim Mitgesellschafter werden der Miteigentumsanteil am weiterhin überlassenen Vermögensgegenstand und die Anteile an der Betriebs-Kapital-/Optionsgesellschaft gem. § 6 Abs. 5 Satz 2 Alt. 2 EStG zum Buchwert in das Sonderbetriebsvermögen bei der atypisch stillen Gesellschaft überführt.[6]

---

1 Beachte aber FG Rheinland-Pfalz v. 27.7.2022 – 2 K 1544/17, EFG 2023, 1772 (Rev. BFH IV R 20/23).

2 Vgl. hierzu auch FG Baden-Württemberg v. 16.12.2019 – 1 K 2182/18, EFG 2020, 1486 (Rev. BFH IV R 5/20).

3 Zur Bilanzierungskonkurrenz auch FG Baden-Württemberg v. 16.12.2019 – 1 K 2182/18, EFG 2020, 1486 (Rev. BFH IV R 5/20).

4 So wohl auch *Ott*, StuB 2022, 125, 129.

5 BFH v. 19.9.2024 – IV R 5/20, BFH/NV 2025, 149.

6 So auch *Ott*, StuB 2022, 125, 129.

Exkurs: Mitunternehmerische Betriebsaufspaltung im Sonderfall. Bestand die (mitunternehmerische) Betriebsaufspaltung zwischen einer Besitz-Personengesellschaft und der Betriebs-Personengesellschaft, deren Anteile u.a. von einer Kapital-/Optionsgesellschaft gehalten werden, deren Inhaber wiederum die Gesellschafter der Besitz-Personengesellschaft sind,[1] bleibt es mit Begründung der atypisch stillen Gesellschaft am Geschäftsbetrieb der zwischengeschalteten Kapital-/Optionsgesellschaft beim Fortbestand der mitunternehmerischen Betriebsaufspaltung zwischen der Besitz-Personengesellschaft und der Betriebs-Personengesellschaft, deren Beteiligung nun aber von der atypisch stillen Gesellschaft (z.B. GmbH & atypisch Still) gehalten wird. Die Anteile an der zwischengeschalteten Kapital-/Optionsgesellschaft waren mit Begründung der mitunternehmerischen Betriebsaufspaltung dem Sonderbetriebsvermögen der Gesellschafter der Besitz-Personengesellschaft zuzuordnen. Mit nachfolgender Errichtung der atypisch stillen Gesellschaft (GmbH & atypisch Still) erfolgte keine zwangsweise Überführung in das Sonderbetriebsvermögen der atypisch stillen Gesellschafter bei der GmbH & atypisch Still. Die Änderung der Zuordnung setzt vielmehr eine Entnahme oder Veräußerung des Wirtschaftsguts aus dem bisherigen Sonderbetriebsvermögen voraus.[2] 3.590

In diesem Fall finden die Grundsätze des BFH-Urteils IV R 5/20[3] zur Bilanzierungskonkurrenz zwischen verschiedenen Sonderbetriebsvermögen Anwendung, weil die mitunternehmerische Betriebsaufspaltung bestehen bleibt und es damit bei der zuerst begründeten Zuordnung zum Sonderbetriebsvermögen der Besitz-Personengesellschaft bleibt. In den anderen oben dargestellten Fällen (Rz. 3.377 f.) ist dies wegen Beendigung der (mitunternehmerischen) Betriebsaufspaltung anders zu beurteilen.

d) Errichtung einer Einheits-Betriebsaufspaltung

Besitz-Personengesellschaft und Betriebs-Kapital-/Optionsgesellschaft. Ist das Besitzunternehmen eine Personengesellschaft und das Betriebsunternehmen eine Kapitalgesellschaft oder eine Optionsgesellschaft i.S.d. § 1a KStG (Fall der klassischen Betriebsaufspaltung, s. Rz. 3.6), rechnen die Anteile der Besitzgesellschafter an der Betriebs-Kapital-/Optionsgesellschaft aufgrund der Betriebsaufspaltung zu deren Sonderbetriebsvermögen bei der Besitz-Personengesellschaft (dazu Rz. 3.401 i.V.m. Rz. 3.365 ff.). Die gewinnrealisierende Beendigung der Betriebsaufspaltung infolge Entfalls der personellen oder sachlichen Verflechtung kann durch Begründung einer Einheits-Betriebsaufspaltung vermieden werden. Eine solche ist dadurch gekennzeichnet, dass die Anteile an der Betriebs-Kapital-/Optionsgesellschaft dem Gesellschaftsvermögen des Besitzunternehmens zugeordnet sind. Dadurch wird zwischen den beiden Unternehmen ein Mutter-Tochter-Verhältnis begründet (dazu auch Rz. 3.15) und die personelle Verflechtung dauerhaft abgesichert. 3.591

Anteilsübertragung gem. § 6 Abs. 5 Satz 3 Nr. 2 EStG. Zur Implementierung einer Einheits-Betriebsaufspaltung sind die Anteile an der Betriebs-Kapital-/Optionsgesell- 3.592

1 Sachverhalt gem. BFH v. 19.9.2024 – IV R 5/20, BFH/NV 2025, 149.
2 BFH v. 19.9.2024 – IV R 5/20, BFH/NV 2025, 149.
3 BFH v. 19.9.2024 – IV R 5/20, BFH/NV 2025, 149.

schaft aus dem Sonderbetriebsvermögen der Besitz-Gesellschafter in das Gesellschaftsvermögen der Besitz-Personengesellschaft zu übertragen. Eine solche Übertragung kann gem. § 6 Abs. 5 Satz 3 Nr. 2 EStG ertragsteuerneutral umgesetzt werden, wenn die Übertragung unentgeltlich oder gegen Gewährung bzw. Minderung von Gesellschaftsrechten erfolgt. Zum Erhalt des Buchwertübergangs sind nachgehend die drei- bzw. siebenjährige Sperrfrist der § 6 Abs. 5 Sätze 4 und 6 EStG zu beachten (dazu auch Rz. 3.616).

e) Formwechsel der Besitz-Personengesellschaft in eine Kapital-/Optionsgesellschaft

3.593 **Stets gewerbliche Besitz-Kapital-/Optionsgesellschaft.** Ist das Besitzunternehmen eine nicht gewerblich i.S.d. § 15 Abs. 3 Nr. 2 EStG geprägte Personengesellschaft (eingetragene GbR, eine Personenhandelsgesellschaft oder eine Partnerschaftsgesellschaft) kommt als Möglichkeit zur Vermeidung einer ungewollten Betriebsaufgabe infolge Wegfalls eines Verflechtungsmerkmals auch der – echte oder gem. § 1a KStG fingierte – Formwechsel der Besitz-Personengesellschaft in die Rechtsform der – echten oder fingierten – Kapitalgesellschaft in Betracht (§ 190 UmwG, § 1a Abs. 2 i.V.m. § 25 UmwStG). Denn die dann gegebene Besitz-Kapitalgesellschaft erzielt gem. § 8 Abs. 2 KStG kraft Rechtsform stets Einkünfte aus Gewerbebetrieb, so dass auch nach Beendigung der Betriebsaufspaltung ein Gewerbebetrieb vorliegt und es nicht zur Betriebsaufgabe bei der Besitz-Personengesellschaft kommt.

3.594 **Einbringung i.S.d. § 20 UmwStG.** Der Formwechsel von einer Personengesellschaft in eine Kapital-/Optionsgesellschaft die kann nach Maßgabe von § 25 i.V.m. §§ 20 ff. UmwStG zum Buchwert vollzogen werden. Zum Sonderbetriebsvermögen der Besitz-Personengesellschafter rechnende Anteile an der Betriebs-Kapital-/Optionsgesellschaft sind vorab auf die formzuwechselnde Besitz-Personengesellschaft zu übertragen. Dies kann bei zeitlichem und wirtschaftlichem Zusammenhang mit dem Formwechsel als einheitlicher Vorgang ohne Berührung von § 6 Abs. 5 Satz 3 EStG und der damit verbundenen Sperrfristen in § 6 Abs. 5 Satz 4 und 6 EStG erfolgen.[1] Dadurch entsteht ein Mutter-Tochter-Verhältnis zwischen dem Besitz- und dem Betriebsunternehmen, im Verhältnis zu einer Betriebs-Kapital-/Optionsgesellschaft ist dann eine kapitalistische (Einheits-)Betriebsaufspaltung gegeben.

3.595 **Keine Grunderwerbsteuer.** Der identitätswahrende Formwechsel einer grundbesitzenden Personengesellschaft in eine Kapital-/Optionsgesellschaft führt nicht zu einer Tatbestandsverwirklichung nach § 1 Abs. 1 GrEStG.[2]

IV. Rechtsfolge bei mitunternehmerischer Betriebsaufspaltung

3.596 **Weitere Verstrickung als Betriebsvermögen.** Endet bei einer mitunternehmerischen Betriebsaufspaltung die persönliche oder sachliche Verflechtung zwischen dem Besitzunternehmen (Einzelunternehmen oder Personengesellschaft, s. Rz. 3.6) und der

1 BMF v. v. 2.1.2025 – IV C 2 - S 1978/00035/020/040, BStBl. I 2025, 92, Rz. 20.05.
2 BFH v. 4.12.1996 – II B 116/96, BStBl. II 1997, 661.

Betriebs-Personengesellschaft, hängen die weiteren Folgen von Rechtsform und Steuerstatus des Besitzunternehmens ab:

Besitz-Personengesellschaft ist gewerbliche geprägte Personengesellschaft. Ist die Besitz-Personengesellschaft als gewerbliche geprägte Personengesellschaft (GmbH/UG & Co. KG) i.S.d. § 15 Abs. 3 Nr. 2 EStG ausgestaltet, kommt es wegen weiterer Gesamtgewerblichkeit der (ehemaligen) Besitz-Personengesellschaft nicht zur Entstrickung des Betriebsvermögens. Dies gilt auch für den (ehemaligen) Nur-Besitzgesellschafter. 3.597

Unterhält das Besitzunternehmen neben der Nutzungsüberlassung der wesentlichen Betriebsgrundlage einen weiteren eigenen originären Gewerbebetrieb, kann eine Betriebsaufgabe i.S.d. § 16 Abs. 3 Satz 1 EStG vermieden werden (sog. überlagerte Betriebsaufspaltung), dazu auch Rz. 3.558. Bei einer (ehemaligen) nicht gewerblich geprägten Besitz-Personengesellschaft muss die weitere gewerbliche Tätigkeit von nicht ganz untergeordneter Bedeutung sein,[1] damit die gesamte Geschäftstätigkeit der (ehemaligen) Besitz-Personengesellschaft nach den Grundsätzen der Seitwärtsabfärbung i.S.d. § 15 Abs. 3 Nr. 1 Satz 1 Alt. 1 EStG als einheitlicher Gewerbebetrieb gilt, der dann auch die Tätigkeit in Bezug auf die (ehemalige) wesentliche Betriebsgrundlage umfasst. In Fällen der Aufwärtsabfärbung gem. § 15 Abs. 3 Nr. 1 Satz 1 Alt. 2 EStG, wenn also die (ehemalige) Besitz-Personengesellschaft gewerbliche Beteiligungseinkünfte i.S.d. § 15 Abs. 1 Satz 1 Nr. 2 Satz 1 EStG bezieht, besteht kein quantitatives Erfordernis für die Gesamtinfektion der (Ober-)Personengesellschaft. Dies gilt in allen Fällen auch für den (ehemaligen) Nur-Besitzgesellschafter. 3.598

Betriebsaufgabe. Endet die mitunternehmerische Betriebsaufspaltung ohne weitere Verstrickung des Vermögens des Besitzunternehmens als Betriebsvermögen, kommt es bei diesem grundsätzlich zur gewinnrealisierenden Betriebsaufgabe und bei den Gesellschaftern zur Anteilsaufgabe i.S.d. § 16 Abs. 3 Satz 1 EStG.[2] Eine solche kann insbesondere durch vorherige Umwandlung des Besitzunternehmens in eine gewerblich geprägte GmbH & Co. KG vermieden werden, dazu Rz. 3.575 ff. 3.599

Beendigung der Bilanzierungskonkurrenz. Bei den an der Besitz-Personengesellschaft oder -Gemeinschaft und an der Betriebs-Personengesellschaft beteiligten Doppelgesellschaftern unterbleibt die Aufdeckung der stillen Reserven jedoch, soweit es bei diesen zum Wiederaufleben der Sonderbetriebsvermögenseigenschaft des Wirtschaftsguts bei der Betriebs-Personengesellschaft i.S.d. § 15 Abs. 1 Satz 1 Nr. 2 Satz 1 EStG kommt (zum latenten Sonderbetriebsvermögen auch Rz. 3.454).[3] Das betreffende Wirtschaftsgut wird dann gem. § 6 Abs. 5 Satz 2 oder Satz 3 Nr. 2 EStG zum Buchwert in das Sonderbetriebsvermögen der Doppelgesellschafter bei der Betriebs- 3.600

---

1 Zu den Bagatellgrenzen vgl. BFH v. 27.8.2014 – VIII R 6/12, BStBl. II 2015, 1002; BFH v. 27.8.2014 – VIII R 16/11, BStBl. II 2015, 996; BFH v. 27.8.2014 – VIII R 41/11, BStBl. II 2015, 999 = FR 2015, 512.

2 BFH v. 23.4.1996 – VIII R 13/95, BStBl. II 1998, 325 = FR 1996, 748.

3 BFH v. 30.8.2007 – IV R 50/05, BStBl. II 2008, 129. Zur Bilanzierungskonkurrenz BFH v. 22.9.2011 – IV R 33/08, BStBl. II 2012, 10 = FR 2012, 77 m. Anm. v. *Wendt*.

Personengesellschaft überführt.[1] Für den (ehemaligen) Nur-Besitzgesellschafter/-gemeinschafter gilt dies aber nicht, so dass es bei diesem zwingend bei der gewinnrealisierenden Aufgabe des Mitunternehmeranteils an der (ehemaligen) Besitz-Personengesellschaft bzw. -Gemeinschaft i.S.d. § 16 Abs. 3 Satz 1 EStG bleibt.

V. Rechtsfolge bei kapitalistischer Betriebsaufspaltung

3.601 **Keine Gewinnrealisation im Betriebsvermögen der Besitz-Kapital/-Optionsgesellschaft.** Der Wegfall der personellen oder sachlichen Verflechtung führt bei der kapitalistischen Betriebsaufspaltung nicht zu einer Aufdeckung von stillen Reserven im Betriebsvermögen der Besitz-Kapital/-Optionsgesellschaft, da deren Gewerblichkeit nicht durch die Betriebsaufspaltung begründet, sondern gem. § 8 Abs. 2 KStG durch die Rechtsform als Kapitalgesellschaft bzw. Optionsgesellschaft i.S.d. § 1a KStG bestimmt wird (überlagerte Betriebsaufspaltung, dazu auch Rz. 3.17). Alle zum Betriebsvermögen der Besitz-Kapital/-Optionsgesellschaft gehörenden Wirtschaftsgüter inklusive der überlassenen wesentlichen Betriebsgrundlage und der Anteile an der Betriebs-Kapital-/Optionsgesellschaft (Einheitsbetriebsaufspaltung) bleiben damit KSt-verhaftet.

VI. Rechtsfolge bei umgekehrter Betriebsaufspaltung

3.602 **Keine Gewinnrealisierung im Betriebsvermögen der Besitz-Kapital/-Optionsgesellschaft.** Durch das Entfallen der personellen oder sachlichen Verflechtung kommt es bei einer umgekehrten Betriebsaufspaltung nicht zu einer ungewollten Gewinnrealisierung im Betriebsvermögen der Besitz-Kapital/-Optionsgesellschaft, da deren Gewerblichkeit nicht durch die Betriebsaufspaltung begründet, sondern gem. § 8 Abs. 2 KStG durch die Rechtsform als Kapitalgesellschaft bzw. Optionsgesellschaft i.S.d. § 1a KStG bestimmt wird (überlagerte Betriebsaufspaltung). Die in deren Anlagevermögen gebildeten stillen Reserven sind damit weiterhin betrieblich verstrickt sind.[2]

3.603 **Rechtsfolgen für die Anteile an der Besitz-Kapital/-Optionsgesellschaft.** Der Wegfall der Verflechtung führt in Bezug auf die Anteile an der Besitz-Kapital/-Optionsgesellschaft nicht zu einer Aufdeckung der darin gebundenen stillen Reserven, wenn die umgekehrte Betriebsaufspaltung als Einheits-Betriebsaufspaltung ausgestaltet ist, d.h. die (weiterhin gewerblich tätige) Betriebs-Personengesellschaft alleinige Anteilseignerin der Besitz-Kapital-/Optionsgesellschaft ist.[3] Bei Beendigung der sachlichen Verflechtung z.B. durch Beendigung der Nutzungsüberlassung bleiben die Anteile an der Besitz-Kapital/-Optionsgesellschaft unverändert im Betriebsvermögen der Betriebs-Personengesellschaft. Bei Beendigung der personellen Verflechtung z.B. durch Verkauf der überlassenen wesentlichen Betriebsgrundlage an einen Dritten oder der Mehrheit der Anteile an der Besitz-Kapital-/Optionsgesellschaft bleiben die (restlichen) Anteile an der Besitz-Kapital/-Optionsgesellschaft im Betriebsvermögen der

1 Vgl. auch *Neufang/Neufang*, StBp 2023, 126 (129).
2 Vgl. auch *Carlé/Urbach*, kösdi 2012, 18093 (18102).
3 Vgl. auch *Carlé/Urbach*, kösdi 2012, 18093 (18102).

Betriebs-Personengesellschaft. Werden die Anteile an der Besitz-Kapital/-Optionsgesellschaft von den Gesellschaftern der Betriebs-Personengesellschaft gehalten und rechnen damit zu deren Sonderbetriebsvermögen bei der (weiterhin gewerblich tätigen) Betriebs-Personengesellschaft, kann die Gewinnrealisierung in Bezug auf die Anteile an der Besitz-Kapital/-Optionsgesellschaft bei Beendigung der sachlichen Verflechtung z.B. durch Beendigung der Nutzungsüberlassung dadurch verhindert werden, dass die Anteile fortan als gewillkürtes Sonderbetriebsvermögen in der Steuerbilanz der Betriebs-Personengesellschaft verbleiben.[1] Mit dem Entfall der personellen Verflechtung z.B. durch Verkauf der überlassenen wesentlichen Betriebsgrundlage an einen Dritten oder der Mehrheit der Anteile an der Besitz-Kapital/-Optionsgesellschaft, können die (verbliebenen) Anteile an der Besitz-Kapital/-Optionsgesellschaft ebenfalls als gewillkürtes Sonderbetriebsvermögen in der Steuerbilanz der Betriebs-Personengesellschaft verbleiben.[2]

H. Betriebsaufspaltung und Umwandlung

I. Umwandlung des Besitzunternehmens

1. Vermeidung der gewinnrealisierenden Betriebsaufgabe aufgrund Beendigung der Betriebsaufspaltung

Gestaltungen. Zu den Gestaltungen in Bezug auf das Besitzunternehmen zur Vermeidung der gewinnrealisierenden Betriebsaufgabe aufgrund Beendigung der Betriebsaufspaltung durch Umwandlung des Besitzunternehmens in eine gewerblich geprägte GmbH/UG & Co. KG vgl. Rz. 3.575 ff. Zu weiteren Möglichkeiten Rz. 3.587 ff.[3] 3.604

2. Steuerneutrale Beendigung einer Betriebsaufspaltung und Nachfolgeplanung

Gestaltung. Die steuerneutrale Beendigung einer klassischen Betriebsaufspaltung zwischen einem Einzelunternehmen und einer Betriebs-Kapitalgesellschaft mit sukzessiver unentgeltlicher Beteiligung z.B. eines Kindes an der Betriebs-Kapitalgesellschaft (i.d.R GmbH) könnte z.B. in folgenden Schritten erfolgen: 3.605

(1) Einbringung des Besitzeinzelunternehmens in eine (gewerblich geprägte) GmbH & Co. KG gemäß § 24 UmwStG gegen Gesellschaftsrechte. Diese Übertragung kann im Wege der Einzelrechtsnachfolge erfolgen, als Ausgliederung mit Gesamtrechtsnachfolge nur bei Kaufmannseigenschaft i.S.d. HGB bzw. § 190 UmwG. Die Anteile an der Betriebs-Kapitalgesellschaft (GmbH) werden dabei in das Sonderbetriebsvermögen des Besitzunternehmers bei der GmbH & Co. KG überführt, was für die Buchwertübertragung unschädlich ist.[4] Eine Haltefrist gem. § 24 Abs. 5

1 Vgl. auch *Carlé/Urbach*, ködi 2012, 18093 (18102).
2 Vgl. auch *Carlé/Urbach*, kösdi 2012, 18093 (18102).
3 Zur Thematik auch *Sturm/Mattausch*, StB 2025, 369 ff.
4 BMF v. 2.1.2025 – IV C 2 - S 1978/00035/020/040, BStBl. I 2025, 92, Rz. 24.05.

UmwStG entsteht nicht, da Anteile nicht in das Gesellschaftsvermögen eingebracht werden. Die Übertragung des Grundbesitzes auf die GmbH & Co. KG kann grunderwerbsteuerfrei gem. § 5 Abs. 2 GrEStG mit zehnjähriger Haltefrist gem. § 5 Abs. 3 Satz 1 GrEStG vorgenommen werden; nachfolgende Anteilsschenkungen innerhalb der Frist sind unschädlich gem. § 3 Nr. 2, Nr. 6 GrEStG.

(2) Sodann erfolgt die Übertragung der GmbH-Anteile aus dem Sonderbetriebsvermögen in das Gesellschaftsvermögen einer weiteren (gewerblich geprägten) GmbH & Co. KG gem. § 6 Abs. 5 Satz 3 Nr. 2 Alternative 2 EStG. Die Übertragung kann unentgeltlich oder gegen Gewährung von Gesellschaftsrechten erfolgen. Es wird kein Fristverstoß nach § 24 Abs. 5 UmwStG ausgelöst. Auch ein schädlicher Gesamtplan[1] dürfte nicht gegeben sein, da hiervon nur Vorausgliederungen wesentlicher Betriebsgrundlagen betroffen sind, nicht aber der Einbringung nachfolgende Übertragungen; dies ist ggf. durch verbindliche Auskunft oder auf andere geeignete Weise zu klären.

(3) Schließlich erfolgt eine unentgeltliche Übertragung von z.B. 30 % der Anteile an der weiteren GmbH & Co. KG auf das Kind gem. § 6 Abs. 3 Satz 1 Halbs. 1 EStG. Bei Vorhandensein von Sonderbetriebsvermögen ist § 6 Abs. 3 Satz 2 EStG zu beachten. Ein Sperrfristverstoß i.S.d. § 6 Abs. 5 Satz 4 EStG wird nicht ausgelöst, da bereits nicht das übertragene Wirtschaftsgut (die GmbH-Anteile) veräußert oder entnommen wird, sondern die Anteile an der übernehmenden GmbH & Co. KG übertragen werden; da aber bereits die Veräußerung der Anteile an der übernehmenden GmbH & Co. KG nicht von § 6 Abs. 5 Satz 4 EStG erfasst ist,[2] dürfte die unentgeltliche Übertragung einer Beteiligung an dieser erst recht nicht zu einem Sperrfristverstoß führen. Für die Übertragung des Mitunternehmeranteils an der GmbH & Co. KG können die Begünstigungen nach § 13b Abs. 1 Nr. 2 ErbStG in Anspruch genommen werden, da die GmbH-Anteile gem. § 13b Abs. 4 Nr. 2 ErbStG kein begünstigungsschädliches Verwaltungsvermögen darstellen.

II. Zusammenführung von Besitz- und Betriebsunternehmen

1. Übertragung des Besitzunternehmens auf die Betriebs-Kapital-/Optionsgesellschaft

3.606 **Sacheinlage – Ausgliederung – Verschmelzung.** Das Betriebsvermögen des Besitzunternehmens oder die Anteile an der Besitz-Personengesellschaft können im Wege der Sacheinlage gegen Gewährung von Gesellschaftsrechten in die Betriebs-Kapital-/Optionsgesellschaft eingebracht werden (z.B. §§ 55 ff. GmbHG).[3] Die Sacheinlage

1 BMF v. 2.1.2025 – IV C 2 - S 1978/00035/020/040, BStBl. I 2025, 92, Rz. 24.03 i.V.m. Rz. 20.07.

2 Vgl. *Kulosa*, in Schmidt[44], § 6 EStG Rz. 825 mit Verweis auf BFH v. 15.7.2021 – IV R 36/18, BStBl. II 2025, 111; BFH v. 18.8.2021 – XI R 43/20, BStBl. II 2025, 118.

3 Der durch die Begründung einer Betriebsaufspaltung entstandene Betrieb des Besitzunternehmens kann Gegenstand einer Einbringung i.S.v. § 20 UmwStG sein; vgl. BFH v. 29.11.2017 – I R 7/16, BStBl. II 2019, 738 = FR 2018, 508 m. Anm. v. *Wendt*; BFH v. 24.10.2000 – VIII R 25/98, BStBl. II 2001, 321 = FR 2001, 352 m. Anm. v. *Kempermann*; BFH v. 1.4.2010 – IV B 84/09, BFH/NV 2010, 1450.

kann auch als Sachagio zu einer beschlossenen Barkapitalerhöhung bei der Betriebs-Kapital-/Optionsgesellschaft vereinbart werden.[1] Ist der Besitz-Einzelunternehmer ein im Handelsregister eingetragener Kaufmann, kann die Vermögensübertragung auf die Betriebs-Kapital-/Optionsgesellschaft alternativ zur Sacheinlage des Betriebs auch im Wege der Ausgliederung zur Aufnahme gem. § 152 ff. UmwG vollzogen werden. Ist der übertragende Rechtsträger eine Personenhandelsgesellschaft, kann die Vermögensübertragung auf die Betriebs-Kapital-/Optionsgesellschaft alternativ zur Sacheinlage des Betriebs oder der Anteile an der Besitz-Personengesellschaft auch im Wege der Verschmelzung zur Aufnahme gem. §§ 2 Nr. 1, 39 ff., 46 ff. UmwG erfolgen.[2]

Einbringung i.S.d. § 20 UmwStG. Alle vorgenannten Vermögensübertragungen sind ertragsteuerlich als Einbringung i.S.d. § 20 UmwStG zu beurteilen.[3] Unter den Voraussetzungen des § 20 Abs. 1, Abs. 2 Satz 2 UmwStG kann diese Betriebs- oder Anteilseinbringung zu Buchwerten vollzogen werden. Grundvoraussetzung hierfür ist die Übertragung aller funktional wesentlichen Betriebsgrundlagen des (Sonder-) Betriebsvermögens des Besitzunternehmens bzw. des Mitunternehmeranteils der Besitzgesellschafter auf die Betriebs-Kapital-/Optionsgesellschaft. Zu den funktional wesentlichen Betriebsgrundlagen rechnet insbesondere das der Betriebs-Kapital-/Optionsgesellschaft überlassene, die sachliche Verflechtung der Betriebsaufspaltung begründende Wirtschaftsgut. Zu beachten ist aber, dass auch anderen Wirtschaftsgütern die Eigenschaft als funktional wesentliche Betriebsgrundlagen des Betriebsvermögens des Besitzunternehmens oder des Mitunternehmeranteils des Besitzgesellschafters zukommen kann (z.B. Arbeitszimmer im privaten Wohnhaus, s. dazu auch Rz. 3.122,[4] sonstiger Grundbesitz[5]). 3.607

Zurückbehalt der Anteile an der Betriebs-Kapital-/Optionsgesellschaft. Zu den funktional wesentlichen Betriebsgrundlagen des Betriebsvermögens des Besitzunternehmens bzw. des Mitunternehmeranteils an der Besitz-Personengesellschaft rechnen stets auch die Anteile an der Betriebs-Kapital-/Optionsgesellschaft. Da deren 3.608

---

1 BFH v. 7.4.2010 – I R 55/09, BStBl. II 2010, 1094 = FR 2012, 1090; BMF v. 2.1.2025 – IV C 2 - S 1978/00035/020/040, BStBl. I 2025, 92, Rz. 01.44.

2 Zu den Vorgehensweisen auch *Ott*, StuB 2020, 693 ff.

3 Zur Betriebseigenschaft des Besitz-Einzelunternehmens i.S.d. § 20 Abs. 1 UmwStG vgl. v. 29.11.2017 – I R 7/16, BStBl. II 2019, 738 = FR 2018, 508 m. Anm. v. *Wendt*; BFH v. 1.4.2010 – IV B 84/09, BFH/NV 2010, 1450.

4 Hierzu BFH v. 29.11.2017 – X R 34/15, BFH/NV 2018, 623, wenn sich dort der Mittelpunkt der Geschäftsleitung der Betriebs-Kapital-/Optionsgesellschaft befindet und kein Fall des § 8 EStDV gegeben ist, hierzu BFH v. 13.7.2006 – IV R 25/05, BStBl. II 2006, 804. Zu § 8 EStDV: Wert nicht mehr als ein Fünftel des gemeinen Werts des gesamten Grundstücks und nicht mehr als 20 500 Euro, gem. Neuregelung in allen noch offenen Fällen nicht mehr als 40 000 Euro bei einer Größe von nicht mehr als 30 qm), vgl. Siebte Verordnung zur Änderung steuerlicher Vorschriften v. 29.12.2025, BGBl. I Nr. 372. Die Relation zum Gesamtwert des Gebäudes spielt keine Rolle mehr. Die Wertgrenze greift als zweiter Prüfschritt erst dann, wenn die Quadratmeterzahl überschritten wird. Zur zeitlichen Anwendung in allen offenen Fällen s. § 84 Abs. 1d EStDV.

5 BFH v. 29.11.2017 – I R 7/16, BStBl. II 2019, 738 = FR 2018, 508 m. Anm. v. *Wendt*.

Miteinbringung in die Betriebs-Kapital-/Optionsgesellschaft jedoch bei der Betriebs-Kapitalgesellschaft zu (unerwünschten) eigenen Anteilen der aufnehmenden Kapitalgesellschaft führen würde, deren Erwerb zudem handelsrechtlichen Beschränkungen unterliegt (vgl. § 33 Abs. 2, 3 GmbHG, §§ 56, 71 AktG), können diese Anteile steuerunschädlich von der Vermögensübertragung auf die Betriebs-Kapitalgesellschaft ausgenommen werden.[1] Bei einer Betriebs-Optionsgesellschaft i.S.d. § 1a KStG, die zivilrechtlich weiterhin eine Personengesellschaft ist, ist der Erwerb eigener Anteile bereits zivilrechtlich ausgeschlossen. Die zurückbehaltenen Anteile an der Betriebs-Kapital-/Optionsgesellschaft gelten dann aber als sperrfristbehaftet i.S.d. § 22 Abs. 1 UmwStG.

3.609 **Grunderwerbsteuer.** Die Einbringung eines Grundstücks in eine Kapitalgesellschaft ist steuerbar nach § 1 Abs. 1 Nr. 1 GrEStG und führt – vorbehaltlich § 6a GrEStG – mangels Steuerbefreiung zum Anfall von Grunderwerbsteuer. Bei Einbringung in eine Optionsgesellschaft i.S.d. § 1a KStG, die zivil- und grunderwerbsteuerrechtlich weiterhin eine Personengesellschaft ist, kann eine Steuerbefreiung nach §§ 5, 6 GrEStG in Betracht kommen.[2]

2. Übertragung der Betriebs-Kapital-/Optionsgesellschaft auf das Besitzunternehmen

3.610 **Verschmelzung.** Die Betriebs-Kapital-/Optionsgesellschaft kann auf ein einzelkaufmännisches Besitzunternehmen (§§ 1, 2 HGB, § 122 Abs. 1 UmwG) oder einer Besitz-Personengesellschaft in der Rechtsform der OHG oder KG verschmolzen werden, vgl. § 3 Abs. 1 Nr. 1 und Abs. 2 Nr. 2 UmwG. Ab 1.1.2024 kann auch eine im Gesellschaftsregister i.S.d. § 707 Abs. 1 BGB n.F.[3] eingetragene Besitz-GbR als aufnehmender Rechtsträger fungieren. Soll die Verschmelzung mit dem Vermögen eines Gesellschafters erfolgen, ist Voraussetzung, dass sich alle Geschäftsanteile oder alle Aktien der Gesellschaft in der Hand des Gesellschafters oder Aktionärs befinden, vgl. § 3 Abs. 2 Nr. 2, § 120 Abs. 1 UmwG.

3.611 **§§ 3 ff. UmwStG.** Ertragsteuerlich beurteilen sich die Rechtsfolgen einer Verschmelzung der Betriebs-Kapital-/Optionsgesellschaft auf das Besitzunternehmen nach den §§ 3–10 UmwStG und § 18 UmwStG. Nach Maßgabe von § 3 Abs. 2 UmwStG können zwar die Buchwerte fortgeführt werden. Gleichwohl können sich erhebliche nachteilige Steuerkonsequenzen ergeben. Denn gem. § 4 Abs. 4 bis 6 UmwStG ist ein Übernahmeergebnis zu ermitteln. Entsteht hierbei ein Übernahmeverlust, insbesondere, wenn die Anschaffungskosten der Anteile an der Betriebs-Kapital-/Options-

---

1 BFH v. 29.11.2017 – I R 7/16, BStBl. II 2019, 738 FR 2018, 508 m. Anm. v. *Wendt*; BFH v. 24.10.2000 – VIII R 25/98, BStBl. II 2001, 321 = FR 2001, 352 m. Anm. v. *Kempermann*; BMF v. 2.1.2025 – IV C 2 - S 1978/00035/020/040, BStBl. I 2025, 92, Rz. 20.09.

2 Beachte hierzu aber die zeitliche Begrenzung der §§ 5, 6 GrEStG bis Ende 2026 gem. § 24 GrEStG, eingeführt durch das Kreditzweitmarktförderungsgesetz v. 22.12.2023, BGBl 2023 I Nr. 411.

3 Neuregelung durch Gesetz zur Modernisierung des Personengesellschaftsrechts (MoPeG) v. 10.8.2021, BGBl. I 2021, 3436.

gesellschaft die Buchwerte der Wirtschaftsgüter der übertragenden Kapital-/Optionsgesellschaft überschreiten, bleibt dieser außer Ansatz. Dies kann zur Vernichtung tatsächlich getragener Anschaffungskosten für die Anteile an der Betriebs-Kapital-/Optionsgesellschaft führen. Die offenen Rücklagen der Betriebs-Kapital-/Optionsgesellschaft unterliegen gem. § 7 UmwStG (auch ohne Zufluss) der Besteuerung bei den Anteilseignern als Dividendeneinkünfte. Ein verbleibender Verlustvortrag der Betriebs-Kapital-/Optionsgesellschaft i.S.d. § 10d EStG bzw. § 10a GewStG und andere Vortragswerte gehen gem. § 4 Abs. 2 Satz 2 UmwStG unter. Ein etwaiger gewerbesteuerlicher Verlustvortrag des Besitzunternehmens bleibt hingegen erhalten.[1]

Grunderwerbsteuer. Im Zuge der Verschmelzung der Betriebs-Kapital-/Optionsgesellschaft auf eine Besitz-Personengesellschaft erhalten deren Gesellschafter neue (erhöhte) Beteiligungen an dieser, so dass es in aller Regel nicht zu einem grunderwerbsteuerrelevanten Gesellschafterwechsel i.S.d § 1 Abs. 2a GrEStG kommt. 3.612

III. Formwechsel der Betriebs-Kapital-/Optionsgesellschaft in eine GmbH & Co. KG

Umwandlungsrecht. Der Formwechsel der Betriebs-Kapitalgesellschaft in eine GmbH & Co. KG vollzieht sich zivilrechtlich nach den Regelungen der §§ 190 ff. i.V.m. §§ 226 ff. UmwG. Eine Optionsgesellschaft i.S.d. § 1a KStG ist zivilrechtlich eine Personenhandelsgesellschaft, so dass es bei dieser keines förmlichen Umwandlungsaktes bedarf. 3.613

§§ 3 ff. UmwStG. Ertragsteuerrechtlich gelten für den Formwechsel der Betriebs-Kapitalgesellschaft in eine GmbH & Co. KG die Regeln der §§ 3 ff. UmwStG. Nach Maßgabe von § 3 Abs. 2 UmwStG können zwar die Buchwerte fortgeführt werden. Gleichwohl können sich – wie bei der Verschmelzung der Betriebs-Kapitalgesellschaft auf das Besitzunternehmen – erhebliche nachteilige Steuerkonsequenzen ergeben (s. Rz. 3.611). Eine Optionsgesellschaft i.S.d. § 1a KStG, die zivilrechtlich eine Personengesellschaft ist, ertragsteuerlich aber wie eine Kapitalgesellschaft behandelt wird, kann durch Rückoption i.S.d. § 1a Abs. 4 KStG zur transparenten Besteuerung nach § 15 Abs. 1 Satz 1 Nr. 2 EStG zurückkehren. Die Rückoption gilt dann gem. § 1a Abs. 4 Satz 2 KStG als fiktiver Formwechsel in eine Personengesellschaft gem. den Regeln der §§ 3 ff. UmwStG. 3.614

Folgen für ein Besitz-Einzelunternehmen. Wird im Fall der klassischen Betriebsaufspaltung mit einem Einzelunternehmen als Besitzunternehmen die Betriebs-Kapitalgesellschaft in eine GmbH & Co. KG umgewandelt, endet die Betriebsaufspaltung. Das Betriebsvermögen des Einzelunternehmers wird in dessen Sonderbetriebsvermögen bei der neuen Betriebs-Personengesellschaft überführt. Dieser Vorgang vollzieht sich gem. § 6 Abs. 5 Satz 2 Alt. 1 EStG zum Buchwert. Für den Fall der Rückoption einer Betriebs-Optionsgesellschaft i.S.d. § 1a KStG gem. Abs. 4 Satz 2 der Norm gilt Entsprechendes. 3.615

1 BFH v. 28.5.1968 – IV 349/64, BStBl. II 1968, 688.

3.616 **Folgen bei einer Besitz-Personengesellschaft.** Besteht eine klassische Betriebsaufspaltung mit einer Besitz-Personengesellschaft, entsteht durch den Formwechsel der Betriebs-Kapitalgesellschaft in eine GmbH & Co. KG bzw. die Rückoption der Betriebs-Optionsgesellschaft gem. § 1a Abs. 4 Satz 2 KStG eine mitunternehmerische Betriebsaufspaltung, sofern die Überlassung der wesentlichen Betriebsgrundlage mit Gewinnerzielungsabsicht erfolgt (dazu Rz. 3.150 und Rz. 3.442). Das Betriebsvermögen der Besitz-Personengesellschaft bleibt dieser dann weiterhin zugeordnet. An die Stelle der Anteile an der Betriebs-Kapital-/Optionsgesellschaft treten die Beteiligungen an der neuen Betriebs-GmbH & Co. KG. Da diese kein Sonderbetriebsvermögen bei der Besitz-Personengesellschaft darstellen, sondern fortan als eigenständige gewerblich verstrickte Mitunternehmeranteile anzusehen sind, dürfte ein „Buchwertübergang" entsprechend § 6 Abs. 5 Satz 2 Alt. 1 EStG anzunehmen sein. Wird der Betriebs-GmbH & Co. KG die wesentliche Betriebsgrundlage ohne Gewinnerzielungsabsicht überlassen, endet die Betriebsaufspaltung. Das Betriebsvermögen der Besitz-Personengesellschaft wird zu anteiligem Sonderbetriebsvermögen der Besitzgesellschafter bei der Betriebs-GmbH & Co. KG; der Vorgang vollzieht sich gem. § 6 Abs. 5 Satz 3 Nr. 2 EStG zum Buchwert. Bisheriges Sonderbetriebsvermögen der Besitz-Personengesellschafter kann gem. § 6 Abs. 5 Satz 2 Alt. 2 EStG zum Buchwert in das Sonderbetriebsvermögen bei der Betriebs-GmbH & Co. KG überführt werden.

3.617 Einstweilen frei

I. Betriebsaufspaltung und Option zur KSt-Besteuerung i.S.d. § 1a KStG

I. Voraussetzungen und Wirkungen der KSt-Option

3.618 **Rechtswirkungen.** Der antragsgemäße Übergang einer Personengesellschaft, die als Besitz- oder Betriebs-Personengesellschaft fungiert, zur KSt-Besteuerung gem. § 1a KStG (dazu Rz. 3.619 ff.) kann zur Entstehung einer Betriebsaufspaltung führen (dazu Rz. 3.522 ff.) oder Auswirkungen auf eine bestehende Betriebsaufspaltung haben (dazu Rz. 3.625 ff.).

II. Tatbestand und Rechtsfolgen der Option i.S.d. § 1a KStG

3.619 **Fiktiver Formwechsel der Personengesellschaft in eine Kapitalgesellschaft.** Der antragsgemäße Übergang von der transparenten Besteuerung als Personen- bzw. Partnerschaftsgesellschaft i.S.d. § 15 Abs. 1 Satz 1 Nr. 2 EStG zur KSt-Besteuerung gemäß dem Trennungsprinzip erfolgt rechtstechnisch gem. § 1a Abs. 2 Sätze 1 und 2 KStG als fiktiver Formwechsel der Personen- bzw. Partnerschaftsgesellschaft in eine Kapitalgesellschaft, auf den die Vorschriften der § 1 Abs. 3 Nr. 3 UmwStG und § 25 UmwStG entsprechend anzuwenden sind.[1] § 25 Satz 1 UmwStG verweist seinerseits als Rechtsgrundverweis[2] auf die Regelungen der §§ 20 bis 23 UmwStG, so dass der fiktive Formwechsel nach Maßgabe dieser Normen wie eine fingierte Einbringung

1 BMF v. 10.11.2021 – IV C 2-S 2707/21/10001:04, BStBl. I 2021, 2212, Rz. 25.
2 Vgl. BFH v. 8.6.2011 – I B 15/11, BFH/NV 2011, 1748.

der Mitunternehmeranteile an der optierenden Personen- bzw. Partnerschaftsgesellschaft in eine Kapitalgesellschaft gegen Gewährung neuer Anteile an der aufnehmenden Kapitalgesellschaft zu behandeln ist.[1]

Anforderungen an die Ertragsteuerneutralität. Der fingierte Formwechsel der Personen- bzw. Partnerschaftsgesellschaft in eine Kapitalgesellschaft führt grundsätzlich zu einer gewinnrealisierenden Veräußerung der Mitunternehmeranteile;[2] die übernehmende optierende Gesellschaft gewährt den Gesellschaftern für das eingebrachte Vermögen dann als Gegenleistung qua Fiktion neue Gesellschaftsanteile. Wird von den Gesellschaftern der optierenden Gesellschaft jeweils deren Sachgesamtheit „Mitunternehmeranteil" (inklusive aller wesentlichen Betriebsgrundlagen, dazu Rz. 3.621) auf die übernehmende Optionsgesellschaft i.S.d. § 1a KStG übertragen, kann der jeweilige Vorgang gem. § 20 Abs. 1 i.V.m. Abs. 2 Satz 2 UmwStG auf Antrag zu einem Wert unterhalb des gemeinen Werts (insbesondere zum Buchwert) vollzogen werden. 3.620

Übertragung aller wesentlichen Betriebsgrundlagen in das Gesellschaftsvermögen. Der sachliche Anwendungsbereich des § 20 Abs. 1 UmwStG wird im Zuge des fiktiven Formwechsels der optierenden Gesellschaft in eine Kapitalgesellschaft nur eröffnet, wenn alle funktional wesentlichen Betriebsgrundlagen des Mitunternehmeranteils inklusive derjenigen des Sonderbetriebsvermögens in wirtschaftlichem und zeitlichem Zusammenhang zum Einbringungszeitpunkt in das Vermögen der optierenden Gesellschaft übertragen werden.[3] Zu den funktional wesentlichen Betriebsgrundlagen rechnen insbesondere Grundbesitz und andere betriebsnotwendige Wirtschaftsgüter, die der Mitunternehmer der (optierenden) Gesellschaft bislang zur Nutzung überlassen hat und die bei dieser als Sonderbetriebsvermögen i.S.d. § 15 Abs. 1 Satz 1 Nr. 2 Satz 1 EStG des Gesellschafters bzw. Mitunternehmers zu erfassen waren. Folglich sind alle diese Wirtschaftsgüter zur Gewährleistung der Ertragsteuerneutralität spätestens im Zeitpunkt des Übergangs zur KSt-Besteuerung nach § 1a KStG in das Gesellschaftsvermögen der optierenden Personengesellschaft zu übertragen. Bei Grundbesitz sind in diesem Kontext die grunderwerbsteuerrechtlichen Folgen zu beachten.[4] 3.621

1 BMF v. 10.11.2021 – IV C 2-S 2707/21/10001:04, BStBl. I 2021, 2212, Rz. 28.

2 Es ist ein fingierter tauschähnlicher Vorgang anzunehmen, so auch BMF v. 10.11.2021 – IV C 2-S 2707/21/10001:04, BStBl. I 2021, 2212, Rz. 24.

3 BMF v. 10.11.2021 – IV C 2-S 2707/21/10001:04, BStBl. I 2021, 2212, Rz. 32.

4 Die Übertragung vom Alleineigentümer oder von mehreren Miteigentümern auf eine Personengesellschaft ist steuerbar gemäß § 1 Abs. 1 GrEStG und grundsätzlich gemäß § 5 Abs. 1 oder Abs. 2 GrEStG im Umfang der Beteiligung des Übertragenden an der aufnehmenden Personengesellschaft steuerfrei. Die Ausübung der Option nach § 1a KStG führt jedoch gemäß § 5 Abs. 3 Satz 3 GrEStG zum rückwirkenden Entfall dieser Steuerbefreiung, so dass die Option zwar ertragssteuerneutral, nicht aber grunderwerbsteuerneutral vollzogen werden kann.

III. Entstehung einer Betriebsaufspaltung im Zuge einer Option i.S.d. § 1a KStG

3.622 **Zurückbehalt einer wesentlichen Betriebsgrundlage.** Wird Grundbesitz oder eine andere funktional wesentliche Betriebsgrundlage im Eigentum des Gesellschafters im Zuge der Option einer Personen- oder Partnerschaftsgesellschaft zur KSt-Besteuerung nicht in das Gesellschaftsvermögen der optierenden Gesellschaft übertragen, dieser aber weiterhin zur Nutzung überlassen (sachliche Verflechtung), kommt es bei auch gegebener personeller Verflechtung zur Begründung einer Betriebsaufspaltung mit dem Gesellschafter als Besitzunternehmer und der optierenden Gesellschaft als fingierter Betriebs-Kapitalgesellschaft bzw. Betriebs-Optionsgesellschaft i.S.d. § 1a KStG. Das betreffende (für die Betriebsgesellschaft funktional wesentliche) Wirtschaftsgut wird dann aus dem Sonderbetriebsvermögen des Gesellschafters der bisherigen Mitunternehmerschaft in das Betriebsvermögen eines neuen Besitz-Einzelunternehmens im Rahmen einer Betriebsaufspaltung überführt; dieser Vorgang vollzieht sich in Anwendung von § 6 Abs. 5 Satz 2 Alt. 1 EStG zum Buchwert.[1] Stand die wesentliche Betriebsgrundlage im Miteigentum mehrerer Gesellschafter, erfolgt ein Buchwertübergang aus deren Sonderbetriebsvermögen bei der optierenden Gesellschaft in das Sonderbetriebsvermögen einer neuen Miteigentümer-Rechtsgemeinschaft i.S.d. § 1008 i.V.m. § 745 BGB oder einer (Willensbildungs-)Besitzgesellschaft i.S.d. § 705 BGB (dazu Rz. 3.48) gem. § 6 Abs. 5 Satz 2 Alt. 2 EStG. Die im Gesellschaftsanteil an der optierenden Personen- oder Partnerschaftsgesellschaft und im übrigen Sonderbetriebsvermögen bei dieser gebundenen stillen Reserven sind in diesem Fall mangels Erfüllung der Tatbestandsanforderungen des § 25 i.V.m. § 20 Abs. 1 UmwStG (Einbringung des gesamten Mitunternehmeranteils inklusive aller wesentlichen Vermögensgegenstände des Sonderbetriebsvermögens) gewinnrealisierend aufzudecken.

3.623 **Option einer un-/teilentgeltlich nutzenden Personengesellschaft.** Eine Betriebsaufspaltung kann infolge der Optionsausübung nach § 1a KStG auch begründet werden, wenn eine Besitz-Personengesellschaft oder Besitz-Gemeinschaft bislang eine wesentliche Betriebsgrundlage ohne Gewinnerzielungsabsicht an eine Betriebs-Personengesellschaft überlassen hat und deshalb die Voraussetzungen einer mitunternehmerischen Betriebsaufspaltung nicht gegeben waren (dazu Rz. 3.150). Optiert in diesem Fall die Betriebs-Personengesellschaft zur KSt-Besteuerung nach § 1a KStG, reicht die unentgeltliche Nutzungsüberlassung an die Optionsgesellschaft als fiktive Kapitalgesellschaft für die Annahme einer Betriebsaufspaltung aus (s. Rz. 3.147).[2]

3.624 **Option einer nutzenden nichtgewerblichen Personengesellschaft.** Eine Betriebsaufspaltung kann bei personeller und sachlicher Verflechtung auch begründet werden, wenn die die wesentliche Betriebsgrundlage nutzende optierende Personen- oder Partnerschaftsgesellschaft bislang vermögensverwaltend oder freiberuflich tätig war. Denn durch die Optionsausübung zur KSt-Besteuerung kommt § 8 Abs. 2 KStG

1 BMF v. 10.11.2021 – IV C 2-S 2707/21/10001:04, BStBl. I 2021, 2212, Rz. 36, Rz. 84.
2 So auch *Micker* in Söffing/Micker, Betriebsaufspaltung[10], Rz. 765.

zur Anwendung, wodurch die Voraussetzung, dass das Betriebsunternehmen einer Betriebsaufspaltung gewerblich sein muss (Rz. 3.69 ff.), erfüllt wird.[1]

IV. Auswirkungen der Option i.S.d. § 1a KStG auf bestehende Betriebsaufspaltungen

1. Strukturelle Konsequenzen

Verflechtungen bleiben bestehen. In Fällen bestehender Betriebsaufspaltungen mit einer Personengesellschaft oder (soweit möglich) einer Partnerschaftsgesellschaft als Besitz- oder Betriebsgesellschaft sind die Auswirkungen auf den Fortbestand und die steuerliche Behandlung der Betriebsaufspaltung zu klären, wenn die betreffende Personen-/Partnerschaftsgesellschaft gem. § 1a KStG zur KSt-Besteuerung optiert. Durch die nur auf der ertragsteuerlichen Ebene wirkende Option ergibt sich zunächst keine Auswirkung auf die personelle Verflechtung, da sich die hierfür relevante Verteilung und Zuordnung von Stimmrechten in der Gesellschafterversammlung der optierenden Gesellschaft nicht ändert.[2] Ebenso hat der Übergang zur KSt-Besteuerung keine Auswirkungen auf die sachliche Verflechtung, da sich die Wesentlichkeit einer überlassenen Betriebsgrundlage für die Betriebsgesellschaft stets betriebsbezogen und nicht rechtsformbezogen beurteilt.[3] 3.625

Einbringung der Anteile an der Betriebs-Kapitalgesellschaft. Zu beachten ist aber, dass die dem Sonderbetriebsvermögen des Gesellschafters der Besitz-Personengesellschaft zugerechneten – die personelle Verflechtung im Rahmen der Betriebsaufspaltung begründenden – Anteile an der Betriebs-Kapitalgesellschaft und die die sachliche Verflechtung begründenden Wirtschaftsgüter des Sonderbetriebsvermögens zur Gewährleistung eines ertragsteuerneutral fingierten Formwechsels i.S.d. § 1 Abs. 2 Satz 1 KStG i.V.m. §§ 25, 20 ff. UmwStG in das Gesellschaftsvermögen der optierenden Gesellschaft übertragen werden müssen (dazu Rz. 3.618 ff.). Bezüglich der sich aus der Übertragung der – die Betriebsaufspaltung konstituierenden – Anteile an der Betriebs-Kapitalgesellschaft ergebenen Folgen für die bestehende Betriebsaufspaltung ist zwischen den einzelnen Formen der Betriebsaufspaltung wie folgt zu differenzieren: 3.626

2. Klassische Betriebsaufspaltung und Option der Besitz-Personengesellschaft

Fortbestand als kapitalistische Betriebsaufspaltung. Besteht eine klassische Betriebsaufspaltung horizontal zwischen einer Besitz-Personengesellschaft und einer Betriebs-Kapitalgesellschaft und optiert die Besitz-Personengesellschaft – OHG oder (GmbH & Co.) KG – gem. § 1a KStG zur KSt-Besteuerung, sind für Zwecke des ertragsteuerneutral fingierten Formwechsels der optierenden Besitz-Personengesellschaft (bzw. der Einbringung der gesamten Mitunternehmeranteile in die optierende 3.627

1 Vgl. auch *Micker* in Söffing/Micker, Betriebsaufspaltung[10], Rz. 765.

2 Vgl. auch *Schießl* in Widmann/Mayer, UmwStG, § 1a KStG Rz. 266 (Stand: April 2022); *Brill*, NWB 2021, 2420 (2424, 2429).

3 So auch *Schießl* in Widmann/Mayer, UmwStG, § 1a KStG Rz. 266 (Stand: April 2022); *Brill*, NWB 2021, 2420 (2424 ff., 2430).

Gesellschaft) nach § 25 Satz 1 i.V.m. § 20 UmwStG die bei den Besitzgesellschaftern zum notwendigen und funktional wesentlichen Sonderbetriebsvermögens rechnenden Anteile an der Betriebs-Kapitalgesellschaft spätestens zum Einbringungsstichtag in das Gesellschaftsvermögen der optierenden Besitz-Personengesellschaft zu übertragen (dazu Rz. 3.618 ff.). Das bestehende horizontale Schwestergesellschaftsverhältnis wandelt sich in ein vertikales Mutter-Tochter-Verhältnis mit der bisherigen Besitz-Personengesellschaft und neu optierten Besitz-„Kapital"gesellschaft (Optionsgesellschaft i.S.v. § 1a KStG) als Muttergesellschaft und der unverändert fortbestehenden Betriebs-Kapitalgesellschaft als Tochtergesellschaft. In Bezug auf die Betriebsaufspaltung kommt es damit zum Wandel der bisherigen klassischen Betriebsaufspaltung zur kapitalistischen Betriebsaufspaltung.[1]

3. Einheits-Betriebsaufspaltung und Option der Besitz-Personengesellschaft

3.628 **Fortbestand als kapitalistische Betriebsaufspaltung.** Besteht eine klassische Betriebsaufspaltung in der Form der Einheits-Betriebsaufspaltung vertikal zwischen einer Besitz-Personengesellschaft als Muttergesellschaft und einer Betriebs-Kapitalgesellschaft als Tochtergesellschaft[2] und optiert die Besitz-Personengesellschaft gem. § 1a KStG zur KSt-Besteuerung, bleibt das bisherige Mutter-Tochter-Verhältnis bestehen. Die bisherige Besitz-Personengesellschaft und neue optierte Besitz-„Kapital"gesellschaft (Optionsgesellschaft i.S.v. § 1a KStG) bleibt Muttergesellschaft im Verhältnis zur unverändert fortbestehenden Betriebs-Kapitalgesellschaft als Tochtergesellschaft. In Bezug auf die Betriebsaufspaltung kommt es damit zum Wandel der bisherigen klassischen Betriebsaufspaltung in der Form der Einheits-Betriebsaufspaltung zur kapitalistischen Betriebsaufspaltung.[3]

4. Umgekehrte Betriebsaufspaltung und Option der Betriebs-Personengesellschaft

3.629 **Beendigung der Betriebsaufspaltung.** Besteht eine umgekehrte Betriebsaufspaltung zwischen einer Besitz-Kapitalgesellschaft und einer Betriebs-Personengesellschaft und optiert die Betriebs-Personengesellschaft zur KSt-Besteuerung gem. § 1a KStG, sind die von den Gesellschaftern der Betriebs-Personengesellschaft gehaltenen Anteile an der Besitz-Kapitalgesellschaft als notwendiges Sonderbetriebsvermögen[4] und wohl auch funktional wesentliches Sonderbetriebsvermögen spätestens zum Einbringungsstichtag in das Gesellschaftsvermögen der optierenden Betriebs-Personengesellschaft zu übertragen, wenn der fingierte Formwechsel (bzw. der Einbringung der gesamten Mitunternehmeranteile in die optierende Gesellschaft) nach § 25 Satz 1 i.V.m.

1 *Micker* in Söffing/Micker, Betriebsaufspaltung[10], Rz. 709; wohl auch *Brill*, NWB 2021, 2420 (2428 f.); zur kapitalistischen Betriebsaufspaltung vgl. BFH v. 28.1.2015 – I R 20/14, BFH/NV 2005, 1109; *Wacker* in Schmidt[44], § 15 EStG Rz. 863.

2 Hierzu *Wacker* in Schmidt[44], § 15 EStG Rz. 803.

3 Hierzu BFH v. 28.1.2015 – I R 20/14, BFH/NV 2015, 1109; *Wacker* in Schmidt[44], § 15 EStG Rz. 863.

4 Hierzu BFH v. 26.3.1993 – III S 42/92, BStBl. II 1993, 723 = DB 1993, 1604; *Wacker* in Schmidt[44], § 15 EStG Rz. 863.

§ 20 UmwStG ertragsteuerneutal umgesetzt werden soll. Infolge der Übertragung entsteht dann zwischen der bisherigen Betriebs-Personengesellschaft und der neuen optierten Betriebs-"Kapital"gesellschaft (Optionsgesellschaft i.S.v. § 1a KStG) und der unverändert fortbestehenden Besitz-Kapitalgesellschaft ein vertikales Mutter-Tochter-Beteiligungsverhältnis mit einem Tochter-Mutter-Überlassungsverhältnis bzgl. der wesentlichen Betriebsgrundlage. Eine kapitalistische Betriebsaufspaltung wird dadurch nach bisherigen Grundsätzen jedoch nicht begründet, weil die Besitz-Tochterkapitalgesellschaft die Betriebs-Mutterkapitalgesellschaft nicht beherrscht, so dass die bisherige umgekehrte Betriebsaufspaltung beendet wird.

5. Mitunternehmerische Betriebsaufspaltung und Option der Besitz-Personengesellschaft

Fortbestand als umgekehrte Betriebsaufspaltung. Besteht eine mitunternehmerische Betriebsaufspaltung horizontal zwischen einer Besitz-Personengesellschaft und einer Betriebs-Personengesellschaft und optiert die Besitz-Personengesellschaft zur KSt-Besteuerung gem. § 1a KStG, kann dies ertragsteuerneutral ohne Einbezug der Beteiligungen der Besitzgesellschafter an der Betriebs-Personengesellschaft in den fingierten Formwechsel der Besitz-Personengesellschaft bzw. die Einbringung der gesamten Mitunternehmeranteile in die optierende Besitz-Personengesellschaft nach § 25 Satz 1 i.V.m. § 20 UmwStG umgesetzt werden, da Beteiligungen der Besitzgesellschafter an der Betriebs-Personengesellschaft nicht zum Sonderbetriebsvermögen bei der Besitz-Personengesellschaft gehören. Das bestehende Schwestergesellschaftsverhältnis bleibt unberührt und besteht fortan zwischen der neuen optierten Besitz-„Kapital"gesellschaft und der unverändert fortbestehenden Betriebs-Personengesellschaft. In Bezug auf die Betriebsaufspaltung kommt es damit zum Fortbestand als umgekehrte Betriebsaufspaltung.[1] Die Anteile an der Besitz-„Kapital"gesellschaft (Optionsgesellschaft i.S.v. § 1a KStG) werden in diesem Zuge bei den Gesellschaftern (Mitunternehmern) der Betriebs-Personengesellschaft zu notwendigem Sonderbetriebsvermögen II bei der Betriebs-Personengesellschaft.[2] 3.630

6. Mitunternehmerische Betriebsaufspaltung und Option der Betriebs-Personengesellschaft

Fortbestand als klassische Betriebsaufspaltung. Besteht eine mitunternehmerische Betriebsaufspaltung horizontal zwischen einer Besitz-Personengesellschaft und einer Betriebs-Personengesellschaft[3] und optiert die Betriebs-Personengesellschaft zur KSt-Besteuerung gem. § 1a KStG, kann auch dies ertragsteuerneutral ohne Einbezug der Beteiligungen der Betriebsgesellschafter an der Besitz-Personengesellschaft in den 3.631

1 So auch *Brill*, NWB 2021, 2420 (2427).

2 Zur Einordnung der Anteile an der Besitz-Kapitalgesellschaft als Sonderbetriebsvermögen vgl. BFH v. 26.3.1993 – III S 42/92, BStBl. II 1993, 723; *Wacker* in Schmidt[44], § 15 EStG Rz. 863.

3 Hierzu *Wacker* in Schmidt[44], § 15 EStG Rz. 858, 859; zur vertikalen mitunternehmerischen Betriebsaufspaltung vgl. *Wacker* in Schmidt[44], § 15 EStG Rz. 835 (Bsp. 2) und Rz. 858, 859.

fingierten Formwechsel der Betriebs-Personengesellschaft bzw. die Einbringung der gesamten Mitunternehmeranteile in die optierende Betriebs-Personengesellschaft nach § 25 Satz 1 i.V.m. § 20 UmwStG umgesetzt werden, weil Beteiligungen der Betriebsgesellschafter an der Besitz-Personengesellschaft nicht zum Sonderbetriebsvermögen bei der Betriebs-Personengesellschaft gehören. Das bestehende Schwestergesellschaftsverhältnis bleibt unberührt und besteht fortan zwischen der unverändert fortbestehenden Besitz-Personengesellschaft und der neuen optierten Betriebs-„Kapital"gesellschaft. In Bezug auf die Betriebsaufspaltung kommt es damit zum Fortbestand als klassische Betriebsaufspaltung.[1] Die Anteile an der Betriebs-„Kapital"gesellschaft (Optionsgesellschaft i.S.v. § 1a KStG) werden in diesem Zuge bei den Gesellschaftern (Mitunternehmern) der Besitzpersonengesellschaft zu notwendigem Sonderbetriebsvermögen II bei dieser.

7. Mitunternehmerische Betriebsaufspaltung und Option der Besitz- und der Betriebs-Personengesellschaft

3.632 **Beendigung der Betriebsaufspaltung.** Besteht eine mitunternehmerische Betriebsaufspaltung horizontal zwischen einer Besitz-Personengesellschaft und einer Betriebs-Personengesellschaft und optieren sowohl die Besitz-Personengesellschaft als auch die Betriebs-Personengesellschaft zum selben Zeitpunkt zur KSt-Besteuerung gem. § 1a KStG, können beide Vorgänge ohne Einbezug der Beteiligungen der Gesellschafter an der Besitz-Personengesellschaft bzw. der Betriebs-Personengesellschaft in den jeweiligen fingierten Formwechsel der optierenden Gesellschaften bzw. die Einbringung der gesamten Mitunternehmeranteile in die optierende Gesellschaft nach § 25 Satz 1 i.V.m. § 20 UmwStG umgesetzt werden. Das bestehende Schwestergesellschaftsverhältnis bleibt unberührt und besteht fortan zwischen der neuen optierten Besitz-„Kapital"-gesellschaft (Optionsgesellschaft i.S.v. § 1a KStG) und der neuen optierten Betriebs-„Kapital"-gesellschaft (Optionsgesellschaft i.S.v. § 1a KStG). In Bezug auf die Betriebsaufspaltung kommt es dann aber zur Beendigung der Betriebsaufspaltung, da diese im Verhältnis zwischen Schwester-Kapitalgesellschaften – und damit auch zwischen Schwester-Optionsgesellschaften i.S.v. § 1a KStG -nicht möglich ist.[2]

J. Betriebsaufspaltung im Gewerbesteuerrecht

I. Besitzunternehmen

1. Eigenständiger Gewerbebetrieb

3.633 **Besitzunternehmen als Steuergegenstand der GewSt.** Das Besitzunternehmen ist ungeachtet der Einbindung in die Betriebsaufspaltung ein selbstständiger Gewerbebetrieb i.S.d. § 2 Abs. 1 Satz 1 GewStG und unterliegt der Gewerbesteuer, soweit im

1 So auch *Wacker* in Schmidt[44], § 15 EStG Rz. 803a; *Brill*, NWB 2021, 2420 (2427, 2429).

2 *Dehmer*, Die Betriebsaufspaltung[5], § 5 Rz. 26. Hierzu auch BFH v. 28.1.2015 – I R 20/14, BFH/NV 2015, 1109; *Wacker* in Schmidt[44], § 15 EStG Rz. 863.

Inland eine oder mehrere Betriebsstätten i.S.d. § 12 AO gegeben sind.[1] Für das Vorliegen einer Betriebsaufspaltung ist dabei unerheblich, ob die an der Besitz-Personengesellschaft beteiligten Personen bereits kraft ihrer Rechtsform gewerbliche Einkünfte erzielen (z.B. als Kapital-/Optionsgesellschaft gem. § 8 Abs. 2 KStG oder als gewerblich geprägte GmbH & Co. KG i.S.d. § 15 Abs. 3 Nr. 2 EStG). Erzielt das Besitzunternehmen nach dem Rechtsinstitut der Betriebsaufspaltung gewerbliche Einkünfte, ist es ein eigenständiges Gewerbesteuersubjekt i.S.d. § 2 Abs. 1 Satz 1 GewStG, das neben die gewerblichen Gesellschafter der Besitz-Personengesellschaft tritt.[2] Liegen bei qualifizierter Betriebsaufspaltung zugleich die Voraussetzungen einer gewerbesteuerfreien Betriebsverpachtung im Ganzen vor,[3] entfällt die GewSt-Pflicht des Besitzunternehmens nicht, da die gewerbesteuerpflichtige Betriebsaufspaltung die gewerbesteuerfreie Betriebsverpachtung im Ganzen überlagert.[4] Die gewerbesteuerliche Eigenständigkeit des Besitzunternehmens führt im Falle einer Besitz-Personengesellschaft, an der ein Nur-Besitzgesellschafter beteiligt ist, dazu, dass diese vollumfänglich einen Gewerbebetrieb unterhält, der auch von dem Nur-Besitzgesellschafter geführt wird.[5]

Beginn und Ende der Gewerbesteuerpflicht. Die Gewerbesteuerpflicht des Besitzunternehmens beginnt, sobald die sachliche und persönliche Verflechtung zur Betriebsgesellschaft gegeben ist.[6] S. dazu Rz. 3.241 ff. Spiegelbildlich endet die Gewerbesteuerpflicht des Besitzunternehmens, wenn die sachliche oder personelle Verflechtung entfällt, sodass die Voraussetzungen der Betriebsaufspaltung nicht mehr vorliegen.[7] S. dazu Rz. 3.494 ff. 3.634

Gewerbeertrag und Veranlagung. Der von dem Besitzunternehmen im Erhebungszeitraum erzielte Gewerbeertrag i.S.d. § 7 ff. GewStG unterliegt nach allgemeinen Grundsätzen der GewSt. Der anlässlich der zwangsweisen Beendigung der Betriebsaufspaltung für das Besitzunternehmen realisierte Aufgabegewinn i.S.d. § 16 Abs. 3 Satz 1 EStG s. Rz. 3.549 ff.) ist jedoch nicht im Gewerbeertrag zu erfassen.[8] Das Besitzunternehmen ist als selbstständiger Rechtsträger und Steuerschuldner auch Adressat eines GewSt-Messbescheids gem. § 14 GewStG. 3.635

1 BFH v. 28.5.2020 – IV R 4/17, BStBl. II 2020, 710 = FR 2020, 1045; BFH v. 30.10.2019 – IV R 59/16, BStBl. II 2020, 147 = FR 2020, 273 m. Anm. v. *Wendt*. Vgl. auch H 2.2 [Verpachtung eines Betriebs im Ganzen oder eines Teilbetriebs als Gewerbebetrieb] GewStH 2009.

2 BFH v. 8.9.2011 – IV R 44/07, BStBl. II 2012, 136 = FR 2012, 174.

3 Hierzu R 2.2 Satz 1 GewStR 2009.

4 BFH v. 2.2.2000 – XI R 8/99, BFH/NV 2000, 1135.

5 BFH v. 12.11.1985 – VIII R 240/81, BStBl. II 1986, 296.

6 BFH v. 19.3.2002 – VIII R 57/99, BStBl. II 2002, 662; v. 15.1.1998 – IV R 8/97, BStBl. II 1998, 478 = FR 1998, 697.

7 Zu weiteren Einzelheiten auch *Franke* in Wendt/Suchanek/Möllmann/Heinemann[3], § 2 GewStG Rz. 67.

8 BFH v. 17.4.2002 – X R 8/00, BStBl. II 2002, 527 = FR 2002, 821 m. Anm. v. *Wendt*; BFH v. 21.6.2001 – III R 27/98, BStBl. II 2002, 537 = FR 2001, 1169.

3.636 **Gewerbesteuerliche Organschaft.** Besteht zwischen dem Besitzunternehmen und einer Betriebs-Kapitalgesellschaft eine gewerbesteuerliche Organschaft gem. § 2 Abs. 2 Satz 2 GewStG i.V.m. § 14 ff. KStG, gilt die Betriebs-Kapitalgesellschaft (Organgesellschaft) als Betriebsstätte des Besitzunternehmens (Organträger). In diesem Fall unterbleiben u.a. die Hinzurechnungen von Aufwendungen nach § 8 Nr. 1 GewStG beim Besitzunternehmen, soweit sie auf Rechtsverhältnissen zwischen diesem und der Betriebs-Kapitalgesellschaft beruhen.[1] Zur körperschaftsteuerlichen Organschaft s. Rz. 3.436 und Rz. 3.438.

2. Steuerbefreiungen

3.637 **Merkmalsübertragung.** Aufgrund des eigenständigen Gewerbebetriebs des Besitzunternehmens ist für dessen Besteuerung nur auf die Verhältnisse des Besitzunternehmens abzustellen. Die Umstände der betrieblichen Tätigkeit der Betriebsgesellschaft können dem Besitzunternehmen damit grundsätzlich nicht zugerechnet werden. Eine Ausnahme besteht aber, wenn das Betriebsunternehmen gem. § 3 GewStG von der Gewerbesteuer befreit ist. Denn nach dem Sinn und Zweck dieser Gewerbesteuerbefreiung muss sich diese auch auf das Besitzunternehmen erstrecken, wenn Besitz- und Betriebsunternehmen gerade aufgrund ihrer Verflechtung einen gemeinsamen gewerbesteuerfreien Zweck ausüben und die dem Betriebsunternehmen überlassenen Gegenstände tatsächlich für diesen Zweck eingesetzt werden.[2] Zudem dient das Institut der Betriebsaufspaltung dem Schutz des Gewerbesteueraufkommens – ein Gedanke, der bei einer Gewerbesteuerbefreiung des Betriebsunternehmens aber entfällt.[3] Aus diesen Gründen ist der Umstand der Gewerbesteuerbefreiung des Betriebsunternehmens im Sinne einer Merkmalsübertragung auf die Gewerbesteuerverhältnisse des Besitzunternehmens zu übertragen.

3.638 **Insbesondere § 3 Nr. 6, Nr. 13 und Nr. 20 GewStG.** Die Merkmalsübertragung ist auf alle in § 3 GewStG enthaltenen Steuerbefreiungen anzuwenden.[4] Von hervorzuhebender Bedeutung sind die Grundsätze der Merkmalsübertragung insbesondere, wenn das Betriebsunternehmen als gemeinnützige, mildtätige oder kirchliche Körperschaft gem. § 3 Nr. 6 GewStG von der Gewerbesteuer befreit ist.[5] Gleiches gilt, wenn das Betriebsunternehmen wegen Betriebs einer privaten Schule i.S.v. § 3 Nr. 13

1 BFH v. 7.9.2016 – I R 9/15, BFH/NV 2017, 485; BFH v. 17.12.2014 – I R 39/14, BStBl. II 2015, 1052 = FR 2015, 472; BFH v. 18.5.2011 – X R 4/10, BStBl. II 2011, 887 = FR 2011, 964.

2 BFH v. 20.8.2015 – IV R 26/13, BStBl. II 2016, 408 = FR 2016, 30 m. Anm. v. *Wendt*; BFH v. 29.3.2006 – X R 59/00, BStBl. II 2006, 661 = FR 2006, 783 m. Anm. v. *Wendt*. A.A. *Wacker* in Schmidt[44], § 15 Rz. 871: Mit § 9 Nr. 2a GewStG nicht vereinbar und unzulässiger Rückgriff auf wirtschaftliche Einheit.

3 BFH v. 20.8.2015 – IV R 26/13, BStBl. II 2016, 408 FR 2016, 30 m. Anm. v. *Wendt*; BFH v. 29.3.2006 – X R 59/00, BStBl. II 2006, 661 FR 2006, 783 m. Anm. v. *Wendt*.

4 *Micker* in Söffing/Micker, Betriebsaufspaltung[10], Rz. 1366; *Micker*, DStR 2012, 589 (592).

5 BFH v. 19.2.2019 – X R 42/16, BFH/NV 2019, 586; BFH v. 19.10.2006 – IV R 22/02, BFH/NV 2007, 149.

GewStG[1] oder von Altenheimen, Altenwohnheimen und Pflegeheimen gem. § 3 Nr. 20 GewStG von der Gewerbesteuer ausgenommen ist.[2] Alle diese Befreiungen kommen auch einem Besitz-Einzelunternehmen,[3] einer Besitz-Personengesellschaft,[4] einer Besitz-Rechtsgemeinschaft, einer Besitz-Kapitalgesellschaft[5] oder einer dieser gem. § 2 Abs. 8 GewStG gleichgestellten Besitz-Optionsgesellschaft i.S.d. § 1a KStG als bloßem Nutzungsüberlassungsunternehmen zugute.

Auch § 3 Nr. 32 GewStG. Nach Maßgabe von § 3 Nr. 32 GewStG sind Betreiber von kleineren Solaranlagen i.S.d. § 3 Nr. 2 EEG (bis zu einer installierten Leistung von 30 kW) von der Gewerbesteuer befreit.[6] Diese Befreiung kommt auch dem Besitzunternehmen zugute, das der Solar-Betriebsgesellschaft Dach- oder Freiflächen als wesentliche Betriebsgrundlage[7] für den Anlagenbetrieb überlässt (dazu Rz. 3.123 und Rz. 3.126). 3.639

Reichweite und Grenzen. Die Gewerbesteuerbefreiung aufgrund Merkmalsübertragung reicht aber nur im Umfang der wirtschaftlichen Verflochtenheit, also nur insoweit, als die Tätigkeit von Besitzunternehmen und Betriebsgesellschaft in ihrer Gesamtheit darauf gerichtet ist, die gem. § 3 GewStG steuerbegünstigten Leistungen zu erbringen. Übt daher das Besitzunternehmen neben der Überlassung der wesentlichen Betriebsgrundlage noch andere Tätigkeiten aus, gelten hierfür die allgemeinen Grundsätze.[8] Bei nur partieller Gewerbesteuerbefreiung der Betriebsgesellschaft nach § 3 GewStG führt dies dazu, dass auch das Besitzunternehmen seinen Gewinn aus der Nutzungsüberlassung in einen steuerpflichtigen und steuerfreien Anteil aufzuteilen hat, ggf. nach dem Flächenschlüssel oder entsprechend dem bei der Betriebsgesellschaft ermittelten Verhältnis von steuerfreien zu steuerpflichtigen Erträgen.[9] Die Merkmalsübertragung soll aber ausgeschlossen sein, wenn das Besitzunternehmen auch ohne die Annahme einer Betriebsaufspaltung gewerbliche Einkünfte bezieht, z.B. wegen § 15 Abs. 3 Nr. 1 EStG.[10] Eine Gewerblichkeit aufgrund Rechtsform 3.640

1 FG Thüringen v. 15.6.2016 – 3 K 719/15, EFG 2017, 412 (rkr.).
2 BFH v. 20.8.2015 – IV R 26/13, BStBl. II 2016, 408; BFH v. 29.3.2006 – X R 59/00, BStBl. II 2006, 661.
3 BFH v. 29.3.2006 – X R 59/00, BStBl. II 2006, 661 = DB 2006, 1352.
4 BFH v. 20.8.2015 – IV R 26/13, BStBl. II 2016, 408 = FR 2016, 30 m. Anm. v. *Wendt.*
5 Da die Gewerbesteuerbefreiung gem. BFH v. 20.8.2015 – IV R 26/13, BStBl. II 2016, 408 rechtsformneutral ausgestaltet ist, dürfte auch die Merkmalsübertragung rechtsformunabhängig sein, so dass dies auch bei Befreiung im Verhältnis zu einer Besitz-Kapitalgesellschaft gilt, vgl. auch *Wendt*, FR 2016, 32 (Anmerkung zu BFH v. 20.8.2015 – IV R 26/13, BStBl. II 2016, 408) und *Binnewies*, GmbH-StB 2019, 17.
6 Eingefügt ab EZ 2019 durch „JStG" 2019 v. 12.12.2019, BGBl. I 2019, 2451, geändert ab EZ 2022 durch „JStG" 2022 v. 16.12.2022, BGBl. I 2022, 2294.
7 Landesamt für Steuern Niedersachsen v. 7.11.2022 – S 2240-St 222/St 221-2473/2022, juris, Rz. 4.
8 *Micker* in Söffing/Micker, Betriebsaufspaltung[10], Rz. 1366.
9 FG Saarland v. 27.5.2021 – 1 V 1045/21, EFG 2021, 1495.
10 So *Bitz* in Littmann/Bitz/Pust, § 15 EStG Rz. 303a (Stand: Juni 2022); *Gluth* in H/H/R, § 15 EStG Anm. 832b (Stand: April 2022); *Micker*, DStR 2012, 589 (592).

ist hingegen für die Merkmalsübertragung unschädlich.[1] Damit steht auch eine Gewerblichkeit der Besitzgesellschaft nach § 8 Abs. 2 KStG der Steuerbefreiung nicht entgegen.

3.641 **Gewinnausschüttungen.** Schüttet die gewerbesteuerbefreite Betriebs-Kapitalgesellschaft oder eine dieser gem. § 2 Abs. 8 GewStG gleichgestellten Betriebs-Optionsgesellschaft i.S.d. § 1a KStG Gewinne an das aufgrund Merkmalsübertragung ebenfalls gewerbesteuerbefreite Besitzunternehmen aus, umfasst die Steuerbefreiung des Besitzunternehmens auch die Dividendenerträge.

3.642 **Keine Auswirkungen auf die Betriebsaufspaltung.** Die Übertragung der Steuerbefreiung des Betriebs- auf das Besitzunternehmen hat keine Auswirkungen auf den Bestand der Betriebsaufspaltung, da die Merkmalsübertragung das Bestehen der Betriebsaufspaltung denklogisch voraussetzt.[2] Damit entfällt nur die Gewerbesteuerpflicht des Besitzunternehmens, die sonstigen Rechtsfolgen der Betriebsaufspaltung (insbesondere die gewerbliche Einkünftequalifikation und betriebliche Vermögensverstrickung beim Besitzunternehmens) bleiben hingegen bestehen.[3]

3. Hinzurechnungen

a) Gewerbesteuerliche Doppelbelastungen

3.643 **Rechtsbeziehungen zwischen Besitz- und Betriebsunternehmen.** Dem Gewerbeertrag des Besitzunternehmens sind Aufwendungen i.S.d. § 8 Nr. 1 GewStG, die dessn Gewerbeertrag i.S.d. § 7 Satz 1 GewStG gemindert haben, nach allgemeinen Grundsätzen wieder zu einem Viertel hinzuzurechnen, soweit der Freibetrag von 200.000 EUR (bis EZ 2019: 100.000 EUR) überschritten ist. Dies gilt auch für Aufwendungen im Kontext der Betriebsaufspaltung bzw. aus Rechtsbeziehungen zwischen dem Besitzunternehmen und der Betriebsgesellschaft.[4]

3.644 **Ausnahme nur bei gewerbesteuerlicher Organschaft.** Besteht zwischen dem Besitzunternehmen und einer Betriebs-Kapitalgesellschaft eine gewerbesteuerliche Organschaft gem. § 2 Abs. 2 Satz 2 GewStG i.V.m. § 14 ff. KStG, unterbleibt die Hinzurechnung von Aufwendungen nach § 8 Nr. 1 GewStG beim Besitzunternehmen, soweit sie auf Rechtsverhältnissen zwischen diesem und der Betriebs-Kapitalgesellschaft beruhen.[5]

---

1 BFH v. 20.8.2015 – IV R 26/13, BStBl. II 2016, 408 (zur gewerblich geprägten Personengesellschaft iS des § 15 Abs. 3 Nr. 2 EStG gegen FG Rheinland-Pfalz v. 24.4.2013 – 2 K 1106/12, EFG 2013, 1675 (Vorinstanz).

2 BFH v. 19.2.2019 – X R 42/16, BFH/NV 2019, 586.

3 BFH v. 19.2.2019 – X R 42/16, BFH/NV 2019, 586; BFH v. 20.8.2015 – IV R 26/13, BStBl. II 2016, 408.

4 Diese Rechtsfolgen treten seit EZ 2007 infolge Aufhebung der Kürzungsnorm des § 9 Nr. 4 GewStG zugunsten des Vermieters oder Verpächters durch das Unternehmensteuerreformgesetz 2008 v. 14.8.2007 (BGBl. I 2007, 1912) ein.

5 BFH v. 7.9.2016 – I R 9/15, BFH/NV 2017, 485; BFH v. 17.12.2014 – I R 39/14, BStBl. II 2015, 1052 = FR 2015, 472 m. Anm. v. *Roser*; BFH v. 18.5.2011 – X R 4/10, BStBl. II 2011, 887 = FR 2011, 964 m. Anm. v. *Wendt*.

b) Schuldzinsen i.S.d. § 8 Nr. 1 Buchst. a GewStG

Darlehensaufnahme und Weiterreichung an das Betriebsunternehmen. Leitet das Besitzunternehmen einen von ihm selbst aufgenommenen Kredit verzinslich an die Betriebsgesellschaft weiter, sind die jeweiligen Schuldentgelte sowohl beim Besitzunternehmen als auch beim Betriebsunternehmen gem. § 8 Nr. 1 Buchst. a GewStG hinzuzurechnen.[1] Eine Verrechnung der vom Besitzunternehmen verausgabten Darlehenszinsen mit den vom Betriebsunternehmen erhaltenen Kreditzinsen kann nicht erfolgen. Auch ein durchlaufender Kredit ist in diesem Fall nicht gegeben.[2] 3.645

Darlehensaufnahme beim Betriebsunternehmen. Schuldzinsen, die aus einem Darlehensverhältnis zwischen der Betriebsgesellschaft und dem Besitzunternehmen z.B. zwecks Anschaffung von Wirtschaftsgütern resultieren, sind beim Besitzunternehmen nach Maßgabe des § 8 Nr. 1 Buchst. a GewStG hinzuzurechnen.[3] 3.646

Wechselseitig hingegebene Darlehen. Wechselseitig gegebene Darlehen werden gewerbesteuerrechtlich dann als einheitliches Darlehensschuldverhältnis beurteilt, wenn sie gleichartig sind, derselben Zweckbestimmung dienen und regelmäßig tatsächlich miteinander verrechnet werden.[4] Ist ein solcher Fall im Verhältnis zwischen Besitz- und Betriebsgesellschaft gegeben, unterbleibt beim Besitzunternehmen eine Hinzurechnung von Schuldzinsen gem. § 8 Nr. 1 Buchst. a GewStG. 3.647

c) Miet- und Pachtentgelte i.S.d. § 8 Nr. 1 Buchst. d-f GewStG

Anmietung und Weiterüberlassung an das Betriebsunternehmen. Aufwendungen des Besitzunternehmens für Miet- und Pachtzinsen (einschließlich Leasingraten) oder Lizenzvergütungen sind dem Gewerbeertrag des Besitzunternehmens nach Maßgabe von § 8 Nr. 1 Buchst. d-f GewStG hinzuzurechnen. Dies gilt auch, wenn die vom Besitzunternehmen angemieteten Wirtschaftsgüter an die Betriebsgesellschaft weiterüberlassen werden.[5] Eine Saldierung von Mietaufwendungen und -erträgen ist nicht zulässig.[6] Der Begriff der Miet- und Pachtzinsen ist dabei wirtschaftlich zu verstehen. Er umfasst nicht nur die laufenden Zahlungen des Mieters oder Pächters an den Vermieter oder Verpächter. Vielmehr gehören auch die vom Mieter/Pächter getragenen Instandhaltungskosten zu den Miet- oder Pachtzinsen i.S.d. § 8 Nr. 1 Buchst. e GewStG, wenn und soweit diese Kosten aufgrund der für den jeweiligen Vertragstyp gültigen zivilrechtlichen Vorschriften nicht ohnehin der Mieter oder Pächter zu tragen hätte.[7] 3.648

---

1 BFH v. 7.7.2004 – XI R 65/03, BStBl. II 2005, 102.
2 BFH v. 7.7.2004 – XI R 65/03, BStBl. II 2005, 102.
3 BFH v. 5.10.1972 – IV R 13/66, BStBl. II 1973, 26.
4 BFH v. 7.9.2005 – I R 119/04, BFH/NV 2006, 606; BFH v. 7.7.2004 – XI R 65/03, BStBl. II 2005, 102.
5 BFH v. 8.12.2016 – IV R 55/10, BStBl. II 2017, 722 = FR 2017, 931; BFH v. 4.6.2014 – I R 70/12, BStBl. II 2015, 289 = FR 2015, 30 m. Anm. v. *Roser.* Vgl. auch FG Münster v. 23.6.2022 – 10 K 2018/18 G (Rev. BFH III R 24/23).
6 Gleichlautende Erlasse der obersten Finanzbehörden der Länder v. 2.7.2012, BStBl. I 2012, 654, Rz. 29a.
7 BFH v. 25.9.2018 – III B 160/17, BFH/NV 2019, 40.

d) Dividenden i.S.d. § 8 Nr. 5 GewStG

3.649 **Offene und verdeckte Gewinnausschüttungen.** Im Gewerbeertrag des Besitzunternehmens sind offene und verdeckte Gewinnausschüttungen der Betriebs-Kapitalgesellschaft oder einer dieser gem. § 2 Abs. 8 GewStG gleichgestellten Betriebs-Optionsgesellschaft i.S.d. § 1a KStG nach Maßgabe des § 3 Nr. 40 EStG zu 60 % bzw. des § 8b Abs. 1 i.V.m. Abs. 3 Satz 1 KStG zu 5 % enthalten. Gem. § 8 Nr. 5 GewStG sind die einkommen- bzw. körperschaftsteuerlich steuerfreien Beträge dem Gewerbeertrag wieder hinzuzurechnen und können nach Maßgabe des Schachtelprivilegs des § 9 Nr. 2a GewStG nachfolgend wieder zu kürzen sein (dazu Rz. 3.662 ff.).

4. Kürzungen

a) Einfache Kürzung i.S.d. § 9 Nr. 1 Satz 1 GewStG

3.650 **1,2 % des Einheitswerts bzw. ab EZ 2025 die im Erhebungszeitraum als Betriebsausgabe erfasste Grundsteuer.** Verfügt das Besitzunternehmen über eigenen Grundbesitz, den es an die Betriebsgesellschaft überlässt und dadurch die sachliche Verflechtung der Betriebsaufspaltung begründet, so unterliegt dieser der Grundsteuer. Um eine nochmalige Belastung der Grundbesitzerträge mit der Gewerbesteuer als weiterer Realsteuer i.S.d. § 3 Abs. 2 AO zu vermeiden, konnten gewerbesteuerpflichtige Unternehmen mit Grundbesitz gem. § 9 Nr. 1 Satz 1 GewStG a.F. (bis EZ 2024) die sog. einfache Kürzung um 1,2 % der – gem. § 121a BewG ggf. um 40 % erhöhten – Einheitswerte des zum Betriebsvermögen gehörenden und nicht gem. §§ 3, 4 GrStG von der Grundsteuer befreiten Grundbesitzes vornehmen. Ab dem Erhebungszeitraum 2025[1] ist eine Kürzung um die im EZ als Betriebsausgabe erfasste Grundsteuer für den zum Betriebsvermögen gehörenden Grundbesitz vorzunehmen.[2]

3.651 **Sachliche Zuordnung von Grundbesitz zum Betriebsvermögen.** Die Zuordnung von Grundbesitz zum Betriebsvermögen des (Besitz-)Unternehmens richtet sich gem. § 20 Abs. 1 Satz 1 GewStDV a.F. bzw. § 20 Satz 1 GewStDV[3] nach den Vorschriften des EStG bzw. des KStG. Damit ist auch der Grundbesitz des Sonderbetriebsvermögens eines Gesellschafters der Besitz-Personengesellschaft erfasst.[4]

3.652 **Zeitliche Zuordnung von Grundbesitz zum Betriebsvermögen.** Maßgebend für die Zuordnung zum Betriebsvermögen des Besitzunternehmens ist gem. § 20 Abs. 1

---

1 Zur zeitlichen Anwendung der Neuregelung vgl. § 36 Abs. 4b Satz 1 GewStG.

2 Vgl. Art. 9 des Jahressteuergesetzes 2024 (JStG 2024) v. 5.12.2024, BGBl. I 2024, Nr. 387. § 20 Abs. 2 GewStDV wurde in diesem Zusammenhang aufgehoben; zur letztmaligen Anwendung für den EZ 2024 vgl. § 36 Abs. 2 GewStDV.

3 Geändert durch Gesetz zur Reform des Grundsteuer- und Bewertungsrechts (Grundsteuer-Reformgesetz – GrStRefG) v. 26.11.2019, BGBl. I 2019, 1794, sowie Jahressteuergesetz 2024 (JStG 2024) v. 5.12.2024, BGBl. I 2024, Nr. 387.

4 *Wagner* in Wendt/Suchanek/Möllmann/Heinemann[3], § 9 Nr. 1 GewStG Rz. 12; *Güroff* in Glanegger/Güroff[10], § 9 Nr. 1 GewStG Rz. 9.

Satz 2 GewStDV a.F. bzw. § 20 Satz 2 GewStDV[1] der Stand zu Beginn des Kalenderjahres (sog. Stichtagsprinzip). Die Kürzung nach § 9 Nr. 1 Satz 1 GewStG wird demzufolge nur für den Grundbesitz gewährt, der am 1. Januar des jeweiligen Jahres dem (Sonder-)Betriebsvermögen des Besitzunternehmens zuzurechnen ist.

b) Erweiterte Kürzung i.S.d. § 9 Nr. 1 Satz 2 GewStG

aa) Keine Inanspruchnahme wegen Betriebsaufspaltung

Schädliche originär-gewerbliche Vermietung. Nach Maßgabe von § 9 Nr. 1 Satz 2 ff. 3.653
GewStG kann ein Grundstücksunternehmen, das ausschließlich eigenen Grundbesitz[2] verwaltet und neben dieser begünstigten Kerntätigkeit allenfalls noch erlaubte Nebentätigkeiten ausübt (Verwaltung eigenen Kapitalvermögens, bestimmte Bauträgertätigkeit, Stromlieferungen, sonstige Leistungen an Mieter), anstelle der einfachen Kürzung die sog. erweiterte Kürzung des Gewerbeertrags um den Teil beantragen, der auf die Verwaltung und Nutzung des eigenen Grundbesitzes entfällt. Auch der Gewinn aus der Veräußerung des überlassenen Grundbesitzes kann aus dem Gewerbeertrag ausgenommen werden.[3] Übt das Grundstücksunternehmen daneben auch eine nicht erlaubte gewerbliche Tätigkeit aus, wird die erweiterte Kürzung wegen Verstoßes gegen das Ausschließlichkeitsgebot grundsätzlich insgesamt versagt. In diesem Fall unterliegt dann auch der anteilige Ertrag, der auf die eigentlich begünstigte Nutzung und Verwaltung des eigenen Grundbesitzes entfällt, der Gewerbesteuer. Als kürzungsschädliche gewerbliche Tätigkeit gilt in diesem Kontext insbesondere diejenige als Besitzunternehmen im Rahmen einer Betriebsaufspaltung.[4] Das gilt auch dann, wenn das verpachtende Unternehmen (Besitzgesellschaft) mit der pachtenden (Betriebs-) Gesellschaft nur während eines Teils des EZ sachlich und personell verflochten ist.[5] Der Versagung der erweiterten GewSt-Kürzung in Fällen der Betriebsaufspaltung liegt der Gedanke zugrunde, dass sich die Tätigkeit eines solchen Besitzunternehmens gerade nicht auf die reine Vermögensverwaltung i.S.d. § 9 Nr. 1 Satz 2 GewStG beschränkt, sondern aufgrund der Verflechtung zwischen Besitz- und Betriebsunternehmen vielmehr eine gewerbliche Tätigkeit darstellt.

---

1 Geändert durch Gesetz zur Reform des Grundsteuer- und Bewertungsrechts (Grundsteuer-Reformgesetz – GrStRefG) v. 26.11.2019, BGBl. I 2019, 1794, sowie Jahressteuergesetz 2024 (JStG 2024) v. 5.12.2024, BGBl. I 2024, Nr. 387.

2 Eigener Grundbesitz kann sich im Gesellschaftsvermögen, aber auch im Sonderbetriebsvermögen des Gesellschafters befinden, vgl. BFH v. 30.10.2024 – IV R 19/22, BFH/NV 2025, 271.

3 BFH v. 29.4.1987 – I R 10/86, BStBl. II 1987, 603.

4 BFH v. 16.9.2021 – IV R 7/18, BStBl. II 2022, 767; BFH v. 20.5.2021 – IV R 31/19, BStBl. II 2021, 768 = FR 2022, 1074; BFH v. 20.8.2015 – IV R 26/13, BStBl. II 2016, 408; BFH v. 28.1.2015 – I R 20/14, BFH/NV 2015, 1109; BFH v. 22.1.2009 – IV R 80/06, BFH/NV 2009, 1279; BFH v. 12.9.1991 – IV R 8/90, BStBl. II 1992, 347; BFH v. 29.3.1973 – I R 174/72, BStBl. II 1973, 686. Ebenso H 9.2 Abs. 2 „Betriebsaufspaltung“ GewStH.

5 BFH v. 27.8.1992 – IV R 13/91, BStBl. II 1993, 134; BFH v. 12.9.1991 – IV R 8/90, BStBl. II 1992, 347.

3.654 **Ausnahme wegen gesetzlicher Bagatellgrenze.** Ungeklärt ist, ob unter die Regelung des § 9 Nr. 1 Satz 3 Buchst. c GewStG[1] auch gewerbliche Einnahmen aufgrund einer Betriebsaufspaltung fallen, wenn diese die 5 %-Grenze im Sinne dieser Norm nicht übersteigen. Da nach dem Gesetzeswortlaut alle Einnahmen aus unmittelbaren Vertragsbeziehungen mit den Mietern des Grundbesitzes aus anderen als den in § 9 Nr. 1 Satz 3 Buchst. a GewStG (Veräußerung von Teileigentum) und § 9 Nr. 1 Satz 3 Buchst. b GewStG (Stromlieferungen) bezeichneten Tätigkeiten erfasst sind, dürfte von der Regelung auch die gewerbliche Vermietung im Rahmen einer Betriebsaufspaltung erfasst sein. Damit kann sich bspw. eine Grundstücksgesellschaft, die den weitaus größten Teil ihrer Mietflächen an Dritte vermietet und nur im o.g. Einnahmenumfang im Rahmen einer Betriebsaufspaltungskonstellation an eine personell verbundene (Betriebs-)Gesellschaft überlässt, auf die Begünstigung nach § 9 Nr. 1 Satz 3 Buchst. c GewStG berufen.[2]

3.655 **Ausnahme bei umgekehrter Betriebsaufspaltung.** Die Inanspruchnahme der erweiterten Kürzung nach § 9 Nr. 1 Satz 2 GewStG kann einer Besitz-Kapitalgesellschaft nicht mit der Begründung versagt werden, dass zwischen dieser als Besitzunternehmen und einer Personengesellschaft als Betriebsunternehmen eine sog. umgekehrte Betriebsaufspaltung besteht. Denn in diesem Fall fehlt es an einer personellen Verflechtung, weil die Besitz-Kapitalgesellschaft von der Betriebs-Personengesellschaft als deren (in-)direkter Muttergesellschaft beherrscht wird und die Besitz-Kapitalgesellschaft damit weder unmittelbar noch mittelbar an der Betriebs-Personengesellschaft beteiligt ist.[3] Zum möglichen Ausschluss der erweiterten Kürzung wegen § 9 Nr. 1 Satz 5 Nr. 1 GewStG s. aber Rz. 3.659.

3.656 **Keine Ausnahme bei kapitalistischer Betriebsaufspaltung.** Nach früherer BFH-Rechtsprechung war die erweiterte GewSt-Kürzung zu gewähren, wenn das Besitzunternehmen in der Rechtsform der Kapitalgesellschaft betrieben und die Anteile an der Betriebs-Kapitalgesellschaft von der Besitz-Kapitalgesellschaft selbst gehalten wurden.[4] Diese Ansicht hat der BFH inzwischen aufgegeben, so dass die erweiterte GewSt-Kürzung auf Fälle der kapitalistischen Betriebsaufspaltung nicht mehr anzuwenden ist.[5] Ob dies auch bei Zwischenschaltung einer weiteren Kapitalgesellschaft im Verhältnis zur Betriebs-Kapitalgesellschaft gilt, ist offen. Aufgrund des Durchgriffsverbots durch Kapitalgesellschaften könnte in diesem Fall die erweiterte Kürzung zu gewähren sein. Werden die Anteile an der Betriebsgesellschaft nicht von der

1 Eingeführt durch Fondsstandortgesetz (FoStoG) v. 3.6.2021, BGBl. I 2021, 30.

2 *Bodden*, kösdi 2025, 24180 (24190), unter Aufgabe der a.A. in 3. Aufl. 2024 und *Bodden*, kösdi 2024, 23686 (23693).

3 BFH v. 22.2.2024 – III R 13/23, BStBl. II 2024, 487. Ebenso FG Düsseldorf v. 26.6.2023 – 10 K 2800/20 G, EFG 2023, 1148. Vgl. hierzu auch *Meyering/Boer-Weber/Znojek*, FR 2025, 393 ff.

4 BFH v. 22.2.2005 – VIII R 53/02, BFH/NV 2005, 590; BFH v. 1.8.1979 – I R 111/78, BStBl. II 1980, 77.

5 BFH v. 22.6.2016 – X R 54/14, BStBl. II 2017, 529 = DB 2016, 2449; BFH v. 28.1.2015 – I R 20/14, BFH/NV 2015,1109; BFH v. 24.1.2012 – I B 136/11, BFH/NV 2012, 1176. Vgl. auch FG Sachsen-Anhalt v. 8.3.2018 – 3 V 496/17, EFG 2019, 784 (rkr.).

Besitz-Kapitalgesellschaft, sondern von deren Gesellschaftern gehalten, ist der Besitz-Kapitalgesellschaft die erweiterte Kürzung aber stets zu gewähren, weil durch die Vermietung an eine Schwester-Kapitalgesellschaft bereits keine Betriebsaufspaltung begründet wird (s. Rz. 3.66).[1] Die zu Kapitalgesellschaften entwickelten Grundsätze gelten für diesen gem. § 2 Abs. 8 GewStG gleichgestellten Optionsgesellschaften i.S.d. § 1a KStG entsprechend.

Keine Merkmalsübertragung. Die erweiterte Kürzung nach § 9 Nr. 1 Satz 2 GewStG ist auch dann ausgeschlossen, wenn die Betriebs-Kapital-/Optionsgesellschaft ausschließlich eigenen Grundbesitz verwaltet und ihr demzufolge die erweiterte Kürzung zusteht.[2] Anders als im Bereich der Gewerbesteuerbefreiungen des § 3 GewStG (dazu Rz. 3.613 i.V.m. Rz. 3.584 ff.) kann damit im Kontext der erweiterten Gewerbesteuerkürzung keine Merkmalsübertragung erfolgen, weil es sich insoweit nicht um eine Steuerbefreiung, sondern nur um einen „bloßen Abzugsposten im Rahmen der Ermittlung des Gewerbeertrags“ handelt.[3] 3.657

bb) Keine Inanspruchnahme i.S.d. § 9 Nr. 1 Satz 5 Nr. 1 GewStG

Dienen des Gesellschafterbetriebs. Gem. § 9 Nr. 1 Satz 5 Nr. 1 GewStG ist die Gewährung der erweiterten Gewerbesteuerkürzung insgesamt ausgeschlossen, wenn der Grundbesitz ganz oder zum Teil dem Gewerbebetrieb eines Gesellschafters oder Genossen dient. Diskussionswürdig ist, ob die ab EZ 2021 unschädlichen Nebentätigkeiten nach § 9 Nr. 1 Satz 3 Buchst. b und c GewStG (Rz. 3.659) zu einem Kürzungsausschluss nach § 9 Nr. 1 Satz 5 Nr. 1 GewStG wegen „Dienens des Gesellschafterbetriebs“ führen. Nach dem Sinn und Zweck der erleichternden Neuregelungen sollte sich deren Kürzungsunschädlichkeit im Wege der teleologischen Reduktion zugunsten der Nichtanwendbarkeit der Ausschlussregelung des § 9 Nr. 1 Satz 5 Nr. 1 GewStG auswirken. Dies gilt dann auch für Sachverhalte der Betriebsaufspaltung mit Einnahmen unterhalb der Betragsgrenze des § 9 Nr. 1 Satz 3 Buchst. c GewStG. 3.658

Schädliches Dienen bei mitunternehmerischer Betriebsaufspaltung. Überlässt eine Besitz-Personengesellschaft im Rahmen einer mitunternehmerischen Betriebsaufspaltung Grundbesitz an eine Betriebs-Personengesellschaft, kann die Besitzgesellschaft die erweiterte Kürzung bereits nicht in Anspruch nehmen, weil es sich bei der Vermietung oder Verpachtung durch die Besitzgesellschaft von vornherein um keine Vermögensverwaltung handelt (s. Rz. 3.653). Zusätzlich greift daneben auch die Ausschlussregelung des § 9 Nr. 1 Satz 5 Nr. 1 GewStG, weil der Grundbesitz dann ganz oder zum Teil dem Gewerbebetrieb eines Gesellschafters dient. Als Gewerbebetrieb 3.659

---

1 BFH v. 24.1.2012 – I B 136/11, BFH/NV 2012, 1176; BFH v. 1.8.1979 – I R 111/78, BStBl. II 1980, 77.

2 BFH v. 20.5.2021 – IV R 31/19, BStBl. II 2021, 768 = FR 2022, 1074; BFH v. 22.6.2016 – X R 54/14, BStBl. II 2017, 529 = FR 2017, 495.

3 BFH v. 22.6.2016 – X R 54/14, BStBl. II 2017, 529. Kritisch hierzu *Güroff* in Glanegger/Güroff[10], § 2 GewStG Rz. 374.

in diesem Sinne ist auch ein Gewerbebetrieb zu verstehen, an dem der Gesellschafter (als Mitunternehmer) beteiligt ist.[1]

3.660 **Schädliches Dienen bei umgekehrter Betriebsaufspaltung.** Überlässt eine Besitz-Kapitalgesellschaft Grundbesitz im Rahmen einer umgekehrten Betriebsaufspaltung an eine Betriebs-Personengesellschaft, zu deren (Gesamt-)Betriebsvermögen die Anteile an der Besitz-Kapitalgesellschaft rechnen, greift die Ausschlussregelung des § 9 Nr. 1 Satz 5 Nr. 1 GewStG. Hiernach kann die erweiterte Kürzung nicht in Anspruch genommen werden, wenn der Grundbesitz ganz oder zum Teil dem Gewerbebetrieb eines Gesellschafters dient. Als Gewerbebetrieb in diesem Sinne ist auch ein Gewerbebetrieb zu verstehen, an dem der Gesellschafter als Mitunternehmer beteiligt ist.[2] Die zu Kapitalgesellschaften entwickelten Grundsätze gelten für diesen gem. § 2 Abs. 8 GewStG gleichgestellten Optionsgesellschaften i.S.d. § 1a KStG entsprechend. Die Regelung des § 9 Nr. 1 Satz 5 Nr. 1 GewStG schließt eine erweiterte Kürzung bei der Besitz-Kapitalgesellschaft jedoch nicht aus, wenn die Besitz-Kapitalgesellschaft Grundbesitz über ein Zwischenmietverhältnis mit einer anderen Kapitalgesellschaft einer Betriebs-Personengesellschaft zur Nutzung überlässt, die selbst keine Gesellschafterin der Besitz-Kapitalgesellschaft ist und an der auch keine Gesellschafter der Besitz-Kapitalgesellschaft als Mitunternehmer beteiligt sind.[3] Dabei ist unschädlich, dass die Betriebs-Personengesellschaft zugleich jeweils 100 % der Anteile an einer Kapitalgesellschaft hält, die Gesellschafterin der Besitz-Kapitalgesellschaft ist und auch an der Kapitalgesellschaft hält, die als Zwischenmieterin fungiert. Die „Ausnutzung“ des Durchgriffsverbots durch zwischengeschaltete Kapitalgesellschaften[4] stellt keinen Missbrauch rechtlicher Gestaltungsmöglichkeiten i.S.d. § 42 AO dar (dazu auch Rz. 3.959).[5]

3.661 **Ausnahme bei Überlassung von Enkel- an Mutter-Kapitalgesellschaft.** Überlässt in einer mehrstufigen Kapitalgesellschaftsstruktur die Tochter-Kapitalgesellschaft ihrer Mutter-Kapitalgesellschaft den Grundbesitz, ist der Tochter-Kapitalgesellschaft die erweiterte Kürzung i.S.d. § 9 Nr. 1 Satz 2 ff. GewStG nicht zu gewähren, weil der Grundbesitz einem Gesellschafter i.S.d. § 9 Nr. 1 Satz 5 Nr. 1 GewStG dient.[6] Überlässt hingegen eine Enkel-Kapitalgesellschaft der Mutter-Kapitalgesellschaft den Grundbesitz, ist der Enkel-Kapitalgesellschaft die erweiterte Kürzung i.S.d. § 9 Nr. 1 Satz 2 ff. GewStG zu gewähren. Denn in diesem Fall ist aufgrund des Durchgriffsver-

1 BFH v. 1.6.2022 – III R 3/21, HFR 2022, 1048; BFH v. 16.9.2021 – IV RE 7/18, BStBl. II 2022, 767; BFH v. 15.4.1999 – IV R 11/98, BStBl. II 1999, 532; BFH v. 18.12.1974 – I R 10/73, BStBl. II 1975, 268. Hierzu auch *Berz/Müller*, DStR 2016, 1919 (1921).

2 BFH v. 1.6.2022 – III R 3/21, HFR 2022, 1048; BFH v. 16.9.2021 – IV RE 7/18, BStBl. II 2022, 767; BFH v. 15.4.1999 – IV R 11/98, BStBl. II 1999, 532; BFH v. 18.12.1974 – I R 10/73, BStBl. II 1975, 268. Hierzu auch *Riedel*, DStR 2023, 1051 (1052).

3 BFH v. 22.2.2024 – III R 13/23, BStBl. II 2024, 487. Vgl. hierzu auch *Meyering/Boer-Weber/Znojek*, FR 2025, 393 ff.

4 Hierzu BFH v. 16.9.2021 – IV R 7/18, BStBl. II 2022, 767.

5 BFH v. 22.2.2024 – III R 13/23, BStBl. II 2024, 487.

6 Vgl. auch Broemel/Wierenberg, DStR 2024, 1795, 1798.

bots durch die zwischengeschaltete (Tochter-)Kapitalgesellschaft weder eine Betriebsaufspaltung gegeben, noch dient der Grundbesitz einem Gesellschafter i.S.d. § 9 Nr. 1 Satz 5 Nr. 1 GewStG.[1] Die zu Kapitalgesellschaften entwickelten Grundsätze gelten für diesen gem. § 2 Abs. 8 GewStG gleichgestellten Optionsgesellschaften i.S.d. § 1a KStG entsprechend.

c) Schachtelprivileg für Dividenden i.S.d. § 9 Nr. 2a GewStG

Gewinnausschüttungen der Betriebs-Kapital-/Optionsgesellschaft. Die Anteile an der Betriebs-Kapital-/Optionsgesellschaft rechnen stets zum notwendigen (Sonder-) Betriebsvermögen des Besitzunternehmens, so dass offene und verdeckte Gewinnausschüttungen der Betriebs-Kapital-/Optionsgesellschaft als Betriebseinnahmen zu erfassen und damit im Gewerbeertrag des Besitzunternehmens nach Maßgabe von § 7 Satz 1 GewStG und § 8 Nr. 5 GewStG enthalten sind.[2] Gem. § 9 Nr. 2a GewStG sind diese Beteiligungserträge wieder aus dem Gewerbeertrag des Besitzunternehmens zu kürzen, wenn eine Mindestbeteiligung an der Betriebs-Kapital-/Optionsgesellschaft von 15 % seit Beginn des Erhebungszeitraums besteht. Bei der Quotenermittlung sind die Anteile im Sonderbetriebsvermögen mehrerer Besitzgesellschafter zusammenzurechnen.[3] Die 15 %-Quote ist bei der Betriebsaufspaltung aufgrund der für die personelle Verflechtung notwendigen, auf Anteilsbesitz beruhenden, Stimmrechtsmehrheit stets erreicht. Wird die Betriebsaufspaltung erst im Laufe eines Jahres begründet, sind Vorabausschüttungen der Betriebsgesellschaft im ersten Wj. noch nicht begünstigt. 3.662

Umfang der Kürzung. Die Kürzung erfolgt in dem Umfang, in dem die Gewinnausschüttungen den steuerlichen Gewinn tatsächlich erhöht haben und nicht aufgrund des Teileinkünfteverfahrens nach § 3 Nr. 40 EStG bzw. des Freistellungsverfahrens nach § 8b KStG von der Steuerpflicht ausgenommen sind. In unmittelbarem Zusammenhang mit Gewinnanteilen stehende Aufwendungen mindern gem. § 9 Nr. 2a Satz 3 GewStG den Kürzungsbetrag, soweit entsprechende Beteiligungserträge zu berücksichtigen sind; insoweit unterbleibt eine Hinzurechnung nach § 8 Nr. 1 GewStG. 3.663

Ausschluss der Kürzung. Die Kürzung gilt nicht für den Gewinn aus der Veräußerung der Anteile an der Betriebs-Kapital-/Optionsgesellschaft.[4] 3.664

5. Gewerbeverluste

Unternehmer- und Unternehmensidentität. Erzielt das Besitzunternehmen aus seiner gewerblich qualifizierten Tätigkeit Verluste, kann es diese nach Maßgabe von § 10a GewStG in späteren Erhebungszeiträumen von positiven Gewerbeerträgen ab- 3.665

1 BFH v. 15.4.1999 – IV R 11/98, BStBl. II 1999, 532. Hierzu auch *Riedel*, DStR 2023, 1051 (1056).
2 Hierzu auch *Micker* in Söffing/Micker, Betriebsaufspaltung[10], Rz. 1595 f.
3 BFH v. 15.11.1967 – IV R 139/67, BStBl. II 1968, 152; R 9.3 Satz 4 GewStR 2009.
4 BFH v. 7.12.1971 – VIII R 3/70, BStBl. II 1972, 468.

ziehen.[1] Diese Kürzung setzt bei Besitz-Einzelunternehmern und Besitz-Personengesellschaften aber die aus dem Objektsteuercharakter der Gewerbesteuer folgende Unternehmer- und Unternehmensidentität im Abzugsjahr voraus.[2] Die Unternehmensidentität kann bei Begründung einer Betriebsaufspaltung entfallen, wenn ein aktives Unternehmen sich zu einem bloßen Besitzunternehmen im Rahmen einer Betriebsaufspaltung wandelt.[3] Bei einer Besitz-Personengesellschaft ist die Unternehmensidentität jedoch so lange gegeben, wie die Gesellschaft mit der nämlichen Betriebsgesellschaft sachlich und personell verflochten bleibt.[4] Ändert sich im Rahmen einer bestehenden Betriebsaufspaltung der Umfang der sachlichen Verflechtung, bleibt die Unternehmensidentität gewahrt, selbst wenn sich der Umfang der Überlassung der wesentlichen Betriebsgrundlagen von einer sog. qualifizierten Betriebsaufspaltung auf die Überlassung nur einer nicht den ganzen Betrieb bildenden wesentlichen Betriebsgrundlage reduziert.[5] Die Beendigung der Betriebsaufspaltung führt zum Wegfall der Unternehmensidentität, so dass ein vortragsfähiger Gewerbeverlust i.S.d. § 10a GewStG untergeht.[6]

6. Freibetrag

3.666 **Allgemeine Grundsätze.** Bei einem Besitzunternehmen in der Rechtsform des Einzelunternehmens oder der gewerblichen Personengesellschaft/Rechtsgemeinschaft kann der Gewerbesteuerfreibetrag in Höhe von 24.500 € gem. § 11 Abs. 1 Satz 3 Nr. 1 GewStG in Anspruch genommen werden.

7. Anrechnung der Gewerbesteuer auf die Einkommensteuer

3.667 **§ 35 EStG.** Bei natürlichen Personen, Personengesellschaften und Rechtsgemeinschaften als Besitzunternehmen kann die anfallende Gewerbesteuer nach Maßgabe des § 35 EStG auf die Einkommensteuer (der Beteiligten) angerechnet werden. Die für die Betriebs-Kapitalgesellschaft festgesetzte Gewerbesteuer kann jedoch nicht bei den Besitzunternehmern angerechnet werden.[7] Zu beachten sind aber sog. Anrechnungsüberhänge, bei denen sich die gezahlte GewSt nicht in voller Höhe auf die Einkommensteuer auswirkt; Gründe hierfür sind zu geringe gewerbliche Einkünfte, ein niedriger Gesamtbetrag der Einkünfte oder ein Hebesatz der GewSt von mehr als 400 %.

---

1 Hierzu auch *Suchanek/Hesse* in Wendt/Suchanek/Möllmann/Heinemann[3], § 10a GewStG Rz. 80 ff.

2 Grundlegend BFH v. 3.5.1993 – GrS 3/92, BStBl. II 1993, 616. Vgl. auch R 10a.1 Abs. 3 Satz 3 GewStR.

3 BFH v. 19.12.2019 – IV R 8/17, BFH/NV 2020, 650.

4 BFH v. 30.10.2019 – IV R 59/16, BStBl. II 2020, 147 = FR 2020, 273.

5 *Wendt*, FR 2020, 278 (279), unter Verweis auf BFH v. 30.10.2019 – IV R 59/16, BStBl. II 2020, 147 = FR 2020, 273.

6 BFH v. 30.10.2019 – IV R 59/16, BStBl. II 2020, 147 = FR 2020, 273; BFH v. 4.5.2017 – IV R 2/14, BStBl. II 2017, 1138 = FR 2018, 226 m. Anm. v. *Wendt*.

7 FG Düsseldorf v. 8.11.2006 – 7 K 3473/05 E, EFG 2007, 685 (rkr.).

II. Betriebsunternehmen

1. Eigenständiger Gewerbebetrieb

Betriebsunternehmen als Steuergegenstand der GewSt. Wie das Besitzunternehmen ist auch das Betriebsunternehmen ungeachtet der Einbindung in die Betriebsaufspaltung ein selbstständiger Gewerbebetrieb i.S.d. § 2 GewStG.[1] Die Betriebsstätte des inländischen Besitzunternehmens ist dabei nicht zugleich als Betriebsstätte des Betriebsunternehmens anzusehen; es reicht also nicht aus, wenn sich nur das Besitzunternehmen im Inland befindet. Der vermittels einer inländischen Betriebsstätte im Erhebungszeitraum erzielte Gewerbeertrag der Betriebsgesellschaft i.S.d. § 7 ff. GewStG unterliegt dann nach allgemeinen Grundsätzen der GewSt. Wird das Betriebsunternehmen wie bei der mitunternehmerischen Betriebsaufspaltung (s. Rz. 3.439 ff.) oder der umgekehrten Betriebsaufspaltung (s. Rz. 3.471 ff.) in der Rechtsform der Personengesellschaft betrieben, kann der Freibetrag gem. § 11 Abs. 1 Satz 3 GewStG in Anspruch genommen werden. Die Betriebsgesellschaft ist als selbstständiger Rechtsträger und Steuerschuldner auch Adressat eines GewSt-Messbescheids gem. § 14 GewStG. 3.668

Ausnahme bei gewerbesteuerlicher Organschaft. Besteht zwischen dem Besitzunternehmen und einer Betriebs-Kapitalgesellschaft eine gewerbesteuerliche Organschaft gem. § 2 Abs. 2 Satz 2 GewStG i.V.m. § 14 ff. KStG, gilt die Betriebs-Kapitalgesellschaft (Organgesellschaft) als Betriebsstätte des Besitzunternehmens (Organträgers). In diesem Fall unterbleiben u.a. die Hinzurechnungen von Aufwendungen nach § 8 Nr. 1 GewStG beim Besitzunternehmen, soweit sie auf Rechtsverhältnissen zwischen diesem und der Betriebs-Kapitalgesellschaft beruhen.[2] 3.669

2. Steuerbefreiungen

Merkmalsübertragung. Aufgrund des eigenständigen Gewerbebetriebs des Betriebsunternehmens können Umstände der betrieblichen Tätigkeit der Betriebsgesellschaft grundsätzlich nur bei dieser berücksichtigt und dem Besitzunternehmen nicht zugerechnet werden. Eine Ausnahme besteht aber, wenn das Betriebsunternehmen gem. § 3 GewStG von der Gewerbesteuer befreit ist. Diese Umstände können im Wege der sog. Merkmalsübertragung zur Gewerbesteuerbefreiung auch des Besitzunternehmens führen (s. dazu Rz. 3.637 ff.). 3.670

3. Hinzurechnungen

a) Gewerbesteuerliche Doppelbelastungen

Rechtsbeziehungen zwischen Betriebs- und Besitzunternehmen. Dem Gewerbeertrag des Betriebsunternehmens sind Aufwendungen i.S.d. § 8 Nr. 1 GewStG, die den 3.671

---

1 BFH v. 28.5.2020 – IV R 4/17, BStBl. II 2020, 710. Vgl. auch H 2.2 [Verpachtung eines Betriebs im Ganzen oder eines Teilbetriebs als Gewerbebetrieb] GewStH 2009.

2 BFH v. 7.9.2016 – I R 9/15, BFH/NV 2017, 485; BFH v. 17.12.2014 – I R 39/14, BStBl. II 2015, 1052 = FR 2015, 472 m. Anm. v. *Roser*; BFH v. 18.5.2011 – X R 4/10, BStBl. II 2011, 887 = FR 2011, 964 m. Anm. v. *Wendt*.

Gewerbeertrag i.S.d. § 7 Satz 1 GewStG gemindert haben, nach allgemeinen Grundsätzen zu einem Viertel wieder hinzuzurechnen, soweit der Freibetrag von 200.000 EUR (bis EZ 2019: 100.000 EUR) überschritten ist. Dies gilt auch für Aufwendungen im Kontext der Betriebsaufspaltung bzw. aus Rechtsbeziehungen zwischen der Betriebsgesellschaft und dem Besitzunternehmen. Aus der originären Erfassung der Einnahmen im Gewerbeertrag des Besitzunternehmens nach § 7 Satz 1 GewStG und der Hinzurechnung der Ausgaben bei der Betriebsgesellschaft gem. § 8 Nr. 1 GewStG resultiert eine gewerbesteuerliche Doppelerfassung der betroffenen Beträge.

b) Schuldzinsen i.S.d. § 8 Nr. 1 Buchst. a GewStG

3.672 **Darlehen des Besitzunternehmens.** Die vom Betriebsunternehmen entrichteten Zinsen für Darlehen des Besitzunternehmens sind nach Maßgabe des § 8 Nr. 1 Buchst. a GewStG dem Gewerbeertrag des Betriebsunternehmens wieder hinzuzurechnen.[1] Etwas anderes gilt nur, soweit die Zinsen marktunüblich hoch bemessen und daher als verdeckte Gewinnausschüttung (vGA) der Betriebs-Kapital-/Optionsgesellschaft anzusehen sind, weil sie dann bereits in deren gewerblichem Gewinn nach § 7 Satz 1 GewStG enthalten sind und den Gewerbeertrag der Betriebs-Kapital-/Optionsgesellschaft erhöhen. Zu den Schuldzinsen im Sinne dieser Norm rechnen auch solche für Sachwertdarlehen (dazu Rz. 3.423), da die Verpflichtung zur Rückerstattung der erhaltenen Wirtschaftsgüter zum Pachtende als Darlehensvertrag i.S.d. § 607 BGB gilt.[2]

3.673 **Wechselseitig hingegebene Darlehen.** Wechselseitig hingegebene Darlehen werden gewerbesteuerrechtlich als einheitliches Darlehensschuldverhältnis beurteilt, wenn sie gleichartig sind, derselben Zweckbestimmung dienen und regelmäßig tatsächlich miteinander verrechnet werden.[3] Ist ein solcher Fall im Verhältnis zwischen Besitzunternehmen und Betriebsgesellschaft gegeben, unterbleibt beim Betriebsunternehmen eine Hinzurechnung von Schuldzinsen gem. § 8 Nr. 1 Buchst. a GewStG.

c) Miet- und Pachtentgelte i.S.d. § 8 Nr. 1 Buchst. d-f GewStG

3.674 **Nutzungsüberlassung des Besitzunternehmens.** Miet- und Pachtzinsen sowie Leasingraten, die das Betriebsunternehmen für die Überlassung von Mobilien und Immobilien an das Besitzunternehmen zu entrichten hat, sind dem Gewerbeertrag des Betriebsunternehmens gem. § 8 Nr. 1 Buchst. d bis e GewStG wieder hinzuzurechnen.[4] Der Begriff der Miet- und Pachtzinsen ist dabei wirtschaftlich zu verstehen. Er umfasst nicht nur die laufenden Zahlungen des Mieters oder Pächters an den Vermieter oder Verpächter. Vielmehr gehören auch die vom Mieter/Pächter getragenen

1 BFH v. 7.7.2004 – XI R 65/03, BStBl. II 2005, 102; BFH v. 9.3.1962 – I 123/60 U, BStBl. III 1962, 199. Vgl. auch *Micker* in Söffing/Micker, Betriebsaufspaltung[10], Rz. 1577.

2 BFH v. 30.11.1965 – I 70/60, BStBl. III 1966, 51.

3 BFH v. 7.9.2005 – I R 119/04, BFH/NV 2006, 606; BFH v. 7.7.2004 – XI R 65/03, BStBl. II 2005, 102.

4 BFH v. 4.10.1999 – I B 41/99, BFH/NV 2000, 482; BFH v. 24.4.1991 – I R 10/89, BStBl. II 1991, 771. Hierzu auch *Micker* in Söffing/Micker, Betriebsaufspaltung[10], Rz. 1558 ff.

Instandhaltungskosten zu den Miet- oder Pachtzinsen i.S.d. § 8 Nr. 1 Buchst. e GewStG, wenn und soweit diese Kosten aufgrund der für den jeweiligen Vertragstyp gültigen zivilrechtlichen Vorschriften nicht ohnehin der Mieter oder Pächter zu tragen hätte.[1] Hinzuzurechnen sind auch Lizenzzahlungen wegen zeitweiser Überlassung von Rechten gem. § 8 Nr. 1 Buchst. f GewStG. Infolgedessen kommt es im Umfang der Hinzurechnung zu einer doppelten Belastung mit GewSt beim Besitz- und Betriebsunternehmen.

Aufwendungen zur Erfüllung der Erneuerungsverpflichtung. Ist die Betriebsgesellschaft nach den vertraglichen Absprachen mit dem Besitzunternehmen zur Substanzerhaltung verpflichtet und weist sie in ihrer Bilanz eine entsprechende Substanzerhaltungsrückstellung aus (s. Rz. 3.424), so stellen die Aufwendungen zur Erfüllung der Erneuerungsverpflichtung nach der Rechtsprechung eine Gegenleistung für die Überlassung des Pachtobjektes dar. Nach § 8 Nr. 1 Buchst. d und e GewStG gehören zu den hinzurechnungspflichtigen Miet- und Pachtzinsen auch derartige Aufwendungen des Mieters oder Pächters für die Instandsetzung, Instandhaltung und Versicherung des Miet- und Pachtgegenstands, die er über seine gesetzliche Verpflichtung nach bürgerlichem Recht (§§ 582 ff. BGB) hinaus auf Grund vertraglicher Verpflichtung übernommen hat, allerdings nicht reine Betriebskosten wie Wasser, Strom und Heizung.[2] 3.675

Aufteilung bei qualifizierter Betriebsaufspaltung. Im Fall der qualifizierten Betriebsaufspaltung durch Betriebsverpachtung im Ganzen ist eine Aufteilung der Überlassungsentgelte auf die einzelnen Arten von Wirtschaftsgütern vorzunehmen.[3] Die Hinzurechnung des auf den Geschäftswert entfallenden Pachtteils ist dabei nicht vorzunehmen, da es sich hierbei weder um ein materielles Wirtschaftsgut noch um ein Recht i.S.d. § 8 Nr. 1 Buchst. f GewStG handelt.[4] 3.676

4. Kürzungen

Allgemeine Grundsätze. Für die Kürzungen gem. § 9 GewStG gelten beim Betriebsunternehmen die allgemeinen Grundsätze. 3.677

5. Gewerbeverluste

Allgemeine Grundsätze. Erzielt die Betriebsgesellschaft Verluste, kann sie diese gem. § 10a GewStG und unter Berücksichtigung der Grundsätze zur Unternehmens- und Unternehmeridentität in späteren Erhebungszeiträumen von positiven Gewerbeerträgen abziehen.[5] 3.678

1 BFH v. 25.9.2018 – III B 160/17, BFH/NV 2019, 40.

2 Gleichlautender Ländererlass der obersten Finanzbehörden der Länder v. 2.7.2012, BStBl. I 2012, 654, Rz. 29.

3 Hierzu Gleichlautender Ländererlass der obersten Finanzbehörden der Länder v. 2.7.2012, BStBl. I 2012, 654, Rz. 6 f.

4 Gleichlautender Ländererlass der obersten Finanzbehörden der Länder v. 2.7.2012, BStBl. I 2012, 654, Rz. 33.

5 Zu Einzelheiten vgl. *Suchanek/Hesse* in Wendt/Suchanek/Möllmann/Heinemann[3], § 10a GewStG Rz. 80 ff.

6. Freibetrag

3.679 **Betriebs-Kapital-/Optionsgesellschaft.** Bei einer Betriebsaufspaltung im Verhältnis zu einer Betriebs-Kapital-/Optionsgesellschaft i.S.d. § 1a KStG wird dieser kein GewSt-Freibetrag gewährt.

3.680 **Betriebs-Personengesellschaft.** Bei einer mitunternehmerischen Betriebsaufspaltung (dazu Rz. 3.439 ff.) kann neben der Besitz-Personengesellschaft auch die Betriebs-Personengesellschaft den Gewerbesteuerfreibetrag in Höhe von 24.500 € gem. § 11 Abs. 1 Satz 3 Nr. 1 GewStG in Anspruch nehmen. Auch bei einer umgekehrten Betriebsaufspaltung im Verhältnis zwischen einer Besitz-Kapitalgesellschaft und einer (Mutter-)Betriebs-Personengesellschaft (dazu Rz. 3.471 ff.), steht dieser der Gewerbesteuerfreibetrag zu. Bei Ergänzung der Betriebs-Kapitalgesellschaft um eine atypische stille Gesellschaft, also Errichtung z.B. einer „GmbH & atypisch still“ (dazu Rz. 3.587 ff.), kann die fortan bestehende Betriebs-Personengesellschaft „atypisch stille Gesellschaft“ den Freibetrag nach § 11 Abs. 1 Satz 3 Nr. 1 GewStG ebenfalls in Anspruch nehmen.

7. Anrechnung der Gewerbesteuer auf die Einkommensteuer

3.681 **§ 35 EStG.** Bei Personengesellschaften und Rechtsgemeinschaften als Betriebsunternehmen – also in Fällen der mitunternehmerischen Betriebsaufspaltung (dazu Rz. 3.439 ff.) und der umgekehrten Betriebsaufspaltung (dazu Rz. 3.471 ff.) – kann die anfallende Gewerbesteuer nach Maßgabe des § 35 EStG auf die Einkommensteuer der beteiligten natürlichen Personen angerechnet werden. Auch bei Ergänzung der Betriebs-Kapitalgesellschaft um eine atypische stille Gesellschaft, also Errichtung z.B. einer „GmbH & atypisch still“ (s. Rz. 3.587), kann für die fortan bestehende Betriebs-Personengesellschaft „atypisch stille Gesellschaft“ eine anteilige Anrechnung gem. § 35 EStG erfolgen, soweit der atypisch stille Gesellschafter eine natürliche Person ist.

K. Betriebsaufspaltung im Bereich der gemeinnützigen Körperschaften

3.682 **Einordnung und Grundlagen der Besteuerung bei gemeinnützigen Körperschaften.** Im Fall von Betriebsaufspaltungen bei gemeinnützigen Körperschaften ergeben sich besondere ertragsteuerrechtliche Folgen. Diese resultieren aus der partiellen Ertragsteuerbefreiung bzw. partiellen Ertragsteuerpflicht nach §§ 51 Abs. 1 Satz 1, 64 Abs. 1, 65 i.V.m. §§ 14 AO i.V.m. § 5 Nr. 9 KStG sowie der sich daraus ergebenden Einkünfte- bzw. Sphärenaufteilung bei gemeinnützigen Körperschaften.

3.683 **Reichweite der partiellen Ertragsteuerbefreiung und Ertragsteuerpflicht.** Ausgangspunkt für die Bestimmung der Reichweite der partiellen Ertragsteuerbefreiung bzw. der partiellen Ertragsteuerpflicht ist § 5 Nr. 9 Satz 1 und 2 KStG. Nach Satz 1 wird zunächst eine grundsätzlich unbegrenzte statusbezogene Ertragsteuerbefreiung für körperschaftsteuerpflichtige Körperschaften gewährt, die nach §§ 51 ff. AO steuerbegünstigt sind. Durch Satz 2 wird diese Ertragsteuerbefreiung für Einkünfte aus einem wirtschaftlichen Geschäftsbetrieb i. S. d. § 14 AO eingeschränkt.

Diese Grundsystematik findet sich im Gewerbesteuerrecht wieder. Über §§ 51 Abs. 1 Satz 1, 64 Abs. 1, 65 i. V. m. § 14 AO i. V. m. § 3 Nr. 6 Satz 1 GewStG ergibt sich eine statusbezogene Gewerbesteuerbefreiung. Nach § 3 Nr. 6 Satz 2 GewStG ist diese Steuerbefreiung jedoch ausgeschlossen, soweit ein wirtschaftlicher Geschäftsbetrieb i. S. d. § 14 AO unterhalten wird. 3.684

Abgrenzung des wirtschaftlichen Geschäftsbetriebs von der Vermögensverwaltung und Einordnung des Zweckbetriebs. Nach § 14 AO ist ein wirtschaftlicher Geschäftsbetrieb jede selbständige, nachhaltige Tätigkeit, durch die Einnahmen oder andere wirtschaftliche Vorteile erzielt werden und die über den Rahmen einer Vermögensverwaltung hinausgeht. Vermögensverwaltung liegt insbesondere bei der Nutzung eigenen Vermögens durch Fruchtziehung vor (z. B. das Halten von Kapitalanlagen oder die reine Vermietung/Verpachtung ohne gewerbliche Prägung). Eine Tätigkeit überschreitet den Rahmen der Vermögensverwaltung und wird zum wirtschaftlichen Geschäftsbetrieb, wenn sie nach Art und Umfang organisatorisch verselbständigt am allgemeinen wirtschaftlichen Verkehr teilnimmt, etwa durch das aktive Angebot von Leistungen am Markt, eigene Preisgestaltung und eine auf Dauer angelegte Teilnahme am Wettbewerb. 3.685

Grundsätzlich ergibt sich somit eine partielle Körperschaftsteuer- und Gewerbesteuerpflicht für von gemeinnützigen Körperschaften unterhaltene wirtschaftliche Geschäftsbetriebe i. S. d. § 14 AO. Hiervon ist eine Ausnahme zu machen, wenn die unternehmerische Tätigkeit der gemeinnützigen Körperschaft einen steuerbegünstigten Zweckbetrieb erfüllt. Der Zweckbetrieb ist eine besondere Ausprägung des wirtschaftlichen Geschäftsbetriebs i. S. d. § 14 AO und liegt vor, wenn die unternehmerische Tätigkeit unmittelbar der Verwirklichung der steuerbegünstigten Satzungszwecke dient und die besonderen Voraussetzungen der §§ 65 bis 68 AO erfüllt sind. 3.686

Nach § 14 Satz 2 AO ist für das Vorliegen eines wirtschaftlichen Geschäftsbetriebs eine Gewinnerzielungsabsicht nicht erforderlich. Diese Regelung dient u. a. dem Schutz des Wettbewerbs, da auch wirtschaftliche Tätigkeiten ohne Gewinnerzielungsabsicht den Wettbewerb beeinträchtigen können und daher grundsätzlich der Besteuerung als wirtschaftlicher Geschäftsbetrieb unterfallen sollen. Zugleich ermöglicht diese Regelung, dass der Zweckbetrieb als „besonderer“ wirtschaftlicher Geschäftsbetrieb i. S. d. § 14 AO qualifiziert werden kann. Ohne § 14 Satz 2 AO könnte daran gezweifelt werden, weil gemeinnützige Körperschaften im Rahmen ihrer Zweckbetriebe auch dauerhaft Verluste erwirtschaften dürfen; im Vordergrund steht die bestmögliche Verwirklichung der steuerbegünstigten Zwecke, nicht deren gewinnorientierte Verfolgung. 3.687

Aus dieser Gesamtsystematik der Regelungen zur Steuerfreiheit gemeinnütziger Körperschaften ergibt sich folgende Einkünfte- und Sphärenunterteilung: 3.688

1. Einkünfte aus einer Zweckbetriebstätigkeit (steuerbegünstigter wirtschaftlicher Geschäftsbetrieb),
2. Einkünfte aus der steuerfreien Vermögenssphäre (insbesondere Vermögensverwaltung),
3. Einkünfte aus einem steuerpflichtigen wirtschaftlichen Geschäftsbetrieb i. S. d. § 14 AO, der kein Zweckbetrieb i. S. d. §§ 65 ff. AO ist.

3.689 Neben diesen drei unternehmerisch geprägten Sphären besteht eine vierte Sphäre, die nicht durch unternehmerische Tätigkeit geprägt ist: die ideelle Sphäre. Hierzu gehören insbesondere Spenden und andere zweckgebundene Zuwendungen, die der Körperschaft zur Verwirklichung ihrer satzungsmäßigen steuerbegünstigten Zwecke zufließen.

3.690 **Übertragung der Grundsätze der Betriebsaufspaltung.** Nach § 51 Abs. 1 Satz 2 AO können nur Körperschaften i.S.v. § 1 Abs. 1 KStG den Status einer gemeinnützigen Körperschaft i.S.d. §§ 51 ff. AO erlangen; mithin nicht Personengesellschaften.[1] Daraus ist zu schließen, dass bei gemeinnützigen Körperschaften auf den ersten Blick nur die Grundsätze der kapitalistischen Betriebsaufspaltung angewendet werden können. Bei genauer Betrachtung wird jedoch deutlich, dass die Wertungsgesichtspunkte der Betriebsaufspaltung beim Einzelunternehmer auf die Betriebsaufspaltung bei gemeinnützigen Körperschaften übertragbar sind: Liegt beim Einzelunternehmer eine Betriebsaufspaltung vor, entsteht ein gewerbliches Besitzunternehmen; so führt z. B. die Vermietung von Grundstücken an das Betriebsunternehmen nicht zu Einkünften aus Vermietung und Verpachtung (Vermögensverwaltung), sondern zu gewerblichen Einkünften. Zudem kommt es hinsichtlich des vermieteten Grundstücks zu einer betrieblichen Vermögensverstrickung.

3.691 **Sphärenzuordnung der Beteiligung und Rechtsfolge der Betriebsaufspaltung.** Die vergleichbare Abgrenzungsfrage stellt sich auch bei gemeinnützigen Körperschaften: Eine Beteiligung an einer Kapitalgesellschaft wird bei einer gemeinnützigen Körperschaft grundsätzlich in der Sphäre der Vermögensverwaltung gehalten.[2] Die Gewinnausschüttungen von Kapitalgesellschaften nehmen somit an der partiellen Ertragsteuerbefreiung nach §§ 51 Abs. 1 Satz 1, 64 Abs. 1, 65 i.V.m. §§ 14 AO i.V.m. § 5 Nr. 9 KStG teil. Sind hingegen die Voraussetzungen einer Betriebsaufspaltung gegeben, entsteht ein Besitzunternehmen in Form eines steuerpflichtigen Geschäftsbetriebs bei der gemeinnützigen Körperschaft.

3.692 **Die „klassische" Betriebsaufspaltung bei gemeinnützigen Körperschaften.** Wie bereits eingangs festgestellt wurde, können ausschließlich Körperschaften i.S.v. § 1 Abs. 1 KStG den Status einer gemeinnützigen Körperschaft i. S. d. §§ 51 ff. AO erlangen. Von einer „klassischen" Betriebsaufspaltung ist somit auszugehen, wenn eine gemeinnützige Körperschaft als Besitzunternehmen einer steuerpflichtigen Tochtergesellschaft mindestens eine – aus Sicht des Betriebsunternehmens – funktional wesentliche Betriebsgrundlage zur Nutzung überlässt, ohne dass das Betriebsunternehmen wirtschaftliches Eigentum erlangt (sachliche Verflechtung). Die personelle Verflechtung wird über eine Mehrheitsbeteiligung an der Tochtergesellschaft (Betriebsunternehmen) vermittelt. Der BFH bzw. die Finanzgerichte wenden die Grundsätze der Betriebsaufspaltung auf solche Konstellationen mittlerweile in ständiger Recht-

1 Vgl. dazu *Geibel* in Winheller/Geibel/Jachmann-Michel, Gesamtes Gemeinnützigkeitsrecht[3], Teil 1, 3.9 Personengesellschaften Rz. 17 ff.; *Ort*, DStR 2022, 864; *Wedemann*, NZG 2016, 645.

2 AEAO Nr. 3 Abs. 1 Satz 4 zu § 64 Abs. 1 AO.

sprechung an.[1] In der Entscheidung vom 25.8.2010 führt der 1. Senat des BFH aus, dass „die personelle Verflechtung [...] durch eine Mehrheitsbeteiligung des Besitzunternehmens an dem Betriebsunternehmen hergestellt [wird], da sie den Gesellschafter in die Lage versetzt, in der Betriebsgesellschaft seinen Willen durchzusetzen.[2] Eine Personenidentität in den Organen der Besitz- bzw. Betriebsgesellschaft ist dagegen nicht erforderlich. Auch gemeinnützige Vereine und Stiftungen können Besitzunternehmen im Sinne der Betriebsaufspaltung sein".[3]

Steuerliche Qualifikation des Besitzunternehmens und betriebliche Vermögensverstrickung. Der bereits dargelegte klassische Fall der Vermietung eines Grundstücks durch eine gemeinnützige Körperschaft an ihre beherrschte steuerpflichtige Tochtergesellschaft führt zu einem Besitzunternehmen in Form eines steuerpflichtigen wirtschaftlichen Geschäftsbetriebs. Die Vermietung des Grundstücks führt nicht zu steuerfreien Einkünften aus der Vermögensverwaltung. Vielmehr liegen insoweit gewerbliche Einkünfte der gemeinnützigen Körperschaft gem. §§ 51 Abs. 1 Satz 1, 64 Abs. 1, 65 i.V.m. §§ 14 AO i.V.m. §§ 5 Nr. 9 Satz 2, 8 Abs. 2 KStG vor; das Grundstück wird notwendiges Betriebsvermögen des steuerpflichtigen wirtschaftlichen Geschäftsbetriebs[4] und ist mithin steuerlich verstrickt. 3.693

Ebenso wird die Beteiligung an der beherrschten steuerpflichtigen Tochtergesellschaft notwendiges Betriebsvermögen des steuerpflichtigen wirtschaftlichen Geschäftsbetriebs „Besitzunternehmen". Gewinnausschüttungen der beherrschten steuerpflichtigen Tochtergesellschaft stellen gem. §§ 51 Abs. 1 Satz 1, 64 Abs. 1, 65 i.V.m. §§ 14 AO i.V.m. §§ 5 Nr. 9 Satz 2, 8 Abs. 2 KStG ebenfalls gewerbliche Einkünfte des steuerpflichtigen wirtschaftlichen Geschäftsbetriebs „Besitzunternehmen" dar und sind im Rahmen der Gewinnermittlung als Bezüge i. S. v. § 8b Abs. 1, 5 KStG zu berücksichtigen. 3.694

Einlage, Entnahme und Beendigung des steuerpflichtigen wirtschaftlichen Geschäftsbetriebs. Es kommt zur Entstehung eines steuerpflichtigen wirtschaftlichen Geschäftsbetriebs „Besitzunternehmen", bei dem die betreffenden Wirtschaftsgüter (insbesondere das Grundstück und ggf. weitere überlassene Wirtschaftsgüter) im Rahmen einer Betriebseröffnung nach § 6 Abs. 1 Nr. 6 i. V. m. Nr. 5 EstG mit dem Teilwert in das Betriebsvermögen eingelegt werden.[5] Die hierbei eintretende Aufdeckung der in steuerbefreiter Zeit gebildeten stillen Reserven führt nicht zu ertragsteuerlichen Folgen, da der Entnahme- bzw. Einlagegewinn noch in der steuerbefreiten Sphäre entsteht. 3.695

---

1 BFH v. 5.6.1985 – I S 2/85, I S 3/85, BFH/NV 1986, 433; BFH v. 21.5.1997 – I R 164/94, BFH/NV 1997, 825; BFH v. 25.8.2010 – I R 97/09, BFH/NV 2011, 312; BFH v. 17.11.2020 – I R 72/16, BFHE 271, 390 = FR 2021, 544; FG Düsseldorf v. 17.9.2013 – 6 K 2430/13, EFG 2013, 1958.

2 BFH v. 25.8.2010 – I R 97/09, BFH/NV 2011, 312, Rz. 15.

3 BFH v. 25.8.2010 – I R 97/09, BFH/NV 2011, 312, Rz. 15.

4 Zum Umfang des Betriebsvermögens bei einem steuerpflichtigen wirtschaftlichen Geschäftsbetrieb vgl. *Bott* in Schauhoff/Kirchhain, Handbuch der Gemeinnützigkeit[4], § 8 Rz. 247.

5 *Bott* in Schauhoff/Kirchhain, Handbuch der Gemeinnützigkeit[4], § 8 Rz. 138.

3.696 Das Gewinnermittlungsverhältnis zwischen einem steuerpflichtigen wirtschaftlichen Geschäftsbetrieb und den anderen Einkünftesphären einer gemeinnützigen Körperschaft orientiert sich an den Grundsätzen eines Einzelunternehmens; d.h., „Bewegungen" von Wirtschaftsgütern zwischen einem steuerpflichtigen wirtschaftlichen Geschäftsbetrieb und der steuerbefreiten Sphäre einer gemeinnützigen Körperschaft stellen Einlagen und Entnahmen dar.[1] Somit führt die durch die Betriebsaufspaltung bewirkte betriebliche Vermögensverstrickung bei der gemeinnützigen Körperschaft grundsätzlich zur Versteuerung stiller Reserven im Fall einer Entnahme oder einer Beendigung der Betriebsaufspaltung.

3.697 In diesem Zusammenhang ist darauf hinzuweisen, dass eine Entnahme zum Buchwert nach §§ 6 Abs. 1 Nr. 4 Satz 4 EStG aus dem steuerpflichtigen wirtschaftlichen Geschäftsbetrieb nach h.M. nicht möglich sein soll.[2] Zwar kann im Einzelfall nach einer Entnahme eine Verwendung in der steuerbefreiten Sphäre einer gemeinnützigen Körperschaft und damit – wie tatbestandlich vorausgesetzt – eine Verwendung für steuerbegünstigte Zwecke vorliegen, § 6 Abs. 1 Nr. 4 Satz 4 EStG soll jedoch nur anwendbar sein, wenn eine Übertragung auf einen anderen Rechtsträger erfolgt.[3] Aus der Perspektive einer Wortlautauslegung ist diese Ansicht zutreffend. Nach einer teleologischen Auslegung des § 6 Abs. 1 Nr. 4 Satz 4 EStG könnte m.E. indes von einer Anwendungserfassung ausgegangen werden. Letztlich soll die Verwendung für steuerbegünstigte Zwecke privilegiert werden. Ein damit im Zusammenhang stehender Spendenabzug übernimmt m.E. lediglich eine Anreizfunktion für die Spendenbereitschaft. Eine derartige gesetzgeberisch gesetzte Anreizfunktion sollte m.E. indes nicht anwendungsprägend sein. Auf Grundlage der h.M. ist somit davon auszugehen, dass im Fall einer Entnahme aus einem infolge einer Betriebsaufspaltung entstandenen steuerpflichtigen wirtschaftlichen Geschäftsbetrieb stille Reserven auch bei anschließender Verwendung in der steuerbefreiten Sphäre einer gemeinnützigen Körperschaft zu versteuern sind.

3.698 Im Fall der Beendigung eines infolge einer Betriebsaufspaltung entstandenen steuerpflichtigen wirtschaftlichen Geschäftsbetriebs und einer sich anschließenden Verwendung der Wirtschaftsgüter in der steuerbefreiten Sphäre einer gemeinnützigen Körperschaft geht die h.M. davon aus, dass nicht die Grundsätze der Betriebsaufgabe nach § 16 Abs. 3 EStG, sondern eine Buchwertüberführung nach § 13 Abs. 4 und 5 KStG in Betracht kommt.[4] Die Finanzverwaltung hat sich im BMF-Schreiben v. 1.2.2002 dieser Ansicht angeschlossen.[5] Eine Buchwertüberführung nach § 13 Abs. 4 und 5 KStG soll allerdings nicht zulässig sein, „soweit Wirtschaftsgüter vor der Überführung in den steuerbefreiten Bereich oder in engem zeitliche(m) Zusammenhang da-

1 Vgl. dazu *Bott* in Schauhoff/Kirchhain, Handbuch der Gemeinnützigkeit[4], § 8 Rz. 97 ff.
2 *Hüttemann* in Hüttemann, Gemeinnützigkeitsrecht und Spendenrecht[6], Kap. 7 Rz. 7.125; *Bott* in Schauhoff/Kirchhain, Handbuch der Gemeinnützigkeit[4], § 8 Rz. 157; *Kümpel*, DStR 1999, 1505 (1511); *Hüttemann*, DB 2008, 1590 (1591).
3 *Hüttemann*, DB 2008, 1590 (1591).
4 Zum Streitstand: *Hüttemann* in Hüttemann, Gemeinnützigkeitsrecht und Spendenrecht[6], Kap. 7 Rz. 7.126.
5 BMF v. 1.2.2002 – IV A 2 - S 2765-1/02, FMNR069000002 = FR 2002, 422.

nach veräußert werden".[1] Erfolgt hingegen nach der Entnahme eines Wirtschaftsguts aus einem infolge einer Betriebsaufspaltung entstandenen steuerpflichtigen wirtschaftlichen Geschäftsbetrieb oder nach einer Beendigung eines infolge einer Betriebsaufspaltung entstandenen steuerpflichtigen wirtschaftlichen Geschäftsbetriebs keine Verwendung in der steuerbefreiten Sphäre einer gemeinnützigen Körperschaft, kommt es nach allgemeinen Gewinnermittlungsgrundsätzen zur Versteuerung der stillen Reserven.

Betriebsaufspaltung zwischen gemeinnützigen Körperschaften. Die unter Rz. 3.692 dargestellten Besteuerungsfolgen treten nicht ein, wenn an einer Betriebsaufspaltung ausschließlich eine gemeinnützige Körperschaft als Besitzunternehmen und eine gemeinnützige Körperschaft als Betriebsunternehmen beteiligt sind.[2] Da der Gesetzgeber über § 57 Abs. 4 AO seit dem Jahressteuergesetz 2020 auch das Halten von Beteiligungen an gemeinnützigen Körperschaften als gemeinnützige unmittelbare Zweckverwirklichung i.S.v. § 57 Abs. 1 AO qualifiziert hat, wird die Beteiligung an einer gemeinnützigen Körperschaft als Betriebsunternehmen bei der gemeinnützigen Körperschaft als Besitzunternehmen in der steuerbefreiten Sphäre gehalten.[3] Die Finanzverwaltung macht im Anwendungserlass zur Abgabenordnung von der Nichtanwendung der Grundsätze der Betriebsaufspaltung wiederum eine Ausnahme, „[soweit] die überlassenen wesentlichen Betriebsgrundlagen bei dem Betriebsunternehmen [...] in einem steuerpflichtigen wirtschaftlichen Geschäftsbetrieb eingesetzt werden".[4] 3.699

Rechtsfolgen bei Einsatz der überlassenen Wirtschaftsgüter im steuerpflichtigen wirtschaftlichen Geschäftsbetrieb. *Hüttemann* wirft zutreffend die Frage auf, wie die Rechtsfolgen einer solchen „partiellen" Betriebsaufspaltung ausfallen sollen.[5] Hierzu findet sich in der Literatur vermehrt folgende Konkretisierung der Rechtsfolgen: Die Entgelte für die an die gemeinnützige Körperschaft als Betriebsunternehmen überlassenen Wirtschaftsgüter fallen bei der gemeinnützigen Körperschaft als Besitzunternehmen in einem steuerpflichtigen wirtschaftlichen Geschäftsbetrieb an.[6] *Kirchhain* weist zutreffend darauf hin, dass auch im Fall einer „partiellen" Betriebs- 3.700

---

1 BMF a.a.O.

2 AEAO Nr. 3 Abs. 1 Satz 8 zu § 64 Abs. 1 AO; OFD Münster v. 26.7.1995, DB 1995, 1785.

3 Nach zutreffender Ansicht ist die Regelung des § 57 Abs. 4 AO nicht nur auf sogenannte gemeinnützige Holdinggesellschaften anwendbar; d.h. eigene operative und/oder fördernde gemeinnützige Tätigkeiten stehen der Anwendung des § 57 Abs. 4 AO nicht entgegen, so auch *Kirchhain* in Schauhoff/Kirchhain, Handbuch der Gemeinnützigkeit[4], § § 7 Rz. 116; *Exner*, npoR 2021, 63 (67/68); *Fritz*, WPg 2021, 1143 (1144); *Hüttemann*, DB 2021, 72 (76); *Kirchhain*, DStR 2021, 129 (136); *Leichinger* in Roth/Werner, S. 143, 153; *Schwarz/Jäckel* in Roth/Werner, S. 13, 18; *Roller/Imberg* in Seeger/Kurz/Grummann, Die Reform des Gemeinnützigkeitsrechts[2], S. 60; *Strahl*, KÖSDI 2021, 22314 (22321). A.A. *Imberg/Brox*, NWB 2021, 1222 (1229). Vgl. *Holste*, DStR 2021, 2768 (2771).

4 AEAO Nr. 3 Abs. 1 Satz 9 zu § 64 Abs. 1 AO.

5 *Hüttemann* in Hüttemann, Gemeinnützigkeitsrecht und Spendenrecht[6], Kap. 6, Rz. 6.142, Fn. 4.

6 *Kirchhain* in Schauhoff/Kirchhain, Handbuch der Gemeinnützigkeit[4], § 7 Rz. 128; Buchna/Leichinger/Seeger/Brox, Gemeinnützigkeit im Steuerrecht[4], 2.15.4.3.

aufspaltung die Beteiligung an der gemeinnützigen Betriebsgesellschaft nicht notwendiges Betriebsvermögen eines steuerpflichtigen wirtschaftlichen Geschäftsbetriebs wird.[1] Vor dem Hintergrund der Regelung des § 57 Abs. 4 AO ist vielmehr regelmäßig davon auszugehen, dass die Beteiligung an der gemeinnützigen Körperschaft in der steuerbefreiten Sphäre der gemeinnützigen Körperschaft gehalten wird.[2]

3.701 Diese Sphärenzuordnung der Beteiligung an der gemeinnützigen Körperschaft als Betriebsunternehmen ist auch mit Blick auf die allgemeinen Grundsätze der bilanzsteuerlichen Betriebsvermögenszuordnung zutreffend: Bei der gemeinnützigen Körperschaft als Betriebsunternehmen werden die Tätigkeiten in steuerpflichtigen wirtschaftlichen Geschäftsbetrieben in der Regel eine untergeordnete Rolle spielen; mithin dient die Beteiligung an der gemeinnützigen Körperschaft überwiegend einer nicht steuerbefreiten Tätigkeit. Lediglich die an die gemeinnützige Körperschaft als Betriebsunternehmen überlassenen Wirtschaftsgüter werden bei der gemeinnützigen Körperschaft als Besitzunternehmen notwendiges Betriebsvermögen eines steuerpflichtigen wirtschaftlichen Geschäftsbetriebs.

3.702 Soweit in der Literatur eine Nutzungsprüfung hinsichtlich der Anwendung der Grundsätze der Betriebsaufspaltung in bestimmten Konstellationen vorgeschlagen wird[3], ist dies m.E. dahingehend zu konkretisieren, dass spiegelbildlich eine bilanzsteuerliche Betriebsvermögenszuordnung vorzunehmen ist: Danach gehören bspw. zum notwendigen Betriebsvermögen des steuerpflichtigen wirtschaftlichen Geschäftsbetriebs bei der gemeinnützigen Körperschaft als Besitzunternehmen die überlassenen Wirtschaftsgüter, die bei der gemeinnützigen Körperschaft als Betriebsunternehmen ausschließlich oder überwiegend im steuerpflichtigen wirtschaftlichen Geschäftsbetrieb genutzt werden.[4] Insoweit erfolgt die mittelbare Teilnahme an nicht steuerbefreiten Tätigkeiten.

3.703 **Betriebsaufspaltung im Rahmen satzungsgemäßer Kooperationen nach § 57 Abs. 3 AO.** Gem. § 57 Abs. 3 Satz 1 AO verfolgt eine Körperschaft ihre steuerbegünstigten Zwecke auch dann unmittelbar i.S.v. § 57 Abs. 1 Satz 1 AO, wenn sie satzungsgemäß durch planmäßiges Zusammenwirken mit mindestens einer weiteren steuerbegünstigten Körperschaft einen steuerbegünstigten Zweck verwirklicht. Hintergrund dieser durch das Jahressteuergesetz 2020 eingefügten Regelung ist, dass nach § 57 Abs. 1 AO der Grundsatz der unmittelbaren Verwirklichung gemeinnütziger Zwecke gilt. Das bloße Zurverfügungstellen von Infrastruktur zur Verwirklichung gemeinnütziger Zwecke einer anderen steuerbegünstigten Körperschaft stellt danach grundsätzlich keine unmittelbare Zweckverwirklichung i. S. d. § 57 Abs. 1 AO dar.

---

1 *Kirchhain* in Schauhoff/Kirchhain, Handbuch der Gemeinnützigkeit[4], § 7 Rz. 117, 128, 150.

2 Zur Sphärenzuteilung einer Beteiligung an einer gemeinnützigen Körperschaft bei einer gemeinnützigen Körperschaft vor dem Hintergrund der Regelung des § 57 Abs. 4 AO vgl. die Ausführungen von *Kirchhain* in Schauhoff/Kirchhain, Handbuch der Gemeinnützigkeit[4], § 7 Rz. 113 ff.

3 *Kümpel* in Rödder/Herlinghaus/Neumann[2], § 5 KStG Rz. 424.

4 *Bott* in Schauhoff/Kirchhain, Handbuch der Gemeinnützigkeit[4], § 8 Rz. 150, 247.

Ein Schulbeispiel ist eine gemeinnützige Körperschaft, die ein Krankenhaus betreibt (Förderung des öffentlichen Gesundheitswesens und der öffentlichen Gesundheitspflege) und sich von einer Tochtergesellschaft die für den Krankenhausbetrieb benötigten Dienstleistungen erbringen lässt. Nach der alten Rechtslage würde der Wäschereibetrieb der Tochtergesellschaft grundsätzlich keinen steuerbefreiten Zweckbetrieb darstellen. Zudem könnte die Tochtergesellschaft über diese Tätigkeit grundsätzlich nicht den Status einer gemeinnützigen Körperschaft erlangen. 3.704

Die eingefügte Regelung des § 57 Abs. 3 AO bewirkt nunmehr, dass die bislang nicht gemeinnützige (Wäscherei-)Tochtergesellschaft aufgrund des satzungsgemäß verankerten planmäßigen Zusammenwirkens mit der gemeinnützigen Mutter(krankenhaus)gesellschaft ebenfalls als gemeinnützige Körperschaft anerkannt werden kann. Mutter(krankenhaus)gesellschaft und (Wäscherei-)Tochtergesellschaft unterhalten in diesem Fall einen rechtsträgerübergreifenden steuerbefreiten Zweckbetrieb.[1] 3.705

Aus dem Entstehen eines solchen rechtsträgerübergreifenden steuerbefreiten Zweckbetriebs folgt, dass die im Rahmen des planmäßigen Zusammenwirkens im Zweckbetrieb oder im ideellen Bereich eingesetzten Wirtschaftsgüter (z.B. Grundstücke) auch bei den zusammenwirkenden Körperschaften dem Zweckbetrieb bzw. dem ideellen Bereich zuzuordnen sind.[2] Dies hat zur Folge, dass Nutzungsentgelte, die für innerhalb des rechtsträgerübergreifenden steuerbefreiten Zweckbetriebs überlassene Wirtschaftsgüter vereinnahmt werden, Einkünfte im steuerbefreiten Zweckbetrieb darstellen.[3] Die Rechtsfolgen des § 57 Abs. 3 AO werden damit gleichsam „über" die Rechtsfolgen einer bestehenden Betriebsaufspaltung gelegt und überlagern deren ertragsteuerliche Wirkungen. 3.706

Zeitlich vorgelagert hat bereits die Einrichtung einer satzungsgemäßen Kooperation nach § 57 Abs. 3 AO ertragsteuerliche Auswirkungen auf die (Wäscherei-)Tochtergesellschaft und auf die Mutter(krankenhaus)gesellschaft. Durch die satzungsgemäße Verankerung eines planmäßigen Zusammenwirkens mit der Mutter(krankenhaus)gesellschaft wechselt die (Wäscherei-)Tochtergesellschaft in den Status der Gemeinnützigkeit. Dieser Wechsel zur Gemeinnützigkeit kann auf Ebene der (Wäscherei-)Tochtergesellschaft weitestgehend nach § 13 Abs. 4 Satz 1 KStG buchwertneutral gestaltet werden. Die Wirtschaftsgüter der (Wäscherei-)Tochtergesellschaft dienen nach Einrichtung der satzungsgemäßen Kooperation nach § 57 Abs. 3 AO der Förderung steuerbegünstigter Zwecke im Sinne der §§ 52 bis 54 der AO, da sie im rechtsträgerübergreifenden steuerbefreiten Zweckbetrieb eingesetzt werden.[4] 3.707

Beendigung der Betriebsaufspaltung auf Ebene der Muttergesellschaft – Meinungsstand. Auf der Ebene der Mutter(krankenhaus)gesellschaft bestand bis zur Einrichtung einer satzungsgemäßen Kooperation nach § 57 Abs. 3 AO ein steuerpflichtiger wirtschaftlicher Geschäftsbetrieb „Besitzuntennehmen". Fraglich ist, ob 3.708

---

1 So auch *Hüttemann*, DB 2021, 72 (76); AEAO zu § 57 Abs. 3, Nr. 12; nach *Werthebach/Brill*, NWB 8/2023, 542 (547) ist Frage, ob ein rechtsträgerübergreifender Zweckbetrieb entsteht, noch nicht abschließend geklärt.

2 AEAO Nr. 12 Satz 1 zu § 57 Abs. 3 AO.

3 *Kirchhain* in Schauhoff/Kirchhain, Handbuch der Gemeinnützigkeit[4], § 7 Rz. 264.

4 *Kirchhain* in Schauhoff/Kirchhain, Handbuch der Gemeinnützigkeit[4], § 7 Rz. 271.

die Einrichtung einer satzungsgemäßen Kooperation nach § 57 Abs. 3 AO zur Beendigung der Betriebsaufspaltung und damit zu einer Beendigung des steuerpflichtigen wirtschaftlichen Geschäftsbetriebs „Besitzunternehmen“ führt.

3.709 *Becker/Sokollari* stellen zunächst fest, dass bei dieser Konstellation die personelle und sachliche Verflechtung zwischen der Mutter(krankenhaus)gesellschaft und der (Wäscherei-)Tochtergesellschaft trotz des Übergangs der (Wäscherei-)Tochtergesellschaft zur Gemeinnützigkeit nach § 57 Abs. 3 AO fortbesteht.[1] Sie gelangen sodann zu dem Ergebnis, dass eine weitere Voraussetzung einer Betriebsaufspaltung sei, dass die (Wäscherei-)Tochtergesellschaft einen Gewerbebetrieb unterhält, und diese Voraussetzung durch die Überführung der (Wäscherei-)Tochtergesellschaft in die Steuerbegünstigung entfalle, da die vormals steuerpflichtige gewerbliche Aktivität fortan einen steuerbegünstigten Zweckbetrieb begründe.[2]

3.710 Diese Auffassung erscheint jedoch mit Blick auf die Systematik des Gewerbesteuerrechts nicht zwingend. Zu fragen ist, weshalb der Gesetzgeber in § 3 Nr. 6 GewStG gemeinnützige Körperschaften von der Gewerbesteuer befreit, „soweit sie keinen wirtschaftlichen Geschäftsbetrieb i. S. d. § 14 AO unterhalten“. Zweckbetriebe sind dem Grunde nach wirtschaftliche Geschäftsbetriebe i. S. d. § 14 AO; sie werden lediglich über § 64 Abs. 1 letzter Halbsatz AO von der Besteuerung ausgenommen. Die gesetzliche Konzeption geht damit ersichtlich davon aus, dass Zweckbetrieben typischerweise gewerbliche Tätigkeiten zugrunde liegen, die über § 3 Nr. 6 GewStG von der Gewerbesteuerpflicht freigestellt werden. Die Steuerbegünstigung führt auf der Ebene des Zweckbetriebs nicht dazu, dass keine gewerbliche Tätigkeit und damit kein Gewerbebetrieb mehr vorliegt, sondern nur dazu, dass dieser Gewerbebetrieb von bestimmten Ertragsteuern freigestellt wird.

3.711 *Kirchhain* ist ebenfalls der Ansicht, dass im Fall der Einrichtung einer satzungsgemäßen Kooperation nach § 57 Abs. 3 AO „auf Ebene einer gemeinnützigen Gesellschafterin [...] es sowohl in Bezug auf die Beteiligung an der nunmehr gemeinnützigen Tochter-Servicegesellschaft als auch hinsichtlich etwa zur Nutzung überlassener Wirtschaftsgüter zur Beendigung einer Betriebsaufspaltung und damit zu einer Betriebsaufgabe [kommt] (§ 16 Abs. 3 S. 1 EStG)“.[3]

3.712 **Eigene Auffassung: Fortbestehen der Betriebsaufspaltung und Konsequenzen für stille Reserven.** Nach hier vertretener Auffassung führt die Umsetzung einer satzungsgemäßen Kooperation nach § 57 Abs. 3 AO hingegen nicht zur Beendigung des steuerpflichtigen wirtschaftlichen Geschäftsbetriebs „Besitzunternehmen“ und damit nicht zur Beendigung der Betriebsaufspaltung.

3.713 Ausgangspunkt ist, dass die Voraussetzungen der Betriebsaufspaltung – personelle und sachliche Verflechtung sowie das Vorliegen eines (grundsätzlich gewerblichen) Betriebs im Betriebsunternehmen – tatsächlicher Natur sind. Die Umsetzung der Voraussetzungen des § 57 Abs. 3 AO bewirkt keine Änderung der tatsächlichen Verhältnisse, die für

1 *Becker/Sokollari* in DStR 2021, 1849, 1850.
2 *Becker/Sokollari* aaO.
3 *Kirchhain* in Schauhoff/Kirchhain, Handbuch der Gemeinnützigkeit[4], § 7 Rz. 271.

die Begründung der Betriebsaufspaltung maßgeblich sind: Die Beteiligungsverhältnisse, die personelle Beherrschung sowie die Überlassung wesentlicher Betriebsgrundlagen bleiben unverändert bestehen. § 57 Abs. 3 AO ordnet lediglich eine ertragsteuerliche Umqualifizierung der Einkünfte durch das Entstehen eines rechtsträgerübergreifenden steuerbefreiten Zweckbetriebs an; die zugrunde liegende wirtschaftliche Tätigkeit wird unverändert fortgeführt. Eine Aufgabe der einkünfteerzielenden Tätigkeit – wie sie typischerweise Voraussetzung für die Beendigung eines steuerpflichtigen wirtschaftlichen Geschäftsbetriebs und einer Betriebsaufspaltung ist – liegt gerade nicht vor.

Die Rechtsfolgenwirkung des § 57 Abs. 3 AO lässt sich daher in ihrer Wirkung mit der Handhabung der Finanzverwaltung beim Vorliegen einer Betriebsaufspaltung zwischen ausschließlich steuerbegünstigten Körperschaften vergleichen: „Die Grundsätze [und damit die Rechtsfolgen] der Betriebsaufspaltung sind nicht anzuwenden, wenn sowohl das Betriebs- als auch das Besitzunternehmen steuerbegünstigt sind".[1] Die Nichtanwendbarkeit der Grundsätze der Betriebsaufspaltung beruht in diesen Fällen aber nicht auf einer tatsächlichen Beendigung des Betriebs oder der Aufspaltung, sondern auf einer normativen Durchbrechung der Rechtsfolgen bei unverändert fortbestehenden tatsächlichen Voraussetzungen. Entsprechendes gilt für die Konstellation der satzungsgemäßen Kooperation nach § 57 Abs. 3 AO. 3.714

Ungeachtet dessen würde – selbst bei Annahme einer Beendigung der Betriebsaufspaltung im Zuge der Umsetzung einer satzungsgemäßen Kooperation nach § 57 Abs. 3 AO – auf Grundlage der Verwaltungsauffassung eine Aufdeckung stiller Reserven nicht erfolgen, da nach dem BMF-Schreiben v. 1.2.2002 eine Buchwertüberführung nach § 13 Abs. 4 und 5 KStG in Betracht kommt.[2] Der entscheidende Unterschied zu der hier vertretenen Auffassung besteht jedoch darin, dass nach dieser Verwaltungsauffassung eine Buchwertüberführung nach § 13 Abs. 4 und 5 KStG aus dem steuerpflichtigen wirtschaftlichen Geschäftsbetrieb „Besitzunternehmen" ausgeschlossen ist, „soweit Wirtschaftsgüter vor der Überführung in den steuerbefreiten Bereich oder in engem zeitlichen Zusammenhang danach veräußert werden".[3] In der hier vertretenen Sichtweise verbleibt es dagegen – mangels Betriebsaufgabe – grundsätzlich bei der fortbestehenden Betriebsaufspaltung; eine lediglich ertragsteuerliche Umqualifizierung der Einkünfte nach § 57 Abs. 3 AO löst für sich genommen keinen Aufgabevorgang i. S. d. § 16 Abs. 3 Satz 1 EStG aus. 3.715

Der EuGH-Vorlagebeschluss des BFH vom 22.5.2025 zur beihilfenrechtlichen Zulässigkeit von Steuervergünstigungen im Zusammenhang mit § 57 Abs. 3 AO. Der BFH hat mit Beschluss vom 22.5.2025 die sich aus der Anwendung des § 57 Abs. 3 AO ergebende Steuervergünstigung als Ausnahme vom Unmittelbarkeitserfordernis des § 57 Abs. 1 AO dem EuGH zur unionsrechtlichen Beihilfeprüfung vorgelegt.[4] Im Kern betrifft der Vorlagebeschluss des BFH die Frage, ob § 57 Abs. 3 AO 3.716

1 AEAO Nr. 3 Abs. 1 Satz 8 zu § 64 Abs. 1 AO.
2 BMF v. 1.2.2002 – IV A 2 - S 2765-1/02, DB 2002, 350; BMF v. 25.02.2002 – IV A 2 - S 2765 – 1/02, FR 2002, 422.
3 BMF a.a.O.
4 BFH v. 22.5.2025 – V R 22/23, UR 2025, 779, Rz. 1 – 7.

eine nationale Steuerbegünstigung in Gestalt der Steuerfreiheit einer wirtschaftlichen Tätigkeit als Zweckbetrieb gewährt, deren Leistungen im Wettbewerb zu nicht steuerbegünstigten Leistungsanbietern stehen, und ob dies eine unionsrechtswidrige Beihilfe darstellt.

3.717 Der Ausgang dieses beim EuGH anhängigen Verfahrens[1] hat erhebliche Auswirkungen auf Betriebsaufspaltungen im Zusammenhang mit § 57 Abs. 3 AO. Zuvorderst ist darauf hinzuweisen, dass im Fall einer bejahenden Entscheidung des EuGH – also der Annahme einer unionsrechtswidrigen Beihilfe – der rechtsträgerübergreifende Zweckbetrieb und die sich daraus ergebende ertragsteuerliche Zweckbetriebszuordnung von Entgelten im Rahmen einer Betriebsaufspaltung nach § 57 Abs. 3 AO nicht mehr greifen würden. Die „schlafende" Betriebsaufspaltung würde wieder „erwachen": Nutzungsentgelte, die für an eine Tochtergesellschaft überlassene Wirtschaftsgüter vereinnahmt werden, und Gewinnausschüttungen einer Tochtergesellschaft stellen dann gem. §§ 51 Abs. 1 Satz 1, 64 Abs. 1, 65 i. V. m. § 14 AO i. V. m. §§ 5 Abs. 1 Nr. 9 Satz 2, 8 Abs. 2 KStG gewerbliche Einkünfte dar.

3.718 Vor diesem Hintergrund stellt sich die Frage, ob durch eine solche „Zwangsbeendigung" einer satzungsgemäßen Kooperation nach § 57 Abs. 3 AO eine neue Betriebsaufspaltung entsteht. Nach der unter der vorherigen Randziffer dargestellten Auffassung ist wohl konsequenterweise davon auszugehen, dass erneut ein steuerpflichtiger wirtschaftlicher Geschäftsbetrieb „Besitzunternehmen" entsteht, bei dem die betreffenden Wirtschaftsgüter (insbesondere das Grundstück und ggf. weitere überlassene Wirtschaftsgüter) im Rahmen einer Betriebseröffnung nach § 6 Abs. 1 Nr. 6 i. V. m. Nr. 5 EStG mit dem Teilwert in das Betriebsvermögen eingelegt werden.

3.719 Nach der hier vertretenen Auffassung führt demgegenüber die Aufhebung einer satzungsgemäßen Kooperation nach § 57 Abs. 3 AO bzw. die gerichtliche Suspendierung der Rechtsfolgen des § 57 Abs. 3 AO nicht zu einer erneuten Betriebsaufspaltung durch Entstehung eines steuerpflichtigen wirtschaftlichen Geschäftsbetriebs „Besitzunternehmen". Wie bereits oben ausgeführt, sind die Voraussetzungen der Betriebsaufspaltung – personelle und sachliche Verflechtung sowie das Vorliegen eines (grundsätzlich gewerblichen) Betriebs im Betriebsunternehmen – tatsächlicher Natur. Die Umsetzung wie auch die Aufhebung der Voraussetzungen des § 57 Abs. 3 AO bewirken keine Änderung der tatsächlichen Verhältnisse, die für die Begründung der Betriebsaufspaltung maßgeblich sind: Die Beteiligungsverhältnisse, die personelle Beherrschung sowie die Überlassung wesentlicher Betriebsgrundlagen bleiben unverändert bestehen. In dieser Sichtweise liegt auch während der Geltung des § 57 Abs. 3 AO eine Betriebsaufspaltung vor, deren ertragsteuerliche Wirkungen jedoch durch die spezielle Anwendungsregel des § 57 Abs. 3 AO normativ überlagert werden. Entfallen diese Sonderregelungen, entsteht nicht eine „neue" Betriebsaufspaltung, sondern die bereits bestehende Betriebsaufspaltung entfaltet lediglich wieder ihre „normalen" steuerlichen Wirkungen.

---

1 EuGH v. 18.7.2025 – C-477/25 – Servicekörperschaft (Verfahren noch anhängig; zuvor BFH v. 22.5.2025 – V R 22/23 UR 2025, 779, Rz. 1 – 7; FG HH v. 26.9.2023 – 5 K 11/23, EFG 2023, 1741).

Gestaltungsüberlegungen zu stillen Reserven. Der entscheidende Unterschied zwischen den beiden Auffassungen besteht darin, dass nach der hier vertretenen Sichtweise die in steuerbefreiter Zeit (Bestand einer satzungsgemäßen Kooperation nach § 57 Abs. 3 AO) gebildeten stillen Reserven grundsätzlich im Rahmen des steuerpflichtigen wirtschaftlichen Geschäftsbetriebs „Besitzunternehmen" zu einem späteren Zeitpunkt zu versteuern wären. Allerdings kommt – wie bereits erläutert – nach dem BMF-Schreiben v. 1.2.2002 im Fall der Beendigung eines infolge einer Betriebsaufspaltung entstandenen steuerpflichtigen wirtschaftlichen Geschäftsbetriebs und einer sich anschließenden Verwendung der Wirtschaftsgüter in der steuerbefreiten Sphäre einer gemeinnützigen Körperschaft regelmäßig eine Buchwertüberführung nach § 13 Abs. 4 und 5 KStG in Betracht; die h. M. wendet in diesen Fällen nicht die Grundsätze der Betriebsaufgabe nach § 16 Abs. 3 EStG an. 3.720

Sollte der vom BMF-Schreiben v. 1.2.2002 erfasste Fall im Zusammenhang mit einer zukünftigen Verwendung der Wirtschaftsgüter nicht einschlägig sein, erscheint es im Rahmen einer Gestaltungsberatung – auf der Grundlage der hier vertretenen Auffassung – prüfenswert, ob innerhalb einer bestehenden satzungsgemäßen Kooperation nach § 57 Abs. 3 AO die tatsächlichen Voraussetzungen der Betriebsaufspaltung (personelle und sachliche Verflechtung) bewusst aufgehoben und erst anschließend erneut begründet werden. In einem solchen Fall käme es zu einer (neuen) Entstehung eines steuerpflichtigen wirtschaftlichen Geschäftsbetriebs „Besitzunternehmen", bei dem die Wirtschaftsgüter im Rahmen einer Betriebseröffnung nach § 6 Abs. 1 Nr. 6 i. V. m. Nr. 5 EStG mit dem Teilwert in das Betriebsvermögen eingelegt werden könnten. Als vorbereitende Maßnahme im Hinblick auf eine mögliche gerichtliche Suspendierung der Rechtsfolgen des § 57 Abs. 3 AO durch den EuGH könnte dies in geeigneten Einzelfällen in Betracht zu ziehen sein. 3.721

Die Betriebsaufspaltung mit einer gemeinnützigen Körperschaft als Betriebsunternehmen. Abschließend ist auf eine in der Praxis selten vorkommende Konstellation einzugehen: Im Rahmen einer Betriebsaufspaltung wird das Besitzunternehmen von einer steuerpflichtigen Körperschaft oder einer natürlichen Person gebildet, während das Betriebsunternehmen eine gemeinnützige Körperschaft ist. 3.722

Ist das Besitzunternehmen eine natürliche Person, stellt sich die Fallkonstellation typischerweise wie folgt dar: Die natürliche Person hält alle Geschäftsanteile an der gemeinnützigen Körperschaft in der Rechtsform einer GmbH und überlässt der gemeinnützigen Körperschaft als Betriebsunternehmen entgeltlich etwa ein Grundstück. Das Grundstück wird bei der gemeinnützigen Körperschaft als Betriebsunternehmen ausschließlich im Zweckbetrieb verwendet. Es stellt sich die Frage, ob durch die Überlassung des Grundstücks als funktional wesentliche Betriebsgrundlage bei der natürlichen Person nach den Grundsätzen der Betriebsaufspaltung ein Besitzunternehmen entsteht. 3.723

Diese Frage besitzt nur für die überlassenen Wirtschaftsgüter steuerliche Relevanz. Hinsichtlich der Beteiligung an der gemeinnützigen Körperschaft als Betriebsunternehmen sind die gemeinnützigkeitsrechtlichen Restriktionen in den Blick zu nehmen. Nach § 55 Abs. 1 Nr. 1 Satz 2 AO dürfen Gesellschafter keine Gewinnanteile und in ihrer Eigen- 3.724

schaft als Gesellschafter auch keine sonstigen Zuwendungen aus Mitteln der Körperschaft erhalten. Nach § 55 Abs. 1 Nr. 2 AO dürfen die Gesellschafter bei Auflösung oder Aufhebung der Körperschaft nicht mehr als ihre eingezahlten Kapitalanteile und den gemeinen Wert ihrer geleisteten Sacheinlagen zurückerhalten. Diese Restriktionen führen letztlich dazu, dass die Geschäftsanteile an einer gemeinnützigen Körperschaft wirtschaftlich weitgehend entwertet sind; die Entstehung stiller Reserven ist bewertungsrechtlich nahezu ausgeschlossen. Für die Beteiligung an der gemeinnützigen Körperschaft ergibt sich daher im Fall der Annahme eines Besitzunternehmens bei der natürlichen Person als Anteilseigner regelmäßig keine nennenswerte Besteuerungsrelevanz.

3.725 Anders verhält es sich bei den überlassenen Wirtschaftsgütern. Im vorstehend gebildeten Beispielsfall wäre bei Annahme eines Besitzunternehmens auf der Ebene der natürlichen Person das entgeltlich überlassene Grundstück steuerlich verstrickt. Die Entgelte für die Überlassung wären in diesem Fall keine Einkünfte aus Vermietung und Verpachtung, sondern als gewerbliche Einkünfte zu qualifizieren.

3.726 **Eigene Auffassung: Vorliegen eines Besitzunternehmens und Grenzen einer Übertragung des § 57 Abs. 3 AO.** Für die Beantwortung der Frage, ob in diesen Fällen ein Besitzunternehmen entsteht, ist zunächst festzustellen, dass ein wirtschaftlicher Geschäftsbetrieb i. S. d. § 14 AO seinem Wesen nach stets eine originär gewerbliche Betätigung i. S. d. § 15 Abs. 2 EStG (selbständige, nachhaltige Betätigung mit Teilnahme am allgemeinen wirtschaftlichen Verkehr und Überschreitung der Vermögensverwaltung) voraussetzt.[1] Ein solcher wirtschaftlicher Geschäftsbetrieb kann bei der gemeinnützigen Körperschaft als Zweckbetrieb nach §§ 51 Abs. 1 Satz 1, 64 Abs. 1, 65 i. V. m. § 14 AO i. V. m. § 5 Abs. 1 Nr. 9 KStG körperschaftsteuerfrei und nach §§ 51 Abs. 1 Satz 1, 64 Abs. 1, 65 i. V. m. § 14 AO i. V. m. § 3 Nr. 6 GewStG gewerbesteuerfrei sein. Dies ändert jedoch – bei Lichte betrachtet – nichts daran, dass durch die Überlassung von Wirtschaftsgütern durch die natürliche Person mittelbar an einer gewerblichen Tätigkeit teilgenommen wird. Die natürliche Person stellt dem Betriebsunternehmen eine funktional wesentliche Betriebsgrundlage zur Verfügung und hat zugleich über die Beteiligung beherrschenden Einfluss auf die gemeinnützige Körperschaft. Damit werden das Besitzunternehmen der natürlichen Person als Anteilseigner und die gemeinnützige Körperschaft als Betriebsunternehmen von einem einheitlichen geschäftlichen Betätigungswillen getragen. Die klassischen Voraussetzungen der Betriebsaufspaltung (personelle und sachliche Verflechtung) sind somit erfüllt. Daher liegt m. E. in diesen Fällen ein Besitzunternehmen bei der natürlichen Person als Anteilseigner vor.

3.727 Allenfalls mit dem Rechtsgedanken satzungsgemäßer Kooperationen nach § 57 Abs. 3 AO und dem sich daraus ergebenden rechtsträgerübergreifenden steuerbefreiten Zweckbetrieb könnte gegen die Entstehung eines Besitzunternehmens argumentiert werden. Dabei ist jedoch nicht zu verkennen, dass eine natürliche Person selbst nicht den Status der steuerlichen Gemeinnützigkeit erlangen kann. Ein zentraler Anknüpfungspunkt der satzungsgemäßen Kooperationen nach § 57 Abs. 3 AO – das planmäßige Zusammenwirken mehrerer steuerbegünstigter Körperschaften – ist in dieser

1 BFH v. 27.3.2001 – I R 78/99, BStBl. II 2001, 449; BFH v. 16.11.2011 – I R 31/10, BFH/NV 2012, 786.

Konstellation strukturell nicht erfüllbar. Eine Übertragung der Rechtsfolgen des § 57 Abs. 3 AO auf das Verhältnis zwischen einer natürlichen Person als Besitzunternehmer und einer gemeinnützigen Körperschaft als Betriebsunternehmen scheidet daher aus.

L. Betriebsaufspaltung im Bereich der Körperschaften des öffentlichen Rechts

Einordnung und Rechtsfolgen. Bevor die Rechtsfolgen von Betriebsaufspaltungen im Bereich der Körperschaften des öffentlichen Rechts (KdöR) erörtert werden können, ist zunächst die ertragsteuerliche Ausgangskonstellation bei Körperschaften des öffentlichen Rechts zu skizzieren. 3.728

Körperschaften des öffentlichen Rechts sind als solche nicht körperschaftsteuerpflichtige Steuersubjekte, sie sind lediglich beschränkt körperschaftsteuerpflichtig und unterliegen mit ihren steuerabzugspflichtigen inländischen Einkünften der Körperschaftsteuer (§ 2 Nr. 2 KStG). Eine unbeschränkte Körperschaftsteuerpflicht hat der Gesetzgeber nur für Betriebe gewerblicher Art (BgA) vorgesehen (§ 1 Abs. 1 Nr. 6 KStG). 3.729

Diese Grundsystematik unterscheidet sich grundlegend von der ertragsteuerlichen Systematik bei gemeinnützigen Körperschaften: Gemeinnützige Körperschaften sind Körperschaftsteuersubjekte und im Ausgangspunkt unbeschränkt steuerpflichtig. Der Status als gemeinnützige Körperschaft i. S. d. §§ 51 ff. AO führt dazu, dass die Befreiungstatbestände der Körperschaftsteuer und der Gewerbesteuer „gehoben" werden. Körperschaften des öffentlichen Rechts sind demgegenüber – außerhalb ihrer BgA – keine Körperschaftsteuersubjekte; Besteuerungsobjekt ist primär der BgA, nicht die Körperschaft des öffentlichen Rechts als solche. 3.730

Gleichwohl werden die (wirtschaftlichen) Tätigkeiten der Körperschaft des öffentlichen Rechts für ertragsteuerliche Zwecke in verschiedene Sphären unterteilt: 3.731

- Tätigkeiten, die überwiegend der Ausübung öffentlicher Gewalt dienen, sind Hoheitsbetriebe i.S.v. § 4 Abs. 5 Satz 1 KStG. Einkünfte hieraus sind Einkünfte aus Hoheitsbetrieben und der Körperschaftsteuer regelmäßig entzogen.
- Die Verwaltung von Vermögen i.S.v. § 14 Satz 3 AO ist der Vermögensverwaltung zuzuordnen; Einkünfte hieraus sind Einkünfte aus Vermögensverwaltung.
- Sonstige (wirtschaftliche) Tätigkeiten, die weder Hoheitsbetrieben noch der Vermögensverwaltung zugeordnet werden können, begründen BgA i.S.v. § 4 Abs. 1 Satz 1 KStG.

Der BgA als „virtuelle" Kapitalgesellschaft. BgA sind unselbständige organisatorische Einrichtungen ohne eigene Rechtspersönlichkeit innerhalb einer Körperschaft des öffentlichen Rechts.[1] In ständiger Rechtsprechung qualifiziert der BFH den BgA 3.732

1 Zum Verhältnis zur Trägerkörperschaft hinsichtlich der Qualifizierung als Steuerrechtssubjekt, vgl. *Kahsnitz*, DStR 2019, 1017.

als „virtuelle“ Kapitalgesellschaft.[1] Bei der Gewinnermittlung wird fingiert, der BgA sei ein selbständiges körperschaftsteuerpflichtiges Steuerrechtssubjekt in der Rechtsform einer Kapitalgesellschaft und die KdöR sei deren Alleingesellschafterin.[2] Sämtliche Einkünfte des BgA werden dementsprechend einheitlich als Einkünfte aus Gewerbebetrieb i.S.d. § 15 EStG behandelt; eine Aufteilung in unterschiedliche Einkunftsarten findet nicht statt.[3]

3.733 Im Verhältnis zur Trägerkörperschaft kommt es nach der Versteuerung auf Ebene des BgA zu einer zweiten Besteuerungsstufe in Gestalt einer Anteilseigner-Abzugsbesteuerung: Der Transfer des Gewinns aus einem BgA in den Hoheitsbereich der Körperschaft des öffentlichen Rechts löst Einkünfte aus Kapitalvermögen nach § 20 Abs. 1 Nr. 10 Buchst. b EStG aus. Nach § 43 Abs. 1 Nr. 7c, 20 Abs. 1 Nr. 10 Buchst. b EStG i. V. m. § 43a Abs. 1 Nr. 2 EStG ist beim BgA daher ein Kapitalertragsteuerabzug vorzunehmen. Der BgA wird damit – typisiert – so behandelt, als würde er eine Gewinnausschüttung an eine beteiligte Körperschaft vornehmen.

3.734 Eine Besonderheit im Rahmen der Einkommensermittlung des BgA betrifft die internen Rechtsbeziehungen zwischen Trägerkörperschaft und BgA. Interne Vereinbarungen (etwa Miet-, Pacht-, Darlehens- oder Dienstleistungsverträge) sind bei der Einkommensermittlung grundsätzlich zu berücksichtigen, wenn die Vereinbarung – unterstellt, sie wäre zwischen einer Kapitalgesellschaft und ihrem beherrschenden Gesellschafter abgeschlossen worden – steuerlich anerkannt würde.[4] Maßgeblich ist damit ein Fremdvergleich: Nur entgeltliche Leistungsbeziehungen, die dem entsprechen, was fremde Dritte vereinbart hätten, werden ertragsteuerlich wirksam.

3.735 **Betriebsvermögenszuordnung und Kapitalausstattung.** Auf Grundlage der fiktiven Verselbständigung des BgA nimmt die BFH-Rechtsprechung im Grundsatz eine weitreichende Dispositionsbefugnis der Trägerkörperschaft hinsichtlich der Betriebsvermögensausstattung des BgA an.[5] Die Trägerkörperschaft kann durch entsprechende interne Vereinbarungen grundsätzlich steuern, ob ein bestimmtes Wirtschaftsgut dem BgA oder dem hoheitlichen bzw. vermögensverwaltenden Bereich zugeordnet wird. Die Zuordnung erfolgt typischerweise durch einen ausdrücklichen Widmungsakt (z.B. Überlassungsvertrag, interne Verfügung).

3.736 Ebenfalls auf Grundlage der fiktiven Verselbständigung des BgA wendet die Rechtsprechung auf das Verhältnis zwischen Trägerkörperschaft und BgA die für Kapitalgesellschaften entwickelten Grundsätze zu verdeckten Gewinnausschüttungen und verdeckten Einlagen an.

3.737 *Bott* weist hinsichtlich der Betriebsvermögenszuordnung jedoch zutreffend darauf hin, dass diese Dispositionsfreiheit im Einzelfall durch die allgemeinen Grundsätze

1 vgl. *Schiffers* in BeckOK, § 4 KStG Rz. 245 m.w.N. (Stand: März 2026).
2 *Schiffers* in BeckOK, § 4 KStG Rz. 245 m.w.N. (Stand: März 2026).
3 vgl. *Schiffers* in BeckOK, § 4 KStG Rz. 250 m.w.N. (Stand: März 2026).
4 BFH v. 3.2.1993 – I R 61/91, BFHE 170, 257, BStBl. II 1993, 459, Rz. 10; BFH v. 1.9.1982 – I R 44/78, BFHE 136, 412, BStBl. II 1982, 783.
5 *Bott* in Bott/Walter, Körperschaftsteuergesetz, § 4 KStG, Rz. 307 ff mN in der Rspr. (Stand: Dezember 2025).

der Betriebsvermögenszuordnung – wie sie für Einzelunternehmer entwickelt wurden – überlagert sein kann.[1] Dies betrifft insbesondere Fälle, in denen ein Wirtschaftsgut in einem bestimmten Umfang tatsächlich für Zwecke des BgA genutzt wird, ohne dass eine explizite Widmung erfolgt ist. In einer solchen Konstellation ist m. E. der Widmungsakt aus dem tatsächlichen Nutzungsgrad herzuleiten: Wird ein Wirtschaftsgut über eine bestimmte Schwelle hinaus fortdauernd und in erheblichem Umfang für den BgA eingesetzt, kann dies zu einer (konkludenten) Zuordnung zum Betriebsvermögen des BgA führen, auch wenn eine formale Widmung fehlt.[2] Der Gestaltungsspielraum der Trägerkörperschaft wird insoweit durch objektive Zuordnungskriterien begrenzt.

Für wesentliche Betriebsgrundlagen macht der BFH zudem eine wichtige Einschränkung: Wesentliche, für die Funktionsfähigkeit des BgA unentbehrliche Betriebsgrundlagen können nicht Gegenstand steuerwirksamer Überlassungsverträge zwischen Körperschaften des öffentlichen Rechts und BgA sein. Derartige Wirtschaftsgüter sind zwingend Betriebsvermögen des BgA. Gestaltungen, die diese Wirtschaftsgüter formal im hoheitlichen Bereich belassen und lediglich „zur Nutzung überlassen“, werden steuerlich nicht anerkannt. Diese dogmatische Grenze ist für die Behandlung von Betriebsaufspaltungen im Bereich öffentlich-rechtlicher Körperschaften von zentraler Bedeutung, da sie die Möglichkeit beschneidet, wesentliche Betriebsgrundlagen aus dem BgA „herauszulösen“, um steuerliche Effekte zu erzielen. Eine vertiefte Einordnung dieser Fallgruppe in die Systematik der Betriebsaufspaltung erfolgt unter Rz. 3.748. 3.738

Eine weitere, eigenständige Einschränkung betrifft die Kapitalausstattung eines BgA. 3.739
Anders als bei Kapitalgesellschaften – für die etwa das GmbHG ein festes Stammkapital vorsieht – existieren für BgA in der Regel keine originären gesetzlichen Vorgaben zu einer Mindestausstattung mit Kapital. Grundsätzlich obliegt es daher der Trägerkörperschaft im Rahmen ihrer Ausstattungsfreiheit, in welchem Umfang sie ihre BgA mit Eigen- und Fremdkapital ausstattet.

Dieses Ausstattungs- bzw. Ermessensspektrum wird jedoch aus ertragsteuerlicher Sicht begrenzt. 3.740
Rechtsprechung und Finanzverwaltung verlangen für Zwecke der Einkommensermittlung des BgA, dass der unselbständige Betrieb gewerblicher Art als organisatorisch verselbständigter Teilbereich der Körperschaft des öffentlichen Rechts mit einem angemessenen Eigenkapital ausgestattet wird.[3] Die steuerliche Anerkennung von Darlehensvereinbarungen zwischen Trägerkörperschaft und BgA – und damit die gewinnmindernde Berücksichtigung von Darlehenszinsen – ist an das Vorliegen einer solchen hinreichenden Eigenkapitalausstattung geknüpft.

1 *Bott* in Bott/Walter, Körperschaftsteuergesetz, § 4 KStG, Rz. 310 (Stand: Dezember 2025).
2 Vgl. dazu auch Schiffers in BeckOK § 4 KStG, Rz. 259e.
3 *Bott* in Bott/Walter, Körperschaftsteuergesetz, § 4 KStG, Rz. 310 (Stand: Dezember 2025); BFH v. 6.8.1962, I 65/60 U, BStBl III 1962, 450; v. 1.9.1982, I R 52/78, BStBl II 1983, 147; v. 9.7.2003, I R 48/02, BStBl II 2004, 425; R 8.2. Abs. 2 KStR 2022.

3.741 Wird der BgA überwiegend oder in atypischer Weise mit Fremdkapital finanziert, obwohl nach Art, Umfang und Risikostruktur der Tätigkeit eine angemessene Eigenkapitalbasis geboten wäre, droht eine steuerliche Umqualifikation: Fremdkapital kann dann (teilweise) als funktionales Eigenkapital behandelt werden; die gezahlten Zinsen werden nicht als Betriebsausgaben anerkannt, sondern können als verdeckte Gewinnausschüttung qualifiziert werden. Die Dispositionsfreiheit der Trägerkörperschaft bei der Kapitalausstattung des BgA findet damit ihre Grenze in einem steuerlich geforderten Mindestmaß an Eigenkapital, das der wirtschaftlichen Bedeutung und Risikotragfähigkeit des BgA entspricht.

3.742 **Entstehung und Beendigung eines BgA.** Abschließend ist darzustellen, unter welchen Voraussetzungen ein Betrieb gewerblicher Art (BgA) entsteht und wie er endet.

3.743 Ein BgA entsteht mit Aufnahme einer wirtschaftlichen Tätigkeit i. S. d. § 4 KStG. Eines konstitutiven Gründungsaktes – etwa nach dem Vorbild der Gründung einer GmbH – bedarf es nicht. Maßgeblich ist vielmehr, dass eine nachhaltige, der Erzielung von Einnahmen dienende Tätigkeit vorliegt, die über die reine Vermögensverwaltung hinausgeht und der Körperschaft des öffentlichen Rechts zuzurechnen ist. Spiegelbildlich endet ein BgA, wenn die wirtschaftliche Tätigkeit vollständig eingestellt oder in einem Umfang reduziert wird, dass die tatbestandlichen Voraussetzungen des § 4 KStG für einen BgA nicht mehr vorliegen.

3.744 Obwohl der BgA durch die Rechtsprechung des BFH in ständiger Rechtsprechung in Anlehnung an eine Kapitalgesellschaft als „virtuelle" Kapitalgesellschaft behandelt wird[1], führt seine Beendigung nicht zu einer Liquidation i. S. v. § 11 KStG. § 11 Abs. 1 S. 1 KStG erfasst seinem Wortlaut und seiner Systematik nach nur unbeschränkt Steuerpflichtige i. S. d. § 1 Abs. 1 Nr. 1 bis 3 KStG. BgA werden hingegen als unbeschränkt steuerpflichtige Körperschaftsteuersubjekte nach § 1 Abs. 1 Nr. 6 KStG erfasst und fallen damit nicht in den Anwendungsbereich des § 11 KStG.

3.745 Folglich gelten für BgA auch in einer faktischen Abwicklungs- bzw. Beendigungsphase die allgemeinen Vorschriften zur Einkünfte- bzw. Einkommensermittlung fort. Insbesondere bleibt der Grundsatz des jährlichen Veranlagungszeitraums bis zum Erlöschen der subjektiven Steuerpflicht maßgeblich. Ein besonderer „Liquidationszeitraum" i. S. d. § 11 KStG tritt nicht an die Stelle der regulären Veranlagungszeiträume.

3.746 Die Beendigung eines BgA führt regelmäßig zum Erlöschen der Körperschaftsteuerpflicht dieses BgA. Wird die wirtschaftliche Tätigkeit eingestellt oder in einem Umfang reduziert, dass die Voraussetzungen eines BgA i. S. d. § 4 KStG nicht mehr erfüllt sind, liegt körperschaftsteuerlich eine Betriebsaufgabe vor.[2] In diesem Rahmen sind die stillen Reserven aufzudecken. Wirtschaftsgüter, die aus dem BgA in den hoheitlichen Bereich der KdöR überführt werden, sind mit dem Teilwert anzusetzen

1 vgl. *Schiffers* in BeckOK, § 4 KStG, Rz. 245 m.w.N. (Stand: März 2026).
2 BFH v. 22. 7. 1964 – I R 136/62 U, BStBl. III 1972, 776.

und in die Ermittlung des Aufgabe- bzw. Veräußerungsgewinns einzubeziehen (§ 8 Abs. 1 KStG i. V. m. den einkommensteuerlichen Grundsätzen zur Betriebsaufgabe).

Die partielle Körperschaftsteuerpflicht der Körperschaft des öffentlichen Rechts endet jedoch nicht bereits mit der Einstellung der Tätigkeit des BgA. Sie besteht vielmehr fort, bis sämtliche den BgA betreffenden steuerlichen Pflichten erfüllt sind und alle gegen den BgA gerichteten Verwaltungsakte entweder bestandskräftig erledigt oder erfolgreich angefochten wurden. Die Beendigung des BgA lässt insbesondere bestehende, diesem BgA zuzurechnende Steuerschulden der Körperschaft des öffentlichen Rechts unberührt; diese bleiben auch nach der Einstellung des BgA bestehen und sind von der Körperschaft des öffentlichen Rechts zu erfüllen. 3.747

Betriebsaufspaltungs-Betrieb gewerblicher Art. In Abgrenzung zur Verpachtung eines ganzen Betriebs mit sämtlichen funktional wesentlichen Betriebsgrundlagen geht die Finanzverwaltung davon aus, dass ein Betriebsaufspaltungs-BgA als Besitzunternehmen vorliegt, wenn einer Kapitalgesellschaft (Eigengesellschaft) mindestens eine funktional wesentliche Betriebsgrundlage zur Nutzung überlassen wird.[1] Die personelle Verflechtung wird in diesen Fällen durch eine Mehrheitsbeteiligung (Stimmenmehrheit) am Betriebsunternehmen erfüllt. Nach den Grundsätzen der Betriebsaufspaltung entsteht bei der Körperschaft des öffentlichen Rechts ein originärer BgA in der Funktion des Besitzunternehmens. Zum notwendigen Betriebsvermögen dieses Betriebsaufspaltungs-BgA gehören die zur Nutzung überlassenen Wirtschaftsgüter (einschließlich etwaiger Darlehen) sowie die Beteiligung an der Kapitalgesellschaft (Eigengesellschaft). 3.748

Kann für den Betriebsaufspaltungs-BgA als Besitzunternehmen eine Gewinnerzielungsabsicht festgestellt werden, unterliegt er neben der Körperschaftsteuer auch der Gewerbesteuer. Ertragsteuerlich ergeben sich die typischen Rechtsfolgen der Betriebsaufspaltung: Die in den überlassenen Wirtschaftsgütern und in der Beteiligung an der Kapitalgesellschaft schlummernden stillen Reserven werden bei Beendigung der Betriebsaufspaltung aufgedeckt und sind zu versteuern. Das Wegfallen der Voraussetzungen der Betriebsaufspaltung führt regelmäßig zur Einstellung der wirtschaftlichen Tätigkeit des Besitzunternehmens und erfüllt damit den Tatbestand der Betriebsaufgabe mit der Folge der Aufdeckung der stillen Reserven. Die Entgelte aus der Nutzungsüberlassung stellen in diesem Rahmen keine Einkünfte aus Vermögensverwaltung dar, sondern sind als gewerbliche Einkünfte innerhalb des Betriebsaufspaltungs-BgA zu erfassen. 3.749

Die Überlassung von notwendigem Hoheitsvermögen an eine Kapitalgesellschaft (Eigengesellschaft) kann nach der BFH-Rechtsprechung nicht zu einem Betriebsaufspaltungs-BgA als Besitzunternehmen führen.[2] Dies ist m.E. zutreffend und ergibt sich insbesondere aus dem BFH-Beschluss v. 6.11.2007.[3] Gegenstand der Entscheidung war die Betriebsausgabenabzugsfähigkeit von auf Grundlage einer Gebührensatzung 3.750

1 BMF v. 15.12.2021 – IV C 2 - S 2706/19/10008:001, BStBl. I 2021, 2483, Rz. 17 S. 1, 2.
2 *Schiffers* in Hidien/Jürgens, Die Besteuerung der öffentlichen Hand², § 16 Rz. 1271.
3 BFH v. 6.11.2007 – I R 72/06, BFHE 219, 545, BStBl. II 2009, 246.

zu zahlenden Sondernutzungsentgelten für die Nutzung des öffentlichen Straßenraums im Rahmen der Gewinnermittlung bei einem BgA. Der BFH stellt klar, dass die Einkünfte aus den Sondernutzungsentgelten zwingend einem Hoheitsbetrieb zuzuordnen sind. Die Körperschaft des öffentlichen Rechts kann insoweit nicht disponieren, diese Einkünfte als Einkünfte aus (wirtschaftlicher) Tätigkeit eines BgA zu behandeln.[1] Folglich können Wirtschaftsgüter des notwendigen Hoheitsvermögens im Rahmen einer Betriebsaufspaltung nicht Teil eines einheitlichen geschäftlichen Betätigungswillens sein. In Anlehnung an den BFH-Beschluss v. 6.11.2007 ist notwendiges Hoheitsvermögen immer dann anzunehmen, wenn das Nutzungsentgelt öffentlich-rechtlich, etwa auf Grundlage einer Gebührensatzung, erhoben wird.[2]

3.751 Ebenfalls finden die Grundsätze der Betriebsaufspaltung keine Anwendung, wenn die Überlassung der Wirtschaftsgüter an die Kapitalgesellschaft (Eigengesellschaft) unentgeltlich erfolgt oder die Kapitalgesellschaft (Eigengesellschaft) den Status einer gemeinnützigen Körperschaft hat.[3] Ein Betriebsaufspaltungs-BgA wird insbesondere nicht begründet, wenn die Körperschaft des öffentlichen Rechts wesentliche Betriebsgrundlagen an eine gemeinnützige Eigengesellschaft verpachtet und die überlassenen Wirtschaftsgüter dort im ideellen Bereich oder in einem Zweckbetrieb eingesetzt werden.

3.752 Zentraler Prüfungsmaßstab bei der Frage, ob ein Betriebsaufspaltungs-BgA als Besitzunternehmen entstanden ist, ist die Entgeltlichkeit der Nutzungsüberlassung. Nach den herkömmlichen Grundsätzen der Betriebsaufspaltung ist zwingende Voraussetzung für die Entstehung eines Besitzunternehmens, dass eine Gewinnerzielungsabsicht im Besitzunternehmen besteht. Bei unentgeltlicher Überlassung oder Überlassung unterhalb der Selbstkosten kann eine solche Gewinnerzielungsabsicht regelmäßig nicht angenommen werden.

3.753 Die Finanzverwaltung hat im BMF-Schreiben vom 15.12.2021 diese Anforderung modifiziert. Danach ist in einem ersten Schritt eine Gewinnerzielungsabsicht nicht erforderlich; vielmehr genügt eine Einnahmenerzielungsabsicht i. S. d. § 4 Abs. 1 KStG.[4] Zudem sind im Rahmen einer Gesamtbetrachtung neben den Pacht- bzw. Nutzungsentgelten auch erwartbare Dividenden und Wertzuwächse der Beteiligung an der Eigengesellschaft einzubeziehen.[5] Diese Modifizierung führt dazu, dass in einer größeren Zahl von Fallkonstellationen das Vorliegen einer Betriebsaufspaltung bejaht werden kann; ohne diese erweiternde Betrachtung wäre dies häufig nicht möglich.

3.754 Im Fall einer unentgeltlichen Überlassung von Wirtschaftsgütern an eine dauerhaft defizitäre Kapitalgesellschaft (Eigengesellschaft) lässt sich indes auch unter Anwendung der Grundsätze des BMF-Schreibens vom 15.12.2021 keine Betriebsaufspaltung

1 BFH v. 6.11.2007 – I R 72/06, BFHE 219, 545, BStBl. II 2009, 246, Rz. 15.
2 *Bott* in Bott/Walter, Körperschaftsteuergesetz, § 4 KStG, Rz. 313 (Stand: Dezember 2025).
3 *Hidien* in Hidien/Jürgens, Die Besteuerung der öffentlichen Hand[2], § 4 Rz. 465 m.w.N. in der Literatur.
4 BMF v. 15.12.2021 – IV C 2 - S 2706/19/10008:001, BStBl. I 2021, 2483, Rz. 17 S. 3.
5 BMF v. 15.12.2021 – IV C 2 - S 2706/19/10008:001, BStBl. I 2021, 2483, Rz. 17 S. 4.

begründen. In solchen Konstellationen sind weder laufende Gewinnausschüttungen noch realistische Wertzuwächse im Beteiligungswert zu erwarten, sodass es bereits an der vom BMF geforderten Einnahmenerzielungsabsicht fehlt.[1]

Besonderheiten bei einem dauerdefizitären Betriebsaufspaltungs-Betrieb gewerblicher Art als Besitzunternehmen. Erzielt der Betriebsaufspaltungs-BgA als Besitzunternehmen nachhaltig keinen positiven Totalgewinn – etwa weil die Nutzungsentgelte nicht kostendeckend bemessen sind –, fehlt es an der erforderlichen Gewinnerzielungsabsicht. In diesem Fall liegt zwar ein BgA i. S. d. § 4 KStG vor, der körperschaftsteuerpflichtig ist; mangels Gewinnerzielungsabsicht unterliegt der BgA jedoch nicht der Gewerbesteuer.[2] 3.755

Nicht abschließend geklärt ist, ob die gewillkürte Zuordnung einer ertragsstarken Beteiligung an einer Kapitalgesellschaft zum Betriebsvermögen des Betriebsaufspaltungs-BgA als Besitzunternehmen die Gewerbesteuerpflicht auslösen kann.[3] Dogmatisch stellt sich die Frage, ob die Erträge aus der ertragsstarken Beteiligung die fehlende Gewinnerzielungsabsicht im Hinblick auf die Nutzungsüberlassung kompensieren und damit insgesamt eine Gewinnerzielungsabsicht des Besitzunternehmens begründen können, oder ob bei einem dauerhaft defizitären Besitzunternehmen trotz Beteiligungserträgen von einer fehlenden gewerblichen Prägung auszugehen ist. Eine gefestigte höchstrichterliche Rechtsprechung hierzu liegt bislang nicht vor. 3.756

Besonderheiten bei einem Betriebsaufspaltungs-Betrieb gewerblicher Art als Besitzunternehmen und einer dauerdefizitären Kapitalgesellschaft (Eigengesellschaft) als Betriebsunternehmen. Nach ständiger BFH-Rechtsprechung liegt eine verdeckte Gewinnausschüttung an die Körperschaft des öffentlichen Rechts als Gesellschafterin vor, wenn eine Kapitalgesellschaft (Eigengesellschaft) eine strukturell dauerdefizitäre Tätigkeit ausübt und hierfür keinen (schuldrechtlich vereinbarten) Verlustausgleich durch den Gesellschafter (Trägerkörperschaft) erhält, ggf. zuzüglich eines angemessenen Gewinnaufschlags. Ein ordentlicher und gewissenhafter Geschäftsleiter der Kapitalgesellschaft (Eigengesellschaft) wäre nicht bereit, fortdauernde Verluste aus Tätigkeiten hinzunehmen, die ihrer Art nach dem Gesellschafter obliegen und bei diesem zu einem materiellen Vorteil in Gestalt der Vermeidung von Aufwendungen führen.[4] 3.757

Als Reaktion auf diese BFH-Rechtsprechung hat der Gesetzgeber § 8 Abs. 7 KStG eingeführt. Danach sind die Rechtsfolgen verdeckter Gewinnausschüttungen bei BgA und Kapitalgesellschaften (Mehrheit der Stimmrechte bei einer Körperschaft des öffentlichen Rechts) nicht anzuwenden, wenn ein Dauerverlustgeschäft i.S.v. § 8 Abs. 7 3.758

---

1 So auch *Schiffers* in Hidien/Jürgens, Die Besteuerung der öffentlichen Hand², § 16 Rz. 1273.

2 Nach § 2 Abs. 1 Satz 2 GewStG i.V.m. § 15 Abs. 2 EStG ist für eine Gewerbesteuerpflicht eine Gewinnerzielungsabsicht notwendig.

3 Zum Streitstand vgl. die Ausführungen bei *Schiffers* in Hidien/Jürgens, Die Besteuerung der öffentlichen Hand², § 16 Rz. 1280.

4 Vgl. BFH v. 22.8.2007 – I R 32/06, BStBl. II 2007, 961; BFH v. 9.11.2006 – I R 56/15, BStBl. II 2017, 498.

Satz 2 KStG ausgeübt wird. Nach § 8 Abs. 7 Satz 2 KStG liegt ein Dauerverlustgeschäft vor, wenn entweder eine wirtschaftliche Betätigung ohne kostendeckendes Entgelt aus verkehrs-, umwelt-, sozial-, kultur-, bildungs- oder gesundheitspolitischen Gründen unterhalten wird oder wenn die Tätigkeit ihrem Inhalt nach einem Hoheitsbetrieb der Körperschaft des öffentlichen Rechts zuzuordnen ist. In diesen Fällen ist von privilegierten Dauerverlustgeschäften auszugehen. Nach dem eindeutigen gesetzgeberischen Willen sollen derartige strukturell dauerdefizitäre Tätigkeiten nicht zu den oben skizzierten Rechtsfolgen der BFH-Rechtsprechung führen.

3.759 Vor diesem Hintergrund stellt sich die Frage, ob ein privilegiertes Dauerverlustgeschäft auf Ebene der dauerdefizitären Kapitalgesellschaft (Eigengesellschaft) als Betriebsunternehmen nach § 8 Abs. 7 Satz 2 KStG mittelbar auch beim Betriebsaufspaltungs-BgA als Besitzunternehmen zu berücksichtigen ist. Relevant wird dies, wenn im Betriebsaufspaltungs-BgA aus gesellschaftsrechtlich veranlassten Gründen kein kostendeckendes Entgelt (ggf. zuzüglich eines angemessenen Gewinnaufschlags) für die Überlassung der wesentlichen Wirtschaftsgüter an die Eigengesellschaft vereinbart ist. Nach den allgemeinen, oben dargestellten Grundsätzen der BFH-Rechtsprechung wären in solchen Fällen grundsätzlich vGA auf Ebene des Besitz-BgA anzunehmen.

3.760 Im BMF-Schreiben v. 15.12.2021 hat die Finanzverwaltung hierzu klargestellt: „Erfolgt die Überlassung durch die Körperschaft des öffentlichen Rechts hingegen im Rahmen einer Betriebsaufspaltung, die bei der überlassenden Körperschaft des öffentlichen Rechts zu einem Besitz-BgA i.S.d. § 4 Abs.1 KStG führt und werden in diesen Fällen die in § 8 Abs. 7 Satz 2 KStG aufgeführten Tätigkeiten ausschließlich von der Betriebsgesellschaft ausgeübt, ist § 8 Abs. 7 KStG auf den Besitz-BgA anzuwenden."[1]

3.761 Daraus folgt, dass beim Betriebsaufspaltungs-BgA als Besitzunternehmen keine vGA anzusetzen sind, wenn die Überlassung der Wirtschaftsgüter an die dauerdefizitäre Eigengesellschaft der Durchführung eines nach § 8 Abs. 7 Satz 2 KStG privilegierten Dauerverlustgeschäfts dient. Die Anwendung der Privilegierungsvorschrift auch auf den Besitz-BgA ist dogmatisch konsequent: Die Betriebsaufspaltung beruht auf dem Konzept eines einheitlichen geschäftlichen Betätigungswillens von Besitz- und Betriebsunternehmen. In Fällen privilegierter Dauerverlusttätigkeiten ist dieser einheitliche Betätigungswille sowohl im Besitz- als auch im Betriebsunternehmen auf die Durchführung eben dieser privilegierten, strukturell defizitären Tätigkeit gerichtet. Wären die überlassenen Wirtschaftsgüter unmittelbar dem Betriebsvermögen der dauerdefizitären Kapitalgesellschaft zugeordnet, wären sie dort integraler Bestandteil der nach § 8 Abs. 7 Satz 2 KStG privilegierten Verlusttätigkeit. Es wäre daher systemwidrig, allein aufgrund der Zwischenschaltung eines Besitz-BgA die Begünstigung zu versagen und vGA anzunehmen.

3.762 **Betriebsaufspaltung zu einem BgA innerhalb einer Körperschaft des öffentlichen Rechts.** Abschließend sind die Rechtsfolgen einer besonderen Betriebsaufspaltungskonstellation im Zusammenhang mit Körperschaften des öffentlichen Rechts dar-

1 BMF v. 15.12.2021 – IV C 2 - S 2706/19/10008:001, BStBl. I 2021, 2483, Rz. 47 S. 4.

zustellen. Kennzeichnend für diese Konstellation ist die Ausgestaltung des Besitzunternehmens: Dieses ist nicht – wie in den zuvor dargestellten Fällen – eine Kapitalgesellschaft (Eigengesellschaft) der Körperschaft des öffentlichen Rechts, sondern ein Betrieb gewerblicher Art (BgA) bzw. ein haushaltsrechtlich verselbständigter Eigenbetrieb innerhalb der Körperschaft des öffentlichen Rechts; rechtlich handelt es sich mithin um eine unselbständige Organisationseinheit ohne eigene Rechtspersönlichkeit.

Die klassische Fallgruppe betrifft die Überlassung wesentlicher Betriebsgrundlagen 3.763
durch die Körperschaft des öffentlichen Rechts an einen von ihr beherrschten BgA als Betriebsunternehmen. Das erste Grundsatzurteil des BFH zu dieser Konstellation betraf die entgeltliche Überlassung von Lagerräumen und Werkstätten an einen BgA, der ein städtisches Wasserwerk betrieb.[1] Wie bereits in Rz. 3.728 ausgeführt, sind im Rahmen der Einkommensermittlung eines BgA schuldrechtliche Vereinbarungen zwischen der Trägerkörperschaft und ihrem BgA grundsätzlich zu beachten, wenn sie – gedanklich auf eine Kapitalgesellschaft und ihren beherrschenden Gesellschafter übertragen – auch bei der Besteuerung der Kapitalgesellschaft steuerlich anzuerkennen wären. Übertragen auf den damaligen Sachverhalt hätte dies dazu führen müssen, dass die für die Überlassung der Lagerräume und Werkstätten gezahlten Entgelte beim BgA als Betriebsunternehmen als Betriebsausgaben abzugsfähig gewesen wären. Die entsprechenden Nutzungsentgelte wären auf Ebene der Trägerkörperschaft regelmäßig der steuerfreien Vermögensverwaltung zuzuordnen gewesen. Mangels Steuerrechtssubjektqualität der Körperschaft des öffentlichen Rechts wären insoweit nicht steuerbare Einkünfte entstanden; eine Abzugsbesteuerung ist für derartige Einkünfte nicht vorgesehen. Diese Ergebniskombination hat der BFH aus materiell-rechtlichen Gleichheitsgründen als nicht gerechtfertigt angesehen.

Dem Grunde nach liegt in diesen Fällen eine Betriebsaufspaltung vor. Der BFH hat 3.764
jedoch bereits mit Grundsatzurteil vom 14.3.1984[2] und erneut mit Beschluss vom 6.11.2007[3] die klassischen Rechtsfolgen der Betriebsaufspaltung modifiziert. Nach dieser Rechtsprechung[4] sind alle Wirtschaftsgüter, die nach den allgemeinen Grundsätzen der bilanzsteuerlichen Betriebsvermögenszuordnung dem Betriebsvermögen des BgA zugeordnet werden können, dem Betriebsvermögen des BgA zuzurechnen, auch wenn sie zivilrechtlich im Eigentum der Trägerkörperschaft stehen. Miet- oder Pachtverträge zwischen der Körperschaft des öffentlichen Rechts und ihrem BgA über Wirtschaftsgüter, die wesentliche Betriebsgrundlagen des BgA darstellen, werden steuerlich nicht anerkannt. Die vom BgA als Betriebsunternehmen gezahlten Entgelte werden vielmehr als verdeckte Gewinnausschüttungen i.S.d. § 8 Abs. 3 Satz 2 KStG an die Trägerkörperschaft qualifiziert und beim BgA dem Gewinn hinzugerechnet.

1 BFH v. 14.3.1984 – I R 223/80, BFHE 140, 560, BStBl. II 1984, 496.
2 BFH v. 14.3.1984 – I R 223/80, BFHE 140, 560, BStBl. II 1984, 496.
3 BFH v. 6.11.2007 – I R 72/06, BFHE 219, 545, BStBl. II 2009, 246.
4 Vgl. auch BFH v. 6.11.1985 – I R 272/81, BFH/NV 1987, 123; BFH v. 3.2.1993 – I R 61/91, BStBl. II 1993, 459; BFH v. 24.4.2002 – I R 20/1, BStBl. II 2003, 412.

3.765 In systematischer Hinsicht bedeutet dies, dass der BFH bei der Anerkennung vertraglicher Vereinbarungen zwischen Trägerkörperschaft und BgA eine spezifische – und eng begrenzte – Ausnahme für die Überlassung wesentlicher Betriebsgrundlagen macht: Gerade weil die Überlassung wesentlicher Betriebsgrundlagen allgemeines Tatbestandsmerkmal der Betriebsaufspaltung ist, werden die insoweit geschlossenen Nutzungsvereinbarungen nicht als Grundlage für die Annahme einer weiteren, „klassischen" Betriebsaufspaltung (mit einem eigenständigen Besitz-BgA) herangezogen, sondern es wird die Unmittelbarkeitslösung umgesetzt, d.h. die Wirtschaftsgüter werden unmittelbar dem Betriebsvermögen des bestehenden BgA zugerechnet.

3.766 Dogmatisch ist hierbei zu berücksichtigen, dass die Zuordnung von Wirtschaftsgütern zum Betriebsvermögen eines BgA nicht automatisch kraft tatsächlicher Nutzung erfolgt, sondern grundsätzlich einer Disposition der Trägerkörperschaft bedarf (siehe dazu Rz. 3.728). Es besteht insoweit eine Zuordnungs- bzw. Dispositionsfreiheit zugunsten der Trägerkörperschaft; die Eingliederung von Vermögensgegenständen in einen BgA setzt regelmäßig einen Widmungsakt voraus (z.B. Übertragungs- oder Zuordnungsbeschluss, Übertragungsvereinbarung o.Ä.). Der bloße Abschluss eines Nutzungsüberlassungsvertrags stellt demgegenüber – jedenfalls nach zivilrechtlichem Verständnis – keinen Übertragungsvertrag dar; Eigentum kann schon wegen der fehlenden Rechtspersönlichkeit des BgA nicht auf diesen „übertragen" werden. In der Literatur zur Betriebsvermögenszuordnung ist zwar anerkannt, dass eine Zuordnung zum Betriebsvermögen eines BgA auch durch eine funktionale Widmung im Wege der Nutzung erfolgen kann.[1] Diese weite Widmungslehre könnte differenziert werden: Eine Zuordnung kraft Nutzung könnte jedenfalls dort ausgeschlossen werden, wo keine ausdrückliche, auf die Zuordnung gerichtete Vereinbarung (i.S. eines bewussten Widmungsakts) vorliegt. In einem solchen Fall entstünde weder eine „klassische" Betriebsaufspaltung mit einem zweiten Besitz-BgA noch käme es zu einer „automatischen" Betriebsvermögenszuordnung der wesentlichen Betriebsgrundlagen zum bestehenden BgA.

3.767 Konsequent weitergedacht, könnte eine dogmatisch saubere Lösung darin bestehen, zwischen zwei Fallgruppen zu unterscheiden: Wird die Überlassung wesentlicher Betriebsgrundlagen an den BgA lediglich faktisch bzw. aufgrund einer einfachen Nutzungsregelung ausgestaltet, ohne ausdrücklichen Widmungsakt hinsichtlich der Betriebsvermögenszuordnung, bliebe es bei der Grundkonstellation ohne zusätzlichen Besitz-BgA und ohne Anwendung der Betriebsaufspaltung; die wesentlichen Betriebsgrundlagen würden steuerlich weiterhin der Sphäre der Trägerkörperschaft zugeordnet. Wird hingegen eine ausdrückliche, auf die Widmung der Wirtschaftsgüter in das Betriebsvermögen eines BgA gerichtete Vereinbarung getroffen, könnte die Gestaltung – auch im Sinne der Parallele zur privatwirtschaftlichen Betriebsaufspaltung – als eigenständige Besitz-BgA-Konstellation anerkannt werden, mit der Folge, dass die klassischen Rechtsfolgen der Betriebsaufspaltung (einschließlich der Trennung zwischen Besitz-BgA und Betriebs-BgA) durchzuhalten wären.

1 Bott in Bott/Walter, Körperschaftsteuergesetz, § 4 KStG, Rz. 310 (Stand: Dezember 2025); ablehnend: *Jürgens* in Hidien/Jürgens, Die Besteuerung der öffentlichen Hand², § 5 Rz. 478 ff.

Die bisherige BFH-Rechtsprechung geht diesen Differenzierungsweg indes nicht, sondern zieht – ausweislich der Entscheidungen von 1984, 2007 und nunmehr des Beschlusses vom 6.6.2025[1] – die Unmittelbarkeitslösung vor: Die wesentlichen Betriebsgrundlagen werden, soweit sie funktional erforderlich sind und der BgA sie nutzt, unmittelbar dem Betriebsvermögen des BgA zugeordnet; der Abschluss eines Miet- oder Pachtvertrages wird insoweit nicht anerkannt und gerade nicht zur Begründung eines weiteren Besitz-BgA genutzt. 3.768

Diese Linie hat der BFH in seinem Beschluss vom 6.6.2025 ausdrücklich bestätigt und fortentwickelt. In jener Entscheidung ging es um eine Stadt, die über einen haushaltsrechtlich verselbständigten Eigenbetrieb das von ihr errichtete „passive" Glasfasernetz (Leerrohre inkl. Glasfaserkabel) an eine GmbH & Co. KG verpachtete, an der sie mittelbar über eine 100-%-Tochter-GmbH beteiligt war. Der BFH stellt zunächst klar, dass aus den Entscheidungen vom 14.3.1984[2] und vom 6.11.2007[3] abzuleiten ist, „dass die Rechtsfolgen der Betriebsaufspaltung zur Anwendung kommen, wenn eine juristische Person des öffentlichen Rechts wesentliche Betriebsgrundlagen an ein von ihr beherrschtes (Betriebs-)Unternehmen vermietet".[4] Für die personelle Verflechtung genüge eine mittelbare Beteiligung der Körperschaft des öffentlichen Rechts über eine zwischengeschaltete Kapitalgesellschaft; maßgeblich sei die bestehende Möglichkeit der Einflussnahme, nicht deren tatsächliche Ausübung.[5] 3.769

Mit Blick auf die Überlassung wesentlicher Betriebsgrundlagen von der Körperschaft des öffentlichen Rechts an den eigenen BgA hebt der BFH zugleich hervor, dass in diesen Fällen nicht aus Gründen der Gleichbehandlung zwingend ein weiterer BgA „Vermietung" zu fingieren ist. Vielmehr wird – nach ausdrücklicher Klarstellung durch den BFH – „lediglich aus Vereinfachungsgründen" davon abgesehen, einen solchen zusätzlichen BgA „Vermietung" zu konstruieren; die vermieteten Wirtschaftsgüter werden unter Nichtanerkennung des Mietvertrags unmittelbar dem Betriebsvermögen des BgA zugerechnet.[6] Der BFH stellt damit deutlich darauf ab, dass die Abweichung vom klassischen Modell der Betriebsaufspaltung im Binnenverhältnis zwischen Körperschaft des öffentlichen Rechts und BgA primär durch Vereinfachungserwägungen motiviert ist. 3.770

Kritik an der Unmittelbarkeitslösung und Folgewirkungen für Vermögensübertragungen zwischen BgA. Diese Begründung steht indes in einem gewissen Spannungsverhältnis zu den vom BFH zugleich betonten Gleichbehandlungszielen. Folgte man der vom BFH selbst gezogenen Parallele zur privatwirtschaftlichen Betriebsaufspaltung konsequent, läge es nahe, bei Überlassung wesentlicher Betriebsgrundlagen durch die Körperschaft des öffentlichen Rechts an einen BgA materiell einen eigenständigen Verpachtungs-BgA anzunehmen, der das Besitzunternehmen der Betriebsaufspaltung bildet, während der die operative Tätigkeit ausübende BgA das Betriebs- 3.771

1 BFH v. 6.6.2025 – I B 8/23, FR 2025, 707-709.
2 BFH v. 14.3.1984 – I R 223/80, BFHE 140, 560, BStBl. II 1984, 496.
3 BFH v. 6.11.2007 – I R 72/06, BFHE 219, 545, BStBl. II 2009, 246.
4 BFH v. 6.6.2025 – I B 8/23, FR 2025, 707-709, Rz. 10.
5 BFH v. 6.6.2025 – I B 8/23, FR 2025, 707-709, Rz.12, 14.
6 BFH v. 6.6.2025 – I B 8/23, FR 2025, 707-709, Rz.9.

unternehmen darstellt. Die Rechtsfolgen der Betriebsaufspaltung (insbesondere die gewerbliche Qualifikation der Einkünfte auf Ebene von Besitz-BgA und Betriebs-BgA, die Verhaftung der wesentlichen Betriebsgrundlagen im Betriebsvermögen des Besitz-BgA sowie die Anwendung der vGA-Grundsätze im Verhältnis zur Trägerkörperschaft) ließen sich in diesem Modell – entsprechend der Konstellation des Alleingesellschafters einer Kapitalgesellschaft – stringent umsetzen. Der BFH verwirft diesen Ansatz jedoch mit der Begründung, er würde zu einer nicht hinnehmbaren Komplexitätssteigerung des Steuerrechts führen.[1]

3.772 Die vom BFH herangezogenen Vereinfachungserwägungen verdecken jedoch, dass damit nicht nur die Abbildung der Betriebsaufspaltung im laufenden Nutzungsfall, sondern zugleich die materiell-rechtliche Ausgangslage für spätere Gestaltungen vorstrukturiert wird. Würde – konsequent im Sinne der Kapitalgesellschafts-Parallele – ein weiterer BgA als Besitzunternehmen fingiert, stünden sich für spätere Strukturmaßnahmen zwei eigenständige BgA gegenüber: der Besitz-BgA „Vermietung“ und der Betriebs-BgA. Die überlassenen Wirtschaftsgüter wären dann dem Besitz-BgA zuzuordnen und bei einer späteren Übertragung in einen anderen BgA nach den für Vermögensübertragungen zwischen BgA geltenden Grundsätzen zu behandeln.

3.773 Die Verselbständigungsfiktion des § 4 Abs. 1 KStG bewirkt, dass verschiedene BgA einer Körperschaft des öffentlichen Rechts steuerlich wie rechtlich selbständige Schwesterkapitalgesellschaften zu behandeln sind. Bei einer Vermögensübertragung von einem BgA auf einen anderen BgA scheidet deshalb eine Buchwertfortführung nach § 6 Abs. 5 EStG aus.[2] Die Überführung eines Wirtschaftsguts von einem rechtlich unselbständigen BgA in einen anderen rechtlich unselbständigen BgA führt vielmehr zu einem Ausschüttungsvorgang aus dem übertragenden BgA an die Trägerkörperschaft, dem eine korrespondierende Einlage der Trägerkörperschaft in den empfangenden BgA gegenübersteht. Funktions- bzw. Vermögensübertragungen zwischen BgA sind somit grundsätzlich mit einer Realisation stiller Reserven beim abgebenden BgA und einem entsprechenden Einlagevorgang beim aufnehmenden BgA verbunden.

3.774 Hinzu kommt, dass bei einem BgA – in Anknüpfung an die Grundsätze zur Aufgabe eines Gewerbebetriebs – im Falle der Einstellung der wirtschaftlichen Tätigkeit die in den dem BgA zugeordneten Wirtschaftsgütern enthaltenen stillen Reserven grundsätzlich aufzudecken und zu versteuern sind. Wird das Betriebsunternehmen „BgA“ beendet, führt die Aufgabe regelmäßig zur Realisation der stillen Reserven im gesamten Betriebsvermögen dieses BgA. Existiert demgegenüber – im Sinne des „reinen“ Betriebsaufspaltungsmodells – neben dem Betriebs-BgA ein eigenständiger Besitz-BgA, ist denkbar, dass der Betriebs-BgA seine operative Tätigkeit einstellt, während die wesentlichen Betriebsgrundlagen im Besitz-BgA verbleiben und von diesem einem anderen Betriebs-BgA zur Nutzung überlassen werden. In einer derartigen Struktur würden die stillen Reserven in den überlassenen Wirtschaftsgütern nicht

1 BFH v. 14.3.1984 – I R 223/80, BFHE 140, 560, BStBl. II 1984, 496, Rz. 13.

2 Bott in Bott/Walter, Körperschaftsteuergesetz, § 4 KStG, Rz. 305.2 (Stand: Dezember 2025).

zwangsläufig im Zeitpunkt der Einstellung der wirtschaftlichen Tätigkeit des bisherigen Betriebs-BgA realisiert, sondern blieben im Besitz-BgA weiterhin verhaftet. Die vom BFH gewählte „Unmittelbarkeitslösung" mit nur einem BgA, dem die wesentlichen Betriebsgrundlagen direkt zugeordnet werden, nimmt diese differenzierte Gestaltungsalternative von vornherein hinweg.

Vor diesem Hintergrund erweist sich die vom BFH praktizierte Zuordnung der wesentlichen Betriebsgrundlagen unmittelbar zum Betriebs-BgA als nicht materiell neutral. Sie hat zur Folge, dass – anders als im konsequent durchgeführten Betriebsaufspaltungsmodell mit getrenntem Besitz-BgA – nur ein BgA existiert, in dessen Betriebsvermögen die wesentlichen Betriebsgrundlagen von Beginn an gebunden sind. Spätere Übertragungen dieser Wirtschaftsgüter in einen anderen BgA sind damit strukturell anders ausgestaltet, als es der Fall wäre, wenn die Wirtschaftsgüter zunächst einem eigenständigen Besitz-BgA zugeordnet würden. In letzterer Konstellation wäre eine Übertragung vom Besitz-BgA auf einen dritten BgA als Vorgang zwischen zwei BgA – mithin zwischen „Schwester-Einheiten" im Sinne der Verselbständigungsfiktion – zu behandeln; im ersteren Fall (Unmittelbarkeitslösung des BFH) liegt demgegenüber lediglich eine Übertragung aus dem einzigen Betriebs-BgA in einen weiteren BgA vor, ohne vorgelagerte Besitz-Ebene und ohne die Möglichkeit, stille Reserven in einem „dauerhaft fortbestehenden" Besitz-BgA über die Aufgabe des Betriebs-BgA hinaus zu konservieren. 3.775

Angesichts dessen erscheint es angezeigt, die vom BFH angeführten Vereinfachungserwägungen deutlich von den materiell-rechtlichen Folgewirkungen zu trennen. Die in der Rechtsprechung entwickelte Lösung ist zwar geeignet, die vom Gesetzeszweck geforderte Gleichbehandlung der Körperschaften des öffentlichen Rechts mit einem privaten Alleingesellschafter im laufenden Besteuerungssachverhalt herzustellen (insbesondere durch Verhinderung einer steuerfreien Vereinnahmung der Nutzungsentgelte bei gleichzeitiger Betriebsausgabenwirkung beim BgA). Sie führt jedoch zu einer von der dogmatisch „reinen" Betriebsaufspaltungsstruktur abweichenden Ausgestaltung, die sich bei späteren Vermögensverschiebungen zwischen BgA sowie bei der Aufgabe der wirtschaftlichen Betätigung einzelner BgA rechtlich und steuerlich bemerkbar macht. Vor diesem Hintergrund wäre eine ausdrückliche Klarstellung durch den BFH wünschenswert, inwieweit diese Abweichung – über den Gesichtspunkt der Verfahrensvereinfachung hinaus – bewusst in Kauf genommen wird und wie ihr materiell-rechtliches Gewicht für innerkörperschaftliche Umstrukturierungen im BgA-Bereich, insbesondere im Zusammenhang mit der Aufdeckung stiller Reserven bei Einstellung von BgA-Tätigkeiten, einzuschätzen ist. 3.776

Abgrenzung zum notwendigen Hoheitsvermögen. Unverändert gilt, dass die vom BFH entwickelte Modifikation keine Anwendung findet, soweit es um die Überlassung von notwendigem Betriebsvermögen eines Hoheitsbetriebs geht. Wird etwa das Einsammeln von Altglas, Papier und Leichtverpackungen durch Aufstellung entsprechender Container im Rahmen eines BgA durchgeführt und ist dieser BgA auf der Grundlage einer kommunalen Gebührensatzung verpflichtet, Sondernutzungsentgelte für die Inanspruchnahme des öffentlichen Straßenraums zu entrichten, bleiben diese Entgelte Betriebsausgaben des BgA. Diese Ausnahme ist – im Wege der Parallel- 3.777

betrachtung zur privatwirtschaftlichen Betriebsaufspaltung – folgerichtig: Der öffentliche Straßenraum kann von einem privaten Alleingesellschafter nicht zu Eigentum erworben und sodann im Rahmen einer Betriebsaufspaltung seiner Kapitalgesellschaft zur Nutzung überlassen werden. Notwendiges Betriebsvermögen eines Hoheitsbetriebs kann daher von vornherein kein steuerliches Betriebsvermögen werden; Nutzungsentgelte, die auf einer öffentlich-rechtlichen Grundlage beruhen, sind unabhängig von der Rechtsform der beteiligten Rechtsträger stets als Betriebsausgaben zu qualifizieren.

3.778 Diese hoheitsrechtliche Abgrenzung hat der BFH im Beschluss vom 6.6.2025 ausdrücklich aufgegriffen. Er prüft dort, ob die Verpachtung des örtlichen (passiven) Glasfaser-Breitbandnetzes eine hoheitliche Tätigkeit darstellt, die gemäß § 4 Abs. 5 KStG der Annahme eines BgA entgegenstehen könnte.[1] Obwohl die Versorgung der Bevölkerung mit Breitbandanschlüssen dem Bereich der Daseinsvorsorge zuzurechnen sein mag, verneint der BFH eine hoheitliche Tätigkeit und ordnet die Verpachtungstätigkeit dem Bereich des steuerpflichtigen BgA zu, da im wettbewerbsintensiven Bereich des Breitbandausbaus auch private Marktteilnehmer tätig sind.

3.779 Im Ergebnis bestätigt der BFH damit, dass die Überlassung von Wirtschaftsgütern, die – wie das passive Breitbandnetz – nicht dem notwendigen Betriebsvermögen eines Hoheitsbetriebs zuzurechnen sind, der Anwendung der Grundsätze der Betriebsaufspaltung nicht entgegensteht. Dogmatisch wäre es jedoch konsequent gewesen, im Rahmen der Prüfung der Betriebsaufspaltung ausdrücklich zu klären, ob der Charakter als Hoheitsvermögen bzw. notwendiges Betriebsvermögen eines Hoheitsbetriebs der Annahme einer Betriebsaufspaltung von vornherein entgegensteht; erst wenn dies zu verneinen ist, kommt die Anwendung der modifizierten Betriebsaufspaltungsgrundsätze im Verhältnis Körperschaft des öffentlichen Rechts zum BgA in Betracht.

M. Betriebsaufspaltung im internationalen Steuerrecht

I. Einkommen-/Körperschaftsteuer

1. Differenzierungen

3.780 **Out- und Inbound-Fall.** Bei grenzüberschreitenden Sachverhalten ist insbesondere zu unterscheiden zwischen der Ansässigkeit des Besitzunternehmens im Inland und des Betriebsunternehmens inklusive der wesentlichen Betriebsgrundlage im Ausland (sog. Outbound-Fall) sowie umgekehrt der Ansässigkeit des Besitzunternehmens im Ausland und des Betriebsunternehmens inklusive der wesentlichen Betriebsgrundlage im Inland (sog. Inbound-Fall).[2]

1 BFH v. 6.6.2025 – I B 8/23, FR 2025, 707-709, Rz.11.

2 Zu weiteren Fragen der Besteuerung der Beendigung einer grenzüberschreitenden Betriebsaufspaltung vgl. *Stiller*, IStR 2018, 328.

2. Outbound-Fall: Inländisches Besitzunternehmen überlässt wesentliche Betriebsgrundlage an ausländische Betriebsgesellschaft

Gewerbliche Einkünfte im Nicht-DBA-Fall. Hat der Besitzunternehmer bzw. das Besitzunternehmen seinen (Wohn-)Sitz im Inland, während sich der Sitz des Betriebsunternehmens und die überlassene wesentliche Betriebsgrundlage (Grundvermögen, Sachgesamtheit oder Recht) im Nicht-DBA-Ausland befinden, erzielt das Besitzunternehmen gewerbliche Einkünfte i.S.d. § 15 EStG, die ohne Beschränkungen im Inland der Besteuerung unterliegen.[1] Die Beteiligung an der Betriebs-Kapitalgesellschaft gehört zum Betriebsvermögen des inländischen Besitzunternehmens und die Gewinnausschüttungen aus der Betriebs-Kapitalgesellschaft sind Bestandteil der inländischen Einkünfte aus Gewerbebetrieb.[2] 3.781

Vermietungseinkünfte im DBA-Fall. Hat der Besitzunternehmer bzw. das Besitzunternehmen seinen (Wohn-)Sitz im Inland, während sich der Sitz des Betriebsunternehmens und die überlassene wesentliche Betriebsgrundlage (Grundvermögen, Sachgesamtheit oder Recht) im DBA-Ausland befinden, erzielt das Besitzunternehmen nach inländischem Recht gewerbliche Einkünfte i.S.d. § 15 EStG.[3] Die gewerbliche Einkünftequalifikation nach den inländischen Grundsätzen der Betriebsaufspaltung schlägt aber nicht auf das Abkommensrecht durch, so dass abkommensrechtlich keine Unternehmenseinkünfte entsprechend Art. 7 und 13 Abs. 2 OECD-MA gegeben sind, sondern von einer vermögensverwaltenden Überlassungstätigkeit auszugehen ist.[4] Die Nutzungsentgelte sind dann nach Maßgabe des einschlägigen DBA ggf. als solche aus unbeweglichem Vermögen (Art. 6 OECD-MA) aufgrund der Belegenheit im Ausland von der Besteuerung in Deutschand freigestellt (Art. 23A OECD-MA). Bei überlassenen immateriellen Wirtschaftsgütern sind die Regelungen entsprechend Art. 12, 23A/B OECD-MA anzuwenden.[5] 3.782

3. Inbound-Fall: Ausländisches Besitzunternehmen überlässt wesentliche Betriebsgrundlage an inländische Betriebsgesellschaft

Inländische gewerbliche Einkünfte. Hat der Besitzunternehmer bzw. das Besitzunternehmen seinen (Wohn-)Sitz im Ausland, während sich der Sitz des Betriebsunternehmens und die überlassene wesentliche Betriebsgrundlage im Inland befinden (Grundvermögen, Sachgesamtheit oder Recht), erzielt das Besitzunternehmen bzw. 3.783

1 *Micker* in Söffing/Micker, Betriebsaufspaltung[10], Rz. 938 ff.

2 FG Hessen v. 26.3.2015 – 10 K 2347/09, EFG 2015, 1454 (rkr.).

3 BFH v. 17.11.2020 – I R 72/16, BStBl. II 2021, 484 = FR 2021, 544; FG Hessen 26.3.2015 – 10 K 2347/09, EFG 2015, 1454, (rkr.).

4 BFH v. 17.11.2020 – I R 72/16, BStBl. II 2021, 484 = FR 2021, 544; BFH v. 25.5.2011 – I R 95/10, BStBl. II 2014, 760 = FR 2011, 1175 m. Anm. v. *Kempermann*; BFH v. 9.12.2010 – I R 49/09, BStBl. II 2011, 482 = FR 2011, 683; BFH v. 28.4.2010 – I R 81/09, BStBl. II 2014, 754 = FR 2010, 903 m. Anm. v. *Buciek*. Hierzu auch *Micker* in Söffing/Micker, Betriebsaufspaltung[10], Rz. 941.

5 BFH v. 17.11.2020 – I R 72/16, BStBl. II 2021, 484 = FR 2021, 544; BFH v. 25.5.2011 – I R 95/10, BStBl. II 2014, 760 FR 2011, 1175 m. Anm. v. *Kempermann*. Vgl. auch BMF v. 26.9.2014 – IV B 5-S 1300/09/10003, BStBl. I 2014, 1258 Rz. 2.2.1.

die hinter einem transparenten Rechtsträger stehende Person aufgrund gewerblicher Überlassung der wesentlichen Betriebsgrundlage infolge der Betriebsaufspaltung gem. § 49 Abs. 1 Nr. 2 Buchst. f Doppelbuchst. aa EStG unabhängig von einer inländischen Betriebstätte inländische gewerbliche Einkünfte.[1] Die gewerbliche Vermietung und Verpachtung geht dem Tatbestand des § 49 Abs. 1 Nr. 6 EStG vor.[2] Erfasst sind dabei nicht nur Mieteinkünfte, sondern auch der Veräußerungs- und Entnahmegewinne, die z.B. im Fall der Beendigung der Betriebsaufspaltung entstehen.[3] § 49 Abs. 1 Nr. 2 Buchst. a EStG ist nicht einschlägig, da bei Vermietung eines zum Betriebsvermögen gehörenden Grundstücks das vermietete Grundstück für den vermietenden Gewerbetreibenden keine Betriebsstätte i.S.d. § 12 AO darstellt.[4] Bei grenzüberschreitender Rechteüberlassung ist zu beachten, dass Lizenzgebühren vom Steuerabzug des § 50a Abs. 1 Nr. 3 EStG erfasst werden.[5] Gewinnausschüttungen der Betriebs-Kapitalgesellschaft fallen nicht unter § 49 Abs. 1 Nr. 2 Buchst. f EStG, sondern sind unter § 49 Abs. 1 Nr. 5 EStG zu subsumieren.[6] Für die weitere Behandlung dieser inländischen Einkünfte ist dann zu entscheidend, ob der Besitzunternehmer bzw. das Besitzunternehmen seinen (Wohn-)Sitz im Nicht-DBA-Ausland oder in einem DBA-Staat hat.

3.784 **Gewerbliche Einkünfte im Nicht-DBA-Fall.** Hat der Besitzunternehmer bzw. das Besitzunternehmen seinen (Wohn-)Sitz im Nicht-DBA-Ausland, während sich der Sitz des Betriebsunternehmens und die überlassene wesentliche Betriebsgrundlage im Inland befindet, erzielt das ausländische Besitzunternehmen nach o.g. Grundsätzen inländische Einkünfte i.S.d. § 49 EStG, die ohne Beschränkungen im Inland der Besteuerung unterliegen.

3.785 **Einkünftequalifikation im DBA-Fall.** Hat der Besitzunternehmer bzw. das Besitzunternehmen seinen (Wohn-)Sitz im DBA-Ausland, während sich der Sitz des Betriebsunternehmens und die überlassene wesentliche Betriebsgrundlage im Inland befinden (Grundvermögen, Sachgesamtheit oder Recht), erzielt das Besitzunterneh-

---

1 Vgl. zur Rechtslage ab VZ 2009 auch *Wacker* in Schmidt[44], § 15 EStG Rz. 862; *Micker* in Söffing/Micker, Betriebsaufspaltung[10], Rz. 691 ff.; zur Rechtslage bis VZ 2008 *Micker* in Söffing/Micker, Betriebsaufspaltung[9], Rz. 671 ff.

2 Bei der Überlassung sonstiger wesentlicher Betriebsgrundlagen, die nicht in inländischem Grundvermögen, Sachgesamtheiten oder Rechten bestehen, sind inländische Einkünfte nach § 49 Abs. 1 Nr. 9 EStG gegeben. A.A. *Micker* in Söffing/Micker, Betriebsaufspaltung[10], Rz. 693.

3 SenFin Berlin v. 21.7.2014 – III A – S 2300 – 2/2014, DStR 2014, 2569: Die Entnahme stellt keinen gesonderten Einkunftstatbestand dar und bedarf keiner gesonderten Festschreibung. Die Beendigung der Betriebsaufspaltung über die Grenze führt im Rahmen der beschränkten Steuerpflicht dann zur Besteuerung der im inländischen Grundstück ruhenden stillen Reserven.

4 BFH v. 13.6.2006 – I R 84/05, BStBl. II 2007, 94 = FR 2007, 140 m. Anm. v. *Kanzler*; BFH v. 10.2.1988 – VIII R 159/84, BStBl. II 1988, 653; BFH v. 6.7.1978 – IV R 24/73, BStBl. II 1979, 18. Zur Geltung im Kontext der Betriebsaufspaltung vgl. BFH v. 17.11.2020 – I R 72/16, BStBl. II 2021, 484 = FR 2021, 544.

5 *Micker* in Söffing/Micker, Betriebsaufspaltung[10], Rz. 692.

6 *Micker* in Söffing/Micker, Betriebsaufspaltung[10], Rz. 692 f.

men aus deutscher Sicht gewerbliche Vermietungseinkünfte i.S.d. § 49 Abs. 1 Nr. 2 Buchst. f Doppelbuchst. aa EStG i.V.m. § 15 EStG.[1] Die gewerbliche Einkünftequalifikation nach den Grundsätzen der Betriebsaufspaltung schlägt aber nicht auf das Abkommensrecht durch, so dass abkommensrechtlich von einer vermögensverwaltenden Überlassungstätigkeit auszugehen ist.[2] Die Verpachtungseinkünfte sind dann nach Maßgabe des einschlägigen DBA ggf. als solche aus unbeweglichem Vermögen (Art. 6 OECD-MA) von der Besteuerung im Ausland freigestellt (Art. 23A OECD-MA) und unterliegen damit der Besteuerung in Deutschland. Für die DBA-rechtlich nur als Dividenden-, Zins-, Lizenz- und Veräußerungseinkünfte aus beweglichem Vermögen zu qualifizierenden Einkünfte steht Deutschland als Quellenstaat aber ggf. nur ein Quellensteuerabzugsrecht entsprechend Art. 10 Abs. 2, 11 Abs. 2 und 12 Abs. 2 OECD-MA zu.[3]

4. Inbound-Fall und § 50i EStG

a) Weitere Steuerverhaftung bei Besitzunternehmen im DBA-Wegzugs- und Schenkungsfall

Einleitung. Bei im DBA-Ausland vor dem 1.1.2017 ansässig gewordenen Gesellschaftern einer Betriebsaufspaltung ist die Sonderregelung des § 50i Abs. 1 Satz 4 EStG zu beachten. Diese Regelung ordnet in bestimmten Fällen im Wege eines sog. treaty-override die inländische Besteuerung von Veräußerungs- und Entnahmegewinnen sowie von laufenden Einkünften des im DBA-Ausland ansässigen Besitzunternehmers bzw. einer Besitzgesellschaft im Rahmen einer Betriebsaufspaltung an. Hintergrund der Regelung ist, dass das Besitzunternehmen einer Betriebsaufspaltung nur nach nationalem Recht als Gewerbebetrieb i.S.d. § 15 EStG anzusehen ist und Unternehmenseinkünfte entsprechend Art. 7 OECD-MA vermittelt, nicht aber aus abkommensrechtlicher Sicht.[4] Da die Finanzverwaltung dies früher noch anderes beurteilt und in den tatbestandlich beschriebenen Fällen von einer Entstrickungsbesteuerung (z.B. nach § 6 AStG) abgesehen hat, soll die Regelung die Steuerverhaftung bestimmter Vermögensgegenstände und hieran anknüpfend die Besteuerung der stillen Reserven und bis zu deren Realisation auch der laufenden Einkünfte gewährleisten.[5] 3.786

1 BFH v. 17.11.2020 – I R 72/16, BStBl. II 2021, 484 = FR 2021, 544; FG Hessen 26.3.2015 – 10 K 2347/09, EFG 2015, 1454, (rkr.).

2 BFH v. 17.11.2020 – I R 72/16, BStBl. II 2021, 484 = FR 2021, 544; BFH v. 25.5.2011 – I R 95/10, BStBl. II 2014, 760 = FR 2011, 1175 m. Anm. v. *Kempermann*; BFH v. 9.12.2010 – I R 49/09, BStBl. II 2011, 482; BFH v. 28.4.2010 – I R 81/09, BStBl. II 2014, 754 = FR 2010, 903 m. Anm. v. *Buciek*.

3 *Krumm* in Kirchhof/Seer[24], § 15 EStG Rz. 114; *Micker* in Söffing/Micker, Betriebsaufspaltung[10], Rz. 692.

4 BFH v. 25.5.2011 – I R 95/10, BStBl. II 2014, 760; BMF v. 26.9.2014, IV B 5 – S 1300/09/10003, BStBl. I 2014, 1258, Rz. 2.3.3.4.

5 Zur Thematik auch *Bodden* in Korn, § 50i EStG Rz. 270 ff. (Stand: Dezember 2023); ferner *Micker* in Söffing/Micker, Betriebsaufspaltung[10], Rz. 695, 698 ff. Das BFH v. 16.7.2025 – I R 13/22, BFH/NV 2026, 182.

3.787 **Inhalt des § 50i Abs. 1 Satz 4 EStG.** Im Einzelnen gelten nach § 50i Abs. 1 Satz 4 EStG dann, wenn Wirtschaftsgüter vor dem 29.6.2013 Betriebsvermögen eines Einzelunternehmens oder einer Personengesellschaft geworden sind, die deswegen Einkünfte aus Gewerbebetrieb erzielen, weil der Steuerpflichtige sowohl im überlassenden Betrieb als auch im nutzenden Betrieb allein oder zusammen mit anderen Gesellschaftern einen einheitlichen geschäftlichen Betätigungswillen durchsetzen kann und dem nutzenden Betrieb eine wesentliche Betriebsgrundlage zur Nutzung überlässt (also bei einem Besitzunternehmer bzw. einer Besitzgesellschaft im Rahmen einer Betriebsaufspaltung), die Sätze 1 und 3 der Vorschrift sinngemäß. § 50i Abs. 1 Satz 1 EStG ordnet für Wirtschaftsgüter des Betriebsvermögens oder Anteile i.S.d. § 17 EStG, die vor dem 29.6.2013 in das Betriebsvermögen einer Personengesellschaft i.S.d. § 15 Abs. 3 EStG (im Kontext des § 50i Abs. 1 Satz 1 EStG: eines Besitzunternehmens einer Betriebsaufspaltung) übertragen oder überführt worden sind und bei denen im Zeitpunkt der Übertragung oder Überführung eine Besteuerung der stillen Reserven unterblieben ist, Folgendes an: Der Gewinn aus der späteren Veräußerung oder Entnahme dieser Wirtschaftsgüter, den ein Steuerpflichtiger erzielt, der vor dem 1.1.2017 im Sinne eines DBA in einem anderen Vertragsstaat ansässig geworden ist, ist ungeachtet entgegenstehender Bestimmungen dieses DBA zu versteuern. Nach § 50i Abs. 1 Satz 3 EStG erstreckt sich die Versteuerung – ebenfalls ungeachtet entgegenstehender Bestimmungen eines DBA – auch auf laufende Einkünfte aus der Beteiligung an der Personengesellschaft i.S.d. § 15 Abs. 3 EStG (im Kontext des § 50i Abs. 1 Satz 1 EStG: aus dem Besitzunternehmen einer Betriebsaufspaltung), auf die die in Satz 1 genannten Wirtschaftsgüter oder Anteile übertragen oder überführt wurden. § 50i Abs. 1 Satz 3 EStG ist hinsichtlich der laufenden Einkünfte aus Beteiligungen an der Personengesellschaft i.S.d. § 15 Abs. 3 EStG in allen Fällen anzuwenden, in denen die Einkommensteuer noch nicht bestandskräftig festgesetzt worden ist (§ 52 Abs. 48 Satz 2 EStG).

3.788 **Tatbestand des § 50i Abs. 1 Satz 4 EStG.** Die hochkomplexe Regelung des § 50i Abs. 1 Satz 4 EStG zum Besitzunternehmen einer Betriebsaufspaltung erfordert damit im tatbestandlichen Zusammenspiel mit den anderen Sätzen des § 50i Abs. 1 EStG, dass (i) Wirtschaftsgüter oder Kapitalgesellschaftsanteile i.S.d. § 17 EStG (ii) vor dem 29.6.2013 in das Betriebsvermögen eines gewerblichen Besitzunternehmens einer Betriebsaufspaltung übertragen oder überführt wurden,[1] (iii) dies ohne vollständige Aufdeckung stiller Reserven erfolgte, sodann (iv) vor dem 1.1.2017 das deutsche Besteuerungsrecht insbesondere aufgrund Wegzugs in einen DBA-Staat

1 Zur Einordnung von § 50i Abs. 1 Satz 4 EStG als modifizierte Rechtsgrundverweisung vgl. BFH v. 16.7.2025 – I R 13/22, BFH/NV 2026, 182. Hiernach bedeutet die von § 50i Abs. 1 Satz 4 EStG angeordnete sinngemäße Geltung des § 50i Abs. 1 Satz 1 EStG, dass sämtliche in diesem Satz genannten Tatbestandsmerkmale auch bei der Prüfung des Satzes 4 erfüllt sein müssen (modifizierte Rechtsgrundverweisung); eine Modifikation erfolgt lediglich insoweit, als dass die Übertragung oder Überführung eines in § 50i Abs. 1 Satz 1 EStG genannten Wirtschaftsguts nicht in das Betriebsvermögen einer gewerblich geprägten Personengesellschaft erfolgen muss, sondern in das Betriebsvermögen einer Besitz-Personengesellschaft oder eines Besitz-Einzelunternehmens im Rahmen einer Betriebsaufspaltung.

oder Schenkung an einen im DBA-Ausland ansässigen Stpfl.[1] ausgeschlossen oder beschränkt wurde, und schließlich (v) aus dem Besitzunternehmen oder der Personengesellschaft laufende Einkünfte durch den DBA-Ausländer bezogen wurden bzw. (vi) die in die Besitz-Personengesellschaft transferierten Wirtschaftsgüter oder Anteile nach dem 29.6.2013 und nach dem wegzugs-/schenkungsbedingten Entstrickungszeitpunkt (vor dem 1.1.2017) veräußert oder entnommen wurden (§ 52 Abs. 48 Satz 1 EStG) und der Gewinn einem DBA-Ausländer zuzurechnen ist bzw. (vii) die in das Besitz-Einzelunternehmen transferierten Wirtschaftsgüter oder Anteile nach dem 31.12.2013 und nach dem o.g. Entstrickungszeitpunkt (vor dem 1.1.2017) veräußert oder entnommen (§ 52 Abs. 48 Satz 3 EStG) wurden und der Gewinn einem DBA-Ausländer zuzurechnen ist.[2]

Rechtsfolge des § 50i Abs. 1 Satz 4 EStG. Rechtsfolge der Tatbestandserfüllung nach 3.789
§ 50i Abs. 1 Satz 4 EStG ist (i) die weitere inländische Steuerverhaftung der im o.g. Sinne transferierten Wirtschaftsgüter oder Anteile und damit verbunden (ii) die Besteuerung der laufenden Einkünfte aus dem Besitz-Einzelunternehmen bzw. aus der Beteiligung an der Besitz-Personengesellschaft bis zum Realisierungszeitpunkt sowie (iii) die Besteuerung des Gewinns bei Veräußerung oder Entnahme, und zwar (iv) ungeachtet entgegenstehender Regelungen des maßgeblichen DBA (§ 50i Abs. 1 Satz 4 i.V.m. Satz 1 bzw. Satz 3 EStG).

b) Einzelheiten zum Tatbestand des § 50i EStG

Wirtschaftsgüter oder Kapitalgesellschaftsanteile i.S.d. § 17 EStG. Wirtschafts- 3.790
güter i.S.d. § 50i Abs. 1 EStG sind alle selbständig bewertbaren Sachen, Rechte oder sonstigen Vorteile, die dem Betrieb objektiv zugeordnet bzw. gewidmet und subjektiv dem Betrieb des Stpfl. zu dienen bestimmt und geeignet sind.[3] Anteile i.S.d. § 17 EStG sind gemäß der Legaldefinition in § 17 Abs. 1 Satz 3 EStG Anteile an einer Kapitalgesellschaft in Form von Aktien, Anteilen an einer Gesellschaft mit beschränkter Haftung (GmbH), Genussscheinen oder ähnlichen Beteiligungen und Anwartschaften auf solche Beteiligungen. Nach der Fiktion des § 17 Abs. 7 EStG sind auch Anteile an einer Genossenschaft einschließlich der Europäischen Genossenschaft erfasst. Auf Grund des allgemeinen Verweises auf § 17 EStG sind sowohl Anteile an inländischen als auch Anteile an ausländischen Kapitalgesellschaften oder Genossenschaften erfasst.[4] Da § 50i Abs. 1 EStG tatbestandlich an das Unterlassen

1 Zu diesem Fall BFH v. 16.7.2025 – I R 13/22, BFH/NV 2026, 182.

2 Zur zeitlich gespaltenen Anwendung des § 50i Abs. 1 Satz 4 EStG auf Besitz-Einzelunternehmen einerseits und Besitz-Personengesellschaften andererseits vgl. *Bodden* in Korn, § 50i EStG Rz. 35 ff. (Stand: Dezember 2023).

3 Zum Wirtschaftsgut im Kontext des § 50i EStG vgl. *Bodden* in Korn, § 50i EStG Rz. 103 (Stand: Dezember 2023. Zu diesbezüglichen Zweifelsfragen, ob auch die Übertragung mehrerer Wirtschaftsgüter, die eine steuerliche Sachgesamtheit bilden (Betrieb, Teilbetrieb, Mitunternehmeranteil), von § 50i Abs. 1 Satz 1 EStG erfasst ist, vgl. *Roderburg/Richter*, IStR 2015, 227, 229.

4 Zum Anteil im Kontext des § 50i EStG vgl. *Bodden* in Korn, § 50i EStG Rz. 105 ff. (Stand: Dezember 2023).

der Besteuerung stiller Reserven im Zeitpunkt der Übertragung oder Überführung anknüpft, ist für die Prüfung, ob die Anteile die Voraussetzungen des § 17 EStG erfüllen, auf die jeweils im Zeitpunkt der Übertragung oder Überführung gültige Fassung des § 17 EStG abzustellen.[1]

3.791 **Vor dem 29.6.2013 Übertragung oder Überführung in das Betriebsvermögen eines Besitz-Einzelunternehmens.** Besitzunternehmen i.S.d. § 50i Abs. 1 Satz 4 EStG, auf das die Wirtschaftsgüter oder Anteile i.S.d. § 17 EStG übertragen oder überführt werden, kann zunächst ein Einzelunternehmen i.S.d. § 15 Abs. 1 Satz 1 Nr. 1 EStG sein.[2] Fraglich ist aber, ob die Erfassung des Besitz-Einzelunternehmens durch § 50i Abs. 1 Satz 4 EStG erforderlich war, da es im Fall des Wegzugs des Besitz-Einzelunternehmers mangels verbleibender inländischer Betriebsstätte stets zu einer Entstrickung kommt, weil der Wegzug des Besitz-Einzelunternehmers als Betriebsaufgabe i.S.d. § 16 Abs. 3, Abs. 3a EStG zu einer vollständigen Realisierung der im Besitzunternehmen vorhandenen stillen Reserven führt.[3] Die Übertragung oder Überführung in das Betriebsvermögen des Besitz-Einzelunternehmens muss vor dem 29.6.2013 erfolgt sein.[4]

3.792 **Übertragung oder Überführung in das Betriebsvermögen einer Besitz-Personengesellschaft vor dem 29.6.2013.** Besitzunternehmen i.S.d. § 50i Abs. 1 Satz 4 EStG, auf das die Wirtschaftsgüter oder Anteile i.S.d. § 17 EStG übertragen oder überführt werden, kann auch eine Besitz-Personengesellschaft i.S.d. § 15 Abs. 1 Satz 1 Nr. 2 EStG sein.[5] Die betriebsaufspaltungsbegründenden Voraussetzungen des § 50i Abs. 1 Satz 4 letzter Halbs. EStG müssen dabei nicht zwingend in der Person des Stpfl. erfüllt sein; die Regelung betrifft Personengesellschaften insgesamt und unterschiedslos alle an dieser beteiligten Mitunternehmer.[6] Aufgrund des eindeutigen Normwortlauts erfasst § 50i Abs. 1 Satz 4 EStG nicht eine Besitz-Rechtsgemeinschaft. In deren Zusammenhang ist aber zu beachten, dass die Überlassung insbesondere von Grund-

1 BFH v. 16.7.2025 – I R 13/22, BFH/NV 2026, 182.

2 Der Anwendungsbereich des § 50i Abs. 1 Satz 4 EStG wurde im Zuge der Änderung von § 50i EStG durch das Gesetz zur Anpassung des nationalen Steuerrechts an den Beitritt Kroatiens zur EU und zur Änderung weiterer steuerlicher Vorschriften (Kroatienbeitrittsgesetz) v. 25.7.2014, BGBl. I 2014, 1266 auf Einzelunternehmen erweitert. Bei Besitz-Einzelunternehmen ist die Vorschrift erstmals anwendbar auf die Veräußerung oder Entnahme von WG, die nach dem 31.12.2013 stattfindet (§ 52 Abs. 48 Satz 3 EStG) bzw. auf laufende Einkünfte des VZ 2014.

3 Dazu auch *Bodden* in Korn, § 50i EStG Rz. 276 (Stand: Dezember 2023); *Liekenbrock* in F/W/D/S, § 50i EStG Rz. 137 (Stand: Oktober 2017); *Ruoff* in Nationale und internationale Unternehmensbesteuerung in der Rechtsordnung (FS Dietmar Gosch), 2016, 365 (369); *Kudert/Kahlenberg/Mroz*, ISR 2014, 257 (260 f.).

4 Am 29.6.2013 wurde das AmtshilfeRLUmsG v. 26.6.2013, BGBl. I 2013, 1809, mit dem § 50i EStG eingeführt wurde, im BGBI. verkündet.

5 § 50i Abs. 1 Satz 4 Halbs. 2 EStG enthält gem. BFH v. 16.7.2025 – I R 13/22, BFH/NV 2026, 182, lediglich eine (verkürzte) Umschreibung eines Besitzunternehmens der ansonsten gesetzlich nicht geregelten, aber in ständiger Rechtsprechung anerkannten Figur der steuerrechtlichen Betriebsaufspaltung.

6 Hierzu BFH v. 18.8.2005 – IV R 59/04, BStBl. II 2005, 830.

besitz im Rahmen einer Betriebsaufspaltung auch bei gegebenem Mit-/Bruchteilseigentum nach Ansicht des BFH regelmäßig durch eine konkludent errichtete Willensbildungs-Personengesellschaft i.S.d. §§ 705 ff. BGB erfolgt (s. Rz. 3.48),[1] so dass in diesen Fällen von einer Besitz-Personengesellschaft i.S.d. § 50i Abs. 1 Satz 4 EStG auszugehen ist. Zu deren Sonderbetriebsvermögen rechnen dann die Miteigentumsanteile der Gesellschafter an der überlassenen wesentlichen Betriebsgrundlage (s. Rz. 3.394).[2]

Das Betriebsvermögen einer Personengesellschaft i.S.d. § 50i Abs. 1 EStG setzt sich aus dem gesamthänderisch gebundenen Vermögen und dem Sonderbetriebsvermögen i.S.d. § 15 Abs. 1 Satz 1 Nr. 2 EStG zusammen. Denn der Wortlaut des § 50i Abs. 1 EStG unterscheidet zwischen diesen beiden Arten des Betriebsvermögens einer Mitunternehmerschaft nicht. Der Transfer in das Betriebsvermögen einer Besitz-Personengesellschaft i.S.d. § 50i Abs.1 Satz 4 EStG ist dabei aber nur beim erstmaligen Übergang des Vermögensgegenstandes „von außen“ gegeben. Maßgeblicher Anknüpfungszeitpunkt für die Prüfung, ob eine Übertragung oder Überführung im Sinne des § 50i Abs. 1 EStG stattgefunden hat, ist daher der Zeitpunkt, zu dem der Vermögensgegenstand erstmals „von außen“ in das (Sonder-)Betriebsvermögen der Besitz-Personengesellschaft gelangt ist.[3] In Abgrenzung hierzu stellt ein Transfer von Wirtschaftsgütern oder Anteilen innerhalb des Betriebsvermögens derselben Personengesellschaft zwischen ihrem Gesellschafts- und ihrem Sonderbetriebsvermögen oder zwischen verschiedenen Sonderbetriebsvermögen der Gesellschafter bzw. Mitunternehmer keine Überführung „in“ das Betriebsvermögen der Personengesellschaft dar.[4] Denn wenn ein Vermögensgegenstand bereits dem (Gesamt-)Betriebsvermögen einer Personengesellschaft zugehört, kann es nicht mehr „in“ ein solches übertragen oder überführt werden. Die Übertragung oder Überführung in das Betriebsvermögen eines gewerblichen Besitzunternehmens muss schließlich vor dem 29.6.2013 erfolgt sein.[5]

Ohne Aufdeckung stiller Reserven. Der Transfer der betreffenden Wirtschaftsgüter oder Anteile i.S.d. § 17 EStG in das (Gesamt-)Betriebsvermögen des Besitzunternehmens muss ohne Aufdeckung der stillen Reserven erfolgt sein. Damit setzt § 50i Abs. 1 EStG tatbestandlich das Vorhandensein stiller Reserven in o.g. Vermögensgegenständen im Zeitpunkt der Übertragung oder Überführung voraus. Im Umkehrschluss entfällt die Tatbestandsverwirklichung nach § 50i Abs. 1 EStG, wenn das Wirtschaftsgut im Zeitpunkt seiner Übertragung oder Überführung keine stillen Reserven enthielt. Demzufolge findet der Tatbestand insbesondere dann keine Anwendung, wenn die Herstellung des Wirtschaftsguts mit dem Zeitpunkt, zu dem es Betriebsvermögen der Personengesellschaft geworden ist, zusammenfällt; denn im Her- 3.793

1 Hierzu BFH v. 18.8.2005 – IV R 59/04, BStBl. II 2005, 830.

2 *Liekenbrock* in F/W/D/S, § 50i EStG Rz. 132.1 (Stand: Oktober 2017); *Lang/Benz*, StbJb 2014/2015, 183 (200 f.). Wohl auch *Gosch* in Kirchhof/Seer[24], § 50i EStG Rz. 12.

3 BFH v. 16.7.2025 – I R 13/22, BFH/NV 2026, 182.

4 BFH v. 16.7.2025 – I R 13/22, BFH/NV 2026, 182.

5 Am 29.6.2013 wurde das AmtshilfeRLUmsG v. 26.6.2013, BGBl.I 2013, 1809, mit dem § 50i EStG eingeführt wurde, im BGBI. verkündet.

stellungszeitpunkt existieren dann noch keine von § 50i Abs. 1 EStG vorausgesetzten stillen Reserven.[1] Entsprechendes gilt, wenn das Wirtschaftsgut im Zeitpunkt des entgeltlichen Erwerbs zu Marktkonditionen Betriebsvermögen der Gesellschaft geworden ist. Denn in diesem Fall sind etwaige stille Reserven auf der Seite des Veräußerers besteuert; dementsprechend sind keine stillen Reserven in das Betriebsvermögen der Personengesellschaft übergegangen.[2] Der entgeltliche Erwerb von Sonderbetriebsvermögen durch den Gesellschafter ist regelmäßig in gleicher Weise zu beurteilen wie der entgeltliche Erwerb von Gesamthandsvermögen durch die Personengesellschaft. Denn in der juristischen Sekunde zwischen dem entgeltlichen Erwerb im Privatvermögen des Gesellschafters und der Einlage in das Sonderbetriebsvermögen der Personengesellschaft können regelmäßig keine stillen Reserven entstanden sein.[3]

3.794 **Einschränkung des deutschen Besteuerungsrechts vor dem 1.1.2017.** Das deutsche Besteuerungsrecht am Gewinn oder der Entnahme des im o.g. Sinne transferierten Wirtschaftsgüter oder Anteile muss vor dem 1.1.2017[4] ausgeschlossen oder beschränkt worden sein, insbesondere aufgrund Wegzugs oder Schenkung.[5] Dabei ist allein auf die Einschränkung der ESt- bzw. KSt-Besteuerung abzustellen, ein Ausschluss oder eine Beschränkung des Besteuerungsrechts für Zwecke der GewSt erfüllt nicht den Tatbestand des § 50i Abs. 1 Satz 4 i.V.m. Satz 1 Nr. 3 EStG.[6] Ausgeschlossen wird das deutsche Besteuerungsrecht, wenn es entweder durch Ausscheiden aus der deutschen Steuerpflicht oder abkommensrechtlich durch Geltung der Freistellungsmethode verloren geht. Eine Beschränkung des deutschen Besteuerungsrechts ist gegeben, wenn die Pflicht entsteht, ausländische Steuern anzurechnen oder zum Abzug zuzulassen. In personeller Hinsicht setzt § 50i Abs. 1 Satz 4 i.V.m. Satz 1 EStG nicht voraus, dass derjenige, der das Wirtschaftsgut übertragen oder überführt hat, mit demjenigen identisch sein muss, bei dem der Ausschluss oder die Beschränkung des Besteuerungsrechts eintritt. Wird damit der Tatbestand des § 50i Abs. 1 EStG insoweit verwirklicht, als ein in der Vorschrift bezeichnetes Wirtschaftsgut ohne Aufdeckung (vorhandener) stiller Reserven „von außen“ in das Betriebsvermögen eines Besitzunternehmens übertragen worden ist, setzt sich die § 50i EStG-Verhaftung bei einem Rechtsnachfolger fort, wenn das Wirtschaftsgut im nämlichen Betriebsvermögen verblieben ist.[7]

3.795 **Besonderheiten zur Ein-/Beschränkung des deutschen Besteuerungsrechts in Fällen der Betriebsaufspaltung.** Bei den in Betriebsaufspaltungsfällen regelmäßig relevanten Sachverhalten ist bzgl. des Ausschlusses sowie der Beschränkung des deut-

1 BFH v. 16.7.2025 – I R 13/22, BFH/NV 2026, 182.
2 BFH v. 16.7.2025 – I R 13/22, BFH/NV 2026, 182.
3 BFH v. 16.7.2025 – I R 13/22, BFH/NV 2026, 182.
4 Diese zeitliche Tatbestandsbegrenzung wurde im Zuge der durch das Gesetz zur Umsetzung der Änderungen der EU-Amtshilferichtlinie und von weiteren Maßnahmen gegen Gewinnkürzungen und -verlagerungen (Anti-BEPS I-Umsetzungsgesetz) v. 20.12.2016, BGBl. I 2016, 3000 bewirkten Ergänzung des § 50i Abs. 1 Satz 1 Nr. 3 EStG eingeführt. Damit ist § 50i EStG in zeitlicher Hinsicht auf Altfälle beschränkt.
5 BFH v. 16.7.2025 – I R 13/22, BFH/NV 2026, 182.
6 *Pohl* in Brandis/Heuermann, § 50i EStG Rz. 25a (Stand: November 2023).
7 BFH v. 16.7.2025 – I R 13/22, BFH/NV 2026, 182.

schen Besteuerungsrechts wie folgt zu differenzieren: (i) Das Besteuerungsrecht an realisierten und laufenden Einkünften aus Grundvermögen wird entsprechend Art. 6 Abs. 1 und Art. 13 Abs. 1 OECD-MA in aller Regel dem Belegenheitsstaat zugewiesen, so dass Deutschland diese Einkünfte bei inländischem Grundbesitz nach den Grundsätzen des § 49 Abs. 1 EStG weiterhin besteuern kann. Eine Ein-/Beschränkung des deutschen Besteuerungsrechts ist dann nicht gegeben. (ii) Ist Gegenstand der Betriebsaufspaltung die Überlassung beweglicher oder immaterieller Wirtschaftsgüter, steht das Besteuerungsrecht dem neuen Wohnsitzstaat des DBA-Gesellschafters zu, sofern die Überlassung nicht eine feste Einrichtung im Inland erfordert oder die Überlassung nicht im Rahmen einer inländischen Betriebsstätte erfolgt. In Bezug auf die Anteile an der Betriebs-Kapitalgesellschaft wird das Besteuerungsrecht entsprechend Art. 10 Abs. 1 und Art. 13 Abs. 5 OECD-MA in aller Regel dem Wohnsitzstaat des DBA-Auslandsgesellschafters zugewiesen. Etwas anderes gilt nur, sofern das DBA dem Sitzstaat der Gesellschaft das Besteuerungsrecht zuweist[1] oder wenn die Sondervoraussetzungen für Immobiliengesellschaften, deren Vermögen zu mehr als 50 % aus unbeweglichem Grundvermögen besteht, entsprechend Art. 13 Abs. 4 OECD-MA gegeben sind. Anderenfalls bleibt dem Sitzstaat der Kapitalgesellschaft, hier Deutschland, bezüglich der Dividenden entsprechend Art. 10 Abs. 2 OECD-MA nur ein Quellenbesteuerungsrecht von bis zu 15%.[2]

Bezug laufender Einkünfte. Aus der Beteiligung an der Besitz-Personengesellschaft muss der Stpfl. bzw. Mitunternehmer nach dem 29.6.2013 laufende Einkünfte erzielen. Aus dem Besitz-Einzelunternehmen muss der Stpfl. bzw. der Besitz-Einzelunternehmer nach dem 31.12.2013 laufende Einkünfte erzielen.[3] Der Gesellschafter der Besitz-Personengesellschaft bzw. der Besitz-Einzelunternehmer muss aus o.g. Gründen im maßgeblichen Erfassungszeitpunkt der laufenden Einkünfte entsprechend Art. 4 OECD-MA im DBA-Ausland ansässig sein.[4] 3.796

Veräußerung oder Entnahme. Bei einer Besitz-Personengesellschaft muss das Wirtschaftsgut bzw. der Anteil i.S.d. § 17 EStG nach dem 29.6.2013 aus deren Betriebsvermögen heraus verkauft oder aus diesem entnommen werden, vgl. § 52 Abs. 48 Satz 1 EStG.[5] Aus dem Besitz-Einzelunternehmen muss das Wirtschaftsgut bzw. der Anteil i.S.d. § 17 EStG nach dem 31.12.2013 heraus verkauft oder aus diesem entnommen werden; § 52 Abs. 48 Satz 3 EStG.[6] Eine Personenidentität zwischen dem transferierenden Stpfl. und demjenigen, dem das Realisierungsergebnis zuzurechnen ist nach 3.797

1 DBA-Sonderfälle, in denen der Ansässigkeitsstaat der Gesellschaft den Veräußerungsgewinn besteuern darf, enthalten z.B. die DBA mit Ägypten, Australien, Bulgarien, Mexiko, der Slowakei und Tschechien.
2 Zum Ganzen auch *Schulze zur Wiesche*, BB 2013, 2463 (2466).
3 Zur zeitlich gespaltenen Anwendung des § 50i Abs. 1 Satz 4 EStG auf Besitz-Einzelunternehmen einerseits und Besitz-Personengesellschaften andererseits vgl. *Bodden* in Korn, § 50i EStG Rz. 35 ff. (Stand: Dezember 2023).
4 BFH v. 16.7.2025 – I R 13/22, BFH/NV 2026, 182.
5 Hierzu auch *Bodden* in Korn, § 50i EStG Rz. 150 ff. (Stand: Dezember 2023).
6 Zur zeitlich gespaltenen Anwendung des § 50i Abs. 1 Satz 4 EStG auf Besitz-Einzelunternehmen einerseits und Besitz-Personengesellschaften andererseits vgl. *Bodden* in Korn, § 50i EStG Rz. 35 ff. (Stand: Dezember 2023).

dem Wortlaut der Norm nicht erforderlich. Die Beendigung der Betriebsaufspaltung (z.B. aufgrund des Wegfalls einer personellen Verflechtung) begründet eine Betriebsaufgabe i.S. des § 16 Abs. 3 Satz 1 EStG, die einer Veräußerung gleichgestellt wird und somit einen Realisationsvorgang i.S.d. § 50i Abs. 1 Satz 4 i.V.m. Satz 1 EStG auslöst.[1] Der Realisationsgewinn muss schließlich einem Steuerpflichtigen mit Ansässigkeit in einem anderen Vertragsstaat entsprechend Art. 4 OECD-MA zugerechnet werden, da ja nur in diesem Fall die Notwendigkeit der unilateralen Überschreibung des DBA („Treaty Override") besteht.[2]

c) Einzelheiten zur Rechtsfolge des § 50i EStG

aa) Grundsätzlich

3.798 **Weiteren Steuerverhaftungen und Besteuerungen.** § 50i Abs. 1 Satz 4 EStG führt zur weiteren inländischen Steuerverstrickung, so dass die laufenden Einkünfte und der Veräußerungs-/Entnahmegewinn „ungeachtet entgegenstehender Bestimmungen des Abkommens zur Vermeidung der Doppelbesteuerung" der deutschen Ertragsbesteuerung unterliegen. Diese Rechtsfolge kann auch erstmals bei einem Rechtsnachfolger eintreten.[3] Innerstaatliche Rechtsgrundlage für die Besteuerung ist § 49 Abs. 1 Nr. 2 Buchst. a i.V.m. §§ 15, 16 EStG.

bb) Besteuerung des Veräußerungs-/Entnahmegewinns

3.799 **Innerstaatliche Rechtsgrundlage.** Rechtsfolge einer nach o.g. Vorgaben erfolgten Veräußerung oder Entnahme von Wirtschaftsgütern oder Kapitalgesellschaftsanteilen ist gem. § 50i Abs. 1 Satz 1 EStG die Besteuerung des Gewinns aus dem Realisierungsakt. Wenngleich tatbestandlich nicht erwähnt, ist auch ein Verlust zu berücksichtigen.[4] Innerstaatliche Rechtsgrundlage für die durch § 50i Abs. 1 Satz 1 EStG erfolgende Besteuerung ist bei inländischer Betriebsstättenzugehörigkeit der Vermögensgegenstände jeweils § 49 Abs. 1 Nr. 2 Buchst. a i.V.m. § 15 EStG[5] bzw. § 16 Abs. 1 Satz 1 Nr. 1 EStG.[6] Sofern der beschränkt Stpfl. keine inländischen Einkünfte i.S.d. § 49 EStG erzielt, kann auch § 50i Abs. 1 Satz 1 EStG kein Besteuerungsrecht begründen.[7] Stellt

---

1 *Liekenbrock* in F/W/D/S, § 50i EStG Rz. 138 (Stand: Oktober 2017).

2 BFH v. 16.7.2025 – I R 13/22, BFH/NV 2026, 182.

3 BFH v. 16.7.2025 – I R 13/22, BFH/NV 2026, 182.

4 Gl.A. *Loschelder* in Schmidt[44], § 50i EStG Rz. 7; Bron in Kanzler/Kraft/Bäuml u.a.[10], § 50i EStG Rz. 100; a.A. Gosch in Kirchhof/Seer[24], § 50i EStG Rz. 22: „Verluste bleiben unberücksichtigt"; dem zustimmend Rehfeld in H/H/R, § 50i EStG Anm. 17 (Stand: Juni 2021).

5 *Rasch* in Kirchhof/Kulosa/Ratschow[10], § 50i EStG Rz. 54; *Rehfeld* in H/H/R, § 50i EStG Anm. 17 (Stand: August 2024); *Grammel* in K/S/M, § 50i EStG Rz. B 16 (Stand: Februar 2019); *Liekenbrock* in F/W/D/S, § 50i EStG Rz. 100 (Stand: Oktober 2017); *Kudert/Kahlenberg*, PIStB 2014, 189 (191); *Kahlenberg*, Ubg 2014, 231 (236); *Kudert/Kahlenberg/Mroz*, ISR 2013, 365 (369 f.); *Liekenbrock*, IStR 2013, 690 (697).

6 Für den Fall einer 100-prozentigen Kapitalgesellschaftsbeteiligung.

7 *Neumann-Tomm* in Lademann, § 50i EStG Rz. 106 (Stand: Mai 2022); *Pohl* in Brandis/Heuermann, § 50i EStG Rz. 32 (Stand: November 2023); *Liekenbrock* in F/W/D/S, § 50i EStG Rz. 59 (Stand: Oktober 2017).

sich daher z.B. nachträglich heraus, dass die in eine inländische Personengesellschaft steuerneutral transferierte Kapitalgesellschaftsbeteiligung bis zur Veräußerung oder Entnahme tatsächlich einer ausländischen Betriebsstätte funktional zuzuordnen war, greift § 50i EStG nicht ein, weil keine inländischen Einkünfte i.S.d. § 49 EStG gegeben sind.[1]

Ermittlung des steuerpflichtigen Veräußerungs-/Entnahmegewinns. Das Realisie- 3.800
rungsergebnis nach § 50i Abs. 1 EStG ermittelt sich nach den allgemeinen Vorschriften unter Berücksichtigung auch der Veräußerungskosten.[2] Für die Bestimmung des Veräußerungsgewinns an Anteilen i.S.d. § 17 EStG gelten die Definitionen des § 17 Abs. 2 Satz 1 und Satz 2 EStG.[3] Das auf Anteile i.S.d. § 17 EStG entfallende Realisationsergebnis ist dann nach dem für den Stpfl. i.S.d. § 50i EStG maßgeblichen Besteuerungsregime im Teileinkünfteverfahren i.S.d. § 3 Nr. 40, § 3c Abs. 2 EStG oder im Freistellungsverfahren nach § 8b KStG zu versteuern.[4] Der Gewinn unterliegt auch der GewSt, sofern er nicht § 7 Satz 2 GewStG unterfällt.[5]

**Umfang des steuerpflichtigen Veräußerungs-/Entnahmegewinns: Erfassung auch 3.801
der bis zum 29.6.2013 entstandenen stillen Reserven bei vorherigem Ansässigkeitswechsel.** Diskutiert wird, ob in Fällen, in denen der Stpfl. seinen Wohnsitz bereits vor dem 29.6.2013 ins DBA-Ausland verlegt hat, am 29.6.2013 eine Einlage des § 50i EStG-verhafteten Vermögens in das Betriebsvermögen zum gemeinen Wert i.S.d. § 4 Abs. 1 Satz 8 i.V.m. § 6 Abs. 1 Nr. 5a EStG erfolgt, mit der Folge, dass die bis zum 29.6.2013 entstandenen stillen Reserven nicht erfasst sind.[6] Dem kann entgegengehalten werden, dass es am 29.6.2013 nicht zu einer Begründung des deutschen Besteuerungsrechts i.S.d. § 4 Abs. 1 Satz 8 EStG gekommen ist. Vielmehr waren die stillen Reserven wegen ihrer ununterbrochenen Zuordnung zu einem inländischen Betriebsvermögen i.S.d. § 49 Abs. 1 Nr. 2 Buchst. a EStG stets betrieblich verstrickt.[7] Zudem wird durch § 50i EStG unilateral ein bestehendes deutsches Besteuerungsrecht ab dem Wegzugszeitpunkt gesetzlich angeordnet.[8] Die diesbezügliche Diskussion ist aber offen. Nach der Rspr. des BVerfG zur rückwirkenden Anwendung von § 17 EStG kann der Gesetzgeber eine Verstrickung in das deutsche Steuersystem anordnen. Diese Verstrickung muss dann aber zwingend zum gemeinen Wert erfol-

1 *Pohl* in Brandis/Heuermann, § 50i EStG Rz. 32 (Stand: November 2023); *Pohl*, IStR 2013, 699 (701 f.).

2 *Rehfeld* in H/H/R, § 50i EStG Anm. 10 (Stand: August 2024); *Grammel* in K/S/M, § 50i EStG Rz. B 16 (Stand: Februar 2019).

3 *Rasch* in Kirchhof/Kulosa/Ratschow[10], § 50i EStG Rz. 55; *Rehfeld* in H/H/R, § 50i EStG Anm. 10, 17 (Stand: August 2024).

4 *Töben*, IStR 2013, 682 (685); *Prinz*, DB 2013, 1378 (1381).

5 *Neumann-Tomm* in Lademann, § 50i EStG Rz. 105 (Stand: Mai 2022); *Töben*, IStR 2013, 682, 685.

6 *Strothenke*, StuB 2016, 187 (189); *Roderburg/Richter*, IStR 2015, 227 (230); *Lüdicke*, FR 2015, 128 (132); *Neumann-Tomm*, IStR 2015, 60 (61); *Strunk*, PIStB 2014, 272 (275).

7 *Böhmer/Wegener*, Ubg 2015, 69 (71); *Hruschka*, DStR 2014, 2421 (2423); so wohl auch die FinVerw., vgl. BMF v. 26.9.2014, IV B 5 – S 1300/09/10003, BStBl I 2014, 1258, Rz. 2.3.3.

8 *Pohl* in Brandis/Heuermann, § 50i EStG Rz. 15a (Stand: November 2023).

gen.[1] Überträgt man diese Prinzipien auf die Fälle des § 50i EStG, können nur noch die stillen Reserven betroffen sein, die seit dem 29.6.2013 entstanden sind.[2]

3.802 **Umfang des steuerpflichtigen Veräußerungs-/Entnahmegewinns: Erfassung auch der nach dem Ansässigkeitswechsel entstandenen stillen Reserven.** Die von § 50i Abs. 1 Satz 1 EStG angeordnete Besteuerung der stillen Reserven beschränkt sich nicht auf die Nachholung der im Zeitpunkt des Ansässigkeitswechsels unterbliebenen Versteuerung der stillen Reserven in den Wirtschaftsgütern bzw. Kapitalgesellschaftsanteilen.[3] Der Gesetzgeber hat die Besteuerung der Veräußerungs- bzw. Entnahmeeinkünfte vielmehr so vorgesehen, wie sie nach Verwaltungsansicht bei gegebenem deutschem Besteuerungsrecht bis zur Veräußerung oder Entnahme der betroffenen Vermögensgegenstände hätte erfolgen sollen.[4] Bei der Schlussbesteuerung der stillen Reserven in den betroffenen Wirtschaftsgütern oder Kapitalgesellschaftsanteilen im Veräußerungs- oder Entnahmezeitpunkt werden daher auch die nach dem Ansässigkeitswechsel entstandenen Wertsteigerungen erfasst.[5]

3.803 **Auswirkungen auf andere Mitunternehmer.** Bezüglich der Auswirkungen auf andere Mitunternehmer als den ursprünglich übertragenden oder überführenden Gesellschafter ist zu unterscheiden zwischen der Übertragung in das Gesellschaftsvermögen der Personengesellschaft einerseits und der Überführung in das Sonderbetriebsvermögen bei dieser andererseits. (i) Wird das von § 50i Abs. 1 Satz 1 EStG erfasste Wirtschaftsgut von der übernehmenden Personengesellschaft veräußert, findet die Norm grundsätzlich auf alle Mitunternehmer Anwendung, denen ein Teil des Veräußerungsgewinns zuzurechnen ist; dies gilt unabhängig davon, ob sie das Wirtschaftsgut übertragen haben oder nicht.[6] Sind an der veräußernden Personengesellschaft aber auch Gesellschafter beteiligt, die nicht im Sinne eines DBA im Ausland ansässig sind (Ansässige im Inland, im Nicht-DBA-Ausland, im DBA-Ausland ohne dortige DBA-Ansässigkeit), ist von § 50i EStG aber nur der entsprechende Gewinn betroffen, soweit er auf die im DBA-Ausland ansässigen Gesellschafter entfällt.[7] (ii) Wird das von § 50i Abs. 1 Satz 1 EStG erfasste Wirtschaftsgut vom Mitunternehmer veräußert, entsteht der Gewinn im Sonderbetriebsvermögen dieses Mitunternehmers und wird nur diesem zur ESt-/KSt-Besteuerung zugerechnet.

1 Vgl. BVerfG v. 7.7.2010 – 2 BvR 1738/05, 2 BvR 748/05, 2 BvR 753/05, BStBl II 2011, 86.
2 Hierzu *Roderburg/Richter*, IStR 2015, 227 (230).
3 *Loschelder* in Schmidt[44], § 50i EStG Rz. 2 und Rz. 7; *Gosch* in Kirchhof/Seer[24], § 50i EStG Rz. 22; *Bron* in Kanzler/Kraft/Bäuml u.a.[10], § 50i EStG Rz. 100; *Neumann-Tomm* in Lademann, § 50i EStG Rz. 103 (Stand: Mai 2022).
4 So grds. auch *Liekenbrock* in F/W/D/S, § 50i EStG Rz. 102 (Stand: Oktober 2017).
5 Hierzu kritisch *Rehfeld* in H/H/R, § 50i EStG Anm. 17 (Stand: August 2024); *Grammel* in K/S/M, § 50i EStG Rz. B 16 (Stand: Februar 2019); *Liekenbrock* in F/W/D/S, § 50i EStG Rz. 102 (Stand: Oktober 2017); *Möller*, NWB 2014, 3883, 3893; *Haase/Steierberg*, IWB 2014, 4, 8; *Liekenbrock*, IStR 2013, 690 (697). Zu europarechtlichen Fragestellungen und verfassungsrechtlichen Implikationen *Bodden* in Korn, § 50i EStG Rz. 76 und Rz. 82 (Stand: Dezember 2023).
6 *Neumann-Tomm* in Lademann, § 50i EStG Rz. 111 (Stand: Mai 2022). Kritisch *Töben*, IStR 2013, 682 (684).
7 *Bron* in Kanzler/Kraft/Bäuml u.a.[10], § 50i EStG Rz. 101.

Besteuerung ungeachtet entgegenstehender DBA-Bestimmungen. § 50i Abs. 1 Satz 1 EStG ordnet an, dass ein Veräußerungs- bzw. Entnahmegewinn „ungeachtet entgegenstehender Bestimmungen des Abkommens zur Vermeidung der Doppelbesteuerung“[1] in Deutschland zu besteuern ist.[2] Entgegenstehende abkommensrechtliche Regelungen sind damit insgesamt suspendiert; die Besteuerung richtet sich allein nach den Vorschriften des deutschen Steuerrechts. Aus nationaler Sicht rechnen die Wirtschaftsgüter bzw. Anteile zu einer gewerblichen Betriebsstätte (§§ 12, 13 AO) und unterliegen daher der deutschen ESt-Besteuerung (§ 49 Abs. 1 Nr. 2 Buchstabe a EStG). Ob deshalb auch die weitere Fiktion der abkommensrechtlichen Zugehörigkeit der Wirtschaftsgüter bzw. Anteile zu einer inländischen Betriebsstätte erforderlich ist, ist unklar.[3] Diese Rechtsfolge läuft ins Leere, wenn das zu verdrängende DBA Deutschland das Besteuerungsrecht auch nach dem Ansässigkeitswechsel zuweist.[4] Die Rechtsfolge des treaty-override ist nicht auf DBA begrenzt, die vor Inkrafttreten des § 50i Abs. 1 Satz 1 EStG unterschrieben wurden.[5] 3.804

Spezielle DBA-Regeln für das Besteuerungsrecht an Veräußerungsgewinnen in Wegzugsfällen. Fraglich ist aber, ob durch die o.g. Formulierung („ungeachtet entgegenstehender Bestimmungen des Abkommens zur Vermeidung der Doppelbesteuerung“) in jedem Fall ein Vorrang von § 50i Abs. 1 Satz 1 EStG vor konkurrierenden DBA-Regelungen kodifiziert ist. Dies kann insbesondere bei DBA zweifelhaft sein, die für Veräußerungsgewinne abweichend von Art. 13 Abs. 5 OECD-MA spezielle Regeln für das Besteuerungsrecht an Veräußerungsgewinnen in Wegzugsfällen enthalten. Denn in einem solchen Fall kann auch argumentiert werden, dass spezielle DBA-Wegzugsregelungen durch § 50i EStG nicht verdrängt werden.[6] 3.805

Beispiel. Zur Veranschaulichung der Problematik dient folgendes Beispiel:[7] 3.806

Der Steuerpflichtige A ist seit 2005 in Deutschland ansässig. Anfang 2009 bringt A einen im Jahr 2007 erworbenen 90 %-Anteil an der inländischen B-AG ohne Aufdeckung und Besteuerung der zwischenzeitlich entstandenen stillen Reserven in eine gewerblich geprägte inländische GmbH & Co. KG mit reiner Holdingfunktion ein. A ist deren alleiniger Kommanditist, die Komplementär-GmbH hält keine Kapitalbeteiligung an der KG. Unmittelbar im Anschluss an die Einbringung erfolgt noch im Jahr 2009 der Wegzug nach Schweden unter Aufgabe der unbeschränkten Steuerpflicht in Deutschland. Das zuständige deutsche FA hatte dem A vor seinem Wegzug im Rahmen einer verbindlichen Auskunft bestätigt, dass der Wegzug keine Wegzugssteuer nach § 6 AStG auslöst. Auf Grund der damaligen Verwaltungsauffassung ist eine Entstrickungsbesteuerung im Veranlagungsjahr des Wegzugs unterblieben (bestandskräf-

1 Zu einer ähnlichen Formulierung vgl. § 17 Abs. 5 Satz 3 EStG und § 50d Abs. 8 und Abs. 9 EStG.

2 Zur europarechtlichen und verfassungsrechtlichen Zulässigkeit eines solchen treaty-override vgl. *Bodden* in Korn, § 50i EStG Rz. 75 und Rz. 80 (Stand: Dezember 2023).

3 *Neumann-Tomm* in Lademann, § 50i EStG Rz. 101 (Stand: Mai 2022). A.A. *Gosch* in Kirchhof/Seer[24], § 50i EStG Rz. 10.

4 *Neumann-Tomm* in Lademann, § 50i EStG Rz. 100 (Stand: Mai 2022).

5 *Neumann-Tomm* in Lademann, § 50i EStG Rz. 102 (Stand: Mai 2022).

6 Hierzu ausführlich *Haendel*, IStR 2017, 436 ff.

7 Angelehnt an *Haendel*, IStR 2017, 436 (438 f.).

tig). Im Jahr 2017 erfolgt der gewinnrealisierende Verkauf des KG-Anteils an den in Deutschland ansässigen C.

Das zwischen Deutschland und Schweden geltende DBA enthält in Art. 13 folgende Regelungen in Bezug auf den vorliegenden Fall:

„(4) *Gewinne aus der Veräußerung des in den Absätzen 1 bis 3 nicht genannten Vermögens können nur in dem Vertragsstaat besteuert werden, in dem der Veräußerer ansässig ist* [*das ist vorliegend Schweden*].

(5) *Bei einer natürlichen Person [Steuerpflichtiger A], die in einem Vertragsstaat während mindestens zwei Jahren ansässig war [Ansässigkeit in Deutschland von 2005 bis 2009] und die im anderen Vertragsstaat ansässig geworden ist [seit 2009 in Schweden], berührt Absatz 4 nicht das Recht des erstgenannten Staates [Deutschland], bei Aktien und anderen Anteilen an Gesellschaften und Personengesellschaften, die in dem erstgenannten Vertragsstaat ansässig sind [Aktien an der in Deutschland ansässigen B-AG], nach seinen innerstaatlichen Rechtsvorschriften bei der Person einen Vermögenszuwachs bis zu ihrem Wohnsitzwechsel [2009] oder die Gewinne aus der Veräußerung zu besteuern, die diese Person zu irgendeinem Zeitpunkt während der ersten fünf Jahre nach dem Wohnsitzwechsel [2009–2014] bezieht.*“

Hierzu folgende Beurteilung:

Nach deutschem Steuerrecht unterliegt der Gewinn aus der Veräußerung des KG-Anteils gem. § 49 Abs. 1 Nr. 2 Buchst. a EStG der beschränkten Steuerpflicht, da die gewerblich geprägte GmbH & Co. KG dem A eine inländische Betriebsstätte nach § 12 AO vermittelt. Abkommensrechtlich sind aufgrund der Holdingfunktion der GmbH & Co. KG keine Unternehmensgewinne i.S.d. Art. 7 DBA-Schweden gegeben, sondern Veräußerungsgewinne i.S.v. Art. 13 DBA-Schweden. Für diese steht gem. Art. 13 Abs. 4, 5 DBA-Schweden das Besteuerungsrecht nach Ablauf von fünf Jahren nach dem Wohnsitzwechsel ausschließlich Schweden zu. Ein Besteuerungsrecht Deutschlands aus der Sonderregelung des Art. 13 Abs. 5 DBA-Schweden ist trotz der mindestens zweijährigen Ansässigkeit des Wegzüglers A in Deutschland nicht gegeben, da die weiteren zeitlichen Tatbestandsanforderungen nicht erfüllt sind: der Veräußerungsgewinn wurde erst nach Ablauf von fünf Jahren nach dem Wohnsitzwechsel erzielt. Nach den Bestimmungen des DBA steht das Besteuerungsrecht an dem im Jahr 2017 erzielten Veräußerungsgewinn damit gem. Art. 13 Abs. 4 DBA-Schweden allein Schweden zu (vgl. Wortlaut des Abs. 4 „können nur“).

Fraglich ist nun, ob bei dieser DBA-Rechtslage ein deutsches Besteuerungsrecht aus dem treaty-override des § 50i EStG besteht. Die Tatbestandsvoraussetzungen des § 50i Abs. 1 Satz 1 EStG sind zwar erfüllt.[1] Da Art. 13 Abs. 5 DBA-Schweden aber spezielle Regelungen für die Zuweisung des Besteuerungsrechts gerade in Wegzugsfällen enthält, könnte die allgemein gehaltene Besteuerungsanordnung in § 50i Abs. 1 Satz 1 EStG („ungeachtet entgegenstehender Bestimmungen des Abkommens zur Vermeidung der Doppelbesteuerung“) nach dem sog. „lex specialis“-Grundsatz hier für einen Vorrang der spezielleren DBA-Regelung streiten. Dem Argument, dass § 50i EStG die jüngere Norm („lex posterior“) ist und damit der älteren DBA-Norm

1 Zur Tatbestandsmäßigkeit auch der Veräußerung des Mitunternehmeranteils an der die Kapitalgesellschaftsanteile haltenden Personengesellschaft vgl. BMF v. 26.9.2014, IV B 5 – S 1300/09/10003, BStBl I 2014, 1258, Rz. 2.3.3.

(„lex priori“) nach allgemeinen Grundsätzen vorgehen müsste („lex posterior derogat legi priori“), kann entgegengehalten werden, dass es dem Gesetzgeber ausweislich der Gesetzesmaterialien nur um einen Vorrang des § 50i EStG vor den allgemeinen, Art. 13 Abs. 5 OECD-MA nachgebildeten DBA-Regelungen gegangen ist.[1] Mit dieser Sichtweise wären dann spezielle DBA-Wegzugsregelungen wie z.B. Art. 13 Abs. 5 DBA-Schweden vom allgemeinen treaty-override des § 50i EStG nicht erfasst. § 50i EStG würde dann nur insoweit zur Anwendung kommen, als DBA-Regelungen verdrängt werden, die dem OECD-MA nachgebildet sind und keine (abschließenden) Spezialregelungen enthalten.[2]

Doppelbesteuerungen. Die Schlusserfassung der stillen Reserven in den betroffenen Wirtschaftsgütern oder Kapitalgesellschaftsanteilen im Veräußerungs- oder Entnahmezeitpunkt ist problematisch, wenn der Wohnsitz- bzw. neue Ansässigkeitsstaat des Gesellschafters, der nicht zuvor das Bestehen des deutschen Besteuerungsrechts anerkannt hat,[3] DBA-konform ebenfalls ein Besteuerungsrecht bzgl. derjenigen stillen Reserven geltend macht, die während der Zeit seines bestehenden Besteuerungsrechts – also zeitlich z.B. nach dem Wegzug – entstanden sind. Insoweit können sich Doppelbesteuerungen ergeben, die nur im Wege eines Verständigungsverfahrens entsprechend Art. 25 Abs. 1 OECD-MA ausgeräumt werden können.[4] Bei verbleibender Doppelbesteuerung ergeben sich bei der deutschen Besteuerung Anwendungsfragen des § 34c EStG, namentlich, ob in diesem Fall anrechnungsbefugte ausländische Einkünfte vorliegen. Dies wird zur Vermeidung effektiver Mehrfachbelastungen ggf. anzunehmen sein.[5] Eine Entlastungsmaßnahme nach § 50 Abs. 3 EStG dürfte aber wohl ausscheiden.[6] Daneben können sich auf Grund der ausländischen Besteuerung Definitivbelastungen ergeben, wenn der Ansässigkeitsstaat des ausländischen Gesellschafters die deutsche § 50i EStG-Steuer nicht oder nur unvollständig anrechnet. Dies könnte der Fall sein, da der ausländische Fiskus wohl nur insoweit zur Steueranrechnung bereit sein wird, als die stillen Reserven nicht innerhalb seiner Steuerhoheit gebildet worden sind.[7] 3.807

Besteuerungsverfahren. Sind die Besteuerungsgrundlagen nach § 50i EStG als inländische gewerbliche Einkünfte des beschränkt Stpfl. gemäß § 49 Abs. 1 Nr. 2 Buchst. a EStG zu qualifizieren, werden sie im Veranlagungsverfahren (§ 50 EStG, § 8 KStG) 3.808

1 Vgl. BR-Drucks. 632/1/12, 17 f., und Ländergesetzesantrag v. 22.2.2013, BR-Drucks.139/13, 141 f., die beide nur auf Regelungen des OECD-MA abstellen.

2 Weitere Einzelheiten *Haendel*, IStR 2017, 436 (439 f.).

3 Hierzu *Bodden* in Korn, § 50i EStG Rz. 13 (Stand: Dezember 2023).

4 BMF v. 26.9.2014 – IV B 5 - S 1300/09/10003, BStBl I 2014, 1258, Rz. 2.3.3.6; hierzu auch *Pohl* in Brandis/Heuermann, § 50i EStG Rz. 13 (Stand: November 2023); *Neumann-Tomm* in Lademann, § 50i EStG Rz. 109 (Stand: Mai 2022); *Liekenbrock* in F/W/D/S, § 50i EStG Rz. 48 (Stand: Oktober 2017); *Prinz*, DB 2013, 1378 (1382); *Mitschke*, FR 2013, 694 (699); kritisch hierzu *Schmidt*, PIStB 2014, 103 (108); *Kahlenberg*, Ubg 2014, 231 (236).

5 *Prinz*, DB 2013, 1378 (1380).

6 *Kudert/Kahlenberg/Mroz*, ISR 2013, 365 (370).

7 Hierzu auch *Liekenbrock*, IStR 2013, 690 (697). Zu europarechtlichen Fragestellungen und verfassungsrechtlichen Implikationen vgl. *Bodden* in Korn, § 50i EStG Rz. 76 und Rz. 82 (Stand: Dezember 2023).

besteuert.[1] Bei Beteiligung an einer gewerblich fingierten Mitunternehmerschaft i.S.d. § 15 Abs. 3 EStG oder einer Besitz-Personengesellschaft i.S.d. § 50i Abs. 1 Satz 4 EStG werden die Besteuerungsgrundlagen regelmäßig in einer gesonderten und einheitlichen Gewinnfeststellung i.S.d. §§ 179, 180 Abs. 1 Nr. 2 Buchst. a AO fixiert. Der Feststellungsbescheid ist dann gemäß § 175 Abs. 1 Satz 1 Nr. 2 AO Grundlagenbescheid für die ESt-/KSt-Festsetzung des Stpfl.[2]

cc) Besteuerung der laufenden Einkünfte

3.809 **Einordnung und innerstaatliche Rechtsgrundlage.** § 50i Abs. 1 Satz 3 EStG ordnet die deutsche Besteuerung der laufenden Einkünfte aus dem Personengesellschaftsanteil an. Diese Erfassung soll nach der Intention des Gesetzes im Fall des § 50i Abs. 1 Satz 1 EStG dazu führen, dass die laufenden Einkünfte aus den steuerneutral transferierten Vermögensgegenständen im Inland erfasst werden. Im Fall des § 50i Abs. 1 Satz 4 EStG sollen die laufenden Einkünfte aus den auf das Besitzunternehmen einer Betriebsaufspaltung steuerneutral transferierten Vermögensgegenständen erfasst werden. Innerstaatliche Rechtsgrundlage für die durch § 50i Abs. 1 Satz 3 EStG erfolgende Besteuerung der laufenden Einkünfte bei inländischer Betriebsstättenzugehörigkeit der Wirtschaftsgüter bzw. Kapitalgesellschaftsanteile jeweils § 49 Abs. 1 Nr. 2 Buchst. a i.V.m. § 15 EStG.[3] Sofern der beschränkt Stpfl. keine inländischen Einkünfte i.S.d. § 49 EStG erzielt, kann auch § 50i Abs. 1 Satz 3 EStG kein Besteuerungsrecht begründen.[4]

3.810 **Ermittlung der steuerpflichtigen laufenden Einkünfte.** Bei den laufenden Einkünften i.S.d. § 50i Abs. 1 Satz 3 EStG handelt es sich um eine Saldogröße. Der Stpfl. kann daher Ausgaben abziehen, soweit das EStG ihren Abzug von den korrespondierenden Einnahmen zulässt. Die Einkünfte können in Summe positiv oder negativ sein. Auch ein laufender Verlust ist in Deutschland steuerlich zu berücksichtigen.[5]

3.811 **Sachlicher Umfang der steuerpflichtigen laufenden Einkünfte.** Auf Grund des weiten Wortlauts der Norm sind nicht nur die laufenden Einkünfte aus steuerneutral transferierten Vermögensgegenständen, sondern auch laufende Einkünfte aus anderen Wirtschaftsgütern der Personengesellschaft i.S.d. § 15 Abs. 3 EStG erfasst. Im Fall des § 50i Abs. 1 Satz 4 EStG sind alle laufenden Einkünfte aus den auf das Besitzunternehmen einer Betriebsaufspaltung steuerneutral transferierten Vermögensgegenständen erfasst. Dies kann problematisch sein, wenn die übernehmende Personengesellschaft i.S.d. § 15 Abs. 3 EStG bzw. das Betriebsaufspaltungs-Besitzunternehmen neben dem eingebrachten Kapitalgesellschaftsanteil oder Wirtschaftsgut des

1 *Grammel* in K/S/M, § 50i EStG Rz. A 52 (Stand: Februar 2019).

2 *Grammel* in K/S/M, § 50i EStG Rz. A 52 (Stand: Februar 2019).

3 *Rehfeld* in H/H/R, § 50i EStG Anm. 21 (Stand: August 2024); *Liekenbrock* in F/W/D/S, § 50i EStG Rz. 118 (Stand: Oktober 2017); *Kudert/Kahlenberg*, PIStB 2014, 189 (191); *Kahlenberg*, Ubg 2014, 231 (236); *Kudert/Kahlenberg/Mroz*, ISR 2013, 365 (371); *Liekenbrock*, IStR 2013, 690 (697).

4 *Pohl* in Brandis/Heuermann, § 50i EStG Rz. 32 (Stand: November 2023); *Liekenbrock* in F/W/D/S, § 50i EStG Rz. 59 (Stand: Oktober 2017).

5 *Neumann-Tomm* in Lademann, § 50i EStG Rz. 148 f. (Stand: Mai 2022).

Betriebsvermögens noch anderes Vermögen hat. Ausgehend von Sinn und Zweck des § 50i EStG, die deutsche Besteuerung des Realisierungsergebnisses und der laufenden Einkünfte nur der steuerneutral transferierten Vermögensgegenstände zu sichern, erscheint es in einem solchen Fall nicht sachgerecht, auch die laufenden Einkünfte aus den anderen Wirtschaftsgütern des übernehmenden Unternehmens zu erfassen. Zu fordern ist daher entsprechend der im Tatbestand unzureichend berücksichtigten Gesetzesbegründung,[1] dass laufende Einkünfte aus anderen Vermögensgegenständen, die in keinem sachlichen Zusammenhang mit transferierten Wirtschaftsgütern oder Anteilen i.S.d. § 50i Abs. 1 Satz 1 EStG stehen, von der Steuerpflicht nach § 50i Abs. 1 Satz 3 EStG auszunehmen sind.[2] Hieraus entstehende Abgrenzungs- und Zuordnungsprobleme dürfen dem nicht entgegenstehen.

Zeitlicher Umfang der steuerpflichtigen laufenden Einkünfte. Die Besteuerung der laufenden Einkünfte endet – vorbehaltlich nachträglicher Betriebseinnahmen oder -ausgaben[3] – mit der nach dem 29.6.2013 erfolgenden Veräußerung oder Entnahme der übertragenen oder überführten Wirtschaftsgüter bzw. Anteile i.S.d. § 50i Abs. 1 EStG oder einem Realisierungsakt nach § 50i Abs. 2 EStG.[4] Wurden die Wirtschaftsgüter oder Anteile vor dem 30.6.2013 veräußert oder entnommen, scheidet eine Besteuerung nach § 50i Abs. 1 Satz 3 EStG von vornherein aus.[5] Die Besteuerung der laufenden Einkünfte endet auch, wenn die ehemals gewerblich geprägte oder infizierte Personengesellschaft i.S.d § 15 Abs. 3 EStG bzw. die Besitz-Personengesellschaft einer Betriebsaufspaltung nach dem steuerneutralen Vermögenstransfer einen Statuswechsel zur originär gewerblich tätigen Personengesellschaft i.S.d. § 15 Abs. 1 Nr. 1, Abs. 2 EStG vollzieht, weil es sich dann nicht mehr um eine Beteiligung an einer Personengesellschaft i.S.d. § 15 Abs. 3 EStG bzw. eine „reine" Besitz-Personengesellschaft einer Betriebsaufspaltung handelt (überlagerte Betriebsaufspaltung).[6] 3.812

1 BR-Drucks. 139/13, 142: „Einkünfte aus den überführten Wirtschaftsgütern oder Anteilen".

2 *Rehfeld* in H/H/R, § 50i EStG Anm. 21 (Stand: August 2024); *Pohl* in Brandis/Heuermann, § 50i EStG Rz. 36 (Stand: November 2023); *Neumann-Tomm* in Lademann, § 50i EStG Rz. 154 f. (Stand: Mai 2022); *Grammel* in K/S/M, § 50i EStG Rz. B 24 (Stand: Februar 2019); *Pohl*, IStR 2013, 699 (702); wohl a.A. *Loschelder* in Schmidt[44], § 50i EStG Rz. 10; *Gosch* in Kirchhof[24], § 50i EStG Rz. 15; *Liekenbrock* in F/W/D/S, § 50i EStG Rz. 118 und Rz. 124 (Stand: Oktober 2017); *Töben*, IStR 2013, 682 (686); *Pohl*, IStR 2013, 699 (702); *Kudert/Kahlenberg/Mroz*, ISR 2013, 365 (371).

3 BMF v. 26.9.2014 – IV B 5 - S 1300/09/10003, BStBl. I 2014, 1258, Rz. 2.3.3.5. A.A. *Liekenbrock* in F/W/D/S, § 50i EStG Rz. 125 (Stand: Oktober 2017).

4 *Loschelder* in Schmidt[44], § 50i EStG Rz. 10; *Gosch* in Kirchhof/Seer[24], § 50i EStG Rz. 8; *Rasch* in Kirchhof/Kulosa/Ratschow[10], § 50i EStG Rz. 68 f.; *Bron* in Kanzler/Kraft/Bäuml u.a.[10], § 50i EStG Rz. 122; *Rehfeld* in H/H/R, § 50i EStG Anm. 21 (Stand: August 2024); *Neumann-Tomm* in Lademann, § 50i EStG Rz. 157 (Stand: Mai 2022); *Grammel* in K/S/M, § 50i EStG Rz. B 23 (Stand: Februar 2019); *Liekenbrock* in F/W/D/S, § 50i EStG Rz. 123 (Stand: Oktober 2017); *Liekenbrock*, IStR 2013, 690, 698. Vgl. auch BMF v. 26.9.2014, IV B 5 – S 1300/09/10003, BStBl I 2014, 1258, Rz. 2.3.3.5.

5 BMF v. 26.9.2014 – IV B 5 - S 1300/09/10003, BStBl I 2014, 1258, Rz. 2.3.3.7. Vgl. auch Liekenbrock in F/W/D/S, § 50i EStG Rz. 122 (Stand: Oktober 2017).

6 *Liekenbrock* in F/W/D/S, § 50i EStG Rz. 123 (Stand: Oktober 2017).

3.813 **Auswirkungen auf andere Mitunternehmer.** Die Rechtsfolge des § 50i Abs. 1 Satz 3 EStG tritt bei Beteiligung an der Personengesellschaft i.S.d § 15 Abs. 3 EStG bzw. der Besitz-Personengesellschaft einer Betriebsaufspaltung ein. Sie ist nicht auf die Mitunternehmer beschränkt, die die Voraussetzungen des § 50i Abs. 1 EStG durch Vermögensübertragung oder Vermögensüberführung verwirklicht haben. Damit unterliegen auch Mitunternehmer, die kein Vermögen i.S.d. § 50i Abs. 1 EStG transferiert haben, mit den laufenden der Einkünften aus der Beteiligung an der Personengesellschaft i.S.d. § 50i EStG der deutschen Besteuerung.[1]

3.814 **Besteuerung in allen noch offenen Fällen.** Die in § 50i Abs. 1 Satz 3 EStG ungeachtet eines entgegenstehenden DBA angeordnete Besteuerung laufender Einkünfte aus der Beteiligung an der Personengesellschaft gilt gem. der Anwendungsregelung des § 52 Abs. 48 Satz 2 EStG in allen noch nicht bestandskräftig festgesetzten Fällen. Diese Rückwirkung auf alle noch offenen Fälle ist verfassungsrechtlich bedenklich.[2]

3.815 **Besteuerung ungeachtet entgegenstehender DBA-Bestimmungen.** Nach allgemeinen Grundsätzen darf nur der Ansässigkeitsstaat die laufenden Einkünfte aus der Personengesellschaft i.S.d. § 15 Abs. 3 EStG bzw. der Besitz-Personengesellschaft einer Betriebsaufspaltung beim jeweiligen Mitunternehmer besteuern (Art. 10 bis 12 OECD-MA). Deutschland steht lediglich das Recht zu, Quellensteuern zu erheben (Art. 10 Abs. 2, Art. 11 Abs. 2 OECD-MA). Diese Beschränkung des deutschen Besteuerungsrechts hebt § 50i Abs. 1 Satz 3 EStG auf und ordnet die deutsche Besteuerung der laufenden Einkünfte aus dem Personengesellschaftsanteil „ungeachtet entgegenstehender Bestimmungen des Abkommens zur Vermeidung der Doppelbesteuerung“[3] an.[4]

3.816 **Doppelbesteuerungen.** Die Besteuerung der laufenden Einkünfte aus dem Personengesellschaftsanteil i.S.d. § 15 Abs. 3 EStG bzw. der Besitz-Personengesellschaft einer Betriebsaufspaltung ist problematisch, wenn der Wohnsitzstaat des Gesellschafters, der nicht zuvor das Bestehen des deutschen Besteuerungsrechts anerkannt hat,[5] DBA-konform ebenfalls ein Besteuerungsrecht bzgl. derjenigen laufenden Einkünfte geltend macht, die während der Zeit seines bestehenden ausländischen DBA-Besteuerungsrechts erzielt werden. In diesen Fällen können sich Doppelbesteuerungen ergeben, die nur im Wege eines Verständigungsverfahrens entsprechend Art. 25 Abs. 1 OECD-MA ausgeräumt werden können.[6] Bei verbleibender Doppelbesteuerung stellt

---

1 *Neumann-Tomm* in Lademann, § 50i EStG Rz. 155 (Stand: Mai 2022).

2 So *Salzmann*, IWB 2013, 405 (411); wohl auch *Micker*, IWB 2013, 6 (10). Zu Einzelheiten vgl. auch *Bodden* in Korn, § 50i EStG Rz. 83 ff. (Stand: Dezember 2023).

3 Zu einer ähnlichen Formulierung vgl. § 17 Abs. 5 Satz 3 EStG und § 50d Abs. 8 und Abs. 9 EStG.

4 Zur europarechtlichen und verfassungsrechtlichen Zulässigkeit eines solchen treaty-override vgl. auch *Bodden* in Korn, § 50i EStG Rz. 75 und Rz. 80 (Stand: Dezember 2023).

5 Hierzu *Bodden* in Korn, § 50i EStG Rz. 13 (Stand: Dezember 2023).

6 BMF v. 26.9.2014 – IV B 5 - S 1300/09/10003, BStBl I 2014, 1258, Rz. 2.3.3.6; hierzu auch *Neumann-Tomm* in Lademann, § 50i EStG Rz. 146 (Stand: Mai 2022); *Liekenbrock* in F/W/D/S, § 50i EStG Rz. 124 (Stand: Oktober 2017); *Prinz*, DB 2013, 1378 (1382); *Mitschke*, FR 2013, 694 (699); kritisch hierzu *Schmidt*, PIStB 2014, 103 (108); *Kahlenberg*, Ubg 2014, 231 (236).

sich bei der deutschen Besteuerung die Frage, ob in diesem Fall anrechnungsbefugte ausländische Einkünfte i.S.d. § 50 Abs. 3 EStG i.V.m. § 34c EStG vorliegen, was zur Vermeidung effektiver Mehrfachbelastungen ggf. anzunehmen sein dürfte.[1] Daneben können sich bei der ausländischen Besteuerung Definitivbelastungen ergeben, wenn der Ansässigkeitsstaat des ausländischen Stpfl. die deutsche § 50i EStG-Steuer nicht oder nur unvollständig anrechnet. Hierzu kann es kommen, wenn der ausländische Fiskus nur insoweit zur Steueranrechnung bereit ist, als die laufenden Einkünfte oder stillen Reserven nicht innerhalb seiner Steuerhoheit erzielt bzw. gebildet worden sind.[2]

II. Gewerbesteuer

Inländische Betriebsstätte. Hat nur das (inländische) Besitzunternehmen eine inländische Betriebsstätte i.S.d. § 12 AO, die Betriebsgesellschaft hingegen nur eine Betriebsstätte im Ausland, liegt unabhängig vom Abkommensrecht eine Betriebsaufspaltung vor, sodass gewerbesteuerrechtlich ein Gewerbebetrieb des Besitzunternehmens anzunehmen ist.[3] Ob eine inländische Betriebsstätte vorhanden ist, ist nach den Gegebenheiten des Besitzunternehmens zu entscheiden.[4] Dabei ist von Bedeutung, dass das Besitzunternehmen in dem an die Betriebsgesellschaft verpachteten Betrieb, oder Teilen davon, regelmäßig weder eine Betriebsstätte hat[5] noch die Betriebs-Kapitalgesellschaft ohne Weiteres als ständiger Vertreter des Besitzunternehmens anzusehen ist.[6] 3.817

N. Betriebsaufspaltung im Investitionszulagenrecht

Investitionen im Fördergebiet. Das InvZulG 2010 sieht Zulagen für Investitionen in Betrieben des verarbeitenden Gewerbes, der produktionsnahen Dienstleistungen und des Beherbergungsgewerbes vor (vgl. §§ 2, 3 InvZulG), soweit diese im Fördergebiet des § 1 Abs. 2 InvZulG durchgeführt wurden. 3.818

Merkmalsübertragung bei vermögensmäßiger Verbindung. Wie bei den Steuerbefreiungen im Gewerbesteuerrecht (dazu Rz. 3.670 i.V.m. Rz. 3.637 ff.) werden auch im Investitionszulagenrecht die vom Betriebsunternehmen erfüllten Anspruchs- 3.819

1 Zur Diskussion BMF v. 26.9.2014 – IV B 5 - S 1300/09/10003, BStBl I 2014, 1258, Rz. 2.3.3; *Rehfeld* in H/H/R, § 50i EStG Anm. 21 (Stand: Juni 2021); *Prinz*, DB 2013, 1378 (1380); *Kudert/Kahlenberg/Mroz*, ISR 2013, 365 (370).
2 Hierzu auch *Liekenbrock*, IStR 2013, 690 (697).
3 BFH v. 17.11.2020 – I R 72/16, BStBl. II 2021, 484 = FR 2021, 544.
4 FG Baden-Württemberg v. 21.4.2004 – 12 K 252/00, EFG 2004, 1384 (rkr.).
5 BFH v. 13.6.2006 – I R 84/05, BStBl. II 2007, 94 = FR 2007, 140 m. Anm. v. *Kanzler*; BFH v. 30.6.2005 – III R 76/03, BStBl. II 2006, 84; BFH v. 10.2.1988 – VIII R 159/84, BStBl. II 1988, 653. Dies gilt auch bei grenzüberschreitender Betriebsaufspaltung, vgl. BFH v. 4.7.2012 – II R 38/10, BStBl. II 2012, 782 = FR 2013, 45; FG Münster v. 12.4.2019 – 13 K 3645/16 G, EFG 2019, 1317 (rkr.).
6 BFH v. 28.7.1982 – I R 196/79, BStBl. II 1983, 77. Zum Ganzen auch *Micker* in Söffing/Micker, Betriebsaufspaltung[10], Rz. 693; *Güroff* in Glanegger/Güroff[10], § 2 GewStG Rz. 375.

voraussetzungen dem Besitzunternehmen im Wege der Merkmalsübertragung zugerechnet, wenn beide Unternehmen während der Dauer der Zugehörigkeits- und Verbleibensfristen betriebsvermögensmäßig miteinander verbunden sind.[1] Dazu ist erforderlich, dass die die Beherrschung ermöglichende Beteiligung an der Betriebsgesellschaft unmittelbar vom Besitzunternehmen gehalten wird oder sich bei einer Personengesellschaft als Besitzunternehmen zumindest im Sonderbetriebsvermögen der Gesellschafter oder Gesamthandsvermögen einer Schwester-Personengesellschaft befindet.[2] Die personelle Verflechtung muss sich dabei aus den Beteiligungsverhältnissen ergeben; rein tatsächliche Beherrschungsverhältnisse reichen nicht aus.[3] Bei der mitunternehmerischen Betriebsaufspaltung besteht eine vermögensmäßige Verbindung zwar grundsätzlich nicht,[4] weil die Beteiligungen nicht jeweils zum Sonderbetriebsvermögen bei der anderen Gesellschaft gehören können.[5] Dennoch sind auch bei mitunternehmerischen Betriebsaufspaltung Investitionen für die Betriebsstätte der Betriebs-Personengesellschaft begünstigt.[6] Unerheblich ist, ob die Besitzgesellschaft neben der Überlassung an die Betriebsgesellschaft auch noch eine originär eigengewerbliche Tätigkeit entfaltet.[7]

3.820 **Zulagenanspruch des Besitzunternehmens.** Die Voraussetzung der Zugehörigkeit zum Anlagevermögen einer Betriebsstätte im Fördergebiet ist aufgrund der Merkmalsübertragung auf das Besitzunternehmen auch dann erfüllt, wenn dieses außerhalb des Fördergebiets ein bewegliches Wirtschaftsgut anschafft oder herstellt und es dem Betriebsunternehmen im Fördergebiet zur Nutzung überlässt.[8] Das Besitzunter-

1 BFH v. 13.9.2017 – III R 16/15, BFH/NV 2018, 235; BFH v. 20.5.2010 – III R 28/08, BStBl. II 2014, 194 = FR 2010, 1105 m. Anm. v. *Bode*; BFH v. 20.5.2010 – III R 28/08, BFH/NV 2010, 1946; BFH v. 4.11.2004 – III R 2/03, BStBl. II 2005, 405 = FR 2005, 712 m. Anm. v. *Greite*; BFH v. 30.10.2002 – III R 35/98, BStBl. II 2001, 316 = DB 2003, 590; BFH v. 22.8.2001 – III B 71/01, BFH/NV 2002, 195; BFH v. 7.6.2000 – III R 109/95, BFH/NV 2001, 66; BFH v. 16.3.2000 – III R 21/99, BStBl. II 2000, 700 = FR 2000, 991 m. Anm. v. *Kanzler*; BFH v. 28.1.1999 – III R 77/96, BStBl. II 1999, 610; BFH v. 10.12.1998 – III R 50/95, BStBl. II 1999, 607; BFH v. 20.5.1998 – III R 86/93, BStBl. II 1998, 739; BFH v. 16.9.1994 – III R 45/92, BStBl. II 1995, 75; BFH v. 23.3.1993 – III S 42/92, BStBl. II 1993, 723.

2 BFH v. 26.3.1993 – III S 42/92, BStBl. II 1993, 723. Hierzu auch *Krumm* in Kirchhof/Seer[24], § 15 EStG Rz. 85.

3 BFH v. 14.5.2009 – IV R 27/06, BStBl. II 2009, 881 = FR 2009, 1163; BFH v. 16.3.2000 – III R 21/99, BStBl. II 2000, 700 = FR 2000, 991 m. Anm. v. *Kanzler*; BFH v. 28.1.1999 – III R 77/96, BStBl. II 1999, 610; BFH v. 22.2.1996 – III R 91/93, BStBl. II 1996, 428; BFH v. 26.3.1993 – III S 42/92, BStBl. II 1993, 723.

4 BFH v. 22.2.1996 – III R 91/93, BStBl. II 1996, 428 = DB 1996, 1657.

5 *Krumm* in Kirchhof/Seer[24], § 15 EStG Rz. 85.

6 BFH v. 30.10.2002 – IV R 33/01, BStBl. II 2003, 272 = FR 2003, 476; *Krumm* in Kirchhof/Seer[24], § 15 EStG Rz. 85.

7 BFH v. 28.1.2014 – I R 20/14, BFH/NV 2015, 1109; BFH v. 20.5.2010 – III R 28/08, BStBl. II 2014, 194. Hierzu auch *Krumm* in Kirchhof/Seer[24], § 15 EStG Rz. 85.

8 Zur Anspruchsberechtigung der Besitzpersonengesellschaft bei mitunternehmerischer Betriebsaufspaltung vgl. BMF v. 20.1.2006 – IV C 3-InvZ 1015-1/06, BStBl. I 2006, 119, Rz. 6. Zur kapitalistischen Betriebsaufspaltung vgl. BFH v. 20.5.2010 – III R 28/08, BStBl. II 2014, 194.

nehmen muss selbst keine Betriebsstätte im Fördergebiet haben.[1] In diesem Fall können auch bewegliche Wirtschaftsgüter, die ein Besitzunternehmen außerhalb des Fördergebiets vor Begründung der Betriebsaufspaltung anschafft oder herstellt, die Zugehörigkeitsvoraussetzungen erfüllen, wenn der zeitliche und sachliche Zusammenhang zur Begründung der Betriebsaufspaltung gewahrt ist.[2]

Reichweite und Grenzen. Die Merkmalsübertragung vom Betriebs- auf das Besitzunternehmen greift nicht ein, wenn das Besitzunternehmen außerhalb der Betriebsaufspaltung einen eigenen gewerblichen Betrieb unterhält und die Investitionen in diesem Betrieb vorgenommen werden.[3] Eine Anspruchsberechtigung kann dann nur bestehen, wenn die vom Besitzunternehmen selbst angeschafften oder hergestellten Wirtschaftsgüter im Umfang von mindestens 90 % für eine eigene begünstigte Tätigkeit genutzt werden.[4] Eine Merkmalsübertragung vom Besitz- auf das Betriebsunternehmen ist nicht zulässig.[5] 3.821

O. Betriebsaufspaltung im Erbschaft- und Schenkungsteuerrecht

I. Allgemeine Grundsätze

1. Besitz- und Betriebsunternehmen als begünstigungsfähige Betriebsvermögen

Einordnung. Gem. § 13b Abs. 1 Nr. 2 ErbStG gehört zum begünstigungsfähigen Vermögen u.a. inländisches Betriebsvermögen in Form von gewerblichen Einzelunternehmen und Anteilen an Personengesellschaften (Mitunternehmerschaften). Auch Anteile an Personengesellschaften, die nach § 1a KStG zur KSt-Besteuerung optiert haben, rechnen zum begünstigungsfähigen Vermögen i.S.d. § 13b Abs. 1 Nr. 2 ErbStG (s. auch Rz. 3.823).[6] Anteile an Kapitalgesellschaften sind gem. § 13b Abs. 1 Nr. 3 ErbStG begünstigungsfähig, wenn der Erblasser oder Schenker am Nennkapital dieser Gesellschaft unmittelbar zu mehr als 25 % beteiligt war (Mindestbeteiligung) oder sich bei geringerer Beteiligung mit weiteren Gesellschaftern dazu verpflichtet hat, über die – die Mindestbeteiligungsschwelle zusammen erfüllenden – Anteile nur 3.822

1 BFH v. 30.10.2002 – IV R 33/01, BStBl. II 2003, 272 = FR 2003, 476; BFH v. 10.12.1998 – III R 50/95, BStBl. II 1999, 607 = FR 1999, 383.

2 FG Thüringen v. 27.2.2014 – 2 K 1024/12, EFG 2014, 956 (rkr.).

3 BFH v. 13.9.2017 – III R 16/15, BFH/NV 2018, 235. Vgl. auch BMF v. 13.9.1999 – IV A 2-InvZ 1260-20/99, BStBl. I 1999, 839; BMF v. 20.1.2006 – IV C 3-InvZ 1015-1/06, BStBl. I 2006, 119, Rz. 42; BMF v. 8.5.2008 – IV C 3-InvZ 1015/07/0001, BStBl. I 2008, 590, Rz. 62; *Bitz* in Littmann/Bitz/Pust, § 15 EStG Rz. 303a (Stand: Juni 2022); *Gluth* in H/H/R, § 15 EStG Anm. 832b (Stand: April 2022).

4 Sächsisches FG v. 8.9.2016 – 6 K 920/12, EFG 2017, 147 (rkr.).

5 BFH v. 30.9.2003 – III R 8/02, BStBl. II 2004, 248 = DB 2004, 689: Keine Zurechnung der Eintragung des Besitzunternehmens in die Handwerksrolle auf das Betriebsunternehmen.

6 Vgl. § 13b Abs. 1 Nr. 2 ErbStG i.V.m. § 97 Abs. 1 Satz 1 Nr. 5 Satz 1 BewG. Zur Behandlung der Optionsgesellschaft im Rahmen des ErbStG vgl. Oberste Finanzbehörden der Länder v. 5.10.2022 – S 3700, BStBl. I 2022, 1494.

einheitlich zu verfügen oder ausschließlich auf andere derselben Verpflichtung unterliegende Anteilseigner zu übertragen und das Stimmrecht gegenüber nichtgebundenen Gesellschaftern einheitlich auszuüben (Poolvereinbarung). Da die Betriebsaufspaltung als solche keine Betriebsvermögensform i.S.d. § 13b Abs. 1 ErbStG darstellt, gelten diese allgemeinen Grundsätze auch bei Vorliegen einer ertragsteuerlichen Betriebsaufspaltung, und zwar sowohl für das Besitzunternehmen als auch für die Betriebsgesellschaft.[1]

3.823 **Optierte Personengesellschaft i.S.d. § 1a KStG.** Hervorzuheben ist (nochmals), dass eine Personengesellschaft, die ertragsteuerlich zur KSt-Besteuerung optiert hat, für Zwecke des ErbStG nicht als Kapitalgesellschaft zu behandeln ist, sondern als Personengesellschaft. Anteile an einer optierten Gesellschaft rechnen damit beteiligungsunabhängig zum begünstigungsfähigen Vermögen i.S.d. § 13b Abs. 1 Nr. 2 ErbStG. Dies gilt es auch im Zuge der Option im Rahmen einer bestehenden Betriebsaufspaltung zu beachten. Optiert damit z.B. die Besitz-Personengesellschaft im Rahmen einer klassischen bzw. Einheits-Betriebsaufspaltung zu einer Betriebs-Kapitalgesellschaft zur KSt-Besteuerung, so entsteht hierdurch keine kapitalistische Betriebsaufspaltung zwischen zwei Kapitalgesellschaften.[2] Es bleibt für ErbSt-Zwecke also bei einer klassischen bzw. Einheits-Betriebsaufspaltung. Optiert eine Betriebs-Personengesellschaft im Rahmen einer mitunternehmerischen oder umgekehrten Betriebsaufspaltung im Verhältnis zu einer Besitz-Personengesellschaft oder -Kapitalgesellschaft zur KSt-Besteuerung nach § 1a KStG, bleiben diese Verhältnisse für ErbSt-Zwecke ebenfalls unberührt.[3]

2. Begünstigungsfähige Übertragungsgegenstände i.S.d § 13b Abs. 1 ErbStG

3.824 **Ein oder zwei Übertragungsgegenstände.** Ertragsteuerliche Betriebsaufspaltungen mit erbschaft- bzw. schenkungsteuerlicher Relevanz bestehen stets aus zwei Unternehmen, einem Besitzunternehmen in der Rechtsform eines Einzelunternehmens, einer Personengesellschaft oder Rechtsgemeinschaft oder einer Kapitalgesellschaft, sowie einem Betriebsunternehmen in der Rechtsform einer Personen- oder Kapitalgesellschaft.[4] Wird sowohl das Besitz- als auch das Betriebsunternehmen – also die „Betriebsaufspaltung als Ganzes“ – von Todes wegen oder durch Schenkung auf einen Erwerber übertragen, ist für Zwecke des § 13b Abs. 1 ErbStG zunächst zu prüfen, ob ein oder zwei begünstigungsfähige Übertragungsgegenstände vorliegen. Da sich diese Frage über die Verweisung auf §§ 95 bis 97 Abs. 1 Satz 1 BewG nach den ertragsteuerlichen Grundsätzen richtet, bestimmt sich der Umfang eines Übertragungsgegenstandes gem. § 13b Abs. 1 Nr. 2 ErbStG nach den Betriebsvermögensgrundsätzen des § 15 EStG inklusive der Grundsätze des Sonderbetriebsvermögens. Bei ertragsteuerli-

1 So auch *Söffing* in Söffing/Micker, Betriebsaufspaltung[10], Rz. 1744.
2 Oberste Finanzbehörden der Länder v. 5.10.2022 – S 3700, BStBl. I 2022, 1494, Rz. 10.
3 Oberste Finanzbehörden der Länder v. 5.10.2022 – S 3700, BStBl. I 2022, 1494, Rz. 10.
4 Eine Personengesellschaft, die ertragsteuerlich zur KSt-Besteuerung optiert hat, ist für Zwecke des ErbStG nicht als Kapitalgesellschaft zu behandeln, sondern als Personengesellschaft.

chen Betriebsaufspaltungen ist damit nach der Art der Betriebsaufspaltung zu differenzieren.

Klassische (Einheits-)Betriebsaufspaltung. Bei der klassischen (Einheits-)Betriebsaufspaltung rechnen die Anteile an der Betriebs-Kapitalgesellschaft zum notwendigen Betriebsvermögen des Besitz-Einzelunternehmens bzw. zum Gesamthands- oder Sonderbetriebsvermögen der Besitz-Personengesellschaft oder Besitzgemeinschaft (z.B. Erbengemeinschaft oder eheliche Gütergemeinschaft). Es ist dann nur ein begünstigungsfähiger Übertragungsgegenstand i.S.d. § 13b Abs. 1 Nr. 2 ErbStG (Einzelunternehmen oder Mitunternehmeranteil an der Besitz-Personengesellschaft/-gemeinschaft) gegeben.[1] 3.825

Mitunternehmerische Betriebsaufspaltung. Bei der mitunternehmerischen Betriebsaufspaltung werden die Anteile an der Besitz-Personengesellschaft bzw. die Beteiligungen an der Besitzgemeinschaft sowie die Anteile an der Betriebs-Personengesellschaft nebeneinander gehalten (Schwestergesellschaften). Es ist dann also von zwei begünstigungsfähigen Übertragungsgegenständen i.S.d. § 13b Abs. 1 Nr. 2 ErbStG (Mitunternehmeranteile an der Besitz-Personengesellschaft/-gemeinschaft sowie an der Betriebs-Personengesellschaft) auszugehen. Im Sonderfall der mittelbaren mitunternehmerischen Betriebsaufspaltung zu einer Betriebs-Personengesellschaft über eine zwischengeschaltete Kapitalgesellschaft oder Optionsgesellschaft i.S.d. § 1a KStG[2] rechnen deren Anteile regelmäßig zum notwendigen (Sonder-)Betriebsvermögen des Besitzunternehmens. Dann liegt nur ein begünstigungsfähiger Übertragungsgegenstand i.S.d. § 13b Abs. 1 Nr. 2 ErbStG (Einzelunternehmen oder Mitunternehmeranteil an der Besitz-Personengesellschaft/-gemeinschaft) vor. 3.826

Umgekehrte Betriebsaufspaltung. Bei der umgekehrten Betriebsaufspaltung rechnen die Anteile an der Besitz-Kapitalgesellschaft zum Gesamthands- oder Sonderbetriebsvermögen der Betriebs-Personengesellschaft. Folglich ist in diesem Fall nur ein begünstigungsfähiger Übertragungsgegenstand i.S.d. § 13b Abs. 1 Nr. 2 ErbStG (Mitunternehmeranteil an der Betriebs-Personengesellschaft) gegeben. 3.827

Kapitalistische Betriebsaufspaltung. Bei der kapitalistischen Betriebsaufspaltung rechnen die Anteile an der Betriebs-Kapitalgesellschaft zum Gesellschafts- und Betriebsvermögen der Besitz-Kapitalgesellschaft. Mithin ist auch in diesem Fall nur ein Übertragungsgegenstand i.S.d. § 13b Abs. 1 Nr. 3 ErbStG (Anteil an der Besitz-Kapitalgesellschaft) gegeben, der bei Erfüllung der Mindestbeteiligungsquote oder Einbindung in eine Poolvereinbarung begünstigungsfähig ist. Erkennt man für ErbSt-Zwecke auch die Betriebsaufspaltung zwischen zwei Schwester-Kapitalgesellschaften (dazu Rz. 3.876) an, sind insoweit zwei begünstigungsfähige Übertragungsgegenstände i.S.d. § 13b Abs. 1 Nr. 3 ErbStG anzunehmen. 3.828

1 So auch *Söffing* in Söffing/Micker, Betriebsaufspaltung[10], Rz. 1780.

2 Zu diesem bislang wenig diskutierten Fall vgl. auch *Wacker* in Schmidt[44], § 15 EStG Rz. 835 (Bsp. 2) und Rz. 859 (zu 2 b).

3. Besitz- und Betriebsunternehmen als begünstigtes Betriebsvermögen

3.829 **Maßgeblicher Übertragungsgegenstand.** Ob der begünstigungsfähige Übertragungsgegenstand i.S.d. § 13b Abs. 1 Nr. 2 oder Nr. 3 ErbStG tatsächlich begünstigt ist, richtet sich nach den „Weichenstellungen“ des § 13b Abs. 2 ErbStG.

3.830 **90 %-Test gem. § 13b Abs. 2 Satz 2 ErbStG.** Der Übertragungsgegenstand i.S.d. § 13b Abs. 1 Nr. 2 oder Nr. 3 ErbStG ist dem Grunde nach tatsächlich begünstigt, wenn das Betriebsvermögen den sog. 90 %-Test des § 13b Abs. 2 Satz 2 ErbStG besteht.[1] Hiernach ist der Wert des begünstigungsfähigen Vermögens vollständig nicht begünstigt, wenn das Verwaltungsvermögen gem. § 13b Abs. 4 ErbStG mindestens 90 % des gemeinen Werts des begünstigungsfähigen Vermögens beträgt. Für Zwecke des § 13b Abs. 2 Satz 2 ErbStG ist das Verwaltungsvermögen dabei (i) vor der Anwendung des § 13b Abs. 3 Satz 1 ErbStG, soweit das Verwaltungsvermögen nicht ausschließlich und dauerhaft der Erfüllung von Schulden aus durch Treuhandverhältnisse abgesicherten Altersversorgungsverpflichtungen dient und dem Zugriff aller übrigen nicht aus diesen Altersversorgungsverpflichtungen unmittelbar berechtigten Gläubiger entzogen ist, sowie (ii) vor der Schuldenverrechnung und (iii) des Freibetrags nach § 13b Abs. 4 Nr. 5 ErbStG sowie (iv) der Regelungen in § 13b Abs. 6 und Abs. 7 ErbStG zu bestimmen.

3.831 **Trennungsregelungen des § 13b Abs. 2 Satz 1 ErbStG.** Ist das maßgebliche Betriebsvermögen i.S.d. § 13b Abs. 1 Nr. 2 oder Nr. 3 ErbStG nicht bereits gem. § 13b Abs. 2 Satz 2 ErbStG vollumfänglich von den Begünstigungen ausgeschlossen, richtet sich die tatsächliche Begünstigung maßgeblich danach, in welchem Umfang der Übertragungsgegenstand (Betriebsvermögen des Einzelunternehmens oder Mitunternehmeranteil an der Besitz-Personengesellschaft bzw. Besitzgemeinschaft oder an der Betriebs-Personengesellschaft oder Anteil an der Besitz- oder Betriebs-Kapitalgesellschaft) als Verwaltungsvermögen i.S.d. § 13b Abs. 4 ErbStG einzuordnende Vermögensgegenstände enthält. Zu diesem nicht begünstigten Vermögen rechnen – mit besonderer Relevanz in Fällen der Betriebsaufspaltung – insbesondere an Dritte überlassener Grundbesitz (Nr. 1 Satz 1), sofern nicht eine Rückausnahme nach Nr. 1 Satz 2 eingreift, sowie nicht begünstigungsfähige Anteile an Kapitalgesellschaften (Nr. 2), also solche i.S.d. § 13b Abs. 1 Nr. 3 ErbStG unterhalb der Mindestbeteiligungsgrenze ohne Poolvereinbarung (dazu auch Rz. 3.881).[2] Der Wert dieses Verwaltungsvermögens unterliegt nach weiterer Maßgabe der Einzelregelungen in § 13b Abs. 4 ff. ErbStG[3] und §§ 14 ff. ErbStG der tariflichen Besteuerung des § 19 ErbStG, ggf. unter Berücksichtigung der Tarifbegrenzung des § 19a ErbStG.

---

1 Zur Frage, ob die Regelung auch für operativ gewerblich tätige Unternehmen gilt, vgl. BFH v. 13.9.2023 – II R 49/21, DStR 2023, 2788.

2 Vgl. auch R E 13b.20 Abs. 1 Satz 2, Abs. 2 Satz 3 ErbStR 2019.

3 Zu beachten ist u.a. der Finanzmittelfreibetrag i.H.v. 15 % nach § 13b Abs. 4 Nr. 5 ErbStG sowie der allgemein unschädliche Verwaltungsvermögensbetrag i.H.v. 10 % nach § 13b Abs. 7 Satz 1 ErbStG.

Verbundvermögensaufstellung. Der Wert des Verwaltungsvermögens ist in Betriebsaufspaltungsfällen, in denen nur ein Übertragungsgegenstand gegeben ist (dazu Rz. 3.824 ff.), zu dem das Besitzunternehmen und die Anteile an der Betriebs-Kapitalgesellschaft gehören, gem. § 13b Abs. 9 Sätze 1, 2 ErbStG in eine Verbundvermögensaufstellung einzubeziehen. Die Zugehörigkeit der weiteren Beteiligung zum Betriebsvermögen kann sich dabei durch gemeinschaftliches (Gesellschafts-)Vermögen ergeben, aber auch durch ertragsteuerliches Sonderbetriebsvermögen.[1] Damit sind insbesondere die zum (Sonder-)Betriebsvermögen des Besitzunternehmens rechnenden Anteile an der Betriebs-Kapitalgesellschaft in der für das Besitz-Einzelunternehmen oder die Besitz-Personengesellschaft/-gemeinschaft zu erstellenden Verbundvermögensaufstellung zu erfassen.[2] Damit gilt in diesen Fällen auch § 13b Abs. 9 Satz 3 ErbStG. Soweit sich hiernach in der Verbundvermögensaufstellung Forderungen und Verbindlichkeiten zwischen den Gesellschaften untereinander oder im Verhältnis zu dem übertragenen Betrieb oder der übertragenen Gesellschaft gegenüberstehen, sind diese nicht anzusetzen. Zu weiteren Einzelfragen betreffend die Verbundvermögensaufstellung s. Rz. 3.851, Rz. 3.857, Rz. 3.882 und Rz. 3.887. 3.832

Verschonungsregelungen. Der Wert des verbleibenden begünstigten Betriebsvermögens unterliegt, ggf. vermindert um den Abschlag nach § 13a Abs. 9 ErbStG, der Regelverschonung des § 13a Abs. 1 Satz 1 ErbStG (Freistellung i.H.v. 85 %) bzw. bei Erfüllung der Voraussetzungen des § 13a Abs. 10 Satz 2 ErbStG auf Antrag der Vollverschonung (Freistellung i.H.v. 100 %). Nach Maßgabe des § 28 ErbStG kann die anfallende Steuer auf Antrag bis zu sieben Jahre gestundet werden. Eine gewährte Verschonung des begünstigten Vermögens bleibt erhalten, sofern der Erwerber die Lohnsummenregelung des § 13a Abs. 3 ErbStG einhält und keinen Verstoß gegen die Behaltensfristen des § 13a Abs. 6 ErbStG begeht (dazu auch Rz. 3.890 ff.). 3.833

II. Begünstigtes Betriebsvermögen des Besitzunternehmens

1. Überlassener Grundbesitz

a) Grundsatz: Verwaltungsvermögen

§ 13b Abs. 4 Nr. 1 Satz 1 ErbStG. Zum nicht begünstigten Verwaltungsvermögen gehören gem. § 13b Abs. 4 Nr. 1 Satz 1 ErbStG Dritten zur Nutzung überlassene Grundstücke, Grundstücksteile, grundstücksgleiche Rechte und Bauten. Mit dieser Zuordnung zum nicht begünstigten Verwaltungsvermögen möchte der Gesetzgeber verhindern, dass aus seiner Sicht nicht förderungswürdiges „unproduktives Vermögen" in die Begünstigung nach § 13b Abs. 2 Satz 1 ErbStG fällt. Der Rechtsgrund und die Konditionen der Nutzungsüberlassung sind dabei unerheblich, so dass ein entgeltlicher Miet- oder Pachtvertrag oder auch ein unentgeltlicher Leihvertrag zugrunde liegen kann. Ausgenommen von der Zuordnung zum nicht begünstigten Ver- 3.834

1 *Mertes/Frank*, DStR 2020, 2111 (2113). Offen R E 13b.29 ErbStR 2019.
2 *Mertes/Frank*, DStR 2020, 2111 (2113 f.). Inzident auch FG Münster v. 25.2.2025 – 3 K 99/23 F, EFG 2025, 711 (Rev. BFH II R 21/25).

waltungsvermögen sind nur Nutzungsüberlassungen, die notwendiger Teil einer einheitlichen gewerblichen Leistung sind.[1]

3.835 **An die Betriebsgesellschaft überlassener Grundbesitz.** Zum Betriebsvermögen des Besitzunternehmens rechnet stets die an das Betriebsunternehmen überlassene wesentliche Betriebsgrundlage.[2] Handelt es sich bei dieser um Grundbesitz, ist gem. § 13b Abs. 4 Nr. 1 Satz 1 ErbStG also grundsätzlich nicht begünstigtes Verwaltungsvermögen gegeben. Als solches ist dem Grunde nach auch sonstiger überlassener (unwesentlicher) Grundbesitz einzuordnen, der nur anlässlich einer anderweitig begründeten sachlichen Verflechtung durch Grundbesitz oder andere Vermögensgegenstände überlassen wird (dazu auch Rz. 3.842).

b) Rückausnahme: Begünstigung bei erbschaftsteuerlicher Betriebsaufspaltung

aa) Eigenständiger Begriff

3.836 **§ 13b Abs. 4 Nr. 1 Satz 2 Buchst. a Alt. 1 ErbStG.** Für Fälle der Betriebsaufspaltung enthält § 13b Abs. 4 Nr. 1 Satz 2 Buchst. a Alt. 1 ErbStG eine erbschaftsteuerspezifische Ausnahme. Hiernach ist eine zu Verwaltungsvermögen[3] führende Nutzungsüberlassung von Grundbesitz an Dritte (sachliche Verflechtung) nicht anzunehmen, wenn die Überlassung im Rahmen einer Betriebsaufspaltung erfolgt. Das Gesetz fordert hierfür, dass (i) der Erblasser oder Schenker sowohl im überlassenden Betrieb (Besitzunternehmen) als auch im nutzenden Betrieb (Betriebsunternehmen) allein oder zusammen mit anderen Gesellschaftern einen einheitlichen geschäftlichen Betätigungswillen durchsetzen konnte (personelle Verflechtung) und dass (ii) diese Rechtsstellung (also der Tatbestand der erbschaftsteuerlichen Betriebsaufspaltung in der Person des Erblassers oder Schenkers) im Erb- oder Schenkungswege auf den Erwerber übergeht. Zusätzlich fordert die Rückausnahme, dass (iii) keine Nutzungsüberlassung des Grundbesitzes durch das Betriebsunternehmen an einen weiteren Dritten erfolgt (Einschränkung der sachlichen Verflechtung). Die Rückausnahme für Fälle der Betriebsaufspaltung i.S.d. § 13b Abs. 4 Nr. 1 Satz 2 Buchst. a Alt. 1 ErbStG ist – wie alle Regelungen in § 13b Abs. 4 Nr. 1 Satz 2 Buchst. a bis f ErbStG – eng auszulegen. Es handelt sich nicht um Regelbeispiele, sondern um einen Katalog, in dem der Gesetzgeber die Voraussetzungen der Rückführung des von der Begüns-

1 Hierzu FG Münster v. 3.12.2020 – 3 K 1429/17 F, EFG 2021, 1671 (nachgehend bestätigt durch BFH v. 10.5.2023 – II R 21/21, BFH/NV 2023, 1455); FG Köln v. 10.6.2021 – 7 K 2718/20, EFG 2021, 1831 (Rev. BFH II R 27/21); Bayerisches Landesamt für Steuern v. 8.12.2022 – S 3102.1.1-19/22 St34, Rz. 2.3.1.1 (bundeseinheitlich abgestimmter Leitfaden für Feststellungen nach § 151 Abs. 1 Satz 1 Nr. 2 bis 4 BewG sowie nach § 13a Abs. 4, § 13a Abs. 9a und § 13b Abs. 10 ErbStG (Leit-Fest); R E 13b.13 Satz 3 ErbStR 2019.

2 Grundstücke mit zum Stichtag im Bau befindlichen Gebäuden stellen aber kein erbschaftsteuerliches Verwaltungsvermögen dar, so FG Münster v. 14.11.2024 – 3 K 906/23 F, DStR 2025, 151 (Rev. BFH II R 37/24) und FG Münster v. 14.11.2024 – 3 K 908/23 F, EFG 2025, 329 (Rev. BFH II R 38/24).

3 Zur Berücksichtigung des sog. Schmutzzuschlags nach § 13b Abs. 7 Satz 1 ErbStG vgl. *Juja/Riedel*, ErbStB 2025, 334 (335).

tigung des Betriebsvermögens ausgenommenen Verwaltungsvermögens in die Begünstigung abschließend festlegt.[1]

Erbschaftsteuerliche vs. ertragsteuerliche Definition. Der Gesetzgeber hat in § 13b Abs. 4 Nr. 1 Satz 2 Buchst. a Alt. 1 ErbStG einen eigenen erbschaftsteuerlichen Begriff der Betriebsaufspaltung geschaffen. Dieser deckt sich nicht mit dem Tatbestand der ertragsteuerlichen Betriebsaufspaltung. So kann auch der Betrieb eines Einzelunternehmens nutzender Betrieb i.S.v. § 13b Abs. 4 Nr. 1 Satz 2 Buchst. a ErbStG sein; in diesem Fall liegt zwar keine Betriebsaufspaltung im ertragsteuerlichen Sinne vor, vom Wortlaut des § 13b Abs. 4 Nr. 1 Satz 2 Buchst. a ErbStG ist diese Konstellation aber zweifelsfrei erfasst (dazu Rz. 3.840).[2] Ebenso ist im Bereich der sachlichen Verflechtung zwar der dem Betriebsunternehmen als wesentliche Betriebsgrundlage überlassene Grundbesitz erfasst, aber auch sonstiger überlassener (unwesentlicher) Grundbesitz, der nur anlässlich einer anderweitig begründeten sachlichen Verflechtung durch Grundbesitz oder andere Vermögensgegenstände überlassen wird (dazu Rz. 3.842).[3] Zudem ist gemäß dem letzten Halbs. der Norm keine Weiterüberlassung des Grundbesitzes an Dritte zulässig (dazu Rz. 3.844 ff.). Im Bereich der personellen Verflechtung soll nach Verwaltungsauffassung keine mittelbare Ausübung des geschäftlichen Betätigungswillens ausreichen (dazu Rz. 3.852), so dass Fälle der ertragsteuerlichen Einheits-Betriebsaufspaltung und der kapitalistischen Betriebsaufspaltung im Mutter-Tochter-Verhältnis keine erbschaftsteuerlich begünstigte Betriebsaufspaltung darstellen sollen (dazu Rz. 3.852). Übertragungsspezifisch fordert das Gesetz zudem den Übergang der personellen Verflechtung, dass also die in der Person des Erblassers oder Schenkers personell begründete Rechtsstellung im Rahmen der erbschaftsteuerlichen Betriebsaufspaltung auf den Erwerber übergeht (dazu Rz. 3.855). Im Gegensatz zum Ertragsteuerrecht soll aber erbschaftsteuerlich eine kapitalistische Betriebsaufspaltung im Schwester-Kapitalgesellschaftsverhältnis begünstigt sein (dazu Rz. 3.877). 3.837

bb) Erbschaftsteuerliche Betriebsaufspaltung auf Seiten des Zuwendenden

(1) Bestand im maßgeblichen Besteuerungszeitpunkt

Besteuerungszeitpunkt i.S.d. § 9 ErbStG. § 13b Abs. 4 Nr. 1 Satz 2 Buchst. a Alt. 1 ErbStG erfordert zunächst, dass der Erblasser oder Schenker sowohl im grundstücksüberlassenden Betrieb (Besitzunternehmen) als auch im nutzenden Betrieb (Betriebsunternehmen) allein oder zusammen mit anderen Gesellschaftern einen einheitlichen geschäftlichen Betätigungswillen durchsetzen kann. Damit muss der Tatbestand der erbschaftsteuerlichen Betriebsaufspaltung im maßgeblichen Besteuerungszeit- 3.838

1 BFH v. 28.02.2024 – II R 27/21, BStBl. II 2024, 829.

2 Bayerisches Landesamt für Steuern v. 8.12.2022 – S 3102.1.1-19/22 St34, Rz. 2.3.1.2 (sog. bundeseinheitlich abgestimmter Leitfaden für Feststellungen nach § 151 Abs. 1 Satz 1 Nr. 2 bis 4 BewG sowie nach § 13a Abs. 4, § 13a Abs. 9a und § 13b Abs. 10 ErbStG (Leit-Fest); *Stenert*, ErbR 2025, 987, 990; *Stenert* in Micker/Pohl/Potthoff-Kowol, Festschrift 75 Jahre Hochschule für Finanzen NRW, 2025, 641 (646).

3 *Stenert*, ErbR 2025, 987 (989).

punkt des § 9 Abs. 1 ErbStG in der Person des Erblassers oder Schenkers gegeben sein.[1] Die Betriebsaufspaltung darf also nicht erst durch den Erbfall oder die Schenkung entstehen.[2] Wird die Betriebsaufspaltung erst durch die Übertragung des Betriebs an den Erwerber in dessen Person begründet, handelt es sich bei dem Grundstück um Verwaltungsvermögen i.S.d. § 13b Abs. 4 Nr. 1 Satz 1 ErbStG.[3] Nicht ausreichend ist auch, wenn die Betriebsaufspaltung ursprünglich nur in der Person des Erwerbers – nicht aber in der Person des übertragenden Erblassers bzw. Schenkers – bestand.[4]

(2) Überlassender Betrieb

3.839 **Besitzunternehmen.** Als überlassendes Betriebsunternehmen i.S.d. § 13b Abs. 4 Nr. 1 Satz 2 Buchst. a Alt. 1 ErbStG kommen Einzelunternehmen, Personengesellschaften und Kapitalgesellschaften[5] in Betracht.[6]

(3) Nutzender Betrieb

3.840 **Betriebsunternehmen.** Als nutzender Betrieb i.S.v. § 13b Abs. 4 Nr. 1 Satz 2 Buchst. a Alt. 1 ErbStG kommen unzweifelhaft Personen- und auch Kapitalgesellschaften in Betracht. Vom Wortlaut der Norm ist hingegen auch der Betrieb eines Einzelunternehmens als nutzender Betrieb erfasst,[7] obwohl in diesem Fall keine Betriebsaufspaltung im ertragsteuerlichen Sinne gegeben ist (s. Rz. 3.78). Danach stellt ein Grundstück kein Verwaltungsvermögen dar, wenn eine Besitz-Kapitalgesellschaft dieses an ein Be-

1 Hierzu auch *Geck*, ködsi 2020, 21612 (20614).

2 Zur gezielten Umwandlung von Grundbesitz in begünstigtes Betriebsvermögen durch Begründung einer Betriebsaufspaltung vgl. *Christoffel*, ErbBstg 2025, 243 ff.

3 Vgl. auch R E 13 b.9 Abs. 1 Satz 9 ErbStR 2019; *Söffing* in Söffing/Micker, Betriebsaufspaltung[10], Rz. 1778.

4 BFH v. 16.3.2021 – II R 3/19, BStBl. II 2022, 706 = FR 2021, 960; BFH v. 23.2.2021 – II R 26/18, BStBl. II 2022, 72 = DB 2021, 1926.

5 Die Finanzverwaltung begünstigt allerdings Kapitalgesellschaften nur in den Fällen der sog. umgekehrten Betriebsaufspaltung, wenn also die Besitz-Kapitalgesellschaft von einer Betriebs-Personengesellschaft (oder einem Einzelunternehmen) beherrscht wird und an diese wesentliche Betriebsgrundlagen überlässt; vgl. R E 13b.14 Abs. 1 Satz 8 ErbStR 2019; Bayerisches Landesamt für Steuern v. 8.12.2022 – S 3102.1.1-19/22 St34, Rz. 2.3.1.2 (sog. bundeseinheitlich abgestimmter Leitfaden für Feststellungen nach § 151 Abs. 1 Satz 1 Nr. 2 bis 4 BewG sowie nach § 13a Abs. 4, § 13a Abs. 9a und § 13b Abs. 10 ErbStG (Leit-Fest); hierzu auch *Stenert*, ErbR 2025, 987, 990.

6 Bayerisches Landesamt für Steuern v. 8.12.2022 – S 3102.1.1-19/22 St34, Rz. 2.3.1.2 (sog. bundeseinheitlich abgestimmter Leitfaden für Feststellungen nach § 151 Abs. 1 Satz 1 Nr. 2 bis 4 BewG sowie nach § 13a Abs. 4, § 13a Abs. 9a und § 13b Abs. 10 ErbStG (Leit-Fest); *Stenert*, ErbR 2025, 987 (990); *Stenert* in Micker/Pohl/Potthoff-Kowol, Festschrift 75 Jahre Hochschule für Finanzen NRW, 2025, 641 (646).

7 Bayerisches Landesamt für Steuern v. 8.12.2022 – S 3102.1.1-19/22 St34, Rz. 2.3.1.2 (sog. bundeseinheitlich abgestimmter Leitfaden für Feststellungen nach § 151 Abs. 1 Satz 1 Nr. 2 bis 4 BewG sowie nach § 13a Abs. 4, § 13a Abs. 9a und § 13b Abs. 10 ErbStG (Leit-Fest); *Stenert* in Micker/Pohl/Potthoff-Kowol, Festschrift 75 Jahre Hochschule für Finanzen NRW, 2025, 641 (646).

triebs-Einzelunternehmen überlasst und von diesem beherrscht wird.[1] Gleiches muss bei einer Personengesellschaft gelten, die ein Grundstück an den sie beherrschenden Einzelunternehmer überlasst.[2] Das Betriebsunternehmen muss sich nicht unbedingt im Inland befinden; damit sollte die Nutzungsüberlassung auch im Falle einer grenzüberschreitenden Betriebsaufspaltung nicht zum Verwaltungsvermögen führen.[3]

(4) Sachliche Verflechtung

(a) Überlassung mindestens einer wesentlichen Betriebsgrundlage

Ertragsteuerliche Grundsätze. Der Wortlaut des § 13b Abs. 4 Nr. 1 Satz 2 Buchst. a Alt. 1 ErbStG enthält keine speziellen Anforderungen an das die Betriebsaufspaltung begründende sachliche Element. Die hierzu erforderliche Überlassung von zumindest einer funktional wesentlichen Betriebsgrundlage an das Betriebsunternehmen ist aber grundsätzlich vorauszusetzen, weil andernfalls kein begünstigtes Betriebsvermögen vorliegt.[4] Die Anforderungen an die sachliche Verflechtung richten sich dann nach den ertragsteuerlichen Grundsätzen.[5] 3.841

Überlassener Grundbesitz. Bei der überlassenen funktional wesentlichen Betriebsgrundlage handelt es sich zwar regelmäßig um Grundbesitz. Dies ist jedoch keine Tatbestandsanforderung des § 13b Abs. 4 Nr. 1 Satz 2 Buchst. a Alt. 1 ErbStG, so dass die Betriebsaufspaltung auch durch die Überlassung einer anderen funktional wesentlichen Betriebsgrundlage (z.B. eines beweglichen Anlageguts oder eines immateriellen Vermögensgegenstands) begründet werden kann. Wird in diesem Zuge auch funktional unwesentliches Grundvermögen überlassen, kann auch dieses nach Maßgabe des § 13b Abs. 4 Nr. 1 Satz 2 Buchst. a Alt. 1 ErbStG als begünstigtes Vermögen qualifiziert werden.[6] 3.842

---

1 Bayerisches Landesamt für Steuern v. 8.12.2022 – S 3102.1.1-19/22 St34, Rz. 2.3.1.2 (sog. bundeseinheitlich abgestimmter Leitfaden für Feststellungen nach § 151 Abs. 1 Satz 1 Nr. 2 bis 4 BewG sowie nach § 13a Abs. 4, § 13a Abs. 9a und § 13b Abs. 10 ErbStG (Leit-Fest); *Stenert* in Micker/Pohl/Potthoff-Kowol, Festschrift 75 Jahre Hochschule für Finanzen NRW, 2025, 641 (646).

2 *Stenert* in Micker/Pohl/Potthoff-Kowol, Festschrift 75 Jahre Hochschule für Finanzen NRW, 2025, 641 (646).

3 *Kepper* in Kapp/Ebeling, § 13b ErbStG Rz. 100 (Stand: Juli 2025).

4 So auch R E 13b.14 Abs. 1 Satz 5 ErbStR 2019; zur Diskussion *Söffing* in Söffing/Micker, Betriebsaufspaltung[10], Rz. 1765; *Kepper* in Kapp/Ebeling, § 13b ErbStG Rz. 97 (Stand: August 2022); *Viskorf* in Viskorf/Schuck/Wälzholz[7], § 13b ErbStG Rz. 233; *Stein/Walter*, ZEV 2023, 423 (424). Offen gelassen im Urt. des BFH v. 2.12.2020 – II R 22/18, BStBl. II 2022, 66 = DB 2021, 1923 (Verfassungsbeschwerde unzulässig gem. BVerfG v. 20.2.2025 – 1 BvR 1493/21, DStR 2025, 902).

5 So auch H E 13b.14 ErbStH 2019 i.V.m. H 15.7 (5) EStH 2021.

6 *Kepper* in Kapp/Ebeling, § 13b ErbStG Rz. 97 (Stand: Juli 2025); *Söffing* in Söffing/Micker, Betriebsaufspaltung[10], Rz. 1765; *Korezkij* in BeckOK ErbStG, *Erkis/Thonemann-Micker*, § 13b Rz. 132 (Stand: April 2025); *Jülicher* in Troll/Gebel/Jülicher/Gottschalk, § 13b ErbStG Rz. 265 (Stand: April 2025); *Stenert*, ErbR 2025, 987, 990; *Stenert* in Micker/Pohl/Potthoff-Kowol, Festschrift 75 Jahre Hochschule für Finanzen NRW, 2025, 641, 645; *Hannes/Holtz* in Meincke/Hannes/Holtz[19], § 13b ErbStG Rz. 51; *Wachter*, DB 2021, 2173 (2177 f.); *Geck*, kösdi 2020, 21612 (21614).

3.843 **Grenzüberschreitende Betriebsaufspaltung.** § 13b Abs. 4 Nr. 1 Satz 2 Buchst. a Alt. 1 ErbStG enthält keine Beschränkung für die Lage des Grundstücks, des Sitzes oder der Geschäftsleitung des Betriebsunternehmens. Diese können sowohl im In- als auch im Ausland liegen. Daher umfasst die Vorschrift auch alle Fälle der sog. grenzüberschreitenden Betriebsaufspaltung.[1]

(b) Einschränkung: Keine Weiterüberlassung an einen Dritten

3.844 **Unmittelbare Eigennutzung erforderlich.** Gemäß dem letzten Satzteil in § 13b Abs. 4 Satz 2 Buchst. a ErbStG darf keine Nutzungsüberlassung des Grundstücks an einen weiteren Dritten erfolgen.[2] Damit greift die Ausnahmeregelung nur, soweit die Betriebsgesellschaft den ihr überlassenen Grundbesitz unmittelbar selbst nutzt.[3] Überlässt das Betriebsunternehmen den ihr überlassenen Grundbesitz an einen Dritten, was ertragsteuerlich zu einer Betriebsaufspaltung führt (s. Rz. 3.73),[4] ist die Rückausnahme der erbschaftsteuerlichen Betriebsaufspaltung nicht erfüllt und es bleibt bei der Einordnung des drittüberlassenen Grundbesitzes als Verwaltungsvermögen gem. § 13b Abs. 4 Nr. 1 Satz 1 ErbStG.[5] Damit sollen vom Gesetzgeber als unerwünscht empfundene Gestaltungen unterbunden werden, bei denen die Betriebs-Kapitalgesellschaft kein eigenes Unternehmen betreibt, sondern das Grundstück „nur" an einen Dritten weitervermietet.[6] Wird nur ein Teil des Grundstücks an einen fremden Dritten weitervermietet, ist nur dieser Grundstücksteil als Verwaltungsvermögen anzusehen; die Aufteilung erfolgt im Regelfall nach dem Verhältnis der Nutzflächen zueinander.[7]

3.845 **Person des Dritten.** Eine Nutzungsüberlassung an Dritte liegt bereits dann vor, wenn die Überlassung an eine beliebige natürliche Person, juristische Person oder Personengesellschaft erfolgt und diese nicht der unmittelbare Grundstückseigentümer dieses Grundstücks ist. Demzufolge kann eine Überlassung an Dritte auch vorliegen, wenn Überlassungsempfänger der (Mit-)Gesellschafter der grundbesitzenden Gesellschaft ist[8] oder Empfänger die Schwester-, Mutter- oder Tochtergesellschaft der

1 *Söffing* in Söffing/Micker, Betriebsaufspaltung[10], Rz. 1777; *Jülicher* in Troll/Gebel/Jülicher/Gottschalk, § 13b ErbStG Rz. 266 (Stand: April 2025); *Viskorf* in Viskorf/Schuck/Wälzholz[7], § 13b ErbStG Rz. 231.

2 Vgl. auch R E 13b.14 Abs. 1 Satz 2 ErbStR 2019.

3 BFH v. 10.5.2023 – II R 21/21, BFH/NV 2023, 1455; *Söffing* in Söffing/Micker, Betriebsaufspaltung[10], Rz. 1775.

4 BFH v. 18.6.2015 – IV R 11/13, BFH/NV 2015, 1398; BFH v. 18.6.2015 – IV R 12/13, BFH/NV 2015, 1401.

5 Vgl. zur Parallelproblematik des § 13b Abs. 4 Nr. 1 Satz 2 Buchst. a Alt. 2 ErbStG (Sonderbetriebsvermögen) FG Münster v. 3.7.2025 – 3 K 469/24 F, EFG 2025, 1291 (Rev. BFH II R 38/25).

6 *Söffing* in Söffing/Micker, Betriebsaufspaltung[10], Rz. 1776.

7 *Kepper* in Kapp/Ebeling, § 13b ErbStG Rz. 105 (Stand: Juli 2025); *Viskorf* in Viskorf/Schuck/Wälzholz[7], § 13b ErbStG Rz. 235.

8 A.A.*Stein/Walter*, ZEV 2023, 423 (425): Weiterer Dritter ist jeder, der weder am Besitz- noch am Betriebsunternehmen beteiligt ist.

grundbesitzenden Gesellschaft ist.[1] Dies gilt ungeachtet der Nutzung durch diesen, so dass eine weitere Sachherrschaft über die Immobilie z.B. auf der Grundlage eines Lagerbewirtschaftungsvertrags die schädliche Weiterüberlassung nicht ausschließt.[2] Dritte sind auch Arbeitnehmer des Betriebsunternehmens, so dass z.B. eine Nutzungsüberlassung als Werks- oder Hausmeisterwohnung schädlich sein könnte.[3]

Unschädliche Weiterüberlassung. Überlässt die Betriebsgesellschaft das Grundstück einem Dritten zur Nutzung, sollte dies jedenfalls dann unschädlich sein, wenn für diese Nutzungsüberlassung eine andere Ausnahme greift, z.B. die für eine Vermietung an ein konzernverbundenes Unternehmen i.S.d. § 13b Abs. 4 Nr. 1 Satz 2 Buchst. c ErbStG oder eine hotelähnliche Vermietung i.S.d. § 13b Abs. 4 Nr. 1 Satz 2 Buchst. b Satz 2 Alt. 2 ErbStG.[4] 3.846

(5) Personelle Verflechtung

(a) Einheitlicher geschäftlicher Betätigungswille

Ertragsteuerliche Grundsätze. In personeller Hinsicht fordert § 13b Abs. 4 Satz 2 Buchst. a Alt. 1 ErbStG, dass der Erblasser oder Schenker sowohl im grundstücksüberlassenden Betrieb (Besitzunternehmen) als auch im nutzenden Betrieb (Betriebsunternehmen) allein (Beteiligungsidentität) oder zusammen mit anderen Gesellschaftern (Beherrschungsidentität) einen einheitlichen geschäftlichen Betätigungswillen durchsetzen kann.[5] Der Maßstab für das Vorliegen eines einheitlichen geschäftlichen Betätigungswillens richtet sich nach den ertragsteuerlichen Grundsätzen.[6] Damit ist insbesondere auch die „Personengruppentheorie" anwendbar (dazu Rz. 3.158).[7] 3.847

Durchsetzung mit gesellschaftsrechtlichen Mitteln. Die Durchsetzung des geschäftlichen Betätigungswillens muss mit gesellschaftsrechtlichen Mitteln erfolgen. Eine faktische Beherrschung muss die Möglichkeit der Erlangung einer Stimmenmehrheit ermöglichen. Dazu muss der Erblasser oder Schenker auf die zur Erlangung der Stimmenmehrheit benötigten Gesellschafter wirtschaftlich oder anderweitig derart 3.848

---

1 *Juja/Riedel*, ErbStB 2025, 334.

2 BFH v. 10.5.2023 – II R 21/21, BFH/NV 2023, 1455.

3 *Juja/Riedel*, ErbStB 2025, 334. A.A. *Kepper* in Kapp/Ebeling, § 13b ErbStG Rz. 105 (Stand: Juli 2025) wegen Nutzung im Interesse des Vermieters; ebenso *Altendorf*, GmbH-StB 2021, 19 (21).

4 *Stalleiken* in von Oertzen/Loose/Stalleiken[4], § 13b Rz. 116a und 122; *Hannes/Holtz* in Meincke/Hannes/Holtz[19], § 13b ErbStG Rz. 52; ggf. auch FG Münster v. 3.12.2020 – 3 K 1429/17 F, EFG 2021, 1671 (unklar aber nachgehend BFH v. 10.5.2023 – II R 21/21, BFH/NV 2023, 1455). Zweifelnd *Korezkij* in BeckOK ErbStG, *Erkis/Thonemann-Micker*, § 13b Rz. 134 f. (Stand: April 2025); *Stein/Walter*, ZEV 2023, 423 (425 f.). Zur Diskussion auch *Wolf*, NWB 2024, 3068 ff.

5 Vgl. auch R E 13b.14 Abs. 1 Satz 3 ErbStR 2019.

6 BFH v. 10.5.2023 – II R 21/21, BFH/NV 2023, 1455); so auch R E 13b.14 Abs. 1 Satz 4 ErbStR 2019, H E 13b.14 ErbStH 2019 i.V.m. H 15.7 (6) EStH 2021.

7 BFH v. 10.5.2023 – II R 21/21, BFH/NV 2023, 1455; *Stein/Walter*, ZEV 2023, 580 (581); *Jülicher* in Troll/Gebel/Jülicher/Gottschalk, § 13b ErbStG Rz. 264 (Stand: April 2025).

Einfluss ausüben können, dass jene sich unterordnen, etwa durch die jederzeit widerrufliche Überlassung unverzichtbarer Betriebsgrundlagen. Ein Einfluss nur auf die kaufmännische oder technische Betriebsführung über Prokura oder Generalvollmacht reicht nicht aus.[1]

3.849 **Zugehörigkeit zur beherrschenden Gruppe.** Aus der gesetzlichen Anforderung, dass der Erblasser oder Schenker zusammen mit anderen Gesellschaftern sowohl im Besitz- als auch im Betriebsunternehmen einen einheitlichen geschäftlichen Betätigungswillen durchsetzen kann (Beherrschungsidentität), folgt, dass der Erblasser oder Schenker auch dieser Personengruppe zugehören muss.[2]

3.850 **Keine Begünstigung des Nur-Besitzgesellschafters.** Aus dem Erfordernis der Zugehörigkeit zur beherrschenden Gruppe folgt, dass der Nur-Besitzgesellschafter seine Anteile an der Besitzgesellschaft zwar nach den Grundsätzen des § 13b Abs. 1 Nr. 2 ErbStG begünstigt übertragen kann, der ihm anteilig zuzurechnende Grundbesitz aber stets Verwaltungsvermögen i.S.d. § 13b Abs. 4 Nr. 1 Satz 1 ErbStG ist. Die Rückausnahme des § 13b Abs. 4 Nr. 1 Satz 2 Buchst. a ErbStG ist nicht anwendbar.[3]

3.851 **Personelle Verflechtung bei nachgeordneten Gesellschaften.** Offen ist, wie die Prüfung des (sonstigen) Verwaltungsvermögens bei nachgeordneten Gesellschaften vorzunehmen ist. Bei der Prüfung der personellen Verflechtung einer Betriebsaufspaltung i.S.d. § 13b Abs. 4 Nr. 1 Satz 2 lit. a Alt. 1 ErbStG bzw. für die Möglichkeit der Durchsetzung eines einheitlichen geschäftlichen Betätigungswillen könnte auf die Person des Erblassers bzw. Schenkers abzustellen sein. Auch könnte die nächsthöhere anteilshaltende Gesellschaft (nächsthöhere Stufe) maßgeblich sein, die sowohl die Betriebsgesellschaft als auch die Besitzgesellschaft beherrschen kann; für die qualitative Zuordnung zum Verwaltungsvermögen ist dann auf die Perspektive derjenigen betrieblichen Einheit abzustellen, zu der der jeweilige Vermögensgegenstand gehört. Für die stufenweise Betrachtung sprechen die systematische Herleitung aus der Gesetzesbegründung[4] sowie die ebenfalls stufenweise Betrachtungsweise der Verbundvermögensaufstellung nach § 13b Abs. 9 Satz 1 und Satz 2 sowie Abs. 10 ErbStG (dazu Rz. 3.857).[5]

(b) Einschränkung: Unmittelbare Durchsetzung erforderlich?

3.852 **Ansicht der Finanzverwaltung.** Der Gesetzeswortlaut in § 13b Abs. 4 Nr. 1 Satz 2 Buchst. a Alt. 1 ErbStG enthält keine weiteren Anforderungen an die Durchsetzung des einheitlichen geschäftlichen Betätigungswillens in der Besitz- und in der Be-

1 BFH v. 23.2.2021 – II R 26/18, BStBl. II 2022, 72 = DB 2021, 1926, BFH v. 2.12.2020 – II R 22/18, BStBl. II 2022, 66. Vgl. auch *Kepper* in Kapp/Ebeling, § 13b ErbStG Rz. 100 (Stand: Juli 2025).

2 *Söffing* in Söffing/Micker, Betriebsaufspaltung[10], Rz. 1766, 1772.

3 Gl.A. *Stoklassa/Hassa*, ErbStB 2022, 237 (239); *Altendorf*, GmbH-StB 2021, 19 (20).

4 *Juja/Riedel*, ErbStB 2025, 334 (335), mit Verweis auf BT-Drucks. 18/5923 v. 7.9.2015, 29 (noch zu § 13b Abs. 7 ErbStG-E) und BT-Drucks. 18/8911 v. 22.6.2016, 23 und 44.

5 So *Juja/Riedel*, ErbStB 2025, 334 (336, 337); *Jülicher* in Troll/Gebel/Jülicher/Gottschalk, ErbStG, § 13b Rz. 265 (Stand: April 2025).

triebsgesellschaft, so dass dieser sowohl durch unmittelbare als auch durch mittelbare Beteiligungen gewährleistet werden kann. Einschränkend hierzu verlangt die Finanzverwaltung jedoch, dass der einheitliche geschäftliche Betätigungswille in Besitz- und Betriebsgesellschaft unmittelbar durchgesetzt werden muss.[1] Damit soll die Einordnung überlassenen Grundbesitzes als begünstigtes Vermögen bei nur mittelbaren Beherrschungen bzw. Betriebsaufspaltungen auf nachgelagerten Stufen einer Unternehmensgruppe nicht über die Rückausnahme des § 13b Abs. 4 Nr. 1 Satz 2 Buchst. a Alt. 1 ErbStG erreicht werden können.[2] Ausgeschlossen ist hiernach auch die Grundstücksüberlassung im Fall der klassischen Einheits-Betriebsaufspaltung[3] sowie der kapitalistischen Betriebsaufspaltung (Mutter-Tochter-Verhältnis).[4] In diesen Fällen soll eine Begünstigung nur über die Konzernausnahme des § 13b Abs. 4 Satz 2 Buchst. c ErbStG erfolgen können (dazu Rz. 3.858 ff.). Der BFH hat offengelassen, ob der Finanzverwaltung insoweit zu folgen ist.[5]

Auch mittelbare Durchsetzung ausreichend. Die Ansicht der Finanzverwaltung findet im Gesetz keine Stütze, da § 13b Abs. 4 Nr. 1 Buchst. a ErbStG keinen „unmittelbaren" Betätigungswillen fordert, sondern einen „einheitlichen" Betätigungswillen. Aus dem letzten Halbs. der Norm, wonach eine Nutzungsüberlassung an einen weiteren Dritten nicht vorliegen darf, folgt nichts Anderes, da die zum Betriebsvermögen des Besitzunternehmens rechnende Betriebs-Kapitalgesellschaft kein Dritter in diesem Sinne ist. Überdies erkennt die Finanzverwaltung selbst an, dass sich der Maßstab für das Vorliegen eines einheitlichen geschäftlichen Betätigungswillens nach den ertragsteuerlichen Grundsätzen richtet und damit auch die „Personengruppentheorie" umschließt,[6] gemäß der – nach der Abkehr des BFH vom sog. Durchgriffsverbot auch auf Seiten des Besitzunternehmens[7] – auch mittelbare Beteiligungen umfassend eine personelle Verflechtung begründen können (dazu auch Rz. 3.215 ff.). Damit kann die für eine erbschaftsteuerliche Betriebsaufspaltung erforderliche 3.853

1 Bayerisches Landesamt für Steuern v. 8.12.2022 – S 3102.1.1-19/22 St34, Rz. 2.3.1.2 (sog. bundeseinheitlich abgestimmter Leitfaden für Feststellungen nach § 151 Abs. 1 Satz 1 Nr. 2 bis 4 BewG sowie nach § 13a Abs. 4, § 13a Abs. 9a und § 13b Abs. 10 ErbStG (Leit-Fest); R E 13b.14 Abs. 1 Satz 6 ErbStR 2019; hierzu auch *Stenert*, ErbR 2025, 987, 990; *Korezkij*, DStR 2023, 1243 (1244); *Stein/Walter*, ZEV 2023, 423 (425); *Christoffel*, ErbBstg 2023, 242.

2 R E 13b.14 Abs. 1 Satz 6 ErbStR 2019.

3 *Kepper* in Kapp/Ebeling, § 13b ErbStG Rz. 97 (Stand: Juli 2025); a.A. *Stenert*, ErbR 2025, 987, 991: Keine Anwendung bei mittelbarer Beteiligung über eine Personengesellschaft, mit diesbezüglichem Hinweis auf Bayerisches Landesamt für Steuern v. 8.12.2022 – S 3102.1.1-19/22 St34, Rz. 2.3.1.2 (sog. bundeseinheitlich abgestimmter Leitfaden für Feststellungen nach § 151 Abs. 1 Satz 1 Nr. 2 bis 4 BewG sowie nach § 13a Abs. 4, § 13a Abs. 9a und § 13b Abs. 10 ErbStG (Leit-Fest).

4 So R E 13b.14 Abs. 1 Satz 7 ErbStR 2019; hierzu auch *Stenert*, ErbR 2025, 987, 990; *Juja/Riedel*, ErbStB 2025, 334, 335.

5 BFH v. 16.3.2021 – II R 3/19, BStBl. II 2022, 706 = FR 2021, 960; BFH v. 23.2.2021 – II R 26/18, BStBl. II 2022, 72 = DB 2021, 1926; BFH v. 2.12.2020 – II R 22/18, BStBl. II 2022, 66 = DB 2021, 1923 (Verfassungsbeschwerde unzulässig gem. BVerfG v. 20.2.2025 – 1 BvR 1493/21, DStR 2025, 902).

6 So R E 13b.14 Abs. 1 Satz 4 ErbStR 2019, H E 13b.14 ErbStH 2019.

7 BFH v. 16.9.2021 – IV R 7/18, BStBl. II 2022, 767 = FR 2022, 303 m. Anm. v. *Nöcker*.

Durchsetzung des einheitlichen geschäftlichen Betätigungswillens in der Besitz- und in der Betriebsgesellschaft auch über eine mittelbare Beteiligung erreicht werden.[1] Eine Subsumtion unter die Konzernausnahme des § 13b Abs. 4 Nr. 1 Satz 2 Buchst. c ErbStG können (s. Rz. 3.846 ff.) ist damit nicht erforderlich.

(c) Betriebsaufspaltung unter Schwester-Kapitalgesellschaften

3.854 **Erbschaftsteuerliche Begünstigung.** Überlässt eine Kapitalgesellschaft einer Schwester-Kapitalgesellschaft eine wesentliche Betriebsgrundlage, ist ertragsteuerlich keine Betriebsaufspaltung gegeben (s. Rz. 3.68). Diese ertragsteuerlichen Grundsätze gelten jedoch nicht für die erbschaftsteuerliche Betriebsaufspaltung, da der hier gesetzlich geforderte einheitliche geschäftliche Betätigungswille auch bei Nutzungsüberlassungen zwischen Schwestergesellschaften gegeben ist.[2] Erbschaftsteuerlich greift damit die Rückausnahmeregelung des § 13b Abs. 4 Satz 2 Buchst. a Alt. 1 ErbStG, so dass der überlassene Grundbesitz begünstigtes Betriebsvermögen darstellt.[3] Bei Beherrschung beider Kapitalgesellschaften durch eine natürliche Person ist auch die Konzernausnahme des § 13b Abs. 4 Nr. 1 Satz 2 Buchst. c ErbStG erfüllt.[4]

cc) Übergang der Betriebsaufspaltung auf den Erwerber

3.855 **Übergang der Rechtsstellung.** Gem. § 13b Abs. 4 Nr. 1 Satz 2 Buchst. a Alt. 1 ErbStG erfordert eine begünstigte Grundbesitzüberlassung an Dritte, dass die beim Übertragenden gegebene „Rechtsstellung", also der Tatbestand der erbschaftsteuerlichen Betriebsaufspaltung in dessen Person, bei der Übertragung der Anteile am Besitz- und Betriebsunternehmen auf den Erwerber übergeht.[5] Der Erwerber muss also ebenso wie sein Rechtsvorgänger im übernehmenden und im nutzenden Betrieb allein oder zusammen mit anderen Gesellschaftern einen einheitlichen geschäftlichen Betätigungswillen durchsetzen können. Die Betriebsaufspaltung darf damit nicht infolge des Erbfalls oder der Schenkung enden oder erst durch die Übertragungen in der

---

1 *Söffing* in Söffing/Micker, Betriebsaufspaltung[10], Rz. 1771, 1788, s. auch Rz. 1756.1; *Jülicher* in Troll/Gebel/Jülicher/Gottschalk, § 13b ErbStG Rz. 264 f. (Stand: April 2025); *Stenert* in Micker/Pohl/Potthoff-Kowol, Festschrift 75 Jahre Hochschule für Finanzen NRW, 2025, 641, 651 f.; *Stalleiken* in von Oertzen/Loose/Stalleiken[4], § 13b ErbStG Rz. 115; *Stoklassa/Hassa*, ErbStB 2022, 237 (242); *Hannes/Holtz* in Meincke/Hannes/Holtz[19], § 13b ErbStG Rz. 51; *Altendorf*, GmbH-StB 2021, 19 (22).

2 Grundlegend *Kramer*, DStR 2011, 1113 (1116); vgl. auch *Stenert*, ErbR 2025, 987, 990.

3 *Stenert*, ErbR 2025, 987 (990); *Kepper* in Kapp/Ebeling, § 13b ErbStG Rz. 101 (Stand: Juli 2025); *Söffing* in Söffing/Micker, Betriebsaufspaltung[10], Rz. 1756; *Geck*, kösdi 2020, 21612 (21617); *Altendorf*, GmbH-StB 2021, 19 (21); *Dehmer*, Die Betriebsaufspaltung[5], § 13 Rz. 21 f. A.A. Bayerisches Landesamt für Steuern v. 8.12.2022 – S 3102.1.1-19/22 St34, Rz. 2.3.1.2 (sog. bundeseinheitlich abgestimmter Leitfaden für Feststellungen nach § 151 Abs. 1 Satz 1 Nr. 2 bis 4 BewG sowie nach § 13a Abs. 4, § 13a Abs. 9a und § 13b Abs. 10 ErbStG (Leit-Fest); *Stoklassa/Hassa*, ErbStB 2022, 237 (242): keine begünstigte Betriebsaufspaltung.

4 *Stalleiken* in von Oertzen/Loose/Stalleiken[4], § 13b ErbStG Rz. 121a.

5 So auch R E 13b.14 Abs. 3 ErbStR 2019.

Person des Erwerbers begründet werden; ansonsten handelt es sich bei dem Grundstück um Verwaltungsvermögen.[1]

Zeitpunkt der Übertragungen. Eine exakte Zeitgleichheit der Betriebs- und Anteilsübertragungen am Besitz- und Betriebsunternehmen wird vom Tatbestand des § 13b Abs. 4 Nr. 1 Satz 2 Buchst. a Alt. 1 ErbStG nicht gefordert.[2] Denn anders als § 13b Abs. 1 Nr. 2 ErbStG verlangt § 13b Abs. 4 Nr. 1 Buchst. a ErbStG nicht den zeitlichen Zusammenhang im Gesetzeswortlaut durch das Wort „beim".[3] 3.856

dd) Behandlung im Rahmen der Verbundvermögensaufstellung

Stufenweise Betrachtung. Offen ist, wie die Rückausnahme der Betriebsaufspaltung bei Strukturen zu beurteilen ist, die in einer Verbundvermögensaufstellung i.S.d. § 13b Abs. 9 Satz 1 und Satz 2 sowie Abs. 10 ErbStG abzubilden sind. Naheliegend ist hier eine stufenweise Betrachtung, bei der jede nachgeordnete Gesellschaft jeweils einer „Beteiligungsstufe" gleichgestellt wird. Für jede Gesellschaft einer Beteiligungsstufe wird vereinfacht ausgedrückt i.S.d. § 13b Abs. 9 Satz 2 i.V.m. Abs. 10 ErbStG das jeweilige (un-)mittelbare (junge) Verwaltungsvermögen festgestellt.[4] Diese Sichtweise wird auch durch die Gesetzesbegründung gestützt.[5] Zur Perspektive derjenigen betrieblichen Einheit erfolgt, zu der der jeweilige Vermögensgegenstand gehört, auch Rz. 3.851. 3.857

c) Rückausnahme für Konzernsachverhalte

aa) Voraussetzungen

Rettungsanker. Sollte die Rückausnahme des § 13b Abs. 4 Nr. 1 Satz 2 Buchst. a Alt. 1 ErbStG aufgrund nur mittelbarer Durchsetzung des einheitlichen geschäftlichen Betätigungswillens in der Besitz- und in der Betriebsgesellschaft in Fällen der mittelbaren Betriebsaufspaltung, der klassischen Einheits-Betriebsaufspaltung und der umgekehrten Betriebsaufspaltung nicht eingreifen (dazu Rz. 3.852), kann die Zuordnung des überlassenen Grundbesitzes zum begünstigten Vermögen ggf. über die Konzernausnahme des § 13b Abs. 4 Nr. 1 Satz 2 Buchst. c ErbStG erreicht werden.[6] Erforderlich hierfür ist, dass sowohl der überlassende Betrieb (Besitzunternehmen) als auch der nutzende Betrieb (Betriebsunternehmen) zu einem Konzern i.S.d. § 4h EStG gehören, soweit keine Nutzungsüberlassung an einen weiteren Dritten erfolgt. Diese Rückausnahme ergibt sich aus der Überlegung, dass die Überlassung von 3.858

1 Vgl. auch R E 13b.14 Abs. 1 Satz 9 und Abs. 3 ErbStR 2019. Vgl. auch *Stein/Walter*, ZEV 2023, 423 (425).

2 *Jülicher* in Troll/Gebel/Jülicher/Gottschalk, § 13b ErbStG Rz. 263 (Stand: April 2025).

3 A.A. *Sobisch*, ErbStB 2019, 262 und 266: Auch nur zeitlich stark begrenztes Auseinanderfallen der Steuerentstehungszeitpunkte schädlich.

4 *Juja/Riedel*, ErbStB 2025, 334 (335), mit Verweis auf LfSt Bayern v. 8.12.2022 – S 3102.1.1-19/22 St34, Abschn. 2.7. ff.; R E 13b.29 Abs. 2 ErbStR 2019, R E 13b.30 ErbStR 2019.

5 *Juja/Riedel*, ErbStB 2025, 334 (335), mit Verweis auf BT-Drucks. 18/5923 v. 7.9.2015, 29 (noch zu § 13b Abs. 7 ErbStG-E) und BT-Drucks. 18/8911 v. 22.6.2016, 23 und 44.

6 R E 13b.14 Abs. 1 Satz 6 ErbStR 2019.

Grundstücken im Konzern als solche nicht geeignet ist, diese Wirtschaftsgüter generell als unproduktives Verwaltungsvermögen einzustufen.[1]

3.859 **Konzernbegriff.** Zum Konzernbegriff des § 4h EStG ergeben sich folgende Rechtslagen:

- Nach § 4h Abs. 3 Sätze 5, 6 EStG a.F. war ein Betrieb einem Konzern zuzurechnen, wenn er nach den maßgeblichen Rechnungslegungsstandards im Sinne einer Konsolidierung entweder in den handelsrechtlichen Abschluss eines Konzerns tatsächlich einbezogen wird oder zumindest einbezogen werden konnte (Satz 5, sog. Unterordnungskonzern)[2] oder wenn die Finanz- und Geschäftspolitik zusammen mit anderen Betrieben einheitlich bestimmt werden konnte (Satz 6 a.F., sog. Gleichordnungskonzern).[3] Es reichte aus, wenn nur eine der drei genannten Voraussetzungen gegeben war. Bei Gleichordnungskonzernen i.S.d. § 4h Abs. 3 Satz 6 EStG musste die Leitung durch eine natürliche Person, die die Beteiligung im Privatvermögen hält, oder eine vermögensverwaltende Gesellschaft erfolgen. Eine Leitung durch eine Personengruppe, die keine Gesellschaft darstellt, reichte nicht aus.[4] Entscheidend war die Konzernzugehörigkeit beider Betriebe i.S.d. § 4h EStG im Zeitpunkt der Entstehung der Steuer.[5] Andere Definitionen des Konzerns, etwa nach Vorschriften des Handels- und Gesellschaftsrechts, waren bedeutungslos.[6] Mit dieser (Alt-)Regelung ließen sich viele problematische Praxisfälle – auch in Ansehung der Unmittelbarkeitsanforderung der Finanzverwaltung (s. Rz. 3.852) – sachgerecht lösen.
- Durch das Kreditzweitmarktförderungsgesetz[7] wurde der Konzernbegriff in § 4h Abs. 3 Satz 4 EStG n.F. neu gefasst. Hiernach gehört ein Betrieb nur noch dann zu einem Konzern, wenn er nach dem maßgeblichen Rechnungslegungsstandard mit einem oder mehreren anderen Betrieben konsolidiert wird. Die bisherige Einbeziehung auch solcher Betriebe, die mit einem oder mehreren anderen Betrieben konsolidiert werden könnten, entsprach nicht dem ATAD-Mindeststandard und wurde daher gestrichen. Auch die Einbeziehung eines Betriebs in den maßgeblichen Konzernbegriff bereits dann, wenn seine Finanz- und Geschäftspolitik mit einem oder mehreren anderen Betrieben einheitlich bestimmt werden kann, ent-

1 *Viskorf* in Viskorf/Schuck/Wälzholz[7], § 13b ErbStG Rz. 248.
2 Diese Frage wiederum richtet sich gemäß § 4b Abs. 3 Satz 5, Abs. 2 Satz 1 Buchst. c EStG nach den IFRS, hilfsweise nach HGB oder US-GAAP.
3 Zur früheren Rechtslage vgl. BFH v. 23.2.2021 – II R 26/18, BStBl. II 2022, 72 = DB 2021, 1926; Zum früheren Konzernbegriff auch BMF v. 4.7.2008 – IV C 7-S 2742-a/07/10001, BStBl. 2008 I S. 718, Rz. 59 ff.
4 Zur früheren Rechtslage vgl. BFH v. 23.2.2021 – II R 26/18, BStBl. II 2022, 72 = DB 2021, 1926; Zu weiteren Einzelheiten vgl. BMF v. 4.7.2008 – IV C 7-S 2742-a/07/10001, BStBl. 2008 I S. 718, Rz. 60; *Kepper* in Kapp/Ebeling, § 13b ErbStG Rz. 115.3 (Stand: Juli 2025).
5 Zur früheren Rechtslage vgl. BFH v. 23.2.2021 – II R 26/18, BStBl. II 2022, 72; R E 13b.16 Satz 4 ErbStR 2019; *Kepper* in Kapp/Ebeling, § 13b ErbStG Rz. 115 (Stand: Juli 2025).
6 Zur früheren Rechtslage vgl. *Jülicher* in Troll/Gebel/Jülicher/Gottschalk, § 13b ErbStG Rz. 286 (Stand: Februar 2022); *Wachter*, DB 2021, 2173 (2179).
7 Kreditzweitmarktförderungsgesetz v. 22.12.2023, BGBl. I 2023, Nr. 411.

sprach nicht dem ATAD-Mindeststandard, sodass der bisherige Satz 6 ebenfalls gestrichen wurde.[1] Diese Änderung des § 4h EStG ist gem. § 52 Abs. 8b EStG n.F. erstmals für Wj. anzuwenden, die nach dem 14.12.2023 beginnen und nicht vor dem 1.1.2024 enden.

- Die Auswirkungen dieser aktuellen Änderungen des ertragsteuerlichen Konzernbegriffs des § 4h Abs. 3 EStG auf die erbschaftsteuerliche Konzernausnahme des § 13b Abs. 4 Nr. 1 Satz 2 Buchst. c ErbStG sind noch nicht geklärt.[2] Festgehalten werden kann jedoch, dass ein Festhalten an den Konzern-Vorgaben des § 4h EStG für Zwecke der Bestimmung von Verwaltungsvermögen im Zusammenhang mit konzerninternen Nutzungsüberlassungen i.S.d. § 13b Abs. 4 Nr. 1 Satz 2 Buchst. c ErbStG als nicht sachgerecht erweist, weil die dem Ertragsteuerrecht entnommenen Anforderungen sich im Kontext des § 13b Abs. 4 Nr. 1 S. 2 Buchst. c ErbStG als zu hoch bzw. ungeeignet erweisen. Eine diese Rechtslage beseitigende Neuregelung wurde im Jahres des Gesetzgebungsverfahrens zum JStG 2024 diskutiert, ist aber nicht Gesetz geworden.[3] Insbesondere vor dem Hintergrund von Sinn und Zweck der Norm ist daher eine erbschaftsteuer- und schenkungsteuerautonome Auslegung des Konzernbegriffs zu befürworten, deren Konturen die Finanzgerichte bzw. der letztlich der BFH herauszubilden haben.[4] Zu einem Lösungsansatz auf vorgelagerter Stufe zur Perspektive der Verwaltungsvermögenszuordnung aus der Sicht derjenigen betrieblichen Einheit, zu der der jeweilige Vermögensgegenstand gehört, vgl. Rz. 3.851.

Anforderungen an das Besitzunternehmen. Ungeachtet der Neuregelungen des 3.860
§ 4h Abs. 3 EStG (s. Rz. 3.859), gilt: Ergibt sich die Gewerblichkeit eines Besitzunternehmens nur aufgrund einer personellen und sachlichen Verflechtung mit dem Betriebsunternehmen (Betriebsaufspaltung), soll nach Ansicht der Finanzverwaltung kein Konzern i.S.d. § 4h EStG gegeben sein.[5]

Konkurrenzverhältnis. Die Konzernklausel ist in ihrem Anwendungsbereich weiter 3.861
als die Rückausnahme für Betriebsaufspaltungen in § 13b Abs. 4 Satz 2 Buchst. a ErbStG und verdrängt diese insoweit.[6] So ist hier keine Beherrschung der vermietenden Gesellschaft durch den Erblasser bzw. Schenker erforderlich.[7] Auch muss der

1 Zur Ansicht der FinVerw. vgl. BMF v. 24.03.2025 – IV C 2 - S 2742-a/00028/012/001, BStBl. I 2025, 683, Rz. 78 ff.

2 Zu ersten Überlegungen *Juja/Riedel*, ErbStB 2025, 334 ff.; *Sediqi*, DStR 2024, 577 ff.; *Juja*, ErbStB 2024, 102 ff.

3 Bundesrats-Drucks. 369/1/24 v. 17.9.2024, 124 f.

4 Nach h.M. handelt sich offensichtlich um eine planwidrige Regelungslücke, da die erbschaftsteuerlichen Fernwirkungen bei Überarbeitung des § 4h EStG in keiner Weise mitbedacht wurden. § 13b Abs. 4 Nr. 1 Satz 2 Buchst. c ErbStG soll daher im Sinne des bisherigen Begriffsverständnisses statisch auszulegen sein, vgl. *Kepper* in Kapp/Ebeling, § 13b ErbStG Rz. 115 (Stand: Juli 2025); *Korezkij*, DStR 2025, 370, 374 f.; *Sediqi*, DStR 2024, 577 ff.; *Curdt/Kepper*, ZEV 2024, 88, 90.

5 BMF v. 4.7.2008 – IV C 7-S 2742-a/07/10001, BStBl. I 2008, 718, Rz. 63.

6 *Kepper* in Kapp/Ebeling, § 13b ErbStG Rz. 115.6 (Stand: Juli 2025); *Jülicher* in Troll/Gebel/Jülicher/Gottschalk, § 13b ErbStG Rz. 287 (Stand: April 2025);

7 *Kepper* in Kapp/Ebeling, § 13b ErbStG Rz. 116 (Stand: Juli 2025).

Erblasser bzw. Schenker nach dem Gesetzeswortlaut nicht einmal an der nutzenden Gesellschaft beteiligt sein. Darüber hinaus wird nicht vorausgesetzt, dass die Stellung des Erblassers oder Schenkers auf den Erwerber übergeht.[1]

bb) Nutzungsüberlassung im Konzern

3.862 **Richtung der Nutzungsüberlassung.** Da der Gesetzeswortlaut lediglich die Nutzungsüberlassung zwischen Unternehmen eines Konzerns fordert, ist ohne Bedeutung, ob die überlassende Konzerngesellschaft Ober- oder Untergesellschaft ist.[2] Eine begünstigte Grundbesitzüberlassung i.S.d. § 13b Abs. 4 Nr. 1 Satz 2 Buchst. c ErbStG ist damit auch gegeben, wenn die Tochtergesellschaft ihrer Muttergesellschaft den Grundbesitz überlässt.[3]

3.863 **Keine Nutzungsüberlassung an einen Dritten.** Auch in § 13b Abs. 4 Nr. 1 Satz 2 Buchst. c ErbStG ist bestimmt, dass bei weiterer Nutzungsüberlassung an einen nicht konzernangehörigen Dritten die Rückausnahme nicht zur Anwendung kommt. Der überlassene Grundbesitz ist dann also Verwaltungsvermögen i.S.d. § 13b Abs. 4 Nr. 1 Satz 1 ErbStG.[4] Innerhalb des Konzerns darf der Grundbesitz jedoch (ggf. auch mehrfach) untervermietet werden, solange alle zwischengeschalteten und auch der letzte Untermieter zum Konzern gehören. Unschädlich dürfte es auch sein, wenn der letzte Untermieter zwar nicht zum Konzern gehört, auf seine Nutzungsüberlassung aber eine andere Rückausnahme des § 13b Abs. 4 Nr. 1 Satz 2 ErbStG anwendbar ist.[5]

d) Rückausnahme für Wohnungsunternehmen

3.864 **Betreuung der Wohnungsvermietungen.** Gemäß § 13b Abs. 4 Nr. 1 Satz 2 Buchst. d ErbStG gehört Grundbesitz nicht zum Verwaltungsvermögen, wenn die überlassenen Grundstücke, Grundstücksteile, grundstücksgleichen Rechte und Bauten zu einem (Einzel-)Betriebsvermögen, zum Betriebsvermögen einer Personengesellschaft (§ 97 Abs. 1a Nr. 1 BewG) oder zum Vermögen einer Kapitalgesellschaft gehören und der Hauptzweck des Betriebs in der Vermietung von Wohnungen im Sinne des § 181 Abs. 9 BewG besteht, dessen Erfüllung einen wirtschaftlichen Geschäftsbetrieb (§ 14 AO) erfordert.[6] Der wirtschaftliche Geschäftsbetrieb muss dabei nicht vom Unternehmen selbst, sondern kann bei einer Betriebsaufspaltung durch das Betriebsunternehmen geführt werden, alternativ auch durch eine Beteiligungsgesellschaft oder sogar ein exter-

1 Ggfs. a.A. Hessisches FG v. 25.4.2018 – 9 K 1857/15, EFG 2018, 2047 (in der Revisionsentscheidung des BFH v. 23.2.2021 – II R 26/18, BStBl. II 2022, 72, aber nicht angesprochen).
2 BFH v. 23.2.2021 – II R 26/18, BStBl. II 2022, 72 = DB 2021, 1926.
3 *Kepper* in Kapp/Ebeling, § 13b ErbStG Rz. 115.1 (Stand: Juli 2025).
4 R E 13b.16 Satz 2 ErbStR 2019.
5 *Stalleiken* in von Oertzen/Loose/Stalleiken[4], § 13b ErbStG Rz. 122.
6 Zum Stand der diesbezüglichen Diskussion vgl. BFH v. 24.10.2017 – II R 44/15, BStBl. II 2018, 358; FG Münster v.10.10.2024 – 3 K 751/22 F, EFG 2025, 483 (Rev. BFH II R 39/24); zur Definition der Finanzverwaltung vgl. RE 13b.17 Abs. 3 ErbStR 2019.

nes Dienstleistungsunternehmen.[1] Nach dieser Maßgabe kann dann z.B. auch ein Vermietungsbetrieb, der für eine Besitzgesellschaft die Betreuung der Wohnungsvermietungen übernimmt, ertragsteuerlich die Grenze der Betriebsaufspaltung überschreiten.[2]

e) Formen erbschaftsteuerlich begünstigter Grundbesitzüberlassung

aa) Überlassung an ein Einzelunternehmen

Grundbesitz kein Verwaltungsvermögen. Wenngleich bei einer Grundstücksüberlassung durch eine Kapital- oder Personengesellschaft an ein Einzelunternehmen ertragsteuerlich keine Betriebsaufspaltung gegeben ist (s. Rz. 3.78), kann in diesen Fällen eine erbschaftsteuerliche Betriebsaufspaltung i.S.d. § 13b Abs. 4 Nr. 1 Satz 2 Buchst. a Alt. 1 ErbStG bestehen (s. Rz. 3.840). Der überlassene Grundbesitz ist dann als begünstigtes Betriebsvermögen zu behandeln.[3] 3.865

bb) Klassische Betriebsaufspaltung

Grundbesitz kein Verwaltungsvermögen. Im Fall der klassischen Betriebsaufspaltung zwischen einem Einzelunternehmer, einer Personengesellschaft oder Rechtsgemeinschaft als Besitz- und einer Kapitalgesellschaft als Betriebsunternehmen erfüllt der überlassene Grundbesitz die Rückausnahmevoraussetzungen des § 13b Abs. 4 Nr. 1 Satz 2 Buchst. a Alt. 1 ErbStG (erbschaftsteuerliche Betriebsaufspaltung) und ist damit als begünstigtes Betriebsvermögen zu behandeln.[4] 3.866

cc) Betriebsaufspaltung bei mittelbarer Beherrschung

Offen bei nur mittelbarer Beherrschung der Besitzgesellschaft. Hält der Erblasser/Schenker das Grundstück nicht unmittelbar, sondern über eine von ihm beherrschte GmbH, die den Grundbesitz an eine unmittelbar vom Erblasser/Schenker beherrschte weitere GmbH überlässt, ist die Beurteilung offen. Grundsätzlich dürfte kein Verwaltungsvermögen gegeben sein, da der Erblasser/Schenker in beiden GmbHs einen einheitlichen geschäftlichen Betätigungswillen durchsetzen kann.[5] Nach Auffassung 3.867

1 R E 13b.17 Abs. 4 Sätze 1, 2 ErbStR 2019.

2 So *Roser*, Centrale für GmbH – Mitglieder Rundbrief (CMR) 8/2025, 5, 9.

3 Bayerisches Landesamt für Steuern v. 8.12.2022 – S 3102.1.1-19/22 St34, Rz. 2.3.1.2 (sog. bundeseinheitlich abgestimmter Leitfaden für Feststellungen nach § 151 Abs. 1 Satz 1 Nr. 2 bis 4 BewG sowie nach § 13a Abs. 4, § 13a Abs. 9a und § 13b Abs. 10 ErbStG (Leit-Fest); *Stenert* in Micker/Pohl/Potthoff-Kowol, Festschrift 75 Jahre Hochschule für Finanzen NRW, 2025, 641 (646).

4 So auch Bayerisches Landesamt für Steuern v. 8.12.2022 – S 3102.1.1-19/22 St34, Rz. 2.3.1.2 bundeseinheitlich abgestimmter Leitfaden für Feststellungen nach § 151 Abs. 1 Satz 1 Nr. 2 bis 4 BewG sowie nach § 13a Abs. 4, § 13a Abs. 9a und § 13b Abs. 10 ErbStG (Leit-Fest); R E 13b.14 Abs. 1 Satz 6 ErbStR 2019. Vgl. auch *Juja/Riedel*, ErbStB 2025, 334, 336; *Stenert* in Micker/Pohl/Potthoff-Kowol, Festschrift 75 Jahre Hochschule für Finanzen NRW, 2025, 641 (648 f.).

5 *Juja/Riedel*, ErbStB 2025, 334 (337); *Stalleiken* in v. Oertzen/Loose/Stalleiken, ErbStG[3], § 13b Rz. 115.

der Finanzverwaltung bildet das Grundstück jedoch sonstiges Verwaltungsvermögen, weil es an der Unmittelbarkeit der Durchsetzung des geschäftlichen Betätigungswillens im Hinblick auf das Mietverhältnis fehlt.[1] Ob die Voraussetzungen der Konzernausnahme nach § 13b Abs. 4 Satz 2 Buchst. c ErbStG vor dem Hintergrund des durch das Kreditzweitmarktförderungsgesetz[2] neu gefassten § 4h EStG (s. Rz. 3.859) gegeben sind, ist unklar.[3]

3.868 **Offen bei nur mittelbarer Beherrschung von Besitz- und Betriebsgesellschaft.** Hält der Erblasser/Schenker das Grundstück über eine mittelbar von ihm beherrschte Holding-GmbH, die den Grundbesitz an eine über diese Holding-GmbH beherrschte weitere GmbH überlässt, ist die Beurteilung ebenfalls offen.[4] Hierzu gelten die o.g. Ausführungen entsprechend (Rz. 3.867). Zur möglichen Perspektive derjenigen betrieblichen Einheit, zu der der jeweilige Vermögensgegenstand gehört, auch Rz. 3.851.

3.869 **Offen bei nur mittelbarer Beherrschung von Besitz- und Betriebsgesellschaft.** Ungeklärt ist auch der Fall, dass der Erblasser/Schenker das Grundstück mittelbar über von ihm beherrschte Holding-GmbH und eine von dieser beherrschte Grundbesitz-GmbH hält, die den Grundbesitz an eine über diese Holding-GmbH beherrschte weitere GmbH überlässt.[5] Auch hierzu gelten die o.g. Ausführungen entsprechend (Rz. 3.867). Zur möglichen Perspektive derjenigen betrieblichen Einheit, zu der der jeweilige Vermögensgegenstand gehört, auch Rz. 3.851.

3.870 **Offen bei nur mittelbarer Beherrschung mit Personengesellschaft.** Für den Fall, dass in den o.g. Fällen das Grundstück nicht von einer zwischengeschalteten GmbH, sondern von einer Personengesellschaft gehalten bzw. eine solche als Holding fungiert, dürfen sich dieselben (unklaren) Rechtsfragen ergeben.[6]

dd) Einheits-Betriebsaufspaltung

3.871 **Grundbesitz kein Verwaltungsvermögen.** Bei einer klassischen Einheits-Betriebsaufspaltung zwischen einer Personengesellschaft oder Gesamthands-Rechtsgemeinschaft als Besitz- und einer Tochter-Kapitalgesellschaft als Betriebsunternehmen erfüllt der überlassene Grundbesitz nach Ansicht der Finanzverwaltung wegen fehlender unmittelbarer Durchsetzung des einheitlichen geschäftlichen Betätigungswillens in der Betriebsgesellschaft (hierzu Rz. 3.852) nicht die Rückausnahmevoraussetzungen des § 13b Abs. 4 Satz 2 Buchst. a Alt. 1 ErbStG zur erbschaftsteuerlichen Be-

---

1 R E 13b.14 Abs. 1 Satz 7 ErbStR 2019. Zustimmend *Kepper* in Kapp/Ebeling, ErbStG, § 13b Rz. 97 (Stand: Juli 2025).
2 Kreditzweitmarktförderungsgesetz v. 22.12.2023, BGBl. I 2023, Nr. 411.
3 *Juja/Riedel*, ErbStB 2025, 334 (337).
4 *Juja/Riedel*, ErbStB 2025, 334 (337).
5 *Juja/Riedel*, ErbStB 2025, 334 (338).
6 *Juja/Riedel*, ErbStB 2025, 334 (338); *Jülicher* in Troll/Gebel/Jülicher/Gottschalk, ErbStG, § 13b Rz. 265 (Stand: April 2025) unter Hinweis auf R E 13b.14 Abs. 1 Satz 6 ErbStR 2019.

triebsaufspaltung.[1] Im Fall der Einheitsbetriebsaufspaltung liegen aber grundsätzlich die Voraussetzungen eines steuerlichen Konzerns i.S.d des § 4h Abs. 3 Satz 6 EStG a.F. (s. Rz. 3.859) vor, wenn das Besitzunternehmen einen Betrieb i.S.d. Norm unterhält und dieser seine Finanz- und Geschäftspolitik mit einem anderen Betrieb, nämlich mit der Tochter-Kapitalgesellschaft, koordiniert. Ob die Finanzverwaltung in diesem Fall die Besitzgesellschaft oder Besitzgemeinschaft als taugliches Konzernunternehmen i.S.d. § 13b Abs. 4 Satz 2 Buchst. c ErbStG anerkennt, ist aber unklar, wenn sich deren Gewerblichkeit nur aufgrund einer personellen und sachlichen Verflechtung mit dem Betriebsunternehmen ergibt.[2] Ungeachtet dessen erscheint es sachgerecht, den im Rahmen der Einheits-Betriebsaufspaltung überlassenen Grundbesitz als begünstigtes Vermögen zu qualifizieren.[3] Ob und inwieweit sich durch diese Beurteilung aufgrund der Neufassung des Konzernbegriffs in § 4h Abs. 3 Satz 4 EStG n.F. durch das Kreditzweitmarktförderungsgesetz[4] (s. Rz. 3.859) etwas ändert, ist noch nicht geklärt.[5]

ee) Mitunternehmerische Betriebsaufspaltung

Grundbesitz ist kein Verwaltungsvermögen. Ist eine mitunternehmerische Be- 3.872
triebsaufspaltung zwischen einer Personengesellschaft oder Rechtsgemeinschaft als Besitz- und einer gewerblichen Personengesellschaft als Betriebsunternehmen gegeben, sind die Rückausnahmevoraussetzungen des § 13b Abs. 4 Nr. 1 Satz 2 Buchst. a Alt. 1 ErbStG zur erbschaftsteuerlichen Betriebsaufspaltung erfüllt, so dass der überlassene Grundbesitz als begünstigtes Betriebsvermögen zu behandeln ist.[6]

Grundbesitz kein Verwaltungsvermögen. Im Sonderfall der mittelbaren mitunter- 3.873
nehmerischen Betriebsaufspaltung zu einer Betriebs-Personengesellschaft über eine zwischengeschaltete Kapitalgesellschaft oder Optionsgesellschaft i.S.d. § 1a KStG[7]

1 Bayerisches Landesamt für Steuern v. 8.12.2022 – S 3102.1.1-19/22 St34, Rz. 2.3.1.2 bundeseinheitlich abgestimmter Leitfaden für Feststellungen nach § 151 Abs. 1 Satz 1 Nr. 2 bis 4 BewG sowie nach § 13a Abs. 4, § 13a Abs. 9a und § 13b Abs. 10 ErbStG (Leit-Fest); R E 13b.14 Abs. 1 Satz 6 ErbStR 2019. A.A. zur Sichtweise der FinVerw. *Stenert* in Micker/Pohl/Potthoff-Kowol, Festschrift 75 Jahre Hochschule für Finanzen NRW, 2025, 641 (652 f.).

2 BMF v. 4.7.2008 – IV C 7 - S 2742-a/07/10001, BStBl. I 2008, 718, Rz. 63. Hierzu auch *Korezkij/Stalleiken* WPg 2020, 408 (409).

3 *Kepper* in Kapp/Ebeling, § 13b ErbStG Rz. 115, 115.2 (Stand: Juli 2025).

4 Kreditzweitmarktförderungsgesetz v. 22.12.2023, BGBl. I 2023, Nr. 411.

5 Zu ersten Überlegungen *Sediqi*, DStR 2024, 577 ff.; *Juja*, ErbStB 2024, 102 ff.

6 FG Münster v. 11.10.2018 – 3 K 533/17 F, EFG 2019, 195 (in der Revisionsentscheidung des BFH v. 16.3.2021 – II R 3/19, BStBl. II 2022, 706, aber nicht mehr angesprochen); Bayerisches Landesamt für Steuern v. 8.12.2022 – S 3102.1.1-19/22 St34, Rz. 2.3.1.2 bundeseinheitlich abgestimmter Leitfaden für Feststellungen nach § 151 Abs. 1 Satz 1 Nr. 2 bis 4 BewG sowie nach § 13a Abs. 4, § 13a Abs. 9a und § 13b Abs. 10 ErbStG (Leit-Fest). Vgl. hierzu auch *Kepper* in Kapp/Ebeling, § 13b ErbStG Rz. 104 (Stand: Juli 2025); *Korezkij* in BeckOK ErbStG, *Erkis/Thonemann-Micker*, § 13b Rz. 133 (Stand: April 2025); *Stenert* in Micker/Pohl/Potthoff-Kowol, Festschrift 75 Jahre Hochschule für Finanzen NRW, 2025, 641 (649); *Geck*, kösdi 2020, 21612 (21617, 21624).

7 Zu diesem bislang wenig diskutierten Fall vgl. auch *Wacker* in Schmidt[44], § 15 EStG Rz. 835 (Bsp. 2) und Rz. 859 (zu 2 b).

rechnen deren Anteile regelmäßig zum notwendigen (Sonder-)Betriebsvermögen des Besitzunternehmens. Sollte die Rückausnahme des § 13b Abs. 4 Nr. 1 Satz 2 Buchst. a Alt. 1 ErbStG zur erbschaftsteuerlichen Betriebsaufspaltung an der nur mittelbaren Beherrschung der Betriebs-Personengesellschaft scheitern, dürfte bei Zugehörigkeit der Anteile an der Zwischengesellschaft zum Betriebs- bzw. Gesellschaftsvermögen des Besitzunternehmens die Rückausnahme des § 13b Abs. 4 Nr. 1 Satz 2 Buchst. c ErbStG für Konzernunternehmen greifen. Bei Zugehörigkeit der Anteile zum Sonderbetriebsvermögen bei der Besitz-Personengesellschaft oder Besitz-Gemeinschaft sollte sachgerechter Weise nichts Anderes gelten.

ff) Umgekehrte Betriebsaufspaltung

3.874 **Grundbesitz kein Verwaltungsvermögen.** Im Fall der umgekehrten Betriebsaufspaltung mit Nutzungsüberlassung von einer Besitz-Kapitalgesellschaft an eine diese beherrschende Betriebs-Personengesellschaft soll aufgrund erbschaftsteuerlicher Betriebsaufspaltung i.S.d. § 13b Abs. 4 Nr. 1 Satz 2 Buchst. a Alt. 1 ErbStG kein Verwaltungsvermögen gegeben sein.[1] Das kann (auch) damit begründet werden, dass für die Frage der Durchsetzbarkeit des einheitlichen geschäftlichen Betätigungswillens nicht auf den Erblasser/Schenker, sondern auf die eigentliche Holding-Kapitalgesellschaft (als Besitzunternehmen bzw. nächsthöhere Stufe) abgestellt wird (dazu Rz. 3.851).[2] Ist die Betriebs-Personengesellschaft alleiniger oder zumindest mehrheitlich beteiligter Gesellschafter der Besitz-Kapitalgesellschaft, sind ebenfalls die Voraussetzungen eines steuerlichen Konzerns i.S.d. § 4h Abs. 3 Satz 6 EStG a.F. (s. Rz. 3.859) gegeben. Ob und inwieweit sich durch diese Beurteilung aufgrund der Neufassung des Konzernbegriffs in § 4h Abs. 3 Satz 4 EStG n.F. durch das Kreditzweitmarktförderungsgesetz[3] (s. Rz. 3.859) etwas ändert, kann aktuell nicht abgesehen werden.[4]

gg) Kapitalistische Betriebsaufspaltung

3.875 **Grundbesitz kein Verwaltungsvermögen.** Bei einer kapitalistischen Betriebsaufspaltung zwischen einer Kapitalgesellschaft als Besitz- und einer Tochter-Kapitalgesellschaft als Betriebsunternehmen erfüllt der überlassene Grundbesitz nach Ansicht der Finanzverwaltung nicht die Rückausnahmevoraussetzungen des § 13b Abs. 4 Nr. 1 Satz 2 Buchst. a Alt. 1 ErbStG zur erbschaftsteuerlichen Betriebsaufspaltung (hierzu

---

1 Bayerisches Landesamt für Steuern v. 8.12.2022 – S 3102.1.1-19/22 St34, Rz. 2.3.1.2 bundeseinheitlich abgestimmter Leitfaden für Feststellungen nach § 151 Abs. 1 Satz 1 Nr. 2 bis 4 BewG sowie nach § 13a Abs. 4, § 13a Abs. 9a und § 13b Abs. 10 ErbStG (Leit-Fest); R E 13b.14 Abs. 1 Satz 8 ErbStR 2019. Hierzu auch *Söffing* in Söffing/Micker, Betriebsaufspaltung[10], Rz. 1783; *Juja/Riedel*, ErbStB 2025, 334 (338); *Korezkij* in BeckOK ErbStG, *Erkis/Thonemann-Micker*, § 13b Rz. 133 (Stand: April 2025); *Stenert* in Micker/Pohl/Potthoff-Kowol, Festschrift 75 Jahre Hochschule für Finanzen NRW, 2025, 641 (651, 652).

2 *Juja/Riedel*, ErbStB 2025, 334 (338).

3 Kreditzweitmarktförderungsgesetz v. 22.12.2023, BGBl. I 2023, Nr. 411.

4 Zu ersten Überlegungen *Sediqi*, DStR 2024, 577 ff.; *Juja*, ErbStB 2024, 102 ff.

Rz. 3.852).[1] Es dürfte aber die Konzernausnahme nach § 13b Abs. 4 Nr. 1 Satz 2 Buchst. c ErbStG greifen, so dass der überlassene Grundbesitz hierüber als begünstigtes Verwaltungsvermögen behandelt werden kann.[2] Ob und inwieweit sich durch diese Beurteilung aufgrund der Neufassung des Konzernbegriffs in § 4h Abs. 3 Satz 4 EStG n.F. durch das Kreditzweitmarktförderungsgesetz[3] (s. Rz. 3.859) etwas ändert, ist noch nicht geklärt.[4]

hh) Betriebsaufspaltung unter Schwester-Kapitalgesellschaften

Grundbesitz kein Verwaltungsvermögen. Überlässt eine Kapitalgesellschaft einer Schwester-Kapitalgesellschaft eine wesentliche Betriebsgrundlage, ist ertragsteuerlich keine Betriebsaufspaltung gegeben. Diese ertragsteuerlichen Grundsätze gelten jedoch nicht für die erbschaftsteuerliche Betriebsaufspaltung, da der hier geforderte einheitliche geschäftliche Betätigungswille auch bei Schwester-Kapitalgesellschaften gegeben ist.[5] Erbschaftsteuerlich greift damit die Rückausnahmeregelung des § 13b Abs. 4 Nr. 1 Satz 2 Buchst. a Alt. 1 ErbStG, so dass der überlassene Grundbesitz begünstigtes Betriebsvermögen darstellt.[6] Bei Beherrschung beider Kapitalgesellschaften durch eine natürliche Person ist auch die Konzernausnahme des § 13b Abs. 4 Nr. 1 Satz 2 Buchst. c ErbStG erfüllt.[7] Ob und inwieweit sich durch diese Beurteilung aufgrund der Neufassung des Konzernbegriffs in § 4h Abs. 3 Satz 4 EStG n.F. durch das Kreditzweitmarktförderungsgesetz[8] (s. Rz. 3.859) etwas ändert, kann aktuell nicht abgesehen werden.[9] 3.876

---

1 Bayerisches Landesamt für Steuern v. 8.12.2022 – S 3102.1.1-19/22 St34, Rz. 2.3.1.2 bundeseinheitlich abgestimmter Leitfaden für Feststellungen nach § 151 Abs. 1 Satz 1 Nr. 2 bis 4 BewG sowie nach § 13a Abs. 4, § 13a Abs. 9a und § 13b Abs. 10 ErbStG (Leit-Fest); R E 13b.14 Abs. 1 Satz 7 ErbStR 2019. So auch *Korezkij* in BeckOK ErbStG, *Erkis/Thonemann-Micker*, § 13b Rz. 133 (Stand: April 2025); *Stalleiken*, in von Oertzen/Loose/Stalleiken[4], § 13b ErbStG Rz. 115a. A.A. *Stenert* in Micker/Pohl/Potthoff-Kowol, Festschrift 75 Jahre Hochschule für Finanzen NRW, 2025, 641 (653 f.).

2 *Stein/Walter*, ZEV 2023, 423 (425).

3 Kreditzweitmarktförderungsgesetz v. 22.12.2023, BGBl. I 2023, Nr. 411.

4 Zu ersten Überlegungen *Juja/Riedel*, ErbStB 2025, 334 (335); *Sediqi*, DStR 2024, 577 ff.; *Juja*, ErbStB 2024, 102 ff.

5 *Stenert* in Micker/Pohl/Potthoff-Kowol, Festschrift 75 Jahre Hochschule für Finanzen NRW, 2025, 641 (649); *Kramer*, DStR 2011, 1113 (1116). A.A. *Stoklassa/Hassa*, ErbStB 2022, 237 (242).

6 *Söffing* in Söffing/Micker, Betriebsaufspaltung[10], Rz. 1756; *Kepper* in Kapp/Ebeling, § 13b ErbStG Rz. 101 (Stand: Juli 2025); *Korezkij* in BeckOK ErbStG, *Erkis/Thonemann-Micker*, § 13b Rz. 133 (Stand: April 2025); *Stenert* in Micker/Pohl/Potthoff-Kowol, Festschrift 75 Jahre Hochschule für Finanzen NRW, 2025, 641, (649 f.); *Altendorf*, GmbH-StB 2021, 19 (21); *Geck*, kösdi 2020, 21612 (21617). A.A. *Stoklassa/Hassa*, ErbStB 2022, 237 (242): keine begünstigte Betriebsaufspaltung. Nicht eindeutig Bayerisches Landesamt für Steuern v. 8.12.2022 – S 3102.1.1-19/22 St34, Rz. 2.3.1.2 bundeseinheitlich abgestimmter Leitfaden für Feststellungen nach § 151 Abs. 1 Satz 1 Nr. 2 bis 4 BewG sowie nach § 13a Abs. 4, § 13a Abs. 9a und § 13b Abs. 10 ErbStG (Leit-Fest); R E 13b.14 Abs. 1 ErbStR 2019.

7 *Stalleiken* in von Oertzen/Loose/Stalleiken[4], § 13b ErbStG Rz. 121a.

8 Kreditzweitmarktförderungsgesetz v. 22.12.2023, BGBl. I 2023, Nr. 411.

9 Zu ersten Überlegungen *Sediqi*, DStR 2024, 577 ff.; *Juja*, ErbStB 2024, 102 ff.

f) Prüfung im gesonderten Feststellungsverfahren i.S.d. § 13b Abs. 10 ErbStG

3.877 **Werte des Verwaltungsvermögens.** Gem. § 13b Abs. 10 ErbStG hat das Feststellungs-FA i.S.d. § 152 Nr. 1 bis 3 BewG u.a. die Summe der gemeinen Werte des Verwaltungsvermögens gesondert festzustellen, wenn und soweit diese Werte für die Erbschaftsteuer oder eine andere Feststellung i.S.d. § 13b Abs. 10 ErbStG von Bedeutung sind.[1] Verfahrensrechtlich gelten damit die Regelungen der §§ 179 ff. AO. Mit dem Einbezug von Grundbesitzwerten in die Feststellung des § 13b Abs. 10 ErbStG für das Verwaltungsvermögen des Besitzunternehmens einer Betriebsaufspaltung ist damit eine vorgelagerte Feststellung des Nichtvorliegens der erbschaftsteuerlichen Betriebsaufspaltungsvoraussetzungen des § 13b Abs. 4 Nr. 1 Satz 2 Buchst. a ErbStG bzw. der Konzernkriterien des § 13b Abs. 4 Nr. 1 Satz 2 Buchst. c ErbStG verbunden.

g) Bewertung des Grundbesitzes

3.878 **Begünstigtes Betriebsvermögen.** Rechnet der der Betriebsgesellschaft überlassene Grundbesitz beim Besitzunternehmen gemäß der Rückausnahme des § 13b Abs. 4 Nr. 1 Satz 2 Buchst. a Alt. 1 ErbStG zum begünstigten Betriebsvermögen i.S.d. § 13b Abs. 2 Satz 1 ErbStG, erfolgt keine gesonderte Bewertung des Grundbesitzes nach §§ 157 ff. BewG. Der Wert des Grundbesitzes ist dann im Rahmen der Anteilsbewertung nach § 11 BewG (ggf. i.V.m. § 109 Abs. 1 Satz 2 BewG) z.B. im vereinfachten Ertragswertverfahren gem. §§ 199 ff. BewG enthalten. Etwas anderes gilt nur, wenn der Substanzwert als Mindestwert zu kontrollieren ist (§ 11 Abs. 2 Satz 3 BewG BewG).

3.879 **Verwaltungsvermögen.** Rechnet der überlassene Grundbesitz beim Besitzunternehmen zum Verwaltungsvermögen i.S.d. § 13b Abs. 4 Nr. 1 Satz 1 ErbStG, ist eine gesonderte Bewertung nach §§ 157 ff. BewG erforderlich. Der Grundstückswert wird dann auch für die Ermittlung der Verwaltungsvermögensquote nach § 13b Abs. 2 Satz 2 ErbStG benötigt.

2. Überlassenes sonstiges Vermögen

3.880 **Begünstigtes Vermögen.** Handelt es sich bei der vom Besitzunternehmen überlassenen wesentlichen Betriebsgrundlage um anderes Vermögen als Grundbesitz (z.B. ein bewegliches oder immaterielles Wirtschaftsgut), ist insoweit begünstigtes Vermögen des Besitzunternehmens gegeben.[2]

3. Anteile an der Betriebs-Kapitalgesellschaft

a) Anteile als begünstigtes Vermögen

3.881 **Beteiligung von mehr als 25 % oder Poolung.** Rechnen zum Betriebsvermögen des Besitzunternehmens auch die Anteile an der Betriebs-Kapitalgesellschaft, so wie es bei der klassischen und umgekehrten Betriebsaufspaltung der Fall ist, stellen diese gem. § 13b Abs. 1 Nr. 3 ErbStG bei Erfüllung der Mindestbeteiligungsquote (mehr

1 Hierzu auch R E 13b.30 Abs. 3 ErbStR 2019.

2 *Söffing* in Söffing/Micker, Betriebsaufspaltung[10], Rz. 1760.

als 25 %) oder Einbezug einer Beteiligung von nicht mehr als 25 % in eine Poolvereinbarung begünstigtes Anteilsvermögen dar.[1]

Verbundvermögensaufstellung. Gem. § 13b Abs. 9 Sätze 1, 2 ErbStG sind solche Beteiligungen an Personen- oder Kapitalgesellschaften in die Verbundvermögensaufstellung einzubeziehen, die unmittelbar oder mittelbar zum begünstigungsfähigen Vermögen i.S.d. § 13b Abs. 1 Nr. 2 und 3 ErbStG gehören. Die Zugehörigkeit zum Betriebsvermögen kann sich dabei durch gemeinschaftliches (Gesellschafts-)Vermögen ergeben, aber auch durch ertragsteuerliches Sonderbetriebsvermögen.[2] Damit sind die zum (Sonder-)Betriebsvermögen des Besitzunternehmens rechnenden Anteile an der Betriebs-Kapitalgesellschaft in der für das Besitz-Einzelunternehmen oder die Besitz-Personengesellschaft/-gemeinschaft zu erstellenden Verbundvermögensaufstellung zu erfassen.[3] Damit gilt in diesen Fällen auch § 13b Abs. 9 Satz 3 ErbStG. Soweit sich hiernach in der Verbundvermögensaufstellung Forderungen und Verbindlichkeiten zwischen den Gesellschaften untereinander oder im Verhältnis zu dem übertragenen Betrieb oder der übertragenen Gesellschaft gegenüberstehen, sind diese nicht anzusetzen. 3.882

b) Anteile als Verwaltungsvermögen

Beteiligung nicht mehr als 25 % und keine Poolung. Die zum Betriebsvermögen des Besitzunternehmens rechnenden Anteile an der Betriebs-Kapitalgesellschaft sind hingegen nicht begünstigtes Verwaltungsvermögen i.S.d. § 13b Abs. 4 Nr. 2 ErbStG, sofern es sich bei diesen um nicht begünstigungsfähige Anteile i.S.d. § 13b Abs. 1 Nr. 3 ErbStG handelt (Beteiligung nicht mehr als 25 % und keine Poolung).[4] 3.883

4. Übriges Betriebsvermögen

Allgemeine Grundsätze. Die Einordnung des sonstigen Vermögens des Besitzunternehmens als begünstigtes Betriebsvermögen oder nicht begünstigtes Verwaltungsvermögen ist nach allgemeinen Grundsätzen vorzunehmen. 3.884

Grundbesitz. Sollte zum Betriebsvermögen des Besitzunternehmens neben dem überlassenen Grundbesitz weiteres selbst genutztes oder auch ungenutztes[5] Grundvermögen rechnen, ist dieses nach den allgemeinen Grundsätzen als begünstigtes Vermögen einzuordnen. 3.885

1 Vgl. auch R E 13b.20 Abs. 1 Satz 2, Abs. 2 Satz 3 ErbStR 2019.

2 *Mertes/Frank*, DStR 2020, 2111 (2113). Offen R E 13b.29 ErbStR 2019.

3 *Mertes/Frank*, DStR 2020, 2111 (2113 f.). Inzident auch FG Münster v. 25.2.2025 – 3 K 99/23 F, EFG 2025, 711 (Rev. BFH II R 21/25).

4 Vgl. auch R E 13 b.20 Abs. 1 Satz 1, Abs. 2 Satz 1 ErbStR 2019. A.A. *Söffing* in Söffing/Micker, Betriebsaufspaltung[10], Rz. 1749, 1751, 1781 zur klassischen Betriebsaufspaltung, Rz. 1755, 1785 zur umgekehrten Betriebsaufspaltung.

5 Zur Begünstigung ungenutzten Grundbesitzes (leerstehende Gebäude oder Brachland) vgl. FG Köln v. 10.6.2021 – 7 K 2718/20, EFG 2021, 1831, Rz. 50 (Rev. BFH II R 27/21); *Jülicher* in Troll/Gebel/Jülicher/Gottschalk, § 13b ErbStG Rz. 259 (Stand: April 2025); *Korezkij* in BeckOK ErbStG, *Erkis/Thonemann-Micker*, § 13b Rz. 121 und Rz. 122 sechster Spiegelstrich (Stand: April 2025); *Hannes/Holtz* in Meincke/Hannes/Holtz[19], § 13b ErbStG Rz. 50.

III. Begünstigtes Betriebsvermögen des Betriebsunternehmens

3.886 **Allgemeine Grundsätze.** Das begünstigte Betriebsvermögen der Betriebs-Personengesellschaft oder einer Betriebs-Kapitalgesellschaft ist nach allgemeinen Grundsätzen des § 13b Abs. 2 Satz 1 ErbStG zu bestimmen.

3.887 **Einbezug in die Verbundvermögensaufstellung des Besitzunternehmens.** Rechnen die begünstigungsfähigen Anteile an der Betriebs-Kapitalgesellschaft i.S.d. § 13b Abs. 1 Nr. 3 ErbStG zum (Sonder-)Betriebsvermögen eines Besitz-Einzelunternehmens oder einer Besitz-Personengesellschaft/-gemeinschaft i.S.d. § 13b Abs. 1 Nr. 2 ErbStG, sind diese in der für das Besitzunternehmen zu erstellenden Verbundvermögensaufstellung i.S.d. § 13b Abs. 9 ErbStG zu erfassen (dazu Rz. 3.882).[1]

IV. Verlust der Vergünstigungen

1. Lohnsummenprüfung

3.888 **Zusammenrechnung der Lohnsummen.** Wurden die eine Betriebsaufspaltung bildenden Unternehmen unter Inanspruchnahme der Steuerbegünstigungen des § 13a ErbStG auf einen Erwerber übertragen, steht deren dauerhafter Erhalt unter dem Vorbehalt der Lohnsummenregelung des § 13a Abs. 3 ErbStG. Bei einer Betriebsaufspaltung sind dabei gem. § 13a Abs. 3 Satz 13 ErbStG die Anzahl an Beschäftigten und die Lohnsummen von Besitz- und Betriebsunternehmen zusammenzurechnen.[2] Die Norm stellt eine Reaktion auf die Entscheidung des BVerfG[3] dar und soll eine Vermeidung der Anwendung der Lohnsummenregelung durch gezieltes Aufspalten von Unternehmen verhindern. Noch nicht abschließend geklärt ist, ob der Begriff der Betriebsaufspaltung nach den durch die Rechtsprechung entwickelten ertragsteuerlichen Grundsätzen oder nach den o.g. erbschaftsteuerlichen Sonderregelungen (s. Rz. 3.836 ff.) auszulegen ist.[4] Offen ist zudem, ob die Zusammenrechnung nach § 13a Abs. 3 S. 13 ErbStG nur dann Anwendung findet, wenn sowohl Besitz- als auch Betriebsunternehmen bzw. Anteile an diesen Gegenstand der Übertragung an denselben Erwerber sind, oder auch dann, wenn auf unterschiedliche Erwerber übertragen oder Besitz- oder Betriebsgesellschaft zurückbehalten wird.[5] In den Lohnsummentest sind entgegen der Verwaltungsauffassung[6] angemessene Tätigkeitsvergütungen an Mitunternehmer einzubeziehen, wenn sie gesellschaftsrechtlich Aufwand der Gesellschaft sind.[7]

3.889 **Beschränkung auf Schwestergesellschaften.** Der Anwendungsbereich dieser Vorschrift ist auf die Fälle beschränkt, bei denen die Beteiligung an der Betriebsgesellschaft nicht zum Betriebsvermögen des Besitzunternehmens gehört und nur bzgl. des

1 *Mertes/Frank*, DStR 2020, 2111 (2113 f.).
2 Vgl. auch R E 13a.4 Abs. 2 Satz 15 ErbStR 2019.
3 BVerfG 17.12.2014 – 1 BvL 21/12, BStBl. II 2015, 50.
4 So *Jülicher* in Troll/Gebel/Jülicher/Gottschalk, § 13a ErbStGRz. 117 (Stand: April 2025); wohl auch *Stalleiken* in Oertzen/Loose/Stalleiken[4], § 13b ErbStG Rz. 111.
5 Zur Ansicht der FinVerw. vgl. R E 13a.7 Abs. 3 Satz 5 f. ErbStR 2019
6 R E 13a.5 Satz 1 ErbStR 2019.
7 FG Münster v. 15.4.2025 – 3 K 483/24 F, EFG 2025, 1237 (Rev. II R 28/25), zu § 13a Abs. 4 ErbStG a.F. Dasselbe muss für § 13a Abs. 3 ErbStG n.F. gelten.

Besitzunternehmens bzw. der Betriebsgesellschaft eine Übertragung vorgenommen wird.[1] Erfasst ist damit nur eine horizontale Struktur mit zwei Schwestergesellschaften.[2] Gehört der Anteil an der Betriebsgesellschaft zum Sonderbetriebsvermögen des Besitzunternehmens, bei vertikaler Struktur, sollte § 13a Abs. 3 Satz 13 ErbStG auch dann nicht greifen, wenn der Anteil an der Betriebsgesellschaft nicht mitübertragen, sondern im Sonderbetriebsvermögen vollständig zurückbehalten wird.[3]

2. Haltefristen

Allgemeine Grundsätze. Wurden die eine Betriebsaufspaltung bildenden Unternehmen unter Inanspruchnahme der Steuerbegünstigungen des § 13a ErbStG auf einen Erwerber übertragen, steht deren dauerhafter Erhalt unter dem Vorbehalt der Halteregelungen des § 13a Abs. 6 ErbStG. 3.890

Beendigung einer Betriebsaufspaltung. Zu einem nachsteuerschädlichen Vorgang kommt es insbesondere im Fall der Beendigung der Betriebsaufspaltung während der Behaltensfrist, sofern es dadurch ertragsteuerlich zu einer Betriebsaufgabe des Besitzunternehmens i.S.d. § 16 Abs. 3 Satz 1 EStG kommt, vgl. § 13a Abs. 6 Satz 1 Nr. 1 Satz 1 Halbs. 2 ErbStG. Umwandlungsvorgänge einer Personen- in eine Kapitalgesellschaft und umgekehrt sind grds. keine schädlichen Ereignisse, vgl. § 13a Abs. 6 Satz 1 Nr. 1 Satz 2 Alt. 2 ErbStG. Kommt es zu einer schädlichen Veräußerung, erfolgt jedoch keine Nachversteuerung, wenn der Veräußerungserlös innerhalb von sechs Monaten in dem Grunde nach begünstigtes Vermögen investiert wird, das nicht zum Verwaltungsvermögen zählt, § 13a Abs. 6 Satz 3 ErbStG. Zu den Folgen der Eröffnung des (vorläufigen) Insolvenzverfahrens über das Vermögen der Besitz- und/oder Betriebsgesellschaft s. Rz. 4.115 ff. 3.891

V. Sonstige Implikationen im Kontext einer Betriebsaufspaltung

§ 7 Abs. 8 Satz 1 ErbStG bei disquotaler Einlage in eine Kapitalgesellschaft. Gemäß § 7 Abs. 8 Satz 1 ErbStG gilt als Schenkung auch die Werterhöhung von Anteilen an einer Kapitalgesellschaft,[4] die eine an der Gesellschaft unmittelbar oder mittel- 3.892

1 Vgl. R E 13a.4 Abs. 2 Satz 16, R E 13a.7 Abs. 1 Satz 10 ErbStR 2019.

2 *Jülicher* in Troll/Gebel/Jülicher/Gottschalk, § 13a ErbStGRz. 116 (Stand: April 2025); *Eisele*, NWB 2020, 544 (547); *Korezkij*, DStR 2019, 137 (144); enger *Stalleiken*, DB 2019, 87 (88), nur mitunternehmerische Betriebsaufspaltung.

3 *Korezkij/Stalleiken*, Wpg 2020, 408 (413); *Korezkij*, DStR 2019, 137 (144); *Brüggemann*, ErbBStg, 2019, 183 f.

4 Zur Anwendbarkeit auch auf Personengesellschaften seit dem 1.1.2024 wegen der Änderungen durch das Gesetz zur Modernisierung des Personengesellschaftsrechts – MoPeG) v. 10.8.2021, BGBl. I 2021, 3436, vgl. *Loose* in von Oertzen/Loose/Stalleiken, ErbStG[3], § 7 ErbStG Rz. 571. Durch den mit Wirkung zum 1.1.2024 neu eingeführten § 2a ErbStG (BGBl. I 2023, Nr. 411) gelten rechtsfähige Personengesellschaften i.S.d. § 14a Abs. 2 Nr. 2 AO für Zwecke der Erbschaft-/Schenkungsteuer jedoch weiterhin als Gesamthand und deren Vermögen als Gesamthandsvermögen. Damit sollte § 7 Abs. 8 ErbStG auf Personengesellschaften keine Anwendung finden.

bar beteiligte natürliche Person oder Stiftung (Bedachte) durch die Leistung[1] einer anderen Person (Zuwendender) an die Gesellschaft erlangt. Auf eine Freigebigkeit bzw. Bereicherungsabsicht kommt es nicht an; maßgeblich für die Steuerbarkeit ist allein die durch die Leistung an die Gesellschaft objektiv eingetretene Werterhöhung.[2] Gemäß § 7 Abs. 8 Satz 3 ErbStG gelten diese Grundsätze auch für Genossenschaften. Die Regelung schließt die Besteuerungslücke der sog. disquotalen bzw. disproportionalen Einlage, indem sie eine nicht von § 7 Abs. 1 Nr. 1 ErbStG erfasste überproportionale Einlage des Schenkers einer Direktzuwendung des Schenkers an den/die Mitgesellschafter gleichstellt.[3] Die disquotale Einlage in eine Kapitalgesellschaft wird also der unmittelbaren und steuerbaren Zuwendung an den Mitgesellschafter in Höhe der Quote, in welcher dieser am Kapital der Kapitalgesellschaft beteiligt ist, gleichgestellt. Eine Ausnahme soll nach der Gesetzesbegrünung nur gelten, wenn die Einlage zur Abwendung einer Schieflage (z.B. drohende Insolvenz) erfolgt und nicht zu einer endgültigen Vermögensverschiebung führt.[4] Die Werterhöhung i.S.d. § 7 Abs. 8 Satz 1 ErbStG ist nach den Regeln des § 11 BewG zu ermitteln; dazu ist der gemeine Wert des Anteils des Bedachten vor der Leistung an die Gesellschaft mit dem gemeinen Wert dieses Anteils nach der Leistung zu vergleichen.[5] Die hiernach maßgebliche Bereicherung (Werterhöhung eines Gesellschaftsanteils) wird von § 13b Abs. 1 ErbStG nicht erfasst und unterliegt folglich nicht der Begünstigung des Betriebsvermögens nach §§ 13a, 13c ErbStG.[6] Die Regelung des § 7 Abs. 8 Satz 1 ErbStG wird flankiert durch § 15 Abs. 4 ErbStG. Hiernach ist der Besteuerung bei einer Schenkung durch eine Kapitalgesellschaft oder Genossenschaft das persönliche Verhältnis des Erwerbers zu derjenigen unmittelbar oder mittelbar beteiligten natürlichen Person oder Stiftung zugrunde zu legen, durch die sie veranlasst ist. In diesem Fall gilt die Schenkung bei der Zusammenrechnung früherer Erwerbe (§ 14 ErbStG) als Vermögensvorteil, der dem Bedachten von dieser Person anfällt.

3.893 **§ 7 Abs. 8 Satz 1 ErbStG in Fällen der Betriebsaufspaltung.** Im Kontext der Betriebsaufspaltung kann § 7 Abs. 8 Satz 1 ErbStG bei Leistungen[7] im (Dreiecks-)Verhältnis eines Gesellschafters über die Besitz-Kapitalgesellschaft oder die Betriebs-Kapitalgesellschaft zu Mitgesellschaftern Anwendung finden. Das in Fällen der Be-

---

1 Hierzu BFH v. 10.4.2024 – II R 22/21, BStBl. II 2025, 356: Leistung grundsätzlich jedes Tun, Dulden oder Unterlassen, das die Hingabe von Vermögen des Zuwendenden bewirkt. Gegenstand der Leistung können Sachen, Rechte und andere Vermögensgegenstände sein, die übertragen, abgetreten oder belastet werden oder auf die der Zuwendende verzichtet. Die Leistung kann in einer offenen oder verdeckten Einlage bestehen oder auf einer schuldrechtlichen Vereinbarung des Gesellschafters oder eines Dritten mit der Kapitalgesellschaft beruhen.

2 BFH v. 10.4.2024 – II R 22/21, BStBl. II 2025, 356.

3 Zur eingeschränkten Normauslegung und -anwendung durch die Finanzverwaltung vgl. R E 7.5 ErbStR 2019. Hierzu auch *Loose* in von Oertzen/Loose/Stalleiken, ErbStG[3], § 7 ErbStG Rz. 583 ff.

4 BT-Drucks. 17/7524 v. 26.10.2011, 21.

5 BFH v. 10.4.2024 – II R 22/21, BStBl. II 2025, 356.

6 BFH v. 10.4.2024 – II R 22/21, BStBl. II 2025, 356; R E 7.5 Abs. 13 ErbStR 2019; *Loose* in von Oertzen/Loose/Stalleiken[3], § 7 ErbStG Rz. 576.

7 Zum Begriff BFH v. 10.4.2024 – II R 22/21, BStBl. II 2025, 356.

triebsaufspaltung zur Begründung/Sicherung der persönlichen Verflechtung vereinbarte Sonder- oder Mehrfachstimmrecht bzw. der Verzicht darauf ist keine Leistung.[1] § 15 Abs. 4 ErbStG findet Anwendung bei – in Betriebsaufspaltungsfällen regelmäßig vorhandenen – persönlichen Beziehungen zwischen den Gesellschaftern, so dass kann es auf diese Weise auch zur Anwendung der Steuerklasse I kommen kann (§ 15 Abs. 1 ErbStG).

§ 7 Abs. 8 Satz 1 ErbStG bei verbilligter Nutzungsüberlassung mit Nur-Betriebsgesellschafter. Überlässt das Besitzunternehmen der Betriebs-Kapitalgesellschaft die wesentliche Betriebsgrundlage aus privaten Gründen gegen ein unangemessen niedriges Nutzungsentgelt, weil an der Betriebsgesellschaft auch Angehörige des Besitzunternehmers beteiligt sind, die nicht auch Gesellschafter des Besitzunternehmens sind und denen durch das unangemessen niedrige Nutzungsentgelt ersparte Aufwendungen der Betriebsgesellschaft mittelbar zugutekommen, kann eine freigebige Zuwendung an diese gem. § 7 Abs. 8 Satz 1 ErbStG gegeben sein (Werterhöhung von Anteilen an einer Kapitalgesellschaft durch Leistung der Besitzgesellschafter). Zu den ertragsteuerlichen Konsequenzen s. Rz. 3.303. 3.894

§ 7 Abs. 8 Satz 2 ErbStG bei Zuwendungen zwischen Kapitalgesellschaften. Gemäß § 7 Abs. 8 Satz 2 ErbStG sind auch Zuwendungen zwischen Kapitalgesellschaften[2] freigebig, soweit sie in der Absicht getätigt werden, Gesellschafter zu bereichern,[3] und soweit an diesen Gesellschaften dieselben nicht unmittelbar oder mittelbar zu gleichen Anteilen beteiligt sind. Gemäß § 7 Abs. 8 Satz 3 ErbStG gelten diese Grundsätze auch für Genossenschaften. Im hier relevanten Kontext kann § 7 Abs. 8 Satz 2 ErbStG damit in Fälle der kapitalistischen Betriebsaufspaltung (s. Rz. 3.484 ff.) relevant werden. 3.895

P. Betriebsaufspaltung im Umsatzsteuerrecht

I. Besitzunternehmen

Unternehmereigenschaft infolge von Nutzungsüberlassung. Unternehmer ist gem. § 2 Abs. 1 Satz 1 UStG, wer eine gewerbliche oder berufliche Tätigkeit selbstständig ausübt. Gewerblich oder beruflich ist dabei gem. § 2 Abs. 1 Satz 3 UStG jede nach- 3.896

1 BFH v. 30.1.2013 – II R 38/11, BStBl. II 2018, 656.

2 Zur Anwendbarkeit auch auf Personengesellschaften seit dem 1.1.2024 wegen der Änderungen durch das Gesetz zur Modernisierung des Personengesellschaftsrechts – MoPeG) v. 10.8.2021, BGBl. I 2021, 3436, vgl. *Loose* in von Oertzen/Loose/Stalleiken[3], § 7 ErbStG Rz. 571. Durch den mit Wirkung zum 1.1.2024 neu eingeführten § 2a ErbStG (BGBl. I 2023, Nr. 411) gelten rechtsfähige Personengesellschaften i.S.d. § 14a Abs. 2 Nr. 2 AO für Zwecke der Erbschaft-/Schenkungsteuer jedoch weiterhin als Gesamthand und deren Vermögen als Gesamthandsvermögen. Damit sollte § 7 Abs. 8 ErbStG auf Personengesellschaften keine Anwendung finden.

3 § 7 Abs. 8 Satz 2 ErbStG verlangt somit im Gegensatz zu Satz 1 der Norm eine Bereicherungsabsicht. Dadurch soll ausgeschlossen werden, dass bloße konzerninterne Umschichtungen steuerbar werden, so BT-Drucks. 17/7524 v. 26.10.2011, 21.

haltige Tätigkeit zur Erzielung von Einnahmen, auch wenn die Absicht, Gewinn zu erzielen, fehlt. Durch die Nutzungsüberlassung der wesentlichen Betriebsgrundlage an die Betriebsgesellschaft wird das Besitzunternehmen zum umsatzsteuerlichen Unternehmer i.S.d. § 2 Abs. 1 UStG.[1] Dies gilt insbesondere, wenn die Nutzungsüberlassung gegen Entgelt erfolgt; es ist dann ein klassischer Leistungsaustausch i.S.d. § 1 Abs. 1 Nr. 1 UStG gegeben. Die Unternehmereigenschaft ist aber auch dann anzunehmen, wenn der Vermieter oder Verpächter vorübergehend aus betrieblichen Gründen auf die Entgeltzahlung verzichtet.[2] In Abgrenzung hierzu erfolgt jedoch eine (sonstige) unentgeltliche Überlassung außerhalb der unternehmerischen Betätigung, so dass hierdurch keine umsatzsteuerliche Unternehmereigenschaft begründet wird. Ist das Besitzunternehmen neben der (entgeltlichen) Nutzungsüberlassung an die Betriebsgesellschaft in anderer Weise unternehmerisch tätig i.S.d. § 2 Abs. 1 UStG, fügen sich die Leistungsbeziehungen zur Betriebsgesellschaft in die gesamte unternehmerische Betätigung ein. Zu den Folgen der Eröffnung des (vorläufigen) Insolvenzverfahrens über das Vermögen des Besitzunternehmens s. Rz. 4.119 ff.

3.897 **Unternehmereigenschaft bei umsatzsteuerlicher Organschaft.** Ist das Besitzunternehmen Organträger einer umsatzsteuerlichen Organschaft i.S.d. § 2 Abs. 2 Nr. 2 UStG im Verhältnis zu einer finanziell, wirtschaftlich und organisatorisch eingegliederten – und damit umsatzsteuerlich unselbständigen – Betriebsgesellschaft, ergibt sich die Unternehmereigenschaft des Besitzunternehmens nicht aus den Leistungsbeziehungen zur Betriebsgesellschaft, sondern aus den als Leistungen des Besitzunternehmens geltenden Leistungen der Betriebsgesellschaft gegenüber Dritten (dazu ausführlich ab Rz. 3.903 ff.).

3.898 **Nutzungsüberlassung umsatzsteuerbarer/-freier/-pflichtiger Vorgang.** Außerhalb einer umsatzsteuerlichen Organschaft ist die Nutzungsüberlassung ein nach allgemeinen Grundsätzen zu beurteilender umsatzsteuerbarer Vorgang i.S.d. § 1 Abs. 1 Nr. 1 UStG. Gehört zu den zur Nutzung überlassenen Vermögensgegenständen auch Grundbesitz, sind die insoweit entrichteten Pachtzinsen gem. § 4 Nr. 12 Satz 1 Buchst. a UStG grundsätzlich umsatzsteuerbefreit. Die Steuerbefreiung greift gem. § 4 Nr. 12 Satz 2 Halbs. 3 UStG, aber nicht bei der Vermietung und Verpachtung von Maschinen und sonstigen Vorrichtungen aller Art, die zu einer Betriebsanlage gehören (wenn also Betriebsvorrichtungen überlassen werden), auch wenn es sich um wesentliche Bestandteile des Grundstücks handelt. Es ist dann insoweit eine umsatzsteuerpflichtige Überlassung gegeben; dies gilt aber wiederum nicht bei der Verpachtung von auf Dauer eingebauten Vorrichtungen und Maschinen, wenn es sich hierbei um eine Nebenleistung zur Verpachtung eines Gebäudes als Hauptleistung handelt,

1 Nach der Ergänzung des § 2 Abs. 1 Satz 1 UStG durch das JStG 2022 v. 16.12.2022 (BGBl. I 2022, 2294) ist ausdrücklich klarstellt, dass die Rechtsfähigkeit des Unternehmers nach anderen Vorschriften für umsatzsteuerrechtliche Zwecke ohne Belang ist; damit kann auch eine Bruchteilsgemeinschaft umsatzsteuerlicher Unternehmer sein. Dazu auch Abschn. 2.1 Abs. 1 Satz 3 und Abschn. 2.1 Abs. 2 Satz 2 UStAE.

2 BFH v. 28.2.2008 – XI B 215/06, juris; BFH v. 7.7.2005 – V R 78/03, BStBl. II 2005, 849 = UR 2005, 608; BFH v. 11.12.2003 – V R 48/02, BStBl. II 2006, 384 = UR 2004, 360 m. Anm. *Filtzinger*.

die im Rahmen eines zwischen denselben Parteien geschlossenen Vertrags nach § 4 Nr. 12 Satz 1 Buchst. a UStG steuerfrei ist.[1] Es liegt dann eine einheitliche Leistung vor, der die Verpachtungsleistung das Gepräge gibt, so dass die Überlassung der Betriebsvorrichtungen ebenfalls steuerfrei ist.[2] Bei einer umsatzsteuerfreien Grundbesitzüberlassung kann der Grundstücksverpächter nach Maßgabe des § 9 UStG zur Umsatzsteuerpflicht optieren, wenn der Pächter das Grundstück ausschließlich für Umsätze verwendet, die den Vorsteuerabzug nicht ausschließen. Hinsichtlich überlassener beweglicher Vermögensgegenstände besteht regelmäßig keine Umsatzsteuerbefreiung nach § 4 UStG, sodass die Leistungen umsatzsteuerpflichtig sind. Ist eine Gesamtpacht vereinbart, ist das Entgelt auf die steuerfrei belassene Grundstücksverpachtung einerseits und die steuerpflichtigen weiteren Leistungen andererseits aufzuteilen.

Besteuerungsverfahren. Für das Besitzunternehmen gelten die allgemeinen Vorschriften des § 18 UStG für das Besteuerungsverfahren. Nimmt hiernach der Unternehmer seine berufliche oder gewerbliche Tätigkeit erstmals auf, ist der Voranmeldungszeitraum im laufenden und folgenden Kalenderjahr der Kalendermonat, vgl. § 18 Abs. 2 Satz 4 UStG. Dies gilt auch für das bei einer Betriebsaufspaltung neu entstehende Besitzunternehmen.[3] 3.899

II. Betriebsunternehmen

Unternehmereigenschaft infolge operativer Geschäftstätigkeit. Die Betriebsgesellschaft ist in aller Regel aufgrund ihrer operativen Geschäftstätigkeit, die insbesondere mithilfe der überlassenen wesentlichen Betriebsgrundlage ausgeübt wird, als umsatzsteuerliche Unternehmerin i.S.d. § 2 Abs. 1 UStG anzusehen. Die Leistungsbeziehungen zwischen der Betriebsgesellschaft und Dritten sowie auch der Besitzgesellschaft unterliegen dann den allgemeinen Besteuerungsregeln. Gestellt bspw. die Betriebsgesellschaft der Besitzgesellschaft Personal zur Verfügung, ist hierin grundsätzlich eine umsatzsteuerpflichtige sonstige Leistung zu sehen, § 1 Abs. 1 Nr. 1 i.V.m. § 3a Abs. 4 Satz 2 Nr. 7 UStG. Ist die Betriebsgesellschaft als Pächterin zur Substanzerhaltung und Substanzerneuerung verpflichtet, liegt hierin jedoch kein Leistungsaustausch mit dem Besitzunternehmen. Reparaturkosten und Instandhaltungsaufwendungen sind nicht umsatzsteuerpflichtig, weil diese Aufwendungen von Gesetzes wegen der Betriebsgesellschaft obliegen, es also an einer Gegenleistung fehlt.[4] Wird ein Warenlager nicht an die Betriebsgesellschaft verkauft, sondern darlehensweise übereignet, hat der Pächter bei Ablauf des Pachtvertrags Waren gleicher Art, Güte und Menge zurückzugeben. Umsatzsteuerbar und -pflichtig ist dann nur der Zins, der für das Darlehen gezahlt wird. Hierfür kommt keine Steuerbefreiung nach § 4 Nr. 8 3.900

1 BFH v. 17.8.2023 – V R 7/23 (V R 22/20), BFH/NV 2023, 1386, als Folgeentscheidung zu EuGH v. 4.5.2023 – C-516/21, ECLI:EU:C:2023:372, BFH/NV 2023, 943 – Finanzamt X, und Aufgabe des Senatsurteils v. 28.5.1998 – V R 19/96, BStBl. II 2010, 307.

2 A.A. (noch) Abschn. 4.12.10 UStAE.

3 So Abschn. 18.7 Abs. 2 Satz 3 UStAE.

4 FG Köln v. 13.1.2010 – 9 K 4447/08, EFG 2010, 828 (rkr.); FG Düsseldorf 12.5.1977 – X 13/73 U, EFG 1978, 243 (rkr.).

UStG in Betracht, weil ein Warendarlehen wirtschaftlich dem Warenkredit gleichzusetzen und deshalb nicht als Geldkredit neben einer Warenlieferung zu bewerten ist.[1] Zu den Folgen der Eröffnung des (vorläufigen) Insolvenzverfahrens über das Vermögen der Betriebsgesellschaft s. Rz. 4.119 ff.

3.901 **Keine Unternehmereigenschaft bei umsatzsteuerlicher Organschaft.** Ist die Betriebsgesellschaft nach dem Gesamtbild der tatsächlichen Verhältnisse finanziell, wirtschaftlich und organisatorisch gem. § 2 Abs. 2 Nr. 2 UStG in das Unternehmen der Besitzgesellschaft eingegliedert und besteht somit ein umsatzsteuerliches Organschaftsverhältnis zu diesem (dazu Rz. 3.903 ff.), entfällt das Merkmal der Selbständigkeit i.S.d. § 2 Abs. 1 UStG und damit der Unternehmerstatus im Sinne dieser Norm.

3.902 **Besteuerungsverfahren.** Außerhalb einer umsatzsteuerlichen Organschaft gelten für das umsatzsteuerlich selbständige Betriebsunternehmen i.S.d. § 2 Abs. 1 UStG die allgemeinen Vorschriften des § 18 UStG für das Besteuerungsverfahren. Nimmt hiernach der Unternehmer seine berufliche oder gewerbliche Tätigkeit erstmals auf, ist Voranmeldungszeitraum im laufenden und folgenden Kalenderjahr jeweils der Kalendermonat, vgl. § 18 Abs. 2 Satz 4 UStG. Auch der bei einer Betriebsaufspaltung neu entstehende Rechtsträger (z.B. der Betriebs-Kapitalgesellschaft) fällt unter § 18 Abs. 2 Satz 4 UStG, wenn durch die Betriebsaufspaltung keine umsatzsteuerliche Organschaft zum Besitzunternehmen begründet wird.[2]

III. Umsatzsteuerliche Organschaft

1. Grundlagen

3.903 **§ 2 Abs. 2 Nr. 2 UStG.** Unternehmer ist gem. § 2 Abs. 1 Satz 1 UStG, wer eine gewerbliche oder berufliche Tätigkeit selbstständig ausübt. Das Merkmal der Selbständigkeit ist gem. § 2 Abs. 2 Nr. 2 Satz 1 UStG nicht gegeben, wenn eine juristische Person nach dem Gesamtbild der tatsächlichen Verhältnisse finanziell, wirtschaftlich und organisatorisch in das Unternehmen des Organträgers eingegliedert ist (Organschaft). Die Wirkungen der Organschaft sind auf Innenleistungen zwischen den im Inland gelegenen Unternehmensteilen beschränkt (Satz 2). Diese Unternehmensteile sind als ein Unternehmen zu behandeln (Satz 3). Hat der Organträger seine Geschäftsleitung im Ausland, gilt der wirtschaftlich bedeutendste Unternehmensteil im Inland als der Unternehmer (Satz 4). Die deutschen Regelungen zur umsatzsteuerlichen Organschaft in § 2 Abs. 2 Nr. 2 UStG sind europarechtskonform.[3] Zu den Folgen der Eröffnung des (vorläufigen) Insolvenzverfahrens über das Vermögen der Besitz- und/oder Betriebsgesellschaft s. Rz. 4.119 ff.

1 *Dehmer*, Betriebsaufspaltung[5], § 5 Rz. 77 m.w.N.

2 So Abschn. 18.7 Abs. 2 Satz 3 UStAE.

3 EuGH v. 11.7.2024 – C-184/23 – Stiftung S/Finanzamt T II, HFR 2024, 877; EuGH v. 1.12.2022 – C-141/20, ECLI:EU:C:2022:943 – Norddeutsche Gesellschaft für Diakonie, UR 2023, 25 m. Anm. *Monfort*. Vgl. auch BFH v. 29.8.2024 – V R 14/24 (V R 20/22; V R 40/19), BFH/NV 2025, 233.

Verhältnis zur ertragsteuerlichen Betriebsaufspaltung. Mit Vorliegen einer ertragsteuerlichen Betriebsaufspaltung kann eine umsatzsteuerliche Organschaft i.S.d. § 2 Abs. 2 Nr. 2 UStG gegeben sein.[1] Voraussetzung für die ertragsteuerliche Betriebsaufspaltung sind personelle und sachliche Verflechtung zweier Unternehmen. Übertragen in den Kontext des § 2 Abs. 2 Nr. 2 UStG ergeben sich folgende Ähnlichkeiten: Das Merkmal der personellen Verflechtung entspricht in etwa der finanziellen Eingliederung (Anteils- bzw. Stimmrechtsmehrheit) sowie der organisatorischen Eingliederung (Willensdurchsetzung). Das Kriterium der sachlichen Verflechtung spiegelt sich in der wirtschaftlichen Eingliederung (Bedeutung der überlassenen wesentlichen Betriebsgrundlage für den Geschäftsbetrieb) wider. Zu beachten ist aber, dass die Voraussetzungen beider Rechtsinstitute zwar ähnlich, aber nicht deckungsgleich sind, so dass deren Kriterien stets unabhängig voneinander zu prüfen und unterschiedliche Beurteilungen möglich sind. Ausführlich zu den Schnittmengen von ertragsteuerlicher Betriebsaufspaltung und umsatzsteuerlicher Organschaft vgl. Rz. 3.919 ff. 3.904

2. Besitzunternehmen als Organträger

Jeder Unternehmer.[2] Organträger kann jeder Unternehmer i.S.d. § 2 Abs. 1 UStG sein.[3] Die Unternehmereigenschaft des Organträgers setzt dabei keine Ausführung von Außenumsätzen gegenüber Dritten voraus. Ausreichend ist auch, wenn die erforderlichen entgeltlichen Leistungen ausschließlich an eine Gesellschaft erbracht werden, mit der als Folge dieser Leistungstätigkeit ein Organschaftsverhältnis besteht. Damit steht der Annahme einer Organschaft zwischen Besitz- und Betriebsgesellschaft in Fällen der Betriebsaufspaltung nicht entgegen, dass sich die unternehmerische Betätigung der Besitzgesellschaft in der – als Folge der Organschaft nicht steuerbaren – (Grundstücks)Vermietung bzw. Verpachtung an die Besitzgesellschaft erschöpft.[4] Zur erforderlichen Entgeltlichkeit für die Unternehmereigenschaft des Besitzunternehmens bereits oben Rz. 3.896. Zur erforderlichen Entgeltlichkeit für die umsatzsteuerliche Organschaft nachfolgend Rz. 3.912 und Rz. 3.918. 3.905

3. Betriebsgesellschaft als Organgesellschaft

Juristische Person. [5] Als Organgesellschaft kommt nur eine juristische Person des Zivil- und Handelsrechts in Betracht. Hierunter fällt unstreitig eine Kapitalgesellschaft, daneben aber auch jede weitere Körperschaft des Zivil- und Handelsrechts mit eigener Rechtspersönlichkeit.[6] Eine Personengesellschaft kann in europarechtskonformer Anwendung von Art. 11 MwStSystRL ausnahmsweise wie eine juristische 3.906

1 Vgl. auch Abschn. 2.8 Abs. 6b UStAE.
2 Im Fall der umgekehrten Betriebsaufspaltung ist Organträger die Betriebs-Personengesellschaft.
3 Vgl. auch Abschn. 2.8 Abs. 2 Satz 1 UStAE.
4 BFH v. 28.1.2002 – V B 39/01, BFH/NV 2002, 823; BFH v. 22.11.2001 – V B 141/01, BFH/NV 2002, 550; BFH v. 12.11.1998 – V B 119/98, BFH/NV 1999, 684; BFH v. 9.9.1993 – V R 124/98, BStBl. II 1994, 129.
5 Im Fall der umgekehrten Betriebsaufspaltung ist Organgesellschaft die Besitz-Kapitalgesellschaft.
6 BFH v. 2.12.2015 – V R 25/13, BFH/NV 2016, 500.

Person als eingegliedert i.S.d. § 2 Abs. 2 Nr. 2 UStG anzusehen sein, wenn die finanzielle Eingliederung wie bei einer juristischen Person zu bejahen ist.[1] Die finanzielle Eingliederung einer Personengesellschaft setzte ursprünglich voraus, dass Gesellschafter der Personengesellschaft neben dem Organträger nur Personen sind, die nach § 2 Abs. 2 Nr. 2 UStG in das Unternehmen des Organträgers finanziell eingegliedert sind, so dass die erforderliche Durchgriffsmöglichkeit selbst bei der stets möglichen Anwendung des Einstimmigkeitsprinzips gewährleistet ist.[2] An diesen Grundsätzen hält der BFH jedoch nicht mehr fest. Vielmehr sollen auch Personengesellschaften Organgesellschaften sein können, wenn einzelne Gesellschafter nicht finanziell in den Organträger eingegliedert sind.[3] Dies soll aber wohl nur für Personenhandelsgesellschaften mit einer „kapitalistischen Struktur“ (insbesondere also die GmbH & Co. KG) gelten.[4] Die Entwicklung der Rspr. ist aber wohl noch nicht abgeschlossen. Ungeachtet weiter offener Fragen zur Einordnung einer Personengesellschaft als umsatzsteuerliche Organgesellschaft ist aus dem Blickwinkel der ertragsteuerlichen Betriebsaufspaltung zu beachten, dass sich bei Betriebs-Personengesellschaften aufgrund Vorrangs des Sonderbetriebsvermögens vor der Qualifikation als Betriebsaufspaltung die Einordnung der ertragsteuerlichen Betriebsaufspaltung in das umsatzsteuerliche Organschaftsrecht nach § 2 Abs. 2 Nr. 2 UStG auf Nutzungsüberlassungen außerhalb von § 15 Abs. 1 Satz 1 Nr. 2 Satz 1 Halbs. 2 und Satz 2 EStG beschränkt. Dazu auch Rz. 3.910.

4. Finanzielle Eingliederung

3.907 **Unmittelbare oder mittelbare Beteiligung.** Eine finanzielle Eingliederung setzt eine unmittelbare oder mittelbare Beteiligung des Organträgers an der Organgesellschaft voraus.[5]

3.908 **Keine Zurechnung von Anteilen der Gesellschafter.** Ist eine Kapital- oder Personengesellschaft nicht selbst in ausreichender Höhe un-/mittelbar an der Organgesellschaft beteiligt, reicht es für die finanzielle Eingliederung nicht aus, dass nur ein oder mehrere Gesellschafter auch mit Stimmenmehrheit an der Organgesellschaft beteiligt sind.[6] Dies gilt auch dann, wenn die Beteiligung eines Gesellschafters an einer Kapi-

---

1 Vgl. auch Abschn. 2.8 Abs. 2 Satz 5 UStAE.

2 Hierzu BFH v. 3.12.2015 – V R 36/13, BStBl. II 2017, 563 = UR 2016, 204; BFH v. 2.12.2015 – V R 25/13, BStBl. II 2017, 547 = UR 2016, 185; Vgl. auch Abschn. 2.8 Abs. 5b Satz 1 UStAE.

3 BFH v. 5.9.2024 – V R 5/23, BFH/NV 2025, 124; BFH v. 16.3.2023 – V R 14/21 (V R 45/19), BFH/NV 2023, 790; jeweils mit Blick auf EuGH v. 15.4.2021 – C-868/19 (M-GmbH), BFH/NV 2021, 925.

4 So auch bereits BFH v. 1.6.2016 – XI R 17/11, BStBl. II 2017, 581; vgl. auch EuGH v. 15.4.2021 – C-868/19 (Finanzamt für Körperschaften Berlin), HFR 2021, 726.

5 Vgl. auch Abschn. 2.8 Abs. 5b Satz 1 UStAE. Zur ausreichenden mittelbaren Beteiligung vgl. BFH v. 12.8.1993 – V B 280/91, BFH/NV 1994, 277.

6 BFH v. 24.8.2016 – V R 36/15, BStBl. II 2017, 595 = UR 2017, 117; BFH v. 1.12.2010 – XI R 43/08, BStBl. II 2011, 600 = UR 2011, 456 m. Anm. *Eberhard/Mai*; BFH v. 22.4.2010 – V R 9/09, BStBl. II 2011, 597 = UR 2010, 579 m. Anm. *Korf*; Vgl. auch Abschn. 2.8 Abs. 5b Satz 4 UStAE.

talgesellschaft ertragsteuerlich zu dessen Sonderbetriebsvermögen bei einer Personengesellschaft gehört.[1] Eine umsatzsteuerliche Organschaft kann damit nur vorliegen, wenn die Anteile an der Betriebsgesellschaft unmittelbar oder mittelbar im Gesellschaftsvermögen einer Besitzgesellschaft gehalten werden (Fälle der sog. Einheits-Betriebsaufspaltung). Im Betriebsaufspaltungsverhältnis zwischen Schwestergesellschaften (z.B. mitunternehmerische Betriebsaufspaltung) kann eine umsatzsteuerliche Organschaft nicht begründet werden.[2]

Anteilsmehrheit grds. ausreichend. Eine finanzielle Eingliederung liegt vor, wenn der Organträger (Besitzunternehmen) selbst die Anteilsmehrheit von mehr als 50 % an der Organgesellschaft (Betriebsgesellschaft) besitzt. Eine Stimmrechtsmehrheit ist damit zwar in der Regel verbunden, nach Ansicht des EuGH aber keine Voraussetzung für die finanzielle Eingliederung.[3] Eine finanzielle Eingliederung liegt aber auch dann vor, wenn die erforderliche Willensdurchsetzung dadurch gesichert ist, dass der Gesellschafter zwar über nur 50 % der Stimmrechte verfügt, er aber eine Mehrheitsbeteiligung am Kapital der Organgesellschaft hält und er den einzigen Geschäftsführer der Organgesellschaft stellt.[4] Zur Parallelthematik bei der personellen (Betriebsaufspaltungs-)Verflechtung s. Rz. 3.157 ff. 3.909

Fallkonstellationen. Aufgrund der genuin umsatzsteuerrechtlichen Erfordernisse der finanziellen Eingliederung kann damit in ertragsteuerlichen Betriebsaufspaltungskonstellationen eine umsatzsteuerliche Organschaft dem Grunde nach nur in folgenden Fällen begründet werden: (i) Bei einer Betriebsaufspaltung zwischen einem Besitz-Einzelunternehmen und einer Betriebs-Kapitalgesellschaft.[5] (ii) Bei einer vertikalen Einheits-Betriebsaufspaltung zwischen einer Besitz-Personen-/Kapitalgesellschaft und einer Betriebs-Tochterkapitalgesellschaft, wenn also die Mehrheit der Anteile an der Betriebsgesellschaft unmittelbar oder mittelbar im Gesellschaftsvermögen einer Besitzgesellschaft gehalten werden. (iii) Bei einer Einheits-Betriebsaufspaltung zwischen einem Besitzunternehmen und einer Betriebs-Personengesellschaft, wenn diese mittelbar über eine Kapitalgesellschaft beherrscht wird und die Nutzungsüberlassung damit außerhalb des Vorrangs des Sonderbetriebsvermögens i.S. von § 15 Abs. 1 Satz 1 Nr. 2 Satz 1 Halbs. 2 und Satz 2 EStG erfolgt, dazu auch bereits Rz. 3.906. (iv) Bei einer umgekehrten Betriebsaufspaltung, wenn die Anteile an der Besitz-Kapitalgesellschaft zum Gesellschaftsvermögen der Betriebs-Personengesellschaft rechnen. 3.910

1 BFH v. 22.4.2010 – V R 9/09, BStBl. II 2011, 597. Vgl. auch Abschn. 2.8 Abs. 5b Satz 6 UStAE.

2 BFH v. 1.2.2022 – V R 23/21, BStBl. II 2023, 148 = UR 2022, 769. Vgl. auch Abschn. 2.8 Abs. 5b Satz 4 UStAE.

3 EuGH v. 1.12.2022 – C-141/20, ECLI:EU:C:2022:943 – Norddeutsche Gesellschaft für Diakonie, UR 2023, 25 m. Anm. *Monfort* (Vorlagebeschluss des BFH v. 11.12.2019 – XI R 16/18, BFH/NV 2020, 598). Anders noch Abschn. 2.8 Abs. 5 Satz 2 UStAE.

4 BFH v. 18.1.2023 – XI R 29/22 (XI R 16/18), DStR 2023, 638.

5 Z.B. BFH v. 28.1.2002 – V B 39/01, BFH/NV 2002, 823; BFH v. 9.9.1993 – V R 124/89, BStBl. II 1994, 129.

3.911 **Abgrenzungen.** In Abgrenzung hierzu kann in folgenden ertragsteuerlichen Betriebsaufspaltungskonstellationen mangels finanzieller Eingliederung keine umsatzsteuerliche Organschaft entstehen: (i) Bei einer klassischen horizontalen Betriebsaufspaltung zwischen einer Besitz-Personengesellschaft und einer Betriebs-Kapitalgesellschaft, wenn deren Anteile von den Gesellschaftern persönlich (im ertragsteuerlichen Sonderbetriebsvermögen) gehalten werden, vgl. auch. Rz. 3.717. (ii) Bei einer mitunternehmerischen Betriebsaufspaltung zwischen einer Besitz-Personengesellschaft im Verhältnis zu einer gesellschafteridentischen (Schwester-)Betriebs-Personengesellschaft, vgl. auch Rz. 3.908.[1]

5. Wirtschaftliche Eingliederung

3.912 **Wirtschaftliche Einheit, Kooperation oder Verflechtung.** Die wirtschaftliche Eingliederung ist gegeben, wenn zwischen der Organgesellschaft und dem Unternehmen des Organträgers ein vernünftiger wirtschaftlicher Zusammenhang im Sinne einer wirtschaftlichen Einheit, Kooperation oder Verflechtung gegeben ist. Die Tätigkeiten von Organträger und Organgesellschaft müssen aufeinander abgestimmt sein; sie müssen sich fördern und ergänzen.[2] Dabei kann die Organgesellschaft wirtschaftlich vom Organträger abhängig sein, erforderlich für die wirtschaftliche Eingliederung ist dies jedoch nicht. Es reicht aus, wenn mehr als nur unerhebliche Beziehungen zwischen den Unternehmensbereichen bestehen.[3] Erforderlich für die wirtschaftliche Eingliederung sind entgeltliche Leistungsbeziehungen des Organträgers gegenüber der Organgesellschaft. Unentgeltliche Leistungen des Mehrheitsgesellschafters an seine Tochtergesellschaft können eine wirtschaftliche Eingliederung in das Unternehmen des Mehrheitsgesellschafters nicht begründen.[4] Die wirtschaftliche Eingliederung kann – in besonders starker Ausprägung – durch die entgeltliche Überlassung einer wesentlichen Betriebsgrundlage begründet werden (s. Rz. 3.913), aber auch, wenn es sich um sonstige Wirtschaftsgüter von nicht nur geringer Bedeutung handelt (s. Rz. 3.914).[5] Zur Parallelthematik bei der sachlichen (Betriebsaufspaltungs-)Verflechtung s. Rz. 3.97 ff.

3.913 **Abhängigkeit bei Überlassung einer wesentlichen Betriebsgrundlage.** Bei einer ertragsteuerlichen Betriebsaufspaltung und entgeltlicher Verpachtung einer wesentlichen Betriebsgrundlage durch das Besitzunternehmen an die Betriebsgesellschaft steht die durch die Betriebsaufspaltung entstandene Betriebsgesellschaft in aller Regel

1 A.A. *Dehmer*, Betriebsaufspaltung[5], § 5 Rz. 66.

2 BFH v. 1.2.2022 – V R 23/21, BStBl. II 2023, 148 = UR 2022, 769; BFH v. 3.4.2003 – V R 63/01, BStBl. II 2004, 434 = UR 2003, 394; BFH v. 25.6.1998 – V R 76/97, BFH/NV 1998, 1534.

3 BFH v. 1.2.2022 – V R 23/21, BStBl. II 2023, 148; BFH v. 29.10.2008 – XI R 74/07, BFHE 223, 498 = BStBl. II 2009, 256 = UR 2009, 47; Vgl. auch Abschn. 2.8 Abs. 6 Satz 3 UStAE.

4 BFH v. 13.11.2019 – V R 30/18, BStBl. II 2021, 248; BFH v. 18.6.2009 – V R 4/08, BStBl. II 2010, 310; Niedersächsisches FG v. 9.12.2021 – 5 K 44/20, EFG 2025, 601 (Rev. BFH XI R 23/23).

5 BFH v. 22.10.2009 – V R 14/08, BStBl. II 2011, 988 = UR 2010, 268; BFH v. 13.5.2008 – XI B 195/07, BFH/NV 2008, 1543.

in einem Abhängigkeitsverhältnis zum Besitzunternehmen, so dass eine besonders stark ausgeprägte wirtschaftliche Eingliederung gegeben ist.[1] Die wirtschaftliche Abhängigkeit ergibt sich in aller Regel dadurch, dass das Besitzunternehmen dem Betriebsunternehmen durch Kündigung des Überlassungsverhältnisses bzgl. der wesentlichen Betriebsgrundlage wesentliche Grundlagen für deren Umsatztätigkeit entziehen kann.[2] Dies gilt auch dann, wenn ein langfristiger, grundsätzlich nicht kündbarer Pachtvertrag besteht; die Vertragsdauer berührt den erforderlichen wirtschaftlichen Zusammenhang zwischen der Organgesellschaft und dem Unternehmen des Organträgers nicht.[3]

Auch bei Grundbesitzüberlassung von besonderem Gewicht. Auch wenn bei einer Betriebsaufspaltung nur das Betriebsgrundstück ohne andere Anlagegegenstände entgeltlich verpachtet wird, kann eine wirtschaftliche Eingliederung vorliegen.[4] Der Vermietung des Betriebsgrundstücks muss dabei aber für die Unternehmenstätigkeit der Betriebsgesellschaft ein besonderes Gewicht zukommen.[5] Die jederzeitige Möglichkeit der Betriebsgesellschaft, ein vergleichbares Grundstück an anderer Stelle zu pachten, schließt die Annahme wirtschaftlicher Eingliederung nicht aus.[6] Unerheblich für das Vorliegen der wirtschaftlichen Eingliederung ist auch, wenn z.B. das überlassene Grundstück für Verbindlichkeiten der Betriebsgesellschaft belastet ist.[7] Bei einer entgeltlichen Vermietung von nicht eigens für die Unternehmenstätigkeit in besonderer Weise ausgestatteten und daher ohne weiteres austauschbaren Büroräumen ist jedoch keine wirtschaftliche Eingliederung gegeben;[8] wird dann keine umsatzsteuerliche Organschaft begründet. 3.914

1 BFH v. 17.8.1994 – V B 147/92, BFH/NV 1995, 749; BFH v. 9.9.1993 – V R 124/89, BStBl. II 1994, 129; BFH v. 26.5.1993 – X R 78/91, BStBl. II 1993, 718 = FR 1993, 607; BFH v. 9.3.1978 – V R 90/74, BStBl. II 1978, 486; BFH v. 17.11.1966 – V 113/65, BStBl. III 1967, 103; BFH v. 28.1.1965 – V 126/62 U, BStBl. III 1965, 243. Vgl. auch Abschn. 2.8 Abs. 6b Satz 1 UStAE.

2 BFH v. 1.4.1998 – V B 108/97, BFH/NV 1998, 1272; BFH v. 9.9.1993 – V R 124/89, BStBl. II 1994, 129.

3 BFH v. 1.4.1998 – V B 108/97, BFH/NV 1998, 1272; BFH v. 25.4.2002 – V B 128/01, BFH/NV 2002, 1058.

4 BFH v. 22.10.2009 – V R 14/08, BStBl. II 2011, 988 = UR 2010, 268; BFH v. 28.1.2002 – V B 39/01, BFH/NV 2002, 823; BFH v. 16.8.2001 – V R 34/01, BFH/NV 2002, 223; BFH v. 12.11.1998 – V B 119/98, BFH/NV 1999, 684; BFH v. 9.9.1993 – V R 124/89, BStBl. II 1994, 129. Ebenso FG Sachsen-Anhalt v. 30.5.2013 – 6 K 1146/12, juris. Siehe auch Abschn. 2.8 Abs. 6b Satz 2 UStAE.

5 BFH v. 1.2.2022 – V R 23/21, BStBl. II 2023, 148 = UR 2022, 769; BFH v. 29.1.2009 – V R 67/07, BStBl. II 2009, 1029 = UR 2009, 554; BFH v. 16.8.2001 – V R 34/01, BFH/NV 2002, 223.

6 BFH v. 9.9.1993 – V R 124/89, BStBl. II 1994, 129 = UR 1994, 122; BFH v. 26.5.1993 – X R 78/91, BStBl. II 1993, 718; vgl. auch FG München v. 14.11.2023 – 5 K 1272/20, EFG 2024, 250 (rkr.).

7 BFH v. 22.11.2001 – V B 141/01, BFH/NV 2002, 550.

8 BFH v. 1.2.2022 – V R 23/21, BStBl. II 2023, 148 = UR 2022, 769; BFH v. 29.1.2009 – V R 67/07, BStBl. II 2009, 1029 = UR 2009, 554.

3.915 **Besondere Umstände.** Bei gegebener besonderer Bedeutung des überlassenen Grundbesitzes entfällt die dadurch begründete wirtschaftliche Eingliederung nicht bereits dadurch, dass die Betriebsgesellschaft Liquiditätsprobleme hat, zahlungsunfähig ist[1] oder für das betreffende Grundstück gar die Zwangsverwaltung und Zwangsversteigerung angeordnet wird.[2] Eine Entflechtung vollzieht sich erst im Zeitpunkt der tatsächlichen Beendigung des Nutzungsverhältnisses zwischen dem Organträger und der Organgesellschaft.[3] Zu den Auswirkungen des Insolvenzverfahrens auf den Entfall der organisatorischen Eingliederung s. Rz. 3.926.

6. Organisatorische Eingliederung

3.916 **Tatsächliche Willensausführung.** Eine organisatorische Eingliederung besteht, wenn der Organträger durch organisatorische Maßnahmen sicherstellt, dass sein Wille von der Organgesellschaft auch tatsächlich verwirklicht wird.[4] Eine abweichende Willensbildung in der Organgesellschaft muss ausgeschlossen sein.[5] Dies ist jedenfalls dann der Fall, wenn der Besitzunternehmer oder die Gesellschafter der Besitz-Personengesellschaft in Personalunion auch Geschäftsführer bzw. Vorstände der Betriebs-Kapitalgesellschaft sind.[6] Bei einer Betriebs-GmbH kann die organisatorische Eingliederung zudem über die Weisungsgebundenheit der Geschäftsführer der Betriebsgesellschaft hergestellt werden (§ 37 GmbHG), indem z.B. eine Geschäftsführerordnung erlassen wird. Nicht maßgeblich ist, ob und in welchem Umfang tatsächlich Weisungen erteilt werden.[7] Eine organisatorische Eingliederung kann auch eintreten, wenn nur einzelne Geschäftsführer des Organträgers (Besitzgesellschaft) gleichzeitig Geschäftsführer der Organgesellschaft (Betriebsgesellschaft) sind. Sofern im Einzelfall die Geschäftsführer nur gemeinschaftlich zur Geschäftsführung befugt sind und die Entscheidungsfindung durch Mehrheitsbeschluss der Geschäftsführer erfolgt, müssen die personenidentischen Geschäftsführer in der Lage sein, über die Stimmrechtsmehrheit entsprechende Beschlüsse herbeizuführen.[8] Zur Parallelthematik bei der personellen (Betriebsaufspaltungs-)Verflechtung s. Rz. 3.157 ff.

1 So BFH v. 16.8.2001 – V R 34/01, BFH/NV 2002, 223; BFH v. 19.10.1995 – V R 128/93, BFH/NV 1996, 275; Abschn. 2.8 Abs. 6c Satz 1 UStAE.

2 So Abschn. 2.8 Abs. 6c Satz 2 UStAE; gegen BFH v. 29.1.2009 – V R 67/07, BStBl. II 2009, 1029 = UR 2009, 554.

3 So Abschn. 2.8 Abs. 6c Satz 3 UStAE; BMF v. 1.12.2009 – IV B 8-S 7105/09/10003, BStBl. I 2009, 1609, Rz. 3. Beachte aber Rz. 4 ff. zu den Auswirkungen auf die organisatorische Eingliederung.

4 BFH v. 28.1.1999 – V R 32/98, BStBl. II 1999, 258 = UR 1999, 251; BFH v. 13.4.1961 – V 81/59 U, BStBl. III 1961, 343. Vgl. auch Abschn. 2.8 Abs. 7 UStAE.

5 BFH v. 7.7.2011 – V R 53/10, BStBl. II 2013, 218 = UR 2011, 943; BFH v. 14.2.2008 – V R 12-13/06, BFH/NV 2008, 1365.

6 BFH v. 3.4.2008 – V R 76/05, BStBl. II 2008, 905 = UR 2008, 549; Vgl. auch Abschn. 2.8 Abs. 8 UStAE.

7 BFH v. 7.7.2011 – V R 53/10, BStBl. II 2013, 218 = UR 2011, 943; Vgl. auch Abschn. 2.8 Abs. 8 Satz 8 UStAE.

8 Vgl. auch Abschn. 2.8 Abs. 8 Satz 6 UStAE.

Sonstige Eingriffsmöglichkeiten. Selbst dann, wenn im Einzelfall keine personelle Verflechtung in den Leitungsgremien von Organträger und Organgesellschaft vorliegt, kann (insbesondere in Konzernstrukturen) unter weiteren Voraussetzungen eine organisatorische Eingliederung angenommen werden.[1] Die Einflussnahmemöglichkeit des Organträgers muss dann durch institutionell abgesicherte unmittelbare Eingriffsmöglichkeiten in den Kernbereich der laufenden Geschäftsführung gewährleistet sein, die es dem Organträger (Besitzunternehmen) ermöglichen, gegenüber Dritten seine Entscheidungsbefugnis nachzuweisen und dem Geschäftsführer der Organgesellschaft (Betriebsgesellschaft) bei Verstößen gegen seine Anweisungen haftbar zu machen.[2] Darüber hinaus soll eine organisatorische Eingliederung regelmäßig anzunehmen sein, wenn die Organgesellschaft mit dem Organträger einen Beherrschungsvertrag nach § 291 AktG abgeschlossen hat oder nach §§ 319, 320 AktG eine Eingliederung in die Gesellschaft des Organträgers gegeben ist.[3] 3.917

7. Ausprägung der einzelnen Merkmale

Gesamtbild. Die Ausprägung der drei Eingliederungsmerkmale muss nicht in allen Bereichen gleichermaßen ausgestaltet sein. Eine umsatzsteuerliche Organschaft kann deshalb zwischen dem Besitzunternehmen und der Betriebsgesellschaft auch dann gegeben sein, wenn die Eingliederung auf einem dieser Gebiete nicht vollständig, dafür aber eine umso stärkere Eingliederung bei den anderen Gebieten gegeben ist.[4] So ist es z.B. bei einer deutlichen Ausprägung der finanziellen und organisatorischen Eingliederung unschädlich, wenn die wirtschaftliche Eingliederung mit mehr als nur unerheblichen entgeltlichen Geschäftsbeziehungen weniger deutlich zu Tage tritt.[5] Allerdings reicht es nicht aus, dass eine Eingliederung nur in Bezug auf zwei der drei Merkmale besteht.[6] Somit kann bspw. eine fehlende finanzielle Eingliederung auch nicht durch einen Beherrschungs- oder Ergebnisabführungsvertrag ersetzt werden.[7] 3.918

8. Schnittmengen von ertragsteuerlicher Betriebsaufspaltung und umsatzsteuerlicher Organschaft

a) Ertragsteuerliche Betriebsaufspaltung und umsatzsteuerliche Organschaft

Wirtschaftliche Eingliederung entscheidend. Bei gegebener ertragsteuerlicher Betriebsaufspaltung, die die Eingangs-Voraussetzung zur Annahme einer umsatzsteuerlichen Organschaft, namentlich der finanziellen Eingliederung, erfüllt (zu den Fallgestaltungen vgl. Rz. 3.910), sind in aller Regel auch die Anforderungen der organisa- 3.919

1 Abschn. 2.8 Abs. 10 Satz 1 UStAE.
2 Abschn. 2.8 Abs. 10 Satz 3 UStAE.
3 Abschn. 2.8 Abs. 10 Satz 4, Abs. 10a Bsp. 2 UStAE.
4 BFH v. 29.10.2008 – XI R 74/07, BFHE 223, 498 = BStBl. II 2009, 256 = UR 2009, 47. Vgl. auch Abschn. 2.8 Abs. 1 Satz 3 UStAE sowie Abschn. 2.8 Abs. 6 Satz 3 UStAE.
5 BFH v. 1.2.2022 – V R 23/21, BStBl. II 2023, 148 = UR 2022, 769; BFH v. 3.4.2008 – V R 76/05, BStBl. II 2008, 905.
6 BFH v. 1.2.2022 – V R 23/21, BStBl. II 2023, 148; BFH v. 5.12.2007 – V R 26/06, BFN/NV 2008, 451; v. 19.5.2005 – V R 31/03, BStBl. II 2005, 671.
7 BFH v. 1.12.2010 – XI R 43/08, BStBl. II 2011, 600; Abschn. 2.8 Abs. 5b Satz 7 UStAE.

torischen Eingliederung erfüllt (s. Rz. 3.916 ff.). Entscheidendes Merkmal für das Entstehen einer umsatzsteuerlichen Organschaft ist in diesen Fällen also das Merkmal der wirtschaftlichen Eingliederung (s. Rz. 3.912 ff.). Hierbei ist wie folgt zu differenzieren: (i) Bei ertragsteuerlicher Betriebsaufspaltung ist eine wirtschaftliche Eingliederung und damit insgesamt eine umsatzsteuerliche Organschaft stets gegeben, wenn das Besitzunternehmen der Betriebsgesellschaft eine funktional wesentliche Betriebsgrundlage oder ein sonstiges Wirtschaftsgut von besonderem Gewicht für die Unternehmenstätigkeit der Betriebsgesellschaft entgeltlich überlässt (s. Rz. 3.720, zur erforderlichen Entgeltlichkeit der Überlassung vgl. Rz. 3.896 und Rz. 3.905. Demgegenüber ist eine wirtschaftliche Eingliederung und damit eine umsatzsteuerliche Organschaft nicht gegeben, wenn der überlassene Vermögensgegenstand zwar aus ertragsteuerlicher Sicht eine funktional wesentliche Betriebsgrundlage ist, aus umsatzsteuerlicher Sicht aber bspw. als „Allerweltsbürogebäude“ oder als „häusliches Arbeitszimmer“ kein besonderes Gewicht für die wirtschaftliche Tätigkeit der Betriebs-/Organgesellschaft hat (s. Rz. 3.914).

b) Ertragsteuerliche Betriebsaufspaltung ohne umsatzsteuerliche Organschaft

3.920 **Unentgeltliche Überlassung.** Die unentgeltliche Überlassung von wesentlichen Betriebsgrundlagen kann im Verhältnis zu einer Betriebs-Kapitalgesellschaft eine ertragsteuerliche Betriebsaufspaltung begründen (dazu Rz. 3.145 ff.). Umsatzsteuerlich erfolgt eine unentgeltliche Überlassung jedoch außerhalb der unternehmerischen Betätigung des herrschenden Rechtsträgers, so dass hierdurch keine umsatzsteuerliche Organschaft begründet werden kann.[1] Hierzu bereits Rz. 3.896 und Rz. 3.912.

3.921 **Anteile im Sonderbetriebsvermögen.** Bei einer Besitz-Personengesellschaft kann über den Anteilsbesitz der Gesellschafter (Mitunternehmer) im Sonderbetriebsvermögen in Bezug auf die Betriebs-Kapitalgesellschaft die ertragsteuerliche Betriebsaufspaltung begründet werden, dazu Rz. 3.157 ff., 3.365 ff. Umsatzsteuerlich wird auf diese Weise aber keine finanzielle Eingliederung und damit keine umsatzsteuerliche Organschaft bewirkt, da diese nur über eine un-/mittelbar von der Besitz-Personengesellschaft gehaltene Beteiligung an der Betriebsgesellschaft möglich ist (dazu auch Rz. 3.908, Rz. 3.911).

3.922 **Funktional wesentliche Betriebsgrundlage.** Die Nutzungsüberlassung an die Betriebsgesellschaft erfordert im Rahmen der ertragsteuerlichen Betriebsaufspaltung eine funktional wesentliche Betriebsgrundlage, die grundsätzlich in jeder Form der Grundbesitzüberlassung gegeben ist, dazu Rz. 3.117 ff. Hingegen fehlt es in Fällen der Überlassung von Allerweltsbürogebäuden und häuslichen Arbeitszimmern an einer wirtschaftlichen Eingliederung, so dass in diesen Fällen keine umsatzsteuerliche Organschaft gegeben ist (dazu auch Rz. 3.914).

---

1 BFH v. 3.12.2015 – V R 36/13, BStBl. II 2017, 563; BFH v. 20.8.2009 – V R 30/06, BStBl. II 2010, 863; BFH v. 18.6.2009 – V R 4/08, BStBl. II 2010, 310; Niedersächsisches FG v. 9.12.2021 – 5 K 44/20, EFG 2025, 601 (Rev. BFH XI R 23/23).

c) Umsatzsteuerliche Organschaft ohne ertragsteuerliche Betriebsaufspaltung

Vorrang des Sonderbetriebsvermögens. Bei einer Personengesellschaft als Betriebsgesellschaft kann bei finanzieller Eingliederung in das Unternehmen des Organträgers eine umsatzsteuerliche Organschaft vorliegen, aufgrund hierzu erforderlicher un-/mittelbarer Beteiligung des Organträgers an der Personengesellschaft (Mitunternehmerschaft) aber keine ertragsteuerliche Betriebsaufspaltung wegen des Vorrangs des Sonderbetriebsvermögens i.S.d. § 15 Abs. 1 Satz 1 Nr. 2 Satz 1 Halbs. 2 EStG, dazu Rz. 3.147 ff. und Rz. 3.906. 3.923

d) Wechsel der Verhältnisse

Entstehende oder entfallende finanzielle Eingliederung. Ungeachtet einer ertragsteuerlichen Betriebsaufspaltung kann wegen entstehender oder entfallender finanzieller Eingliederung eine umsatzsteuerliche Organschaft auch begründet oder beendet werden: (i) Besteht z.B. eine Betriebsaufspaltung zwischen einer Besitz-GbR und einer Betriebs-GmbH, an der jeweils dieselben Gesellschafter zu 50 % beteiligt sind (keine umsatzsteuerliche Organschaft, s. Rz. 3.908, Rz. 3.911) und erwirbt einer der beiden Gesellschafter die Anteile des anderen Gesellschafters (durch Rechtsgeschäft oder auch durch Erbfolge), bleibt die ertragsteuerliche Betriebsaufspaltung unverändert bestehen, die finanzielle Eingliederung und damit – organisatorische und wirtschaftliche Eingliederung unterstellt – die umsatzsteuerliche Organschaft wird aber durch Anwachsung der vormaligen GbR beim verbleibenden Gesellschafter erstmals bewirkt.[1] (ii) Im Fall der Übertragung der GmbH-Anteile aus dem Betriebsvermögen der Besitzgesellschaft in das Sonderbetriebsvermögen der Gesellschafter bleibt ebenfalls die ertragsteuerliche Betriebsaufspaltung unverändert bestehen, die finanzielle Eingliederung und damit die umsatzsteuerliche Organschaft wird aber infolge der fortan nur hälftigen Beteiligung der Gesellschafter beendet. 3.924

9. Beginn und Ende der Organschaft

Eingliederungsmerkmale. Die umsatzsteuerliche Organschaft beginnt, sobald die Eingliederungsmerkmale des § 2 Abs. 2 Nr. 2 UStG erfüllt sind. Ein Wahlrecht zur Inanspruchnahme oder Vermeidung der Organschaftswirkungen besteht nicht. Damit endet die umsatzsteuerliche Organschaft in dem Zeitpunkt, in dem die Voraussetzungen des § 2 Abs. 2 Nr. 2 UStG entfallen. Die umsatzsteuerliche Organschaft kann damit zu jedem beliebigen Zeitpunkt eines Veranlagungs- bzw. Voranmeldungszeitraums beginnen oder enden. Zu Beginn und Ende der umsatzsteuerlichen Organschaft infolge Veränderung im Gesellschafter-/Anteilsbestand s. Rz. 3.924. Zu Beginn und Ende der ertragsteuerlichen Betriebsaufspaltung s. Rz. 3.241 ff. und Rz. 3.494 ff. 3.925

1 Zu einem solchen Fall FG Baden-Württemberg v. 31.1.2018 – 1 K 2444/16, EFG 2018, 1066 (rkr.).

3.926 **Beendigung bei Insolvenz.** Im Zeitpunkt der Eröffnung des Insolvenzverfahrens über das Vermögen des Besitzunternehmens oder der Betriebsgesellschaft endet infolge Wegfalls der Möglichkeit zur Willensdurchsetzung die organisatorische Eingliederung.[1] Gleiches gilt bei Bestellung eines vorläufigen starken Insolvenzverwalters i.S.d. § 22 Abs. 1 InsO durch das Insolvenzgericht sowie bei Bestellung eines vorläufigen schwachen Insolvenzverwalters mit Zustimmungsvorbehalt gem. § 21 Abs. 2 Satz 1 Nr. 2 Fall 2 i.V.m. § 22 Abs. 1 InsO.[2] Zu den Auswirkungen des (vorläufigen) Insolvenzverfahrens auf die ertragsteuerliche Betriebsaufspaltung s. Rz. 3.541 ff.

10. Rechtsfolgen

3.927 **Alleinige Unternehmereigenschaft des Besitzunternehmens.** Mit Vorliegen der umsatzsteuerlichen Organschaft i.S.d. § 2 Abs. 2 Nr. 2 UStG ist die grundlegende Rechtsfolge verbunden, dass die Betriebsgesellschaft ihre Selbständigkeit verliert und damit nicht als Unternehmer i.S.d. § 2 Abs. 1 UStG tätig ist. Die Ein- und Ausgangsumsätze der eingegliederten Betriebsgesellschaft (Organgesellschaft) im Verhältnis zu Dritten werden dem Besitzunternehmen als Organträger zugerechnet. Dies gilt auch, wenn die Rechnungslegung an bzw. von der Betriebsgesellschaft als zivilrechtlichem Vertragspartner der zugrundeliegenden Schuldverhältnisse erfolgt. Im Regelfall des Besitzunternehmens mit ausschließlichen Rechtsbeziehungen zur Betriebsgesellschaft sind damit allein die von der Organ-/Betriebsgesellschaft getätigten Umsätze als einzige Umsätze des Organträger-/Besitzunternehmens zu deklarieren. Zu den Folgen der Eröffnung des (vorläufigen) Insolvenzverfahrens über das Vermögen der Besitz- und/oder Betriebsgesellschaft s. Rz. 4.119 ff.

3.928 **Besteuerungsverfahren und Haftung.** Das Besitzunternehmen ist als alleiniger Unternehmer Schuldner der USt i.S.d. § 13a Abs. 1 Nr. 1 UStG und hat nach Maßgabe von §§ 16, 18 UStG Umsatzsteuer-Voranmeldungen und Jahreserklärungen sowie ggf. die weiteren Erklärungen und Meldungen i.S.d. §§ 18a-18d UStG für das Unternehmen abzugeben. Die Betriebsgesellschaft haftet jedoch gemäß § 73 AO für die Steuern des Organträgers, für welche die Organschaft zwischen ihnen steuerlich von Bedeutung ist, und kann hierfür nach Maßgabe des § 191 AO in Anspruch genommen werden, dazu ausführlich 3.756/1 ff. Betroffene Steuern des Organträgers liegen grundsätzlich dann vor, wenn der Organträger die Umsätze der Organgesellschaft zu versteuern hat und Vorsteuerbeträge aus Rechnungen über Leistungsbezüge der Organgesellschaft abziehen kann. Die Haftung der Organgesellschaft beschränkt sich dabei aber nicht notwendig auf solche Steuern, die während der Dauer des Organschaftsverhältnisses entstanden sind.[3]

---

1 BFH v. 15.12.2016 – V R 14/16, BStBl. II 2017, 600 = UR 2017, 305; Vgl. auch Abschn. 2.8 Abs. 12 Satz 1 UStAE.

2 BFH v. 5.4.2022 – VII R 18/21, BStBl. II 2023, 3 = UR 2022, 727; BFH v. 27.11.2019 – XI R 35/17, BStBl. II 2021, 252 = UR 2020, 222; BFH v. 24.8.2016 – V R 36/15, BStBl. II 2017, 595 = UR 2017, 117; BFH v. 8.8.2013 – V R 18/13, BStBl. II 2017, 543 = UR 2013, 785 m. Anm. *Slapio*; BFH v. 1.4.2004 – V R 24/03, BStBl. II 2004, 905 = UR 2004, 352; Vgl. auch Abschn. 2.8 Abs. 12 Satz 3 ff. UStAE.

3 BFH v. 5.4.2022 – VII R 18/21, BStBl. II 2023, 3 = UR 2022, 727.

Nicht umsatzsteuerbare Innenumsätze. Bei den Vermietungs- und Verpachtungsumsätzen des Besitzunternehmens gegenüber der Betriebsgesellschaft handelt es sich um Umsätze innerhalb des (Gesamt-)Unternehmens des Besitzunternehmens (sog. Innenumsätze, vgl. § 2 Abs. 2 Nr. 2 Sätze 2 und 3 UStG), für die keine Umsatzsteuerbarkeit i.S.d. § 1 Abs. 1 Nr. 1 UStG gegeben ist.[1] 3.929

Keine Rechnungen. Belege, mit denen über die Vermietungs- und Verpachtungsumsätze des Besitzunternehmens gegenüber der Betriebsgesellschaft abgerechnet wird, sind keine Rechnungen i.S.d. § 14 Abs. 1 UStG. Gleiches gilt für Lieferungen und Leistungen der Betriebsgesellschaft an das Besitzunternehmen.[2] Es handelt sich lediglich um interne Buchungsbelege, die unabhängig von einem gesonderten Steuerausweis nicht zum Vorsteuerabzug nach § 15 UStG berechtigen. Die gesondert ausgewiesene Steuer wird auch nicht nach § 14c Abs. 2 UStG geschuldet.[3] 3.930

IV. Verkauf und Übertragung von Unternehmensvermögen

Innenumsatz. Wird die überlassene wesentliche Betriebsgrundlage vom Besitzunternehmen an die Betriebsgesellschaft veräußert oder auf sonstige Weise übertragen (z.B. durch Ausgliederung), ist bei bestehender umsatzsteuerlicher Organschaft ein umsatzsteuerlich unbeachtlicher Innenumsatz i.S.d. § 2 Abs. 2 Nr. 2 Satz 2 UStG gegeben. 3.931

Geschäftsveräußerung im Ganzen i.S.d. § 1 Abs. 1a UStG. Außerhalb einer umsatzsteuerlichen Organschaft kann der Verkauf oder die sonstige Übertragung (z.B. durch Ausgliederung) von Unternehmensvermögen des Besitzunternehmens auf die Betriebsgesellschaft gem. § 1 Abs. 1a UStG eine nicht umsatzsteuerbare Geschäftsveräußerung im Ganzen darstellen.[4] Anderenfalls ist ein umsatzsteuerbarer Vorgang i.S.d. § 1 Abs. 1 Nr. 1 UStG anzunehmen, der bei Nichteingreifen einer Steuerbefreiung nach § 4 UStG regulär der Umsatzsteuer unterliegt. 3.932

Q. Betriebsaufspaltung im Grunderwerbsteuerrecht

I. Begründung der Betriebsaufspaltung

Grundstücksübertragung. Gem. § 1 Abs. 1 GrEStG sind Rechtsgeschäfte in Bezug auf Grundbesitz grunderwerbsteuerbar. Vorbehaltlich des Grundstückserwerbs zum Zwecke der Vermietung an eine Betriebsgesellschaft, der nach allgemeinen Regelungen gemäß § 1 Abs. 1 GrEStG steuerbar und nach Maßgabe der §§ 3, 5 ff. GrEStG 3.933

1 EuGH v. 11.7.2024 – C-184/23 – Stiftung S/Finanzamt T II, HFR 2024, 877; BFH v. 29.8.2024 – V R 14/24 (V R 20/22; V R 40/19), BFH/NV 2025, 233. Vgl. auch Abschn. 14c.2 Abs. 2a Satz 1 UStAE.

2 Vgl. auch Abschn. 14c.2 Abs. 2a Satz 2 UStAE.

3 BFH v. 29.10.2010 – V R 7/10, BStBl. II 2011, 391 = UR 2011, 256 m. Anm. von *Streit/Duyfjes*; vgl. auch Abschn. 14c.2 Abs. 2a Satz 3 UStAE.

4 Zur Thematik BFH v. 26.6.2019 – XI R 3/17, BStBl. II 2021, 953 = UR 2019, 803; BFH v. 3.12.2015 – V R 36/13, BStBl. II 2017, 563 = UR 2016, 204.

steuerfrei sein kann, löst die Begründung einer Betriebsaufspaltung keine Grunderwerbsteuerbarkeit nach § 1 Abs. 1 GrEStG aus, weil der Grundbesitz im Besitzunternehmen verbleibt und nicht auf die Betriebsgesellschaft übertragen wird.

3.934 **Einräumung der Verwertungsbefugnis.** Gem. § 1 Abs. 2 GrEStG unterliegen der Grunderwerbsteuer auch Rechtsvorgänge, die es ohne Begründung eines Anspruchs auf Übereignung einem anderen rechtlich oder wirtschaftlich ermöglichen, ein inländisches Grundstück auf eigene Rechnung zu verwerten. Durch die bloße Nutzungsüberlassung durch das Besitzunternehmen an die Betriebsgesellschaft wird der Tatbestand des § 1 Abs. 2 GrEStG in aller Regel nicht erfüllt.[1] Etwas anderes kann nur gelten, wenn der Betriebsgesellschaft vertraglich ein Recht eingeräumt wird, das Grundstück auf eigene Rechnung zu verwerten, also zu belasten oder zu veräußern.

3.935 **Einräumung eines Erbbaurechts.** Gem. § 2 Abs. 2 Nr. 1 GrEStG unterliegt der Grunderwerbsteuer die Bestellung eines Erbbaurechts durch den Grundstücksbesitzer (Besitzunternehmen) an einen Erbbauberechtigten (Betriebsgesellschaft). Zur sachlichen Verflechtung über ein Erbbaurecht s. Rz. 3.111 und Rz. 3.124.

3.936 **Bauten auf fremdem Grund und Boden.** Gem. § 2 Abs. 2 Nr. 2 GrEStG wird Grunderwerbsteuer ausgelöst, wenn die Betriebsgesellschaft als Grundstückspächter auf dem überlassenen Grund und Boden ein Gebäude errichtet.

II. Umgestaltung der Betriebsaufspaltung

3.937 **Grundstücksübertragung.** Im Zuge der Umgestaltung einer Betriebsaufspaltung, bspw. durch Umwandlung des Besitz-Einzelunternehmens, einer Besitz-Personengesellschaft oder einer Besitz-Rechtsgemeinschaft in eine GmbH/UG & Co. KG oder übertragende Umwandlungen des Besitzunternehmens, kann sich eine Steuerbarkeit nach § 1 GrEStG ergeben (s. Rz. 3.575 ff. und Rz. 3.606 ff.). Je nach den Verhältnissen des Einzelfalles können die Steuerbefreiungen nach §§ 5, 6 GrEStG in Anspruch genommen werden.

3.938 **Anteilsübertragung.** Werden Anteile an einer grundbesitzenden Besitz-Personengesellschaft oder Gesamthands-Rechtsgemeinschaft übertragen, kann es zur Steuerbarkeit nach § 1 Abs. 2a ff. GrEStG kommen. Werden die Beteiligungen unentgeltlich übertragen, kann die Steuerbefreiung nach § 3 GrEStG in Anspruch genommen werden, z.B. beim Erwerb von Todes wegen oder Lebenden gem. § 3 Nr. 2 GrEStG.

III. Beendigung der Betriebsaufspaltung

1. Besitz- und Betriebsunternehmen im Kontext des § 6a GrEStG

3.939 **Grunderwerbsteuerbefreiung nach § 6a GrEStG.** Wird aufgrund einer Umwandlung i.S.d. § 1 Abs. 1 Nr. 1 bis 3 UmwG, einer Einbringung oder eines anderen Erwerbsvorgangs auf gesellschaftsvertraglicher Grundlage ein nach § 1 Abs. 1 Nr. 3

1 Zum langfristigen Miet-/Pachtvertrag vgl. FG Düsseldorf v. 3.11.2003 – 7 K 4612/02 GE, EFG 2004, 218 (rkr.); FG Hamburg v. 25.3.1993 – II 296/91, EFG 1993, 734 (rkr.).

Satz 1, Abs. 2, Abs. 2a, Abs. 3 oder Abs. 3a GrEStG steuerbarer Rechtsvorgang verwirklicht, wird Grunderwerbsteuer gem. § 6a GrEStG nicht erhoben, wenn an dem betreffenden Rechtsvorgang ausschließlich ein herrschendes Unternehmen sowie ein oder mehrere von diesem herrschenden Unternehmen abhängige Gesellschaften oder mehrere von einem herrschenden Unternehmen abhängige Gesellschaften beteiligt sind. Ob auch Betriebsaufspaltungen, die seit weniger als fünf Jahren bestehen, in den Anwendungsbereich des § 6a GrEStG fallen, ist noch ungeklärt.[1]

Besitzunternehmen als herrschendes Unternehmen. Das Besitzunternehmen einer Betriebsaufspaltung kann ohne Weiteres herrschendes Unternehmen i.S.d. § 6a GrEStG sein. An den hierfür erforderlichen wirtschaftlichen Geschäftsbetrieb sind keine hohen Anforderungen zu stellen, so dass es ausreicht, wenn das herrschende Unternehmen über eine Beteiligung an einer abhängigen Gesellschaft am Marktgeschehen teilnimmt.[2] Hierfür ist erforderlich, dass mindestens eine am „Umwandlungsvorgang" beteiligte abhängige Gesellschaft am Markt wirtschaftlich tätig ist.[3] Auch der Alleingesellschafter einer Kapitalgesellschaft kann herrschendes Unternehmen i.S.d. § 6a GrEStG sein. Er ist über seine Beteiligung an der Gesellschaft wirtschaftlich tätig, sofern diese Gesellschaft selbst wirtschaftlich tätig ist. 3.940

Betriebsgesellschaft als abhängiges Unternehmen. Eine abhängige Gesellschaft ist gem. § 6a Satz 4 GrEStG gegeben, wenn am Kapital der Gesellschaft oder an deren Gesellschaftsvermögen das herrschende Unternehmen innerhalb von fünf Jahren vor und fünf Jahren nach dem Rechtsvorgang (teils) unmittelbar und/oder (teils) mittelbar zu mindestens 95 % ununterbrochen beteiligt ist. Die fünfjährigen Vor- und Nachbehaltensfristen müssen nur insoweit eingehalten werden, als sie aufgrund eines begünstigten Umwandlungsvorgangs auch rechtlich eingehalten werden können.[4] 3.941

2. Übertragung des Besitzunternehmens auf die Betriebs-Kapitalgesellschaft

Grunderwerbsteuerbefreiung nach § 6a GrEStG. Innerhalb der Tatbestandsgrenzen des § 6a GrEStG besteht die Möglichkeit, eine Betriebsaufspaltung durch Transfer des grundbesitzenden Besitzunternehmens auf die Betriebs-Kapitalgesellschaft grunderwerbsteuerfrei zu beenden. Erforderlich hierfür ist eine Umstrukturierung, die zu einer Tatbestandsverwirklichung nach § 1 Abs. 1 Nr. 3 Satz 1, Abs. 2, Abs. 2a, Abs. 3 oder Abs. 3a GrEStG führt. Eine grunderwerbsteuerbare (direkte) Grundstücksübertragung nach § 1 Abs. 1 Nr. 1 GrEStG wird also von § 6a GrEStG nicht erfasst.[5] 3.942

Grundstück im Besitz-Einzelunternehmen. Hat das Besitzunternehmen die Rechtsform eines Einzelunternehmens, wird bei Vermögensübertragung auf die Betriebs-Kapitalgesellschaft der Tatbestand des § 1 Abs. 1 Nr. 3 Satz 1 GrEStG verwirklicht, 3.943

1 Vgl. zur Thematik *Demuth* in Gestaltende Steuerberatungspraxis 2021 (KSp 46), Abschn. C/38 ff.; *Zapf*, NWB 2021, 545, 552.
2 Vgl. BFH v. 21.8.2019 – II R 19/19, BStBl. II 2020, 337 = DB 2020, 372.
3 Koordinierte Ländererlasse v. 22.9.2020, BStBl. I 2020, 960, Rz. 3.1.
4 Koordinierte Ländererlasse v. 22.9.2020, BStBl. I 2020, 960, Rz. 3.2.2.
5 BFH v. 22.11.2018 – II B 8/18, BStBl. II 2020, 153 = DB 2019, 285.

wenn das Betriebsvermögen des (im Handelsregister eingetragenen) Besitzunternehmens infolge Ausgliederung (zur Neugründung) im Wege der Gesamtrechtsnachfolge auf die Betriebs-Kapitalgesellschaft i.S.d. § 123 Abs. 3 Nr. 2, §§ 124 ff., §§ 152 ff. UmwG übergeht.[1] Die Nachbehaltensfrist dürfte in diesem Fall nicht verletzt werden, da der Gesellschafter vor und nach der Ausgliederung derselbe ist.[2]

3.944 **Grundstück im Gesellschaftsvermögen der Besitz-Personengesellschaft.** Rechnet der Grundbesitz zum Gesellschaftsvermögen einer Besitz-Personengesellschaft, kommt es zur Tatbestandserfüllung nach § 1 Abs. 1 Nr. 3 Satz 1 GrEStG, wenn die Besitz-Personengesellschaft auf die Betriebs-Kapitalgesellschaft verschmolzen wird (§§ 2 ff., 39 ff., 46 ff. UmwG) oder wenn alle Anteile an der Besitz-Personengesellschaft in die Betriebs-Kapitalgesellschaft eingebracht werden (Sacheinlage).[3] Zählt die Beteiligung an der Betriebs-Kapitalgesellschaft seit mindestens fünf Jahren zum Gesellschaftsvermögen der Besitz-Personengesellschaft, ist die Besitz-Personengesellschaft herrschendes Unternehmen i.S.d. § 6a GrEStG, das übertragungsbedingt wegfällt; die Nichteinhaltung der Nachbehaltensfrist ist unschädlich.[4] Zählt die Beteiligung an der Betriebs-Kapitalgesellschaft zum Sonderbetriebsvermögen der Gesellschafter der Besitz-Personengesellschaft, kann herrschendes Unternehmen i.S.d. § 6a GrEStG nur ein Doppel-Gesellschafter sein, der an beiden Gesellschaften mindestens zu 95 % beteiligt ist; die Nichteinhaltung der Nachbehaltensfrist ist auch in diesem Fall unschädlich. Ist kein Doppelgesellschafter zu mindestens 95 % beteiligt, scheidet eine unmittelbare grunderwerbsteuerlich privilegierte Verschmelzung/Einbringung auf/in die Betriebs-Kapitalgesellschaft aus.[5]

3.945 **Grundstück im Sonderbetriebsvermögen der Besitz-Personengesellschaft.** Steht der Grundbesitz im Eigentum der Gesellschafter der Besitz-Personengesellschaft, kann eine Übertragung auf die Betriebs-Kapitalgesellschaft nur im Wege der Einzelrechtsnachfolge mit Grunderwerbsteuerbarkeit nach § 1 Abs. 1 Nr. 1 GrEStG erfolgen, wodurch aber kein begünstigter Tatbestand i.S.d. § 6a GrEStG erfüllt wird. Die vorherige Übertragung der Immobilie in das Gesellschaftsvermögen der Besitz-Personengesellschaft mit nachfolgender Verschmelzung oder Einbringung im o.g. Sinne ist im Ergebnis auch nicht zielführend. Zwar fällt die nach § 1 Abs. 1 Nr. 1 GrEStG steuerbare Übertragung in das Gesellschaftsvermögen der Besitz-Personengesell-

1 Zur Anwendung von § 6a GrEStG bei Ausgliederung zur Neugründung vgl. Sächsisches FG v. 30.6.2021 – 2 K 121/21, DStR 2021, 2969 (Rev. BFH II R 2/22) und FG Münster v. 3.5.2022 – 8 V 246/22 GrE, EFG 2022, 1215 (rkr.). A.A. Koordinierte Ländererlasse v. 22.9.2020, BStBl. I 2020, 960, Rz. 2.1 a.E.

2 *Demuth* in Gestaltende Steuerberatungspraxis 2021 (KSp 46), Abschn. C/42; gl.A. *Zapf*, NWB 2021, 545, 553 f.

3 Koordinierte Ländererlasse v. 22.9.2020, BStBl. I 2020, 960, Rz. 2.3.

4 Koordinierte Ländererlasse v. 22.9.2020, BStBl. I 2020, 960, Rz. 3.2.2. Zu weiteren Einzelheiten auch *Demuth* in Gestaltende Steuerberatungspraxis 2021 (KSp 46), Abschn. C/42.

5 Entsprechend BFH v. 22.8.2019 – II R 17/19, BStBl. 2020 II, 348 = ErbStB 2020, 149 (zur Verschmelzung zweier Schwester-GmbHs). Zu weiteren Einzelheiten auch *Demuth* in Gestaltende Steuerberatungspraxis 2021 (KSp 46), Abschn. C/42.

schaft grundsätzlich unter die Steuerbefreiung des § 5 Abs. 1 bzw. Abs. 2 GrEStG.[1] Durch die nachfolgende, nach § 1 Abs. 1 Nr. 3 Satz 1 GrEStG steuerbare Übertragung auf die Betriebs-Kapitalgesellschaft wird aber die zehnjährige Sperrfrist des § 5 Abs. 3 GrEStG verletzt, sodass es zu einer Grunderwerbsteuerbelastung des ersten, nach § 1 Abs. 1 Nr. 1 GrEStG steuerbaren Vorgangs kommt. § 6a GrEStG hilft an dieser Stelle nicht weiter, da der Vorgang gem. § 1 Abs. 1 Nr. 1 GrEStG hiervon nicht erfasst wird.[2] Zwischen der Übertragung der Immobilie in das Gesellschaftsvermögen und der Vermögensübertragung auf die Betriebs-Kapitalgesellschaft müssten zehn Jahre liegen, um eine Verletzung der Sperrfrist des § 5 Abs. 3 GrEStG zu vermeiden.

R. Betriebsaufspaltung im Grundsteuerrecht

Keine Merkmalsübertragung. Überlässt das Besitzunternehmen ein Grundstück zur Nutzung, für das die Betriebsgesellschaft im Fall der Eigentümerstellung eine Steuerbefreiung nach §§ 3 ff. GrSt in Anspruch nehmen könnte, stellt sich die Frage, ob die zur GewSt entwickelten Grundsätze der Merkmalsübertragung (s. Rz. 3.670 i.V.m. Rz. 3.637 ff.) auch auf Grundsteuerbefreiungen anzuwenden sind. Dies ist zu verneinen, weil das Grundsteuerrecht in § 4 Nr. 5 GrStG eine zivilrechtliche Rechtsträgeridentität zwischen Eigentümer und unmittelbar Nutzendem fordert.[3] Dieses Erfordernis der Rechtsträgeridentität kann durch eine Betriebsaufspaltung nicht überwunden werden, so dass ein nur vermietender, nicht aber selbst qualifiziert nutzender Eigentümer des Grundstücks die Steuerbefreiung unbeschadet dessen nicht beanspruchen, dass er (ertragsteuerlicher) Besitzunternehmer seiner das Grundstück in begünstigter Weise nutzenden Betriebskapitalgesellschaft ist. Einen Durchgriff auf die Betätigung des das Grundstück unmittelbar Nutzenden sieht das Gesetz nicht vor.[4] 3.946

Keine Steuerbefreiung. Deshalb kann bspw. ein Grundstückseigentümer, der selbst keine Schule betreibt, sondern sein Grundstück lediglich einem Schulträger zur Verfügung stellt, die Grundsteuerbefreiung nach § 3 Abs. 1 Satz 1 Nr. 3 Buchst. b und Satz 2 GrStG nicht in Anspruch nehmen. Auch die Steuerbefreiung nach § 4 Nr. 5 GrStG wegen Grundstücksnutzung für Zwecke des Unterrichts ist dem Besitzunternehmen zu versagen, da der Grundbesitz unmittelbar durch denjenigen für den steuerbegünstigten Zweck genutzt werden muss, dem er zuzurechnen ist. Die im Rahmen der Betriebsaufspaltung bestehenden gesellschaftsrechtlichen Verflechtungen reichen 3.947

1 Beachte hierzu aber die zeitliche Begrenzung der §§ 5, 6 GrEStG bis Ende 2026 gem. § 24 GrEStG, eingeführt durch das Kreditzweitmarktförderungsgesetz v. 22.12.2023, BGBl 2023 I Nr. 411.

2 Koordinierte Ländererlasse v. 22.9.2020, BStBl. I 2020, 960, Rz. 5.

3 BFH v. 6.12.2017 – II R 26/15, BFH/NV 2018, 453; BFH v. 27.9.2017 – II R 13/15, BStBl. II 2018, 768 = EStB 2018, 19; BFH v. 16.12.2009 – II R 29/08, BStBl. II 2010, 829 = DB 2010, 882; BFH v. 26.2.2003 – II R 64/00, BStBl. II 2003, 485 = DB 2003, 1153. Hierzu vgl. auch A 3.1 Abs. 3 Satz 4 AEGrStG 2025.

4 Kritisch hierzu *Micker* in Söffing/Micker, Betriebsaufspaltung[10], Rz. 1367 ff.

hierzu nicht aus.[1] Demgemäß ist auch die Steuerbefreiung nach § 4 Nr. 6 Satz 2 GrStG zu versagen, wenn eine Klinik von einer GmbH & Co. KG betrieben wird und der alleinige Kommanditist und GmbH-Gesellschafter Eigentümer des überlassenen Grundstücks ist.[2]

S. Betriebsaufspaltung im steuerlichen Verfahrensrecht

I. Geschäftsleitung i.S.d. § 10 AO

3.948 **Getrennte Beurteilung.** Besitzunternehmen und Betriebsgesellschaft sind bei einer Betriebsaufspaltung jeweils gesondert zu beurteilende Unternehmen mit eigenen Geschäftsleitungen i.S.d. § 10 AO (Mittelpunkt der geschäftlichen Oberleitung als Anknüpfungspunkt für die FA-Zuständigkeit i.S.v. § 18 ff. AO, dazu nachfolgend Rz. 3.950). Eine Betriebsaufspaltung führt folglich nicht zu einer automatischen Zusammenfassung der geschäftlichen Oberleitungen der beteiligten Unternehmen. Ein Zusammentreffen der geschäftlichen Oberleitungen ist jedoch nicht ausgeschlossen und kann gegeben sein, wenn die Geschäfte beider Unternehmen von einem Ort aus gelenkt werden.

II. Betriebsstätten i.S.d. § 12 AO

3.949 **Getrennte Beurteilung.** Bei Betriebsaufspaltungen sind die Sphären von Besitz- und Betriebsunternehmen auch in Bezug auf die Bestimmung von Betriebsstätten i.S.d. § 12 AO getrennt zu beurteilen. Folglich ist im Fall der Betriebsaufspaltung die Betriebsstätte der Betriebsgesellschaft grds. nicht als Betriebstätte des Besitzunternehmens anzusehen.[3] Denn dazu fehlt es dem vermietenden oder verpachtenden Besitzunternehmen regelmäßig an der erforderlichen Verfügungsmacht über die Betriebsstätte des Betriebsunternehmens.[4]

III. FA-Zuständigkeit i.S.d. §§ 18 ff. AO

3.950 **Besitzunternehmen.** Anknüpfend an die Festlegung des Mittelpunkts der geschäftlichen Oberleitung i.S.v. § 10 AO (s. Rz. 3.949) bestimmt sich bei einer Betriebsaufspaltung das zuständige Betriebsfinanzamt für das gewerbliche Besitz-Einzelunternehmen, eine Besitz-Personengesellschaft oder -Rechtsgemeinschaft gem. § 18 Abs. 1 Nr. 2 AO nach dem Ort der Geschäftsleitung der gewerblichen Grundstücksüberlassung und nicht nach dem des nutzenden Betriebsunternehmens.[5] Das für die Besteuerung der Besitz-Kapitalgesellschaft (-Körperschaft) zuständige Betriebsfinanz-

1 Sächsisches FG v. 16.10.2019 – 8 K 1863/18, EFG 2020, 795 (rkr., NZB als unbegründet zurückgewiesen durch BFH v. 1.7.2020 – II B 89/19, BFH/NV 2020, 1281).
2 BFH v. 25.4.2007 – II R 14/06, BFH/NV 2007, 1924.
3 BFH v. 17.7.1991 – I R 98/88, BStBl. II 1992, 246.
4 BFH v. 4.7.2012 – II R 38/10, BStBl. II 2012, 782 = FR 2013, 45; BFH v. 10.12.1998 – III R 50/95, BStBl. II 1999, 607; FG Niedersachsen v. 20.10.2009 – 15 K 30359/06, EFG 2010, 386 (rkr.).
5 Sächsisches FG v. 16.12.2021 – 8 K 625/21, juris.

amt bestimmt sich regelmäßig gem. § 20 Abs. 1 AO danach, in wessen FA-Bezirk sich die Geschäftsleitung der Gesellschaft befindet. Für eine Besitz-Personengesellschaft, die gem. § 1a KStG zur KSt-Besteuerung optiert hat, gilt Entsprechendes.

Betriebsgesellschaft. Das für die Besteuerung der Betriebs-Kapitalgesellschaft (-Körperschaft) zuständige Betriebsfinanzamt bestimmt sich regelmäßig gem. § 20 Abs. 1 AO danach, in wessen FA-Bezirk sich die Geschäftsleitung der Gesellschaft befindet. Für eine Personengesellschaft, die gem. § 1a KStG zur KSt-Besteuerung optiert hat, gilt Entsprechendes. Ansonsten bestimmt sich die FA-Zuständigkeit für eine Betriebs-Personengesellschaft ebenfalls nach § 18 Abs. 1 Nr. 2 AO. 3.951

IV. Vermögenszurechnung i.S.d. § 39 AO

Überlassene wesentliche Betriebsgrundlage. Das Besitzunternehmen ist in aller Regel sowohl zivilrechtlicher als auch wirtschaftlicher Eigentümer der an die Betriebsgesellschaft überlassenen wesentlichen Betriebsgrundlage i.S.d. § 39 AO. Die nutzende Betriebsgesellschaft wird auch bei einer etwaig bestehenden Substanzerhaltungsverpflichtung nicht wirtschaftlicher Eigentümer der gepachteten oder gemieteten materiellen oder immateriellen Wirtschaftsgüter i.S.d. § 39 Abs. 2 Nr. 1 AO.[1] 3.952

V. Gestaltungsmissbrauch i.S.d. § 42 AO

1. Begründung einer Betriebsaufspaltung

Steueroptimierende Gestaltung. Gestaltungen zur Herstellung einer Betriebsaufspaltung stehen – wie grundsätzlich jede steuerrelevante Vorgehensweise – unter dem Vorbehalt des § 42 AO.[2] Die Implementierung einer Betriebsaufspaltung stellt jedoch grundsätzlich keinen Missbrauch von Gestaltungsmöglichkeiten dar. Führt die Betriebsaufspaltung zu steuerlich günstigeren Ergebnissen als der Verzicht hierauf, ist dies hinzunehmen, da es dem Steuerpflichtigen unbenommen ist, seine Angelegenheiten steueroptimiert zu gestalten.[3] 3.953

Betriebsaufspaltung mit vermögensverwaltender Kapitalgesellschaft. Auch die Begründung einer unechten Betriebsaufspaltung mit einer vermögensverwaltenden, die überlassene wesentliche Betriebsgrundlage lediglich weitervermietenden Kapitalgesellschaft (insbesondere zwecks Vermeidung der sachlichen Entflechtung) stellt keinen Missbrauch von rechtlichen Gestaltungsmöglichkeiten i.S.d. § 42 AO dar.[4] Für eine Betriebs-Personengesellschaft, die gem. § 1a KStG zur KSt-Besteuerung optiert hat, gilt Entsprechendes. 3.954

---

1 BFH v. 7.10.1997 – VIII R 63/95, BFH/NV 1998, 1202; BFH v. 21.12.1965 – IV 228/64 S, BStBl. III 1966, 147.

2 BFH v. 28.11.2001 – X R 50/97, BStBl. II 2002, 363 = FR 2002, 332 m. Anm. v. *Söffing*; BFH v. 28.11.2001 – X R 49/97, BFH/NV 2002, 631.

3 BFH v. 18.6.2015 – IV R 11/13, BFH/NV 2015, 1398 (in diesem Fall diente die Betriebsaufspaltung – auch – dem außersteuerlichen Ziel der Haftungsminimierung).

4 BFH v. 18.6.2015 – IV R 11/13, BFH/NV 2015, 1398; BFH v. 18.6.2015 – IV R 12/13, BFH/NV 2015, 1401.

2. Vermeidung einer Betriebsaufspaltung

3.955 **Steueroptimierende Gestaltung.** Ebenso wie die Begründung einer Betriebsaufspaltung stehen auch Gestaltungen zur Vermeidung einer Betriebsaufspaltung unter dem Vorbehalt des § 42 AO.[1]

3.956 **Einstimmigkeitsprinzip.** Die Vereinbarung des Einstimmigkeitsprinzips bei einer Personengesellschaft zwecks Vermeidung einer personellen Verflechtung ist kein Gestaltungsmissbrauch i.S.v. § 42 AO. Ein solcher Gestaltungsmissbrauch kann insbesondere nicht mit der Begründung angenommen werden, dass die Vereinbarung des Einstimmigkeitsprinzips nicht einem Drittvergleich standhalte. Denn das Einstimmigkeitsprinzip ist bei der Personengesellschaft der gesetzliche Regelfall,[2] so dass es nicht darauf ankommen kann, ob ein Dritter zu einer entsprechenden Vereinbarung bereit gewesen wäre.[3]

3.957 **Beteiligung eines Minderheitsgesellschafters.** Auch die Beteiligung eines Minderheitsgesellschafters mit einem stimmgewichtig ausgestalteten Zwerganteil von 1 % zwecks Vermeidung einer personellen Verflechtung stellt keinen Missbrauch rechtlicher Gestaltungsmöglichkeiten i.S.v. § 42 AO dar.[4]

3.958 **Wiesbadener Modell.** Eine Betriebsaufspaltung lässt sich durch das sog. „Wiesbadener Modell" vermeiden, indem an der Betriebs-GmbH nur ein Ehepartner beteiligt ist und die an diese verpachteten Wirtschaftsgüter allein dem anderen Ehepartner (Besitzunternehmen) gehören, weil in diesem Fall keine personelle Verflechtung gegeben ist. Eine solche Gestaltung stellt keinen Missbrauch rechtlicher Gestaltungsmöglichkeiten i.S.v. § 42 AO dar (s. auch Rz. 3.235).[5]

3. Ausgestaltung einer Betriebsaufspaltung

3.959 **Abweichende Wirtschaftsjahre.** Legt eine Besitz-Personengesellschaft ohne außersteuerliche Gründe ihr Wirtschaftsjahr abweichend von dem Wirtschaftsjahr der Betriebs-Personengesellschaft fest, sodass eine Steuerpause eintritt (z.B. bei Ende des Wirtschaftsjahres der Besitz-Personengesellschaft einen Monat nach dem Wirtschaftsjahr des Betriebsunternehmens), liegt hierin ein Missbrauch rechtlicher Gestaltungsmöglichkeiten i.S.d. § 42 AO.[6]

3.960 **Umgekehrte Betriebsaufspaltung.** Die Grundstücksvermietung im Wege einer umgekehrten Betriebsaufspaltung unter Vermeidung des Ausschlusses der erweiterten Gewerbesteuer-Kürzung nach § 9 Nr. 1 Satz 2 GewStG (wegen schädlicher gewerblicher Tätigkeit als Besitzunternehmen einer Betriebsaufspaltung, dazu Rz. 3.654) so-

---

1 BFH v. 28.11.2001 – X R 50/97, BStBl. II 2002, 363 = FR 2002, 332 m. Anm. v. *Söffing*; BFH v. 28.11.2001 – X R 49/97, BFH/NV 2002, 631.

2 Ab 1.1.2024 vgl. hierzu § 714 BGB n.F.

3 BFH v. 7.12.1999 – VIII R 50, 51/96, BFH/NV 2000, 601.

4 BFH v. 28.5.2020 – IV R 4/17, BStBl. II 2020, 710 = FR 2020, 1045 m. Anm. v. *Bode*.

5 BFH v. 9.9.1986 – VIII R 198/84, BStBl II 1987, 28; BFH v. 30.7.1985 – VIII R 263/81, BStBl II 1986, 359.

6 BFH v. 16.12.2003 – VIII R 89/02, BFH/NV 2004, 936.

wie des Ausschlusses nach § 9 Nr. 1 Satz 5 Nr. 1 GewStG (wegen schädlichen Dienens zugunsten des Gewerbebetriebs eines Gesellschafters, dazu Rz. 3.658) unter „Ausnutzung" des Durchgriffsverbots durch zwischengeschaltete Kapitalgesellschaften[1] stellt keinen Missbrauch rechtlicher Gestaltungsmöglichkeiten i.S.d. § 42 AO dar.[2]

VI. Haftung i.S.d. § 45 AO

Beschränkung der Erbenhaftung. Bei Gesamtrechtsnachfolge gehen die Forderun- 3.961
gen und Schulden aus dem Steuerschuldverhältnis gem. § 45 Abs. 1 Satz 1 AO auf den Rechtsnachfolger über. Erben haben gem. § 45 Abs. 2 Satz 1 AO für die aus dem Nachlass zu entrichtenden Schulden nach den Vorschriften des bürgerlichen Rechts über die Haftung des Erben für Nachlassverbindlichkeiten einzustehen. Diese Beschränkung der Erbenhaftung auf den Nachlass gem. § 45 Abs. 2 AO i.V.m. § 1975 BGB kann auch die auf einen Aufgabegewinn aus der Auflösung einer Betriebsaufspaltung entfallenden Steuern umfassen, wenn diese als Nachlassverbindlichkeiten bzw. Nachlassverwaltungsschulden zu qualifizieren sind. Dies ist der Fall, wenn der Lebenssachverhalt, der zum Entstehen des Aufgabegewinns führt – hier die Beendigung der Betriebsaufspaltung durch Eröffnung des Insolvenzverfahrens über das Vermögen der Betriebsgesellschaft[3] – bereits vom Erblasser ohne ein Zutun des Erben angelegt wird und von dem Erben nicht verhindert werden kann (s. auch Rz. 3.554).[4]

VII. Haftung i.S.d. § 73 AO

Haftung der Organgesellschaft. Neben der zivilrechtlichen Haftung des Besitzunter- 3.962
nehmens[5] ist dessen Haftung für Steuerschulden gem. § 73 AO von erheblicher Bedeutung. Bei einer ertragsteuerlichen Einheits-Betriebsaufspaltung mit Mutter-Tochterverhältnis (s. Rz. 3.434 ff.) zwischen Besitz- und Betriebsgesellschaft ist auch stets die Haftung der Organgesellschaft nach § 73 AO zu beachten. Hiernach haftet die organschaftlich in das Mutter-/Besitzunternehmen (Organträger) eingebundene Tochter-/Betriebsgesellschaft (Organgesellschaft) für die Steuern der Besitzgesellschaft, für welche die Organschaft zwischen ihnen steuerlich von Bedeutung ist, und kann hierfür nach Maßgabe des § 191 AO in Anspruch genommen werden. Zweck des Haftungsanspruchs nach § 73 AO ist die Absicherung der Steueransprüche, die aus wirtschaftlichen Tätigkeiten des gesamten Organkreises herrühren, durch einen Zugriff auf sämtliche zum Organkreis gehörenden Gesellschaften. Denn das Vermögen des Organträgers, das der Finanzbehörde zur Durchsetzung von Steueransprüchen zur Verfügung steht, kann in einem Missverhältnis zur Höhe der Steuer-

1 Hierzu BFH v. 16.9.2021 – IV R 7/18, BStBl. II 2022, 767.
2 Vgl. FG München v. 17.4.2023 – 7 K 434/19, EFG 2023, 1152, nachgehend bestätigt durch BFH v. 22.2.2024 – III R 13/23, BStBl. II 2024, 487.
3 Zu den Auswirkungen der Insolvenz von Besitz- und/oder Betriebsunternehmen auf Betriebsaufspaltungen vgl. Bodden/Bodden, Ubg 2025, 507, 509.
4 FG Düsseldorf v. 24.11.2023 – 3 K 643/21 KV, EFG 2024, 177 (Rev. BFH VII R 38/23); FG Düsseldorf v. 24.11.2023 – 3 K 645/21 KV, EFG 2024, 1949 (Rev. BFH VII R 37/23).
5 Hierzu *Micker* in Söffing/Micker, Betriebsaufspaltung[10], Rz. 1461 ff.

ansprüche stehen, die auf die Tätigkeit des gesamten Organkreises zurückgehen. Deshalb sollen Steuerausfälle bei Zahlungsunfähigkeit des Organträgers durch Zugriff auf die Organgesellschaften vermieden werden. Die Haftung nach § 73 AO greift damit insbesondere im Fall der Insolvenz (s. Rz. 4.127). Während diese Haftung der Betriebsgesellschaft im Bereich der Körperschaft- und Gewerbesteuer aufgrund des gem. § 14 Abs. 1 Satz 1 KStG (aktiv) abzuschließenden Gewinnabführungsvertrags und der damit umfassend akzeptierten Organschaftsfolgen im allgemeinen Bewusstsein verankert ist, kann sie im Bereich der Umsatzsteuer bei unerkannter umsatzsteuerlicher Organschaft i.S.d. § 2 Abs. 2 Nr. 2 UStG unerwartete Rechtsfolgen auslösen, zur umsatzsteuerlichen Organschaft bei ertragsteuerlicher Betriebsaufspaltung s. Rz. 3.903 ff.[1]

3.963 **Betroffene Steuern.** Von der Haftung betroffene Steuern des Organträgers (Mutter-/Besitzunternehmen) sind solche, für die die Organschaft mit der Organgesellschaft (Tochter-/Betriebsgesellschaft) steuerlich von Bedeutung ist. Gehaftet wird damit nur für die Steuerart, für die die Organschaft besteht. Besteht damit – wie in vielen Fällen der Betriebsaufspaltung – nur eine umsatzsteuerliche Organschaft, bezieht sich die Haftung der Organ-/Betriebsgesellschaft nicht auf die Ertragsteuern der Besitzgesellschaft.[2] Die Haftung nach § 73 AO betrifft keine Nebenleistungen i.S.v. § 3 Abs. 4 AO.[3]

3.964 **Keine Beschränkung auf verursachte Steuerbeträge.** Die Haftung der Organgesellschaft (Tochter-/Betriebsgesellschaft) für die jeweilige Steuerart findet tatbestandlich keine Beschränkung auf die von der Organgesellschaft verursachten Steuerbeträge. Die Organgesellschaft haftet daher z.B. bei umsatzsteuerlicher Organschaft für die gesamte Umsatzsteuer im Organkreis.[4] Allerdings ist der Umfang der Haftung bzw. die Frage, in welcher Höhe z.B. die Umsatzsteuer gerade aus der wirtschaftlichen Tätigkeit der Organgesellschaft (Betriebsgesellschaft) resultiert, bei der Ermessensausübung im Rahmen des § 191 AO von Relevanz.[5]

3.965 **Keine Beschränkung auf Zeitraum der Organschaft.** Die Haftung der Organgesellschaft beschränkt sich nicht notwendig auf solche Steuern, die während der Dauer des Organschaftsverhältnisses i.S.v. § 38 AO entstanden sind (Ablauf des Kalenderjahres oder Voranmeldungszeitraums). Ausreichend ist, wenn die Steuerentstehung noch vor Beendigung der Organschaft verursacht wurde.[6]

3.966 **Organgesellschaft als Haftungsschulder.** Sind die Voraussetzungen des § 73 AO erfüllt und ist eine Inanspruchnahme durch Haftungsbescheid i.S.d. § 191 AO ermessensgerecht, wird die Organgesellschaft bzw. Betriebsgesellschaft hierdurch zwar

1 Zur umsatzsteuerlichen Organschaft bei ertragsteuerlicher Betriebsaufspaltung vgl. auch *Bodden* in kösdi, 2026, 24568.
2 So auch AEAO zu § 73 Nr. 3.1.
3 BFH v. 5.10.2004 – VII R 76/03, BStBl. II 2006 3; AEAO zu § 73 Nr. 3.1.
4 BFH v. 5.4.2022 – VII R 18/21, BStBl. II 2023, 3.
5 Zum Auswahlermessen vgl. AEAO zu § 73 Nr. 3.1, 3.1.2.
6 BFH v. 5.4.2022 – VII R 18/21, BStBl. II 2023, 3 (zur Umsatzsteuer); AEAO zu § 73 Nr. 3.2.

nicht zur Steuerschuldnerin i.S. von § 33 Abs. 1 Alt. 1 AO, dies ist weiterhin allein die Besitzgesellschaft (Organträgerin). Die Betriebsgesellschaft wird aber Haftungsschuldnerin gemäß § 33 Abs. 1 Alt. 2 AO und somit steuerpflichtig, was die betreffende Steuer anbelangt.[1] Es wird dann eine Gesamtschuldnerschaft zwischen der Besitzgesellschaft als Steuerschuldnerin und der Betriebsgesellschaft als Haftungsschuldnerin begründet.[2]

VIII. Haftung i.S.d. § 74 AO

Eigentümer überlassener Gegenstände. Bei Sachverhalten der Betriebsaufspaltung 3.967
ist für das Besitzunternehmen auch dessen Haftung für Steuerschulden gem. § 74 Abs. 1 Satz 1 AO von erheblicher Bedeutung.[3] Hiernach kann der zivilrechtliche Eigentümer[4] von Gegenständen, die insbesondere als wesentliche Betriebsgrundlage einem Unternehmen dienen, an dem der Eigentümer wesentlich beteiligt ist oder auf das er beherrschenden Einfluss ausüben kann, mit diesen Gegenständen für die betrieblichen Steuern des Unternehmens, die während der wesentlichen Beteiligung i.S.d. § 74 Abs. 2 AO entstanden sind, zur verschuldensunabhängigen Haftung herangezogen werden.[5] Die Haftung nach § 74 AO greift auch, wenn der entsprechende Gegenstand im zivilrechtlichen Eigentum einer personell verflochtenen Gesellschaft steht, an der nur Gesellschafter beteiligt sind, die am nutzenden Unternehmen wesentlich beteiligt sind.[6] Das Eigentum der Besitzgesellschaft an den zur Nutzung überlassenen Gegenständen wird für Zwecke des § 74 AO dann quotal den Gesellschaftern zugerechnet. Durch diese Regelung wird das von der Betriebsaufspaltung bezweckte Ziel der Haftungsbeschränkung (s. Rz. 3.27) für den Bereich von Steuerschulden des Betriebsunternehmens eingeschränkt.[7] Die Haftung greift auch (bzw. erst recht) im Fall der Insolvenz des nutzenden Unternehmens (Betriebsgesellschaft), s. Rz. 4.128.

Rechtsgrundlage der Überlassung. Die Rechtsgrundlage für die Überlassung des 3.968
Gegenstands i.S.d. § 74 AO ist unbeachtlich, so dass es sich um einen Miet- oder Pachtvertrag bei entgeltlicher Überlassung oder um einen Leihvertrag bei unentgeltlicher Überlassung handeln kann.[8]

1 BFH v. 5.4.2022 – VII R 18/21, BStBl. II 2023, 3.
2 AEAO zu § 73 Nr. 1.
3 Wesentlicher Anwendungsbereich der Norm ist neben Betriebsaufspaltungssachverhalten auch die Überlassung von Sonderbetriebsvermögen an Personengesellschaften (Mitunternehmerschaften i.S.d. § 15 Abs. 1 Satz 1 Nr. 2 EStG).
4 Wirtschaftliches Eigentum i.S.d. § 39 Abs. 2 Nr. 1 AO ist nicht ausreichend, vgl. FG München v. 15.9.2005 – 14 K 2643/02, juris (rkr.); FG Köln v. 9.12.1999 – 15 K 1756/91, EFG 2000, 203 (rkr.).
5 BFH v. 23.5.2012 – VII R 28/10, BStBl. II 2012, 763 = DB 2012, 1851.
6 BFH v. 23.5.2012 – VII R 28/10, BStBl. II 2012, 763; AEAO zu § 74, Nr. 1.
7 BVerfG v. 14.12.1966 – 1 BvR 496/65, BVerfGE 21, 13 = BStBl. III 1967, 166 (zu § 115 Abs. 1 AO a.F.). Hierzu auch *Micker* in Söffing/Micker, Betriebsaufspaltung[10], Rz. 1481.
8 BFH v. 23.2.1988 – VII R 99/85, BFH/NV 1988, 617.

3.969 **Dem Unternehmen dienende Gegenstände.** Dem Unternehmen dienende Gegenstände i.S.d. § 74 Abs. 1 Satz 1 AO sind solche, die einerseits für die Führung des Betriebs von wesentlicher Bedeutung und zugleich für die Erzielung steuerbarer Umsätze relevant sind.[1] Unter dem Begriff der Gegenstände sind nicht nur körperliche Gegenstände zu verstehen, sondern alle Wirtschaftsgüter materieller und immaterieller Art.[2] Für das Kriterium der wesentlichen Bedeutung der überlassenen Gegenstände für die Betriebsführung und Umsatzerzielung gelten keine weiteren Voraussetzungen. Es genügt, dass hiermit der Betrieb geführt und steuerbare Umsätze erzielt werden. Die Erzielung von Gewinnen oder Gewinnaufschlägen und ein besonderes wirtschaftliches Interesse oder ein bestimmtes aktives Tätigwerden ist nicht erforderlich. Auch sind keine weiteren Anforderungen an die Art der betrieblichen Verwendung der Gegenstände zu verlangen. Ebenso ist die Eigenschaft als wesentliche Betriebsgrundlage nicht zu fordern.[3] Hieran anknüpfend ist bei gegebener ertragsteuerlicher Betriebsaufspaltung, die die Überlassung einer wesentlichen Betriebsgrundlage voraussetzt, stets von einer haftungsbegründenden Gegenstandsüberlassung i.S.d. § 74 Abs. 1 Satz 1 AO auszugehen.[4] Unerheblich für ein betriebliches Dienen ist, ob der Gegenstand dem Unternehmen unmittelbar durch den Eigentümer oder mittelbar im Rahmen eines Schuldverhältnisses mit einem zwischengeschalteten Dritten zur Verfügung gestellt wird.[5] Nicht erforderlich ist, dass der Gegenstand ausschließlich dem Unternehmen dient, dem er überlassen wurde. Somit ist eine Mitbenutzung des überlassenen Gegenstands durch andere Unternehmen und auch die Weiterverpachtung für ein haftungsbegründendes Dienen i.S.d. § 74 Abs. 1 Satz 1 AO unschädlich.[6]

3.970 **Wesentliche Beteiligung an der Betriebsgesellschaft.** Die von § 74 Abs. 1 Satz 1 AO zur Haftungsbegründung geforderte wesentliche Beteiligung des überlassenden Eigentümers (Besitzunternehmen) am nutzenden Unternehmen (Betriebsgesellschaft) wird in § 74 Abs. 2 AO wie folgt definiert: Gem. § 74 Abs. 2 Satz 1 AO ist eine Person an dem Unternehmen wesentlich beteiligt, wenn sie unmittelbar oder mittelbar zu mehr als 25 % am Grund- oder Stammkapital oder am Vermögen des Unternehmens beteiligt ist. Eine Zusammenrechnung von Anteilen nach den ertragsteuerlichen Grundsätzen der Personengruppentheorie (s. Rz. 3.158 f.) erfolgt dabei nicht.[7]

3.971 **Wesentlicher Einfluss auf die Betriebsgesellschaft.** Als wesentlich beteiligt gilt nach § 74 Abs. 1 Satz 2 AO auch, wer z.B. als Kreditgeber und Sicherungseigentümer auf das Unternehmen einen beherrschenden Einfluss ausübt, ohne am Vermögen wesentlich beteiligt zu sein, und durch sein Verhalten dazu beiträgt, dass fällige Be-

1 BFH v. 6.8.2024 – VII R 25/21, BFH/NV 2024, 1430 m.w.N.
2 BFH v. 23.5.2012 – VII R 28/10, BStBl. II 2012, 763. Vgl. auch AEAO zu § 74, Nr. 1.
3 BFH v. 6.8.2024 – VII R 25/21, BFH/NV 2024, 1430 m.w.N.; ferner BFH v. 15.9.2000 – V B 93/00, BFH/NV 2001, 1999.
4 So auch *Gehm*, NWB 2024, 3248 (3251).
5 So BFH v. 6.8.2024 – VII R 25/21, BFH/NV 2024, 1430 m.w.N.
6 BFH v. 6.8.2024 – VII R 25/21, BFH/NV 2024, 1430 m.w.N.
7 BFH v. 1.12.2015 – VII R 34/14, BStBl. II 2016, 375 = DB 2016, 1235; FG Köln v. 9.12.1999 – 15 K 1756/91, EFG 2000, 203 (rkr); AEAO zu § 74, Nr. 3; a.A. *Nacke*, Die Haftung für Steuerschulden[5], Rz. 5.38.

triebssteuern nicht entrichtet werden. In diesem Kontext kann die ertragsteuerliche Personengruppentheorie Maßstäbe für die Ermittlung eines beherrschenden Einflusses bilden.[1] Das Tatbestandsmerkmal des beherrschenden Einflusses ist dabei rein tatsächlich zu verstehen, so dass auch eine wirtschaftliche, gesellschaftliche oder politische Stellung ausreichend sein kann. Allein die Möglichkeit eines solchen Einflusses genügt jedoch nicht.[2] Die Haftung im Fall der Ausübung eines beherrschenden Einflusses erfordert einen aktiven und für die Nichtentrichtung fälliger Betriebssteuern des nutzenden Unternehmens kausalen Beitrag. Ausreichend kann hier bereits eine Mitverursachung des Steuerschadens sein.[3]

Offene Fragen. Unklar ist, ob die Haftung nach § 74 AO auch den Nur-Besitzgesellschafter und die Sowohl-als-auch-Gesellschafter betrifft, die einzeln betrachtet nicht zu mehr als 25 % an der Betriebsgesellschaft beteiligt sind und keinen beherrschenden Einfluss haben.[4] Möglich ist ein Einbezug z.B., wenn einem bestimmenden Gesellschafter zurechenbare Anteile eines Mitgesellschafters oder vertragliche Stimmrechtsbindungen gegeben sind. 3.972

Haftung für Betriebssteuern. Die Haftung nach § 74 AO erstreckt sich in sachlicher Hinsicht nur auf die sog. Betriebssteuern und in zeitlicher Hinsicht nur auf solche, die während der Überlassung und des Bestehens der wesentlichen Beteiligung entstanden sind. Erfasste Betriebssteuern sind insbesondere die Gewerbesteuer und die Umsatzsteuer der Betriebsgesellschaft. Bei einem Herstellungsbetrieb sind auch geschuldete Verbrauchsteuern erfasst, weil auch hier der innere Zusammenhang der Steuerentstehung mit dem Betrieb besteht. Den Steuern stehen nach § 74 Abs. 1 Satz 3 AO die Ansprüche auf Erstattung von Steuervergütungen gleich, z.B. die Erstattung von Vorsteuern oder die Auszahlung einer Investitionszulage. Keine Betriebssteuern sind die Einkommen-, Körperschaft-, Erbschaft-, Grund- und Kfz-Steuer, Zölle und EUSt sowie die kommunale Vergnügungssteuer.[5] Nicht erfasst sind auch Steuerabzugsbeträge wie Lohn- und Kapitalertragsteuer sowie steuerliche Nebenleistungen nach § 3 Abs. 4 AO (also insbesondere Zinsen).[6] Im Zeitpunkt der Entstehung dieser Steuern muss der Gegenstand dem Unternehmen gedient haben und der Haftungsschuldner muss an der Betriebsgesellschaft wesentlich beteiligt sein. 3.973

Betroffene Steuern bei mehreren Betriebsstätten. Hat das Unternehmen, welchem der Gegenstand überlassen wurde, mehrere Betriebsstätten, erstreckt sich die Haftung auf die Steuerschuld aller Betriebsstätten, auch wenn der entsprechende Gegenstand nur einer Betriebsstätte diente.[7] 3.974

---

1 BFH v. 1.12.2015 – VII R 34/14, BStBl. II 2016, 375 = DB 2016, 1235.

2 *Gehm*, NWB 2024, 3248 (3253) m.w.N.

3 FG Düsseldorf v. 31.1.2022 – 11 K 2812/17 H, juris (zur Haftung nach § 69 AO, NZB unbegründet, vgl. BFH. v. 10.1.2024 – XI B 24/22, BFH/NV 2024, 403). Ein bloßes Unterlassen reicht nicht aus, hierzu BFH v. 1.12.2015 – VII R 34/14, BStBl. 2016 II, 375; AEAO zu § 74, Nr. 4.

4 Verneinend *Micker* in Söffing/Micker, Betriebsaufspaltung[10], Rz. 1483 f.

5 Vgl. dazu BVerwG v. 23.1.2019 – 9 C 1/18, HFR 2019, 539.

6 Vgl. auch AEAO zu § 74, Nr. 2.

7 BFH v. 15.9.2000 – V B 93/00, BFH/NV 2001, 199; *Gehm*, NWB 2024, 3248 (3252) m.w.N.

3.975 **In zeitlicher Hinsicht betroffene Steuern.** In zeitlicher Hinsicht erstreckt sich die Haftung nach § 74 Abs. 1 Satz 1, 2 AO auf solche betrieblichen Steuern, deren Entstehung während der Überlassung des für die Betriebsführung und Umsatzerzielung wesentlichen Gegenstands[1] und während der wesentlichen Beteiligung am nutzenden Unternehmen bzw. des beherrschenden Einflusses auf dieses erfolgte. Auf die Fälligkeit der Steuern kommt es in diesem Zusammenhang nicht an.[2] Offen ist, ob auch nur die Verursachung der Steuerbeträge innerhalb der genannten Zeiträume ausreicht, so wie im Kontext des § 73 AO (dazu Rz. 3.967).

3.976 **Persönliche, aber gegenständlich beschränkte Haftung.** In der Rechtsfolge begründet § 74 AO eine persönliche, aber gegenständlich beschränkte Haftung. Der Eigentümer (Besitzunternehmen) haftet nur „mit" den Gegenständen, die dem Unternehmen dienen. Die Haftung nach § 74 AO ist verschuldensunabhängig, so dass die Inanspruchnahme nicht dadurch ausgeschlossen wird, dass der Haftungsschuldner (zumindest in den Fällen des § 74 Abs. 2 Satz 1 AO) nichts von der Steuer wusste, für die er haftet.[3]

3.977 **Erfüllung der Haftungsschuld.** Sind die Voraussetzungen des § 74 AO erfüllt und eine Inanspruchnahme durch Haftungsbescheid i.S.d. § 191 AO formal ordnungsgemäß und ermessensgerecht, kann der geltend gemachte Haftungsanspruch durch Zahlung eines entsprechenden Geldbetrages befriedigt werden.[4]

3.978 **Vollstreckung der Haftungsschuld.** Zahlt der Haftungsschuldner nicht, kann wegen der Haftungsforderung nicht in das gesamte Vermögen des Haftungsschuldners vollstreckt werden (§§ 249 ff. AO), sondern nur die Vollstreckung in den Gegenstand i.S.d. § 74 AO betrieben werden, wegen dem der Überlassende als Haftungsschuldner in Anspruch genommen wurde.[5] Besteht an einem Gegenstand nur ein Miteigentum, muss dieser Anteil nach § 857 ZPO in der Vollstreckung gepfändet werden. Zu beachten ist aber stets, dass in den überlassenen Gegenstand auch zivilrechtlich vollstreckt werden kann. Bei Grundbesitz ist dies unproblematisch der Fall, wenn dieser insgesamt überlassen und genutzt wird. Neben einer ganzen Grundstücksfläche können auch Teilflächen vom Haftungsverband erfasst sein, wenn diese vom übrigen Grundstück abgrenzbar ist. Eine grundbuchmäßig gesonderte Eintragung ist dafür nicht erforderlich, ausreichend ist die Möglichkeit einer grundbuchmäßigen Verselbständigung der betreffenden Teilflächen.[6] Bei einzelnen Räumen eines Gebäudes ist dies nicht möglich, so dass diese nicht Haftungsobjekt i. S. des § 74 AO sein können.[7]

---

1 Hierzu BFH v. 22.11.2011 – VII R 63/10, BStBl. II 2012, 223; AEAO zu § 74, Nr. 1; *Gehm*, NWB 2024, 3248 (3255) m.w.N.

2 Vgl. auch AEAO zu § 74, Nr. 2.

3 BFH v. 23.5.2012 – VII R 28/10, BStBl. II 2012, 763.

4 BFH v. 28.1.2014 – VII R 34/12, BStBl. II 2014, 551 = DB 2014, 1300.

5 BFH v. 28.1.2014 – VII R 34/12, BStBl. II 2014, 551 = DB 2014, 1300.

6 Hierzu BFH v. 2.2.1961 – IV 395/58 U, BStBl. III 1961, 216; ferner FG Nürnberg v. 6.7.1993 – II 38/93, EFG 1993, 759 (nachgehend BFH v. 14.6.1994 – VII B 239/93, BFH/NV 1995, 89; FG Köln v. 9.12.1999 – 15 K 1756/91, EFG 2000, 203.

7 BFH v. 23.2.1988 – VII R 99/85, BFH/NV 1988, 617; FG Bremen v. 9.9.1977 – II 27/75, EFG 1978, 2; *Gehm*, NWB 2024, 3248 (3251) m.w.N.; *Nacke*, Die Haftung für Steuerschulden[5], Rz. 5.26.

Eine dingliche Belastung eines dienenden Grundstücks schließt die Haftung nicht aus, sondern schränkt allenfalls die Vollstreckungsmöglichkeiten ein.[1] Die Haftung erstreckt sich auch auf ein für den Gegenstand erhaltenes Surrogat (Veräußerungserlös, Schadenersatz, Tauschgegenstand oder Ähnliches), so dass auch in dieses die amtliche Vollstreckung betrieben werden kann.[2]

Gesamtschuldverhältnis. Mit der Inanspruchnahme des Eigentümers entsteht zwischen dem Haftungsschuldner und dem Steuerschuldner ein Gesamtschuldverhältnis mit der Möglichkeit des Ausgleichs nach § 426 BGB.[3] 3.979

IX. Haftung i.S.d. § 75 AO und § 25 HGB

Betriebsübernehmer. Bei Begründung einer echten Betriebsaufspaltung, also der Trennung eines ursprünglich einheitlichen Unternehmens in ein Besitz- und ein Betriebsunternehmen, kann eine unabdingbare Haftung des Betriebsübernehmers, also der Betriebsgesellschaft nach § 75 AO in Betracht kommen. Ebenso kann eine – allerdings abdingbare – Haftung gem. § 25 HGB bei Betriebsübernahme mit Firmenfortführung relevant werden, sofern keine Haftungsbeschränkung zwischen Besitz- und Betriebsgesellschaft gem. § 25 Abs. 2 HGB im Handelsregister eingetragen oder den jeweiligen Gläubigern mitgeteilt worden ist. Auch die Finanzbehörde kann die Durchsetzung von Steuerforderungen auf § 25 HGB stützen und mittels Haftungsbescheid i.S.d. § 191 Abs. 1 Satz 1 AO geltend machen.[4] Die Haftung für Steuerschulden nach § 75 AO und § 25 HGB stehen dann gleichrangig nebeneinander.[5] 3.980

X. Verbindliche Auskunft i.S.d. § 89 Abs. 2 AO

Zuständigkeit zur Erteilung. Im Falle einer Betriebsaufspaltung ist hinsichtlich der Zuständigkeit für die Erteilung einer verbindlichen Auskunft maßgebend, bei welchem Unternehmen sich die unmittelbaren steuerlichen Auswirkungen zeigen. Ein Anwendungsfall zur gemeinsamen Beantragung der verbindlichen Auskunft ist in § 1 Abs. 2 StAuskV für Fälle der Betriebsaufspaltung zwar nicht vorgesehen, obwohl auch hier häufig zwei Stpfl. die Auskunft begehren, nämlich ein Besitzunternehmen und eine Betriebsgesellschaft.[6] Dies steht einer gemeinsamen Antragstellung jedoch nicht entgegen.[7] Es kann dann auch die Gebührenbegrenzung nach § 89 Abs. 3 Satz 2 AO eingreifen. 3.981

---

1 BFH v. 13.11.2007 – VII R 61/06, BStBl. II 2008, 790.

2 BFH v. 6.8.2024 – VII R 25/21, BFH/NV 2024, 1430 m.w.N., zu weiteren Einzelheiten vgl. *Gehm*, NWB 2024, 3248 (3256) m.w.N.; AEAO zu § 74, Nr. 1.

3 BGH v. 15.10.2014 – XII ZR 111/12, GmbHR 2015, 200.

4 OVG Münster 11.11.2013 – 14 A 1347/11, KStZ 2014, 74.

5 FG Köln 5.8.2014 – 11 K 654/09, EFG 2014, 2106 (rkr.); OVG Münster 11.11.2013 – 14 A 1347/11, KStZ 2014, 74.

6 Zur Diskussion um die tatbestandlichen Beschränkungen des § 1 Abs. 2 StAuskV vgl. Niedersächsisches FG v. 15.1.2025 – 9 V 197/24, EFG 2025, 449; FG Berlin-Brandenburg v. 9.7.2022 – 9 K 9086/21, juris (Rev. BFH II R 37/22); FG Münster v. 8.2.2023 – 6 K 1330/20 AO, EFG 2023, 665 (Rev. BFH IV R 6/23) und FG Münster v. 26.7.2022 – 13 K 1563/20 AO, EFG 2022, 1725 (Rev. BFH X R 30/22).

7 Vgl. BFH v. 3.7.2025 – IV R 6/23, BFH/NV 2025, 1488.

Im Übrigen ist bei Betriebsaufspaltungen hinsichtlich der Zuständigkeit für die Erteilung einer verbindlichen Auskunft maßgebend, bei welchem Unternehmen sich die unmittelbaren steuerlichen Auswirkungen zeigen. Je nach Fragestellung und Auswirkungen hat eine Abstimmung zwischen dem für das Besitzunternehmen zuständigen Finanzamt und dem für das Betriebsunternehmen zuständigen Finanzamt zu erfolgen..[1] Bei einer eigenständigen Beurteilung von Besitz- und Betriebsunternehmen ist eine Gebührenbegrenzung nach § 89 Abs. 3 Satz 2 AO wegen einheitlicher Auskunftserteilung gegenüber mehreren Antragstellern (noch) nicht möglich.

XI. Buchführungspflichten i.S.d. §§ 140 f. AO

3.982 **Getrennte Beurteilung.** Bei einer Betriebsaufspaltung ist die steuerliche Buchführungspflicht des Besitz- sowie des Betriebsunternehmens jeweils selbständig zu prüfen und der Gewinn gesondert zu ermitteln.[2] Die Buchführungspflicht des Betriebsunternehmens als Handelsgesellschaft ist nach § 140 AO i.V.m. § 238 HGB regelmäßig gegeben. Buchführungspflicht des Besitzunternehmens besteht nach § 140 AO i.V.m. § 238 HGB, wenn das Besitzunternehmen in Rechtsform einer eingetragenen Personenhandelsgesellschaft (OHG, KG) oder Kapitalgesellschaft geführt wird, ansonsten nur, wenn die Verpachtung einen nach Art und Umfang in kaufmännischer Weise eingerichteten Geschäftsbetrieb gemäß § 1 Abs. 2 HGB erfordert. Ist dies nicht der Fall, kann sich die steuerliche Buchführungspflicht des Besitzunternehmens aber aus § 141 AO bei Überschreitung der dort genannten der Grenzwerte ergeben.

XII. Korrekturvorschriften i.S.d. § 172 ff. AO

3.983 **Neue Tatsache i.S.d. § 173 Abs. 1 Nr. 1 AO.** In Fällen der Betriebsaufspaltung kommt es nicht selten vor, dass der Finanzbehörde die Entstehung oder Beendigung der Betriebsaufspaltung erst nach erstmaliger Veranlagung oder Feststellung bekannt wird. Bei bereits bestandskräftigen Veranlagungen stellt sich dann die Frage nach deren Änderung zu Lasten des Stpfl.

3.984 **Begründung einer Betriebsaufspaltung.** Wird dem FA erst nach bestandskräftiger Steuerfestsetzung oder Gewinnfeststellung z.B. anlässlich einer Außenprüfung bekannt, dass ein Mietvertrag abgeschlossen war, aufgrund dessen die Voraussetzungen einer Betriebsaufspaltung erfüllt waren, so ist dies eine nachträglich bekannt gewordene Tatsache i.S.v. § 173 Abs. 1 Nr. 1 AO, die das FA zur Änderung eines bereits bestandskräftigen Steuer- oder Feststellungsbescheides rechtfertigt.[3] Die Feststellungslast dafür, dass dem FA die Tatsachen, die die Betriebsaufspaltung zur Folge hatten, bis zum Erlass des Erstbescheids bereits bekannt waren, trägt der Stpfl. Denn auch wenn die Feststellungslast für eine die Besteuerungsgrundlagen erhöhende Änderung eines Steuer- oder Feststellungsbescheids nach allgemeinen Grundsätzen dem FA obliegt, so kann hier die negative Tatsache, dass der Mietvertrag zum maßgeblichen Zeitpunkt nicht vorgelegt worden war, von dem FA nicht anders als durch den

1 Bayerisches Landesamt für Steuern v. 25.1.2021 – S 0224.2.1-21/10 St43, DB 2021, 204.
2 BFH v. 8.3.1989 – X R 9/86, BStBl II 1989, 714.
3 BFH v. 16.4.2015 – IV R 2/12, BFH/NV 2015, 1331.

Sachvortrag, dass dies nicht der Fall war, dargelegt werden.[1] Die Rechtsfolgen der Betriebsaufspaltung müssen dann zum verfahrensrechtlich frühestmöglichen Zeitpunkt gezogen werden.[2] Hieran ist das FA nicht nach den Grundsätzen von Treu und Glauben gehindert, denn das Prinzip der Abschnittsbesteuerung hat Vorrang vor einem etwaigen Vertrauen des Stpfl. in die zuvor – ggf. auch langjährig – ausgeübte anderweitige Behandlung.[3] Etwas anderes kann sich nur bei einer verbindlichen Auskunft i.S.d. § 89 Abs. 2 AO, einer verbindlichen Zusage i.S.d. § 207 AO oder einer bindenden tatsächlichen Verständigung (öffentlich-rechtlicher Vertrag) ergeben.

Beendigung einer Betriebsaufspaltung. Wird z.B. infolge der Übertragung von GmbH-Anteilen und des im Einzelunternehmen gehaltenen Betriebsgrundstücks unter Vorbehalt des Nießbrauchs die personelle Verflechtung zwischen Besitz- und Betriebsunternehmen gelöst und damit eine Aufgabe des Besitzunternehmens i.S.d. § 16 Abs. 3 Satz 1 EStG herbeigeführt, legt der Stpfl. mit einem bloßen Hinweis auf diese Vorgänge in der Gewinnermittlung nicht alle steuerlich relevanten Sachverhaltsdetails offen, so dass ein bereits bestandskräftiger Bescheid nach Aufforderung zur Einreichung des Übertragungsvertrages und abweichender steuerlicher Sachverhaltswürdigung wegen neuer Tatsachen nach § 173 Abs. 1 Nr. 1 AO geändert werden kann.[4] Der Einwand der Ermittlungspflichtverletzung des FA greift dann nicht, weil der Stpfl. seinerseits seine Mitwirkungspflicht nicht erfüllt hat.[5] 3.985

Neue Tatsache i.S.d. § 173 Abs. 1 Nr. 2 AO. Ein bestandskräftiger Einkommensteuerbescheid kann nach § 173 Abs. 1 Nr. 2 AO zugunsten des Stpfl. zu ändern sein, wenn dem FA nachträglich bekannt wird, dass es sich bei der Dividende, die der Stpfl. oder sein steuerlicher Berater in der Anlage KAP der Einkommensteuererklärung eingetragen hatte, um dieselbe Dividende handelt, die bereits Eingang in die steuerliche Ermittlung des gewerblichen Gewinns des Besitzunternehmens in Anlage G der Steuererklärung gefunden hatte.[6] Ein grobes Verschulden ist auszuschließen, wenn Überschriften und Feldbezeichnungen im Anlageformular ebenso wie die offizielle Ausfüllanleitung der Finanzverwaltung zur Anlage KAP nicht eindeutig und zweifelsfrei gestaltet sind.[7] 3.986

Widerstreitende Steuerfestsetzungen i.S.d. § 174 Abs. 3, 4 AO. Betriebsaufspaltung können bei zunächst unzutreffender Behandlung auch Gegenstand widerstreitender Steuerfestsetzungen i.S.d. § 174 AO sein. Besteht z.B. eine mitunternehmerische Betriebsaufspaltung, wurden jedoch die Vermögensbeteiligungen der Gesellschafter der Besitz-Personengesellschaft an der überlassenen wesentlichen Betriebsgrundlage rechtsirrig als (anteiliges) Sonderbetriebsvermögen der Besitzgesellschafter bei der 3.987

1 BFH v. 16.4.2015 – IV R 2/12, BFH/NV 2015, 1331.
2 BFH v. 13.4.1967 – V 235/64, BStBl. III 1967, 442.
3 BFH v. 15.12.1988 – VI R 36/84, BStBl. II 1989, 363.
4 BFH v. 21.1.2015 – X R 16/12, BFH/NV 2015, 815; vgl. auch Vorinstanz FG Münster v. 16.6.2011 – 3 K 3521/08 E, EFG 2012, 1926.
5 BFH v. 21.1.2015 – X R 16/12, BFH/NV 2015, 815.
6 FG Berlin-Brandenburg v. 23.5.2023 – 6 K 6019/21, EFG 2023, 1349 (rkr.).
7 FG Berlin-Brandenburg v. 23.5.2023 – 6 K 6019/21, EFG 2023, 1349 (rkr.).

Betriebs-Personengesellschaft behandelt und somit die Einkünfte der Besitz-Personengesellschaft (nur) im Feststellungsbescheid gegen die Betriebs-Personengesellschaft erfasst, kann eine Korrektur des Feststellungsbescheides gegenüber der Betriebsgesellschaft bzw. der erstmalige Erlass eines Gewinnfeststellungsbescheides gegenüber der Besitzgesellschaft auf der Grundlage der Änderungsvorschriften des § 174 Abs. 3, Abs. 4 AO erfolgen.[1] Dies gilt auf Seiten der Besitz-Personengesellschaft auch bei nur mittelbarer Beteiligung über eine weitere (zwischengeschaltete) Personengesellschaft.[2] „Bestimmter Sachverhalt“ i.S.d. § 174 Abs. 4 AO kann ein einzelner Lebenssachverhalt, aber auch ein Sachverhaltskomplex sein. Damit stellt der Fortfall der sachlichen und personellen Verflechtung nicht zwei unterschiedliche Sachverhalte i.S.d. § 174 Abs. 4 AO dar, sondern kann als einheitlicher Sachverhalt i.S.d. § 174 Abs. 4 AO beurteilt werden.[3]

XIII. Feststellungsverfahren i.S.d. § 179 ff. AO

3.988 **Besitzunternehmen.** Die Gewinneinkünfte des Besitzunternehmens sind gem. § 180 Abs. 1 Nr. 2 AO gesondert – und im Fall der Besitz-Personengesellschaft oder -Rechtsgemeinschaft auch einheitlich – festzustellen.[4] Die für das Besitzunternehmen erfolgte gesonderte Gewinnfeststellung ist dann insbesondere für die Einkommensteuerfestsetzung des Besitz-Einzelunternehmers, der Gesellschafter der Besitz-Personengesellschaft oder der Beteiligten der Besitz-Rechtsgemeinschaft gem. § 182 Abs. 1 AO bindend. Dies gilt auch, wenn in der Gewinnfeststellung möglicherweise zu Unrecht verdeckte Gewinnausschüttungen aus der Betriebs-Kapitalgesellschaft nicht berücksichtigt wurden. Das Wohnsitzfinanzamt darf in diesem Fall nicht unter Verweis auf § 155 Abs. 2 AO den Gewinn des Besitzunternehmens aus Gewerbebetrieb in anderer Höhe der Einkommensbesteuerung zugrunde legen, als der Gewinn vom Betriebsfinanzamt des Besitzunternehmens gesondert festgestellt wurde.[5] Ist der Besitz-Einzelunternehmer der Auffassung, das Besitzunternehmen erziele keine gewerblichen Einkünfte, weil die Voraussetzungen der Betriebsaufspaltung nicht erfüllt seien, muss dies im Verfahren gegen den Bescheid über den GewSt-Messbetrag vorgebracht werden. Die Anfechtung des ESt-Bescheids ist mangels Rechtsschutzbedürfnis unzulässig.[6] Wird der Gewinn aus dem Besitzunternehmen bei mehreren Beteiligten gesondert und einheitlich festgestellt, kann der Feststellungsbescheid mit der Begründung angefochten werden, dass die Voraussetzungen der Betriebsaufspaltung nicht erfüllt sind und somit eine unzutreffende Einkunftsart festgestellt wurde;

1 BFH v. 10.5.2012 – IV R 34/09, BStBl. II. 2013, 471 = FR 2013, 551 m. Anm. v. *Prinz/Kempermann*; BFH v. 5.11.2009 – IV R 99/06, BStBl. II 2010, 593 = DB 2010, 995.

2 FG Baden-Württemberg v. 15.6.2021 – 8 K 1764/18, EFG 2021, 1782 (Rev. BFH – IV R 19/21).

3 BFH v. 25.1.2017 – X R 45/14, BFH/NV 2017, 1039; ebenso Vorinstanz FG Köln v. 28.4.2014 – 10 K 1811/12, EFG 2014, 1797.

4 Vgl. auch *Gluth* in H/H/R, § 15 EStG Anm. 832a (Stand: April 2022).

5 Sächsisches FG v. 16.12.2021 – 8 K 625/21, GmbH-StB 2022, 220 (rkr.).

6 BFH v. 22.5.1974 – I R 169/72, BStBl. II 1975, 37. Vgl. auch *Gluth* in H/H/R, § 15 EStG Anm. 832a (Stand: April 2022).

auf eine konkrete Feststellung belastender Auswirkungen auf die Folgebescheide kommt es dabei nicht an.[1]

Betriebs-Personengesellschaft. Im Fall der mitunternehmerischen oder umgekehrten Betriebsaufspaltung sind auch die Gewinneinkünfte der Betriebs-Personengesellschaft gem. § 180 Abs. 1 Nr. 2 Buchst. a AO gesondert und einheitlich festzustellen.[2] 3.989

XIV. Betriebsprüfung i.S.d. § 193 AO

Gewerbliches Besitz- und Betriebsunternehmen. Im Falle einer Betriebsaufspaltung unterhält neben der stets gewerblichen Betriebsgesellschaft auch das Besitzunternehmen einen selbständigen Gewerbebetrieb, so dass beide Unternehmen gem. § 193 Abs. 1 AO der Außenprüfung unterliegen.[3] 3.990

Einheitliche Außenprüfung. Unternehmen, die zu einem Konzern i.S.d. § 13 BpO i.V.m. § 18 AktG gehören und die Außenumsatzgrenze von mindestens 25 Mio. EUR erreichen, sind im Zusammenhang, unter einheitlicher Leitung und nach einheitlichen Gesichtspunkten zu prüfen. Eine solche einheitliche Prüfung kann gem. § 18 Satz 1 Nr. 1 BpO auch bei Konzernen durchgeführt werden, die die o.g. Umsatzgrenze des § 13 BpO nicht erreichen. Gleiches gilt gem. § 18 Satz 1 Nr. 2 BpO bei Unternehmen, die nicht zu einem Konzern gehören, aber eng miteinander verbunden sind z.B. durch wirtschaftliche oder verwandtschaftliche Beziehungen der Beteiligten oder gemeinschaftliche betriebliche Tätigkeit. In beiden Fällen gelten die §§ 13 bis 17 BpO dann entsprechend (s. § 18 Satz 2 BpO). Bei Unternehmen einer Betriebsaufspaltung ist das Vorliegen eines Konzerns möglich und nach den allgemeinen Grundsätzen zu beurteilen.[4] Ein solcher ist aber nicht gegeben, wenn das Besitzunternehmen aus natürlichen Personen besteht und nur vermögensverwaltend tätig ist und keine weiteren Unternehmen im konzernrechtlichen Sinne dem Unternehmensverbund zuzuordnen sind. Das Besitzunternehmen sowie die Betriebsgesellschaft im Rahmen einer Betriebsaufspaltung rechnen daher in aller Regel zu den verbundenen Unternehmen i.S.d. § 18 Satz 1 Nr. 2 BpO, so dass für diese eine einheitliche Außenprüfung angeordnet werden kann.[5] 3.991

---

1 BFH v. 12.4.2018 – IV R 5/15, BStBl. II 2020, 118; BFH v. 4.7.2007 – VIII R 77/05, BFH/NV 2008, 53; BFH v. 6.9.2006 – XI R 3/06, BStBl. II 2007, 118; BFH v. 24.1.1985 – IV R 249/82, BStBl. II 1985, 676. Vgl. auch *Krumm* in Tipke/Kruse, § 40 FGO Rz. 63 (Stand: April 2021).

2 Vgl. auch *Gluth* in H/H/R, § 15 EStG Anm. 832a (Stand: April 2022).

3 Zu einer Prüfungsanordnung gegenüber einem mutmaßlichen Besitzunternehmen vgl. FG Hamburg v. 28.7.2006 – 2 K 91/05, juris; FG Düsseldorf v. 3.8.2001 – 18 V 2743/01 A, EFG 2001, 1349 (rkr.); vgl. auch Köstler in Hruschka/Peters/von Freeden, Steuerliche Betriebsprüfung, 2022, Rz. 6.37

4 *Köstler* in Hruschka/Peters/von Freeden, Steuerliche Betriebsprüfung, 2022, Rz. 6.32.

5 Zu einer Prüfungsanordnung gegenüber einem mutmaßlichen Besitzunternehmen vgl. auch FG Hamburg v. 28.7.2006 – 2 K 91/05, juris; FG Düsseldorf v. 3.8.2001 – 18 V 2743/01 A, EFG 2001, 1349 (rkr.). Vgl. auch *Köstler* in Hruschka/Peters/von Freeden, Steuerliche Betriebsprüfung, 2022, Rz. 6.37.

3.992 **Durchführung der Betriebsprüfungen.** Gem. § 13 Abs. 1 BpO sind Konzerne (und verbundene Unternehmen i.S.d. § 18 BpO) unter einheitlicher Leitung und nach einheitlichen Gesichtspunkten zu prüfen. Die Leitung der einheitlichen Prüfung soll gem. § 14 Abs. 1 BpO die Finanzbehörde übernehmen, die für die Außenprüfung des herrschenden oder einheitlich leitenden Unternehmens (Konzernspitze) zuständig ist. Als Konzernspitze gilt in Fällen der Betriebsaufspaltung in aller Regel das Betriebsunternehmen. Abweichend von diesem Grundsatz wird die Leitung der Konzernprüfung gem. § 14 Abs. 2 BpO derjenigen Finanzbehörde übertragen, die für die Prüfung des wirtschaftlich bedeutendsten Unternehmens zuständig ist. In Fällen der Betriebsaufspaltung ist auch dies in aller Regel das Betriebsunternehmen, so dass die Prüfungsleitung dem für dieses zuständigen FA obliegt.[1] Die einheitlichen Prüfungen bei den einzelnen (Konzern-)Betriebsaufspaltungsunternehmen bleiben dann rechtlich selbständige Außenprüfungen, so dass für jedes zu prüfende Unternehmen eine eigenständige Prüfungsanordnung i.S.d. § 196 AO durch das örtlich zuständige FA oder das nach § 195 Satz 2 AO i.V.m. § 5 Abs. 1 BpO beauftragte FA zu erlassen ist.

3.993 **Auslösen der Ablaufhemmung nach § 171 Abs. 4 AO.** Für das Auslösen der Ablaufhemmung nach § 171 Abs. 4 AO ist bei jedem einzelnen (Konzern-)Betriebsaufspaltungsunternehmen mit ernsthaften Prüfungshandlungen zu beginnen, um die Festsetzungsverjährung zu hemmen. Sind mehrere geprüfte Betriebe wirtschaftlich und rechtlich eng miteinander verflochten, wie dies im Fall einer Betriebsaufspaltung gegeben ist, so beginnen die zum selben Zeitpunkt und am selben Ort bei den betreffenden Stpfl. vorgesehenen Prüfungen für alle Prüfungsbereiche einheitlich schon damit, dass Ermittlungshandlungen für einen dieser Stpfl. vorgenommen werden, wenn Sachverhalte geprüft werden, die steuerliche Auswirkungen auf alle Stpfl. haben.[2] Eine Scheinprüfungshandlung ist aber anzunehmen, wenn ein Außenprüfer kurz vor Ablauf der Festsetzungsfrist gleichzeitig die Prüfung mehrerer selbständiger Unternehmen beginnt, die miteinander verbunden sind. Hier kann realistischerweise nur die Prüfung eines Unternehmens beginnen.[3]

XV. Hinzuziehung i.S.d. § 360 AO

3.994 **Einspruch des Besitzunternehmens.** Erhebt das Besitzunternehmen Einspruch oder ggf. Klage gegen die Qualifikation der Mietzahlungen als Einnahmen aus Gewerbebetrieb i.S.d. § 15 EStG (regelmäßig erfolgt dies im Verfahren gegen den Bescheid über den Gewerbesteuer-Messbetrag, s. Rz. 3.988), hat dies keinen unmittelbaren Einfluss auf die steuerlichen Verhältnisse der Betriebsgesellschaft, sodass diese nicht notwendig zu einem Einspruchs-/Klageverfahren des Besitzunternehmens hinzuzuziehen ist (§ 360 Abs. 3 AO bzw. § 60 Abs. 3 FGO: Beiladung).[4] Eine einfache

1 *Köstler* in Hruschka/Peters/von Freeden, Steuerliche Betriebsprüfung², Rz. 6.43.
2 BFH v. 26.4.2017 – I R 76/15, BStBl II 2017, 1159; BFH v. 9.5.1985 – IV R 111/82, BFH/NV 1985, 10; BFH v. 15.12.1982 – II R 72/81, BStBl. II 1983, 384.
3 Str., vgl. BFH v. 24.4.2003 – VII R 3/02, BStBl II 2003, 739; FG Bremen v. 24.11.1981 – I 241/79, EFG 1982, 226; FG Hamburg v. 10.5.1995 – II 45/93, EFG 1995, 906.
4 BFH v. 8.5.2014 – X B 105/13, BFH/NV 2014, 1213.

Hinzuziehung (Beiladung) gem. § 360 Abs. 1 Satz 1 AO bzw. § 60 Abs. 3 FGO sowie eine Hinzuziehung nach § 174 Abs. 5 Satz 2 AO ist jedoch zulässig.[1]

XVI. Tatsächliche Verständigung

Höhe des Betriebsaufgabegewinns. Anlässlich der Betriebsaufgabe des Besitzunternehmens i.S.d. § 16 Abs. 3 Satz 1 EStG werden alle zum (Gesamt-)Betriebsvermögen rechnenden Wirtschaftsgüter gem. § 16 Abs. 3 Satz 7 EStG zum gemeinen Wert in das Privatvermögen entnommen (dazu Rz. 3.549 ff.). Die Bestimmung des gemeinen Werts z.B. von Grundbesitz und GmbH-Anteilen kann dabei auf der Grundlage von (Unternehmens-)Wertgutachten erfolgen. Das Finanzamt und der Steuerpflichtige können sich aber auch im Wege einer tatsächlichen Verständigung auf bestimmte Werte einigen.[2] Haben sich Finanzamt und Steuerpflichtiger auf diese Weise unter Mitwirkung eines entscheidungsbefugten Amtsträgers über die gemeinen Werte verständigt und ist nicht ersichtlich, dass die Einigung zu einem offensichtlich unzutreffenden Ergebnis geführt hat, so ist es dem Finanzamt verwehrt, den Wert der betroffenen Vermögensgegenstände (und damit die Höhe des Betriebsaufgabegewinns) nach Durchführung einer Betriebsprüfung anders zu beurteilen.[3] 3.995

XVII. Vertrauensschutz

Verschärfende Änderung der BFH-Rechtsprechung. Wird der sachliche oder persönliche Anwendungsbereich der Betriebsaufspaltung durch eine verschärfende Änderung der BFH-Rechtsprechung erweitert, stellt sich die Frage nach einer vertrauensschützenden Übergangsregelung. Hierfür bietet § 176 Abs. 1 Satz 1 Nr. 3 AO keine unmittelbare Rechtsgrundlage. Denn hiernach darf bei der Aufhebung oder Änderung eines Steuerbescheids nur nicht zuungunsten des Steuerpflichtigen berücksichtigt werden, dass sich die Rechtsprechung eines obersten Gerichtshofes des Bundes geändert hat, die bei der bisherigen Steuerfestsetzung von der Finanzbehörde angewandt worden ist. § 176 Abs. 1 Nr. 3 AO betrifft damit nur Zweit- oder weitere Folgebescheide, so dass Erstbescheide unter Berücksichtigung der verschärfenden Rechtsprechungsänderung ohne Einschränkung ergehen können und Einspruchsentscheidungen auf diesen beruhen können.[4] Ist die bisherige Rechtsprechung bereits in einer Steuererklärung oder einer Steueranmeldung berücksichtigt worden, ohne dass das für die Finanzbehörde erkennbar war, ist hierzu in § 176 Abs. 1 Satz 2 AO ergänzend geregelt, dass § 176 Abs. 1 Satz 1 Nr. 3 AO nur gilt, wenn anzunehmen ist, dass die Finanzbehörde bei Kenntnis der Umstände die bisherige Rechtsprechung angewandt hätte. Ungeachtet des gesetzlich eng geschnittenen Anwendungsbereichs von § 176 Abs. 1 Nr. 3 AO wird der vertrauensschützende Grundgedanke dieser Norm auch in anderen Fällen durch eine ausdrückliche Änderung der Rechtsprechung berührt und 3.996

1 BFH v. 8.5.2014 – X B 105/13, BFH/NV 2014, 1213.
2 Hierzu BMF v. 30.7.2008 – IV A 3-S 0223/07/10002, BStBl. I 2008, 831; geändert durch BMF v. 15.4.2019 – IV A 3-S 0223/07/10002, BStBl. I 2019, 447.
3 FG Düsseldorf v. 20.11.2015 – 3 K 887/13 F, juris.
4 BFH v. 22.4.2010 – V R 9/09, BStBl. II 2011, 597 = UR 2010, 579 m. Anm. v. *Korffrz.*

der Finanzverwaltung auf Basis der §§ 163 Abs. 1 Satz 1, 227 AO der Erlass von Übergangsregelungen eröffnet.[1]

3.997 **Übergangs- bzw. Billigkeitsregelungen.** Sofern der BFH nicht ausnahmsweise eine Rechtsprechungsänderung nur „pro futuro" oder selbst eine höchstrichterliche Übergangsregelung bestimmt,[2] obliegt es der Finanzverwaltung, auf Grundlage von Billigkeitsregelungen nach §§ 163 Abs. 1 Satz 1, 227 AO eine typisierende Übergangsregelung für die Vergangenheit zu erlassen und so die Härten der verschärften höchstrichterlichen Rechtsprechung abzufedern. Bei diesen Übergangsregelungen handelt es sich um ermessenslenkende Verwaltungsvorschriften, die zur Selbstbindung der Verwaltung führen.[3] Die Steuerfestsetzung unter Berücksichtigung der Rechtsprechungsänderung ist im Anwendungsbereich des gewährten Vertrauensschutzes dann „sachlich unbillig" bzw. rechtswidrig.

3.998 **Anwendungsfälle.** Im Bereich der Betriebsaufspaltung hat die Finanzverwaltung im Zuge der Anerkennung der mitunternehmerischen Betriebsaufspaltung vertrauensschützende Übergangsregelungen erlassen.[4] Auch im Zusammenhang mit der sachlichen Verflechtung auch durch Überlassung von Büro- und Verwaltungsgebäuden wurde durch eine Übergangsregelung Vertrauensschutz gewährt.[5] Gleiches erfolgte anlässlich der Erweiterung der personellen Verflechtung bei mittelbarer Beherrschung der Besitz-Personengesellschaft über eine Kapitalgesellschaft.[6]

---

1 Zur rechtlichen Einordnung der Übergangsregelungen auch *Riedel*, DStR 2023, 1051 (1054).

2 So insbesondere BFH v. 11.7.2017 – IX R 36/15, BStBl. II 2019, 208 (in Bezug auf eigenkapitalersetzende Darlehen) und v. 17.12.2007 – GrS 2/04, BStBl. II 2008, 608 (zur „Nicht-mehr-Vererbbarkeit" von Verlusten nach § 10d EStG).

3 BFH v. 26.9.2019 – V R 36/17, BFH/NV 2020, 86; FG Baden-Württemberg v. 24.5.2017 – 1 K 1543/16, EFG 2018, 194 (rkr.).

4 Vgl. hierzu BMF v. 28.4.1998 – IV B2 – S 2241-42/98, BStBl. I 1998, 583: Anwendung auf Wirtschaftsjahre, die nach dem 31.12.1998 beginnen; Heilungsmaßnahmen waren bis dahin zugelassen.

5 Vgl. hierzu BMF v. 11.6.2002 – IV A 6 - S 2240-70/02, BStBl. I 2002, 647; BMF v. 20.12.2001 – IV A 6 - S 2240 – 97/01, BStBl. I 2002, 88; BMF v. 18.9.2001 – IV A 6 - S 2240 – 49/01, BStBl. I 2001, 614.

6 Vgl. hierzu BMF v. 21.11.2022 – IV C 6 - S 2240/20/10006 :002 -/- 2022/1166461, BStBl. I 2022, 1515: Berücksichtigung erst ab VZ 2024. Ebenso und Gleichlautende Erlasse der obersten Finanzbehörden der Länder v. 22.11.2022, BStBl. I 2022, 1528 zur GewSt: Berücksichtigung erst ab EZ 2024. Zu Vertrauensschutzaspekten auch FinBeh Hamburg, Fachinfo v. 23.5.2022 – S 2240 - 2018/003 – 52, DStR 2023, 839.

Kapitel 4
Betriebsaufspaltung in weiteren Rechtsgebieten

A. Beraterhaftung im Kontext der Betriebsaufspaltung

I. Schadensersatzpflicht bei Falschberatung bzw. fehlender Aufklärung

4.1 **Beratungsfehler.** Betriebsaufspaltungssachverhalte sind in vielen Fällen hochkomplex und vielschichtig und werden in der Beratungspraxis nicht selten übersehen oder fehlerhaft beurteilt. So kann zum einen die Begründung einer Betriebsaufspaltung durch sachliche und personelle Verflechtung (ggf. über Jahre) unentdeckt bleiben. Zum anderen kann eine bestehende Betriebsaufspaltung unbewusst durch eine Maßnahme, die zum Wegfall der sachlichen und/oder personellen Verflechtung führt, beendet werden (s. dazu Rz. 3.496 ff. und Rz. 3.507 ff.). In beiden Fällen können sich im Einzelfall nicht unerhebliche Steuerkonsequenzen und -nachforderungen ergeben (s. Rz. 3.549 ff.), für die betroffene Steuerpflichtige (Mandanten) den involvierten steuerlichen Berater ggf. in Anspruch nehmen.[1] Zu Gestaltungen zur Vermeidung der Betriebsaufgabe beim Besitzunternehmen s. Rz. 3.571 ff.

4.2 **Anspruchsgrundlage.** Die Anspruchsgrundlage für einen Schadensersatzanspruch gegen einen Steuerberater ist regelmäßig § 280 Abs. 1 BGB, da es sich um einen Anspruch aus Schlechterfüllung oder positiver Vertragsverletzung des Steuerberatungsvertrags handelt. Daneben kann im Ausnahmefall eine Haftung des Steuerberaters aus unerlaubter Handlung treten, etwa aus § 823 Abs. 2 BGB oder aus § 826 BGB.

II. Mandatsumfang, Beratungs- und Hinweispflicht

4.3 **Steuerberatungsvertrag.** Unabhängig von seiner konkreten Einordnung des Steuerberatungsvertrags als Dienstvertrag i.S.d. § 611 BGB, der eine geschäftsmäßige Besorgung von Steuerangelegenheiten zum Gegenstand hat,[2] oder Werkvertrag i.S.d. § 631 BGB[3] ist dieser ein rechtsgeschäftliches (vertragliches) Schuldverhältnis i.S.d. § 311 Abs. 1 BGB. Ein solcher Mandatsvertrag ist nicht formbedürftig, so dass er nicht nur schriftlich, sondern auch mündlich oder konkludent zustande kommen kann. Das Mandatsverhältnis entsteht dann zwischen dem Steuerberater (bzw. einer Steuerberatungsgesellschaft) und dem Mandanten.

4.3a **Vertrag mit Schutzpflichten zugunsten Dritter.** Denkbar ist auch die Einbeziehung von Nichtvertragsparteien in den Schutzbereich der Vereinbarung nach den Grundsätzen des Vertrags zu Gunsten Dritter.[4] Dies ist insbesondere bei einem Steuerberatungsvertrag mit einer Personengesellschaft betreffend die Erstellung der Feststel-

---

1 Vgl. dazu allgemein auch *Freitag*, GmbHR 2025, 1071 ff.; speziell zur Betriebsaufspaltung s. *Leibner/Koobs*, NWB 2025, 328 ff.

2 Wohl Regelfall bei Dauermandat, vgl. BGH v. 11.5.2006 – IX ZR 63/05, DStR 2006, 1247; BGH v. 17.10.1991 – IX ZR 255/90, NJW 1992, 307.

3 Bei Einzelauftrag, der auf eine einmalige, in sich abgeschlossene Leistung gerichtet ist, z.B. die Erteilung einer bestimmten Information oder die Erstellung eines steuerlichen Gutachtens, vgl. hierzu bspw. BGH v. 11.5.2006 – IX ZR 63/05, DStRE 2006, 957; OLG Köln v. 14.6.2007 – 8 U 60/06, DStR 2007, 2274.

4 BGH v. 11.5.2006 – IX ZR 63/05, DStR 2006, 124; BGH v. 5.6.1985 – IVa ZR 55/83, NJW 1986, 1050

lungserklärung zur einheitlichen und gesonderten Einkünftefeststellung im Verhältnis zum Gesellschafter anzunehmen, der regelmäßig in den vertraglichen Schutzbereich des Gesellschaftsmandats einzubeziehen ist.[1] Die von der Rechtsprechung entwickelten Kriterien, die erfüllt sein müssen, damit ein geschädigter Dritter eigene Schadensersatzansprüche geltend machen kann, sind in diesem Fall regelmäßig gegeben: Die erforderliche Leistungsnähe ist aufgrund der Bindungswirkung des ergehenden Feststellungsbescheids für die Personengesellschaft als Grundlagenbescheid für die persönliche Einkommensteuerlast des Gesellschafters gegeben (s. §§ 171 Abs. 1, 182 Abs. 1 Satz 1 AO). Auch das notwendige Einbeziehungsinteresse liegt vor, wenn der Berater um die Person sämtlicher Gesellschafter wusste und Kenntnis von den Auswirkungen des auf seine Tätigkeit hin ergehenden Feststellungsbescheides auf die Einkommensbesteuerung der Gesellschafter hatte. Schließlich ist auch eine Schutzbedürftigkeit des Gesellschafters gegeben, da ihm eigene vertragliche Ansprüche gegen den Berater nicht zustehen. Bei der Beraterhaftung ist dann jedoch immer auch die haftungsausfüllende Kausalität zu prüfen (dazu Rz. 4.20a).[2]

Pflichten. Welche Pflichten im Rahmen eines Schuldverhältnisses bestehen und damit im Falle einer Verletzung haftungsbegründend sein können, regeln sich sowohl nach dem erteilten Auftrag (dazu Rz. 4.7 ff.) als auch nach den Vorschriften des § 241 BGB. Dessen Abs. 1 stellt zunächst klar, dass der Mandant kraft des Schuldverhältnisses berechtigt ist, vom Steuerberater die vereinbarte Leistung zu fordern (Leistungspflichten), weshalb sich Inhalt und Umfang dieser Pflichten nach dem erteilten Mandat bestimmen.[3] In diesem Rahmen ist der Steuerberater verpflichtet, seinen Mandanten umfassend zu beraten und sich mit den steuerlichen Gesichtspunkten zu befassen, die zur pflichtgemäßen Erledigung des ihm erteilten Auftrags zu beachten sind (vgl. auch § 33 Satz 1 StBerG). 4.3b

Weitergehende Aufklärungs- und Schutzpflichten. Gem. § 241 Abs. 2 BGB kann das Schuldverhältnis – über die o.g. Leistungspflichten des § 241 Abs. 1 BGB hinaus – nach seinem Inhalt auch jeden Teil zur Rücksicht auf die Rechte, Rechtsgüter und Interessen des anderen Teils verpflichten. Inhalt und Umfang dieser Rücksichtnahmepflichten des Steuerberaters seinem Mandanten gegenüber bestimmen sich nach dem Vertragszweck, der Verkehrssitte und den Anforderungen an den redlichen Geschäftsverkehr. Insbesondere fallen hierunter Aufklärungs- und Schutzpflichten, die der Steuerberater auch unabhängig von den konkret vereinbarten Leistungspflichten zu wahren hat. Dies kann dazu führen, dass der Steuerberater den Auftraggeber auch ungefragt über die bei der Bearbeitung auftauchenden steuerrechtlichen Fragen – z.B. in Bezug auf eine Betriebsaufspaltung – zu belehren hat (vgl. auch § 57 Abs. 1 StBerG). Im Rahmen seiner vertraglichen Nebenpflicht, den Mandanten vor Schaden 4.4

1 OLG Celle v. 16.7.1986 – 3 U 285/85, NJW-RR 1986, 1315; vgl. auch LG Dortmund v. 19.3.2024 – 5 O 234/20, DStR 2024, 2191.

2 Hierzu LG Dortmund v. 19.3.2024 – 5 O 234/20, DStR 2024, 2191.

3 BGH v. 7.3.2013 – IX ZR 64/12, DStR 2013, 1151; BGH v. 26.1.1995 – IX ZR 10/94, DB 1995, 624; OLG Koblenz v. 15.4.2014 – 3 U 633/13, DStR 2015, 965.

zu bewahren, hat der Steuerberater auch auf Fehlentscheidungen, die für ihn offen zutage liegen oder auf den ersten Blick ersichtlich sind, hinzuweisen.[1]

4.5 **Gebot des sichersten Weges.** Der Steuerberater muss den Mandanten möglichst umfassend über sämtliche Risiken der geplanten Vorgehensweise aufklären, um diesen in die Lage zu versetzen, eine informierte Entscheidung zu treffen. Der Steuerberater hat dabei für die Kenntnis des Steuerrechts einzustehen und muss sich durch die zur Verfügung stehenden Fachzeitschriften über den Stand der Gesetzgebung und Rechtsprechung unterrichten.[2] Bei unklarer Rechtslage muss der Steuerberater den Mandanten auf die Möglichkeit hinweisen, eine verbindliche Auskunft i.S.d. § 89 Abs. 2 AO einzuholen.[3]

4.6 **Konkreter Beratungsauftrag über eine Betriebsaufspaltung.** Ein Steuerberater, der eine Betriebsaufspaltung berät, hat den Mandanten in allen von der Betriebsaufspaltung betroffenen Bereichen umfassend zu beraten.[4]

4.7 **Dauermandat.** Ein Steuerberater, der mit der laufenden steuerlichen Beratung eines Unternehmens beauftragt ist (sog. umfassendes Dauermandat für alle Steuerarten), kann über den Rahmen des ihm erteilten Mandats hinaus verpflichtet sein, den Mandanten – und zwar auch ungefragt – auf die mit einer bestimmten Vorgehensweise verbundenen steuerlichen Auswirkungen z.B. in Bezug auf eine Betriebsaufspaltung hinzuweisen.[5] Den Steuerberater trifft dann eine Warnpflicht, wenn sich ihm das Vorliegen einer Gefahr für den Mandanten bei ordnungsgemäßer Bearbeitung aufdrängt[6] und er Grund zu der Annahme hat, dass der Mandant sich dieser Gefahr – möglicherweise – nicht bewusst ist.[7] Die Informationspflicht betrifft auch absehbare künftige Gesetzesänderungen.[8] Ist der Steuerberater nur mit der Beratung für eine Steuerart oder bestimmte Steuerarten beauftragt (sog. beschränktes Dauermandat), beschränken sich die Aufklärungs- und Hinweispflichten des Steuerberaters grundsätzlich auf diese Steuerart(en).[9] Gleichwohl muss der Steuerberater auf steuerliche Fehlentscheidungen oder Risiken hinweisen, wenn diese für einen durchschnittlichen

1 So z.B. BGH v. 7.12.2017 – IX ZR 25/17, DStR 2018, 982; LG Darmstadt v. 17.11.2020 – 9 O 335/18, GI aktuell 2023, 172; LG Paderborn v. 16.7.2020 – 2 O 556/20, juris; OLG Köln v. 12.4.2017 – 16 U 94/15, DStR 2017, 2511 m.w.N.; OLG Stuttgart v. 11.1.2011 – 12 U 200/08, juris.
2 OLG Hamm v. 30.4.2019 – I-25 U 18/18, GI aktuell 2019, 117.
3 BGH v. 15.11.2007 – IX ZR 34/04, DStR 2008, 321; BGH v. 8.2.2007 – IX ZR 188/05, DStR 2007, 854.
4 So z.B. OLG München v. 25.5.2011 – 15 U 2373/10, DStR 2011, 1538.
5 So z.B. OLG Düsseldorf v. 20.11.2001 – 23 U 30/01, juris; Schleswig-Holsteinisches Oberlandesgericht v. 13.10.1998 – 6 U 1/98, GmbHR 1999, 819.
6 Vgl. etwa BGH v. 29.9.2011 – IX ZR 184/08, NJW-RR 2012, 305; OLG Köln v. 12.4.2017 – 16 U 94/15, DStR 2017, 2511.
7 OLG Köln v. 12.4.2017 – 16 U 94/15, DStR 2017, 2511.
8 OLG Celle v. 10.1.2001 – 3 U 237/99, juris.
9 BGH v. 23.2.2012 – IX ZR 92/08, DStR 2012, 1202; vgl. aber auch OLG Köln v. 16.1.2014 – 8 U 7/13, DStR 2014, 1355.

Berater auf den ersten Blick ersichtlich sind oder wenn sie ihm auf Grund seiner persönlichen Kenntnis der Sach- und Rechtslage positiv bekannt sind.[1]

Beschränktes (Dauer-)Mandat. Bei einem sog. beschränkten (Dauer-)Mandat umfasst die Leistungspflicht nur eine oder bestimmte Steuerarten. Die Aufklärungs- und Hinweispflichten des Steuerberaters beschränken sich dann grundsätzlich auf diese Steuerart(en).[2] Auch bei einem beschränkten Mandat – z.B. nur für die steueroptimierte (vorweggenommene) Erbfolge – muss der Steuerberater den Mandanten aber ggf. auf eine außerhalb seines Auftrags liegende steuerliche Fehlentscheidung hinweisen, wenn sie für einen durchschnittlichen Berater auf den ersten Blick ersichtlich ist oder er die Sach- und Rechtslage positiv kennt.[3] 4.8

Überwachungspflicht für empfohlene Maßnahmen. Bei konkreten Anhaltspunkten, dass steuerliche Ratschläge bei einer Betriebsaufspaltung nicht befolgt werden, muss der Steuerberater auf die sich daraus ergebenden Risiken hinweisen. Eine Überwachungspflicht für empfohlene Maßnahmen besteht in der Regel jedoch nicht.[4] 4.9

Darlegungs- und Beweislast. Beim Streit über den Inhalt und den Umfang des Steuerberatungsvertrages ist der Mandant darlegungs- und beweisbelastet.[5] Einen Erfahrungssatz dahingehend, dass der Mandant regelmäßig ein umfassendes, nach Grund und Höhe unbeschränktes Mandat erteilt, existiert nicht.[6] 4.10

III. Pflichtverletzung

Falschberatung und/oder fehlende Aufklärung bei Begründung einer Betriebsaufspaltung. Eine Pflichtverletzung des steuerlichen Beraters aus Falschberatung und/oder fehlender Aufklärung gem. §§ 611, 675, 280 BGB liegt z.B. vor, wenn dieser bei Kenntnis von einer beabsichtigten Nutzungsüberlassung oder Anteilsübertragung den Hinweis unterlässt, dass hierdurch eine Betriebsaufspaltung entsteht, und er die daraus folgenden steuerrechtlichen Konsequenzen nicht darlegt.[7] Dies betrifft auch 4.11

---

1 Hierzu bspw. BGH v. 18.3.2010 – IX ZR 192/08, juris; BGH v. 26.1.1995 – IX ZR 10/94, DB 1995, 624; OLG Köln v. 12.4.2017 – 16 U 94/15, DStR 2017, 2511; OLG Brandenburg v. 15.7.2014 – 6 U 21/13, DStR 2014, 1940; OLG Köln v. 16.1.2014 – 8 U 7/13, DStR 2014, 1355.

2 BGH v. 23.2.2012 – IX ZR 92/08, DStR 2012, 1202; s. aber auch OLG Köln vom 16.1.2014 – 8 U 7/13, DStR 2014, 1355.

3 Hierzu bspw. BGH v. 18.3.2010 – IX ZR 192/08, juris; BGH v. 26.1.1995 – IX ZR 10/94, DB 1995, 624; OLG Köln v. 12.4.2017 – 16 U 94/15, DStR 2017, 2511; OLG Brandenburg v. 15.7.2014 – 6 U 21/13, DStR 2014, 1940; OLG Köln v. 16.1.2014 – 8 U 7/13, DStR 2014, 1355.

4 BGH v. 11.5.1995 – IX ZR 130/94, DStR 1997, 135; BGH v. 26.1.1995 – IX ZR 10/94, DB 1995, 624.

5 BGH v. 5.2.2015 – IX ZR 167/13, DStR 2015, 2038; BGH v. 20.7.2006 – IX ZR 47/04, MDR 2007, 272.

6 BGH v. 20.7.2006 – IX ZR 47/04, MDR 2007, 272.

7 OLG Frankfurt a.M. v. 1.12.2021 – 12 U 315/20, DStR 2023, 727 (rkr.); OLG Düsseldorf v. 20.11.2001 – 23 U 30/01, juris; LG Darmstadt v. 17.11.2020 – 9 O 335/18, GI aktuell 2023, 172. Vgl. auch LG Wuppertal v. 17.4.2007 – 14 O 30/06, juris, beachte nachgehend Düsseldorf v. 29.1.2008 – I-23 U 64/07, DStRE 2008, 916; OLG Frankfurt a.M. v. 18.5.2005 – 13 U 77/04, juris.

die mit einer Betriebsaufspaltung einhergehenden Folgen für die erweiterte Kürzung des Gewerbeertrags nach § 9 Nr. 1 Satz 2 GewStG (s. Rz. 3.653 ff.)[1] oder die Folgen einer umsatzsteuerlichen Organschaft (s. Rz. 3.903 ff.).[2]

4.12 **Fehlende Aufklärung zur Begründung einer Betriebsaufspaltung.** Unterlässt der Steuerberater bei der Wahl der Unternehmensform den Hinweis auf die Möglichkeit einer Betriebsaufspaltung gegenüber der Rechtsfigur einer Einheitsgesellschaft und die Erstellung eines Steuerbelastungsvergleichs, kann sich hieraus nach den Umständen des Einzelfalles bzw. des Beratungsauftrags eine Beratungspflichtverletzung ergeben.[3]

4.13 **Falschberatung und/oder fehlende Aufklärung bei Beendigung einer Betriebsaufspaltung.** Eine Pflichtverletzung des steuerlichen Beraters i.S.v. §§ 611, 675, 280 BGB kann auch gegeben sein, wenn die personelle oder sachliche Verflechtung einer bereits bestehenden Betriebsaufspaltung durch Umstrukturierungen aufgelöst wird.[4]

4.14 **Darlegungs- und Beweislast.** Eine Pflichtverletzung des Steuerberaters muss in jedem Fall durch den Mandanten dargelegt und bewiesen werden.

IV. Verschulden/Vertretenmüssen

4.15 **Vorsatz und Fahrlässigkeit.** Die Haftung auf Schadensersatz setzt nach dem Gesetz voraus, dass der Steuerberater die Pflichtverletzung zu vertreten hat (Verschuldensprinzip). Gem. § 276 Abs. 1 BGB hat der Steuerberater bei vorsätzlicher und fahrlässiger Pflichtverletzung einzustehen.[5] Im Regelfall der Fahrlässigkeit, also des Außerachtlassens der im Verkehr erforderlichen Sorgfalt (vgl. § 276 Abs. 2 BGB), hat der Steuerberater eine Pflichtverletzung bereits dann zu vertreten, wenn die Beachtung der Sorgfaltspflicht nach dem für den steuerberatenden Beruf objektiv anzuwendenden Sorgfaltsmaßstab möglich und erforderlich gewesen wäre. Vor diesem Hintergrund hat der Steuerberater insbesondere für die Kenntnis des Steuerrechts einzustehen und muss sich durch die zur Verfügung stehenden Fachzeitschriften über den Stand der Gesetzgebung und Rechtsprechung unterrichten.[6] Im Ergebnis hat der Steuerberater damit grundsätzlich jede unrichtige steuerliche Beurteilung seinem Mandanten gegenüber zu vertreten.[7] Neben einem eigenen Verschulden hat der Steu-

1 Zu einem solchen Fall LG Stuttgart v. 29.6.2022 – 27 O 336/21, juris.
2 Zu einem solchen Fall KG v. 24.4.2009 – 6 U 49/08, DStR 2009, 1778.
3 KG Berlin v. 7.6.2001 – 2 U 3267/00, NJOZ 2001, 1562.
4 Hierzu bspw. BGH v. 29.9.2005 – IX ZR 104/01, juris; LG Paderborn v. 16.7.2020 – 2 O 556/20, juris; OLG Stuttgart v. 11.1.2011 – 12 U 200/08, juris.
5 Die Haftung wegen Vorsatzes kann im Voraus nicht ausgeschlossen werden, vgl. § 276 Abs. 3 BGB. Für fahrlässige Pflichtverletzungen aus dem Vertragsverhältnis mit dem Mandanten kann die Schadensersatzhaftung nach Maßgabe des § 67a StBerG beschränkt werden. Haftungsbeschränkungen, die über das nach § 67a StBerG zulässige Maß hinausgehen, sind auf Grund eines Verstoßes gegen ein gesetzliches Verbot gem. § 134 BGB unwirksam.
6 OLG Hamm v. 30.4.2019 – I-25 U 18/18, GI aktuell 2019, 117.
7 BGH v. 9.7.1992 – IX ZR 55/91, DStR 1993, 34.

erberater nach § 278 Satz 1 BGB auch ein Verschulden seines gesetzlichen Vertreters und der Personen, deren er sich zur Erfüllung seiner Verbindlichkeit bedient (sog. Erfüllungsgehilfen), in gleichem Umfang wie eigenes Verschulden zu vertreten.

Darlegungs- und Beweislast. Verletzt der Steuerberater eine Pflicht aus dem Beratungsverhältnis, wird das Vertretenmüssen der Pflichtverletzung gem. § 280 Abs. 1 BGB gesetzlich vermutet. Der Steuerberater hat dann den Beweis zu führen, dass er die Pflichtverletzung nicht zu vertreten hat. Erforderlich hierfür ist der Nachweis, dass er die Pflichtwidrigkeit seines Verhaltens zum Zeitpunkt seines Handelns bzw. Unterlassens trotz Anwendung der im Verkehr erforderlichen Sorgfalt nicht hätte erkennen können und müssen. Dabei kommt es nicht auf das Eingreifen subjektiver, in der Person des Steuerberaters liegender Umstände, sondern auf die nach einem objektiven Maßstab zu bemessenden verkehrsüblichen Sorgfaltsanforderungen an einen Steuerberater an, die sich insbesondere aus den beruflichen Anforderungen des Steuerberatungsgesetzes ableiten (vgl. hierzu § 33 Satz 1 und § 57 Abs. 1 StBerG). 4.16

V. Haftungsbegründende Kausalität

Eintritt nachteiliger Folgen. Zur schadensersatzbegründenden Pflichtverletzung des steuerlichen Beraters muss eine haftungsbegründende Kausalität hinzutreten. Für deren Feststellung gilt das strenge Beweismaß des § 286 ZPO; ausreichend ist hier aber die Feststellung, dass der Mandant von der Pflichtverletzung so betroffen ist, dass für ihn nachteilige Folgen eintreten können.[1] So ist z.B. auch ein unterlassener Hinweis auf die Folgen einer Maßnahme für die Begründung oder Beendigung einer Betriebsaufspaltung grundsätzlich geeignet, den aus einer steuerlich insoweit ungeschickten Gestaltung entstehenden Schaden hervorzurufen.[2] 4.17

VI. Haftungsausfüllende Kausalität

Verhalten bei pflichtgemäßer Beratung. Zur schadensersatzbegründenden Pflichtverletzung muss der Mandant auch den Nachweis der haftungsausfüllenden Kausalität führen. Namentlich muss dargelegt werden, dass zwischen der schuldhaften Pflichtverletzung und dem geltend gemachten Schaden der erforderliche adäquate Ursachenzusammenhang besteht (sog. haftungsausfüllende Kausalität). Zu prüfen ist daher, welchen Verlauf die Dinge bei pflichtgemäßem Verhalten des Beraters genommen hätten, insbesondere wie der Mandant darauf reagiert hätte und wie dessen Vermögenslage in diesem Fall wäre. Ein Ersatzanspruch des Mandanten kommt also nur in Betracht, wenn feststeht, dass der Schaden bei vertragsgerechtem Verhalten des Beraters vermieden worden wäre.[3] 4.18

1 OLG Frankfurt a.M. v. 1.12.2021 – 12 U 315/20, DStR 2023, 727 (rkr.).
2 OLG Frankfurt a.M. v. 1.12.2021 – 12 U 315/20, DStR 2023, 727 (rkr.); OLG Köln v. 12.4.2017 – 16 U 94/15, DStRE 2018, 700 (rkr.).
3 BGH v. 20.3.2008 – IX ZR 104/05, DStRE 2008, 978; BGH v. 29.9.2005 – IX ZR 104/01, GuT 2006, 46.

4.18a **Nur eine mögliche Verhaltensweise.** Gibt es nur eine Möglichkeit des Alternativverhaltens für den Beratenden, so streitet der Anscheinsbeweis zur Vermutung beratungsgerechten Verhaltens für ihn.[1] Nach dieser Regel zur Beweislastumkehr wird vermutet, dass der Adressat einer fachlichen Aufklärung – also der Mandant – sich gemäß der korrekten fachlichen Aufklärung verhalten hätte, wenn die fachliche Beratung tatsächlich (im Fall der Nichtberatung) oder korrekt (im Fall der Falschberatung) stattgefunden hätte. Es wird also zugunsten des Geschädigten vermutet, dass der Schaden seine Ursache (die sogenannte haftungsausfüllende Kausalität) in der Pflichtverletzung des Beraters hat, der gegen eine Informationspflicht verstoßen hatte. Als Folge hiervon muss der Schädiger im Schadensersatzprozess darlegen – und im Bestreitensfalle beweisen – dass „der Schaden auch bei pflichtgemäßem Verhalten eingetreten wäre, weil sich der Geschädigte über jeden Rat und Hinweis hinweggesetzt hätte".

4.19 **Mehrzahl möglicher Verhaltensweisen.** Kommen als Reaktion auf eine zutreffende steuerliche Beratung mehrere objektiv gleich vernünftige Verhaltensmöglichkeiten in Betracht, hat der Mandant den Weg zu bezeichnen, für den er sich entschieden hätte. Ihn trifft in einem solchen Fall die volle Beweislast, weil der Anscheinsbeweis bei der Möglichkeit alternativer Verhaltensweisen nicht durchgreift.[2] Gleiches gilt, wenn der Mandant für den Fall ordnungsgemäßer Beratung eine Mehrzahl von objektiv gleich vernünftigen Verhaltensweisen vorträgt, bei denen z.B. die unerwünschten Betriebsaufspaltungsfolgen nicht eingetreten wären; er hat grundsätzlich den Weg zu bezeichnen, für den er sich konkret entschieden hätte.[3] Lässt der Mandant offen, für welche von mehreren Vorgehensweisen er sich entschieden hätte, ist die notwendige Schadenswahrscheinlichkeit nur gegeben, wenn diese sich für alle in Betracht kommenden Ursachenverläufe, wenn auch nicht notwendig in gleicher Weise, ergibt.[4] Für die richterliche Überzeugungsbildung reicht eine deutlich überwiegende, auf gesicherter Grundlage beruhende Wahrscheinlichkeit für eine bestimmte Vorgehensweise.[5]

4.20 **Mitwirkung Dritter.** Ist für die behauptete Vorgehensweise, bei der z.B. die unerwünschten Betriebsaufspaltungsfolgen nicht eingetreten wären, notwendigerweise die Bereitschaft eines Dritten erforderlich, den beabsichtigten Weg mitzugehen, muss der Mandant auch dessen Bereitschaft hierzu im damaligen maßgeblichen Zeitpunkt darlegen und beweisen.[6] Dabei ist es ausreichend, wenn er darlegt und beweist, dass er

---

1 BGH v. 16.7.2015 – IX ZR 197/14, DStR 2015, 2349; BGH v. 15.5.2014 – IX ZR 267/12, DStRE 2015, 63.
2 BGH v. 20.3.2008 – IX ZR 104/05, DStR 2008, 1306.
3 BGH v. 10.5.2012 – IX ZR 125/10, DStRE 2012, 1416; BGH v. 20.3.2008 – IX ZR 104/05, DStRE 2008, 978.
4 BGH v. 16.7.2015 – IX ZR 197/14, DStR 2015, 2349; BGH v. 19.1.2006 – IX ZR 232/01, NJW-RR 2006, 923; OLG Frankfurt a.M. v. 1.12.2021 – 12 U 315/20, DStR 2023, 727 (rkr.).
5 BGH v. 19.1.2006 – IX ZR 232/01, NJW-RR 2006, 923; BGH v. 5.11.1992 – IX ZR 12/92, WM 1993, 382; BGH v. 9.4.1992 – IX ZR 104/91, NJW-RR 1992, 997.
6 BGH v. 16.7.2015 – IX ZR 197/14, DStRE 2016, 250; BGH v. 19.1.2006 – IX ZR 232/01, NJW-RR 2006, 923.

jedenfalls die Variante gewählt hätte, bei welcher der Dritte nachweisbar mitgewirkt hätte.[1]

Vertrag mit Schutzpflichten zugunsten Dritter. Bei der Einbeziehung von Nichtvertragsparteien in den Schutzbereich der Vereinbarung nach den Grundsätzen des Vertrags zu Gunsten Dritter (dazu Rz. 4.3a) muss bei der Beraterhaftung stets auch die haftungsausfüllende Kausalität gegeben sein. Festzustellen ist damit bspw. beim einbezogenen Personengesellschafter in den Schutzbereich des Gesellschaftsmandats, dass die Pflichtverletzung des Beraters auch ursächlich für den vom Gesellschafter erlittenen Schaden ist.[2] 4.20a

VII. Schaden und Vorteilsanrechnung

Schaden. Der Steuerberater ist dem Mandanten nach § 280 Abs. 1 BGB zum Ersatz der aus einer Pflichtverletzung entstandenen Vermögensschäden verpflichtet. Als zu ersetzender Schaden kommt insbesondere eine (ESt-, GewSt-, USt-)Steuermehrbelastung z.B. aus der unerwünschten Beendigung einer Betriebsaufspaltung in Betracht,[3] aber auch Mehraufwand aus der Überprüfung und Korrektur der fehlerhaften Beratung.[4] Kosten, die dem Geschädigten auch ohne das schädigende Ereignis entstanden wären (sog. Sowieso-Kosten) sind nicht ersatzfähig, da die Pflichtverletzung in diesem Fall nicht kausal (ursächlich) für den Schaden ist. 4.21

Gesamtvermögensvergleich. Die Schadensberechnung richtet sich nach §§ 249 ff. BGB. Der gegebenenfalls zu ersetzende Schaden ist durch einen Vergleich der infolge des haftungsbegründenden Ereignisses eingetretenen Vermögenslage mit derjenigen Vermögenslage zu ermitteln, die ohne jenes Ereignis eingetreten wäre (Differenzhypothese).[5] Dies erfordert einen Gesamtvermögensvergleich, der alle von dem haftungsbegründenden Ereignis betroffenen finanziellen Positionen umfasst. Es geht bei dem Gesamtvermögensvergleich nicht um Einzelpositionen, sondern um eine Gegenüberstellung der hypothetischen und der tatsächlichen Vermögenslage.[6] Ergibt der Gesamtvermögensvergleich, dass dem Mandanten trotz unterlassenem Hinweis durch den Steuerberater auf die Möglichkeit der Betriebsaufspaltung kein Vermögensnachteil entstanden ist, folgt daraus mangels Schadens kein Ersatzanspruch des Mandanten gegen den Steuerberater.[7] 4.22

Vorteilsanrechnung. Eine unrichtige steuerliche Beratung zieht häufig nicht nur Nachteile, sondern auch Vorteile nach sich. Sind diese Vorteile unmittelbare Folge des haftungsbegründenden Ereignisses, handelt es sich also um Vorteile, die zwangs- 4.23

---

1 BGH v. 19.1.2006 – IX ZR 232/01, NJW-RR 2006, 923.

2 Zu einem solchen Fall vgl. LG Dortmund v. 19.3.2024 – 5 O 234/20, DStR 2024, 2191.

3 Zur Nutzung von Bewertungsspielräumen bei der Bemessung des Steuerschadens vgl. *Leibner/Koobs*, NWB 2025, 328 (332 f.).

4 OLG Karlsruhe v. 11.6.2001 – 13 W 41/01. NJW-RR 2002, 499; LG Flensburg v. 17.11.2011 – 4 O 266/06, juris.

5 BGH v. 6.6.2013 – IX ZR 204/12, DStR 2013, 2081.

6 BGH v. 21.10.2021 – IX ZR 9/21, DB 2021, 2957; BGH v. 6.12.2018 – IX ZR 176/16, DB 2019, 179; BGH v. 5.2.2015 – IX ZR 167/13, DStR 2015, 2038.

7 KG Berlin v. 7.6.2001 – 2 U 3267/00, NJOZ 2001, 1562.

läufig – sozusagen spiegelbildlich – mit den negativen Folgen der Pflichtverletzung zusammenhängen, sind sie Teil des Gesamtvermögensvergleichs und unmittelbar in die Schadensberechnung einzubeziehen.[1] Darüber hinaus können aber auch Vorteile angerechnet werden, die in einem weitergehenden Zusammenhang mit dem Schaden stehen.[2] Dem Geschädigten sind damit diejenigen Vorteile anzurechnen, die ihm in adäquatem Zusammenhang mit dem Schadensereignis zufließen. Die vorteilhaften Umstände müssen mit dem schädigenden Ereignis in einem qualifizierten Zusammenhang stehen.[3] Führt eine fehlerhafte steuerliche Beratung zu steuerlichen Vorteilen, die dem Mandanten wegen der Festsetzungsverjährung verbleiben, können diese Vorteile bei wertender Betrachtung im Rahmen des Gesamtvermögensvergleichs ebenfalls schadensmindernd anzurechnen sein.[4] Eine Vorteilsausgleichung kommt erst in Betracht, wenn ein Schaden auch der Höhe nach festgestellt worden ist.[5]

4.24 **Darlegungs- und Beweislast.** Bedeutsam ist die Abgrenzung von Schadensberechnung und Vorteilsausgleichung vorwiegend im Hinblick auf die Verteilung der Darlegungs- und Beweislast. Darlegungs- und beweispflichtig für den Schaden ist der geschädigte Mandant.[6] Darlegungs- und beweispflichtig für die tatsächlichen Voraussetzungen der Vorteilsausgleichung ist demgegenüber der ersatzpflichtige Berater.[7]

VIII. Einwand der Reserveursache

4.24a **Schadenseintritt auch bei hypothetischer Schadensursache.** Einer Ersatzpflicht des Beraters kann ggf. auch entgegengehalten werden, dass der Schaden aufgrund einer beachtlichen hypothetischen Schadensursache (sog. Reserveursache) auf jeden Fall entstanden wäre. Im Kontext der Betriebsaufspaltung kann dies relevant werden, wenn die sachliche und/oder personelle Verflechtung aus anderen Gründen eingetreten wäre und die Voraussetzungen einer Betriebsaufspaltung erfüllt hätte.

4.24b **Darlegungs- und Beweislast.** Für die Darlegung einer erheblichen Reserveursache ist der Berater darlegungs- und beweispflichtig. Hierzu hat er nachzuweisen, dass auch ohne die von ihm empfohlene Maßnahme in demselben oder in einem anderen Steuerjahr aus anderen Gründen die gleiche oder gar eine höhere Steuerbelastung eingetreten wäre.[8]

1 BGH v. 21.10.2021 – IX ZR 9/21, DB 2021, 2957; BGH v. 6.12.2018 – IX ZR 176/16, DB 2019, 179.

2 BGH v. 21.10.2021 – IX ZR 9/21, DB 2021, 2957.

3 Zu Einzelheiten auch *Leibner/Koobs*, NWB 2025, 328 (333 f.).

4 BGH v. 21.10.2021 – IX ZR 9/21, DB 2021, 2957. Beachte in diesem Kontext aber auch BGH v. 17.7.2014 – III ZR 218/13, NJW 2014, 3436; BGH v. 15.7.2010 – III ZR 336/08, DB 2010, 1874.

5 BGH v. 21.10.2021 – IX ZR 9/21, DB 2021, 2957; BGH v. 17.1.2008 – IX ZR 172/06, DStR 2008, 1611.

6 BGH v. 21.10.2021 – IX ZR 9/21, DB 2021, 2957; BGH v. 6.12.2018 – IX ZR 176/16, DB 2019, 179.

7 BGH v. 21.10.2021 – IX ZR 9/21, DB 2021, 2957; BGH v. 4.4.2014 – V ZR 275/12, NJW 2015, 468.

8 Hierzu auch *Leibner/Koobs*, NWB 2025, 328 (334).

IX. Mitverschulden des Mandanten

Abwendung des Schadens. Gem. § 254 BGB kann zugunsten des Steuerberaters ein Mitverschulden des Mandanten haftungserleichternd wirken, wenn dieser für den erlittenen Schaden mitverantwortlich ist.[1] Ein Mitverschulden kann den Regressanspruch gegen den Berater entweder der Höhe nach begrenzen oder ihn sogar vollständig ausschließen. Ein solches ist z.B. gegeben, wenn der Mandant nicht wahrheitsgemäß und vollständig über den Sachverhalt aufgeklärt hat,[2] oder er bewusst – also trotz entsprechender Erläuterungen durch den Berater zur unklaren Sach-/Rechtslage – auf einen Antrag auf Erteilung einer verbindlichen Auskunft verzichtet hat. Ein Mitverschulden des Mandanten ist jedoch ausgeschlossen, soweit die Schadensverhinderung alleinige Pflicht des Steuerberaters ist; daher besteht kein Mitverschulden, wenn der Schaden auf fehlerhafte Beratung zurückgeht, selbst wenn der Mandant den Fehler des Steuerberaters hätte erkennen können.[3] Hiervon ist insbesondere auszugehen, wenn der steuerliche Berater als Spezialist beauftragt wird, eine Gestaltung vorzunehmen.[4] In einem solchen Fall darf selbst ein rechtskundiger Mandant sich auf eine ordnungsgemäße Vertragserfüllung verlassen.[5] Die Darlegungs- und Beweislast für ein Mitverschulden des Mandanten i.S.v. § 254 BGB trägt grundsätzlich der Schädiger (Steuerberater), der sich hierauf beruft. 4.25

X. Verjährung

Verjährungsfrist. Der Schadensersatzanspruch gegen den Steuerberater verjährt regelmäßig nach drei Jahren (§ 195 BGB). Die regelmäßige Verjährungsfrist beginnt mit dem Schluss des Jahres, in dem der Anspruch entstanden ist und der Anspruchsberechtigte Kenntnis erlangt oder ohne grobe Fahrlässigkeit hätte erlangen müssen (§ 199 Abs. 1 BGB). Entscheidend für die Schadensentstehung und damit den Beginn der Verjährung ist damit regelmäßig die Bekanntgabe des belastenden Steuerbescheids[6], Grundlagenbescheids[7] oder Verlustfeststellungsbescheids.[8] 4.26

Beraterwechsel. Weist ein neuer steuerlicher Berater den Mandanten auf eine fehlerhafte steuerliche Gestaltungsberatung des vormaligen Beraters hin und ergreift der Mandant Maßnahmen, die ihm zur Beseitigung der Folgen der fehlerhaften Beratung empfohlen worden sind, beginnt die Verjährung des durch die weitere Beratung entstandenen Kostenschadens spätestens mit der Bezahlung der Leistungen des neuen 4.26a

---

1 BGH v. 6.6.2013 – IX ZR 204/12, DStR 2013, 2081.
2 BGH v. 14.11.1996 – IX ZR 215/95, DStR 1997, 120.
3 BGH v. 23.9.2010 – IX ZR 132/08, GI aktuell 2013, 157.
4 BGH v. 20.6.1996 – IX ZR 106/95, NJW 1996, 2929.
5 BGH v. 18.12.1997 – IX ZR 153/96, NJW 1998, 1486; BGH v. 13.3.1997 – IX ZR 81/96, NJW 1997, 2168; BGH v. 29.4.1993 – IX ZR 101/92, NJW 1993, 2045; BGH v. 19.12.1991 – IX ZR 41/91, NJW 1992, 820.
6 BGH v. 6.2.2014 – IX ZR 245/12, DStR 2014, 1022.
7 BGH v. 15.11.2012 – IX ZR 184/09, DStR 2013, 429.
8 BGH v. 15.11.2012 – IX ZR 184/09, DStR 2013, 429.

Beraters; mit einem späteren, aufgrund der fehlerhaften Gestaltungsberatung noch entstehenden Steuerschaden bildet der Kostenschaden eine Schadenseinheit.[1]

4.27 **Einwand der unzulässigen Verjährungseinrede.** Dem Steuerberater kann die Berufung auf die Einrede der Verjährung aus Treu und Glauben verwehrt sein (§ 242 BGB, Einwand der unzulässigen Rechtsausübung), wenn er den Mandanten arglistig von der Geltendmachung seiner Ansprüche abhält.

XI. Prozessuales

4.27a **Zahlungsklage.** Der Mandant kann den Berater auf Ersatz der angefallenen Steuermehrbelastung infolge unzutreffender Beratung und der damit in Zusammenhang stehenden angefallenen Kosten im Wege der Leistungs- bzw. Zahlungsklage in Anspruch nehmen. Bezüglich der Steuermehrbelastung gilt dies aber nicht, solange er vor den Finanzgerichten gegen den zugrunde liegenden Steuerbescheid vorgeht; dann steht ihm lediglich die Möglichkeit der Klage auf Feststellung der Ersatzpflicht offen (dazu nachfolgend Rz. 4.27b).[2]

4.27b **Feststellungsklage.** Steht der Steuerschaden aus der Falschberatung noch nicht fest, besteht für eine Klage auf Feststellung, dass der Steuerberater aufgrund der Nichtaufklärung über die steuerrechtlichen Konsequenzen einer Betriebsaufspaltung eine Pflichtverletzung begangen hat und deshalb dem Grunde nach schadensersatzpflichtig ist, ein Feststellungsinteresse i.S.d. § 256 ZPO, wenn der Steuerberater die Ersatzpflicht leugnet.[3]

B. Der GmbH-Geschäftsführer im Arbeits- und Sozialversicherungsrecht

I. Der GmbH-Geschäftsführer im Arbeitsrecht

1. Vorbemerkung

4.28 **Rechtliche Stellung des Geschäftsführers.** Die rechtliche Stellung des Geschäftsführers der Betriebs-GmbH ist geprägt durch die Doppelstellung als gesellschaftsrechtliches Organ einerseits und durch das schuldrechtliche Dienstverhältnis zwischen der Gesellschaft und dem Geschäftsführer andererseits. Die Organstellung ermöglicht dem Geschäftsführer die Vertretung der Gesellschaft nach außen, während der schuldrechtliche Vertrag zwischen Gesellschaft und Gesellschafter die Rechte und Pflichten der Vertragspartner im Innenverhältnis definiert. Die Organstellung und

1 BGH v. 23.4.2015 – IX ZR 176/12, DStR 2015, 1887; bestätigt durch BGH v. 21.1.2021 – III ZR 161/19, GI aktuell 2021, 164.
2 BGH v. 10.12.1992 – IX ZR 54/92, NJW 1993, 1137; OLG Düsseldorf v. 21.11.2001 – 23 U 30/01, juris.
3 LG Wuppertal v. 17.4.2007 – 14 O 30/06, juris; beachte aber nachgehend OLG Düsseldorf v. 29.1.2008 – I-23 U 64/07, DStRE 2008, 916.

das schuldrechtliche Dienstverhältnis sind in ihrer Wirksamkeit abstrakt und rechtlich unabhängig voneinander zu betrachten.[1]

Organstellung ist zwingend. Die Organstellung des Geschäftsführers ist zwingend. § 6 GmbHG sieht vor, dass eine GmbH über mindestens einen Geschäftsführer verfügen muss. Dieser ist bereits vor der Eintragung der Gesellschaft in das Handelsregister zu bestellen, da die Eintragung zum Handelsregister nur durch Anmeldung des Geschäftsführers erfolgen kann, § 78 GmbHG. Die Bestellung zum Geschäftsführer erfolgt durch die entsprechende Beschlussfassung in der Gesellschafterversammlung nebst Zugang an den durch die Gesellschafterversammlung bestimmten Geschäftsführer. 4.29

Anstellungsvertrag. Der Anstellungsvertrag des Geschäftsführers betrifft im Gegensatz dazu nur das Innenverhältnis zwischen Gesellschaft und Geschäftsführer. Durch einen entsprechenden Anstellungsvertrag wird der Inhalt des Anstellungsverhältnisses definiert. Hierzu gehören insbesondere die Vereinbarung der Vergütung, des Umfangs der Tätigkeit sowie gegebenenfalls im Innenverhältnis bestehende Geschäftsführungsbeschränkungen wie ein Katalog zustimmungspflichtiger Geschäfte. Zur Abgrenzung zwischen der Organstellung und der Anstellung ist festzuhalten, dass die Bestellung das „ob" und der Anstellungsvertrag das „wie" regelt. 4.30

2. Geschäftsführer als Arbeitnehmer

Ausschluss arbeitsrechtlicher Schutzvorschriften. Der Gesetzgeber hat bisher keine ausdrückliche Aussage zu der Frage getroffen, ob der Geschäftsführer einer GmbH als Arbeitnehmer zu qualifizieren ist. Gleichwohl ist er aus dem Anwendungsbereich verschiedener arbeitsrechtlicher Schutzvorschriften – z.B. § 5 Abs. 1 Satz 3 ArbGG und §§ 14 Abs. 1 Nr. 1, 17 Abs. 5 Nr. 1 KSchG – ausgeschlossen. 4.31

Strittig: Geschäftsführer als Arbeitnehmer. Ob ein GmbH-Geschäftsführer als Arbeitnehmer i.S.v. § 611a BGB qualifiziert werden kann, ist seit Langem strittig. Eine Arbeitnehmerstellung kann grundsätzlich nur angenommen werden, wenn der Geschäftsführer wirtschaftlich abhängig und sozial schutzbedürftig ist. Demnach stellt sich die Frage, ob ein GmbH-Geschäftsführer als Arbeitnehmer zu qualifizieren ist, grundsätzlich nur bei Fremdgeschäftsführern oder Minderheits-Gesellschafter-Geschäftsführern.[2] Nach der h.M. ist das Arbeitsrecht auf den GmbH-Geschäftsführer grundsätzlich nicht anwendbar.[3] 4.32

Auffassung BGH. Der BGH verneint die Arbeitnehmereigenschaft von Geschäftsführern umfassend.[4] Eine Ausnahme sieht der BGH jedoch insoweit für die Fälle vor, in denen der GmbH-Fremdgeschäftsführer im Rahmen des Anwendungsbereichs des 4.33

1 Vgl. BAG NJW 2008, 1018; *Beurskens* in Noack/Servatius/Haas[24], § 6 GmbHG Rz. 54; *Reiserer/de Groot/Hagen*, DStR 2021, 924.

2 *Beurskens* in Noack/Servatius/Haas[24], § 37 GmbHG Rz. 102.

3 *Atmeppen* in Atmeppen[11], § 6 GmbHG Rz. 83; *Beurskens* in Noack/Servatius/Haas[24], § 6 GmbHG Rz. 54.

4 Z.B. BGH v. 10.5.2010 – II ZR 70/09, NJW 2010, 2343; *Beurskens* in Noack/Servatius/Haas[24], § 37 GmbHG Rz. 101.

§ 2 Abs. 1 Nr. 2 AGG i.V.m. § 6 Abs. 1 Nr. 1 AGG als Arbeitnehmer qualifiziert werden kann.[1]

4.34 **Auffassung BAG.** Das BAG sieht die Arbeitnehmereigenschaft des GmbH-Geschäftsführers zumindest in Sonderkonstellationen aufgrund wirtschaftlicher Abhängigkeit und sozialer Schutzbedürftigkeit. Voraussetzung ist eine vom gesetzlichen Leitbild ungewöhnliche Abweichung in Form einer Weisungsgebundenheit des GmbH-Geschäftsführers, die so stark ist, dass sie auf einen Status als Arbeitnehmer schließen lässt.[2] Eine pauschale Qualifikation des GmbH-Geschäftsführers als arbeitnehmerähnliche Person i.S.v. § 5 Abs. 1 Satz 2 ArbGG nach Abberufung des Geschäftsführers lehnt das BAG hingegen mit dem Hinweis ab, dass der Geschäftsführer nach dem gesetzlichen Leitbild vielmehr „arbeitgeberähnliche Person" sei.[3] Das Kernargument gegen eine Qualifikation als Arbeitnehmer ist demnach grundsätzlich die fehlende Weisungsgebundenheit des Geschäftsführers einerseits und die Verkehrsanschauung andererseits, der zufolge ein Geschäftsführer kein Arbeitnehmer ist, sondern im Lager des Arbeitgebers steht. Gleichwohl ist der Geschäftsführer nicht schutzlos, denn aus dem Organverhältnis erwachsen auch Schutzpflichten der Gesellschaft zugunsten des Geschäftsführers.[4] Einzelne Elemente des Sozialschutzes ergeben sich aus anderen Gesichtspunkten. Der BGH hat bereits mit Urt. v. 3.12.1962[5] entschieden, dass ein Urlaubsanspruch auch ohne besondere Vereinbarung anzunehmen ist. Im Verhinderungsfall gebietet auch die dienstvertragliche Norm des § 616 BGB eine Fortzahlung der Bezüge, da die Vorschrift auch bei freien Dienstverhältnissen Anwendung findet.[6]

4.35 **Rechtsweg bei Streitigkeiten.** Rechtsstreitigkeiten zwischen der Gesellschaft und dem Geschäftsführer sind vor den Gerichten der ordentlichen Gerichtsbarkeit auszutragen.[7] Ausnahmsweise – sofern zuvor ein Arbeitsvertrag bestand, welcher nach Abberufung oder Amtsniederlegung wiederauflebt – ist ab diesem Zeitpunkt der Rechtsweg zu den Arbeitsgerichten gegeben.[8]

3. Anstellungsvertrag

a) Rechtsnatur

4.36 **Dienstvertrag.** Die Rechtsnatur des Anstellungsvertrags eines GmbH-Geschäftsführers ist die eines Dienstvertrags i.S.d. § 611 BGB, gerichtet auf Geschäftsbesorgung, § 675 BGB. Dies hat zur Folge, dass die Vorschriften des Dienstvertragsrechts der

1 BGH v. 26.3.2019 – II ZR 244/17, NJW 2019, 2086.
2 BAG v. 11.6.2020 – 2 AZR 374/19, NZA 2020, 1179.
3 BAG v. 21.1.2019 – 9 AZB 23/18, NJW 2019, 1627; *Beurskens* in Noack/Servatius/Haas[24], § 37 GmbHG Rz. 101.
4 *Oetker* in Henssler/Strohn[6], § 35 GmbHG Rz. 18.
5 BGH v. 3.12.1962 – II ZR 206/61, LM GmbHG § 35 Nr. 5.
6 *Henssler* in Münch. Komm. BGB[9], § 616 Rz. 12.
7 *Altmeppen* in Altmeppen[11], § 6 GmbHG Rz. 169; *Beurskens* in Noack/Servatius/Haas[24], § 37 GmbHG Rz. 104.
8 *Beurskens* in Noack/Servatius/Haas[24], § 37 GmbHG Rz. 105.

§§ 611 ff. BGB Anwendung finden. Dies gilt allerdings nicht für die Vorschrift des § 613a BGB, der nur auf Arbeits-, nicht aber auf Organverhältnisse anwendbar ist.[1] Die Zuständigkeit zum Abschluss des Gesellschaftsvertrags liegt ebenso wie die eigentliche Bestellung zum Geschäftsführer auf Seiten der Gesellschafter. Die Vertretungsbefugnis des Geschäftsführers greift hierfür nicht.[2] I.d.R. vertritt einer der Gesellschafter nach interner Beschlussfassung die anderen Gesellschafter bei der Unterzeichnung des Anstellungsvertrags. Der Geschäftsführer darf dabei auf die Vertretungsbefugnis des entsprechenden Gesellschafters vertrauen. Handelt der Gesellschafter ohne eine entsprechende Befugnis, haftet er nach den Grundsätzen des § 179 BGB als Vertreter ohne Vertretungsmacht. Die Gesellschafter sind auch zuständig für Änderungen, Ergänzungen oder die Aufhebung des Anstellungsvertrags. Etwas anderes gilt, wenn der Geschäftsführer nach Niederlegung des Amts oder Abberufung seine Tätigkeit als Arbeitnehmer fortsetzt. Soll dann an dem – eventuell fortgesetzten – Vertrag etwas geändert oder dieser gekündigt werden, obliegt die Vertretung der Gesellschaft dem dann amtierenden Geschäftsführer.

Vertretungsbefugnis Ein-Personen-GmbH. Anders stellen sich die Vertretungs- 4.37
befugnisse bei mitbestimmten und bei Ein-Personen-Gesellschaften dar. Bei einer Ein-Personen-GmbH ist der alleinige Gesellschafter auch befugt, den entsprechenden Anstellungsvertrag mit sich selbst abzuschließen. Streitig ist, ob zu diesem Zweck zuvor eine Befreiung vom Verbot des § 181 BGB ausgesprochen werden muss. Die h.M. ist der Ansicht, § 35 Abs. 3 GmbHG entfaltet auch in diesem Bereich Wirkung, so dass eine Befreiung vom Selbstkontrahierungsverbot des § 181 BGB notwendig ist.[3] Nach anderer Ansicht soll die Befreiung einen unnötigen Formalismus darstellen, den der Gesetzeszweck des § 35 Abs. 3 GmbHG nicht fordere.[4]

Mitbestimmte GmbH. Bei einer mitbestimmten GmbH liegt die Kompetenz zum 4.38
Abschluss des Anstellungsvertrags zwingend in der Kompetenz des Aufsichtsrats, der die Gesellschaft gegenüber dem Geschäftsführer bei Abschluss, Änderungen, Ergänzungen oder Beendigung des Anstellungsvertrags vertritt.[5]

Formerfordernis. Der Anstellungsvertrag eines GmbH-Geschäftsführers bedarf – zi- 4.39
vilrechtlich – keiner besonderen Form. Er kann schriftlich, mündlich oder durch konkludentes Handeln geschlossen werden. Gegebenenfalls finden auch die Grundsätze eines faktischen Arbeitsverhältnisses Anwendung, wenn der Anstellungsvertrag von Anfang an unwirksam war oder im Wege der Anfechtung zu einem späteren Zeitpunkt beseitigt wird. Steuerrechtlich gelten andere Bedingungen für die Anerkennung des Vertrags, insbesondere, wenn der Geschäftsführer der Betriebsgesellschaft diese auch – ggf. mittelbar – beherrscht. Entspricht der Anstellungsvertrag oder dessen tatsächliche Durchführung nicht den im Wesentlichen durch die Rechtsprechung

1 BAG v. 13.2.2003 – 8 AZR 654/01, GmbHR 2003, 765.
2 BGH v. 9.10.1989 – II ZR 16/89, GmbHR 1990, 33; vgl. *Oetker* in Hennsler/Strohn[6], § 35 GmbHG Rz. 98.
3 *Altmeppen* in Altmeppen[11], § 35 GmbHG Rz. 99 m.w.N.
4 *Beurskens* in Noack/Servatius/Haas[24], § 35 GmbHG Rz. 55.
5 *Oetker* in Hennsler/Strohn[6], § 35 GmbHG Rz. 99.

und die Finanzverwaltung entwickelten Kriterien, besteht die Gefahr, dass es trotz einer zivilrechtlich einwandfreien Vereinbarung zu einer verdeckten Gewinnausschüttung kommt.

4.40 **Kopplung Beendigung Anstellungsvertrag und Organstellung.** In der Gestaltung des Anstellungsvertrags ist es ratsam, die Beendigung des Anstellungsvertrags an die Beendigung der Organstellung zu koppeln, was in der Praxis als zulässig erachtet wird.[1] Bei derartigen Gestaltungen sind allerdings die Mindestkündigungsfristen des § 622 BGB zu beachten.[2] Die Kopplung kann auch dann unzulässig sein, wenn ein befristetes Dienstverhältnis besteht oder eine lange beiderseitige Kündigungsfrist vorgesehen ist, da in einem solchen Fall eine einseitige Bindung des Geschäftsführers entstünde, der die jederzeitige Kündigungsmöglichkeit der Gesellschaft gegenübersteht.[3]

4.41 **Anpassung an die GmbH Satzung.** Der Anstellungsvertrag des Geschäftsführers ist zudem an die Vorgaben der Satzung der GmbH anzupassen. Inhaltliche Widersprüche sind nach Möglichkeit zu vermeiden, um kein Konfliktpotenzial für Streitigkeiten zwischen Gesellschaft und Geschäftsführer zu schaffen. Ist gleichwohl ein solcher Widerspruch gegeben, genießen die Regelungen der Satzung oder ggf. des Gesetzes Vorrang vor dem Inhalt des Anstellungsvertrags.[4] Dies ergibt sich aus der seitens des Gesetzgebers vorgegebenen Kompetenzordnung.[5] Nach einer Mindermeinung soll es indes möglich sein, dass die Gesellschafter durch den Abschluss des Anstellungsvertrags auf ihre gesetzlich vorgesehene Weisungsbefugnis gegenüber dem Geschäftsführer verzichten können, wobei es gleichwohl möglich sein soll, bindende Weisungen aufgrund des gesetzlichen Organisationsrechts zu erteilen.[6] Eine Weisungsfreiheit auf schuldrechtlicher Grundlage ist nach h.M. jedoch nicht möglich, da die Weisungsbefugnis der Gesellschafter(versammlung) ein prägendes Merkmal der GmbH-Verfassung ist. Ein entsprechender Verzicht bedarf daher der satzungsrechtlichen Grundlage.[7]

b) Vergütung

4.42 **Bestandteil des Anstellungsvertrags.** Der Vergütungsanspruch des Geschäftsführers ist wesentlicher Vertragsbestandteil des Anstellungsvertrags. Ist keine vertragliche Regelung getroffen, wird zugunsten eines Fremdgeschäftsführers[8] und eines nicht beherrschenden Gesellschafter-Geschäftsführers[9] unterstellt, dass eine entgeltliche Tä-

1 *Oetker* in Hennsler/Strohn[6], § 35 GmbHG Rz. 153.
2 BGH v. 9.7.1990 – II ZR 194/89, BB 1990, 1578; *Kleindiek* in Lutter/Hommelhoff[21], Anh. Zu § 6 Rz. 44.
3 *Bauer/Diller*, GmbHR 1998, 809.
4 *Kleindiek* in Lutter/Hommelhoff[21], Anh. § 6 Rz. 11, 13; *Tebben/Kämper* in Michalski/Heidinger/Leible/J. Schmidt[4], § 6 GmbHG Rz. 107, 108.
5 *Daumke/Kessler/Perbey*, Der GmbH-Geschäftsführer[6], Rz. 422.
6 *Kleindiek* in Lutter/Hommelhoff[22], Gmbh-Gesetz, Anh. § 6 Rz. 11.
7 *Daumke/Kessler/Perbey*, Der GmbH-Geschäftsführer[6], Rz. 423.
8 OLG Frankfurt v. 10.6.1992 – 9 U 73/91, GmbHR 1993, 358.
9 BGH v. 22.10.1984 – II ZR 31/84, GmbHR 1985, 149 = NJW 1985, 637, wonach Gesellschafter einer Kapitalgesellschaft grundsätzlich nicht dazu verpflichtet sind, die Geschäftsführung unentgeltlich zu übernehmen.

tigkeit geschuldet wird. Dies hat zur Folge, dass mangels vertraglicher Regelung eine übliche Vergütung i.S.d. § 612 Abs. 1 BGB anzusetzen ist. Anders ist die Rechtslage bei einem beherrschenden Gesellschafter-Geschäftsführer. Zu seinen Gunsten besteht keine Vermutung der Entgeltlichkeit.[1]

Komponenten der Vergütung. I.d.R. besteht die Vergütung des Geschäftsführers aus 4.43
mehreren Komponenten. Neben einer festen Grundvergütung wird regelmäßig eine erfolgsabhängige Tantieme vereinbart. Ferner werden häufig Sachleistungen – z.B. Pkw zur privaten Mitbenutzung – und Regelungen über die betriebliche Altersversorgung getroffen.

Angemessenheit des Geschäftsführer-Gehalts. Zivilrechtlich bestehen keine Vor- 4.44
gaben hinsichtlich der Höhe der Vergütung eines Geschäftsführers. Eine § 87 AktG entsprechende Regelung, die ein angemessenes Verhältnis der Bezüge des Vorstands zu seinen Aufgaben und der Lage der Gesellschaft vorsieht, existiert im GmbH-Recht nicht. Die genannte Vorschrift ist auch nicht analog anwendbar.[2] In Ausnahmefällen ist die Angemessenheit des Geschäftsführer-Gehalts auf zivilrechtlicher Ebene anhand eines Fremdvergleichs zu bestimmen. Im Unterbilanz- oder Überschuldungsfall ist zu prüfen, ob die gewährte Vergütung noch im Verhältnis zur Tätigkeit des Geschäftsführers steht.[3] Ergibt der Fremdvergleich eine Unangemessenheit, kann auf der Grundlage des § 31 GmbHG ein Rückerstattungsanspruch entstehen.

Steuerrechtliche Folge überhöhter Vergütungen. Steuerrechtlich liegen bei über- 4.45
höhten Vergütungen an Gesellschafter-Geschäftsführer verdeckte Gewinnausschüttungen vor, die zu einer ungewollten Belastung der Gesellschaft mit Körperschaftsteuer führen.

Überhöhte Vergütung bei gemeinnützigen GmbHs. Im Falle von gemeinnützigen 4.46
GmbHs kann eine überhöhte Geschäftsführervergütung zum Verlust der Gemeinnützigkeit aufgrund eines Verstoßes gegen das Drittbegünstigungsverbot nach § 55 Abs. 1 Nr. 3 AO im Rahmen der tatsächlichen Geschäftsführung führen. Danach dürfen alle Geschäftsbeziehungen zwischen gemeinnützigen Körperschaften und (nicht gemeinnützigen) Dritten in jeder wirtschaftlich relevanten Hinsicht nur zu marktüblichen Bedingungen vereinbart und abgewickelt werden; das Ausgabeverhalten einer gemeinnützigen Körperschaft muss unter Berücksichtigung aller Umstände des Einzelfalls angemessen sein.[4] Die Versagung der Steuervergünstigung kommt nach der BFH-Rechtsprechung jedoch bei kleineren, einmaligen Verstößen gegen Gemeinnützigkeitsvorschriften nicht in Betracht.[5]

---

1 OLG Frankfurt v. 16.10.1992 – 9 U 73/91, GmbHR 1993, 358; *Altmeppen* in Altmeppen[11], § 6 GmbHG Rz. 103.

2 BGH v. 27.10.2015 – II ZR 296/14, DStR 2016, 681; *Beurskens* in Noack/Servatius/Haas[24], § 37 GmbHG Rz. 128, anders ggf. bei mitbestimmter GmbH; *Kleindiek* in Lutter/Hommelhoff[22], GmbH-Gesetz, Anh. § 6 Rz. 31.

3 *Daumke/Kessler/Perbey*, Der GmbH-Geschäftsführer[6], Rz. 447 unter Verweis auf BGH v. 15.6.1992 – II ZR 88/91, GmbHR 1992, 605.

4 *Jachmann* in Winheller/Geibel, Gesamtes Gemeinnützigkeitsrecht[3], § 55 AO Rz. 50.

5 BFH v. 12.3.2020 – V R 5/17, BStBl. II 2021, 55, Rz. 60 = AO-StB 2020, 309 ff.

4.47 **BFH Rspr. zur überhöhten Vergütung gemeinnütziger GmbHs.** Im Jahr 2020 hat der BFH erstmalig zur Angemessenheit von Vorstands- bzw. Geschäftsführervergütungen bei gemeinnützigen Körperschaften Stellung genommen,[1] aufgrund dessen die Finanzverwaltung den Anwendungserlass der Abgabenordnung unter Bezugnahme auf die zitierte BFH-Entscheidung entsprechend geändert hat.[2] Das Vorliegen von unverhältnismäßig hohen Vergütungen i.S.d. Drittbegünstigungsverbots nach § 55 Abs. 1 Nr. 3 AO ist nach der Rechtsprechung des BFH nach den Grundsätzen der vGA zu bestimmen. „Unverhältnismäßig" in § 55 Abs. 1 Nr. 3 AO hat demnach im Grundsatz die gleiche Bedeutung wie „unangemessen" im Bereich der vGA gem. § 8 Abs. 3 Satz 2 KStG.[3]

4.48 **BMF-Schreiben zur angemessenen Vergütung.** Das BMF hat mit Schreiben v. 14.10.2002[4] ausführlich zur Angemessenheit der Gesamtbezüge eines Gesellschafter-Geschäftsführers Stellung genommen. Nach Ansicht des BMF ist eine dreistufige Prüfung der einzelnen Vergütungsbestandteile vorzunehmen. Auf der ersten Stufe ist demnach zu prüfen, ob der Vergütungsbestandteil dem Grunde nach als durch das Gesellschaftsverhältnis veranlasst anzusehen ist. Ist dies der Fall – z.B. bei Vereinbarung von Überstundenvergütungen, Pensionszusagen ohne Wartezeit oder Nur-Tantiemen ohne zeitliche Befristung –, liegt ohne weitere Prüfung eine verdeckte Gewinnausschüttung vor.

4.49 **Prüfungsschritte laut BMF.** Im zweiten Schritt ist zu prüfen, ob der Vergütungsbestandteil der Höhe nach als durch das Gesellschaftsverhältnis veranlasst anzusehen ist. Exemplarisch nennt das BMF hierbei das Verhältnis von Tantieme zu Festgehalt. Als dritter Schritt ist dann die Summe aller Vergütungsbestandteile auf ihre Angemessenheit hin zu überprüfen. Hierbei sind als Kriterien Art und Umfang der Tätigkeit, die künftigen Ertragsaussichten des Unternehmens, das Verhältnis des Geschäftsführergehalts zum Gesamtgewinn und zur verbleibenden Eigenkapitalverzinsung sowie Fremdvergleichsgesichtspunkte heranzuziehen.

4.50 **Tantiemeregelungen.** Für Tantiemeregelungen haben sich in der Praxis durch die Rechtsprechung des BFH und die Vorgaben der Finanzverwaltung[5] folgende Vorgaben entwickelt. Umsatztantiemen sind nur ausnahmsweise anzuerkennen, namentlich wenn besondere betriebliche Gründe vorliegen oder die Gesellschaft sich im Aufbau befindet. Weniger problematisch sind Gewinntantiemen. Werden diese einem Gesellschafter-Geschäftsführer oder einer nahestehenden Person gewährt, muss die entsprechende Vereinbarung klar und eindeutig, zivilrechtlich wirksam und im Voraus getroffen sein. Inhaltlich muss sie üblich und angemessen – in Bezug auf Gesamtausstattung, Prozentsatz und Verhältnis zum Festgehalt – sein.[6] Allein der Umstand, dass die Vergütung zu mehr als 25 % aus variablen Bestandteilen besteht, führt

1 BFH v. 12.3.2020 – V R 5/17, BStBl. II 2021, 55 = AO-StB 2020, 309 ff.
2 BMF v. 12.1.2022 – V A 3-S 0062/21/10007 :001, BStBl. I 2022, 82 = AO-StB 2022, 85 ff.
3 BFH v. 12.3.2020 – V R 5/17, BStBl. II 2021, 55, Rz. 40 = AO-StB 2020, 309 ff.
4 BMF v. 14.10.2002 – IV A 2 - S 2742 – 62/02, BStBl. I 2002, 972 = StEK KStG § 8 Nr. 200.
5 BMF v. 1.2.2002 – IV A 2 - S 2742 – 4/02, BStBl. I 2002, 219.
6 Näher *Daumke/Kessler/Pereby*, Der GmbH-Geschäftsführer[6], Rz. 437 ff., 1401 ff.

noch nicht zur Annahme von vGA. Übersteigt die Gewinntantieme aber 50 % des Jahresgewinns, liegen in der Regel vGA vor.[1]

Gehaltsstrukturuntersuchungen. Für die Ermittlung der Unangemessenheit einer Geschäftsführervergütung im Rahmen eines externen Fremdvergleichs werden in der Praxis Gehaltsstrukturuntersuchungen herangezogen.[2] Aus den Studien lassen sich für die jeweiligen Geschäftszweige Gehaltsbandbreiten unter Berücksichtigung verschiedener Kriterien (z.B. Umsatz, Mitarbeiteranzahl etc.) ableiten. Ein unangemessenes Gehalt liegt dann aber noch nicht bei geringfügigen Überschreitungen der Bandbreite vor. Vielmehr muss für die Annahme einer Mittelfehlverwendung bzw. einer vGA ein „krasses Missverhältnis" der Gesamtvergütung vorliegen. Dies ist jedenfalls dann anzunehmen, wenn die Angemessenheitsgrenze um mehr als 20 % überschritten wird.[3] 4.51

Ruhegehälter und Ansprüche auf Hinterbliebenenversorgung. Ruhegehälter und Ansprüche auf Hinterbliebenenversorgung entstehen nicht von Gesetzes wegen; sie müssen ebenfalls vertraglich vereinbart werden.[4] Ansprüche aus betrieblicher Übung entstehen nur in seltenen Fällen, beispielsweise wenn in einem Großunternehmen eine Vielzahl von Organpersonen mit im Wesentlichen gleichen Verträgen beschäftigt wird. Da Betriebsgesellschaften i.d.R. keine Großunternehmen sind, sind derartige Fälle selten. 4.52

c) Wettbewerbsverbot

Treuepflicht gegenüber der Gesellschaft. Der Geschäftsführer hat gegenüber der Gesellschaft eine Treuepflicht, die es ihm unmöglich macht, die Geschäftschancen der Gesellschaft zum eigenen Vorteil wahrzunehmen. Gleichwohl enthalten Anstellungsverträge häufig entsprechende Abreden, gekoppelt mit der Vorgabe, nach der der Geschäftsführer seine gesamte Arbeitskraft der Gesellschaft zur Verfügung zu stellen hat. Der Umfang des Wettbewerbsverbots wird dabei durch die Satzung der Gesellschaft definiert. Entscheidend ist der darin festgelegte Gegenstand des Unternehmens. Unerheblich ist, ob die Gesellschaft sämtliche dort aufgeführten Tätigkeiten ausführt oder nicht. Ferner gilt das Wettbewerbsverbot auch für Tätigkeiten, die nicht von den Vorgaben der Satzung umfasst, aber tatsächlich ausgeübt werden.[5] 4.53

Wettbewerbsverbot für aktive Tätigkeiten. Das allgemeine Wettbewerbsverbot beinhaltet aber nur die aktive Tätigkeit des Geschäftsführers für die Gesellschaft, nicht jedoch passive Tätigkeiten wie die Kapitalanlage. Für Beteiligungen an konkurrieren- 4.54

---

1 BFH v. 4.6.2003 – I R 24/02, BStBl. 2004 II, 136 = FR 2003, 1233 ff.

2 BFH v. 12.3.2020 – V R 5/17, BStBl. 2021 II, 55 = AO-StB 2020, 309 ff., wobei der BFH insbesondere Bezug auf die BBE-Studie und die Kienbaum-Studie genommen hat.

3 BFH v. 12.3.2020 – V R 5/17, BStBl. 2021 II, 55 = AO-StB 2020, 309 ff.

4 *Altmeppen* in Altmeppen[11], § 6 GmbHG Rz. 107.

5 *Jaeger/Steinbrück* in Münch. Komm. GmbHG[4], § 35 GmbHG Rz. 379; *Ziemons* in Michalski/Heidinger/Leible/J. Schmidt[4], § 43 GmbHG Rz. 231, 232; *Beurskens* in Noack/Servatius/Haas[24], § 37 GmbHG Rz. 85.

den Gesellschaften gilt dies insoweit, als der Geschäftsführer aufgrund seiner Beteiligung maßgeblichen Einfluss auf die unternehmerischen Entscheidungen der anderen Gesellschaft nehmen kann. Ein solcher Einfluss ist anzunehmen, wenn er Mehrheitsgesellschafter oder persönlich haftender Gesellschafter ist. Unerheblich ist hingegen, ob und in welchem Maße er einen entsprechenden Einfluss auf die Gesellschaft ausübt.[1] Unbedenklich ist insbesondere die Stellung als Kommanditist oder Minderheitsgesellschafter.[2]

4.55 **Zeitliche Geltung.** Die zeitliche Geltung des Wettbewerbsverbots beginnt mit der Übernahme des Geschäftsführeramts, ggf. also schon, wenn sich die GmbH noch in Gründung befindet. Es endet mit der Abberufung bzw. der Amtsniederlegung. Soll für den nachfolgenden Zeitraum ebenfalls ein Wettbewerbsverbot Wirksamkeit entfalten, bedarf es einer entsprechenden vertraglichen Vereinbarung.[3]

4.56 **Befreiung vom Wettbewerbsverbot.** Eine Befreiung vom Wettbewerbsverbot während der Tätigkeit des Geschäftsführers für die Gesellschaft ist möglich. Streitig ist, ob eine entsprechende Befreiungsmöglichkeit in der Satzung der Gesellschaft vorgesehen werden muss oder ob es ausreicht, den Dispens im Rahmen des Anstellungsvertrags zu erteilen. Nach h.M. bedarf es im Hinblick auf eine generelle Aufhebung des Wettbewerbsverbots einer entsprechenden Regelung in der Satzung; ein einfacher Beschluss für einen generellen Dispens genügt nicht.[4] Eine Änderung der Satzung bedarf nach einer Auffassung gem. § 33 Abs. 1 Satz 2 BGB analog der Zustimmung sämtlicher Gesellschafter.[5] Nach anderer Ansicht soll eine dafür erforderliche Dreiviertel-Mehrheit ausreichen (§ 53 Abs. 2 GmbHG).[6] Nach h.M. ist stets ein konkreter Dispens durch einen einstimmigen Beschluss der Gesellschafter möglich, wenn die entsprechende Maßnahme des Geschäftsführers hinreichend bestimmt ist. Ein Gesellschafter-Geschäftsführer unterliegt bei einer Abstimmung über einen Dispens einem Stimmverbot gem. § 47 Abs. 4 Satz 1 GmbHG.[7] Erforderlich ist dabei, dass die Maßnahme im Interesse der Gesellschaft liegt und der Gesellschaft für eventuelle Nachteile ein Ausgleich gewährt wird.[8]

4.57 **Folgen des Verstoßes.** Ein Verstoß gegen das Wettbewerbsverbot durch den Geschäftsführer führt zu einem Schadenersatzanspruch der Gesellschaft, § 43 Abs. 2 GmbHG. Ferner begründet er einen Unterlassungsanspruch der Gesellschaft sowie die Pflicht des Geschäftsführers, die erlangten Vorteile herauszugeben. Dies ergibt sich aus dem Rechtsgedanken der § 88 Abs. 2 Satz 2 AktG, § 113 Abs. 1 HGB. Der Geschäftsführer kann sich nicht auf eine Entreicherung gem. § 818 Abs. 3 BGB beru-

1 *Verse* in Scholz[13], § 43 GmbHG Rz. 194.
2 *Ziemons* in Michalski/Heidinger/Leible/J. Schmidt[4], § 43 GmbHG Rz. 233.
3 *Ziemons* in Michalski/Heidinger/Leible/J. Schmidt[4], § 43 GmbHG Rz. 275.
4 *Beurskens* in Noack/Servatius/Haas[24], § 37 GmbHG Rz. 89, 90; *Verse* in Scholz[13], § 43 GmbHG Rz. 202.
5 *Beurskens* in Noack/Servatius/Haas[24], § 37 GmbHG Rz. 90.
6 *Verse* in Scholz[13], § 43 GmbHG Rz. 202.
7 *Verse* in Scholz[13], § 43 GmbHG Rz. 201.
8 *Beurskens* in Noack/Servatius/Haas[24], § 37 GmbHG Rz. 91.

fen.[1] Ggf. besteht auch ein wahlweise auszuübendes Eintrittsrecht der Gesellschaft.[2] Die vertraglich vereinbarte Vergütung kann dagegen nicht ohne Weiteres einbehalten werden.[3] I.d.R. stellt ein Verstoß gegen das Wettbewerbsverbot einen Kündigungsgrund i.S.d. § 626 Abs. 1 BGB und einen Abberufungsgrund i.S.d. § 38 Abs. 2 GmbHG dar.

Verjährung der Schadenersatzansprüche. Streitig ist, wann die Ansprüche der Gesellschaft gegen den Geschäftsführer verjähren. Nach einer Ansicht tritt die Verjährung gem. § 88 Abs. 3 AktG analog drei Monate nach Bekanntwerden des Verstoßes ein.[4] Nach a.A. verjähren die Ansprüche der Gesellschaft gem. § 43 Abs. 4 GmbHG erst nach fünf Jahren.[5] Ein Verzicht der Gesellschaft auf die Geltendmachung des Schadenersatzanspruchs bzw. des Vorteilsherausgabeanspruchs kann steuerlich, wenn dies unentgeltlich geschieht, eine verdeckte Gewinnausschüttung darstellen. 4.58

Nachträgliche Wettbewerbsverbote. Nachvertragliche Wettbewerbsverbote können vertraglich vereinbart werden. Es bestehen jedoch enge Grenzen für deren Anerkennung. Nach h.M. kommen die §§ 74 ff. HGB nicht unmittelbar zur Anwendung. Da aber der Schutz des Geschäftsführers strukturell vergleichbar ist, werden verschiedene Grundsätze in entsprechender Anwendung übernommen.[6] Nach Ansicht des BGH hängt die Wirksamkeit des nachvertraglichen Wettbewerbsverbots nicht von einer entsprechenden Karenzentschädigung ab.[7] Nach a.A. ist sie jedoch unabdingbare Wirksamkeitsvoraussetzung.[8] Dies soll zumindest für arbeitnehmerähnliche oder sozial abhängige Geschäftsführer gelten oder wenn das nachvertragliche Wettbewerbsverbot weit gefasst ist.[9] Angesichts der Organstellung des Geschäftsführers ist eine solche Differenzierung nicht angezeigt. Die Grenzen des nachvertraglichen Wettbewerbsverbots werden überdies durch Art. 12 GG (Berufsfreiheit) und § 138 BGB (Sittenwidrigkeit) definiert. Das Wettbewerbsverbot muss örtlich, zeitlich und gegenständlich beschränkt sein.[10] Für eine zulässige Frist für das nachvertragliche Wettbewerbsverbot wird die Zweijahresfrist des § 74a Abs. 1 Satz 3 HGB herangezogen.[11] Es darf die berufliche Betätigung bzw. die wirtschaftliche Betätigung des Geschäfts- 4.59

1 *Beurskens* in Noack/Servatius/Haas[24], § 37 GmbHG Rz. 80; *Verse* in Scholz[13], § 43 GmbHG Rz. 206.
2 *Verse* in Scholz[13], § 43 GmbHG Rz. 205, 206.
3 BGH v. 19.10.1987 – II ZR 97/87, GmbHR 1988, 100.
4 *Verse* in Scholz[13], § 43 GmbHG Rz. 405; *Ziemons* in Michalski/Heidinger/Leible/J. Schmidt[4], § 43 GmbHG Rz. 523a, 539.
5 *Verse* in Scholz[13], § 43 GmbHG Rz. 401.
6 *Beurskens* in Noack/Servatius/Haas[24], § 37 GmbHG Rz. 93; *Verse* in Scholz[13], § 43 GmbHG Rz. 246.
7 BGH v. 26.3.1984 – II ZR 229/83, BGHZ 91, 1 = GmbHR 1984, 234; so auch OLG Düss. v. 22.8.1996 – 6 U 150/95, GmbHR 1996, 933.
8 *Bauer/Diller*, BB 1995, 1135 ff.; *Bauer/Diller*, GmbHR 1990, 890 ff.
9 *Verse* in Scholz[13], § 43 GmbHG Rz. 250.
10 *Verse* in Scholz[13], § 43 GmbHG Rz. 247; *Kleindiek* in Lutter/Hommelhoff[23], Anh. § 6 Rz. 25.
11 *Verse* in Scholz[13], § 43 GmbHG Rz. 249.

führers nicht unbillig erschweren.[1] Sofern das Verbot über den bloßen Kunden- und Mandantenschutz hinausgeht, wird in der Regel eine Karenzentschädigung erforderlich sein. Letztlich muss die Wirksamkeit eines nachvertraglichen Wettbewerbsverbots für jeden Einzelfall gesondert betrachtet werden

4.60 **Wettbewerbsverbot bei Fremdgeschäftsführern.** Nach alledem gelten gegenüber Fremdgeschäftsführern auch in Bezug auf ein nachvertragliches Wettbewerbsverbot andere Maßstäbe, so dass sich die Gesellschaft in der Regel nur auf ein nachvertragliches Wettbewerbsverbot berufen kann, wenn der Geschäftsführer eine angemessene Karenzentschädigung erhält.[2] Welche Höhe der Karenzentschädigung angemessen ist, hängt von den Umständen des Einzelfalls ab. Die für Arbeitnehmer geltende Regelung des § 74 Abs. 2 HGB, wonach sich diese als die Hälfte der zuletzt bezogenen vertragsmäßigen Leistungen bemisst, kann als Maßstab herangezogen werden.[3]

d) Beendigung des Anstellungsvertrags

4.61 **Abberufung bzw. Widerruf vs. Beendigung des Anstellungsverhältnisses.** Es ist zu unterscheiden zwischen der Abberufung bzw. dem Widerruf der Bestellung des Geschäftsführers (Verlust der Organstellung) einerseits (§ 38 GmbHG) und der Beendigung des Anstellungsverhältnisses andererseits. Der gesellschaftsrechtliche Verlust der Organstellung geht nicht automatisch einher mit der Beendigung des Anstellungsvertrags. Eine Kopplung des Anstellungsvertrags an die Organstellung ist mit Einschränkungen jedoch möglich (s. Rz. 4.40).

4.62 **Außerordentliche Kündigung aus wichtigem Grund.** Bei einer Beendigung des Anstellungsverhältnisses in Form einer außerordentlichen Kündigung aus wichtigem Grund ist zu prüfen, ob in den vorgebrachten Tatsachen sowohl ein wichtiger Grund i.S.d. § 38 Abs. 2 GmbHG als auch i.S.d. § 626 BGB zu erblicken ist. Die Voraussetzungen für den wichtigen Grund zur außerordentlichen Kündigung des Anstellungsvertrages sind tendenziell strenger als für eine Abberufung nach § 38 Abs. 2 GmbHG.[4] Hierbei ist auch zu beachten, dass § 626 Abs. 2 BGB eine Zwei-Wochen-Frist vorsieht, innerhalb derer die Kündigung erfolgen muss. Eine vergleichbare Frist ist in § 38 GmbHG nicht vorgesehen. Ferner kann zu prüfen sein, ob der wichtige Grund auch ein eventuell im Hintergrund noch vorhandenes Arbeitsverhältnis aus vorangegangener Arbeitnehmertätigkeit für die Gesellschaft betrifft und auch für dieses als Kündigungsgrund gilt.[5]

4.63 **Abberufung als wichtiger Grund.** Die Abberufung als Geschäftsführer stellt stets einen wichtigen Grund für den Geschäftsführer dar, so dass dieser seinen Geschäftsführervertrag außerordentlich kündigen kann. Gleiches gilt für diskriminierende Ein-

1 BGH v. 9.5.1968 v – II ZR 158/66, NJW 1968, 1717; BGH v. 26.3.1984 – II ZR 229/83, BGHZ 91, 1 = GmbHR 1984, 234.

2 *Kleindiek* in Lutter/Hommelhoff[22], GmbH-Gesetz, Anh. § 6 Rz. 25 unter Verweis auf BVerfG v. 7.2.1990 – 1 BvR 26/84, NJW 1990, 1471.

3 *Thüsing*, NZG 2004, 9.

4 *Kleindiek* in Lutter/Hommelhoff[22], Gmbh_Gesetz, Anh. § 6 Rz. 57.

5 *Kleindiek* in Lutter/Hommelhoff[22], Gmbh_Gesetz, Anh. § 6 Rz. 45.

schränkungen seiner Geschäftsführungsbefugnis[1] oder seiner Vertretungsmacht sowie haltlose Vorwürfe in beleidigender Form.[2]

Wichtiger Grund liegt in Person des Geschäftsführers. Der wichtige Grund für die Gesellschaft zur außerordentlichen Kündigung des Geschäftsführers liegt in der Regel in der Person des Geschäftsführers bzw. ist in dessen Verhalten begründet. Das eine außerordentliche Kündigung rechtfertigende Verhalten des Geschäftsführers muss dabei weder pflichtwidrig noch schuldhaft sein, so dass z.B. auch eine lang andauernde Krankheit des Geschäftsführers einen wichtigen Grund darstellt.[3] Hinsichtlich der wichtigen Gründe in der Person des Geschäftsführers ist mannigfaltige Rechtsprechung vorhanden. Als Beispiele zu nennen sind der schwerwiegende Verstoß des Geschäftsführers gegen die Treuepflicht durch nachhaltigen Verstoß gegen das Wettbewerbsverbot,[4] die Verletzung der Verschwiegenheitspflicht,[5] die Annahme von Bestechungsgeldern,[6] die fortgesetzte Missachtung von Gesellschafterweisungen zur Geschäftspolitik,[7] die Fälschung von Buchführungsunterlagen,[8] die unterlassene Buchführung über einen längeren Zeitraum,[9] die vorzeitige und unberechtigte Entnahme von Tantiemen,[10] die nicht korrekte Behandlung von Spesenvorschüssen[11], die eigenmächtige Überführung von Vermögensgegenständen der GmbH in die Privatsphäre des Geschäftsführers zur Sicherung seiner Ansprüche gegen die Gesellschaft[12] und die beharrliche Weigerung Gesellschafterweisungen nachzukommen.[13] 4.64

Abmahnung. Streitig ist, ob es vor einer Kündigung aus wichtigem Grund einer Abmahnung bedarf. Der BGH hat dies in mehreren Entscheidungen verneint.[14] Der Ansicht des BGH zufolge handelt es sich bei dem Geschäftsführer einer GmbH nicht um einen Arbeitnehmer, sondern um einen Organwalter. Deswegen bedürfe es keiner Hinweise der Gesellschafterversammlung oder eines Aufsichtsgremiums, wonach er sich an die Gesetze, die Satzung der Gesellschaft und den Inhalt seines Anstellungsvertrags zu halten habe. Eine Kündigung sei folglich auch ohne Abmahnung möglich. Die m. E. unzutreffende Gegenansicht[15] hält zumindest für Fremdgeschäftsführer oder nicht beherrschende Gesellschafter-Geschäftsführer aufgrund der arbeitneh- 4.65

1 BGH v. 26.5.1995 – II ZR 109/94, GmbHR 1995, 653.
2 BGH v. 9.3.1992 – II ZR 102/91, GmbHR 1992, 301.
3 *Kleindiek* in Lutter/Hommelhoff[22], Gmbh_Gesetz, Anh. § 6 Rz. 59.
4 BGH v. 13.2.1995 – II ZR 225/93, GmbHR 1995, 296 = NJW 1995, 1358.
5 OLG Hamm v. 7.11.1985 – 8 U 8/84, GmbHR 1985, 157.
6 BAG v. 17.8.1972 – 2 AZR 415/71, NJW 1973, 533.
7 OLG Frankfurt v. 13.12.1996 – 10 U 8/96, GmbHR 1997, 349.
8 OLG Hamm v. 7.5.1984 – 8 U 22/84, GmbHR 1985, 119.
9 OLG Rostock v. 14.10.1998 – 6 U 234/98, NZG 1999, 216.
10 OLG Hamm v. 24.6.1994 – 25 U 149/90, GmbHR 1995, 732.
11 OLG Köln v. 26.11.1993 – 19 U 93/93, DB 1994, 471.
12 OLG Köln v. 28.6.1995 – 2 U 97/94, GmbHR 1996, 290.
13 BGH v. 20.8.2019 – II ZR 121/16, NJW 2019, 3718.
14 BGH v. 10.9.2001 – II ZR 14/00, GmbHR 2001, 1158 m. Anm. *Teigelkötter*; BGH v. 14.2.2000 – II ZR 218/98, GmbHR 2000, 431.
15 *Daumke/Kessler/Pereby*, Der GmbH-Geschäftsführer[6], Rz. 538f.

merähnlichen Stellung eine Abmahnung für notwendig.[1] Dieser Ansicht ist m. E. nicht zu folgen, da die Abmahnung richterrechtlich für abhängig Beschäftigte entwickelt wurde. Zudem bedarf es keiner Warn- bzw. Hinweisfunktion für den Geschäftsführer als Organ, welcher seine Rechte und Pflichten kennen muss.

4.66 **Weitere Beendigungsgründe.** Als weitere Beendigungsgründe neben der Kündigung aus wichtigem Grund kommen noch die ordentliche Kündigung durch Ablauf des von vornherein befristeten Arbeitsverhältnisses, § 620 Abs. 1 BGB, und die einvernehmliche Aufhebung des Vertrags in Betracht.

4.67 **Beiderseitige Beendigung möglich.** Der Anstellungsvertrag des Gesellschafter-Geschäftsführers kann beiderseits durch eine einseitige, empfangsbedürftige Willenserklärung gekündigt werden. Eine ordentliche Kündigung ist grundsätzlich ausgeschlossen, wenn es sich um einen befristeten Vertrag i.S.d. § 620 Abs. 1 BGB handelt, kann aber vertraglich vereinbart werden.[2] Ferner kann die Möglichkeit der ordentlichen Kündigung durch eine entsprechende Klausel im Anstellungsvertrag ausgeschlossen werden.

4.68 **Gesellschafterversammlung hat Kündigungskompetenz.** Die Kompetenz zur Kündigung des Anstellungsvertrags liegt seitens der Gesellschaft bei der Gesellschafterversammlung, die Bestellungs- und Anstellungsorgan der Gesellschaft ist (s. Rz. 4.36). Die Kompetenz kann durch einen entsprechenden Beschluss oder eine Regelung in der Satzung übertragen werden.[3] Die ordentliche Kündigung des Anstellungsvertrags bedarf trotz § 623 BGB nicht der Schriftform. Gleiches gilt für den Abschluss eines Aufhebungsvertrags. In beiden Fällen ist maßgeblich, dass es sich nicht um einen Arbeitsvertrag handelt. Gleichwohl sehen die Geschäftsführeranstellungsverträge regelmäßig Schriftformklauseln vor, die dann selbstverständlich maßgeblich sind.

4.69 **Keine Beendigungsgründe.** Keine Beendigungsgründe des Anstellungsvertrages sind für sich gesehen der Widerruf der Geschäftsführerbestellung, die Amtsniederlegung, der Verlust der Organstellung bei Umwandlungen (z.B. Verschmelzung der Gesellschaft[4]), die Auflösung der Gesellschaft, § 66 Abs. 1 GmbH[5], und der Wegfall der Geschäftsgrundlage. Letzterer stellt lediglich einen Kündigungsgrund dar.[6]

II. Der GmbH-Geschäftsführer im Sozialversicherungsrecht

4.70 **Grundsätze.** Grundsätzlich unterliegt der Geschäftsführer einer GmbH der Renten-, Kranken-, Unfall- und Arbeitslosenversicherung. Dies ergibt sich aus den einzelnen

1 Wobei eine Abmahnung auch bei Arbeitnehmern bei schwerwiegenden Pflichtverstößen nicht notwendig ist.

2 *Engshuber* in Münch. Komm., BGB[9], § 620 Rz. 11; *Kleindiek* in Lutter/Hommelhoff[22], Gmbh-Gesetz, Anh. § 6 Rz. 44.

3 BGH v. 26.3.1984 – II ZR 120/83, BGHZ 91, 217 = GmbHR 1984, 312.

4 *Baums*, ZHR 156 (1992), 249.

5 Dies gilt dann nicht, wenn durch Gesellschaftsvertrag oder Beschluss der Gesellschafter die Liquidation anderen Personen übertragen wird, vgl. § 66 Abs. 1 aE GmbHG.

6 *Kleindiek* in Lutter/Hommelhoff[22], Gmbh-Gesetz, Anh. § 6 Rz. 45a.

gesetzlichen Vorschriften, die die Versicherungspflichtigkeit bei einer Arbeitstätigkeit gegen Entgelt vorschreiben. Im Einzelnen handelt es sich um § 2 Abs. 2 Nr. 1 SGB IV und § 5 Abs. 1 Nr. 1 SGB V hinsichtlich der gesetzlichen Krankenversicherung, § 1 Satz 1 Nr. 1 SGB VI bezüglich der gesetzlichen Rentenversicherung und § 2 Abs. 1 Nr. 1 SGB VII bei der gesetzlichen Unfallversicherung. Für die gesetzliche Pflegeversicherung ergibt sich dies aus § 20 Abs. 1 Satz 1 Nr. 1 SGB XI.

Versicherungspflichten für Fremdgeschäftsführer. Die vorgenannten Pflichten gelten im Regelfall für den Fremdgeschäftsführer, da er eine nichtselbständige Tätigkeit i.S.d. § 7 Abs. 1 SGB IV ausübt, was maßgeblich für die Versicherungspflicht ist, auch wenn er als gesetzlicher Vertreter einer juristischen Person gegenüber den sonstigen Arbeitnehmern als Arbeitgeber wahrgenommen wird.[1] 4.71

Gesellschafter-Geschäftsführer. Differenzierter ist die Rechtslage bei Gesellschafter-Geschäftsführern. Ob dieser eine abhängige Beschäftigung i.S. des Sozialversicherungsrechts ausübt, hängt davon ab, ob er einen bestimmenden Einfluss auf die Entscheidungen der Gesellschaft ausüben kann. Hierbei ist zunächst nach der Höhe der Beteiligung zu unterscheiden. Ein Geschäftsführer, der eine Mehrheitsbeteiligung an einer Gesellschaft hält, ist nach h.M. nicht sozialversicherungspflichtig, da er durch seine Mehrheitsbeteiligung nicht weisungsabhängig ist und die Geschicke der Gesellschaft lenkt.[2] Insofern ist der Alleingesellschafter-Geschäftsführer sowie grundsätzlich der Gesellschafter-Geschäftsführer mit einem Kapitalanteil von mehr als 50 % nicht abhängig beschäftigt. Sofern der Geschäftsanteil aufgrund ehevertraglich vereinbarter Gütergemeinschaft zum Gesamtgut der Ehegatten gehört und dessen Verwaltung den Ehegatten gemeinschaftlich zusteht, ist der Gesellschafter-Geschäftsführer in der Regel als abhängig Beschäftigter anzusehen.[3] 4.72

Geschäftsführer mit 50 % Beteiligung. Ein Geschäftsführer, der einen Anteil an der Gesellschaft i.H.v. genau 50 % hält, wird in der Regel ebenfalls nicht als sozialversicherungspflichtig angesehen, da er nach Kapitalbeteiligung und Stimmrecht einen maßgeblichen Einfluss auf die Geschicke der Gesellschaft ausüben kann. Durch seine entsprechende Stimmenzahl kann er jeden Beschluss und jede Weisung des oder der anderen Gesellschafter(s) verhindern, da es ohne ihn nicht zu einer Mehrheitsentscheidung kommen kann.[4] Etwas anderes gilt dann, wenn einem von den zwei 50 %-Gesellschafter-Geschäftsführern ein gesellschaftsvertragliches Stichentscheidungsrecht zusteht. Dann kann derjenige Gesellschafter-Geschäftsführer, der überstimmt 4.73

1 *Tillmann/Mohr*, GmbH-Geschäftsführer[10], Rz. 722; BSG. v. 14.3.2018 – B 12 KR 13/17 R, BSGE 125, 183, NJW 2018, 903; BSG v. 14.3.2018 – B 12 KR 13/17 R, NJW 2018, 2662, Rz. 20.

2 *Kleindiek* in Lutter/Hommelhoff[22], GmbH-Gesetz Anh. § 6 Rz. 40.

3 LSG Bayern v. 4.12.2024 – L 6 BA 24/22, RFamU 2025, 150.

4 BSG v. 14.3.2018 – B 12 KR 13/17 R, NJW 2018, 2662, Rz. 21; BSG v. 13.3.2023 – B 12 R 4/21 R, BSGE 136, 16, Rz. 14, DStR 2023, 2682; BSG v. 20.2.2024 – B 12 KR 3/22 R, NJW 2024, 3092, Rz. 19; a.A. SG Neubrandenburg v. 10.9.2024 – S 7 BA 7/23, DStR 2025, 283, Berufung eingelegt.

werden kann, keinen maßgeblichen Einfluss auf die Geschicke der Gesellschaft ausüben und ist mithin sozialversicherungspflichtig[1].

4.74 **Weisungsgebundenheit des Gesellschafter-Geschäftsführers.** Eine Ausnahme von den vorstehenden Grundsätzen gilt, wenn der Gesellschafter-Geschäftsführer aus anderen Gründen weisungsgebunden ist. Als Beispiel hierfür dient die Treuhandschaft. Ist der Gesellschafter-Geschäftsführer nur treuhänderisch Mehrheitsgesellschafter, ist er dem Treugeber gegenüber weisungsgebunden.[2] Gleiches gilt, wenn sich der Treugeber die Ausübung der Stimmrechte in der Gesellschafterversammlung vorbehalten hat.[3]

4.75 **Gesellschafter-Geschäftsführer mit Minderheitsbeteiligung.** In der Praxis sind die Fallgestaltungen, in denen die Gesellschafter-Geschäftsführer über eine Minderheitsbeteiligung verfügen, die problematischsten. Besitzt der Gesellschafter-Geschäftsführer eine umfassende Sperrminorität, liegt nach h.M. auch keine Beschäftigung i.S.d. § 7 Abs. 1 SGB IV vor. Dies gilt allerdings nur, wenn es sich bei der Sperrminorität um eine umfassende Sperrminorität handelt, die sich auf alle Gesellschaftsangelegenheiten bezieht.[4] Sofern ein solches Vetorecht bzw. eine Sperrminorität nachträglich den Gesellschaftern in der Satzung eingeräumt wird, gilt diese ab dem Zeitpunkt der Änderung der Satzung und nicht erst mit Eintragung der Änderung im Handelsregister.[5] Dem BSG zufolge ist eine abhängige Beschäftigung in derartigen Fällen grundsätzlich ausgeschlossen.[6] Eine Rückausnahme ist nach Auffassung des BSG allerdings gegeben, wenn der Gesellschafter-Geschäftsführer an der Ausübung seiner Sperrminorität gehindert ist.

4.76 **Abhängigkeit durch tatsächliche Umstände.** Einzelne Senate des BSG haben in der Vergangenheit zu dem eine rechtlich bestehende Abhängigkeit durch tatsächliche Umstände überlagert gesehen und somit eine selbständige Stellung angenommen. In diesem Zusammenhang sind Familienkapitalgesellschaften zu nennen. Hier konnte eine rechtlich bestehende Abhängigkeit durch die tatsächlichen Verhältnisse überlagert und eine selbstständige Tätigkeit etwa angenommen werden, wenn ein Geschäftsführer aufgrund seiner Stellung in der Familie die Geschäfte der Gesellschaft wie ein Alleingesellschafter nach eigenem Gutdünken führte und die Ordnung des Betriebes prägte.[7] Von dieser Rechtsprechung hat sich das BSG jedoch ausdrücklich distanziert. Ein rein faktisches, nicht rechtlich gebundenes und daher jederzeit änder-

1 SG Landshut – S 1 BA 23/23, GWR 2024, 147; Stichentscheid durch einen neutralen Dritten: LSG Niedersachsen-Bremen v. 27.6.2024 – L 12 BA 11/23 (Revision: B 12 BA 10/24 R).

2 *Tillmann/Mohr*, GmbH-Geschäftsführer[10], Rz. 727.

3 *Winkler*, DStR 1997, 289 unter Hinweis auf BSG v. 8.12.1994 – 11 RAr 49/94, GmbHR 1995, 584 m.w.N.

4 *Tillmann/Mohr*, GmbH-Geschäftsführer[10], Rz. 728; *Winkler*, DStR 1997, 289.

5 SG Darmstadt v. 20.1.2025 – S 13 BA 14/22, RFamU 2025, 198.

6 BSG v. 14.3.2018 – B 12 KR 13/17 R, NJW 2018, 2662, Rz. 21; BSG v. 6.12.1992 – 7 RAr 134/90, Stbg. 1992, 537; SG Darmstadt v. 20.1.2025 – S 13 BA 14/22, a.a.O.

7 Sog. „Kopf- und Seele-Rechtsprechung".

bares Verhalten der Beteiligten ist nicht maßgeblich für eine sozialversicherungsrechtliche Einordnung.[1] Maßgeblich für eine Einordnung sind mithin die rechtlichen Rahmenbedingungen des Gesellschaftsvertrages.[2]

Möglichkeiten des Minderheitsgeschäftsführers lt. Gesellschaftsvertrag. Sofern in der Vergangenheit für die sozialversicherungsrechtliche Ordnung auch auf den Inhalt des Geschäftsführeranstellungsvertrags bei nur minderheitlich beteiligten Gesellschafter-Geschäftsführern im Rahmen einer Gesamtabwägung der Umstände des Einzelfalls abgestellt wurde, haben diese schuldrechtlichen Regelungen nach der neueren Rechtsprechung des BSG grundsätzlich keinen Einfluss auf den sozialversicherungsrechtlichen Status. In der Vergangenheit wurde eine Vielzahl von einzelnen Umständen zur Bewertung herangezogen, ob vom Gesamtbild der Umstände der Gesellschafter-Geschäftsführer mehr dem Typus eines Beschäftigten oder dem eines Selbständigen zuzuordnen ist. Nach der neuen Rechtsprechung des BSG kommt es nunmehr ausschließlich auf die aus dem Gesellschaftsvertrag abzuleitenden rechtlichen Möglichkeiten an, so dass sämtliche sonstigen, auf faktische Verhältnisse oder ergänzende schuldrechtliche Regelungen (auch auf den Inhalt des Geschäftsführeranstellungsvertrages) abstellenden Kriterien praktisch nicht mehr relevant sind.[3] 4.77

Befreiung nach § 181 BGB kein Indiz für Selbstständigkeit. Nur klarstellend soll erwähnt sein, dass die Befreiung des Gesellschafter-Geschäftsführers vom Selbstkontrahierungsverbot des § 181 BGB und seine Alleinvertretungsberechtigung kein Indiz für eine Selbständigkeit sind.[4] 4.78

Minderheitsgesellschafter grds. sozialversicherungspflichtig. Ein Minderheitsgesellschafter kann somit grundsätzlich nur sozialversicherungsfrei als Geschäftsführer beschäftigt werden, wenn ihm umfassende Veto-Rechte zustehen. In der Praxis sollte eine solche im Gesellschaftsvertrag eingeräumte Stellung wohl überlegt sein. Der sozialversicherungsrechtliche Status sollte hierfür nicht die einzige Motivation sein.[5] 4.79

1 BSG v. 19.9.2019 – B 12 R 25/18 R, DStR 2020, 2496, Rz. 15.
2 *Kleindiek* in Lutter/Hommelhoff[22], Gmbh-Gesetz, Anh. § 6 Rz. 40.
3 *Tillmann/Mohr*, GmbH-Geschäftsführer[11], Rz. 734.
4 *Voigt/Linden* in Masuch/Meyer, ABC des GmbH-Geschäftsführers[17], Rz. 1390.
5 Vgl. auch *Tillmann/Mohr*, GmbH-Geschäftsführer[11], Rz. 734.

4.80 **Zusammenfassung.** Die vorstehenden Ausführungen lassen sich in der Übersicht wie folgt zusammenfassen:

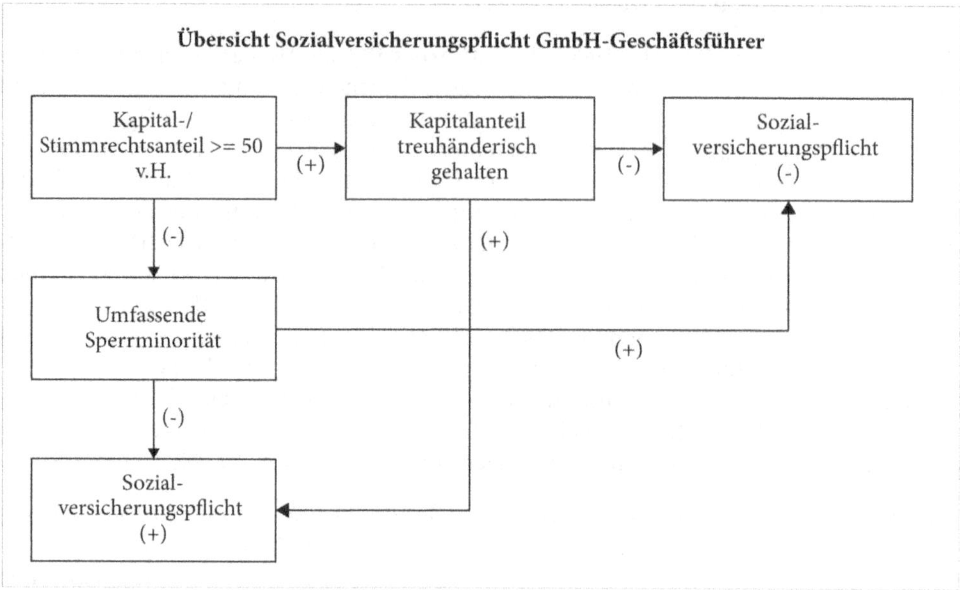

4.80a **Gesellschafter ohne Geschäftsführungstätigkeit.** Sofern ein Gesellschafter in der GmbH mitarbeitet, ohne Geschäftsführer zu sein (sog. „mitarbeitender Gesellschafter"), ist dieser in der Regel abhängig beschäftigt. Etwas anderes gilt nur, wenn er aufgrund seiner gesellschaftsrechtlichen Position die Leitungsmacht gegenüber der Geschäftsführung hat und somit nicht deren Weisungsrecht unterliegt.[1] Dies ist bei einem Allein-Gesellschafter als mitarbeitendem Gesellschafter der Fall, so dass dieser grundsätzlich selbständig tätig ist.[2]

4.80b **Statusfeststellungsverfahren nach § 7a SGB IV.** Insbesondere in den Fällen, in denen eine Einordnung des Gesellschafter-Geschäftsführers nicht eindeutig als selbständig oder abhängig beschäftigt qualifiziert werden kann, empfiehlt sich die Durchführung eines Statusfeststellungsverfahrens nach § 7a SGB IV.

C. Handelsrecht

I. Allgemeines

4.81 **Kaufmannseigenschaft.** Das Betriebsunternehmen einer Betriebsaufspaltung ist originär gewerblich tätig und betreibt demnach als Kaufmann i.S.d. § 1 HGB ein Handelsgewerbe. Gleiches gilt für ein Besitzunternehmen in der Rechtsform der GmbH &

1 Vgl. auch *Blüggel* in Centrale für GmbH, GmbH-Handbuch.
2 BSG v. 25.1.2006 – B 12 KR 30/04 R, GmbHR 2006, 645f.

Co. KG oder einer Kapitalgesellschaft. Demgegenüber ist das Besitzunternehmen in der Rechtsform des Einzelunternehmens oder einer GbR nicht originär gewerblich tätig und betreibt kein Gewerbe i.S.d. § 1 HGB.[1] Als Handelsgewerbe ist ein solches Besitzunternehmen nur dann zu qualifizieren, wenn es freiwillig in das Handelsregister eingetragen ist (§ 2 Satz 1 HGB).[2]

Firmenfortführung bei Begründung einer echten Betriebsaufspaltung. Bei Begründung einer echten Betriebsaufspaltung darf das Betriebsunternehmen die Firma des bisherigen (einheitlichen) Unternehmens, das zukünftig den Status des Besitzunternehmens einnimmt, fortführen. Beide Unternehmen dürfen gem. § 30 HGB aber nicht gleichzeitig unter derselben Firmenbezeichnung auftreten. Das Betriebsunternehmen haftet im Fall der Firmenfortführung gem. § 25 HGB für sämtliche Altverbindlichkeiten des Besitzunternehmens, sofern nicht unverzüglich eine abweichende Vereinbarung in das Handelsregister eingetragen und bekannt gemacht wird.[3] Das Erlöschen der Firma des zukünftigen Besitzunternehmens ist zum Handelsregister anzumelden. Zudem ist die Aufgabe des Unternehmens nach § 14 Abs. 1 Satz 2 Nr. 3 GewO dem zuständigen Gewerbeamt anzuzeigen.[4] 4.82

II. Rechnungslegungs- und Publizitätspflichten

1. Einordnungen

Selbstständige Unternehmen. Besitzunternehmen und Betriebsgesellschaft einer Betriebsaufspaltung sind selbstständige Unternehmen, so dass für diese jeweils eigenständige Aufzeichnungs-, Buchführungs- und Jahresabschlusspflichten i.S.d. §§ 238 ff. HGB bestehen. 4.83

Besitzgesellschaft. Die Rechnungslegungs- und Publizitätsverpflichtungen gemäß §§ 264 ff. HGB gelten für eine in der Rechtsform einer Personengesellschaft geführte Besitzgesellschaft nicht, solange diese wenigstens eine natürliche Person als persönlich haftenden Gesellschafter besitzt.[5] Handelt es sich bei der Besitzgesellschaft hingegen um eine GmbH & Co. KG, eine GmbH oder (im Ausnahmefall) eine Aktiengesellschaft, so unterliegt diese gemäß § 264a i.V.m. § 267 Abs. 1 Nr. 1, Abs. 2 Nr. 1 HGB und § 267a Abs. 1 Nr. 1 HGB den allgemeinen Rechnungslegungs- und Publizitätspflichten. Zur steuerlichen Rechnungslegung des Besitzunternehmens s. Rz. 3.286 ff. mit diesbezüglichen Verweisen in Rz. 3.376, Rz. 3.398 und Rz. 3.396. 4.84

Betriebsgesellschaft. Für die Betriebsgesellschaft, die regelmäßig die Rechtsform der Kapitalgesellschaft oder GmbH & Co. KG hat, gelten die allgemeinen Rechnungs- 4.85

1 *Gluth* in H/H/R, § 15 EStG Anm. 833 (Stand: April 2022), mit Verweis auf BGH v. 19.2.1990 – II ZR 42/89, WM 1990, 586; *Schön*, DB 1998, 1169.
2 *Gluth* in H/H/R, § 15 EStG Anm. 833 (Stand: April 2022), mit Verweis auf *Schön*, DB 1998, 1169; *Kögel*, DB 1998, 1802.
3 OLG Hamm v. 19.9.1998 – 15 W 297/98, DB 1998, 2591; *Gluth* in H/H/R, § 15 EStG Rz. 833 (Stand: April 2022).
4 *Gluth* in H/H/R, § 15 EStG Anm. 833 (Stand: April 2022).
5 *Neufang/Neufang*, StBp 2023, 126 (127).

legungs- und Publizitätsverpflichtungen gemäß §§ 264 ff. HGB. Die sich aus dem Größenmerkmal „Bilanzsumme" § 267 Abs. 1 Nr. 1, Abs. 2 Nr. 1 HGB und § 267a Abs. 1 Nr. 1 HGB ergebende Größenklasse der Gesellschaft hat Auswirkung auf die Veröffentlichungs- und Prüfungspflicht. Kleinstkapitalgesellschaften haben die Daten beim elektronischen Unternehmensregister nur zu hinterlegen. Kleine Kapitalgesellschaften müssen die Gewinn- und Verlustrechnung sowie den Anhang mit den betreffenden Daten nicht veröffentlichen (§ 326 Abs. 1 HGB). Kleinst- und Kleinkapitalgesellschaften sind nicht prüfungspflichtig (§ 316 Abs. 1 HGB). Für prüfungspflichtige mittelgroße Kapitalgesellschaften enthalten die §§ 327 und § 319 Abs. 1 Satz 2 HGB Erleichterungen zur Offenlegungs- und Prüfungspflicht.

4.86 **Kein Konzernabschluss.** Betriebs- und Besitzgesellschaft einer Betriebsaufspaltung sind nicht zur Aufstellung eines Konzernabschlusses verpflichtet.[1]

2. Gestaltungsspielräume

4.87 **Gestaltungsspielraum bei der Besitzgesellschaft.** Ein weiterer Vorteil der Betriebsaufspaltung besteht in der Möglichkeit, auf die Rechnungslegungs- und Publizitätsverpflichtungen gemäß §§ 264 ff. HGB beider Gesellschaften Einfluss zu nehmen.[2] So kann durch die Rechtsform des Besitzunternehmens und die Aufteilung von Funktionen auf Besitz- und Betriebsunternehmen u.U. das Eingreifen von Publizitätspflichten vermieden werden. Hier gilt zunächst, dass die Rechnungslegungs- und Publizitätsverpflichtungen gemäß §§ 264 ff. HGB für eine in der Rechtsform einer Personengesellschaft geführte Besitzgesellschaft nicht gelten, solange diese wenigstens eine natürliche Person als persönlich haftenden Gesellschafter besitzt.[3] Wird die Besitzgesellschaft auf diese Weise nicht von den §§ 264 ff. HGB erfasst, können wesentliche Teile des Betriebsvermögens der Rechnungslegungs- und Publizitätspflicht insgesamt entzogen werden, zumal Betriebs- und Besitzgesellschaft nicht zur Aufstellung eines Konzernabschlusses verpflichtet sind.[4] Handelt es sich bei der Besitzgesellschaft hingegen um eine GmbH & Co. KG, so unterliegt diese gemäß § 264a HGB den verschärften Rechnungslegungs- und Publizitätspflichten. In diesem Fall besteht jedoch die Möglichkeit, durch eine entsprechende Verteilung der Bilanzsummen, Umsatzerlöse und Arbeitnehmer im Sinne von § 267 Abs. 1 Nr. 1, Abs. 2 Nr. 1 HGB und § 267a Abs. 1 Nr. 1 HGB für beide Gesellschaften die größenabhängigen Erleichterungen der §§ 264 ff. i.V.m. §§ 316 Abs. 1, 326 Abs. 1 und § 319 Abs. 1 Satz 2 HGB zu erreichen.[5]

4.88 **Gestaltungsspielraum bei der Betriebsgesellschaft.** Für die Betriebsgesellschaft, die regelmäßig die Rechtsform der Kapitalgesellschaft oder GmbH & Co. KG hat, gelten die allgemeinen Rechnungslegungs- und Publizitätsverpflichtungen gemäß §§ 264 ff. HGB. Der Gewinn der publizitätspflichtigen Betriebsgesellschaft wird um die an das

1 *Pathe* in Gummert, Münchener Anwaltshandbuch Personengesellschaftsrecht[4], § 22 Rz. 75.
2 *Bitz* in Littmann/Bitz/Pust/Bitz EStG § 15 Rz. 310 (Stand: April 2024).
3 *Neufang/Neufang*, StBp 2023, 126 (127).
4 *Bitz* in Littmann/Bitz/Pust/Bitz EStG § 15 Rz. 310 (April 2024); *Neufang/Neufang*, StBp 2023, 126 (127).
5 *Bitz* in Littmann/Bitz/Pust/Bitz EStG § 15 Rz. 310 (April 2024).

Besitzunternehmen gezahlten Miet- und Pachtentgelte gemindert, was die Ertragslage gegenüber vergleichbaren Konkurrenzunternehmen mit eigenen Betriebsgrundstücken verschlechtert. Bei fehlender Publizitätspflicht des Besitzunternehmens kann damit die zu veröffentlichende Ertragslage der Betriebsgesellschaft beeinflusst werden.

D. Recht der Industrie- und Handelskammern

Kammerzugehörigkeit. Gemäß § 2 Abs. 1 IHKG gehören zur Industrie- und Handelskammer (IHK), sofern sie zur Gewerbesteuer veranlagt sind, natürliche Personen, Handelsgesellschaften, andere Personenmehrheiten und juristische Personen des privaten und des öffentlichen Rechts, welche im Bezirk der Industrie- und Handelskammer eine Betriebsstätte unterhalten. Für die Zwangsmitgliedschaft bedarf es keiner ausdrücklichen Beitrittserklärung und auch eine Gewerbeanmeldung ist nicht ausschlaggebend. 4.89

Mitgliedschaft des Besitzunternehmens. Die Begründung der Betriebsaufspaltung führt für das Besitzunternehmen zur Einordnung als gewerbliches und damit gewerbesteuerpflichtiges Unternehmen (s. Rz. 3.633) und damit gemäß § 2 Abs. 1 IHKG zu dessen Zwangsmitgliedschaft in der örtlichen Industrie- und Handelskammer.[1] Da es für die Mitgliedschaft nur auf die Veranlagung und nicht auf die tatsächliche Zahlung einer Gewerbesteuer ankommt, ist unerheblich, ob die grundbesitzende und -überlassende Besitzgesellschaft zur Inanspruchnahme der erweiterten Kürzung des Gewerbeertrags nach § 9 Nr. 1 Satz 2 GewStG berechtigt ist;[2] dies ist aber in aller Regel ohnehin nicht der Fall bzw. kann allenfalls im Fall der umgekehrten Betriebsaufspaltung in Betracht kommen (s. Rz. 3.654 und Rz. 3.658). Ungeachtet der Zwangsmitgliedschaft sind gem. § 3 Abs. 3 IHKG nicht in das Handelsregister eingetragene Kammerzugehörige, deren Gewerbeertrag nach dem GewStG bzw. deren Gewinn aus Gewerbebetrieb nach dem EStG oder KStG bestimmte Grenzen nicht überschreitet, vom Beitrag freigestellt. 4.90

Mitgliedschaft der Betriebsgesellschaft. Die stets gewerbliche und gewerbesteuerpflichtige Betriebsgesellschaft (s. Rz. 3.668) ist ebenfalls gemäß § 2 Abs. 1 IHKG Zwangsmitglied in der örtlichen Industrie- und Handelskammer. 4.91

E. Arbeitsrecht

I. Betriebsübergang nach § 613a BGB

Begründung der echten Betriebsaufspaltung. Wird bei Begründung der echten Betriebsaufspaltung ein ursprünglich einheitlicher Betrieb aufgespalten und ein gesamter Betrieb oder ein Teilbetrieb auf das (zukünftige) Betriebsunternehmen übertra- 4.92

1 BVerfG v. 7.12.2001 – 1 BvR 1806/98, DB 2002, 391; BVerfG v. 27.12.2001 – 4 A 2478/00, n.v. Vgl. auch *Gluth* in H/H/R, § 15 EStG Anm. 833 (Stand: April 2022).
2 BVerwG v. 19.1.2005 – 6 C 10/04, NVwZ 2005, 700.

gen, ist regelmäßig die arbeitnehmerschützende Vorschrift des § 613a BGB zu beachten.[1] Hiernach kommt es zu einem Übergang der Arbeitsverhältnisse auf das Betriebsunternehmen, falls die Arbeitnehmer nicht widersprechen. Widersprechen sie, bleiben sie beim bisherigen ArbG, dem zukünftigen Besitzunternehmen, beschäftigt, allerdings besteht das Risiko der betriebsbedingten Kündigung.[2] Besonderheiten ergeben sich, wenn ein einheitliches Unternehmen dergestalt aufgespalten wird, dass mehrere Betriebsunternehmen entstehen. Abzustellen ist in diesen Fällen auf die jeweils übergehenden Teilbetriebe, sodass eine klare und eindeutige Zuordnung der Arbeitsverhältnisse erforderlich ist.[3] Auf den Geschäftsführerdienstvertrag ist § 613a BGB jedoch nicht anwendbar.[4]

4.93 **Betriebsveräußerung.** Veräußert der Insolvenzverwalter während des Verfahrens den Betrieb, gehen die Arbeitsverhältnisse grundsätzlich gemäß § 613a BGB mit auf den Erwerber über. Der Betriebserwerber darf den Arbeitnehmern nicht wegen des Betriebsübergangs kündigen, sondern tritt in die Stellung des Veräußerers ein.

4.94 **Beendigung der Betriebsaufspaltung.** Bei Rückgabe des Betriebs nach Ablauf des Pachtverhältnisses ist nur dann ein Betriebsübergang anzunehmen, wenn der Verpächter den Betrieb tatsächlich fortführt. Die bloße Möglichkeit, den Betrieb unverändert fortzuführen, reicht noch nicht zur Annahme eines Betriebsübergangs.[5]

II. Betriebsverfassungsrecht

1. Einordnungen

4.95 **Fortbestand von Tarifverträgen, Betriebsvereinbarungen und Betriebsrat.** Hinsichtlich der Fortgeltung von Tarifverträgen, Betriebsvereinbarungen oder dem Fortbestand des Betriebsrats gelten aufgrund des Rechtsinstituts der Betriebsaufspaltung keine Besonderheiten.[6]

4.96 **Betriebsänderung bei Begründung der echten Betriebsaufspaltung.** Bei Begründung der Betriebsaufspaltung stellt sich regelmäßig die Frage, ob eine Betriebsänderung i.S.d §§ 111, 112 BetrVG gegeben ist, die dann einen Anspruch des Betriebsrats auf Verhandlungen über einen Sozialplan auslöst. Hier gilt zunächst, dass der Übergang eines Betriebs oder Betriebsteils durch Rechtsgeschäft für sich allein keine Betriebsänderung i.S.d § 111 BetrVG ist.[7] Die Betriebsaufspaltung stellt keine Spaltung

---

1 BAG 19.1.1988 – 3 AZR 263/86, NZA 1988, 501.

2 *Gluth* in H/H/R, § 15 EStG Rz. 833 (Stand: April 2022), mit Verweis auf *Belling/Collas*, NJW 1991, 1919 (1921); *Lauber-Nöll/Schick*, GmbHR 1990, 333 (338); *Bork*, BB 1989, 2181 (2183).

3 *Dehmer*, Die Betriebsaufspaltung[5], § 11 Rz. 16.

4 *Dehmer*, Die Betriebsaufspaltung[5], § 11 Rz. 16.

5 BAG v. 18.3.1999 – 8 AZR 159/98, DStR 1999, 1626.

6 *Dehmer*, Die Betriebsaufspaltung[5], § 11 Rz. 17 mit Verweis auf *Bezani/Wilke*, NJW-Spezial 2008, 437; *Bachner*, NJW 2003, 2861.

7 BAG v. 17.2.1981 – 1 ABR 101/78, NJW 1981, 2716; *Gluth* in H/H/R, § 15 EStG Anm. 833 (Stand: April 2022).

eines Betriebs i.S.d. § 111 Satz 3 Nr. 3 BetrVG dar, sondern eine rechtsgeschäftliche Aufteilung eines Unternehmens, die nicht als Betriebsänderung zu qualifizieren ist (s. auch Rz. 2.142). Etwas anderes kann sich jedoch gem. § 111 Satz 3 Nr. 4 BetrVG ergeben, wenn durch die Betriebsaufspaltung grundlegende Änderungen der Betriebsorganisation und des Betriebszwecks erfolgen.[1] Bei einer „klassischen" Betriebsaufspaltung, also dann, wenn bei der Betriebsgesellschaft keine oder nur wenige Arbeitnehmer beschäftigt sind und diese neben der Verpachtung keine eigene Tätigkeit ausübt, liegt i.d.R. keine Betriebsänderung i.S.d. §§ 111, 112 BetrVG vor.[2]

Sonstiges Betriebsverfassungsrecht. Betriebsverfassungsrechtlich bietet die Betriebsaufspaltung einen gewissen Gestaltungsspielraum. So lässt sich bei Betrieben mit mehr als 100 Arbeitnehmern die Bildung eines Wirtschaftsausschusses im Sinne von § 106 Abs. 1 Satz 1 i.V.m. § 107 Abs. 2 Satz 1 BetrVG durch eine „geschickte" Verteilung der Arbeitsplätze auf die beiden Gesellschaften eventuell vermeiden. In anderen Fällen kann die Überlegung eine Rolle spielen, bei der Besitzgesellschaft, die in aller Regel mit sehr wenig oder gar keinem Personal auskommt, die Bildung eines Betriebsrates gänzlich zu vermeiden.[3] 4.97

Mitbestimmungsrechte der Arbeitnehmer. Das Mitbestimmungsrecht ist ein wesentlicher Bestandteil des Betriebsverfassungsrechts und gibt dem Betriebsrat das Recht, bei bestimmten Entscheidungen des Arbeitgebers mitzubestimmen. Konkret bedeutet das, dass der Betriebsrat in sozialen, personellen und organisatorischen Angelegenheiten bestimmte Mitwirkungsrechte hat. Im Bereich der Betriebsaufspaltung stellt sich die Frage nach einem Eingreifen von §§ 1, 4 MitbestG, die ein Mitspracherecht der Arbeitnehmervertreter bei der Zusammensetzung des Aufsichtsrats gemäß § 7 MitbestG und bei der Bestellung der Geschäftsführer gemäß § 31 MitbestG regeln, wenn das betreffende Unternehmen mehr als 2.000 Arbeitnehmer beschäftigt. Bei einer Betriebsaufspaltung können diese Mitbestimmungsrechte der Arbeitnehmer durch entsprechende Aufteilung der Arbeitnehmer auf zwei Unternehmen vermieden oder eingeschränkt werden, weil § 4 Abs. 1 MitbestG und die darin geregelte Zusammenrechnung der Arbeitnehmer zweier Gesellschaften auf eine Betriebsaufspaltung grundsätzlich nicht anwendbar ist. Ist eine entsprechende Aufteilung nicht möglich, kann die Betriebsaufspaltung immer noch aus dem Gesichtspunkt von Vorteil sein, dass wesentliche unternehmerische Entscheidungen betreffend die Vermögensgegenstände des Gesamtunternehmens in der Besitzgesellschaft getroffen werden und damit der Arbeitnehmermitbestimmung entzogen bleiben.[4] 4.98

---

1 BAG v. 16.6.1987 – 1 ABR 41/85, DB 1987, 1842.

2 BAG v. 21.10.1980 – 1 AZR 145/79, DB 1981, 698; *Dehmer*, Die Betriebsaufspaltung[5], § 11 Rz. 15.

3 *Pathe* in Gummert, Münchener Anwaltshandbuch Personengesellschaftsrecht[4], § 22 Rz. 76.

4 Zum Ganzen auch *Pathe* in Gummert, Münchener Anwaltshandbuch Personengesellschaftsrecht[4], § 22 Rz. 77.

2. Gestaltungsspielräume

4.99 **Gestaltungsspielraum.** Ein arbeitsrechtlicher Aspekt der Betriebsaufspaltung liegt darin, dass durch Aufteilung der Arbeitnehmer auf zwei Unternehmen betriebsverfassungsrechtliche Verpflichtungen und Mitbestimmungsrechte der Arbeitnehmer vermieden oder eingeschränkt werden können. So lässt sich bei Betrieben mit mehr als 100 Arbeitnehmern die Bildung eines Wirtschaftsausschusses im Sinne von § 107 Abs. 2 Satz 1 BetrVG durch eine „geschickte" Verteilung der Arbeitsplätze auf die beiden Gesellschaften ggf. vermeiden. In anderen Fällen kann die Überlegung eine Rolle spielen, bei der Besitzgesellschaft, die in aller Regel mit wenig oder gar keinem Personal auskommt, die Bildung eines Betriebsrates gänzlich zu vermeiden.[1] Bei Betrieben mit mehr als 2000 Arbeitnehmern kann die Anwendung des Mitbestimmungsgesetzes durch die Begründung einer Betriebsaufspaltung verhindert werden, wenn die Schwelle der Beschäftigtenzahl i.S.d. §§ 1, 4 MitbestG nicht erreicht wird.[2] Ist eine entsprechende Aufteilung nicht möglich, kann die Betriebsaufspaltung immer noch aus dem Gesichtspunkt von Vorteil sein, dass wesentliche unternehmerische Entscheidungen betreffend die Vermögensgegenstände des Gesamtunternehmens in der Besitzgesellschaft getroffen werden und damit der Arbeitnehmermitbestimmung entzogen bleiben.[3]

F. Insolvenzrecht

I. Allgemeines

1. Zivilrechtliche Grundlagen

4.100 **Eigenständige Unternehmen.** Das Besitzunternehmen und die Betriebsgesellschaft sind zivilrechtlich eigenständige Unternehmen, die auch insolvenzrechtlich jeweils eigenständig zu beurteilen sind.[4] Somit ist für jedes Unternehmen im Einzelfall zu prüfen, ob ein Insolvenzantragsgrund i.S.d. §§ 16 ff. InsO gegeben ist. Ist nur über das Vermögen eines Unternehmens, regelmäßig der Betriebsgesellschaft, das (ggf. vorläufige) Insolvenzverfahren eröffnet, wird das Verfahren grundsätzlich isoliert für dieses Schuldnerunternehmen geführt. Ist über das Vermögen beider Unternehmen das (ggf. vorläufige) Insolvenzverfahren eröffnet, werden getrennte Verfahren geführt. Dies gilt auch, wenn für beide Unternehmen derselbe (vorläufige) Insolvenzverwalter bestellt ist. In Fällen der Betriebsaufspaltung mit dieser immanenten wirtschaftlichen Verflechtungen zwischen Besitzunternehmen und Betriebsgesellschaft unterliegen jedoch bestimmte Rechtsbeziehungen zum Schuldnerunternehmen – namentlich Darlehensgewährungen und Nutzungsüberlassungen – einer insolvenzrechtlichen Sonderbehandlung (s. dazu Rz. 4.129 ff. und Rz. 4.136 ff).

1 *Bitz* in Littmann/Bitz/Pust, § 15 EStG, Rz. 311 (Stand: April 2024).
2 *Gluth* in H/H/R, § 15 EStG Anm. 833 (Stand: April 2022).
3 *Pathe* in Gummert, Münchener Anwaltshandbuch Personengesellschaftsrecht[4], § 22 Rz. 77.
4 Zum Ganzen auch *Bodden/Bodden*, Ubg 2025, 507 ff.

Vorläufiges Insolvenzverfahren. Bis zu einer Entscheidung über den Antrag auf Eröffnung des Insolvenzverfahrens über das Schuldnervermögen kann das Insolvenzgericht als Maßnahme zur Sicherung der Masse auch einen vorläufigen Insolvenzverwalter bestellen (§ 21 Abs. 2 Nr. 1 i.V.m. § 22 InsO). Dessen Befugnisse kann das Insolvenzgericht auf unterschiedliche Weise ausgestalten: 4.101

- Das Gericht kann anordnen, dass bereits vor offizieller Verfahrenseröffnung die Verwaltungs- und Verfügungsmacht über das Vermögen des Schuldners auf einen vorläufigen „starken" Insolvenzverwalter übergehen soll (§ 21 Abs. 2 Nr. 2 Alt. 1 i.V.m. § 22 Abs. 1 InsO).
- Alternativ hierzu kann das Gericht auch bestimmen, dass (einzelne) Verfügungen des Insolvenzschuldners nur mit Zustimmung des vorläufigen „halbstarken" Insolvenzverwalters wirksam sind (§ 21 Abs. 2 Nr. 2 Alt. 2 i.V.m. § 22 Abs. 2 Satz 1 InsO).
- Werden keine derartigen Rechte eingeräumt, hat der vorläufige „schwache" Insolvenzverwalter insbesondere die Aufgabe, die Insolvenzmasse ohne verfügungsbeschränkende Eingriffe zu sichern.

Gegen den Beschluss zur Bestellung eines vorläufigen Insolvenzverwalters steht dem Schuldner nach § 21 Abs. 1 Satz 2 InsO die sofortige Beschwerde zu, die gem. § 570 Abs. 3 ZPO aber keine aufschiebende Wirkung hat.

Eröffnetes Insolvenzverfahren. Mit der Verfahrenseröffnung nach § 27 Abs. 1 Satz 1 InsO bestellt das Insolvenzgericht nach Maßgabe des § 56 InsO den (endgültigen) Insolvenzverwalter. Rechtsfolge der Bestellung des Insolvenzverwalters ist insbesondere der Übergang der Verwaltungs- und Verfügungsbefugnisse über das Schuldnervermögen bzw. die Insolvenzmasse auf den Insolvenzverwalter für die Dauer des Verfahrens, soweit die Verwaltung reicht (§ 80 Abs. 1 InsO), sofern der Übergang der Verwaltungs- und Verfügungsbefugnisse nicht bereits vor Verfahrenseröffnung durch die Einsetzung eines vorläufigen starken Insolvenzverwalters erfolgte (s. Rz. 4.101).[1] Der Insolvenzverwalter handelt ab dem Bestellungszeitpunkt als Partei kraft Amtes im eigenen Namen mit Wirkung für den Insolvenzschuldner.[2] Der Zeitpunkt der Beschlagnahme des schuldnerischen Vermögens ergibt sich dabei stichpunktgenau aus dem Eröffnungsbeschluss (§ 27 Abs. 2 Nr. 3 InsO). Die Verfügungsbefugnis des Insolvenzverwalters umfasst auch die Wahrnehmung der Interessen der Insolvenzmasse gegenüber dem FA.[3] Ist neben der Insolvenzverwaltung bereits eine Zwangsverwaltung über Grundvermögen des Schuldners angeordnet, ist die Verwaltung durch den 4.102

1 Dazu auch AEAO zu § 251, Nr. 3.1.

2 Gemäß der sog. Amtstheorie handelt der Insolvenzverwalter in Ausübung eines privaten Amtes kraft eigenen Rechts in eigenem Namen bezogen auf das Amt und mit unmittelbarer Wirkung für und gegen den Schuldner als Träger der den Gläubigern als Haftungsobjekt zugewiesenen Insolvenzmasse; vgl. BGH v. 26.1.2006 – IX ZR 282/03, ZInsO 2006, 260; BGH v. 4.6.1996 – IX ZR 261/95, WM 1996, 1411; BGH v. 24.1.1991 – IX ZR 250/89, NJW 1991, 40; BGH v. 24.6.1957, VII ZR 310/56, BGHZ 24, 393.

3 BFH v. 5.4.2022 – IX R 27/18, BStBl II 2022, 703; BFH v. 10.12.2008 – I R 41/07, BFH/NV 2009, 719.

Insolvenzverwalter begrenzt, weil die früher angeordnete Zwangsverwaltung Vorrang vor der Insolvenzverwaltung hat (vgl. hierzu § 80 Abs. 2 Satz 2 InsO und § 153b Abs. 1 ZVG).[1]

2. Steuerrechtliche Konsequenzen

a) Ertragsteuern

aa) Auswirkungen der Insolvenz auf die Betriebsaufspaltung

4.103 **Beendigung der Betriebsaufspaltung.** Infolge des Übergangs der Verwaltungs- und Verfügungsbefugnis auf den (vorläufigen starken) Insolvenzverwalter ergeben sich in Betriebsaufspaltungsfällen regelmäßig ertragsteuerliche Konsequenzen, weil es zum Entfall der personellen Verflechtung kommt (s. Rz. 3.541). Im Fall einer vorläufigen Insolvenzverwaltung hängt die Frage des Fortbestands der tatbestandlichen Willensdurchsetzungskomponente sowohl im Besitz- wie auch im Betriebsunternehmen in Bezug auf die maßgeblichen (Grundstücksverwaltungs-)Geschäfte des täglichen Lebens (s. Rz. 3.162) vom Umfang der Verfügungsbefugnis des vorläufigen Insolvenzverwalters ab (s. Rz. 3.541 und Rz. 3.543).[2] Weitere Besonderheiten bestehen bei der Eigenverwaltung (s. Rz. 3.544). Mit dem Entfall der personellen Verflechtung kommt es grundsätzlich zur Zwangsbetriebsaufgabe des Besitzunternehmens, sofern dieses in der Rechtsform des Einzelunternehmens, einer GbR oder einer sog. entprägten GmbH & Co. KG geführt wird (§ 16 Abs. 3 Satz 1 EStG, s. Rz. 3.549 ff.). Eine solche Betriebsaufgabe kann jedoch bei Vorliegen der Voraussetzungen einer Betriebsverpachtung im Ganzen vermieden werden; dann kommt es ohne ausdrückliche Betriebsaufgabeerklärung nicht zur Aufgabe des Besitzunternehmens (vgl. § 16 Abs. 3b Satz 1 EStG, s. Rz. 3.562 ff.).[3] Im Einzelfall greifen ggf. auch die Grundsätze der Betriebsunterbrechung (s. Rz. 3.566 ff. und nachfolgend Rz. 4.104). Um die Besteuerung der stillen Reserven zu vermeiden, sollte das Besitzunternehmen vor der Eröffnung des Insolvenzverfahrens bzw. vor der Bestellung eines vorläufigen Insolvenzverwalters möglichst in eine Rechtsform umgeformt bzw. eingebracht werden, die eine Entnahme der Wirtschaftsgüter in das Privatvermögen verhindert. Als Rechtsform für das Besitzunternehmen kommt insbesondere eine gewerblich geprägte GmbH & Co. KG i.S.d. § 15 Abs. 3 Nr. 2 EStG in Betracht (s. Rz. 3.575).

4.104 **Unterbrechung der Betriebsaufspaltung.** Wird das Insolvenzverfahren aufgehoben oder wird die Gesellschaft (z.B. nach § 60 Abs. 1 Nr. 4 Halbsatz 2 GmbHG) fortgesetzt, ist der Interimszeitraum als eine – für die Zwecke der Besteuerung unbeachtliche – Unterbrechung der Betriebsaufspaltung anzusehen.[4]

---

1 Hierzu BFH v. 10.2.2015 – IX R 23/14, BStBl. II 2017, 367 m.w.N.

2 *Petersen/Epler* in Sonnleitner/Witfeld, Insolvenz- und Sanierungssteuerrecht[2], Kap. 4 Rz. 14.

3 Vgl. zum Ganzen auch *Waza/Uhländer/Schmittmann*, Insolvenz und Steuern[14], Rz. 1373 ff.; *Kahlert*, FR 2014, 731 (738).

4 BFH v. 6.3.1997 – XI R 2/96, BStBl. II 1997, 460; H 15.7 Abs. 6 EStH 2024 „Insolvenz des Betriebsunternehmens".

Insolvenzplan. Fraglich ist, welche Auswirkungen ein auf die Unternehmensfortführung ausgerichteter Insolvenzplan für den Bestand der Betriebsaufspaltung hat. Auch in diesem Fall könnte es lediglich zu einer Unterbrechung der Betriebsaufspaltung für die Dauer des Insolvenzverfahrens kommen (s. Rz. 4.104). Wird das Insolvenzverfahren aufgehoben oder eingestellt und das Unternehmen fortgesetzt, lebt dann auch die Betriebsaufspaltung wieder auf.[1] 4.105

bb) Auswirkungen der Insolvenz auf eine ertragsteuerliche Organschaft

Keine automatische Beendigung der Organschaft. Besteht zwischen der Besitz- und Betriebsgesellschaft eine körperschaft- und gewerbesteuerliche Organschaft i.S.d. §§ 14, 17 KStG bzw. § 2 Abs. 2 Satz 2 GewStG, was in Konstellationen der Einheits-Betriebsaufspaltung (s. Rz. 3.436 und Rz. 3.438), der umgekehrten Betriebsaufspaltung (s. Rz. 3.477 und Rz. 3.481) und der kapitalistischen Betriebsaufspaltung (s. Rz. 3.491 und Rz. 3.493) der Fall sein kann, wird zwar die Betriebsaufspaltung mit Eröffnung des (vorläufigen) Insolvenzverfahrens über das Vermögen des Besitzunternehmens und/oder der Betriebsgesellschaft beendet (s. Rz. 4.107 ff.). Dies ist für die körperschaftsteuerliche Organschaft jedoch nicht unmittelbar maßgeblich, da die Voraussetzungen der Organschaft eigenständig nach Maßgabe der §§ 14, 17 KStG zu prüfen sind. Die Organschaft bleibt also bestehen, sofern die rechtlichen und tatsächlichen Voraussetzungen weiterhin erfüllt sind, namentlich, solange der Gewinnabführungsvertrag fortbesteht (s. Rz. 4.111 f.) und die finanzielle Eingliederung gegeben ist (s. Rz. 4.113). Umgekehrt ausgedrückt: Erst wenn durch den Insolvenzverwalter Maßnahmen ergriffen werden, die den Gewinnabführungsvertrag oder die finanzielle Eingliederung beenden (z.B. Auflösung des Gewinnabführungsvertrags oder Veräußerung der Anteile), endet auch die körperschaftsteuerliche Organschaft. Aufgrund der Anknüpfung des § 2 Abs. 2 Satz 2 GewStG an die Regelungen der §§ 14, 17 KStG sind die sich ergebenden Fragestellungen auch bei der gewerbesteuerlichen Organschaft ausgehend von den KSt-Grundsätzen zu beantworten. 4.106

(1) Erfüllungswahlrecht bzgl. des Gewinnabführungsvertrags

Entscheidung des Insolvenzverwalters gem. § 103 InsO. Die Bestellung eines vorläufigen starken Insolvenzverwalters (s. Rz. 4.101) bzw. die Eröffnung des Insolvenzverfahrens sowohl über das Vermögen des Organträgers (Besitzgesellschaft)[2] als auch der Organgesellschaft (Betriebsgesellschaft)[3] führt nach richtiger Ansicht nicht zur automatischen Beendigung des Gewinnabführungsvertrags.[4] Denn nach den Grundprinzipien der InsO besteht zugunsten des Insolvenzverwalters für jede Art von Ver- 4.107

1 *Petersen/Epler* in Sonnleitner/Witfeld, Insolvenz- und Sanierungssteuerrecht[2], Kap. 4 Rz. 13; *Krüger* in Runkel/Schmidt, Anwalts-Handbuch Insolvenzrecht[4], § 14 Rz. 185.

2 Im Fall der umgekehrten Betriebsaufspaltung ist Organträger die Betriebs-Personengesellschaft.

3 Im Fall der umgekehrten Betriebsaufspaltung ist Organgesellschaft die Besitz-Kapitalgesellschaft.

4 *Roth/Meyer im Hagen* in Roth/Meyer im Hagen, Insolvenzsteuerrecht[4], Rz. 4.300 ff.; *J. Wagner* in Prinz/Witt, Steuerliche Organschaft[3], Rz. 27.77 ff.

tragsverhältnis die Möglichkeit der Erfüllungswahl nach § 103 Abs. 1 InsO (Fortführung oder Beendigung). So kann z.B. der Insolvenzverwalter des insolventen Organträgers für einen günstigen Ergebnisabführungsvertrag (wenn also Gewinne der Organgesellschaft zu erwarten sind) die Erfüllung wählen, muss dann aber auch korrespondierende Verpflichtung in Kauf nehmen, Verluste der Organgesellschaft als Masseverbindlichkeit i.S.d. § 55 Abs. 1 InsO auszugleichen (§ 302 AktG).[1] Dem Insolvenzverwalter der insolventen Organgesellschaft steht – mit abweichender Interessenlage – ebenfalls das Nicht-/Erfüllungswahlrecht des § 103 Abs. 1 InsO zu.[2] Sogar bei Insolvenz des Organträgers und der Organgesellschaft können Interessenlagen zum Fortbestand des Ergebnisabführungsvertrags gegeben sein.[3] Das gesetzliche Kündigungsrecht des § 297 Abs. 1 Satz 1 AktG steht, wenn überhaupt, nur der Organgesellschaft zu, weil die Insolvenz des Organträgers nur für die Organgesellschaft einen wichtigen Grund darstellt, denn nur für diese kann bei kärglicher Masse Unsicherheit bestehen, ob der Organträger seinen Verpflichtungen – insbesondere dem Verlustausgleich – nachkommen kann.[4]

(2) Fortbestand des Gewinnabführungsvertrags

4.108 **Insolvenz des Organträgers berührt finanzielle Eingliederung nicht.** Ungeachtet des in Insolvenzfällen fortbestehenden Ergebnisabführungsvertrags (s. Rz. 4.107) führt die Bestellung eines vorläufigen starken Insolvenzverwalters (s. Rz. 4.101) bzw. die Eröffnung des Insolvenzverfahrens über das Vermögen des Organträgers (Besitzgesellschaft)[5] nicht zwangsläufig zur Beendigung der ertragsteuerlichen Organschaft,[6] weil die Rechte des Mehrheitsgesellschafters auch in der Insolvenz des Organträgers von diesem – in der Person des Insolvenzverwalters – wahrgenommen werden können und sich damit keine Auswirkungen auf die finanzielle Eingliederung der Organgesellschaft ergeben.[7]

4.109 **Insolvenz der Organgesellschaft berührt finanzielle Eingliederung nicht.** Die isolierte Insolvenz der Organgesellschaft (Betriebsgesellschaft)[8] ist ungeachtet der Verlustausgleichsverpflichtung des Organträgers i.S.d. § 302 AktG möglich, weil diese Regelung keine generelle Verpflichtung zum Ausgleich jeglicher Verluste enthält, sondern nur eine Ausgleichspflicht in Bezug auf solche Verluste, die während der Ver-

1 *Roth/Meyer im Hagen* in Roth/Meyer im Hagen, Insolvenzsteuerrecht[4], Rz. 4.303 und Rz. 4.307; *J. Wagner* in Prinz/Witt, Steuerliche Organschaft[3], Rz. 27.67.

2 *Roth/Meyer im Hagen* in Roth/Meyer im Hagen, Insolvenzsteuerrecht[4], Rz. 4.306.

3 *Roth/Meyer im Hagen* in Roth/Meyer im Hagen, Insolvenzsteuerrecht[4], Rz. 4.307.

4 *Roth/Meyer im Hagen* in Roth/Meyer im Hagen, Insolvenzsteuerrecht[4], Rz. 4.304.

5 Im Fall der umgekehrten Betriebsaufspaltung ist Organträger die Betriebs-Personengesellschaft.

6 So auch BFH v. 2.11.2022 – I R 29/19, BStBl. II 2023, 405; BFH v. 2.11.2022 – I R 37/19, BStBl. II 2023, 409.

7 *Dötsch/Pung* in Dötsch/Pung/Möhlenbrock, § 14 KStG Rz. 655 (Stand: Juni 2024); *Roth/Meyer im Hagen* in Roth/Meyer im Hagen, Insolvenzsteuerrecht[4], Rz. 4.300; *J. Wagner* in Prinz/Witt, Steuerliche Organschaft[3], Rz. 27.73.

8 Im Fall der umgekehrten Betriebsaufspaltung ist Organgesellschaft die Besitz-Kapitalgesellschaft.

tragsdauer entstehen. Zudem begründet die Verlustausgleichsverpflichtung keine Verpflichtung zur Liquiditätssicherung, so dass auch unterjährig Zahlungsunfähigkeit der Organgesellschaft unabhängig von der Verlustübernahmeverpflichtung der Obergesellschaft eintreten kann.[1] Im Übrigen soll es infolge der Insolvenz der Organgesellschaft nicht zu einer zwingenden Beendigung der finanziellen Eingliederung und damit nicht zu einer zwingenden Beendigung der körperschaftlichen Organschaft kommen. Denn der Organträger kann seine Stimmrechte in der Organgesellschaft weiterhin und ungeachtet der Verwaltungs- und Verfügungsbefugnis des Insolvenzverwalters bezüglich der Organgesellschaft gem. § 80 InsO ausüben.[2]

Insolvenz von Organträger und Organgesellschaft berührt finanzielle Eingliederung nicht. Wird sowohl über das Vermögen des Organträgers (Besitzgesellschaft)[3] als auch der Organgesellschaft (Betriebsgesellschaft)[4] das Insolvenzverfahren eröffnet, bleibt die ertragsteuerliche Organschaft ebenfalls bestehen. Solange sich in der Insolvenzmasse des Organträgers hinreichend Anteile an der Organgesellschaft befinden, damit der Insolvenzverwalter des Organträgers die Mehrheit der Stimmrechte in der Organgesellschaft innehat, ist bei fortbestehendem Ergebnisabführungsvertrag auch von einem Fortbestand der körperschaftsteuerlichen Organschaft auszugehen.[5] 4.110

Aber weiterhin tatsächliche Durchführung erforderlich. Ungeachtet des in Insolvenzfällen fortbestehenden Ergebnisabführungsvertrags (s. Rz. 4.108 ff.) und der unberührten finanziellen Eingliederung (s. Rz. 4.109) muss die Organschaft gem. § 14 Abs. 1 Satz 1 Nr. 3 Satz 1 KStG innerhalb der Mindestlaufzeit weiterhin tatsächlich durchgeführt werden. Dies ist nicht der Fall, wenn für das letzte Wirtschaftsjahr vor der Eröffnung des Insolvenzverfahrens nicht derjenige Betrag an den Organträger abgeführt wurde, der bei zutreffender Bilanzierung im Jahresabschluss auszuweisen wäre und ein vorläufiger Jahresabschluss der Organgesellschaft wegen Insolvenz nicht mehr korrigiert werden kann.[6] Diese Nichtdurchführung des Gewinnabführungsvertrags kann nicht in (analoger) Anwendung des § 14 Abs. 1 Satz 1 Nr. 3 Satz 2 KStG geheilt werden.[7] Kommt es damit während der fünfjährigen Mindestvertragslaufzeit zur Nichtdurchführung des Gewinnabführungsvertrags, führt dies nicht nur zu einer Unterbrechung der körperschaftsteuerrechtlichen Organschaft für einzelne 4.111

1 *Roth/Meyer im Hagen* in Roth/Meyer im Hagen, Insolvenzsteuerrecht[4], Rz. 4.305.

2 *Roth/Meyer im Hagen* in Roth/Meyer im Hagen, Insolvenzsteuerrecht[4], Rz. 4.306; *Waza/Uhländer/Schmittmann*, Insolvenz und Steuern[14], Rz. 1656; *J. Wagner* in Prinz/Witt, Steuerliche Organschaft[3], Rz. 27.68 ff., zu weiteren möglichen Entwicklungen Rz. 28.71.

3 Im Fall der umgekehrten Betriebsaufspaltung ist Organträger die Betriebs-Personengesellschaft.

4 Im Fall der umgekehrten Betriebsaufspaltung ist Organgesellschaft die Besitz-Kapitalgesellschaft.

5 *Roth/Meyer im Hagen* in Roth/Meyer im Hagen, Insolvenzsteuerrecht[4], Rz. 4.307 f.; *J. Wagner* in Prinz/Witt, Steuerliche Organschaft[3], Rz. 27.75; *Petersen/Epler* in Sonnleitner/Witfeld, Insolvenz- und Sanierungssteuerrecht[2], Kap. 4 Rz. 236.

6 BFH v. 2.11.2022 – I R 29/19, BStBl. II 2023, 405; BFH v. 2.11.2022 – I R 37/19, BStBl. II 2023, 409.

7 BFH v. 2.11.2022 – I R 29/19, BStBl. II 2023, 405; BFH v. 2.11.2022 – I R 37/19, BStBl. II 2023, 409.

Veranlagungszeiträume, sondern insgesamt zu einer (rückwirkenden) Nichtanerkennung der körperschaftsteuerrechtlichen Organschaft (auch für den Zeitraum vor der Eröffnung des Insolvenzverfahrens).[1] Hieran anknüpfend ist auch eine gewerbesteuerliche Organschaft i.S.d. § 2 Abs. 2 Satz 2 GewStG beendet.

(3) Beendigung des Gewinnabführungsvertrags

4.112 **Wichtiger Grund.** Wird der Gewinnabführungsvertrag vom Insolvenzverwalter des Organträger- oder Organunternehmens in Ausübung seines Nicht-/Erfüllungswahlrechts nach § 103 Abs. 1 InsO wegen eines wichtigen Grundes vor Ablauf von fünf Jahren beendet, so ist dies gem. § 14 Abs. 1 Nr. 3 Satz 2 KStG „unschädlich", d.h. die Geltung und tatsächliche Durchführung des Gewinnabführungsvertrags ist dann auch für einen Zeitraum von weniger als fünf Jahren anzuerkennen.[2] Anerkannt als wichtiger Grund für eine vorzeitige Beendigung ist insbesondere die Eröffnung des Insolvenzverfahrens über das Vermögen des Organträgers und/oder über das Vermögen der Organgesellschaft, die jedenfalls zur Kündigung berechtigen.[3] Die aus einem Ergebnisabführungsvertrag resultierenden Verbindlichkeiten werden durch die Insolvenz zu Insolvenzforderungen i.S.d. § 38 InsO, die grundsätzlich nicht mehr bedient werden dürfen.

b) Erbschaft- und Schenkungssteuer

4.113 **Verschonungsabschlag und der Abzugsbetrag.** Für die Übertragung begünstigten Betriebsvermögens i.S.d. § 13b Abs. 1 ErbStG wird nach Maßgabe der Regelungen in § 13a, b ErbStG ein Regelverschonungsabschlag von 85% (§ 13a Abs. 1 Satz 1 ErbStG) i.V.m. dem Abzugsbetrag (§ 13a Abs. 2 ErbStG) oder ein Optionsverschonungsabschlag von 100% gewährt (§ 13a Abs. 10 ErbStG). Für das gewerbliche Besitz- und das gewerbliche Betriebsunternehmen einer ertragsteuerlichen Betriebsaufspaltung gelten insoweit die allgemeinen Grundsätze (s. Rz. 3.822 ff.). Dem Betriebsunternehmen vom Besitzunternehmen überlassener Grundbesitz rechnet nur nach Maßgabe der Sonderregelungen in § 13b Abs. 4 Nr. 1 Satz 2 Buchst. a Alt. 1 ErbStG zur erbschaftsteuerlichen Betriebsaufspaltung zum begünstigten Betriebsvermögen (s. Rz. 3.838 ff.).

4.114 **Entfall der Begünstigungen.** Der Verschonungsabschlag und ggf. der Abzugsbetrag fallen mit Wirkung für die Vergangenheit (ex tunc) anteilig weg, soweit innerhalb von fünf bzw. sieben Jahren nach dem Zeitpunkt der Steuerentstehung – Behaltensfrist – gegen eine der Behaltensregelungen des § 13a Abs. 6 ErbStG für das begünstigte Vermögen verstoßen wird. Nach dem Wortlaut des Gesetzes sind (wirtschaftliche) Gründe und die Motivation für den Verstoß gegen die Behaltensregelungen und damit die Auslösung der Nachversteuerung unbeachtlich.[4]

---

1 *Roth/Meyer im Hagen* in Roth/Meyer im Hagen, Insolvenzsteuerrecht[4], Rz. 4.307.
2 So auch Abschn. 14.5 Abs. 6 KStR 2022.
3 So wohl BFH v. 2.11.2022 – I R 29/19, BStBl. II 2023, 405.
4 So auch R E 13a.12 Abs. 1 Satz 2 ErbStR 2019.

Insolvenz als Haltefristverstoß. Gemäß § 13a Abs. 6 Satz 1 Nr. 1 Satz 1 ErbStG führen die Veräußerung des Anteils an einer Personengesellschaft, deren Betriebsaufgabe oder die Veräußerung oder Entnahme wesentlicher Betriebsgrundlagen innerhalb der Behaltensfrist zu einem Verstoß gegen die Behaltensvorgaben. Als begünstigungsschädliche Veräußerung gilt auch die Aufgabe eines Gewerbebetriebs, Teilbetriebs oder Mitunternehmeranteils. Für Anteile an Kapitalgesellschaften i.S.d. § 13b Abs. 1 Nr. 3 EStG ist ein Haltefristverstoß gem. § 13a Abs. 6 Satz 1 Nr. 4 ErbStG gegeben, wenn diese ganz oder teilweise veräußert oder verdeckt in eine andere Kapitalgesellschaft eingelegt werden; gleiches gilt, wenn die Kapitalgesellschaft innerhalb der Frist aufgelöst oder ihr Nennkapital herabgesetzt wird, wenn diese wesentliche Betriebsgrundlagen veräußert und das Vermögen an die Gesellschafter verteilt wird. Die genannten Begriffe sind dabei eng an das Ertragsteuerrecht angelehnt, was eine entsprechende ertragsteuerliche Auslegung im Bereich des § 13a Abs. 6 ErbStG impliziert. 4.115

Frühere Rechtslage. Nach früherer Ansicht der Finanzverwaltung sollte auch die Eröffnung des Insolvenzverfahrens zu einer Nachversteuerung führen, da dieser Umstand zur Auflösung der Kapital- wie auch der Personengesellschaft führt.[1] Hierzu hatte der BFH aber entschieden, dass die bloße Eröffnung des Insolvenzverfahrens über das Vermögen einer Personengesellschaft – anders als bei einer Kapitalgesellschaft[2] – noch nicht zum nachträglichen (anteiligen) Wegfall des Verschonungsabschlags führt.[3] Damit ergaben sich bis zur Gesetzesänderung durch das JStG 2024[4] (dazu Rz. 4.117) Unterschiede für die jeweiligen Rechtsformen wie folgt: Bei Personengesellschaften ließ die Eröffnung des Insolvenzverfahrens den Betrieb einer Personengesellschaft zunächst unberührt; erst die Veräußerung oder Aufgabe bzw. tatsächliche Entnahme wesentlicher Betriebsgrundlagen führte gem. gem. § 13a Abs. 6 Nr. 1 ErbStG zum Wegfall des Verschonungsabschlags. Bei Kapitalgesellschaften wurde der Nachsteuertatbestand gem. § 13a Abs. 6 Nr. 4 ErbStG hingegen bereits durch den Beschluss über die Eröffnung der Insolvenz und die damit verbundene Auflösung der Kapitalgesellschaft gem. § 60 Abs. 1 Nr. 4 GmbHG ausgelöst. Diese unterschiedliche Behandlung von Personen- und Kapitalgesellschaften war allerdings nicht mit den Grundgedanken der Verschonungsregelungen in § 13a ErbStG vereinbar, wonach das in besonderer Weise dem Gemeinwohl dienende Produktivvermögen angemessen begünstigt werden soll. Denn auch bei einer Kapitalgesellschaft führt die Eröffnung des Insolvenzverfahrens nicht zwingend und ausschließlich zur Zerschlagung der Vermögenswerte, sodass – wie auch bei einer Personengesellschaft – durch Fortführung der Gesellschaft die Arbeitsplatzsicherung (Verschonungsargument) gegeben sein kann.[5] Damit war der Gesetzgeber aufgerufen, eine Gleichbehandlung von Personen- und Kapitalgesellschaften zu erreichen. 4.116

1 R E 13a.13 Abs. 1 Satz 3 ErbStR 2019. Zur Auflösung bei Kapitalgesellschaften vgl. § 60 Abs. 1 Nr. 4 Halbsatz 1 GmbHG sowie § 262 Abs. 1 Nr. 3 AktG, bei Personenhandelsgesellschaften vgl. § 138 Abs. 1 Nr. 2 HGB, bei der KG i.V.m. § 161 Abs. 2 HGB.
2 Hierzu BFH v. 21.3.2007 – II R 19/06, BFH/NV 2007, 1321 (zu § 13a Abs. 5 ErbStG a.F.).
3 BFH v. 1.7.2020 – II R 19/18, BFH/NV 2021, 110; BFH v. 1.7.2020 – II R 20/18, BFH/NV 2021, 23. So auch bereits für das ESt-Recht BFH v. 1.10.2015 – X B 71/15, BFH/NV 2016, 34.
4 Jahressteuergesetz (JStG) 2024 v. 5.12.2024, BGBl. I 2024, Nr. 387.
5 BT-Drucks. 20/13419 v. 16.10.2024, 261.

4.117 **Neue Rechtslage.** Mit dem JStG 2024[1] wurde in § 13a Abs. 6 Satz 1 Nr. 4 ErbStG, der Regelung zu Haltefristverstößen bei unentgeltlich erworbenen Kapitalgesellschaftsanteilen i.S.d. § 13b Abs. 1 Nr. 3 ErbStG, ein neuer Satz 3 eingefügt. Danach ist ein Haltefristverstoß im Fall der Auflösung der Kapitalgesellschaft erst – und damit parallel zu Behandlung bei Personengesellschaften gem. § 13a Abs. 6 Satz 1 Nr. 1 ErbStG – mit der Aufgabe des Betriebs gegeben oder soweit wesentliche Betriebsgrundlagen veräußert werden.[2] Die Neuregelung ist auf alle Erwerbe anzuwenden, bei denen die Steuer nach dem 31.12.2024 entsteht (§ 37 Abs. 21 ErbStG).[3]

4.118 **Insolvenz nachgeordneter Gesellschaften.** Die Eröffnung eines Insolvenzverfahrens auf einer nachgelagerten Beteiligungsebene (Tochter-/Enkelgesellschaft) führt ebenfalls nicht zur Betriebsaufgabe. Diese setzt die Veräußerung oder Aufgabe bzw. tatsächliche Entnahme wesentlicher Betriebsgrundlagen voraus.[4]

c) Umsatzsteuer

aa) Allgemeine Umsatzsteuerwirkungen der Insolvenz

4.119 **Umsatzsteuerkorrektur beim Schuldnerunternehmen.** Durch die Eröffnung des Insolvenzverfahrens über das Vermögen des leistenden Unternehmers (Besitz- oder Betriebsgesellschaft) geht nach § 80 Abs. 1 InsO die gesamte Verwaltungs- und Verfügungsbefugnis und damit auch die Empfangszuständigkeit für die offenen Forderungen auf den Insolvenzverwalter über.[5] Gleiches gilt schon vorher bei Bestellung eines „starken" vorläufigen Insolvenzverwalters sowie eines „halbstarken" vorläufigen Insolvenzverwalters mit bestimmten Befugnissen (§ 21 Abs. 2 Nr. 2 i.V.m. § 22 Abs. 1, Abs. 2 InsO).[6] Die fehlende Befugnis des leistenden Unternehmers zur rechtswirksamen Vereinnahmung der Entgeltforderungen führt zur Uneinbringlichkeit aus Rechtsgründen, so dass der Steuerbetrag gem. § 17 Abs. 2 Nr. 1 Satz 1 in Verbindung mit Abs. 1 Satz 1 UStG zu berichtigen ist.[7] Vereinnahmt der Insolvenzverwalter später das zunächst uneinbringlich gewordene Entgelt, ist der Umsatzsteuerbetrag nach § 17 Abs. 2 Nr. 1 Satz 2 UStG erneut zu berichtigen; die Umsatzsteuer ist dann eine sonstige Masseverbindlichkeit i.S.d. § 55 Abs. 1 Nr. 1 InsO.[8] Der Empfänger der vorinsolvenzlich vom Schuldnerunternehmen erbrachten steuerpflichtigen Leistung, für die das Entgelt beim Schuldnerunternehmen nach o.g. Grundsätzen aus Rechtsgründen uneinbringlich wurde, hat die auf die steuerpflichtige Eingangsleistung entfallen-

---

1 Jahressteuergesetz (JStG) 2024, BGBl. I 2024, Nr. 387.

2 R E 13a.13 Abs. 1 Satz 3 ErbStR 2019 zu Personengesellschaften ist damit überholt.

3 Kritisch hierzu *Korezkij*, DStR 2025, 361 (376), der hierzu eine Billigkeitsregelung durch die Finanzverwaltung für geboten hält.

4 BFH v. 1.7.2020 – II R 19/18, BFH/NV 2021, 110; BFH v. 1.7.2020 – II R 20/18, BFH/NV 2021, 23.

5 Abschn. 17.1 Abs. 11 Satz 1 ff. UStAE.

6 Zu Einzelheiten vgl. Abschn. 17.1 Abs. 12 f. UStAE.

7 Abschn. 17.1 Abs. 11 Satz 5 f. UStAE; *Roth/Meyer im Hagen* in Roth/Meyer im Hagen, Insolvenzsteuerrecht[4], Rz. 4.395.

8 BFH v. 27.9.2018 – V R 45/16, BStBl. II 2019, 356; BFH v. 9.12.2010 – V R 22/10, BStBl. II 2011, 996; Abschn. 17.1 Abs. 11 Satz 7 f. UStAE.

den Vorsteuerbeträge wegen fortbestehender Zahlungsverpflichtung und Zahlungsbereitschaft nicht nach § 17 Abs. 2 Nr. 1 Satz 1 i.V.m. Abs. 1 Satz 1 UStG zu berichtigen.[1]

Vorsteuerkorrektur beim Schuldnerunternehmen. Offene Forderungen aus Lieferungen und Leistungen gegenüber der insolventen Besitz- oder Betriebsgesellschaft sind ab der Eröffnung des Insolvenzverfahrens kraft Gesetzes nicht mehr durchsetzbar. Gleiches gilt schon vorher bei Bestellung eines „starken" vorläufigen Insolvenzverwalters sowie eines „halbstarken" vorläufigen Insolvenzverwalters mit bestimmten Befugnissen (§ 21 Abs. 2 Nr. 2 i.V.m. § 22 Abs. 1, Abs. 2 InsO). Die Forderungen der Gläubiger gegen den Insolvenzschuldner werden dann unbeschadet einer möglichen Insolvenzquote in voller Höhe uneinbringlich i.S.d. § 17 Abs. 2 Nr. 1 UStG.[2] Hieran anknüpfend ist die Umsatzsteuer beim leistenden Unternehmer und dementsprechend der Vorsteuerabzug beim insolventen Leistungsempfänger aus den Gläubigerrechnungen i.S.d. §§ 14, 15 Abs. 1 UStG nach § 17 Abs. 1 Satz 2 UStG zu berichtigen und vom Schuldnerunternehmen ist eine Vorsteuerrückzahlungsverpflichtung zu deklarieren. Wird auf Grund einer erfolgreichen Insolvenzanfechtung nach §§ 129 ff. InsO ein bereits entrichtetes Entgelt für eine vom Insolvenzschuldner bezogene Leistung nach Eröffnung des Insolvenzverfahrens an den Insolvenzverwalter zurückgezahlt, ist der Vorsteuerabzug nach § 17 Abs. 2 Nr. 1 Satz 2 UStG durch den Insolvenzverwalter in dem Zeitpunkt der tatsächlichen Entgeltrückgewähr zu berichtigen.[3] 4.120

bb) Auswirkungen der Insolvenz auf eine umsatzsteuerliche Organschaft

Beendigung der umsatzsteuerlichen Organschaft. Im Fall der ertragsteuerlichen Betriebsaufspaltung ist regelmäßig eine umsatzsteuerliche Organschaft i.S.d. § 2 Abs. 2 Nr. 2 UStG gegeben (s. Rz. 3.903 ff.). Hinsichtlich der Auswirkungen eines (vorläufigen) Insolvenzverfahrens auf ein umsatzsteuerliches Organschaftsverhältnis gilt:[4] Mit der Eröffnung des Insolvenzverfahrens über das Vermögen des Organträgers (Besitzunternehmen)[5] oder der Organgesellschaft (Betriebsunternehmen)[6] endet die umsatzsteuerliche Organschaft.[7] Dies gilt jeweils auch bei Bestellung eines Sach- 4.121

1 Abschn. 17.1 Abs. 15 UStAE.

2 Abschn. 17.1 Abs. 16 Satz 1 UStAE; *Roth/Meyer im Hagen* in Roth/Meyer im Hagen, Insolvenzsteuerrecht[4], Rz. 4.395.

3 Abschn. 17.1 Abs. 17 Satz 1 UStAE.

4 Zu weiteren Einzelheiten auch OFD Frankfurt am Main v. 6.9.2023 – S 7105 A-00066-0357-St1-St 110.2, DStR 2023, 2344; *Uhländer/Schmittmann/Waza*, Insolvenz und Steuern[14], Rz. 1931 ff.

5 Im Fall der umgekehrten Betriebsaufspaltung ist Organträger die Betriebs-Personengesellschaft, wenn die Anteile an der Besitz-Kapitalgesellschaft zum Gesellschaftsvermögen der Betriebs-Personengesellschaft rechnen.

6 Im Fall der umgekehrten Betriebsaufspaltung ist Organgesellschaft die Besitz-Kapitalgesellschaft, wenn deren Anteile zum Gesellschaftsvermögen der Betriebs-Personengesellschaft rechnen.

7 BFH v. 15.12.2016 – V R 14/16, BStBl. II 2017, 600; Abschn. 2.8 Abs. 12 Satz 1 UStAE. Dies gilt auch bei gleichzeitiger Insolvenz beider Rechtsäger, vgl. *Uhländer/Schmittmann/Waza*, Insolvenz und Steuern[14], Rz. 1939 f.

walters im Rahmen der Eigenverwaltung nach §§ 270 ff. InsO.[1] Bei Bestellung eines vorläufigen Insolvenzverwalters endet die Organschaft mit dessen Bestellung bereits vor Eröffnung des Insolvenzverfahrens, wenn der vorläufige Insolvenzverwalter den maßgeblichen Einfluss auf den Schuldner erhält und eine Beherrschung der Organgesellschaft durch den Organträger nicht mehr möglich ist. Dies ist der Fall, wenn ein vorläufiger „starker" Insolvenzverwalter bestellt wird (§ 21 Abs. 2 Nr. 2 Alt. 1 i.V.m. § 22 Abs. 1 InsO), oder wenn ein vorläufiger „halbstarker" Insolvenzverwalter wirksame rechtsgeschäftliche Verfügungen des Schuldners aufgrund eines Zustimmungsvorbehalts nach § 21 Abs. 2 Nr. 2 Alt. 2 i.V.m. § 22 Abs. 2 InsO InsO (s. Rz. 4.101) verhindern kann.[2] Sonderfragen ergeben sich bei vorläufiger Insolvenzverwaltung für die Anwendung des § 55 Abs. 4 InsO.[3] Die vorstehenden Grundsätze gelten auch in den Fällen, in denen für den Organträger und die Organgesellschaft ein personenidentischer Sachwalter, vorläufiger Insolvenzverwalter oder Insolvenzverwalter bestellt wird.[4]

4.122 **Behandlung bis zur Beendigung.** Bis zur Beendigung der umsatzsteuerlichen Organschaft ist die Organgesellschaft (Betriebsunternehmen)[5] gem. § 2 Abs. 2 Nr. 2 UStG umsatzsteuerlich unselbständig und nur der Organträger (Besitzunternehmen) [6] als Unternehmer i.S.d. § 2 Abs. 1 UStG anzusehen. Bei der Zurechnung von Umsätzen, des Vorsteuerabzugs aus Leistungsbezügen der Organgesellschaft sowie den Vorsteuerberichtigungsansprüchen gilt Folgendes:

- **Umsätze der Organgesellschaft** i.S.d. §§ 1 ff. UStG, die vor Beendigung der Organschaft ausgeführt wurden, sind nach allgemeinen Grundsätzen dem Organträger zuzurechnen und von diesem zu versteuern. Maßgebend ist, ob das die USt auslösende Ereignis (die Leistung der Organgesellschaft bzw. in Fällen der Ist-Besteuerung die Vereinnahmung des Entgelts durch die Organgesellschaft) vor Beendigung der Organschaft eintritt. Dies gilt auch, wenn die hierauf entfallende USt erst mit Ablauf des Voranmeldungszeitraums der Tatbestandsverwirklichung und damit u.U. nach Beendigung der Organschaft entsteht.[7]

---

1 BFH v. 15.12.2016 – V R 14/16, BStBl. II 2017, 600; Abschn. 2.8 Abs. 12 Satz 2 UStAE, zu weiteren Abgrenzungen vgl. auch Abschn. 2.8 Abs. 12 Satz 6 f. UStAE. Vgl. auch *Uhländer/Schmittmann/Waza*, Insolvenz und Steuern[14], Rz. 1933.

2 BFH v. 24.8.2016 – V R 36/15, BStBl. II 2017, 595; BFH v. 8.8.2013 – V R 18/13, BStBl. II 2017, 543. Vgl. auch Abschn. 2.8 Abs. 12 Satz 3 f. UStAE; *Uhländer/Schmittmann/Waza*, Insolvenz und Steuern[14], Rz. 1934.

3 Hierzu *Uhländer/Schmittmann/Waza*, Insolvenz und Steuern[14], Rz. 1941 ff.

4 BFH v. 15.12.2016 – V R 14/16, BStBl. II 2017, 600; Abschn. 2.8 Abs. 12 Satz 5 UStAE.

5 Im Fall der umgekehrten Betriebsaufspaltung ist Organgesellschaft die Besitz-Kapitalgesellschaft, wenn deren Anteile zum Gesellschaftsvermögen der Betriebs-Personengesellschaft rechnen.

6 Im Fall der umgekehrten Betriebsaufspaltung ist Organträger die Betriebs-Personengesellschaft, wenn die Anteile an der Besitz-Kapitalgesellschaft zum Gesellschaftsvermögen der Betriebs-Personengesellschaft rechnen.

7 OFD Frankfurt am Main v. 6.9.2023 – S 7105 A-00066-0357-St1-St 110.2, DStR 2023, 2344, Rz. 1; *Uhländer/Schmittmann/Waza*, Insolvenz und Steuern[14], Rz. 1945.

- Den **Vorsteuerabzug** i.S.d. § 15 Abs. 1 UStG aus Rechnungen für (Eingangs-)Leistungen, die die Organgesellschaft vor Beendigung der Organschaft bezog, kann nur der Organträger geltend machen, und zwar unabhängig davon, ob und wann sämtliche materiell-rechtlichen Voraussetzungen der §§ 14, 15 UStG erfüllt sind. Dies gilt auch, wenn die Rechnung erst nach Beendigung der Organschaft bei der Organgesellschaft eingeht und von dieser beglichen wird.[1] Maßgeblich ist, dass der Leistungsbezug als auslösendes Ereignis vor Beendigung der Organschaft erfolgt.[2] Die umsatzsteuerliche Problematik entsteht dann, wenn die Organgesellschaft Leistungen empfangen, aber nicht bezahlt hat, so dass der leistende Vertragspartner mit einem Forderungsausfall rechnen muss. Den aus den zugrunde liegenden Leistungen resultierenden Vorsteuerabzug hat der Organträger aber i.d.R. in den vorangegangenen Abrechnungszeiträumen bereits vorgenommen (§ 15 UStG). Werden infolge der Insolvenz die Entgelte uneinbringlich, sind die abzuführende Umsatzsteuer beim leistenden Unternehmer und die Vorsteuer beim Organträger nach § 17 Abs. 2 Nr. 1 UStG zu berichtigen.[3]
- **Vorsteuerberichtigungsansprüche** nach § 17 UStG, die Leistungsbezüge der Organgesellschaft betreffen, richten sich gegen den Organträger, wenn das den Berichtigungsanspruch auslösende Ereignis (Uneinbringlichkeit) vor Beendigung oder zeitgleich mit der Beendigung der Organschaft eintritt.[4] Uneinbringlichkeit setzt dabei voraus, dass der Anspruch auf Entrichtung des Entgelts nicht erfüllt wird und bei objektiver Betrachtung damit zu rechnen ist, dass der Leistende die Entgeltforderung (ganz oder teilweise) jedenfalls auf absehbare Zeit rechtlich oder tatsächlich nicht durchsetzen kann; dies ist spätestens mit Eröffnung des Insolvenzverfahrens gegeben, ggf. auch schon bei vorläufiger Insolvenzverwaltung.[5] Ob der Insolvenzverwalter die zunächst uneinbringlichen Forderungen später erfüllt, ändert an der vollständigen Berichtigungspflicht spätestens im Zeitpunkt der Insolvenzeröffnung nichts.[6] Eine abweichende Steuerfestsetzung nach § 163 Abs. 1 AO scheidet aus, selbst wenn der Organträger keine Mittel zur Entrichtung der Umsatzsteuer erhalten hat.[7] Zu den Folgen einer Vorsteuerberichtigung der Organgesellschaft auf Grund Insolvenzanfechtung durch den Insolvenzverwalter des

1 BFH v. 13.5.2009 – XI R 84/07, BStBl. II 2009, 868. Vgl. auch *Uhländer/Schmittmann/Waza*, Insolvenz und Steuern[14], Rz. 1945.

2 *Roth/Meyer im Hagen* in Roth/Meyer im Hagen, Insolvenzsteuerrecht[4], Rz. 4.393.

3 Im Fall einer Insolvenzquote ist der Vorsteuerabzug dann erneut zu berichtigen (§ 17 Abs. 2 Nr. 1 Satz 2 UStG, vgl. BFH v. 1.3.2016 – XI R 21/14, BStBl. II 2016, 756; BFH v. 24.9.2014 – V R 48/13, BStBl. 2015 II, 506.

4 BFH v. 8.8.2013 – V R 18/13, BStBl. II 2017, 543; BFH v. 22.10.2009 – V R 14/08, BStBl. II 2011, 988; BFH v. 5.12.2008 – V B 101/07, BFH/NV 2009, 432; BFH v. 6.6.2002 – V R 22/01, BFH/NV 2002, 1352. Vgl. auch OFD Frankfurt am Main v. 6.9.2023 – S 7105 A-00066-0357-St1-St 110.2, DStR 2023, 2344, Rz. 2; *Roth/Meyer im Hagen* in Roth/Meyer im Hagen, Insolvenzsteuerrecht[4], Rz. 4.395.

5 BFH v. 1.3.2016 – XI R 21/14, BStBl. II 2016, 756; BFH v. 8.8.2013 – V R 18/13, BStBl. II 2017, 543.

6 *Roth/Meyer im Hagen* in Roth/Meyer im Hagen, Insolvenzsteuerrecht[4], Rz. 4.395.

7 BFH v. 14.3.2012 – XI R 28/09, BFH/NV 2012, 1493.

Organträgers einer umsatzsteuerlichen Organschaft hat der BFH klargestellt, dass der Vorsteuerabzug auch dann bei der Organgesellschaft nach § 17 UStG berichtigt werden muss, wenn der Leistende ein Entgelt an den Organträger zurückzahlt, nachdem die Zahlung erfolgreich angefochten wurde.[1]

4.123 **Behandlung nach Beendigung.** Ab dem Zeitpunkt der Beendigung der Organschaft stellen Organträger (Besitzunternehmen)[2] und Organgesellschaft (Betriebsunternehmen)[3] wieder zwei selbständige, umsatzsteuerliche Rechtssubjekte i.S.d. § 2 Abs. 1 UStG dar. Dies hat insbesondere Folgen für die Zurechnung von Umsätzen, des Vorsteuerabzuges aus Leistungsbezügen der Organgesellschaft sowie den Adressaten von Vorsteuerberichtigungsansprüchen.[4] Hierzu gilt:

- **Umsätze der ehemaligen Organgesellschaft** i.S.d. §§ 1 ff. UStG, die nach Beendigung der Organschaft ausgeführt werden, sind von der ehemaligen Organgesellschaft als leistendem Unternehmer zu versteuern. Hat jedoch der Organträger An- und Vorauszahlungen auf Umsätze aus Leistungen der Organgesellschaft, die nach Beendigung der Organschaft erbracht wurden, bereits der Umsatzbesteuerung unterworfen (§ 13 Abs. 1 Nr. 1 Buchst. a Satz 4, Buchst. b UStG), so sind diese bei der Steuerfestsetzung der ehemaligen Organgesellschaft steuermindernd zu berücksichtigen, weil die Regelung über die Entstehung der Steuer für vereinnahmte Anzahlungen nach § 13 Abs. 1 Nr. 1 Buchst. a Satz 4 UStG einen selbstständigen und abschließenden Steuerentstehungstatbestand enthält. Die Besteuerung beim ehemaligen Organträger bleibt dann also auch nach Beendigung der Organschaft bestehen. Von der Organgesellschaft ist dementsprechend nur der im Zeitpunkt der Beendigung der Organschaft noch offene Restbetrag zu versteuern.[5]
- Der **Vorsteuerabzug** i.S.d. § 15 Abs. 1 UStG aus Rechnungen für (Eingangs-)Leistungen, die die Organgesellschaft nach Beendigung der Organschaft bezieht, kann grundsätzlich nur von der Organgesellschaft geltend gemacht werden.[6] Hat jedoch der Organträger vor Beendigung der Organschaft An- oder Vorauszahlungen auf diese Leistungen entrichtet und hieraus den (vorgezogenen) Vorsteuerabzug nach § 15 Abs. 1 Nr. 1 Satz 2 UStG vorgenommen, so ist die Organgesellschaft lediglich zum Vorsteuerabzug aus dem im Zeitpunkt der Beendigung der Organschaft noch

1 BFH v. 6.12.2023 – XI R 5/20, BStBl. II 2024, 316; BFH v. 24.8.2023 – V R 29/21, BStBl. II 2024, 313.

2 Im Fall der umgekehrten Betriebsaufspaltung ist Organträger die Betriebs-Personengesellschaft, wenn die Anteile an der Besitz-Kapitalgesellschaft zum Gesellschaftsvermögen der Betriebs-Personengesellschaft rechnen.

3 Im Fall der umgekehrten Betriebsaufspaltung ist Organgesellschaft die Besitz-Kapitalgesellschaft, wenn deren Anteile zum Gesellschaftsvermögen der Betriebs-Personengesellschaft rechnen.

4 Hierzu *Uhländer/Schmittmann/Waza*, Insolvenz und Steuern[14], Rz. 1945 ff.

5 BFH v. 21.6.2001 – V R 68/00, BStBl. II 2002, 255.

6 OFD Frankfurt am Main v. 6.9.2023 – S 7105 A-00066-0357-St1-St 110.2, DStR 2023, 2344, Rz. 2; *Roth/Meyer im Hagen* in Roth/Meyer im Hagen, Insolvenzsteuerrecht[4], Rz. 4.394.

offenen Restbetrag berechtigt; der vorgezogene Vorsteuerabzug aus den An- und Vorauszahlungen steht weiterhin dem Organträger zu.[1]

- **Vorsteuerberichtigungsansprüche** nach § 17 UStG, die Leistungsbezüge der ehemaligen Organgesellschaft betreffen, richten sich gegen die Organgesellschaft, wenn der Zeitpunkt des den Berichtigungsanspruch auslösenden Ereignisses (Uneinbringlichkeit) nach Beendigung der Organschaft liegt.[2].

Vorsteuerberichtigung nach § 15a UStG. Durch die Beendigung des Organschafts- 4.124
verhältnisses wird der Berichtigungszeitraum nach § 15a UStG nicht unterbrochen.[3] Damit können Verwertungshandlungen des Insolvenzverwalters über das Vermögen der (ehemaligen) Organgesellschaft eine Vorsteuerberichtigung nach § 15a UStG auslösen. Der Berichtigungsanspruch richtet sich als Masseanspruch i.S.d. § 55 Abs. 1 Nr. 1 InsO gegen die (ehemalige) Organgesellschaft. Dies gilt ungeachtet der Tatsache, dass der erstmalige Vorsteueranspruch nach § 15 UStG dem Organträger zugestanden hat. Die ehemalige Organgesellschaft führt die für § 15a UStG maßgebenden Verhältnisse fort.[4]

cc) Auswirkungen der Insolvenz bei unerkannter umsatzsteuerlicher Organschaft

Erstattungsansprüche der Organgesellschaft. Wird in Fällen einer ertragsteuerli- 4.125
chen Betriebsaufspaltung die zugleich bestehende umsatzsteuerliche Organschaft nicht erkannt, wird der Insolvenzverwalter bei Insolvenz der Organgesellschaft (Betriebsgesellschaft)[5] stets prüfen, ob die bis zur tatsächlichen Beendigung der umsatzsteuerlichen Organschaft von der unselbständigen Organgesellschaft als vermeintlicher Umsatzsteuerschuldnerin zu Unrecht bezahlte Umsatzsteuer für die Masse zurückgewonnen bzw. als Erstattungsanspruch i.S.d. § 37 Abs. 2 AO gegen das zuständige Finanzamt geltend gemacht werden kann (Deklaration sog. Null-Anmeldungen).[6] Erfolgversprechend ist dies für Zeiträume, für die noch keine Festsetzungsverjährung eingetreten ist und deren Steuerfestsetzungen nach den Vorschriften der AO

1 BFH v. 21.6.2001 – V R 68/00, BStBl. II 2002, 255; OFD Frankfurt am Main v. 6.9.2023 – S 7105 A-00066-0357-St1-St 110.2, DStR 2023, 2344, Rz. 2; *Roth/Meyer im Hagen* in Roth/Meyer im Hagen, Insolvenzsteuerrecht[4], Rz. 4.394.

2 BFH v. 22.10.2009 – V R 14/08, BStBl. II 2011, 988; BFH v. 5.12.2008 – V B 101/07, BFH/NV 2009, 432; BFH v. 7.12.2006 – V R 2/05, BFH/NV 2007, 839; BFH v. 6.6.2002 – V R 22/01, BFH/NV 2002, 1352; BFH v. 6.6.2002 – V B 110/01, BFH/NV 2002, 1267. Vgl. auch OFD Frankfurt am Main v. 6.9.2023 – S 7105 A-00066-0357-St1-St 110.2, DStR 2023, 2344, Rz. 2.

3 Abschn. 15a.10 Satz 2 UStAE.

4 Abschn. 15a.10 Satz 1 Nr. 4 Satz 1 UStAE; OFD Frankfurt am Main v. 6.9.2023 – S 7105 A-00066-0357-St1-St 110.2, DStR 2023, 2344, Rz. 3; *Roth/Meyer im Hagen* in Roth/Meyer im Hagen, Insolvenzsteuerrecht[4], Rz. 4.396.

5 Im Fall der umgekehrten Betriebsaufspaltung ist Organgesellschaft die Besitz-Kapitalgesellschaft, wenn deren Anteile zum Gesellschaftsvermögen der Betriebs-Personengesellschaft rechnen.

6 Hierzu auch *Uhländer/Schmittmann/Waza*, Insolvenz und Steuern[14], Rz. 1947 ff.

noch abänderbar sind, was insbesondere bei Festsetzungen unter dem Vorbehalt der Nachprüfung (§ 164 AO) und mittels Einspruchs angefochtenen Festsetzungen (§ 347 AO) sowie nach §§ 172 ff. AO änderbaren Festsetzungen der Fall ist.

4.126 **Nachforderungen beim Organträger.** Bei erfolgreichem Erstattungsverlangen der Organgesellschaft (Betriebsgesellschaft)[1] wird sich die Finanzverwaltung wegen der rückständigen Umsatzsteuerschulden dann an den nunmehr als solchen erkannten Organträger (Besitzgesellschaft)[2] als Steuerschuldner halten. Eine Änderung der gegenüber diesem ergangenen Umsatzsteuerbescheide kann dann ggf. auch wegen widerstreitender Steuerfestsetzung gem. § 174 Abs. 4 AO erfolgen. Es drohen dem Organträger bzw. der Besitzgesellschaft dann ggf. erhebliche Umsatzsteuernachzahlungsverpflichtungen, denen zwar ein Ausgleichsanspruch gegen die Betriebsgesellschaft gegenübersteht, der allerdings nur als einfache Insolvenzforderung i.S.d. § 38 InsO qualifiziert.[3]

d) Haftungsfragen

4.127 **Haftung der Organgesellschaft nach § 73 AO.** Tritt beim Organträger Insolvenz ein, kommt bei der Organgesellschaft eine Haftung nach § 73 AO für solche Steuern des Organträgers in Betracht, für welche die Organschaft zwischen ihnen steuerlich von Bedeutung ist. Bei in Betriebsaufspaltungsfällen regelmäßig nur gegebener umsatzsteuerlicher Organschaft haftet damit die Organgesellschaft (Betriebsunternehmen)[4] für Umsatzsteuern des Organträgers (Besitzunternehmen)[5]. Zu Einzelheiten s. Rz. 3.962 ff. Ist die Organgesellschaft ebenfalls insolvent, so ist der Haftungsanspruch zur Insolvenztabelle im Insolvenzverfahren über das Vermögen der Organgesellschaft anzumelden.[6]

4.128 **Haftung des Organträgers nach § 74 AO.** Tritt bei der Organgesellschaft (Betriebsgesellschaft)[7] Insolvenz ein, haftet der wesentlich beteiligte Eigentümer von Gegenständen, die der Organgesellschaft dienen, „mit diesen" gem. § 74 InsO für diejenigen

1 Im Fall der umgekehrten Betriebsaufspaltung ist Organgesellschaft die Besitz-Kapitalgesellschaft, wenn deren Anteile an der Besitz-Kapitalgesellschaft zum Gesellschaftsvermögen der Betriebs-Personengesellschaft rechnen.

2 Im Fall der umgekehrten Betriebsaufspaltung ist Organträger die Betriebs-Personengesellschaft, wenn die Anteile an der Besitz-Kapitalgesellschaft zum Gesellschaftsvermögen der Betriebs-Personengesellschaft rechnen.

3 Zu einem solchen Fall KG v. 24.4.2009 – 6 U 49/08, DStR 2009, 1778 (in diesem Urteil ging es um den Haftungsfall eines Steuerberaters, der über den Beginn der Betriebsaufspaltung und damit der umsatzsteuerlichen Organschaft nicht aufgeklärt hatte).

4 Im Fall der umgekehrten Betriebsaufspaltung ist Organgesellschaft die Besitz-Kapitalgesellschaft, wenn deren Anteile zum Gesellschaftsvermögen der Betriebs-Personengesellschaft rechnen.

5 Im Fall der umgekehrten Betriebsaufspaltung ist Organträger die Betriebs-Personengesellschaft, wenn die Anteile an der Besitz-Kapitalgesellschaft zum Gesellschaftsvermögen der Betriebs-Personengesellschaft rechnen.

6 Vgl. auch OFD Frankfurt am Main v. 6.9.2023 – S 7105 A-00066-0357-St1-St 110.2, DStR 2023, 2344, Rz. 5.

7 Im Fall der umgekehrten Betriebsaufspaltung ist Organgesellschaft die Besitz-Kapitalgesellschaft, wenn deren Anteile zum Gesellschaftsvermögen der Betriebs-Personengesellschaft rechnen.

Steuern des Unternehmens, bei denen sich die Steuerpflicht – wie bei der Umsatzsteuer – auf den Betrieb des Unternehmens gründet. Zu Einzelheiten s. Rz. 3.962 ff.

II. Gesellschafterdarlehen

1. Zivilrechtliche Grundlagen

Nachrangigkeit. Gemäß § 39 Abs. 1 Nr. 5 InsO werden alle Forderungen aus Gesell- 4.129
schafterdarlehen oder Forderungen aus Rechtshandlungen, die einem solchen wirtschaftlich entsprechen, im Zeitpunkt der Bestellung eines vorläufigen starken Insolvenzverwalters i.S.d. § 21 Abs. 2 Nr. 2 Alt. 1 i.V.m. § 22 Abs. 1 InsO oder mit Eröffnung des Insolvenzverfahrens (§§ 56, 80 InsO) als Insolvenzforderung i.S.d. § 38 InsO behandelt. [1] Der persönliche Anwendungsbereich von § 39 Abs. 1 Nr. 5 InsO erstreckt sich gem. § 39 Abs. 4 Satz 1 InsO rechtsformneutral auf alle Gesellschaften, in denen keine natürliche Person unmittelbar oder mittelbar gegenüber den Gesellschaftsgläubigern als persönlich haftender Gesellschafter gegeben ist.[2] Sachlich erfasst sind Darlehen von Gesellschaftern i.S.d. § 488 BGB[3] sowie – über wirtschaftlich entsprechende Rechtshandlungen[4] – auch solche gesellschaftergleicher Dritter wie z.B. verbundener Unternehmen[5] oder nur mittelbar Beteiligter.[6] Die maßgebliche Verbindung kann zum einen vertikal dergestalt bestehen, dass der Dritte an einer Gesellschafterin der Schuldnergesellschaft beteiligt ist; zum anderen kann sie horizontal bestehen, wenn ein Gesellschafter sowohl am Darlehensnehmer als auch – in maßgeblicher Weise – am Darlehensgeber beteiligt ist.[7] Nicht erforderlich ist für eine unmittelbare Gesellschafterstellung, dass ein Kapitalanteil gehalten wird; vielmehr kann das für die Anwendung des Gesellschafterdarlehensrechts erforderliche Eigeninteresse auch in einer Lenkung der Geschäftstätigkeit zum Ausdruck kommen, was bei Unternehmensgruppen regelmäßig gegeben ist.[8] In Anwendung dieser Grundsätze bilden im Fall der Betriebsaufspaltung das Besitz- und das Betriebsunternehmen regelmäßig eine wirtschaftliche Einheit, die es rechtfertigt, die Mehrheitsgesellschafter beider Unternehmen der Verantwortung des § 39 Abs. 1 Nr. 5 InsO zu unterwerfen,

1 Hierzu auch *Gehrlein*, BB 2025, 2306 (2312 ff.); *Bodden/Bodden*, Ubg 2025, 598 ff.

2 Zur damit auch erfassten GmbH & Co. KG vgl. BGH v. 7.11.2024 – IX ZR 216/22, DStR 2025, 54; *Gehrlein*, BB 2025, 2306 (2312).

3 Hierzu rechnen auch kurzfristige Überbrückungskredite, vgl. BGH v. 10.7.2025, IX ZR 189/24, DB 2025, 2359.

4 Zu Einzelheiten *Gehrlein*, BB 2025, 2306 (2312).

5 BGH v. 7.11.2024 – IX ZR 216/22, DStR 2025, 54; BGH v. 19.9.2024 – IX ZR 173/23, GmbHR 2024, 1248; BGH v. 25.6.2020 – IX ZR 243/18, GmbHR 2020, 1001; BGH v. 21.2.2013 – IX ZR 32/12, GmbHR 2013, 410; BGH v. 17.2.2011 – IX ZR 131/10, DStR 2011, 681.

6 BGH v. 25.6.2020 – IX ZR 243/18, GmbHR 2020, 1001; OLG Hamm v. 16.2.2017 – I-27 U 83/16, GmbHR 2017, 1032.

7 BGH v. 7.11.2024 – IX ZR 216/22, DStR 2025, 54; BGH v. 19.9.2024 – IX ZR 173/23, GmbHR 2024, 1248; BGH v. 25.6.2020 – IX ZR 243/18, GmbHR 2020, 1001; BGH v. 21.2.2013 – IX ZR 32/12, GmbHR 2013, 410; BGH v. 17.2.2011 – IX ZR 131/10, DStR 2011, 681. Zu Einzelheiten auch *Gehrlein*, BB 2025, 2306 (2312 f.).

8 BGH v. 7.11.2024 – IX ZR 216/22, DStR 2025, 54 (zu einer Komplementär-GmbH).

so dass es insbesondere bei weitgehender Gesellschafteridentität nicht auf die Gesellschaftereigenschaft der Besitz- an der Betriebsgesellschaft ankommt.[1] Die erfassten Darlehen werden als nachrangige Insolvenzforderungen eingeordnet, die erst nach vollständiger Befriedigung sämtlicher vorrangiger Forderungen bedient werden. Die Einordnung im fünften Nachrang hat zwingenden gesetzlichen Charakter und kann nicht abgeändert werden. Offene Pachtforderungen in der Zeit vor der Insolvenzeröffnung sind einem Darlehen vergleichbar, wenn seit der Fälligkeit mehr als 30 Tage vergangen sind.[2]

4.130 **Anfechtbarkeit.** Gemäß § 135 Abs. 1 InsO ist eine Rechtshandlung, die für eine Forderung nach § 39 Abs. 1 Nr. 5 InsO oder eine ihr gleichgestellte Forderung Sicherung oder Befriedigung gewährt, anfechtbar.[3] Die Anfechtungsfrist für die Gewährung einer Sicherheit umfasst zehn Jahre vor dem Insolvenzantrag und die Zeit nach dem Insolvenzantrag. Eine Befriedigung kann für einen Zeitraum von einem Jahr vor Antragstellung sowie für den Zeitraum nach der Antragstellung angefochten werden. Ebenso anfechtbar ist gem. § 135 Abs. 2 InsO die Befriedigung eines Rückforderungsanspruchs eines Dritten aus einem Darlehen, wenn für dieses Darlehen ein Gesellschafter Sicherheit bestellt oder eine Bürgschaft gestellt hatte und die Befriedigung in dem letzten Jahr vor Stellung des Insolvenzantrags oder danach erfolgt ist.[4]

4.131 **Kleinbeteiligtenprivileg.** § 39 Abs. 5 InsO enthält einen Privilegierungstatbestand für Gesellschafter mit Anteilen von weniger als 10 % und ohne Beteiligung an der Geschäftsführung an einer Gesellschaft i.S.d. § 39 Abs. 4 Satz 1 InsO (sog. Kleinbeteiligtenprivileg). Für diese gilt nicht der Nachrang gem. § 39 Abs. 1 Nr. 5 InsO, und dem Insolvenzverwalter stehen nicht die Anfechtungsrechte aus § 135 InsO zu, vgl. § 135 Abs. 4 InsO.

4.132 **Sanierungsprivileg.** § 39 Abs. 4 Satz 2 InsO enthält ein Sanierungsprivileg für Neugesellschafter, die bei drohender oder eingetretener Zahlungsunfähigkeit oder bei Überschuldung der Gesellschaft Anteile zum Zweck ihrer Sanierung erwerben. Bis zur nachhaltigen Sanierung gilt für diese kein Nachrang gem. § 39 Abs. 1 Nr. 5 InsO auf Forderungen aus bestehenden oder neu gewährten Darlehen oder auf Forderungen aus Rechtshandlungen, die einem solchen Darlehen wirtschaftlich entsprechen.

4.133 **Behandlung der Verbindlichkeit bei der Schuldnergesellschaft.** Ungeachtet des in § 39 Abs. 1 Nr. 5 InsO angeordneten Nachrangs der Gesellschafterforderungen im Fall der Eröffnung eines Insolvenzverfahrens handelt es sich um echte Verbindlichkeiten der Schuldnergesellschaft. Die gegenüber Gesellschaftern bestehende Verbindlichkeit ist daher im Überschuldungsstatus der Gesellschaft zu passivieren und kann damit zu einer die Insolvenz auslösenden Überschuldung i.S.d. § 19 Abs. 1 und Abs. 2 Satz 1 InsO führen. Um eine bestehende Verbindlichkeit im Überschuldungsstatus

1 *Haas* in Noack/Servatius/Haas, GmbHG[24], § 135 InsO Rz. 86.

2 BGH v. 29.1.2015 – IX ZR 279/13, DStR 2015, 702.

3 Entsprechende anfechtungsrechtliche Vorschriften finden sich nun in §§ 6, 6a und 11 Abs. 3 AnfG.

4 Zu Einzelheiten *Gehrlein*, BB 2025, 2306 (2313 f.).

außer Betracht lassen zu können, ist ein Rangrücktritt mit der Gesellschafterforderung hinter die in § 39 Abs. 1 Nr. 1 bis 5 InsO bezeichneten Forderungen erforderlich, vgl. § 39 Abs. 2 InsO.

2. Steuerrechtliche Konsequenzen

Behandlung der Forderung im Gläubigerunternehmen. Im Fall der Betriebsaufspaltung ist die Gesellschafterforderung gegen das Besitz- oder Betriebsunternehmen in aller Regel dem Betriebsvermögen des Besitz-Einzelunternehmens oder dem (Sonder-)Betriebsvermögen der Besitz-Personengesellschaft bzw. der Besitz-Rechtsgemeinschaft zuzuordnen (s. Rz. 3.278). Für die weitere steuerliche Behandlung der Forderung ist dann von Bedeutung, ob die Eröffnung des (vorläufigen) Insolvenzverfahrens zur einer Betriebsaufgabe beim Besitzunternehmen mit der Folge der Entnahme aller Wirtschaftsgüter in das steuerliche Privatvermögen führt (s. Rz. 4.103 ff.). Ist dies – wie bei einem Besitz-Einzelunternehmen, einer der Besitz-Personengesellschaft in der Rechtsform der GbR oder einer entprägten GmbH & Co. KG oder bei einer Besitz-Rechtsgemeinschaft der Fall – gelten für die weitere Behandlung der Gesellschafterforderung die Grundsätze des § 17 Abs. 2a EStG. Kommt es nicht zu Betriebsaufgabe, was insbesondere bei einer Besitzgesellschaft in der Rechtsform einer gewerblich geprägten GmbH & Co. KG oder einer Kapitalgesellschaft der Fall ist, gelten die allgemeinen bilanzsteuerrechtlichen Grundsätze. Danach handelt es sich bei der Beteiligung und der Gesellschafterforderung um jeweils selbständige Wirtschaftsgüter.[1] Wertminderungen und Ausfälle auf eine im Betriebsvermögen befindliche Gesellschafterforderung gegen eine Kapitalgesellschaft sind gem. § 3c Abs. 2 EStG zu würdigen (s. Rz. 3.323 ff.). 4.134

Behandlung der Verbindlichkeit im Schuldnerunternehmen. Die gegenüber Gesellschaftern bestehende Verbindlichkeit ist in der Steuerbilanz der Schuldnergesellschaft weiterhin zu passivieren. Dies gilt auch bei einem Rangrücktritt hinter die in § 39 Abs. 1 Nr. 1 bis 5 InsO bezeichneten Forderungen, solange die subordinierte Forderung nach der Rücktrittsabrede von der Gesellschaft auch aus sonstigem freien Vermögen bedient werden kann.[2] Ist dies nicht der Fall, entfällt die Passivierungspflicht in der Steuerbilanz gem. § 5 Abs. 2a EStG und die Verbindlichkeit ist gewinnerhöhend auszubuchen. 4.135

III. Gebrauchsüberlassungen

1. Zivilrechtliche Grundlagen

Miet-/Pachtvertrag über die wesentliche Betriebsgrundlage. Für die betriebsaufspaltungsimmanente Gebrauchsüberlassung von Gegenständen (wesentlichen Betriebsgrundlagen) vom Besitzunternehmen an die Betriebsgesellschaft sind nach Eröffnung des Insolvenzverfahrens über das Vermögen der nutzenden Betriebsgesell- 4.136

1 BFH v. 20.4.2005 – X R 2/03, BStBl. II 2005, 694; H 6.2 (Beteiligung an Kapitalgesellschaft) EStH 2024.

2 BFH v. 30.11.2011 – I R 100/10, BStBl. II 2012, 332; vgl. auch BMF v. 8.9.2006 – IV B 2 - S 2133-10/06, BStBl. I 2006, 497, Rz. 6.

schaft die Sonderregelungen in §§ 103 ff. InsO und § 135 Abs. 3 InsO zu beachten.[1] Hierzu gilt zunächst gemäß § 108 Abs. 1 Satz 1 InsO, dass Miet- und Pachtverhältnisse des Schuldners (Betriebsgesellschaft) über unbewegliche Gegenstände oder Räume sowie Dienstverhältnisse des Schuldners mit Wirkung für die Insolvenzmasse fortbestehen; der Insolvenzverwalter kann diese Verträge jedoch gem. § 109 Abs. 1 InsO mit einer Frist von drei Monaten kündigen. Im Übrigen steht dem Insolvenzverwalter gem. § 103 Abs. 1 InsO ein Wahlrecht zu, ob er den (sonstigen) Überlassungsvertrag mit dem Besitzunternehmen fortführt oder nicht.

4.137 **Vertragsfortführung.** Entscheidet sich der Insolvenzverwalter für die Vertragsfortführung, gelten die vertraglich vereinbarten Bedingungen fort. § 135 Abs. 3 InsO (dazu Rz. 4.139) findet dann keine Anwendung.[2] Der Eigentümer (Besitzunternehmen) ist aufgrund des wirksamen Nutzungsüberlassungsvertrages zur Vertragserfüllung und damit zur Nutzungsüberlassung verpflichtet. Ein Anspruch auf Aussonderung des Gegenstands i.S.d. § 47 InsO besteht nicht. Dem Eigentümer (Besitzunternehmen) steht weiterhin ein Anspruch auf die vertraglich vereinbarte Vergütung zu, den er als Masseforderung i.S.d. § 55 Abs. 1 Nr. 2 InsO geltend machen kann.[3] Ansprüche für die Zeit vor Eröffnung des Insolvenzverfahrens kann der Vermieter dagegen gemäß § 108 Abs. 3 InsO nur als Insolvenzgläubiger geltend machen.

4.138 **Vertragskündigung bzw. Erfüllungsablehnung.** Kündigt der Insolvenzverwalter den Überlassungsvertrag gem. § 109 Abs. 1 InsO bzw. lehnt er die Erfüllung gem. § 103 Abs. 1 InsO ab, sind allein die Regelungen des § 135 Abs. 3 InsO anzuwenden.[4] Hiernach gilt: Wurde dem Schuldner von einem Gesellschafter ein Gegenstand zum Gebrauch oder zur Ausübung überlassen, der für die Fortführung des Unternehmens des Schuldners von erheblicher Bedeutung ist, kann der Aussonderungsanspruch des § 47 InsO während der Dauer des Insolvenzverfahrens, höchstens aber für eine Zeit von einem Jahr ab der Eröffnung des Insolvenzverfahrens, nicht geltend gemacht werden. Für den Gebrauch oder die Ausübung des Gegenstandes gebührt dem Gesellschafter jedoch ein Ausgleich. Im Einzelnen gilt dann:

4.139 **Überlassung durch Gesellschafter oder gesellschaftergleichen Dritten.** § 135 Abs. 3 InsO regelt ausdrücklich nur den Fall, dass dem Schuldnerunternehmen von einem Gesellschafter ein Gegenstand zum Gebrauch oder zur Ausübung überlassen wird. Im Unterschied zu § 39 Abs. 1 Nr. 5, § 135 Abs. 1 InsO (s. Rz. 4.129) erstreckt sich der Tatbestand des § 135 Abs. 3 InsO seinem Wortlaut damit nicht ausdrücklich auf wirtschaftlich entsprechende Rechtshandlungen; gleichwohl erfasst die Norm nach ihrem Sinn und Zweck auch Nutzungsüberlassungen durch gesellschaftergleiche verbundene Unternehmen.[5] Leistungen Dritter werden damit erfasst, wenn der Dritte bei wirtschaftlicher Betrachtung infolge einer horizontalen oder vertikalen Verbin-

1 Hierzu auch *Bodden/Bodden*, Ubg 2025, 598 ff.

2 BGH v. 29.1.2015 – IX ZR 279/13, DStR 2015, 702.

3 BGH v. 29.1.2015 – IX ZR 279/13, DStR 2015, 702.

4 BGH v. 29.1.2015 – IX ZR 279/13, DStR 2015, 702: § 135 Abs. 3 InsO gilt nur für die vertragslose Zeit.

5 BGH v. 29.1.2015 – IX ZR 279/13, DStR 2015, 702.

dung einem Gesellschafter gleichsteht. Die Beteiligung kann in der Weise ausgestaltet sein, dass ein Gesellschafter an beiden Gesellschaften, der die Leistung annehmenden und der die Leistung gewährenden Gesellschaft, und zwar an der letztgenannten maßgeblich beteiligt ist.[1] Eine maßgebliche Beteiligung in diesem Sinn ist gegeben, wenn der Gesellschafter auf die Entscheidungen des überlassenden Unternehmens, nämlich auf die Gewährung oder auf den Abzug der Leistung an das andere Unternehmen, einen bestimmenden Einfluss ausüben, insbesondere dem Geschäftsführungsorgan der überlassenden Gesellschaft durch Gesellschafterbeschlüsse gemäß § 46 Nr. 6 GmbHG entsprechende Weisungen erteilen kann.[2] Dazu genügt bei einer GmbH – vorbehaltlich einer abweichenden Regelung der Stimmmacht in der Satzung – eine Beteiligung von mehr als 50 v.H.[3] Eine maßgebliche Beteiligung ist aber auch dann anzunehmen, wenn der Gesellschafter einer nutzenden Gesellschaft zwar nur zu genau 50 v.H. an der überlassenden Gesellschaft beteiligt, aber zugleich deren alleinvertretungsberechtigter Geschäftsführer ist.[4] In Anwendung dieser Grundsätze bilden im Fall der Betriebsaufspaltung das Besitz- und das Betriebsunternehmen eine wirtschaftliche Einheit, die es rechtfertigt, die Mehrheitsgesellschafter beider Unternehmen der Verantwortung des § 135 Abs. 3 InsO zu unterwerfen.[5]

Gegenstand von erheblicher Bedeutung. Die erhebliche Bedeutung kann Sachen, Rechte oder sonstige immaterielle Gegenstände betreffen und ist gegeben, wenn die Rückgabe der Sache die Betriebsabläufe wesentlich stören würde; sie dürfte auch dann gegeben sein, wenn eine Ersatzbeschaffung durch den Insolvenzverwalter mit höheren Kosten verbunden wäre.[6] 4.140

Aussonderungssperre und weitere Überlassungsverpflichtung. Nach Vertragskündigung i.S.d. § 109 Abs. 1 InsO oder Erfüllungsablehnung i.S.d. § 103 Abs. 1 InsO hat der überlassende Gesellschafter (bzw. der gesellschaftergleiche Dritte) im dann gegebenen vertragslosen Zustand zwar auf Grund seiner Eigentümerstellung ein Aussonderungsrecht an dem Gegenstand (§ 47 InsO). Dessen Geltendmachung ist gem. § 135 Abs. 3 Satz 1 InsO jedoch bei weiterem Überlassungsverlangen des Insolvenzverwalters für die Dauer von bis zu einem Jahr ausgeschlossen, sog. „Aussonderungssperre".[7] Die Norm begründet damit ein gesetzliches Schuldverhältnis zwischen dem Gesellschafter und der Masse. 4.141

1 BGH v. 18.7.2013 – IX ZR 219/11, DStR 2013, 1900.

2 BGH v. 28.2.2012 – II ZR 115/11, DStR 2012, 915.

3 BGH v. 29.1.2015 – IX ZR 279/13, DStR 2015, 702 m.w.N.

4 BGH v. 29.1.2015 – IX ZR 279/13, DStR 2015, 702 m.w.N.

5 BGH v. 11.7.1994 – II ZR 146/92, DStR 1994, 1353; BGH v. 14.12.1992 – II ZR 298/91, DStR 1993, 105 (zur kapitalersetzenden Nutzungsüberlassung bei Betriebsaufspaltung nach §§ 30 ff. GmbHG a.F.).

6 Hierzu auch *Spliedt* ZIP 2009, 149 (156 f.).

7 Im Rahmen der vorläufigen Insolvenzverwaltung ist hierzu § 21 Abs. 2 Satz 1 Nr. 5 InsO zu beachten. Der Begriff der „erheblichen Bedeutung" in § 135 Abs. 3 InsO und in § 21 Abs. 2 Satz 1 Nr. 5 InsO ist inhaltsgleich auszulegen, vgl. BT-Drucks. 16/9737 v. 24.6.2008, 59.

4.142 **Vergütung.** Zum Ausgleich für die Überlassungsverpflichtung wird dem Gesellschafter durch § 135 Abs. 3 Satz 2 InsO ein Anspruch auf eine entsprechende Vergütung gewährt, der als Masseforderung i.S.d. § 55 Abs. 1 Nr. 2 InsO zu qualifizieren ist und damit einen wirtschaftlichen Wert darstellt. Die Höhe des Anspruchs berechnet sich nach der im letzten Jahr vor Antragstellung auf Eröffnung des Insolvenzverfahrens[1] tatsächlich gezahlten Vergütung; gestundete Vergütungen (dazu auch Rz. 4.145) sind damit nicht in die Berechnung einzubeziehen. Unterschreitet die bisherige Nutzungsdauer ein Jahr, ist der Durchschnitt der während dieses Zeitraums erbrachten Zahlungen zu berücksichtigen. Zahlungen, die der Anfechtung nach § 135 Abs. 1 InsO z.B. wegen überhöhten Nutzungsentgelts unterliegen, werden bei der Berechnung des Ausgleichsanspruches nicht berücksichtigt.[2] Eine Anpassung des sich hiernach ergebenden Nutzungsentgelts an marktübliche Mieten während der Überlassungsverpflichtung erfolgt nicht. Nach Ablauf eines Jahres kann der Eigentümer aufgrund seines Aussonderungsanspruchs (§ 47 InsO) den überlassenen Gegenstand herausverlangen, sofern keine anderweitigen insolvenzrechtlichen Regelungen entgegenstehen.

4.143 **Kleinbeteiligtenprivileg.** Bei Kleinbeteiligten ohne Geschäftsführungsfunktion findet die Beschränkung des Aussonderungsanspruchs des § 135 Abs. 3 InsO keine Anwendung (§ 135 Abs. 4 InsO i.V.m. § 39 Abs. 5 InsO). Diese Regelung ermöglicht es, die Erfassung durch § 135 Abs. 3 InsO zu vermeiden, indem ein Gesellschafter mit einer Beteiligung von über 10% oder Geschäftsführungsamt vor der Eröffnung des Insolvenzverfahrens den Gegenstand von erheblicher Bedeutung auf seinen Ehegatten oder auf seine Kinder überträgt, die dann als Kleinbeteiligte gem. § 39 Abs. 4 und 5 InsO die Nutzungsüberlassung durchführen können, ohne an die Vorgaben des § 135 Abs. 3 InsO gebunden zu sein.[3]

4.144 **Sanierungsprivileg.** Bei Sanierungsnutzungsüberlassungen gilt die Beschränkung des Aussonderungsanspruchs des § 135 Abs. 3 InsO ebenfalls nicht (§ 135 Abs. 4 InsO i.V.m. § 39 Abs. 4 Satz 2 InsO).

4.145 **Rückständige Forderungen auf Nutzungsentgelte.** Hinsichtlich rückständiger Forderungen auf das Nutzungsentgelt (z.B. wegen Stundung) kann eine Kreditgewährung gegeben sein, so dass diese Forderungen nachrangig i.S.d. § 39 Abs. 1 Nr. 5 InsO und Zahlungen darauf nach § 135 Abs. 1 Nr. 2 InsO als Befriedigung einer darlehensgleichen Forderung anfechtbar sind (s. Rz. 4.130).[4] Zudem kann eine Anfechtung aus den übrigen Tatbeständen der §§ 130 ff. InsO in Betracht kommen.[5]

1 Zur teleologisch begründeten Abweichung vom Gesetzeswortlaut „Verfahrenseröffnung" vgl. BGH v. 29.1.2015 – IX ZR 279/13, DStR 2015, 702: Andernfalls könnte die Vergütung durch das Insolvenzeröffnungsverfahren (oder vorläufige Eigenverwaltungsverfahren) beeinflusst werden.

2 BGH v. 29.1.2015 – IX ZR 279/13, DStR 2015, 702. Vgl. auch *Lötschert/Müller/Schmidt* in Thierhoff/Müller, Unternehmenssanierung[3], Kap. 8 Rz. 214.

3 *Wälzholz/Recnik* in Tillmann/Schiffers/Wälzholz/Rupp, Die GmbH im Gesellschafts- und Steuerrecht[6], Rz. 2314.

4 BGH v. 29.1.2015 – IX ZR 279/13, DStR 2015, 702.

5 *Lötschert/Müller/Schmidt* in Thierhoff/Müller, Unternehmenssanierung[3], Kap. 8 Rz. 215.

Überlassungsbeendigung vor Insolvenzeröffnung. Wurde das Nutzungsverhältnis vor der Insolvenz beendet und der Gegenstand an den Gesellschafter zurückgegeben, findet § 135 Abs. 3 InsO keine Anwendung. Die vorzeitige Beendigung des Nutzungsverhältnisses kann aber unter Umständen nach §§ 130, 131, 133 InsO angefochten werden.[1] 4.146

2. Steuerrechtliche Konsequenzen

Qualifikation der Vermietungseinkünfte. In Betriebsaufspaltungsfällen ist die der Betriebsgesellschaft überlassene wesentliche Betriebsgrundlage dem Betriebsvermögen des Besitz-Einzelunternehmens oder dem (Sonder-)Betriebsvermögen der Besitz-Personengesellschaft bzw. der Besitz-Rechtsgemeinschaft zuzuordnen (s. Rz. 3.266 ff.). Für die weitere steuerliche Behandlung der Vermietungseinkünfte ist dann von Bedeutung, ob die Eröffnung des (vorläufigen) Insolvenzverfahrens zur einer Betriebsaufgabe beim Besitzunternehmen i.S.d. § 16 Abs. 3 Satz 1 EStG mit der Folge der Entnahme aller Wirtschaftsgüter in das steuerliche Privatvermögen führt (s. Rz. 4.107 ff.). Ist dies – wie bei einem Besitz-Einzelunternehmen, einer Besitz-Personengesellschaft in der Rechtsform der GbR oder einer entprägten GmbH & Co. KG oder bei einer Besitz-Rechtsgemeinschaft der Fall – gelten für die weitere Behandlung der Vermietungseinkünfte die Grundsätze des § 21 EStG. Kommt es nicht zur Betriebsaufgabe, was insbesondere bei einer gewerblich geprägten GmbH & Co. KG oder einer Kapitalgesellschaft der Fall ist, erzielt die Besitzgesellschaft weiterhin gewerbliche Vermietungseinkünfte i.S.d. § 15 EStG (ggf. i.V.m. § 8 Abs. 2 KStG). 4.147

Haftung nach § 74 AO. Durch die Nutzungsüberlassung einer wesentlichen Betriebsgrundlage im Rahmen einer Betriebsaufspaltung kann eine steuerliche Haftung des überlassenden Eigentümers nach § 74 AO ausgelöst werden. Zu Einzelheiten vgl. Rz. 3.967 ff. Dies gilt auch dann, wenn der überlassene Gegenstand nicht im Eigentum der/des Gesellschafter/s des Betriebsunternehmens, sondern im Gesamthandsvermögen einer „personell verflochtenen" Schwestergesellschaft (Besitzgesellschaft) ist. Das Eigentum der Besitzgesellschaft an den zur Nutzung überlassenen Gegenständen wird dann für Zwecke des § 74 AO quotal den Gesellschaftern zugerechnet. Die Haftung erstreckt sich auf die Betriebssteuern des nutzenden Unternehmens, die entstanden sind, während sämtliche Haftungsvoraussetzungen vorlagen, d.h. wesentliche Beteiligung am Unternehmen und Eigentum an den dienenden Gegenständen. Die haftungsbegründende Interessensparallelität endet stets, wenn die Voraussetzung der personellen Verflechtung im Rahmen der Betriebsaufspaltung endet. Damit endet eine Haftung der Gesellschafter mit der Bestellung des Insolvenzverwalters und eines „starken" vorläufigen Insolvenzverwalters i.S.d. § 21 Abs. 2 Nr. 2 Alt. 1 i.V.m. § 22 Abs. 1 InsO auf jeden Fall, und bei der Bestellung eines „halbstarken" vorläufigen Insolvenzverwalters i.S.d. § 21 Abs. 2 Nr. 2 Alt. 2 i.V.m. § 22 Abs. 2 InsO im Einzelfall.[2] 4.148

1 *Gehrlein* NZI 2016, 561 ff.

2 *Demuth/Helms*, ködsi, 2012, 18066 (18075) mit Verweis auf BFH v. 23.5.2012 – VII R 28/10, BStBl. II 2012, 763.

Kapitel 5
Steuerliche und außersteuerliche Vor- und Nachteilsabwägungen

A. Überblick

Einordnungen. Die Frage, ob die geplante Begründung einer Betriebsaufspaltung zu empfehlen ist oder nicht, lässt sich nicht allgemein beantworten, weil stets die Verhältnisse des einzelnen Falls maßgebend sind. Dabei spielen neben den ertrag- und umsatzsteuerlichen Folgen die familiären Verhältnisse, Haftungsfragen, Rechnungslegungsfragen sowie arbeits- bzw. sozialversicherungsrechtliche Themen eine Rolle. Mit Blick auf die Vermögensnachfolge ist zu beachten, dass bei einer Betriebsaufspaltung einerseits die Möglichkeit besteht, die erbschaftsteuerlichen Begünstigungen nach §§ 13a, 13b ErbStG zu erlangen; andererseits sind aber filigrane erbrechtliche Nachfolgeregelungen zu treffen, um eine bestehende Betriebsaufspaltung ohne Ertragsteuerfolgen (insbesondere nach § 6 Abs. 3 EStG) übergeben zu können. Da eine Betriebsaufspaltung Vor- und Nachteile nach sich zieht, trifft den Steuerberater die Pflicht, den Mandanten darauf hinzuweisen, dass eine bestimmte Gestaltungsmaßnahme bzw. Umstrukturierung zur Begründung oder Beendigung einer Betriebsaufspaltung führen kann (dazu ausführlich Rz. 4.1 ff.). Allgemein ist – ohne Anspruch auf Vollständigkeit – auf die folgenden Gesichtspunkte hinzuweisen, die für und gegen die Begründung einer Betriebsaufspaltung sprechen können. Zu beachten ist dabei, dass die Einordnung als Vor- oder Nachteil im Einzelfall auch – ggf. aufgrund gezielter Gestaltung – in der jeweils anderen Kategorie erfolgen kann. Zum Teil sind derart „gegenläufige" Effekte nachfolgend bereits als jeweiliger Unterpunkt zum Vor- bzw. Nachteil angesprochen. 5.1

B. Steuerliche Vorteile einer Betriebsaufspaltung (und ggf. gegenläufige Effekte)

5.2

ESt:	**Gesamtbetrachtung und Steuerbelastungsvergleiche** Durch die Begründung einer Betriebsaufspaltung können nach den Umständen des jeweiligen Einzelfalls ertragsteuerliche Optimierungen erreicht werden. (1) So kann in Fällen der klassischen Betriebsaufspaltung (s. Rz. 3.6 und Rz. 3.258 ff.) durch die Kombination der steuerlichen Vorteile einerseits bei der Ertragsbesteuerung eines Personenunternehmens i.S.d. § 15 Abs. 1 Satz 1 Nr. 1 EStG (Einzelunternehmen) bzw. § 15 Abs. 1 Satz 1 Nr. 2 EStG (Personengesellschaft/Rechtsgemeinschaft) i.V.m. § 2 Abs. 1 GewStG in Verbindung mit möglicher Thesaurierungsbegünstigung nach § 34a EStG und Gewerbesteueranrechnung nach § 35 EStG und andererseits den Vorteilen der KSt-/GewSt-Besteuerung einer Kapitalgesellschaft i.S.d. § 1 KStG oder einer Optionsgesellschaft i.S.d. § 1a KStG jeweils i.V.m. § 2 Abs. 2 Satz 1 GewStG steuerliche Optimierungen erreicht werden (dazu Rz. 3.24). Dieser Nutzen ist jedoch stets im Rahmen einer Gesamtbetrachtung mit ggf. entstehenden nachteiligen Ertragsteuerwirkungen abzuwägen (dazu Rz. 3.258 ff.). (2) In Fällen der mitunternehmerischen Betriebsaufspaltung (s. Rz. 3.6 und Rz. 3.439 ff.) ergibt sich insbesondere der Vorteil, dass eine Besitz-Personengesellschaft oder Rechtsgemeinschaft mit eigenem Betriebsvermögen entsteht (s. Rz 3.23 und Rz. 3.452 ff.), die ertragsteuerlich eigenständig neben der Betriebs-Personengesellschaft steht. Dies ermöglicht u.a. die zweifache Inanspruchnahme des Gewerbesteuerfreibetrags (s. Rz. 3.680) und den getrennten Verkauf der Beteiligungen an den beiden Personengesellschaften, ggf. unter (einmaliger) Inanspruchnahme der Steuerbegünstigungen nach §§ 16, 34 EStG. Auch diese Nutzen sind aber stets im Rahmen einer Gesamtbetrachtung mit ggf. entstehenden nachteiligen Ertragsteuerwirkungen abzuwägen (dazu Rz. 3.439 ff.). (3) Zu beachten ist aber stets, dass die steuerlichen Rahmenbedingungen und damit die Vor- und Nachteile der Betriebsaufspaltung nicht statisch sind, sondern jeweils individuell an aktuelle und (soweit erkennbar) zukünftige Entwicklungen des Unternehmenssteuerrechts anzupassen sind. Allgemeingültige Aussagen zur Vor- und Nachteilhaftigkeit sind daher für die Bereiche der ESt, KSt und GewSt nicht möglich. (4) Da die Betriebsaufspaltung auch eine Gestaltungsalternative ist, ist diese auch mit der (weiteren) Vermietungstätigkeit nach § 21 EStG im Rahmen der privaten Vermögensverwaltung, der mitunternehmerischen Personengesellschaft mit Sonderbetriebsvermögen und der Einheits-Kapitalgesellschaft zu vergleichen (s. Rz. 3.24).
	Thesaurierungsbegünstigung beim Besitzunternehmen Bei einem Besitzunternehmen in der Rechtsform des Einzelunternehmens oder der gewerblichen Personengesellschaft bzw. Rechtsgemeinschaft kann der Einzel- bzw. Mitunternehmer für den an die Stelle vermögensverwaltender Einkünfte nach § 21 EStG tretenden bilanziell nach § 4 Abs. 1 Satz 1 oder § 5 EStG ermittelten Gewinn i.S.d. § 15 Abs. 1 Satz 1 Nr. 1 EStG bzw. Gewinnanteil i.S.d. § 15 Abs. 1 Satz 1 Nr. 2 EStG die Thesaurierungsbegünstigung nach § 34a EStG für nicht entnommene Gewinnbeträge in Anspruch nehmen (s. Rz. 3.334, Rz. 3.400, Rz. 3.406, Rz. 3.413 und Rz. 3.396).

	Thesaurierungsbegünstigung bei der Betriebs-Personengesellschaft Bei einer mitunternehmerischen Betriebsaufspaltung kann die Thesaurierungsbegünstigung nach § 34a EStG auch für nicht entnommene Gewinnbeträge der Betriebs-Personengesellschaft in Anspruch genommen werden, sofern diese bilanziell nach §§ 4 Abs. 1 EStG oder § 5 EStG ermittelt werden (s. Rz. 3.470). Gleiches gilt für die Betriebs-Personengesellschaft im Fall der umgekehrten Betriebsaufspaltung (s. Rz. 3.483). Auch bei Ergänzung der Betriebs-Kapitalgesellschaft um eine atypisch stille Gesellschaft, also Errichtung z.B. einer „GmbH & atypisch still" (s. Rz. 3.587), kann für die fortan bestehende Betriebs-Personengesellschaft „atypisch stille Gesellschaft" (s. Rz. 3.81) eine anteilige Anrechnung gem. § 35 EStG erfolgen, soweit der atypisch stille Gesellschafter eine natürliche Person ist (s. Rz. 3.681).
	Gewerbesteueranrechnung auf die Einkommensteuer der Besitzunternehmer Bei einem Besitzunternehmen in der Rechtsform des Einzelunternehmens oder der gewerblichen Personengesellschaft/Rechtsgemeinschaft kann die aufgrund der Betriebsaufspaltung entstehende Gewerbesteuerbelastung (s. Rz. 3.633 ff.) nach Maßgabe des § 35 EStG auf die Einkommensteuer des Einzelunternehmers bzw. Gesellschafters/Gemeinschafters angerechnet werden (s. Rz. 3.317, Rz. 3.380, Rz. 3.407, Rz. 3.413, Rz. 3.667). Bei einer mitunternehmerischen Betriebsaufspaltung kann sogar die Anrechnung der Gewerbesteuer beider Unternehmen, also der Besitz-Personengesellschaft oder Besitz-Rechtsgemeinschaft (s. Rz. 3.667) als auch der Betriebs-Personengesellschaft (s. Rz. 3.689), nach Maßgabe des § 35 EStG auf die Einkommensteuer der Gesellschafter erreicht werden. Auch bei Ergänzung der Betriebs-Kapitalgesellschaft um eine atypische stille Gesellschaft, also Er-richtung z.B. einer „GmbH & atypisch still", kann bei der dadurch entstehenden Betriebs-Personengesellschaft „atypisch stille Gesellschaft" (s. Rz. 3.81) eine anteilige Anrechnung gem. § 35 EStG erfolgen, soweit der atypisch stille Gesellschafter eine natürliche Person ist (s. Rz. 3.689). • Die Betriebs-Kapitalgesellschaft gehört nicht zu den begünstigten Unternehmen i.S.d. § 35 EStG, so dass die bei dieser anfallende Gewerbesteuer eine definitive Belastung für die Kapital-/Optionsgesellschaft darstellt.
KSt:	**Thesaurierungsvorteile bei der Betriebs-Kapital-/Optionsgesellschaft** Durch eine Betriebsaufspaltung im Verhältnis zu einer Betriebs-Kapital-/Optionsgesellschaft können die Vorteile der niedrigen KSt- und GewSt-Belastung im Thesaurierungsfall genutzt werden (zur KSt s. Rz. 3.394).
	Geschäftsführervergütung und betriebliche Altersvorsorge Infolge einer Betriebsaufspaltung im Verhältnis zu einer Betriebs-Kapital-/Optionsgesellschaft können die Vergütungen an den/die Gesellschafter-Geschäftsführer und Zuführungen zu einer Pensions-Rückstellung bei dieser als ertragsteuermindernde Betriebsausgaben geltend gemacht werden. Die Vergütungen der Betriebs-Kapital-/Optionsgesellschaft sind in der Regel keine (Sonder-)Betriebseinnahmen im Besitzunternehmen (dazu Rz. 3.302 f.). Damit ergibt sich auch eine entsprechende Minderung des Gewerbeertrags i.S.d. § 7 GewStG. • Im Gegenzug müssen Gefahren aus der Annahme verdeckter Gewinnausschüttungen hingenommen werden (s. Rz. 3.427).

GewSt:	**Steuerbefreiungen** Ist das Betriebsunternehmen gem. § 3 GewStG von der Gewerbesteuer befreit, erstreckt sich diese Steuerbefreiung nach den Grundsätzen der sog. Merkmalsübertragung auch auf das Besitzunternehmen (dazu Rz. 3.637 ff.).
	Gewerbeertrag Bei einer Betriebsaufspaltung im Verhältnis zu einer Betriebs-Kapital-/Optionsgesellschaft mindern Aufwendungen für die Geschäftsführervergütung und betriebliche Altersvorsorge deren Gewerbeertrag i.S.d. § 7 GewStG.
	Erweiterte Kürzung Bei einem Besitzunternehmen in der Rechtsform der Kapital-/Optionsgesellschaft und einem sachlich und personell verflochtenen Betriebsunternehmen in der Rechtsform der Personengesellschaft – also einer umgekehrten Betriebsaufspaltung (dazu Rz. 3.578 ff.) – kann die erweiterte Kürzung des Gewerbeertrags nach Maßgabe des § 9 Nr. 1 Satz 2 ff. GewStG in Anspruch genommen werden, sofern die Ausschlussregelung des § 9 Nr. 1 Satz 5 GewStG nicht zur Anwendung kommt (s. Rz. 3.654 i.V.m. Rz. 3.660). • Bei allen anderen Formen der Betriebsaufspaltung entfällt in aller Regel die Möglichkeit, für die Erträge aus der Grundbesitzüberlassung die erweiterte Kürzung des Gewerbeertrags nach § 9 Nr. 1 Satz 2 GewStG in Anspruch zu nehmen (dazu Rz. 3.653 f.).
	Freibetrag Bei einem Besitzunternehmen in der Rechtsform des Einzelunternehmens oder der gewerblichen Personengesellschaft/Rechtsgemeinschaft kann der Gewerbesteuerfreibetrag in Höhe von 24.500 € gem. § 11 Abs. 1 Satz 3 Nr. 1 GewStG in Anspruch genommen werden (s. Rz. 3.666). Bei einer mitunternehmerischen Betriebsaufspaltung (dazu Rz. 3.439 ff.) können sogar beide Unternehmen, also sowohl die Besitz-Personengesellschaft als auch die Betriebs-Personengesellschaft, den Gewerbesteuerfreibetrag gem. § 11 Abs. 1 Satz 3 Nr. 1 GewStG in Anspruch nehmen (s. Rz. 3.680). Auch bei einer umgekehrten Betriebsaufspaltung im Verhältnis zwischen einer Besitz-Kapitalgesellschaft und einer (Mutter-)Betriebs-Personengesellschaft (dazu Rz. 3.471 ff.), steht dieser der Gewerbesteuerfreibetrag gem. § 11 Abs. 1 Satz 3 Nr. 1 GewStG zu (s. Rz. 3.680). Bei Ergänzung der Betriebs-Kapitalgesellschaft um eine atypische stille Gesellschaft, also Errichtung z.B. einer „GmbH & atypisch still" (s. Rz. 3.586), kann die fortan bestehende Betriebs-Personengesellschaft „atypisch stille Gesellschaft" (s. Rz. 3.81) den Freibetrag nach § 11 Abs. 1 Satz 3 Nr. 1 GewStG ebenfalls in Anspruch nehmen (s. Rz. 3.680). • Bei Begründung einer Betriebsaufspaltung mit einer Betriebs-Kapitalgesellschaft wird dieser jedoch kein Freibetrag gem. § 11 Abs. 1 Satz 3 Nr. 1 GewStG gewährt.

ErbSt:	**Vergünstigungen für Betriebsvermögen** Dritten zur Nutzung überlassene Betriebsgrundstücke gehören gemäß § 13b Abs. 4 Nr. 1 Satz 1 Alt. 1 ErbStG grundsätzlich zum Verwaltungsvermögen, welches nicht im Rahmen der Verschonungsregel nach §§ 13a, 13b ErbStG begünstigt ist. Kein Verwaltungsvermögen stellt der Grundbesitz jedoch nach Maßgabe des § 13b Abs. 4 Nr. 1 Satz 2 Buchstabe a ErbStG bei einem Besitzunternehmen i.S. der erbschaftsteuerlichen Betriebsaufspaltung dar. Damit können die Begünstigungen der §§ 13a, 13b bzw. § 19a ErbStG bei Übertragung der Betriebsaufspaltungsunternehmen nach Maßgabe des § 13b Abs. 4 Nr. 1 Satz 2 Buchstabe a ErbStG zur Anwendung kommen (s. Rz. 3.25 und Rz. 3.822 ff., insbesondere Rz. 3.836 ff.). • In diesem Zusammenhang müssen aber die ertragsteuerlichen Folgen der Nachfolgeplanungen beachtet werden, damit keine unbeabsichtigte personelle Entflechtung mit der Folge der gewinnrealisierenden Betriebsaufgabe nach § 16 Abs. 3 Satz 1 EStG ausgelöst wird (s. Rz. 3.513 ff. und Rz. 3.529 ff.). Besondere Vorsicht ist geboten bei Vermögensübertragungen unter Vorbehalt des Nießbrauchs (dazu Rz. 3.515 ff.). Als Alternative zur Schenkung unter Nießbrauchsvorbehalt kommt die unentgeltliche Übertragung des Besitzunternehmens bzw. der Mitunternehmeranteile an der Besitz-Personengesellschaft inklusive der zum (Sonder-)Betriebsvermögen gehörenden Beteiligung an der Betriebs-Kapital-/Optionsgesellschaft gegen Versorgungsleistungen i.S.d. § 10 Abs. 1a Nr. 2 Satz 2 Buchst. a oder Buchst. b EStG in Betracht (Rz. 3.528 ff.).

C. Steuerliche Nachteile einer Betriebsaufspaltung (und ggf. gegenläufige Effekte)

5.3

ESt:	**Einkünfte aus Gewerbebetrieb** Ein Besitzunternehmen in der Rechtsform der natürlichen Person, einer nicht gewerblich infizierten oder geprägten Personengesellschaft i.S.v. § 15 Abs. 3 EStG und einer Rechtsgemeinschaft erzielt infolge der Begründung einer Betriebsaufspaltung mit einer Betriebs-Kapital-/Optionsgesellschaft keine Einkünfte aus Vermietung und Verpachtung i.S.d. § 21 EStG, sondern Einkünfte aus Gewerbebetrieb i.S.d. § 15 Abs. 1 Nr. 1 bzw. Nr. 2 Satz 1 EStG (dazu Rz. 3.259 ff.), die gemäß § 2 Abs. 1 GewStG auch der Gewerbesteuer unterliegen (dazu Rz. 3.633 ff.). • Im Gegenzug kann das Besitzunternehmen nach Maßgabe des § 34a EStG die Thesaurierungsbegünstigung in Anspruch nehmen (s. Rz. 3.259, Rz. 3.336 und Rz. 3.381). • Die beim Besitzunternehmen anfallende Gewerbesteuer kann nach Maßgabe des § 35 EStG auf die ESt des Besitzunternehmers bzw. der Mitunternehmer der Besitz-Personengesellschaft oder Besitz-Rechtsgemeinschaft angerechnet werden (s. Rz. 3.667). • Auch können bei Vermögensübertragungen im Wege der (vorweggenommenen) Erbfolge die Vergünstigung nach §§ 13a, 13b bzw. § 19a ErbStG nach Maßgabe des § 13b Abs. 4 Nr. 1 Satz 2 Buchstabe a ErbStG auch für überlassenen Grundbesitz zur Anwendung kommen (s. Rz. 3.836 ff.).

	Steuerverstrickung als Betriebsvermögen Als Folge der gewerblichen Einkünftequalifikation nach § 15 Abs. 1 Nr. 1 bzw. Nr. 2 Satz 1 EStG ist das dem Besitzunternehmen zuzuordnende Vermögen (insbesondere das der Betriebs-Kapital-/Optionsgesellschaft als wesentliche Betriebsgrundlage überlassene Wirtschaftsgut und die Anteile an dieser) als Betriebsvermögen steuerverstrickt (dazu Rz. 3.266 ff.). Im Wegzugsfall sind die Sonderregelungen des § 50i EStG beachten (dazu Rz. 3.786 ff.). • Im Gegenzug können bei der Gewinnermittlung des Betriebsunternehmens die gewerblichen Unternehmen vorbehaltenen Steuerbegünstigungen in Anspruch genommen werden, z.B. nach § 6b EStG (dazu Rz. 3.331), § 7g EStG (s. Rz. 3.332) dem FZulG (s. Rz. 3.333) und dem In-vZulG (dazu Rz. 3.820). • Aus der betrieblichen Verstrickung auch der Anteile an der Besitz-Kapital-/Optionsgesellschaft (dazu Rz. 3.274) folgt, dass für Gewinnausschüttungen nicht das Abgeltungsbesteuerungsverfahren (§ 32d Abs. 1 Satz 1 EStG), sondern das Teileinkünfteverfahren nach § 3 Nr. 40 i.V.m. § 3c EStG zur Anwendung kommt (s. Rz. 3.299 ff.).
	Nur-Besitzgesellschafter bzw. Nur-Besitzgemeinschafter Die Rechtsfolgen der gewerblichen Einkünftequalifikation und der betrieblichen Vermögensverstrickung treffen auch einen Nur-Besitzgesellschafter (s. Rz. 3.337 und Rz. 3.350) und einen Nur-Besitzgemeinschafter (s. Rz. 3.381 und Rz. 3.391).
	Gewinnermittlung Bei einem Besitzunternehmen in der Rechtsform des Einzelunternehmens, einer nicht gewerblich infizierten der geprägten Personengesellschaft i.S.v. § 15 Abs. 3 EStG und einer Rechtsgemeinschaft ist fortan eine Gewinnermittlung nach § 4 Abs. 3 EStG (Einnahmen-Überschussrechnung) oder § 4 Abs. 1 EStG (bilanzieller Betriebsvermögensvergleich) erforderlich (dazu Rz. 3.290 ff. mit diesbezüglichen Verweisen in Rz. 3.365 und Rz. 3.400).
	Ungewollte Aufdeckung stiller Reserven Bei einem Besitzunternehmen in der Rechtsform des Einzelunternehmens, einer nicht gewerblich infizierten oder geprägten Personengesellschaft i.S.d. § 15 Abs. 3 EStG und einer Rechtsgemeinschaft besteht die Gefahr des unbeabsichtigten Entfalls der sachlichen Verflechtung (dazu Rz. 3.487 ff.) oder der personellen Verflechtung (dazu Rz. 3.507 ff.) und damit der Beendigung der Betriebsaufspaltung mit der Folge der ungewollten Aufdeckung der stillen Reserven bzgl. der zum (Gesamt-) Betriebsvermögen des Besitzunternehmens gehörenden Vermögensgegenstände nach § 16 Abs. 3 Nr. 1 EStG (dazu Rz. 3.549 ff.). Dies bedarf einer permanenten und sorgfältigen steuerlichen Überwachung der Betriebsaufspaltung bzw. der rechtzeitigen Absicherung der Gewerblichkeit beim Besitzunternehmen (dazu Rz. 3.558 ff. und Rz. 3.571 ff.).
KSt:	**Verdeckte Gewinnausschüttungen** Infolge einer Betriebsaufspaltung entsteht das Risiko einer verdeckten Gewinnausschüttung der Betriebs-Kapitalgesellschaft bzw. Betriebs-Optionsgesellschaft i.S.d. § 1a KStG insbesondere im Zusammenhang mit der Vergütung für die Überlassung der wesentlichen Betriebsgrundlage oder Tätigkeitsvergütungen an den Gesellschafter-Geschäftsführer (dazu Rz. 3.342).

	Lock-in-Effekt bei Verlusten Betriebs-Kapital-/Optionsgesellschaft Die Führung des operativen Betriebs in der Rechtsform der Kapital-/Optionsgesellschaft führt zum Lock-in-Effekt hinsichtlich der erzielten KSt- und GewSt-Verluste, die außerhalb der Betriebs-Kapital-/Optionsgesellschaft nicht nutzbar sind (dazu Rz. 3.433). Die Vermeidung dieser Rechtsfolge durch einen Ergebnisabführungsvertrag würde hingegen die Haftungsbegrenzung der Kapitalgesellschaft beseitigen.
	Keine Gewerbesteueranrechnung Die Betriebs-Kapital-/Optionsgesellschaft gehört nicht zu den begünstigten Unternehmen i.S.d. § 35 EStG, so dass die Gewerbesteuer eine definitive Belastung für die Kapital-/Optionsgesellschaft darstellt.
GewSt:	**Gewerbesteuerpflicht des Besitzunternehmens** Ein Besitzunternehmen in der Rechtsform der natürlichen Person, einer nicht gewerblich infizierten oder geprägten Personengesellschaft i.S.v. § 15 Abs. 3 EStG und einer Rechtsgemeinschaft erzielt infolge der Begründung einer Betriebsaufspaltung mit einer Betriebsgesellschaft gewerbesteuerpflichtige Einkünfte aus Gewerbebetrieb (§ 15 Abs. 1 Nr. 1 bzw. Nr. 2 Satz 1 EStG i.V.m. § 2 Abs. 1 GewStG (dazu Rz. 3.633 ff.).
	Doppelbelastungen Dem Gewerbeertrag des Betriebsunternehmens sind Aufwendungen i.S.d. § 8 Nr. 1 GewStG, die den Gewerbeertrag i.S.d. § 7 Satz 1 GewStG gemindert haben, nach allgemeinen Grundsätzen zu einem Viertel wieder hinzuzurechnen, soweit der Freibetrag von 200.000 EUR (bis EZ 2019: 100.000 EUR) überschritten ist. Dies gilt auch für Aufwendungen im Kontext der Betriebsaufspaltung bzw. aus Rechtsbeziehungen zwischen der Betriebsgesellschaft und dem Besitzunternehmen. Aus der originären Erfassung der Einnahmen im Gewerbeertrag des Besitzunternehmens nach § 7 Satz 1 GewStG und der Hinzurechnung der Ausgaben bei der Betriebsgesellschaft gem. § 8 Nr. 1 GewStG resultiert eine gewerbesteuerliche Doppelerfassung der betroffenen Beträge (dazu Rz. 3.671 ff.).
	Keine erweiterte Kürzung des Gewerbeertrags beim Besitzunternehmen Durch die Begründung einer Betriebsaufspaltung entfällt in aller Regel die Möglichkeit, für die Erträge aus der Grundbesitzüberlassung die erweiterte Kürzung des Gewerbeertrags nach § 9 Nr. 1 Satz 2 GewStG in Anspruch zu nehmen (dazu Rz. 3.653 f.). • Nur bei einem Besitzunternehmen in der Rechtsform der Kapital-/Optionsgesellschaft und einem sachlich und personell verflochtenen Betriebsunternehmen in der Rechtsform der Personengesellschaft – also einer umgekehrten Betriebsaufspaltung – kann die erweiterte Kürzung des Gewerbeertrags nach Maßgabe des § 9 Nr. 1 Satz 2 ff. GewStG in Anspruch genommen werden (dazu Rz. 3.654), sofern die Ausschlussregelung des § 9 Nr. Satz 5 GewStG nicht zur Anwendung kommt (s. Rz. 3.654 i.V.m. Rz. 3.659).
	Keine Gewerbesteuerfreibetrag bei der Betriebs-Kapital-/Optionsgesellschaft Bei Begründung einer Betriebsaufspaltung mit einer Betriebs-Kapital-/Optionsgesellschaft kann diese keinen Freibetrag gem. § 11 Abs. 1 Satz 3 Nr. 1 GewStG in Anspruch nehmen.

USt:	**Umsatzsteuerliche Organschaft** Durch die Begründung einer Betriebsaufspaltung kann sowohl im Verhältnis zu einer Betriebs-Kapitalgesellschaft als auch (in Ausnahmefällen) im Verhältnis zu einer Betriebs-Personengesellschaft eine umsatzsteuerliche Organschaft i.S.d. § 2 Abs. 2 Nr. 2 UStG begründet werden (dazu Rz. 3.903 ff.), die bei Nichterkennen zu erheblichen Steuerfolgen führen kann (dazu Rz. 3.927 ff.). Zudem sind die Haftungsfolgen nach § 73 AO zu beachten (dazu Rz. 3.928 i.V.m. Rz. 3.962 ff.).
AO:	**Steuerliche Haftung gem. § 73 AO** Durch eine Betriebsaufspaltung und die damit in vielen Fällen entstehende umsatzsteuerliche Organschaft wird die Gefahr der Haftung des Organ-Betriebsunternehmens nach § 73 AO begründet (dazu Rz. 3.927 i.V.m. Rz. 3.962 ff.).
	Steuerliche Haftung gem. § 74 AO Durch eine Betriebsaufspaltung wird die Gefahr der Haftung des Besitzunternehmens als Eigentümer des als wesentliche Betriebsgrundlagen überlassenen Gegenstandes nach § 74 AO begründet (dazu Rz. 3.961 ff.).
	Steuerliche Haftung gem. § 75 AO und § 25 HGB. Bei Begründung einer echten Betriebsaufspaltung, also der Trennung eines ursprünglich einheitlichen Unternehmens in ein Besitz- und ein Betriebsunternehmen (s. Rz. 3.7), kann eine unabdingbare Haftung des Betriebsübernehmers, also der Betriebsgesellschaft, nach § 75 AO in Betracht kommen. Ebenso kann eine – allerdings abdingbare – Haftung gem. § 25 HGB bei Betriebsübernahme mit Firmenfortführung relevant werden, sofern keine Haftungsbeschränkung zwischen Besitz- und Betriebsgesellschaft gem. § 25 Abs. 2 HGB im Handelsregister eingetragen oder den jeweiligen Gläubigern mitgeteilt worden ist (dazu Rz. 3.980).

D. Außersteuerliche Vorteile einer Betriebsaufspaltung (und ggf. gegenläufige Effekte)

I. Haftungsbegrenzung

5.4 Die klassische Betriebsaufspaltung im Verhältnis zu einer haftungsbeschränkten Betriebsgesellschaft in der Rechtsform der GmbH, AG oder GmbH & Co. KG eröffnet die Möglichkeit zur Begrenzung der Risiken aus der betrieblichen operativen Tätigkeit der Betriebsgesellschaft (z.B. Vertrags-, Produkt-, Prospekt-, Vertriebs- und Betriebshaftung oder wegen Umweltschutzbestimmungen) auf deren Vermögen und damit zur Abschottung der Vermögenswerte der Besitzgesellschaft, insbesondere dem betriebsnotwendigen Grundbesitz oder wertvollen immateriellen Überlassungsgegenständen. Diese im Besitzunternehmen verbleibenden Vermögensgegenstände sind der zivilrechtlichen Haftung grundsätzlich entzogen, da sich diese gemäß § 13 Abs. 2 GmbHG grundsätzlich auf das Gesellschaftsvermögen der Betriebsgesellschaft beschränkt. Darüber hinaus existieren im Rahmen der Betriebsaufspaltung keine spezialgesetzlichen Haftungsvorschriften (s. Rz. 2.154). Eine vertragliche Haftungsausdehnung auf das Besitzunternehmen (insbesondere durch kreditgewährende Banken) ist durch Einzelverträge, Bürgschaften oder Sicherungsübereignungen individuell steuerbar.

Ungeachtet der Haftungsbegrenzung auf Gesellschaftsebene haften die Gesellschafter der Betriebs-Kapitalgesellschaft nach den allgemeinen Regelungen der Stammkapitalerhaltung, §§ 30, 31 GmbHG. Ein Gesellschafter kann sich auch dann nicht auf das Haftungsprivileg der GmbH berufen, wenn er dieses bewusst zum Nachteil der Gläubiger ausnutzt, es kann dann zu einer Haftung wegen sog. existenzvernichtenden Eingriffs kommen (s. Rz. 2.169). In Ausnahmefällen kann ggf. auch noch eine Haftung nach den Regeln über den qualifiziert faktischen Konzern möglich sein (s. Rz. 2.154). Hinsichtlich der Geschäftsführerhaftung ergeben sich aus dem Bestehen der Betriebsaufspaltung keine Besonderheiten, es gelten insbesondere § 43 Abs. 2 GmbHG und § 64 GmbHG. 5.5

Im Gegenzug für die Haftungsbegrenzung müssen die insolvenzrechtlichen Rückforderungsbeschränkungen für Gesellschafterdarlehen nach § 39 Abs. 1 Nr. 5 i.V.m. § 135 Abs. 1 InsO (s. Rz. 2.158 und ausführlich Rz. 4.129 ff.) sowie die Überlassungsverpflichtungen nach § 135 Abs. 3 InsO hingenommen werden (dazu Rz. 2.168 ff. und ausführlich Rz. 4.136 ff.). 5.6

Gleiches gilt für die steuerlichen Haftungsgefahren nach § 73 AO und 74 AO (dazu Rz. 3.928 i.V.m. Rz. 3.962 ff.) sowie gemäß 75 AO und § 25 HGB (dazu Rz. 3.967 ff. und Rz. 3.980). 5.7

II. Vermögensnachfolge

Durch die Aufspaltung des Unternehmens in ein Besitzunternehmen und eine Betriebsgesellschaft können die Voraussetzungen für eine – ggf. vorweggenommene – Erbfolge geschaffen werden. So lässt die Möglichkeit der Betriebsaufspaltung auch bei fehlender Personenidentität (Beteiligungsidentität) im Besitzunternehmen die vermögensmäßige Teilhabe insbesondere von Angehörigen zu, die von maßgeblichen Entscheidungen für das Betriebsunternehmen ausgeschlossen bleiben sollen. Als zweckmäßige Vorstufe zu einer Unternehmensnachfolge können Nachfolger auch an der Betriebsgesellschaft als Minderheitsgesellschafter beteiligt werden, während die wertvollen wesentlichen Betriebsgrundlagen (oftmals Grundbesitz) noch vom personenidentisch bleibenden Besitzunternehmen an die Betriebsgesellschaft vermietet werden; später können dann die Anteile an der Betriebsgesellschaft einschließlich der überlassenen wesentlichen Betriebsgrundlagen (also die verbliebene Betriebsaufspaltung) auf die Nachfolger übertragen werden. 5.8

In diesem Zusammenhang müssen aber insbesondere die ertragsteuerlichen Folgen der Nachfolgeplanungen beachtet werden, damit keine unbeabsichtigte personelle Entflechtung mit der Folge der gewinnrealisierenden Betriebsaufgabe nach § 16 Abs. 3 Satz 1 EStG ausgelöst wird (s. Rz. 3.513 ff. und Rz. 3.529 ff.). Vorsicht geboten ist insbesondere bei Vermögensübertragungen unter Vorbehalt des Nießbrauchs (dazu Rz. 3.513 ff.). Als Alternative zur Schenkung unter Nießbrauchsvorbehalt kommt die unentgeltliche Übertragung des Besitzunternehmens bzw. der Mitunternehmeranteile an der Besitz-Personengesellschaft inklusive der zum (Sonder-)Betriebsvermögen gehörenden Beteiligung an der Betriebs-Kapitalgesellschaft gegen Versorgungsleistungen i.S.d. § 10 Abs. 1a Nr. 2 Satz 2 Buchst. a oder Buchst. b EStG in Betracht (Rz. 3.528 ff.). 5.9

III. Mitarbeiterbeteiligung

5.10 Durch die Aufspaltung des Unternehmens in ein Besitzunternehmen und eine Betriebsgesellschaft können zudem die Voraussetzungen für eine Beteiligung von Mitarbeitern am Vermögen der Betriebsgesellschaft insbesondere i.S.d. § 3 Nr. 39 EStG und § 19a EStG oder durch stille Beteiligungen geschaffen werden.

IV. Umstrukturierung

5.11 Die Betriebsaufspaltung eröffnet auch die Möglichkeit zur Vorbereitung einer Umstrukturierung, bspw. der Verschmelzung oder eines Verkaufs der Betriebsgesellschaft unter Zurückbehaltung insbesondere des betriebsnotwendigen Grundbesitzes oder wertvoller immaterieller Überlassungsgegenstände.

V. Publizitätspflichten

5.12 Durch die Begründung einer Betriebsaufspaltung wird die Möglichkeit eröffnet, auf die Rechnungslegungs- und Publizitätsverpflichtungen gemäß §§ 264 ff. HGB sowohl des Besitzunternehmens als auch der Betriebsgesellschaft Einfluss zu nehmen (dazu Rz. 4.83 ff.).

VI. Arbeits- und Betriebsverfassungsrecht

5.13 Durch die Begründung einer Betriebsaufspaltung können Gestaltungsspielräume in arbeits- und betriebsverfassungsrechtlichen Themenbereichen geschaffen werden (dazu Rz. 4.92 ff.).

VII. Flexibilisierung des Unternehmens

5.14 Aus betriebswirtschaftlicher Sicht kann die Betriebsaufspaltung zur Flexibilisierung des Unternehmens beitragen. Durch entsprechende Gestaltungen können sich Vorteile bei der Finanzierung und Sanierung des Unternehmens ergeben. Dieser Vorteil wird häufig jedoch durch die von den Kreditoren geforderte persönliche Haftung des Besitzunternehmers abgeschwächt.

E. Außersteuerliche Nachteile einer Betriebsaufspaltung (und ggf. gegenläufige Effekte)

I. Höhere Verwaltungskosten

5.15 Infolge der Aufspaltung der betrieblichen Tätigkeit auf zwei Unternehmen entstehen höhere Verwaltungskosten u.a. durch zusätzliche Jahresabschlüsse, Buchführungen, Steuerdeklarationen, Prüfungs-, Veröffentlichungs- und Publizitätserfordernisse (s. auch Rz. 2.17).

II. IHK-Beitragsrecht

Die Begründung der Betriebsaufspaltung führt für das Besitzunternehmen zur Einordnung als gewerbliches und damit gewerbesteuerpflichtiges Unternehmen (s. Rz. 3.633) und damit gemäß § 2 Abs. 1 IHKG zu dessen Zwangsmitgliedschaft in der örtlichen Industrie- und Handelskammer (s. Rz. 4.89 ff.). 5.16

III. Höhere Insolvenzanfälligkeit

Infolge der Vermögenstrennungen, speziell der Auslagerung werthaltiger Betriebsgrundlagen, erhöht sich das Risiko der Verwirklichung insolvenzrechtlicher Antragsberechtigungen und -verpflichtungen nach §§ 15 ff. InsO (s. auch Rz. 2.17). 5.17

IV. Folgen bei Insolvenz

Im Fall der Insolvenz der Betriebsgesellschaft müssen die insolvenzrechtlichen Rückforderungsbeschränkungen für Gesellschafterdarlehen nach § 39 Abs. 1 Nr. 5 i.V.m. § 135 Abs. 1 InsO (s. Rz. 2.158 und ausführlich Rz. 4.129 ff.) sowie die Überlassungsverpflichtungen nach § 135 Abs. 3 InsO hingenommen werden (dazu Rz. 2.168 ff. und ausführlich Rz. 4.136 ff.). 5.18

Kapitel 6
Muster

A. Musterverträge für eine typische Einheits-Betriebsaufspaltung

Im Folgenden wird beispielhaft – ausgehend von einer bestehenden mittelständischen GmbH & Co. KG – die Begründung einer typischen Einheits-Betriebsaufspaltung dargestellt. Im Bereich des Mittelstands wird regelmäßig nicht auf die Regelungen des UmwG zurückgegriffen, da diese zu kompliziert und zu kostenträchtig sind. 6.1

Im Beispielsfall besteht eine GmbH & Co. KG, die in eigenem Grundbesitz unter der Firma Frisch & Preiswert Supermärkte GmbH & Co. KG mehrere Supermärkte betreibt. Die Gesellschaft ist Gesellschafterin einer Einkaufsgesellschaft in der Rechtsform einer GmbH & Co. KG, über die sie ihre Waren bezieht. Die Beteiligung an der Einkaufsgesellschaft kann nur mit Zustimmung von deren Beirat abgetreten werden. Hinsichtlich der Übertragung wird zunächst (Muster M 8 der typische Fall dargestellt, dass neben dem Umlaufvermögen auch das mobile Anlagevermögen auf die Betriebs-GmbH übergeht. In der Alternative (Muster M 8a) – es handelt sich um eine Baumarktkette – wird nur das Umlaufvermögen übertragen (Pachterhaltungsmodell). Das Muster ist, da es den Fall einer echten Betriebsverpachtung betrifft, ausführlicher ausgestaltet. 6.2

Die Muster sollen lediglich dazu dienen, Anregungen für die individuelle Vertragsgestaltung zu geben. Vor einer unbesehenen Übernahme der Vertragstexte muss nachdrücklich gewarnt werden, da es weder den Musterfall der Betriebsaufspaltung noch den der Betriebsverpachtung gibt. Dieser Hinweis gilt auch für die anderweitig veröffentlichten Vertragsmuster. 6.3

Fahrplan

1. Erstellung einer Aufspaltungsbilanz auf der Grundlage der letzten Jahresbilanz (Muster M 1).
2. Beschluss der Gesellschafterversammlung betreffend die Begründung der Betriebsaufspaltung (Muster M 2).
3. Rechtzeitige Gründung der Betriebs-GmbH durch die bestehende GmbH & Co. KG (Muster M 3).
4. Anmeldung der Betriebs-GmbH zum Handelsregister (Muster M 4) ebenfalls so rechtzeitig, dass sichergestellt ist, dass die GmbH per 31.12.2025/1.1.2026 existent ist.
5. Anmeldung der Umfirmierung der Besitz GmbH & Co. KG (Muster M 5).
6. Beschluss über die Kapitalerhöhung bei der GmbH mit Einbringung des Umlaufvermögens der Besitz-GmbH & Co. KG Anfang Januar 2025 im unmittelbaren

Anschluss an die Inventur per 31.12.2025 und Umfirmierung (Muster M 6) und Übernahmeerklärung (Muster M 6a).

7. Anmeldung der Kapitalerhöhung zum Handelsregister mit Werthaltigkeitsbestätigung der GmbH & Co. KG (Muster M 7).
8. Alternativ: Übertragung (von Teilen des Anlagevermögens und) des gesamten Umlaufvermögens bei gleichzeitiger Übernahme von Schulden in Höhe des Wertes der übertragenen Wirtschaftsgüter (Muster M 8, M 8a).
9. Aufschiebend bedingte Abtretung der Kommanditbeteiligung an der Einkaufsgesellschaft mit Begründung eines Treuhandverhältnisses (Muster M 9).
10. Gleichzeitig mit der Kapitalerhöhung bzw. der Übertragung von Teilen des Anlagevermögens und des gesamten Umlaufvermögens: Abschluss eines langfristigen Pachtvertrags zwischen der Besitz-GmbH & Co. KG und der Betriebs-GmbH (Muster M 10).
11. Gleichzeitig mit der Kapitalerhöhung bzw. der Übertragung von Teilen des Anlagevermögens und des gesamten Umlaufvermögens: Abschluss des Geschäftsführervertrags.

M 1 Muster: Bilanzen

1.1 Bilanz per 31.12.2025

Bilanz der A, B, C, D GmbH & Co. KG
(ohne Durchführung der Betriebsaufspaltung)

Aktiva	Buchwerte Tsd. Euro	geschätzte Verkehrsw. Tsd. Euro
A. Anlagevermögen		
I. Immaterielle Vermögensgegenstände		
1. Lizenzen	3	5
II. Sachanlagen		
1. Grundstück	200	250
Gebäude	300	450
2. Maschinen	350	500
3. Betriebs- und Geschäftsausstattung	100	125
Fahrzeuge	75	95
III. Finanzanlagen		
1. Beteiligungen an Kapitalgesellschaften	25	25
	1.053	1.450
B. Umlaufvermögen		
I. Vorräte		
1. Roh-, Hilfs- und Betriebsstoffe	500	550
2. Unfertige und fertige Erzeugnisse	450	475
II. Forderungen und sonstige Vermögensgegenstände		
1. Forderungen aus Lieferungen und Leistungen	550	550
2. Finanzkonten	110	110
3. Sonstige Vermögensgegenstände	150	220
	1.760	1.905
C. Rechnungsabgrenzungsposten		
	2.843	3.385

Passiva	Buchwerte Tsd. Euro	geschätzte Verkehrsw. Tsd. Euro
A. Eigenkapital		
1. Kapital		
A	300	
B	300	
C	300	
D	300	
	1.200	1.200
2. Verrechnungskonten		
A	./. 50	
B	200	
C	250	
D	./. 307	
	93	93
B. Rückstellungen		
1. Sonstige Rückstellungen	100	100
C. Verbindlichkeiten		
1. Verbindlichkeiten gegenüber Kreditinstituten	800	800
2. Verbindlichkeiten aus Lieferungen und Leistungen	450	450
3. Sonstige Verbindlichkeiten	200	200
	1.450	1.450
D. Geschätzte stille Reserven ohne Geschäftswert		542
	2.843	3.385

1.2 Bilanz der Betriebs-GmbH

Bilanz der A, B, C, D GmbH
(Betriebsgesellschaft vor der Durchführung der Betriebsaufspaltung)

Aktiva	Tsd. Euro	Passiva	Tsd. Euro
Finanzanlagen	25	**Stammkapital**	25
	25		25

1.3 Bilanz der Besitzgesellschaft

Bilanz der A, B, C, D GmbH & Co. KG (nach Durchführung der Betriebsaufspaltung)

Aktiva

	Buchwerte Tsd. Euro	geschätzte Verkehrsw. Tsd. Euro
A. Anlagevermögen		
I. Immaterielle Vermögensgegenstände		
1. Lizenzen	0	0
II. Sachanlagen		
1. Grundstück	200	250
Gebäude	300	450
2. Maschinen	0	0
3. Betriebs- und Geschäftsausstattung	100	125
Fahrzeuge	0	0
III. Finanzanlagen		
1. Beteiligungen an Kapitalgesellschaften	25	25
	625	850
B. Umlaufvermögen		
I. Vorräte		
1. Roh-, Hilfs- und Betriebsstoffe	0	0
2. Unfertige und fertige Erzeugnisse	0	0
II. Forderungen und sonstige Vermögensgegenstände		
1. Forderungen aus Lieferungen und Leistungen	0	0
2. Finanzkonten	0	0
3. Sonstige Vermögensgegenstände	75	110
	75	110
C. Rechnungsabgrenzungsposten	0	0
	700	960

Passiva

	Buchwerte Tsd. Euro		geschätzte Verkehrsw. Tsd. Euro
A. Eigenkapital			
1. Kapital			
A	25		
B	25		
C	25		
D	25		
	100		100
2. Verrechnungskonten			
A	./. 50		
B	200		
C	250		
D	./. 307		
	93		93
3. Gewinn wegen Betriebsaufspaltung	282		282
B. Rückstellungen			
1. Sonstige Rückstellungen	0		0
C. Verbindlichkeiten			
1. Verbindlichkeiten gegenüber Kreditinstituten	215		215
2. Verbindlichkeiten aus Lieferungen und Leistungen	0		0
3. Sonstige Verbindlichkeiten	0		0
			0
D. Geschätzte stille Reserven ohne Geschäftswert			270
	700		960

1.4 Bilanz der Betriebs-GmbH

Bilanz der A, B, C, D GmbH (Betriebsgesellschaft, nach Durchführung der Betriebsaufspaltung)

Aktiva	Buchwerte Tsd. Euro	geschätzte Verkehrsw. Tsd. Euro
A. Anlagevermögen		
I. Immaterielle Vermögensgegenstände		
1. Lizenzen	5	5
II. Sachanlagen		
1. Grundstück	0	0
Gebäude	0	0
2. Maschinen	500	500
3. Betriebs- und Geschäftsausstattung	0	5
Fahrzeuge	95	95
III. Finanzanlagen		
1. Beteiligungen an Kapitalgesellschaften	0	0
		0
B. Umlaufvermögen		
I. Vorräte		
1. Roh-, Hilfs- und Betriebsstoffe	550	550
2. Unfertige und fertige Erzeugnisse	475	475
II. Forderungen und sonstige Vermögensgegenstände		
1. Forderungen aus Lieferungen und Leistungen	550	550
2. Finanzkonten	110	110
3. Sonstige Vermögensgegenstände	110	110
	30	30
C. Rechnungsabgrenzungsposten		
	2.425	2.425

Passiva	Buchwerte Tsd. Euro	geschätzte Verkehrsw. Tsd. Euro
A. Eigenkapital		
I. Kapital	25	25
II. Kapitalrücklage	90	90
Einlagen zur Kapitalerhöhung	975	975
B. Rückstellungen		
1. Sonstige Rückstellungen	100	100
C. Verbindlichkeiten		
1. Verbindlichkeiten gegenüber Kreditinstituten	585	585
2. Verbindlichkeiten aus Lieferungen und Leistungen	450	450
3. Sonstige Verbindlichkeiten	200	200
	1.235	1.235
D. Geschätzte stille Reserven ohne Geschäftswert		0
	2.425	2.425

M 2 Muster: Beschluss über die Begründung der Betriebsaufspaltung

Protokoll

über

die Gesellschafterversammlung der Kommanditgesellschaft in Firma

Frisch & Preiswert Supermärkte GmbH & Co. KG

am 12.9.2025

Wir,

die Meier Verwaltung GmbH, vertreten durch ihren einzelvertretungsberechtigten und von den Beschränkungen des § 181 BGB befreiten Geschäftsführer, Herrn Frank Meier

– als persönlich haftende Gesellschafterin –

Herr Frank Meier, Frau Sabine Schulz, Frau Irene Müller und Herr Gerd Müller

– als Kommanditist(inn)en –

sind die alleinigen Gesellschafter der Kommanditgesellschaft in Firma Frisch & Preiswert Supermärkte GmbH & Co. KG.

Wir treten unter Verzicht auf alle Frist- und Formerfordernisse zu einer Gesellschafterversammlung zusammen und beschließen einstimmig:

1. Das Unternehmen der Gesellschaft wird in eine Besitz- und eine Betriebsgesellschaft aufgespalten.[1]

   Die Geschäftsführung wird angewiesen, eine GmbH zu gründen, deren alleinige Gesellschafterin die GmbH & Co. KG ist. Dabei soll von dem von der Geschäftsführung vorgelegten Entwurf für die Betriebs-GmbH nur aus zwingenden rechtlichen Gründen abgewichen werden.

2. Die Geschäftsführung wird des Weiteren entsprechend dem vorgelegten Entwurf die Kapitalerhöhung bei der Betriebs-GmbH im Wege der Sacheinlage vornehmen.

Alternativ:

2. Die Geschäftsführung wird des Weiteren entsprechend dem vorgelegten Entwurf Teile des Anlagevermögens und das gesamte Umlaufvermögen gegen Übernahme von Schulden in entsprechender Höhe übertragen.

3. Die Geschäftsführung hat dafür Sorge zu tragen, dass der Jahresabschluss zum 31.12.2025 schnellstmöglich aufgestellt und geprüft wird. Die Feststellung des Jahresabschlusses wird sodann umgehend beschlossen.

1 Die „Aufspaltung“ erfolgt nicht nach den Vorschriften des UmwG, sondern im Wege der Neugründung der Besitzgesellschaft.

4. Die Verpachtung des Unternehmens – mit Ausnahme des Supermarktes in Detmold, der geschlossen wird – einschließlich der Firma[1] Frisch & Preiswert Supermärkte GmbH & Co. KG an die F & P. Supermärkte GmbH erfolgt aufgrund des im Entwurf vorliegenden Pachtvertrags.
5. Die Firma dieser Gesellschaft wird geändert in Meier Immobilien Verwaltung GmbH & Co. KG. Die Anmeldung zum Handelsregister soll zu Beginn des Jahres gleichzeitig mit der Umfirmierung der Betriebs-GmbH erfolgen.

Lemgo, den 12.9.2023

1 Die Haftung nach § 22 HGB ist zu beachten.

M 3 Muster: Gründung der Betriebs-GmbH

Urkundenrolle – Nr. 286 für 2025

Verhandelt zu Lemgo am 24.9.2025

Vor mir, dem unterzeichnenden Notar

Dr. jur. Ulrich Teuer

mit dem Amtssitz in Lemgo

erschien, dem Notar von Person bekannt:

Herr Frank Meier, Diplom-Volkswirt, geboren am 11.5.1976, geschäftsansässig Wiehler Straße 20, 32657 Lemgo,

handelnd nicht für sich selbst, sondern in seiner Eigenschaft als alleinvertretungsberechtigter und von den Beschränkungen des § 181 BGB befreiter Geschäftsführer der Meier Beteiligungsgesellschaft mbH mit Sitz in Lemgo, eingetragen im Handelsregister des AG Lemgo unter HRB 1174, diese handelnd in ihrer Eigenschaft als alleinige persönlich haftende Gesellschafterin der Kommanditgesellschaft in Firma Frisch & Preiswert Supermärkte GmbH & Co. KG mit Sitz in Lemgo, eingetragen im Handelsregister des AG Lemgo unter HRA 10081.

Der Erschienene erklärte:

1. Ich gründe eine Gesellschaft mit beschränkter Haftung und gebe ihr die aus der Anlage zu dieser Urkunde ersichtliche Satzung.
2. Ich halte eine erste Gesellschafterversammlung ab und berufe mich,

Frank Meier, geboren am 11.5.1976,

zum einzelvertretungsberechtigten und von den Beschränkungen des § 181 BGB befreiten Geschäftsführer.[1]

Diese Niederschrift wurde dem Erschienenen von dem Notar vorgelesen, von ihm genehmigt und von ihm und dem Notar eigenhändig wie folgt unterschrieben:

---

1 Die Befreiung von den Beschränkungen des § 181 BGB ist zwingend erforderlich, wenn der Geschäftsführer gleichzeitig alleiniger Geschäftsführer der der Komplementär-GmbH der Besitz-GmbH & Co. KG ist.

Anlage zur UR-Nr. 286/2025 B

Gesellschaftsvertrag

der

F & P. Supermärkte GmbH

§ 1 Firma, Sitz, Geschäftsjahr

1. Die Gesellschaft führt die Firma

   F & P. Supermärkte GmbH.

2. Die Gesellschaft hat ihren Sitz in Lemgo.
3. Das Geschäftsjahr ist das Kalenderjahr. Das erste Geschäftsjahr ist ein Rumpfgeschäftsjahr. Es beginnt mit der Eintragung der Gesellschaft in das Handelsregister.

§ 2 Gegenstand des Unternehmens

1. Gegenstand des Unternehmens ist der Betrieb von Supermärkten (food und non food).
2. Die Gesellschaft ist berechtigt, alle Maßnahmen zu ergreifen, die geeignet sind, den Gesellschaftszweck zu fördern.

§ 3 Stammkapital, Stammeinlagen

1. Das Stammkapital der Gesellschaft beträgt 25.000 Euro.[1] Es besteht aus einem Geschäftsanteil im Nennwert von 25.000 Euro (Nr. 1).[2]
2. Die Stammeinlage hat die Kommanditgesellschaft in Firma Frisch & Preiswert Supermärkte GmbH & Co. KG übernommen.
3. Die Gesellschafterin hat ihre Einlage in bar erbracht.

§ 4 Vertretung, Geschäftsführung

1. Die Gesellschaft hat einen oder mehrere Geschäftsführer, die von der Gesellschafterversammlung berufen und abberufen werden. Ist nur ein Geschäftsführer vorhanden, ist er stets einzelvertretungsberechtigt. Sind mehrere Geschäftsführer vorhanden, wird die Gesellschaft jeweils von zwei Geschäftsführern gemeinsam oder von einem Geschäftsführer und einem Prokuristen vertreten. Auch wenn mehrere Geschäftsführer vorhanden sind, kann die Gesellschafterversammlung einem oder mehreren Geschäftsführern das Recht der Einzelvertretung verleihen.
2. Einzelnen Geschäftsführern kann durch Gesellschafterbeschluss die Befugnis erteilt werden, im Namen der Gesellschaft mit sich im eigenen Namen oder als Vertreter eines Dritten Rechtsgeschäfte vorzunehmen.

---

1 Für den Alternativfall, dass statt der Einbringung von Teilen des Anlagevermögens und des gesamten Umlaufvermögens im Wege der Kapitalerhöhung gegen Gewährung von Gesellschaftsrechten die Einbringung gegen Übernahme entsprechender Schulden erfolgt, bedarf es von Beginn an einer höheren Kapitalausstattung. Dabei ist darauf zu achten, dass keine verdeckte Sachgründung erfolgt.

2 Hier ist jede beliebige Stückelung bis hin zu 1 Euro pro Stammkapitalanteil möglich. Bei einer kleinteiligen Stückelung entfällt später ggf. das Erfordernis der Teilung.

§ 5 Gesellschafterversammlung

Die ordentliche Gesellschafterversammlung findet in den ersten sechs Monaten eines jeden Geschäftsjahres statt. Gegenstand der ordentlichen Gesellschafterversammlung sind die Feststellung des Jahresabschlusses, die Ergebnisverwendung, die Entlastung der Geschäftsführung für das abgelaufene Geschäftsjahr und die Wahl des Abschlussprüfers für das laufende Geschäftsjahr.

§ 6 Gesellschafterbeschlüsse

1. Gesellschafterbeschlüsse werden mit einfacher Mehrheit der in der Gesellschafterversammlung abgegebenen Stimmen gefasst. Dies gilt nicht, soweit das Gesetz zwingend etwas anderes bestimmt.
2. Gesellschafterbeschlüsse können – mit Ausnahme einer Satzungsänderung –, wenn alle Gesellschafter mit diesem Verfahren einverstanden sind, auch telefonisch, telegrafisch, schriftlich, per Telefax, per E-Mail oder mündlich ohne förmliche Gesellschafterversammlung gefasst werden.
3. Je 1 Euro eines Geschäftsanteils gewähren eine Stimme.
4. Die Gesellschafterbeschlüsse, auch die formlos gefassten, sind zu protokollieren und von der Geschäftsführung zu unterzeichnen.

§ 7 Wettbewerbsverbot

Ein Wettbewerbsverbot besteht nicht.

§ 8 Jahresabschluss

1. a) Die Buchführung und Bilanzierung hat nach handelsrechtlichen Gesichtspunkten zu erfolgen.

   b) Weicht die Veranlagung von der Steuerbilanz der Gesellschaft ab oder wird die Veranlagung nachträglich geändert, ist die nach Bestandskraft des Bescheids aufzustellende Steuerbilanz entsprechend anzupassen.
2. Die Geschäftsführung hat den Jahresabschluss und den Lagebericht innerhalb der gesetzlichen Fristen aufzustellen.
3. Der Jahresabschluss und der Lagebericht sind von einem Angehörigen der wirtschaftsprüfenden Berufe, der gesetzlich zur Berufsverschwiegenheit verpflichtet und durch Beschluss der Gesellschafterversammlung bestellt worden ist, zu prüfen. Die Gesellschafterversammlung kann, sofern gesetzlich zulässig, beschließen, von der Prüfung des Jahresabschlusses und/oder der Erstellung des Lageberichts nach Satz 1 abzusehen.
4. Die Feststellung des Jahresabschlusses und die Entlastung der Geschäftsführung obliegen der ordentlichen Gesellschafterversammlung. Die Feststellung des Jahresabschlusses und die Entlastung der Geschäftsführung gelten als erfolgt durch Unterzeichnung des aufgestellten Jahresabschlusses durch die Gesellschafter.
5. a) Die Geschäftsführung ist nicht befugt, außerhalb eines von der Gesellschafterversammlung ordnungsgemäß gefassten Gewinnverteilungsbeschlusses den Gesellschaftern oder ihnen nahestehenden Personen oder Gesellschaften Vorteile irgendwelcher Art vertragsmäßig oder durch einseitige Handlungen zuzuwenden,

die gegen das gesellschaftsrechtliche Gebot der Gleichbehandlung aller Gesellschafter verstoßen. Die Gesellschafter, die solche Zuwendungen erhalten haben oder denen die Zuwendungsempfänger nahe stehen, sind zur Rückgabe bzw. zum Wertersatz verpflichtet. Die genannten Gesellschafter müssen in diesem Fall die Gesellschaft darüber hinaus so stellen, wie sie ohne die verdeckte Gewinnausschüttung stehen würde, insbesondere durch Erstattung der durch die verdeckte Gewinnausschüttung ausgelösten Mehrsteuern. Ferner haben die genannten Gesellschafter den sich ergebenden Vorteil herauszugeben.

b) Für die Frage, ob eine Vorteilszuwendung im Sinne des Buchst. a) gegeben ist, ist die steuerrechtliche Qualifikation als verdeckte Gewinnausschüttung nicht maßgebend.

c) Liegt keine Vorteilszuwendung im Sinne des Buchst. a), jedoch eine verdeckte Gewinnausschüttung im steuerrechtlichen Sinne vor, ist der betroffene Gesellschafter zum Ausgleich des Vorteils verpflichtet, der ihm bei den Steuern vom Einkommen und Ertrag anwächst.[1]

§ 9 Ergebnisverwendung

Über die Ergebnisverwendung entscheidet die Gesellschafterversammlung. Mit Zustimmung des Betroffenen kann eine von den Beteiligungsverhältnissen abweichende Gewinnverteilung vorgenommen werden.[2]

§ 10 Schlussbestimmungen

1. Die Bekanntmachungen der Gesellschaft erfolgen nur im elektronischen Bundesanzeiger.
2. Die Ungültigkeit einzelner Bestimmungen des Vertrags berührt nicht seine Wirksamkeit im Ganzen. Anstelle der unwirksamen Bestimmung oder zur Ausfüllung einer Lücke ist eine angemessene Regelung zu vereinbaren, die dem am nächsten kommt, was die Vertragschließenden gewollt haben oder nach dem Sinn und Zweck des Vertrags gewollt hätten, sofern sie den Punkt bedacht hätten. Beruht die Ungültigkeit auf einer Leistungs- oder Zeitbestimmung, tritt an ihre Stelle das gesetzlich zulässige Maß.
3. Die Kosten dieses Vertrags trägt die Gesellschaft. Das Gleiche gilt für die Kosten der Anmeldung zum und der Eintragung ins Handelsregister. Die Höhe der von der Gesellschaft zu tragenden Gründungskosten ist begrenzt auf 2.500 Euro.[3]

---

1 Diese „Steuerklausel" hat nur zivilrechtliche Bedeutung, da sie steuerrechtlich nicht anerkannt wird, BFH v. 29.4.1987 – I R 176/83, BStBl. II 1987, 733 = FR 1987, 456; *Schwedhelm* in Streck[10], § 8 KStG Rz. 306 ff. Im konkreten Fall (Ein-Personen-GmbH) ist sie überflüssig, im Übrigen jedoch zivilrechtlich zu empfehlen.

2 Diese Bestimmung ist zur steuerlichen Anerkennung disquotaler Gewinnausschüttungen sinnvoll, BMF v. 4.9.2024 – IV C 2 - S 2742/19/10004:003, BStBl. I 2024, 1264.

3 Diese Regelung ist zwecks Vermeidung einer steuerlichen verdeckten Gewinnausschüttung zwingend erforderlich, BFH v. 11.10.1989 – I R 12/87, BStBl. II 1990, 89 = FR 1990, 196; BMF v. 25.6.1991 – IV B 7 - S 2741 – 4/91, BStBl. I 1991, 661 = StEK KStG 1977 § 8 Nr. 81.

M 4 Muster: Anmeldung der Betriebs-GmbH zum Handelsregister

AG Lemgo
– Handelsregister –
Am Lindenhaus 2
32657 Lemgo

Neuanmeldung der F & P. Supermärkte GmbH

Zum Handelsregister B überreiche ich

- beglaubigte Abschrift der Gründungsurkunde vom heutigen Tag, die auch meine Bestellung zum Geschäftsführer enthält – UR-Nr. 286/2025;
- Liste der Gesellschafter

und melde die neu gegründete Gesellschaft und mich als deren Geschäftsführer zur Eintragung in das Handelsregister an.

Die Geschäftsräume befinden sich in 32657 Lemgo, Wiehler Straße 20.

Die Gesellschaft wird wie folgt vertreten:

Die Gesellschaft hat einen oder mehrere Geschäftsführer. Ist nur ein Geschäftsführer vorhanden, vertritt er die Gesellschaft allein. Sind mehrere Geschäftsführer bestellt, wird die Gesellschaft durch zwei Geschäftsführer gemeinschaftlich oder durch einen Geschäftsführer gemeinsam mit einem Prokuristen vertreten.

Einzelnen Geschäftsführern kann durch Beschluss der Gesellschaft auch Einzelvertretungsbefugnis verliehen werden. In gleicher Weise können Geschäftsführer von den Beschränkungen des § 181 BGB befreit werden.

Ich vertrete die Gesellschaft immer einzeln, auch wenn weitere Geschäftsführer bestellt werden. Ich bin von den Beschränkungen des § 181 BGB befreit.

Meine Unterschrift zeichne ich:

Ich versichere, dass keine Umstände vorliegen, die meiner Bestellung zum Geschäftsführer gem. § 6 Abs. 2 und 3 GmbHG entgegenstehen. Ich stehe nicht unter Betreuung und wurde niemals wegen einer Straftat nach den §§ 283–283d des Strafgesetzbuchs verurteilt. Mir ist weder durch gerichtliche noch durch vollziehbare Entscheidung einer Verwaltungsbehörde die Ausübung irgend eines Berufs, Berufszweigs, Gewerbes oder Gewerbezweigs untersagt.

Über meine unbegrenzte Auskunftspflicht gegenüber dem Registergericht wurde ich von dem beglaubigenden Notar belehrt.

Ich versichere ferner, dass die übernommene Stammeinlage i.H.v. 25.000 Euro (in Worten: fünfundzwanzigtausend Euro) in voller Höhe erbracht ist und sich endgültig zu meiner freien Verfügung als Geschäftsführer befindet und dieses Anfangsvermögen nicht mit Schulden behaftet ist, mit Ausnahme der Kosten und Steuern der Gründung von unter 2.500 Euro.

Der beglaubigende Notar hat mich darauf hingewiesen, dass ich verpflichtet bin, bei jeder Veränderung im Gesellschafterbestand unverzüglich eine neue Liste der Gesellschafter dem Handelsregister einzureichen, und mir bei Verletzung dieser Pflicht Schadensersatz der Gläubiger droht.

Lemgo, den 12.9.2025

Notarieller Beglaubigungsvermerk

Anlage

Liste der Gesellschafter

der F & P. Supermärkte GmbH

mit Sitz in Lemgo,

nach dem Stand vom 12.9.2025

Firma	**Sitz**	**Gesellschaftsanteil Nr.**	**Stammeinlage**
Frisch & Preiswert Supermärkte GmbH & Co. KG HRA 10081	32657 Lemgo Wiehler Straße 20	1	25.000 Euro

Lemgo, den 12.9.2025

Unterschrift des Geschäftsführers

M 5 Muster: Anmeldung der Umfirmierung der Besitzgesellschaft zum Handelsregister

AG Lemgo
– Handelsregister –
Am Lindenhaus 2
32657 Lemgo

HRA 10081 – Frisch & Preiswert Supermärkte GmbH & Co. KG

Zur Eintragung in das Handelsregister melde ich an:

Die Firma der Gesellschaft wurde geändert in:

Meier Immobilien Verwaltung GmbH & Co. KG.

Die Geschäftsräume der Gesellschaft befinden sich weiterhin in 32657 Lemgo, Wiehler Straße 20.

Lemgo, den 12.12.2025

Notarieller Beglaubigungsvermerk

M 6 Muster: Kapitalerhöhungsbeschluss

Urkundenrolle – Nr. 310 für 2025

Verhandelt zu Lemgo am 12.12.2025[1]

Vor mir, dem unterzeichnenden Notar

Dr. jur. Ulrich Teuer

mit dem Amtssitz in Lemgo

erschien, dem Notar von Person bekannt:

Herr Frank Meier, Diplom-Volkswirt, geboren am 11.5.1976, geschäftsansässig Wiehler Straße 20, 32657 Lemgo,

handelnd nicht für sich selbst, sondern in seiner Eigenschaft als alleinvertretungsberechtigter und von den Beschränkungen des § 181 BGB befreiter Geschäftsführer der Meier Beteiligungsgesellschaft mbH mit Sitz in Lemgo, eingetragen im Handelsregister des AG Lemgo unter HRB 10174, diese handelnd in ihrer Eigenschaft als alleinige persönlich haftende Gesellschafterin der Kommanditgesellschaft in Firma Frisch & Preiswert Supermärkte GmbH & Co. KG mit Sitz in Lemgo, eingetragen im Handelsregister des AG Lemgo unter HRA 10081.

Der Erschienene erklärte:

Die Kommanditgesellschaft in Firma Frisch & Preiswert Supermärkte GmbH & Co. KG, die aufgrund Gesellschafterbeschlusses vom heutigen Tag in Meier Immobilien Verwaltung KG umfirmieren wird, ist die alleinige Gesellschafterin der F & P. Supermärkte GmbH mit Sitz in Lemgo, eingetragen im Handelsregister des AG Lemgo unter HRB 22114.

Ich halte unter Verzicht auf alle Frist- und Formerfordernisse eine Gesellschafterversammlung der F & P. Supermärkte GmbH KG ab und beschließe:

I. Änderung der Firma

1. Die Firma der Gesellschaft wird geändert in

   Frisch & Preiswert Supermärkte GmbH.

2. § 1 Abs. 1 der Satzung erhält folgenden Wortlaut:

   „1. Die Gesellschaft führt die Firma

   Frisch & Preiswert Supermärkte GmbH."

II. Kapitalerhöhung

1. Das Stammkapital der Gesellschaft wird von 25.000 Euro um 1.975.000 Euro auf 2.000.000 Euro erhöht, und zwar durch eine Stammeinlage i.H.v. 1.975.000 Euro (Geschäftsanteil Nr. 2).

1 Die Kapitalerhöhung kann bereits vor dem 31.12.2025 beschlossen werden, auch wenn auf den Jahresabschluss per 31.12.2025 für die Einbringung und die Bewertung abgestellt wird. Die Anmeldung der Kapitalerhöhung durch den Notar zum Handelsregister erfolgt, wenn der Jahresabschluss zum 31.12.2023 festgestellt und die Werthaltigkeitsbescheinigung der Wirtschaftsprüfungsgesellschaft vorliegt.

2. Zur Übernahme der Stammeinlage wird zugelassen die Kommanditgesellschaft in Firma Frisch & Preiswert Supermärkte GmbH & Co. KG, die in Meier Immobilien Verwaltung GmbH & Co. KG umfirmieren wird.

3. Die neue Stammeinlage ist nicht in bar zu erbringen, sondern dadurch, dass die Kommanditgesellschaft in Firma Frisch & Preiswert Supermärkte GmbH & Co. KG in die GmbH einbringt und an diese übereignet

   3.1 das gesamte mobile Anlagevermögen (Aktiva A. Anlagevermögen II. Sachanlagen: 2. technische Anlagen und Maschinen, 3. andere Anlagen, Betriebs- und Geschäftsausstattung [Buchwert per 31.12.2024 437.955 Euro]);

   die Abtretung der Beteiligung der Frisch & Preiswert Supermärkte GmbH & Co. KG an der Marcentro Einkaufsgesellschaft mbH & Co. KG ist bereits aufgrund besonderer Vereinbarung erfolgt;

   3.2 das gesamte Vorratsvermögen (Aktiva B. Umlaufvermögen I. Vorräte: 1. Roh-, Hilfs- und Betriebsstoffe, 2. Fertige Erzeugnisse und Waren [Buchwert per 31.12.2024 4.603.138,79 Euro]),

   mit Wirkung zum 31.12.2025, 23.59 Uhr. Die Einbringung erfolgt zu Verkehrswerten (= steuerlich zu den Teilwerten, soweit § 6 Abs. 1 Nr. 4 Buchst. a EStG nicht entgegensteht), wie sie aufgrund der per 31.12.2025 durchzuführenden körperlichen Inventur durch die Kommanditgesellschaft in Firma Frisch & Preiswert Supermärkte GmbH & Co. KG in Zusammenarbeit mit der Müller Wächter & Partner GmbH Wirtschaftsprüfungsgesellschaft Steuerberatungsgesellschaft, Brückenstraße 7, Bielefeld, festgestellt werden.

   Die Werthaltigkeit der Sacheinlage ergibt sich aus dem beigefügten Wertgutachten der Müller Wächter & Partner GmbH Wirtschaftsprüfungsgesellschaft, das im Anschluss an die Inventur erstellt wurde.

   Ein etwaiger Mehrbetrag ist der Kapitalrücklage gem. § 272 Abs. 2 Nr. 4 HGB zuzuführen. Ein etwaiger Minderbetrag ist in bar auszugleichen.

4. Die GmbH & Co. KG ist berechtigt und verpflichtet, die Umsatzsteuer gesondert in Rechnung zu stellen, sofern in der Einbringung nicht eine Geschäftsveräußerung im Ganzen i.S.d. § 1 Abs. 1a UStG gegeben ist.

5. Die erhöhte Stammeinlage ist ab dem Geschäftsjahr 2024 am Gewinn beteiligt.

6. § 3 Abs. 1 des Gesellschaftsvertrags wird geändert in

   „1. Das Stammkapital der Gesellschaft beträgt 2.000.000 Euro. Es ist eingeteilt in zwei Geschäftsanteile zu 25.000 Euro (Nr. 1) und 1.975.000 Euro (Nr. 2)."

7. Die Satzung der Gesellschaft ist insgesamt neu gefasst worden; wobei folgende Satzungsbestandteile geändert wurden:

   a) § 1 Abs. 1 (Firma):

   Die neue Firma lautet: Frisch & Preiswert Supermärkte GmbH

   b) § 3 Abs. 1 (Stammkapital):

   Das Stammkapital beträgt 2.000.000 Euro.

Die Geschäftsräume befinden sich weiterhin in 32657 Lemgo, Wiehler Straße 20.

8. Die Kosten dieser Urkunde nebst Anlage trägt die Gesellschaft.

Diese Niederschrift wurde dem Erschienenen von dem Notar vorgelesen, von ihm genehmigt und von ihm und dem Notar eigenhändig wie folgt unterschrieben:

Anlage zur UR-Nr. 286/2025

Müller Wächter & Partner GmbH Wirtschaftsprüfungsgesellschaft Steuerberatungsgesellschaft

Durch notariell beurkundeten Beschluss vom 12.12.2025 ist die Einbringung folgender Aktiva: A. Anlagevermögen II. Sachanlagen: 2: 2. technische Anlagen und Maschinen, 3. andere Anlagen, Betriebs- und Geschäftsausstattung [Buchwert per 31.12.2025 531.436,02 Euro]; Vorratsvermögen (Aktiva: B. Umlaufvermögen I. Vorräte: Roh-, Hilfs- und Betriebsstoffe, 2. Fertige Erzeugnisse und Waren [Buchwert per 31.12.2023 4.306.120,16 Euro] der Kommanditgesellschaft in Firma Frisch & Preiswert GmbH & Co. KG in die F & P. Supermärkte GmbH gegen Gewährung von Gesellschaftsrechten im Wege der Kapitalerhöhung beschlossen worden.

Zur Leistung der erhöhten Stammeinlagen gehen die zuvor bezeichneten Aktiva auf die Gesellschaft mit beschränkter Haftung über.

Entsprechend dem von mir testierten Jahresabschluss der Kommanditgesellschaft in Firma Frisch & Preiswert GmbH & Co. KG zum 31.12.2025 und der F & P. Supermärkte GmbH zum 31.12.2025 bestätige ich hiermit, dass der Wert der übergegangenen Aktiva zum heutigen Tag insgesamt mindestens 1.975.000 Euro beträgt.

1. Zu den Bilanzposten nehme ich im Einzelnen wie folgt Stellung:
   a) Auf die technischen Anlagen und die Betriebs- und Geschäftsausstattung und maschinellen Anlagen wurden die höchst zulässigen Abschreibungen vorgenommen. Die Ausstattung der Supermärkte entspricht dem Standard vergleichbarer Unternehmen.
   b) Die geringwertigen Wirtschaftsgüter, deren Summe der Teilwerte zwischen 110.000 Euro und 120.000 Euro liegt, wurden voll abgeschrieben.
   c) Die Waren sind mit den Netto-Netto-Einkaufspreisen bewertet worden. Nicht kurrante Ware wurde voll wertberichtigt.
2. Der Einbringung sind keine Rechtsgeschäfte vorangegangen, deren Zweck darauf gerichtet war, dass der Leistungsgegenstand zur Deckung der Sacheinlage bei der GmbH verwendet wird. Die Vermögensgegenstände, die die Sacheinlageleistung bei der GmbH darstellen, wurden im Rahmen des laufenden Geschäftsbetriebs der Kommanditgesellschaft geschaffen oder erworben.
3. Als Anlage 1 übergebe ich eine Aufstellung, aus der sich die Anschaffungs- und Herstellungskosten aller von der Kommanditgesellschaft in den beiden letzten Jahren vor Fassung des Kapitalerhöhungsbeschlusses angeschafften oder hergestellten Vermögensgegenstände, soweit sie auf die Gesellschaft mit beschränkter Haftung übergegangen sind, ergeben.

4. Zum Nachweis der Betriebserträge der Kommanditgesellschaft in den letzten beiden Geschäftsjahren übergebe ich als Anlagen 2 und 3 die Jahresabschlüsse (Bilanz mit Gewinn- und Verlustrechnung sowie Anhang) der Kommanditgesellschaft für die Jahre 2024 und 2025. Daraus ergibt sich folgende Ergebnisentwicklung (Handelsbilanz, in Klammern Steuerbilanz):

   2024: 346.789,03 Euro (358.936,19 Euro)

   2025: 353.628,16 Euro (376.785,03 Euro)

5. Der in den vorgelegten Unterlagen zum Ausdruck kommende positive Geschäftsverlauf kann auch für die Zukunft nachhaltig erwartet werden. Dies ergibt sich daraus, dass der Einkauf ab dem 1.7.2024 über die RASBAU AG erfolgen wird, die bei sonst vergleichbaren Einkaufskonditionen Boni gestaffelt nach Umsatz und gegliedert nach Warengruppen, i.H.v. 0,3 - 0,65 v.H., bezogen auf den Netto-Einkaufspreis, gewährt.

6. Die Geschäftsentwicklung in der Zeit seit dem Stichtag des Jahresabschlusses zum 31.12.2025 bis zur Erstellung dieses Berichts ist positiv. Wir übergeben hierzu als Anlage 4 die kurzfristige Erfolgsrechnung zum 28.2.2026. Daraus ergibt sich, dass seit dem Stichtag der Jahresbilanz zum 31.12.2025 bis zum 28.2.2026 ein Umsatz von 11.369.487,03 Euro erzielt wurde, was einer Steigerung um 3,2 v.H. gegenüber dem Vorjahr entspricht. Dabei konnte die Kostensteigerung umsatzproportional gehalten werden. Außergewöhnliche Ereignisse, die das Ergebnis der Geschäftstätigkeit negativ beeinflusst haben, hat es nicht gegeben. Zusammenfassend lässt sich für die Zeit seit dem Stichtag der letzten Jahresbilanz feststellen, dass sich der Wert des Vermögens der umgewandelten Gesellschaft nicht vermindert hat.

7. Auf Grund dieser Tatsachen stelle ich fest, dass der Wert des eingebrachten Reinvermögens (Überschuss der Aktiven gegenüber den Passiven) den Nominalwert des Erhöhungsbetrags der Stammeinlage nicht nur voll entspricht, sondern diesen übersteigt.

Bielefeld, den 15.3.2026

M 6a Muster: Übernahmeerklärung

Übernahmeerklärung

Die Gesellschafterversammlung der F & P. Supermärkte GmbH mit Sitz in Lemgo, eingetragen im Handelsregister des AG Lemgo unter HRB 20214, hat in notarieller Urkunde vom 12.12.2025 UR-Nr. 310/2025 eine Erhöhung des Stammkapitals beschlossen und die Kommanditgesellschaft in Firma Frisch & Preiswert Supermarkt GmbH & Co. KG zur Übernahme einer neuen Stammeinlage von 1.975.000 Euro zugelassen. Die Kommanditgesellschaft in Firma Frisch & Preiswert Supermarkt GmbH & Co. KG übernimmt die Stammeinlage hiermit zu den Bedingungen des Erhöhungsbeschlusses.

Lemgo, den 12.12.2025

Unterschrift

Notarieller Beglaubigungsvermerk

M 7 Muster: Anmeldung der Umfirmierung und Kapitalerhöhung bei der Betriebs-GmbH

AG Lemgo
– Handelsregister –
Am Lindenhaus 2
32657 Lemgo

HRB 10174 – F & P. Supermärkte GmbH –

Zur Eintragung in das Handelsregister melde ich an:

1. Die Firma der Gesellschaft wurde geändert in:

   Frisch & Preiswert Supermärkte GmbH.

2. Das Stammkapital der Gesellschaft wurde von 25.000 Euro um 1.975.000 Euro auf 2.000.000 Euro im Wege der Sacheinlage erhöht.

Ich übereiche

a) beglaubigte Abschrift der notariellen Verhandlung vom 12.12.2025, UR-Nr. 310/2023 des Notars Dr. jur. Ulrich Teuer mit dem Amtssitz in Lemgo;

b) notariell beglaubigte Übernahmeerklärung der Alleingesellschafterin, der Kommanditgesellschaft in Firma Frisch & Preiswert Supermärkte GmbH & Co. KG, die in Meier Immobilien Verwaltung GmbH & Co. KG umfirmieren wird (notariell beglaubigte Handelsregisteranmeldung vom heutigen Tage zu HRA 10081);

c) Wortlaut des neu gefassten Gesellschaftsvertrags mit der Bescheinigung des Notars gem. § 54 Abs. 1 Satz 2 GmbHG;

d) von mir als Geschäftsführer unterzeichnete Liste der Übernehmerin der neuen Stammeinlage und geänderte Gesellschafterliste;

e) privatschriftlicher Einbringungsvertrag zwischen der Kommanditgesellschaft in Firma Frisch & Preiswert Supermärkte GmbH & Co. KG und der F & P. Supermärkte GmbH, welcher zur Ausführung der Sacheinlage abgeschlossen wurde;

f) Werthaltigkeitsbescheinigung der Müller & Partner GmbH Wirtschaftsprüfungsgesellschaft Steuerberatungsgesellschaft mit Sitz in Bielefeld.

Ich versichere, dass die Leistungen, die auf die neue Stammeinlage zu bewirken waren, entsprechend dem Kapitalerhöhungsbeschluss und der Übernahmeerklärung erbracht wurden und sich endgültig in meiner freien Verfügung befinden.

Lemgo, den 15.3.2025

Frank Meier

Notarieller Beglaubigungsvermerk

M 8 Muster: Übertragung von Anlagevermögen und Umlaufvermögen auf die Betriebs-GmbH auf schuldrechtlicher Basis

Vereinbarung

zwischen

der

Frisch & Preiswert Supermärkte GmbH & Co. KG
(demnächst: Meier Immobilien Verwaltung GmbH & Co. KG),
vertreten durch ihre persönlich haftende Gesellschafterin,
die Meier Beteiligungsgesellschaft mbH,
diese vertreten durch ihren einzelvertretungsberechtigten und
von den Beschränkungen des § 181 BGB befreiten
Geschäftsführer, Herrn Frank Meier

und der

F & P. Supermärkte GmbH
(demnächst: Frisch & Preiswert Supermärkte GmbH),
vertreten durch ihren einzelvertretungsberechtigten und
von den Beschränkungen des § 181 BGB befreiten
Geschäftsführer, Herrn Frank Meier

Präambel

Die Meier Immobilien Verwaltung GmbH & Co. KG stellt im Rahmen der Begründung einer steuerlichen Betriebsaufspaltung ihre werbende Tätigkeit ein. Sie wird ihr Anlagevermögen aufgrund eines langfristigen Pachtvertrags an die Frisch & Preiswert Supermärkte GmbH verpachten.

Dies vorausgeschickt, wird vereinbart:

Die Meier Immobilien Verwaltung GmbH & Co. KG bringt ein und übereignet der Frisch & Preiswert Supermärkte GmbH

1. das gesamte mobile Anlagevermögen (Aktiva A. Anlagevermögen II. Sachanlagen: 2. technische Anlagen und Maschinen, 3. andere Anlagen, Betriebs- und Geschäftsausstattung [Buchwert per 31.12.2024 437.955 Euro]);
2. das gesamte Vorratsvermögen (Aktiva B. Umlaufvermögen I. Vorräte: 1. Roh-, Hilfs- und Betriebsstoffe, 2. Fertige Erzeugnisse und Waren [Buchwert per 31.12.2024 4.603.138,79 Euro]),

   mit Wirkung zum 31.12.2025, 23.59 Uhr. Die Einbringung und die Übereignung erfolgen zu Verkehrswerten, wie sie aufgrund der per 31.12.2025 durchzuführenden körperlichen Inventur durch die Kommanditgesellschaft in Firma Frisch & Preiswert Supermärkte GmbH & Co. KG in Zusammenarbeit mit der Müller Wächter & Partner GmbH Wirtschaftsprüfungsgesellschaft Steuerberatungsgesellschaft, Brückenstraße 7, Bielefeld, festgestellt werden.

Die Werthaltigkeit der übereigneten Gegenstände ergibt sich aus dem beizufügenden Wertgutachten der Müller Wächter & Partner GmbH Wirtschaftsprüfungsgesellschaft, das im Anschluss an die Inventur erstellt werden wird.[1]

3. Die F & P. Supermärkte GmbH übernimmt in Höhe des Verkehrswerts der übereigneten Gegenstände [per 31.12.2024: 5.041.093,79 Euro] Verbindlichkeiten der Frisch- und Preiswert GmbH & Co. KG zu deren völligen Entlastung. Sofern Gläubiger der Frisch & Preiswert Supermärkte GmbH der Schuldübernahme nicht zustimmen, stellt die F & P. Supermärkte GmbH die Frisch & Preiswert Supermärkte GmbH im Innenverhältnis frei.
4. Die GmbH & Co. KG ist berechtigt und verpflichtet, die Umsatzsteuer gesondert in Rechnung zu stellen, sofern nicht eine Geschäftsveräußerung im Ganzen i.S.d. § 1 Abs. 1a UStG gegeben ist.
5. Die Abtretung der Beteiligung der Frisch & Preiswert Supermärkte GmbH & Co. KG an der Marcentro Einkaufsgesellschaft mbH & Co. KG erfolgt aufgrund besonderer Vereinbarung.[2]
6. Vertragsänderungen bedürfen der Schriftform. Diese Bestimmung hat nicht nur deklaratorische Bedeutung. Befreiungen durch mündliche Absprache sind nicht wirksam.
7. Die Kosten dieses Vertrags tragen die Vertragschließenden zu je einhalb.

Lemgo, den 12.12.2025

1 Obwohl keine Kapitalerhöhung im Wege der Sacheinlage erfolgt und damit die Vorschriften des GmbHG für eine Kapitalerhöhung durch Sacheinlage nicht gelten, empfiehlt sich eine Werthaltigkeitsprüfung und Werthaltigkeitsbescheinigung, um im Fall der Insolvenz nachweisen zu können, dass weder eine verdeckte Sacheinlage noch eine Rückzahlung des Stammkapitals und damit ein Verstoß gegen § 30 GmbHG gegeben ist.

2 Die gesonderte Vereinbarung wird gewählt, um der Einkaufsgesellschaft nicht die gesamte Vereinbarung vorlegen zu müssen.

M 8a Muster: Einbringung des Umlaufvermögens auf schuldrechtlicher Basis

Vereinbarung

zwischen
der Meierschen Betriebs-GmbH
(die in Meiersche Baumärkte GmbH umfirmieren wird)

und

der Meierschen Baumärkte GmbH & Co. KG
(die in Meiersche Verpachtungs-GmbH & Co. KG umfirmieren wird),
vertreten durch ihre persönlich haftende Gesellschafterin,
die Meier Verwaltung GmbH,
beide vertreten durch ihren einzelvertretungsberechtigten
und von den Beschränkungen des § 181 BGB befreiten
Geschäftsführer, Herrn Gerd Meier

1. Die GmbH & Co. KG wird bis zum 31.12.2025 ihren Geschäftsbetrieb einstellen und ihr Anlagevermögen langfristig an die GmbH verpachten. Die GmbH führt ab 1.1.2026 die bisher von der GmbH & Co. KG betriebenen Baumärkte fort.

2. Die GmbH wird zum 31.12.2025/1.1.2026 das Umlaufvermögen (Waren, Forderungen aus Lieferungen und Leistungen; Kasse/LZB- und Bankguthaben, sonstige Vermögensgegenstände gemäß der Bilanz per 31.12.2025 zu erstellender Anlage) zum Verkehrswert an die GmbH veräußern.

3. Die GmbH & Co. KG ist berechtigt und verpflichtet, die Umsatzsteuer gesondert in Rechnung zu stellen, sofern nicht eine Geschäftsveräußerung im Ganzen i.S.d. § 1 Abs. 1a UStG gegeben ist.

4.1 Die Bewertung der Warenbestände erfolgt zum Einkaufswert unter Abzug aller Rabatte, Boni und Skonti unter Berücksichtigung des strengen Niederstwertprinzips, d.h. ist der Wiederbeschaffungswert am 2.1.2026 niedriger als der Einkaufswert, ist der Wiederbeschaffungspreis anzusetzen unter Abzug aller Rabatte, Boni und Skonti. Abwertungen für beschädigte und nicht gängige Waren erfolgen gemäß den Bewertungsrichtlinien der BMSS Einkaufsgesellschaft mbH.

4.2 Sollten Forderungen, für die Einzelwertberichtigungen vorgenommen werden, über den Buchwert hinaus nach dem 31.12.2025 eingehen oder beigetrieben werden, ist der entsprechende Gegenwert abzgl. ggf. anfallender Kosten, Gewerbesteuern und Umsatzsteuer an die GmbH & Co. KG auszukehren. Entsprechendes gilt für zu hoch dotierte Rückstellungen und Jahresboni, die für den Zeitraum vor dem 1.1.2026 ausgekehrt werden, soweit sie nicht bereits in der Anlage voll erfasst sind.

4.3 Forderungsausfälle nach dem 31.12.2025 sind der GmbH seitens der GmbH & Co. KG auszugleichen. Entsprechendes gilt für Inanspruchnahmen der GmbH, soweit Rückstellungen nicht oder in nicht ausreichender Höhe gebildet werden.

5. Die GmbH übernimmt unter Verrechnung mit dem Kaufpreis die in der Anlage aufgeführten Verbindlichkeiten der GmbH & Co. KG per 31.12.2025. Soweit die Gläubiger der Übernahme von Verbindlichkeiten durch die GmbH widersprechen, wird die GmbH die GmbH & Co. KG im Innenverhältnis freistellen.

6. In der Höhe des Differenzbetrags zwischen den von der GmbH übernommenen Aktiva und den übernommenen Passiva steht dem Gläubiger eine Forderung zu, die mit 3 v.H. über dem Basiszinssatz gem. § 247 BGB zu verzinsen ist. Die Forderung ist unter Einhaltung einer einjährigen Kündigungsfrist zum Ende eines Kalenderjahres, erstmals zum 31.12.2026 kündbar und sodann in fünf gleich hohen Jahresraten zurückzuzahlen. Die erste Rate ist zu dem Zeitpunkt fällig, zu dem die Kündigung wirksam wird.

7. Sollte sich aufgrund dieser Vereinbarung eine Forderung der GmbH & Co. KG zu Lasten der GmbH ergeben, darf diese Forderung nicht aus Mitteln beglichen werden – auch nicht im Wege der Aufrechnung oder Verrechnung –, die zur Erhaltung des Stammkapitals der GmbH erforderlich sind. Auch die von der GmbH übernommenen Verbindlichkeiten dürfen nicht aus den auf die Stammeinlagen bar erbrachten und noch zu erbringenden Einlagen beglichen werden.

8. Die GmbH tritt in alle den verpachteten Betrieb betreffenden Dauerschuldverhältnisse zur völligen Entlastung der GmbH & Co. KG ein. Dies gilt auch für Arbeits- und Dienstverhältnisse, sofern kein gesetzlicher Übergang gem. § 613a BGB erfolgt, Verträge mit Kunden und Lieferanten, Energielieferungsverträge, Versicherungsverträge, Miet-, Pacht- und Leasingverträge, Lizenznehmer- und Franchiseverträge sowie Wartungsverträge. Wenn die Vertragspartner ihre Zustimmung zur Vertragsüberleitung nicht erteilen, stellt die GmbH die GmbH & Co. KG im Innenverhältnis von den sich aus den zu übernehmenden Verpflichtungen aus diesen Verträgen vollumfänglich frei.

9. Die von der GmbH & Co. KG auf die GmbH zum 31.12.2025/1.1.2026 zu übertragenden Wirtschaftsgüter werden in dem Zustand übereignet, in dem sie sich am 31.12.2025/1.1.2026 befinden.

10. Endet der Pachtvertrag, steht der GmbH & Co. KG hinsichtlich des Umlaufvermögens und der übergeleiteten schuldrechtlichen Beziehungen im zuvor beschriebenen Umfang ein Wiederkaufsrecht und Eintrittsrecht zu den entsprechenden Bedingungen zu. Das Recht nach Satz 1 kann nur innerhalb einer dreimonatigen Frist vor Beendigung des Pachtvertrags ausgeübt werden. Macht die GmbH & Co. KG von ihrem Recht keinen Gebrauch, verbleiben die Wirtschaftsgüter des Umlaufvermögens und die genannten Vertragsverhältnisse bei der GmbH.

11. Vertragsänderungen bedürfen der Schriftform. Diese Bestimmung hat nicht nur deklaratorische Bedeutung. Befreiungen durch mündliche Absprache sind nicht wirksam.

12. Vertragsänderungen bedürfen der Schriftform. Diese Bestimmung hat nicht nur deklaratorische Bedeutung. Befreiungen durch mündliche Absprache sind nicht wirksam.

13. Die Ungültigkeit einzelner Bestimmungen des Vertrags berührt nicht seine Wirksamkeit im Ganzen. Anstelle der unwirksamen Bestimmung oder zur Ausfüllung einer Lücke ist eine angemessene Regelung zu vereinbaren, die dem am nächsten kommt, was die Vertragschließenden gewollt haben oder nach dem Sinn und Zweck des Vertrags gewollt hätten, sofern sie den Punkt bedacht hätten. Beruht die Ungültigkeit auf einer Leistungs- oder Zeitbestimmung, tritt an ihre Stelle das gesetzlich zulässige Maß.
14. Die Kosten dieses Vertrags trägt die GmbH.

Lemgo, den 12.12.2025

M 9 Muster: Kommanditbeteiligungskauf und -abtretungsvertrag mit Treuhandvereinbarung

Kommanditbeteiligungskauf und -abtretungsvertrag mit

Treuhandvereinbarung

zwischen

der

Frisch & Preiswert Supermärkte GmbH & Co. KG
(demnächst: Meier Immobilien Verwaltung GmbH & Co. KG),
vertreten durch ihre persönlich haftende Gesellschafterin,
der Meier Beteiligungsgesellschaft mbH,
diese vertreten durch ihren einzelvertretungsberechtigten und
von den Beschränkungen des § 181 BGB befreiten
Geschäftsführer, Herrn Frank Meier

und der

F & P. Supermärkte GmbH
(demnächst: Frisch & Preiswert Supermärkte GmbH),
vertreten durch ihren einzelvertretungsberechtigten und
von den Beschränkungen des § 181 BGB befreiten
Geschäftsführer, Herrn Frank Meier

Präambel

Die Meier Immobilien Verwaltung GmbH & Co. KG stellt im Rahmen der Begründung einer steuerlichen Betriebsaufspaltung ihre werbende Tätigkeit ein. Sie wird ihr Anlagevermögen aufgrund eines langfristigen Pachtvertrags an die Frisch & Preiswert Supermärkte GmbH verpachten und ihr Umlaufvermögen der Frisch & Preiswert GmbH übereignen.

Die Meier Immobilien Verwaltung GmbH & Co. KG ist Gesellschafterin der Marcentro Einkaufsgesellschaft mbH & Co. KG. Gesellschafter dieser Einkaufsgesellschaft können nur Einzelunternehmen und Gesellschaften sein, die selbst Supermärkte (food und non-food) betreiben. Die Abtretung von Kommanditbeteiligungen an dieser Einkaufsgesellschaft bedarf der Einwilligung des Beirats dieser Gesellschaft. Der Beirat hat seine Einwilligung signalisiert; sie soll auf der Beiratssitzung am 31.3.2026 formell beschlossen werden.

Dies vorausgeschickt, wird vereinbart:

1. Die Meier Immobilien Verwaltung GmbH & Co. KG tritt ihre Kommanditbeteiligung an der Marcentro Einkaufsgesellschaft mbH & Co. KG mit Wirkung zum Ablauf des Tages des Gesellschafterwechsels in das Handelsregister an die die Abtretung an-

nehmende Frisch & Preiswert Supermärkte GmbH ab.[1] Im Innenverhältnis wird die Beteiligung ab dem 31.12.2025, 23.59 Uhr, von der Meier Immobilien Verwaltung GmbH & Co. KG treuhänderisch für die Frisch & Preiswert Supermärkte GmbH gehalten.

2. Nicht mit abgetreten werden Guthaben und Verbindlichkeiten auf sonstigen Gesellschafterkonten der Meier Immobilien Verwaltung GmbH & Co. KG.[2]

3. Mehr- oder Mindergewinne, die auf die abgetretene Beteiligung aufgrund bestandskräftiger Steuerbescheide entfallen, stehen der Meier Immobilien Verwaltung GmbH & Co. KG zu bzw. sind von dieser auszugleichen.

4. Der Kaufpreis[3] wird von der Frisch & Preiswert Supermärkte GmbH dergestalt erbracht, dass sie in gleicher Höhe die Meier Immobilien Verwaltung GmbH & Co. KG im Innenverhältnis von Verbindlichkeiten freistellt. Sofern entsprechende Verbindlichkeiten nicht in ausreichender Höhe vorhanden sind, wird der Restkaufpreis unverzinslich solange gestundet, bis die Frisch & Preiswert Supermärkte GmbH ihn zahlen kann, ohne ihr Stammkapital anzugreifen.

5. Der Frisch & Preiswert Supermärkte GmbH sind der Gesellschaftsvertrag und die sonstigen Vereinbarungen mit der Marcentro Einkaufsgesellschaft mbH & Co. KG bekannt.

6. Die Meier Immobilien Verwaltung GmbH & Co. KG garantiert, dass sie – ausgenommen die Verfügungsbeschränkung in § 16 des Gesellschaftsvertrags der Marcentro Einkaufsgesellschaft mbH & Co. KG – frei über die Beteiligung verfügen kann und diese nicht mit Rechten zugunsten Dritter belastet ist, auch nicht mit Unterbeteiligungen.[4]

7. Der Kaufpreis für die Beteiligung wird von Müller Wächter & Partner GmbH Wirtschaftsprüfungsgesellschaft Steuerberatungsgesellschaft, Brückenstraße 7, Bielefeld, verbindlich festgestellt.

8. Der Kaufpreis wird von der Frisch & Preiswert Supermärkte GmbH dergestalt erbracht, dass sie in gleicher Höhe die Meier Immobilien Verwaltung GmbH & Co. KG im Innenverhältnis von Verbindlichkeiten freistellt. Sofern entsprechende Verbind-

---

1 Diese Regelung ist erforderlich, weil sonst die Betriebs-GmbH als nicht in das Handelsregister eingetragene Kommanditistin für die bis zum Tag ihrer Eintragung in das Handelsregister entstandenen Verbindlichkeiten der Einkaufsgesellschaft nach § 172 Abs. 1 HGB unbeschränkt haftet.

2 Diese Regelung ist erforderlich, weil der BGH entschieden hat, dass mangels abweichender Vereinbarung auf den Erwerber alle Geldansprüche und Verpflichtungen übergehen, soweit sie aus den Büchern ersichtlich sind, BGH v. 25.4.1966 – II ZR 120/64, BGHZ 45, 221; v. 7.12.1972 – II ZR 98/70, NJW 1973, 328; v. 5.5.1986 – II ZR 163/85, WM 1986, 1314.

3 Es wird unterstellt, dass der Buchwert dem Verkehrswert entspricht. Ist der Verkehrswert höher als der Buchwert, wird die steuerliche Gewinnrealisierung vermieden, wenn die Einbringung im Wege der Kapitalerhöhung gegen Gewährung von Gesellschaftsanteilen erfolgt, § 20 Abs. 1, Abs. 2 Satz 2 UmwStG.

4 Die Unterbeteiligung muss gesondert erwähnt werden, weil es sich bei ihr nicht um eine dingliche Belastung, sondern nur um einen schuldrechtlichen Anspruch handelt.

lichkeiten nicht in ausreichender Höhe vorhanden sind, wird der Restkaufpreis unverzinslich solange gestundet, bis die Frisch & Preiswert Supermärkte GmbH ihn zahlen kann, ohne ihr Stammkapital anzugreifen.

9. Vertragsänderungen bedürfen der Schriftform. Diese Bestimmung hat nicht nur deklaratorische Bedeutung. Befreiungen durch mündliche Absprache sind nicht wirksam.

Lemgo, den 12.12.2025

M 10 Muster: Unternehmenspachtvertrag

Unternehmenspachtvertrag[1]

zwischen
der F & P. Supermärkte-GmbH
(die in Frisch & Preiswert Supermärkte GmbH umfirmieren wird)

und

der Kommanditgesellschaft in Firma
Frisch und Preiswert Supermärkte GmbH & Co. KG
(die in Meier Immobilien Verwaltung GmbH & Co. KG umfirmieren wird),
vertreten durch ihre persönlich haftende Gesellschafterin,
die Meier Verwaltung GmbH,
beide vertreten durch ihren einzelvertretungsberechtigten
und von den Beschränkungen des § 181 BGB befreiten
Geschäftsführer, Herrn Frank Meier

§ 1 Gegenstand des Vertrags

1. Gegenstand dieses Unternehmenspachtvertrags sind die von der Kommanditgesellschaft in Firma Frisch und Preiswert Supermärkte GmbH & Co. KG mit Sitz in Lemgo, eingetragen im Handelsregister des AG Lemgo unter HRA 10081, derzeit in eigenem Grundbesitz betriebenen Supermärkte in Lemgo, Bad Salzuflen, Lage und Blomberg. Der Supermarkt in Detmold wird geschlossen.
2. Die Kommanditgesellschaft in der Firma Frisch und Preiswert Supermärkte GmbH & Co. als Verpächterin wird mit Wirkung zum 31.12.2025 ihren Geschäftsbetrieb einstellen und ihr unbewegliches und bewegliches Anlagevermögen (Bilanz per 31.12.2023 A.I. 1.–3., II 1.–3., Anlage 1 zu diesem Vertrag) einschließlich sämtlicher nicht aktivierter immaterieller Wirtschaftsgüter an die F & P. Supermärkte GmbH als Pächterin mit Wirkung zum 1.1.2026 verpachten.
3. Die Verpächterin gestattet der Pächterin für die Dauer des Pachtvertrags, die Firma der Kommanditgesellschaft zu führen. Die Verpächterin wird ihre Firma in Meier Immobilien Verwaltung GmbH & Co. KG ändern. Der Beschluss der Gesellschafterversammlung und die notariell beglaubigte Anmeldung der Firmenänderung zum Handelsregister sind als Anlagen 2a und 2b beigefügt.[2]
4. Aufgrund gesonderter Vereinbarung wird das bewegliche Anlagevermögen und das Umlaufvermögen (Bilanz per 31.12.2025 B.I. 1.–3, Anlage 3) an die Pächterin veräußert.[3]

---

1 Ausführliche Erläuterungen in den s. Rz. 2.204 ff.
2 Abgedruckt unter Muster M 5.
3 Abgedruckt unter Muster M 8a.

§ 2 Pachtbeginn, Übergabe

1. Der Pachtvertrag beginnt am 1.1.2026.
2. Die Übergabe der Pachtgegenstände erfolgt am 2.1.2026. Der Pächterin ist der Zustand der Pachtgegenstände bekannt. Sie erkennt an, dass sich die Gegenstände in geordnetem und für den Betrieb des Unternehmens geeignetem Zustand befinden.

§ 3 Pachtzins

1. Die Pacht setzt sich zusammen aus

   a) der Pacht für die im Eigentum der Verpächterin stehenden materiellen Wirtschaftsgüter, einschließlich eines 10-v.H.-Zuschlags für die Vorfinanzierung von Pachterneuerungen und Pachterweiterungen;

   b) dem Ersatz der von der Verpächterin gezahlten Leasinggebühren;

   c) dem Entgelt für die Überlassung immaterieller Wirtschaftsgüter.

2. Die Pacht bemisst sich wie folgt:

   a) Im Fall des Abs. 1 Buchst. a beträgt sie ... v.H. des Buchwerts für Grundstücke, grundstücksgleiche Rechte und Bauten einschließlich Bauten auf fremden Grundstücken; ... v.H. des Buchwerts für sonstige Sachanlagen. Maßgebend für das laufende Pachtjahr sind die Buchwerte der Handelsbilanz des vorangegangenen Geschäftsjahres.

   b) Ersatz der von der Verpächterin gezahlten Leasinggebühren. Die Pächterin ist berechtigt, mit schuldbefreiender Wirkung entsprechende Zahlungen zu leisten.

   c) Die Pacht für die immateriellen Wirtschaftsgüter beträgt ... v.H. des Nettoumsatzes des vorangegangenen Geschäftsjahres.

3. Auf die Pacht sind monatliche Abschlagszahlungen i.H.v. derzeit ... Euro im Voraus zu leisten. Nach Feststellung des Jahresabschlusses hat die endgültige Abrechnung für das abgelaufene Pachtjahr zu erfolgen. Die Verzinsung des Mehrbetrags beträgt 2 v.H. über dem Basiszinssatz gem. § 247 BGB. Die Abschlagszahlungen (zzgl. Umsatzsteuer z.Zt. 19 %) sind kostenfrei an die Verpächterin auf das

   Konto BIC ..., IBAN ..., zu zahlen.

   Dies geschieht wie folgt:

   Mietvertrag Objekt-Nr./2025

   Steuer-Nummer

   Steuersatz 19 v.H.; monatliche Umsatzsteuer Euro. Nach Feststellung des Jahresabschlusses hat die endgültige Abrechnung zu erfolgen.

4. Die Verpächterin ist berechtigt, die gesetzlich geschuldete Umsatzsteuer zusätzlich in Rechnung zu stellen, es sei denn, die Finanzverwaltung unterstellt eine Organschaft im Sinne des Umsatzsteuerrechts.

5. Erwirtschaftet die Pächterin in drei aufeinander folgenden Jahren keinen Gewinn i.H.v. 10 v.H. des in ihren Bilanzen ausgewiesenen Eigenkapitals (eingezahlte Stammeinlagen zzgl. offene Rücklagen zzgl. Gewinnvortrag abzgl. Verlustvortrag), kann sie eine entsprechende Anpassung des Pachtzinses verlangen. Maßgeblich für die Ermittlung des Prozentsatzes ist jeweils die Bilanz für das vorangegangene Geschäftsjahr.

§ 4 Versicherungen, öffentliche Abgaben, Nebenkosten

1. Die Verpächterin wird für das Pachtobjekt angemessene Haftpflichtversicherungen sowie Versicherungen gegen Feuer-, Sturm-, Wasserschäden, Diebstahl und Einbruch abschließen. Die Kosten hierfür trägt die Pächterin. Tritt infolge von Neu- oder Ersatzbeschaffungen, durch Baumaßnahmen der Verpächterin oder der Pächterin (§ 9) oder infolge von Abgängen eine Veränderung des Pachtobjekts ein, wird die Versicherung hierauf entsprechend ausgedehnt oder eingeschränkt.
2. Die durch den Grundbesitz verursachten öffentlichen Abgaben, mit Ausnahme der Grundsteuer, und Lasten trägt ebenfalls die Pächterin.
3. Die Pächterin trägt ferner die Kosten der Heizung des Pachtobjekts, die Kosten der Strom-, Gas- und Wasserversorgung aus einem öffentlichen Versorgungsnetz sowie die Gebühren für Straßenreinigung, Entwässerung, Müllabfuhr, Schornsteinreinigung und alle ähnlichen Aufwendungen. Das gilt sowohl für die Grundstücke als auch für bestehende Gebäude, Erweiterungs- oder Neubauten.
4. Die Pächterin trägt alle Ausgaben, die den Gewerbebetrieb und dessen Ausübung betreffen. Hierzu gehören neben der eigenen Betriebshaftpflichtversicherung insbesondere auch etwaige Genehmigungs- oder Konzessionsgebühren für die Benutzung des Pachtobjekts.

§ 5 Arbeitsverhältnisse

Hinsichtlich der in der Filiale Detmold beschäftigten Arbeitnehmer verpflichtet sich die Verpächterin, alle Maßnahmen zu ergreifen, um den Übergang der Arbeitsverhältnisse auf die Pächterin zu verhindern. Sollte es dennoch zu einem gesetzlichen Übergang dieser Arbeitsverhältnisse kommen, verpflichtet sich die Verpächterin, die Pächterin von allen Verpflichtungen aus § 613a BGB freizustellen. Die Pächterin wird die übergehenden Arbeitsverhältnisse kündigen. Im Übrigen wird die Ausübung des arbeitsrechtlichen Direktionsrechts der Verpächterin übertragen. Die Verpächterin trägt sämtliche Kosten, insbesondere die Kosten eines Kündigungsrechtsstreits.

§ 6 Eintritt in laufende Verträge

1. Die Pächterin stellt die Verpächterin frei von allen Verpflichtungen aus sonstigen laufenden Verträgen (Einkaufs-, Verkaufs-, Miet-, Beratungs- und Wartungsverträge), die sich aus der Anlage 3 ergeben.
2. Die Pächterin wird, soweit dies tunlich sein wird, mit den Vertragspartnern Verhandlungen aufnehmen, wenn diese nicht stillschweigend in die Vertragsüberleitung einwilligen.

§ 7 Verkehrssicherungs- und ähnliche Pflichten

1. Die Pächterin hat für eine ausreichende Bewachung der Grundstücke und für eine angemessene Beleuchtung der Zuwegungen zu und auf dem von ihr gepachteten Betriebsgelände zu sorgen. Ihr obliegen alle im Hinblick auf den öffentlichen Verkehr mit dem Besitz der Grundstücke verbundenen Verkehrssicherungspflichten wie insbesondere die Beseitigung von Eis und Schnee sowie die Streupflicht sowohl auf angrenzenden öffentlichen Straßen, den Zuwegungen wie auch auf dem gepachteten Gelände selbst. Ferner hat die Pächterin für die Sauberkeit des Pachtobjekts, insbesondere des Grundbesitzes, aber auch der Zufahrten, zu sorgen.

2. Soweit durch den Betrieb der Pächterin oder durch Auswirkungen der Grundstücke, hinsichtlich deren die Pächterin gem. Abs. 1 die Verkehrssicherungspflicht übernommen hat, Dritte beeinträchtigt oder verletzt werden, hat die Pächterin die Verpächterin von allen Ansprüchen Dritter freizustellen. Behördliche Anordnungen, die die Instandhaltung des gepachteten Grundbesitzes oder der Gebäude betreffen, sind von der Pächterin unverzüglich zu erfüllen. Im Rahmen der von ihr übernommenen Verpflichtung steht die Pächterin der Verpächterin für die Erfüllung der hinsichtlich des Pachtobjekts geltenden gesetzlichen und behördlichen Vorschriften und Auflagen ein.

§ 8 Instandhaltung, Ersatzbeschaffung

1. Der Pächterin obliegt die bauliche und sonstige Instandhaltung des Pachtobjekts einschließlich der Gegenstände des beweglichen Anlagevermögens. Sie trägt auch die notwendigen (Schönheits-)Reparaturen.

2. Die für den vertragsmäßigen Gebrauch der Pachtobjekte einschließlich der Gegenstände des beweglichen Anlagevermögens erforderlichen Ersatzbeschaffungen werden von der Verpächterin auf eigene Kosten vorgenommen. Satz 1 gilt nicht für schuldhafte Zerstörung von Wirtschaftsgütern durch die Pächterin; insoweit ist die Pächterin zur Ersatzbeschaffung auf eigene Kosten verpflichtet. Die Verpächterin ist verpflichtet, die verpachteten Wirtschaftsgüter auf Verlangen der Pächterin und in Abstimmung mit dieser im betriebsüblichen Umfang durch Ersatzbeschaffungen zu ersetzen. Neuanschaffungen, die eine Erweiterung der Pachtobjekte darstellen, bedürfen einer besonderen Vereinbarung. Durch Abs. 2 werden die Rechte und Pflichten der Pächterin gem. § 9 nicht berührt.

3. Werden Mängel, deren Beseitigung der Pächterin obliegt, von der Verpächterin festgestellt und beanstandet und von der Pächterin nicht binnen 30 Tagen nach Aufforderung beseitigt, ist die Verpächterin berechtigt, die Mängel auf Rechnung der Pächterin beseitigen zu lassen. Satz 1 gilt entsprechend in den Fällen des Abs. 2 Satz 2.

4. Die Frage, ob Ersatz- und/oder Neuanschaffungen i.S.d. Abs. 2 oder Reparaturen i.S.d. Abs. 1 gegeben sind, wird von den Vertragschließenden einverständlich entschieden. Die steuerliche Unterscheidung in Herstellungs- und Erhaltungsaufwand ist nicht bindend.

§ 9 Bauliche Veränderungen

1. Die Pächterin ist zu baulichen und sonstigen Veränderungen des Pachtobjekts befugt, soweit sie betriebsnotwendig sind oder die Zweckbestimmung des Pacht-

objekts nicht beeinträchtigen. Unabhängig hiervon wird die Verpächterin aufgrund Sonderabsprache im Einzelfall Erweiterungs- und Neubauten für den Betrieb der Pächterin auf eigene Kosten durchführen. In einem solchen Fall ist die Pacht des § 3 entsprechend anzupassen.

2. Wenn die Pächterin gem. Abs. 1 Satz 1 eine Veränderung am Pachtobjekt vornimmt, kann die Verpächterin verlangen, dass die Pächterin bei Pachtende auf eigene Kosten den ursprünglichen Zustand vor der Vornahme der Veränderung wiederherstellt. Stattdessen kann die Verpächterin verlangen, dass die Pächterin ihr das Pachtobjekt bei Pachtende in dem geänderten Zustand überlässt. Letzterenfalls ist die Verpächterin verpflichtet, der Pächterin für die von dieser vorgenommene Veränderung den Zeitwert bei Pachtende abzüglich des Werts eines ursprünglich vorhandenen, aber durch die Veränderung beseitigten Gegenstands im Zeitpunkt der Veränderung zu ersetzen. Ist durch die Veränderung ein Teil des Pachtobjekts zwar nicht beseitigt, aber wertgemindert worden, ist der von der Verpächterin zu ersetzende Zeitwert bei Pachtende um die Wertminderung im Zeitpunkt der Veränderung zu kürzen.
3. Einrichtungen, die die Pächterin während der Pachtzeit erworben und eingebaut hat, kann sie auf eigene Kosten bei Beendigung der Pacht entfernen. Dabei ist der frühere Zustand wiederherzustellen.

§ 10 Kontrollrecht

Der Verpächterin ist es jederzeit gestattet, sich über den jeweiligen Zustand des Pachtobjekts zu unterrichten sowie sich über die Einhaltung der sich aus diesem Vertrag ergebenden Verpflichtungen zu unterrichten, und zwar durch Inaugenscheinnahme durch ihre gesetzlichen Vertreter und/oder durch Sachverständige.

§ 11 Haftung der Pächterin

Die Pächterin haftet unbeschadet ihrer sonstigen Verpflichtungen aus diesem Vertrag für sämtliche Schäden, die durch eine schuldhafte Verletzung ihrer Sorgfaltspflichten am Pachtobjekt entstehen. Ihrem Verschulden steht das Verschulden ihrer Beauftragten, Besucher oder Arbeitnehmer gleich. Die Pächterin verzichtet auf den Entlastungsbeweis gem. § 831 BGB.

§ 12 Unterverpachtung

Eine Unterverpachtung oder -vermietung bedarf der Zustimmung der Verpächterin. Satz 1 gilt nicht für die Unterverpachtung an Gesellschaften, die von der Pächterin beherrscht werden. Soweit die Pacht umsatzabhängig ausgestaltet ist, sind die Umsätze der Unterpächterin/-mieterin der Pächterin zuzurechnen.

§ 13 Wettbewerbsverbot

Die Verpächterin verpflichtet sich, während der Dauer des Pachtvertrags zur Pächterin weder unmittelbar noch mittelbar in Wettbewerb zu treten. Die Verpächterin muss sich Wettbewerbshandlungen ihrer Gesellschafter zurechnen lassen. Bei einem Verstoß gegen das Wettbewerbsverbot ist eine Vertragsstrafe von ... Euro verwirkt. Bei einem andauernden Verstoß gilt die Tätigkeit während eines Monats als jeweils ein selbständiger Verstoß im Sinne des Satzes 1. Die Vertragsstrafe tritt neben die übrigen Ansprüche der Pächterin aus dem Wettbewerbsverbot.

§ 14 Minderung der Pacht, Aufrechnungsverbot

Eine Minderung der Pacht oder Aufrechnung mit Gegenansprüchen ist ausgeschlossen.

§ 15 Betriebsunterbrechung

Ist die Pächterin infolge behördlicher Anordnung oder gesetzlicher Bestimmungen, ohne dass dies von ihr zu vertreten ist, oder infolge höherer Gewalt länger als sechs Monate an der Fortführung des Unternehmens gehindert, entfällt von Beginn des siebten Monats an die Verpflichtung zur Zahlung der Beträge nach § 3. Macht die Pächterin von diesem Recht Gebrauch, ist die Verpächterin zur fristlosen Kündigung des Pachtvertrags berechtigt.

§ 16 Dauer des Vertrags

1. Der Pachtvertrag wird bis zum 31.12.2035 fest (unkündbar) abgeschlossen. Er verlängert sich alsdann jeweils um fünf Jahre, wenn er nicht mit einjähriger Frist zum Jahresende gekündigt wird. Die Vertragsschließenden behalten sich das Recht vor, den Vertrag einvernehmlich zu einem früheren Termin aufzuheben.
2. Aus wichtigem Grund ist das Pachtverhältnis fristlos kündbar. Ein wichtiger Grund ist für die Verpächterin stets gegeben, wenn
   a) die Pächterin die hergebrachte Art der Organisation oder des Vertriebs ohne Einwilligung der Verpächterin ändert;
   b) die Pächterin mit der Zahlung der Pacht ganz oder teilweise länger als 30 Tage nach Zahlungsaufforderung im Rückstand ist;
   c) die Pächterin gegen gesetzliche Bestimmungen verstößt oder behördlichen Auflagen nicht nachkommt und dadurch die Fortführung der Betriebe gefährdet wird;
   d) die Pächterin in Vermögensverfall gerät oder aus anderen Gründen nicht in der Lage ist, die Baumärkte für die Dauer des Pachtvertrags fortzuführen;
   e) über das Vermögen der Pächterin das Insolvenzverfahren eröffnet oder der Antrag auf Eröffnung des Insolvenzverfahrens mangels einer die Kosten des Verfahrens deckenden Masse abgelehnt wird;
   f) die Zwangsvollstreckung in das Vermögen der Pächterin betrieben wird, die eine Erfüllung der Vertragsverpflichtungen erschwert.
3. Ein wichtiger Grund ist für die Pächterin stets gegeben, wenn
   a) die Verpächterin gegen das Wettbewerbsverbot gem. § 13 verstößt;
   b) die Verpächterin nicht ausreichende Versicherungen gem. § 4 Abs. 1 abschließt;
   c) die Verpächterin die notwendigen Ersatzbeschaffungen nicht vornimmt.
4. Wird aus einem der genannten Gründe das Pachtverhältnis vorzeitig beendet, haftet die Pächterin der Verpächterin für den dadurch entstehenden Schaden.
5. Die Kündigung bedarf zu ihrer Wirksamkeit der Schriftform.
6. Teilkündigungen sind nicht zulässig.

§ 17 Rückgabe des Pachtobjekts

1. Im Fall der Beendigung des Pachtvertrags hat die Pächterin das zum Pachtobjekt gehörende unbewegliche Anlagevermögen an die Verpächterin zurückzugeben.

2. Bezüglich des restlichen Pachtobjekts steht der Verpächterin ein Wahlrecht zu, und zwar kann sie einerseits verlangen, dass das Pachtobjekt – einschließlich aller materiellen und immateriellen Wirtschaftsgüter – in vertragsgemäßem Zustand an sie zurückgegeben wird. Andererseits kann die Verpächterin verlangen, dass die Pächterin das restliche Pachtobjekt käuflich übernimmt.

3. Verlangt die Verpächterin, dass die Pächterin das restliche Pachtobjekt käuflich übernimmt, ist der Kaufpreis von den Vertragschließenden einverständlich festzulegen. Können sich die Vertragsschließenden nicht binnen sechs Monaten nach Ende des Pachtvertrags einigen, entscheidet hierüber ein Sachverständiger als Schiedsgutachter. Der Sachverständige ist auf Antrag der Vertragschließenden vom Institut der Wirtschaftsprüfer e.V., Düsseldorf, aus dem Kreis der Angehörigen der steuerberatenden/wirtschaftsprüfenden Berufe zu bestellen.

4. Der gem. Abs. 3 festgelegte Kaufpreis ist mangels abweichender Vereinbarung der Vertragschließenden ab Ende des Pachtvertrags mit 2 v.H. über dem Basiszinssatz gem. § 247 Abs. 1 BGB zu verzinsen und in zehn gleich hohen Jahresraten, die jeweils am 1.7. und am 31.12. fällig sind, zu entrichten. Ist der Kaufpreis noch nicht festgelegt, ist sodann eine angemessene Abschlagsrate zu entrichten.

5. Verlangt die Verpächterin die käufliche Übernahme des Pachtobjekts (Abs. 2 Satz 2), verbleiben alle Vertragsverhältnisse bei der Pächterin. Die Verpächterin tritt in die Vertragsverhältnisse nicht wieder ein, soweit nicht zwingende gesetzliche Bestimmungen etwas anderes besagen.

§ 18 Schlussbestimmungen

1. Änderungen dieses Vertrags bedürfen der Schriftform. Diese Bestimmung hat nicht nur deklaratorische Bedeutung. Befreiungen durch mündliche Absprache sind unwirksam.

2. Sollte eine Bestimmung dieses Vertrags unwirksam sein oder sollte der Vertrag eine Lücke enthalten, wird die Wirksamkeit der übrigen Bestimmungen hiervon nicht berührt. Anstelle der unwirksamen Bestimmung oder zur Ausfüllung einer Lücke soll eine Regelung gelten, die – soweit rechtlich möglich – dem am nächsten kommt, was die Vertragschließenden gewollt haben oder, hätten sie den Punkt bedacht, gewollt haben würden.

3. Die Kosten dieses Vertrags und seiner Durchführung trägt die Pächterin.

Lemgo, den 12.12.2025

B. Musterverträge für eine typische Betriebsaufspaltung

6.4 Im Folgenden werden für den Fall der typischen Betriebsaufspaltung in einer Synopse die Gesellschaftsverträge der Besitzgesellschaft in der Rechtsform einer GmbH & Co. KG und der Betriebsgesellschaft in der Rechtsform einer GmbH bei Personen- und Beteiligungsidentität gegenübergestellt. Dabei ist versucht worden, die Verträge weitestgehend anzugleichen und durch Kopplungsvorschriften sicherzustellen, dass die Betriebsaufspaltung nicht ungewollt endet. Auf die weitere Synchronisierung mit der Komplementär-GmbH der Besitzgesellschaft wurde aus Gründen der Übersichtlichkeit verzichtet. Des Weiteren wird ein Konsortialvertrag wiedergegeben, der die einheitliche Stimmrechtsausübung gewährleisten soll.

M 11 Muster: Gesellschaftsverträge der Betriebs-GmbH und der Besitz-GmbH & Co. KG

GmbH	KG
(Notarielle Beurkundung erforderlich)	
§ 1 Firma, Sitz, Geschäftsjahr	**§ 1 Firma, Sitz, Geschäftsjahr**
1. Die Gesellschaft führt die Firma Frisch & Preiswert GmbH.	1. Die Gesellschaft führt die Firma Meier Immobilien Verwaltung GmbH & Co. KG.
2. Die Gesellschaft hat ihren Sitz in Lemgo.	2. Die Gesellschaft hat ihren Sitz in Lemgo.
3. Das Geschäftsjahr ist das Kalenderjahr.	3. Das Geschäftsjahr ist das Kalenderjahr.
§ 2 Gegenstand des Unternehmens	**§ 2 Gegenstand des Unternehmens**
1. Gegenstand des Unternehmens ist der Betrieb von Supermärkten (food und non-food).	1. Gegenstand des Unternehmens ist die Verpachtung ihres Gewerbebetriebs an eine von ihren Gesellschaftern beherrschte Kapitalgesellschaft.
2. Die Gesellschaft darf alle Maßnahmen ergreifen, die geeignet sind, ihren Gesellschaftszweck zu fördern.	2. Die Gesellschaft darf alle Maßnahmen ergreifen, die geeignet sind, ihren Gesellschaftszweck zu fördern.
§ 3 Stammkapital, Stammeinlagen	**§ 3 Festkapital, Kapitalbeteiligung**
1. Das Stammkapital beträgt 4.000.000 Euro. Es ist eingeteilt in 4.000.000 Geschäftsanteile im Nennbetrag von je 1 Euro.	1. Das Festkapital der Gesellschaft beträgt 12.000.000 Euro.
2. Hiervon übernehmen	2. Gesellschafter sind
a) Herr Frank Meier 1.000.000 Euro, eingeteilt in 1.000.000 Geschäftsanteile i.H.v. je 1 Euro mit den Nr. 1 bis 1.000.000	a) als Komplementärin ohne vermögensmäßige Einlage die Meier Verwaltung GmbH
b) Frau Sabine Schulz 1.000.000 Euro, eingeteilt in 1.000.000 Geschäftsanteile i.H.v. je 1 Euro mit den Nr. 1.000.001 bis 2.000.000	b) als Kommanditisten mit einer Einlage von je 3.000.000 Euro Herr Frank Meier Frau Sabine Schulz Frau Irene Müller Herr Gerd Müller.

GmbH

c) Frau Irene Müller 1.000.000 Euro, eingeteilt in 1.000.000 Geschäftsanteile i.H.v. je 1 Euro mit den Nr. 2.000.001 bis 3.000.000

d) Herr Gerd Müller 1.000.000 Euro, eingeteilt in 1.000.000 Geschäftsanteile i.H.v. je 1 Euro mit den Nr. 3.000.001 bis 4.000.000.

3. Die Gesellschafter haben ihre Einlagen in bar erbracht.

KG

3. Die Kommanditeinlagen sind zugleich die Hafteinlagen.

§ 4 Vertretung, Geschäftsführung

GmbH

1. Die Gesellschaft hat einen oder mehrere Geschäftsführer. Ist nur ein Geschäftsführer vorhanden, ist er stets einzelvertretungsberechtigt. Sind mehrere Geschäftsführer vorhanden, wird die Gesellschaft jeweils von zwei Geschäftsführern gemeinsam oder von einem Geschäftsführer und einem Prokuristen vertreten. Auch wenn mehrere Geschäftsführer vorhanden sind, kann die Gesellschafterversammlung einem Geschäftsführer das Recht der Einzelvertretung verleihen.
2. Den Geschäftsführern kann durch Gesellschafterbeschluss die Befugnis erteilt werden, im Namen der Gesellschaft mit sich im eigenen Namen oder als Vertreter eines Dritten Rechtsgeschäfte vorzunehmen.
3. Gesellschafter, die gleichzeitig persönlich haftende Gesellschafter der Kommanditgesellschaft in Firma Müller KG sind, haben das gesellschaftsrechtliche Sonderrecht, zu verlangen, zu (alleinvertretungsberechtigten) Geschäftsführern berufen zu werden. Machen sie von ihrem Recht nach Satz 1 Gebrauch, können sie nur aus wichtigem Grund abberufen werden. Sie haben Anspruch auf die Befreiung von den Beschränkungen des § 181 BGB.

KG

1. Die Gesellschaft wird durch die persönlich haftende Gesellschafterin vertreten. Diese handelt durch ihre gesetzlichen in das Handelsregister eingetragenen Organe. Sie und ihre gesetzlichen Vertreter sind von den Beschränkungen des § 181 BGB befreit.

GmbH **KG**

4. (2.) Die Geschäftsführung bedarf für alle Geschäfte, die über den gewöhnlichen Betrieb des Unternehmens der Gesellschaft hinausgehen, der ausdrücklichen vorhergehenden Einwilligung der Gesellschafterversammlung (§ 6 Abs. 1 Buchst. a Satz 1). Die Gesellschafterversammlung ist berechtigt, durch Gesellschafterbeschluss – auch einzelnen Geschäftsführern gegenüber – einen Katalog einwilligungsbedürftiger Geschäfte aufzustellen, zu ändern oder wieder aufzuheben.

§ 5 Gesellschafterversammlung

1. Die ordentliche Gesellschafterversammlung findet in den ersten sechs Monaten eines jeden Geschäftsjahres statt. Gegenstand der ordentlichen Gesellschafterversammlung ist die Feststellung des Jahresabschlusses, die Entlastung der Geschäftsführung für das abgelaufene Geschäftsjahr und – vorbehaltlich § 10 Abs. 3 Satz 2 – die Wahl des Abschlussprüfers für das laufende Geschäftsjahr.

2. Die Gesellschafterversammlungen werden schriftlich unter Beifügung der Tagesordnung einberufen. Das Schreiben ist mindestens drei Wochen vor dem Termin per Einschreiben zur Post zu geben oder gegen Quittung zu übergeben.

GmbH: Jeder Geschäftsführer und Gesellschafter, denen allein oder gemeinsam mindestens 10 v.H. des Stammkapitals (§ 3 Abs. 1) zustehen, sind zur Einberufung berechtigt.

KG: Die Komplementärin und Gesellschafter, die allein oder gemeinsam mindestens mit 10 v.H. am Gesellschaftskapital (§ 3 Abs. 1) beteiligt sind, sind zur Einberufung berechtigt.

Die Gesellschafterversammlung findet grundsätzlich am Sitz der Gesellschaft statt.

GmbH: 3. Die Gesellschafterversammlung ist beschlussfähig, wenn sie ordnungsgemäß einberufen ist und mindestens 75 v.H. des Stammkapitals (§ 3 Abs. 1) vertreten sind.

KG: 3. Die Gesellschafterversammlung ist beschlussfähig, wenn sie ordnungsgemäß einberufen ist und mindestens 75 v.H. des Gesellschaftskapitals (§ 3 Abs. 1) vertreten sind.

Wird diese Mehrheit nicht erreicht, ist innerhalb von drei Wochen eine zweite Gesellschafterversammlung mit gleicher Ladungsfrist und gleicher Tagesordnung einzuberufen. Diese Gesellschafterversammlung ist sodann ohne Rücksicht auf das vertretene Kapital beschlussfähig. Auf diese Rechtsfolge ist in der zweiten Einladung hinzuweisen.

GmbH	KG

4. Jeder Gesellschafter kann sich in der Gesellschafterversammlung durch einen Angehörigen der rechts-, steuerberatenden oder wirtschaftsprüfenden Berufe, der gesetzlich zur Berufsverschwiegenheit verpflichtet ist, vertreten lassen oder sich des Beistandes einer solchen Person bedienen.

§ 6 Gesellschafterbeschlüsse

1. a) Gesellschafterbeschlüsse werden mit einfacher Mehrheit der in der Gesellschafterversammlung abgegebenen Stimmen gefasst. Dies gilt nicht, soweit das Gesetz zwingend oder dieser Vertrag ausdrücklich etwas anderes bestimmen.

   b) Die Gesellschafter stimmen in eigenen Angelegenheiten mit ab. Das gilt nicht, soweit § 47 Abs. 4 GmbHG zwingend oder dieser Vertrag ausdrücklich etwas anderes bestimmen.

2. Gesellschafterbeschlüsse können – mit Ausnahme einer Änderung des Gesellschaftsvertrags –, wenn alle Gesellschafter mit diesem Verfahren einverstanden sind, auch telefonisch, schriftlich, per Telefax, per E-Mail oder mündlich ohne förmliche Gesellschafterversammlung gefasst werden.

GmbH	KG
3. Je 50 Euro eines Geschäftsanteils (§ 3 Abs. 2) gewähren eine Stimme.	3. Je volle 50 Euro der Beteiligung am Gesellschaftskapital (§ 3 Abs. 1) gewähren eine Stimme.

4. Die Gesellschafterbeschlüsse, auch die formlos gefassten, sind zu protokollieren und von der Geschäftsführung zu unterzeichnen. Jedem Gesellschafter ist eine Kopie der Protokolle zuzusenden oder zu übergeben.

5. Die Unwirksamkeit oder Anfechtbarkeit von Gesellschafterbeschlüssen kann, sofern nicht gegen zwingende gesetzliche Vorschriften verstoßen wird, nur innerhalb eines Monats klageweise geltend gemacht werden. Die Frist beginnt mit dem Tag der Zustellung oder Übergabe des Protokolls zu laufen.

§ 7 Änderung des Gesellschaftsvertrags, Kapitalerhöhung, -herabsetzung, Liquidation

1. Änderungen des Gesellschaftsvertrags müssen einstimmig beschlossen werden, sofern sich nicht aus Abs. 2 Abweichendes ergibt.

2. Kapitalerhöhung, Kapitalherabsetzung und Liquidation müssen mit mindestens 75 v.H. aller Stim-

GmbH	KG
men beschlossen werden. Verzichtet ein Gesellschafter auf sein Recht zur Teilnahme an der Kapitalerhöhung, geht dieses Recht auf die übrigen Gesellschafter im Verhältnis ihrer Beteiligung zueinander über.	
	3. Für die Verteilung eines Liquidationsgewinns oder -verlusts gilt der Gewinnverteilungsschlüssel des § 11 Abs. 4 entsprechend.
	4. Alleinige(r) Liquidator(in) ist die (der) Komplementär(in).
§ 8 Eigene und eingezogene Geschäftsanteile	**§ 8 Informations- und Kontrollrechte**
Soweit in diesem Vertrag auf die Beteiligung an der Gesellschaft oder auf das Verhältnis der Geschäftsanteile zueinander abgestellt ist, bleiben eigene und eingezogene Geschäftsanteile bei der Berechnung der Beteiligung außer Ansatz.	Es gilt § 51a GmbHG.

§ 9 Wettbewerbsverbot

GmbH	KG
1. a) Für alle Gesellschafter gilt das gesetzliche Wettbewerbsverbot des § 117 Abs. 1 HGB entsprechend mit der Erweiterung, dass ein Gesellschafter außerhalb der Gesellschaft in deren Tätigkeitsbereich weder selbständig noch unselbständig noch beratend, auch nicht gelegentlich oder mittelbar, tätig werden darf. Ebenso ist eine Beteiligung an Konkurrenzunternehmen – außer in Gestalt von Aktien und Wandelanleihen –, auch als stiller Gesellschafter oder Unterbeteiligter, unzulässig.	1. a) Die Gesellschafter erkennen das in der Satzung der Frisch & Preiswert Supermärkte Müller GmbH vereinbarte Wettbewerbsverbot als sie bindend an.

b) Das Wettbewerbsverbot endet zwei Jahre nach dem Ausscheiden des Gesellschafters.

2. Durch Gesellschafterbeschluss, der mit mindestens 75 v.H. der abgegebenen Stimmen zu fassen ist, können Ausnahmen zugelassen werden.

3. Eine Beteiligung und eine Tätigkeit für Gesellschaften, an denen sämtliche Gesellschafter dieser Gesellschaft beteiligt sind, ist stets erlaubt.

GmbH **KG**

4. Verstößt ein Gesellschafter gegen das Wettbewerbsverbot, ist eine Vertragsstrafe i.H.v. 15.000 Euro verwirkt. Bei einem andauernden Verstoß gilt die Beteiligung/Tätigkeit während eines Monats als jeweils selbständiger Verstoß im Sinne des Satzes 1.

§ 10 Jahresabschluss

1. Die Buchführung und Bilanzierung hat nach handelsrechtlichen Gesichtspunkten zu erfolgen (§§ 238 ff., §§ 266 ff. HGB).
2. Die Geschäftsführung hat den Jahresabschluss und gegebenenfalls den Lagebericht innerhalb der gesetzlichen Frist aufzustellen und jedem Gesellschafter unverzüglich in Abschrift zu übersenden.
3. Der Jahresabschluss ist von einem Angehörigen der steuerberatenden oder wirtschaftsprüfenden Berufe, der gesetzlich zur Berufsverschwiegenheit verpflichtet und durch Beschluss der Gesellschafterversammlung bestellt worden ist, zu prüfen. Die Gesellschafterversammlung kann, sofern gesetzlich zulässig, beschließen, von der Prüfung des Jahresabschlusses nach Satz 1 abzusehen. Erfolgt eine Prüfung des Jahresabschlusses nach Satz 1, ist der Prüfungsbericht allen Gesellschaftern unverzüglich, spätestens mit der Einladung zur ordentlichen Gesellschafterversammlung, zu übersenden.
4. Die Feststellung des Jahresabschlusses und die Entlastung der Geschäftsführung obliegen der ordentlichen Gesellschafterversammlung (§ 6 Abs. 1 Buchst. a).

§ 11 Ergebnisverwendung

1. Die Gesellschafter haben Anspruch auf den Jahresüberschuss zzgl. eines Gewinnvortrags und abzgl. eines Verlustvortrags, soweit der sich ergebende Betrag nicht durch Gesetz, durch Beschluss nach Satz 2 oder als zusätzlicher Aufwand aufgrund des Beschlusses der Gesellschafterversammlung über die Verwendung des Ergebnisses von der Verteilung unter die Gesellschafter ausgeschlossen ist. Im Beschluss über die Verwen-

§ 11 Gewinn- und Verlustbeteiligung

1. Der Komplementärin werden die Geschäftsführungskosten ersetzt, soweit die Gesellschaft die Kosten nicht unmittelbar trägt. Die Gesellschaft ist berechtigt, mit schuldbefreiender Wirkung für die Komplementärin Zahlungen zu leisten. Geschäftsführungskosten im Sinne des Satzes 1 sind, wenn sich ihre Tätigkeit auf die Geschäftsführung in der Gesellschaft beschränkt, ihre gesamten abzugsfähigen Betriebsausgaben.

GmbH	KG
dung des Ergebnisses können die Gesellschafter Beträge in Gewinnrücklagen einstellen oder als Gewinn vortragen.	Zusätzlich: Die Komplementärin ist berechtigt, hinsichtlich ihrer Geschäftsführungskosten die gesetzlich geschuldete Umsatzsteuer gesondert in Rechnung zu stellen.
2. Die Verteilung des auszuschüttenden Gewinns erfolgt nach dem Verhältnis der Geschäftsanteile.	2. Die Komplementärin erhält eine garantierte Gewinnbeteiligung i.H.v. 25.000 Euro. Der Anspruch auf Gewinnbeteiligung besteht unabhängig vom Ergebnis der Gesellschaft.
3. Die Gewinnausschüttung hat binnen einer Frist von vierzehn Tagen – gerechnet ab Beschlussfassung – zu erfolgen.	3. Die Privatkonten – positive und negative – der Gesellschafter werden mit 2 v.H. über dem Basiszinssatz gem. § 247 Abs. 1 BGB verzinst. Maßgebend sind die Kontenstände zu Beginn der einzelnen Kalendervierteljahre.
4. Die Gesellschafter sind verpflichtet, aus den ihnen zufließenden Gewinnausschüttungen angemessene Anteile der Kommanditgesellschaft in Firma Meier Immobilien Verwaltung GmbH & Co. KG zum Zwecke betrieblich notwendiger Investitionen zuzuführen.	4. Die Tätigkeitsvergütung, die Risikoprämie und die Zinsen sind handelsrechtlich und auch im Verhältnis der Gesellschafter zueinander Aufwand der Gesellschaft.
	5. a) An dem verbleibenden Gewinn oder an einem Verlust, auch soweit dieser durch Beträge i.S.d. Abs. 3 entsteht, sind die Gesellschafter im Verhältnis ihrer Beteiligung am Gesellschaftskapital (§ 3 Abs. 1) beteiligt. b) Kommanditisten werden mit ihren Verlustanteilen belastet, auch soweit diese ihre Hafteinlage übersteigen. Den Gesellschaftsgläubigern gegenüber haften sie jedoch nur bis zur Höhe ihrer Hafteinlage. Eine Pflicht der Kommanditisten zu Nachzahlungen besteht in keinem Fall, auch nicht unter den Gesellschaftern als interne Ausgleichsverpflichtung. Liquidationsverluste trägt die Komplementärin allein, soweit sie die Hafteinlage der Kommanditisten übersteigen.

GmbH

§ 12 Verfügung über Geschäftsanteile, Teilung von Geschäftsanteilen

1. Die Gesellschafter können ihre Geschäftsanteile frei an Personen, die nach einem Erbfall gem. § 15 als Nachfolger eines Gesellschafters in der Gesellschaft verbleiben können, im Übrigen nur mit Einwilligung der Gesellschaft, abtreten oder belasten. Die Gesellschaft darf die Einwilligung nur erteilen, wenn sie hierzu durch Beschluss der Gesellschafterversammlung mit mindestens 75 v.H.

KG

§ 12 Entnahmen

1. Beträge i.S.d. § 11 Abs. 3 sind frei entnehmbar.
2. 20 v.H. des Handelsbilanzgewinns sind zu Lasten des Jahresüberschusses vor Feststellung der Bilanz dem gesamthänderisch gebundenen Rücklagenkonto zuzuführen.
3. Nach Feststellung der Bilanz können die Gesellschafter über den nicht in die Rücklage eingestellten Gewinn frei verfügen.

§ 13 Kontenführung

1. Die Anteile der Gesellschafter am Gesellschaftskapital (§ 3 Abs. 1) werden auf Kapitalkonten fest gebucht.
2. Auf ein gesamthänderisch gebundenes Rücklagekonto werden Gewinne nach Maßgabe von § 12 Abs. 2 gutgebracht. Das gesamthänderisch gebundene Rücklagenkonto entfällt im Innenverhältnis auf die Gesellschafter entsprechend ihrer Beteiligung am Festkapital der Gesellschaft (§ 3 Abs. 1) zueinander.
3. Verluste sind auf Verlustvortragskonten zu buchen.
4. Sonstige Buchungen laufen über Privatkonten.

§ 14 Verfügung über Gesellschaftsanteile

1. Beteiligungen an der Gesellschaft – und zwar Kapitalkonto mit Verlustvortragskonto – können ganz oder teilweise, Letzteres nur, wenn die Teilbeteiligung 1.000 Euro, bezogen auf Kapitalkonto oder ein Mehrfaches beträgt, frei an Personen, die nach einem Erbfall gem. § 18 als Nachfolger eines Gesellschafters in der Gesellschaft verbleiben können, im Übrigen nur aufgrund eines Ge-

GmbH	KG
der abgegebenen Stimmen ermächtigt worden ist. Die Geschäftsführung wird hiermit angewiesen, die Abtretung von Teilgeschäftsanteilen an Personen, an die gemäß Satz 1 Geschäftsanteile frei abgetreten werden können, zu genehmigen.	sellschafterbeschlusses, der mit mindestens 75 v.H. der abgegebenen Stimmen zu fassen ist, zum Ende eines Geschäftsjahres abgetreten werden. Die (Teil-)Abtretung muss stets das Kapitalkonto und das Verlustvortragskonto umfassen.

2. Die Bestellung eines Nießbrauchs sowie die Einräumung von Unterbeteiligungen ist unzulässig.
3. Die Ansprüche auf Gewinn- und Liquidationserlös sind nicht selbständig abtretbar und nicht belastbar.

GmbH	KG
4. Die Gesellschafter sind an der Kommanditgesellschaft in Firma Meier Immobilien Verwaltung GmbH & Co. KG in demselben Verhältnis beteiligt wie am Stammkapital dieser Gesellschaft.	4. Die Gesellschafter sind an der Frisch & Preiswert Supermärkte GmbH in demselben Verhältnis beteiligt, wie ihre Beteiligungen an dieser Gesellschaft zueinander stehen.

Sie sind verpflichtet, alle Maßnahmen zu ergreifen, um dieses gleichmäßige Beteiligungsverhältnis innerhalb beider Gesellschaften aufrechtzuerhalten.

GmbH	KG
Ohne Ausnahme ist eine Verfügung über Geschäftsanteile – auch von Todes wegen – nur zulässig, wenn der Verfügende im gleichen Verhältnis seine Beteiligung an der Kommanditgesellschaft in Firma Meier Immobilien Verwaltung GmbH & Co. KG an dieselbe Person mit übergehen lässt.	Bei dieser Berechnung bleiben eigene und eingezogene Geschäftsanteile bei der Frisch & Preiswert Supermärkte GmbH außer Ansatz. Ohne Ausnahme ist eine Verfügung über Anteile – auch von Todes wegen – nur zulässig, wenn der Verfügende seine Geschäftsanteile an der Frisch & Preiswert Supermärkte GmbH im gleichen Verhältnis an dieselbe Person mit übergehen lässt.
§ 13 Zwangsabtretung, Einziehung von Geschäftsanteilen	**§ 15 Ausschließung eines Gesellschafters**
1. Die Gesellschafterversammlung ist berechtigt, durch Gesellschafterbeschluss, der mit mindestens 75 v.H. der abgegebenen Stimmen zu fassen ist, zu beschließen, dass – unter Beachtung von § 12 Abs. 4 – der Geschäftsanteil eines Gesellschafters auf die Gesellschaft, einen oder mehrere Gesellschafter oder einen oder mehrere Dritte(n) übertragen wird, wenn	1. Ein Gesellschafter kann durch Gesellschafterbeschluss, der mit mindestens 75 v.H. der abgegebenen Stimmen zu fassen ist, aus der Gesellschaft ausgeschlossen werden, wenn

GmbH	KG
a) in seiner Person ein wichtiger Grund vorliegt;	a) in seiner Person ein wichtiger Grund vorliegt;
b) über sein Vermögen das Insolvenzverfahren eröffnet worden ist und nicht innerhalb von drei Monaten seit Eröffnung – ausgenommen mangels Masse – eingestellt wird; der Eröffnung des Insolvenzverfahrens steht die Ablehnung der Eröffnung mangels Masse gleich;	
c) in seinen Geschäftsanteil die Zwangsvollstreckung betrieben und diese nicht innerhalb von drei Monaten abgewandt wird;	b) in die Rechte aus seiner Beteiligung die Zwangsvollstreckung betrieben und diese nicht innerhalb von drei Monaten abgewandt wird.
d) ein Geschäftsanteil im Wege der Zwangsvollstreckung oder im Insolvenzverfahren eines Gesellschafters an einen Dritten gelangt ist, weil die Einziehung während des Verfahrens nach Abs. 4 nicht zulässig war;	
e) die Voraussetzungen des § 15 Abs. 2 gegeben sind;	
f) er nicht oder nicht mehr an der Kommanditgesellschaft in Firma Meier Immobilien Verwaltung GmbH & Co. KG beteiligt ist.	c) er nicht mehr an der Kommanditgesellschaft in Firma Meier Immobilien Verwaltung GmbH & Co. KG beteiligt ist. Ist die prozentuale Beteiligung eines Gesellschafters höher als an der Frisch & Preiswert Supermärkte GmbH, kann die Beteiligung an dieser Gesellschaft so weit herabgesetzt werden, dass sie den Voraussetzungen des § 14 Abs. 4 entspricht. Bei dieser Berechnung bleiben eigene und eingezogene Geschäftsanteile bei der Kommanditgesellschaft in Firma Meier Immobilien Verwaltung GmbH & Co. KG außer Ansatz.
2. Die Zwangsabtretung nach Abs. 1 erfolgt gegen Übernahme der Abfindungslast durch den (die) Erwerber. Die Gesellschaft haftet neben dem (den) Erwerber(n) für das Abfindungs-	

GmbH	KG
entgelt als Gesamtschuldnerin. Im Fall der Einziehung nach Abs. 3 schuldet die Gesellschaft die Abfindung.	
3. Durch Beschluss gem. Abs. 1 können die Gesellschafter verlangen, dass statt der Zwangsabtretung der Geschäftsanteil eingezogen wird.	
4. Die Einziehung und der Erwerb durch die Gesellschaft sind nur zulässig, wenn die Abfindung gezahlt werden kann, ohne das Stammkapital anzugreifen.	

5. (2.) Der betroffene Gesellschafter hat kein Stimmrecht. Seine Stimmen zählen nicht mit.

GmbH	KG
	3. In den Fällen der §§ 116 Abs. 5, 124 Abs. 5 HGB kann statt der Ausschließung aus der Gesellschaft auch die Entziehung der Geschäftsführungs- und/oder Vertretungsbefugnis beschlossen bzw. auf die Einziehung erkannt werden, sofern der betroffene Gesellschafter eine solche Befugnis innehat. Ein Komplementär, dem die betreffende Befugnis entzogen wird, hat das Recht, in die Rechtsstellung eines Kommanditisten zurückzutreten.
	§ 16 Vermögensverfall
	Wird über das Vermögen eines Gesellschafters das Insolvenzverfahren eröffnet oder der Antrag auf Eröffnung des Insolvenzverfahrens mangels einer die Kosten des Verfahrens deckenden Masse abgelehnt, scheidet der betroffene Gesellschafter auf den Zeitpunkt der Verfahrenseröffnung oder -ablehnung aus der Gesellschaft aus. Der Gesellschafter hat das Recht, unter Rückgewähr des Abfindungsguthabens bzw. bei Verzicht auf sein Abfindungsguthaben wieder in die Gesellschaft einzutreten, wenn das Insolvenzverfahren – ausgenommen mangels Masse – innerhalb von sechs Monaten seit Eröffnung eingestellt wird.

GmbH | **KG**

§ 14 (§ 17) Dauer der Gesellschaft, Kündigung

1. Die Mitgliedschaft in der Gesellschaft kann mit einjähriger Frist erstmals zum 31.12.2035, sodann zum Schluss eines jeden fünften Geschäftsjahres gekündigt werden.

GmbH: Die Kündigung ist der Geschäftsführung gegenüber durch eingeschriebenen Brief, der spätestens zum 31.12. zur Post zu geben ist, auszusprechen. Als Kündigung der Geschäftsanteile an dieser Gesellschaft gilt auch die Kündigung der Beteiligung an der Kommanditgesellschaft in Firma Meier Immobilien Verwaltung GmbH & Co. KG.

KG: Die Kündigung ist den übrigen Gesellschaftern gegenüber durch eingeschriebenen Brief, der spätestens zum 31.12. zur Post zu geben ist, auszusprechen. Als Kündigung der Mitgliedschaft an dieser Gesellschaft gilt auch die Kündigung des Geschäftsanteils an der Frisch & Preiswert Supermärkte GmbH.

2. Ab Zugang der Kündigung ruhen sämtliche Gesellschafterrechte des Kündigenden mit Ausnahme

GmbH: des Gewinnbezugsrechts.

KG: der Ergebnisbeteiligung.

KG: 3. Liegt ein wichtiger Grund vor, der nach § 139 HGB zur Erhebung der Auflösungsklage berechtigen würde, kann der berechtigte Gesellschafter die Mitgliedschaft in der Gesellschaft fristlos kündigen. Die Auflösungsklage ist ausgeschlossen. Eine vorübergehende Nichtrentabilität der Gesellschaft berechtigt nicht zur fristlosen Kündigung.

GmbH: 3. a) Durch die Kündigung wird die Gesellschaft nicht aufgelöst. Der kündigende Gesellschafter hat seinen Geschäftsanteil auf die übrigen Gesellschafter gegen Abfindung durch diese im Verhältnis ihrer Stammeinlagen zueinander zu übertragen. Ist eine Teilung des Geschäftsanteils nicht möglich, so ist der Geschäftsanteil auf die übrigen Gesellschafter als Mitberechtigte i.S.d. § 18 GmbHG oder in Gesellschaft bürgerlichen Rechts zu übertragen. Die übrigen Gesellschafter sind zur Übernahme des Geschäftsanteils verpflichtet.

GmbH	KG
b) Die übrigen Gesellschafter können stattdessen einstimmig verlangen, dass der kündigende Gesellschafter seinen Geschäftsanteil – unter Beachtung von § 12 Abs. 4 – nur auf einen Gesellschafter, auf die Gesellschaft oder auf einen oder mehrere Dritte(n) überträgt. Der Erwerb durch die Gesellschaft ist nur zulässig, wenn die Voraussetzungen des § 13 Abs. 4 erfüllt sind.	
§ 15 (§ 18) Erbfolge	
1. Verstirbt ein Gesellschafter, kann zur Durchführung der Erbauseinandersetzung ein Geschäftsanteil auch ohne Zustimmung der Gesellschaft geteilt werden, sofern Abtretungsempfänger sein Ehegatte, eheleibliche Abkömmlinge, Mitgesellschafter, Ehegatten von Mitgesellschaftern und/oder deren eheleibliche Abkömmlinge ist (sind). Ist Abtretungsempfänger ein Vermächtnisnehmer, der zu dem in Satz 1 genannten Personenkreis gehört, wird die Geschäftsführung hiermit angewiesen, die Genehmigung zu erteilen.	1. Verstirbt ein Gesellschafter und sind – unter Beachtung des § 14 Abs. 4 – Erben oder Vermächtnisnehmer seiner Gesellschaftsbeteiligung – und zwar Kapitalkonto mit Verlustvortragskonto – sein Ehegatte, eheleibliche Abkömmlinge, Mitgesellschafter, Ehegatten von Mitgesellschaftern und/oder deren eheleibliche Abkömmlinge, wird die Gesellschaft mit seinem (seinen) Nachfolger(n) fortgesetzt. Ist (Sind) Nachfolger (ein) Vermächtnisnehmer, der (die) nicht zugleich Erbe ist (sind), steht ihm (ihnen) ein Eintrittsrecht dergestalt zu, wie wenn er (sie) im Wege der Gesamtrechtsnachfolge in die Beteiligung des verstorbenen Gesellschafters nachgefolgt wäre(n). Dem (Den) Nachfolger(n) steht der volle Anteil des Verstorbenen zu. Rechtsnachfolger von Komplementären werden regelmäßig Kommanditisten, es sei denn, sie sind zur Geschäftsführung bereit.
2. Sind andere als die in Abs. 1 genannten Personen im Erbgang Nachfolger eines Gesellschafters geworden, kann innerhalb einer Frist von drei Jahren nach dem Erbfall gem. § 13 verfahren werden. Ist Nachfolger eine Erbengemeinschaft, an der – sei	2. Sind andere als die in Abs. 1 genannten Personen im Erbgang Nachfolger eines Gesellschafters geworden, folgen sie nicht in die Gesellschaft nach. Sie werden im Verhältnis ihrer Beteiligung an der Gesellschaftsbeteiligung des Verstorbenen nach

GmbH

es als Miterben oder als rechtsgeschäftliche Erwerber eines Erbanteils – Personen beteiligt sind, die gem. Abs. 1 nicht nachfolgeberechtigt sind, kann ebenfalls nach § 13 verfahren werden, es sei denn, der (die) Geschäftsanteil(e) des Erblassers wird (werden) innerhalb einer Frist von zwölf Monaten nach dem Erbfall an Personen abgetreten, die gem. Abs. 1 nachfolgeberechtigt sind; vor Ablauf der Zwölf-Monats-Frist ist die Einziehung (Zwangsabtretung) nicht zulässig.

KG

§ 21 abgefunden. Die Abfindung zahlt, wenn niemand Nachfolger des Verstorbenen wird, die Gesellschaft, sonst der (die) Nachfolger, der (die) zu diesem Zweck Entnahmen tätigen kann (können), sofern ihm (ihnen) anderweitig die Zahlung nicht möglich und die Entnahme mit den finanziellen Verhältnissen der Gesellschaft vereinbar ist.

§ 19 Testamentsvollstreckung

...

§ 16 Ausscheiden eines Gesellschafters, Fortführung der Gesellschaft

Scheidet ein Gesellschafter – gleich, aus welchem Grund – aus der Gesellschaft aus, können die verbleibenden Gesellschafter mit mindestens 75 v.H. der ihnen zustehenden Stimmen, spätestens innerhalb von drei Monaten nach dem Ausscheiden des Gesellschafters, die Auflösung der Gesellschaft beschließen.

§ 20 Ausscheiden eines Gesellschafters, Fortführung des Unternehmens

Scheidet ein Gesellschafter – gleich, aus welchem Grund – aus der Gesellschaft aus, führen die übrigen Gesellschafter bzw. der verbleibende Gesellschafter das Unternehmen – gegebenenfalls als Einzelunternehmen – unter der bisherigen Firma fort. Wegen des Rechts zur Firmenfortführung wird eine Entschädigung nicht gezahlt. Mit mindestens 75 v.H. der den verbleibenden Gesellschaftern zustehenden Stimmen, spätestens innerhalb von drei Monaten nach dem Ausscheiden, kann jedoch die Auflösung der Gesellschaft beschlossen werden.

Der ausgeschiedene Gesellschafter nimmt sodann an der Liquidation der Gesellschaft teil.

§ 17 (§ 21) Abfindung

...

§ 18 (§ 22) Schlussbestimmungen

...

Lemgo, den 12.12.2025

M 12 Muster: Gesellschaftsverträge der typischen mitunternehmerischen Betriebsaufspaltung

Da es sich sowohl bei der Besitz- als auch der Betriebsgesellschaft um Personenhandelsgesellschaften, regelmäßig in der Rechtsform der GmbH & Co. KG, handelt, sind die Unterschiede zwischen dem Recht der Kapitalgesellschaften und der Personenhandelsgesellschaften nur im Hinblick auf die Komplementär-GmbH zu beachten. In diesem Fall reicht es aus, den Gesellschaftsvertrag entweder der Besitz- oder der Betriebs-GmbH & Co. KG durchzuformulieren und im Gesellschaftsvertrag der einen GmbH & Co. KG auf den Gesellschaftsvertrag der anderen GmbH & Co. KG zu verweisen.

a) Besitzgesellschaft

Siehe Muster 1 KG.

b) Betriebsgesellschaft

§ 1 Firma, Sitz, Geschäftsjahr

1. Die Gesellschaft führt die Firma Frisch & Preiswert GmbH & Co. KG.
2. Die Gesellschaft hat ihren Sitz in Lemgo.
3. Das Geschäftsjahr ist das Kalenderjahr.

§ 2 Gegenstand des Unternehmens

1. Gegenstand des Unternehmens ist der Betrieb von Supermärkten (food und non food).
2. Die Gesellschaft darf alle Maßnahmen ergreifen, die geeignet sind, den Gesellschaftszweck zu fördern.

§ 3 Festkapital, Kapitalbeteiligung

1. Das Festkapital beträgt 4.000.000 Euro.
2. Gesellschafter sind
   a) als Komplementärin die Frisch & Preiswert Verwaltung GmbH ohne vermögensmäßige Einlage
   b) als Kommanditisten mit einer Einlage von je 1.000.000 Euro

      Herr Frank Meier

      Frau Sabine Schulz

      Frau Irene Müller

      Herr Gerd Müller.
3. Die Kommanditeinlagen sind zugleich die Hafteinlagen.

§ 4 Verweisungsvorschrift

Die §§ 4–22 des Gesellschaftsvertrags der Kommanditgesellschaft in Firma Meier Immobilien Verwaltung GmbH & Co. KG in ihrer jeweils gültigen Fassung gelten entsprechend.

Lemgo, den 12.12.2025

M 13 Muster: Stimmrechtsbindungsvertrag (Konsortium)

Stimmrechtsvereinbarung

zwischen

Herrn Frank Mayer

Frau Sabine Schulz

Frau Irene Müller

Herrn Gerd Müller

1. Die Vertragschließenden sind die alleinigen Gesellschafter der

   1.1 Frisch & Preiswert GmbH (Betriebsgesellschaft),

   1.2 Meier Immobilien GmbH & Co. KG (Besitzgesellschaft),

   1.3 Mayer Verwaltung GmbH (Komplementär-GmbH),

und zwar mit Beteiligungen i.H.v. je 25 v.H.

2. Wir schließen uns zu einer Gesellschaft bürgerlichen Rechts zusammen. Gegenstand der Gesellschaft bürgerlichen Rechts ist die übereinstimmende Ausübung unserer Stimmrechte in den Gesellschafterversammlungen der in Abs. 1 genannten Gesellschaften.

3. Unmittelbar vor jeder Gesellschafterversammlung der in Abs. 1 genannten Gesellschaften findet eine Gesellschafterversammlung dieser Gesellschaft statt.

   3.1 Gegenstand der Gesellschafterversammlung ist der Beschluss über die einheitliche Stimmrechtsausübung in der/den Gesellschafterversammlung(en einer) der in Abs. 1 genannten Gesellschaft(en).

   3.2 Gesellschafterbeschlüsse dieser Gesellschaft werden mit einer Mehrheit von 65 v.H. der abgegebenen Stimmen gefasst.

   3.3 Für die Vertretung eines Gesellschafters in der Gesellschafterversammlung gelten die Vorschriften der Betriebs-GmbH entsprechend.

4. Für jeden Verstoß gegen die beschlossene Stimmrechtsausübung, ist eine Vertragsstrafe von 10.000 Euro verwirkt. Bei mehrfachen Verstößen (drei und mehr) innerhalb eines Zeitraums von zwei Jahren ist ein wichtiger Grund im Sinne der Gesellschaftsverträge der in Abs. 1 genannten Gesellschaften gegeben, der zur Einziehung bzw. der Zwangsabtretung der Geschäftsanteile an der Betriebs- und der Komplementär-GmbH und zum Ausschluss aus der Besitzgesellschaft berechtigt.

Hinsichtlich der übrigen Verträge, Beschlüsse und handelsregisterlichen Anmeldungen wird auf die Muster in Teil A verwiesen. 6.5

Stichwortverzeichnis

Die Zahlen verweisen auf die Randziffern.